Allgemeines

Inhaltsverzeichnis (Kurzform)

Kapitelnummer und Symbole

1 2 3 4 5 6 7 8 9 10 11 12 13 14 15

Datenblätter

Nützliches

- Formelzeichen (vordere und hintere Innenumschlagseite)
- Wichtige Winkelfunktionswerte (hintere Innenumschlagseite)
- Griechisches Alphabet (hintere Innenumschlagseite)

Wegweiser zum Rechenbuch Elektrotechnik

Liebe Leserin,
lieber Leser,

das Rechenbuch Elektrotechnik dient der Aus- und Weiterbildung im Berufsfeld Elektrotechnik.

Buchsymbole
- Taschenrechnerbenutzung
- Seitenhinweis zur Stoffvertiefung
- Ergänzende Information

Aufbau des Buches

- Jedes Aufgabengebiet beginnt mit einer kurzen Einführung, gefolgt von einem Rechenbeispiel.
- Die Reihenfolge der Aufgaben ist von leicht nach schwer.
- Schwierige Aufgaben haben einen grünen Punkt ● vor der Aufgabennummer.
- Formeln und Legenden sowie Bilder sind in Blöcken zusammengefasst.
- Ab Seite 262 findet man eine Auswahl von Prüfungsaufgaben.
- Am Buchende im Infoteil eine Zusammenfassung wichtiger Datenblätter.

Hilfen zum Rechenbuch Elektrotechnik

Zusätzlich gibt es:
- Ein ausführliches Lösungsbuch (rechtes Bild),
- ein weiteres Buch „Prüfungsvorbereitung Fachrechnen Elektrotechnik" und
- eine Formelsammlung „Formeln für Elektrotechniker".

Auf einen Blick

Weiter führende Informationen findet man im folgenden Mind-Map-Bild.

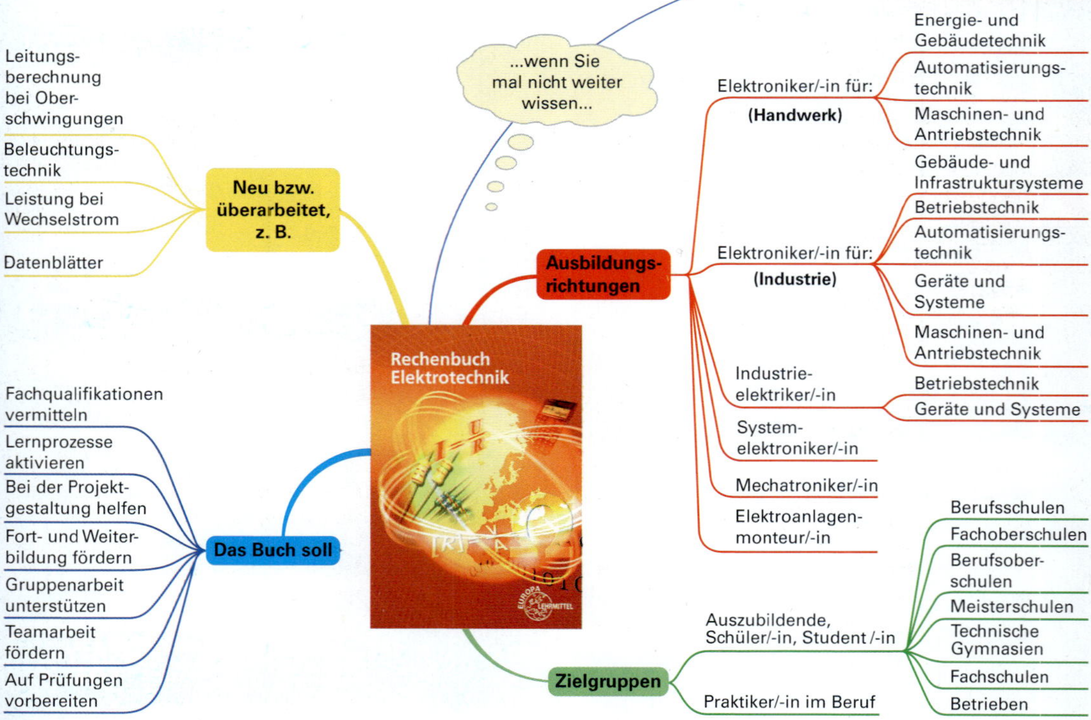

Was können wir für Sie noch besser machen?
Schreiben Sie uns unter: lektorat@europa-lehrmittel.de

Die Autoren und der Verlag Europa-Lehrmittel
wünschen Ihnen für Ihre Ausbildung und berufliche Tätigkeit viel Erfolg.

Frühjahr 2016

Inhaltsübersicht zu Lernfeldern (Beispiele)

LF	Elektroniker/in für MA	BT	EG	AT*	Lernfeldinhalt (Grundstufe LF 1 ... 4, Fachstufe LF 5 ... 13)	Buchseiten (Beispiele)
1	×	×	×	×	● Elektrotechnische Systeme analysieren und Funktionen prüfen	● Elektrotechnische Grundlagen .... 40 ● Schaltung von Widerständen .... 47 ● Elektrische Leistung und Arbeit .... 58 ● Arbeiten mit Kennlinien .... 72 ● Elektrisches Feld .... 78 ● Wechselstrom .... 92 ● Gefahren des elektrischen Stromes .... 192 ● Messverfahren, Oszilloskop .... 135, 143 ● Elektronische Bauelemente .... 146 ● E-Reihen 276
2	×	×	×	×	● Elektrische Installationen planen und ausführen	● Spannungserzeuger .... 64, 92, 124 ● Auftragsplanung .... 226 ● Auswahl v. Kabel u. Leitungen .... 199 ● Leitungsdimensionierung .... 199 ● Überstrom-Schutzeinrichtungen .... 275 ● Angebotserstellung, Kostenberechnung, Rechnungserstellung 224
3	×	×	×	×	● Steuerungen analysieren und anpassen	● Digitaltechnik .... 177 ● Analyse u. Synthese v. Binärschaltungen . 185 ● Schaltnetzwerke .... 187 ● Kippschaltungen .... 163 ● Magnetisches Feld 84
4	×	×	×	×	● Informationstechnische Systeme bereitstellen	● Vorsätze .... 28 ● Zahlensysteme .... 177 ● Rechnen mit Dualzahlen 180
5	×	×	×	×	● Elektroenergieversorgung und Sicherheit von Betriebsmitteln gewährleistet	● Wechselstromtechnik .... 92 ● Dreiphasenwechselstrom .... 124 ● Schutzmaßnahmen .... 192 ● Fehlerstrom-Schutzeinrichtung .... 198 ● Netzsysteme .... 193 ● Gleichrichter, Netzteile 148, 158
6	 ×	 ×	×	×	● Anlagen und Geräte analysieren und prüfen ● Geräte und Baugruppen in Anlagen analysieren und prüfen ● Elektrische Maschinen herstellen und prüfen	● Schutzmaßnahmen .... 192 ● Elektrische Maschinen .... 228 ● Messtechnik .... 135 ● Elektronik 146
7	 ×	×	×	×	● Steuerungen für Anlagen programmieren und realisieren ● Betriebsverhalten elektrischer Maschinen analysieren	● Schaltnetzwerke .... 187 ● Elektrische Maschinen 228
8	 ×	×	×	×	● Antriebssysteme auswählen und integrieren ● Elektrische Maschinen und mechanische Komponenten integrieren	● Antriebstechnik .... 239 ● Drehstrommaschinen .... 247 ● Gleichstrommaschinen .... 251 ● Schrittmotoren .... 246 ● Leistungselektronik 174
9	 ×	 ×	 ×	×	● Steuerungs- und Kommunikationssysteme integrieren ● Kommunikationssysteme in Wohn- und Zweckbauten planen und realisieren ● Gebäudetechnische Anlagen ausführen und in Betrieb nehmen ● Elektrische Maschinen in Stand setzen	● Leitungen .... 199 ● Leitungsbemessung .... 199, 271 ● Antennenanlagen .... 218 ● Licht- und Beleuchtungstechnik .... 212 ● Daten von Drehstrommotoren 274
10	 ×	 ×	 ×	×	● Automatisierungssysteme in Betrieb nehmen und übergeben ● Elektrische Anlagen der Haustechnik in Betrieb nehmen und in Stand halten ● Energietechnische Anlagen errichten und in Stand halten ● Steuerungen und Regelungen für elektrische Maschinen auswählen und anpassen	● Elektrische Anlagentechnik .... 199 ● Leistungselektronik .... 174 ● Transformatoren .... 228 ● Licht- und Beleuchtungstechnik .... 212 ● Regelungstechnik 255
11	 ×	 ×	 ×	×	● Automatisierungssysteme in Stand halten und optimieren ● Energietechnische Anlagen errichten, in Betrieb nehmen und in Stand setzen ● Automatisierte Anlagen in Betrieb nehmen und in Stand halten ● Elektrische Maschinen in technische Systeme integrieren	● Elektrische Anlagentechnik .... 199 ● Transformatoren .... 228 ● Kostenrechnen .... 224 ● Anlagentechnik .... 199 ● Leistungselektronik .... 174 ● Elektromotoren 244
12	 ×	 ×	 ×	×	● Automatisierungssysteme planen ● Energie- und gebäudetechnische Anlagen planen und realisieren ● Elektrotechnische Anlagen planen und realisieren ● Antriebssysteme in Stand halten	● Elektrische Anlagentechnik .... 199 ● Leitungsberechnung .... 201 ● Verlegearten v. Kabeln u. Leitungen ...... 271 ● Kennlinien Überstrom-Schutzeinrichtungen 275 ● Antennenanlagen 218
13	 ×	 ×	 ×	×	● Automatisierungssysteme realisieren ● Energie- und gebäudetechnische Anlagen in Stand halten und ändern ● Elektrotechnische Anlagen in Stand halten und ändern ● Antriebssysteme anpassen und optimieren	● Schutzmaßnahmen .... 192 ● Elektromotoren .... 244 ● Daten von Drehstrommotoren .... 243 ● Analyse u. Synthese v. Binärschaltungen . 185

*AT: Automatisierungstechnik, EG Energie- und Gebäudetechnik, BT: Betriebstechnik, MA: Maschinen- und Antriebstechnik

1 Technische Mathematik

1.1 Elektronischer Taschenrechner (ETR)

In der Elektrotechnik verwendet man technisch-mathematische Taschenrechner **(Bild)**. Sie bieten eine Fülle mathematischer Funktionen. Dazu haben die Tasten auf verschiedenen Ebenen unterschiedliche Funktionen.
Wichtig: Die Bedienungsanleitungen der verschiedenen Hersteller und Typen sind zu beachten.

Die Eingaben bei neuen Taschenrechnern entsprechen der Schreibweise von links nach rechts, z. B. [sin] 30. Diese Form der Eingabe wird als „natürliches Display" bezeichnet.

Wichtige Funktionstasten (Beispiele) und deren Verwendung:

- [sin] Sinustaste: Wechselspannung, **Seite 93**
- [√■] Quadratwurzel: Verkettungsfaktor, **Seite 123**
- (e^x) e-Funktionstaste: Kondensatorspannung, **Seite 82**
- [log] Zehnerlogarithmus: Verstärkungsmaß, **Seite 219**
- [×10^x] Zehnerpotenz, **Seite 219**

Flüssigkristallanzeige (LC-Display): Eingabezeile, Ergebniszeile

[SHIFT] : Eingabe der zweiten Tastenbelegung

[ALPHA] : Eingabe der dritten Tastenbelegung

[■/■] : Bruchrechnung

(■ ■/■) : Gemischter Bruch

[√■] : Quadratwurzel

[x^2] : Quadratzahl

[(–)] : Negatives Vorzeichen

(STO) : Wert speichern

[RCL] : Speicher aufrufen

[ENG] : Darstellung in Potenzschreibweise

[0] – [9] : Zahlenblock

[•] : Komma

(π) : Kreiszahl*

(e^x) : e-Funktion**

[◀] [▶] [▲] [▼] : Cursortasten

[MODE] : Verschiedene Betriebsmodi einstellen

[ON] : Einschalten

[$x^{■}$] : Potenz

[log] : 10er Logarithmus

[ln] : Natürlicher Logarithmus

[sin] [cos] [tan] : Trigonometrische Funktionen

[(] [)] : Klammer

[DEL] : Löschen

[+] [–] [×] [÷] : Grundrechenarten

[=] : Eingabe beenden, Ergebnis im Antwortspeicher ablegen

[Ans] : Antwortspeicher aufrufen

[×10^x] : Zehnerpotenz

Bild: Elektronischer Taschenrechner (ETR)

* Kreiszahl: $\pi = 3{,}14159\ldots$ ** Eulersche Zahl: $e = 2{,}71828\ldots$

1.2 Grundrechnungsarten

1.2.1 Zahlen, Addition und Subtraktion

Die reellen Zahlen werden nach **Bild** eingeteilt. Addition und Subtraktion gehören zu den Grundrechnungsarten. Die Gesetze und Regeln **(Tabelle)** sind zu beachten.

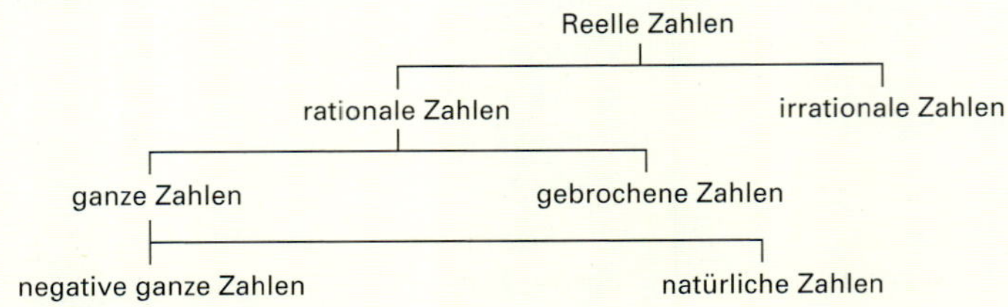

Bild: Zahlenarten

Zahlenarten (Beispiele)

Rationale Zahlen:
$-5;\ -2{,}3;\ 0;\ \frac{1}{4};\ 7{,}6;\ \ldots$

Irrationale Zahlen: $\sqrt{2};\ \pi;\ \ldots$

Ganze Zahlen: $3,\ -6,\ 0,\ 19,\ \ldots$

Gebrochene Zahlen:
$\frac{2}{3};\ \frac{1}{4};\ \frac{4}{5};\ \ldots$

Negative ganze Zahlen:
$-3,\ -7,\ -14,\ \ldots$

Natürliche Zahlen: $2,\ 7,\ 19,\ \ldots$

Tabelle: Gesetze, Regeln, Anwendungsbeispiele mit Variablen, Zahlen und Summen

Kommutativgesetz*	Vertauschen von Summanden
$a + b + c = a + c + b$	$5 + 2 + 9 = 5 + 9 + 2 \quad = \mathbf{16}$
Assoziativgesetz**	Zusammenfassen von Summanden
$a + b + c = a + (c + b)$	$5 + 2 + 9 = 5 + (9 + 2) = 5 + 11 = \mathbf{16}$
Vorzeichenregeln	Summieren von Zahlen
$(+a) + (+b) = (+a) - (-b) = a + b$ $(+a) + (-b) = (+a) - (+b) = a - b$	$(+5) + (+2) = (+5) - (-2) \quad = \mathbf{+7}$ $(+5) + (-2) = (+5) - (+2) \quad = \mathbf{+3}$

Addition

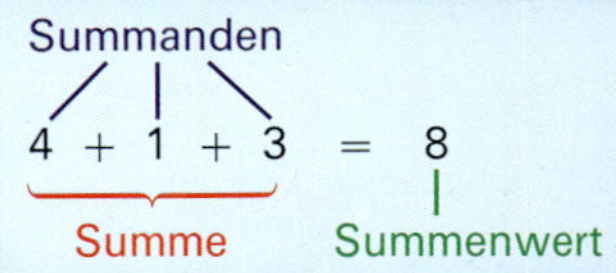

Subtraktion

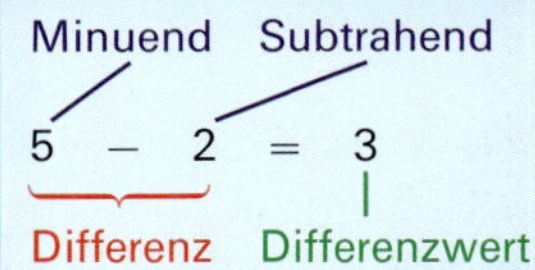

- Steht vor einer Klammer ein Minuszeichen, so muss bei der Auflösung der Klammer bei allen Gliedern innerhalb der Klammer das Vorzeichen geändert werden, z. B. $10 - (3 + 2 - 4) = 10 - 3 - 2 + 4 = 9$
- **Variable:** Platzhalter für Zahlen und für Werte von Größen, z. B. U für 25 V $\Rightarrow U = 25\,\text{V}$.

Beispiel:

Berechnen Sie $a - b + c - d$ für $a = 69$, $b = 14$, $c = 91$ und $d = 76$. Geben Sie 2 Lösungswege an.

Lösung a):	Lösung b):
$a - b + c - d = 69 - 14 + 91 - 76 = \mathbf{70}$	$a + c - (b + d) = 69 + 91 - (14 + 76) = \mathbf{70}$
69 [−] 14 [+] 91 [−] 76 [=]	69 [+] 91 [−] [(] 14 [+] 76 [)] [=]

Aufgaben zu 1.2.1

1. Fassen Sie die Summanden in allen möglichen Zweiergruppen zusammen (Assoziativgesetz).
   a) $(3 + 7) + 1$; **b)** $(11 + 9) - 5$; **c)** $2 + 3 + 4$; **d)** $8 + 2 + 4$; **e)** $(11 + 14) + (16 + 19)$

2. Berechnen Sie folgende Terme*** zunächst in der gegebenen Form. Lösen Sie dann die Klammern auf und fassen Sie die Minusglieder in einer neuen Klammer zusammen.
   a) $400 - (46 + 18 - 120 + 14 + 52 - 16)$; **b)** $647 - 123 - (79 - 68 + 37 + 21 - 67 + 20)$
   c) $288 - (50 - 12 + 88) - 12 - 90 - 180$; **d)** $368 - (152 - 32 - 77) - (28 + 103 - 120)$

3. Addieren Sie die gleichartigen Summanden.
   a) $5a + 6x + 4a + 3b + 4x$; **b)** $9x + 3y + 2 + 5x + 7y + 4$; **c)** $8{,}7a + 21{,}2n + 5{,}3a + 12{,}4n$

* commutare (lat.) = vertauschen ** sociare (lat.) = vereinigen *** le terme (franz.) = der Ausdruck

1.2.2 Multiplikation und Division

Die Multiplikation und Division gehören, wie die Addition und Subtraktion, zu den Grundrechnungsarten. Es gelten folgende Gesetze **(Tabelle)**.

Multiplikation

Faktoren

$3 \cdot 4 = 12$

Produkt ($3 \cdot 4$) — Produktwert (12)

Division

Dividend — Divisor

$18 : 3 = 6$

Quotient ($18 : 3$) — Quotientwert (6)

Eine Multiplikation ist eine wiederholte Addition von gleichen Summanden

Tabelle: Gesetze, Regeln, Anwendungsbeispiele mit Variablen, Zahlen und Summen

Kommutativgesetz	Vertauschen von Faktoren	
$a \cdot b \cdot c = a \cdot c \cdot b$	$5 \cdot 2 \cdot 9 = 5 \cdot 9 \cdot 2 = \mathbf{90}$	
Assoziativgesetz	Zusammenfassen von Faktoren	
$a \cdot b \cdot c = a \cdot (c \cdot b)$	$5 \cdot 2 \cdot 9 = 5 \cdot (9 \cdot 2) = 5 \cdot 18 = \mathbf{90}$	
Vorzeichenregeln	Multiplizieren von Zahlen	
$(+a) \cdot (+b) = (-a) \cdot (-b) = +ab$ $(+a) \cdot (-b) = (-a) \cdot (+b) = -ab$	$(+5) \cdot (+2) = (-5) \cdot (-2) = \mathbf{+10}$ $(+5) \cdot (-2) = (-5) \cdot (+2) = \mathbf{-10}$	
Distributivgesetz*		
Multiplizieren mit Summen	$a \cdot (b - c) = ab - ac$	$5 \cdot (9 - 2) = 5 \cdot 9 - 5 \cdot 2 = 5 \cdot 7 = \mathbf{35}$
Ausklammern gleicher Faktoren	$ab - ac = a \cdot (b - c)$	$45 - 10 = 5 \cdot 9 - 5 \cdot 2 = 5 \cdot 7 = \mathbf{35}$
Multiplizieren von Summen	$(a + b) \cdot (c - d) =$ $ac - ad + bc - bd$	$(5 + 2) \cdot (9 - 3) =$ $5 \cdot 9 - 5 \cdot 3 + 2 \cdot 9 - 2 \cdot 3 = 7 \cdot 6 = \mathbf{42}$

Malpunkte bei Produkttermen darf man weglassen, wenn dadurch kein Missverständnis entsteht, z. B. bei $3 \cdot a \cdot b = 3ab$, bei $u \cdot (w + x) = u(w + x)$ oder bei $5 \cdot (m - n) = 5(m - n)$, aber nicht bei $3 \cdot 5$, da $3 \cdot 5 \neq 35$.

Beispiel:

Berechnen Sie $u(w + x) = uw + ux$ für $u = +15$, $w = +12$ und $x = -9$. Geben Sie 2 Lösungswege an.

Lösung a:	Lösung b:
$u(w + x) = 15 \cdot (12 - 9) = \mathbf{45}$	Speichern von $u = 15$, $uw + ux = \mathbf{45}$
15 [×] [(] 12 [+] [(−)] 9 [)] [=]	15 [SHIFT] [RCL] (STO) [(−)] (A) [×] 12 [+] [RCL] [(−)] (A) [×] 9 [=]

Aufgaben zu 1.2.2

1. Berechnen Sie folgende Aufgaben:
a) $3a \cdot 5b$; **b)** $8c \cdot 3ab$; **c)** $3 \cdot 4{,}5a \cdot 3bc + 4ac \cdot 3b$; **d)** $4{,}5ab \cdot 8x - 2{,}5ax \cdot 9b + 5bx \cdot 3a$

2. **a)** $8 \cdot (-5b)$; **b)** $4b \cdot (-e)$; **c)** $(-10a) \cdot (-12x)$; **d)** $(-n) \cdot (-m) \cdot (-x)$;
e) $(-2x) \cdot 3y \cdot (-4z)$; **f)** $0{,}5x \cdot (-0{,}3y) \cdot 4$; **g)** $40 : (-8)$; **h)** $(-63c) : (-9)$;
i) $(24 : 4) : 2$; **j)** $[24 : (-4)] : 2$; **k)** $[(-24) : (-4)] : 2$; **l)** $[(-24) : (-4)] : (-2)$

3. Multiplizieren Sie folgende Summen:
a) $(a + 3) \cdot 6$; **b)** $(a - b) \cdot 7$; **c)** $8 \cdot (2a - 5b + 6)$; **d)** $(8 + 4x - a) \cdot (-4)$;
e) $(a + b) \cdot 5 + 4 \cdot (a - b)$; **f)** $(2a + 3b) \cdot 2c + 4bc$; **g)** $(y - 9) \cdot (x - 3)$; **h)** $(n - 3) \cdot (a + 6)$

4. Klammern Sie die gemeinsamen Faktoren aus:
a) $25 \cdot 12 + 15 \cdot 25 - 2 \cdot 25$; **b)** $ax - 4az + 7ay$; **c)** $24ab - 12by + 48ab$;
d) $25ab + 125ac + 100ax$; **e)** $5bx - 2bx - 15bx$; **f)** $am + bm - cm + zm$;
g) $(a + b) \cdot x + (a + b) \cdot y$; **h)** $(b - c) \cdot y + b - c$; **i)** $(a - b) \cdot x + (a - b) \cdot y$

* distribuere (lat.) = verteilen

1.3 Rechnen mit Brüchen

Durch Division von ganzen Zahlen entstehen Brüche **(Tabelle 1)**. Sie können durch Kürzen und Erweitern verändert werden. Für das Bruchrechnen gelten besondere Rechenregeln **(Tabelle 2)**.

Bruch

$\frac{3}{4}$ — Zähler (3), Bruchstrich, Nenner (4)

Eine Division durch Null ist nicht erlaubt.

Tabelle 1: Arten von Brüchen

$\frac{1}{5}$ Echter Bruch	$\frac{7}{4}$ Unechter Bruch	$\frac{4}{1}$ Scheinbruch	$1\frac{3}{4}$ Gemischte Zahl
$\frac{1}{7}, \frac{2}{7}, \frac{5}{7}, \ldots$ Gleichnamige Brüche, z. B. mit Hauptnenner 7		$\frac{1}{7}, \frac{2}{5}, \frac{4}{9}, \ldots$ Ungleichnamige Brüche	

Tabelle 2: Rechenregeln an Beispielen

Rechenoperation	Beispiele
Erweitern, kürzen	$\frac{3}{5} = \frac{3 \cdot \mathbf{2}}{5 \cdot \mathbf{2}} = \frac{6}{10}$; $\frac{27}{45} = \frac{27 : \mathbf{9}}{45 : \mathbf{9}} = \frac{3}{5}$; $\frac{24xy}{30yz} = \frac{4x}{5z}$
Hauptnenner suchen, summieren	$3 + \frac{1}{6} - \frac{3}{4} = \frac{3 \cdot \mathbf{12}}{1 \cdot \mathbf{12}} + \frac{1 \cdot 2}{6 \cdot 2} - \frac{3 \cdot 3}{4 \cdot 3} = \frac{36}{\mathbf{12}} + \frac{2}{\mathbf{12}} - \frac{9}{\mathbf{12}} = \frac{29}{\mathbf{12}} = 2\frac{5}{12}$
Multiplizieren	$\frac{2}{13} \cdot \mathbf{5} = \frac{2 \cdot \mathbf{5}}{13 \cdot \mathbf{1}} = \frac{10}{13}$; $\frac{16}{5} \cdot \frac{\mathbf{3}}{\mathbf{4}} = \frac{16 \cdot \mathbf{3}}{5 \cdot \mathbf{4}} = \frac{4 \cdot 3}{5 \cdot 1} = \frac{12}{5} = 2\frac{2}{5}$
Dividieren	$\frac{12}{17} : \mathbf{3} = \frac{12 \cdot \mathbf{1}}{17 \cdot \mathbf{3}} = \frac{4 \cdot 3}{17 \cdot 3} = \frac{4}{17}$; $\frac{24}{35} : \frac{\mathbf{6}}{\mathbf{7}} = \frac{24 \cdot \mathbf{7}}{35 \cdot \mathbf{6}} = \frac{4 \cdot 1}{5 \cdot 1} = \frac{4}{5}$
Rechnen mit Vorzeichen	$\frac{+4}{+5} = +\frac{4}{5}$; $\frac{-4}{-5} = +\frac{4}{5}$; $\frac{-4}{+5} = -\frac{4}{5}$; $\frac{+4}{-5} = -\frac{4}{5}$
Zähler und Nenner als Summenterme	$\frac{3}{5} - \frac{u+4}{v-1} = \frac{3(v-1)}{5(v-1)} - \frac{5(u+4)}{5(v-1)} = \frac{3v-3-(5u+20)}{5(v-1)} = \frac{3v-5u-23}{5(v-1)}$

Beispiel:

Überprüfen Sie mit dem ETR die Gleichung:

$3/4 + 4/5 - 1/2 = 0{,}75 + 0{,}80 - 0{,}50 = \mathbf{1{,}05} = \frac{21}{20} = 1\frac{1}{20}$

3 [÷] 4 [+] 4 [÷] 5 [−] 2 [x^{-1}] [=]

Aufgaben zu 1.3

Berechnen Sie folgende Bruchterme:

1. a) $\frac{1}{4} - \frac{3}{14} - \frac{3}{35}$; b) $\frac{9}{14} - \frac{1}{42} - \frac{17}{28} + \frac{2}{7}$; c) $\frac{5}{6} \cdot \frac{9}{35}$; d) $18 : \frac{24}{35}$; e) $\frac{121}{27} : \frac{66}{45}$

2. a) $\frac{7}{\frac{1}{3} + \frac{1}{4}}$; b) $\frac{1}{\frac{3}{4} - \frac{2}{5}}$; c) $\frac{-22}{\frac{1}{8} - \frac{5}{18}}$; d) $\frac{104glm}{130gm}$; e) $\frac{28ef}{-84ef}$; f) $\frac{-68kmr}{-102kr}$

3. a) $\frac{1}{d} + \frac{1}{e}$; b) $\frac{6}{t} - \frac{1}{s}$; c) $\frac{3}{ab} + \frac{2}{bc}$; d) $\frac{15}{k} - 3 + \frac{7}{l}$; e) $\frac{3}{uv} + \frac{12}{uw} - 15$

4. a) $\frac{2f}{3r} + \frac{g}{2s} - \frac{5h}{rs}$; b) $\frac{5l}{6a} - k + \frac{h}{12ab} + \frac{5l}{18a}$; c) $\frac{6ab}{38cd} \cdot \frac{57}{48a}$; d) $\frac{32b}{21cd} : \frac{20ab}{49d}$

5. a) $\frac{6x-30}{8} : \frac{5x-25}{20y-4}$; b) $\frac{1-6v}{14s-2} : \frac{36v-6}{8-56s}$; c) $\frac{1}{\frac{2}{m} + \frac{3}{n}}$; d) $\frac{15a+10}{\frac{3}{2} + \frac{1}{a}}$

1.4 Potenzen und Wurzeln

1.4.1 Potenzen

Wenn ein Produkt aus lauter gleichen Faktoren besteht, so drückt man es verkürzt als Potenz aus **(Bild)**. Der Exponent gibt an, wie oft die Basis mit sich selbst multipliziert wird. Beim Rechnen mit Potenzen gelten Gesetze und Regeln **(Tabelle)**.

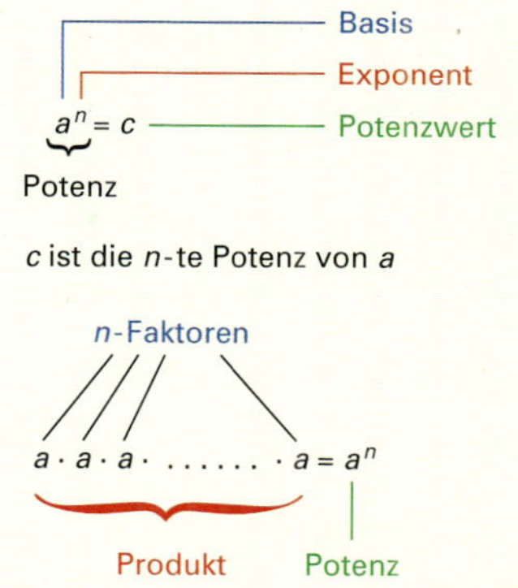

Bild: Potenzen

Tabelle: Rechenregeln, Beispiele

$a^m \cdot a^n = a^{m+n}$ $a^m : a^n = a^{m-n}$	$5^3 \cdot 5^2 = (5 \cdot 5 \cdot 5) \cdot (5 \cdot 5) = 5^5 = 5^{3+2}$ $5^3 : 5^2 = (5 \cdot 5 \cdot 5) : (5 \cdot 5) = 5^1 = 5 = 5^{3-2}$
$a^m \cdot b^m = (a \cdot b)^m$ $a^m : b^m = (a : b)^m$	$5^3 \cdot 2^3 = (5 \cdot 5 \cdot 5) \cdot (2 \cdot 2 \cdot 2) = (5 \cdot 2)^3$ $5^3 : 2^3 = (5 \cdot 5 \cdot 5) : (2 \cdot 2 \cdot 2) = (5 : 2)^3$
$(a^m)^n = a^{m \cdot n}$ $1 : a^m = a^{-m}$	$(5^3)^2 = (5 \cdot 5 \cdot 5) \cdot (5 \cdot 5 \cdot 5) = 5^6 = 5^{3 \cdot 2}$ $1 : 5^2 = 5^{-2}$

Vorsätze: **Seite 28**

Es gilt: $a^1 = a$; $a^0 = 1$

Zehnerpotenzen haben die Basis 10 und erlauben große und kleine Dezimalwerte übersichtlich darzustellen. Exponenten sollten wegen der Einheitenvorsätze, z. B. Mega $= 10^6$, durch 3 teilbar sein, z. B. bei $8\,500\,000 = 85 \cdot 10^5 = \mathbf{8{,}5 \cdot 10^6}$.

Beispiel:

Überprüfen Sie $2\,500\,000 \cdot 0{,}042 =$
$25 \cdot 10^5 \cdot 42 \cdot 10^{-3} = 1050 \cdot 10^2 =$
$\mathbf{105 \cdot 10^3 = 0{,}105 \cdot 10^6}$

25 [×10ˣ] 5 [×] 42 [×10ˣ] [(−)] 3 [=]

Aufgaben zu 1.4

Berechnen Sie die folgenden Terme:

1. **a)** $x^3 \cdot x^3$ **b)** $b^{2x} \cdot b^2$; **c)** $10^x \cdot 10^{2x}$; **d)** $7d^4 \cdot d^{-6}$; **e)** $3yx^{-3} \cdot y^5$; **f)** $2^{3x} \cdot 2^{-5x}$
2. **a)** $(a+1)^2$; **b)** $(4y-5)^2$; **c)** $(3+2b)^2$; **d)** $(x+y)^2$; **e)** $(x-y)^2$; **f)** $(2r+3s)^2$
3. **a)** $(a+b)^2$; **b)** $(a-b)^2$; **c)** $(a+b)^3$; **d)** $(a-b)^3$; **e)** $(a+b)^4$; **f)** $(a-b)^4$
4. **a)** $(2t:3)^2$; **b)** $(5:2b)^3$; **c)** $(7x:4y)^{-2}$; **d)** $(2:(x+1))^2$; **e)** $((5-x):(5+x))^2$
5. **a)** $(x^2)^5$; **b)** $(y^2)^3$; **c)** $(10^x)^2$; **d)** $(2^y)^5$; **e)** $(10^2)^{x+1}$; **f)** $(2^3)^{y-2}$
6. **a)** 3^2; 30^2; 300^2; 8^2; 80^2; 800^2; 8000^2; 7^2; $0{,}7^2$; $0{,}07^2$; 9^2; $0{,}9^2$; $0{,}09^2$; $0{,}009^2$
   b) 2^3; 20^3; 200^3; $0{,}5^3$; 5^3; 50^3; 500^3; $(-10)^3$; $(-0{,}1)^3$; $(-4)^3$; $(-0{,}4)^3$; $(-0{,}04)^3$
7. Berechnen Sie die folgenden Terme als Dezimalbrüche und geben Sie die Ergebnisse in Zehnerpotenzschreibweise an.
   a) $0{,}004 \cdot 500$; $0{,}035 \cdot 60\,000$; $0{,}000\,48 \cdot 750\,000$; $0{,}000\,024 \cdot 1500$; $0{,}000\,16 \cdot 45\,000$
   b) $600 : 12\,000$; $480 : 160\,000$; $0{,}020 : 5\,500$; $0{,}0072 : 3\,600$; $0{,}000\,42 : 35\,000$
8. Vereinfachen Sie mithilfe der Rechenregeln **(Tabelle)**:
   a) $\dfrac{10^2 \cdot 10^7}{10^{-3} \cdot 10^5}$; **b)** $\dfrac{10^3}{10^9 \cdot 10^{-3}}$; **c)** $\dfrac{10^2 \cdot (10^{-6})^2}{10^{-7} \cdot 10^{-2}}$; **d)** $\dfrac{10^5 \cdot 10^{-2}}{10^{-12} \cdot 10^9}$
9. Zerlegen Sie in Faktoren mit Zehnerpotenzen und berechnen Sie:
   a) $\dfrac{48\,000 \cdot 500}{0{,}06}$; **b)** $\dfrac{34\,000 \cdot 0{,}5}{50\,000}$; **c)** $\dfrac{0{,}0078 \cdot 0{,}025}{13\,000 \cdot 0{,}0005}$; **d)** $\dfrac{56\,000 \cdot 0{,}005}{35\,000}$

1.4.2 Wurzeln

Das Wurzelziehen (Radizieren*) ist die Umkehrfunktion des Potenzierens. Dabei wird eine Zahl c in eine vorgeschriebene Anzahl n gleicher Faktoren zerlegt **(Bild)**. Dieser Faktor ist der Wurzelwert a. Die Rechenregeln **(Tabelle)** sind zu beachten. Ist der Wurzelexponent 2, spricht man von einer Quadratwurzel, ist er 3, von einer Kubikwurzel. Bei der Quadratwurzel kann der Wurzelexponent weggelassen werden.

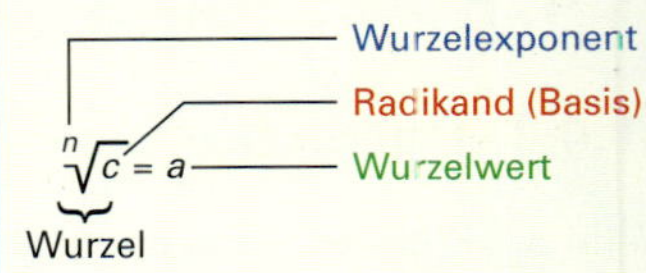

a ist die n-te Wurzel aus c

Bild: Wurzeln

Tabelle: Rechenregeln, Beispiele

$\sqrt[n]{c \cdot d} = \sqrt[n]{c} \cdot \sqrt[n]{d}$ $\sqrt[n]{c : d} = \sqrt[n]{c} : \sqrt[n]{d}$	$\sqrt[2]{9 \cdot 4} = \sqrt[2]{9} \cdot \sqrt[2]{4} = 3 \cdot 2 = 6 = \sqrt[2]{36}$ $\sqrt[2]{36 : 4} = \sqrt[2]{36} : \sqrt[2]{4} = 6 : 2 = 3 = \sqrt[2]{9}$
$\sqrt[n]{c} = c^{1/n}$ $\sqrt[n]{c^m} = c^{m/n}$	$\sqrt[3]{8} = 2 = 8^{1/3}$ $\sqrt[3]{8^2} = \sqrt[3]{64} = 8^{2/3}$

Beispiel:

Bestimmen Sie mit dem ETR **a)** die Quadratwurzel aus 25, **b)** die Kubikwurzel aus 64 und **c)** die 4-te Wurzel aus 625.

a) $\sqrt{25} = 5$	**b)** $\sqrt[3]{64} = 4$
[√■] 25 [=] 5	[SHIFT] [√■] (∛■) 64 [=] 4

c) $\sqrt[4]{625} = 5$
4 [SHIFT] [x■] (■√□) 625 [=] 5

Wurzel als Potenz:

$\sqrt[n]{c^m} = c^{\frac{m}{n}}$

Es gelten die Potenzrechenregeln.

- Eine Wurzel mit geradzahligem Wurzelexponent und negativen Radikant hat im Bereich der reellen Zahlen keine Lösung, z. B.:
  $\sqrt{-25}$
- Wurzeln und Potenzen mit dem gleichen Exponenten heben sich auf, z. B.:
  $(\sqrt[5]{4})^5 = (4^{\frac{1}{5}})^5 = 4^{\frac{1}{5} \cdot 5} = 4$

Aufgaben zu 1.4.2

Schreiben Sie als Potenzen bzw. als Produkte von Potenzen und berechnen Sie.

1. **a)** $\sqrt[k]{a^{3k}}$; **b)** $\sqrt[3]{b^{6n}}$; **c)** $\sqrt[2]{x^{4s}}$; **d)** $\sqrt[x]{k^{2xy}}$; **e)** $\sqrt[4]{(81z)^2}$; **f)** $\sqrt[2]{(4b)^3}$; **g)** $\sqrt[3]{(8a)^2}$

2. **a)** $\sqrt{\frac{16a^2}{49c^4}}$; **b)** $\sqrt{\frac{36a^2 \cdot c^4}{225b^2}}$; **c)** $\sqrt{\frac{256q^2}{625s^4 \cdot t^2}}$; **d)** $\sqrt[3]{\frac{343m^6}{216n^3}}$; **e)** $\sqrt[3]{\frac{27d^6}{125f^3}}$; **f)** $\sqrt[3]{\frac{64x^3}{343z^6}}$

3. Berechnen Sie die folgenden Terme und vergleichen Sie die Ergebnisse miteinander.
   a) $\sqrt{4}$; $\sqrt{40}$; $\sqrt{400}$; $\sqrt{4000}$; $\sqrt{40000}$ **b)** $\sqrt{7}$; $\sqrt{70}$; $\sqrt{700}$; $\sqrt{7000}$; $\sqrt{70000}$
   c) $\sqrt{900}$; $\sqrt{90}$; $\sqrt{9}$; $\sqrt{0{,}9}$; $\sqrt{0{,}09}$; $\sqrt{0{,}009}$ **d)** $\sqrt{500}$; $\sqrt{50}$; $\sqrt{5}$; $\sqrt{0{,}5}$; $\sqrt{0{,}05}$; $\sqrt{0{,}005}$

4. Lösen Sie folgende Aufgaben durch Kopfrechnen und mit dem Taschenrechner.
   a) $\sqrt[2]{2^6}$; $\sqrt[3]{5^6}$; $\sqrt[2]{4^5}$; $\sqrt[3]{8^2}$; $\sqrt[3]{27^2}$ **b)** $\sqrt[2]{9 \cdot 10^4}$; $\sqrt[3]{640 \cdot 10^5}$; $\sqrt[4]{(16{,}9 \cdot 10^{-5})^2}$

5. Berechnen Sie $\sqrt{u^2 + v^2}$ für **a)** $u = 8$; $v = 6$; **b)** $u = 10$; $v = 7{,}5$; **c)** $u = 0{,}48$; $v = 0{,}36$

6. Berechnen Sie: **a)** $3\sqrt{36\,ab}$; **b)** $2\sqrt{50\,x}$; **c)** $6\sqrt{\frac{2}{3}} \cdot 5\sqrt{\frac{8}{9}} \cdot 3\sqrt{\frac{3}{2}}$; **d)** $\sqrt{121\,x + 121\,y}$

7. Berechnen Sie: **a)** $\sqrt[3]{\frac{64\,c}{343\,d}}$; **b)** $3\sqrt[3]{\frac{8\,nx}{27\,x^2} \cdot 64\,ab}$; **c)** $\sqrt{\frac{5\,xy}{60}} : \sqrt{\frac{10\,x}{30}}$; **d)** $\sqrt{\frac{5\,x}{6}} : \sqrt{\frac{20}{12\,x}}$

8. Berechnen Sie: **a)** $\sqrt[x]{\sqrt{b^x}}$; **b)** $\sqrt{\sqrt[3]{y^2}}$; **c)** $\sqrt[4]{\sqrt[3]{a^2}} \cdot \sqrt{\sqrt[6]{a^{10}}} + \sqrt[9]{b^6 \cdot \sqrt[4]{b^{12}}}$; **d)** $\sqrt[5]{\sqrt{m^5}} + 3\sqrt[4]{\sqrt[3]{m^6}}$

9. Berechnen Sie: **a)** $\left(5a \cdot \sqrt{\frac{2b}{50c^3}}\right)^2$; **b)** $\left(\frac{3m}{2n} \cdot \sqrt[3]{\frac{n^2}{m^2}}\right)^3$; **c)** $\sqrt{\frac{16x + 32y}{25a - 50b}}$; **d)** $\sqrt{\frac{50m}{27n}} : \sqrt{\frac{2m^3}{3n^3}}$

* Radix (lat.) = Wurzel

1.5 Logarithmen

1.5.1 Rechnen mit Logarithmen

Zur Ermittlung des Exponenten einer Potenz verwendet man das Rechnen mit Logarithmen **(Bild)**.
In der **Tabelle 1** sind die Rechenregeln mit Beispielen dargestellt.
Die verschiedenen Arten von Logarithmen sind in **Tabelle 2** erklärt.

Anwendungen von Logarithmen (Beispiele):
- Ladevorgänge bei Kondensatoren: **Seite 80**,
- Pegelberechnung: **Seite 220**,
- Kennlinien über große Zahlenbereiche: **Seite 73**.

$\log_a c = n$ —— Logarithmus
(c) —— Numerus*
(a) —— Basis

n ist der Logarithmus von c zur Basis a

$a^n = c$

$\Longrightarrow$ aufgelöst nach n

$\Longrightarrow n = \log_a c$

Bsp.: $1000 = 10^n$

$\Longrightarrow n = \log_{10} 1000 = 3$

Bild: Logarithmen

Tabelle 1: Rechenregeln, Beispiele

$\log_a c + \log_a d = \log_a (c \cdot d)$	$\lg 1000 + \lg 10 = 3 + 1 = 4 = \lg (1000 \cdot 10) = \lg 10^4$
$\log_a c - \log_a d = \log_a \left(\frac{c}{d}\right)$	$\lg 1000 - \lg 10 = 3 - 1 = 2 = \lg (1000 : 10) = \lg 10^2$
$k \cdot \log_a c = \log_a (c^k)$	$2 \cdot \lg 1000 = 2 \cdot 3 = 6 = \lg (1000^2) = \lg 10^6$
$\frac{1}{n} \cdot \log_a c = \log_a (c^{1/n}) = \log_a (\sqrt[n]{c})$	$\frac{1}{3} \cdot \lg 1000 = \frac{1}{3} \cdot 3 = 1 = \lg \left(1000^{\frac{1}{3}} = \lg (10)\right)$

Tabelle 2: Arten von Logarithmen

Arten	Zehnerlogarithmus, dekadischer Logarithmus	Zweierlogarithmus, binärer Logarithmus	natürlicher Logarithmus
Basis	10	2	$e^{*} = 2{,}718\ldots$
Schreibweise	$\log_{10} c = \lg c$	$\log_2 c = \mathrm{lb}\, c$	$\log_e c = \ln c$

Beispiel 1:

Berechnen Sie $\lg 5 + \lg 4$ mit dem ETR mit den Lösungen **a)** und **b)** und der Probe **c)**:

a) $\lg 5 + \lg 4 = 0{,}699 + 0{,}602 = 1{,}301$	b) $\lg 5 + \lg 4 = \lg (5 \cdot 4) = \lg 20 = 1{,}301$	c) $10^{1{,}301} = 20$
[log] 5 [)] [+] [log] 4 [)] [=]	[log] 5 [×] 4 [)] [=]	[SHIFT] [log] (10■) 1,301 [=]

Beispiel 2:

Berechnen Sie $\ln (\sqrt[3]{52^4})$ mit dem ETR mit den Lösungen a) und b) und der Probe c):

a) $\ln (\sqrt[3]{52^4}) = 4/3 \cdot \ln 52 = 5{,}268$	b) $\ln (\sqrt[3]{52^4}) = \ln (52^{4/3}) = 5{,}268$	c) $e^{5{,}268} = 194 = 52^{4/3}$
4 [÷] 3 [×] [ln] 52 [)] [=]	[ln] [SHIFT] [√■] (∛■) 52 [x■] 4 [=]	[SHIFT] [ln] (e■) 5,268 [=]

Aufgaben zu 1.5

1. Ermitteln Sie die Zehnerlogarithmen der gegebenen Zahlenwerte c (Numeri).

a) 100000; 10000; 1000; 100; 10; 1; 0,1;
b) 50000; 5000; 500; 50; 5; 0,5; 0,05; 0,005;
c) 25000; 2500; 250; 25; 2,5; 0,25; 0,025;
d) 12500; 1250; 125; 12,5; 1,25; 0,125; 0,0125

2. Berechnen Sie wie in **Beispiel 1** die Terme $\lg c + \lg d$ und $\ln c + \ln d$ (2 Lösungen mit Probe).

a) $c = 250$; $d = 320$; **b)** $c = 25$; $d = 32$; **c)** $c = 4{,}5$; $d = 80$; **d)** $c = 0{,}45$; $d = 8{,}0$

3. Berechnen Sie wie in **Beispiel 2** die folgenden Terme (2 Lösungen, mit Probe):

a) $\lg (\sqrt{7^3})$; **b)** $\lg (\sqrt[3]{10^2})$; **c)** $\ln (500^{2/3})$; **d)** $\ln (68^{3/4})$; **e)** $\lg (0{,}6^{3/4})$; **f)** $\ln (0{,}047^{3/5})$

* Numerus (lat.) = Zahl ** Eulersche Zahl: $e = 2{,}71828\ldots$

1.5.2 Logarithmische Maßstäbe

Arbeiten mit Kennlinien: **Seite 72**

Durch den logarithmischen Maßstab ist es möglich, Kennlinien über große Wertebereiche darzustellen **(Bild 1)**. Diese Kennlinien können einfachlogarithmisch (z. B. X-Achse: linear, Y-Achse: logarithmisch) oder doppellogarithmisch (beide Achsen logarithmisch) dargestellt werden. Logarithmisch geteilte Achsen haben folgende Eigenschaften:

- Die Achsen werden in Dekaden eingeteilt.
- Eine Dekade umfasst die Werte von 10^n bis 10^{n+1}, z. B. von 0,1 bis 1 oder 1 bis 10 oder 10 bis 100.
- Der Abstand von Dekade zu Dekade, z. B. von 1 bis 10 und von 10 bis 100, ist immer gleich lang, z. B. 100 mm.
- Die Abstände innerhalb einer Dekade sind logarithmisch geteilt **(Beispiel 1)**.
- Wird die Dekade in drei gleiche Strecken eingeteilt, so entsprechen die Teilungsstriche etwa den Werten 2 und 5 **(Beispiel 1)**. Die Teilung der Dekade in der Mitte entspricht etwa dem Wert 3.
- Die logarithmische Darstellung hat keinen Nullpunkt.

Beispiel 1:

In einem Koordinatensystem soll die X-Achse logarithmisch geteilt werden. Der Ursprung hat den Wert $x_0 = 10$, eine Dekade hat die Länge $a_1 = 100$ mm. Bestimmen Sie **a)** für den Wert $x_2 = 70$ den Abstand a_2 vom Ursprung und **b)** den Zahlenwert x_3 des Punktes, welcher 60 mm vom Ursprung entfernt ist.

Lösung:

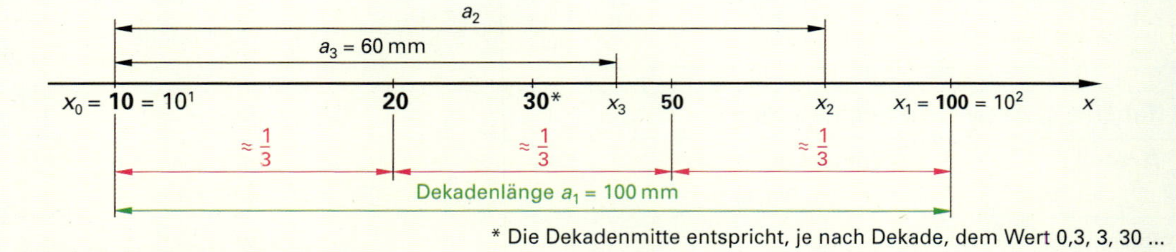

Bild 1: Logarithmische Teilung

a) $a_2 = a_1 \cdot \lg \frac{x_2}{x_0} = 100\,\text{mm} \cdot \lg \frac{70}{10} = 84{,}5\,\text{mm};$ **b)** $x_3 = x_0 \cdot 10^{\frac{a_3}{a_1}} = 10 \cdot 10^{\frac{60\,\text{mm}}{100\,\text{mm}}} = 39{,}8 \approx 40$

Beispiel 2:

Die Kennlinie einer Leuchtdiode vom Typ CQX 35 **(Datenblatt Seite 280)** soll im Bereich 1 mA bis 10 mA in einem größeren Maßstab dargestellt werden. Die Länge der Dekade ist 36 mm. Die X-Achse wird von 1,5 V bis 1,66 V gezeichnet (Maßstab: 8 mm ≙ 40 mV). Zeichnen Sie die Kennlinie für die LED für die Werte 1 mA, 2 mA, 3 mA, 5 mA und 10 mA ein.

Lösung:

Zuerst die Werte aus der Kennline mit logarithmischer Darstellung (Datenblatt) entnehmen und in die Tabelle eintragen. Dann die Kennlinie im Bereich von 1 mA bis 10 mA neu zeichnen **(Bild 2)**.

I in mA	1	2	3	5	10
U in V	1,52	1,56	1,58	1,6	1,64

Aufgaben zu 1.5.2

1. Erstellen Sie eine logarithmische Teilung von 10^{-2} bis 10^4 auf einer Achsenlänge von 12 cm.
2. Die Eingangskennlinie eines NPN-Transistors BC 107 **(Datenblatt Seite 281)** soll im Bereich 10 µA bis 100 µA in einem größeren Maßstab dargestellt werden. Die Länge der Dekade ist 60 mm. Die X-Achse wird von 0,5 V bis 0,6 V gezeichnet (Maßstab: 1 cm ≙ 20 mV). Zeichnen Sie die Werte für 10 µA, 20 µA, 30 µA, 50 µA und 100 µA ein.
3. Ermitteln Sie aus der Strom-Zeit-Kennlinie (doppellogarithmisches Diagramm) einer 16 A Schmelzsicherung **(Datenblatt Seite 275)** die maximalen Auslöseströme bei **a)** 5 Sekunden, **b)** 400 ms, **c)** 200 ms und **d)** 100 ms.

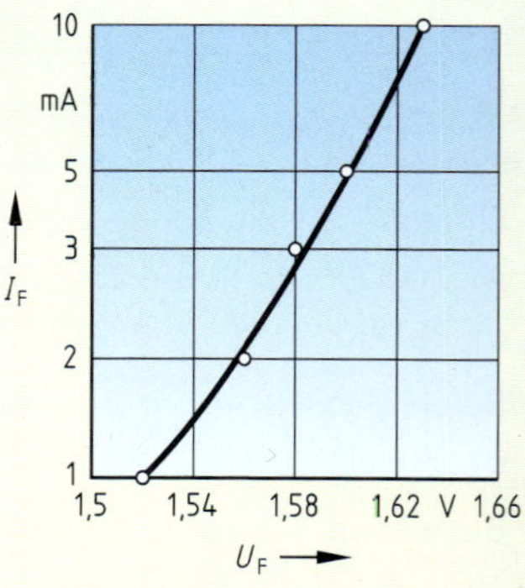

Bild 2: Auszug aus einer LED-Kennlinie

1.6 Gleichungen und Formeln

1.6.1 Arbeiten mit Gleichungen

Eine Gleichung setzt zwei Terme gleich. Sie enthält Zahlen und Variablen.

16	=	3 x – 5
Linke Seite, Linksterm	Gleichheitszeichen	Rechte Seite, Rechtsterm

Die Variable x ist ein Platzhalter für einen Zahlenwert. Um den Wert für x zu finden, müssen beide Terme so lange verändert werden, bis die gesuchte Größe (Variable) allein auf der linken Seite steht.
Eine Waage im Gleichgewicht veranschaulicht diese Regeln **(Tabelle 1)**. Dabei gelten die Regeln der äquivalenten (gleichwertigen) Umformung **(Tabelle 2)**.

Äquivalente Umformung: Man darf beide Seiten einer Gleichung gegeneinander vertauschen oder durch Rechnung gleichwertig verändern **(Tabelle 2)**.

Tabelle 1: Waage und Gleichung

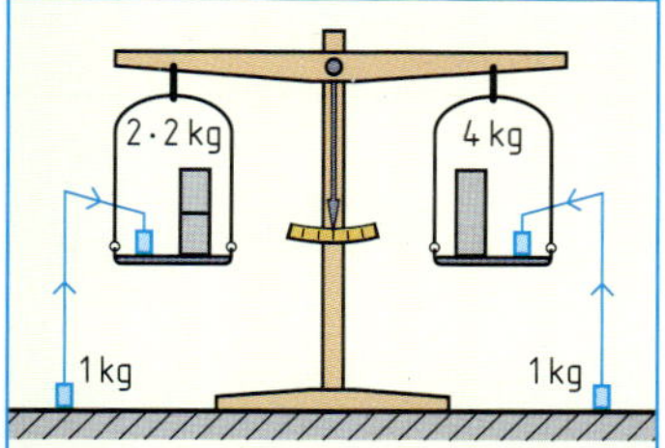

Waage bleibt im Gleichgewicht

Linke Seite	= Rechte Seite
2 · 2 kg	= 4 kg
2 · 2 kg + **1 kg**	= 4 kg + **1 kg**

Tabelle 2: Regeln für das äquivalente Umformen von Gleichungen, Beispiele

Linke Seite, Linksterm = **Rechte Seite, Rechtsterm**	
Seiten gegeneinander vertauschen, z. B.:	$16 = 3x - 5 \Rightarrow 3x - 5 = 16$
gleichen Wert, z. B. 5, addieren:	$7x - 5 = 23 \Rightarrow 7x = 28$
gleichen Wert, z. B. 7, subtrahieren:	$5x + 7 = 25 \Rightarrow 5x = 18$
mit gleichem Wert, z. B. 5, multiplizieren:	$2x = 5 \Rightarrow 10x = 25$
durch gleichen Wert, z. B. 6, dividieren:	$6x = 18 \Rightarrow x = 3$
auf beiden Seiten Kehrwert bilden, z. B.:	$2/x = 5/3 \Rightarrow x/2 = 3/5$
auf beiden Seiten quadrieren, z. B.:	$x = 5 \Rightarrow x^2 = 25$
auf beiden Seiten Wurzel ziehen, z. B.:	$x^2 = 7 \Rightarrow x = \pm\sqrt{7}$
beide Seiten logarithmieren, z. B.:	$e^x = 5 \Rightarrow x = \ln 5$

Tabelle 3: Gleichungen, Beispiele

Beispiel 1: Auflösen nach *x*

Ausgangsgleichung:	$\mathbf{16}$	$= \mathbf{3x - 5}$
5 addieren:	$16 + \mathbf{5}$	$= 3x - 5 + \mathbf{5}$
5 addiert	21	$= 3x$
Seiten vertauscht:	$3x$	$= 21$
Durch **3** teilen:	$\frac{3x}{\mathbf{3}}$	$= \frac{21}{\mathbf{3}}$
Lösung:	$\mathbf{x}$	$= \mathbf{7}$
Probe:	16	$= 3 \cdot \mathbf{7} - 5 \Rightarrow 16 = 16$

Beispiel 2: Auflösen nach *y*

Ausgangsgleichung:	$\mathbf{\frac{1}{2y - 3}}$	$= \mathbf{5}$
Kehrwert bilden:	$2y - 3$	$= \frac{1}{5}$
Mit **5** multiplizieren:	$(2y - 3) \cdot \mathbf{5}$	$= 0{,}2 \cdot \mathbf{5}$
Mit **5** multipliziert:	$10y - 15$	$= 1$
15 addieren:	$10y - 15 + \mathbf{15}$	$= 1 + \mathbf{15}$
15 addiert:	$10y$	$= 16$
Lösung:	$\mathbf{y}$	$= \mathbf{1{,}6}$

Beispiel 3: Auflösen nach *z*

Ausgangsgleichung:	$\mathbf{\frac{5z^2}{4}}$	$= \mathbf{80}$
Mit **4/5** multiplizieren:	$\frac{5z^2 \cdot \mathbf{4}}{4 \cdot \mathbf{5}}$	$= \frac{80 \cdot \mathbf{4}}{\mathbf{5}}$
Mit **4/5** multipliziert:	z^2	$= 64$
Wurzelziehen:	$\sqrt{z^2}$	$= \pm\sqrt{64}$
Lösung:	$\mathbf{z}$	$= \pm\sqrt{\mathbf{64}} = \pm \mathbf{8}$

Beispiel 4: Auflösen nach *t*

Ausgangsgleichung:	$\mathbf{12 \cdot e^{-t/4}}$	$= \mathbf{6}$
Durch **12** geteilt:	$e^{-t/4}$	$= 0{,}5$
Logarithmiert:	$-t/4$	$= +\ln 0{,}5$
Vorzeichen umgekehrt:	$\mathbf{+}\, t/4$	$= \mathbf{-}\ln 0{,}5$
Lösung:	$\mathbf{t}$	$= \mathbf{-4 \cdot \ln 0{,}5 = 2{,}77}$

1.6.2 Arbeiten mit Formeln

Formeln sind Gleichungen, die vorwiegend Formelzeichen, z. B. *P*, *U* und *R*, enthalten. Sie erfassen den mathematischen Zusammenhang zwischen physikalischen Größen **(Beispiele)**.
Für das Umstellen einer Formel und das Auflösen nach einer Größe **(Tabelle)** gelten dieselben Regeln wie für das Umformen und das Auflösen von Gleichungen **(Seite 17, Tabelle 2)**.
Die gesuchte Größe muss bei der Lösung allein auf einer Seite stehen.

Beispiele für Formelzeichen:

Formelzeichen	physikalische Größe
P	Leistung
U	Spannung
R	Widerstand

Tabelle: Umstellen und Auflösen von Formeln (Beispiele)

Beispiel 1: Auflösen nach U

Ausgangsformel:	$P = \frac{U^2}{R}$
Seiten vertauscht:	$\frac{U^2}{R} = P$
Mit R multipliziert:	$U^2 = P \cdot R$
Wurzel ⇒ **Lösung:**	$U = \sqrt{P \cdot R}$

Beispiel 2: Auflösen nach C

Ausgangsformel:	$T = 2\pi \cdot \sqrt{L \cdot C}$
Formel quadriert:	$T^2 = 4\pi^2 \cdot L \cdot C$
Formel durch $4\pi^2 \cdot L$ geteilt:	$\frac{T^2}{4\pi^2 \cdot L} = C$
Seiten vertauscht ⇒ **Lösung:**	$C = \frac{T^2}{4\pi^2 \cdot L}$

Beispiel 3: Auflösen nach I

Ausgangsformel:	$U = U_0 - I \cdot R_i$
U_0 subtrahiert:	$U - U_0 = -I \cdot R_i$
Seiten vertauschen:	$-I \cdot R_i = U - U_0$
Vorzeichen umgekehrt:	$I \cdot R_i = U_0 - U$
Durch R_i dividiert ⇒ **Lösung:**	$I = \frac{U_0 - U}{R_i}$

Beispiel 4: Auflösen nach b

Ausgangsformel:	$a = \sqrt{c^2 - b^2}$
Formel quadriert:	$a^2 = c^2 - b^2$
b^2 addiert:	$a^2 + b^2 = c^2$
a^2 subtrahiert:	$b^2 = c^2 - a^2$
Wurzel ⇒ **Lösung:**	$b = \sqrt{c^2 - a^2}$

Beispiel 5: Auflösen nach R_1

Ausgangsformel:	$\frac{1}{R} = \frac{1}{R_1} + \frac{1}{R_2}$
$\frac{1}{R_2}$ subtrahiert:	$\frac{1}{R_1} = \frac{1}{R} - \frac{1}{R_2}$
Hauptnenner $R_2 \cdot R$:	$\frac{1}{R_1} = \frac{R_2 - R}{R_2 \cdot R}$
Kehrwert ⇒ **Lösung:**	$R_1 = \frac{R_2 \cdot R}{R_2 - R}$

Beispiel 6: Auflösen nach R_2

Ausgangsformel:	$R = \frac{R_1 \cdot R_2}{R + R_2}$
Mit Nenner multipliziert:	$R \cdot (R_1 + R_2) = R_1 \cdot R_2$
Klammer auflösen:	$R \cdot R_1 + R \cdot R_2 = R_1 \cdot R_2$
$R \cdot R_2$ subtrahiert:	$R \cdot R_1 = R_1 \cdot R_2 - R \cdot R_2$
Seiten vertauschen:	$R_1 \cdot R_2 - R \cdot R_2 = R \cdot R_1$
R_2 ausklammern:	$R_2 \cdot (R_1 - R) = R \cdot R_1$
Durch $(R_1 - R)$ dividiert ⇒ **Lösung:**	$R_2 = \frac{R \cdot R_1}{R_1 - R}$

Beispiel 7: Auflösen nach U

Ausgangsformel:	$L_U = 20 \cdot \lg \frac{U}{U_0}$
Durch 20 dividiert:	$\frac{L_U}{20} = \lg \frac{U}{U_0}$
Mit 10 potenziert:	$10^{\frac{L_U}{20}} = \frac{U}{U_0}$
Mit U_0 multipliziert:	$U_0 \cdot 10^{\frac{L_U}{20}} = U$
Seiten vertauschen ⇒ **Lösung:**	$U = U_0 \cdot 10^{\frac{L_U}{20}}$

Beispiel 8: Auflösen nach t

Ausgangsformel:	$u_C = U_0 \cdot e^{-\frac{t}{\tau}}$
Durch U_0 dividiert:	$\frac{u_C}{U_0} = e^{-\frac{t}{\tau}}$
Logarithmiert:	$\ln \frac{u_C}{U_0} = -\frac{t}{\tau}$
Vorzeichen umgedreht:	$-\ln \frac{u_C}{U_0} = \frac{t}{\tau}$
Mit τ multipliziert:	$-\tau \cdot \ln \frac{u_C}{U_0} = t$
Seiten vertauschen ⇒ **Lösung:**	$t = -\tau \cdot \ln \frac{u_C}{U_0}$

Aufgaben zu 1.6.1

Lösen Sie die folgenden Gleichungen nach *x* bzw. *y* bzw. *z* auf, und machen Sie die Probe.

1. a) $x+17=44;\quad x-5=27$ **b)** $3x-5=7;\quad 7x+3=17$ **c)** $3=2x+1;\quad 2=5x+17$

2. a) $\frac{3y}{5}=9;\quad \frac{5y}{13}=15$ **b)** $\frac{27y}{8}=\frac{45}{32};\quad \frac{25}{12}=\frac{5y}{3}$ **c)** $\frac{3}{5y}=\frac{2}{7};\quad \frac{5}{2}=\frac{3}{4y}$

3. a) $\frac{x+7}{2}=5;\quad \frac{8-x}{3}=2$ **b)** $\frac{5x+4}{3}=8;\quad \frac{5}{7+2x}=\frac{1}{7}$ **c)** $\frac{5}{2}=\frac{6}{2x+3};\quad \frac{3}{5}=\frac{5}{7-2x}$

4. a) $\frac{3z^2}{2}=24;\quad \frac{4z^2}{9}+5=21$ **b)** $\frac{13z^2}{5}=65;\quad 15=\frac{4z^2}{3}-12$ **c)** $\frac{3z}{20}=\frac{9}{25z};\quad \frac{21}{32z}=\frac{7z}{24}$

5. a) $\frac{1}{x}=\frac{1}{3}+\frac{1}{2};\quad \frac{1}{y}=\frac{1}{6}+\frac{1}{3}$ **b)** $\frac{1}{y}=\frac{2}{5}+\frac{4}{15};\quad \frac{1}{x}=\frac{5}{12}-\frac{3}{8}$ **c)** $\frac{2}{z}=\frac{1}{3}-\frac{1}{5};\quad \frac{11}{z}=\frac{3}{2}-\frac{2}{5}$

d) $\frac{1}{5}=\frac{1}{x}+\frac{1}{4};\quad \frac{1}{10}=\frac{1}{x}+\frac{1}{5}$ **e)** $\frac{1}{6}=\frac{1}{3}-\frac{1}{x};\quad \frac{1}{7}=\frac{1}{2}+\frac{1}{x}$ **f)** $\frac{2}{5}=\frac{3}{10}+\frac{3}{2x};\quad \frac{5}{4}=\frac{2}{5}-\frac{4}{5x}$

6. a) $15\cdot(12-5z)=125\cdot(4-z)$ **b)** $2{,}5\cdot(z+21)=4{,}5\cdot(7-z)$ **c)** $6{,}5\cdot(z+24)=9{,}1\cdot(18-z)$

7. a) $5=\sqrt{x^2+9}$ **b)** $8=\sqrt{x^2-36}$ **c)** $9=\sqrt{17+4x^2}$ **d)** $\sqrt{16-27x^2}=2$

8. a) $e^x=50;\quad e^x=5{,}0$ **b)** $e^x=2{,}0;\quad e^x=0{,}2$ **c)** $e^x=10;\quad e^{2x}=10$ **d)** $e^{0{,}2x}=8;\quad e^{0{,}4x}=8$

9. a) $e^{-x}=4;\quad e^{-x}=16$ **b)** $e^{-x/2}=3;\quad e^{-x/2}=9$ **c)** $2=4\,(1-e^{-x/8})$ **d)** $6{,}3=10\,(1-e^{-x/3})$

Aufgaben zu 1.6.2

Folgende Formeln sind umzuformen und aufzulösen:

1. a) $P=F\cdot v$ nach v; **b)** $M=F\cdot r$ nach F; **c)** $W=P\cdot t$ nach P; **d)** $U=R\cdot I$ nach R;
e) $s=v\cdot t$ nach v; **f)** $P=M\cdot\omega$ nach ω; **g)** $m=\varrho\cdot V$ nach ϱ; **h)** $u=\pi\cdot d$ nach d

2. a) $V=l\cdot b\cdot h$ nach h; **b)** $v=d\cdot\pi\cdot n$ nach n; **c)** $U=v\cdot B\cdot l$ nach B; **d)** $X_L=2\pi\cdot f\cdot L$ nach L

3. a) $U=U_1+U_2$ nach U_2; **b)** $U=U_0-U_i$ nach U_0; **c)** $\Delta t=t_1-t_0$ nach t_0; **d)** $R_v=R-R_i$ nach R_i

4. a) $I=\frac{Q}{t}$ nach Q; **b)** $I=\frac{U}{R}$ nach U; **c)** $\eta=\frac{P_2}{P_1}$ nach P_1; **d)** $P=\frac{F\cdot s}{t}$ nach F;
e) $R=\frac{l}{\gamma\cdot A}$ nach A; **f)** $U=\frac{F\cdot s}{Q}$ nach Q; **g)** $Q=\frac{\omega\cdot L}{R}$ nach R; **h)** $\Delta U=\frac{2I\cdot l}{\gamma\cdot A}$ nach A;

5. a) $W=\frac{C\cdot U^2}{2}$ nach U; **b)** $Q_{bL}=\frac{U^2}{\omega\cdot L}$ nach L; **c)** $X=\frac{Q}{I^2}$ nach I; **d)** $C=\frac{Q_{bC}}{\omega\cdot U^2}$ nach U

6. a) $Z=\sqrt{R^2+X_L^2}$ nach X_L; **b)** $T=2\pi\cdot\sqrt{L\cdot C}$ nach L; **c)** $I_w=\sqrt{I^2-I_{bL}^2}$ nach I_{bL}

7. a) $U=U_0-I\cdot R_i$ nach R_i; **b)** $R_v=(n-1)\cdot R_m$ nach n; **c)** $P=(F_2-F_1)\cdot v$ nach F_1

8. a) $\frac{1}{C}=\frac{1}{C_1}+\frac{1}{C_2}$ nach C_1; **b)** $R=\frac{R_1\cdot R_2}{R_1+R_2}$ nach R_1; **c)** $\frac{U_2}{U}=\frac{R_2}{R_1+R_2}$ nach R_1;
d) $R_p=\frac{R_m}{n-1}$ nach R_m; **e)** $R_i=\frac{U_0-U}{I}$ nach U; **f)** $R_1=\frac{R_2\cdot(U-U_{20})}{U_{20}}$ nach U

9. a) $u_c=U_0\cdot e^{-t/\tau}$ nach t; **b)** $i_L=I_0\cdot e^{-t/\tau}$ nach τ; **c)** $i_L=I_0\cdot(1-e^{-t/\tau})$ nach t

1.6.3 Verhältnisgleichungen, Dreisatzrechnen

Beispiel 1:

Eine Leitung der Länge $l_1 = 50$ m wiegt $m_1 = 60$ kg.
Berechnen Sie die Masse m_2 von $l_2 = 20$ m derselben Leitung.

Überlegung: Die doppelte Länge entspricht der doppelten Masse, die halbe Länge bedeutet die halbe Masse.

Folgerung:

a) Die Masse ist der Länge direkt proportional: $l \sim m$

b) Die Massen verhalten sich zueinander wie die Längen: $\frac{m_2}{m_1} = \frac{l_2}{l_1}$

Lösung nach a) mit Dreisatz:	Lösung nach b) mit Verhältnisgleichung:
50 m wiegen 60 kg 1 m wiegt 60 kg/50 = 1,2 kg 20 m wiegen 1,2 kg · 20 = **24 kg**	$\frac{m_2}{m_1} = \frac{l_2}{l_1} \Rightarrow \boldsymbol{m_2} = \frac{l_2 \cdot m_1}{l_1} = \mathbf{24\ kg}$

Beispiel 2:

Ein Kupferleiter mit dem Querschnitt $A_1 = 6\ \text{mm}^2$ ist $l_1 = 50$ m lang.
Berechnen Sie die Länge l_2 eines Leiters gleicher Masse mit Querschnitt $A_2 = 4\ \text{mm}^2$.

Überlegung: Doppelter Querschnitt bedeutet die halbe Länge, halber Querschnitt bedeutet die doppelte Länge.

Folgerung:

a) Die Länge ist dem Querschnitt indirekt (umgekehrt) proportional: $l \sim \frac{1}{A}$

b) Die Längen verhalten sich zueinander umgekehrt wie die Querschnitte: $\frac{l_2}{l_1} = \frac{A_1}{A_2}$

Lösung nach a) mit Dreisatz:	Lösung nach b) mit Verhältnisgleichung:
6 mm² ⇒ 50 m 1 mm² ⇒ 50 m · 60 = 300 m 4 mm² ⇒ 300 m/4 = **75 m**	$\frac{l_2}{l_1} = \frac{A_1}{A_2} \Rightarrow \boldsymbol{l_2} = \frac{A_1 \cdot l_1}{A_2} = \mathbf{75\ m}$

Aufgaben zu 1.6.3

1. Der Preis für 25 Gerätesicherungen beträgt 12 €. Wieviel kosten 6 gleiche Gerätesicherungen?
2. 50 m PVC-isolierte Kupferleitung wiegen 2,25 kg. Wieviel m sind in einer Rolle von 1,44 kg noch enthalten?
3. Ein Akkumulator kann 5 Meldeleuchten 240 Stunden lang betreiben. Welche Betriebsdauer wäre mit diesem Akkumulator bei 3 derartigen Meldeleuchten möglich?

1.6.4 Verhältnisgleichungen, Prozentrechnen

Beispiel:

Ein Elektromotor nimmt die Leistung $P_1 = 5{,}0$ kW aus dem Netz auf und gibt die Leistung $P_2 = 4{,}0$ kW an der Welle ab.
Wie viel der zugeführten Leistung werden an der Welle abgegeben?

Überlegung: P_1 ist der Grundwert G. Er entspricht 100%. P_2 ist der Prozentwert W. Er entspricht dem Prozentsatz p.

Folgerung:

a) Der Prozentsatz p ist dem Prozentwert W direkt proportional: $p \sim W$

b) p verhält sich zu 100% wie W zu G: $\frac{p}{100\,\%} = \frac{W}{G}$

Lösung nach a) mit Dreisatz:	Lösung nach b) mit Verhältnisgleichung:
5,0 kW ⇒ 100 % 1,0 kW ⇒ 100 %/5 = 20 % 4,0 kW ⇒ 20 % · 4 = **80 %**	$\frac{p}{100\,\%} = \frac{W}{G} \Rightarrow \boldsymbol{p} = \frac{W}{G} \cdot 100\,\% = \frac{4{,}0\ \text{kW}}{5{,}0\ \text{kW}} \cdot 100\,\% = \mathbf{80\,\%}$

Aufgaben zu 1.6.4

1. Für eine Deckenleuchte müssen 54 € bezahlt werden, nachdem die unverbindliche Preisempfehlung um 25 % unterschritten wurde. Wie hoch ist der empfohlene Preis?
2. Der Messbereichs-Endwert eines Spannungsmessers ist 400 Volt. Der zulässige Anzeigefehler beträgt ±2,5 % dieses Wertes. Berechnen Sie den positiven und negativen Anzeigefehler in Volt.
3. Die Entladekapazität eines Bleiakkumulators beträgt 84 Amperestunden. Das sind 80 % der Ladekapazität. Wie viele Amperestunden sind zur Aufladung dieses Akkumulators erforderlich?

1.7 Funktionen

Eine Funktion ordnet eine Größe *einer* andere Größe zu, z. B. einem Zeitpunkt t *einen* Spannungswert U.

Man sagt: „U ist eine Funktion von t“, oder U = f von t“. Der mathematische Ausdruck lautet: $U = f(t)$ oder $U(t)$.

Man kann eine Funktion angeben durch
- eine Formel als Funktionsgleichung,
- Wertepaare in einer Funktions- oder Wertetabelle,
- ein Schaubild (grafische Darstellung).

Als Schaubild ist eine Kennlinie (Graph, Schaulinie) in einem rechtwinkligen Koordinatensystem bzw. Gitternetz gebräuchlich **(Tabellen 1 und 2)**. Es wird zwischen linearen und nichtlinearen Kennlinien unterschieden.

Bei der Erfahrungsfunktion (empirischen Funktion) ergibt sich die Wertetabelle aus einem Messversuch, bei der berechenbaren (analytischen) Funktion durch Rechnung mit einer Formel als Funktionsgleichung.

Beispiel 1: Erfahrungsfunktion $W(t)$

Die elektrische Arbeit W einer Heizung ist eine Funktion der Einschaltzeit t. Man kann zu gegebenen Zeiten t die zugeordneten Verbrauchswerte W messen. Die t-W-Wertepaare ergeben die Wertetabelle **(Tabelle 1)**.

a) Zeichnen Sie ein Gitternetz mit Werteskalen.
Maßstäbe:
Waagrecht (Abszisse) für t: 1 Teil ≙ 1 h.
Senkrecht (Ordinate) für W: 1 Teil ≙ 2 kWh.

b) Markieren Sie für jedes t-W-Wertepaar der Wertetabelle einen Punkt im Koordinatensystem. Zeichnen Sie durch die Punkte eine Gerade als Kennlinie.

c) Ermitteln Sie aus dem $W(t)$-Schaubild zur Zeit $t_1 = 5$ h die Arbeit W_1, zum Verbrauch $W_2 = 5{,}0$ kWh die Zeit t_2.

d) Ermitteln Sie die Steigung der $W(t)$-Kennlinie.

Lösung:

Tabelle 1 und Bild 1

Beispiel 2: Berechenbare Funktion $I(U)$

Gegeben sind die Funktionsgleichung $I = P/U$ für die Leistung $P = 2$ W, die Spannungen in der Wertetabelle **(Tabelle 2)** und ein Gitternetz mit Werteskalen **(Bild 2)**.

a) Berechnen Sie die zugeordneten Stromwerte. Tragen Sie die U-I-Wertepaare in eine Wertetabelle ein. Einheiten: Ampere gleich Watt durch Volt. A = W/V.

b) Markieren Sie für jedes berechnete U-I-Wertepaar den Punkt im Koordinatensystem, und verbinden Sie die Punkte durch die $I(U)$-Kennlinie.

c) Ermitteln Sie aus dem $I(U)$-Schaubild **(Bild 2)** zur Spannung $U = 1{,}75$ V den Strom I.
Überprüfen Sie das Ergebnis durch Rechnung.

Lösung:

a) Tabelle 2; b) Bild 2;

c) Schaubild: $U = 1{,}75$ V ⇒ $I = 1{,}1$ A.

Rechnung: $I = \frac{P}{U} = \frac{2\,\text{W}}{1{,}75\,\text{V}} = 1{,}1\,\text{A}$

Tabelle 1: Erfahrungsfunktion, z. B. $W = f(t)$

$W(t)$-Wertetabelle

t in h	0	2	4	6	8	10
W in kWh	0	3	6	9	12	15

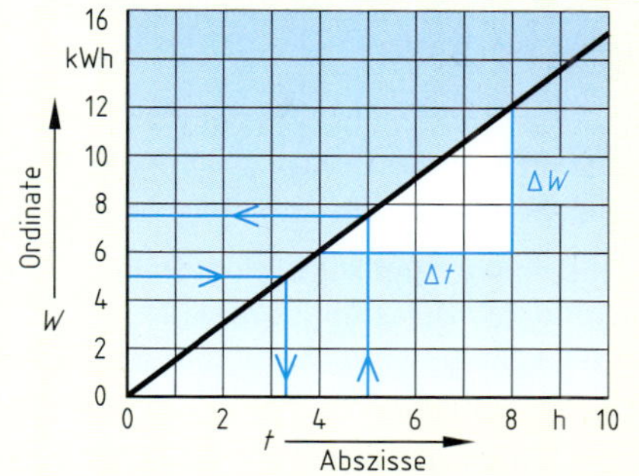

$t_1 = 5$ h ⟹ $W_1 = 7{,}5$ kWh; $W_2 = 5{,}0$ kWh ⟹ $t_2 = 3{,}3$ h.

Bild 1: $W(t)$-Kennlinie einer Heizung

Steigung:

$$P = \frac{\Delta W}{\Delta t} = \frac{12{,}0\,\text{kWh} - 6{,}0\,\text{kWh}}{8{,}0\,\text{h} - 4{,}0\,\text{h}} = 1{,}5\,\text{kW}$$

$$\text{Steigung} = \frac{\text{Ordinatenabschnitt (z. B. } \Delta W)}{\text{Abszissenabschnitt (z. B. } \Delta t)}$$

Tabelle 2: Berechenbare Funktion, z. B.: $I = f(U)$

Funktionsgleichung: $I = \frac{P}{U}$ für $P = 2$ W

$I(U)$-Wertetabelle

U in V	0,5	1	1,5	2	2,5	3	3,5	4
I in A	4	2	1,33	1	0,8	0,66	0,6	0,5

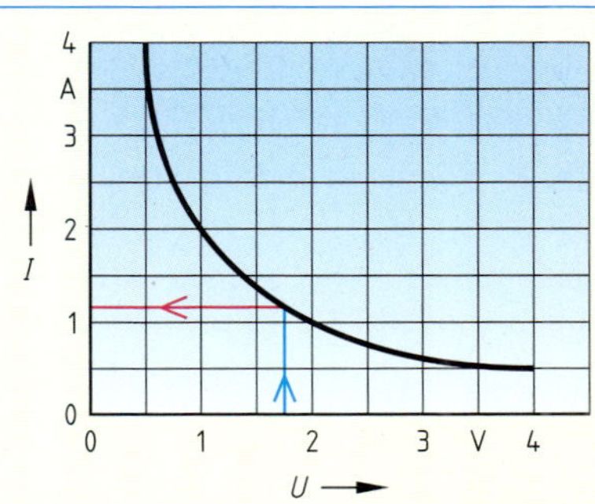

Bild 2: $I(U)$-Kennlinie (Leistungshyperbel) für $P = 2$ W

Die $I(U)$-Kennlinie eines Widerstandes für P = konstant ist eine Leistungshyperbel **(Seiten 58 und 72)**.

Aufgaben zu 1.7

1. Die Entladekennlinie in **Bild 1** zeigt die Klemmenspannung U einer Batterie als Funktion der Entladezeit t.

a) Welchen Wert U_1 hat die Spannung nach der Zeit $t_1 = 16\,\text{h}$?

b) Nach welcher Zeit t_2 beträgt die Spannung $U_2 = 12\,\text{V}$?

2. Der Wirkungsgrad η eines Elektromotors ist als Funktion der Leistung angegeben **(Bild 2)**.

a) Ermitteln Sie den Wirkungsgrad η_1 bei der Leistung $P_1 = 50\,\text{W}$.

b) Bei welcher Leistung P_m ist der Wirkungsgrad am größten?

c) Bei welcher Leistung beträgt der Wirkungsgrad $\eta_2 = 0{,}7$?

3. Die Klemmenspannung U einer Batterie ist entsprechend **Bild 3** eine Funktion des Belastungsstroms I.
Ermitteln Sie unter Verwendung der $U(I)$-Kennlinie

a) die Spannungen U_0 bei $I_0 = 0\,\text{A}$ und U_1 bei $I_1 = 0{,}5\,\text{A}$,

b) die Ströme I_2 bei $U_2 = 3{,}7\,\text{V}$ und I_3 bei $U_3 = 2{,}5\,\text{V}$,

c) die Steigung (Betrag) der $U(I)$-Kennlinie.

4. Eine Reihenschaltung aus Widerstand und Kondensator (R-C-Glied) liegt an der konstanten Spannung $U_0 = 60\,\text{V}$. Die Kondensatorspannung verläuft dann nach einer e-Funktion **(Bild 4)**.

a) Ermitteln Sie aus dem Schaubild die Spannungen U_{C1} nach $t_1 = 10\,\text{s}$ und U_{C2} nach $t_2 = 20\,\text{s}$,

b) Nach welcher Zeit t_3 (Zeitkonstante τ), hat die Kondensatorspannung den Wert $U_{C3} = 0{,}63 \cdot U_0$?

5. Gegeben ist das Ohmsche Gesetz in der Form $I = U/R$. Dabei ist der Strom I eine Funktion der Spannung U beim Widerstand $R = 20\,\Omega$.

a) Berechnen Sie die den Spannungen 0, 10 V, 20 V, 30 V, 40 V, 50 V, 60 V zugeordneten Ströme.

b) Legen Sie für die ermittelten U-I-Wertepaare eine Wertetabelle an.

c) Zeichnen Sie als Koordinatensystem ein Gitternetz mit Werteskalen.
Maßstäbe: Waagrecht (Abszisse) für U: 1 Teil = 1 div* ≙ 10 V.
Senkrecht (Ordinate) für I: 1 Teil = 1 div ≙ 0,5 A.

d) Markieren Sie für jedes U-I-Wertepaar aus der Tabelle einen Punkt im Gitternetz. Zeichnen Sie durch diese Punkte eine Kennlinie.

e) Ermitteln Sie aus dem $I(U)$-Schaubild den Strom I_1 bei der Spannung $U_1 = 25\,\text{V}$. Überprüfen Sie das Ergebnis durch Rechnung.

f) Ermitteln Sie die Steigung der U-I-Kennlinie.

● **6.** Mithilfe der Kennlinie in **Bild 3** soll als Funktion des Stroms I die Spannung $U_i = U_0 - U(I)$ ermittelt werden. Dabei ist $U_0 = 4{,}5\,\text{V}$.

a) Ermitteln Sie für die Ströme $I = 0\,\text{A}, 0{,}2\,\text{A}, 0{,}4\,\text{A}, \ldots, 1{,}0\,\text{A}, 1{,}2\,\text{A}$ mithilfe von **Bild 3** die Spannungen U_i. Tragen Sie die gefundenen I-U_i-Wertepaare in eine Wertetabelle ein.

b) Legen Sie als Koordinatensystem ein Gitternetz mit Werteskalen an.
Maßstäbe: Waagrecht (Abszisse) für I: 1 Teil = 1 div ≙ 0,2 A.
Senkrecht (Ordinate) für U_i: 1 Teil = 1 div ≙ 0,5 V.

c) Zeichnen Sie in das Gitternetz die $U_i(I)$-Kennlinie.

d) Ermitteln Sie die Steigung der $U_i(I)$-Kennlinie.

* div, Abk. für division (engl.) = Teilung

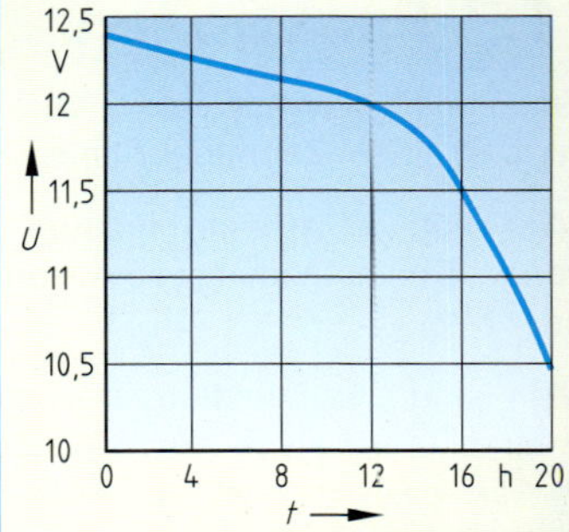

Bild 1: Entladekennlinie $U(t)$ einer Batterie

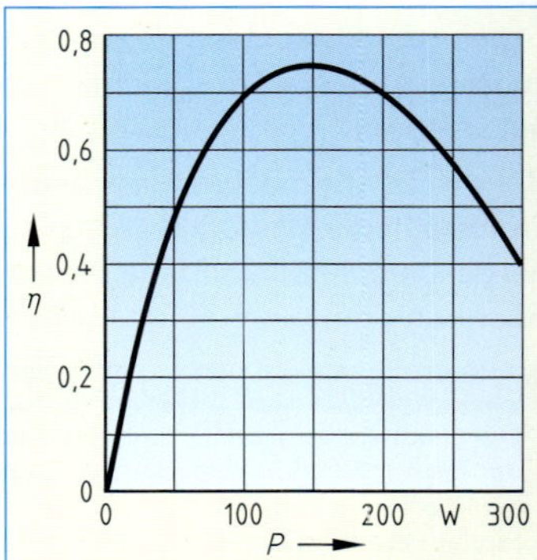

Bild 2: Wirkungsgrad $\eta(P)$ eines Elektromotors

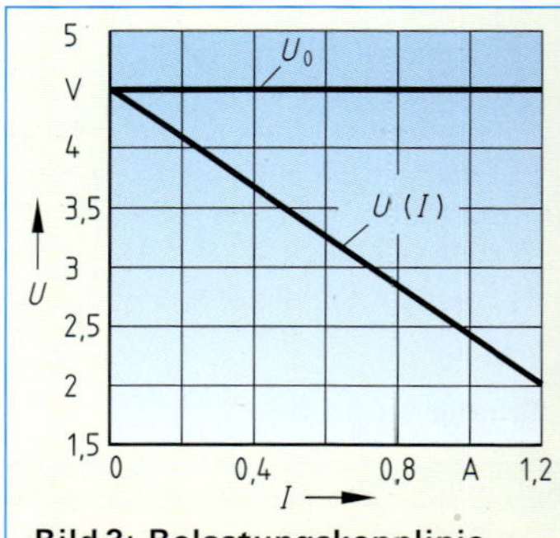

Bild 3: Belastungskennlinie $U(I)$ einer Batterie

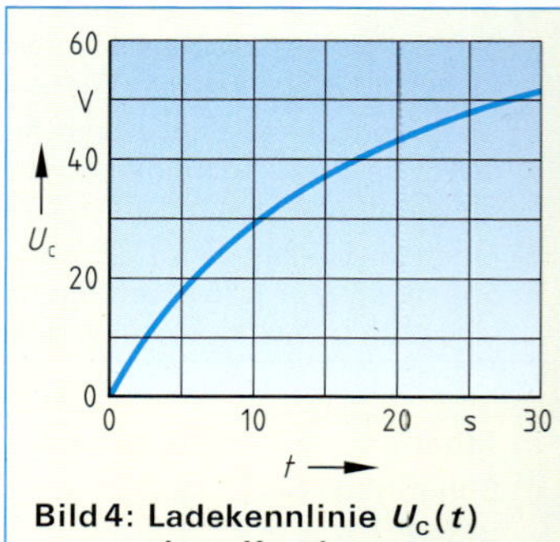

Bild 4: Ladekennlinie $U_C(t)$ eines Kondensators

1.8 Rechnen am Dreieck

1.8.1. Satz des Pythagoras

Bei rechtwinkligen Dreiecken **(Bild 1)** gilt der Lehrsatz des Pythagoras*:

> Im rechtwinkligen Dreieck ist die Fläche des Hypotenusenquadrats gleich der Summe der Flächen der Kathetenquadrate.

Beispiel:

In einem rechtwinkligen Dreieck **(Bild 1)** sind die Katheten $a = 13{,}5$ cm und $b = 18{,}0$ cm gegeben. Gesucht ist die Hypotenuse c.

Lösung:

$$\boldsymbol{c} = \sqrt{a^2 + b^2} = \sqrt{(13{,}5\text{ cm})^2 + (18{,}0\text{ cm})^2} = \sqrt{506{,}25\text{ cm}^2} = \mathbf{22{,}5\text{ cm}}$$

Satz des Pythagoras

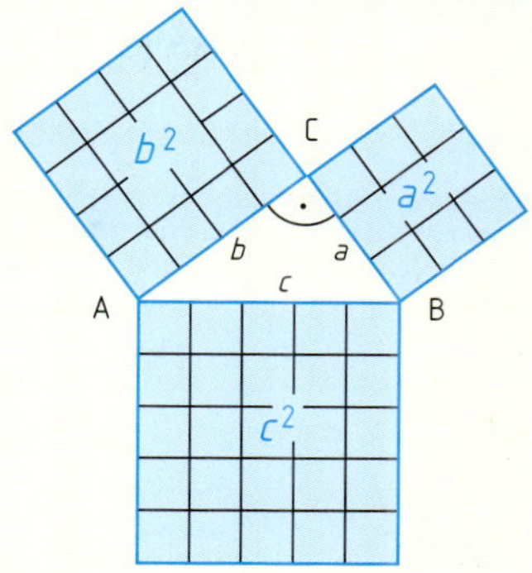

Beispiel: $5^2 = 3^2 + 4^2 \Longrightarrow 25 = 9 + 16$

Bild 1

$$c^2 = a^2 + b^2$$

c	Hypotenuse
c^2	Hypotenusenquadrat
a, b	Katheten
a^2, b^2	Kathetenquadrate

Aufgaben zu 1.8.1

1. Berechnen Sie im Dreieck **(Bild 1)** die fehlenden Seiten:

Teilaufgabe	a	b	c	d	e
Kathete a	34 cm	?	27 cm	?	0,86 cm
Kathete b	47 cm	53 cm	?	0,92 m	?
Hypotenuse c	?	76 cm	41 cm	2,3 m	3,4 cm

2. Gesucht ist im Ausleger **Bild 2** die Länge l der schrägen Strebe.
3. Berechnen Sie im Tragrahmen **Bild 3** die Längen s_1 und s_2.
4. Ein Rundstab mit $D = 70$ mm **(Bild 4)** wird zu einem Vierkant gefeilt. Berechnen Sie die größtmögliche Schlüsselweite s.
5. An einen Zylinder mit $D = 48$ mm soll ein Sechskant nach **Bild 5** angefräst werden. Ermitteln Sie die größtmögliche Schlüsselweite s.
6. An einem Spannungsdreieck bilden $U_W = 208$ V und $U_{bL} = 98$ V die Katheten. Berechnen Sie die Spannung U (Hypotenuse).
7. In einem Stromdreieck bildet der Strom $I = 3{,}6$ A die Hypotenuse. Der Wirkstrom $I_W = 2$ A bildet eine Kathete. Berechnen Sie die zweite Kathete I_{bL}.

Spannungsdreieck: **Seite 102**, Stromdreieck: **Seite 110**

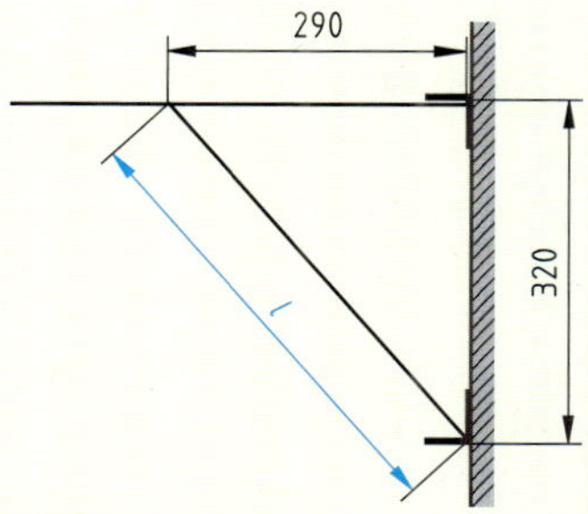

Bild 2: Ausleger

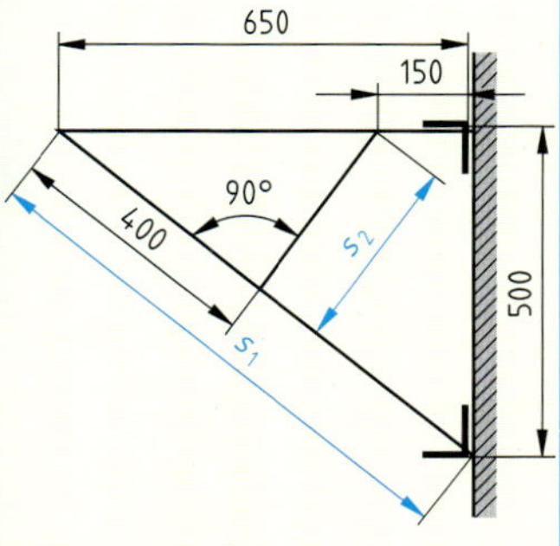

Bild 3: Tragrahmen

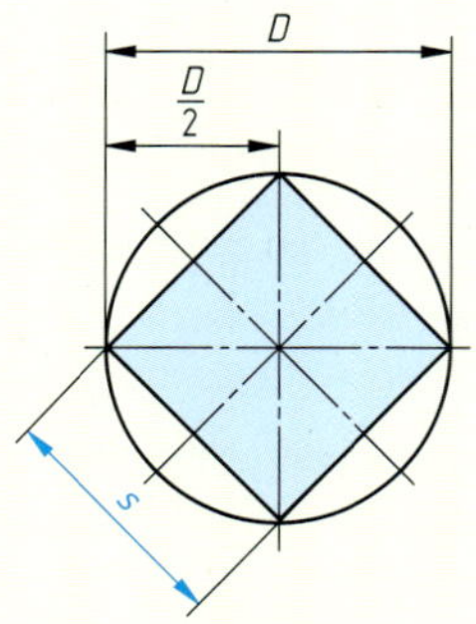

Bild 4: Vierkant

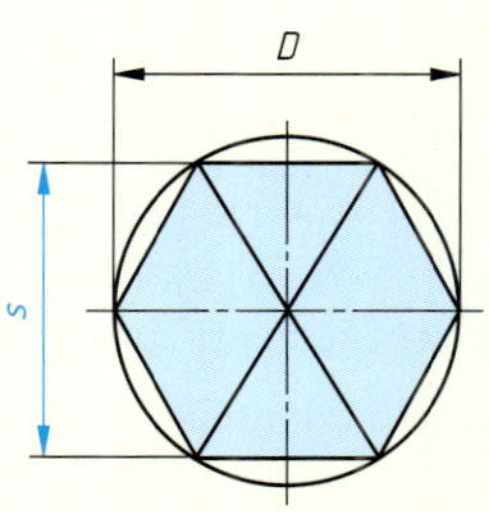

Bild 5: Sechskant

* Pythagoras, griech. Philosoph und Mathematiker, etwa 550 v. Chr.

1.8.2 Winkelfunktionen

Einem Winkel, z. B. dem Winkel α, können die Winkelfunktionen (trigonometrischen Funktionen) $\sin\alpha$, $\cos\alpha$, $\tan\alpha$ oder $\cot\alpha$ zugeordnet werden. Die Funktionswerte sind die Seitenverhältnisse im rechtwinkligen Dreieck (**Bild 1**), z. B. $\sin\alpha = a/c$.

Winkelfunktionen in der Elektrotechnik: **Seite 93**

Beispiel 1:

Im rechtwinkligen Dreieck **(Bild 1)** sind gegeben: $a = 25$ mm, $c = 43$ mm. Gesucht sind Funktionswert $\sin\alpha$, Winkel α, Wert $\cos\alpha$, Ankathete b.

Lösung:

$$\sin\alpha = \frac{a}{c} = \mathbf{0{,}581} \Rightarrow \alpha = \mathbf{35{,}5^\circ} \Rightarrow \cos\alpha = \mathbf{0{,}814};\ b = c \cdot \cos\alpha = \mathbf{35{,}0\ mm}$$

25 [÷] 43 [=] [SHIFT] [sin] ($\sin^{-1}$) [Ans] [=] [cos] [Ans] [=] 43 [×] [Ans] [=]

Umrechnung: $\tan\alpha = \dfrac{\sin\alpha}{\cos\alpha}$; $\cot\alpha = \dfrac{1}{\tan\alpha}$

Aufgaben zu 1.8.2

1. Ermitteln Sie im Dreieck **Bild 1** die fehlenden Größen, in **a)** bis **i)**, auch mit dem Satz des Pythagoras.

Teilaufgabe	a	b	c	d	e	f	g	h	i
b in mm	?	?	?	45	32	21	44	63	50
a in mm	?	?	?	?	?	?	33	84	50
c in mm	90	43	100	90	40	70	?	?	?
β in °	?	?	?	?	?	?	?	?	?
α in °	28	52	30	?	?	?	?	?	?

2. Gesucht sind in der Aufhängung **Bild 2** die Seillängen s und der Durchhang h.

3. Ein Endschalter wird durch einen Steuernocken mit einem Anfahrwinkel von $\alpha = 25^\circ$ betätigt **(Bild 3)**. Berechnen Sie den Anfahrweg a bei einem Schaltweg von $s = 2{,}7$ mm.

4. Für den Endschalter **Bild 3** sind Schaltweg $s = 3{,}5$ mm und Anfahrweg $a = 8$ mm gegeben. Berechnen Sie den Anfahrwinkel α.

5. Zur Vermeidung von Unfällen sollte eine Leiter in einem Winkel von 65° bis 75° an eine senkrechte Wand angelehnt werden. Berechnen Sie bei einer Leiter mit der Länge l von 5 m und einem Anstellwinkel von $\alpha = 70^\circ$ **a)** den Abstand der Leiter am Boden bis zur Wand und **b)** den Abstand vom Boden bis zum oberen Anlegepunkt.

6. Straßen mit gefährlichen Steigungs- und Gefällstrecken werden mit Warnschildern (Verkehrszeichen) gekennzeichnet **(Bild 4)**. Die Bezeichnung z. B. 11% **(Bild 4)** sagt aus, dass auf 100 m horizontaler Länge der Höhenunterschied 11 m beträgt. Berechnen Sie bei einer 600 m langen Fahrbahn mit einer Steigung von 11% **a)** den Steigungswinkel α, **b)** die Länge der horizontalen Strecke und **c)** den Höhenunterschied.

Winkelfunktionen

$$\sin\alpha = \frac{a}{c} \qquad \cos\alpha = \frac{b}{c}$$

$$\tan\alpha = \frac{a}{b} \qquad \cot\alpha = \frac{b}{a}$$

sin	Sinus	tan	Tangens
cos	Kosinus	cot	Kotangens

a Gegenkathete zu α, (Ankathete zu β)

b Gegenkathete zu β, (Ankathete zu α)

c Hypotenuse

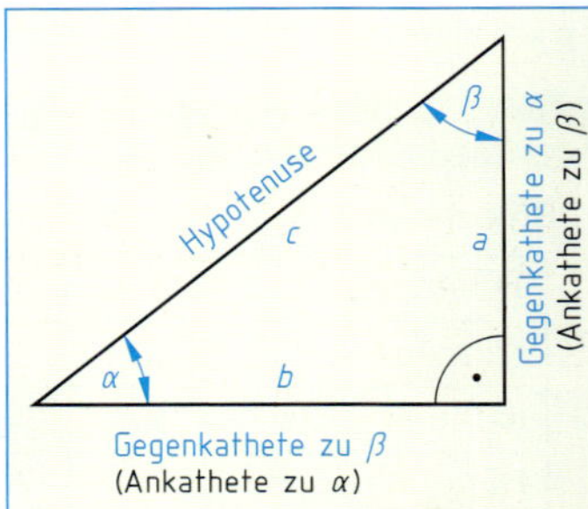

Bild 1: Seiten und Winkel im rechtwinkligen Dreieck

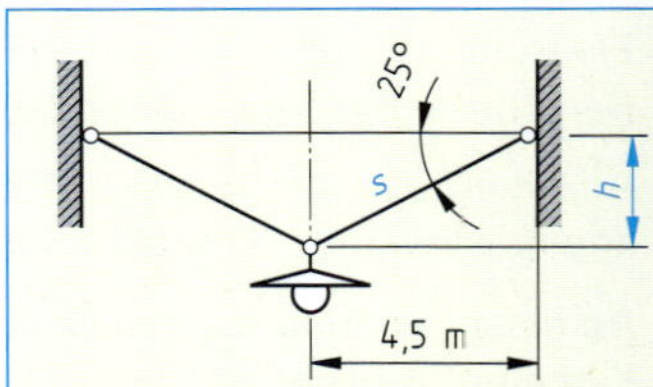

Bild 2: Lampenaufhängung

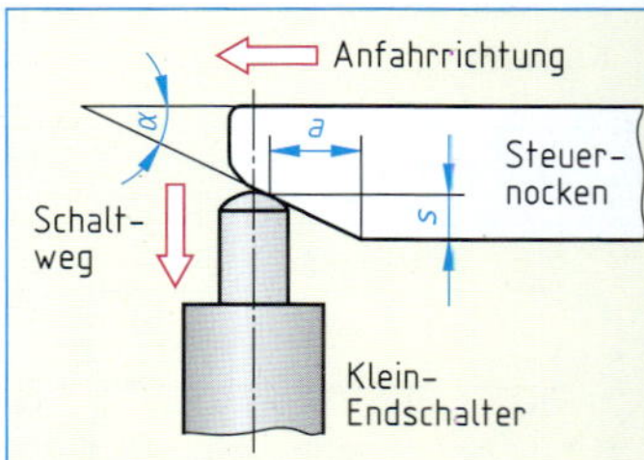

Bild 3: Endschalter

Bild 4: Verkehrszeichen

1.8.3 Winkel im Grad- und Bogenmaß

Übliche Winkeleinheiten sind Grad (°) und Radiant (rad). Radiant ist die Einheit im Bogenmaß. Das Bogenmaß gibt den Winkel α_B als Länge des Kreisbogens eines Kreises mit dem Radius 1 **(Bild 1)** an. Eine weitere Winkeleinheit ist das Neugrad (^{g}), dabei wird ein Kreis in 400 gon eingeteilt.

Zur weiteren Unterteilung der Winkeleinheit Grad (°) wird sie als Dezimalzahl, z. B. 1,5°, oder durch die Einteilung in Grad (°), Minuten (′) und Sekunden (″) **(Beispiel 2)** dargestellt, 1,5° = 1° 30′.

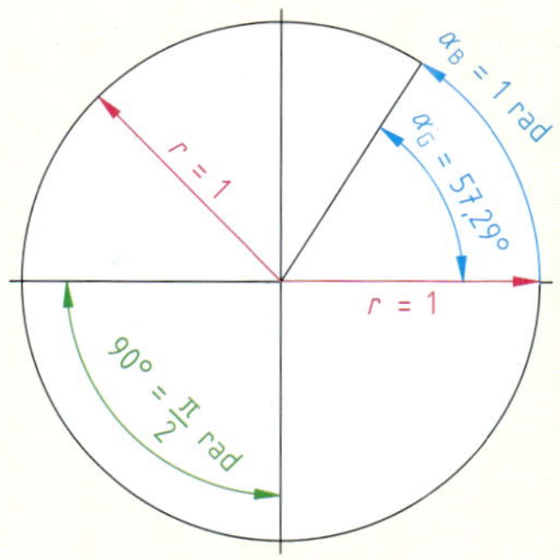

Bild 1: Einheitskreis

Beispiel 1:

Wandeln Sie **a)** $\alpha_{G1} = 70°$ in rad, **b)** $\alpha_{B2} = 0{,}5$ rad in Grad (°) um.

Hinweis: Je nach Taschenrechnermodell sind auch andere Lösungen möglich (siehe **Seite 93**).

Lösung:

a) ETR in den Radiant*-Modus umschalten

[SHIFT] [MODE] (SETUP) 4
70 [SHIFT] [Ans] (DRG►) 1 [=] **1,22 rad**

b) ETR in den Degree**-Modus umschalten

[SHIFT] [MODE] (SETUP) 3
0,5 [SHIFT] [Ans] (DRG►) 2 [=] **28,65°**

Beispiel 2:

Geben Sie den Winkel $\alpha = 3°\,15'\,18''$ als Dezimalwert an.

Lösung:

Zuerst werden die 15 Minuten in Sekunden umgerechnet und mit den 18 Sekunden addiert.

$\alpha = 3°\,15'\,18'' = 3° + 15' \cdot \frac{60''}{1'} + 18'' = 3° + 900'' + 18'' = 3° + 918''.$

Um den Dezimalwert der 918 Sekunden zu erhalten, wird der Sekundenwert durch 3600″ dividiert.

$\alpha = 3° + 918'' \cdot \frac{1°}{3600''} = 3° + 0{,}255° = \mathbf{3{,}255°}$

Umrechnung der Einheiten:

$$\alpha_B = \frac{\alpha_G \cdot 2\pi\,\text{rad}}{360°} \qquad [\alpha_B] = \text{rad} = 1$$

$$\alpha_G = \frac{\alpha_B \cdot 360°}{2\pi\,\text{rad}} \qquad [\alpha_G] = ° \text{ (Grad)}$$

α_B Winkel im Bogenmaß
α_G Winkel im Gradmaß

Bogenmaß in der Elektrotechnik: **Seite 93**

Umrechnung in Grad, rad und gon:

- $90° \mathrel{\widehat{=}} \frac{\pi}{2}\,\text{rad} \mathrel{\widehat{=}} 100^g$;
- $180° \mathrel{\widehat{=}} \pi\,\text{rad} \mathrel{\widehat{=}} 200^g$;
- $270° \mathrel{\widehat{=}} \frac{3 \cdot \pi}{2}\,\text{rad} \mathrel{\widehat{=}} 300^g$;
- $360° \mathrel{\widehat{=}} 2 \cdot \pi\,\text{rad} \mathrel{\widehat{=}} 400^g$;
- $1° = 60' = 3600''$.

Beachten Sie den eingestellten Modus:
D DRG für degree
R RAD für radian
G GON für gon

Aufgaben zu 1.8.3

1. Rechnen Sie die gegebenen Winkel in rad bzw. ° (Grad) um.

Teilaufgabe	a	b	c	d	e	f	g	h	i
β_G in °	16	48	70	140	?	?	?	?	?
β_B in rad	?	?	?	?	0,35	0,75	1,35	3,1	4,5

2. Gegeben sind Winkel in ° (Grad). Rechnen Sie diese Winkel in Vielfache bzw. Bruchteile von π rad um.

Teilaufgabe	a	b	c	d	e	f	g	h	i
φ in °	360	270	180	90	120	60	30	45	15

3. Wandeln Sie folgende Werte in Grad, Minuten und Sekunden um: **a)** 5,5°, **b)** 3,28°, **c)** 15,53°

4. Wandeln Sie die Werte in Grad mit Kommazahlen um: **a)** 10° 24′, **b)** 7° 5′ 24″, **c)** 50° 25′ 30″

* radian (engl.) = Bogenmaß ** degree (engl.) = Gradmaß

1.8.4 Rechnen am beliebigen Dreieck

Ein beliebiges Dreieck kann in rechtwinklige Dreiecke zerlegt werden **(Bild 1)**. Für jedes Teildreieck gelten die Winkelfunktionen und der Satz des Pythagoras. Daraus ergeben sich der Sinussatz und der Kosinussatz.

Beispiel 1:

Im Dreieck **(Bild 1)** sind gegeben: $c = 100$ mm, $a = 76$ mm und $\gamma = 56°$.

a) Ermitteln Sie mit dem Sinussatz die übrigen Größen des Dreiecks.

b) Machen Sie für das Ergebnis $b = 120$ mm die Probe mit dem Kosinussatz.

Lösung:

a) $\sin\alpha = \frac{a}{c} \cdot \sin\gamma = \frac{76\text{ mm}}{100\text{ mm}} \cdot 0{,}829 = 0{,}630 \Rightarrow \boldsymbol{\alpha = 39°}$;

$\beta = 180° - (\alpha + \gamma) = \mathbf{85°}$

$b = c \cdot \frac{\sin\beta}{\sin\gamma} = 100\text{ mm} \cdot \frac{0{,}996}{0{,}829}$; $\quad \boldsymbol{b = 120}$ **mm**

b) $c = \sqrt{a^2 + b^2 - 2ab \cdot \cos\gamma}$

$c = \sqrt{(76\text{ mm})^2 + (120\text{ mm})^2 - 2 \cdot 76 \cdot 120\text{ mm}^2 \cdot \cos 56°}$; $\quad \boldsymbol{c = 100}$ **mm**

Beliebiges Dreieck

Winkelsumme $\alpha + \beta + \gamma = 180°$

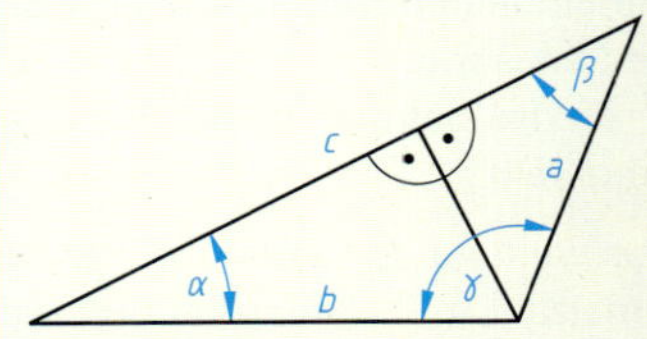

Bild 1: Dreieck, zerlegt

Sinussatz:

$$\frac{\sin\alpha}{\sin\beta} = \frac{a}{b}; \quad \frac{\sin\beta}{\sin\gamma} = \frac{b}{c}; \quad \frac{\sin\alpha}{\sin\gamma} = \frac{a}{c}$$

Kosinussatz:

$$c^2 = a^2 + b^2 - 2ab \cdot \cos\gamma$$
$$b^2 = a^2 + c^2 - 2ac \cdot \cos\beta$$
$$a^2 = b^2 + c^2 - 2bc \cdot \cos\alpha$$

Aufgaben zu 1.8.4

1. Ermitteln Sie die fehlenden Größen im Dreieck **Bild 1**.

	a	b	c	d	e	f	g
a	40 mm	?	?	3,5 m	55 cm	40 cm	6,0 cm
b	?	55 mm	?	5,5 m	35 cm	70 cm	4,0 cm
c	?	?	90 mm	?	?	50 cm	4,8 cm
α	30°	?	50°	?	?	?	?
β	70°	40°	?	?	?	?	?
γ	?	60°	70°	80°	120°	?	?

2. Ein Lastmagnet **(Bild 5, Seite 36)** trägt mit der Gewichtskraft und der Last 5000 N. Der Lastmagnet hängt an einer Kette mit zwei Strängen. Die Stränge haben einen Spreizwinkel von 45°. Berechnen Sie die Belastung der beiden Kettensträngen.

3. Berechnen Sie die Trägerlänge a und die Höhe h des Krans **(Bild 3)**.

4. Berechnen Sie für den Drachen **(Bild 4)** die Längen der Spannelemente e und f.

● 5. Eine Leuchte ist wie in **Bild 2** montiert. Berechnen Sie den beleuchteten Bereich c.

● 6. Die einzelnen Module **(Bild 5)** einer Fotovoltaikanlage haben eine Länge von $a = 1200$ mm und eine Breite von $b = 560$ mm. Sie sollen auf einem 10 m langen und 8 m breiten Flachdach in mehreren Reihen installiert werden. Die Module und das Flachdach sind nach Süden ausgerichtet. Der Montagewinkel der Module zur Horizontalen beträgt $\alpha = 30°$ **(Bild 5)**. Der minimale Einstrahlwinkel der Sonne beträgt $\beta = 20°$ (Wintertag). Der Abstand der Modulreihen soll so gewählt werden, dass keine Abschattung der hinteren Module entsteht. **a)** Wie viele Module können im Hoch- bzw. Querformat maximal installiert werden? **b)** Wie groß ist in beiden Fällen die gesamte Modulfläche?

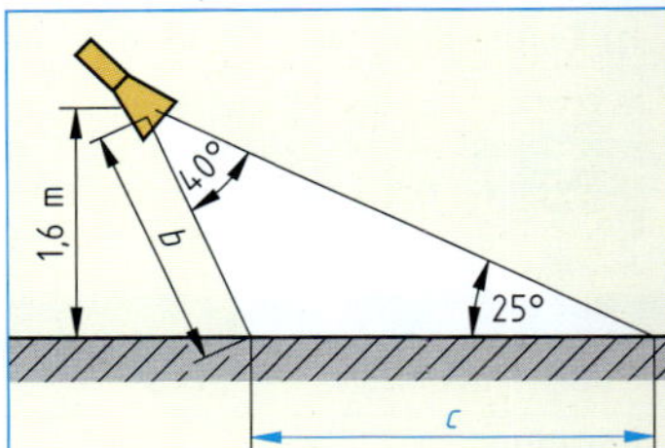

Bild 2: Lichtkegel einer Leuchte

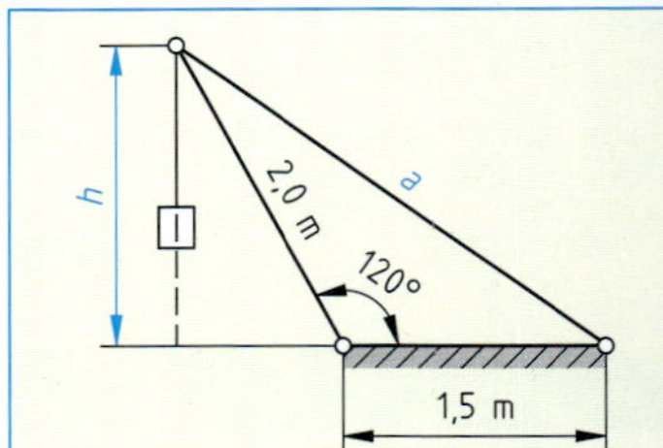

Bild 3: Schema eines Krans

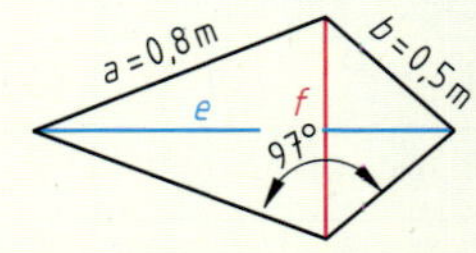

Bild 4: Maße bei einem Drachen

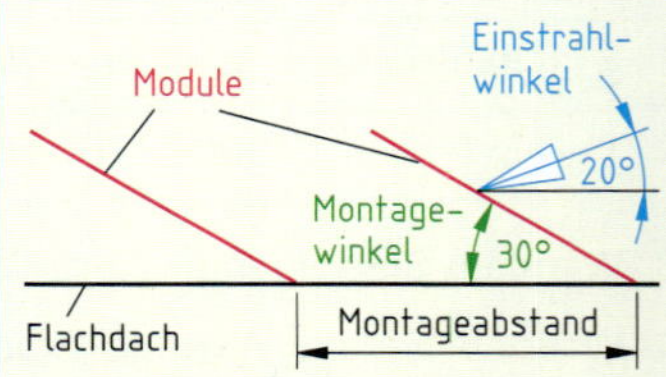

Bild 5: Fotovoltaikanlage

1.9 Runden

Eine große Anzahl von Ziffern bei der Angabe einer physikalischen Größe, z. B. $U = 22{,}4957$ V, täuscht oft eine nicht vorhandene Genauigkeit vor. Deshalb wird die Maßzahl auf eine bestimme Anzahl n, z. B. $n = 3$, wesentliche Ziffern gerundet.

Bild: Digitalmultimeter-Anzeige

Rundungsregeln:

- Folgt der letzten mitzuteilenden Ziffer mindestens eine 5 **(Beispiel 1a)**, rundet man auf, folgt ihr eine 4 oder eine kleinere Ziffer, rundet man ab **(Beispiel 1c)**.
- Das Runden muss auf einmal erfolgen. Das Runden in Stufen ergibt falsche Werte.
- Bei einer auf n wesentliche Ziffern gerundeten Zahl ist es unwesentlich, ob die Ziffern vor oder hinter dem Komma stehen. Nullen vor der ersten Ziffer sind unwirksam **(Beispiel 1b)**. Nullen am Ende der Angabe zählen mit **(Beispiel 1a)**.

Beispiel 1:

Runden Sie auf $n = 3$ wesentliche Ziffern

a) $399{,}67 \approx 400$ **b)** $0{,}0064346 \approx 0{,}00643$ **c)** $74821 \approx 74{,}8 \cdot 10^3$

Für die Wahl einer sinnvollen Anzahl n wesentlicher Ziffern unterscheidet man, ob es sich um die Angabe eines Messergebnisses handelt oder um das Ergebnis einer Berechnung aus gegebenen Größen.
Die Angabe eines Messwertes hängt von der Messgenauigkeit ab. Wenn der mögliche Messfehler bekannt ist, wählt man für die Messwertangabe die Anzahl der wesentlichen Ziffern so, dass der Messfehler innerhalb der Rundungsgrenzen der Messwertangabe liegt.

Beispiel 2:

Ein Digital-Multimeter hat eine Messgenauigkeit von $k = 2\%$ vom Messwert. Der Ablesewert beträgt $M = 11{,}94$ V. Auf wie viel wesentliche Ziffern ist der Messwert zu runden, damit der wahre Wert innerhalb der Rundungsgrenzen liegt?

Lösung:

$$F = \frac{k \cdot M}{100\%} = \frac{2\% \cdot 11{,}94\,\text{V}}{100\%} = 0{,}239\,\text{V}$$

$$w_o = M + F = 11{,}94\,\text{V} + 0{,}239\,\text{V} = 12{,}179\,\text{V}$$

$$w_u = M - F = 11{,}94\,\text{V} - 0{,}239\,\text{V} = 11{,}701\,\text{V}$$

$$w_u \leq \text{gerundet } M \leq w_o$$

$11{,}701\,\text{V} \leq 12\,\text{V} \leq 12{,}179\,V \Rightarrow$ Es muss auf 2 wesentliche Ziffern gerundet werden.

Wenn eine Größe gegeben ist, ohne dass ein Messfehler bekannt ist, geht man davon aus, dass sie gerundet ist.

Das Ergebnis von Rechnungen mit gerundeten Größen darf nicht mehr wesentliche Ziffern haben, als die Eingangswerte **(Beispiel 3)**.

Beispiel 3:

Ein Widerstand mit 75 Ω liegt an Spannung von 230 V. Berechnen Sie den Strom und geben Sie den gerundeten Wert an.

Lösung:

$I = U/R = 230\,\text{V}/75\,\Omega = 3{,}066\,\text{A} \approx \mathbf{3{,}1\,A}$

Bei unbekanntem Messfehler ist es in der Technik üblich 3 wesentliche Ziffern anzugeben.

Aufgaben zu 1.9

1. Runden Sie die gegebenen Zahlen auf 5, 4, 3, 2 und 1 wesentliche Ziffern.
   a) 655,837; **b)** 2174,95; **c)** 18,7484; **d)** 5,68458; **e)** 0,963493;
   f) 0,748396; **g)** 98,3185; **h)** 8,97946; **i)** 0,479658; **k)** 0,0845853
2. Das Messgerät im **Bild** hat einen maximalen Messfehler von 1 % vom Messwert. Auf welchen Wert muss das Messergebnis gerundet werden, damit der wahre Wert innerhalb der Rundungsgrenzen liegt?
3. Berechnen Sie jeweils den größten und den kleinsten prozentualen Fehler, der bei einer gerundeten Messwertangabe mit **a)** $n = 2$, **b)** $n = 3$ und **c)** $n = 4$ wesentlichen Stellen auftreten kann.

2 Physikalische Grundlagen

2.1 Vorsätze

Vergrößernde Vorsätze **(Tabelle 1)** bezeichnen Vielfache von Einheiten, verkleinernde Vorsätze **(Tabelle 2)** Teile von Einheiten.

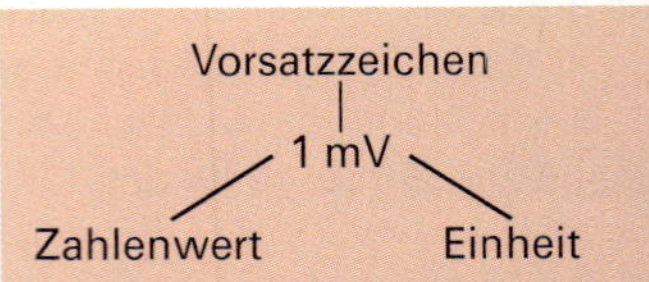

Tabelle 1: Vergrößernde Vorsätze für dezimale Einheiten

Vorsatz-zeichen	Vorsätze	Faktor	Beispiele
h	Hekto	$10^2 = 100$	1 hl = 1 Hektoliter = 100 l
k	Kilo	$10^3 = 1000$	1 kV = 1 Kilovolt = 1000 V
M	Mega	$10^6 = 1\,000\,000$	1 MΩ = 1 Megohm = 1 000 000 Ω
G	Giga	$10^9 = 1\,000\,000\,000$	1 GW = 1 Gigawatt = 1 000 000 000 W

Tabelle 2: Verkleinernde Vorsätze für dezimale Einheiten

Vorsatz-zeichen	Vorsätze	Faktor	Beispiele
d	Dezi	$10^{-1} = 0{,}1$	1 dm = 1 Dezimeter = 0,1 m
c	Zenti	$10^{-2} = 0{,}01$	1 cm = 1 Zentimeter = 0,01 m
m	Milli	$10^{-3} = 0{,}001$	1 mm = 1 Millimeter = 0,001 m
µ	Mikro	$10^{-6} = 0{,}000\,001$	1 µm = 1 Mikrometer = 0,000 001 m
n	Nano	$10^{-9} = 0{,}000\,000\,001$	1 ns = 1 Nanosekunde = 0,000 000 001 s
p	Piko	$10^{-12} = 0{,}000\,000\,000\,001$	1 pF = 1 Pikofarad = 0,000 000 000 001 F

Die Längeneinheit Inch (Zoll) wird z. B. in den USA und Großbritannien verwendet. Teile und Vielfache des Inch werden meist in Brüchen angegeben, z. B. $\frac{1}{2}$ Zoll = $\frac{1}{2}$ in = $\frac{1}{2}$″. Bei Größenangaben zu elektronischen Bauelementen, z. B. das Rastermaß **(Bild)**, wird häufig 1/1000 Zoll mit dem Einheitenzeichen mil verwendet, z. B. 100 mil = 0,1 in.

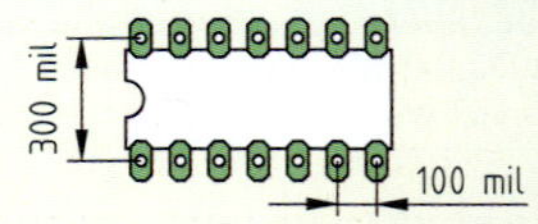

Bild: Rastermaß für IC-Sockel

Beispiel:

Rechnen Sie das Diskettenformat $3\frac{1}{2}$ Zoll in mm um.

Lösung:

$$3\frac{1}{2}\,\text{in} = \frac{7}{2}\,\text{in} = 25{,}4\,\frac{\text{mm}}{\text{in}} \cdot \frac{7}{2}\,\text{in} = \mathbf{88{,}9\,mm}$$

Umrechnung:

1 Inch = 1 in = 1″ = 1 Zoll = 25,4 mm = 1000 mil

1 mm = 0,03937 in

Aufgaben zu 2.1

1. Verwandeln Sie
   - **a)** in m: 100 cm; 75 mm; 12 dm; 6,5 km.
   - **b)** in dm: 20 m; 188 cm; 14 mm; 34,2 mm.
   - **c)** in cm: 3 m; 81,2 dm; 17,2 mm; 0,24 dm.
   - **d)** in mm: 1,2 m; 41 cm; 8,9 dm; 80 µm.
   - **e)** in µm: 0,405 mm; 0,5 cm; 1,625 mm.
   - **f)** in km: 5300 m; 625 m; 28300 m.
2. Wandeln Sie um
   - **a)** in m^2: 180 dm^2; 1200 cm^2; 890 mm^2.
   - **b)** in dm^2: 1,9 m^2; 845 mm^2; 941 cm^2.
   - **c)** in cm^2: 0,87 m^2; 12 dm^2; 473 mm^2.
   - **d)** in mm^2: 1,05 m^2; 16 dm^2; 184 cm^2.
3. Verwandeln Sie
   - **a)** in m^3: 115 cm^3; 61 mm^3; 12,4 dm^3.
   - **b)** in dm^3: 130 cm^3; 10,753 m^3; 4200 mm^3.
   - **c)** in cm^3: 10 m^3; 28,4 dm^3; 5 mm^3.
   - **d)** in mm^3: 2 cm^3; 15 dm^3; 127 m^3.
4. Wandeln Sie die Rastermaße in mil um: **a)** 5,12 mm; **b)** 7,5 mm; **c)** 10 mm.
5. Rechnen Sie die Bildschirmdiagonalen in cm um: **a)** 17″; **b)** 21″; **c)** 27″.
6. Ein Matrixdrucker hat folgende Angaben: Zeilenabstand $\frac{1}{6}$ oder $\frac{1}{8}$ in. Längen für Endlospapier in in: 3,5; 5,5; 6; 7; 8,5; 11; 12; 14.
   - **a)** Rechnen Sie diese Längen in mm um.
   - **b)** Welche Länge in in hat das A4-Format?

2.2 Kreisumfang, gestreckte Länge

Die gestreckte Länge l_m eines Biegeteils, z. B. in Form eines Kreisbogens, ist gleich der Länge der „neutralen Faser" **(Bild 1)**.

Beispiel:

Berechnen Sie den Außendurchmesser D und die gestreckte Länge u_m des Ringes in **Bild 1**.

Lösung:

$D = 180 \text{ mm} + 2 \cdot 14 \text{ mm} = \mathbf{208 \text{ mm}}$

$u_m = \pi \cdot d_m = \pi \cdot \frac{208 \text{ mm} + 180 \text{ mm}}{2} = \pi \cdot 194 \text{ mm} = \mathbf{609{,}5 \text{ mm}}$

Kreisumfang

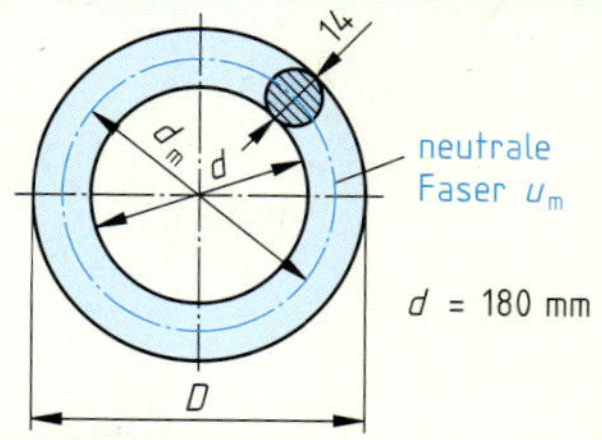

Bild 1: Ring

$$u = \pi \cdot d = \pi \cdot 2 \cdot r$$

$$u_m = \pi \cdot d_m$$

$$d_m = \frac{D + d}{2}$$

u Kreisumfang
u_m mittlerer Kreisumfang, gestreckte Länge
d Innendurchmesser, Durchmesser allgemein
r Radius, Halbmesser
d_m mittlerer Durchmesser
D Außendurchmesser

Aufgaben zu 2.2

1. Ermitteln Sie den jeweiligen Kreisumfang bzw. Kreisdurchmesser der Teilaufgaben **a** bis **g**.

	a	b	c	d	e	f	g
d	18 mm	?	44 mm	?	25,5 cm	?	0,385 m
u	?	15,7 mm	?	8,48 cm	?	0,644 m	?

2. Wie groß ist die gestreckte Länge eines Ringes nach **Bild 1**, jedoch mit einem Innendurchmesser von 140 mm und einer Materialdicke von 16 mm?

3. Ein kreisförmiger Ringkern aus weichmagnetischem Werkstoff hat einen Außendurchmesser von 250 mm und einen Innendurchmesser von 205 mm. Berechnen Sie die mittlere Feldlinienlänge (Länge der neutralen Faser).

4. Eine Kabelrolle **(Bild 2)** hat die Durchmesser $D = 1{,}60$ m und $d = 750$ mm. Berechnen Sie **a)** den inneren und den äußeren Umfang, **b)** die maximale Wickelhöhe h und **c)** den mittleren Durchmesser d_m der aufgewickelten Leitung.

5. Berechnen Sie die gestreckte Länge für die Schelle nach **Bild 3**.

6. Aus Flachstahl 20 mm × 5 mm sollen 12 Ringe mit einem Außendurchmesser von 90 mm gebogen werden. Ermitteln Sie **a)** die erforderliche Flachstahllänge für einen Ring, **b)** die erforderliche Rohlänge für die 12 Ringe bei einer Sägezugabe (Verschnitt) von je 1 mm.

7. Bestimmen Sie die mittlere Feldlinienlänge l_m in cm des Schnittbandkerns **Bild 4**.

8. Der Abrollradius eines Pkw-Reifens beträgt 282 mm ± 3 mm. Wie groß sind der maximale und der minimale Abrollumfang?

9. Zur Steuerung des Antriebs eines mobilen Roboters werden die Impulse eines Drehimpulsgebers am Antriebsrad ausgewertet. Der Drehimpulsgeber erzeugt 72 Impulse pro Rad-Umdrehung. Bei einer Fahrstrecke von 15 m wurden 9000 Impulse erzeugt. Welchen Radius hat das Antriebsrad?

10. Mit einem PKW wird gemäß seiner Kilometer-Anzeige eine Strecke von 560 km zurückgelegt. Seine Reifen sind hierbei im Neuzustand und haben einen Radius von 285 mm. Welche Wegstrecke würde der Kilometer-Zähler für die gleiche Entfernung anzeigen, nachdem das Profil der Reifen um 3 mm abgefahren ist?

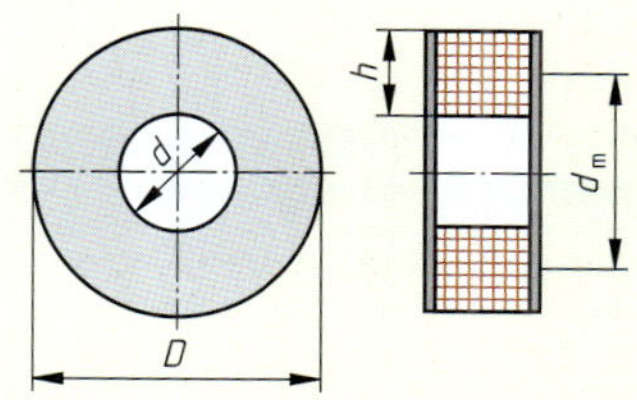

Bild 2: Kabelrolle

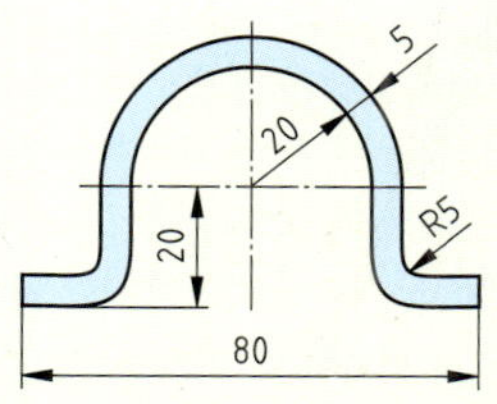

Bild 3: Schelle

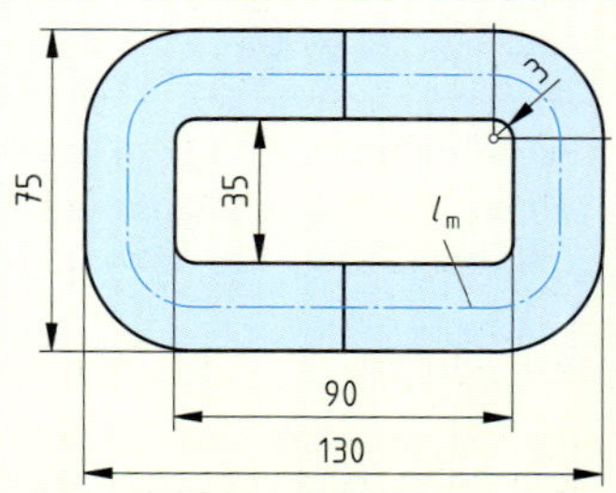

Bild 4: Schnittbandkern

2.3 Flächen

Tabelle: Flächen

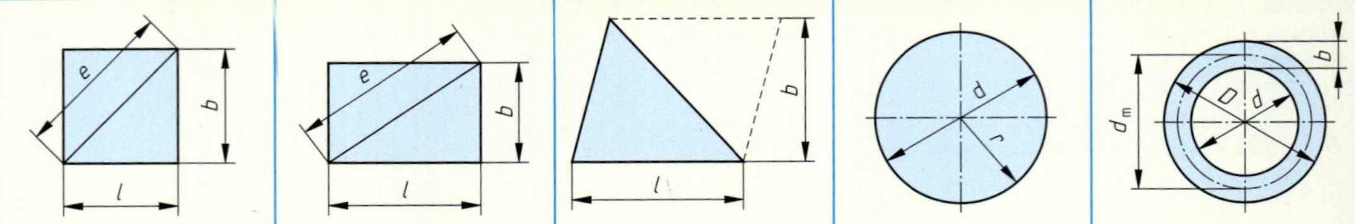

Quadrat	Rechteck	Dreieck	Kreis	Kreisring
$A = l^2$ $e = \sqrt{2} \cdot l$ $u = 4 \cdot l$	$A = l \cdot b$ $e = \sqrt{l^2 + b^2}$ $u = 2 \cdot (l + b)$	$A = \frac{l \cdot b}{2}$ u = Summe der Seitenlängen	$A = \frac{\pi \cdot d^2}{4}$ $A = \pi \cdot r^2$ $u = \pi \cdot d = \pi \cdot 2 \cdot r$	$A = \frac{\pi}{4}(D^2 - d^2)$ $d_m = \frac{D + d}{2}$ $b = \frac{D - d}{2}$

A Fläche, l Länge, e Diagonale (Eckenmaß), b Breite (bzw. Höhe), D, d Durchmesser, d_m mittlerer Durchmesser, u Umfang, r Radius

Beispiel:

Wie groß ist die Fläche A einer Lochrasterplatte aus Isolierstoff im Format der Europakarte (100 mm × 160 mm) in mm², cm² und dm²?

Lösung:

$A = l \cdot b = 100\ \text{mm} \cdot 160\ \text{mm} = \mathbf{16000\ mm^2 = 160\ cm^2 = 1{,}6\ dm^2}$

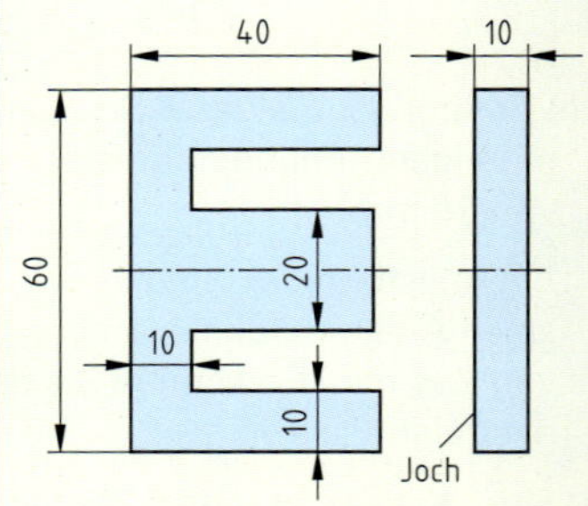

Bild 1: Blechschnitt El 60

Aufgaben zu 2.3

1. Eine Beilagscheibe **(Kreisring, Tabelle)** für Schraubverbindungen M 24 hat die Durchmesser $D = 44$ mm und $d = 25$ mm. Berechnen Sie die Scheibenfläche und die Scheibenbreite b.

2. Welchen Flächeninhalt in cm² haben die beiden Bleche des Blechschnittes El 60 **(Bild 1)**?

3. Wie hoch ist der Werkstoffbedarf in cm² für 12 Isolierplatten **(Bild 2)** bei 65 % Zuschlag für Verschnitt? Hinweis: Der Zuschlag für Verschnitt wird in % der Fertigfläche angegeben.

4. Eine Spule ist mit 2 parallelen Drähten, Durchmesser je 0,8 mm, gewickelt. Berechnen Sie den gesamten Drahtquerschnitt.

5. Die Wicklung eines Asynchronmotors erfordert einen Drahtquerschnitt von 1 mm². Welche Wickeldrahtdurchmesser sind erforderlich, wenn **a)** 2 Drähte, **b)** 3 Drähte parallel gewickelt werden?

6. Das Aluminium-Stahlseil 185/30 **(Bild 3)** nach DIN 48204 für Freileitungen besteht aus 26 Aluminiumdrähten mit einem Durchmesser von je 3 mm und aus 7 Stahldrähten mit je 2,33 mm Durchmesser. Berechnen Sie **a)** den gesamten Aluminiumquerschnitt, **b)** den gesamten Stahlquerschnitt, **c)** das Verhältnis von Aluminium-Querschnitt zu Stahl-Querschnitt.

7. Die Diagonale eines Monitorbildschirms beträgt 27 Zoll. Das Bildschirmformat wird mit 16 : 10 angegeben. Berechnen Sie **a)** die Breite und Höhe in cm sowie **b)** die Fläche des Bildschirms in dm².
Hinweis: Das Bildschirmformat gibt das Verhältnis von Breite zu Höhe an.

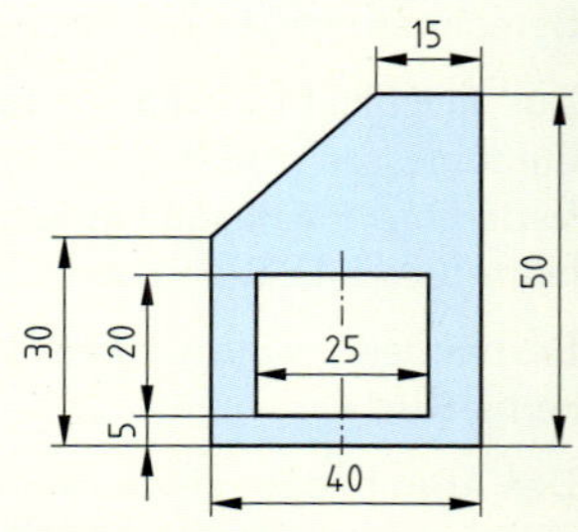

Bild 2: Isolierplatte

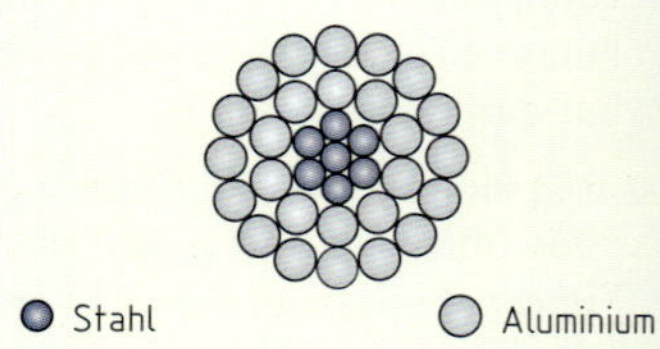

Bild 3: Aluminium-Stahlseil

2.4 Rauminhalt und Masse

Tabelle 1: Rauminhalt (Volumen)

Würfel	Prisma	Zylinder	Kegel	Pyramide
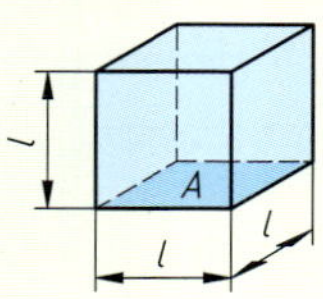	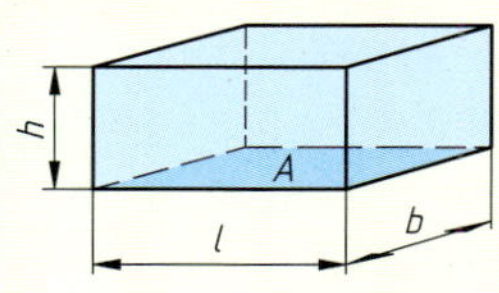	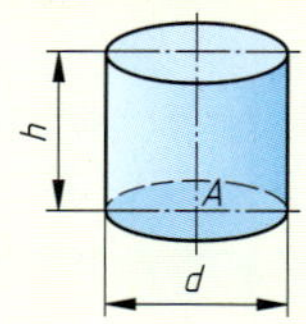	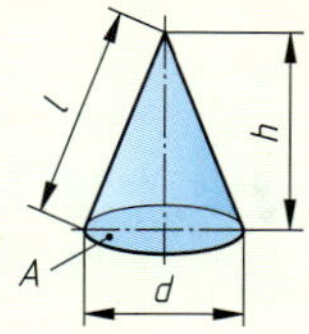	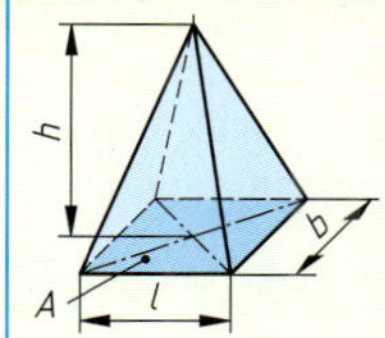
$V = A \cdot l$	$V = A \cdot h$	$V = A \cdot h$	$V = \frac{A \cdot h}{3}$	$V = \frac{A \cdot h}{3}$
$V = l^3$	$V = l \cdot b \cdot h$	$V = \frac{\pi \cdot d^2 \cdot h}{4}$	$V = \frac{\pi \cdot d^2 \cdot h}{12}$	$V = \frac{l \cdot b \cdot h}{3}$

V Volumen *A* Grundfläche *d* Durchmesser *l* Länge *b* Breite *h* Höhe

Jeder Körper besteht aus einem Stoff und hat eine Masse. Als Dichte ϱ eines Stoffes bezeichnet man seine Masse je Volumeneinheit **(Tabelle 2)**.

$$m = V \cdot \varrho$$

$$[m] = dm^3 \cdot \frac{kg}{dm^3} = kg$$

m Masse
V Volumen
ϱ* Dichte

Tabelle 2: Dichte ϱ einiger Stoffe in kg/dm³

Wasser (bei 4 °C)	1,0	Gusseisen	7,25	Silber	10,5
		Stahl	7,85	Quecksilber	13,5
Aluminium	2,7	Kupfer	8,9	Wolfram	19,3

Beispiel:

Berechnen Sie **a)** das Volumen und **b)** die Masse eines prismatischen Kerns aus Gusseisen mit den Maßen $l = 4$ cm, $b = 4$ cm, $h = 6$ cm.

Lösung:

a) $V = l \cdot b \cdot h = 4\,cm \cdot 4\,cm \cdot 6\,cm = \mathbf{96\,cm^3}$

b) $m = V \cdot \varrho = 96\,cm^3 \cdot 7{,}25\,\frac{g}{cm^3} = \mathbf{696\,g}$

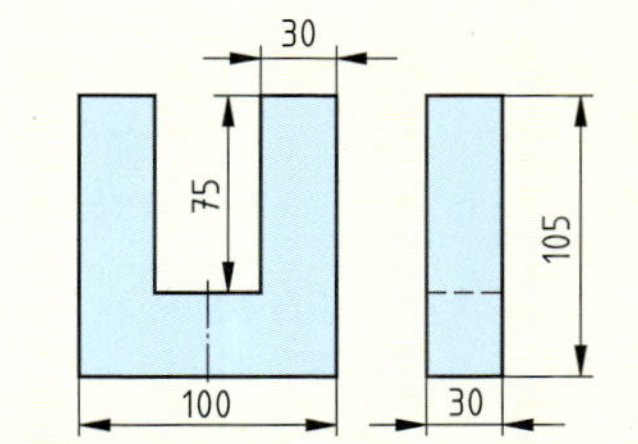

Bild 1: U-Kern

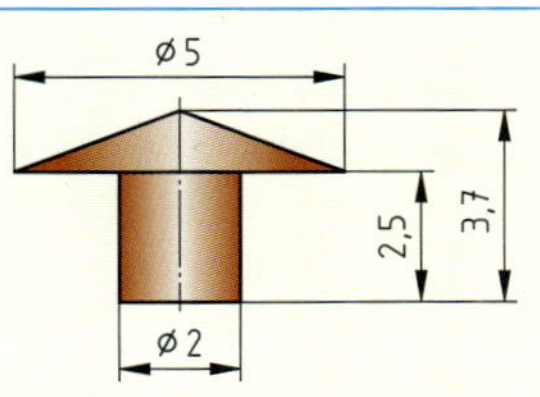

Bild 2: Spitzkontakt

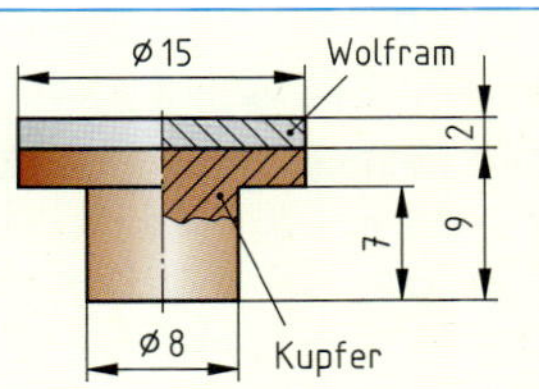

Bild 3: Kontaktniet

Aufgaben zu 2.4

1. Eine Gefriertruhe hat die Innenmaße 880 mm × 450 mm × 430 mm. Berechnen Sie das Volumen der Truhe in dm³ und Liter**.
2. Eine Aluminiumsammelschiene mit dem rechteckigen Querschnitt 80 × 10 mm² hat eine Länge von 2,4 m. Berechnen Sie ihre Masse.
3. Der U-Kern mit den Maßen nach **Bild 1** hat eine Masse von 1766 g. Aus welchem Material besteht der U-Kern?
4. Eine Spule mit Kupferdraht 0,4 mm ⌀ hat eine Masse von 3,7 kg. Der Spulenkörper allein hat die Masse 200 g. Berechnen Sie die Länge des aufgewickelten Kupferdrahtes.
5. Berechnen Sie die Masse von **a)** 100 Stück Spitzkontakten aus Cu **(Bild 2)** und **b)** 60 Kontaktnieten aus Kupfer mit einer Wolframauflage nach **Bild 3**.
6. Zur Ermittlung des Kupferzuschlags für eine Installationsleitung wird die Kupferzahl benötigt. Die Kupferzahl einer Leitung gibt die Kupfermasse in kg pro km an. Berechnen Sie die Kupferzahl für eine dreiadrige Kupferleitung mit einem Querschnitt von 1,5 mm² pro Ader.

* ϱ: griech. Kleinbuchstabe rho.   ** 1 Liter = 1 dm³

2.5 Berechnung von Spulen

Spulenwicklungen **(Bild 1)** stellt man meist aus isoliertem Kupferrunddraht her. Man unterscheidet Durchmesser d_1 des blanken Leiters (Nenndurchmesser) und Durchmesser d_2 des isolierten Leiters (Drahtdurchmesser).

Der Füllfaktor f gibt den Anteil des Gesamtquerschnittes A_D, z.B. des Kupfers aller Windungen, am Wickelraum A_W an. Er berücksichtigt z.B. den Raumbedarf von Drahtisolation und Windungsabständen.

Beispiel:

Die Rundspule **(Bild 2)** eines Relais soll mit Kupfer-Lackdraht bewickelt werden. (Durchmesser $d_1 = 0{,}30$ mm, $d_2 = 0{,}32$ mm). Die Spulenmaße sind Außendurchmesser $D = 19$ mm, Innendurchmesser $d = 8$ mm, Wickelbreite $b = 36$ mm.

Berechnen Sie

a) die Wickelhöhe h, **b)** die Windungszahl N_1 je Lage, **c)** die mögliche Anzahl z der Lagen, **d)** die Gesamtwindungszahl N, **e)** den mittleren Spulendurchmesser d_m **f)** die Drahtlänge l und **g)** den Füllfaktor f.

Lösung:

a) $h = \frac{D-d}{2} = \frac{19\text{ mm} - 8\text{ mm}}{2} = \mathbf{5{,}5\text{ mm}}$

b) $N_1 \approx \frac{b}{d_2} = \frac{36\text{ mm}}{0{,}32\text{ mm}} = \mathbf{112}$

c) $z \approx \frac{h}{d_2} = \frac{5{,}5\text{ mm}}{0{,}32\text{ mm}} = 17{,}2 \Rightarrow z = \mathbf{17\text{ Lagen}}$

d) $N \approx N_1 \cdot z = 112 \cdot 17 = \mathbf{1904}$

e) $d_m = \frac{D+d}{2} = \frac{19\text{ mm} + 8\text{ mm}}{2} = \mathbf{13{,}5\text{ mm}}$

f) $l \approx \pi \cdot d_m \cdot N = \pi \cdot 13{,}5\text{ mm} \cdot 1904 = 80\,751\text{ mm} \approx \mathbf{81\text{ m}}$

g) $A_1 = \frac{d_1^2 \cdot \pi}{4} = \frac{(0{,}3\text{ mm})^2 \cdot \pi}{4} = 0{,}0707\text{ mm}^2$

$A_D = A_1 \cdot N = 0{,}0707\text{ mm}^2 \cdot 1904 = 134{,}6\text{ mm}^2$

$A_W = b \cdot h = 36\text{ mm} \cdot 5{,}5\text{ mm} = 198\text{ mm}^2$

$f = \frac{A_D}{A_W} = \frac{134{,}6\text{ mm}^2}{198\text{ mm}^2} = \mathbf{0{,}68}$

Aufgaben zu 2.5

1. Kupfer-Lackdrähte mit Nenndurchmessern von 1 bis 2 mm haben bei doppeltem Lackauftrag eine Dicke der Lackschicht von $s = 0{,}04$ mm. Berechnen Sie den Drahtdurchmesser d_2 (mit Isolation) für die Nenndurchmesser $d_1 = 1{,}2$ mm; 1,5 mm; 1,8 mm; 2 mm.
2. Ein 2-fach mit Triacetat-Kunstseide umsponnener Draht hat eine Dicke der Isolation von 0,09 mm.
   a) Welche Drahtdurchmesser ergeben sich bei den Nenndurchmessern 0,5 mm; 0,6 mm; 0,75 mm; 1,5 mm?
   b) Welche Kupferquerschnitte haben diese Drähte?
3. Die rechteckige Spule **(Bild 3)** eines Flachrelais hat die Maße $a' = 10$ mm, $b' = 4$ mm, die Wickelbreite $b = 50$ mm und die Wickelhöhe $h = 5$ mm. Die Spule ist mit isoliertem Kupferdraht $d_2 = 0{,}12$ mm bewickelt. Berechnen Sie **a)** die mittlere Länge einer Windung, **b)** die Anzahl der Lagen, **c)** die Anzahl der Windungen je Lage, **d)** die Gesamtwindungszahl und **e)** die Drahtlänge.

Spule

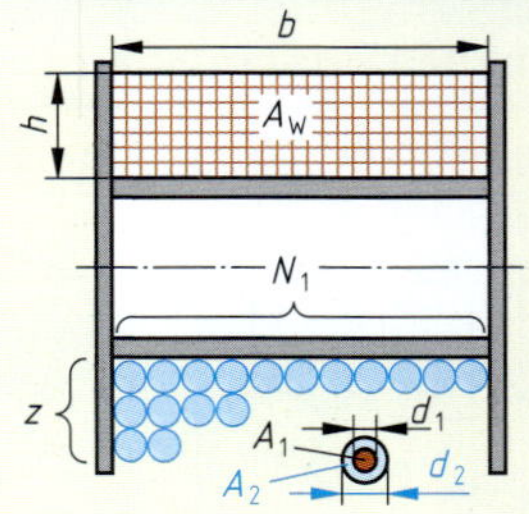

Bild 1: Wicklung

$z \approx \frac{h}{d_2}$ $\qquad N_1 \approx \frac{b}{d_2}$

$N \approx N_1 \cdot z$ $\qquad l = l_m \cdot N$

$A_D = N \cdot A_1$ $\qquad A_W = b \cdot h$

$f \approx \frac{A_D}{A_W}$

z	Zahl der Lagen
N_1	Windungen je Lage
N	Windungszahl (gesamt)
h, b	Wickelhöhe, Wickelbreite
l	Drahtlänge
l_m	mittlere Windungslänge
A_D	Gesamtquerschnitt aller Windungen
A_W	Wickelraum
f	Füllfaktor
d_1	Nenndurchmesser
A_1	Kupferquerschnitt
d_2	Drahtdurchmesser (isoliert)

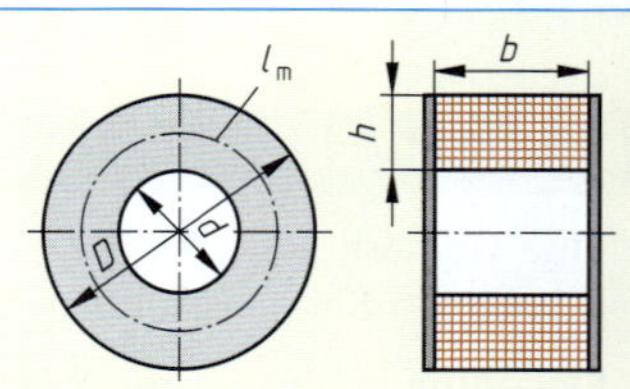

Bild 2: Rundspule

$l_m = \pi \cdot d_m$

d_m mittlerer Wicklungsdurchmesser

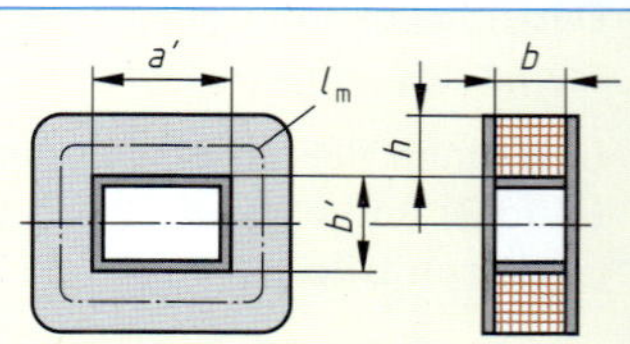

Bild 3: Rechteckspule

$l_m = 2a' + 2b' + \pi \cdot h$

a' Länge $\qquad b'$ Breite

h Wickelhöhe

4. Der Rohrkörper einer einlagigen Rundspule **(Bild 1)** hat einen Durchmesser $d = 30$ mm. Seine Wickelbreite ist $b = 90$ mm. Er soll einlagig mit Widerstandsdraht $d_2 = 0{,}6$ mm bewickelt werden. Berechnen Sie **a)** die mögliche Windungszahl, **b)** den mittleren Windungsdurchmesser, **c)** die Drahtlänge.

5. Der Rohrkörper eines einlagigen Festwiderstandes mit den Maßen nach **Bild 2** soll mit Widerstandsdraht $d_2 = 0{,}2$ mm neu bewickelt werden. Berechnen Sie **a)** die mögliche Windungszahl, **b)** die Drahtlänge und **c)** die Masse des Drahtes ($\varrho = 8{,}3\ \text{kg/dm}^3$, $d_1 = d_2$).

6. Eine Rundspule **(Bild 2, Seite 32)** hat die Maße $D = 60$ mm, $d = 40$ mm, $b = 60$ mm. Sie wird mit lackisoliertem Runddraht CuL, Nenndurchmesser 0,4 mm bewickelt. Berechnen Sie beim Füllfaktor $f = 0{,}65$ die mögliche Windungszahl und die Wickeldrahtlänge.

7. Der Spulenkörper eines Kleintransformators nach **Bild 3, Seite 32** hat die Maße $a' = 36$ mm und $b' = 35$ mm. Die Breite der Spule ist 45 mm, die Wickelhöhe 12 mm. Die Spule wird aus doppelt lackisoliertem Runddraht mit $d_2 = 0{,}8$ mm gewickelt. Berechnen Sie **a)** die Windungszahl N und **b)** die aufgewickelte Drahtlänge bei 4% Längenzugabe infolge des Drahtzuges.

8. Zur Herstellung eines Stellwiderstandes steht ein Keramikrohr mit den Maßen $l = 200$ mm, $d = 30$ mm zur Verfügung. Es sollen einlagig 11 m Widerstandsdraht von 1,25 mm ⌀ aufgebracht werden. Berechnen Sie die erforderliche Wickelbreite b.

9. Wieviel Meter H07RN-F 4X35 mm² mit einem Außendurchmesser von 31 mm haben auf einer Kabeltrommel mit den Maßen $D = 1000$ mm, $d = 500$ mm, $b = 500$ mm Platz, wenn die Wickelhöhe 220 mm betragen soll?

10. Eine Relaisspule **(Bild 3)** soll mit Kupferlackdraht, Nenndurchmesser 0,4 mm ($d_2 = 0{,}44$ mm), bewickelt werden. Berechnen Sie **a)** die Wickelhöhe h, **b)** die Windungszahl N_1 je Lage, **c)** die mögliche Anzahl z der Lagen, **d)** die Gesamtwindungszahl N, **e)** die erforderliche Wickeldrahtlänge l, **f)** die Kupfermasse des Drahtes und **g)** den Füllfaktor f.

11. Der Spulenkörper einer Rundspule nach **Bild 4** soll mit Kupfer-Lackdraht $d_2 = 0{,}32$ mm bewickelt werden. Berechnen Sie **a)** die Gesamtwindungszahl N und **b)** die Länge l des Wickeldrahtes.

12. Die Spule eines Flachrelais wird mit lackisoliertem Kupfer-Runddraht (Nenndurchmesser 0,18 mm), $d_2 = 0{,}222$ mm gewickelt. Der Spulenkörper **(Bild 5)** hat die Maße $a' = 20$ mm und $b' = 5$ mm. Die Wickelbreite ist $b = 45$ mm, die Wickelhöhe $h = 12$ mm. Berechnen Sie **a)** die mittlere Länge einer Windung, **b)** die Anzahl der Lagen, **c)** die Gesamtwindungszahl und **d)** die Drahtlänge.

13. Der Spulenkörper eines Flachrelais nach **Bild 5** hat die Außenmaße $a' = 8$ mm und $b' = 5$ mm. Die Wickelbreite beträgt 40 mm, die Wickelhöhe 5 mm. Die Spule soll mit isoliertem Kupferdraht von $d_2 = 0{,}09$ mm Durchmesser bewickelt werden. Berechnen Sie Gesamtwindungszahl und die Drahtlänge.

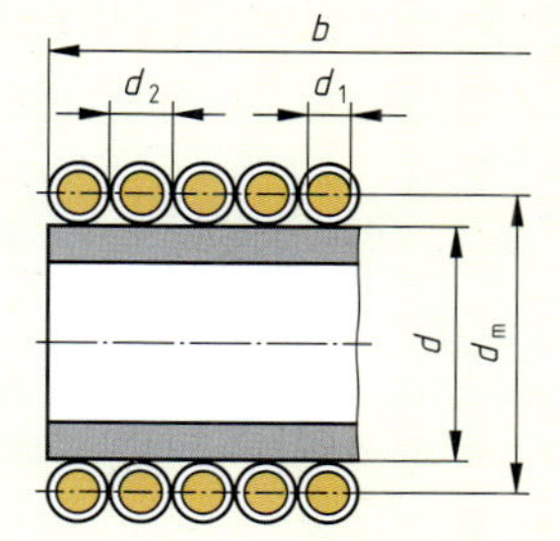

Bild 1: Einlagige Rundspule

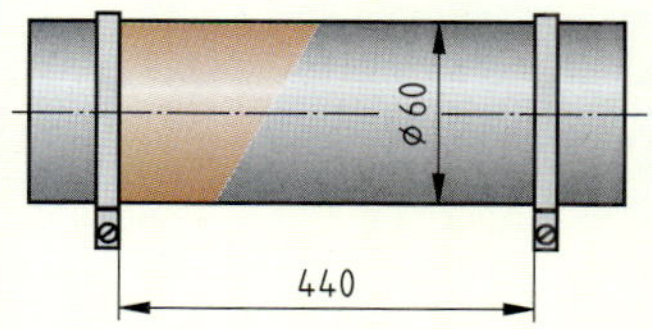

Bild 2: Festwiderstand

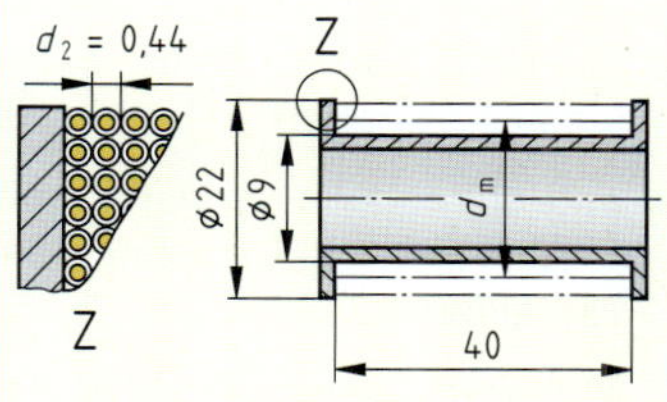

Bild 3: Relaisspule

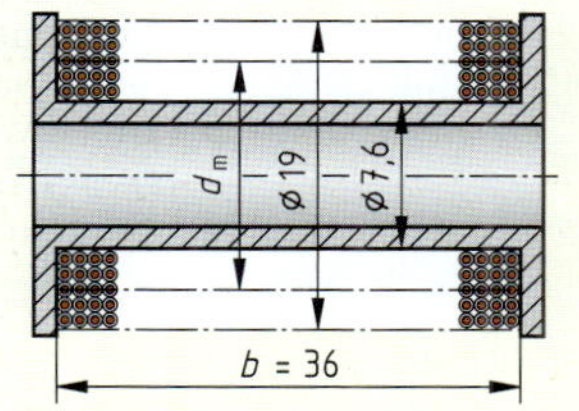

Bild 4: Rundspule

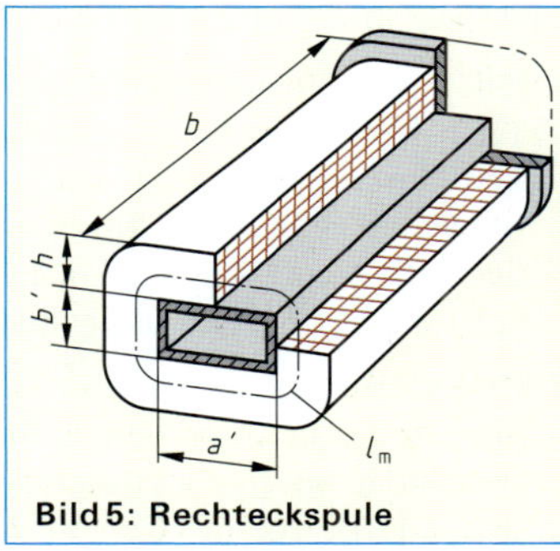

Bild 5: Rechteckspule

2.6 Bewegung mit konstanter Geschwindigkeit

2.6.1 Gleichförmige Bewegung

Bei gleichförmiger Bewegung sind Betrag und Richtung der Geschwindigkeit konstant. Die Geschwindigkeit v ist der Quotient aus dem Weg s und der hierfür benötigten Zeit t **(Bild 1)**.

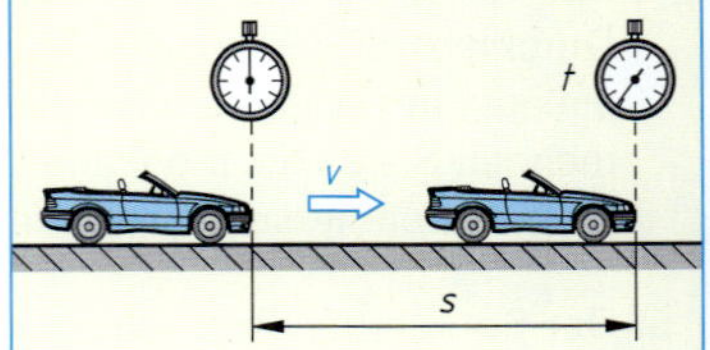

Bild 1: Gleichförmige Bewegung

$$v = \frac{s}{t} \qquad v = \frac{\Delta s}{\Delta t} \qquad [v] = \frac{\text{m}}{\text{s}}$$

$$\Delta s = s_2 - s_1; \qquad \Delta t = t_2 - t_1$$

- v Geschwindigkeit
- s Wegstrecke
- t Zeit
- Δs Wegdifferenz
- Δt Zeitdifferenz

Beispiel:

Ein Pkw **(Bild 1)** benötigt für eine 96 km lange Strecke s eine Fahrzeit von $t = 1$ Stunde und 6 Minuten.
Welche Durchschnittsgeschwindigkeit v hat das Fahrzeug?

Lösung:

$$v = \frac{s}{t} = \frac{96\ \text{km}}{66\ \text{min}} = \frac{96\ \text{km}}{(66/60)\ \text{h}} = \mathbf{87{,}3\ \frac{km}{h}}$$

Aufgaben zu 2.6.1

1. Ein Hubkran hebt eine Last in 24 Sekunden 32 m hoch. Berechnen Sie die mittlere Hubgeschwindigkeit in m/min.
2. Ein Förderkorb in einem Bergwerk legt eine Strecke von 450 m in 1 min 12 s zurück. Wie hoch ist die Fördergeschwindigkeit in m/s?
3. Ein Videogerät arbeitet mit einer Bandgeschwindigkeit von $v = 2{,}339$ cm/s. Berechnen Sie die Bandlänge einer Cassette E 240 (Spieldauer 240 min).
4. Videokameras mit Mini-DV-Kassetten haben im Standard-Play-Modus (SP) eine Bandgeschwindigkeit von 18,8 mm/s und im Longplay-Modus (LP) eine Bandgeschwindigkeit von 12,5 mm/s. **a)** Berechnen Sie die notwendige Bandlänge im LP-Modus für eine Aufzeichnungsdauer von 90 min. **b)** Wie lange kann mit dieser Bandlänge im SP-Modus aufgezeichnet werden?
5. Der Mond hat eine mittlere Entfernung von 384 400 km von der Erde. Wie viele Sekunden braucht ein Radarsignal mit Lichtgeschwindigkeit $c = 299\,800$ km/s von der Erde zum Mond und wieder zurück?
6. Ermitteln Sie im Bereich $1\ \text{s} \leq t \leq 3\ \text{s}$ aus dem Weg-Zeit-Diagramm **(Bild 2)** eines Förderbandes **a)** die Transportgeschwindigkeit in m/s und km/h und **b)** zeichnen Sie das Geschwindigkeit-Zeit-Diagramm $v = f(t)$ im Bereich 0 bis 4 s.
   (Maßstäbe: $t \rightarrow 1\ \text{cm} \mathrel{\hat{=}} 1\ \text{s}$, $v \rightarrow 1\ \text{cm} \mathrel{\hat{=}} 0{,}5\ \text{m/s}$)
7. Eine Richtplatte mit den Maßen 2 500 mm × 1 140 mm wird auf einer Tisch-Hobelmaschine in Längsrichtung bearbeitet **(Bild 3)**. Die Schnittgeschwindigkeit des Hobelstahls beträgt 18 m/min, die Rücklaufgeschwindigkeit 25 m/min. Auf beiden Plattenseiten läuft der Hobelstahl 40 mm frei aus. Der Vorschub (Spanbreite je Arbeitshub) beträgt 1,2 mm. Berechnen Sie die Bearbeitungszeit.
8. Ein Laufkran nach **Bild 4** bewegt eine Last senkrecht nach oben und gleichzeitig in waagrechter Richtung. Berechnen Sie **a)** die Geschwindigkeit (Relativgeschwindigkeit), mit der die Last bewegt wird und **b)** den in 16 s von der Last zurückgelegten Weg.

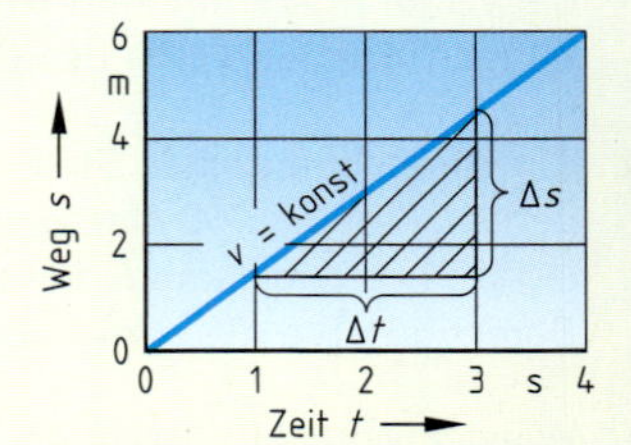

Bild 2: Weg-Zeit-Diagramm

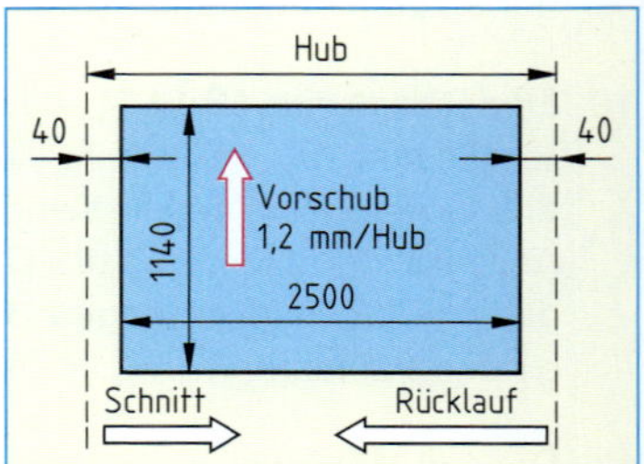

Bild 3: Tisch-Hobelmaschine

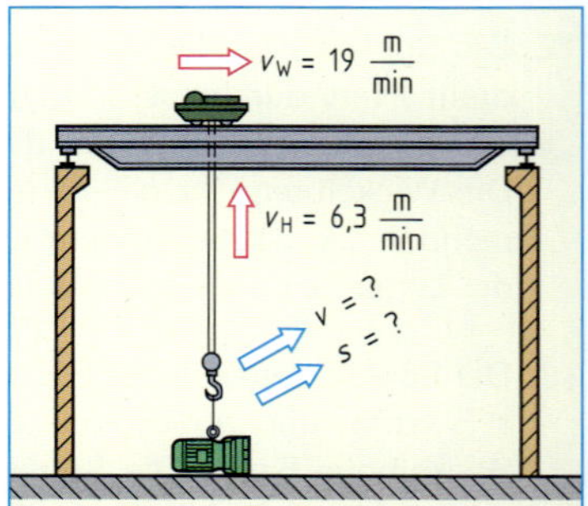

Bild 4: Laufkran

2.6.2 Kreisförmige Bewegung mit konstanter Bahngeschwindigkeit

Die Umfangsgeschwindigkeit (Bahngeschwindigkeit) v ist der Weg eines Punktes P je Zeiteinheit auf einem Kreisumfang **(Bild 1)**. Sie wird bestimmt von der Drehzahl (Umdrehungsfrequenz) n und vom Durchmesser d der Kreisbahn, z. B. auf einer Riemenscheibe.
Als Winkelgeschwindigkeit oder Kreisfrequenz ω wird das Produkt $2 \cdot \pi \cdot n$ bezeichnet.

Beispiel:

Ein Käfigläufermotor treibt eine Riemenscheibe mit dem Durchmesser $d = 180$ mm mit der Drehzahl $n = 1440\ ^1/\text{min}$ an. Berechnen Sie

a) die Winkelgeschwindigkeit ω,

b) die Umfangsgeschwindigkeit v in m/s.

Lösung:

a) $n = \dfrac{1440\ ^1/\text{min}}{60\ \text{s/min}} = 24\dfrac{1}{\text{s}} = 24\ \text{s}^{-1}$

$\omega = 2 \cdot \pi \cdot n = 2\pi \cdot 24\ \text{s}^{-1} = \mathbf{150{,}8\ s^{-1}}$

b) $v = d \cdot \pi \cdot n = 0{,}18\ \text{m} \cdot \pi \cdot 24\ \text{s}^{-1} = \mathbf{13{,}57\ \frac{m}{s}}$

oder: $v = \omega \cdot r = 150{,}8\ \text{s}^{-1} \cdot 0{,}09\ \text{m} = \mathbf{13{,}57\ \frac{m}{s}}$

Umfangsgeschwindigkeit

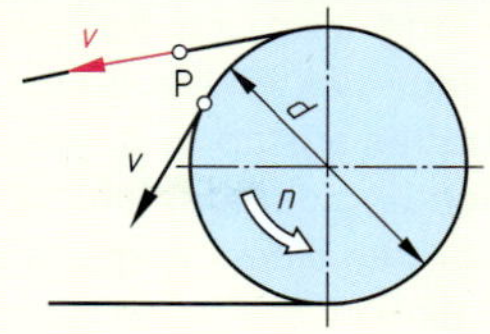

Bild 1

$v = \pi \cdot d \cdot n \qquad v = u \cdot n$

$\omega = 2 \cdot \pi \cdot n \qquad v = \omega \cdot r$

$[\omega] = \dfrac{1}{\text{s}} = \text{s}^{-1} \qquad [v] = \dfrac{\text{m}}{\text{s}}$

- n Drehzahl, Umdrehungsfrequenz
- ω Winkelgeschwindigkeit, Kreisfrequenz
- v Umfangsgeschwindigkeit, Schnittgeschwindigkeit
- d Durchmesser
- r Radius
- u Umfang

Aufgaben zu 2.6.2

1. Ein 4-mm-Bohrer **(Bild 2)** arbeitet mit $n = 1440\ ^1/\text{min}$. Wie groß ist die Schnittgeschwindigkeit v des Bohrers in m/s?

2. Ein Trennschleifer hat eine Leerlaufdrehzahl von 8500 Umdrehungen je Minute. Er treibt eine kunstharzgebundene Trennscheibe mit dem Durchmesser 180 mm an. Berechnen Sie die Umfangsgeschwindigkeit der Trennscheibe.

3. Welchen Durchmesser darf ein Stromwender (Kollektor) höchstens haben, wenn bei $18000\ ^1/\text{min}$ die Umfangsgeschwindigkeit von 30 m/s nicht überschritten werden darf?

4. Ein Handschleifgerät **(Bild 3)** hat eine Leerlaufdrehzahl von $43000\ ^1/\text{min}$. Welchen Durchmesser in mm darf die zugehörige Schleifscheibe höchstens haben, wenn eine Umfangsgeschwindigkeit von 45 m/s zulässig ist?

5. Zum Ausfräsen der Glimmerisolation von Kollektoren verwendet man hartmetallbestückte Fräser mit 25 mm Durchmesser bei einer maximalen Umfangsgeschwindigkeit von 7,85 m/s. Berechnen Sie die zulässige Drehzahl in $^1/\text{min}$.

6. Die Capstanwelle* **(Bild 4)** eines Videorekorders für die Geschwindigkeit $v = 2{,}339$ cm/s hat einen Durchmesser von 3,52 mm. Welche Drehzahl n ist für die Capstanwelle erforderlich?

7. Bei einem Fahrrad werden Geschwindigkeit und zurückgelegter Weg mit einem Fahrradcomputer berechnet. Der Computer erhält pro Reifenumdrehung einen Impuls von einem Drehzahlsensor. Der Außendurchmesser des Reifens beträgt 27 Zoll. Berechnen Sie **a)** den zurückgelegten Weg des Fahrrads nach 4640 Impulsen, **b)** die Anzahl der Impulse pro Minute bei einer Durchschnittsgeschwindigkeit von 25 km/h und **c)** die Geschwindigkeit bei 5 Impulsen pro Sekunde.

* Capstan (engl.) = Rollenantrieb

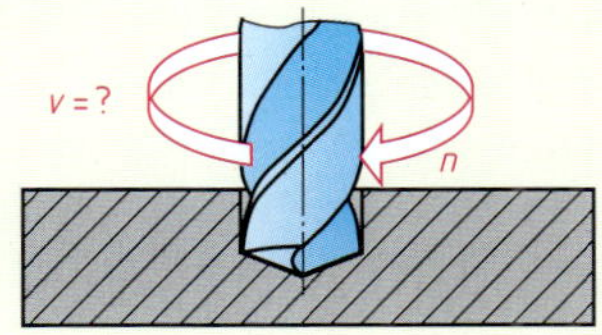

Bild 2: Bohrer

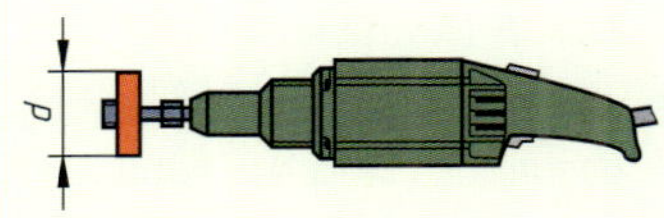

Bild 3: Handschleifgerät

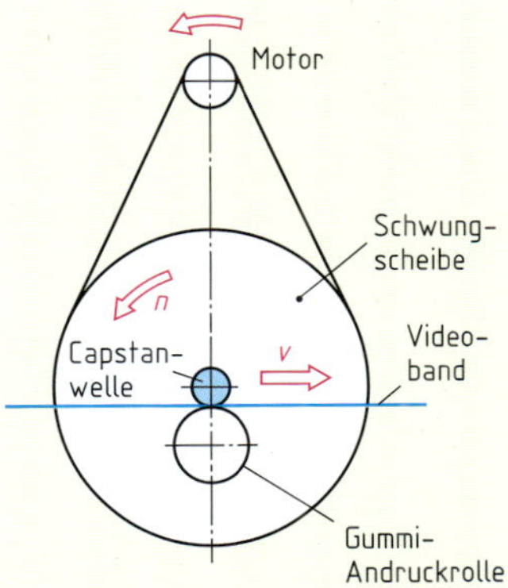

Bild 4: Capstanwellenantrieb

2.7 Kräfte

Eine Kraft F lässt sich durch einen Pfeil zeichnerisch darstellen **(Bild 1)**. Die Länge des Pfeiles entspricht der Größe der Kraft und wird durch den Kräftemaßstab bestimmt, z. B. 50 N ≙ 1 mm. Die Pfeilrichtung gibt die Richtung der Kraft auf der Wirkungslinie an. Greifen zwei Teilkräfte F_1 und F_2 an einem Körper an, so kann man die Ersatzkraft F ermitteln:

- Bei parallelen Kräften durch Summieren **(Bild 2a und b)**.
- Bei nicht parallelen Kräften durch Konstruieren (Kräfteparallelogramm **Bild 2c**) oder durch Rechnen (Trigonometrie, Satz des Pythagoras beim Winkel 90°).

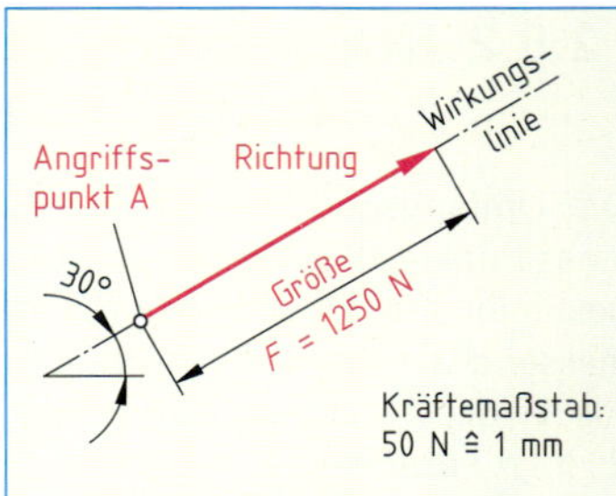

Bild 1: Angriffspunkt, Richtung und Wirkungslinie einer Kraft

Beispiel:

Die Kraft F_1 in **Bild 2c** beträgt 200 N, die Resultierende ist $F = 300$ N. Wie groß ist die Teilkraft F_2 bei einem Winkel von $\alpha = 90°$ zwischen F_1 und F_2?

Lösung:

$F = \sqrt{F_1^2 + F_2^2} \Rightarrow F_2 = \sqrt{F^2 - F_1^2} = \sqrt{300^2\,\text{N}^2 - 200^2\,\text{N}^2} = \mathbf{224\ N}$

Kräfte haben die Einheit Newton. $[F] = \text{N}$

Kräfte

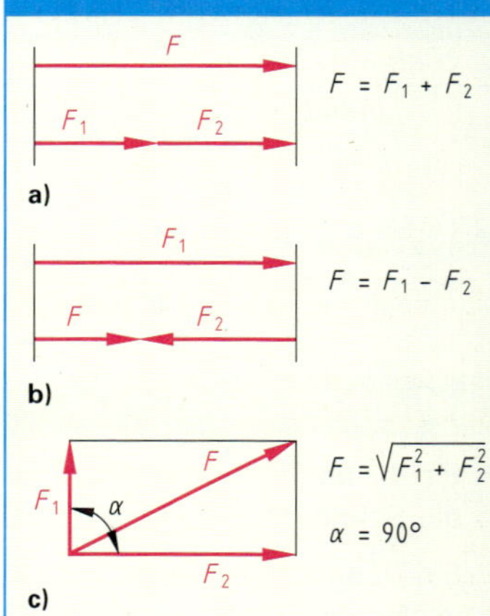

Bild 2: Kräfte
a) in gleicher Richtung,
b) entgegengesetzt,
c) senkrecht aufeinander

F resultierende Kraft, Ersatzkraft
F_1, F_2 Teilkräfte

Aufgaben zu 2.7

1. Auf einen Wagen wirken mit gemeinsamer Wirkungslinie die Teilkräfte $F_1 = 500$ N, $F_2 = 700$ N und $F_3 = 1200$ N. Bestimmen Sie zeichnerisch und rechnerisch die Ersatzkraft **a)** wenn alle Kräfte in gleicher Richtung wirken, **b)** wenn F_2 entgegengesetzt zu F_1 und F_3 wirkt (Kräftemaßstab: 100 N ≙ 5 mm).
2. An der Wandbefestigung **(Bild 3)** greifen unter einem Winkel von $\alpha = 90°$ zwei Kräfte $F_1 = 150$ N und $F_2 = 200$ N an. Bestimmen Sie **a)** rechnerisch und **b)** zeichnerisch Größe und Richtung der Ersatzkraft F (Kräftemaßstab: 1 N ≙ 2 mm).
3. An einem Freileitungsmast sind 2 Leitungen im Winkel $\alpha = 100°$ abgespannt **(Bild 4)**. Ermitteln Sie zeichnerisch die Kräfte F_1 und F_2 der beiden Leitungen, wenn der Mast mit einer resultierenden Kraft von $F = 22$ kN belastet wird (Kräftemaßstab: 1000 N ≙ 2 mm).
4. Ein Lastmagnet **(Bild 5)** mit einer Gewichtskraft von 2 kN und einer Last von 3000 N hängt an einer zweisträngigen Kette mit einem Spreizwinkel von $\alpha = 45°$. Wie groß ist die Belastung in den beiden Kettensträngen? (Kräftemaßstab: 100 N ≙ 1 mm)
5. An einem Abzweigmast wirken 3 Zugkräfte $F_1 = 17$ kN, $F_2 = 17$ kN und $F_3 = 12$ kN nach **Bild 6**. Bestimmen Sie zeichnerisch die Kraft F, mit welcher der Mast beansprucht wird, und die Kraftrichtung.

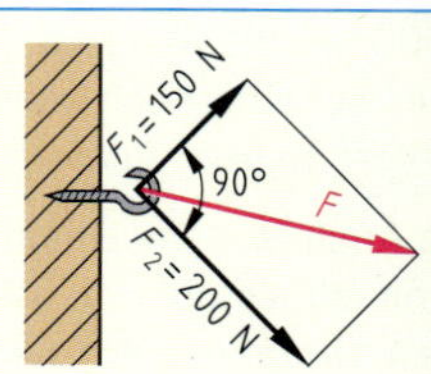

Bild 3: Wandbefestigung

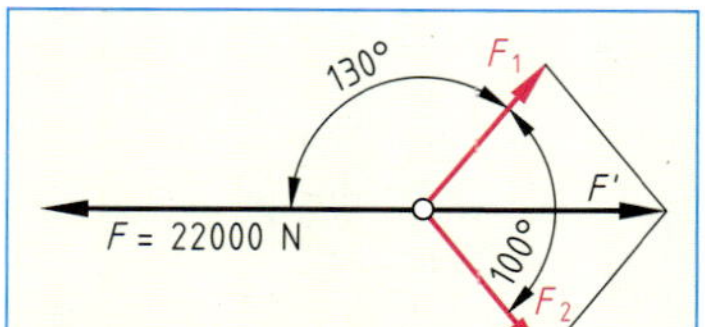

Bild 4: Spitzenzug

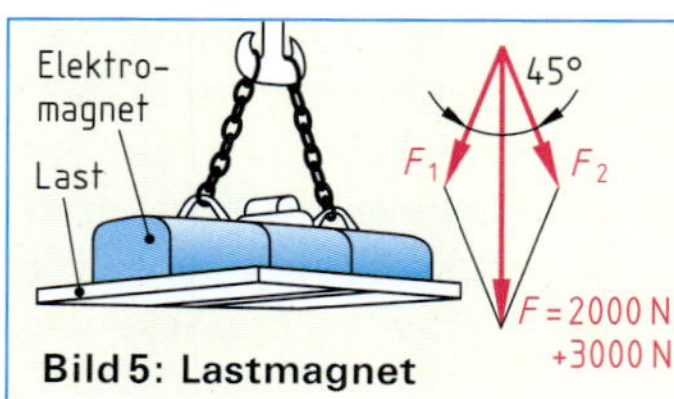

Bild 5: Lastmagnet

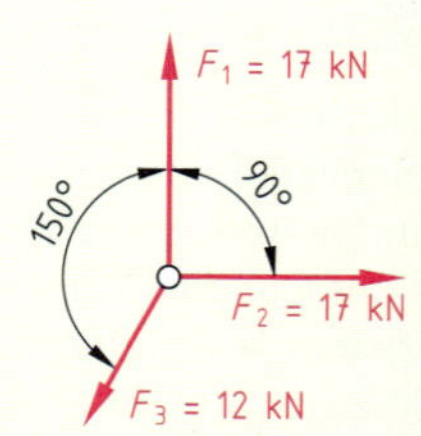

Bild 6: Abzweigmast

2.8 Moment und Hebel

Das Moment M nimmt mit der Länge r des Hebelarmes und der Kraft F zu **(Bild 1)**. Erfolgt eine Drehbewegung, z. B. bei einer Riemenscheibe **(Bild 2)**, ist die Ursache ein Drehmoment.

> Der Hebelarm ist der senkrechte Abstand des Drehpunkts von der Wirkungslinie der Kraft.

Ein Hebel ist im Gleichgewicht, wenn die Summe der linksdrehenden Momente gleich der Summe der rechtsdrehenden Momente ist **(Bilder 3 und 4)**.

Beispiel 1:

An einem einseitigen Hebel **(Bild 1)** wirkt eine Kraft $F = 250$ N. Der Hebelarm $r = 120$ mm lang. Wie groß ist das Moment M?

Lösung:

$\boldsymbol{M} = F \cdot r = 250\ \text{N} \cdot 0{,}12\ \text{m} = \mathbf{30\ Nm}$

Beispiel 2:

An einem zweiseitigen Hebel **(Bild 4)** wirken die rechtsdrehenden Kräfte $F_1 = 120$ N und $F_2 = 180$ N mit den Hebelarmen $r_1 = 100$ mm und $r_2 = 240$ mm. Der Hebel wird durch die Kraft F_3 mit dem Hebelarm $r_3 = 80$ mm im Gleichgewicht gehalten.
Berechnen Sie **a)** das resultierende rechtsdrehende Moment und **b)** die Kraft F_3.

Lösung:

a) $\boldsymbol{\Sigma M_{re}} = F_1 \cdot r_1 + F_2 \cdot r_2 = 120\ \text{N} \cdot 0{,}10\ \text{m} + 180\ \text{N} \cdot 0{,}24\ \text{m} = \mathbf{55{,}20\ Nm}$

b) $M_{re} = M_{li} = 55{,}20\ \text{Nm}$

$$\boldsymbol{F_3} = \frac{M_{li}}{r_3} = \frac{55{,}20\ \text{Nm}}{0{,}08\ \text{m}} = \mathbf{690\ N}$$

Aufgaben zu 2.8

1. Ein Drehstrommotor gibt ein Drehmoment von 23 Nm an einer Riemenscheibe mit dem Durchmesser 80 mm ab **(Bild 2)**. Welche Kraft wirkt am Umfang der Scheibe?
2. An einem zweiseitigen Hebel wirkt eine Kraft $F_1 = 120$ N mit einem Hebelarm von $r_1 = 100$ mm. Welche Kraft F_2 wirkt am Hebelarm von $r_2 = 80$ mm?
3. Ein Seilzug wirkt mit der Kraft $F_1 = 650$ N im Abstand $r_1 = 85$ mm zum Drehpunkt auf einen einseitigen Hebel **(Bild 3)**. Berechnen Sie **a)** die erforderliche Gegenkraft F_2 beim Hebelarm $r_2 = 240$ mm, **b)** den benötigten Hebelarm r_2, wenn F_2 nur 100 N betragen soll.
4. Welches Moment (Biegemoment) wird durch eine Windkraft von 200 N erzeugt, die auf eine 3,4 m von der Einspannstelle entfernte Antenne wirkt?
5. Ein Schrauber für hochfeste Schrauben M 16 erzeugt ein Drehmoment von 159 Nm. Welche Kraft müsste an einem 240 mm langen Schraubenschlüssel aufgebracht werden, um das gleiche Drehmoment wie beim Schrauber zu erhalten?
6. Wie groß muss bei einem Seitenschneider **(Bild 5)** die Handkraft F_1 zum Trennen eines Drahtes sein, wenn für die Schneidkraft $F_2 = 700$ N erforderlich sind?

Momente

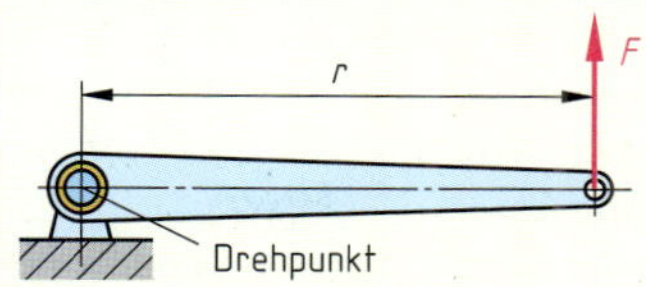

Bild 1: Einseitiger Hebel

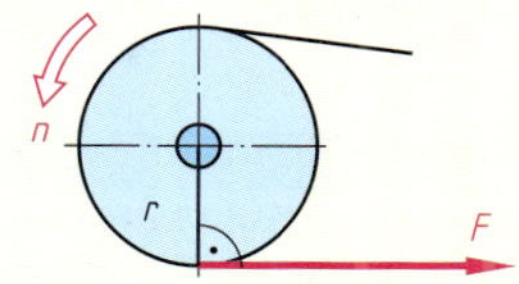

Bild 2: Riemenscheibe

$$M = F \cdot r$$

$$[M] = \text{N} \cdot \text{m} = \text{Nm}$$

M Moment (Drehmoment)
F Kraft r Hebelarm

Hebel im Gleichgewicht

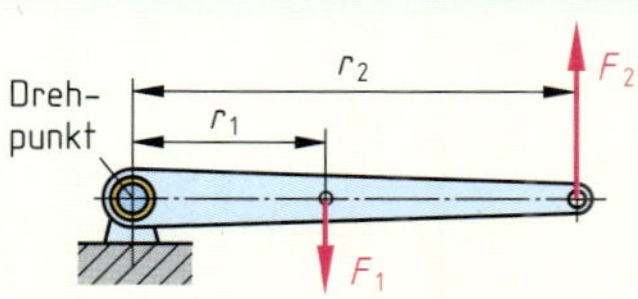

Bild 3: Zwei Momente

$$F_1 \cdot r_1 = F_2 \cdot r_2$$

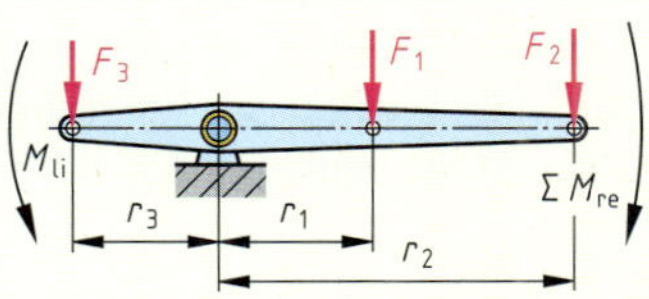

Bild 4: Zweiseitiger Hebel

$$F_1 \cdot r_1 + F_2 \cdot r_2 = F_3 \cdot r_3 + \ldots$$

$$\Sigma M_{re} = \Sigma M_{li}$$

F_1, F_2	Kräfte
r_1, r_2	Hebelarme
M_{li}	linksdrehendes Moment
M_{re}	rechtsdrehendes Moment
ΣM	Summe der Momente
Σ	Zeichen für Summe

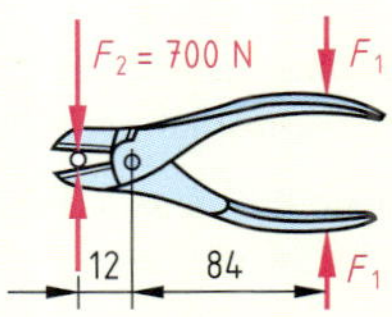

Bild 5: Seitenschneider

2.9 Mechanische Arbeit

Damit ein Körper durch eine Kraft F auf einem Weg s bewegt wird, muss mechanische Arbeit W verrichtet werden. Bei der Berechnung der Arbeit ist nur die Kraftkomponente in Wegrichtung maßgebend **(Bild 3)**.

Jeder Körper hat im Bereich der Erde die Gewichtskraft F_G. Wird er angehoben, ist Hubarbeit W_h erforderlich **(Bild 1)**. Diese Arbeit wird als potenzielle Energie (Energie der Lage) W_p gespeichert.

Beispiel 1:

Ein Hubstapler **(Bild 1)** hebt eine Last von 25 kN senkrecht 3,25 m hoch. Wie groß ist die verrichtete Arbeit?

Lösung:

$W = F \cdot s = 25\,\text{kN} \cdot 3{,}25\,\text{m} = 81{,}3\,\text{kNm} = \mathbf{81{,}3\,kJ}$

Beispiel 2:

Eine Transportkiste mit der Masse $m = 50$ kg wird gleichförmig um die Hubhöhe $h = 4$ m angehoben. Berechnen Sie
a) die Gewichtskraft, **b)** die gespeicherte potenzielle Energie.

Lösung:

a) $F_G = m \cdot g = 50\,\text{kg} \cdot 9{,}81\,\text{m/s}^2 = \mathbf{491\,N}$

b) $W_p = F_G \cdot h = 491\,\text{N} \cdot 4\,\text{m} = \mathbf{1964\,Nm}$

Arbeit hat die Einheit Joule. Es gilt: 1 kJ = 1000 J

Aufgaben zu 2.9

1. Welche Kraft F ist erforderlich, um **a)** eine Sammelschiene der Masse $m = 5{,}4$ kg und **b)** einen Trennschalter der Masse $m = 48$ kg zur Montage anzuheben?

2. Ein Kran hebt einen Transformator mit einer Gewichtskraft von 1300 N 15 m hoch. Welche Arbeit wird verrichtet?

3. Beim Heben einer 9 kN schweren Last wird eine Arbeit von 180 kJ verrichtet. Berechnen Sie die Hubhöhe.

4. Ein Hubstapler **(Bild 1)** verrichtet eine Hubarbeit von 30 kJ, um eine Last auf 2,5 m zu heben. Berechnen Sie **a)** die Gewichtskraft und **b)** die Masse der Last.

5. Das Speicherbecken eines Kraftwerks **(Bild 2)** hat eine Länge von 320 m, eine Breite von 85 m und eine mittlere Tiefe von 16,5 m. Die nutzbare Fallhöhe beträgt 283 m. Wie groß ist die gespeicherte potenzielle Energie?

6. Auf einer waagrechten Ladefläche wird eine Transportkiste um 2,5 m verschoben. Welche Arbeit wird verrichtet, wenn zur Überwindung des Reibungswiderstandes eine Kraft von 420 N in Verschieberichtung erforderlich ist?

● **7.** Ein Abfallbehälter **(Bild 3)** wird mit einer im Winkel 30° schräg wirkenden Kraft F von 280 N um 2,5 m über den Werkstattboden gezogen. Die Bewegung ist gleichförmig. Berechnen Sie **a)** die in Wegrichtung wirksame Kraft F_w und **b)** die verrichtete Arbeit.

Mechanische Arbeit

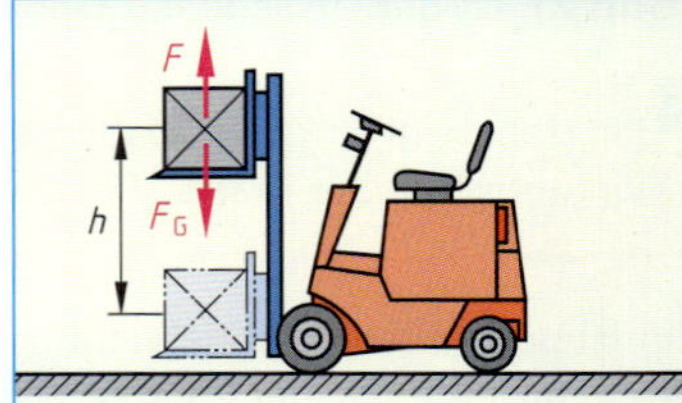

Bild 1: Hubstapler

Bei gleicher Richtung von Kraft und Weg gilt:

$$W = F \cdot s$$

$$[W] = \text{Nm} = \text{Ws} = \text{J}$$

$$W_h = F_G \cdot h \qquad F_G = m \cdot g$$

$$[F_G] = \text{kg} \cdot \frac{\text{m}}{\text{s}^2} = \frac{\text{kg\,m}}{\text{s}^2} = \text{N}$$

$$W_p = W_h$$

W Arbeit
F Kraft
F_G Gewichtskraft
s Weg
W_h Hubarbeit
W_p potenzielle Energie
m Masse
g Fallbeschleunigung

Mittlere Fallbeschleunigung
$g = 9{,}81\,\text{m/s}^2$

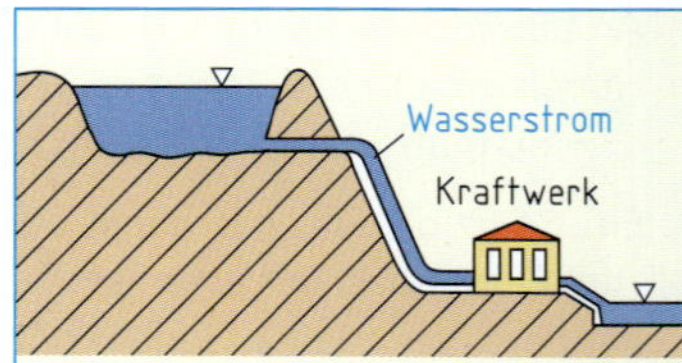

Bild 2: Pumpspeicherwerk

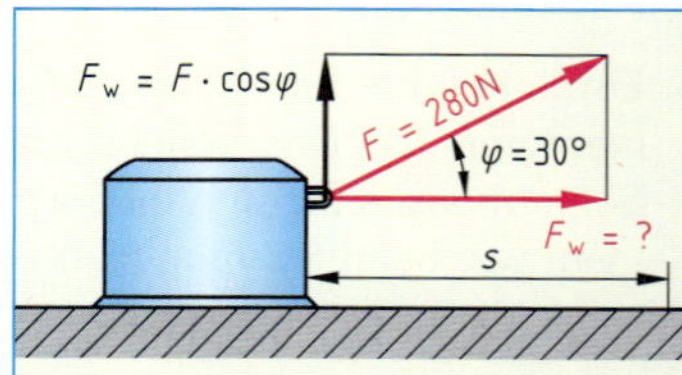

Bild 3: Schräg wirkende Kraft

2.10 Mechanische Leistung

Die mechanische Leistung P ist um so größer, je größer die Arbeit W und je kürzer die Zeit t ist, in der sie verrichtet wird **(Bild 1)**.

Beispiel:

Ein Hubstapler **(Bild 1, Seite 38)** hebt in 16 s einen Stapel Elektrobleche mit der Gewichtskraft von 12 kN gleichförmig 4 m hoch. Berechnen Sie **a)** die erforderliche Leistung, **b)** die Hubgeschwindigkeit.

Lösung:

a) $P = \frac{W}{t} = \frac{F \cdot s}{t} = \frac{12000\ \text{N} \cdot 4\ \text{m}}{16\ \text{s}} = 3000\ \frac{\text{Nm}}{\text{s}} = \mathbf{3\ kW}$

b) $v = \frac{P}{F} = \frac{3000\ \text{Nm/s}}{12000\ \text{N}} = \mathbf{0{,}25\ \frac{m}{s}}$ oder: $v = \frac{s}{t} = \frac{4\ \text{m}}{16\ \text{s}} = \mathbf{0{,}25\ \frac{m}{s}}$

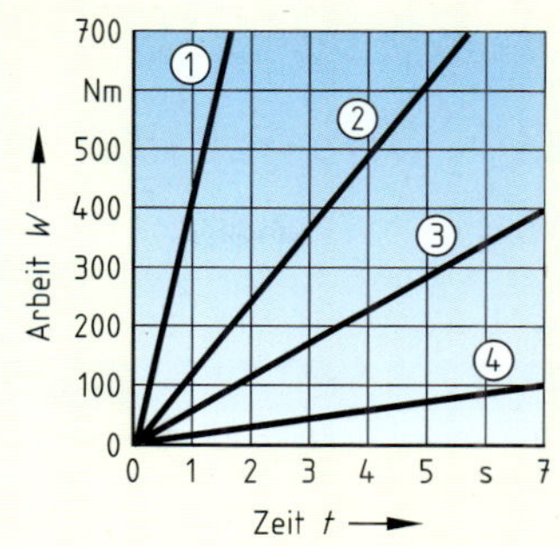

Bild 1: Arbeit, abhängig von der Zeit

$$P = \frac{W}{t} \qquad P = \frac{F \cdot s}{t}$$

$$P = F \cdot v \qquad [P] = \text{W}$$

$$1\ \text{W} = 1\ \frac{\text{N} \cdot \text{m}}{\text{s}} = 1\ \frac{\text{J}}{\text{s}}$$

P Leistung
W Arbeit
t Zeit
F Kraft
s Weg
v Geschwindigkeit

Aufgaben zu 2.10

1. Die Laufkatze eines Krans hebt die Last 100 kN in 30 Sekunden 6,3 m hoch. Berechnen Sie die abgegebene Leistung des Hubmotors (Reibungsverluste vernachlässigt).
2. Bestimmen Sie mithilfe der Kennlinien 1 bis 4 **(Bild 1) a)** die Leistungen in W und kW. **b)** Vergleichen Sie die Steigungen der Kennlinien mit den jeweils ermittelten Leistungen.
3. Eine Pumpe fördert 120 l Wasser in der Minute 51 m hoch. Die Verluste werden vernachlässigt. Mit welcher Leistung muss die Pumpe angetrieben werden?
4. Ein Stabhochspringer mit einem Gewicht von 75 kg erreicht in 1,2 s die Höhe 5,35 m. Welche durchschnittliche Leistung hat er aufgebracht?
5. Ein Förderband hat eine Geschwindigkeit von 1,25 m/s. Es wird von einem 20-kW-Trommelmotor angetrieben. Berechnen Sie die Zugkraft ohne Berücksichtigung der Verluste.
6. Ein Elektromotor mit der Drehzahl 1450 1/min treibt über einen Riemen eine Maschine an **(Bild 2)**. Die Zugkraft des Riemens beträgt 275 N. Die Riemenscheibe hat einen Durchmesser von 355 mm. Berechnen Sie die abgegebene Leistung und das Drehmoment des Motors. Die Verluste bleiben dabei unberücksichtigt.
7. Mit einer Hebebühne **(Bild 3)** wird ein Pkw mit der Masse 1,25 t in 5,5 s auf eine Höhe von 1,8 m gebracht. Berechnen Sie die erforderliche Leistung (Reibung nicht berücksichtigt).
8. Welche Schubkraft bringt eines der Triebwerke eines Langstreckenflugzeugs bei der Geschwindigkeit von 850 km/h auf, wenn die Leistungsabgabe des Triebwerks 160 MW beträgt?
9. Welche Umfangsgeschwindigkeit in m/s und m/min hat der Trommelmotor eines Gepäckförderers mit 3 kW Antriebsleistung und einer Zugkraft von 1300 N?
10. Das Seil eines Aufzugs **(Bild 4)** ist für eine höchstzulässige Tragkraft von 50 kN ausgelegt. Das Gegengewicht erzeugt eine Gegenkraft von $F_G = 38$ kN. Der Antriebsmotor hat eine Leistungsabgabe von 33 kW. Wie groß ist die Hubgeschwindigkeit?

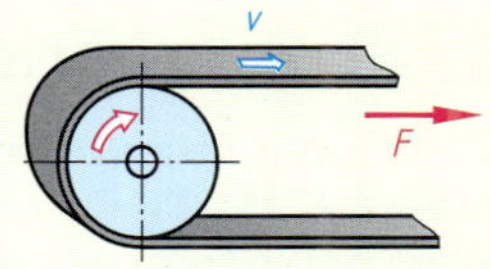

Bild 2: Riementrieb

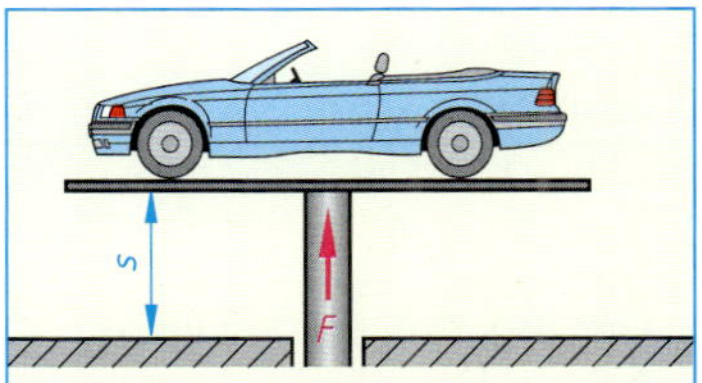

Bild 3: Hebebühne

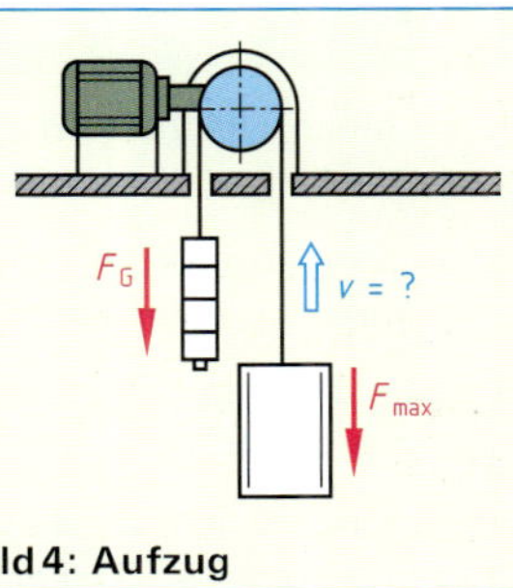

Bild 4: Aufzug

3 Elektrotechnische Grundlagen

3.1 Umrechnen von Einheiten

Einheiten von elektrischen Größen müssen oft in Einheiten mit größeren oder kleineren Vorsätzen **(Seite 28)** umgerechnet werden, z. B. mV in µV.

Beispiel:

Bei einem Digitalmultimeter wird die Spannung 32 mV abgelesen. Welcher Spannung entspricht dies **a)** in µV und **b)** in V?

Lösung 1:

a) **1 mV = 1000 µV** ⇒ **32 mV = 32 · 1000 µV = 32 000 µV**

b) **1 mV = 0,001 V** ⇒ **32 mV = 32 · 0,001 V = 0,032 V**

Lösung 2:

a) **32 mV** $= 32 \cdot 10^{-3}$ V $= 32 \cdot 10^{3} \cdot 10^{-6} =$ **32 000 µV**

b) **32 mV** $= 32 \cdot 10^{-3}$ V = **0,032 V**

Vorsätze:
Milli: m ≙ 10^{-3}
Mikro: µ ≙ 10^{-6}

Aufgaben zu 3.1

Rechnen Sie um

a) 1,23 V in µV; 400 V in mV; 250 mV in V; 400 V in kV

b) 120 µA in mA; 23,4 mA in µA; 320 mA in A; 6000 A in kA

c) 220 kOhm in MOhm; 1,2 Ohm in mOhm; 2500 µOhm in Ohm

d) 0,850 kW in W; 0,032 W in mW; 0,0045 MW in kW

e) 100 Wh in kWh; 10 Wh in Ws; 2 kWh in Ws; 1200 Ws in Wh

Umrechnen von Einheiten

Der Wert einer Größe muss beim Umrechnen der Einheit gleich bleiben.

Beispiel:
Umwandlung mV in µV

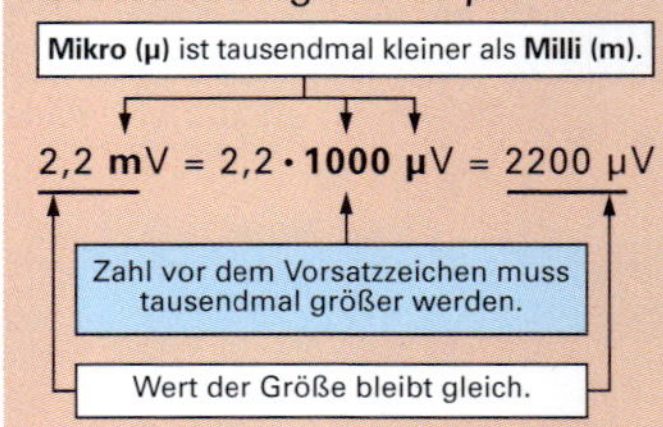

Beispiel:
Umwandlung µV in mV

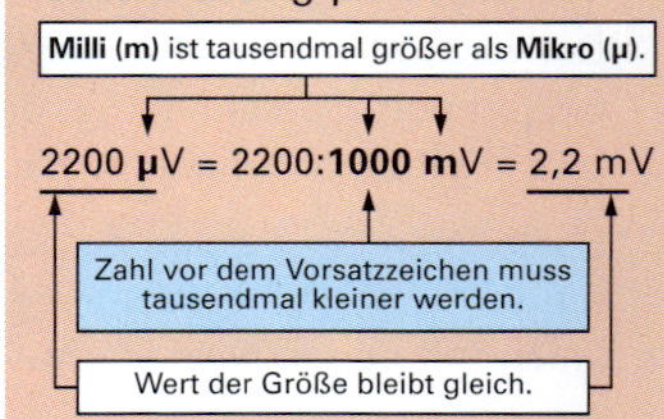

Wird der Vorsatz einer Einheit um ein bestimmtes Verhältnis kleiner, muss die Zahl vor dem Vorsatz um das gleiche Verhältnis größer werden und umgekehrt.

3.2 Stromstärke und Ladung

Die durch einen Leiter bewegte Ladung Q je Zeiteinheit nennt man Stromstärke I.

Beispiel:

In der Zeit $t = 25$ s wird die Ladung $Q = 78$ C = 78 As durch einen Leiter bewegt. Berechnen Sie **a)** die Stromstärke I und **b)** die Anzahl n der Elektronen in 25 Sekunden.

Lösung:

a) $I = \frac{Q}{t} = \frac{78\,\text{As}}{25\,\text{s}} = \mathbf{3{,}12\,A}$; b) $n = \frac{Q}{e} = \frac{78\,\text{C}}{1{,}6021 \cdot 10^{-19}\,\text{C}} = \mathbf{0{,}49 \cdot 10^{21}}$

Ladung Q: 1 C (Coulomb) = 1 As
Arbeit W: 1 Nm = 1 J (Joule) = 1 VAs = 1 Ws

Aufgaben zu 3.2

1. Durch einen elektrischen Leiter fließt je Sekunde eine Ladung von 4,4 mC. Wie groß ist die Stromstärke?
2. Einem Kondensator soll durch einen Konstantstrom in 4 s die Ladung $Q = 6$ mAs zugeführt werden **(Bild 1)**. Berechnen Sie den Ladestrom.
3. In einem Blitzgerät fließt während der Entladung (1/1000 s) ein mittlerer Strom von 0,4 A. Wie groß ist die Ladung?
4. Durch einen Leiter werden innerhalb von 2 s insgesamt $1{,}87 \cdot 10^{19}$ Elektronen bewegt. Berechnen Sie **a)** Ladung und **b)** Stromstärke.

Strom und Ladung

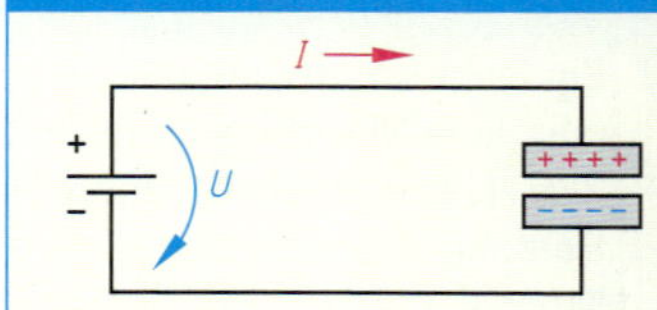

Bild 1

$$I = \frac{Q}{t} \qquad n = \frac{Q}{e}$$

$$[I] = \frac{\text{C}}{\text{s}} = \frac{\text{As}}{\text{s}} = \text{A}$$

$$e = 1{,}6021 \cdot 10^{-19}\,\text{C}$$

I Stromstärke
Q Ladung
t Zeit
e Ladung des Elektrons, Elementarladung
n Anzahl der Ladungsträger, z. B. Elektronen

3.3 Elektrische Spannung

Die elektrische Spannung U ist gleich der Arbeit je Ladungsmenge, die zur Ladungstrennung aufgebracht werden muss.

Beispiel:

In einem elektrischen Feld wird die Ladung $Q = 0{,}75\,\text{mC}$ durch die Kraft $F = 0{,}015\,\text{N}$ um $s = 50\,\text{mm}$ von P1 nach P2 verschoben **(Bild 1)**. Berechnen Sie **a)** die Arbeit, **b)** die Spannung zwischen P1 und P2.

Lösung:

a) $W = F \cdot s = 0{,}015\,\text{N} \cdot 0{,}050\,\text{m} = 750 \cdot 10^{-6}\,\text{Nm} = \mathbf{0{,}75\,mNm}$

b) $U = \frac{W}{Q} = \frac{0{,}75\,\text{mNm}}{0{,}75\,\text{mC}} = \mathbf{1\,V}$

Spannung

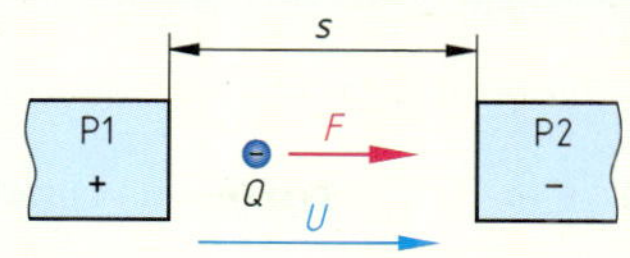

Bild 1

$$U = \frac{F \cdot s}{Q} \qquad U = \frac{W}{Q}$$

$$[U] = \frac{\text{Nm}}{\text{C}} = \frac{\text{VAs}}{\text{As}} = \text{V}$$

U Spannung, F Kraft
W Arbeit, s Weg

Aufgaben zu 3.3

1. Eine Ladung von 30 µC wird mit der Kraft 6 mN über eine Strecke von 60 mm transportiert. Berechnen Sie **a)** die Arbeit und **b)** die Spannung.
2. Bei der Erzeugung einer Spannung wird zum Verschieben der Ladung $Q = 30\,\mu\text{C}$ eine Arbeit von $W = 0{,}36\,\text{mJ}$ aufgewendet. Berechnen Sie die Spannung.
3. Eine Ladung von 0,12 mC wird mit der Kraft 220 mN bewegt. Die Arbeit beträgt 2,88 mNm. Berechnen Sie **a)** die Verschiebungsstrecke (Weg) und **b)** die Spannung.

3.4 Widerstand und Leitwert

Jeder Leiter setzt dem elektrischen Strom einen Widerstand entgegen. Der Kehrwert des Widerstandes R ist der elektrische Leitwert G **(Bild 2)**.

Beispiel:

Wie groß ist der Leitwert G des Widerstandes einer Heizwendel von $R = 40\,\Omega$?

Lösung:

$G = \frac{1}{R} = \frac{1}{40\,\Omega} = 0{,}025\,\text{S} = \mathbf{25\,mS}$

Widerstand und Leitwert

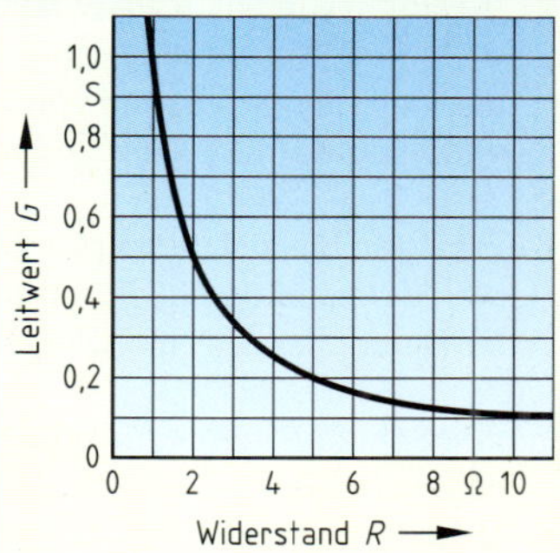

Bild 2

$$G = \frac{1}{R} \qquad [G] = \text{S} = \frac{1}{\Omega}$$

$$R = \frac{1}{G} \qquad [R] = \Omega = \frac{1}{\text{S}}$$

R Widerstand
G Leitwert (in Siemens)

Aufgaben zu 3.4

1. Ermitteln Sie aus dem $G(R)$-Diagramm **(Bild 2)** den Widerstand für die Leitwerte **a)** 0,2 S; **b)** 0,5 S; **c)** 0,8 S.
2. Berechnen Sie die Leitwerte der Widerstände **a)** bis **e)**:
   a) 12 Ω; **b)** 0,45 Ω; **c)** 250 mΩ; **d)** 1,25 kΩ; **e)** 0,06 kΩ.

3.5 Ohmsches Gesetz

Das ohmsche Gesetz beschreibt den Zusammenhang zwischen Stromstärke, Spannung und Widerstand **(Bild 3)**.

Beispiel:

Im Stromkreis **(Bild 3)** liegt ein Widerstand von $R = 10\,\Omega$ an der Spannung $U = 24\,\text{V}$. Berechnen Sie die Stromstärke I.

Lösung:

$I = \frac{U}{R} = \frac{24\,\text{V}}{10\,\Omega} = \frac{24\,\text{V}}{10\,\text{V/A}} = \mathbf{2{,}4\,A}$

Ohmsches Gesetz

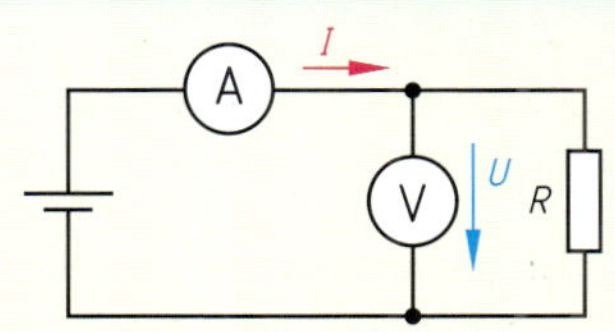

Bild 3

$$I = \frac{U}{R} \Rightarrow R = \frac{U}{I} \Rightarrow U = R \cdot I$$

$$[R] = \frac{\text{V}}{\text{A}} = \Omega$$

I Stromstärke, R Widerstand
U Spannung

Aufgaben zu 3.5

1. Die Heizspirale eines Heizlüfters für 230 V hat einen Widerstand von 40 Ω. Berechnen Sie den Strom.

2. Eine Anschlussklemme hat einen Übergangswiderstand von 8 mΩ. Welche Spannung fällt am Übergangswiderstand ab, wenn ein Strom von 16 A fließt?

3. Ein Bügeleisen nimmt an der Spannung 230 V einen Strom von 4,35 A auf. Wie groß ist die Stromaufnahme, wenn die Spannung um 5 % ansteigt?

4. Ein Relais mit den Angaben 6 V/50 mA wird irrtümlich an die Spannung 9 V angeschlossen. Berechnen Sie bei 6 V **a)** den Widerstand der Relaisspule und **b)** den Leitwert. **c)** Berechnen Sie die Stromaufnahme bei 9 V.

5. An einem Gleichstrom-Erdkabel liegt eine Spannung von 10 kV. Obwohl kein Verbraucher angeschlossen ist, fließt wegen eines Isolationsfehlers ein Strom von 120 mA. Wie groß ist **a)** der Isolationswiderstand und **b)** der zugehörige Leitwert?

6. Ermitteln Sie aus dem $I(U)$-Diagramm **(Bild 1) a)** die Ströme durch die Widerstände R_1, R_2 und R_3 bei der Spannung $U = 6$ V. **b)** Berechnen Sie die Widerstandswerte R_1, R_2 und R_3.

7. Ein Schiebewiderstand **(Bild 2)** ist an eine konstante Spannung angeschlossen. Durch Verändern des Widerstandes wird das in **Bild 3** gegebene $I(R)$-Diagramm ermittelt. **a)** Welcher Strom fließt bei den Einstellungen $R_1 = 20\,\Omega$ und $R_2 = 40\,\Omega$? **b)** An welche Spannung ist der Schiebewiderstand angeschlossen?

8. Ein Heizwiderstand mit dem Leitwert 40 mS ist an die Spannung 230 V angeschlossen. **a)** Berechnen Sie die Stromaufnahme. **b)** Zeichnen Sie die Widerstandsgerade in ein $I(U)$-Diagramm ein (Maßstab: 40 V ≙ 1 cm, 2 A ≙ 1 cm). **c)** Ermitteln Sie aus dem $I(U)$-Diagramm die erforderliche Spannung für den Strom $I = 6$ A.

9. Berechnen Sie von der Schaltung **Bild 4** den gesamten Widerstand zwischen den Anschlussklemmen L+ und L−.

10. Ein Widerstand liegt an einer Spannung, deren Wert von 180 V auf 230 V erhöht wird. Dadurch ändert sich der Strom um 100 mA. Wie groß sind Widerstand und Leitwert?

● 11. Bei einer Messreihe zur Überprüfung der Abweichung (Toleranz) von Widerständen werden bei einer konstanten Messspannung von $U = 240$ mV Stromwerte von 190,5 µA bis 210,5 µA gemessen. Welchem Widerstandswert und welcher E-Reihe **(Seite 276)** können die gemessenen Widerstände zugeordnet werden?

● 12. In einer Schaltung zur Stromversorgung von Leuchtdioden sind vier Widerstände nach **Bild 4** geschaltet. Berechnen Sie **a)** den Widerstand R_1. **b)** Auf welchen Wert ist R_3 eingestellt? **c)** Welchen minimalen und maximalen Wert kann die Spannung U_2 an R_2 haben? **Hinweis:** Toleranz von Widerstand R_2 beachten.

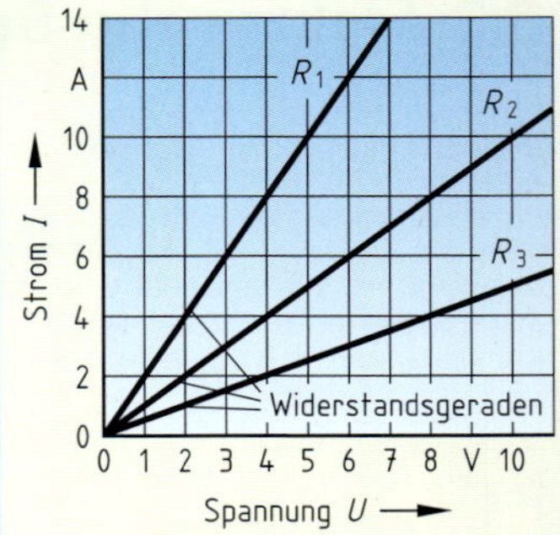

Bild 1: $I(U)$-Diagramm

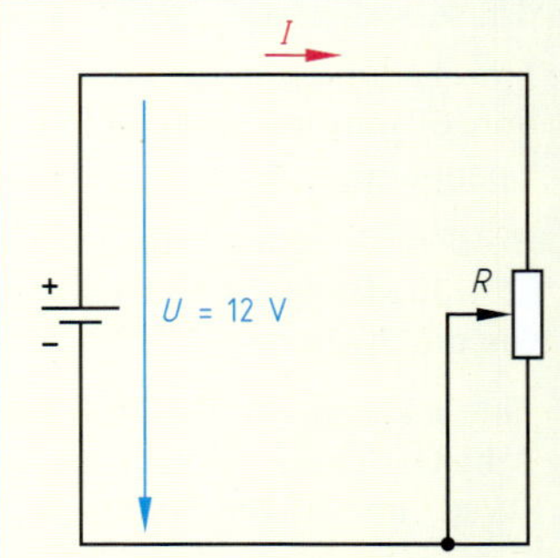

Bild 2: Schiebewiderstand

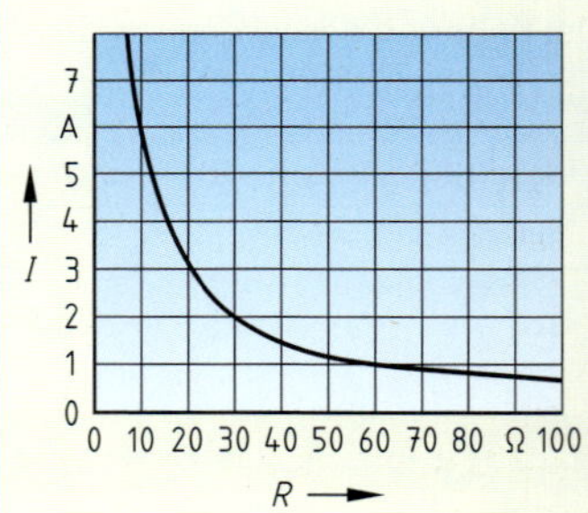

Bild 3: $I(R)$-Diagramm

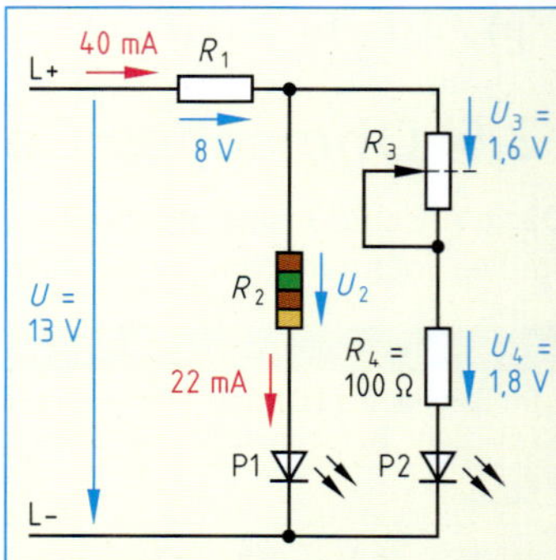

Bild 4: Leuchtdiodenschaltung

3.6 Stromdichte

Die Stromdichte kann um so höher gewählt werden, je besser die Wärmeabfuhr und je höher z. B. die zulässige Temperatur des Leiters und des Isolierwerkstoffes ist. Bei Heizgeräten und elektrischen Maschinen wird die Stromdichte in A/mm^2, bei Kohlebürsten in A/cm^2 und in der Galvanik in A/dm^2 angegeben.

Beispiel:

Die 60-W-Glühlampe **(Bild 1)** in einer Schreibtischleuchte ist über eine Leitung H03VV-F 3G0,75 angeschlossen und wird von $I = 0{,}26$ A durchflossen. Berechnen Sie die Stromdichten

a) in der Zuleitung, **b)** in der Halterung der Glühwendel, **c)** im Glühdraht.
d) Zeichnen Sie die Querschnitte der Halterung und des Glühdrahts in der Lampe im Maßstab 50 : 1.

Lösung:

a) $J_{Zu} = \frac{I}{A} = \frac{0{,}26\text{ A}}{0{,}75\text{ mm}^2} = \mathbf{0{,}35\,\frac{A}{mm^2}}$

b) $A_{Hal} = \frac{\pi \cdot d^2}{4} = \frac{\pi \cdot 0{,}5^2\text{ mm}^2}{4} = \frac{\pi \cdot 0{,}25\text{ mm}^2}{4} = 0{,}196\text{ mm}^2$

$J_{Hal} = \frac{I}{A} = \frac{0{,}26\text{ A}}{0{,}196\text{ mm}^2} = \mathbf{1{,}33\,\frac{A}{mm^2}}$

c) $A_{Gl} = \frac{\pi \cdot d^2}{4} = \frac{\pi \cdot 0{,}0426^2\text{ mm}^2}{4} = 1{,}425 \cdot 10^{-3}\text{ mm}^2 = 0{,}00143\text{ mm}^2$

$J_{Gl} = \frac{I}{A} = \frac{0{,}26\text{ A}}{0{,}00143\text{ mm}^2} = \mathbf{181{,}82\,\frac{A}{mm^2}}$

d) Siehe **Bild 2**

Stromdichte

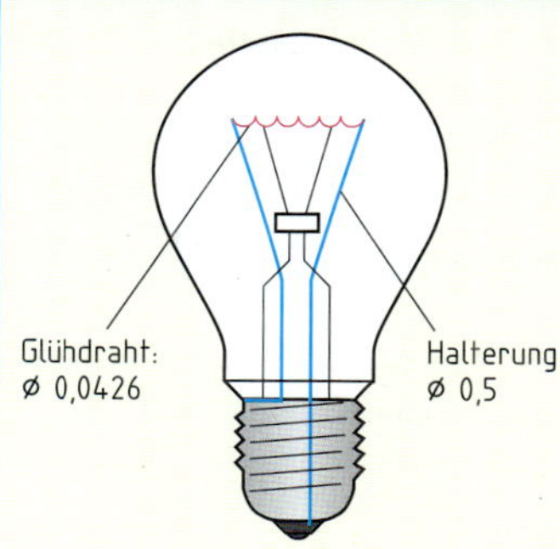

Bild 1: Stromweg in einer Glühlampe

$$J = \frac{I}{A}$$

$$[J] = \frac{A}{mm^2}$$

J Stromdichte
I Stromstärke
A Leiterquerschnitt

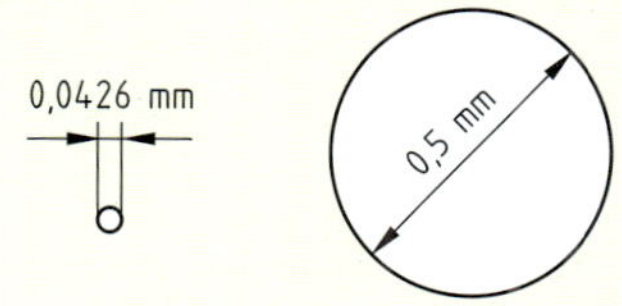

Bild 2: Querschnitte von Glühdraht und Halterung (M 50 : 1)

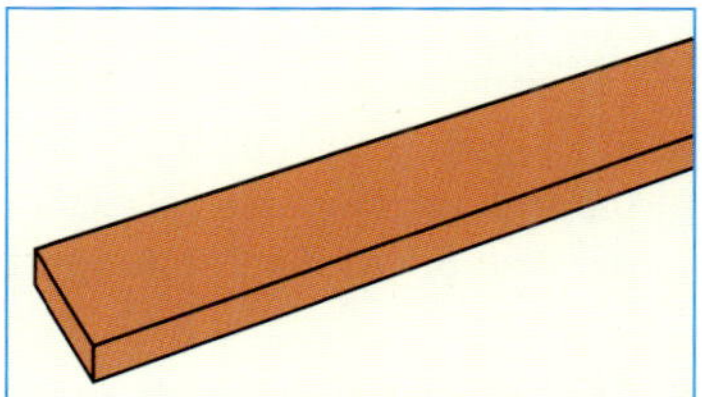

Bild 3: Sammelschiene

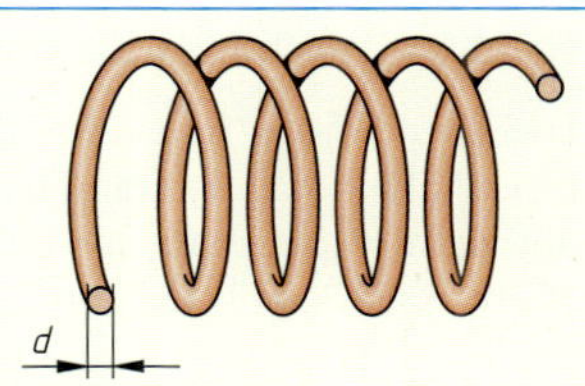

Bild 4: Spule

Aufgaben zu 3.6

1. Die Sammelschiene **(Bild 3)** eines Verteilers ist 30 mm breit und 10 mm hoch. Sie darf mit 630 A belastet werden. Berechnen Sie die zulässige Stromdichte.

2. Ein Widerstandsdraht aus CuMn 12 Ni (z. B. Manganin) hat einen Durchmesser von 0,35 mm und einen Widerstandswert von 100 Ω. Wie groß ist die Stromdichte bei Anschluss an 24 V?

3. **a)** Bestimmen Sie den Bemessungswert I_r aus **Tabelle 1, Seite 272** für Leitungen der Verlegeart C mit zwei belasteten Adern bei einem Nennquerschnitt von 1,5 mm² sowie 6 mm². **b)** Berechnen Sie für die beiden Querschnitte die zulässige Stromdichte. **c)** Vergleichen und bewerten Sie Ihre Ergebnisse mit den gegebenen Nennquerschnitten.

4. Durch eine Spule **(Bild 4)** soll ein Strom von 1,35 A fließen. Die Stromdichte darf höchstens 3,5 A/mm^2 betragen. Berechnen Sie **a)** den benötigten Leiterquerschnitt, **b)** den Leiterdurchmesser.

5. Durch den Heizwiderstand 52,9 Ω eines Bügeleisens fließen 4,35 A. Der Drahtquerschnitt des Heizwiderstandes beträgt 0,246 mm², der Querschnitt der Zuleitungsdrähte 1 mm². Berechnen Sie **a)** die Spannung am Bügeleisen, **b)** die Stromdichte in der Zuleitung aus H03RT-F3G1, **c)** die Stromdichte im Heizwiderstand.

6. Zwei Heizwiderstände liegen parallel an 230 V und werden von jeweils 4,35 A durchflossen. Der eine Heizleiterdraht hat einen Durchmesser von 0,45 mm, der andere hat einen Durchmesser von 0,35 mm. Berechnen Sie die Stromdichte in den Heizwiderständen.

3.7 Elektrischer Widerstand

3.7.1 Leiterwiderstand

Der **spezifische elektrische Widerstand** ϱ* ist so groß wie der Widerstand eines Leiters von 1 m Länge und 1 mm² Querschnitt **(Bild 1)**. Er wird meist für die Temperatur 20 °C ermittelt (ϱ_{20}). Die elektrische Leitfähigkeit γ** ist der Kehrwert des spezifischen Widerstandes.

Beispiel:

Der Draht für einen Vorwiderstand aus CuMn 12 Ni mit $\gamma = 2{,}3\ \text{m}/(\Omega \cdot \text{mm}^2)$ in einem Messgerät hat den Durchmesser 0,1 mm und ist 1,81 m lang.

a) Berechnen Sie den Widerstandswert des Vorwiderstandes.

b) Wie lang müsste ein CuNi44-Draht von 0,12 mm Durchmesser mit gleichem Widerstand sein?

Lösung:

a) $$A_1 = \frac{d_1^2 \cdot \pi}{4} = \frac{(0{,}1\ \text{mm})^2 \cdot \pi}{4} = 7{,}85 \cdot 10^{-3}\ \text{mm}^2 = 0{,}00785\ \text{mm}^2$$

$$\boldsymbol{R} = \frac{l_1}{\gamma \cdot A_1} = \frac{1{,}81\ \text{m}}{2{,}3\ \text{m}/(\Omega \cdot \text{mm}^2) \cdot 0{,}00785\ \text{mm}^2} = \mathbf{100\ \Omega}$$

b) $$A_2 = \frac{d_2^2 \cdot \pi}{4} = \frac{(0{,}12\ \text{mm})^2 \cdot \pi}{4} = 0{,}0113\ \text{mm}^2$$

$$R = \frac{\varrho \cdot l_2}{A_2} \Rightarrow \boldsymbol{l_2} = \frac{R \cdot A_2}{\varrho} = \frac{100\ \Omega \cdot 0{,}0113\ \text{mm}^2}{0{,}49\ (\Omega \cdot \text{mm}^2)/\text{m}} = \mathbf{2{,}31\ m}$$

Spezifischer Widerstand

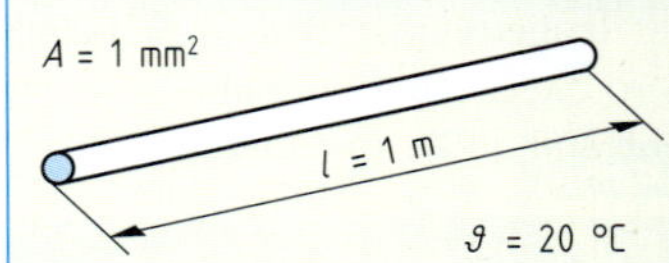

Bild 1

$$R = \frac{\varrho \cdot l}{A} \qquad R = \frac{l}{\gamma \cdot A}$$

$$[R] = \frac{\frac{\Omega \cdot \text{mm}^2}{\text{m}} \cdot \text{m}}{\text{mm}^2} = \Omega$$

$$\gamma = \frac{1}{\varrho}$$

$$[\gamma] = \frac{1}{\frac{\Omega \cdot \text{mm}^2}{\text{m}}} = \frac{\text{m}}{\Omega \cdot \text{mm}^2}$$

R Widerstand
l Leiterlänge
A Leiterquerschnitt
ϱ spezifischer Widerstand
γ** elektrische Leitfähigkeit

Aufgaben zu 3.7.1

1. Auf einem Stellwiderstand sind 150 m Konstantandraht (CuNi 44, **Tabelle**) mit einem Querschnitt von 0,196 mm² aufgewickelt. Berechnen Sie den Leiterwiderstand R.
2. Ein Bund Kupferdraht H07V-U mit 1,5 mm² Querschnitt hat einen Widerstand von 0,6 Ω. Ermitteln Sie die Länge des Drahtes.
3. Welchen Querschnitt haben Drähte von je 100 m Länge aus **a)** Cu, **b)** Al, deren Widerstand jeweils 0,3 Ω betragen soll?
4. Eine 10 m lange Kupferleitung mit einem Querschnitt von 2,5 mm² wird mit einem Strom von 8 A belastet. Berechnen Sie den Widerstand und den Spannungsfall der Leitung.

Spannungsfall: **Seite 199**

5. Ein Keramikrohr **(Bild 2)** soll mit Konstantandraht (CuNi44) von 0,5 mm Durchmesser als Drahtwiderstand bewickelt werden. Berechnen Sie **a)** die Windungszahl, **b)** die Drahtlänge, **c)** den Widerstand.
6. Ein Aluminium-Erdkabel 4 × 70 mm² hat zwischen 2 Leitern einen Kurzschluss. Mit einem Widerstandsmessgerät wurde zwischen diesen Leitern ein Widerstand von 775 mΩ gemessen. In welchem Abstand von der Messstelle befindet sich der Kurzschluss?
7. Die Spule eines Relais für 230 V hat 19900 Windungen **(Bild 3)**. Der Wicklungswiderstand beträgt 8800 Ω bei 20 °C. Der Lackauftrag auf dem Kupferdraht ist 0,0035 mm dick. Berechnen Sie **a)** den Drahtdurchmesser, **b)** die Anzahl der Lagen, **c)** den Betriebsstrom bei 20 °C. **Hinweis:** Siehe auch **Seite 32**.

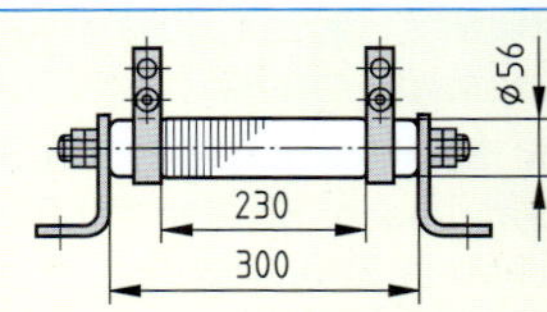

Bild 2: Drahtwiderstand

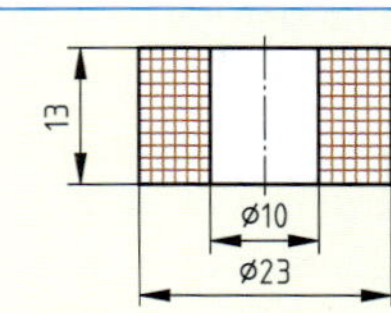

Bild 3: Relaisspule

Tabelle: Leitfähigkeit γ_{20} und spezifischer Widerstand ϱ_{20}

Werkstoff bei $\vartheta = 20\,°\text{C}$	γ_{20} in $\frac{\text{m}}{\Omega \cdot \text{mm}^2}$	ϱ_{20} in $\frac{\Omega \cdot \text{mm}^2}{\text{m}}$
Aluminium (Al)	35	0,0286
CuMn 12 Ni	2,3	0,4350
CuNi 44***	2,04	0,490
Kupfer (Cu)	56	0,01786
Silber	60	0,0167
Stahl (WM13)	7,7	0,13
Zink (Zn)	16	0,06250

*** Konstantan

* ϱ: griech. Kleinbuchstabe rho   ** γ: griech. Kleinbuchstabe gamma

3.7.2 Widerstand und Temperatur

Der elektrische Widerstand ist von der Temperatur abhängig. Er nimmt bei Metallen (Kaltleiter) mit steigender Temperatur zu **(Bild 1)**. Die Temperatur wird in Grad Celsius (°C), die Temperaturänderung in Kelvin* (K) angegeben.

Beispiel:

Eine Aluminiumfreileitung hat bei 20 °C einen Widerstand von 10,2 Ω. Im Sommer wird sie auf 50 °C erwärmt.

a) Wie groß ist dann ihr Widerstand?

b) Zeichnen Sie den Widerstandsverlauf $R = f(\vartheta)$ für den Temperaturbereich − 20 °C bis + 50 °C in ein Schaubild ein (1 Ω ≙ 5 mm, 10 °C ≙ 5 mm).

c) Wie groß ist der Leiterwiderstand bei 5 °C, wie groß bei 35 °C?

Lösung:

a) $\Delta\vartheta = \vartheta_2 - \vartheta_1 = 50\,°C - 20\,°C = 30\,K$;
$R_\vartheta = R_{20} \cdot (1 + \alpha \cdot \Delta\vartheta) = 10{,}2\,\Omega \cdot (1 + 0{,}004\,{}^1/K \cdot 30\,K) = \mathbf{11{,}4\,\Omega}$

b) **Bild 1** (schwarze Linie)

c) Abgelesen aus **Bild 1** für 5 °C: $R = \mathbf{9{,}6\,\Omega}$; für 35 °C: $R = \mathbf{10{,}7\,\Omega}$.

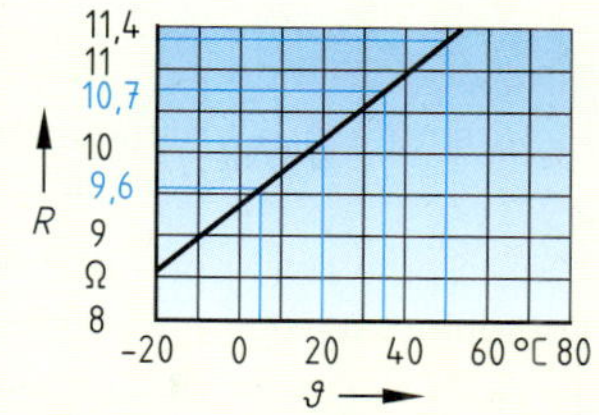

Bild 1: Widerstandsverlauf bei Aluminium $R = f(\vartheta)$

$$\Delta\vartheta = \vartheta_2 - \vartheta_1$$

$$\Delta R = \alpha \cdot R_{20} \cdot \Delta\vartheta$$

$$R_\vartheta = R_{20} + \Delta R$$

$$R_\vartheta = R_{20} \cdot (1 + \alpha \cdot \Delta\vartheta)$$

$$\Delta\vartheta = \frac{R_\vartheta - R_{20}}{\alpha \cdot R_{20}}$$

$$[\Delta\vartheta] = \frac{\Omega}{\frac{1}{K} \cdot \Omega} = K; \qquad [\alpha] = \frac{1}{K}$$

R	Widerstand
R_ϑ	Widerstand bei der Temperatur ϑ
R_{20}	Widerstand bei 20 °C
ΔR	Widerstandsänderung
α	Temperaturbeiwert (Temperaturkoeffizient)
ϑ_1	Anfangstemperatur
ϑ_2	Endtemperatur
$\Delta\vartheta$	Temperaturdifferenz

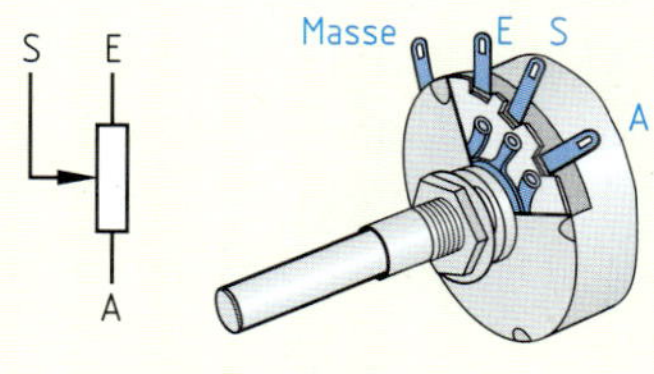

Bild 2: Stellwiderstand

Aufgaben zu 3.7.2

1. Ein Anlasswiderstand aus CuNi 30 Mn hat bei 20 °C einen Widerstand von 104 Ω. Während des Anlassens erwärmt er sich um 35 K. Berechnen Sie **a)** die Widerstandsänderung ΔR, **b)** den Warmwiderstand R_ϑ.

2. Ein Stellwiderstand aus CuNi 44 **(Bild 2)** hat bei 20 °C einen Widerstand von 4,2 kΩ und wird auf 30 °C erwärmt. Wie groß ist **a)** die Widerstandsänderung ΔR, **b)** der Warmwiderstand R_ϑ?

3. Die Kupferwicklung in einem Motor hat einen Widerstand von $R_{20} = 12{,}5\,\Omega$. **a)** Berechnen Sie die Widerstandsänderung, wenn die Wicklung im Betrieb eine Temperatur von + 80 °C annimmt. **b)** Zeichnen Sie den Widerstandsverlauf $R = f(\vartheta)$ für den Temperaturbereich 0 °C bis + 80 °C in ein Schaubild ein (1 Ω ≙ 1 cm, 10 °C ≙ 1 cm). **c)** Bestimmen Sie die Wicklungswiderstände für die Temperaturen 40 °C, 50 °C und 60 °C.

4. Eine Relaisspule (Kupferdraht) hat bei 20 °C einen Widerstand von 3,8 kΩ. Im Betrieb wird sie auf 27 °C erwärmt. **a)** Wie groß ist die Widerstandsänderung ΔR? **b)** Zeichnen Sie den Widerstandsverlauf $R = f(\vartheta)$ für den Temperaturbereich 15 °C bis + 50 °C in ein Schaubild ein. (100 Ω ≙ 1 cm, 5 °C ≙ 1 cm). **c)** Bestimmen Sie die Spulenwiderstände für die Temperaturen 35 °C und 45 °C.

5. Ein Nickeldraht hat bei 20 °C einen Widerstand von 8,5 Ω und im erwärmten Zustand von 9 Ω. Berechnen Sie **a)** die Temperaturänderung $\Delta\vartheta$, **b)** die Temperatur des erwärmten Drahtes.

6. Der Widerstand einer Al-Leitung hat sich von 0,17 Ω bei 20 °C im Betrieb auf 0,185 Ω erhöht. Welche Temperatur hat die erwärmte Leitung?

7. Ein Grafitstab wird um 80 K erwärmt. Dabei nimmt sein Widerstand um 3,3 Ω ab. Berechnen Sie den Widerstand R_{20} vor der Erwärmung.

8. Ein Kaltleiter hat bei 20 °C einen Widerstand von 110 Ω, bei 150 °C beträgt der Widerstand 150 Ω. Berechnen Sie den mittleren Temperaturbeiwert α in diesem Temperaturbereich.

Tabelle: Temperaturbeiwerte

Stoffbezeichnung	Kurzzeichen	α in $^1/K$
Aluminium	Al	0,004
Eisen (rein)	Fe	0,00657
Kupfer	Cu	0,0039
Silber	Ag	0,0041
Nickel	Ni	0,0055
Konstantan	CuNi 44	0,00004
Nickelin	CuNi30 Mn	0,00015
Cronifer III	NiCr 6015	0,00015
Graphit	C	−0,00130

* Kelvin: nach Lord Kelvin (William Thomson), brit. Physiker

3 Elektrotechnische Grundlagen

9. Die Temperatur in der Wicklung eines Elektromagneten ist nach längerem Betrieb von 20 °C auf 67 °C angestiegen. Dabei hat der Widerstand der Kupferwicklung um 5,5 Ω zugenommen. Berechnen Sie den Widerstand R_{20} der kalten Wicklung.

10. Die 400 Windungen eines Stellwiderstandes bestehen aus Konstantandraht mit 0,5 mm Durchmesser und sind auf ein Keramikrohr mit 20 mm Durchmesser aufgewickelt. Berechnen Sie den Widerstand, wenn die Temperatur um 80 K zugenommen hat.

11. Eine Spule aus Kupferdraht von 0,7 mm Nenndurchmesser hat 500 Windungen. Der mittlere Windungsdurchmesser beträgt 60 mm. Wird die Spule an eine Spannung von 22 V gelegt, so erwärmt sie sich von 20 °C auf 58 °C. Berechnen Sie **a)** den Kaltwiderstand R_{20} der Spule, **b)** den Warmwiderstand der Spule, **c)** den Strom bei 20 °C (Einschaltstrom), **d)** den Strom nach Erreichen der Endtemperatur.

12. Der Temperaturbeiwert eines Drahtes soll ermittelt werden. Wird der Draht in einem Ölbad von 20 °C auf 81 °C erwärmt, dann nimmt der Widerstand von 100 Ω auf 140 Ω zu. **a)** Berechnen Sie den Temperaturbeiwert α. **b)** Um welchen Werkstoff handelt es sich?

3.7.3 Übertemperatur

Nach DIN VDE 0530 sind die zulässigen Grenz-Übertemperaturen für indirekt luftgekühlte Maschinen festgelegt. Ausgegangen wird von einer Umgebungstemperatur von 40 °C und einer Aufstellungshöhe < 1000 m über NN (Normal Null). Die Grenz-Übertemperatur ist die höchste Temperatur, mit der ein Isolierstoff, z. B. Polycarbonatfolien, der betreffenden Isolierstoffklasse, z. B. 80 K, im Dauerbetrieb belastet werden darf.

0 K (Kelvin) = – 273 °C (absoluter Nullpunkt)

Beispiel:

Die Kupferwicklung eines Gleichstrommotors hat bei 20 °C einen Widerstand von 7,2 Ω. Nach längerer Betriebszeit ist der Widerstand der Wicklung auf 8,3 Ω und die Raumtemperatur auf 25 °C angestiegen.
Berechnen Sie die Übertemperatur der Wicklung.

Lösung:

$$\Delta\vartheta = \vartheta_2 - \vartheta_a = \frac{R_2 - R_1}{R_1} \cdot (235 + \vartheta_1) + \vartheta_1 - \vartheta_a$$

$$= \frac{8{,}3\,\Omega - 7{,}2\,\Omega}{7{,}2\,\Omega} \cdot (235 + 20\,°\text{C}) + 20\,°\text{C} - 25\,°\text{C} = \mathbf{34\,K}$$

Übertemperatur $\Delta\vartheta = \vartheta_2 - \vartheta_a$

Bei Kupferwicklungen (nach DIN VDE 0530 Teil 1):

$$\Delta\vartheta = \frac{R_2 - R_1}{R_1} \cdot (235 + \vartheta_1) + \vartheta_1 - \vartheta_a$$

Bei Aluminium tritt an Stelle von 235 (für Kupfer) der Zahlenwert 225.

$\Delta\vartheta$ Übertemperatur
ϑ_1 Wicklungstemperatur am Anfang der Messung (kalt)
ϑ_2 Wicklungstemperatur am Ende der Messung (warm)
ϑ_a Kühlmitteltemperatur
R_1 Widerstand der Wicklung bei Temperatur ϑ_1
R_2 Widerstand der erwärmten Wicklung bei ϑ_2

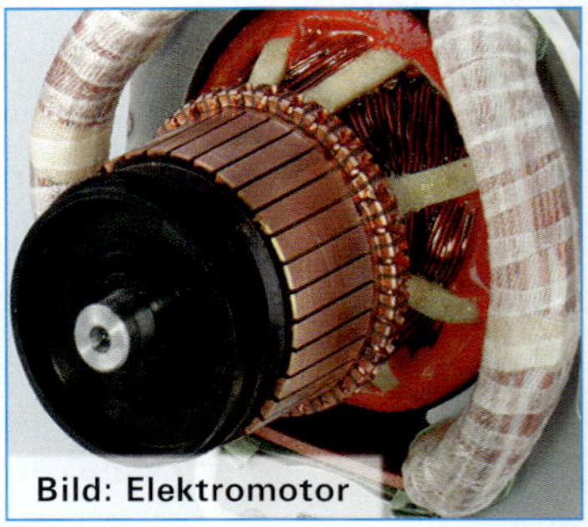
Bild: Elektromotor

Aufgaben zu 3.7.3

1. Zur Bestimmung der Übertemperaturen $\Delta\vartheta$ von Gleichstrommotoren mit Kupferwicklung wurden die Messwerte **Tabelle** aufgenommen. Berechnen Sie die Übertemperaturen der Motorwicklungen.

2. Die Kupferwicklung eines Elektromotors **(Bild)** hat bei einer Raumtemperatur von 20 °C einen Widerstand von 0,65 Ω. Nach mehreren Stunden Betriebszeit ist der Widerstand auf 0,82 Ω angestiegen. Die Raumtemperatur beträgt dann 23 °C. Überprüfen Sie, ob die zulässige Grenz-Übertemperatur von 75 K überschritten wird.

3. Ein Elektromotor mit Aluminium-Wicklung hat die Betriebswerte $R_1 = 1{,}63\,\Omega$, $R_2 = 2{,}15\,\Omega$, $\vartheta_1 = 15\,°\text{C}$, $\vartheta_a = 17\,°\text{C}$. Ermitteln Sie die Übertemperatur.

Tabelle: Messwerte

	ϑ_1 in °C	ϑ_a in °C	R_1 in Ω	R_2 in Ω
a)	17	19	1,76	1,98
b)	18	24	0,98	1,21
c)	22	23	1,3	1,52
d)	23	28	4,7	5,2

3.8 Schaltung von Widerständen

3.8.1 Reihenschaltung von Widerständen

Bei der Reihenschaltung fließt im gesamten Stromkreis derselbe Strom.

Beispiel 1:

Die Widerstände $R_1 = 470\ \Omega$, $R_2 = 1200\ \Omega$ und $R_3 = 1500\ \Omega$ **(Bild 1)** liegen in Reihe an 24 V. Bestimmen Sie **a)** den Ersatzwiderstand, **b)** den Strom, **c)** die Teilspannungen.

Lösung:

a) $\boldsymbol{R} = R_1 + R_2 + R_3 = 470\ \Omega + 1200\ \Omega + 1500\ \Omega = \mathbf{3170\ \Omega}$

b) $\boldsymbol{I} = \frac{U}{R} = \frac{24\ \text{V}}{3170\ \Omega} = \mathbf{0{,}00757\ A = 7{,}57\ mA}$

c) $\boldsymbol{U_1} = R_1 \cdot I = 470\ \Omega \cdot 0{,}00757\ \text{A} = \mathbf{3{,}56\ V}$

$\boldsymbol{U_2} = R_2 \cdot I = 1200\ \Omega \cdot 0{,}00757\ \text{A} = \mathbf{9{,}08\ V}$; $\boldsymbol{U_3} = R_3 \cdot I = \mathbf{11{,}4\ V}$

2. Kirchoffsche Regel (Maschenregel): Im geschlossenen Stromkreis (Masche) ist die Summe der Erzeugerspannungen gleich der Summe der Verbraucherspannungen.
Oder: Die Summe der Spannungen in einer geschlossenen Masche (Umlauf) ist Null ($\Sigma U = 0$) **(Bild 2)**. Dabei müssen die Spannungen vorzeichenrichtig summiert werden.

Beispiel 2:

In der Schaltung **(Bild 2)** ist $I = 20$ mA, $U_{01} = 6$ V, $R_1 = 120\ \Omega$, $R_2 = 150\ \Omega$, $R_3 = 180\ \Omega$.
Berechnen Sie die Spannung U_{02}.

Lösung:

Man legt zunächst eine Masche (M) in den Stromkreis und bestimmt damit die positive Richtung der Spannungen. Spannungen die in Umlaufrichtung liegen, erhalten ein positives Vorzeichen, entgegengesetzt gerichtete Spannungen ein negatives Vorzeichen.

Masche: $U_1 - U_{02} + U_2 + U_3 - U_{01} = 0$;

$U_{02} = U_1 + U_2 + U_3 - U_{01} = I \cdot R_1 + I \cdot R_2 + I \cdot R_3 - U_{01}$

$U_{02} = 0{,}02\ \text{A} \cdot 120\ \Omega + 0{,}02\ \text{A} \cdot 150\ \Omega + 0{,}02\ \text{A} \cdot 180\ \Omega - 6\ \text{V}$

$\boldsymbol{U_{02}} = 2{,}4\ \text{V} + 3\ \text{V} + 3{,}6\ \text{V} - 6\ \text{V} = \mathbf{3\ V}$

Aufgaben zu 3.8.1

1. Die Widerstände $R_1 = 25\ \Omega$ und $R_2 = 35\ \Omega$ liegen in Reihe an 220 V. Ermitteln Sie **a)** den Ersatzwiderstand, **b)** die Stromstärke, **c)** die Teilspannungen.
2. Die Widerstände $R_1 = 1{,}5\ \text{k}\Omega$, $R_2 = 2{,}2\ \text{k}\Omega$ und $R_3 = 6{,}8\ \text{k}\Omega$ sind in Reihe geschaltet und liegen an 9 V. Berechnen Sie **a)** den Ersatzwiderstand, **b)** die Stromstärke, **c)** die Teilspannungen.
3. Die Widerstände R_1, R_2 und R_3 sind nach **Bild 3** geschaltet. Berechnen Sie **a)** die Stromstärke, **b)** die Teilspannungen U_1 und U_3, **c)** die Gesamtspannung U und **d)** den Ersatzwiderstand R.
4. Eine Reihenschaltung aus 2 Widerständen hat einen Ersatzwiderstand von 140 Ω und wird von 2 A durchflossen. Der Widerstand R_1 hat 50 Ω. Berechnen Sie **a)** den Widerstand R_2, **b)** die Teilspannungen, **c)** die Gesamtspannung.

Reihenschaltung von Widerständen

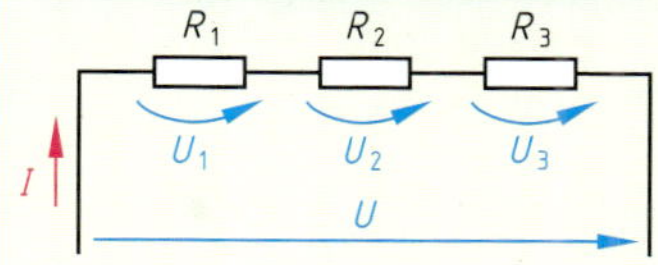

Bild 1

$R = R_1 + R_2 + R_3 + \ldots$

$U = U_1 + U_2 + U_3 + \ldots$

$\frac{U_1}{U} = \frac{R_1}{R} \qquad \frac{U_1}{U_2} = \frac{R_1}{R_2}$

Für n gleiche Widerstände:

$R = n \cdot R_1 \qquad U = n \cdot U_1$

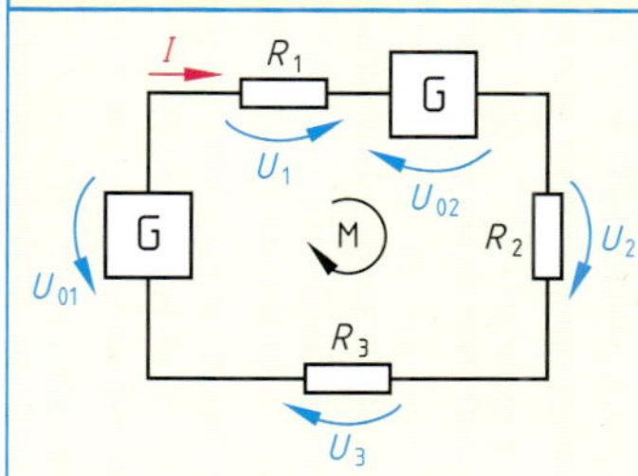

Bild 2: Masche

$U_1 - U_{02} + U_2 + U_3 - U_{01} = 0$

$\Rightarrow U_{01} + U_{02} = U_1 + U_2 + U_3$

$\Sigma U_0 = \Sigma U_n$

R	Ersatzwiderstand (Gesamtwiderstand)
$R_1, R_2, \ldots$	Einzelwiderstände
n	Anzahl gleicher Widerstände
U	Gesamtspannung
$U_1, U_2, \ldots$	Teilspannungen
ΣU_n	Summe der Teilspannungen
$U_{01} \ldots U_{03}$	Erzeugerspannungen
ΣU_0	Summe der Erzeugerspannungen
I	Stromstärke

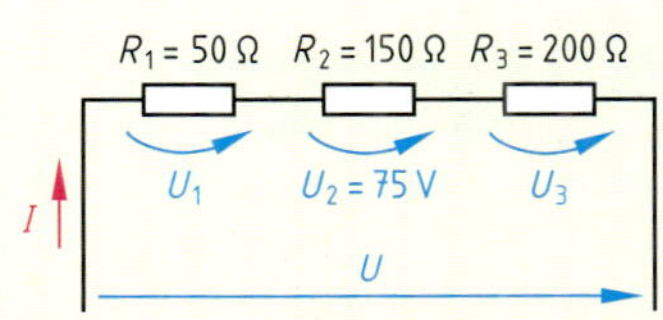

Bild 3: Reihenschaltung

5. Drei Widerstände sind nach **Bild 1** geschaltet. Berechnen Sie die fehlenden Teilspannungen und Widerstände.

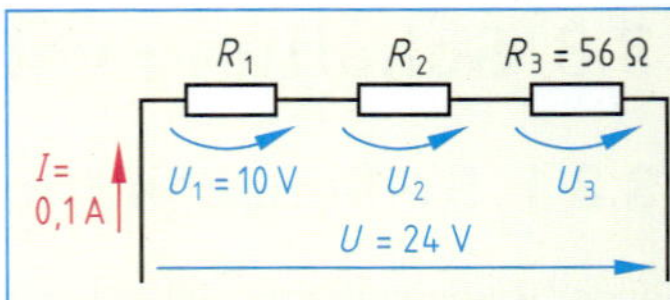

Bild 1: Reihenschaltung

6. Der Antrieb eines Spielzeugautos mit $R = 37\ \Omega$ benötigt 4 in Reihe geschaltete Mignonzellen mit je $U_{01} = 1{,}56$ V. Berechnen Sie die Stromstärke **a)** wenn beim Batteriewechsel alle Zellen richtig, **b)** eine Zelle falsch gepolt eingesetzt wird (Innenwiderstand vernachlässigen).

7. In der Schaltung **(Bild 2, Seite 47)** ist $U_{01} = 12$ V, $U_{02} = 6$ V, $R_1 = 270\ \Omega$, $R_2 = 120\ \Omega$, $R_3 = 180\ \Omega$. Berechnen Sie den Strom I für den Fall, dass die Spannungsquellen **a)** gleich, **b)** entgegengesetzt gepolt sind (Innenwiderstand vernachlässigen).

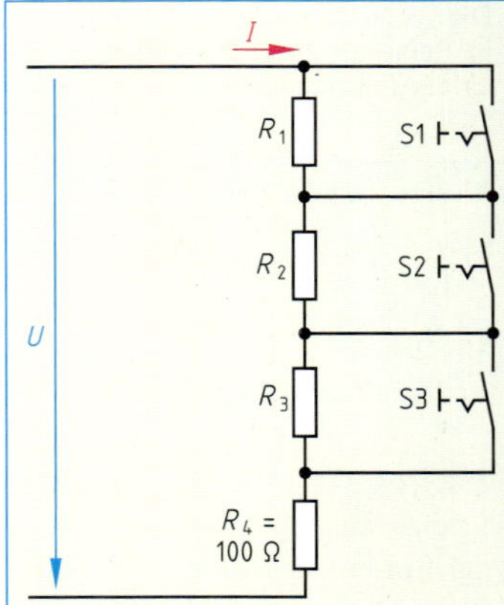

Bild 2: Messschaltung

8. Eine Fahrradlampe mit der Nennspannung $U = 6$ V hat den Nennstrom $I = 0{,}35$ A. Die Lampe soll an 24 V angeschlossen werden. Wie groß ist der erforderliche Vorwiderstand?

9. Eine Lampenkette aus 8 in Reihe geschalteten Lampen gleicher Leistungsaufnahme liegt an einer Spannung von 48 V. Für 2 durchgebrannte Lampen werden Drahtbrücken eingelegt. **a)** Welche Spannung liegt dann an jeder Lampe? **b)** Um wieviel % hat sich dadurch die Spannung an jeder Lampe erhöht?

10. Ein 30-W-Lötkolben hat einen Widerstand von 1763 Ω. Während des Lötens liegt der Lötkolben an 230 V. In den Lötpausen wird die Spannung durch einen Vorwiderstand auf 126 V herabgesetzt. Berechnen Sie den erforderlichen Vorwiderstand. (Widerstandsänderung durch Erwärmung wird vernachlässigt.)

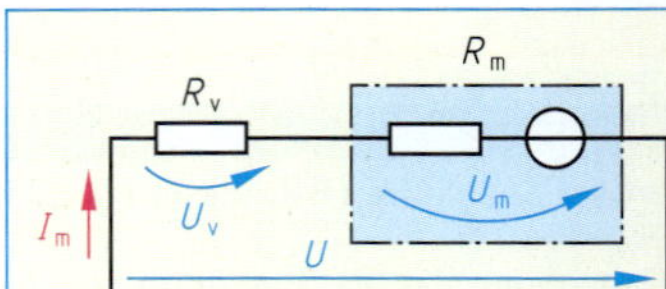

Bild 3: Drehspulinstrument

11. In einer Messschaltung sind vier Widerstände nach **Bild 2** geschaltet. Werden die Schalter S1 bis S3 nacheinander geschlossen, so erhöht sich der Strom jeweils um 20%. Sind alle 3 Schalter geschlossen, fließen 100 mA. Berechnen Sie **a)** die Widerstände R_1 bis R_3, **b)** die Ströme, wenn jeweils 2 Schalter gleichzeitig geschlossen sind.

12. In einer Schaltung sind 4 Widerstände von 1,2 kΩ, 2,2 kΩ, 3,9 kΩ und 4,7 kΩ in Reihe geschaltet und an 24 V angeschlossen. Skizzieren Sie die Schaltung, tragen Sie die 10 möglichen messbaren Teilspannungen ein und berechnen Sie diese.

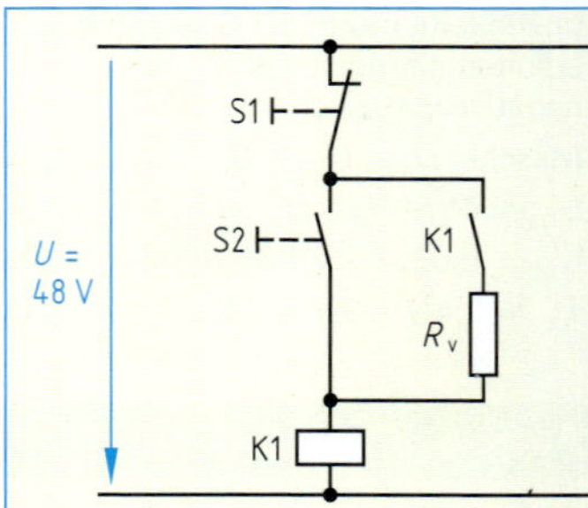

Bild 4: Relaisschaltung

● **13.** Ein Drehspulinstrument **(Bild 3)** mit einem Messbereich von 100 mV hat einen Messwerkwiderstand $R_m = 100\ \Omega$. Der Spannungsmessbereich soll auf **a)** 150 mV, **b)** 3 V, **c)** 600 V erweitert werden. Berechnen Sie die Vorwiderstände R_v.

● **14.** Ein 48-V-Relais **(Bild 4)** benötigt zum sicheren Anziehen einen Strom von 29 mA. Der Haltestrom beträgt 22 mA. **a)** Welchen Wert muss der Vorwiderstand R_v haben? **b)** An welcher Spannung liegt die Relaisspule wenn der Haltestrom fließt?

● **15.** Eine Dunkelkammerleuchte besteht aus 20 Leuchtdioden CQX 41 N (**Bild 5**). Zur Helligkeitssteuerung soll die Spannung an den Dioden in 4 Stufen geschaltet werden. Der Gesamtstrom I beträgt **a)** bei $U_F = 2$ V 80 mA, **b)** bei $U_F = 2{,}2$ V 180 mA, **c)** bei $U_F = 2{,}4$ V 300 mA und **d)** bei $U_F = 2{,}6$ V 440 mA. Berechnen Sie die Vorwiderstände für den Fall, dass die Diodenleuchte an $U = 6$ V angeschlossen wird.

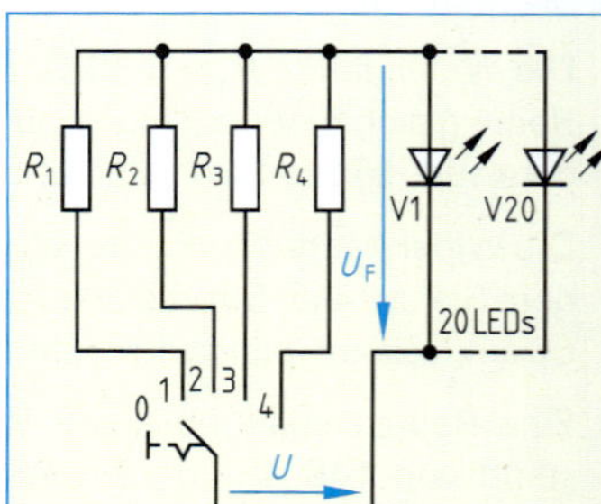

Bild 5: Dunkelkammerleuchte

3.8.2 Parallelschaltung von Widerständen

In einer Parallelschaltung liegt an jedem Zweig dieselbe Spannung.

1. Kirchhoffsche Regel (Knotenregel): In jedem Stromverzweigungspunkt (Knotenpunkt) ist die Summe der zufließenden Ströme gleich der Summe der abfließenden Ströme. Die Summe aller Ströme in einem Knotenpunkt ist Null ($\Sigma I = 0$). Dabei müssen zufließende und abfließende Ströme entgegengesetzte Vorzeichen erhalten.

Beispiel 1:

Durch die Widerstände R_1 bis R_3 **(Bild 1)** fließen bei einer Spannung von 24 V die Ströme $I_1 = 12$ A, $I_2 = 6$ A und $I_3 = 4$ A.
Berechnen Sie **a)** den Strom I, **b)** den Ersatzwiderstand der Schaltung.

Lösung:

a) Zur Berechnung des Stromes wird zunächst eine Zählrichtung festgelegt **(Bild 1)**. Erhalten die auf den Knotenpunkt A zufließenden Ströme ein positives und die abfließenden Ströme ein negatives Vorzeichen, dann gilt:

$$\Sigma I = 0 \Rightarrow I - I_1 - I_2 - I_3 = 0 \Rightarrow$$

$$I = I_1 + I_2 + I_3 \Rightarrow \mathbf{I = 12\,A + 6\,A + 4\,A = 22\,A}$$

b) $$\frac{1}{R} = \frac{1}{R_1} + \frac{1}{R_2} + \frac{1}{R_3} = \frac{1}{2\,\Omega} + \frac{1}{4\,\Omega} + \frac{1}{6\,\Omega} = \frac{11}{12\,\Omega} \Rightarrow \mathbf{R = 1{,}1\,\Omega} \quad \text{oder:}$$

$$R = \frac{U}{I} = \frac{24\,V}{22\,A} = \mathbf{1{,}1\,\Omega}$$

Beispiel 2:

Drei Widerstände sind nach **Bild 2** geschaltet und liegen an 100 V. Der Ersatzwiderstand beträgt 10 Ω. Berechnen Sie **a)** den Widerstand R_1, **b)** die Teilströme, **c)** den Gesamtstrom.

Lösung:

a) $$\frac{1}{R} = \frac{1}{R_1} + \frac{1}{R_2} + \frac{1}{R_3} \Rightarrow \frac{1}{R_1} = \frac{1}{R} - \frac{1}{R_2} - \frac{1}{R_3}$$

$$= \frac{1}{10\,\Omega} - \frac{1}{20\,\Omega} - \frac{1}{30\,\Omega} = \frac{6-3-2}{60\,\Omega} = \frac{1}{60\,\Omega} \Rightarrow \mathbf{R_1 = 60\,\Omega}$$

b) $$I_1 = \frac{U}{R_1} = \frac{100\,V}{60\,\Omega} = \mathbf{1{,}67\,A}$$

$$I_2 = \frac{U}{R_2} = \frac{100\,V}{20\,\Omega} = \mathbf{5{,}0\,A}$$

$$I_3 = \frac{U}{R_3} = \frac{100\,V}{30\,\Omega} = \mathbf{3{,}33\,A}$$

c) $$I = \frac{U}{R} = \frac{100\,V}{10\,\Omega} = \mathbf{10\,A}$$

oder: $I = I_1 + I_2 + I_3$

$$I = 1{,}67\,A + 5\,A + 3{,}33\,A = \mathbf{10\,A}$$

Parallelschaltung

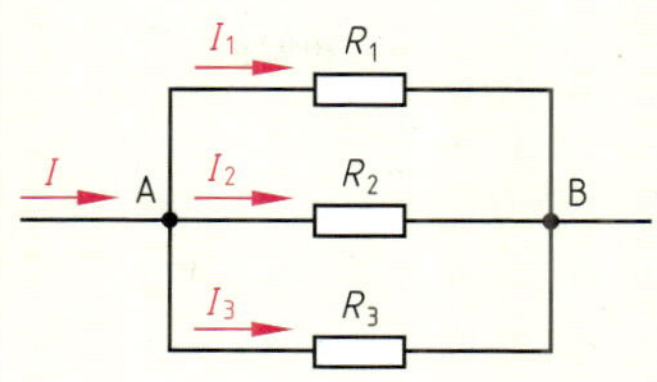

Bild 1: Stromverzweigung

$$I = I_1 + I_2 + I_3 + \ldots$$

$$\Sigma I = 0$$

$$\frac{1}{R} = \frac{1}{R_1} + \frac{1}{R_2} + \frac{1}{R_3} + \ldots$$

$$G = G_1 + G_2 + G_3 + \ldots$$

$$\frac{R_1}{R_2} = \frac{I_2}{I_1} \qquad \frac{R_1}{R} = \frac{I}{I_1}$$

Für 2 Widerstände:

$$R = \frac{R_1 \cdot R_2}{R_1 + R_2}$$

Für n gleiche Widerstände:

$$R = \frac{R_1}{n}$$

I	Gesamtstrom
I_1, I_2, I_3	Teilströme
R	Ersatzwiderstand
R_1, R_2, R_3	Einzelwiderstände
n	Anzahl gleicher Widerstände
G	Leitwert
G_1, G_2, G_3	Einzelleitwerte

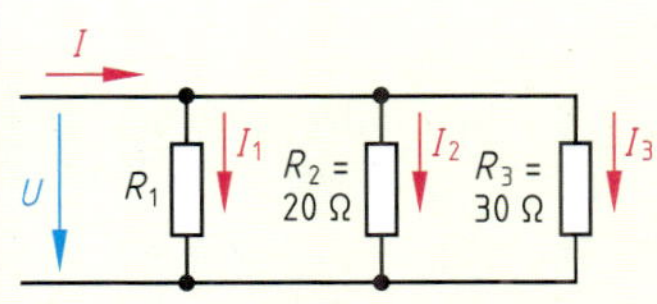

Bild 2: Parallelschaltung

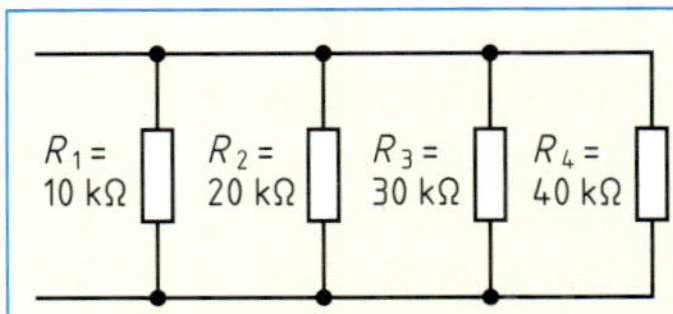

Bild 3: Parallelschaltung

Aufgaben zu 3.8.2

1. Die Widerstände $R_1 = 24\,\Omega$ und $R_2 = 36\,\Omega$ sind parallel geschaltet. Berechnen Sie den Ersatzwiderstand.
2. Vier Widerstände sind nach **Bild 3** geschaltet. Berechnen Sie den Ersatzwiderstand.
3. Zu einem Widerstand $R_1 = 44\,\Omega$ soll ein zweiter Widerstand parallel geschaltet werden, damit der Ersatzwiderstand 33 Ω wird. Berechnen Sie R_2.
4. Zu den 3 parallel geschalteten Widerständen $R_1 = 27\,\Omega$, $R_2 = 33\,\Omega$ und $R_3 = 47\,\Omega$ soll ein Widerstand R_4 parallel geschaltet werden, damit ein Ersatzwiderstand von 4 Ω entsteht. Berechnen Sie den Widerstandswert von R_4.

5. Die Widerstände $R_1 = 5{,}6\ \Omega$, $R_2 = 15\ \Omega$, $R_4 = 39\ \Omega$ und ein unbekannter Widerstand R_3 sind parallel geschaltet. Der Ersatzwiderstand beträgt $1\ \Omega$. Wie groß ist R_3?

6. Auf einer Leiterplatte sind die Widerstände $R_1 = 6{,}8\ \text{k}\Omega$, $R_2 = 2{,}2\ \text{k}\Omega$, $R_3 = 5{,}6\ \text{k}\Omega$ und $R_4 = 2{,}7\ \text{k}\Omega$ parallelgeschaltet. Durch den Widerstand R_4 fließt ein Strom von 2 mA. Berechnen Sie **a)** die restlichen Teilströme, **b)** den Gesamtstrom, **c)** die Spannung an der Schaltung, **d)** den Ersatzwiderstand.

7. Die Widerstände R_1 und R_2 **(Bild 1)** liegen parallel an 220 V. Berechnen Sie **a)** I_1 und I_2, **b)** R_2 und **c)** R.

8. Zwei Widerstände sind nach **Bild 2** geschaltet. Berechnen Sie den Ersatzwiderstand.

9. Drei Widerstände R_1, R_2 und R_3 sind parallel geschaltet und liegen an $U = 100\ \text{V}$. Der Gesamtstrom beträgt $I = 3{,}5\ \text{A}$. Berechnen Sie mit $R_2 = 150\ \Omega$ und $R_3 = 200\ \Omega$ alle Teilströme.

10. Die Widerstände R_1, R_2 und R_3 **(Bild 4)** sind parallel geschaltet. Berechnen Sie den Ersatzwiderstand.

11. In einer Wohnzimmerleuchte sind 6 gleiche Lampen mit je 60 W parallel an 230 V angeschlossen. Der Widerstand einer Lampe beträgt dabei 882 Ω. Berechnen Sie **a)** die Stromstärke in einer Lampe, **b)** die Gesamtstromstärke, **c)** den Ersatzwiderstand an 230 V.

12. Ein Drehspulinstrument **(Bild 3)** hat einen Messwerkwiderstand $R_m = 2{,}4\ \Omega$. Bei Vollausschlag fließt ein Messwerkstrom $I_m = 25\ \text{mA}$. Der Messbereich I soll erweitert werden auf **a)** 50 mA, **b)** 1,5 A. Berechnen Sie die erforderlichen Nebenwiderstände R_p.

13. Ein 3-kW-Wärmespeicher hat 4 gleiche Heizwiderstände und einen Nennstrom von 13,0 A **(Bild 5)**. Die Schalter Q1 bis Q3 (Stufe 1 bis 3) werden nacheinander geschlossen. Berechnen Sie **a)** einen Einzelwiderstand, **b)** die Ersatzwiderstände der Schaltstufen 1 bis 3, **c)** die Gesamtströme der Schaltstufen 1 bis 3.

14. Eine Festbeleuchtung besteht aus 4 Strängen mit je 24 parallel geschalteten 25-W-Glühlampen. Jede Lampe hat an 230 V einen Widerstand von 2116 Ω. Berechnen Sie den Ersatzwiderstand **a)** eines Stranges, **b)** aller Stränge und **c)** den Gesamtstrom.

● **15.** In einem elektrischen Heizgerät sind 6 gleiche Widerstände wahlweise parallel schaltbar. Der Ersatzwiderstand ändert sich beim Zurückschalten von 6 auf 4 Widerstände um 5 Ω. Berechnen Sie **a)** einen Einzelwiderstand, **b)** den Ersatzwiderstand bei 6 Widerständen und **c)** bei 4 Widerständen.

● **16.** Die Widerstände R_1 bis R_4 sind nach **Bild 6** geschaltet. In die Schaltung fließt ein Strom I von 15,0 mA. Wird ein 5. Widerstand parallel zugeschaltet, verändert sich der Ersatzwiderstand um 40 Ω. Berechnen Sie den Teilstrom I_3, die Spannung U, die Teilwiderstände R_1, R_2 und R_4, sowie den Widerstandswert von R_5.

● **17.** Vier parallele Widerstände liegen an 9 V. Ihre Widerstandswerte verhalten sich wie 1 : 2 : 3 : 4. Wird ein 5. Widerstand dazu parallel geschaltet, dann verändert sich der Ersatzwiderstand um 4,2 Ω und der Gesamtstrom um 18 mA. Berechnen Sie die Widerstände R_1 bis R_4, die Teilströme I_1 bis I_5, den Gesamtstrom und den Widerstand R_5.

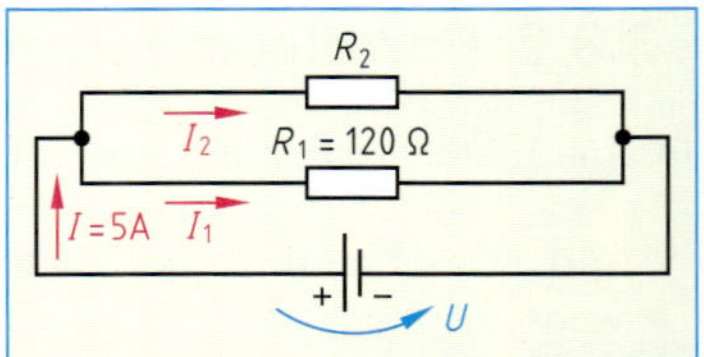

Bild 1: Stromverzweigung

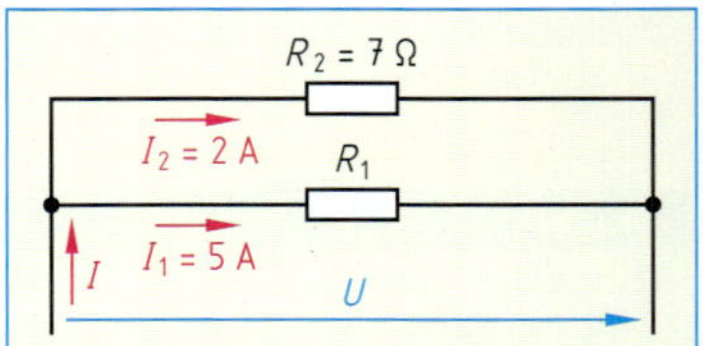

Bild 2: Stromverzweigung

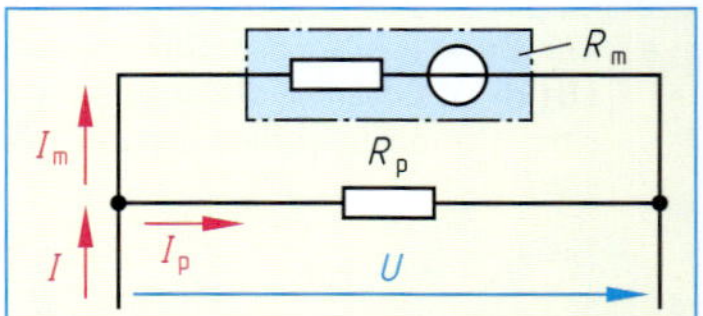

Bild 3: Drehspulinstrument

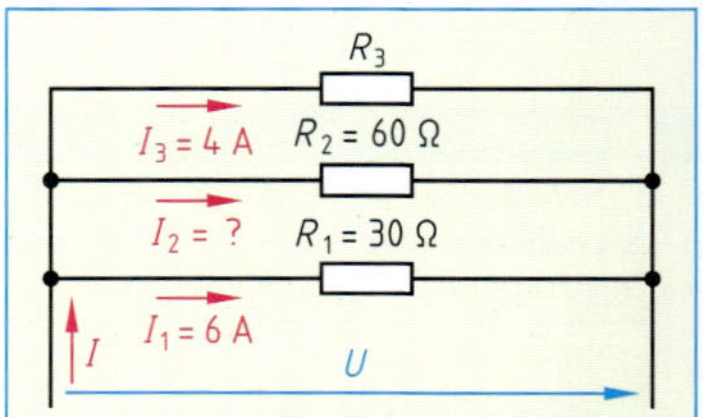

Bild 4: Parallelschaltung

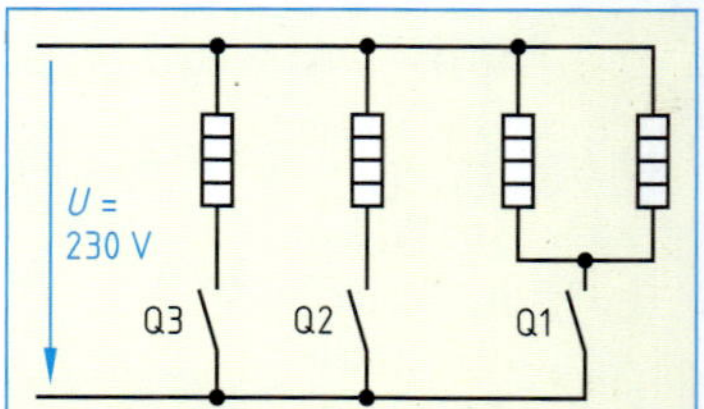

Bild 5: Heizwiderstände

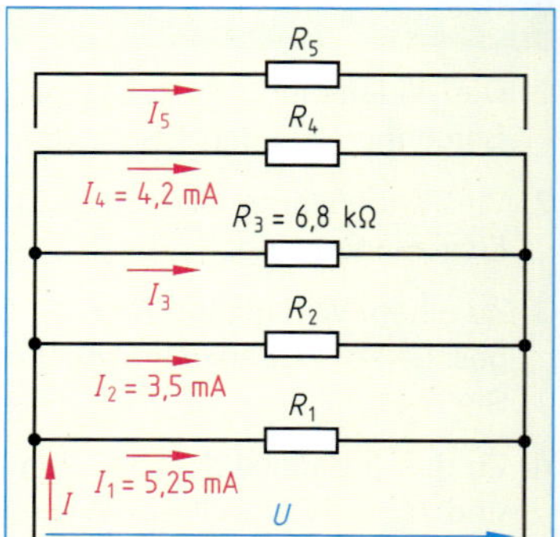

Bild 6: Versuchsschaltung

3.8.3 Gemischte Schaltungen (Gruppenschaltungen)

Gemischte Schaltungen (Gruppenschaltungen) sind Kombinationen aus Reihenschaltungen und Parallelschaltungen.

Beispiel:

Vier Widerstände sind nach **Bild 1** geschaltet. Berechnen Sie **a)** den Ersatzwiderstand R, **b)** den Gesamtstrom I, **c)** die Teilströme I_1 bis I_4 und die Teilspannungen U_1 bis U_4.

Lösung:

a) (Bild 2)

1. Schritt: $R_{\mathrm{I}} = R_1 + R_2 = 100\,\Omega + 220\,\Omega = 320\,\Omega$

2. Schritt: $R_{\mathrm{II}} = \dfrac{R_{\mathrm{I}} \cdot R_3}{R_{\mathrm{I}} + R_3} = \dfrac{320\,\Omega \cdot 470\,\Omega}{320\,\Omega + 470\,\Omega} = \dfrac{150\,400\,\Omega^2}{790\,\Omega} = 190\,\Omega$

3. Schritt: $\boldsymbol{R} = R_{\mathrm{II}} + R_4 = 190\,\Omega + 180\,\Omega = \mathbf{370\,\Omega}$

b) $\boldsymbol{I} = \dfrac{U}{R} = \dfrac{12\,\mathrm{V}}{370\,\Omega} = \mathbf{32{,}4\,mA}$

c) $\boldsymbol{U_4} = I \cdot R_4 = 32{,}4\,\mathrm{mA} \cdot 180\,\Omega = \mathbf{5{,}83\,V}$

$\boldsymbol{U_3} = U - U_4 = 12\,\mathrm{V} - 5{,}83\,\mathrm{V} = \mathbf{6{,}17\,V}$

$\boldsymbol{I_3} = \dfrac{U_3}{R_3} = \dfrac{6{,}17\,\mathrm{V}}{470\,\Omega} = \mathbf{13{,}1\,mA}$

$\boldsymbol{I_1} = I - I_3 = 32{,}4\,\mathrm{mA} - 13{,}1\,\mathrm{mA} = \mathbf{19{,}3\,mA}$

$\boldsymbol{U_1} = I_1 \cdot R_1 = 19{,}3\,\mathrm{mA} \cdot 100\,\Omega = \mathbf{1{,}93\,V}$

$\boldsymbol{U_2} = I_1 \cdot R_2 = 19{,}3\,\mathrm{mA} \cdot 220\,\Omega = \mathbf{4{,}25\,V}$

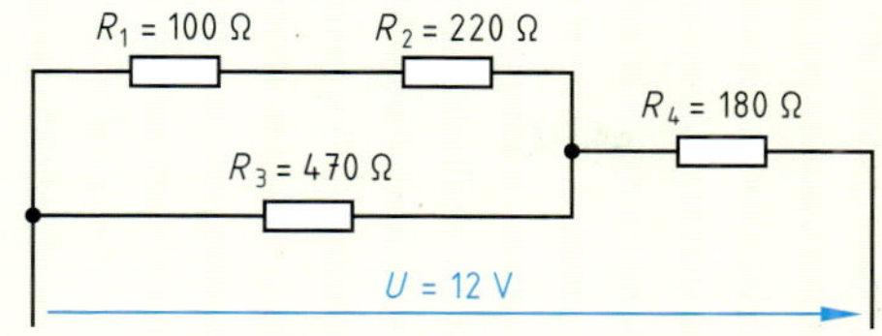

Bild 1: Gemischte Schaltung

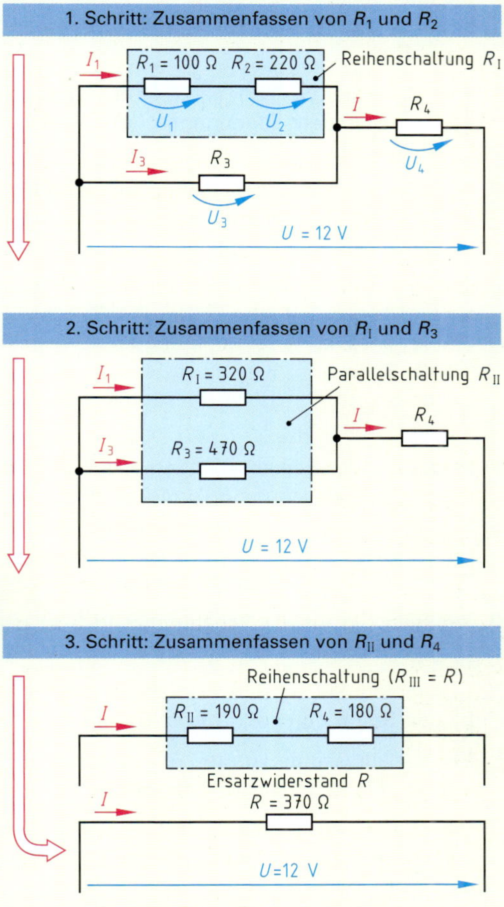

Bild 2: Lösungsweg zu Schaltung Bild 1

Aufgaben zu 3.8.3

1. Die Widerstände R_1, R_2 und R_3 sind nach **Bild 3** geschaltet. Berechnen Sie **a)** den Ersatzwiderstand, **b)** die Teilströme, **c)** den Gesamtstrom, **d)** die Teilspannung U_1 und **e)** die Gesamtspannung der Schaltung.
2. Drei Widerstände sind nach **Bild 4** geschaltet. Berechnen Sie **a)** den Ersatzwiderstand, **b)** die Ströme I_2 und I_1, **c)** die Teilspannungen, **d)** die Gesamtspannung.

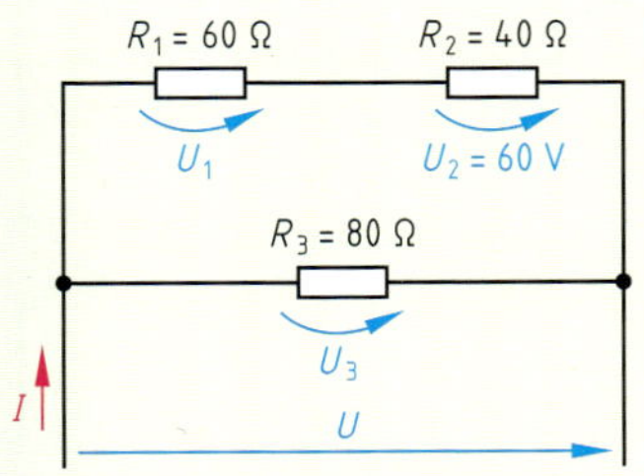

Bild 3: Gemischte Schaltung

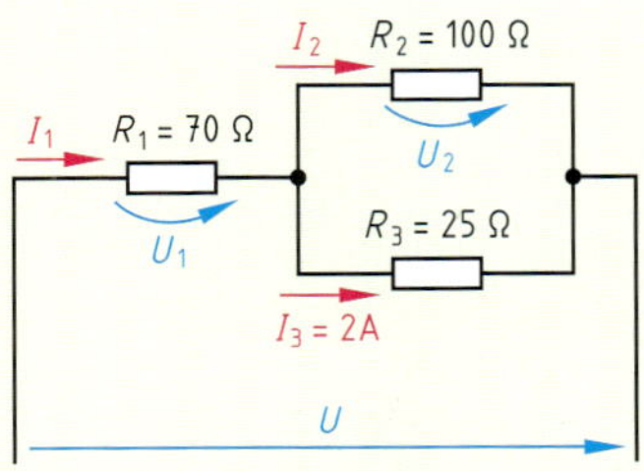

Bild 4: Gemischte Schaltung

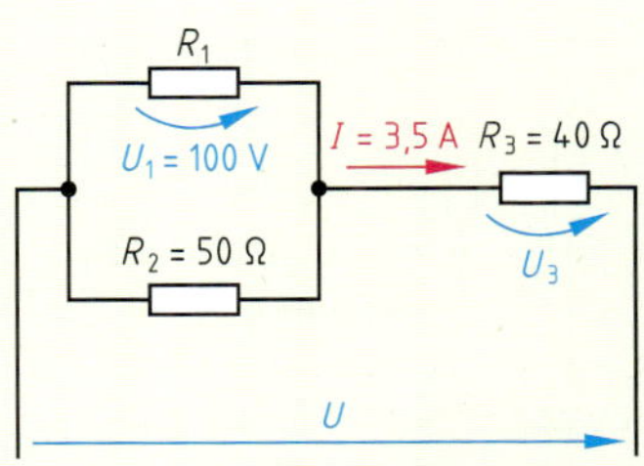

Bild 5: Gemischte Schaltung

3. Die Widerstände R_1, R_2 und R_3 sind nach **Bild 5, Seite 51** geschaltet. Berechnen Sie **a)** die Spannungen U_3 und U, **b)** den Widerstand R_1 und den Gesamtwiderstand R.

4. Die Widerstände $R_1 = 40\,\Omega$ und $R_2 = 120\,\Omega$ liegen parallel an 150 V. Dazu in Reihe liegt der Widerstand $R_3 = 18\,\Omega$. **a)** Skizzieren Sie die Schaltung. Berechnen Sie **b)** den Ersatzwiderstand, **c)** die Teilströme, **d)** den Gesamtstrom, **e)** die Spannung an R_3, **f)** die Gesamtspannung.

5. Die Widerstände $R_1 = 18\,\Omega$, $R_2 = 24\,\Omega$ und $R_3 = 36\,\Omega$ liegen in Reihe an 230 V. Parallel zu R_2 und R_3 liegt $R_4 = 30\,\Omega$. **a)** Skizzieren Sie die Schaltung. Berechnen Sie **b)** den Ersatzwiderstand, **c)** die Spannung am Widerstand R_4 und **d)** den Strom durch den Widerstand R_2.

6. Vier Widerstände sind nach **Bild 1** geschaltet. Berechnen Sie **a)** die fehlenden Spannungen, **b)** die Widerstände und **c)** die Stromstärken.

7. Die Widerstände R_1 bis R_4 sind nach **Bild 2** geschaltet und liegen an 24 V. Der Gesamtstrom beträgt 50 mA. Berechnen Sie die fehlenden Teilströme, Teilspannungen und Widerstände.

8. Die Widerstände $R_1 = 5{,}6\,\text{k}\Omega$ und $R_2 = 4{,}7\,\text{k}\Omega$ sind parallel geschaltet und liegen in Reihe zu der Parallelschaltung aus $R_3 = 1{,}2\,\text{k}\Omega$ und $R_4 = 1{,}8\,\text{k}\Omega$. Die Spannung an R_1 beträgt 3,7 V. **a)** Zeichnen Sie die Schaltung. Berechnen Sie **b)** den Ersatzwiderstand, **c)** die Spannung an R_4, **d)** die Teilströme, **e)** den Gesamtstrom, **f)** die Gesamtspannung.

9. Parallel zu der Reihenschaltung aus $R_3 = 560\,\Omega$ und $R_4 = 1{,}2\,\text{k}\Omega$ liegen die Widerstände $R_1 = 680\,\Omega$ und $R_2 = 390\,\Omega$. Die gesamte Schaltung ist an 24 V angeschlossen. **a)** Zeichnen Sie die Schaltung. Berechnen Sie **b)** den Ersatzwiderstand, **c)** den Strom in der Zuleitung, **d)** die Teilströme und **e)** die Teilspannungen.

10. Ermitteln Sie für die Schaltung **Bild 3** **a)** den Ersatzwiderstand, **b)** den Strom durch R_5 und **c)** die Spannung an R_2.

11. Bestimmen Sie **a)** den Ersatzwiderstand der Schaltung **Bild 4**, **b)** den Strom durch R_4, **c)** die Gesamtstromstärke.

12. Sechs Widerstände von je $2\,\text{k}\Omega$ sind nach **Bild 5** geschaltet. Berechnen Sie den Ersatzwiderstand der Schaltung.

13. Die Widerstände R_1 bis R_6 sind nach **Bild 6** geschaltet. Berechnen Sie **a)** die Gesamtspannung, **b)** die Spannung an R_5, **c)** den Strom durch den Widerstand R_4.

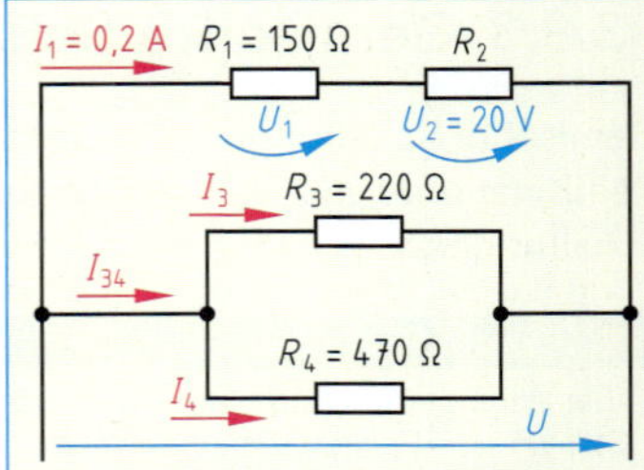

Bild 1: Gemischte Schaltung

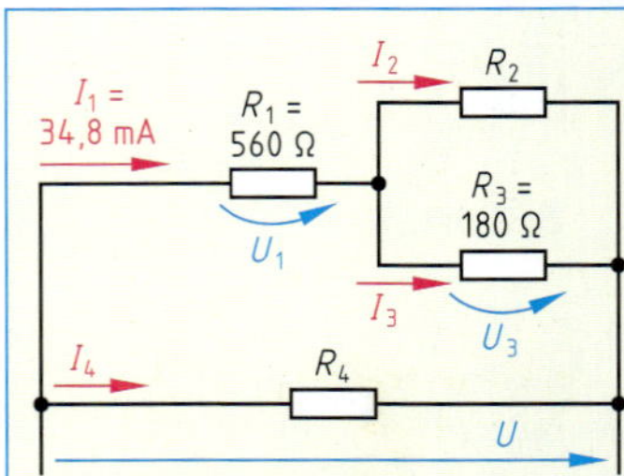

Bild 2: Gemischte Schaltung

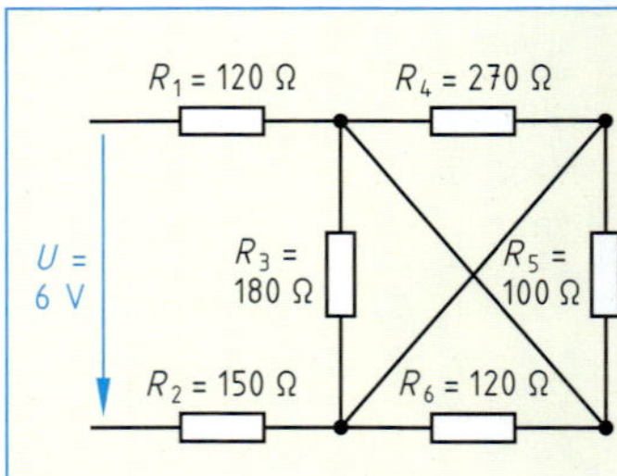

Bild 3: Netzwerk

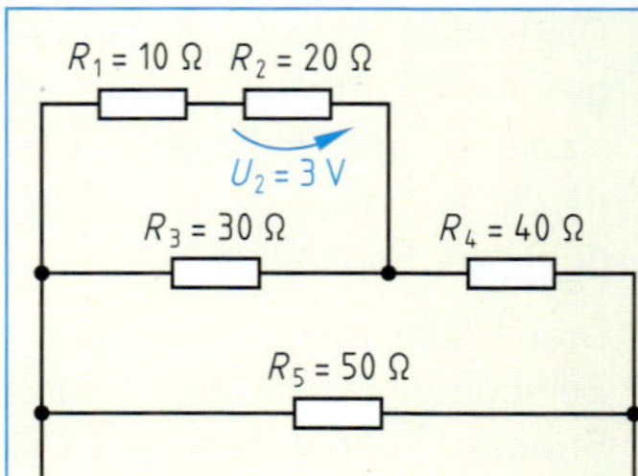

Bild 4: Gemischte Schaltung

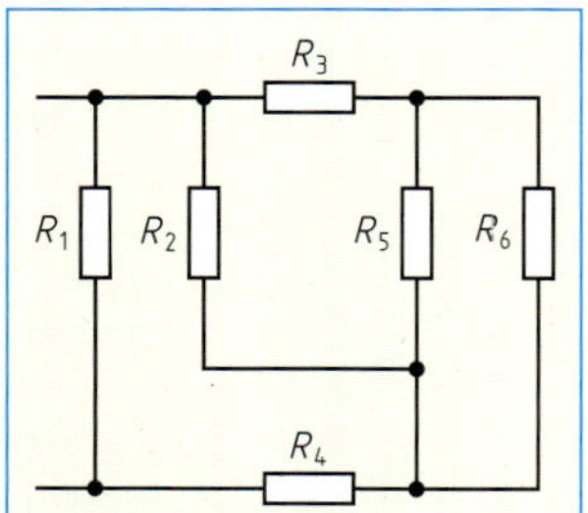

Bild 5: Netzwerk

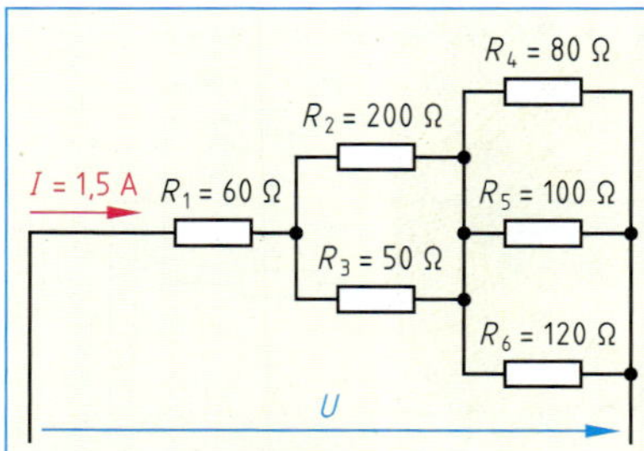

Bild 6: Gemischte Schaltung

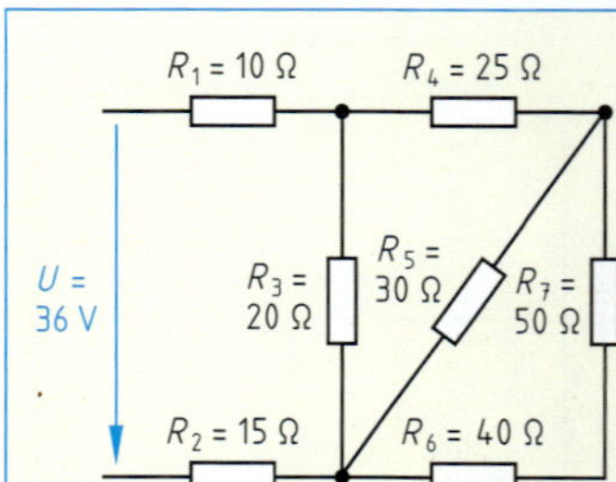

Bild 7: Netzwerk

14. Berechnen Sie für die Schaltung **(Bild 7, Seite 52)**, **a)** den Ersatzwiderstand, **b)** die Teilspannungen, **c)** die Teilströme.

15. Drei gleich große Widerstände sind im Dreieck geschaltet. Der Gesamtwiderstand wird durch Messen an jeweils 2 Ecken zu 10 Ω ermittelt. Wie groß ist jeder der 3 Widerstände?

16. Die Widerstände $R_1 = 270\ \Omega$, $R_2 = 390\ \Omega$ und $R_3 = 470\ \Omega$ sind parallel geschaltet. Dazu in Reihe liegt die Parallelschaltung von $R_4 = 120\ \Omega$ und $R_5 = 220\ \Omega$. Parallel zur Gesamtschaltung liegt die Reihenschaltung aus $R_6 = 150\ \Omega$ und $R_7 = 100\ \Omega$. Durch den Widerstand R_4 fließt ein Strom von 30 mA.
a) Zeichnen Sie die Schaltung. Berechnen Sie **b)** die Spannung an R_1, **c)** die Stromstärke in R_2, **d)** den Gesamtstrom, **e)** die Gesamtspannung.

17. Den menschlichen Körper kann man vereinfacht als „gemischte Schaltung von Widerständen" **(Bild 1)** betrachten. Berechnen Sie den Strom, der bei einer Berührungsspannung von 50 V durch den menschlichen Körper fließt, wenn er mit den Punkten
a) A und C, **b)** B und D, **c)** A und D, **d)** A und B an Spannung gerät.

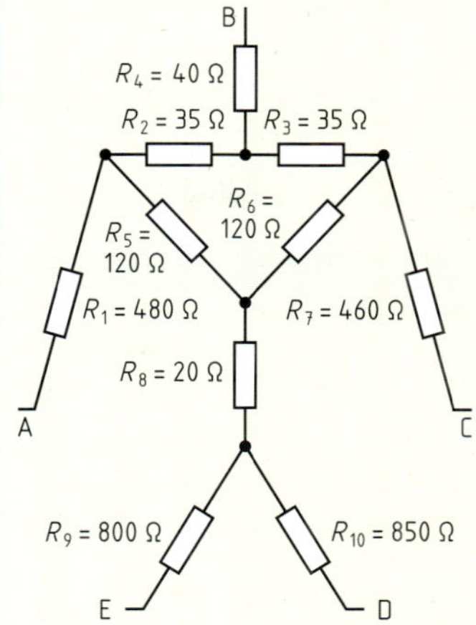

Bild 1: Widerstandsmodell eines menschlichen Körpers

18. Durch ein Gleichstromrelais **(Bild 2)** fließt bei geöffnetem Taster S1 ein Strom von 8 mA. Wird der Tastschalter S1 geschlossen, dann sinkt die Spannung an der Relaisspule um 8 V.
Berechnen Sie **a)** die Widerstände R_1 und R_2, **b)** den Strom, der bei geschlossenem Taster S1 durch die Relaisspule fließt.

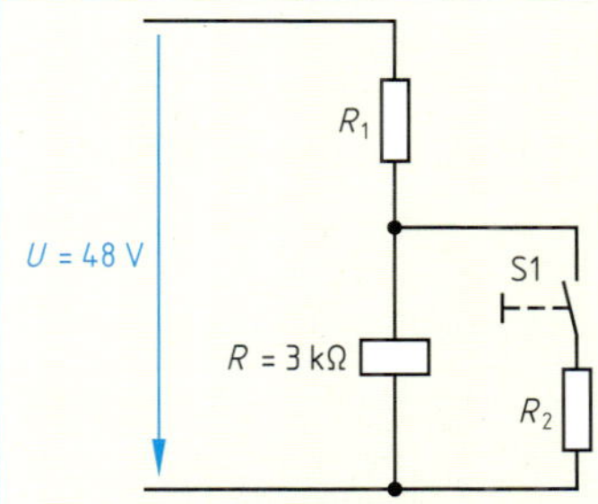

Bild 2: Relaisschaltung

19. Das Messgerät **(Bild 3)** hat einen Messwerkwiderstand von 10 Ω. Bei einem Messwerkstrom von 10 mA erfolgt Vollausschlag.
Berechnen Sie die Widerstände R_{p1}, R_{p2} und R_{p3} für den Fall, dass der ursprüngliche Messbereich auf das 10fache, 50fache und 250fache erweitert wird.

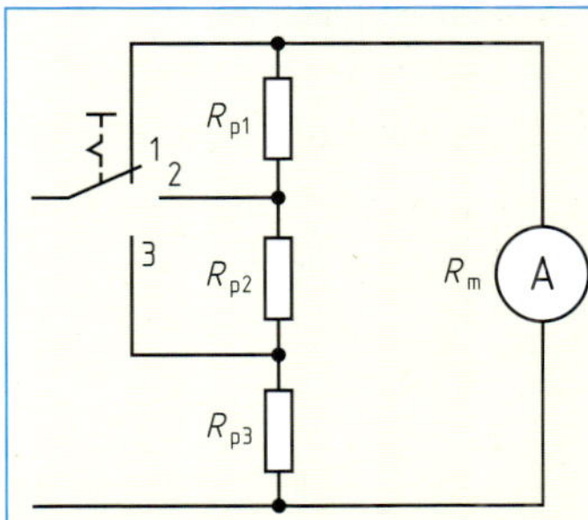

Bild 3: Strommesser in Ringschaltung

20. Die 10 Widerstände eines Netzwerks sind nach **Bild 4** geschaltet. Die Schaltung ist an 220 V Gleichspannung angeschlossen. Berechnen Sie **a)** den Ersatzwiderstand, **b)** die Teilspannung an R_4 und **c)** die Stromstärke in R_7.

21. Sechs Widerstände in einem Netzwerk sind nach **Bild 5** geschaltet. Die Schaltung liegt an 9 V. Berechnen Sie den Ersatzwiderstand, die Teilspannungen und Teilströme für den Anschluss zwischen den Punkten **a)** A–B, **b)** A–C, **c)** B–C, **d)** B–D und **e)** C–D.

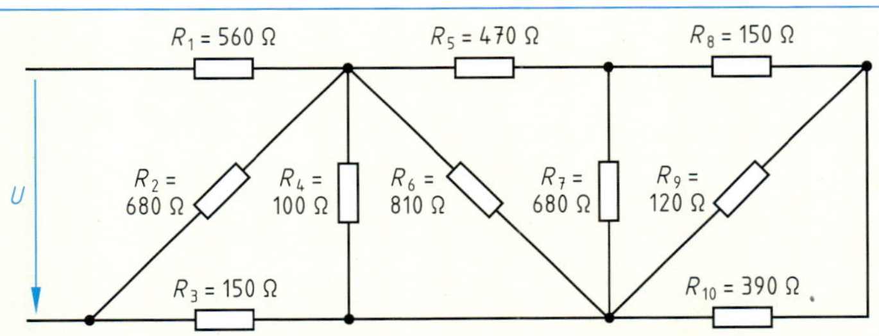

Bild 4: Netzwerk

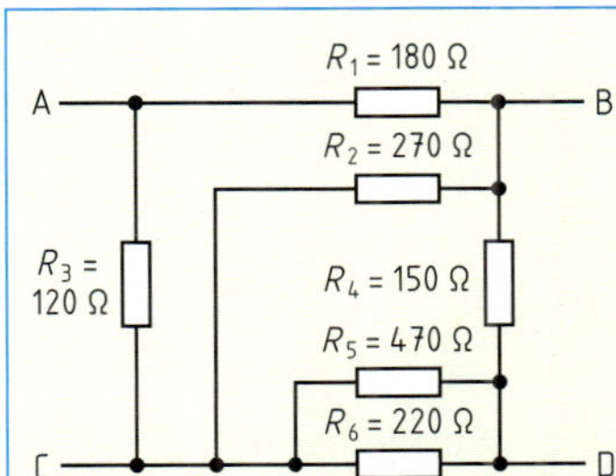

Bild 5: Netzwerk

3.8.4 Spannungsteiler

Unbelasteter Spannungsteiler

Beim unbelasteten Spannungsteiler wird die Spannung durch zwei in Reihe geschaltete Teilwiderstände R_1 und R_2 aufgeteilt **(Bild 1)**.

Beispiel:

Ein unbelasteter Spannungsteiler **(Bild 1)** hat folgende Werte: $R_1 = 300\,\Omega$, $R_2 = 100\,\Omega$ und $U = 100\,V$.
Berechnen Sie die Leerlaufspannung U_{20} des Spannungsteilers.

Lösung:

$$\frac{U_{20}}{U} = \frac{R_2}{R_1 + R_2} \Rightarrow \boldsymbol{U_{20}} = \frac{U \cdot R_2}{R_1 + R_2} = \frac{100\,V \cdot 100\,\Omega}{300\,\Omega + 100\,\Omega} = \frac{10\,000\,V \cdot \Omega}{400\,\Omega} = \mathbf{25\,V}$$

Spannungsteiler mit nichtlinearen Widerständen: **Seite 76**

Unbelasteter Spannungsteiler

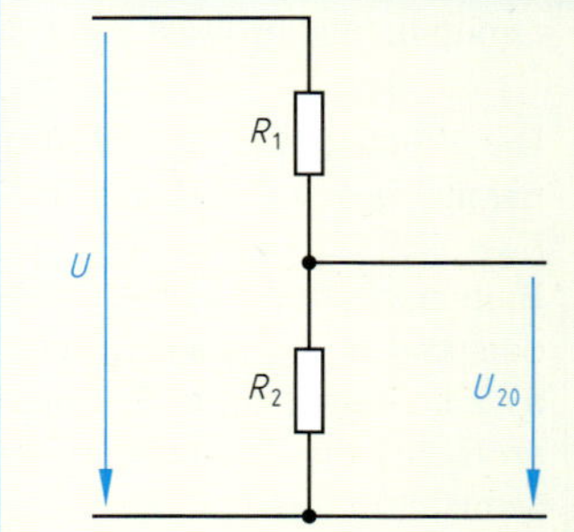

Bild 1

$$U_{20} = U \cdot \frac{R_2}{R_1 + R_2}$$

$$\frac{R_1}{R_2} = \frac{U}{U_{20}} - 1$$

R_1, R_2	Spannungsteilerwiderstände
U	Gesamtspannung
U_{20}	Teilspannung bei Leerlauf

Aufgaben zum unbelasteten Spannungsteiler

1. Ein unbelasteter Spannungsteiler **(Bild 1)** hat die Werte $R_1 = 1{,}5\,k\Omega$, $R_2 = 5{,}5\,k\Omega$ und $U = 12\,V$. Berechnen Sie die Spannung U_{20} im Leerlauf.

2. Der unbelastete Spannungsteiler **(Bild 1)** mit den Widerständen $R_1 = 25\,k\Omega$ und $R_2 = 90\,k\Omega$ liegt an $U = 15\,V$. Berechnen Sie die Leerlaufspannung U_{20}.

3. Ein unbelasteter Spannungsteiler liegt an einer Spannung von 24 V. Die Widerstände R_1 und R_2 verhalten sich wie 3 : 5. Berechnen Sie die Leerlaufspannung U_{20}.

4. Drei Widerstände sind nach **Bild 2** geschaltet. Berechnen Sie die Spannung zwischen den Punkten **a)** A und B, **b)** A und C, **c)** B und C, **d)** B und D, **e)** C und D.

5. Der unbelastete Spannungsteiler wie in **Bild 1** aus $R_1 = 2{,}7\,k\Omega$ und $R_2 = 8{,}1\,k\Omega$ soll eine Leerlaufspannung von $U_{20} = 6{,}0\,V$ abgeben. Wie hoch muss die Spannung U sein?

6. An dem unbelasteten Spannungsteiler **(Bild 1)** liegt die Spannung $U = 24\,V$. Am Widerstand $R_2 = 12\,k\Omega$ wird eine Leerlaufspannung von $U_{20} = 9\,V$ gemessen. Berechnen Sie den Widerstand R_1.

7. Ein Schleifdrahtpotenziometer besitzt 640 Windungen und ist an 24 V angeschlossen. Wie viele Windungen müssen jeweils abgegriffen werden, um die Spannungen **a)** 15 V, **b)** 5 V, **c)** 3 V, **d)** 6,3 V zu erhalten?

8. Zur Temperaturerfassung wird die in **Bild 3** gezeigte Schaltung verwendet. Für den NTC (10 kΩ) gilt die Kennlinie nach **Bild 3, Seite 73**. Berechnen Sie **a)** die Teilspannung U_{20} bei einer Temperatur des NTC von 20 °C und 60 °C sowie **b)** die Temperatur ϑ des NTC bei einer Teilspannung $U_{20} = 3{,}2\,V$.

9. Eine Heizwendel hat 450 Windungen und liegt an 230 V. Berechnen Sie die Spannung zwischen 2 aufeinanderfolgenden Windungen.

10. Ein Stellwiderstand für 60 V hat 380 Windungen und liegt an 24 V. Berechnen Sie die Spannung zwischen 2 aufeinanderfolgenden Windungen.

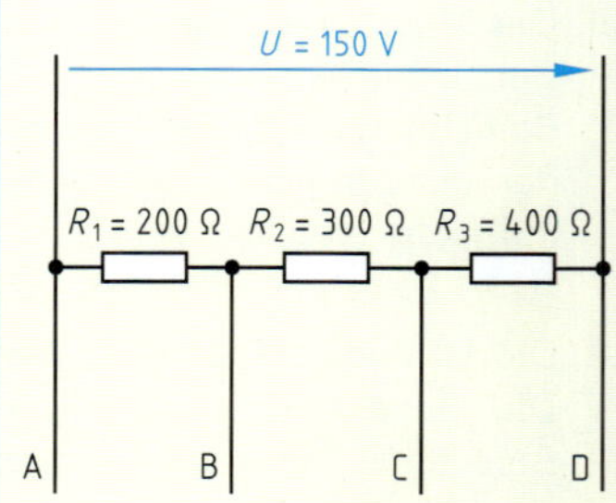

Bild 2: Spannungsteiler

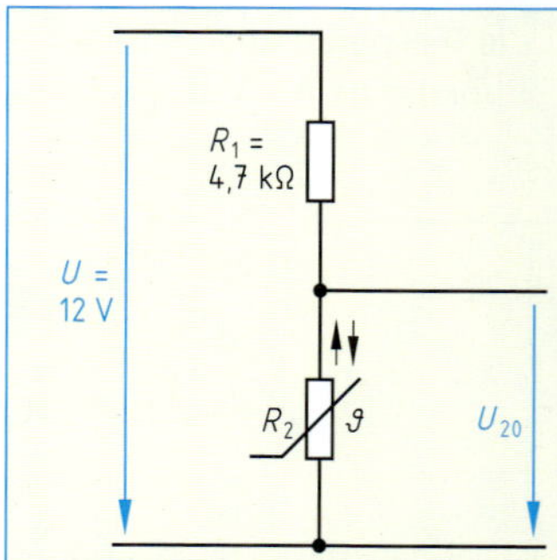

Bild 3: Spannungsteiler zur Temperaturerfassung

Belasteter Spannungsteiler

Durch Zuschalten eines Lastwiderstandes an den unbelasteten Spannungsteiler entsteht eine gemischte Schaltung.

Beispiel:

Der Spannungsteiler **(Bild 1)** mit den Widerständen $R_1 = 30\,\text{k}\Omega$, $R_2 = 12\,\text{k}\Omega$ und $R_L = 56\,\text{k}\Omega$ liegt an $U = 6\,\text{V}$.
Berechnen Sie

a) die Spannung am Lastwiderstand,

b) den Laststrom I_L und den Querstrom I_q,

c) das Querstromverhältnis q.

Lösung:

a) $R_{2L} = \frac{R_2 \cdot R_L}{R_2 + R_L} = \frac{12\,\text{k}\Omega \cdot 56\,\text{k}\Omega}{12\,\text{k}\Omega + 56\,\text{k}\Omega} = \mathbf{9{,}9\,k\Omega}$

$R = R_1 + R_{2L} = 30\,\text{k}\Omega + 9{,}9\,\text{k}\Omega = 39{,}9\,\text{k}\Omega$

$\mathbf{U_2} = U \cdot \frac{R_{2L}}{R_1 + R_{2L}} = U \cdot \frac{R_{2L}}{R} = \frac{6\,\text{V} \cdot 9{,}9\,\text{k}\Omega}{39{,}9\,\text{k}\Omega} = \mathbf{1{,}49\,V}$

b) $\mathbf{I_L} = \frac{U_2}{R_L} = \frac{1{,}49\,\text{V}}{56\,\text{k}\Omega} = \mathbf{0{,}027\,mA}$

c) $\mathbf{q} = \frac{R_L}{R_2} = \frac{56\,\text{k}\Omega}{12\,\text{k}\Omega} = \mathbf{4{,}7}$

Aufgaben zum belasteten Spannungsteiler

1. Der belastete Spannungsteiler **(Bild 1)** hat $R_1 = 100\,\Omega$. $R_2 = 35\,\Omega$, $R_L = 50\,\Omega$ und $U = 30\,\text{V}$. Berechnen Sie **a)** U_2, **b)** I_L.
2. Der Spannungsteiler **(Bild 2)** hat die Widerstände $R_1 = 820\,\Omega$, $R_2 = 390\,\Omega$, $R_{L1} = 1{,}2\,\text{k}\Omega$, $R_{L2} = 2{,}2\,\text{k}\Omega$ und liegt an einer Spannung von $U = 6\,\text{V}$. Ermitteln Sie die Spannung an R_2 **a)** für die Potentiometerstellung A, **b)** für die Stellung E.
3. Durch den Transistor **(Bild 4)** fließt ein Basisstrom $I_B = 1\,\text{mA}$. Berechnen Sie die Widerstände R_1 und R_2 für das Querstromverhältnis **a)** $q = 3$, **b)** $q = 4$ und **c)** $q = 5$. **Hinweis:** $q = I_q/I_B$.
4. Ein Spannungsteiler mit dem Gesamtwiderstand $280\,\Omega$ ist nach **Bild 1** geschaltet und liegt an 24 V. Er soll so eingestellt werden, dass sich die Widerstände R_1 und R_2 wie 3:1 verhalten. Berechnen Sie **a)** die Teilwiderstände R_1 und R_2, **b)** die Spannung U_{20} an R_2 beim unbelasteten Spannungsteiler, **c)** die Spannung U_2 bei Belastung mit $R_L = 200\,\Omega$, **d)** den Querstrom, **e)** den Laststrom und **f)** das Querstromverhältnis.
5. In einem Temperaturregler befindet sich der Spannungsteiler **(Bild 3)**. Für den verwendeten NTC (10 kΩ) gilt die Kennlinie **Bild 3, Seite 73**. Bestimmen Sie **a)** die Spannung U_2 für die Temperaturen zwischen 0 °C und 120 °C in 20-K-Schritten. **b)** Zeichnen Sie den Verlauf von U_2 als Funktion der Temperatur.
6. Die Widerstände $R_1 = 47\,\text{k}\Omega$ und $R_2 = 6{,}2\,\text{k}\Omega$ sind in Reihe geschaltet und liegen an 50 V. Die Spannung an R_2 soll nacheinander mit den Messgeräten P1 ($r_k = 20\,\text{k}\Omega/\text{V}$) und P2 ($r_k = 40\,\text{k}\Omega/\text{V}$) im Messbereich 6 V gemessen werden. **a)** Skizzieren Sie die Schaltung. Berechnen Sie **b)** die Spannung an R_2, wenn kein Messgerät angeschlossen ist, **c)** jeweils die Spannung an R_2, wenn nacheinander die Spannung mit den verschiedenen Messgeräten gemessen wird, **d)** den jeweiligen Messfehler in V und %.

Kenngröße des Spannungsmessers r_k: **Seite 136**

Belasteter Spannungsteiler

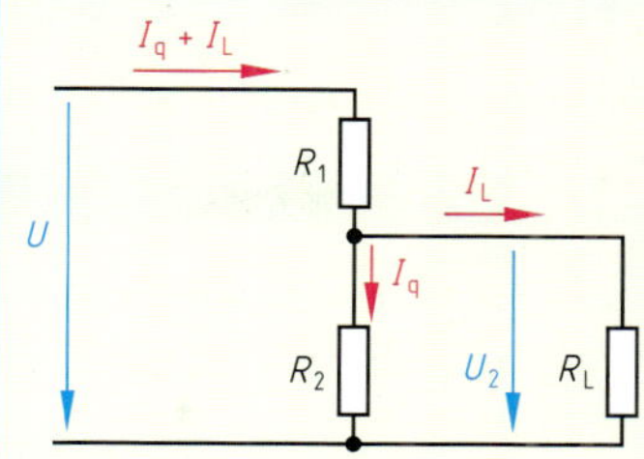

Bild 1

$$U_2 = U \cdot \frac{R_{2L}}{R_1 + R_{2L}}$$

$$R_{2L} = \frac{R_2 \cdot R_L}{R_2 + R_L}; \quad q = \frac{I_q}{I_L} = \frac{R_L}{R_2}$$

R_L	Lastwiderstand
R_1, R_2	Teilwiderstände
R_{2L}	Ersatzwiderstand aus R_2 und R_L
U	Gesamtspannung
U_2	Teilspannung bei Belastung
U_{20}	Teilspannung im Leerlauf
I_L	Laststrom
I_q	Querstrom
q	Querstromverhältnis

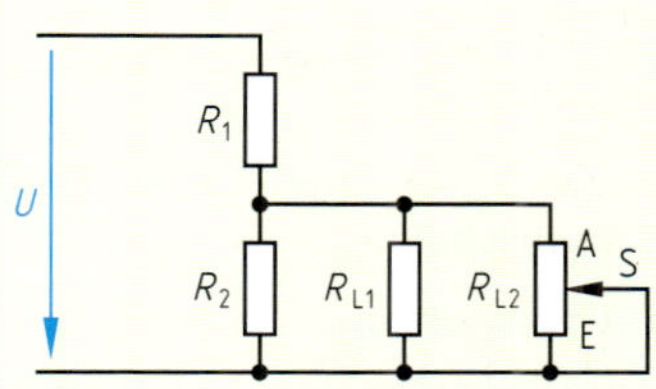

Bild 2: Spannungsteiler

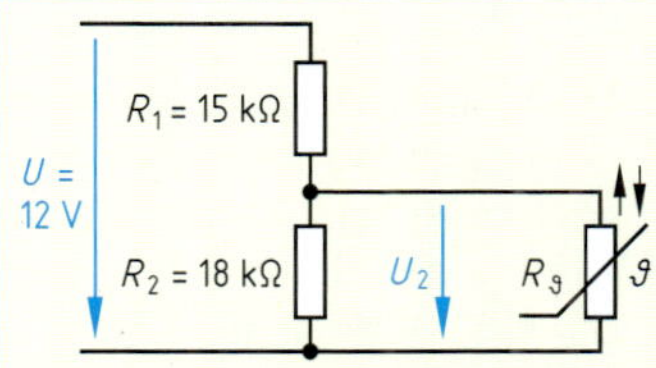

Bild 3: Temperaturabhängiger Spannungsteiler

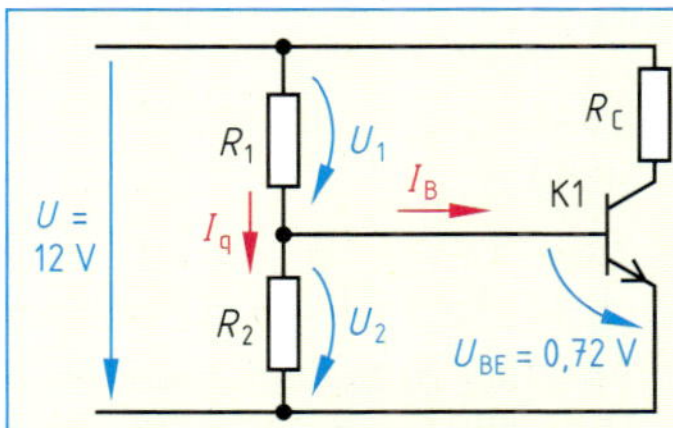

Bild 4: Basisspannungsteiler

3.8.5 Abgeglichene Brückenschaltung

Eine Messbrücke ist abgeglichen, wenn in der Brückendiagonalen (zwischen A und B, **Bild 1**) kein Strom fließt (Abgleichbedingung).

Beispiel:

Eine Messbrücke **(Bild 1)** hat die Brückenwiderstände $R_3 = 50\,\Omega$ und $R_4 = 100\,\Omega$. Zum Abgleich muss der Vergleichswiderstand R_n auf $150\,\Omega$ eingestellt werden. Berechnen Sie den Widerstand R_x.

Lösung:

$$\frac{R_x}{R_n} = \frac{R_3}{R_4} \Rightarrow \boldsymbol{R_x} = \frac{R_n \cdot R_3}{R_4} = \frac{150\,\Omega \cdot 50\,\Omega}{100\,\Omega} = \mathbf{75\,\Omega}$$

Wheatstone-Messbrücke

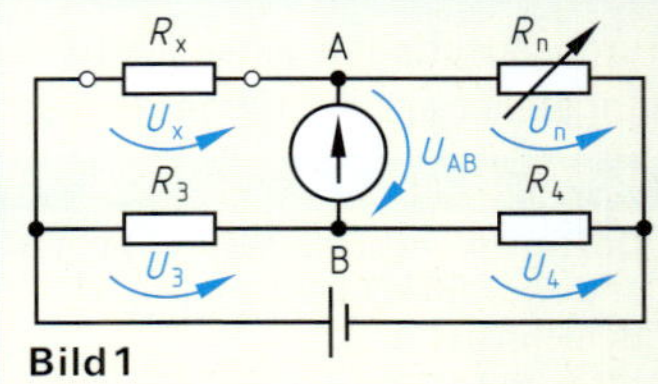

Bild 1

Abgleichbedingung:

$$\frac{U_x}{U_n} = \frac{U_3}{U_4}; \quad \frac{R_x}{R_n} = \frac{R_3}{R_4}$$

U_x, U_n Messbrückenspannungen
R_x unbekannter Widerstand
R_n Vergleichswiderstand
R_3, R_4 Brückenwiderstände

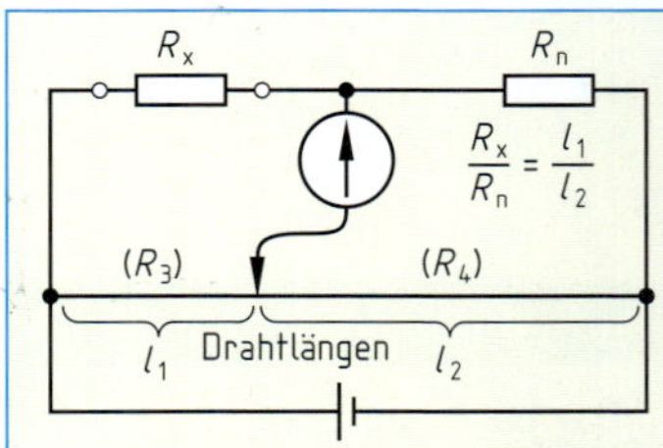

Bild 2: Schleifdrahtmessbrücke

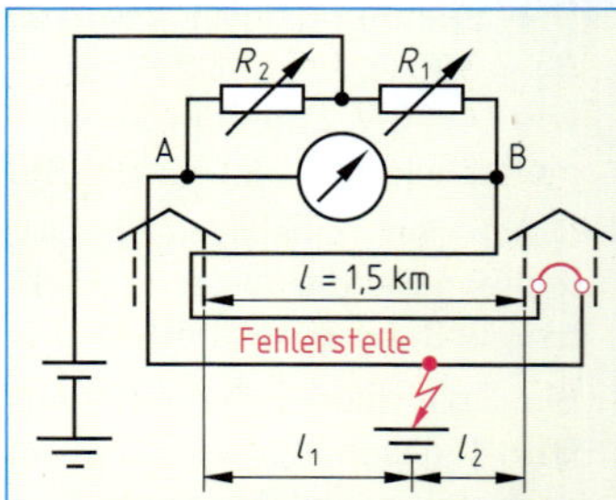

Bild 3: Fehlerortbestimmung

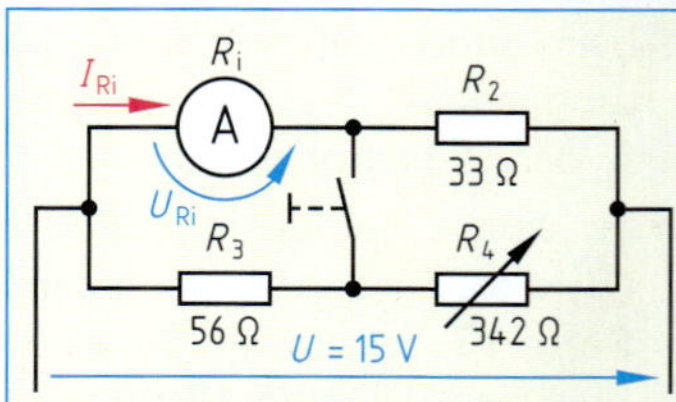

Bild 4: Messung Innenwiderstand

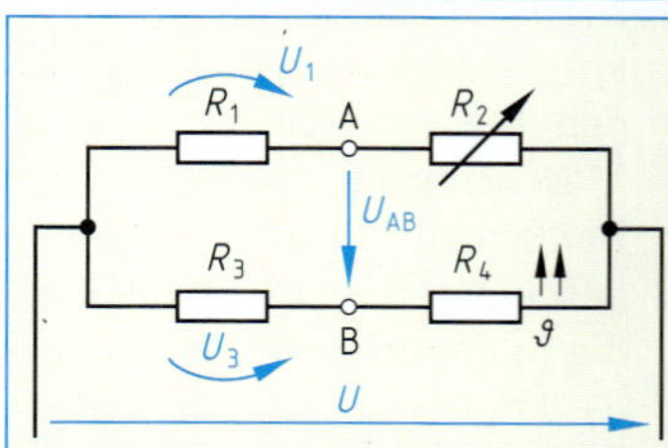

Bild 5: Brückenschaltung

Aufgaben zu 3.8.5

1. Eine Messbrücke **(Bild 1)** hat die Widerstände $R_3 = 100\,\Omega$ und $R_4 = 200\,\Omega$. Berechnen Sie den Widerstand R_x bei einem Vergleichswiderstand R_n von **a)** $14\,\Omega$, **b)** $250\,\Omega$, **c)** $1400\,\Omega$.

2. Mit der Schleifdrahtmessbrücke **(Bild 2)** soll der Widerstand R_x bestimmt werden. Die Messbrücke ist abgeglichen, wenn $l_1 = 39$ cm, $l_2 = 61$ cm und $R_n = 100\,\Omega$ ist. Berechnen Sie R_x.

3. Der Schleifdraht einer Widerstandsmessbrücke ist 1 m lang. $R_x = 55\,\Omega$, $R_n = 220\,\Omega$. Berechnen Sie das Verhältnis $l_1 : l_2$ der abgeglichenen Brücke sowie die Längen l_1 und l_2.

4. Der Spannungsteiler aus R_x und R_n **(Bild 1)** besteht aus einem 2,5-kΩ-Widerstand mit verschiebbarem Abgriff. Beim Abgleich ist R_x auf 0,8 kΩ eingestellt. R_4 beträgt 2,2 kΩ. Berechnen Sie R_3.

5. Eine abgeglichene Brückenschaltung **(Bild 1)** mit $R_4 = 220\,\Omega$, $R_n = 680\,\Omega$ liegt an $U = 24$ V, U_n beträgt 14 V. **a)** Berechnen Sie R_3 und R_x. **b)** Ermitteln Sie den Gesamtstrom I der abgeglichenen Brückenschaltung.

6. Von einer Brückenschaltung **(Bild 1)** sind folgende Werte bekannt: $R_3 = 1{,}5$ kΩ, $R_4 = 470\,\Omega$, $U = 14$ V. Der Kupferwiderstand von R_x hat bei 20 °C den Wert 6,8 kΩ und erwärmt sich auf 100 °C. Berechnen Sie den Widerstand R_n für den Fall, dass sich nur R_x erwärmt und dann $U_{AB} = 0$ V gemessen wird.

7. Der Innenwiderstand eines Messinstruments soll mithilfe einer Brückenschaltung bestimmt werden **(Bild 4)**. Beim Betätigen des Tasters ergibt sich keine Änderung der Anzeige des Strommessers. Berechnen Sie den Innenwiderstand R_i, den Strom I_{Ri} und die Spannung U_{Ri} des Messgeräts.

8. Die Brückenschaltung mit den Widerständen $R_1 = 560\,\Omega$, $R_3 = 470\,\Omega$ **(Bild 5)** und einem Pt100 **(Bild 4, Seite 57)** dient der Temperaturüberwachung in einem Heizkessel. Bei der Solltemperatur 200 °C beträgt die Spannung $U_{AB} = 0$ V. Bestimmen Sie den Widerstandswert des Pt100 bei 200 °C und berechnen Sie den Widerstand R_2.

9. Zwei 1,5 km voneinander entfernte Umspannstationen A und B **(Bild 3)** sind durch ein Erdkabel NAYY4 × 150 mm² verbunden. Eine Ader des Erdkabels hat Erdschluss. Bei Abgleich wurden ermittelt: $R_1 = 420\,\Omega$, $R_2 = 280\,\Omega$. **a)** Skizzieren Sie die Ersatzschaltung. **b)** In welcher Entfernung von Station A befindet sich der Erdschluss?

3.8.6 Unabgeglichene Brückenschaltung

Eine Messbrücke ist unabgeglichen, wenn in der Brückendiagonalen die Spannung U_{AB} **(Bild 1)** ungleich 0 V ist.

Beispiel:

Die unabgeglichene Brückenschaltung **(Bild 1)** liegt an $U = 12\,V$ und hat die Widerstände $R_1 = 4{,}7\,k\Omega$. $R_2 = 8{,}2\,k\Omega$, $R_3 = 5{,}6\,k\Omega$ und $R_4 = 6{,}3\,k\Omega$. Berechnen Sie die Spannung zwischen den Punkten A und B mithilfe der Masche MI.

Lösung:

$R_I = R_1 + R_2 = 4{,}7\,k\Omega + 8{,}2\,k\Omega = 12{,}9\,k\Omega$

$R_{II} = R_3 + R_4 = 5{,}6\,k\Omega + 6{,}3\,k\Omega = 11{,}9\,k\Omega$

$$\frac{U_1}{U} = \frac{R_1}{R_I} \Rightarrow U_1 = \frac{U \cdot R_1}{R_I} = \frac{12\,V \cdot 4{,}7\,k\Omega}{12{,}9\,k\Omega} = 4{,}37\,V$$

$$\frac{U_3}{U} = \frac{R_3}{R_{II}} \Rightarrow U_3 = \frac{U \cdot R_3}{R_{II}} = \frac{12\,V \cdot 5{,}6\,k\Omega}{11{,}9\,k\Omega} = 5{,}65\,V$$

Masche MI: $U_1 + U_{AB} - U_3 = 0 \Rightarrow \mathbf{U_{AB}} = U_3 - U_1 = 5{,}65\,V - 4{,}37\,V = \mathbf{1{,}28\,V}$

Brückenschaltung

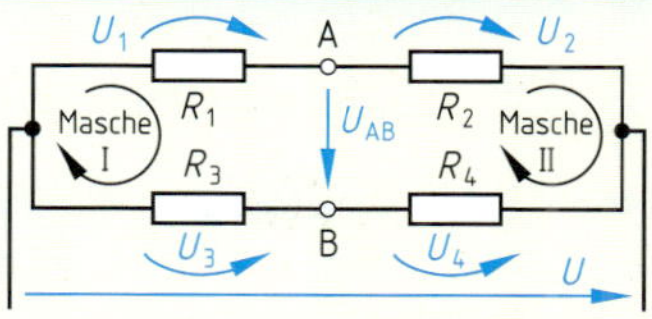

Bild 1: Unabgeglichene Brücke

Masche I: $U_1 + U_{AB} - U_3 = 0$

Masche II: $U_2 - U_4 - U_{AB} = 0$

$R_1, \ldots, R_4$ Brückenwiderstände

Aufgaben zu 3.8.6

1. Die Schaltung **Bild 2** liegt an 12 V. Der Widerstand R_2 kann so verändert werden, dass die Spannung zwischen den Punkten A und B zwischen +1 V und −1 V einzustellen ist. Berechnen Sie den Widerstand R_2 für **a)** $U_{AB} = -1\,V$ und **b)** für $U_{AB} = +1\,V$.

2. Die Widerstände $R_1 = 20\,\Omega$, $R_2 = 30\,\Omega$, $R_3 = 70\,\Omega$, $R_4 = 130\,\Omega$ **(Bild 1)** sind an 10 V angeschlossen. **a)** Welche Spannung liegt zwischen den Punkten A und B? **b)** Wie groß muss der Widerstand R_2 sein, damit zwischen den Punkten A und B keine Spannung besteht?

3. Die Schaltung **(Bild 1)** hat die Widerstände $R_1 = 8{,}2\,k\Omega$, $R_2 = 5{,}6\,k\Omega$, $R_3 = 2{,}7\,k\Omega$ und $R_4 = 3{,}9\,k\Omega$. Sie ist an eine Spannung von 5 V angeschlossen. **a)** Welche Spannung liegt zwischen den Punkten A und B? **b)** Welchen Widerstandswert muss R_2 haben, damit zwischen den Punkten A und B keine Spannung besteht?

4. Die Brückenschaltung mit den Widerständen $R_1 = 470\,\Omega$, $R_3 = 470\,\Omega$ **(Bild 5, Seite 56)** und einem Pt100-Widerstand **(Bild 4)** dient der Temperaturerfassung. Bei 0 °C ist die Brücke abgeglichen. Die Gesamtspannung beträgt 12 V. **a)** Berechnen Sie R_2 bei abgeglichener Brückenschaltung. **b)** Bestimmen Sie die Spannung U_{AB}, wenn der Pt100 auf 400 °C erwärmt wird.

5. Die Brückenschaltung **(Bild 3)** mit einem NTC-Widerstand **(Kennlinie Bild 3, Seite 73)** dient zur Ermittlung einer Temperaturabweichung und liegt an einer Spannung von 9 V.
a) Berechnen Sie die Brückenspannung U_{AB} für einen Temperaturbereich von 0 °C bis 50 °C in 10 °C-Schritten. **b)** Erstellen Sie ein Diagramm der Brückenspannung als Funktion der Temperatur (Maßstab: 10 °C ≙ 1 cm, 1 V ≙ 1 cm).

6. Die Biegung eines Balkens **(Bild 5)** wird durch vier Dehnungsmessstreifen (DMS) erfasst. Dabei werden die vier Widerstände der Brückenschaltung **(Bild 1)** durch die DMS ersetzt. Beim Stauchen der DMS beträgt der Widerstand 342 Ω, beim Dehnen 358 Ω. **a)** Die vier Dehnungsmessstreifen sind so anzubringen, dass bei der dargestellten Kraft F_B, U_{AB} positiv wird. **b)** Berechnen Sie die Spannung U_{AB} bei $U = 12\,V$.

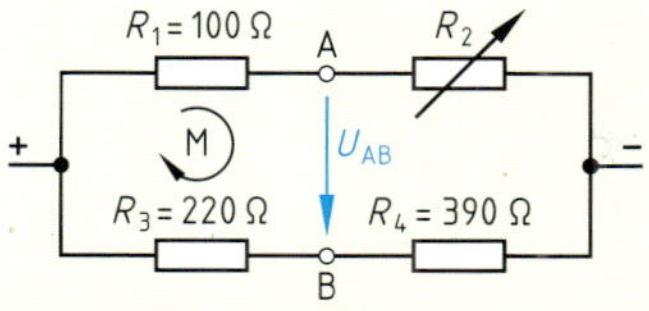

Bild 2: Unabgeglichene Brücke

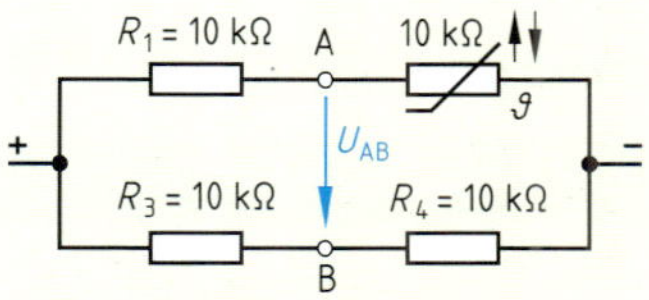

Bild 3: Brückenschaltung

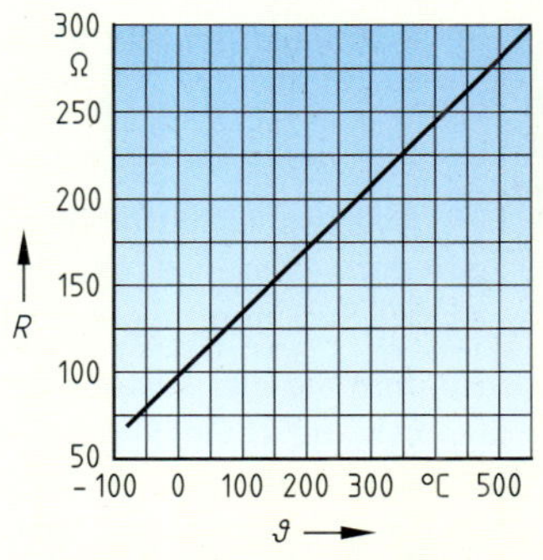

Bild 4: Kennlinie eines Pt100

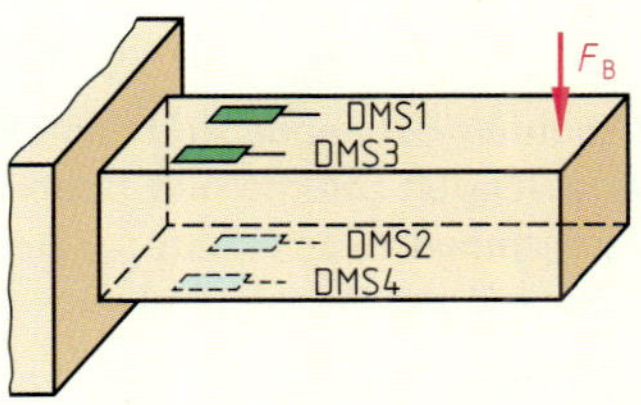

Bild 5: Balken mit Balkenmessdose

3.9 Elektrische Leistung und Arbeit

3.9.1 Elektrische Leistung

Die elektrische Leistung ist das Produkt aus Stromstärke und Spannung. Das gilt für Gleichstrom, bei Wärmegeräten auch für Wechselstrom.

Bei elektrischen Maschinen wird die abgegebene, bei elektrischen Geräten die aufgenommene Leistung angegeben.

$$P = U \cdot I$$

$$P = I^2 \cdot R$$

$$P = \frac{U^2}{R}$$

$$[P] = \mathrm{V} \cdot \mathrm{A} = \mathrm{W}$$

P Leistung
U Spannung (Nenn- oder Betriebsspannung)
I Stromstärke
R Widerstand, Betriebswiderstand

1 Watt =
1 Newtonmeter/Sekunde =
1 Joule/Sekunde
1 W = 1 Nm/s = 1 J*/s

Beispiel:

Ein Kohleschichtwiderstand mit 1200 Ω, 500 mW liegt an einer Spannung von 12 V.

a) Berechnen Sie die aufgenommene Leistung.

b) Bestimmen Sie grafisch mithilfe der Leistungshyperbel **(Bild 1)** die höchstzulässige Spannung und den höchstzulässigen Strom.

Lösung:

a) $I = \frac{U}{R} = \frac{12\,\mathrm{V}}{1200\,\Omega} = 10\,\mathrm{mA}$; $P = U \cdot I = 12\,\mathrm{V} \cdot 10\,\mathrm{mA} = \mathbf{120\,mW}$

b) Aus **Bild 1**: $U = $ **24,5 V**; $I = $ **20,5 mA**

Leistungshyperbel: **Seite 21 und Seite 72**

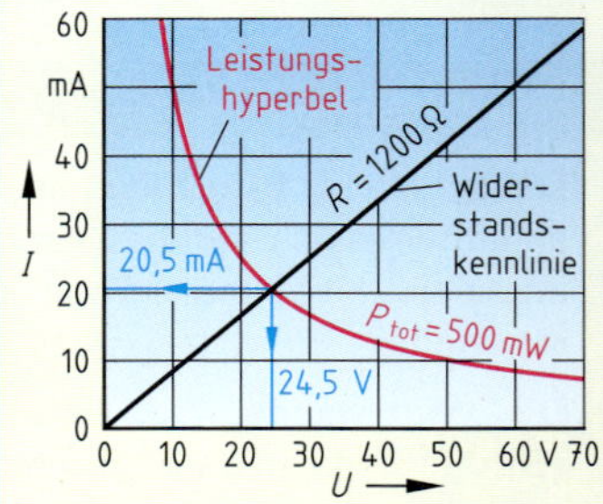

Bild 1: Leistungshyperbel

Aufgaben zu 3.9.1

1. Eine Halogenlampe nimmt an 12 V einen Strom von 6,25 A auf. Berechnen Sie **a)** den Betriebswiderstand, **b)** die Leistung der Lampe.

2. Wie groß sind Bemessungsstrom und Betriebswiderstand folgender 230-V-Halogenlampen: **a)** 25 W, **b)** 40 W?

3. Ein älteres Bügeleisen hat die Bemessungswerte 220 V, 1 kW. Welche Leistung nimmt es auf, wenn es an 230 V betrieben wird?

4. Eine Relaisspule hat einen Widerstand von 2150 Ω und wird von 7 mA durchflossen. **a)** Welche Leistung nimmt das Relais auf? **b)** Bei welcher Spannung fließen 10 mA?

5. Zeichnen Sie die Leistungshyperbeln für die Leistungen 1000 mW, 500 mW und 250 mW (im Bereich $U = 0\,\mathrm{V} \ldots 80\,\mathrm{V}$) und bestimmen Sie zeichnerisch jeweils die höchstzulässigen Werte für Spannung und Strom für Schichtwiderstände mit **a)** 1,5 kΩ, 500 mW, **b)** 470 Ω, 1000 mW, **c)** 8,2 kΩ, 250 mW (Maßstab: 1 cm ≙ 5 V, 1 cm ≙ 5 mA).

6. Die 4 Schichtwiderstände der Schaltung **(Bild 2)** haben die Werte $R_1 = 5{,}6\,\mathrm{k\Omega}$, $R_2 = 8{,}2\,\mathrm{k\Omega}$, $R_3 = 10\,\mathrm{k\Omega}$, $R_4 = 1{,}5\,\mathrm{k\Omega}$. Durch den Widerstand R_2 fließt ein Strom von 4 mA. Berechnen Sie **a)** die Gesamtspannung, **b)** den Strom in R_4, **c)** die gesamte Leistung.

7. Fünf Widerstände sind nach **Bild 3** geschaltet. Berechnen Sie **a)** die fehlenden Ströme und Spannungen, **b)** die Leistungsaufnahme der einzelnen Widerstände. **c)** Bestimmen Sie die Normwerte der Belastbarkeit der Widerstände.

8. Ein Tauchsieder für 230 V hat eine Bemessungsleistung von 700 W. Berechnen Sie **a)** die Stromaufnahme, **b)** den Betriebswiderstand des Tauchsieders. **c)** Wie viel % weniger Leistung gibt der Tauchsieder bei 5% Unterspannung ab?

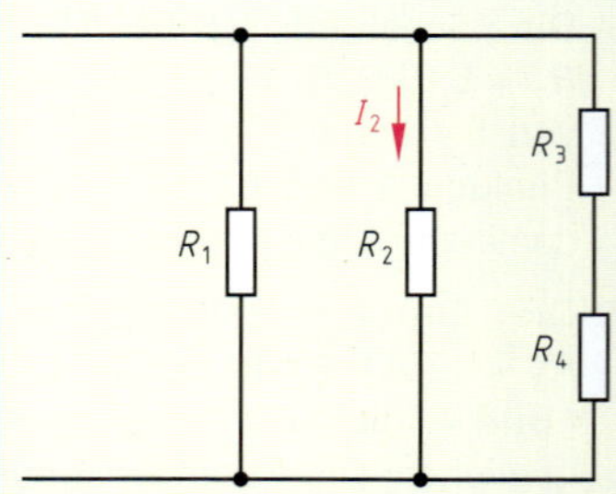

Bild 2: Gemischte Schaltung

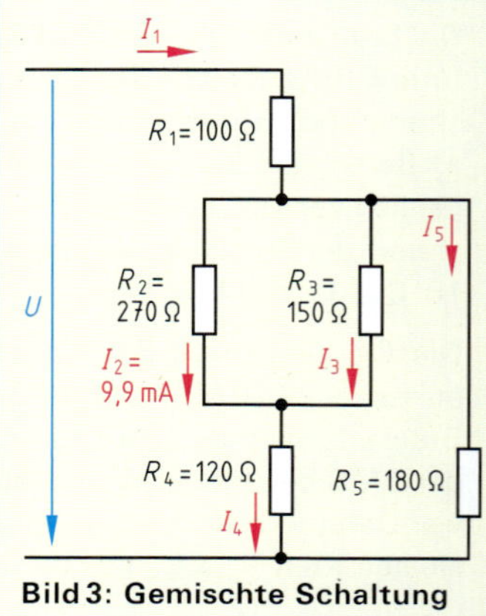

Bild 3: Gemischte Schaltung

* J Abkürzung für Joule

9. Der Heizwiderstand eines 2-kW-Gebläses besteht aus 20,5 m Widerstandsdraht (NiCr 80 20) mit $\varrho = 1{,}45\ (\Omega \cdot \text{mm}^2)/\text{m}$ von 0,5 mm Durchmesser. Berechnen Sie **a)** Bemessungsspannung, **b)** Bemessungsstrom.

10. Zu den Schichtwiderständen auf einer Leiterplatte werden nachfolgende Angaben gemacht.

Teilaufgabe	a)	b)	c)	d)	e)	f)
Widerstand	47 Ω	330 Ω	15 kΩ	100 kΩ	4,7 MΩ	5,6 kΩ
Belastbarkeit	5 W	1 W	$\frac{1}{8}$ W	$\frac{1}{8}$ W	$\frac{1}{2}$ W	$\frac{1}{4}$ W

Berechnen Sie für **a)** bis **f)** die maximalen Spannungen und Ströme.

11. Ein Glühofen hat 3 Heizwiderstände und ist an 400 V angeschlossen. Die beiden Widerstände R_1 und R_2 nehmen eine Leistung von 18 kW auf. Wird R_2 abgeschaltet, so steigt die Leistung um 25%, wird zu R_1 und R_2 der Widerstand R_3 zugeschaltet, fällt die Leistung um 15%. **a)** Wie sind die Widerstände jeweils geschaltet? **b)** Berechnen Sie die einzelnen Widerstände.

12. Die Kochplatte in 7-Takt-Schaltung **(Bild)** ist an 230 V angeschlossen und hat eine maximale Leistung von 2 kW. In Stufe 1 nimmt sie eine Leistung von 305 W und in Stufe 1• eine Leistung von 450 W auf. Berechnen Sie **a)** die Stromstärke in den einzelnen Leistungsstufen, **b)** die Leistung in den restlichen 3 Schaltstufen.

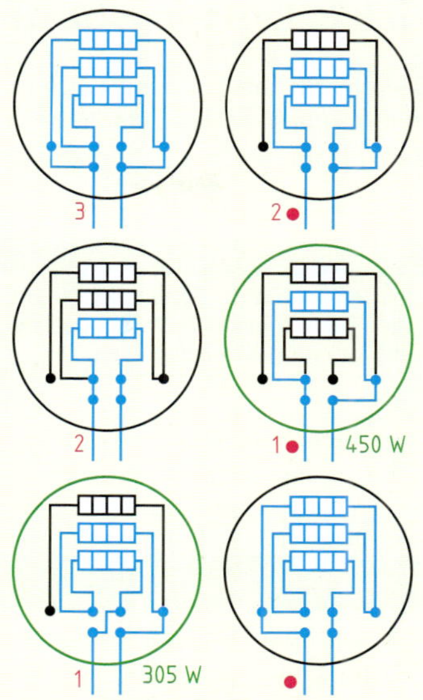

Bild: Schaltung einer Kochplatte in 7-Takt-Schaltung

3.9.2 Elektrische Arbeit

Die elektrische Arbeit ist um so größer, je größer die Leistung und je länger die Arbeitszeit ist.

Beispiel:

Die Heizwendel eines elektrischen Heizlüfters hat im aufgeheizten Zustand einen Widerstand von 26,5 Ω. Wird der Heizlüfter 33 min eingeschaltet, nimmt der Zählerstand um 1,1 kWh zu. Berechnen Sie **a)** die elektrische Leistung, **b)** die Stromstärke, **c)** die Nennspannung.

Lösung:

a) $P = \frac{W}{t} = \frac{1100\ \text{Wh}}{\frac{33\ \text{min}}{60\ \text{min/h}}} = \mathbf{2000\ W}$;

b) $I = \sqrt{\frac{P}{R}} = \sqrt{\frac{2000\ \text{W}}{26{,}5\ \Omega}} = \mathbf{8{,}7\ A}$

c) $U = R \cdot I = 26{,}5\ \Omega \cdot 8{,}7\ \text{A} = \mathbf{230\ V}$

$$W = U \cdot I \cdot t \qquad W = P \cdot t$$

$$[W] = \text{V} \cdot \text{A} \cdot \text{s} = \text{W} \cdot \text{s} = \text{J}$$

W Arbeit P Leistung
t Zeit

1 kWh = 3 600 000 Ws
= 3 600 000 J
1 Ws = 1 J = 1 Nm

Aufgaben zu 3.9.2

1. Ein Fernsehgerät hat eine Bemessungsleistung von 140 W und ist täglich 4 Stunden und 15 min in Betrieb. Berechnen Sie die aufgenommene elektrische Arbeit je Monat (1 Monat = 30 Tage).

2. Wie lange kann **a)** eine 15-W-Energiesparlampe, **b)** eine 77-W-Halogenlampe betrieben werden, bis sie 1 kWh aufgenommen hat?

3. Eine Kochplatte ist an 230 V angeschlossen und nimmt in 8 min 160 Wh auf. Berechnen Sie **a)** die Bemessungsleistung, **b)** die Stromstärke, **c)** den Widerstand.

4. Eine Hochspannungsleitung aus Kupfer, 50 mm², ist 90 km lang. In ihr fließen durchschnittlich 27 A. Berechnen Sie **a)** die elektrische Verlustarbeit in 24 Stunden, **b)** den Spannungsfall an der Leitung.

5. Ein Kohleschichtwiderstand mit $R = 27\ \Omega$ wird 50 min lang an 12 V angeschlossen. Berechnen Sie **a)** die elektrische Leistung, **b)** die elektrische Arbeit, **c)** die Stromstärke. **d)** Um wie viel % ändert sich die elektrische Arbeit, wenn für die gleiche Zeit ein Widerstand von 12 Ω vorgeschaltet wird?

3.9.3 Leistungsbestimmung mit dem Zähler

Die elektrische Leistung kann aus der Anzahl der Zählerscheibenumdrehungen in einer bestimmten Zeit, z. B. in einer Minute, und der Zählerkonstanten C_Z errechnet werden.

Beispiel:

Ein Zähler hat die Zählerkonstante $C_Z = 60\ ^1/\text{kWh}$. Seine Zählerscheibe dreht sich nach Einschalten eines Heizlüfters in 2 Minuten 4-mal. Berechnen Sie die Leistung des Heizlüfters.

Lösung:

$$n = \frac{4 \cdot 60\ \text{min/h}}{2\ \text{min}} = 120\ ^1/\text{h}; \qquad \boldsymbol{P} = \frac{n}{C_Z} = \frac{120\ ^1/\text{h}}{60\ ^1/\text{kWh}} = \mathbf{2\ kW}$$

Bild 1: Elektrizitätszähler

$$P = \frac{n}{C_Z}$$

$$[P] = \frac{^1/\text{h}}{^1/\text{kWh}} = \text{kW}$$

P Leistung in kW
n Umdrehungen der Zählerscheibe je Stunde
C_Z Zählerkonstante, Umdrehungen der Zählerscheibe je kWh

Aufgaben zu 3.9.3

1. Nach dem Einschalten eines Fernsehgerätes dreht sich die Zählerscheibe 2-mal je Minute. Die Zählerkonstante beträgt $C_Z = 1200\ ^1/\text{kWh}$. Welche Leistung nimmt das Gerät auf?
2. In 2 Minuten macht die Zählerscheibe eines Zählers **(Bild 1)** mit der Zählerkonstanten 600 $^1/\text{kWh}$ 25 Umdrehungen. Berechnen Sie die Leistungsaufnahme des angeschlossenen Gerätes.
3. Der Anschlusswert eines Durchlauferhitzers soll durch Ablesen des Zählers bestimmt werden. Die Zählerkonstante ist 120 $^1/\text{kWh}$ und die Zählerscheibe macht 21 Umdrehungen in 30 s. Berechnen Sie den Anschlusswert des Durchlauferhitzers.
4. Eine Wohnzimmerleuchte mit 5 Halogenlampen zu je 40 W ist eingeschaltet. Die Zählerscheibe des Zählers dreht sich in 4 Minuten 15-mal. Berechnen Sie die Zählerkonstante.
5. In einem Haushalt sind gleichzeitig folgende Geräte eingeschaltet: 2 Halogenlampen je 57 W, 5 Energiesparlampen (ESL) je 9 W und 1 Fernsehgerät mit 120 W. Die Zählerkonstante ist 750 $^1/\text{kWh}$. **a)** Wie viele Umdrehungen macht die Zählerscheibe in 2 Minuten? **b)** Welcher Strom fließt bei 230 V?

Hersteller	
kWh-Drehstromzähler	7 CA 3642
Nr. 48'174'675	73
3 × 230/400 V 25 (100) A 50 Hz	212
60 $^1/\text{kWh}$ Schltg. 4102 230 V	307

Bild 2: Leistungsschild eines Drehstrom-Zählers

6. **a)** Wie viel Umdrehungen macht die Zählerscheibe eines Zählers mit einer Zählerkonstanten von 375 $^1/\text{kWh}$ beim Anschluss eines 3-kW-Warmwasserspeichers in 4 Minuten? **b)** Welcher Strom fließt bei einer Spannung von 230 V?
7. In einer Gaststätte sind an einen Zähler **(Bild 2)** folgende Verbraucher angeschlossen: 30 Halogenlampen je 46 W, 50 Halogenlampen je 40 W, 120 Leuchtstofflampen je 69 W, 4 Durchlauferhitzer je 18 kW, ein Elektrogroßherd 24 kW. **a)** Berechnen Sie die durchschnittliche Anzahl Umdrehungen der Zählerscheibe in 30 s, wenn 24% der installierten Leistung gleichzeitig genutzt wird. **b)** In welcher Zeit würden dabei 5 kWh verbraucht? **c)** Die Zählerscheibe hat einen Durchmesser von 10 cm. Welche Umfangsgeschwindigkeit hat die Scheibe bei einer Belastung von 90 kW?
8. In einer Wohnung sind an einen Zähler ($C_Z = 150\ ^1/\text{kWh}$) folgende Verbraucher angeschlossen: 6 Halogenlampen je 46 W, 7 Halogenlampen je 57 W, 4 Leuchtstofflampen je 69 W, 1 Kochendwassergerät mit 2 kW, 1 Waschmaschine mit 3 kW, 1 Spülmaschine mit 3,3 kW, 1 Durchlauferhitzer mit 18 kW und 1 Elektroherd mit 10 kW. **a)** Wie viele Umdrehungen macht die Zählerscheibe durchschnittlich in 1 Minute, wenn 12% der Verbraucherleistung eingeschaltet sind? **b)** In welcher Zeit würden dabei 2 kWh verbraucht? **c)** Welche Umfangsgeschwindigkeit hat die Zählerscheibe (⌀ 10 cm) bei einer Belastung mit 25 kW?

3.9.4 Wirkungsgrad

Die abgegebene Leistung (Leistungsabgabe) P_{ab} ist um die Verlustleistung P_v kleiner als die zugeführte Leistung (Leistungsaufnahme) P_{zu} **(Bild 1)**.

Beispiel:

Welchen Wirkungsgrad hat ein Drehstrommotor im Bemessungsbetrieb bei einer Leistungsaufnahme von 24,3 kW und einer Leistungsabgabe von 22 kW?

Lösung:

$$\eta = \frac{P_{ab}}{P_{zu}} = \frac{22\,\text{kW}}{24{,}3\,\text{kW}} = \mathbf{0{,}905 = 90{,}5\,\%}$$

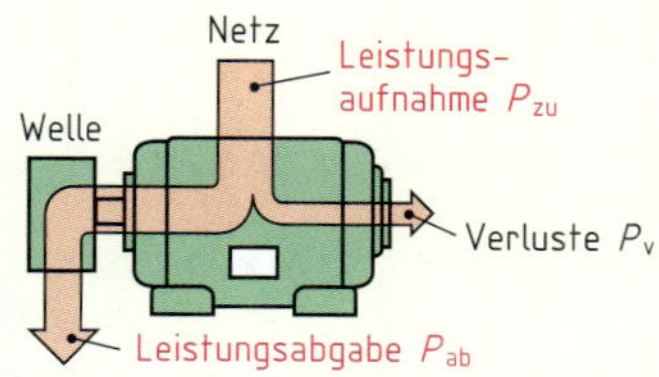

Bild 1: Leistungsschaubild

$$\eta^* = \frac{P_{ab}}{P_{zu}}; \quad \eta = \eta_1 \cdot \eta_2$$

$$P_v = P_{zu} - P_{ab}$$

η^*	Wirkungsgrad, Gesamtwirkungsgrad
η_1, η_2	Einzelwirkungsgrade
P_{ab}	abgegebene Leistung
P_{zu}	zugeführte Leistung
P_v	Verlustleistung

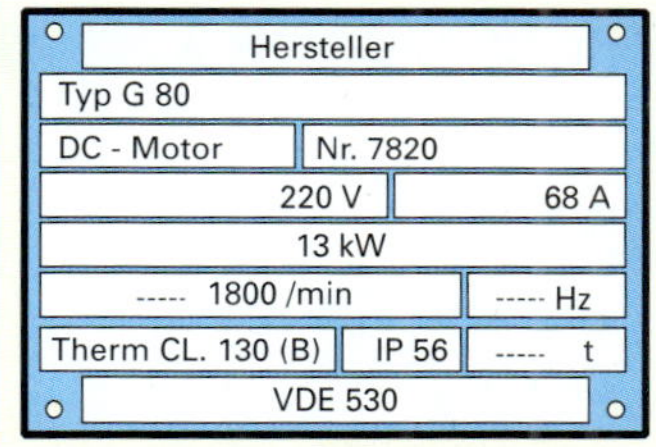

Bild 2: Leistungsschild eines Gleichstrommotors

Aufgaben zu 3.9.4

1. Ein Motor mit einem Wirkungsgrad von 0,9 gibt 30 kW ab. Berechnen Sie **a)** die zugeführte Leistung, **b)** die Verlustleistung.
2. Berechnen Sie den Wirkungsgrad eines 18,5-kW-Drehstrommotors, wenn 1500 W Verluste auftreten?
3. Das Festspannungsnetzgerät für ein computergesteuertes Schnellladegerät (U = 13,8 V DC) ist an 230 V 50 Hz angeschlossen. Bei Belastung mit der Ausgangsstromstärke I_2 = 5 A beträgt die zugeführte Stromstärke I_1 = 0,33 A. Berechnen Sie den Wirkungsgrad des Netzgerätes.
4. Ein Wechselrichter hat eingangsseitig eine Gleichspannungsdauerleistung von 1570 W. Welche Wechselspannungsleistung kann in das Versorgungsnetz eingespeist werden, wenn der mittlere Wirkungsgrad η = 0,94 beträgt.
5. Bei einem Drehstrom-Gleichstrom-Umformer **(Bild 3)** treibt ein Drehstrommotor mit η_M = 0,86 einen Gleichstromgenerator mit η_G = 0,82 an. Berechnen Sie den Gesamtwirkungsgrad.
6. Eine Tauchmotorpumpe hat einen Gesamtwirkungsgrad von 74 % und soll aus einem Schacht 80 m³/h Wasser fördern. Die Förderhöhe beträgt 50 m. Berechnen Sie die vom Motor aufgenommene Leistung. Hinweis: Bei Wasser: 1 l ≙ 1 kg.
7. Ermitteln Sie für den Gleichstrommotor **(Bild 2) a)** die zugeführte Leistung, **b)** den Wirkungsgrad und **c)** die Verlustleistung.
8. Der Motor eines Aufzugs nimmt eine Leistung von 20 kW auf und hebt dabei die Kabine in 30 s 15 m hoch. Das Eigengewicht der Kabine ist durch Gegengewichte aufgehoben. Berechnen Sie die Hubkraft bei einem Motorwirkungsgrad von 62 %.

Gewichtskraft ($F_G = m \cdot g$), siehe auch **Seite 38**

9. Durch die Turbine eines Wasserkraftwerkes fließen, bei 19 m Fallhöhe je Sekunde 110 l Wasser. Der Wirkungsgrad der Turbine beträgt 73 %, der des Generators 89 %. Berechnen Sie die abgegebene Leistung, **a)** der Turbine, **b)** des Generators und **c)** den Gesamtwirkungsgrad.
10. Eine Kreiselpumpe **(Bild 4)** mit einem Wirkungsgrad von 0,71 fördert 60 m³/h Wasser 26 m hoch. Berechnen Sie **a)** die von der Pumpe abgegebene Leistung in kW, **b)** die vom Motor abgegebene Leistung in kW, **c)** die vom Motor aufgenommene Leistung in kW bei einem Motorwirkungsgrad von 0,86, **d)** den Gesamtwirkungsgrad.

η: griech. Kleinbuchstabe eta

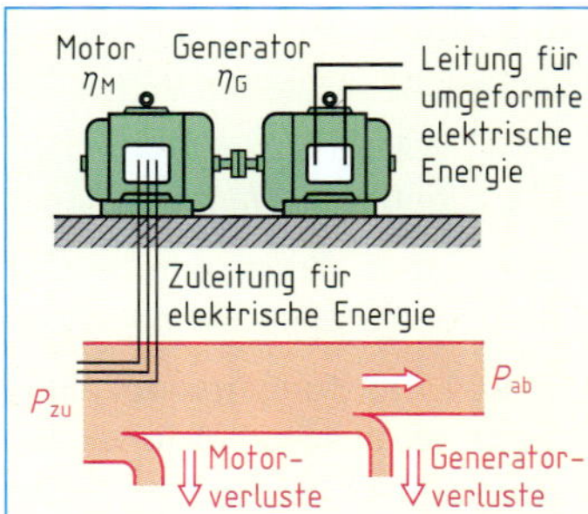

Bild 3: Umwandlungsverluste

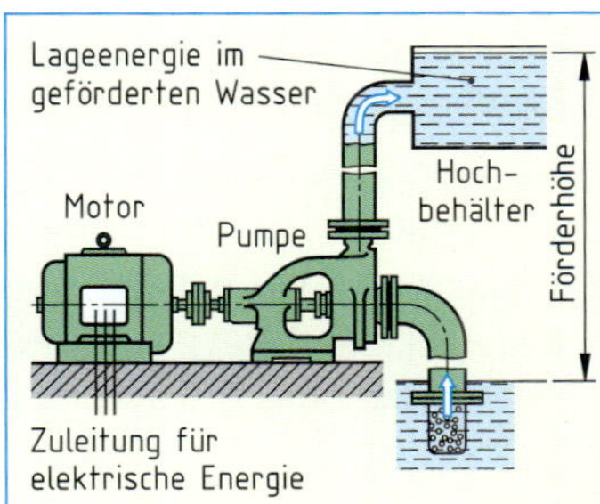

Bild 4: Pumpenantrieb

3.10 Wärmeenergie

3.10.1 Wärmemenge und Wassermischung

Die spezifische Wärmekapazität c eines Stoffes ist gleich der Wärme in kJ, die 1 kg dieses Stoffes um 1 K erwärmt. Beim Mischen von Wassermengen verschiedener Temperatur **(Bild 1)** verteilt sich die Wärmemenge gleichmäßig auf die gesamte Wassermenge. Dabei nimmt das kalte Wasser die Wärmemenge auf, die das warme Wasser abgibt.

Spezifische Wärmekapazität für Wasser: $c = 4{,}19\ \frac{\text{kJ}}{\text{kg} \cdot \text{K}}$

Beispiel 1:

Der Inhalt eines 80-l-Warmwasserspeichers wurde von 15 °C auf 65 °C erwärmt ($c = 4{,}19\ \text{kJ}/(\text{kg} \cdot \text{K})$). Wie groß ist die zugeführte Wärmemenge?

Lösung:

$\Delta\vartheta = \vartheta_2 - \vartheta_1 = 65\,°\text{C} - 15\,°\text{C} = 50\ \text{K}$

$\boldsymbol{Q} = c \cdot m \cdot \Delta\vartheta = 4{,}19\ \text{kJ}/(\text{kg} \cdot \text{K}) \cdot 80\ \text{kg} \cdot 50\ \text{K} = \mathbf{16\,760\ kJ}$

Beispiel 2:

In einem Behälter werden 15 l Wasser von 85 °C und 30 l Wasser von 12 °C gemischt. Berechnen Sie die Temperatur des Mischwassers.

Lösung:

$$\vartheta_m = \frac{m_k \cdot \vartheta_k + m_w \cdot \vartheta_w}{m_k + m_w} = \frac{30\ \text{kg} \cdot 12\,°\text{C} + 15\ \text{kg} \cdot 85\,°\text{C}}{30\ \text{kg} + 15\ \text{kg}}$$

$$\vartheta_m = \frac{360\ \text{kg} \cdot °\text{C} + 1275\ \text{kg} \cdot °\text{C}}{45\ \text{kg}} = \mathbf{36{,}3\,°C}$$

$$Q = c \cdot m \cdot \Delta\vartheta$$

$$[Q] = \frac{\text{kJ}}{\text{kg} \cdot \text{K}} \cdot \text{kg} \cdot \text{K} = \text{kJ}$$

Q Wärmemenge, Wärme
c spezifische Wärmekapazität
m Masse
$\Delta\vartheta$ Temperaturänderung

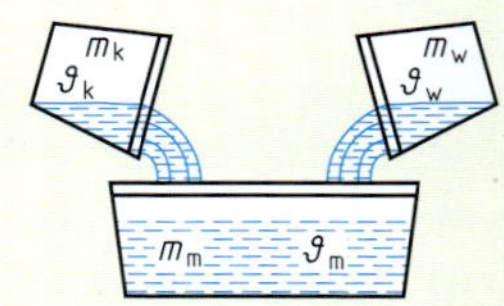

Bild 1: Wassermischung

$$m_m \cdot \vartheta_m = m_k \cdot \vartheta_k + m_w \cdot \vartheta_w$$

$$m_m = m_w + m_k$$

$$\vartheta_m = \frac{m_k \cdot \vartheta_k + m_w \cdot \vartheta_w}{m_k + m_w}$$

m_k Kaltwassermenge
m_w Warmwassermenge
m_m Mischwassermenge
ϑ_k Temperatur des kalten Wassers
ϑ_w Temperatur des warmen Wassers
ϑ_m Mischungstemperatur

Aufgaben zu 3.10.1

1. 300 l Wasser werden von 18 °C auf 85 °C erwärmt. Berechnen Sie die zugeführte Wärmemenge.
2. Zehn Litern Wasser von 15 °C wurde eine Wärmemenge von 3000 kJ zugeführt. Welche Temperatur hat das Wasser nach der Erwärmung?
3. 3000 l Transformatorenöl mit einer Dichte von $\varrho = 0{,}89\ \text{kg/dm}^3$ und einer spezifischen Wärmekapazität $c = 1{,}9\ \text{kJ}/(\text{kg} \cdot \text{K})$ wurden von 15 °C auf 45 °C erwärmt. Welche Wärmemenge wurde zugeführt?
4. Der Speicherkern eines 2,2-kW-Wärmespeichers wiegt 78 kg. Er kann bei 600 °C, nach einer Aufladezeit von 8 Stunden, 54 500 kJ speichern. Die Ausgangstemperatur beträgt dabei 20 °C. Berechnen Sie die spezifische Wärmekapazität des Speicherkerns.
5. Für ein Vollbad werden 80 l Wasser mit 65 °C und 70 l Wasser mit 9 °C gemischt. Berechnen Sie die Mischungstemperatur ϑ_m.
6. Ein medizinisches Bad mit 400 l Wasser soll 37 °C haben. Aus einem Badeboiler fließen 120 l warmes Wasser mit 85 °C zu. Welche Temperatur muss das zufließende Kaltwasser haben?
7. ● Für ein Wannenbad werden 140 l Wasser von 37 °C benötigt. Die Temperatur des Kaltwassers ist 12 °C. Wieviel Liter heißes Wasser von 60 °C werden zur Badbereitung benötigt?

1 kWh erwärmt:

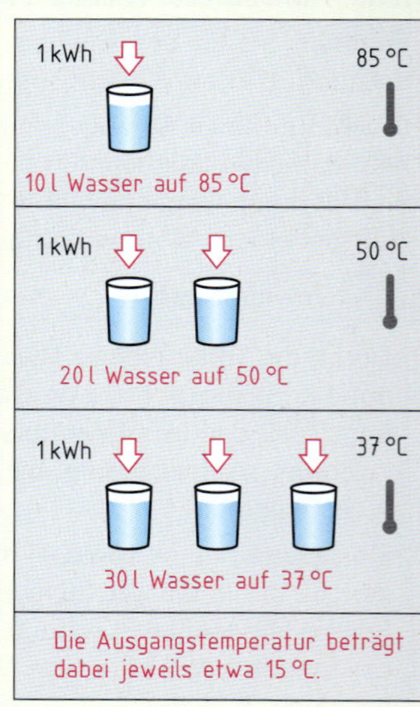

Bild 2: Richtwerte für die Wassermischung

3.10.2 Elektrowärme und Wärmenutzungsgrad

Elektrische Energie kann in Wärmeenergie umgewandelt werden **(Bild)**. Fließt elektrischer Strom durch einen Widerstand, so entsteht Wärme (Stromwärme). Bei der Umwandlung von elektrischer Energie in Nutzwärme entsteht Verlustwärme.

Beispiel:

Bei einem Warmwasserspeicher müssen 160 l Wasser in 30 Minuten von 40 °C auf 55 °C elektrisch nachgeheizt werden. Der Speicher hat einen Wärmenutzungsgrad von $\zeta = 0{,}98$. Berechnen Sie **a)** die Nutzwärme, **b)** die Stromwärme, **c)** die elektrische Arbeit und **d)** die installierte elektrische Leistung der Heizwiderstände.

Lösung:

a) $\Delta\vartheta = \vartheta_2 - \vartheta_1 = 55\,°\text{C} - 40\,°\text{C} = 15\,\text{K}$

$$Q_N = c \cdot m \cdot \Delta\vartheta = 4{,}19\,\frac{\text{kJ}}{\text{kg}\cdot\text{K}} \cdot 160\,\text{kg} \cdot 15\,\text{K} = \mathbf{10\,056\,kJ}$$

b) $\zeta = \frac{Q_N}{Q_S} \Rightarrow Q_S = \frac{Q_N}{\zeta} = \frac{10\,056\,\text{kJ}}{0{,}98} = \mathbf{10\,261\,kJ}$

c) $W = Q_S = 10\,261\,\text{kJ} \cdot \frac{1\,\text{kWh}}{3600\,\text{kJ}} = \mathbf{2{,}85\,kWh}$

d) $W = P \cdot t \Rightarrow P = \frac{W}{t} = \frac{2{,}85\,\text{kWh}}{0{,}5\,\text{h}} = \mathbf{5{,}7\,kW}$

Energieumwandlung

$$\Delta\vartheta = \vartheta_2 - \vartheta_1$$
$$Q_N = c \cdot m \cdot \Delta\vartheta$$
$$W = P \cdot t;$$
$$W = Q_S$$

Umwandlungsverluste

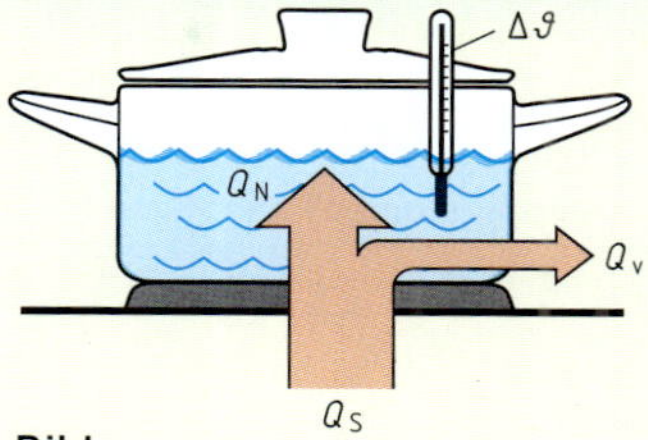

Bild

$$\zeta = \frac{Q_N}{Q_S}$$

$$Q_v = Q_S - Q_N$$

Q_N	Nutzwärme
Q_S	Stromwärme
m	Masse
$\Delta\vartheta$	Temperaturdifferenz
ϑ_1	Anfangstemperatur
ϑ_2	Endtemperatur
c	spezifische Wärmekapazität
ζ*	Wärmenutzungsgrad
W	elektrische Arbeit
P	elektrische Leistung
t	Zeit, Heizzeit

1 V · 1 A · 1 s = 1 VAs = 1 Ws
1 Ws = 1 J
1 kWh = 1000 Wh
1 Wh = 3600 Ws
1 kWh = 3600000 Ws

Aufgaben zu 3.10.2

1. Ein 80-W-Lötkolben ist 20 Minuten eingeschaltet. Berechnen Sie die erzeugte Stromwärme.
2. Eine nicht festgeschraubte Sicherung hat einen Übergangswiderstand von 0,8 Ω. Welche Stromwärme wird an der Übergangsstelle durch einen Strom von 25 A in 15 Minuten entwickelt?
3. Ein elektrischer Durchlauferhitzer soll je Minute 10 l Wasser mit 40 °C liefern. Das Wasser läuft mit 15 °C zu. Der Wärmenutzungsgrad beträgt $\zeta = 0{,}97$. Berechnen Sie **a)** die Leistung des Gerätes und **b)** die notwendige elektrische Arbeit zum Befüllen einer Badewanne mit 200 l Wasser.
4. Auf einer 2,2-kW-Schnellkochplatte werden 2,5 l Wasser in 9 Minuten von 15 °C auf 68 °C erwärmt. Berechnen Sie **a)** die Nutzwärme, **b)** die Stromwärme, **c)** den Wärmenutzungsgrad.
5. Ein 80-l-Warmwasserspeicher hat eine Bemessungsleistung von 6 kW. Die Temperatur des zulaufenden Wassers ist 11 °C. Der Temperaturregler ist auf 52 °C eingestellt. Der Wärmenutzungsgrad beträgt $\zeta = 0{,}97$. Berechnen Sie **a)** die elektrische Arbeit für eine Füllung, **b)** die Aufheizzeit.
6. In einem Schnellkocher 230 V 2 kW werden 1,5 l Wasser von 18 °C in 5 Minuten zum Kochen (100 °C) gebracht. Berechnen Sie **a)** den Betriebswiderstand der Heizwicklung, **b)** die erforderliche Wärmemenge, **c)** den Wärmenutzungsgrad.
7. Auf einer elektrischen Kochplatte sollen in 12,5 Minuten 3 l Wasser von 15 °C auf 98 °C erwärmt werden. Die Kochplatte ist an 230 V angeschlossen, der Wärmenutzungsgrad beträgt 0,7. Berechnen Sie den Betriebswiderstand der Kochplatte.
8. Das 30-l-Warmwassergerät eines Duschbades wird von drei parallel geschalteten Heizwiderständen mit je 52,9 Ω beheizt. Die Heizwiderstände werden 45 min lang an 230 V angeschlossen. Das Wasser hat eine Anfangstemperatur von 12 °C, der Wärmenutzungsgrad beträgt $\zeta = 0{,}83$. Berechnen Sie die Endtemperatur des Wassers.

* ζ: griech. Kleinbuchstabe zeta

3.11 Spannungserzeuger

3.11.1 Galvanische Elemente

Der Spannungsabfall im galvanischen Element ist von der Stromentnahme und vom **Innenwiderstand** abhängig.
Batterien bestehen aus gleichartigen galvanischen Elementen.

Beispiel 1:

Das Alkali-Mangan-Element in einer Taschenlampe hat eine Leerlaufspannung von 1,5 V und einen Innenwiderstand von 0,4 Ω. Das Element wird mit 3,3 Ω belastet. Berechnen Sie **a)** den Laststrom, **b)** die Spannung am Lastwiderstand und **c)** den Kurzschlussstrom.

Lösung:

a) $I = \frac{U_0}{R_i + R_L} = \frac{1{,}5\,\text{V}}{0{,}4\,\Omega + 3{,}3\,\Omega} = \mathbf{0{,}4\,A}$

b) $U = U_0 - I \cdot R_i = 1{,}5\,\text{V} - 0{,}4\,\text{A} \cdot 0{,}4\,\Omega = \mathbf{1{,}34\,V}$

c) $I_k = \frac{U_0}{R_i} = \frac{1{,}5\,\text{V}}{0{,}4\,\Omega} = \mathbf{3{,}75\,A}$

Beispiel 2:

Die Klemmenspannung einer NiMH-Zelle in einem Walkman geht bei Belastung mit 50 mA auf 1,3 V zurück. Die Leerlaufspannung der Zelle beträgt 1,32 V. Berechnen Sie **a)** den Innenwiderstand, **b)** den Lastwiderstand.

Lösung:

a) $U = U_0 - I \cdot R_i \Rightarrow R_i = \frac{U_0 - U}{I} = \frac{1{,}32\,\text{V} - 1{,}3\,\text{V}}{0{,}05\,\text{A}} = \mathbf{0{,}4\,\Omega}$

b) $I = \frac{U_0}{R_i + R_L} \Rightarrow R_L = \frac{U_0}{I} - R_i = \frac{1{,}32\,\text{V}}{0{,}05\,\text{A}} - 0{,}4\,\Omega = \mathbf{26\,\Omega}$

Innenwiderstand einer Spannungsquelle

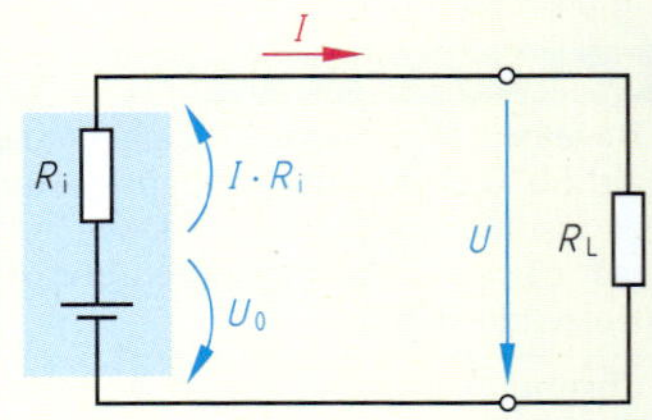

Bild

$$U = U_0 - I \cdot R_i$$

$$R_i = \frac{U_0 - U}{I}$$

$$I = \frac{U_0}{R_i + R_L} \qquad I_k = \frac{U_0}{R_i}$$

U	Klemmenspannung, Arbeitsspannung der Batterie
U_0	Leerlaufspannung
I	Laststrom
R_i	Innenwiderstand
R_L	Lastwiderstand
I_k	Kurzschlussstrom

Aufgaben zu 3.11.1

1. Einer Mignonzelle mit der Leerlaufspannung 1,55 V und dem Innenwiderstand 0,15 Ω wird ein Strom von 40 mA entnommen. Berechnen Sie die Klemmenspannung bei Belastung.
2. Eine Gerätebatterie mit einer Leerlaufspannung von 4,68 V liefert bei Kurzschluss einen Strom von 5 A. Berechnen Sie den Innenwiderstand.
3. Eine Alkali-Mangan-Zelle in einem Haustelefon hat eine Leerlaufspannung von 1,58 V. Bei Kurzschluss fließt ein Strom von 4 A. Berechnen Sie den Innenwiderstand der Zelle.
4. Eine Monozelle hat eine Leerlaufspannung von 1,5 V und einen Innenwiderstand von 130 mΩ. Berechnen Sie den Kurzschlussstrom.
5. An einem Spannungserzeuger wird die Leerlaufspannung von 6,3 V gemessen. Wird er mit $I = 0{,}6$ A belastet, sinkt die Klemmenspannung auf 6,1 V. Berechnen Sie **a)** den Innenwiderstand, **b)** die Klemmenspannung bei Belastung mit 2 A, **c)** den Kurzschlussstrom, **d)** die größtmögliche Leistung, die an einen Verbraucher abgegeben werden kann (Hinweis: wenn $R_L = R_i$ ist).
6. Der Blei-Akkumulator in einem Auto hat im unbelastetem Zustand eine Spannung von 14,2 V. Wird das Lüftungsgebläse auf größter Stufe eingeschaltet, sinkt die Klemmenspannung auf 14,0 V, dabei fließt ein Strom von 7,3 A. Berechnen Sie **a)** den Innenwiderstand, **b)** den Kurzschlussstrom, **c)** die Klemmenspannung und den Entladestrom, wenn zum vorhandenen Lastwiderstand ein zweiter Widerstand mit 0,82 Ω parallel geschaltet wird.
7. ● Durch eine Batterie fließt bei einer Klemmenspannung von 9 V ein Strom von 0,7 A. Bei Kurzschluss fließen 10 A. Berechnen Sie **a)** die Leerlaufspannung, **b)** den Innenwiderstand.

3.11.2 Schaltung von Spannungserzeugern

Es sollen nur Zellen mit gleicher Leerlaufspannung und gleichem Innenwiderstand zusammengeschaltet werden.

Reihenschaltung von Spannungserzeugern

Bei der Reihenschaltung von Spannungserzeugern **(Bild)** addieren sich die Teilspannungen und die Innenwiderstände der einzelnen Zellen.

Beispiel:

In einem Kassettenrekorder sind acht Babyzellen R14 ($U_{01} = 1{,}5\,\text{V}$, $R_{i1} = 0{,}5\,\Omega$) in Reihe geschaltet. Berechnen Sie **a)** die gesamte Leerlaufspannung, **b)** den gesamten Innenwiderstand.

Lösung:

a) $\boldsymbol{U_0} = n \cdot U_{01} = 8 \cdot 1{,}5\,\text{V} = \mathbf{12\,V}$; **b)** $\boldsymbol{R_i} = n \cdot R_{i1} = 8 \cdot 0{,}5\,\Omega = \mathbf{4\,\Omega}$

Reihenschaltung von Spannungserzeugern

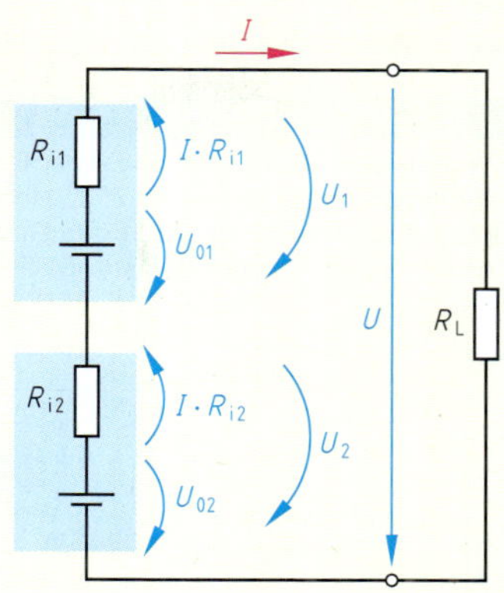

Bild

$$U_0 = U_{01} + U_{02} + \ldots$$
$$R_i = R_{i1} + R_{i2} + \ldots$$
$$U = U_0 - I \cdot R_i$$
$$U = I \cdot R_L$$

Für n gleiche Zellen gilt:

$$U_0 = n \cdot U_{01}$$
$$R_i = n \cdot R_{i1}$$
$$I = \frac{n \cdot U_{01}}{R_L + n \cdot R_{i1}}$$

I	Gesamtstrom
R_i	gesamter Innenwiderstand
R_L	Lastwiderstand
R_{i1}, R_{i2}	Innenwiderstand einer Zelle
U	Klemmenspannung des Spannungserzeugers
U_0	gesamte Leerlaufspannung
U_{01}, U_{02}	Leerlaufspannungen
n	Anzahl gleicher Spannungserzeuger

Aufgaben zur Reihenschaltung von Spannungserzeugern

1. Vier NiMH-Elemente in einem tragbaren Radiogerät sind in Reihe geschaltet. Sie haben eine Leerlaufspannung von je 1,32 V und einen Innenwiderstand von je 300 mΩ. Berechnen Sie **a)** die gesamte Leerlaufspannung, **b)** den gesamten Innenwiderstand.
2. In einem CD-Player sind zwei Li-Ionen-Akkus mit je $U_0 = 3{,}6\,\text{V}$, $R_i = 150\,\text{m}\Omega$ in Reihe geschaltet und mit einem Widerstand von 40 Ω belastet. Berechnen Sie **a)** die Gesamtspannung im Leerlauf, **b)** den gesamten Innenwiderstand, **c)** die Klemmenspannung bei Belastung.
3. Zum Betrieb einer Schaltanlage wird eine Gleichspannung von 220 V benötigt. Die Leerlaufspannung eines jeden Elements nimmt während der Entladung von 2,4 V auf 1,85 V ab. Berechnen Sie die Anzahl der erforderlichen Zellen **a)** zu Beginn der Entladung, **b)** am Ende der Entladung.
4. In einer Uhrenanlage sind 30 Bleiakkumulatorzellen ($U_{01} = 2{,}2\,\text{V}$, $R_{i1} = 0{,}002\,\Omega$) in Reihe geschaltet. Der Lastwiderstand beträgt 6,5 Ω. Berechnen Sie **a)** die Klemmenspannung bei Belastung, **b)** die Stromstärke bei Kurzschluss.
5. Ein Verbraucher mit 24 Ω benötigt einen Strom von 0,4 A. Dazu sollen Elemente mit einer Leerlaufspannung von je 1,5 V und einem Innenwiderstand von 0,3 Ω in Reihe geschaltet werden. Berechnen Sie **a)** die Klemmenspannung, **b)** die Anzahl der erforderlichen Elemente.
6. Die Gleichspannungsquelle einer Ersatzstromversorgung für 24 V besteht aus 20 NiMH-Zellen mit einer Leerlaufspannung von je 1,32 V und einem Innenwiderstand von je 0,03 Ω. An diese können bis zu 30 Notleuchten 24 V, 15 W parallel angeschlossen werden. Berechnen Sie jeweils Stromstärke und Klemmenspannung für die Belastung **a)** mit einer Leuchte, **b)** mit allen Leuchten.
7. In einem Stromkreis mit einem Lastwiderstand von 47 Ω soll ein Strom von 0,35 A fließen. **a)** Wie viel Zellen mit einer Leerlaufspannung von 1,56 V und einem Innenwiderstand von 1,1 Ω sind dazu in Reihe zu schalten? **b)** Wie groß ist die Stromstärke, wenn durch Alterung die Leerlaufspannung der Zellen auf 1,25 V abfällt und der Innenwiderstand auf 1,35 Ω ansteigt?

Parallelschaltung von Spannungserzeugern

Bei der Parallelschaltung von Spannungserzeugern **(Bild 1)** addieren sich die Ströme. Bei ungleichen Leerlaufspannungen fließen zwischen den Spannungserzeugern Ausgleichsströme.

Beispiel 1:

Vier gleiche Monozellen mit einer Leerlaufspannung von je 1,54 V und einem Innenwiderstand von je 0,22 Ω sind parallel geschaltet. Der Lastwiderstand hat 4,5 Ω. Berechnen Sie **a)** den Gesamtstrom, **b)** den Teilstrom in einer Zelle, **c)** die Spannung bei Belastung.

Lösung:

a) $R_i = \frac{R_{i1}}{n} = \frac{0{,}22\ \Omega}{4} = 0{,}055\ \Omega$

$R = R_i + R_L = 0{,}055\ \Omega + 4{,}5\ \Omega = 4{,}555\ \Omega;\quad I = \frac{U_0}{R} = \frac{1{,}54\ \text{V}}{4{,}56\ \Omega} = \mathbf{0{,}338\ A}$

b) $\boldsymbol{I_1} = \frac{I}{n} = \frac{0{,}338\ \text{A}}{4} = \mathbf{0{,}0845\ A}$

c) $\boldsymbol{U} = U_0 - I \cdot R_i = 1{,}54\ \text{V} - 0{,}338\ \text{A} \cdot 0{,}055\ \Omega = \mathbf{1{,}52\ V}$

Beispiel 2:

Zwei Gleichstromgeneratoren **(Bild 2)** sollen an eine 220-V-Sammelschiene Leistung abgeben. Berechnen Sie **a)** die Leerlaufspannungen U_{01} und U_{02}, auf welche die Generatoren einzustellen sind, **b)** den Ausgleichsstrom I, wenn die Generatoren vom Netz getrennt sind (Q_1 geöffnet).

Lösung:

a) $\boldsymbol{U_{01}} = U + I_1 \cdot R_{i1} = 220\ \text{V} + 150\ \text{A} \cdot 0{,}07\ \Omega = 220\ \text{V} + 10{,}5\ \text{V} = \mathbf{230{,}5\ V}$

$\boldsymbol{U_{02}} = U + I_2 \cdot R_{i2} = 220\ \text{V} + 90\ \text{A} \cdot 0{,}1\ \Omega = 220\ \text{V} + 9\ \text{V} = \mathbf{229\ V}$

b) $\Delta U = 230{,}5\ \text{V} - 229\ \text{V} = 1{,}5\ \text{V};\quad \boldsymbol{I} = \frac{\Delta U}{R_{i1} + R_{i2}} = \frac{1{,}5\ \text{V}}{0{,}07\ \Omega + 0{,}1\ \Omega} = \mathbf{8{,}82\ A}$

Parallelschaltung von Spannungserzeugern

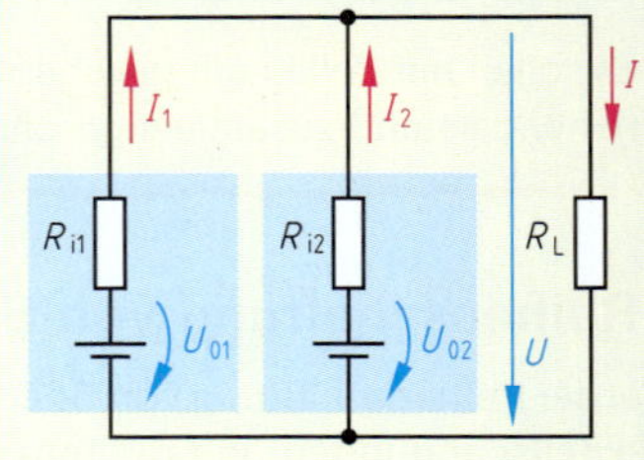

Bild 1

$$I = I_1 + I_2 + \ldots$$

$$I_1 = \frac{I}{n}$$

$$R_i = \frac{R_{i1}}{n}$$

I	Gesamtstrom
I_1, I_2	Einzelströme
R_i	gesamter Innenwiderstand
R_{i1}	Innenwiderstand eines Elements
n	Anzahl gleicher Spannungserzeuger

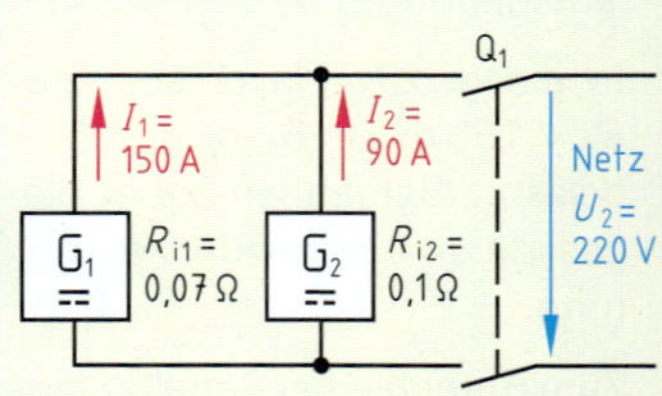

Bild 2: Parallelschaltung von Generatoren

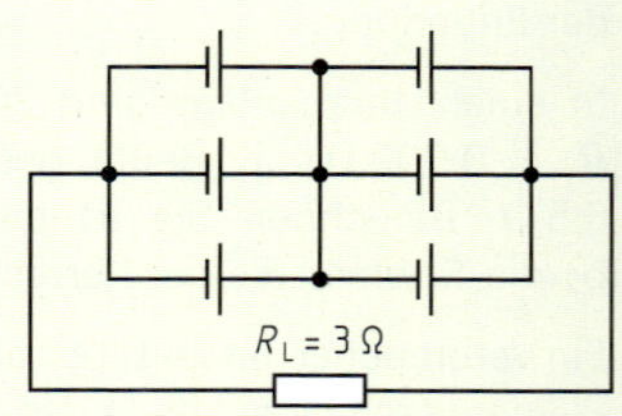

Bild 3: Schaltung von Spannungserzeugern

Aufgaben zur Parallelschaltung von Spannungserzeugern

1. An eine Parallelschaltung aus 5 gleichen Mignonzellen ($U_{01} = 1{,}5$ V) mit einem Innenwiderstand von je 0,3 Ω wird ein Lastwiderstand von 0,8 Ω angeschlossen. Berechnen Sie **a)** den Gesamtstrom, **b)** die Klemmenspannung U bei Belastung.

2. Zwölf Bleiakkumulatorenzellen mit einer Leerlaufspannung von je 2,1 V und einem Innenwiderstand von je 25 mΩ sind parallel geschaltet. Berechnen Sie **a)** die Stromstärke bei Belastung mit 1,2 Ω, **b)** den theoretischen Wert des Kurzschlussstromes.

3. Die Leerlaufspannung einer Monozelle beträgt 1,5 V und der Innenwiderstand 0,5 Ω. Der Lastwiderstand beträgt 0,25 Ω. Berechnen Sie die erforderliche Anzahl derartiger parallel geschalteter Elemente, wenn ein Laststrom von 4 A fließen soll.

4. Sechs gleiche Elemente sind nach **Bild 3** geschaltet. $U_{01} = 1{,}55$ V, $R_{i1} = 0{,}8\ \Omega$. Berechnen Sie **a)** die gesamte Leerlaufspannung, **b)** den Gesamtstrom, **c)** die Gesamtspannung an den Klemmen.

5. Zwei Gleichstromgeneratoren mit den Innenwiderständen $R_{i1} = 0{,}12\ \Omega$ und $R_{i2} = 0{,}09\ \Omega$ liefern an eine 440-V-Sammelschiene die Ströme $I_1 = 80$ A und $I_2 = 130$ A. **a)** Welche Leerlaufspannungen haben die beiden Generatoren? **b)** Wie groß ist der Ausgleichsstrom, wenn die Generatoren vom Netz getrennt sind (**Bild 2**, Q_1 geöffnet)?

6. Drei Gleichspannungsgeneratoren mit den Innenwiderständen $R_{i1} = 0{,}08\ \Omega$, $R_{i2} = 0{,}09\ \Omega$ und $R_{i3} = 0{,}06\ \Omega$ und den Strömen $I_1 = 130$ A, $I_2 = 210$ A und $I_3 = 180$ A speisen ein 220-V-Netz. Berechnen Sie die Leerlaufspannungen der drei Generatoren.

3.11.3 Anpassung

Man unterscheidet **Leistungsanpassung**, **Spannungsanpassung** und **Stromanpassung**. Bei der Leistungsanpassung ist der Lastwiderstand R_L gleich dem Innenwiderstand R_i des Spannungserzeugers **(Bild 1)**.

Bei Leistungsanpassung ist $\eta = 50\%$

Beispiel:

An einen Verstärker ist ein Lautsprecher mit einem Widerstand von $R_L = 4\,\Omega$ angeschlossen **(Bild 2)**. Die Spannung U beträgt 17,9 V. Berechnen Sie für Leistungsanpassung **a)** die Leerlaufspannung U_0, **b)** den Strom bei Belastung und **c)** die abgegebene Leistung.

Lösung:

a) $R_L = R_i = 4\,\Omega$; $U_0 = 2 \cdot U = 2 \cdot 17{,}9\,\text{V} = \mathbf{35{,}8\,V}$

b) $I = \dfrac{U_0}{R_i + R_L} = \dfrac{35{,}8\,\text{V}}{4\,\Omega + 4\,\Omega} = \mathbf{4{,}48\,A}$

c) $P = U \cdot I = 17{,}9\,\text{V} \cdot 4{,}48\,\text{A} = \mathbf{80\,W}$

Aufgaben zu 3.11.3

1. An einem Verstärker ist bei Leistungsanpassung ein Lautsprecher mit einem Widerstand von 8 Ω angeschlossen **(Bild 2)**. Berechnen Sie für die Lastspannung $U = 6$ V **a)** die Stromstärke, **b)** die abgegebene Leistung P_{max}, **c)** die Leerlaufspannung, **d)** den Kurzschlussstrom.
2. An eine Spannungsquelle mit $U_0 = 230$ V und $R_i = 0{,}5\,\Omega$ ist eine Last angeschlossen, die zwischen 120 Ω und 150 Ω schwankt. Berechnen Sie **a)** die jeweiligen Klemmenspannungen für die beiden Belastungsfälle. **b)** Vergleichen Sie die beiden Werte. **c)** Welche Anpassungsart liegt vor?
3. Vier Lautsprecher sind nach **Bild 3** geschaltet und an einen Verstärker leistungsangepasst angeschlossen. $R_{L1} = R_{L2} = 4\,\Omega$, $R_{L3} = 8\,\Omega$, $R_{L4} = 16\,\Omega$. Berechnen Sie **a)** den Gesamtstrom, **b)** die Leistungsabgabe des Verstärkers und die Leistungen der einzelnen Lautsprecher.
4. Ein Schweißtransformator hat eine Leerlaufspannung von 70 V. Beim Schweißen mit 150 A beträgt die Arbeitsspannung 12 V. Welche Anpassungsart liegt vor?
5. Ein Akkumulator 12 V 36 Ah mit einem angenommenen konstanten Innenwiderstand von 40 mΩ soll mit 18 A schnellgeladen werden. Das Ladegerät hat eine Leerlaufspannung von 15,2 V. **a)** Welchen Innenwiderstand besitzt das Ladegerät? **b)** Welcher Anpassungsfall liegt vor?
6. Ein Mikrofon mit dem Innenwiderstand 300 Ω ist an einen Verstärker mit dem Innenwiderstand 910 Ω angeschlossen. Wie groß sind bei einer Leerlaufspannung von 210 mV des Mikrofons **a)** die Eingangsspannung des Verstärkers, **b)** die maximale Verlustleistung des Mikrofons, **c)** die wirkliche Verlustleistung des Mikrofons?
7. An ein Ladegerät mit einer Leerlaufspannung von 12 V und einem Innenwiderstand von 200 Ω werden nacheinander Akkus mit R_i von je 2 Ω zum Laden angeschlossen. Berechnen Sie die jeweiligen Ströme für **a)** einen Akku, **b)** 2 Akkus in Reihe. **c)** Vergleichen Sie die Ströme.

Anpassungsarten

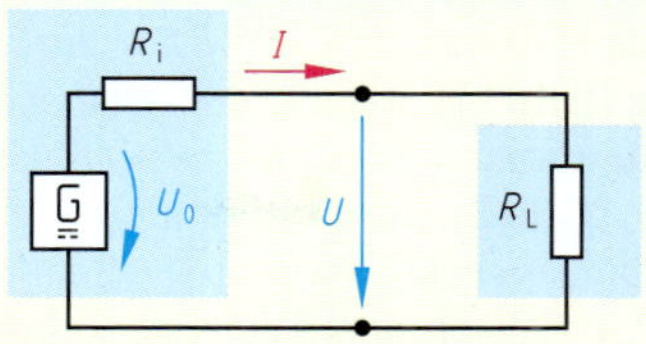

Bild 1: Stromquelle mit Lastwiderstand

$$I = \frac{U_0}{R_i + R_L} \qquad I_k = \frac{U_0}{R_i}$$

Leistungsanpassung:

$$R_L = R_i \qquad U = 0{,}5 \cdot U_0$$

$$P_{max} = \frac{U_0^2}{4 \cdot R_i}$$

Stromanpassung: $R_L \ll R_i$

Spannungsanpassung: $R_L \gg R_i$

R_L	Lastwiderstand
R_i	Innenwiderstand
U	Spannung bei Belastung
U_0	Leerlaufspannung
I	Strom
P_{max}	größte Leistung an R_L
I_k	Kurzschlussstrom

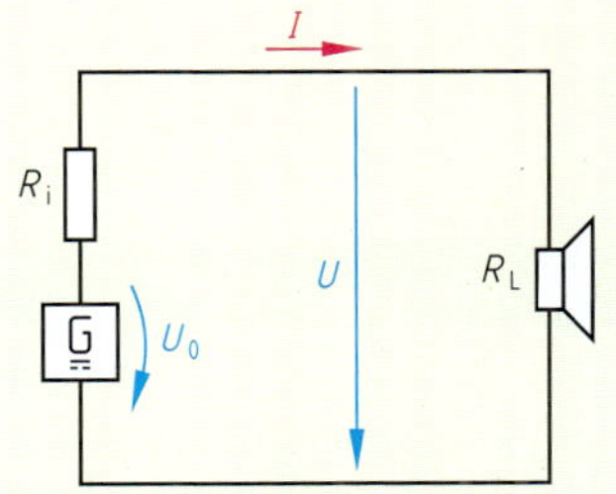

Bild 2: Leistungsanpassung

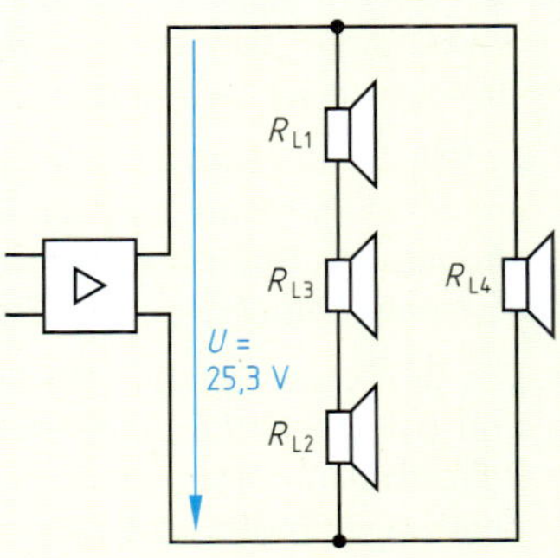

Bild 3: Lautsprechergruppe

3.11.4 Ersatzquellen

Ein Netzwerk (z. B. **Bild 1**) kann man auf eine **Ersatzspannungsquelle (Bild 2)** zurückführen. Das ist eine Reihenschaltung aus einem Spannungserzeuger mit der Leerlaufspannung U_{20} und dem Innenwiderstand R_i **(Bild 2)**. Zur Bestimmung von U_{20} und R_i nimmt man den Lastwiderstand weg. U_{20} ist dann die Spannung an den Klemmen des Netzwerkes. R_i ist gleich dem Widerstand des Netzwerkes zwischen den Klemmen A und B, bei kurzgeschlossenem Spannungserzeuger.

Beispiel 1:

Berechnen Sie in der Ersatzspannungsquelle **(Bild 2)** für den Spannungsteiler **(Bild 1)** mit $R_1 = 1{,}2\,\text{k}\Omega$, $R_2 = 6{,}8\,\text{k}\Omega$ und $U_b = 12\,\text{V}$
a) die Ersatzspannung, **b)** den Ersatzinnenwiderstand.

Lösung:

a) $\boldsymbol{U_{20}} = U_b \cdot \dfrac{R_2}{R_1 + R_2} = 12\,\text{V} \cdot \dfrac{6{,}8\,\text{k}\Omega}{1{,}2\,\text{k}\Omega + 6{,}8\,\text{k}\Omega} = \mathbf{10{,}2\,V}$

b) $\boldsymbol{R_i} = \dfrac{R_1 \cdot R_2}{R_1 + R_2} = \dfrac{1{,}2\,\text{k}\Omega \cdot 6{,}8\,\text{k}\Omega}{1{,}2\,\text{k}\Omega + 6{,}8\,\text{k}\Omega} = \mathbf{1{,}02\,k\Omega}$

Bei der **Ersatzstromquelle (Bild 3)** fließt der Ersatzstrom I in die Parallelschaltung aus Ersatzinnenwiderstand R_i und Lastwiderstand R_L. Zur Berechnung des Ersatzstromes I denkt man sich die Ausgangsklemmen A und B **(Bild 1)** kurzgeschlossen.

Beispiel 2:

Berechnen Sie in der Ersatzstromquelle **(Bild 3)** für den Spannungsteiler **(Bild 1)** mit $R_1 = 47\,\Omega$, $R_2 = 27\,\Omega$ und $U_b = 12\,\text{V}$ **a)** den Ersatzstrom I, **b)** den Laststrom I_L für einen Lastwiderstand von $R_L = 15\,\Omega$.

Lösung:

a) $\boldsymbol{I} = \dfrac{U_b}{R_1} = \dfrac{12\,\text{V}}{47\,\Omega} = \mathbf{0{,}255\,A}$; **b)** $R_i = \dfrac{R_1 \cdot R_2}{R_1 + R_2} = \dfrac{47\,\Omega \cdot 27\,\Omega}{47\,\Omega + 27\,\Omega} = 17{,}1\,\Omega$

$\boldsymbol{I_L} = I \cdot \dfrac{R_i}{R_i + R_L} = 0{,}255\,\text{A} \cdot \dfrac{17{,}1\,\Omega}{17{,}1\,\Omega + 15\,\Omega} = \mathbf{0{,}136\,A}$

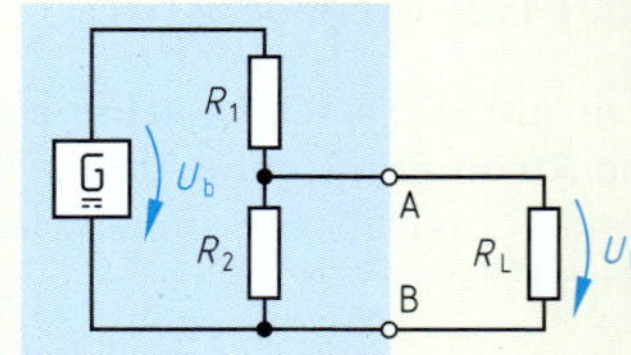

Bild 1: Spannungsteiler

$$U_{20} = \frac{R_2}{R_1 + R_2} \cdot U_b$$

$$R_i = \frac{R_1 \cdot R_2}{R_1 + R_2}$$

U_{20}	Ersatzspannung
U_b	Betriebsspannung
R_i	Ersatzinnenwiderstand
R_1, R_2	Teilwiderstände

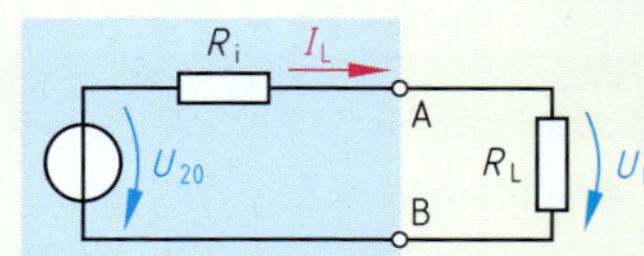

Bild 2: Ersatzspannungsquelle

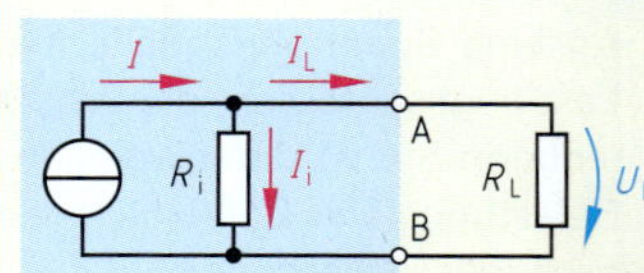

Bild 3: Ersatzstromquelle

$$\frac{I_L}{I} = \frac{R_i}{R_i + R_L}$$

R_L	Lastwiderstand
I	Ersatzstrom
I_L	Laststrom

Aufgaben zu 3.11.4

1. Der Spannungsteiler **(Bild 1)** mit $R_1 = 100\,\Omega$, $R_2 = 270\,\Omega$ ist mit $R_L = 47\,\Omega$ belastet. Die Spannung U_b beträgt 9 V. Berechnen Sie für die Ersatzspannungsquelle **(Bild 2) a)** den Ersatzinnenwiderstand R_i, **b)** die Ersatzspannung U_{20}, **c)** die Lastspannung U_L.

2. Der Spannungsteiler **(Bild 1)** besteht aus $R_1 = 15\,\text{k}\Omega$ und $R_2 = 3{,}3\,\text{k}\Omega$. An R_2 liegt die Spannung 1,5 V. Gesucht sind für die Ersatzstromquelle **a)** Ersatzstrom I, **b)** Laststrom I_L bei $R_L = 270\,\Omega$.

3. In Schaltung **(Bild 4)** ist R_3 der Leitungswiderstand. Zeichnen Sie entsprechend **Bild 2 a)** die Ersatzspannungsquelle, **b)** die Ersatzstromquelle. Berechnen Sie für die Ersatzspannungsquelle **c)** die Ersatzspannung U_{20}, **d)** den Ersatzinnenwiderstand R_i.

4. Die Brückenschaltung **(Bild 5)** liegt an 12 V. An den Klemmen A und B liegt der Lastwiderstand $R_L = 120\,\Omega$. Die Schaltung soll in 2 Ersatzspannungsquellen umgewandelt werden, die über R_L miteinander verbunden sind. Berechnen Sie jeweils die Ersatzspannungsquelle **a)** für R_1 R_3 mit U_{01} und R_{i1}, **b)** für R_2 R_4 mit U_{03} und R_{i3}, **c)** Berechnen Sie I_L und U_L.

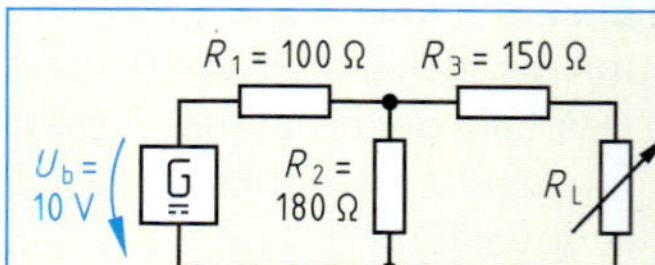

Bild 4: Netzwerk

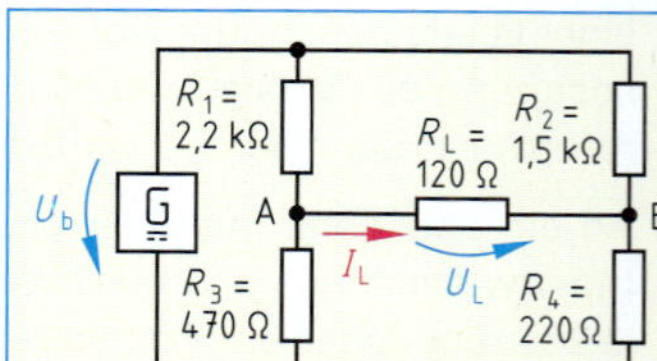

Bild 5: Brückenschaltung

3.11.5 Laden und Entladen von Akkumulatoren

Akkumulatoren (**Bild 1**) werden überall dort eingesetzt, wo Batterien unwirtschaftlich sind. Die Bemessungsspannung und Lademethode der Akku-Typen, z. B. Bleiakku (Pb), Nickel-Metallhydrid-Akku (NiMH) und Lithium-Ionen-Akku (Li-Ion) sind sehr unterschiedlich. Akkus haben eine Bemessungskapazität K_N und werden bei Normalladung mit 0,1 C geladen. Dies ist bei einer Bemessungskapazität von $K_N = 1000\,mAh$ (1 Ah) ein Ladestrom von $1000\,mA \cdot 0{,}1 = 100\,mA$. Ein vollständig entladener Akku ist unter Berücksichtigung des Ladefaktors $a = 1{,}4$ dann nach 14 Stunden vollgeladen. Bei der Schnellladung können z. B. NiMH-Akkus mit bis zu 1 C geladen werden.

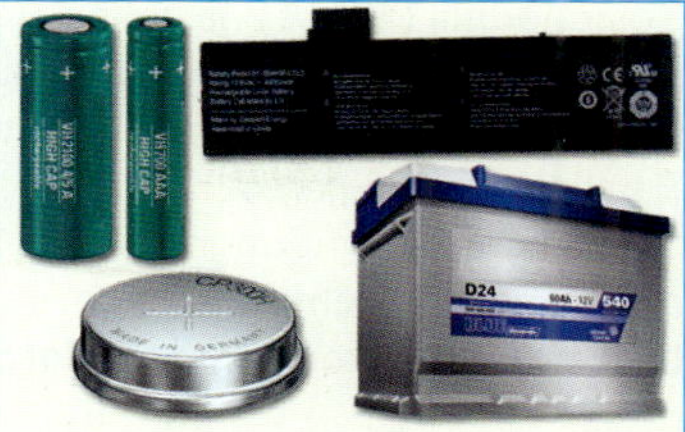

Bild 1: Verschiedene Akkumulatoren

Die Laderate C ist der auf die Bemessungskapazität K_N des Akkus bezogene Lade- oder Entladestrom. Bei einer Laderate von 0,1 C wird ein Akku in zehn Stunden aufgeladen.
Der Ladefaktor a beträgt bei:
- NiMH-Akkus ca. 1,4
- Bleiakkus ca. 1,2
- Li-Ionen-Akkus ca. 1,04

$$K_L = I_L \cdot t_L; \quad K_E = I_E \cdot t_E$$

$$t_L = a \cdot \frac{K_N}{I_L}; \quad t_E = \frac{K_N}{I_E}$$

$$[K_N] = A \cdot h = Ah$$

$$W_E = U_E \cdot I_E \cdot t_E$$

$$W_L = U_L \cdot I_L \cdot t_L$$

$$\xi_{Ah} = \frac{K_E}{K_L}; \quad \xi_{Wh} = \frac{W_E}{W_L}; \quad a = \frac{K_L}{K_E}$$

K_L Ladekapazität
I_L mittlerer Ladestrom
t_L Ladezeit
K_E Entladekapazität
I_E mittlerer Entladestrom
t_E Entladezeit
K_N Bemessungskapazität (Ladungsmenge die der Akku maximal speichern kann)
a Ladefaktor
W_E abgegebene elektrische Arbeit
U_E mittlere Entladespannung
W_L zugeführte elektrische Arbeit
U_L mittlere Ladespannung
ξ_{Ah} Ladungsnutzungsgrad
ξ_{Wh} Energienutzungsgrad

Beispiel:

Ein 12-V-Bleiakkumulator hat bei einer mittleren Entladespannung von 12,35 V einen mittleren Entladestrom von 11,5 A. Der Akku muss 6 Stunden mit einem gleich großen Strom geladen werden. Die mittlere Ladespannung beträgt dabei 14,4 V. Berechnen Sie **a)** die Entladekapazität bei 5-stündiger Entladung, **b)** die Ladekapazität, **c)** den Ladungsnutzungsgrad, **d)** den Ladefaktor, **e)** die abgegebene elektrische Arbeit, **f)** die zugeführte elektrische Arbeit und **g)** den Energienutzungsgrad.

Lösung:

a) $K_E = I_E \cdot t_E = 11{,}5\,A \cdot 5\,h = \mathbf{57{,}5\,Ah}$; **b)** $K_L = I_L \cdot t_L = 11{,}5\,A \cdot 6\,h = \mathbf{69\,Ah}$

c) $\xi_{Ah} = \frac{K_E}{K_L} = \frac{57{,}5\,Ah}{69\,Ah} = \mathbf{0{,}833}$; **d)** $a = \frac{K_L}{K_E} = \frac{69\,Ah}{57{,}5\,Ah} = \mathbf{1{,}2}$

e) $W_E = U_E \cdot I_E \cdot t_E = 12{,}35\,V \cdot 11{,}5\,A \cdot 5\,h = \mathbf{710{,}1\,Wh}$

f) $W_L = U_L \cdot I_L \cdot t_L = 14{,}4\,V \cdot 11{,}5\,A \cdot 6\,h = \mathbf{993{,}6\,Wh}$

g) $\xi_{Wh} = \frac{W_E}{W_L} = \frac{710{,}1\,Wh}{993{,}6\,Wh} = \mathbf{0{,}71}$

Aufgaben zu 3.11.5

1. Der 6-V-Bleiakku einer Stromversorgung hat eine Bemessungskapazität von 10 Ah. Die mittlere Ladespannung beträgt 7,05 V, der mittlere Ladestrom 1 A. Beim Entladen des Akkus beträgt die mittlere Entladespannung 6,3 V, der mittlere Entladestrom 2,5 A. Der Ladefaktor beträgt 1,2. Berechnen Sie **a)** die Ladezeit, **b)** die Entladezeit, **c)** die Ladekapazität, **d)** die Entladekapazität, **e)** den Ladungsnutzungsgrad, **f)** die abgegebene elektrische Arbeit, **g)** die zugeführte elektrische Arbeit und **h)** den Energienutzungsgrad.

2. Ein Bleiakkumulator mit der Bemessungskapazität von 19,5 Ah speist im Betrieb ein Netzausfallrelais mit 60 mA. Nach welcher Zeit muss der Akku aufgeladen werden, wenn er höchstens zu 80% entladen werden soll?

3. Ein vollständig entladener 6-zelliger NiMH-Akku eines Elektromodellautos mit einer Bemessungskapazität von $K_N = 2000\,mAh$ wird mit 0,5 C geladen und anschließend mit 10 C entladen. **a)** Wie groß muss der Ladestrom gewählt werden? **b)** Ermitteln Sie bei einem Ladefaktor $a = 1{,}4$ die Ladezeit und **c)** den Entladestrom? **d)** Wie lange dauert es, bis der Akku vollständig entladen ist? **e)** Berechnen Sie den Ladungsnutzungsgrad.

4. Ein Lithium-Ionen-Akku eines Notebook hat die Bemessungsdaten $U_N = 14{,}8\,V$, $K_N = 6600\,mAh$. Der vollständig entladene Akku soll mit einer Laderate von 1 C geladen werden. Die Entladerate im Betrieb beträgt 0,2 C. Die mittlere Ladespannung ist 16,8 V, die mittlere Entladespannung ist 15,6 V. Berechnen Sie **a)** die Aufladezeit, **b)** die Entladezeit und **c)** den Ladungsnutzungsgrad.

3 Elektrotechnische Grundlagen

3.11.6 Fotovoltaik und Solarmodul

Solarmodule **(Bild 1)** bestehen aus mehreren zusammengeschalteten Solarzellen. Bei der Reihenschaltung addieren sich die Zellenspannungen, z. B. durch Parallelschaltung erreicht man höhere Ströme. Unter Standardtestbedingungen (STC*) wird das Modul mit einer Beleuchtungsstärke von $E = 1000\,W/m^2$ bestrahlt. Dann kann dem Modul die größte Leistung P_{MPP}** entnommen werden. Bei geringerer Einstrahlung reduzieren sich Strom, Spannung und Leistung **(Bild 2)**.

> Bei klarem Himmel und senkrechter Sonneneinstrahlung beträgt die Beleuchtungsstärke in Deutschland etwa $E = 1000\,W/m^2$.

Soll das Solarmodul die maximale Leistung abgeben, ist der Verbraucher an den Arbeitspunkt (MPP-Linie in **Bild 2**) anzupassen. Steigt die Zellentemperatur des Solarmoduls, sinkt die Spannung U_0 um den Wert α_U, der Strom I_K steigt um den Wert α_I. Dadurch sinkt die abgegebene Leistung des Moduls. Der Füllfaktor *FF* **(Bild, Seite 71)** ist das Verhältnis der blau unterlegten Fläche (P_{MPP}) zur gelb unterlegten Fläche (P_{FF}) und ist ein Maß für die Güte des Moduls.

Beispiel 1:

Das Solarmodul **(Bild 1)** hat Kennlinien nach **Bild 2**. **a)** Bestimmen Sie bei einer Beleuchtungsstärke von $E = 800\,W/m^2$ die Werte U_{MPP}, I_{MPP}, U_0 und I_K. Berechnen Sie **b)** die größte Leistung im Arbeitspunkt, **c)** die Bestrahlungsleistung P_{st}, **d)** den Wirkungsgrad η_{MPP} und **e)** den Füllfaktor *FF* des Solarmoduls.

Lösung:

a) Aus Bild 2: $U_{MPP} = 17{,}7\,V$; $I_{MPP} = 3{,}75\,A$
$U_0 = 22{,}5\,V$; $I_K = 4{,}3\,A$

b) $P_{MPP} = U_{MPP} \cdot I_{MPP} = 17{,}7\,V \cdot 3{,}75\,A = 66{,}37\,W$

c) $P_{st} = E \cdot A = 800\,\frac{W}{m^2} \cdot 0{,}98\,m^2 = 784\,W$

d) $\eta_{MPP} = \frac{P_{MPP}}{P_{st}} = \frac{66{,}37\,W}{784\,W} = 0{,}085 = 8{,}5\,\%$

e) $FF = \frac{P_{MPP}}{U_0 \cdot I_K} = \frac{66{,}37\,VA}{22{,}5\,V \cdot 4{,}3\,A} = 0{,}68$

Aufgaben zu 3.11.6

1. Das Solarmodul **(Bild 1)** wird bei klarem Himmel mit einer Beleuchtungsstärke von $E = 1000\,W/m^2$ und bei Bewölkung mit $E = 400\,W/m^2$ angestrahlt. Berechnen Sie für beide Betriebsbedingungen mithilfe der Kennlinien **(Bild 2) a)** die Leistung im Arbeitspunkt P_{MPP}, **b)** die Bestrahlungsleistung P_{st}, **c)** den Wirkungsgrad η_{MPP} und **d)** den Füllfaktor *FF*.

Bild 1: Solarmodul mit 36 Zellen und einer Fläche $A = 0{,}98\,m^2$

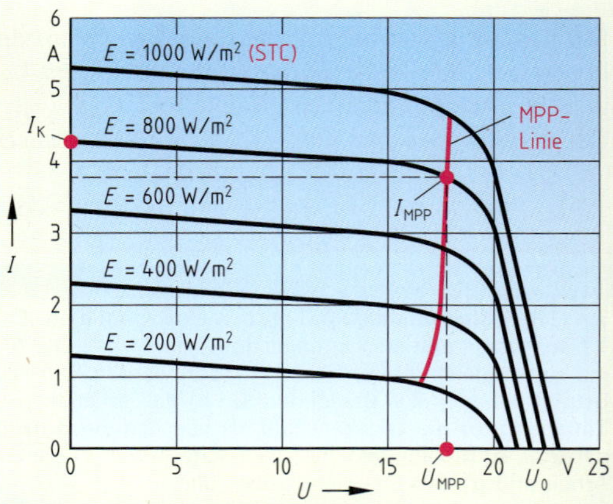

Bild 2: Kennlinie des Solarmoduls

$$P_{MPP} = U_{MPP} \cdot I_{MPP}; \quad P_{st} = E \cdot A; \quad P_{FF} = U_0 \cdot I_K$$

$$\eta_{MPP} = \frac{P_{MPP}}{P_{st}}; \quad R_i = \frac{\Delta U}{\Delta I}; \quad T = \left(273{,}15 + \frac{\vartheta}{°C}\right) K$$

$$FF = \frac{P_{MPP}}{U_0 \cdot I_K} = \frac{U_{MPP} \cdot I_{MPP}}{U_0 \cdot I_K}$$

$$U_{0\vartheta} = U_0 + \alpha_U \cdot \Delta T; \quad I_{K\vartheta} = I_K + \alpha_I \cdot \Delta T;$$

$$P_{MPP\vartheta} = P_{MPP} + \alpha_P \cdot \Delta T; \quad P_{FF\vartheta} = U_{0\vartheta} \cdot I_{K\vartheta}$$

P_{MPP}	größte Leistung im Leistungspunkt
U_{MPP}	Spannung im Leistungspunkt
I_{MPP}	Strom im Leistungspunkt
P_{st}	Bestrahlungsleistung
E	Beleuchtungsstärke ($[E] = W/m^2$) (Einstrahlung)
A	wirksame Solarfläche
P_{FF}	größtmögliche Leistung (bei $FF = 1$)
U_0	Leerlaufspannung
I_K	Kurzschlussstrom
η_{MPP}	Wirkungsgrad im Leistungspunkt
FF	Füllfaktor
ΔT	Temperaturdifferenz in K
T	Temperatur in K
ϑ	Temperatur in °C
α_U	Temperaturkoeffizient Spannung
α_I	Temperaturkoeffizient Strom
α_P	Temperaturkoeffizient Leistung

* STC, Abk. für Standard Test Condition (engl.) = übliche Test Kondition; (bei $E = 1000\,W/m^2$ und $\vartheta = 25\,°C$)
** MPP, Abk. für: Maximum Power Point (engl.) = Punkt größter Leistungsabgabe

Beispiel 2:

Berechnen Sie mit den Daten der **Tabelle 1** **a)** den Füllfaktor des Solarmoduls, **b)** die theoretisch größtmögliche Leistung P_{FF} bei STC, **c)** die Leistung $P_{FF\vartheta}$ bei einer Betriebstemperatur von 50 °C und **d)** die Leistung $P_{MPP\vartheta}$ im Arbeitspunkt (MPP).

Lösung:

a) $\mathbf{FF} = \dfrac{U_{MPP} \cdot I_{MPP}}{U_0 \cdot I_K} = \dfrac{35{,}1\,\text{V} \cdot 4{,}70\,\text{A}}{43{,}6\,\text{V} \cdot 5{,}27\,\text{A}} = \mathbf{0{,}72}$

b) $\mathbf{P_{FF}} = U_0 \cdot I_K = 43{,}6\,\text{V} \cdot 5{,}27\,\text{A} = \mathbf{229{,}8\,W}$

c) $T_1 = \left(273{,}15 + \dfrac{\vartheta}{°\text{C}}\right)\text{K} = (273{,}15 + 50)\,\text{K} = 323{,}15\,\text{K}$

$T_2 = \left(273{,}15 + \dfrac{\vartheta}{°\text{C}}\right)\text{K} = (273{,}15 + 25)\,\text{K} = 298{,}15\,\text{K}$

$\Delta T = T_1 - T_2 = 323{,}15\,\text{K} - 298{,}15\,\text{K} = 25\,\text{K}$

$I_{K\vartheta} = I_K + \alpha_i \cdot \Delta T = 5{,}27\,\text{A} + \left(5\,\dfrac{\text{mA}}{\text{K}} \cdot 25\,\text{K}\right) = 5{,}4\,\text{A}$

$U_{0\vartheta} = U_0 + \alpha_U \cdot \Delta T = 43{,}6\text{V} + \left(-160\,\dfrac{\text{mV}}{\text{K}} \cdot 25\,\text{K}\right)$
$= 39{,}6\,\text{V}$

$\mathbf{P_{FF\vartheta}} = U_{0\vartheta} \cdot I_{K\vartheta} = 39{,}6\,\text{V} \cdot 5{,}4\,\text{A} = \mathbf{213{,}84\,W}$

d) $P_{MPP} = U_{MPP} \cdot I_{MPP} = 35{,}1\,\text{V} \cdot 4{,}7\,\text{A} = 164{,}97\,\text{W}$

$\mathbf{P_{MPP\vartheta}} = P_{MPP} + \alpha_P \cdot \Delta T$
$= 164{,}97\,\text{W} + \left(-777\,\dfrac{\text{mW}}{\text{K}} \cdot 25\,\text{K}\right) = \mathbf{145{,}55\,W}$

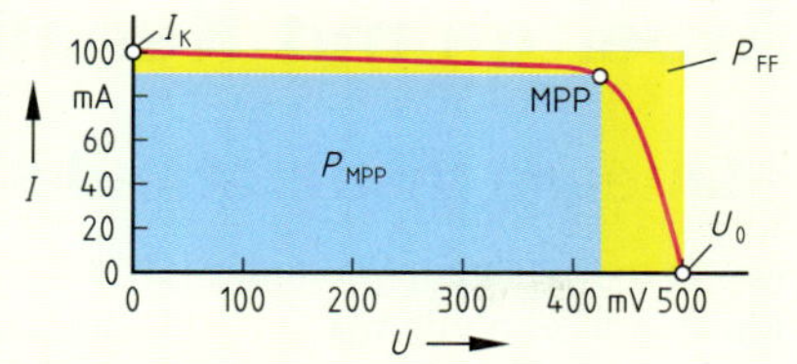

Bild: Diagramm für den Füllfaktor

Tabelle 1: Kennwerte eines Solarmoduls bei STC und bei $\vartheta = 25\,°\text{C}$

U_{MPP}	35,1 V
U_0	43,6 V
I_{MPP}	4,70 A
I_K	5,27 A
α_U	−160 mV/K
α_i	5 mA/K
α_P	−777 mW/K

Tabelle 2: Strom-, Spannungswerte eines Solarmoduls

$E = 1000\,\text{W/m}^2$, $\vartheta = 25\,°\text{C}$								
U in V	0	10	20	30	35	37	40	43
I in A	5,3	5,2	5,1	5,0	4,7	4,5	3,8	0
$E = 500\,\text{W/m}^2$, $\vartheta = 25\,°\text{C}$								
U in V	0	10	20	30	35	37	40	43
I in A	2,5	2,4	2,3	2,2	2,15	2,1	1,9	0

Tabelle 3: Elektrische Daten eines Solarmoduls

Kennwerte	bei $E = 1000\,\text{W/m}^2$, $\vartheta = 25\,°\text{C}$	bei $E = 800\,\text{W/m}^2$, $\vartheta = 25\,°\text{C}$
U_{MPP}	17,50 V	16,02 V
U_0	21,65 V	19,90 V
I_{MPP}	7,14 A	5,86 A
I_K	7,69 A	6,28 A
α_U	−72 mV/K	−72 mV/K
α_i	5,45 mA/K	5,45 mA/K
α_P	−440 mW/K	−440 mW/K

2. Das Solarmodul **(Seite 70, Bild 1 und 2)** soll im Leistungspunkt mit Leistungsanpassung betrieben werden. Wie groß muss der Lastwiderstand R_L **a)** bei einer Beleuchtungsstärke von $E = 600\,\text{W/m}^2$ und **b)** bei einer Beleuchtungsstärke von $E = 200\,\text{W/m}^2$ sein?

3. In einer Versuchsreihe wurden die Strom-Spannungswertepaare **(Tabelle 2)** eines Solarmoduls ermittelt. **a)** Zeichnen Sie die Kennlinien $I = f(U)$ bei einer Beleuchtungsstärke von $E = 1000\,\text{W/m}^2$ und bei $E = 500\,\text{W/m}^2$. **b)** Berechnen Sie die zugehörigen Leistungen und erweitern Sie Ihr Diagramm um die Kennlinien $P = f(U)$.

4. Bestimmen Sie aus **Tabelle 2** die Innenwiderstände im Spannungsbereich $U = 35\,\text{V} \ldots 37\,\text{V}$ bei: **a)** $E = 1000\,\text{W/m}^2$ und **b)** $E = 500\,\text{W/m}^2$. **c)** Wie groß müssen die Lastwiderstände R_L sein, um das Modul in Leistungsanpassung zu betreiben?

5. Bestimmen Sie aus **Tabelle 2** **a)** den Punkt der maximalen Leistungsabgabe P_{MPP} bei einer Beleuchtungsstärke unter STC-Bedingungen und **b)** bei einer Beleuchtungsstärke von $E = 500\,\text{W/m}^2$. **c)** Berechnen Sie den optimalen Lastwiderstand bei einer Beleuchtungsstärke von $E = 500\,\text{W/m}^2$.

6. Ermitteln Sie mithilfe der **Tabelle 3** bei einer Beleuchtungsstärke $E = 1000\,\text{W/m}^2$ **a)** den Füllfaktor *FF*, **b)** die Leistung bei $FF = 1$, **c)** die Leistung $P_{FF\vartheta}$ bei einer Betriebstemperatur von 60 °C und **d)** die Leistung $P_{MPP\vartheta}$ im Arbeitspunkt bei einer Betriebstemperatur von 40 °C.

7. Berechnen Sie mit den Kennwerten der **Tabelle 3** bei einer Beleuchtungsstärke von $E = 800\,\text{W/m}^2$ **a)** den Füllfaktor *FF*, **b)** die Leistung $P_{MPP\vartheta}$ im Arbeitspunkt bei einer Betriebstemperatur von 50 °C.

8. In einer Solaranlage werden Solarmodule in Reihe (String) zu einem Wechselrichter geschaltet. Der Eingangsspannungsbereich eines ausgewählten Wechselrichters liegt zwischen 180 V und 850 V. Wie viele Solarmodule des Typs in **Tabelle 3** dürfen **a)** maximal bzw. müssen **b)** minimal zu einem String geschaltet werden? Hinweis: Das Solarmodul wird bei einer Beleuchtungsstärke $E = 1000\,\text{W/m}^2$ betrieben.

4 Arbeiten mit Kennlinien

4.1 Lineare Widerstände

Widerstände mit linearem Verhalten **(Bild 1)** haben eine gerade (lineare) Widerstandskennlinie, d. h. ihr Widerstandswert bleibt konstant. Die höchstzulässigen Werte von Spannung und Strom am Widerstand ergeben sich aus dem Schnittpunkt von Widerstandskennlinie und Leistungshyperbel **(Bild 2)**.

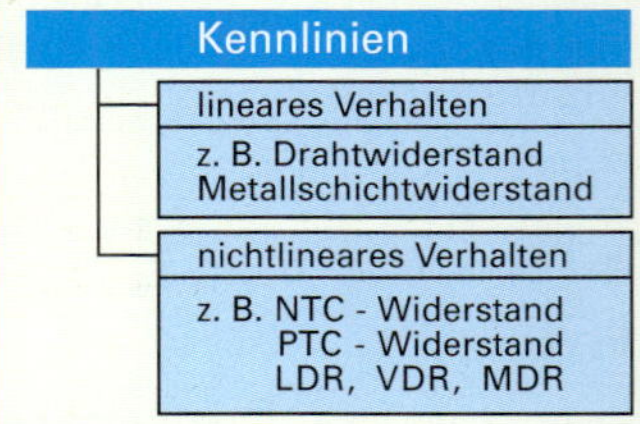

Bild 1: Übersicht

Beispiel:

Gegeben ist ein Schichtwiderstand $R = 1{,}5\ \text{k}\Omega$ aus der Toleranzreihe E 6 mit $P_{\text{tot}} = 500\ \text{mW}$.

a) Zeichnen Sie die Kennlinie $I = f(U)$ des Widerstandes für den Bereich 0 V bis 70 V.

b) Zeichnen Sie die Leistungshyperbel für 500 mW in das U-I-Diagramm.

c) Ermitteln Sie mithilfe des Diagramms für den gegebenen Widerstand die höchstzulässigen Werte für Spannung und Strom.

d) Zwischen welchen Werten kann der Widerstand laut Toleranz liegen?

Lösung:

a) Die Widerstandskennlinie ist eine Ursprungsgerade.

Wertepaare, z. B.: 0 V/0 mA; 60 V/40 mA **(Bild 2)**

b) Wertetabelle für $P_{\text{tot}} = 500\ \text{mW}$

U in V	10	20	40	50	70
I in mA	50	25	12,5	10	7

c) Aus der Kennlinie **Bild 2:** $\mathbf{U_{max} = 27\ V}$; $\mathbf{I_{max} = 18\ mA}$

d) Toleranzreihe E6 → ±20% ≙ **±0,3 kΩ**; ⇒ $\mathbf{R_{min} = 1{,}2\ k\Omega}$; $\mathbf{R_{max} = 1{,}8\ k\Omega}$

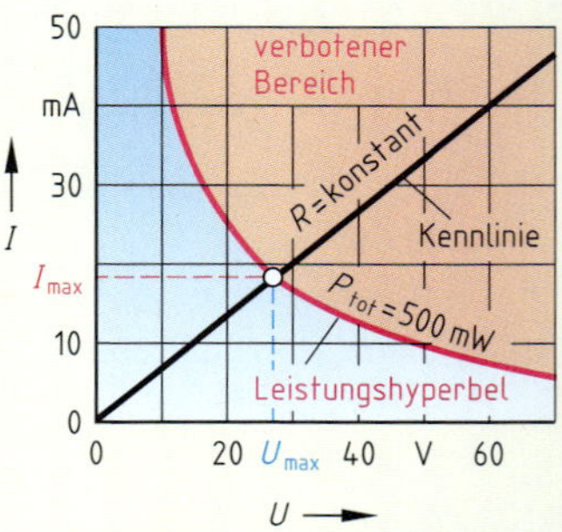

Bild 2: Widerstandskennlinie und Leistungshyperbel

Aufgaben zu 4.1

1. Ein Drahtwiderstand ist an einer einstellbaren Spannung angeschlossen. Folgende Werte wurden gemessen:
   2,0 V/6,0 mA 4,0 V/12 mA 6,0 V/18 mA 8,0 V/24 mA 10 V/30 mA.
   a) Zeichnen Sie die Widerstandskennlinie entsprechend **Bild 2**. (Maßstab: 1 V ≙ 1 cm; 5 mA ≙ 1 cm)
   b) Ermitteln Sie mithilfe der Kennlinie den Widerstand R bei 5 V und 9 V.

2. Drei Widerstände $R_1 = 470\ \Omega$, $R_2 = 1\ \text{k}\Omega$ und $R_3 = 2{,}2\ \text{k}\Omega$ sind mit je 2,0 W belastbar. Zeichnen Sie in ein U-I-Diagramm (Bereich 0 bis 100 V) **a)** die Widerstandsgeraden für R_1, R_2 und R_3, **b)** die Leistungshyperbel für $P_{\text{tot}} = 2{,}0\ \text{W}$ in das U-I-Diagramm ein. **c)** Geben Sie für jeden Widerstand die höchstzulässige Spannung an.

3. **Bild 3** zeigt 6 Widerstandskennlinien. **a)** Wie groß sind die jeweiligen Widerstandswerte? **b)** Welche Widerstände aus der Normreihe E12 sind eingesetzt? **c)** Ermitteln Sie für R_5: U_{max}, I_{max} und P_{tot}.

4. Aus dem Kennlinienfeld eines Kohleschichtwiderstandes **(Bild 4)** soll **a)** der Widerstandswert und **b)** der Toleranzbereich in Prozent ermittelt werden. **c)** Geben Sie den Widerstandswert als Farbcode an. **d)** Wie groß ist die Verlustleistung des Widerstandes an $U = 20\ \text{V}$?

● 5. Ein Widerstand hat die Farbringe braun, schwarz, rot. Bei $U = 6\ \text{V}$ fließt ein Strom von 7 mA. **a)** Ermitteln Sie R_{min} und R_{max} aus dem Farbcode. **b)** Zeichnen Sie die Kennlinien für R_{min}, R_{max} und den durch Messung ermittelten Widerstand R in ein U-I-Diagramm (wie **Bild 4**). **c)** Liegt der gemessene Widerstand im Toleranzbereich?

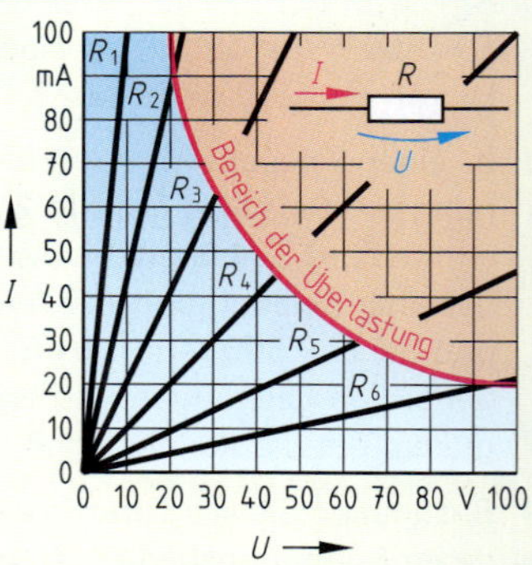

Bild 3: Widerstandskennlinien

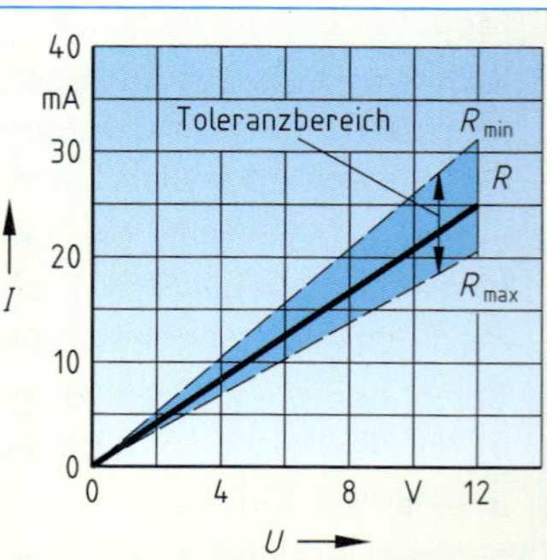

Bild 4: Widerstandskennlinie mit Toleranzbereich

4.2 Logarithmische Darstellung

Um große Wertebereiche zeigen zu können, wird eine logarithmische Teilung gewählt **(Bild 1)**. Der Abstand, z. B. von 10^0 ($10^0 = 1$) bis 10^1 ist so groß wie z. B. von 10^2 bis 10^3. In jeder Dekade, z. B. von 10^1 bis 10^2, erfolgt grundsätzlich eine logarithmische Teilung **(Bild 2)**.

Beispiel:

Ermitteln Sie aus der Strom-Spannungs-Kennlinie **(Bild 1)** die Spannungen U_1 und U_2
a) für den Kaltleiter C960 beim Strom $I = 200\,\text{mA}$ und
b) für den Kaltleiter C990 beim Strom $I = 30\,\text{mA}$.

Lösung:

Aus der Kennlinie **Bild 1**:
C960: $I = 200\,\text{mA}$: $\boldsymbol{U_1 \approx 1\,V}$; $\boldsymbol{U_2 \approx 4{,}3\,V}$
C990: $I = 30\,\text{mA}$; $\boldsymbol{U_1 \approx 1{,}2\,V}$; $\boldsymbol{U_2 \approx 13\,V}$

Logarithmische Maßstäbe: **Seite 16**

Aufgaben zu 4.2

1. Bestimmen Sie bei den Spannungen $U_1 = 0{,}6\,\text{V}$ und $U_2 = 30\,\text{V}$ die Ströme **a)** für den Kaltleiter C990 und **b)** für den C960 **(Bild 1)**.
2. Ermitteln Sie Kippstrom, Kippspannung und den jeweiligen Widerstand für die Kaltleiter **a)** C960, **b)** C990 **(Bild 1)**.

4.3 Nichtlineare Widerstände

Widerstände mit nichtlinearem Verhalten, z. B. NTC-Widerstände, haben keine gerade Kennlinie **(Bild 3)**.

Beispiel:

Ermitteln Sie die Widerstandsänderung für den NTC-Widerstand (Typ S891/10k, **Bild 3**) in den Bereichen **a)** 0 °C bis 20 °C und **b)** 100 °C bis 120 °C.

Lösung:

Aus der Kennlinie **Bild 3:**

a) 0 °C: $R_0 \approx 30\,\text{k}\Omega$; 20 °C: $R_{20} \approx 12\,\text{k}\Omega$
$\boldsymbol{\Delta R} = R_0 - R_{20} \approx 30\,\text{k}\Omega - 12\,\text{k}\Omega \approx \mathbf{18\,k\Omega}$

b) 100 °C: $R_{100} \approx 700\,\Omega$; 120 °C: $R_{120} \approx 400\,\Omega$
$\boldsymbol{\Delta R} = R_{100} - R_{120} \approx 700\,\Omega - 400\,\Omega \approx \mathbf{300\,\Omega}$

Aufgaben zu 4.3

1. Ermitteln Sie die Widerstandswerte des NTC mit $R_{25} = 100\,\text{k}\Omega$ **(Bild 3)** für die Temperaturen von −20 °C bis 120 °C im Abstand von 20 K. (**Hinweis:** R_{25} ist der Widerstand bei 25 °C.)
2. Bestimmen Sie für den 2,2-kΩ-NTC **(Bild 3)** die Temperaturwerte zu den Widerstandswerten **a)** 100 Ω, **b)** 600 Ω, **c)** 2 kΩ, **d)** 10 kΩ.

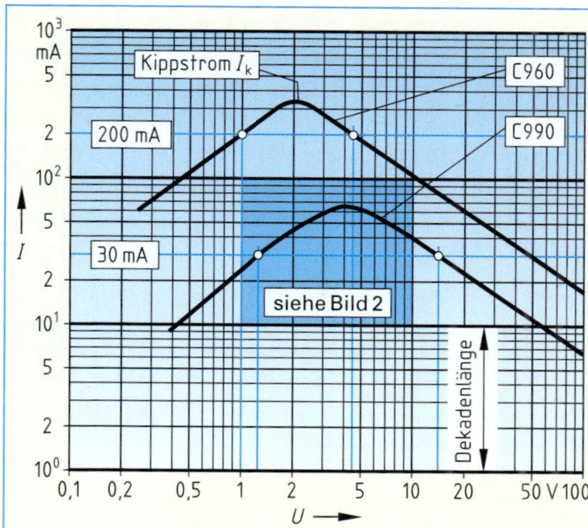

Bild 1: Strom-Spannungs-Kennlinien von Kaltleitern in logarithmischer Darstellung

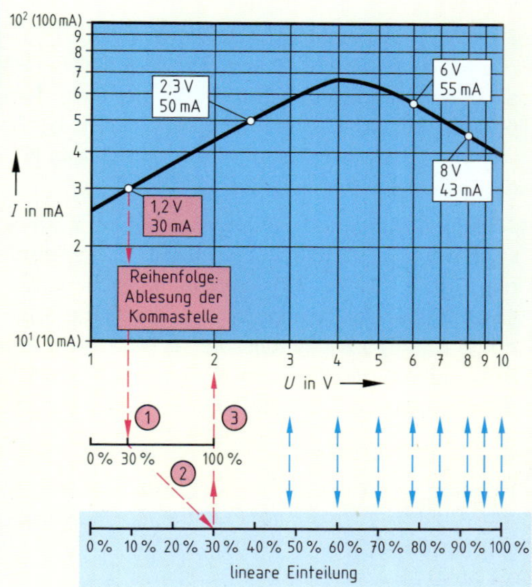

Bild 2: Auszug aus Bild 1 mit Vergleich logarithmischer und linearer Einteilung

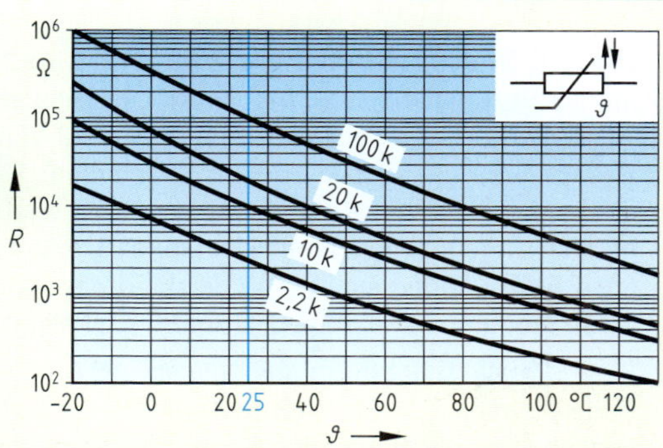

Bild 3: Kennlinien von NTC-Widerständen (S 891)

3. Ein spannungsabhängiger Widerstand (VDR, Typ SIOV-S14K50) hat eine höchstzulässige Betriebsspannung von DC 65 V **(Bild 1)**. Bestimmen Sie **a)** den Widerstandswert bei DC 65 V. **b)** Wie groß ist der Strom durch den VDR bei 65 V? **c)** Welche Werte für Widerstand und Strom hat der VDR, wenn die Spannung kurzzeitig auf 80 V, 100 V und 150 V ansteigt?

4. Das Datenblatt eines VDR mit einer Dauerbelastbarkeit von 50 mW gibt folgende Wertepaare an:

14 V/10 µA	18 V/100 µA	20 V/1 mA
22,5 V/4 mA	24 V/5,7 mA	27 V/10 mA

a) Zeichnen Sie die Strom-Spannungs-Kennlinie (Maßstab: 5 V ≙ 1 cm, 2 mA ≙ 1 cm). **b)** Ermitteln Sie die Widerstandswerte für die angegebenen Wertepaare. **c)** Zeichnen Sie die Leistungshyperbel. **d)** Bestimmen Sie die höchstzulässigen Werte für Strom und Spannung im Dauerbetrieb.

5. Ein NTC-Widerstand (Heißleiter) S891 mit $R_{25} = 20\,k\Omega$ **(Bild 3, Seite 73)** liegt an $U = 6$ V. **a)** Berechnen Sie den Strom, der bei einer Temperatur von 40 °C durch den NTC fließt. **b)** Bei welcher Temperatur hat der Strom durch den NTC den 5-fachen Wert erreicht?

6. An einem Miniatur-Heißleiter zur Temperaturmessung mit $P_{tot} = 200$ mW (Typ S891/2,2 k, Kennlinie **Bild 3, Seite 73**) wird in einer Schaltung **(Bild 2)** bei der Temperatur von 25 °C die Spannung $U_1 = 10{,}2$ V gemessen. **a)** Wie groß sind Strom und Spannung am NTC bei 50 °C? **b)** Ist der Heißleiter (Thermistor) bei 80 °C überlastet?

Für den PTC-Widerstand (Kaltleiter) ist der Anfang des steilen Widerstandsanstiegs wichtig. Er wird durch die Bezugstemperatur ϑ_{Ref} gekennzeichnet **(Bild 3)**.

7. Ermitteln Sie die Widerstandsänderung des PTC-Widerstandes mit $\vartheta_{Ref} = 60$ °C **(Bild 3)** für die Temperaturänderungen **a)** von 60 °C auf 80 °C und **b)** von 60 °C auf 100 °C.

8. Ein PTC-Widerstand vom Typ B 59401 **(Bild 3)** mit der Bezugstemperatur $\vartheta_{Ref} = 60$ °C arbeitet als Temperaturfühler an einer Spannung von 1,2 V im Bereich von 50 °C bis 100 °C. Bestimmen Sie **a)** die Widerstandswerte und **b)** die Stromwerte bei den angegebenen Temperaturen. **c)** Um welchen Faktor ändert sich der Widerstand des PTC, wenn die Temperatur von 60 °C auf 80 °C ansteigt?

9. Eine Parallelschaltung aus einem PTC Typ B 59401 mit $\vartheta_{Ref} = 80$ °C **(Bild 3)** und $R = 2{,}2\,k\Omega$ liegt an $U_b = 6$ V. Berechnen Sie den Gesamtstrom bei der Temperatur von **a)** 80 °C und **b)** 100 °C.

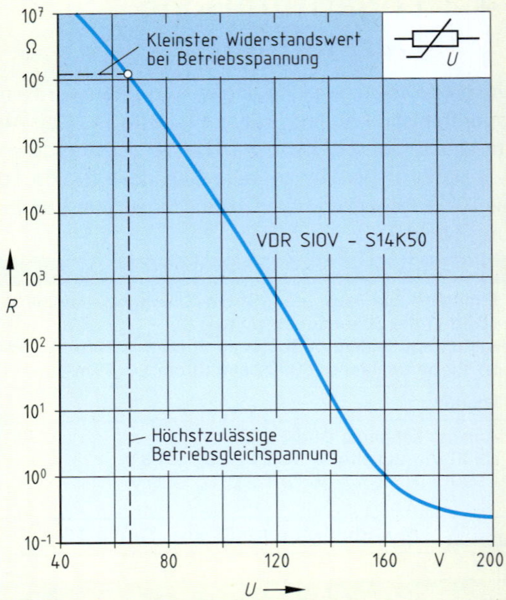

Bild 1: VDR-Widerstand in Abhängigkeit der Spannung

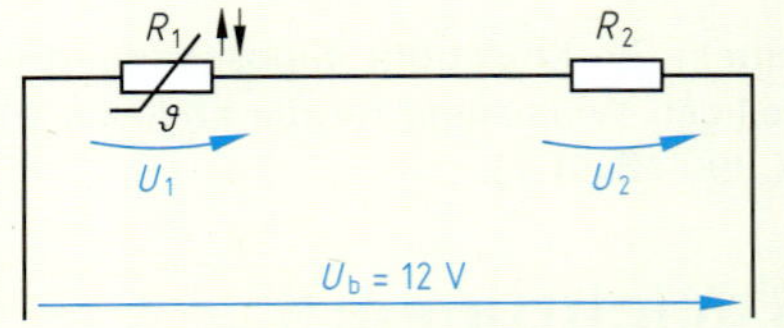

Bild 2: Messschaltung mit NTC (Heißleiter)

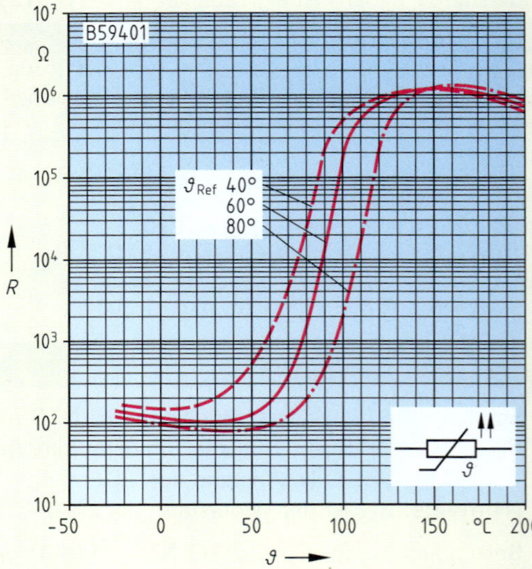

Bild 3: Kennlinien verschiedener PTC-Widerstände

4.4 Ermittlung des Arbeitspunktes

4.4.1 Reihenschaltung linearer Widerstände

Bei der Reihenschaltung aus zwei linearen (ohmschen) Widerständen **(Bild 1)** können die Teilspannungen und der Strom grafisch ermittelt werden. Man verwendet dazu die Widerstandskennlinie (Widerstandsgerade) des einen, z. B. von R_1, und die Arbeitsgerade des anderen Widerstandes, z. B. von R_2 **(Bild 2)**.

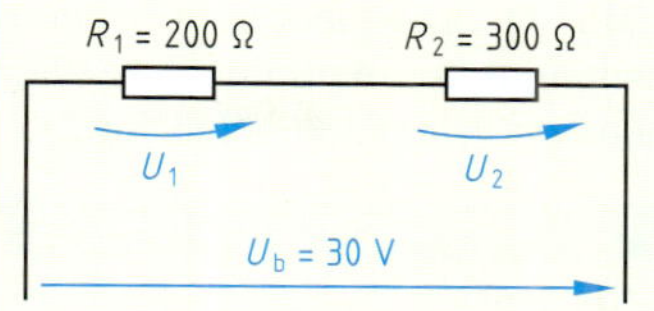

Bild 1: Reihenschaltung von linearen Widerständen

Beispiel:

Zwei Widerstände, $R_1 = 200\,\Omega$ und $R_2 = 300\,\Omega$, liegen an $U_b = 30$ V **(Bild 1)**. Bestimmen Sie grafisch

a) den Strom I und

b) die Teilspannungen U_1 und U_2.

Grafische Lösung aus Bild 2:

Die Widerstandskennlinie von R_1 ist eine Ursprungsgerade **(Bild 2)** mit den Punkten P_0 (0 V/0 A) und P_1 (24 V/120 mA).
Die Arbeitsgerade von R_2 ist seine gespiegelte Widerstandskennlinie. Man stellt sich vor, dass der Widerstand R_2 allein an $U_b = 30$ V liegt. Die Endpunkte der Arbeitsgeraden sind dann $P_0' \mathrel{\hat{=}} U_b = 30$ V und $P_2 \mathrel{\hat{=}} U_b/R_2 = 30\,\text{V}/300\,\Omega = 100$ mA **(Bild 2)**.
Der Schnittpunkt der beiden Geraden ist der Arbeitspunkt A. Die Stromstärke in der Reihenschaltung liest man auf der Stromachse und die Teilspannungen auf der Spannungsachse ab **(Bild 2)**.

Aus der Kennlinie: a) $I = 60$ mA; b) $U_1 = 12$ V; $U_2 = 18$ V

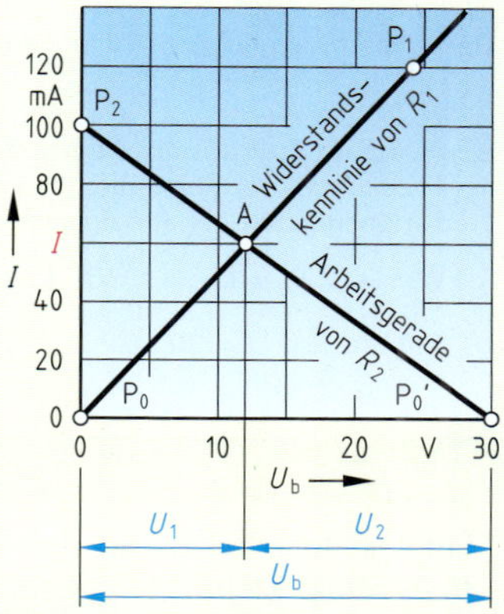

Bild 2: Arbeitspunktermittlung linearer Widerstände

Aufgaben zu 4.4.1

1. In einer Reihenschaltung **(Bild 1)** aus $R_1 = 200\,\Omega$ und R_2 wird der Widerstand R_2 bei $U_b = 30$ V durch einen Widerstand von 600 Ω ersetzt. Bestimmen Sie grafisch **a)** den Strom I und **b)** die Teilspannungen U_1 und U_2 (Maßstab: 1 cm ≙ 5 V, 1 cm ≙ 20 mA).

2. Im Schaubild **(Bild 3)** wird eine Reihenschaltung von R_1 und R_2 grafisch dargestellt. Für die beiden Widerstände gilt: $P_{tot} = 2$ W. **a)** Bestimmen Sie den Gesamtstrom I und **b)** die Teilspannungen U_1 und U_2. **c)** Welchen Widerstandswert hat R_1 bei einem Strom von 60 mA? **d)** Wird dabei die zulässige Leistung bei R_1 bzw. R_2 überschritten?

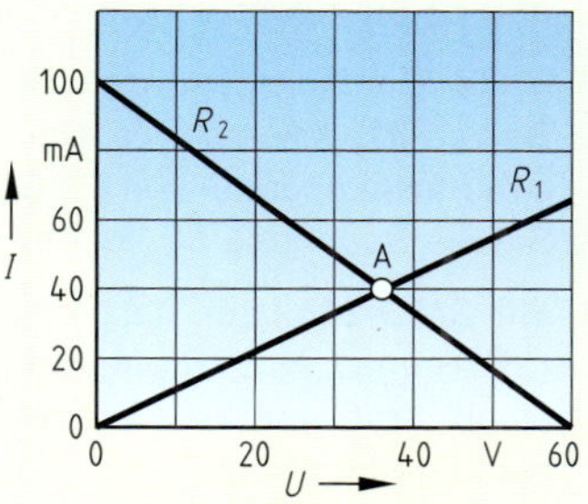

Bild 3: Kennliniendarstellung, Reihenschaltung aus R_1 und R_2

3. Eine Spannungsquelle mit der Leerlaufspannung 1,5 V hat einen Innenwiderstand von $R_i = 0{,}3\,\Omega$. Bei Belastung mit R_1 stellt sich $I_1 = 0{,}5$ A und bei Belastung mit R_2 $I_2 = 1$ A ein. Zeichnen Sie die Arbeitsgerade für R_i und die Widerstandskennlinien für R_1 und R_2 (Maßstab: 0,2 V ≙ 1 cm, 0,5 A ≙ 1 cm). Ermitteln Sie **a)** die Lastspannungen U_{L1} und U_{L2} und **b)** die Widerstände R_1 und R_2. **c)** Wie groß ist in den zwei Belastungsfällen der Spannungsfall am Innenwiderstand R_i? **d)** Bestimmen Sie den Kurzschlussstrom I_K. **e)** Wo liegt der ermittelte Kurzschlussstrom auf der Arbeitsgeraden für R_i?

4. An einem Spannungsteiler $R = 480\,\Omega$ **(Bild 4)** wird der Teilwiderstand R_1 nacheinander auf 120 Ω, 240 Ω und 360 Ω eingestellt. **a)** Zeichnen Sie die drei Widerstandskennlinien für R_1 und die Arbeitsgeraden für R_2. **b)** Ermitteln Sie die jeweiligen Teilspannungen an R_1 und R_2. Bei der Einstellung $R_1 = 360\,\Omega$ wird dem Teilwiderstand R_2 ein Lastwiderstand von $R_L = 60\,\Omega$ parallel geschaltet. **c)** Zeichnen Sie die neue Arbeitsgerade für den Ersatzwiderstand R_E. **d)** Bestimmen Sie die neuen Teilspannungen.

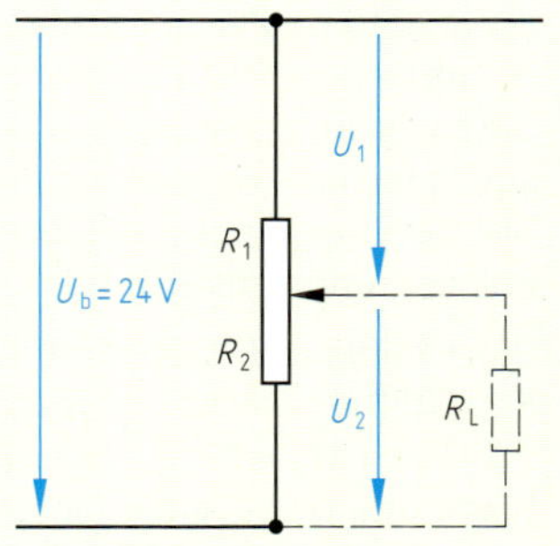

Bild 4: Spannungsteiler

4.4.2 Reihenschaltung linearer und nichtlinearer Widerstände

In Reihenschaltungen von linearen und nichtlinearen Widerständen **(Bild 1)** verwendet man zur zeichnerischen Lösung die Widerstandskennlinie des nichtlinearen Widerstandes und die Arbeitsgerade des linearen Widerstandes **(Bild 2)**.

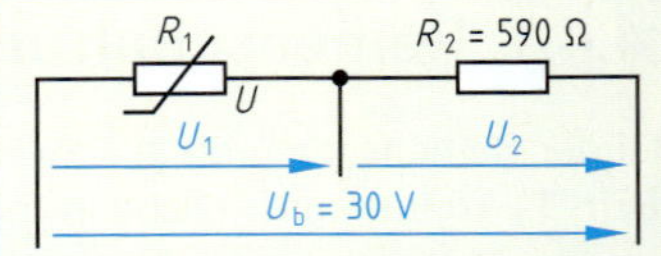

Bild 1: Reihenschaltung von VDR und Widerstand

Beispiel:

Ein nichtlinearer Widerstand R_1 (Varistor, Abk.: VDR) und ein linearer Widerstand $R_2 = 590\ \Omega$ liegen in Reihe an $U_b = 30$ V **(Bild 1)**. Eine Messung im Versuch ergab am Varistor die Werte: 2 V/0 mA, 4 V/1 mA, 6 V/2 mA, 8 V/3 mA, 10 V/5 mA, 11 V/10 mA, 12 V/28 mA, 13 V/50 mA.

a) Zeichnen Sie die Kennlinie des Varistors R_1 und die Arbeitsgerade des Widerstandes R_2.
Bestimmen Sie grafisch **b)** den Strom I und **c)** die Spannungen U_1 und U_2.

Lösung:

a) Aus Bild 2: Maßstab: 1 cm ≙ 5 V, 1 cm ≙ 10 mA
1. Zeichnen der Kennlinie des VDR entsprechend der Messreihe.
2. Konstruieren der Arbeitsgeraden von R_2.

Werte: $P_0' \triangleq U_b = 30\ \text{V}$; $P_2 \triangleq \frac{U_b}{R_2} = \frac{30\ \text{V}}{590\ \Omega} = 50\ \text{mA}$

b) Stromachse: $I = \mathbf{30\ mA}$; **c)** Spannungsachse: $U_1 = \mathbf{12\ V}$; $U_2 = \mathbf{18\ V}$

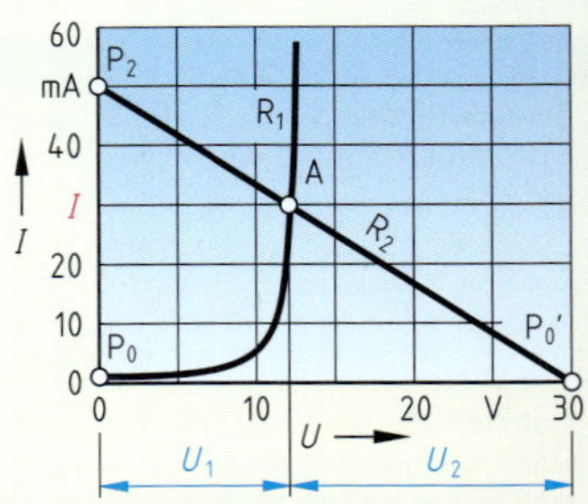

Bild 2: Arbeitspunktermittlung, VDR und Widerstand (Maßstab verkleinert)

Aufgaben zu 4.4.2

1. Ein Varistor (VDR) mit der Kennlinie **(Bild 2)** liegt in Reihe mit $R_2 = 590\ \Omega$ **(Bild 1)** und soll zur Stabilisierung der Spannung U_1 eingesetzt werden. Bei $U_b = 24$ V treten Eingangsspannungsänderungen von $\Delta U_b = \pm 2{,}4$ V auf. Bestimmen Sie **a)** grafisch den oberen bzw. unteren Spannungswert U_1 am VDR und **b)** die Spannungsänderung ΔU.

2. In der Brückenschaltung **(Bild 3)** ist ein NTC S891/20 k **(Bild 3, Seite 73)** als Messfühler eingesetzt. Die Brücke wurde bei einer Umgebungstemperatur von 25 °C auf $U_{AB} = 0$ V abgeglichen. Bestimmen Sie die Spannung U_{AB} bei **a)** 40 °C und **b)** 0 °C.

3. Ein SMD-Miniatur-Relais ist in Reihe mit einem Fotowiderstand (LDR) an $U_b = 24$ V angeschlossen. Die Spule nimmt bei $U_2 = 11$ V einen Strom von 3 mA auf. **a)** Welche Beleuchtungsstärke E ist notwendig, damit das Relais einschaltet **(Bild 4)**? **b)** Bei welcher Beleuchtungsstärke fällt das Relais ab, wenn der Relaishaltestrom 1,8 mA beträgt? **c)** Wie groß ist dann die Spannung am Relais?

4. In einer Lichtschranke liegt ein Fotowiderstand R_1 vom Typ RPY 64 ($P_{tot} = 50$ mW) mit einem linearen Widerstand R_2 in Reihe an $U_b = 30$ V. **a)** Zeichnen Sie die Arbeitsgerade für den Widerstand R_2, ohne den LDR **(Bild 4)** zu überlasten (Grenzfall) und ermitteln Sie **b)** die Beleuchtungsstärke E und **c)** den Strom und die Spannung am Widerstand R_2, sowie den Widerstandwert von R_2. **d)** Bestimmen Sie die Spannungs- und Stromwerte am Widerstand R_2, wenn die Beleuchtungsstärke am LDR auf 300 lx und dann auf 100 lx sinkt?

5. Die Feldplatte FP30D250E hat bei $B = 0$ T einen Widerstand von $R_0 = 250\ \Omega$. Sie ist als Messfühler mit einem Vorwiderstand von 2,2 kΩ an $U_b = 12$ V angeschlossen **(Bild 5)**. **a)** Ermitteln Sie die Spannung U_2 bei einer Flussdichte von $B = 1$ T. Im Austausch wird eine neue Feldplatte FP17L 200E mit $R_0 = 200\ \Omega$ eingebaut. **b)** Bestimmen Sie die neue Spannung U_2 an der Feldplatte bei $B = 1$ T.

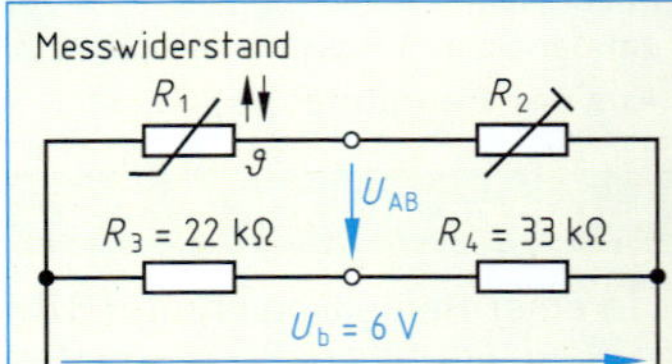

Bild 3: Brückenschaltung

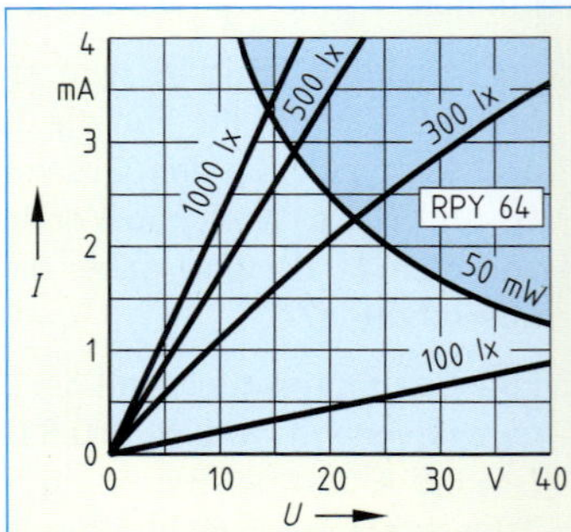

Bild 4: Kennlinie eines LDR

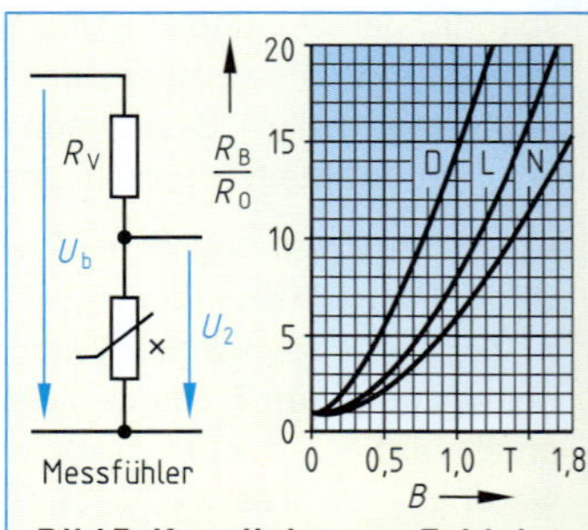

Bild 5: Kennlinien von Feldplatten Typ D, L und N

4.5 Statischer und differentieller Widerstand

Der **statische Widerstand *R*** ist ein Gleichstromwiderstand. Er ist bei linearen Widerständen für alle Arbeitspunkte gleich groß **(Bild 1)**. Bei nichtlinearen Widerständen wird er für jeden Arbeitspunkt auf der Kennlinie neu berechnet. Der **differentielle Widerstand *r*** berechnet sich aus Spannungs- und Stromänderung im Tangentenabschnitt an der Kennlinie im jeweiligen Arbeitspunkt, z. B. A_2 in **Bild 2**.

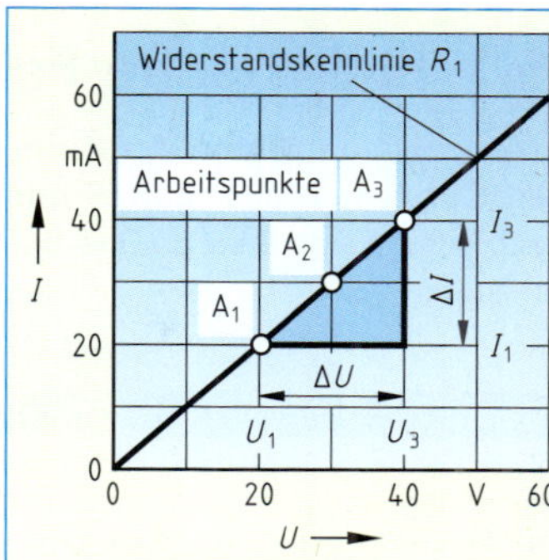

Bild 1: Linearer Widerstand

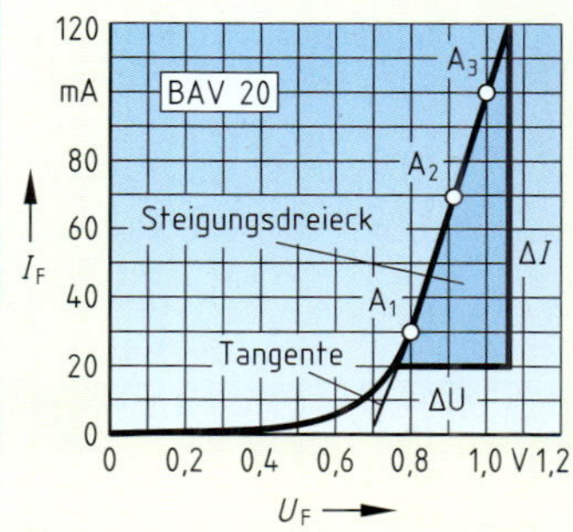

Bild 2: Nichtlinearer Widerstand einer Diode

$$R = \frac{U}{I} \qquad r = \frac{\Delta U}{\Delta I}$$

R	Gleichstromwiderstand
r	Differentieller Widerstand
ΔU	Spannungsänderung
ΔI	Stromänderung
U_F	Durchlassspannung
I_F	Durchlassstrom

Beispiel 1:

Die Widerstandskennlinie eines linearen Widerstandes ist in **Bild 1** dargestellt. Bestimmen Sie **a)** den Gleichstromwiderstand R in den Arbeitspunkten A_1, A_2 und A_3 und **b)** den differentiellen Widerstand r für den Arbeitspunkt A_2. **c)** Vergleichen Sie die Widerstände R und r miteinander.

Lösung:

Aus der Kennlinie:

a) A_1: $U_1 = 20\,\text{V}$; $I_1 = 20\,\text{mA}$ $\Rightarrow$ $\boldsymbol{R_1} = \frac{U_1}{I_1} = \frac{20\,\text{V}}{20\,\text{mA}} = \mathbf{1\,k\Omega}$

A_2: $U_2 = 30\,\text{V}$; $I_2 = 30\,\text{mA}$ $\Rightarrow$ $\boldsymbol{R_2} = \mathbf{1\,k\Omega}$; A_3: $\Rightarrow$ $\boldsymbol{R_3} = \mathbf{1\,k\Omega}$

b) $\boldsymbol{r} = \frac{\Delta U}{\Delta I} = \frac{U_3 - U_1}{I_3 - I_1} = \frac{40\,\text{V} - 20\,\text{V}}{40\,\text{mA} - 20\,\text{mA}} = \frac{20\,\text{V}}{20\,\text{mA}} = \mathbf{1\,k\Omega}$ **c)** $\boldsymbol{R = r}$

Beispiel 2:

Eine Diode hat die Kennlinie **Bild 2**. Bestimmen Sie **a)** die Gleichstromwiderstände R_F in den Arbeitspunkten A_1 und A_3 und **b)** den differentiellen Widerstand r_F im Arbeitspunkt A_2. **c)** Vergleichen Sie die Widerstände miteinander.

Lösung:

Aus der Kennlinie:

a) A_1: $U_{F1} = 0{,}8\,\text{V}$; $I_{F1} = 30\,\text{mA}$ $\Rightarrow$ $\boldsymbol{R_{F1}} = \frac{U_{F1}}{I_{F1}} = \frac{0{,}8\,\text{V}}{30\,\text{mA}} = \mathbf{26{,}7\,\Omega}$

A_3: $U_{F3} = 1{,}0\,\text{V}$; $I_{F3} = 100\,\text{mA}$ $\Rightarrow$ $\boldsymbol{R_{F3}} = \frac{U_{F3}}{I_{F3}} = \frac{1\,\text{V}}{100\,\text{mA}} = \mathbf{10{,}0\,\Omega}$

b) $\boldsymbol{r_F} = \frac{\Delta U}{\Delta I} = \frac{U_{F2} - U_{F1}}{I_{F2} - I_{F1}} = \frac{1{,}05\,\text{V} - 0{,}75\,\text{V}}{120\,\text{mA} - 20\,\text{mA}} = \frac{0{,}3\,\text{V}}{100\,\text{mA}} = \mathbf{3\,\Omega}$ **c)** $\boldsymbol{R_F \neq r_F}$

Aufgaben zu 4.5

1. Eine Siliciumdiode mit der Kennlinie **(Bild 2)** hat die Arbeitspunkte $I_{F1} = 30\,\text{mA}$ bzw. $I_{F2} = 70\,\text{mA}$. Bestimmen Sie für die Arbeitspunkte **a)** die statischen Widerstände und **b)** die differentiellen Widerstände.

2. Für eine Universaldiode wird ein differentieller Widerstand $r_F = 20\,\Omega$ angegeben. Berechnen Sie die Stromänderung, wenn die Spannung an der Diode um 100 mV erhöht wurde.

3. Ein Datenblatt zeigt die logarithmisch aufgetragene Durchlasskennlinie einer Siliciumdiode **(Bild 3)**. **a)** Bestimmen Sie die Gleichstromwiderstände für die Durchlassspannungen $U_F = 0{,}5\,\text{V}$, 0,8 V und 1,0 V bei den Temperaturen $\vartheta_u = 25\,°\text{C}$ und 100 °C. **b)** Wie groß ist der differentielle Widerstand bei $U_F = 0{,}95\,\text{V}$ und $\vartheta_u = 100\,°\text{C}$?

4. **a)** Übertragen Sie die logarithmische Darstellung der Kennlinie einer Siliciumdiode BAY 45 **(Bild 3)** mit $P_{tot} = 250\,\text{mW}$ für $\vartheta_u = 25\,°\text{C}$ und 100 °C in einen linearen Maßstab (Maßstab: 100 mV ≙ 10 mm; 20 mA ≙ 10 mm). **b)** Zeichnen Sie die Leistungshyperbel. **c)** Ermitteln Sie für beide Temperaturen die Werte U_{max}, I_{max} und **d)** den Durchlasswiderstand bei den Grenzwerten. **e)** Wie groß ist der differentielle Widerstand bei $U_F = 1{,}05\,\text{V}$ ($\vartheta_u = 25\,°\text{C}$)?

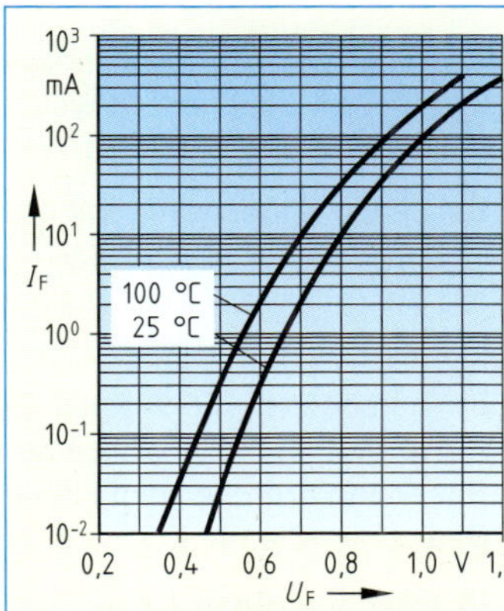

Bild 3: Durchlasskennlinie der Silicium-Diode BAY 45

5 Elektrisches Feld

5 Elektrisches Feld

5.1 Elektrische Feldstärke

Im elektrischen Feld wird auf eine Ladung eine Kraft ausgeübt **(Bild)**. Den Quotienten aus Kraft F und Ladung Q bezeichnet man als die elektrische Feldstärke E. Das homogene Feld hat überall die gleiche Feldstärke.

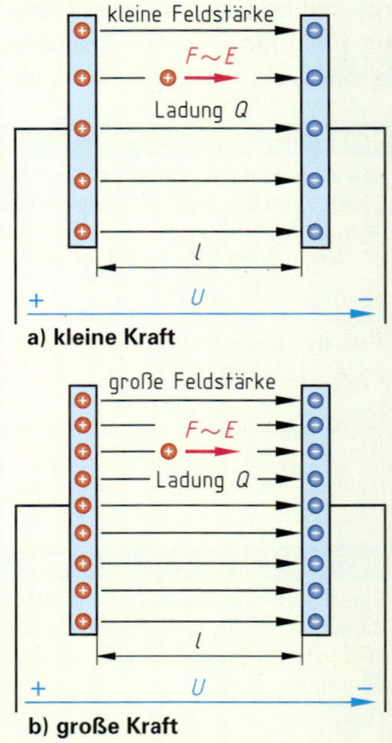

Bild: Ladung im elektrischen Feld

Beispiel:

Zwei Kondensatorplatten mit dem Abstand $l = 5$ mm werden an eine Gleichspannung von $U = 1{,}8$ kV angeschlossen. Berechnen Sie
a) die elektrische Feldstärke E zwischen den Platten.
b) Welche Kraft F wirkt im Kondensator auf eine Ladung von $Q = 0{,}12$ nC?

Lösung:

a) $E = \frac{U}{l} = \frac{1{,}8\,\text{kV}}{5\,\text{mm}} = \frac{1{,}8 \cdot 10^3\,\text{V}}{5 \cdot 10^{-3}\,\text{m}} = \frac{1{,}8}{5} \cdot 10^6\,\frac{\text{V}}{\text{m}} = 0{,}36 \cdot 10^6\,\frac{\text{V}}{\text{m}} = \mathbf{0{,}36\,\frac{MV}{m}}$

b) $F = E \cdot Q = 0{,}36\,\frac{\text{MV}}{\text{m}} \cdot 0{,}12\,\text{nC} = 0{,}36 \cdot 10^6\,\frac{\text{V}}{\text{m}} \cdot 0{,}12 \cdot 10^{-9}\,\text{As}$

$= 0{,}043 \cdot 10^{-3}\,\text{N} = 43 \cdot 10^{-6}\,\text{N} = \mathbf{43\,\mu N}$

Elektrische Ladung Q
Einheit: Coulomb
Einheitenzeichen: C
1 C = 1 As
1 nC = 10^{-9} C
= 10^{-9} As

$$E = \frac{F}{Q}$$

$$E = \frac{U}{l}$$

$$[E] = \frac{\text{N}}{\text{C}} = \frac{\text{V} \cdot \text{As}}{\text{As} \cdot \text{m}} = \frac{\text{V}}{\text{m}}$$

$$1\,\frac{\text{VAs}}{\text{m}} = 1\,\frac{\text{Ws}}{\text{m}} = 1\,\frac{\text{Nm}}{\text{m}} = 1\,\text{N}$$

E elektrische Feldstärke
F Kraft auf die Ladung Q
Q elektrische Ladung im Feld
U Spannung zwischen den Platten
l Plattenabstand

Aufgaben zu 5.1

1. Auf eine Ladung von 20 nC wirkt eine Kraft von 8 mN **(Bild)**. Berechnen Sie die Feldstärke.
2. Zwischen den Aluminiumfolien eines Wickelkondensators, der an einer Gleichspannung von 60 V liegt, befindet sich als Dielektrikum Polyester mit 0,02 mm Dicke. Berechnen Sie die elektrische Feldstärke zwischen den Folien.
3. In einem homogenen elektrischen Feld mit der Feldstärke $E = 2{,}5$ kV/m wirkt auf einen Körper eine Kraft von 50 µN. Bestimmen Sie die Ladung des Körpers.
4. Um einen Durchbruch zu vermeiden, darf am PN-Übergang einer Gleichrichterdiode in Sperrrichtung eine Feldstärke von 1,85 kV/mm nicht überschritten werden. Wie hoch ist die maximale Sperrspannung bei einer Sperrschichtdicke von 30 µm?
5. Zwischen zwei Stromschienen in einer Trafostation darf die Feldstärke 50 kV/m betragen. In welchem Abstand sind die Stromschienen bei einer Spannung von 10 kV zu montieren?
6. Bei einem Kondensator mit einem Plattenabstand von 0,17 mm darf eine Feldstärke von 1500 kV/m nicht überschritten werden. Überprüfen Sie, ob dieser Kondensator **a)** an DC 220 V und **b)** AC 230 V betrieben werden darf.
7. Im homogenen Feld eines Demonstrationskondensators **(Bild 1, Seite 79)** befindet sich eine Probeladung von $Q = 0{,}17$ nC. Die Spannung zwischen den Platten beträgt bei 6,8 mm Abstand 5,82 kV. Berechnen Sie die Kraft auf die Probeladung.
8. In einer Cu-Aderleitung ($A = 1{,}5\,\text{mm}^2$) ist in Längsrichtung eine Feldstärke von 20 mV/m vorhanden. Berechnen Sie die Stromstärke. **Hinweis:** Verwenden Sie zusätzlich die Formel $R = l \cdot \varrho / A$.

5.2 Kapazität von Plattenkondensatoren

Die Kapazität eines Plattenkondensators **(Bild 1)** hängt von der Größe der Plattenfläche, dem Plattenabstand und dem Dielektrikum **(Tabelle)** zwischen den Platten ab.

Beispiel:

Die beiden Platten eines Plattenkondensators haben eine Fläche von 40 cm² und einen Abstand von 0,50 mm. Als Dielektrikum wird Glimmer **(Tabelle)** mit 0,50 mm Dicke verwendet. Welche Kapazität hat der Kondensator?

Lösung:

Aus Tabelle: $\varepsilon_r = 8$

$$C = \frac{\varepsilon_0 \cdot \varepsilon_r \cdot A}{l} = \frac{8{,}85 \cdot 10^{-12}\,\text{As} \cdot 8 \cdot 40\,\text{cm}^2}{\text{Vm} \cdot 0{,}5\,\text{mm}}$$

$$= \frac{8{,}85 \cdot 10^{-12}\,\text{As} \cdot 8 \cdot 40 \cdot 10^{-4}\,\text{m}^2}{\text{Vm} \cdot 0{,}5 \cdot 10^{-3}\,\text{m}} = 5664 \cdot 10^{-13}\,\text{As/V} = \mathbf{566\,pF}$$

$$\varepsilon_0 = 8{,}85 \cdot 10^{-12}\,\frac{\text{As}}{\text{Vm}} = 8{,}85\,\frac{\text{pAs}}{\text{Vm}} = 8{,}85\,\frac{\text{pF}}{\text{m}}$$

Aufgaben zu 5.2

1. Berechnen Sie die Kapazität eines Plattenkondensators mit einer wirksamen Plattenfläche $A = 40\,\text{cm}^2$, einem Plattenabstand $l = 1$ mm und der Permittivitätszahl $\varepsilon_r = 8$.
2. Ein Wickelkondensator besteht aus zwei Aluminiumfolien von je 25 m Länge und 5 cm Breite. Als Dielektrikum wird Polyester **(Tabelle)** von je 0,1 mm Dicke verwendet. Berechnen Sie die Kapazität.
3. Welcher Durchmesser ist für die kreisförmigen Platten eines Kondensators mit einer Kapazität von 1 F bei Luft als Dielektrikum und einem Plattenabstand von 1 mm erforderlich?
4. Ein Folienkondensator **(Bild 2)** hat ein 1,5 µm dickes Dielektrikum aus Polyester **(Tabelle)**. Wie groß müsste die wirksame Plattenfläche eines Plattenkondensators gleicher Kapazität mit dem Dielektrikum Luft statt Polyester sein?
5. Der Abstand l zwischen den Platten eines Plattenkondensators **(Bild 1)** mit dem Durchmesser $D = 28$ cm lässt sich von 0,5 mm bis 5 mm verändern. Berechnen Sie **a)** den maximal möglichen Kapazitätswert und **b)** den Abstand l bei $C = 177$ pF.
6. Ein Scheibenkondensator ($D = 22$ mm) hat eine Kapazität von 6,8 nF. Als Dielektrikum wurde Keramik ($\varepsilon_r = 283$) verwendet. Berechnen Sie **a)** den Abstand zwischen den Metallbelägen. **b)** Wie groß wäre die Kapazität des Scheibenkondensators, wenn man bei gleichem Abstand den Durchmesser der Scheiben verdoppelt?
7. Der Kondensator in der Parallelschaltung **Bild 3** ist voll geladen. Die Feldstärke zwischen den Platten beträgt $E = 460$ kV/m und die wirksame Fläche des Kondensators 1,9 cm². Als Dielektrikum wird Glimmer **(Tabelle)** verwendet. Berechnen Sie **a)** die Dicke des Dielektrikums, **b)** die Spannung am geladenen Kondensator und **c)** die Stromstärke I bei geladenem Kondensator.

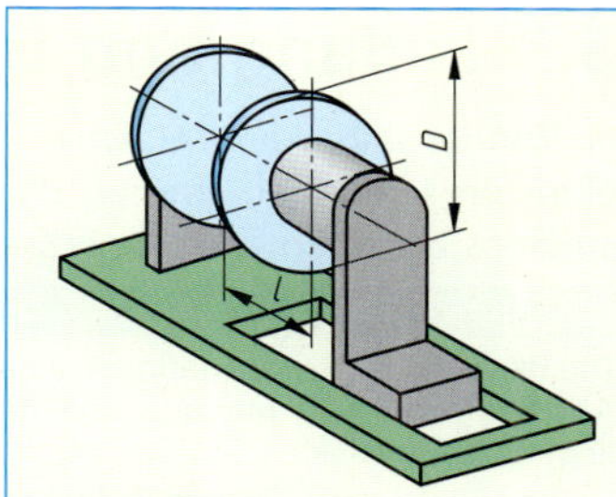

Bild 1: Demonstrations-Plattenkondensator

$$C = \frac{\varepsilon_0 \cdot \varepsilon_r \cdot A}{l}$$

$$\varepsilon = \varepsilon_0 \cdot \varepsilon_r$$

$$[C] = \frac{\text{As} \cdot \text{m}^2}{\text{Vm} \cdot \text{m}} = \frac{\text{As}}{\text{V}} = \text{F}$$

- C Kapazität des Plattenkondensators
- ε_r Permittivitätszahl
- ε_0 elektrische Feldkonstante
- ε Permittivität
- A wirksame Plattenfläche
- l Plattenabstand

Einheiten der Kapazität

- 1 Mikrofarad = 1 µF = 10^{-6} F
- 1 Nanofarad = 1 nF = 10^{-9} F
- 1 Picofarad = 1 pF = 10^{-12} F

Tabelle: Permittivitätszahlen

Dielektrikum	ε_r
Polycarbonat	2,8
Polyester	3,3
Papier	4
Polypropylen	2,2
Glimmer	8
Luft	1

Bild 2: Folienkondensator

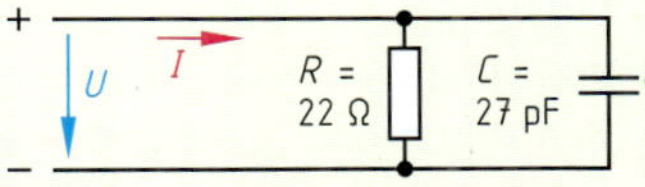

Bild 3: Parallelschaltung

5.3 Ladung und Energie bei Kondensatoren

Der Kondensator kann elektrische Energie im elektrischen Feld und elektrische Ladungen auf den Platten speichern. Zwischen geladenen Kondensatorplatten wirkt eine Kraft **(Bild 1)**.

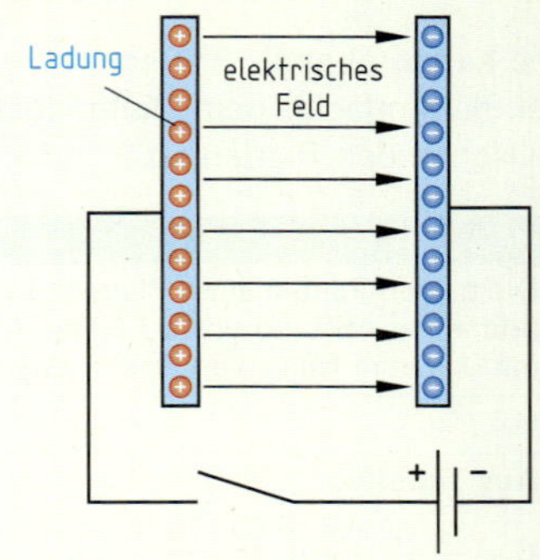

Bild 1: Kondensator an Spannung

Beispiel:

Die Platten des Demonstrationskondensators **(Bild 1, Seite 79)** haben einen Abstand von $l = 2{,}8$ mm und eine Fläche von $A = 530\,\text{cm}^2$. Der Kondensator liegt an einer Gleichspannung von 1,8 kV. Berechnen Sie
a) die Kapazität, **b)** die gespeicherte Ladung, **c)** die gespeicherte Energie und **d)** die Kraft zwischen den geladenen Platten.

Lösung:

a) $C = \dfrac{\varepsilon_0 \cdot \varepsilon_r \cdot A}{l} = \dfrac{8{,}85 \cdot 10^{-12}\,\text{As} \cdot 1 \cdot 5{,}30 \cdot 10^{-2}\,\text{m}^2}{\text{Vm} \cdot 2{,}8 \cdot 10^{-3}\,\text{m}} = 0{,}168 \cdot 10^{-9}\,\text{F} = \mathbf{168\,pF}$

b) $Q = C \cdot U = 168\,\text{pF} \cdot 1{,}8\,\text{kV} = 168 \cdot 10^{-12}\,\text{F} \cdot 1{,}8 \cdot 10^3\,\text{V} = \mathbf{0{,}302\,\mu C}$

c) $W = \dfrac{Q \cdot U}{2} = \dfrac{0{,}302 \cdot 10^{-6}\,\text{As} \cdot 1{,}8 \cdot 10^3\,\text{V}}{2} = \mathbf{272\,\mu J}$

d) $F = \dfrac{\varepsilon_0 \cdot \varepsilon_r \cdot A \cdot U^2}{2 \cdot l^2} = \dfrac{8{,}85 \cdot 10^{-12}\,\text{As} \cdot 1 \cdot 5{,}30 \cdot 10^{-2}\,\text{m}^2 \cdot (1{,}8\,\text{kV})^2}{\text{Vm} \cdot 2 \cdot 2{,}8^2 \cdot 10^{-6}\,\text{m}^2} = \mathbf{97\,mN}$

$$Q = C \cdot U$$

$$[Q] = \text{F} \cdot \text{V} = \frac{\text{As} \cdot \text{V}}{\text{V}} = \text{As} = \text{C}$$

$$W = \frac{C \cdot U^2}{2}; \quad W = \frac{Q \cdot U}{2}$$

$$[W] = \text{As} \cdot \text{V} = \text{Ws} = \text{J}$$

$$F = \frac{\varepsilon_0 \cdot \varepsilon_r \cdot A \cdot U^2}{2 \cdot l^2}$$

$$F = \frac{\varepsilon_0 \cdot \varepsilon_r \cdot A \cdot E^2}{2}$$

$$[F] = \frac{\text{As} \cdot \text{m}^2 \cdot \text{V}^2}{\text{Vm} \cdot \text{m}^2} = \frac{\text{J}}{\text{m}} = \text{N}$$

Q	gespeicherte Ladung
C	Kapazität
U	Spannung am Kondensator
W	gespeicherte Energie
F	Kraft zwischen geladenen Kondensatorplatten
A	Plattenfläche
l	Plattenabstand
E	elektrische Feldstärke
ε	Permittivität
ε_0	elektrische Feldkonstante $8{,}85 \cdot 10^{-12}\,\text{As/Vm} = 8{,}85\,\text{pF/m}$
ε_r	Permittivitätszahl

Aufgaben zu 5.3

1. Berechnen Sie die Ladung eines Kondensators von 15 µF an 220 V Gleichspannung.

2. Ein Kondensator mit 10000 µF wird auf eine Spannung von 200 V geladen. Wie groß ist die gespeicherte Energie?

3. Zum Laden eines Kondensators mit $C = 470\,\mu\text{F}$ wurde eine elektrische Energie von $W = 38$ mWs aufgewendet. Auf welche Spannung U wurde der Kondensator aufgeladen?

4. Ein PKW hat eine Starterbatterie von 12 V, 63 Ah. Berechnen Sie die Kapazität eines Kondensators, der bei gleicher Spannung dieselbe Ladung aufnehmen kann.

5. Zwischen zwei Metallplatten mit einer Fläche von je 700 cm² besteht eine Feldstärke von 3100 V/cm. Mit welcher Kraft ziehen sich die Platten an ($\varepsilon_r = 1$)?

6. Die Ladung eines Elektrons beträgt $e = 1{,}6 \cdot 10^{-19}$ As. Berechnen Sie die Anzahl n der Elektronen, die ein Keramiktrimmer bei einer Kapazität von 22 pF an DC 220 V am negativen Anschluss aufnimmt. **Hinweis:** $n = Q/e$ (siehe auch **Seite 40**).

7. Ein Kondensator mit den Abmessungen nach **Bild 2** liegt an Gleichspannung. Berechnen Sie **a)** die elektrische Feldstärke zwischen den Platten, **b)** die Kapazität, **c)** die gespeicherte Ladung, **d)** die gespeicherte Energie und **e)** die Kraft zwischen den geladenen Kondensatorplatten.

8. An einer Gleichspannungsquelle von 60 V liegt ein Kondensator mit der Kapazität 220 µF. Um wieviel Prozent steigt die gespeicherte Energie, wenn man die Spannung **a)** verdoppelt oder **b)** um 22 % erhöht.

9. Zwei kreisförmige Kondensatorplatten mit 26 cm Durchmesser werden durch eine gleichgroße Keramikscheibe ($\varepsilon_r = 528$) von 3 mm Dicke isoliert. Berechnen Sie die Spannung am Kondensator, wenn er eine Energie von 1,1 J speichert.

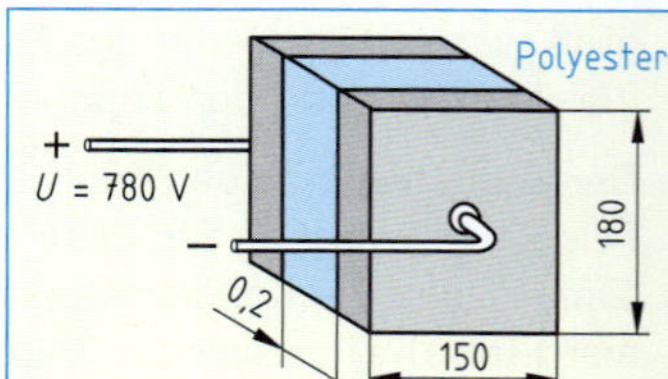

Bild 2: Kondensator

5.4 Schaltungen von Kondensatoren

Bei der Parallelschaltung von Kondensatoren **(Bild 1)** ist die Ersatzkapazität (Gesamtkapazität) gleich der Summe der Einzelkapazitäten. Bei der Reihenschaltung von Kondensatoren **(Bild 2)** ist der Kehrwert der Ersatzkapazität (Gesamtkapazität) gleich der Summe der Kehrwerte der Einzelkapazitäten.

Beispiel:

Ein Zweifachkondensator aus $C_1 = 36\ \mu F$ und $C_2 = 12\ \mu F$ wird wahlweise parallel oder in Reihe geschaltet.
Berechnen Sie

a) die Ersatzkapazität der Parallelschaltung,

b) die Ersatzkapazität der Reihenschaltung,

c) die von der Reihenschaltung gespeicherte Ladung bei einer Gesamtspannung von 10 V und

d) die Teilspannungen an den Kondensatoren bei Reihenschaltung.

Lösung:

a) $\boldsymbol{C} = C_1 + C_2 = 36\ \mu F + 12\ \mu F = \mathbf{48\ \mu F}$

b) $\frac{1}{C} = \frac{1}{C_1} + \frac{1}{C_2} = \frac{1}{36\ \mu F} + \frac{1}{12\ \mu F} = \frac{4}{36\ \mu F}; \quad \Rightarrow \quad \mathbf{C = 9\ \mu F}$

c) $\boldsymbol{Q} = C \cdot U = 9\ \mu F \cdot 10\ V = 90\ \mu As = \mathbf{90\ \mu C}$

d) $\boldsymbol{U_1} = \frac{Q}{C_1} = \frac{90\ \mu C}{36\ \mu F} = \mathbf{2{,}5\ V}; \quad \boldsymbol{U_2} = \frac{Q}{C_2} = \frac{90\ \mu C}{12\ \mu F} = \mathbf{7{,}5\ V}$

Aufgaben zu 5.4

1. Drei Kondensatoren mit $C_1 = 9{,}1\ \mu F$, $C_2 = 15\ \mu F$ und $C_3 = 4{,}7\ \mu F$ sind **a)** parallel und **b)** in Reihe geschaltet. Berechnen Sie für beide Schaltungen die Ersatzkapazität C.
2. Eine Schaltung besteht aus den Kondensatoren mit 2,7 pF, 6,8 pF und 22 pF. Welche Ersatzkapazität ergibt sich **a)** bei Parallelschaltung und **b)** bei Reihenschaltung?
3. Ein Kondensator von 390 pF soll mit einem zweiten in Reihe geschaltet werden, damit sich eine Ersatzkapazität von 80 pF ergibt. Berechnen Sie die Kapazität des zweiten Kondensators.
4. Drei Kondensatoren mit $C_1 = 3{,}9\ \mu F$, $C_2 = 7{,}5\ \mu F$ und C_3 sind parallel geschaltet und ergeben eine Ersatzkapazität von $C = 15\ \mu F$. Berechnen Sie die Kapazität des Kondensators C_3.
5. Berechnen Sie die Ersatzkapazität der gemischten Schaltung nach **Bild 3**.
6. Berechnen Sie für die Schaltung **Bild 4 a)** die Ersatzkapazität, **b)** die in der Schaltung gespeicherte Ladung, **c)** die Einzelladungen Q_1, Q_2 und Q_3 sowie **d)** die Teilspannungen U_1, U_2 und U_3.
7. An einer Reihenschaltung aus $C_1 = 56\ \mu F$ und $C_2 = 8{,}2\ \mu F$ liegt eine Spannung von DC 24 V. Welche Nennspannungen müssen beide Kondensatoren mindestens haben?
8. Die Kondensatoren $C_1 = 12\ \mu F$, $C_2 = 33\ \mu F$ und $C_3 = 56\ \mu F$ sind in Reihe geschaltet. Die Spannung am Kondensator C_2 beträgt 24 V. An welcher Gesamtspannung liegt diese Reihenschaltung?
9. Drei parallel geschaltete Kondensatoren haben eine Ersatzkapazität von 48 µF. Die Einzelkapazitäten verhalten sich wie 1 : 2 : 3. **a)** Welche Kapazität haben die einzelnen Kondensatoren? **b)** Wie groß ist die Ersatzkapazität bei Reihenschaltung der Kondensatoren?

Kondensatorschaltungen

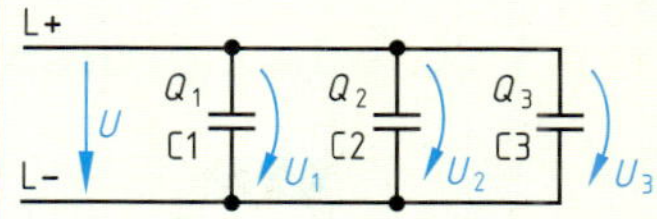

Bild 1: Parallelschaltung

$$U = U_1 = U_2 = U_3 = \ldots$$
$$Q = Q_1 + Q_2 + Q_3 + \ldots$$
$$C = C_1 + C_2 + C_3 + \ldots$$

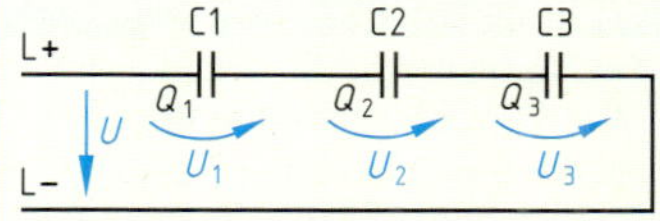

Bild 2: Reihenschaltung

$$Q = Q_1 = Q_2 = Q_3 = \ldots$$
$$U = U_1 + U_2 + U_3 + \ldots$$
$$\frac{1}{C} = \frac{1}{C_1} + \frac{1}{C_2} + \frac{1}{C_3} + \ldots$$

Bei 2 Kondensatoren:

$$C = \frac{C_1 \cdot C_2}{C_1 + C_2}$$

Q	Gesamtladung
Q_1, Q_2	Einzelladungen
U	Gesamtspannung
U_1, U_2	Teilspannungen
C	Ersatzkapazität, Gesamtkapazität
C_1, C_2	Einzelkapazitäten

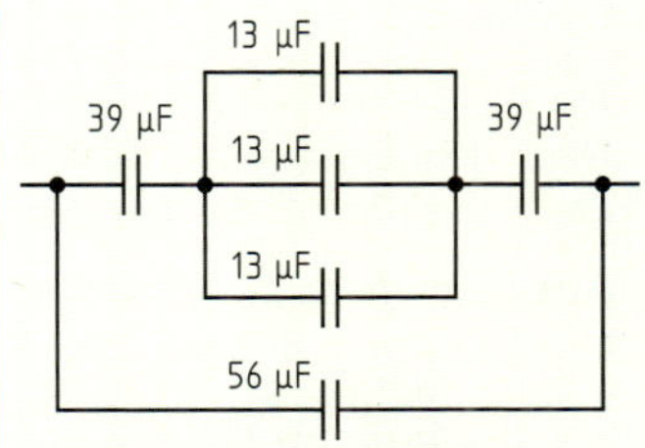

Bild 3: Gemischte Schaltung

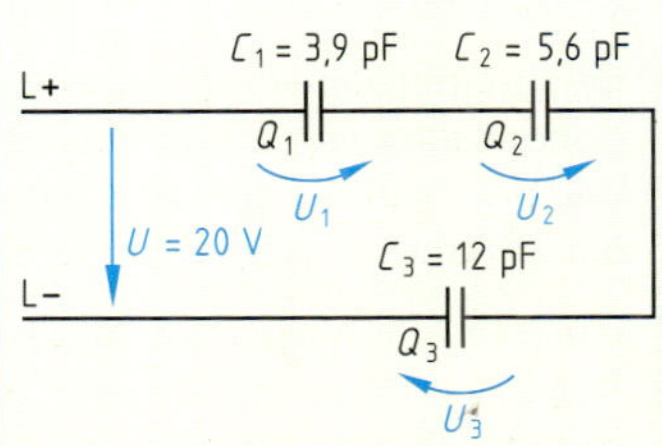

Bild 4: Reihenschaltung

5.5 Laden und Entladen von Kondensatoren

5.5.1 Kondensatorspannung und Zeit

Die Ladezeit eines Kondensators wird um so größer, je größer die Kapazität C und der Vorwiderstand R sind **(Bild 1)**. Nach der Zeitkonstante τ* ist der Kondensator auf 63%, nach $5 \cdot \tau$ auf etwa 100% der angelegten Spannung U_0 geladen. Beim Entladen sinkt die Kondensatorspannung U_C nach τ auf 37% des Anfangswertes U_0, nach $5 \cdot \tau$ etwa auf Null. Der Spannungsverlauf beim Laden und Entladen erfolgt nach e-Funktionen **(Bild 2)**.

Beispiel:

Ein Kondensator $C = 22\,\mu F$ wird über einen Vorwiderstand $R = 10\,k\Omega$ an $U_0 = 60\,V$ Gleichspannung angeschlossen.

a) Nach welcher Zeit t_C ist der Kondensator aufgeladen?

b) Berechnen Sie die Spannung u_C nach einer Ladezeit $t_C = 0{,}5\,s$.

Lösung:

a) $\tau = R \cdot C = 10\,k\Omega \cdot 22\,\mu F = 10 \cdot 10^3\,V/A \cdot 22 \cdot 10^{-6}\,As/V = 0{,}22\,s$

$\boldsymbol{t_C} = 5 \cdot \tau = 5 \cdot 0{,}22\,s = \mathbf{1{,}1\,s}$

b) $u_C = U_0 \cdot (1 - e^{-t/\tau})$; $\frac{t}{\tau} = \frac{0{,}5\,s}{0{,}22\,s} = 2{,}3$; $\Rightarrow e^{-2{,}3} = \frac{1}{e^{2{,}3}} = 0{,}1$

$\boldsymbol{u_C} = 60\,V \cdot (1 - 0{,}1) = \mathbf{54\,V}$

e-Funktion ⇒ Taste e^x; **Beispiel:** $e^{-2{,}3} = ?$

Rechner 1: [e■] [(−)] [2] [·] [3] [=] [0,100258...]

Rechner 2: [2] [·] [3] [+/−] [INV] [eˣ LN] [0,100258...]

Aufgaben zu 5.5.1

1. Ein Kondensator von 10 µF wird über einen Vorwiderstand von 1 MΩ an einer Gleichspannung von 110 V aufgeladen. Berechnen Sie **a)** die Zeitkonstante τ, **b)** die Ladezeit t_c.
2. Ein Kondensator mit $C = 4{,}7\,\mu F$ ist an Gleichspannung voll aufgeladen. Er wird über einen Widerstand von 1,5 MΩ entladen. Berechnen Sie **a)** Zeitkonstante und **b)** Entladezeit.
3. Ein 100-Ω-Widerstand und ein Kondensator sind in Reihe geschaltet. Nach dem Einschalten fließt ein Strom für eine Zeit $t = 0{,}1$ ms. Welche Kapazität hat der Kondensator?
4. Aus Sicherheitsgründen muss nach DIN VDE ein Kompensationskondensator in 60 s von $U = 230\,V$ auf $U \leq 50\,V$ entladen sein. Berechnen Sie den erforderlichen Entladewiderstand für einen Kondensator mit der Kapazität von 6 µF.
5. Ein entladener Kondensator wird über einen Widerstand an DC 1 kV gelegt. Berechnen Sie die Spannung U_c nach $t = 4 \cdot \tau$.
6. Eine Reihenschaltung aus einem Widerstand von 120 kΩ und einem Kondensator von 27 nF wird an eine Gleichspannung 2,8 kV gelegt. Wie groß sind **a)** die Ladezeit und **b)** die Spannung am Kondensator nach 10 ms, wenn der Kondensator im Einschaltmoment entladen ist.
7. Ein Schmitt-Trigger **(Bild 3)** schaltet die Ausgangsspannung am PIN 3 bei der Eingangsspannung $U_1 = 1{,}7\,V$ um. Nach welcher Zeit leuchtet die LED R3, wenn der Kontakt S1 geschlossen wird?

* τ: griechischer Kleinbuchstabe tau

Lade- und Entladespannung

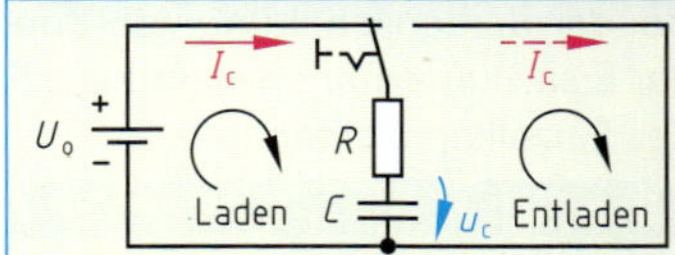

Bild 1: Kondensator an Spannung

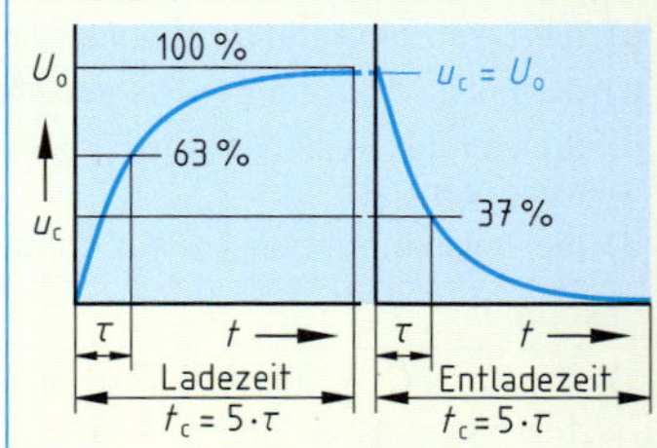

Bild 2: Spannungsverlauf

Spannung beim Laden:

$$u_C = U_0 (1 - e^{-t/\tau})$$

Spannung beim Entladen:

$$u_C = U_0 \cdot e^{-t/\tau}$$

Zeitkonstante:

$$\tau = R \cdot C$$

$$t_C = 5 \cdot \tau$$

$$[\tau] = \Omega \cdot F = \frac{V}{A} \cdot \frac{As}{V} = s$$

U_0	Ladespannung, Spannung des aufgeladenen Kondensators
u_C	Momentanwert der Spannung am Kondensator
τ	Zeitkonstante
t	Zeit
t_C	Lade- bzw. Entladezeit
e	Eulersche Zahl ($e = 2{,}718\ldots$)
R	Widerstand im Stromkreis
C	Kapazität

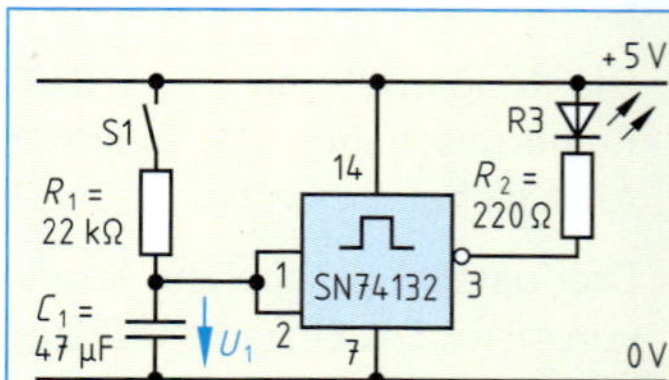

Bild 3: Schmitt-Trigger

5.5.2 Kondensatorstrom und Zeit

Beim Laden eines Kondensators **(Bild 1, Seite 82)** sinkt die Stromstärke entsprechend einer e-Funktion nach 5τ auf fast 0 A **(Bild 1)**. Nach der Zeitkonstanten τ ist der Ladestrom auf 37 % des Anfangswertes I_0 gesunken. Der Entladestrom hat die entgegengesetzte Richtung wie der Ladestrom.

Beispiel:

Berechnen Sie die Stromstärke i_C beim Laden eines Kondensators nach einer Zeit von $t = 3{,}9$ ms, wenn die Zeitkonstante $\tau = 2{,}4$ ms und die Anfangsstromstärke $I_0 = 125$ mA beträgt.

Lösung:

$i_C = I_0 \cdot e^{-\frac{t}{\tau}}$; $\frac{t}{\tau} = \frac{3{,}9\text{ ms}}{2{,}4\text{ ms}} = 1{,}625$; $i_C = 125\text{ mA} \cdot e^{-1{,}625} = \mathbf{24{,}6\text{ mA}}$

Lade- und Entladestrom des Kondensators

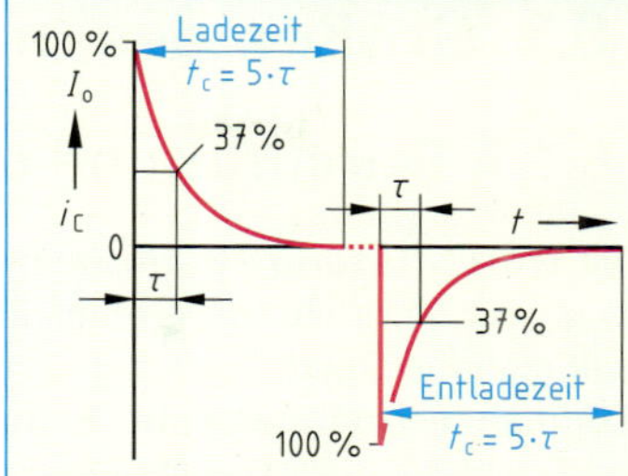

Bild 1: Stromverlauf

Stromstärke beim Laden	**Stromstärke beim Entladen**
$i_C = I_0 \cdot e^{-\frac{t}{\tau}}$	$i_C = -I_0 \cdot e^{-\frac{t}{\tau}}$
$I_0 = \frac{U_0}{R}$	$I_0 = \frac{U_C}{R}$

i_C	Momentanwerte des Lade- bzw. Entladestromes
I_0	Anfangsstromstärke
t	Zeit
t_C	Lade- bzw. Entladezeit
e	Eulersche Zahl ($e = 2{,}718\ldots$)
τ	Zeitkonstante
U_0	Ladespannung
R	Widerstand im Stromkreis
U_C	Kondensatorspannung bei Entladebeginn

Aufgaben zu 5.5.2

1. Bei einer RC-Schaltung beträgt $I_0 = 100$ mA und $\tau = 1$ ms. Berechnen Sie den Entladestrom nach $t = 3$ ms.

2. Um einen Kondensator von 47 µF nach dem Abschalten zu entladen, wird ein Widerstand von 2,2 kΩ parallel geschaltet. Die Spannung des aufgeladenen Kondensators beträgt DC 780 V. Berechnen Sie **a)** die Zeitkonstante, **b)** die Entladezeit nach dem Abschalten und **c)** die Entladestromstärke 10 ms nach Entladebeginn.

3. Ein Widerstand $R = 240$ kΩ und ein Kondensator $C = 33$ nF werden in Reihe an eine Gleichspannung von 65 V geschaltet. Berechnen Sie **a)** die Anfangsstromstärke, **b)** die Zeitkonstante, **c)** die Ladezeit, **d)** die Ladestromstärke 5 ms nach Ladebeginn.

4. Ermitteln Sie für **Bild 2** **a)** die Stromstärke durch den Widerstand, wenn der Schalter S geschlossen und der Kondensator voll geladen ist, **b)** die Zeitkonstante der Schaltung, **c)** die Spannung am Kondensator 8,4 ms, nachdem der Schalter S geöffnet wurde und **d)** die Stromstärke durch den Widerstand 33,6 ms, nachdem der Schalter S geöffnet wurde.

5. Ein Kondensator mit 16 µF wird über einen Widerstand an DC 84 V geladen. Nach einer Ladedauer von 11,4 s werden am Kondensator 61 V gemessen. Berechnen Sie **a)** die Zeitkonstante τ, die Ladezeit t_c und **b)** den Widerstandswert. **c)** Wie groß ist die Spannung am Widerstand 3,5 s nach Ladebeginn?

6. Eine Zeitverzögerung mit einem Relais ist nach **Bild 3** aufgebaut. Der Wirkwiderstand des Relais beträgt 570 Ω, die Abfallspannung (Haltespannung) 9 V. Berechnen Sie **a)** die Stromstärke im Einschaltmoment und **b)** den Betriebsstrom. **c)** Nach welcher Zeit fällt das Relais (nach Abschalten der Betriebsspannung) ab?

● 7. Die gemischte Schaltung aus zwei Widerständen und zwei Kondensatoren **(Bild 4)** wird über einen Schalter S an DC 120 V geschaltet. Berechnen Sie **a)** die Zeitkonstante, **b)** die maximale Stromstärke der Schaltung beim Laden, **c)** die Stromstärke 130 ms nach Schließen des Schalters S, **d)** die Spannung an C_1 und C_2 nach Beendigung des Ladevorganges. **e)** Wie groß ist die Entladestromstärke 180 ms nach Öffnen des Schalters S, wenn die beiden Kondensatoren voll geladen waren?

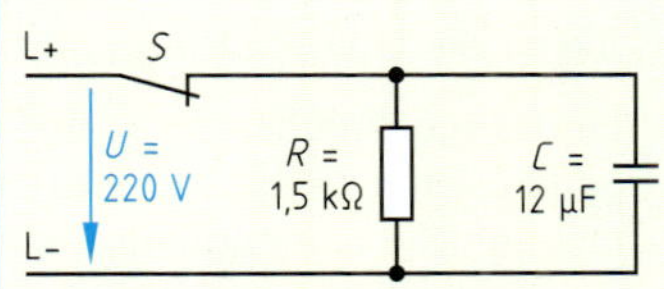

Bild 2: Parallelschaltung

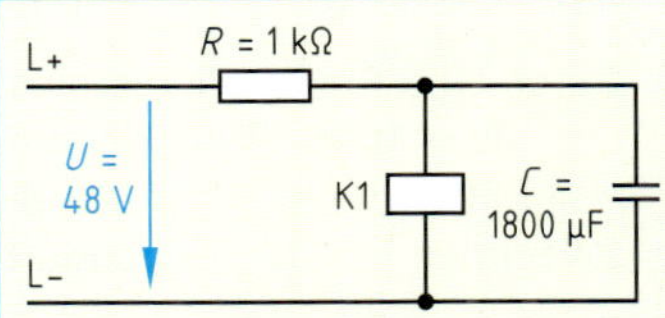

Bild 3: Relaisschaltung

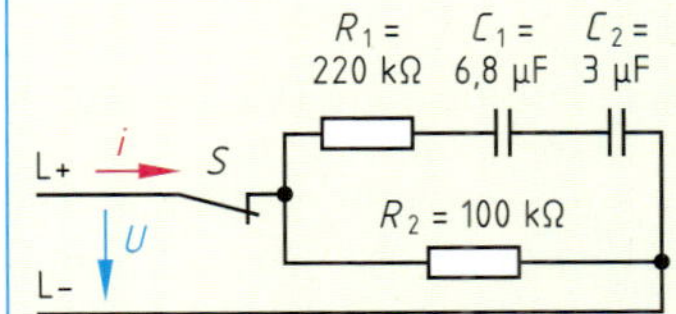

Bild 4: Gemischte Schaltung

6 Magnetisches Feld

6.1 Größen des magnetischen Feldes

6.1.1 Durchflutung und Feldstärke

Die **Durchflutung** Θ* (magnetische Spannung) einer Spule ist um so größer, je größer die Stromstärke I und die Windungszahl N sind. Teilt man die Durchflutung Θ durch die mittlere Feldlinienlänge l_m, erhält man die **magnetische Feldstärke** H, gemessen in A/m.

> Bei langen Zylinderspulen ohne Eisenkern gilt:
> Feldlinienlänge = Spulenlänge ($l_m = l$).

Beispiel:

Durch eine Ringspule **(Bild 2)** mit 500 Windungen fließt ein Strom von 0,45 A. Der mittlere Durchmesser d_m des Ringes beträgt 10 cm.
Berechnen Sie
a) die Durchflutung Θ und
b) die magnetische Feldstärke H.

Lösung:

a) $\Theta = I \cdot N = 0{,}45\,\text{A} \cdot 500 = \mathbf{225\,A}$

b) $H = \frac{\Theta}{l_m} = \frac{\Theta}{\pi \cdot d_m} = \frac{225\,\text{A}}{\pi \cdot 10\,\text{cm}} = 7{,}16\,\frac{\text{A}}{\text{cm}} = \mathbf{716\,\frac{A}{m}}$

Aufgaben zu 6.1.1

1. Eine Relaisspule für 60 V Gleichspannung hat 800 Windungen und einen Widerstand von 500 Ω. Berechnen Sie **a)** den Spulenstrom und **b)** die Durchflutung.
2. Eine Ringspule **(Bild 2)** hat 250 Windungen und nimmt den Strom $I = 4$ A auf. Die mittlere Feldlinienlänge beträgt 280 mm. Berechnen Sie **a)** die Durchflutung und **b)** die magnetische Feldstärke.
3. Eine lange Zylinderspule ohne Eisenkern **(Bild 1)** mit 480 Windungen hat eine Länge von 240 mm. Es fließt ein Strom von 3,6 A. Berechnen Sie die magnetische Feldstärke.
4. Eine Spule mit geschlossenem Eisenkern hat $N = 1000$ Windungen, eine mittlere Feldlinienlänge $l_m = 30$ cm und erzeugt eine magnetische Feldstärke von $H = 400$ A/m. Wie groß ist die Stromstärke?
5. Durch eine Ringspule mit einem Innendurchmesser von $d = 20$ mm und $N = 1000$ Windungen fließt bei einer Feldstärke von $H = 850$ A/m ein Strom $I = 80$ mA.
   Berechnen Sie den Außendurchmesser D der Ringspule.
6. Bei einem 24-V-Gleichstromrelais **(Bild 3)** soll die magnetische Feldstärke 50 A/cm betragen. Berechnen Sie **a)** den Drahtwiderstand und **b)** die mittlere Feldlinienlänge bei angezogenem Anker (Luftspalt vernachlässigt).
7. ● Eine Ringspule **(Bild 2)** aus Kupferdraht liegt an DC 24 V. Es sind bekannt: $d = 52$ mm, $D = 72$ mm, Drahtlänge $l_D = 224$ m, Drahtdurchmesser $d_D = 0{,}1$ mm, mittlere Windungslänge $l_{mD} = 195$ mm. Berechnen Sie **a)** die Windungszahl, **b)** die Durchflutung, **c)** die magnetische Feldstärke und **d)** die Masse der Kupferwicklung.

* Θ: griech. Großbuchstabe Theta

Spulenarten

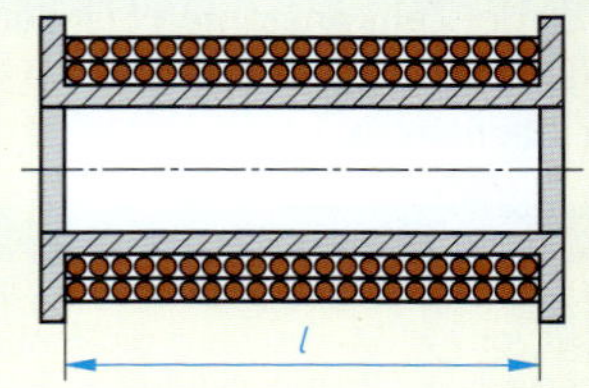

Bild 1: Zylinderspule

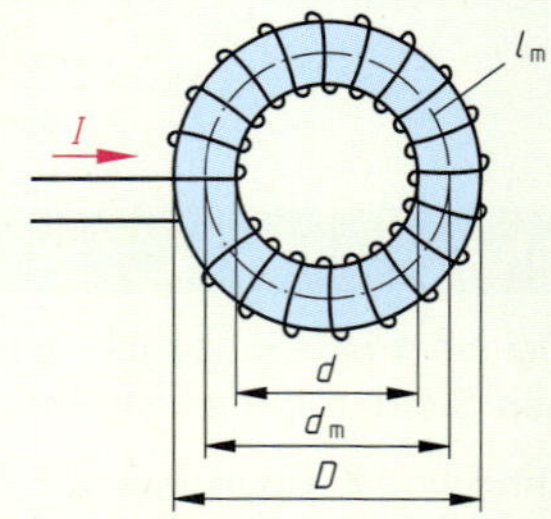

Bild 2: Ringspule

$$l_m = \pi \cdot d_m$$

$$d_m = \frac{D + d}{2}$$

l_m mittlere Feldlinienlänge
d_m mittlerer Durchmesser
d Innendurchmesser
D Außendurchmesser

$$\Theta = I \cdot N \qquad [\Theta] = \text{A}$$

$$H = \frac{\Theta}{l_m} \qquad [H] = \frac{\text{A}}{\text{m}}$$

Θ Durchflutung
I Stromstärke
N Windungszahl
H magnetische Feldstärke
l_m mittlere Feldlinienlänge

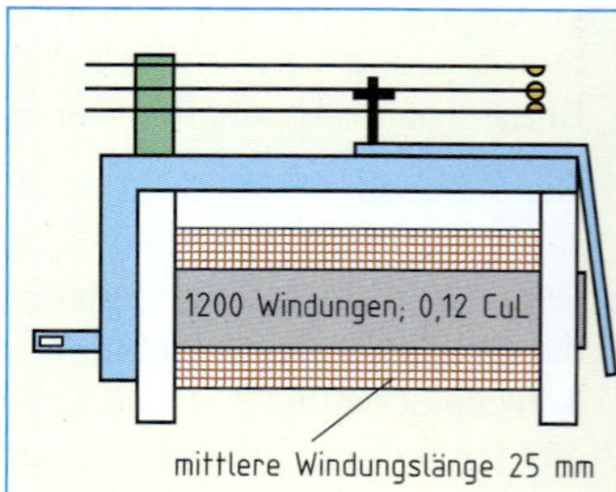

Bild 3: Relais

6.1.2 Magnetischer Fluss, magnetische Flussdichte, Permeabilität

Den **magnetischen Fluss** Φ (Einheit Weber* Wb) kann man sich als die Gesamtheit aller Feldlinien eines elektromagnetischen Feldes vorstellen **(Bild 1)**. Wird der magnetische Fluss durch die Querschnittsfläche A des Feldes dividiert, so erhält man die **magnetische Flussdichte** B (magnetische Induktion). Ihre Einheit ist **Tesla**** (T). Die Permeabilität μ ergibt sich aus der magnetischen Feldkonstanten μ_0 mal der Permeabilitätszahl μ_r des verwendeten Kernwerkstoffes.

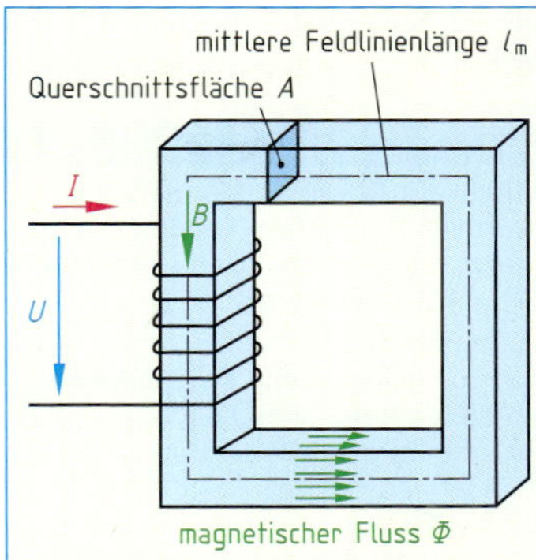

Bild 1: Spule mit geschlossenem Eisenkern

Beispiel:

Die magnetische Feldstärke einer Spule beträgt $H = 2000$ A/m, die Permeabilitätszahl des verwendeten Eisenkerns beträgt $\mu_{r1} = 500$. Berechnen Sie
a) die magnetische Flussdichte ohne Eisenkern und
b) die magnetische Flussdichte mit Eisenkern.

Lösung:

a) Bei Luft: $\mu_r = 1$

$$\boldsymbol{B} = \mu \cdot H = \mu_0 \cdot \mu_r \cdot H = 1{,}257 \cdot 10^{-6}\,\frac{\text{Vs}}{\text{Am}} \cdot 1 \cdot 2000\,\frac{\text{A}}{\text{m}} = \mathbf{2{,}5\,mT}$$

b) $$\boldsymbol{B_1} = \mu_1 \cdot H = \mu_0 \cdot \mu_{r1} \cdot H = 1{,}257 \cdot 10^{-6}\,\frac{\text{Vs}}{\text{Am}} \cdot 500 \cdot 2000\,\frac{\text{A}}{\text{m}} = \mathbf{1{,}26\,T}$$

Magnetische Feldkonstante:

$$\mu_0 = 1{,}257 \cdot 10^{-6}\,\frac{\text{Vs}}{\text{Am}} = 1{,}257 \cdot 10^{-6}\,\frac{\text{H}}{\text{m}}$$

$$B = \frac{\Phi}{A}$$

$$B = \mu \cdot H$$

$$\mu = \mu_0 \cdot \mu_r$$

$$\mu_0 = 1{,}257 \cdot 10^{-6}\,\frac{\text{Vs}}{\text{Am}}$$

$$\mu_0 = 1{,}257 \cdot 10^{-6}\,\frac{\text{H}}{\text{m}}$$

$$[\Phi] = \text{Vs} = \text{Wb}$$

$$[B] = \frac{\text{Vs}}{\text{m}^2} = \frac{\text{Wb}}{\text{m}^2} = \text{T}$$

B	magnetische Flussdichte
Φ	magnetischer Fluss***
A	Querschnittsfläche
H	magnetische Feldstärke
μ	Permeabilität
μ_0	magnetische Feldkonstante
μ_r	Permeabilitätszahl (relative Permeabilität)

Permeabilitätszahlen

- Ferromagnetische Werkstoffe $\mu_r \gg 1$
- Nichtferromagnetische Werkstoffe $\mu_r \approx 1$
- Luft $\mu_r = 1$

Aufgaben zu 6.1.2

1. Der Polquerschnitt eines Elektromagneten mit einem magnetischen Fluss $\Phi = 1{,}8$ mWb hat die Abmessungen 60 mm × 30 mm. Wie groß ist die magnetische Flussdichte im Eisenkern?
2. In einer Spule mit Eisenkern ($\mu_{r1} = 620$) ist die magnetische Feldstärke 1800 A/m. Berechnen Sie die magnetische Flussdichte **a)** ohne Eisenkern und **b)** mit Eisenkern?
3. Ein Elektromagnet hat einen Polquerschnitt von 15 cm². Wie groß ist der magnetische Fluss bei einer Flussdichte von 0,6 T?
4. Die Flussdichte eines Elektromagneten mit der Polbreite von 50 mm beträgt 0,95 T. Der magnetische Fluss ist 0,95 mWb. Berechnen Sie **a)** die Polfläche und **b)** die Pollänge des Elektromagneten.
5. Eine Funkentstördrossel hat die Form eines Kreisringes (Ringspule). Der kreisförmige Kern hat einen Durchmesser von 2,8 cm. Der magnetische Fluss beträgt 0,4 mWb. Berechnen Sie die magnetische Flussdichte.
6. Die magnetische Flussdichte einer eisenlosen Ringspule (Feldlinienlänge $l_m = 12$ cm) soll 3 mT betragen. Berechnen Sie die Windungszahl bei einem Strom von 0,1 A.
7. Eine stromdurchflossene Spule **(Bild 2)** hat $N = 280$ Windungen und ist auf einen geschlossenem Eisen-Ringkern mit rundem Querschnitt und einer Permeabilitätszahl von $\mu_r = 480$ gewickelt. Berechnen Sie **a)** die Flussdichte B und **b)** den magnetischen Fluss Φ.

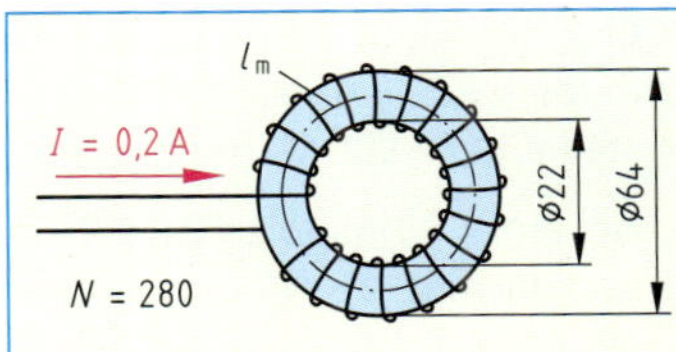

Bild 2: Ringspule

* Weber, dt. Physiker, 1804 bis 1891
** Tesla, kroatischer Physiker, 1856 bis 1943 *** Φ: griech. Großbuchstabe Phi

6 Magnetisches Feld

6.1.3 Arbeiten mit Magnetisierungskennlinien

Die Abhängigkeit der magnetischen Flussdichte B von der Feldstärke H wird bei ferromagnetischen Werkstoffen Magnetisierungskennlinien entnommen **(Bild 1)**.

Beispiel:

Der Kern eines Transformators ist aus Elektroblech hergestellt. Die mittlere Feldlinienlänge im Elektroblech beträgt $l_m = 40\,cm$. Die magnetische Flussdichte soll $B = 1{,}2\,T$ betragen.

Ermitteln Sie
a) die magnetische Feldstärke H,
b) die erforderliche Durchflutung Θ und
c) die Permeabilitätszahl μ_r.

Lösung:

a) Aus der Magnetisierungskennlinie **(Bild 1)**:
$\boldsymbol{H} = 5\,A/cm = \mathbf{500\,A/m}$.

b) $\Theta = H \cdot l_m = 500\,\frac{A}{m} \cdot 0{,}4\,m = \mathbf{200\,A}$

c) $\mu_r = \frac{B}{\mu_0 \cdot H} = \frac{1{,}2\,Vs \cdot Am \cdot m}{1{,}257 \cdot 10^{-6}\,Vsm^2 \cdot 500\,A} = \mathbf{1910}$

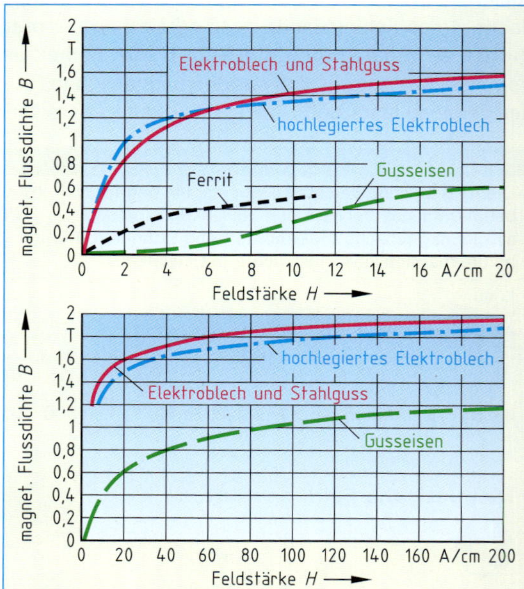

Bild 1: Magnetisierungskennlinien

Aufgaben zu 6.1.3

1. Ermitteln Sie den magnetischen Fluss in einem Transformatorkern aus hochlegiertem Elektroblech mit der Querschnittsfläche 25 cm². Die magnetische Feldstärke beträgt 20 A/cm.

2. Bestimmen Sie mithilfe der Magnetisierungskennlinien **(Bild 1)** die fehlenden Größen in der **Tabelle**.

Tabelle: Aufgaben zu Magnetisierungskennlinien

Werkstoff	hochlegiertes E-Blech			Gusseisen		
Aufgabe	a	b	c	d	e	f
B in T	?	0,8	?	?	0,8	?
H in A/cm	2	?	140	8	?	20
μ_r	?	?	?	?	?	?

3. Der Eisenkern eines Gleichstromschützes besteht aus Elektroblech. Die mittlere Feldlinienlänge bei angezogenem Anker beträgt 5,5 cm. Die Spule hat 1100 Windungen. Welche magnetische Flussdichte entsteht bei angezogenem Anker (Luftspalt vernachlässigt) und einer Stromaufnahme von $I = 1{,}5\,A$?

4. In einem geschlossenen Kern aus Gusseisen mit dem Querschnitt 30 mm × 40 mm und einer mittleren Feldlinienlänge von 500 mm wird der magnetische Fluss durch eine Spule mit 1600 Windungen erzeugt. Die Spule hat einen Widerstand von 400 Ω und liegt an 110 V Gleichspannung. Ermitteln Sie **a)** die magnetische Flussdichte, **b)** den magnetischen Fluss, **c)** die Permeabilitätszahl.

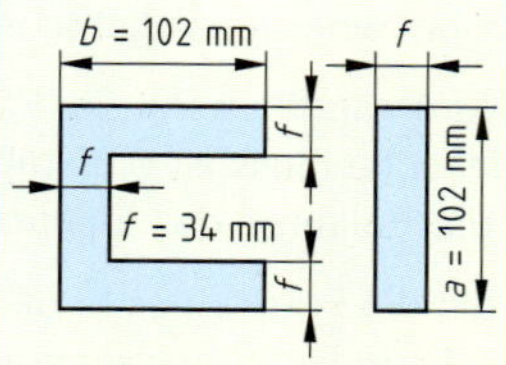

Bild 2: UI-Kernblech

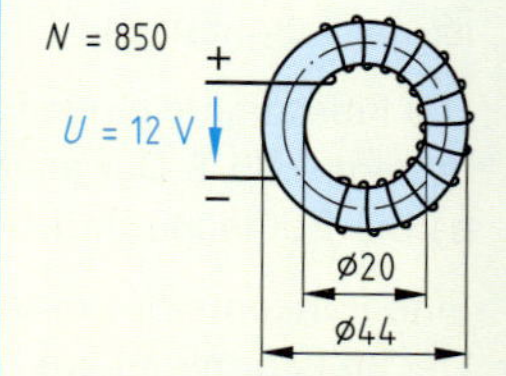

Bild 3: Ringspule

5. Ein Transformatorkern **(Bild 2)** aus hochlegiertem Elektroblech hat eine Pakethöhe von 35 mm und einen Eisenfüllfaktor von 0,9. Er ist ohne Luftspalt geschichtet. Ermitteln Sie **a)** den Eisenquerschnitt, **b)** die mittlere Feldlinienlänge, **c)** die Feldstärke im Kern bei der Flussdichte $B = 1{,}2\,T$, **d)** die erforderliche Stromstärke bei 1100 Windungen.

6. Bei einer Ringspule **(Bild 3)** mit einem Gusseisenkern beträgt der Durchmesser des Cu-Drahtes 0,3 mm und der mittlere Windungsdurchmesser 13 mm. Berechnen Sie die **a)** Durchflutung, **b)** Feldstärke, **c)** magnetische Flussdichte und **d)** Permeabilitätszahl des Kernmaterials.

6.2 Magnetische Kreise

Bei magnetischen Kreisen unterscheidet man:

- Magnetische Kreise ohne Luftspalt **(Bild 1)** und
- magnetische Kreise mit Luftspalt **(Bild 2)**.

Bei magnetischen Kreisen mit Luftspalt wird die Gesamtdurchflutung berechnet, indem man die erforderlichen Teildurchflutungen addiert. Dabei nimmt man an, dass der magnetische Fluss im ganzen Kreis gleich groß ist. Die Streuung wird hierbei vernachlässigt.

Beispiel 1:

Eine Spule hat 8000 Windungen und befindet sich auf einem Kern aus Stahlguss. Die mittlere Feldlinienlänge im Kern beträgt $l_{Fe} = 75$ cm, der Kernquerschnitt ist $A = 40$ cm². Ermitteln Sie für den magnetischen Fluss $\Phi = 6$ mWb mithilfe der Magnetisierungskennlinien **(Seite 86)**

a) den Spulenstrom bei geschlossenem Eisenkern und
b) den Spulenstrom, wenn der Kern einen Luftspalt von 5 mm enthält.
c) Vergleichen Sie die Spulenströme bei **a)** und **b)**.

Lösung:

a) $B = \frac{\Phi}{A} = \frac{6\ \text{mWb}}{40\ \text{cm}^2} = \frac{0{,}006\ \text{Wb}}{0{,}004\ \text{m}^2} = 1{,}5\ \text{T}$

Aus **Bild 1 Seite 86**: $H = 14\ \text{A/cm} = 1400\ \text{A/m}$

Durchflutung im Kern:

$$\Theta_{Fe} = H_{Fe} \cdot l_{Fe} = 1400\ \frac{\text{A}}{\text{m}} \cdot 0{,}75\ \text{m} = 1050\ \text{A}$$

$$I_1 = \frac{\Theta_{Fe}}{N} = \frac{1050\ \text{A}}{8000} = \mathbf{0{,}13\ A}$$

b) Durchflutung im Luftspalt:

$$H_{Luft} = \frac{B}{\mu_r \cdot \mu_0} = \frac{1{,}5\ \text{T}}{1 \cdot 1{,}257 \cdot 10^{-6}\ \text{Vs/Am}} = 1193 \cdot 10^3\ \frac{\text{A}}{\text{m}} = 1193\ \frac{\text{kA}}{\text{m}}$$

$$\Theta_{Luft} = H_{Luft} \cdot l_{Luft} = 1193 \cdot 10^3\ \frac{\text{A}}{\text{m}} \cdot 5 \cdot 10^{-3}\ \text{m} = 5965\ \text{A}$$

$$\Theta = \Theta_{Fe} + \Theta_L = 1050\ \text{A} + 5965\ \text{A} = 7015\ \text{A}$$

$$I_2 = \frac{\Theta}{N} = \frac{7015\ \text{A}}{8000} = \mathbf{0{,}88\ A}$$

c) $I_2 \approx 7 \cdot I_1$; Der Spulenstrom ist beim Kern mit Luftspalt wesentlich größer.

Magnetisierungskennlinien: **Seite 86**

Aufgaben zu 6.2

1. In einer Spule mit 1200 Windungen und einem geschlossenen Eisenkern fließt ein Strom $I = 58$ mA. Berechnen Sie die Durchflutung.
2. Eine Spule mit 1648 Windungen, einer mittleren Feldlinienlänge von 165 mm und einem Drahtwiderstand von 583 Ω liegt an einer Gleichspannung von 35 V. Der Spulenkern besteht aus Ferrit (ohne Luftspalt). Ermitteln Sie **a)** die Durchflutung, **b)** die magnetische Feldstärke und die magnetische Flussdichte sowie **c)** die Permeabilitätszahl.
3. Ein UI-Kern **(Bild 3)** besteht aus Elektroblech. Im magnetischen Kreis soll ein magnetischer Fluss von $116 \cdot 10^{-6}$ Vs nicht überschritten werden. Wie groß ist die höchstzulässige Gesamtdurchflutung?

Magnetische Kreise

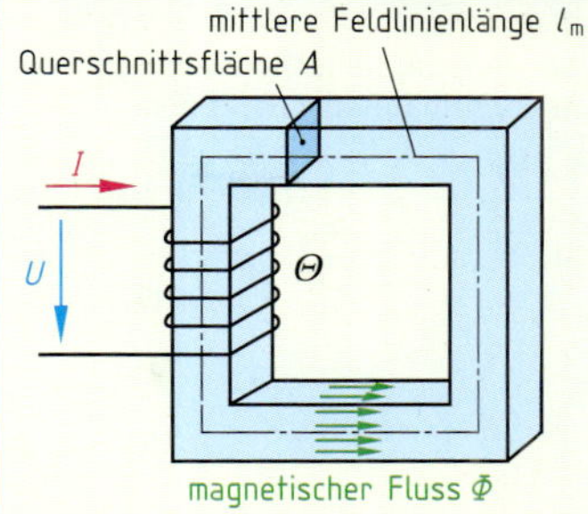

Bild 1: Magnetischer Kreis ohne Luftspalt

$$\Theta = I \cdot N$$
$$\Theta = H \cdot l_m$$

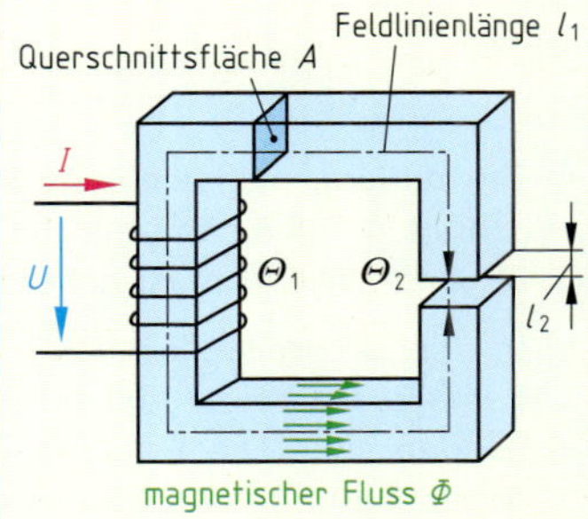

Bild 2: Magnetischer Kreis mit Luftspalt

$$\Theta = \Theta_1 + \Theta_2 + \Theta_3 + \ldots$$
$$\Theta = H_1 \cdot l_1 + H_2 \cdot l_2 + \ldots$$
$$[\Theta] = \frac{\text{A}}{\text{m}} \cdot \text{m} = \text{A}$$

Θ	Gesamtdurchflutung
I	Stromstärke
N	Windungszahl
Θ_1, Θ_2	Teildurchflutungen
H	Feldstärke
H_1, H_2	Teilfeldstärken
l_m	mittlere Feldlinienlänge
l_1, l_2	Feldlinien-Teillängen

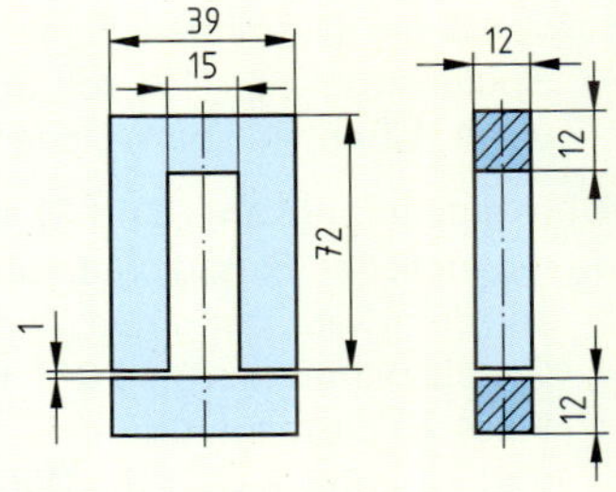

Bild 3: UI-Kern

Beispiel 2:

Ein UI-Kern **(Bild 3, Seite 87)** hat eine Permeabilitätszahl von 2200. Die Durchflutung soll 4800 A betragen. Berechnen Sie
a) den magnetischen Widerstand und
b) den magnetischen Fluss.

Lösung:

a) $$R_{mFe} = \frac{l_{Fe}}{\mu_0 \cdot \mu_r \cdot A} = \frac{0{,}198\ \text{m}}{1{,}257 \cdot 10^{-6} \cdot \frac{\text{Vs}}{\text{Am}} \cdot 2200 \cdot 1{,}44 \cdot 10^{-4}\ \text{m}^2}$$

$$= \frac{0{,}198\ \text{A}}{3{,}98 \cdot 10^{-7}\ \text{Vs}} = 4{,}97 \cdot 10^5\ \frac{\text{A}}{\text{Vs}}$$

$$R_{mL} = \frac{l_L}{\mu_0 \cdot A} = \frac{0{,}002\ \text{m}}{1{,}257 \cdot 10^{-6} \cdot \frac{\text{Vs}}{\text{A}} \cdot 1{,}44 \cdot 10^{-4}\ \text{m}^2}$$

$$= \frac{0{,}002\ \text{A}}{1{,}81 \cdot 10^{-10}\ \text{Vs}} = 110{,}49 \cdot 10^5\ \frac{\text{A}}{\text{Vs}}$$

$$\boldsymbol{R_m} = R_{mFe} + R_{mL} = 4{,}97 \cdot 10^5\ \frac{\text{A}}{\text{Vs}} + 110{,}49 \cdot 10^5\ \frac{\text{A}}{\text{Vs}} = \mathbf{115 \cdot 10^5\ \frac{A}{Vs}}$$

b) $$\boldsymbol{\Phi} = \frac{\Theta}{R_m} = \frac{4800\ \text{A}}{115 \cdot 10^5\ \text{A/Vs}} = \mathbf{0{,}415\ mWb}$$

4. Die mittlere Feldlinienlänge eines geschlossenen Eisenkerns (Querschnitt $A = 4{,}8\ \text{cm}^2$) mit der Permeabilitätszahl von 1730 beträgt 360 mm. Wie groß ist der magnetische Widerstand?

5. In einer Drosselspule mit 235 Windungen und einem geschlossenen Kern aus Gusseisen soll eine magnetische Flussdichte von 1 T vorhanden sein. Die Feldlinienlänge beträgt 12 cm. Berechnen Sie **a)** die Durchflutung und **b)** den Strom.

6. Die mittlere Feldlinienlänge in einem UI-Kern mit dem Eisenquerschnitt $A = 26\ \text{cm}^2$ aus hochlegiertem Elektroblech beträgt 60 cm. Die beiden Luftspalte sind jeweils 3 mm breit. Berechnen Sie die erforderliche Durchflutung, wenn im Luftspalt die maximale Flussdichte $B = 1{,}4$ T entstehen soll.

7. Der Eisenkern **(Bild 2)** aus Elektroblech hat eine Schichthöhe von 20 mm. 1,8 Prozent des Kernquerschnitts gehen für die Isolation zwischen den Blechen verloren. Ermitteln Sie **a)** die magnetische Durchflutung, **b)** die magnetische Feldstärke, **c)** die magnetische Flussdichte und **d)** die Permeabilitätszahl und **e)** den magnetischen Widerstand.

8. Ein Kern aus Elektroblech hat eine mittlere Feldlinienlänge von 20 cm im Eisen und einen Luftspalt von 2 mm. Durch die Spule fließt ein Strom von 1,5 A. Dabei entsteht eine magnetische Flussdichte von 1,2 T. Ermitteln Sie die Windungszahl der Spule.

9. Ein Eisenkern aus hochlegiertem Elektroblech hat einen Luftspalt von 3 mm. Die mittlere Feldlinienlänge im Eisen ist 75 cm. Bei einem Spulenstrom von 4 A soll im Eisen eine magnetische Flussdichte von 1,4 T entstehen. Welche Windungszahl muss die Spule haben?

10. In einem Ringkern **(Bild 3)** aus hochlegiertem Elektroblech soll die magnetische Flussdichte von 1,3 T erzeugt werden. Die Wicklung auf dem Kern hat einen Widerstand von 88 Ω und liegt an einer Gleichspannung von 20 V. Berechnen Sie **a)** den magnetischen Fluss, **b)** die magnetische Flussdichte, **c)** die Durchflutung im Eisen und im Luftspalt, **d)** die Windungszahl der Spule, **e)** den magnetischen Widerstand des gesamten Kreises.

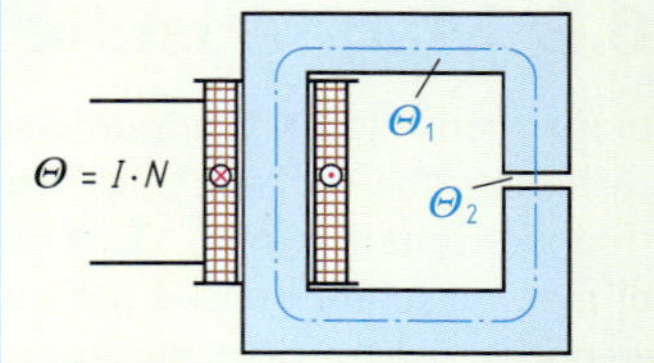

a) magnetischer Kreis mit Luftspalt

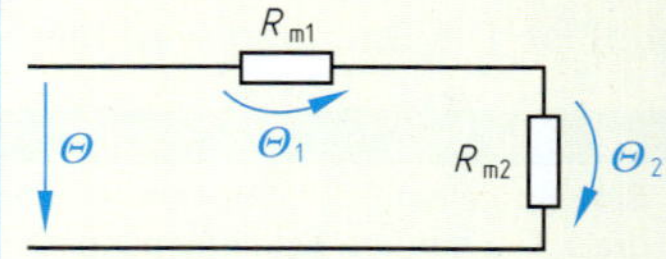

b) Ersatzschaltbild

Bild 1: Ersatzschaltbild, magn. Kreis mit Luftspalt

$$R_m = \frac{\Theta}{\Phi} = \frac{l_m}{\mu_0 \cdot \mu_r \cdot A}$$

$$[R_m] = \frac{\text{m}}{\frac{\text{Vs}}{\text{Am}} \cdot \text{m}^2} = \frac{\text{A}}{\text{Vs}} = \frac{1}{\Omega\text{s}}$$

R_m	magnetischer Widerstand
Θ	Durchflutung
Φ	magnetischer Fluss
l_m	mittlere Feldlinienlänge
μ_0	magnetische Feldkonstante
μ_r	Permeabilitätszahl
A	Querschnittsfläche

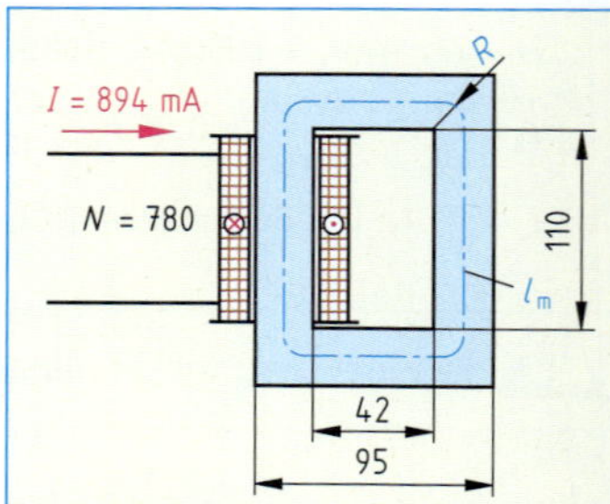

Bild 2: Eisenkern

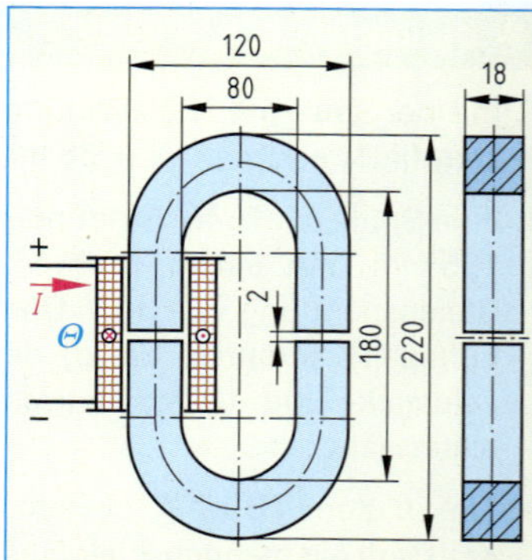

Bild 3: Magnetischer Ringkern

6.3 Magnetische Feldkräfte

Kräfte magnetischer Felder wirken
- auf stromdurchflossene Leiter **(Bild 1)**,
- zwischen parallelen stromdurchflossenen Leitern **(Bild 2)**,
- an Polen von Magneten **(Bild 3)**.

Beispiel:

Die Ankerwicklung eines Gleichstrommotors hat $N = 220$ Windungen (Leiterstrom $I = 6$ A, Ankerlänge $l = 28$ cm) und wird mit der Flussdichte von $B = 0{,}8$ T durchsetzt.
Berechnen Sie die gesamte Umfangskraft F.
Hinweis: Eine Windung sind 2 Leiter; $z = 2 \cdot N$

Lösung:

$$F = B \cdot I \cdot l \cdot z = \frac{0{,}8\,\text{Vs} \cdot 6\,\text{A} \cdot 0{,}28\,\text{m} \cdot 2 \cdot 220}{\text{m}^2} = \mathbf{591\,N}$$

Aufgaben zu 6.3

1. In einer Leiterschleife fließt der Strom $I = 16$ A. Die Leiterlänge der Spulenseite im Magnetfeld mit der Flussdichte $B = 0{,}4$ T beträgt 11 cm. Berechnen Sie die Kraft F.

2. Berechnen Sie die Kraft pro Meter Leiterlänge zwischen zwei parallelen Leitern, die 1 m voneinander entfernt sind und einen Strom von je 1 A führen (Definition für 1 A).

3. In einer Verteilung sind zwei Stromschienen mit $I_1 = 2320$ A und $I_2 = 4330$ A auf einer Länge von 2,2 m im Abstand von 15 cm befestigt. **a)** Wie groß ist die Kraftwirkung? **b)** Welcher Mindestabstand der Stromschienen wäre bei einem Kurzschlussstrom von jeweils 10 kA notwendig, wenn auf die Schienenbefestigung eine Kraft von 800 N einwirken darf?

4. Bei einem Transformator zur Energieversorgung fließt auf der Unterspannungsseite ein Strom von 840 A. Der mittlere Durchmesser der Zylinderwicklung beträgt 0,6 m, der Windungsabstand ist 1,2 cm. Welche Kraft wirkt zwischen benachbarten Leitern?

5. Bei einem Kurzschluss in einer Hochspannungszelle wurde eine der beiden parallel im Abstand von 12 cm verlaufenden 1,8 m langen Sammelschienen aus ihrer Verankerung gerissen. Eine Materialprüfung ergab, dass eine Kraft von 1800 N nötig war. Berechnen Sie die Stromstärke beim Kurzschluss.

6. Ein Elektromagnet hält eine Eisenplatte mit einer Kraft von 235 N. Zu diesem Zeitpunkt beträgt die magnetische Flussdichte 0,8 T. Berechnen Sie die wirksame Polfläche des Magneten.

7. Die Haltekraft eines Hubmagneten soll 5300 N bei einer magnetischen Flussdichte von 1,2 T betragen. Die Polfläche des Kerns aus hochlegiertem Elektroblech hat runden Querschnitt. Die mittlere Feldlinienlänge beträgt 73 cm, die Windungszahl ist 617. Berechnen Sie **a)** die Polfläche, **b)** den Poldurchmesser, **c)** den Strom.

8. Die maximale Ablenkkraft der Spule eines Drehspulmesswerks beträgt 380 µN bei einem Messstrom von $I = 0{,}85$ mA. Die Flussdichte zwischen den Polen ist $B = 750$ mT. Die Leiterlänge im Magnetfeld beträgt $l = 14{,}6$ mm und der mittlere Spulendurchmesser $d_m = 25$ mm. **a)** Berechnen Sie die Windungszahl der Spule. **b)** Wie groß ist das maximale Drehmoment?

Magnetische Feldkräfte

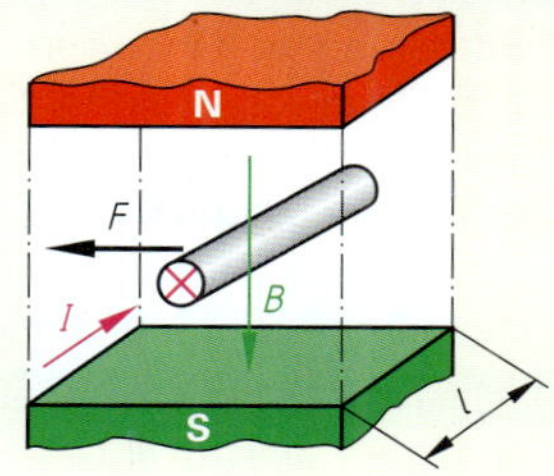

$$F = B \cdot I \cdot l \cdot z$$

Bild 1: Kraft auf einen stromdurchflossenen Leiter im Magnetfeld

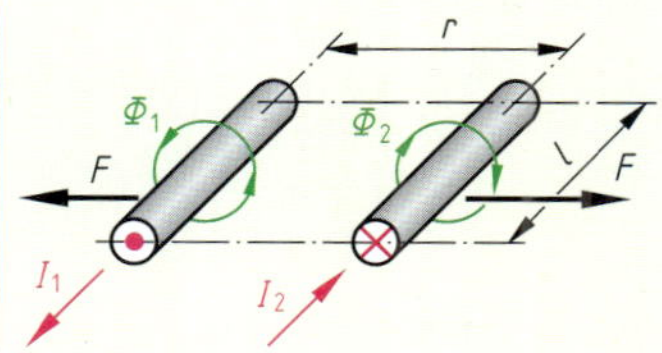

$$F = \frac{\mu_0 \cdot I_1 \cdot I_2 \cdot l}{2 \cdot \pi \cdot r}$$

Bild 2: Kraft zwischen parallelen stromdurchflossenen Leitern

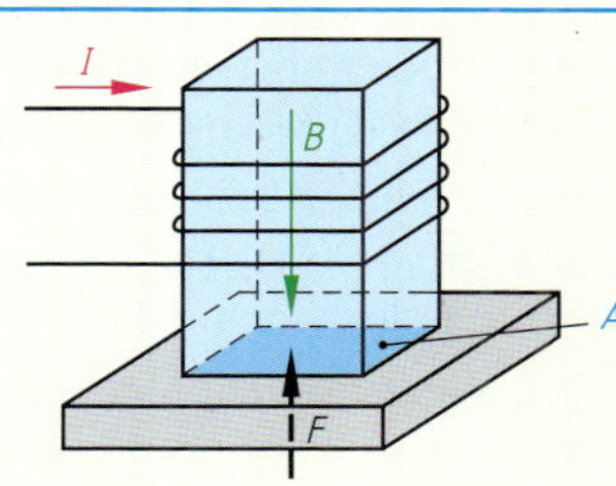

$$F = \frac{B^2 \cdot A}{2 \cdot \mu_0}$$

Bild 3: Kraft an magnetischen Polen

$$[F] = \frac{\text{VAs}}{\text{m}} = \frac{\text{J}}{\text{m}} = \frac{\text{Nm}}{\text{m}} = \text{N}$$

F	Kraft
B	magnetische Flussdichte
I	Stromstärke im Leiter
l	Leiterlänge im Magnetfeld
z	Anzahl der Leiter im Feld
μ_0	magnetische Feldkonstante
I_1, I_2	Leiterstromstärken
r	Leiterabstand
A	wirksame Polfläche

6.4 Elektromagnetische Induktion

Eine Spannung wird induziert, wenn sich die Anzahl der Feldlinien, die von einer Leiterschleife oder Spule umfasst werden, ändert.

- **Induktion in Ruhe:** Flussänderung in einer feststehenden Spule oder Leiterschleife (**Bild 1**).
- **Induktion der Bewegung:** Bewegung einer Spule oder Leiterschleife in einem Magnetfeld (**Bild 2**).

Beispiel:

a) Berechnen Sie die induzierte Spannung u_i in einer Spule mit $N = 100$ Windungen für die Zeitabschnitte A, B und C, wenn sich der magnetische Fluss Φ wie in **Bild 1** (oben) ändert.

b) Zeichnen Sie den Graph der Induktionsspannung in ein u_i-t-Diagramm.

Lösung:

a) A: $\boldsymbol{u_i} = -N\dfrac{\Delta\Phi}{\Delta t} = -\dfrac{N(\Phi_2 - \Phi_1)}{t_2 - t_1} = -\dfrac{100\,(1-0)\text{ mWb}}{(4-0)\text{ ms}} = \mathbf{-25\ V}$

B: $\boldsymbol{u_i} = -\dfrac{100\,(1-1)\text{ mWb}}{(7-4)\text{ ms}} = -\dfrac{0}{3}\text{ V} = \mathbf{0\ V}$

C: $\boldsymbol{u_i} = -\dfrac{100\,(0-1)\text{ mWb}}{(9-7)\text{ ms}} = -\dfrac{-100}{2}\text{ V} = \mathbf{+50\ V}$

b) Siehe **Bild 1** (unten)

Aufgaben zu 6.4

1. Während der Zeitdauer von 50 ms nimmt in einer Spule mit 1200 Windungen der magnetische Fluss gleichmäßig um 0,6 mVs ab. Welche Spannung wird induziert?

2. In einer Spule mit 500 Windungen und der wirksamen Leiterlänge von 4 cm wird bei der Geschwindigkeit von 10 cm/s die Spannung 1,6 V induziert. Berechnen Sie die magnetische Flussdichte.

3. Welche mittlere Spannung wird in einer Spule mit 4000 Windungen induziert, wenn ein Dauermagnet mit einem Fluss von 0,8 mWb während 2 s gleichförmig ganz aus der Spule herausgezogen wird?

4. **a)** Ermitteln Sie die Induktionsspannungen in einer Spule mit 200 Windungen während den Zeitabschnitten A bis G, wenn sich der magnetische Fluss Φ nach **Bild 3** ändert. **b)** Zeichnen Sie das Schaubild $u_i = f(t)$; Maßstab: 10 V ≙ 10 mm, 1 ms ≙ 10 mm.

5. Ein 20 cm langer Kupferdraht wird mit einer konstanten Geschwindigkeit von 15 m/s senkrecht durch ein Magnetfeld von 0,1 T geführt. Wie groß ist die induzierte Spannung u_i?

6. Wie groß ist die induzierte Spannung, wenn durch ein magnetisches Feld mit $B = 670$ mT ein 12 cm langer Leiter mit der Geschwindigkeit 2,5 m/s senkrecht zum Magnetfeld bewegt wird?

7. Der Anker eines Generators mit dem Durchmesser 40 cm hat die Drehzahl 720 min^{-1}. Im Anker sind 50 Leiter, die sich auf einer Länge von 25 cm im Magnetfeld befinden. Es wird eine Spannung $u_i = 110$ V induziert. Wie groß ist die magnetische Flussdichte des Erregerfeldes?

8. Zwei Spulen haben einen gemeinsamen Eisenkern mit dem Querschnitt von $A = 2\text{ cm}^2$. Der Strom in Spule 1 sinkt innerhalb von 2 ms auf 0 A. Die Spule 2 hat 10000 Windungen. Berechnen Sie **a)** den magnetischen Fluss Φ bei einer magnetischen Flussdichte von 1,8 T und **b)** die Spannung, die in Spule 2 induziert wird.

Elektromagnetische Induktion

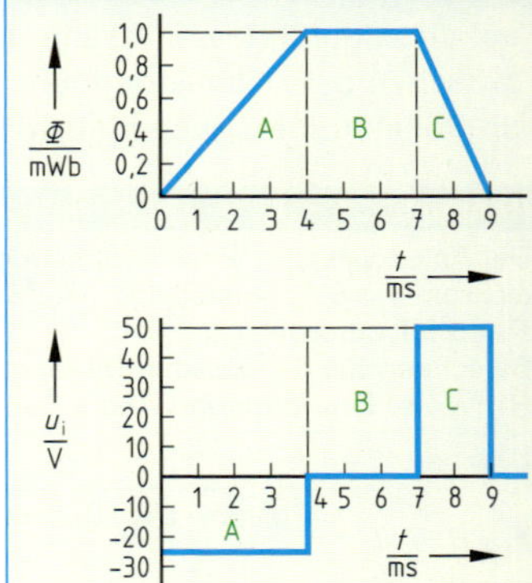

$u_i = -N\cdot\dfrac{\Delta\Phi}{\Delta t}$ $\quad [u_i] = \dfrac{\text{Vs}}{\text{s}} = \text{V}$

$\Delta\Phi = \Phi_2 - \Phi_1$ $\quad \Delta t = t_2 - t_1$

Bild 1: Induktion der Ruhe

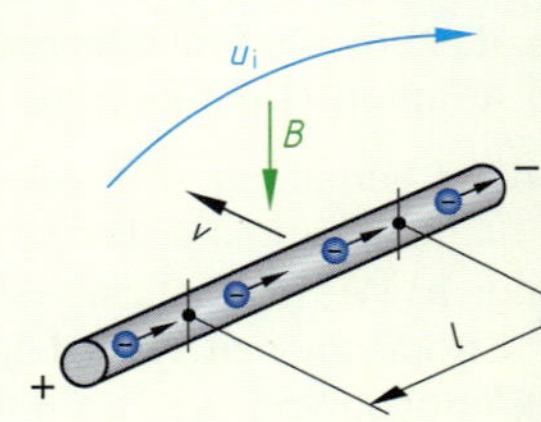

$u_i = B\cdot l\cdot v\cdot z$

Bild 2: Induktion der Bewegung

$[u_i] = \dfrac{\text{Vs}\cdot\text{m}\cdot\text{m}}{\text{m}^2\cdot\text{s}} = \text{V}$

u_i	induzierte Spannung
N	Windungszahl
$\Delta\Phi$	Flussänderung
Δt	Zeitdauer der Flussänderung
B	magnetische Flussdichte
l	wirksame Leiterlänge
v	Geschwindigkeit
z	Anzahl der Leiter

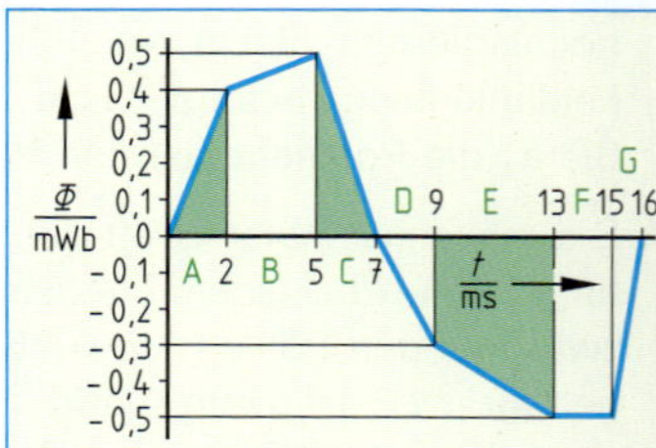

Bild 3: Φ (t)-Diagramm

6.5 Spule an Gleichspannung

Wird eine Spule an Gleichspannung betrieben, ändert sich die Stromstärke beim Ein- und Ausschalten nicht sprunghaft. Der zeitliche Verlauf von Strom i_L und induzierter Spannung u_L **(Bild)** beim Ein- und Ausschaltvorgang erfolgt nach einer e-Funktion.

Beispiel:

Eine Relaisspule mit einer Induktivität von $L = 100\,\text{mH}$ hat einen Gesamtwiderstand von $R = 1{,}1\,\text{k}\Omega$ und ist an eine Spannung von $U_0 = 12\,\text{V}$ angeschlossen.

a) Welche Zeitkonstante τ hat die Relaisspule?

b) Wie groß ist die induzierte Spannung u_L nach $t = 200\,\mu\text{s}$?

Lösung:

a) $\tau = \frac{L}{R} = \frac{100\,\text{mH}}{1{,}1\,\text{k}\Omega} = \mathbf{91\,\mu s}$

b) $u_L = U_0 \cdot e^{-t/\tau} = 12\,\text{V} \cdot e^{-200\,\mu\text{s}/91\,\mu\text{s}} = 12\,\text{V} \cdot e^{-2{,}2} = 12\,\text{V} \cdot 0{,}11 = \mathbf{1{,}32\,V}$

Eine Spule hat die Induktivität $L = 1\,\text{H}$, wenn bei gleichförmiger Stromänderung $\Delta i = 1\,\text{A}$ in $\Delta t = 1\,\text{s}$ eine Spannung $u_i = 1\,\text{V}$ induziert wird.

$$u_i = -L \cdot \frac{\Delta i}{\Delta t}$$

Aufgaben zu 6.5

1. Eine Spule mit der Spulenkonstanten $A_L = 250\,\text{nH}$ hat $N = 200$ Windungen. Berechnen Sie die Induktivität L der Spule.

2. Für einen Funktionsgenerator wird eine Luftspule für die Frequenz $f = 1\,\text{MHz}$ benötigt. Die Induktivität der Spule beträgt $L = 19\,\mu\text{H}$, der Windungsdurchmesser $D = 12\,\text{mm}$ und die Spulenlänge $l = 3\,\text{cm}$. Berechnen Sie die Windungszahl.

3. Für eine Spule mit Eisenkern **(Bild 2, Seite 85)** beträgt die mittlere Feldlinienlänge $l = 0{,}14\,\text{m}$, die Windungszahl $N = 280$ und der Kernquerschnitt $A = 3{,}4\,\text{cm}^2$. Der Strom in der Spule ändert sich innerhalb $\Delta t = 0{,}01\,\text{s}$ von $I_1 = 0{,}20\,\text{A}$ auf $I_2 = 0{,}18\,\text{A}$. In diesem Strombereich beträgt die Permeabilitätszahl $\mu_r = 580$. Ermitteln Sie für diesen Strombereich **a)** die Induktivität L der Spule und **b)** die induzierte Spannung.

4. Eine Zylinderspule ohne Kern hat eine Länge von 8,4 cm und einen mittleren Durchmesser von 0,8 cm. Die Spule wird mit Cu-L-Draht von $d = 0{,}6\,\text{mm}$ einlagig und ohne Lücke zwischen den Drahtwindungen bewickelt. **a)** Welche Induktivität hat die Spule? **b)** Berechnen Sie die Zeitkonstante τ.

5. Eine Drosselspule ($L = 2\,\text{H}$, $R = 14\,\Omega$) wird in einem Schaltnetzteil an eine Spannung von $U_0 = 24\,\text{V}$ geschaltet. Wie groß ist 0,5 s nach dem Einschalten **a)** der Strom und **b)** die induzierte Spannung? **c)** Nach welcher Zeit beträgt die induzierte Spannung 18 V?

6. Ein 24-V-Gleichstromrelais hat die Induktivität $L = 0{,}30\,\text{H}$. Der Widerstand im Stromkreis der Relaisspule beträgt beim Ein- und Ausschalten $R = 200\,\Omega$. Bei einem Strom von $I_1 = 70\,\text{mA}$ fällt das Relais ab. Nach welcher Zeitdauer nach dem Ausschalten fällt das Relais ab?

Spule an Gleichspannung

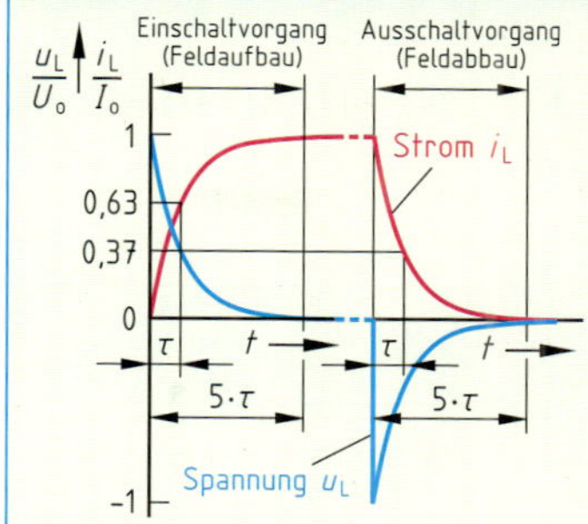

Bild: Stromverlauf

Einschaltvorgang

$$u_L = U_0 \cdot e^{-t/\tau}$$

$$i_L = \frac{U_0}{R} \cdot (1 - e^{-t/\tau})$$

Ausschaltvorgang

$$u_L = -U_0 \cdot e^{-t/\tau}$$

$$i_L = \frac{U_0}{R} \cdot e^{-t/\tau}$$

$$\tau = \frac{L}{R}$$

$$[\tau] = \frac{\text{H}}{\Omega} = \text{s}$$

- u_L Momentanwert der induzierten Spannung
- U_0 angelegte Spannung
- t Zeit
- τ Zeitkonstante
- i_L Momentanwert des Stromes
- e Eulersche Zahl ($e = 2{,}71828$)
- L Induktivität
- R Gesamtwiderstand

Lange Zylinderspule:

$$L = \frac{\mu_0 \cdot \mu_r \cdot A \cdot N^2}{l}$$

$$L = A_L \cdot N^2$$

- L Induktivität
- μ_0 magnetische Feldkonstante
- μ_r Permeabilitätszahl (stromabhängig)
- A Spulen- bzw. Kernquerschnitt
- N Windungszahl
- l Spulenlänge (ohne Eisenkern) mittlere Feldlinienlänge (mit Eisenkern)
- A_L Spulenkonstante

7 Wechselstrom- und Drehstromtechnik

7.1 Kenngrößen der Wechselstromtechnik

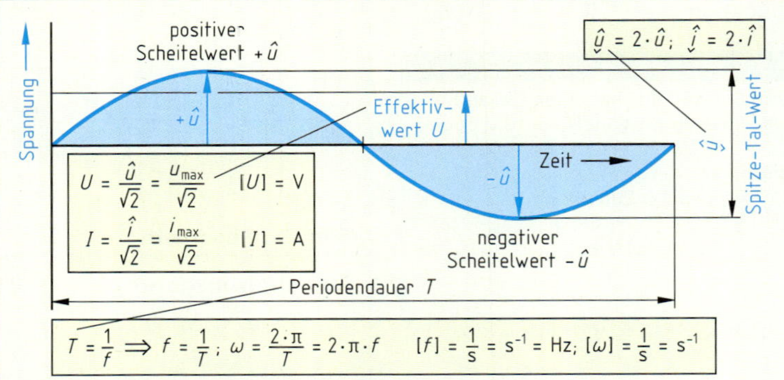

Bild 1: Sinusförmige Wechselspannung

I, I_{eff}	Effektivwert des Stromes
$\hat{i}$, i_{max}	Scheitelwert des Stromes
U, U_{eff}	Effektivwert der Spannung
$\hat{u}$, u_{max}	Scheitelwert der Spannung
$\hat{\hat{u}}$, $\hat{\hat{i}}$	Spitze-Tal-Wert (früher u_{ss}, i_{ss})
$\sqrt{2}$	Scheitelfaktor
f	Frequenz (Anzahl der Perioden je Sekunde)
T	Periodendauer (Zeitdauer einer vollständigen Schwingung)
ω	Kreisfrequenz
t	Zeit

Beispiel:

An einer Schutzkontaktsteckdose für $U = 230\,V$ hat die sinusförmige Wechselspannung **(Bild 1)** eine Frequenz von 50 Hz. Berechnen Sie **a)** die Periodendauer T, **b)** die Kreisfrequenz ω, **c)** den Scheitelwert $\hat{u}$ und **d)** den Spitze-Tal-Wert $\hat{\hat{u}}$.

Lösung:

a) $T = \frac{1}{f} = \frac{1}{50\,\frac{1}{s}} = 0{,}020\,s = \mathbf{20\,ms}$; b) $\omega = 2 \cdot \pi \cdot f = 2 \cdot \pi \cdot 50\,\frac{1}{s} = \mathbf{314\,\frac{1}{s}}$

c) $\hat{u} = \sqrt{2} \cdot U = \sqrt{2} \cdot 230\,V = \mathbf{325\,V}$; d) $\hat{\hat{u}} = 2 \cdot \hat{u} = 2 \cdot 325\,V = \mathbf{650\,V}$

Messen von Wechselspannungen mit dem Oszilloskop: **Seite 143**

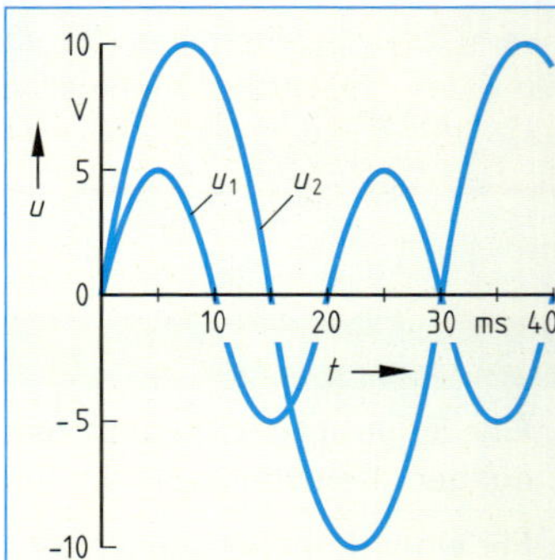

Bild 2: Wechselspannungen

Aufgaben zu 7.1

1. Die Periodendauer einer Wechselspannung beträgt 16,7 ms. Berechnen Sie **a)** die Frequenz, **b)** die Kreisfrequenz.
2. Das Netz der Deutschen Bahn hat eine Frequenz von 16⅔ Hz. Wie groß sind **a)** die Periodendauer und **b)** die Kreisfrequenz?
3. Der Frequenzbereich der Ultrakurzwelle (UKW) reicht von 87,5 MHz bis 108 MHz. Berechnen Sie **a)** die Kreisfrequenz und **b)** die Periodendauer für beide Frequenzangaben.
4. Ermitteln Sie für beide sinusförmige Wechselspannungen **(Bild 2)** **a)** die Periodendauer, **b)** die Frequenz und **c)** die Kreisfrequenz.
5. Welchen Strom zeigt ein Dreheisenmessgerät an, wenn der Scheitelwert des zu messenden Stromes 12 A beträgt?
   (Hinweis: Dreheisenmessgeräte zeigen den Effektivwert an.)
6. Ermitteln Sie für die beiden Wechselspannungen **(Bild 2)** **a)** den Scheitelwert, **b)** den Spitze-Tal-Wert und **c)** den Effektivwert.
7. Ein Kondensator hat eine Bemessungsspannung von 500 V Gleichspannung. Überprüfen Sie, ob der Kondensator an eine sinusförmige Wechselspannung von $U = 400\,V$ angeschlossen werden darf.
8. Für Elektromotoren mit der Bemessungsspannung von 2 kV bis 6 kV gilt für die Prüfspannung ein Effektivwert von $2 \cdot U_n + 1000\,V$. Berechnen Sie für einen Motor mit $U_n = 3\,kV$ **a)** den Effektivwert und **b)** den Scheitelwert der Prüfspannung.

7.2 Winkel und Winkelfunktionen

Winkel können in den Einheiten **Grad** oder **Radiant** angegeben werden. Ein Winkel α_B im **Bogenmaß** ist gleich der zugehörigen Bogenlänge im Kreis mit Radius $r = 1$ **(Bild 1 und Bild 2)**. Der Vollwinkel $\alpha_G = 360°$ in Grad entspricht im Bogenmaß $\alpha_B = 2\pi$ rad.

*	Umrechnung Gradmaß in Bogenmaß: $\alpha_G = 60°$; $\alpha_B = ?$
	Rechner 1: [INV] [DRG] 60 1,047...
	Rechner 2: [2nd] [DRG] 60 1,047...

Beispiel:

Berechnen Sie für den Winkel $\alpha_G = 60°$ im Gradmaß **(Bild 1)** den dazugehörigen Winkel α_B im Bogenmaß.

Lösung:

$$\alpha_B = \frac{\alpha_G \cdot 2\pi}{360°} = \frac{60° \cdot 2\pi}{360°} = 0{,}333\,\pi = \mathbf{1{,}047}$$

Winkelfunktionen ermöglichen die Berechnung von Seiten und Winkeln im rechtwinkligen Dreieck **(Bild 2 und Bild 3)**.

*	Sinus- u. Tangenswerte bestimmen: $\sin 60° = ?$; $\tan 50° = ?$
	[SIN] 60 [=] 0,866025 [TAN] 50 [=] 1,191753
	$\sin\alpha = 0{,}5$; $\tan\alpha = 1$, $\alpha = ?$
	[INV] [SIN] 0,5 [=] 30° [INV] [TAN] 1 [=] 45°

Beispiel:

In einem rechtwinkligen Dreieck **(Bild 3)** ist die Seite $a = 12$ cm und die Seite $c = 15$ cm. Berechnen Sie **a)** $\sin\alpha$, **b)** den Winkel α und **c)** die Seite b.

Lösung:

a) $\sin\alpha = \frac{a}{c} = \frac{12\text{ cm}}{15\text{ cm}} = \mathbf{0{,}80}$ **b)** $\sin\alpha = 0{,}8 \Rightarrow \alpha = \mathbf{53{,}13°}$

c) $b = c \cdot \cos\alpha = 15\text{ cm} \cdot \cos 53{,}13° = 15\text{ cm} \cdot 0{,}6 = \mathbf{9\text{ cm}}$

Winkelfunktionen: **Seite 24**

Aufgaben zu 7.2

1. Wie groß sind Sinus, Cosinus und Tangens für folgende Winkel? 8°, 30°, 70°, 120°, 165°, 240°, 340°, 400°, 650°.
2. Ermitteln Sie zu den im Gradmaß gegebenen Winkeln der **Aufgabe 1** die Winkel im Bogenmaß.
3. Bestimmen Sie für die folgenden Winkel im Bogenmaß $\alpha_B = \frac{1}{2}\pi$, $\frac{3}{4}\pi$, $1{,}25\,\pi$, 0,05, 0,85 und 6,0 **a)** die dazugehörigen Winkel α_G im Gradmaß und **b)** die Sinus- und Cosinuswerte der Winkel.
4. Ein Winkel hat im Bogenmaß $\alpha_B = \frac{1}{3}\pi$. Berechnen Sie **a)** den Winkel α_G und **b)** den Sinus des Winkels. **c)** Bei welchem Winkel zwischen 0° und 360° tritt der gleiche Sinuswert noch auf?
5. In einem rechtwinkligem Dreieck **(Bild 3)** sind die fehlenden Seiten bzw. der fehlende Winkel α zu berechnen. **a)** $a = 20$ cm, $c = 25$ cm, **b)** $\alpha = 45°$, $c = 2$ m, **c)** $a = 40$ cm, $\alpha = 35°$, **d)** $a = 2{,}5$ m, $b = 3$ m, **e)** $b = 3{,}5$ cm, $\alpha = 60°$, **f)** $c = 15$ mm, $\alpha = 15°$.

* Je nach Taschenrechnermodell auch andere Eingabeschritte möglich.

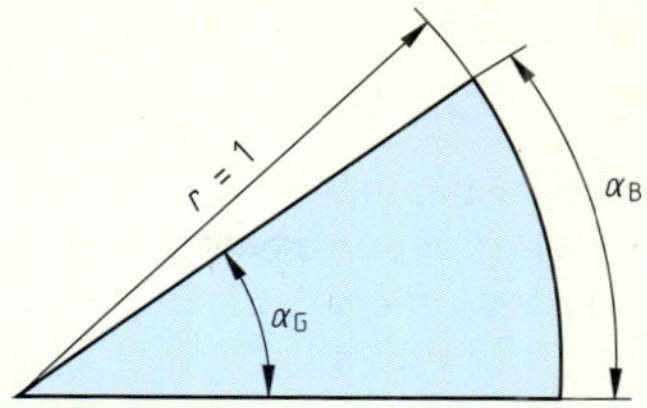

Bild 1: Winkel im Gradmaß α_G und Bogenmaß α_B

$$\alpha_G = \frac{\alpha_B \cdot 360°}{2\pi} \qquad [\alpha_G] = °\ \text{(Grad)}$$

$$\alpha_B = \frac{\alpha_G \cdot 2\pi}{360°} \qquad [\alpha_B] = \text{rad}$$

α_G Drehwinkel im Gradmaß
α_B Drehwinkel im Bogenmaß

Taschenrechner-Modus: DEG
⇒ Angabe im Gradmaß
Taschenrechner-Modus: RAD
⇒ Angabe im Bogenmaß

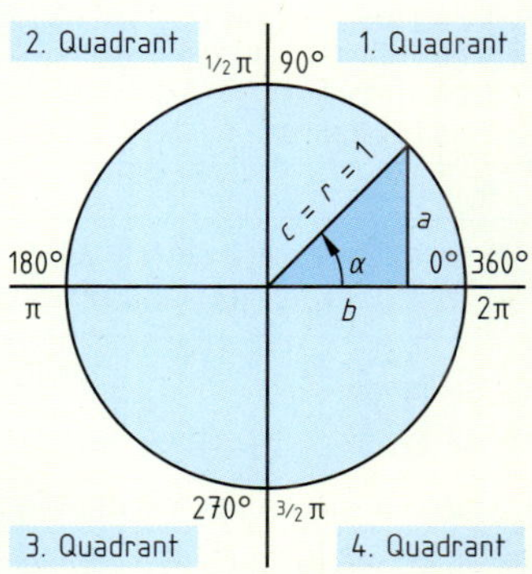

Bild 2: Rechtwinkliges Dreieck im Einheitskreis

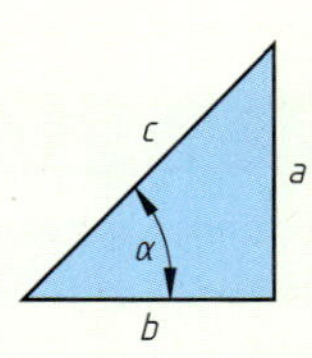

$$\sin\alpha = \frac{a}{c}$$
$$\cos\alpha = \frac{b}{c}$$
$$\tan\alpha = \frac{a}{b}$$
$$\cot\alpha = \frac{b}{a}$$

a Gegenkathete zu Winkel α
b Ankathete zu Winkel α
c Hypotenuse

Bild 3: Winkel

7.3 Augenblickswert sinusförmiger Wechselspannungen und Wechselströme

Wechselspannungen und Wechselströme mit zeitlich sinusförmigem Verlauf können für jeden Winkel bzw. für jeden Zeitpunkt berechnet werden. Der Augenblickswert (Momentanwert) u ergibt sich aus dem Zeigerbild und dem Liniendiagramm **(Bild)**.

Zeigerbild | **Liniendiagramm**

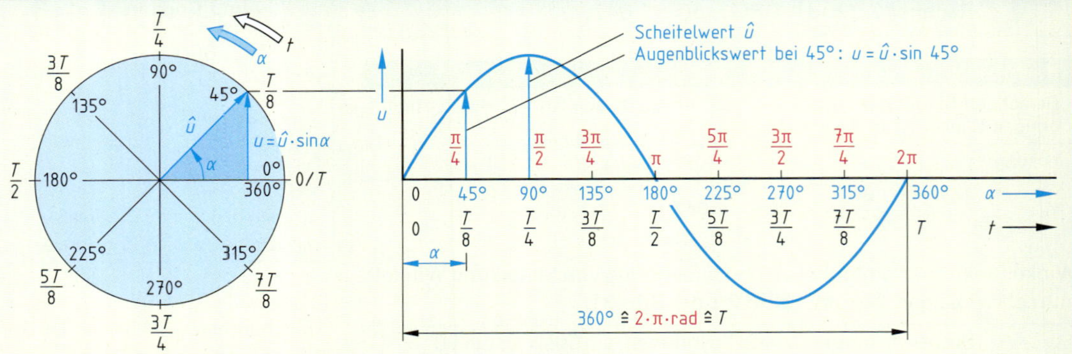

Bild: Sinusförmige Wechselspannung

Beispiel 1:

Eine Wechselspannung mit einer Frequenz von $f = 50$ Hz hat einen Effektivwert $U = 24$ V. Berechnen Sie

a) den Scheitelwert $\hat{u}$,

b) die Augenblickswerte der Spannung u_1 beim Winkel $\alpha_G = 45°$ und u_2 beim Winkel $\alpha_B = 3{,}67$ sowie

c) den Zeitpunkt t bei $\alpha_G = 36°$.

Lösung:

a) $\hat{u} = \sqrt{2} \cdot U = \sqrt{2} \cdot 24\,\text{V} = \mathbf{34\,V}$

b) $u_1 = \hat{u} \cdot \sin\alpha = 34\,\text{V} \cdot \sin 45° = 34\,\text{V} \cdot 0{,}707 = \mathbf{24\,V}$

$\alpha_G = 45° \Rightarrow$ Gradmaß: Taschenrechner auf DEG

34 [×] [SIN] 45 [=] 24

$u_2 = \hat{u} \cdot \sin\alpha = 34\,\text{V} \cdot \sin 3{,}67 = 34\,\text{V} \cdot (-0{,}5) = \mathbf{-17\,V}$

$\alpha_B = 3{,}67 \Rightarrow$ Bogenmaß: Taschenrechner auf RAD

34 [×] [SIN] 3,67 [=] −17

c) $T = \frac{1}{f} = \frac{1}{50\,\frac{1}{\text{s}}} = 20\,\text{ms}$; $\quad t = \frac{\alpha_G \cdot T}{360°} = \frac{36° \cdot 20\,\text{ms}}{360°} = \mathbf{2\,ms}$

Bei der Rechnung mit Gradmaß und Bogenmaß gelten die gleichen Formeln

$u = \hat{u} \cdot \sin\alpha \qquad i = \hat{i} \cdot \sin\alpha$

Gradmaß:	Bogenmaß:
$\alpha = \alpha_G$	$\alpha = \alpha_B$
z. B. $\alpha_G = 45°$	z. B. $\alpha_B = \pi/8$
auf DEG	auf RAD

$$\frac{\alpha_G}{360°} = \frac{\alpha_B}{2\pi}$$

$$\frac{t}{T} = \frac{\alpha_G}{360°} \qquad \frac{t}{T} = \frac{\alpha_B}{2\pi}$$

$\hat{u}$, u_{max}	Scheitelwert der Spannung
$\hat{i}$, i_{max}	Scheitelwert des Stromes
u	Augenblickswert (Momentanwert) der Spannung
i	Augenblickswert (Momentanwert) des Stromes
α_G	Winkel im Gradmaß
α_B	Winkel im Bogenmaß
t	Zeit ab Nulldurchgang
T	Periodendauer

Aufgaben zu 7.3

1. Mithilfe eines Oszilloskops wird eine sinusförmige Wechselspannung mit einem Scheitelwert von $\hat{u} = 34$ V ermittelt. Berechnen Sie die Augenblickswerte u für die Winkel $\alpha_G = 30°$ und $\alpha_G = 225°$.
2. Ermitteln Sie den Scheitelwert einer sinusförmigen Wechselspannung, wenn bei einem Winkel von $\alpha_G = 60°$ ein Momentanwert von 20,8 V auftritt.
3. Ein Messgerät zeigt einen Effektivwert von $U = 12$ V an. Ermitteln Sie **a)** den Scheitelwert und **b)** den Momentanwert bei einem Winkel von $\alpha_B = \frac{3}{4}\pi$.

Beispiel 2:

Eine Wechselspannung mit der Frequenz $f = 50\,\text{Hz}$ hat den Scheitelwert $\hat{u} = 325\,\text{V}$. Ermitteln Sie den Augenblickswert (Momentanwert) u der Spannung für den Zeitpunkt $t = 1\,\text{ms}$ **a)** über den Winkel α_G im Gradmaß und **b)** über den Winkel $\omega \cdot t$ im Bogenmaß.

Lösung:

a) $T = \frac{1}{f} = \frac{1}{50\,\frac{1}{\text{s}}} = 0{,}02\,\text{s} \Rightarrow \alpha_G = \frac{t \cdot 360°}{T} = \frac{1\,\text{ms} \cdot 360°}{20\,\text{ms}} = 18°$

$\alpha_G = 18° \Rightarrow$ **Gradmaß: Taschenrechner auf DEG**

$\boldsymbol{u} = \hat{u} \cdot \sin\alpha = 325\,\text{V} \cdot \sin 18° = 325\,\text{V} \cdot 0{,}309 = \mathbf{100\,V}$

b) $\boldsymbol{u} = \hat{u} \cdot \sin(\omega \cdot t) = 325\,\text{V} \cdot \sin(2 \cdot \pi \cdot 50\,\frac{1}{\text{s}} \cdot 0{,}001\,\text{s})$
$= 325\,\text{V} \cdot \sin 0{,}314 = 325\,\text{V} \cdot 0{,}309 = \mathbf{100\,V}$

(siehe auch Infozeile Taschenrechner)

$\alpha = \omega \cdot t \Rightarrow$ **Bogenmaß: Taschenrechner auf RAD**

325 [×] [SIN] [(] 2 [×] [π] [×] 50 [×] 0,001 [)] [=] 100

Sind Frequenz und Zeit bekannt, so gilt:

$\alpha_B = \omega \cdot t$ auf RAD

$u = \hat{u} \cdot \sin(\omega \cdot t)$

$i = \hat{i} \cdot \sin(\omega \cdot t)$

ω Kreisfrequenz
$\omega \cdot t$ Winkel im Bogenmaß

4. Eine Wechselspannung hat eine Frequenz von $f = 50\,\text{Hz}$. Berechnen Sie für die Zeit $t = 4\,\text{ms}$ ab Nulldurchgang den Winkel **a)** im Bogenmaß und **b)** im Gradmaß.

5. Berechnen Sie die Momentanwerte u der sinusförmigen Spannung für folgende Winkel α bei einem Scheitelwert von 412 V:
(Hinweis: Einstellung DEG/RAD beachten.)

a) $\alpha = 15°$; **b)** $\alpha = 72°$; **c)** $\alpha = 331°$; **d)** $\alpha = \frac{1}{2}\pi$; **e)** $\alpha = 3 \cdot \pi$;

f) $\alpha = 120°$; **g)** $\alpha = 352°$; **h)** $\alpha = \frac{5}{6}\pi$; **i)** $\alpha = 170°$; **j)** $\alpha = \frac{\pi}{3}$

6. Ein Funktionsgenerator liefert bei einer Frequenz von 500 Hz einen Sinusstrom mit einer Amplitude (Scheitelwert) von 5 mA. Wie groß ist der Momentanwert 0,3 ms nach Nulldurchgang.

7. Bestimmen Sie mithilfe des Liniendiagramms **(Bild 1) a)** den Scheitelwert und **b)** die Frequenz. **c)** Wie groß ist der Augenblickswert bei 2 ms?

8. Ein sinusförmiger Wechselstrom mit $f = 50\,\text{Hz}$ hat 2 ms nach Stromnulldurchgang einen Momentanwert von $i = 20\,\text{A}$. Wie groß ist **a)** der Scheitelwert und **b)** der Effektivwert?

9. Ermitteln Sie bei der Wechselspannung **(Bild 2)** die Zeitpunkte, bei denen die Spannung die Augenblickswerte **a)** +24 V und **b)** −17 V hat.

10. Der sinusförmige Wechselstrom in einer Generatorwicklung erreicht nach einem Winkel von 145° ab Nulldurchgang einen Momentanwert von 38,6 A. Ermitteln Sie den Scheitelwert des Stromes.

11. Der Scheitelwert einer Wechselspannung von 1,2 kHz beträgt 73 V. Berechnen Sie für die Werte +12 V und −30 V beginnend ab Nulldurchgang **a)** die Winkel im Gradmaß und **b)** die Zeitpunkte.

12. Eine Wechselspannung mit $\hat{u} = 707\,\text{V}$ hat 4,5 ms nach Nulldurchgang den Augenblickswert $u = 321\,\text{V}$. Berechnen Sie die Frequenz.

13. Mit einem Oszilloskop wird eine sinusförmige Wechselspannung dargestellt **(Bild 3)**. Ermitteln Sie **a)** den Scheitelwert und **b)** die Augenblickswerte bei 1 ms und 8 ms. **c)** Überprüfen Sie die grafisch ermittelten Augenblickswerte durch Rechnung. **d)** Berechnen Sie die dazugehörigen Winkel im Gradmaß und Bogenmaß.

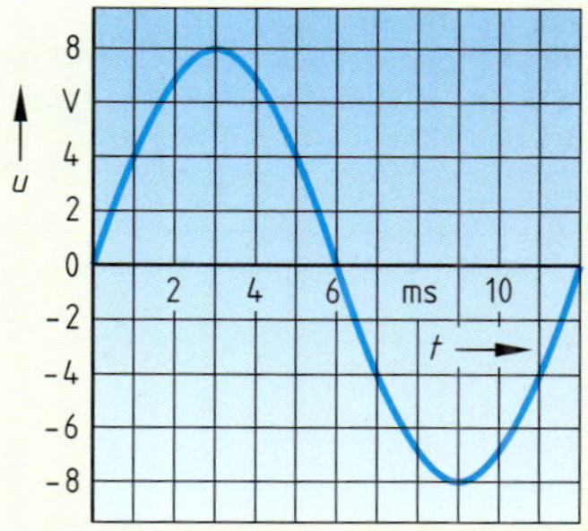

Bild 1: Liniendiagramm einer Wechselspannung

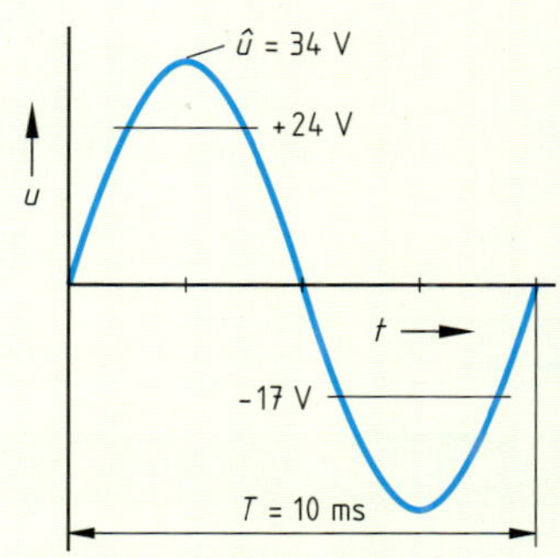

Bild 2: Wechselspannung

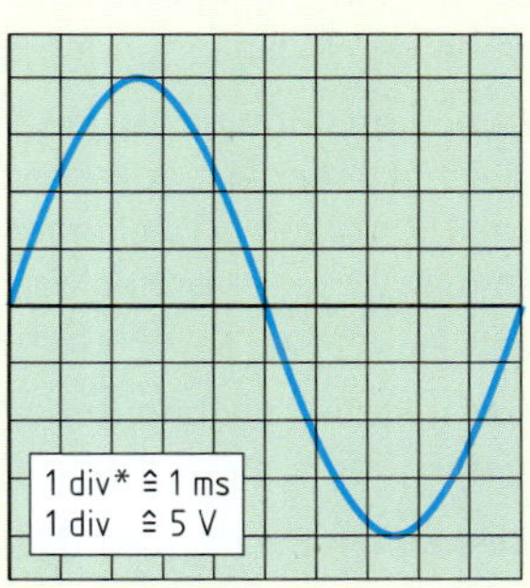

Bild 3: Oszillogramm einer Sinusspannung

* div, Abk. für division (engl.) = Teilung

7.4 Addition sinusförmiger Wechselgrößen gleicher Frequenz

Sinusförmige Wechselgrößen können im **Liniendiagramm (Bild 1)** und im **Zeigerbild (Bild 2)** addiert werden.

7.4.1 Addition von Wechselgrößen im Zeigerbild

Beispiel:

Zwei Wechselstromgeneratoren gleicher Frequenz sind in Reihe geschaltet. Die beiden sinusförmigen Wechselspannungen u_1 und u_2 werden oszilloskopiert **(Bild 1)**.
Bestimmen Sie zeichnerisch und rechnerisch
a) den Scheitelwert der Gesamtspannung und
b) die Winkel α und β zwischen Teilspannungen und Gesamtspannung.

Lösung:

Aus dem Oszillogramm können folgende Werte abgelesen werden:

$$\hat{u}_1 = \frac{4\,\text{div}^* \cdot 2\,\text{V}}{\text{div}} = 8\,\text{V}; \qquad \hat{u}_2 = \frac{3\,\text{div} \cdot 2\,\text{V}}{\text{div}} = 6\,\text{V}$$

$$\varphi_1 = \frac{0{,}5\,\text{div} \cdot 36°}{\text{div}} = 18°; \qquad \varphi = \frac{2\,\text{div} \cdot 36°}{\text{div}} = 72°$$

Zeichnerische Lösung aus **Bild 2**:

$\hat{u} \mathrel{\hat{=}} 57\,\text{mm} \Rightarrow \boldsymbol{\hat{u} = 11{,}4\,\textbf{V}}$; $\boldsymbol{\alpha = 30°}$; $\boldsymbol{\beta = 42°}$

Rechnerische Lösung:

a) $$\hat{u} = \sqrt{\hat{u}_1^2 + \hat{u}_2^2 - 2\,\hat{u}_1 \cdot \hat{u}_2 \cdot \cos(180° - \varphi)}$$

$$\hat{u} = \sqrt{(8\,\text{V})^2 + (6\,\text{V})^2 - 2 \cdot 8\,\text{V} \cdot 6\,\text{V} \cdot \cos(180° - 72°)} = \mathbf{11{,}4\,V}$$

b) $$\tan\alpha = \frac{\hat{u}_2 \cdot \sin\varphi}{\hat{u}_1 + \hat{u}_2 \cdot \cos\varphi} = \frac{6\,\text{V} \cdot \sin 72°}{8\,\text{V} + 6\,\text{V} \cdot \cos 72°} = 0{,}58; \quad \Rightarrow \quad \boldsymbol{\alpha = 30°}$$

$$\tan\beta = \frac{\hat{u}_1 \cdot \sin\varphi}{\hat{u}_2 + \hat{u}_1 \cdot \cos\varphi} = \frac{8\,\text{V} \cdot \sin 72°}{6\,\text{V} + 8\,\text{V} \cdot \cos 72°} = 0{,}9; \quad \Rightarrow \quad \boldsymbol{\beta = 42°}$$

Kosinussatz und Sinussatz: **Seite 26**

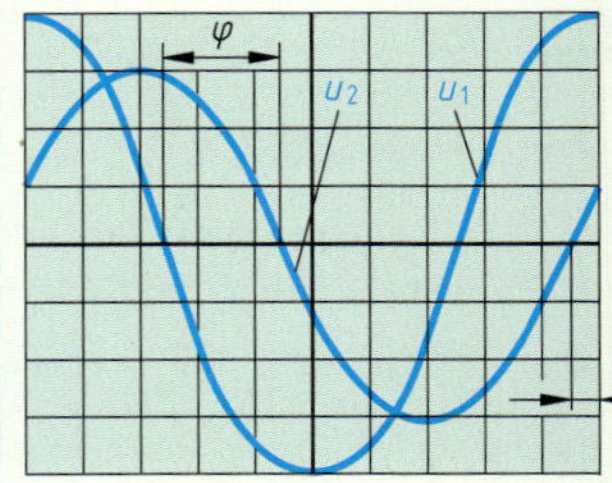

Bild 1: Oszillogramm von u_1, u_2 (1 div ≙ 2 V; 1 div ≙ 2 ms ≙ 36°)

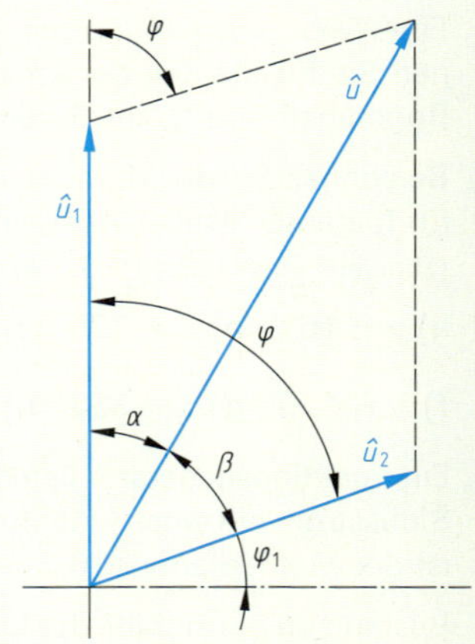

Bild 2: Geometrische Addition (1 cm ≙ 2 V)

$$\hat{u}_1 = \sqrt{\hat{u}_2^2 + \hat{u}^2 - 2\,\hat{u}_2 \cdot \hat{u} \cdot \cos\beta}$$

$$\hat{u}_2 = \sqrt{\hat{u}_1^2 + \hat{u}^2 - 2\,\hat{u}_1 \cdot \hat{u} \cdot \cos\alpha}$$

$$\hat{u} = \sqrt{\hat{u}_1^2 + \hat{u}_2^2 - 2\,\hat{u}_1 \cdot \hat{u}_2 \cdot \cos(180° - \varphi)}$$

$$\tan\alpha = \frac{\hat{u}_2 \cdot \sin\varphi}{\hat{u}_1 + \hat{u}_2 \cdot \cos\varphi}$$

$$\tan\beta = \frac{\hat{u}_1 \cdot \sin\varphi}{\hat{u}_2 + \hat{u}_1 \cdot \cos\varphi}$$

$$\varphi = \alpha + \beta \qquad \frac{\sin\alpha}{\sin\beta} = \frac{\hat{u}_2}{\hat{u}_1}$$

$\hat{u}_1$, $\hat{u}_2$	Scheitelwerte der Teilspannungen
$\hat{u}$	Scheitelwert der Gesamtspannung
α	Winkel zwischen $\hat{u}_1$ und $\hat{u}$
β	Winkel zwischen $\hat{u}_2$ und $\hat{u}$
φ	Winkel zwischen $\hat{u}_1$ und $\hat{u}_2$
φ_1	Winkel zwischen 0° und $\hat{u}_2$

Aufgaben zu 7.4.1

1. Zwei gleichfrequente sinusförmige Wechselspannungen sind zu addieren. Die Spannung u_1 eilt u_2 um 75° vor. Der Scheitelwert der Spannung $\hat{u}_1 = 325\,\text{V}$ ist doppelt so groß wie der von u_2. Berechnen Sie **a)** den Scheitelwert der Gesamtspannung und **b)** die Effektivwerte der Teilspannungen und der Gesamtspannung.

2. Zwei sinusförmige Wechselspannungen $\hat{u}_1 = 84\,\text{V}$, $\hat{u}_2 = 112\,\text{V}$ mit gleicher Frequenz sollen addiert werden. Die Spannung u_1 eilt u_2 um 15° voraus. **a)** Zeichnen Sie das Zeigerbild. Berechnen Sie **b)** die Winkel zwischen der Gesamtspannung und den Teilspannungen u_1 und u_2, **c)** den Scheitelwert $\hat{u}$ der Gesamtspannung.

3. Ermitteln Sie zeichnerisch **a)** den Phasenwinkel zwischen den Strömen i_1 und i_3 bzw. i_2 und i_3 **(Bild 1, Seite 97)**, **b)** den Strom $\hat{i}_3$.

4. ● Bestimmen Sie nach **Bild 2, Seite 97** rechnerisch **a)** die Phasenwinkel zwischen den Strömen und **b)** den Scheitelwert des Stromes i_4.

* div, Abk. für: division (engl.) = Teilung; hier: Kästchen

7.4.2 Addition sinusförmiger Wechselgrößen im Liniendiagramm

Die Gesamtspannung mehrerer sinusförmiger Wechselspannungen wird ermittelt, indem man die Summe der Momentanwerte bildet.

Beispiel:

Die sinusförmigen Wechselspannungen u_1 und u_2 wurden oszilloskopiert (**Bild 3**). Ermitteln Sie im Bereich 0° bis 270° **a)** zeichnerisch, **b)** rechnerisch die Momentanwerte der Summe der beiden Wechselspannungen u_1 und u_2 in Abständen von 30°. **c)** Zeichnen Sie das Liniendiagramm der Gesamtspannung u.

Lösung:

Aus dem Liniendiagramm (**Bild 3**) ist abzulesen: $\varphi = 72°$, $\hat{u}_1 = 8\ \text{V}$, $\hat{u}_2 = 6\ \text{V}$

a) Zeichnerische Lösung, z.B. bei 30°:

$u_1 \mathrel{\hat=} 15{,}6\ \text{mm} \Rightarrow u_1 = 7{,}8\ \text{V}$; $u_2 \mathrel{\hat=} 6\ \text{mm} \Rightarrow u_2 = 3\ \text{V}$

$u = u_1 + u_2 = 7{,}8\ \text{V} + 3\ \text{V} = \mathbf{10{,}8\ V}$

$u \mathrel{\hat=} 15{,}6\ \text{mm} + 6\ \text{mm} = 21{,}6\ \text{mm} \mathrel{\hat=} \mathbf{10{,}8\ V}$

	0°	30°	60°	90°	120°	150°	180°	210°	240°	270°
$\frac{u_1}{\text{in V}}$	7,6	7,8	6,0	2,5	−1,7	−5,4	−7,6	−7,8	−6	−2,5
$\frac{u_2}{\text{in V}}$	0	3,0	5,2	6,0	5,2	3,0	0	−3	−5,2	−6
$\frac{u}{\text{in V}}$	7,6	10,8	11,2	8,5	3,5	−2,4	−7,6	−10,8	−11,2	−8,5

b) Rechnerische Lösung, z.B. bei 30°:

$u = u_1 + u_2 = \hat{u}_1 \cdot \sin(\alpha + \varphi) + \hat{u}_2 \cdot \sin\alpha$

$\mathbf{u} = 8\ \text{V} \cdot \sin(30° + 72°) + 6\ \text{V} \cdot \sin 30° = 7{,}8\ \text{V} + 3\ \text{V} = \mathbf{10{,}8\ V}$

c) siehe **Bild 3**

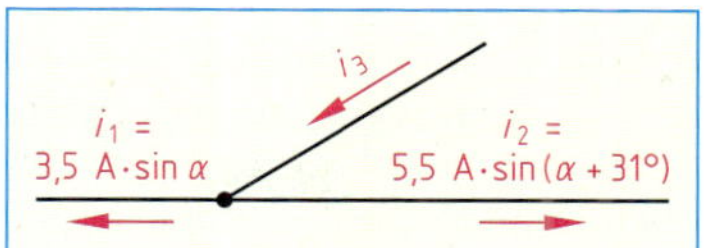

Bild 1: Stromverzweigungspunkt

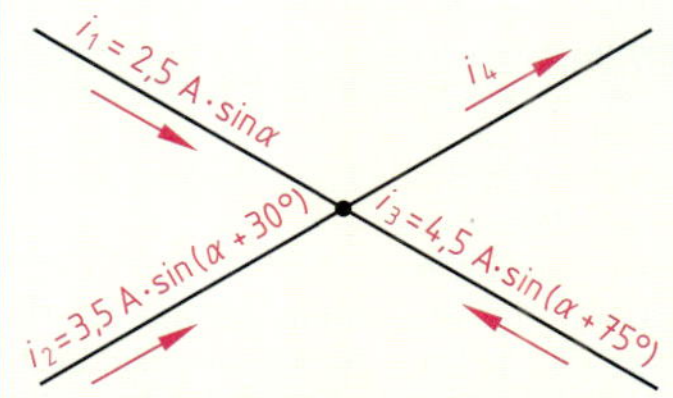

Bild 2: Stromverzweigungspunkt mit Strömen gleicher Frequenz

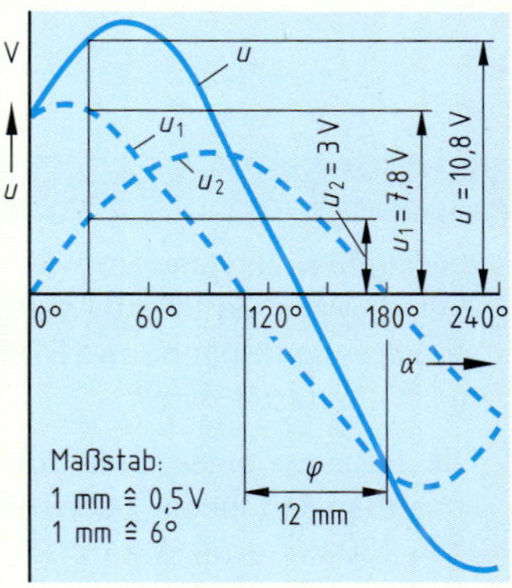

- Spannung u_2 beginnt im Nullpunkt, es gilt $u_2 = \hat{u}_2 \cdot \sin\alpha$
- Spannung u_1 eilt um $\varphi = 72°$ vor, es gilt $u_1 = \hat{u}_1 \cdot \sin(\alpha + \varphi)$

Bild 3: Addition sinusförmiger Wechselspannungen

Aufgaben zu 7.4.2

1. Die beiden Sinusspannungen (**Bild 4**) haben eine Frequenz von 50 Hz. Ermitteln Sie die Summe der beiden Spannungen **a)** unter Verwendung des Liniendiagramms zeichnerisch und **b)** rechnerisch bei 30°, 45°, 60°, 200° und 300° (Maßstab: 1 cm ≙ 1 V, 1 cm ≙ 30°).

2. Zwei Wechselspannungen mit $\hat{u}_1 = 15\ \text{V}$ und $\hat{u}_2 = 21\ \text{V}$ sollen im Liniendiagramm addiert werden. Die Spannung u_2 eilt der Spannung u_1 um 2,5 ms vor. Die Frequenz der beiden Spannungen beträgt 50 Hz. **a)** Wie groß ist der Phasenverschiebungswinkel φ zwischen u_1 und u_2? Berechnen Sie **b)** den Momentanwert der Gesamtspannung 7 ms nach dem Nulldurchgang der Spannung u_1 vom Negativen zum Positiven und **c)** die Effektivwerte der Spannungen u_1 und u_2.

3. Ein Drehstromnetz mit der Frequenz $f = 50\ \text{Hz}$ hat drei um 120° phasenverschobene sinusförmige Spannungen $U_{1N} = U_{2N} = U_{3N} = 230\ \text{V}$. U_{1N} eilt U_{2N} um $\varphi = 120°$ voraus. Erstellen Sie das Liniendiagramm und ermitteln Sie **a)** zeichnerisch und **b)** rechnerisch die resultierende Gesamtspannung u_{12} als Differenz der Momentanwerte von u_{1N} und u_{2N} in Abständen von 30° (Maßstab: 100 V ≙ 1 cm, 30° ≙ 1 cm).

4. Berechnen Sie die Summe der Momentanwerte zweier sinusförmiger Wechselströme mit $I_1 = 90\ \text{A}$ und $I_2 = 150\ \text{A}$ bei einem Phasenverschiebungswinkel von 72° und einer Frequenz von 200 Hz in Abständen von 1 ms während einer Periode ab dem Nulldurchgang mit steigender Tendenz von I_2. Der Strom I_1 eilt I_2 vor.

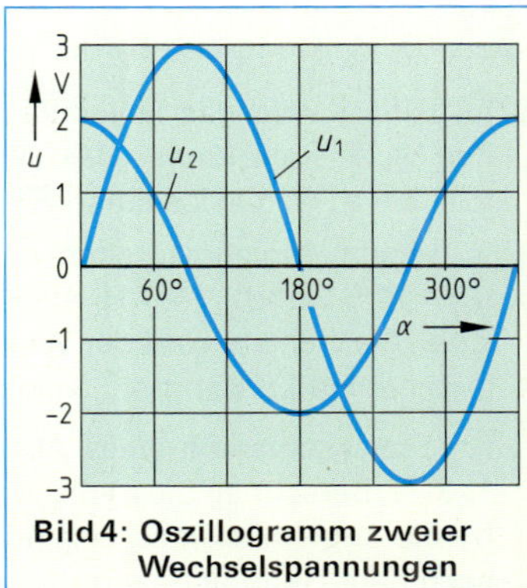

Bild 4: Oszillogramm zweier Wechselspannungen

7.5 Wechselstromkreis mit idealen Widerständen

7.5.1 Ohmscher Widerstand im Wechselstromkreis (Wirkwiderstand)

Beim rein ohmschen Widerstand im Wechselstromkreis **(Bild 1)** sind Strom und Spannung phasengleich **(Bild 2)**.
Den zeitlichen Verlauf der Leistung erhält man durch Multiplikation der zeitgleichen Momentanwerte von Strom und Spannung **(Bild 3)**.
Die Berechnung der Wirkleistung erfolgt über die Effektivwerte.

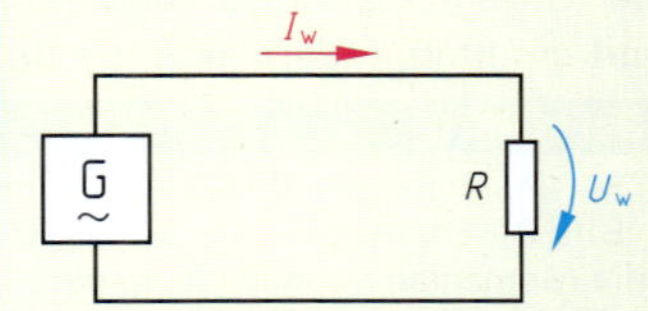

Bild 1: Wirkwiderstand an Wechselspannung

Beispiel:

Der Heizwiderstand eines Dampfbügelautomaten hat einen ohmschen Widerstand von 52,9 Ω und wird an eine Wechselspannung von 230 V angeschlossen. Berechnen Sie
a) den Strom I_w,
b) die im Widerstand umgesetzte Wirkleistung P und
c) den Scheitelwert $\hat{p}$ der Wirkleistung.

Lösung:

a) $I_w = \frac{U_w}{R} = \frac{230\text{ V}}{52{,}9\ \Omega} = \mathbf{4{,}35\ A}$

b) $P = U_w \cdot I_w = 230\text{ V} \cdot 4{,}35\text{ A} = \mathbf{1000\ W}$

c) $\hat{p} = 2 \cdot P = 2 \cdot 1000\text{ W} = \mathbf{2000\ W}$

Zeigerbild | **Liniendiagramm**

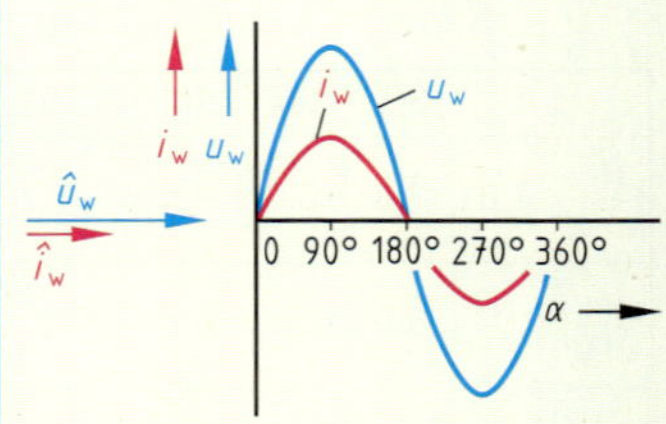

Bild 2: Spannung und Strom beim Wirkwiderstand

Aufgaben zu 7.5.1

1. Ein Drahtwiderstand von 680 Ω hat eine Bemessungsleistung von 2 W. **a)** Welchen Effektivwert und **b)** welchen Scheitelwert darf die sinusförmige Spannung **(Bild 2)** annehmen, damit der Widerstand nicht überlastet wird?

2. Die Heizung eines Grillautomaten mit $U = 230$ V ist in 2 Stufen schaltbar. Mit einem Schiebeschalter können die Stufe 1 (Leistung $P_1 = 950$ W) und Stufe 2 ($P_2 = 1700$ W) vorgewählt werden. Wie groß sind die Widerstandswerte der beiden Heizstäbe?

3. Die Heizzone eines Glaskeramik-Kochfeldes nimmt bei 230 V eine Wirkleistung von 1200 W auf. Wie groß sind **a)** der Widerstandswert der Heizzone, **b)** der Scheitelwert des Stromes und **c)** der Scheitelwert $\hat{p}$ der Leistung **(Bild 3)**?

4. Die Wirkleistung einer Kaffeemaschine beträgt 900 W. Der Scheitelwert des Stromes ist $\hat{i}_w = 5{,}53$ A. Wie groß ist **a)** der Scheitelwert der Wirkleistung und **b)** die Wirkspannung?

5. Im **Bild 3** wird das Liniendiagramm für einen Wirkwiderstand mit den Maßstäben 1 mm ≙ 100 W und 1 mm ≙ 1,2 A dargestellt. Ermitteln Sie **a)** den Widerstand R und **b)** die Spannung U_w.

6. In einem Liniendiagramm **(Bild 2)** werden die Scheitelwerte $\hat{u}_w = 325$ V und $\hat{i}_w = 6{,}15$ A für einen Tauchsieder ermittelt. Wie groß ist **a)** der Scheitelwert der Wirkleistung, **b)** die Leistung und **c)** die momentane Leistung bei einem Winkel von $\alpha = 30°$?

● 7. Der Heizwiderstand eines Ablufttrockners an 230 V 50 Hz beträgt 17,6 Ω. Berechnen Sie **a)** die Wirkleistung des Heizwiderstandes und **b)** die augenblickliche Leistungsaufnahme 1 ms, 2,5 ms und 4 ms nach dem Nulldurchgang.

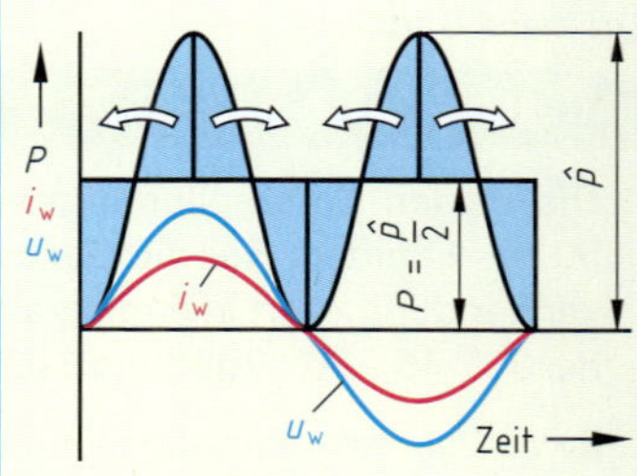

Bild 3: Wirkleistung *P*

$$R = \frac{U_w}{I_w} \qquad [R] = \frac{\text{V}}{\text{A}} = \Omega$$

$$P = U_w \cdot I_w \qquad [P] = \text{W}$$

$$P = I_w^2 \cdot R \qquad P = \frac{U_w^2}{R}$$

$$\hat{p} = 2 \cdot P \qquad \hat{p} = \hat{u}_w \cdot \hat{i}_w$$

R	Wirkwiderstand
U_w	Wirkspannung (Effektivwert)
u_w	Momentanwert der Spannung
$\hat{u}_w$	Scheitelwert der Spannung
I_w	Wirkstrom (Effektivwert)
i_w	Momentanwert des Stromes
$\hat{i}_w$	Scheitelwert des Stromes
P	Wirkleistung (Mittelwert)
p	Wirkleistung, Momentanwert
$\hat{p}$	Scheitelwert der Wirkleistung

7.5.2 Induktivität im Wechselstromkreis (ideale Spule)

Die ideale Spule **(Bild 1)** ist ein Bauelement ohne Verluste. Der induktive Blindwiderstand X_L ist frequenzabhängig und entsteht durch Selbstinduktion. Der Strom I_{bL} eilt der Spannung U_{bL} um $\varphi = 90°$ nach **(Bild 2)**.

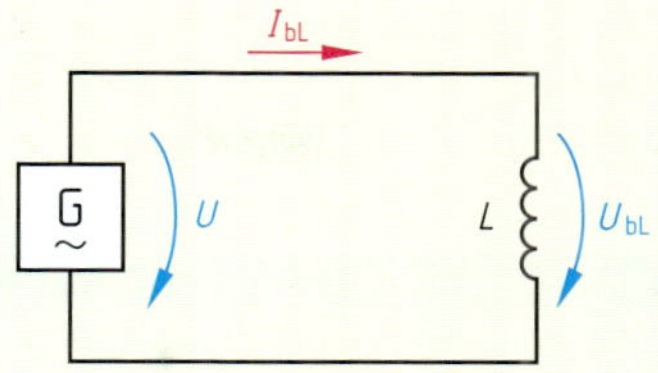

Bild 1: Ideale Spule an Wechselspannung

Beispiel:

Eine Spule mit einer Induktivität von $L = 2$ H **(Bild 1)** ist an eine Wechselspannung von 230 V mit der Frequenz $f = 50$ Hz angeschlossen.
Berechnen Sie
a) die Kreisfrequenz ω,
b) den induktiven Blindwiderstand X_L,
c) den induktiven Blindstrom I_{bL} und
d) die induktive Blindleistung Q_L.

Lösung:

a) $\omega = 2 \cdot \pi \cdot f = 2 \cdot \pi \cdot 50 \frac{1}{s} = \mathbf{314 \frac{1}{s}}$

b) $X_L = \omega \cdot L = 314\ s^{-1} \cdot 2\ H = \mathbf{628\ \Omega}$

c) $I_{bL} = \frac{U_{bL}}{X_L} = \frac{230\ V}{628\ \Omega} = \mathbf{366\ mA}$

d) $Q_L = U_{bL} \cdot I_{bL} = 230\ V \cdot 0{,}366\ A = \mathbf{84\ var}$

Nach DIN 1304:
Einheit der elektrischen Blindleistung: 1 var* = 1 W

Zeigerbild | **Liniendiagramm**

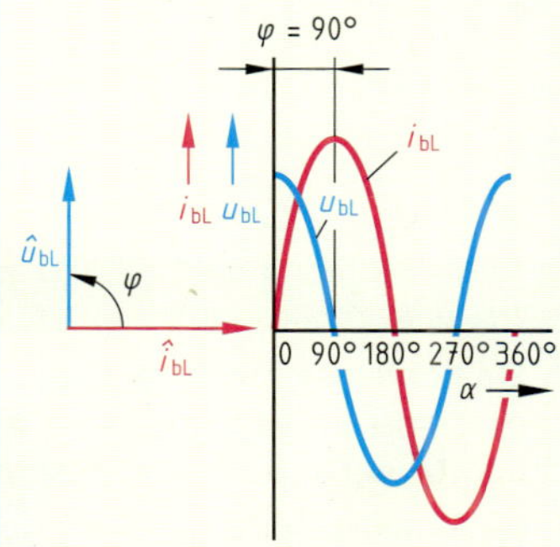

Bild 2: Strom und Spannung bei der idealen Spule

Bei Sinusspannung gilt:

$$\omega = 2 \cdot \pi \cdot f$$

$$X_L = \omega \cdot L$$

$$X_L = 2 \cdot \pi \cdot f \cdot L$$

$$[X_L] = \frac{1}{s} \cdot H = \frac{1}{s} \cdot \frac{Vs}{A} = \Omega$$

$$U_{bL} = X_L \cdot I_{bL}$$

$$[U_{bL}] = \Omega \cdot A = \frac{V}{A} \cdot A = V$$

$$Q_L = U_{bL} \cdot I_{bL} \qquad [Q_L] = \text{var}$$

$$Q_L = I_{bL}^2 \cdot X_L \qquad Q_L = \frac{U_{bL}^2}{X_L}$$

X_L	induktiver Blindwiderstand
f	Frequenz
ω	Kreisfrequenz
L	Induktivität
U_{bL}	induktive Blindspannung
I_{bL}	induktiver Blindstrom
Q_L	induktive Blindleistung

Aufgaben zu 7.5.2

1. An einer Wechselspannung mit einer Frequenz $f = 200$ Hz ist eine Spule mit $L = 85$ mH angeschlossen. Wie groß ist der induktive Blindwiderstand X_L?

2. Bei einer Frequenz von 100 Hz hat eine Spule einen Blindwiderstand von 6,3 kΩ. Berechnen Sie die Induktivität der Spule.

3. Bei einer Spule mit 30 mH wird ein Blindwiderstand von 189 Ω ermittelt. Berechnen Sie die angelegte Frequenz.

4. Eine Spule von 200 mH wird an ein 230 V-Wechselspannungsnetz angeschlossen. **a)** Wie groß ist die induktive Blindleistung Q_L bei einer Frequenz von 50 Hz? **b)** Welcher induktive Blindstrom I_{bL} stellt sich dabei ein?

5. Eine Induktivität nimmt an 230 V 50 Hz eine Blindleistung von 500 var auf. Berechnen Sie die Induktivität L der Spule.

6. Eine Spule mit $L = 100$ mH wird an einen Frequenzgenerator mit einer Wechselspannung von 10 V angeschlossen. Die Frequenz wird beginnend von 50 Hz bis 500 Hz in 50-Hz-Schritten verändert. **a)** Berechnen Sie für alle Messpunkte die jeweiligen Blindwiderstands- und Stromwerte. **b)** Erstellen Sie ein Diagramm für Blindwiderstand und Strom in Abhängigkeit von der Frequenz. (Maßstab: 50 Hz ≙ 1 cm, 50 Ω ≙ 1 cm, 50 mA ≙ 1 cm)

7. Am 230 V-50 Hz-Netz wird eine Induktivität von 500 mH angeschlossen. Wie groß ist **a)** der induktive Blindwiderstand X_L, **b)** die induktive Blindleistung Q_L und **c)** der Blindstrom I_{bL}?

* var, Abk. für: Volt Ampere reaktiv (rückwirkend)

7.5.3 Kapazität im Wechselstromkreis (idealer Kondensator)

Der ideale (verlustfreie) Kondensator **(Bild 1)** bewirkt durch die periodische Umladung im Wechselstromkreis einen kapazitiven Blindwiderstand X_C.
Der Strom I_{bC} eilt der Spannung U_{bC} um 90° voraus **(Bild 2)**.

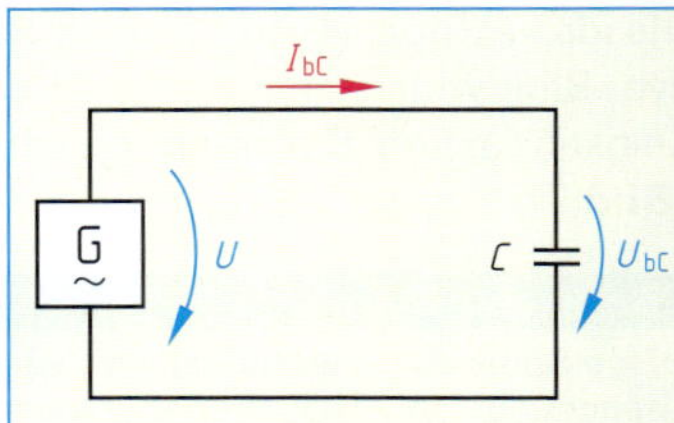

Bild 1: Idealer Kondensator an Wechselspannung

Zeigerbild **Liniendiagramm**

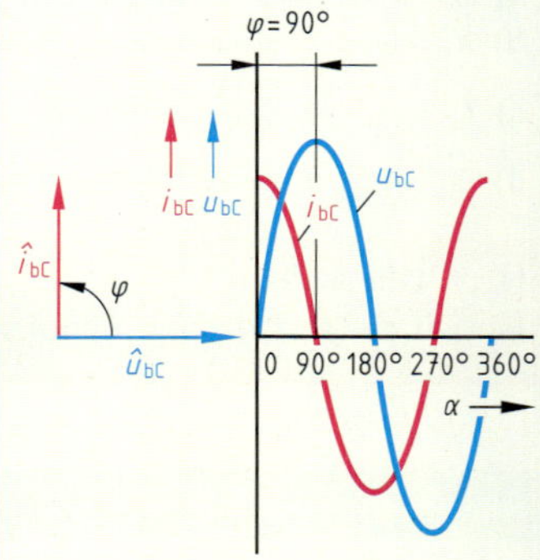

Bild 2: Spannung und Strom am idealen Kondensator

Beispiel:

Ein Kondensator mit $C = 47\ \mu F$ wird an ein Wechselspannungsnetz 230 V 50 Hz angeschlossen. Berechnen Sie
a) den kapazitiven Blindwiderstand X_C,
b) den kapazitiven Blindstrom I_{bC} und
c) die kapazitive Blindleistung Q_C.

Lösung:

a) $X_C = \frac{1}{\omega \cdot C} = \frac{1}{2 \cdot \pi \cdot 50\ s^{-1} \cdot 47 \cdot 10^{-6}\ F} = \mathbf{67{,}7\ \Omega}$

b) $I_{bC} = \frac{U_{bC}}{X_C} = \frac{230\ V}{67{,}7\ \Omega} = \mathbf{3{,}4\ A}$

c) $Q_C = U_{bC} \cdot I_{bC} = 230\ V \cdot 3{,}4\ A = \mathbf{782\ var}$

Bei Sinusspannung gilt:

$$\omega = 2\pi \cdot f$$

$$X_C = \frac{1}{\omega \cdot C}$$

$$[X_C] = \frac{1}{\frac{1}{s} \cdot \frac{As}{V}} = \Omega$$

$$U_{bC} = X_C \cdot I_{bC}$$

$$[U_{bC}] = \Omega \cdot A = V$$

$$Q_C = U_{bC} \cdot I_{bC} \qquad [Q_C] = var$$

$$Q_C = I_{bC}^2 \cdot X_C \qquad Q_C = \frac{U_{bC}^2}{X_C}$$

$$Q_C = U_{bC}^2 \cdot \omega \cdot C$$

X_C	kapazitiver Blindwiderstand
f	Frequenz
ω	Kreisfrequenz
C	Kapazität
U_{bC}	kapazitive Blindspannung
I_{bC}	kapazitiver Blindstrom
Q_C	kapazitive Blindleistung

Aufgaben zu 7.5.3

1. Ein Kondensator mit der Kapazität $C = 4{,}7\ \mu F$ ist an 230 V 50 Hz angeschlossen. Wie groß sind **a)** der kapazitive Blindwiderstand X_C und **b)** der kapazitive Blindstrom I_{bC}.

2. Wie groß ist die Kapazität C eines MP-Kondensators, der an 230 V 50 Hz einen Blindwiderstand $X_C = 1450\ \Omega$ hat?

3. Ein Kondensator von 68 nF hat einen kapazitiven Blindwiderstand von 2340 Ω. Berechnen Sie **a)** die Frequenz und **b)** den neuen Blindwiderstand, wenn die Frequenz halbiert wird.

4. Ein Kondensator von 16 µF ist an 230 V 50 Hz angeschlossen. Wie groß sind **a)** die aufgenommene kapazitive Blindleistung Q_C und **b)** der kapazitive Blindstrom I_{bC}? Nach einer Reparatur wird im Austausch ein Kondensator von 14 µF eingebaut. **c)** Berechnen Sie die neuen Werte für Blindstrom und Blindleistung.

5. Mit einem Blindleistungsmesser wird bei einem Metallpapierkondensator an 230 V 50 Hz eine Blindleistung $Q_C = 1130$ var gemessen. Berechnen Sie die Kapazität C.

6. In einer Versuchsreihe wird bei einem Kondensator $C = 200$ nF (Verluste vernachlässigbar) das Frequenzverhalten bei Frequenzen von 200 Hz, 400 Hz, 600 Hz, 800 Hz und 1 kHz untersucht. Die angelegte Wechselspannung beträgt 6 V. **a)** Ermitteln Sie für die 5 Frequenzen die Blindwiderstände und die Blindströme. **b)** Erstellen Sie ein Diagramm mit dem kapazitiven Blindwiderstand X_C und dem Blindstrom I_{bC} in Abhängigkeit von der Frequenz.
(Maßstab: 200 Hz ≙ 1 cm, 1 kΩ ≙ 1 cm, 2 mA ≙ 1 cm)

7. Ein Kondensator von 2,2 µF ist an 230 V 50 Hz angeschlossen. Wie groß ist **a)** die kapazitive Blindleistung Q_C, **b)** der kapazitive Blindwiderstand X_C, **c)** der kapazitive Blindstrom I_{bC} und **d)** die Momentanwerte von Spannung und Strom **(Bild 2)** bei den Winkeln von 45° und 90°?

7.5.4 Schaltungen von idealen Induktivitäten und idealen Kapazitäten

Für Reihen-, Parallel- und gemischte Schaltungen von idealen Spulen und idealen Kondensatoren gelten bei der Berechnung des Gesamtblindwiderstandes die Kirchhoffschen Regeln und das Ohmsche Gesetz.

Beispiel:

Eine erweiterte Parallelschaltung von idealen Spulen (**Bild 1**) wird an 110 V 50 Hz angeschlossen. Berechnen Sie
a) den Gesamtblindwiderstand X_L,
b) den Gesamtblindstrom I_{bL} und
c) die Gesamtblindleistung Q_L.

Lösung:

a) $X_{L1,2} = X_{L1} + X_{L2} = 27\,\Omega + 53\,\Omega = 80\,\Omega$

$$\boldsymbol{X_L} = \frac{X_{L1,2} \cdot X_{L3}}{X_{L1,2} + X_{L3}} = \frac{80\,\Omega \cdot 101\,\Omega}{80\,\Omega + 101\,\Omega} = \mathbf{44{,}6\,\Omega}$$

b) $$\boldsymbol{I_{bL}} = \frac{U_{bL}}{X_L} = \frac{110\,\text{V}}{44{,}6\,\Omega} = \mathbf{2{,}47\,A}$$

c) $\boldsymbol{Q_L} = U_{bL} \cdot I_{bL} = 110\,\text{V} \cdot 2{,}47\,\text{A} = \mathbf{272\,var}$

Reihenschaltung

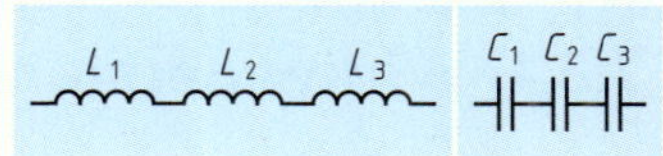

$$X_L = X_{L1} + X_{L2} + \ldots$$
$$X_C = X_{C1} + X_{C2} + \ldots$$

Parallelschaltung

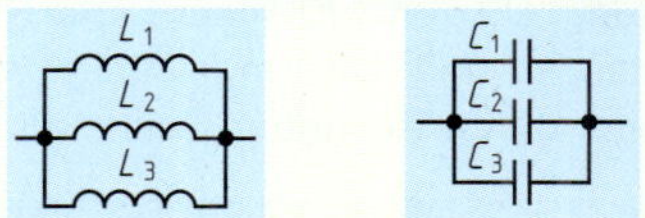

$$\frac{1}{X_L} = \frac{1}{X_{L1}} + \frac{1}{X_{L2}} + \ldots$$
$$\frac{1}{X_C} = \frac{1}{X_{C1}} + \frac{1}{X_{C2}} + \ldots$$

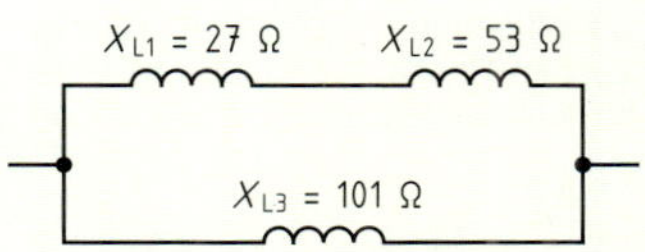

Bild 1: Erweiterte Parallelschaltung

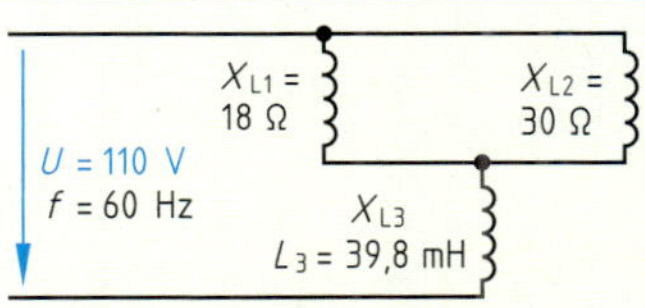

Bild 2: Erweiterte Reihenschaltung

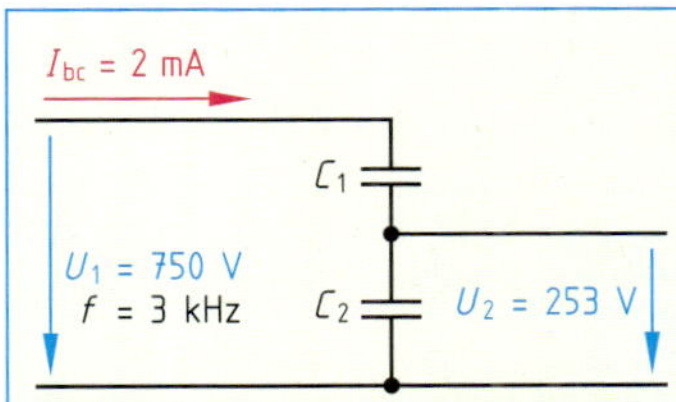

Bild 3: Kapazitiver Spannungsteiler

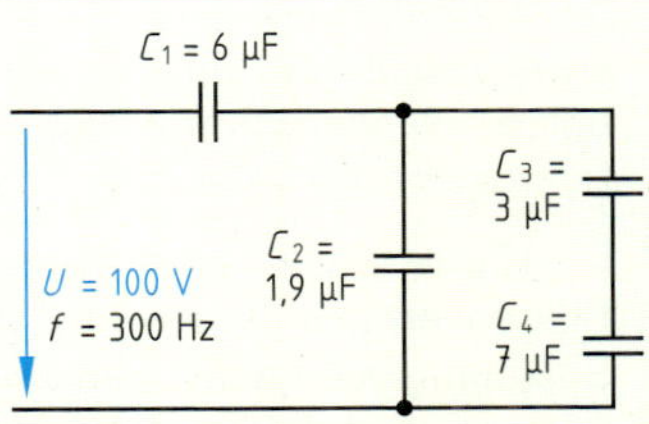

Bild 4: Gemischte Schaltung

Aufgaben zu 7.5.4

1. Drei Induktivitäten mit $X_{L1} = 20\,\Omega$, $X_{L2} = 50\,\Omega$ und $X_{L3} = 100\,\Omega$ sind **a)** in Reihe und **b)** parallel geschaltet. Ermitteln Sie für beide Schaltungen den Gesamtblindwiderstand X_L.
2. Berechnen Sie für die Schaltung **Bild 2 a)** den Blindwiderstand X_{L3} und **b)** den induktiven Gesamtblindwiderstand X_L.
3. Wie groß sind **a)** der Gesamtstrom I_{bL} und **b)** die Teilspannungen in der erweiterten Reihenschaltung nach **Bild 2**? **c)** Welche Gesamtblindleistung stellt sich ein?
4. Berechnen Sie für die Schaltung **Bild 3 a)** die Teilspannung an Kondensator C_1, **b)** die Teilblindwiderstände X_{C1}, X_{C2} und **c)** den Gesamtblindwiderstand X_C.
5. An die Schaltung nach **Bild 1** ist eine Spannung von 230 V mit einer Frequenz von 50 Hz angelegt. Berechnen Sie **a)** den Gesamtstrom I_{bL}, **b)** die Teilströme I_{bL1} und I_{bL3}, **c)** alle Teilspannungen und **d)** die Induktivitäten L_1, L_2 und L_3.
6. In der Schaltung **Bild 2** wird die Frequenz verändert. Berechnen Sie bei $f = 300$ Hz **a)** die Einzelblindleistungen Q_{L1}, Q_{L2}, Q_{L3} und **b)** die Gesamtblindleistung Q_L.
7. **a)** Wie groß sind die Kapazitätswerte der Kondensatoren C_1 und C_2 in **Bild 3**. **b)** Um welchen Betrag ändert sich die Spannung U_2 am Kondensator C_2, wenn sich die Frequenz um 10% verringert.
8. In der gemischten Schaltung **Bild 4** sollen **a)** der Gesamtblindwiderstand X_C, **b)** der kapazitive Gesamtblindstrom I_{bC} und **c)** die Gesamtblindleistung Q_C ermittelt werden.
9. Die Frequenz in der Schaltung **Bild 4** wird auf $f = 50$ Hz verringert. Berechnen Sie **a)** Teilblindströme, **b)** Teilblindspannungen und **c)** Teilblindleistungen. **d)** Um welchen Faktor hat sich die Gesamtblindleistung bei 50 Hz gegenüber 300 Hz verändert?

7.6 Reihenschaltungen bei gemischter Belastung

7.6.1 Wirkwiderstand und induktiver Blindwiderstand in Reihe

Die Reihenschaltung aus Wirkwiderstand und induktivem Blindwiderstand **(Bild 1)** entspricht einer verlustbehafteten Spule. Am Wirkwiderstand R sind Strom I und Spannung U_w phasengleich. Am induktiven Blindwiderstand X_L eilt der Strom I der Spannung U_{bL} um 90° nach. Die Spannungs-, Widerstands- und Leistungsanteile werden zeichnerisch oder durch Rechnung bestimmt **(Tabelle)**.

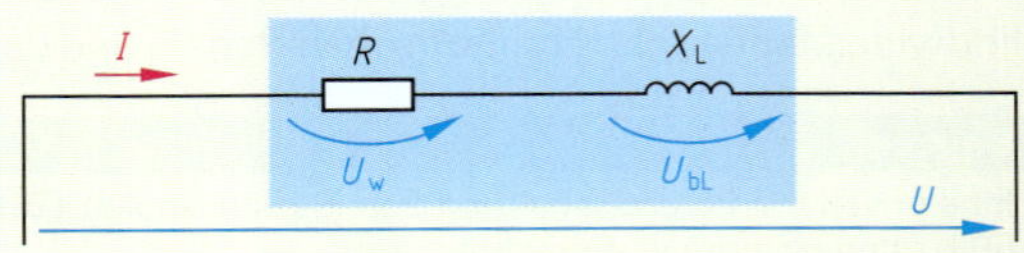

Bild 1: Reihenschaltung aus Wirkwiderstand und induktiven Blindwiderstand

Beispiel:

Eine Spule mit einem Wirkwiderstand von $R = 200\ \Omega$ und einer Induktivität von $L = 0{,}3$ H wird an eine Wechselspannung von 230 V 50 Hz angeschlossen.
Ermitteln Sie
- **a)** den induktiven Blindwiderstand X_L,
- **b)** den Scheinwiderstand Z rechnerisch und zeichnerisch **(Bild 2)**,
- **c)** die Stromstärke I,
- **d)** Wirkspannung U_w und induktive Blindspannung U_{bL},
- **e)** den Phasenverschiebungswinkel φ und
- **f)** Scheinleistung S, Wirkleistung P, Blindleistung Q_L.

Lösung:

a) $\boldsymbol{X_L} = 2\pi \cdot f \cdot L = 2\pi \cdot 50\ \text{s}^{-1} \cdot 0{,}3\ \text{H} = \mathbf{94\ \Omega}$

b) $\boldsymbol{Z} = \sqrt{R^2 + X_L^2} = \sqrt{200^2\ \Omega^2 + 94^2\ \Omega^2} = \mathbf{221\ \Omega}$

Zeichnerische Lösung aus **Bild 2**:
$Z \mathrel{\hat=} 44\ \text{mm} \Rightarrow \boldsymbol{Z} = \mathbf{220\ \Omega}$

c) $\boldsymbol{I} = \frac{U}{Z} = \frac{230\ \text{V}}{221\ \Omega} = \mathbf{1{,}04\ A}$

d) $\boldsymbol{U_w} = I \cdot R = 1{,}04\ \text{A} \cdot 200\ \Omega = \mathbf{208\ V}$
$\boldsymbol{U_{bL}} = I \cdot X_L = 1{,}04\ \text{A} \cdot 94\ \Omega = \mathbf{98\ V}$

e) $\cos\varphi = \frac{R}{Z} = \frac{200\ \Omega}{221\ \Omega} = 0{,}905 \Rightarrow \varphi = \mathbf{25{,}2°}$

f) $\boldsymbol{S} = U \cdot I = 230\ \text{V} \cdot 1{,}04\ \text{A} = \mathbf{239\ VA}$
$\boldsymbol{P} = U_w \cdot I = 208\ \text{V} \cdot 1{,}04\ \text{A} = \mathbf{216\ W}$
$\boldsymbol{Q_L} = U_{bL} \cdot I = 98\ \text{V} \cdot 1{,}04\ \text{A} = \mathbf{102\ var}$

Satz des Pythagoras: **Seite 23**
Winkelfunktionen: **Seiten 24, 25**

Tabelle: Spannungs-, Widerstands- und Leistungsdreieck

Spannungen	Widerstände	Leistungen
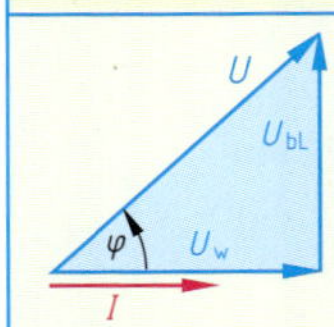	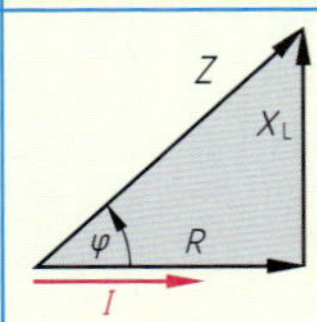	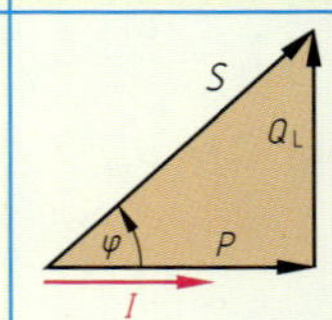
$U = \sqrt{U_w^2 + U_{bL}^2}$	$Z = \sqrt{R^2 + X_L^2}$	$S = \sqrt{P^2 + Q_L^2}$
$U_w = U \cdot \cos\varphi$	$R = Z \cdot \cos\varphi$	$P = S \cdot \cos\varphi$
$U_{bL} = U \cdot \sin\varphi$	$X_L = Z \cdot \sin\varphi$	$Q_L = S \cdot \sin\varphi$
$U = I \cdot Z$	$S = U \cdot I = \frac{U^2}{Z}$	
$U_w = I \cdot R$	$P = U_w \cdot I = \frac{U_w^2}{R}$	
$U_{bL} = I \cdot X_L$	$Q_L = U_{bL} \cdot I = \frac{U_{bL}^2}{X_L}$	

U	Gesamtspannung	P	Wirkleistung
U_{bL}	induktive Blindspannung	Q_L	induktive Blindleistung
U_w	Wirkspannung	S	Scheinleistung
I	Strom	φ	Phasenverschiebungswinkel
R	Wirkwiderstand		
Z	Scheinwiderstand	$\cos\varphi$	Wirkfaktor
X_L	induktiver Blindwiderstand	$\sin\varphi$	Blindfaktor

Aufgaben zu 7.6.1

1. An einer Spule beträgt die Wirkspannung 115 V und die Blindspannung 200 V. Bestimmen Sie die Gesamtspannung an der Spule **a)** zeichnerisch und **b)** rechnerisch sowie **c)** den Phasenverschiebungswinkel φ (Maßstab: 50 V $\mathrel{\hat=}$ 1 cm).

2. Eine Spule liegt an einer Spannung von 230 V. Der Phasenverschiebungswinkel zwischen Strom und Spannung beträgt 53°. Ermitteln Sie die Wirkspannung U_w und die Blindspannung U_{bL} **a)** zeichnerisch (Maßstab: 50 V $\mathrel{\hat=}$ 1 cm) und **b)** rechnerisch.

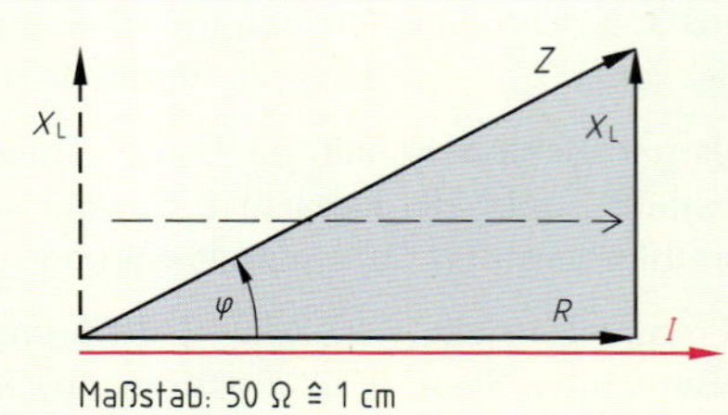

Bild 2: Geometrische Addition von R und X_L

3. Eine Spule hat einen Phasenverschiebungswinkel $\varphi = 60°$ zwischen der Gesamtspannung U und dem Strom I. Die Wirkspannung beträgt 120 V. Berechnen Sie U und U_{bL}.

4. Eine Spule mit einem Wirkwiderstand von 26 Ω nimmt an 230 V 50 Hz einen Strom von 6,8 A auf. Wie groß sind **a)** der Scheinwiderstand, **b)** der induktive Blindwiderstand, **c)** die Induktivität, **d)** die Wirkspannung und **e)** die Blindspannung?

5. Ein Wechselstromrelais nimmt an 230 V 50 Hz bei einem Wirkfaktor von 0,6 einen Strom von 0,18 A auf. Berechnen Sie **a)** Scheinleistung, **b)** Wirkleistung und **c)** Blindleistung.

6. Ein Elektromagnet nimmt an 230 V 50 Hz einen Strom von 1,6 A auf. Die Leistungsmessung ergibt 282 W. Bestimmen Sie **a)** die Scheinleistung, **b)** den Wirkfaktor und **c)** die Blindleistung.

7. An einer Wechselspannung von 230 V 50 Hz wurden die Werte des Leistungsdreiecks **(Bild 1)** ermittelt. Berechnen Sie **a)** die Scheinleistung S, **b)** die Blindleistung Q_L, **c)** den Gesamtstrom I und **d)** die Teilspannungen U_w und U_{bL}. Wie groß sind **e)** der Wirkwiderstand R und **f)** die Induktivität L?

8. Eine Versuchsspule **(Bild 2)** mit Eisenkern und den Bemessungsdaten $N = 1200$, $I = 1$ A soll messtechnisch untersucht werden. An Gleichspannung von $U = 10$ V fließt ein Strom von 800 mA. Beim Anschluss an Wechselspannung von 10 V 50 Hz fließt ein Strom von 10 mA. **a)** Begründen Sie die unterschiedlichen Stromstärken im Gleich- und Wechselstromkreis. **b)** Ermitteln Sie für die Versuchsspule den Phasenverschiebungswinkel φ und **c)** die Induktivität L.

Wechselstromgrößen mit gleicher Wirkungsrichtung, z. B. die Wirkleistungen einer Leuchtstofflampe und der Leuchtstofflampendrossel können arithmetisch addiert werden **(Bild 1)**. Siehe auch Schaltung, **Seite 109, Bild 3**.

9. Eine Leuchtstofflampe L 58 W/21 (Lampentyp T5) hat mit einer konventionellen Drosselspule eine Leistungsaufnahme von 69 W. Die Nennspannung beträgt 230 V und der Nennstrom 0,67 A. Berechnen Sie **a)** die Scheinleistung, **b)** die Blindleistung und **c)** den Wirkfaktor $\cos\varphi$.

10. Die Leuchtstofflampe L 36 W/21 (Lampentyp T5) für 230 V hat mit Vorschaltgerät bei einer Stromaufnahme von 0,43 A einen Wirkfaktor $\cos\varphi = 0{,}45$. Ermitteln Sie **a)** die Scheinleistung, **b)** die Blindleistung und **c)** die Wirkleistungsaufnahme des Vorschaltgerätes.

11. Ermitteln Sie in der Ersatzschaltung einer realen Spule **(Bild 3)** **a)** die induktive Blindspannung, **b)** den Wirkwiderstand, **c)** die Induktivität, **d)** die Scheinleistung, **e)** die Wirkleistung, **f)** die Blindleistung und **g)** den Phasenverschiebungswinkel φ.

12. In der Versuchsschaltung **(Bild 4)** wurden folgende Größen gemessen: $U = 45$ V, $I = 1{,}8$ A, $P = 30$ W. Berechnen Sie **a)** die Scheinleistung, **b)** den Phasenverschiebungswinkel, **c)** die Blindleistung, **d)** den Wirkwiderstand, **e)** die Induktivität.

13. Damit eine Lampe von 100 V, 25 W an eine Netzspannung von 230 V 50 Hz angeschlossen werden kann, wird ihr eine Drossel mit dem Verlustwiderstand $R = 30$ Ω vorgeschaltet **(Bild 5)**. Berechnen Sie **a)** die Induktivität der Drossel, **b)** die Wirkleistung, **c)** die Blindleistung und **d)** die Scheinleistung.

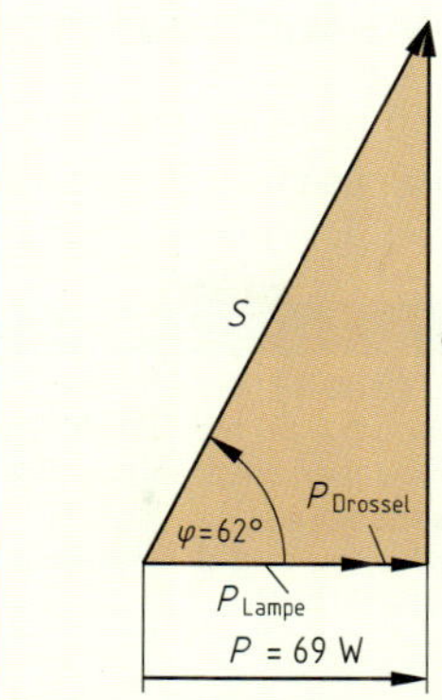

Bild 1: Leistungsdreieck

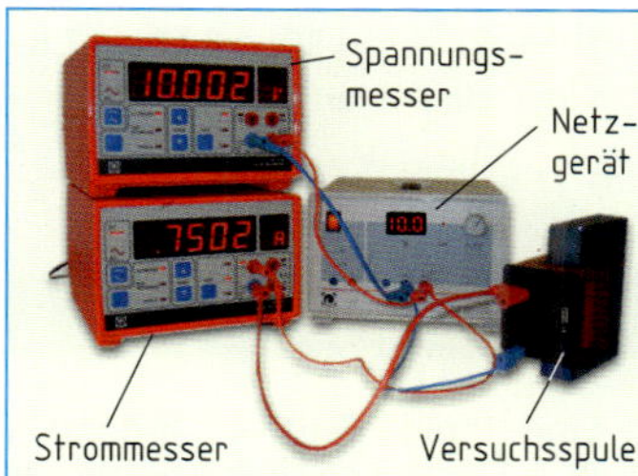

Bild 2: Messschaltung

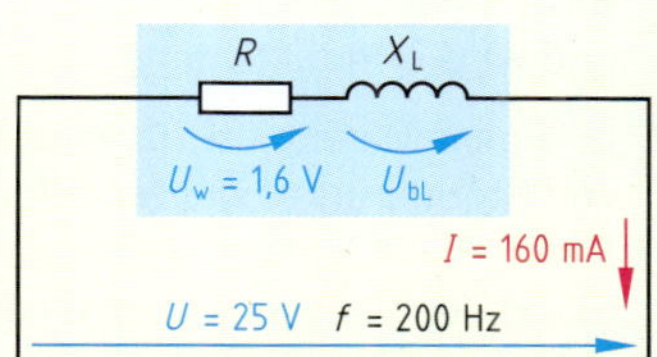

Bild 3: Ersatzschaltung einer realen Spule

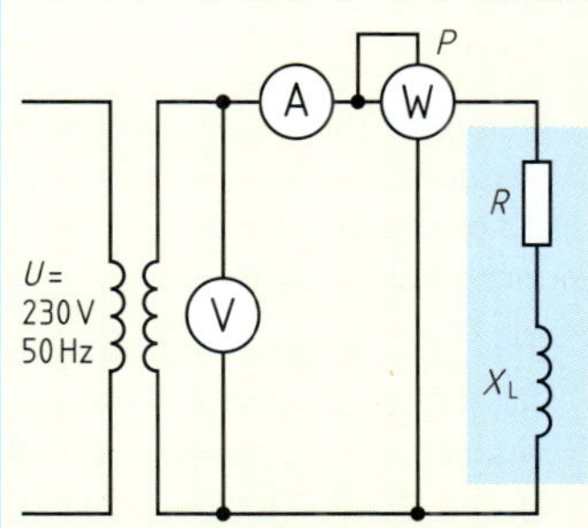

Bild 4: Schaltung zur Ermittlung des Wirkfaktors

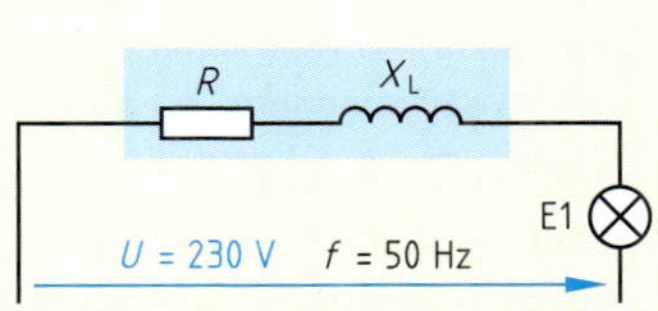

Bild 5: Drossel zur Spannungsbegrenzung

7.6.2 Verlustwinkel und Gütefaktor einer Spule

Gütefaktor Q bzw. Verlustwinkel δ sind ein Maß für die Qualität einer Spule. Der Phasenverschiebungswinkel φ ist bei einer realen (verlustbehafteten) Spule immer kleiner als 90° **(Bild 3)**.

Beispiel:

Eine Spule **(Bild 1)** liegt an einer Wechselspannung von $U = 230$ V mit einer Frequenz von $f = 50$ Hz. Die Wirkspannung U_w beträgt 30 V. Berechnen Sie
a) den Phasenverschiebungswinkel φ,
b) den Verlustwinkel δ,
c) den Verlustfaktor d der Spule und
d) den Gütefaktor Q der Spule.

Lösung:

a) $\cos\varphi = \frac{U_w}{U} = \frac{30\text{ V}}{230\text{ V}} = 0{,}13 \Rightarrow \varphi = \mathbf{82{,}5°}$

b) $\delta = 90° - \varphi = 90° - 82{,}5° = \mathbf{7{,}5°}$

c) $d = \tan\delta = \tan 7{,}5° = \mathbf{0{,}13}$

d) $Q = \frac{1}{d} = \frac{1}{0{,}13} = \mathbf{7{,}6}$

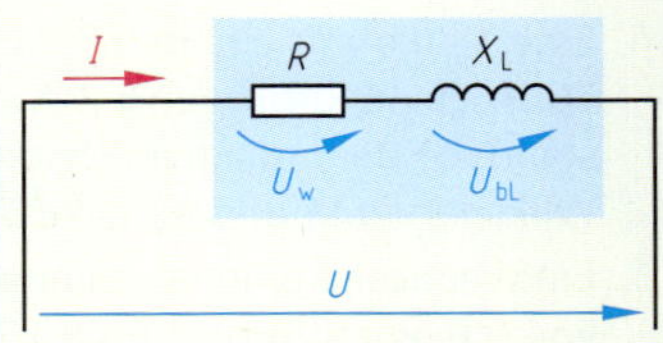

Bild 1: Ersatzschaltung einer verlustbehafteten Spule

Verlustwinkel δ: $\delta = 90° - \varphi$

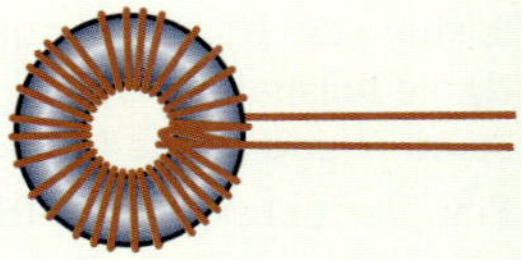

Bild 2: Entstördrossel

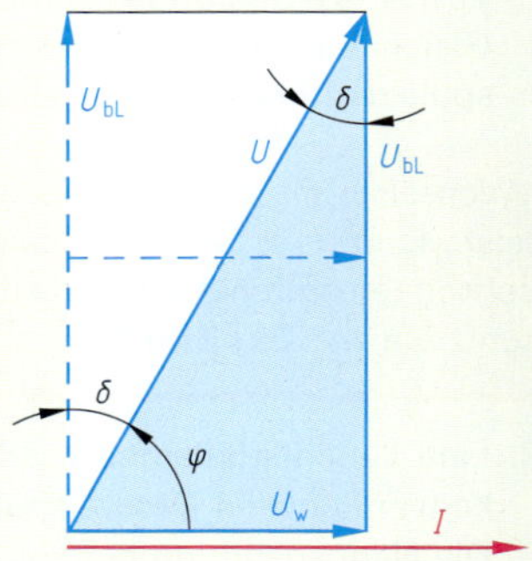

Bild 3: Spannungsdreieck mit Verlustwinkel δ

$d = \tan\delta \qquad d = \frac{R}{X_L}$

$\tan\delta = \frac{U_w}{U_{bL}}$

$Q = \frac{1}{d} \qquad Q = \frac{X_L}{R}$

U	Gesamtspannung
U_w	Wirkspannung
U_{bL}	induktive Blindspannung
φ	Phasenverschiebungswinkel
δ	Verlustwinkel
d	Verlustfaktor
R	Verlust-, Wirkwiderstand
X_L	induktiver Blindwiderstand
Q	Gütefaktor

Aufgaben zu 7.6.2

1. Eine Spule **(Bild 1)** mit dem Gütefaktor $Q = 60$ liegt an einer Spannung von 12 V, 1 kHz. Der Strom beträgt 5 mA. Berechnen Sie **a)** den Verlustwinkel δ, **b)** den Phasenverschiebungswinkel φ, **c)** den Verlustwiderstand R, **d)** den induktiven Blindwiderstand X_L und **e)** die Induktivität L.

2. In einem Datenblatt für eine Entstördrossel **(Bild 2)** zur Filterung von Störimpulsen werden folgende Daten angegeben: Verlustwiderstand $R = 40$ mΩ, Induktivität $L = 100$ µH bei $f = 1$ kHz. Ermitteln Sie **a)** den Verlustfaktor d, **b)** den Verlustwinkel δ und **c)** die Güte Q.

3. An einer Siebdrossel von $L = 1$ H wird eine Wechselspannung von 10 V, 100 Hz und ein Strom von 15 mA gemessen. Wie groß sind **a)** der Verlustwinkel δ, **b)** der Gütefaktor Q und **c)** der Verlustwiderstand R.

4. An einer Spule wird an einer Wechselspannung von 24 V und einer Frequenz $f = 1$ kHz ein Strom $I = 10$ mA gemessen. Der Phasenverschiebungswinkel ist $\varphi = 80°$. Berechnen Sie **a)** den Gütefaktor Q und **b)** die Induktivität L.

5. Eine Drosselspule liegt an einer Wechselspannung von 110 V 50 Hz. Die Wirkspannung U_w beträgt 35 V. Berechnen Sie **a)** den Verlustwinkel, **b)** den Phasenverschiebungswinkel, **c)** den Verlustfaktor und **d)** den Gütefaktor der Spule.

6. Eine Spule mit einer Induktivität von 0,8 H und einem Gütefaktor von 3,25 liegt an einer Wechselspannung von 400 V bei einer Frequenz von 50 Hz. Berechnen Sie **a)** den Verlustfaktor, **b)** den Phasenverschiebungswinkel, **c)** die Wirkspannung, **d)** die induktive Blindspannung und **e)** den induktiven Blindwiderstand.

7. Eine verlustbehaftete Spule hat den Verlustfaktor $d = 0{,}02$ und den Scheinwiderstand $Z = 1{,}2$ kΩ. **a)** Welchen Widerstandswert muss der in Reihe dazugeschaltete Wirkwiderstand R_2 haben, damit sich ein Phasenverschiebungswinkel von $\varphi = 85°$ einstellt? **b)** Wie groß ist der Gütefaktor der neuen Gesamtschaltung?

7.6.3 Reihenschaltung realer Spulen

In einer Reihenschaltung **(Bild 1)** dürfen gleichartige Widerstände, z. B. Wirkwiderstände, arithmetisch addiert werden. Die geometrische Summe des Gesamtwirkwiderstandes R und des induktiven Gesamtblindwiderstandes X_L ergibt den Gesamtscheinwiderstand Z **(Bild 2)**.

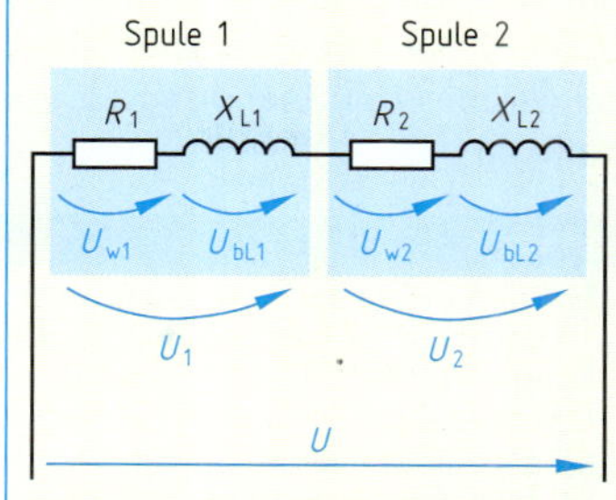

Bild 1: Reihenschaltung von zwei realen Spulen

Beispiel:

Eine Spule mit einem Wirkwiderstand von 20 Ω und einer Induktivität von 0,02 H liegt in Reihe zu einer Spule mit einem Wirkwiderstand von 10 Ω und einer Induktivität von 0,05 H an 230 V 50 Hz **(Bild 1)**. Berechnen Sie

a) den gesamten Wirkwiderstand R,
b) den gesamten Blindwiderstand Q_L,
c) die Scheinwiderstände der Spulen Z_1 und Z_2,
d) den Gesamtscheinwiderstand Z,
e) die Stromstärke I und
f) den Phasenverschiebungswinkel φ.

Lösung:

a) $\boldsymbol{R} = R_1 + R_2 = 20\,\Omega + 10\,\Omega = \mathbf{30\,\Omega}$

b) $X_{L1} = \omega \cdot L_1 = 2 \cdot \pi \cdot 50\,\text{s}^{-1} \cdot 0{,}02\,\text{H} = 6{,}28\,\Omega$; $X_{L2} = \omega \cdot L_2 = 15{,}7\,\Omega$

$\boldsymbol{X_L} = X_{L1} + X_{L2} = 6{,}28\,\Omega + 15{,}7\,\Omega = \mathbf{22\,\Omega}$

c) $\boldsymbol{Z_1} = \sqrt{R_1^2 + X_{L1}^2} = \sqrt{20^2\,\Omega^2 + 6{,}28^2\,\Omega^2} = \mathbf{21\,\Omega}$

$\boldsymbol{Z_2} = \sqrt{R_2^2 + X_{L2}^2} = \sqrt{10^2\,\Omega^2 + 15{,}7^2\,\Omega^2} = \mathbf{18{,}6\,\Omega}$

d) $\boldsymbol{Z} = \sqrt{R^2 + X_L^2} = \sqrt{30^2\,\Omega^2 + 22^2\,\Omega^2} = \sqrt{1384\,\Omega^2} = \mathbf{37{,}2\,\Omega}$

e) $\boldsymbol{I} = \frac{U}{Z} = \frac{230\,\text{V}}{37{,}2\,\Omega} = \mathbf{6{,}18\,A}$ f) $\tan\varphi = \frac{X_L}{R} = \frac{22\,\Omega}{30\,\Omega} = 0{,}73 \Rightarrow \boldsymbol{\varphi} = \mathbf{36{,}3°}$

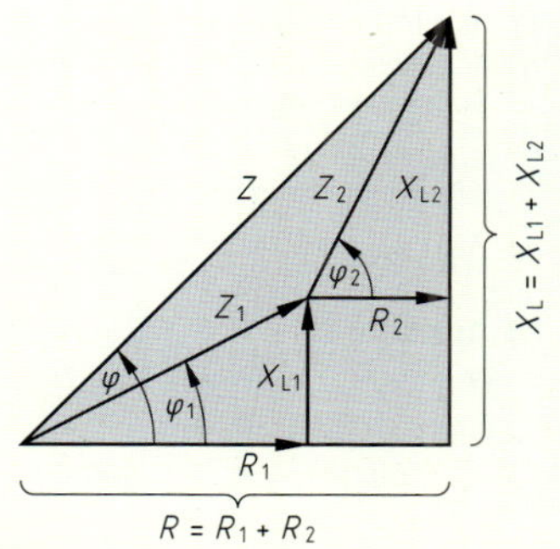

Bild 2: Zeigerbild der Widerstände

$$U = \sqrt{(U_{w1} + U_{w2})^2 + (U_{bL1} + U_{bL2})^2}$$

$$Z = \sqrt{(R_1 + R_2)^2 + (X_{L1} + X_{L2})^2}$$

U	Gesamtspannung (Scheinspannung)
U_{w1}, U_{w2}	Wirkspannungsanteile
U_{bL1}, U_{bL2}	Blindspannungsanteile
U_1, U_2	Spulenspannungen
Z	Gesamtscheinwiderstand
Z_1, Z_2	Scheinwiderstände
R_1, R_2	Wirkwiderstände
X_{L1}, X_{L2}	Blindwiderstände

Bei ungleichen Phasenverschiebungswinkeln φ_1 und φ_2 muss man die Teilscheinwiderstände Z_1 und Z_2 geometrisch addieren **(Bild 2)**.

Aufgaben zu 7.6.3

1. Zwei Spulen mit den Daten $R_1 = 80\,\Omega$, $X_{L1} = 60\,\Omega$, $R_2 = 90\,\Omega$, $X_{L2} = 120\,\Omega$ sind in Reihe geschaltet. Bestimmen Sie zeichnerisch **a)** den gesamten Widerstand R, **b)** den gesamten Blindwiderstand X_L, **c)** die Scheinwiderstände Z_1 und Z_2 der Spulen, **d)** den gesamten Scheinwiderstand Z und **e)** den Phasenverschiebungswinkel φ.

2. Berechnen Sie in der Reihenschaltung zweier Spulen **(Bild 3)** **a)** die Gesamtspannung, **b)** den Gesamtwiderstand, **c)** die Phasenverschiebungswinkel φ_1 und φ_2 der beiden Spulen, **d)** die Wirkwiderstände und die Blindwiderstände der Spulen.

3. Eine Spule hat einen Wirkwiderstand von 25 Ω und eine Induktivität von 0,04 H. Sie ist mit einer anderen Spule, die einen Wirkwiderstand von 12 Ω und eine Induktivität von 0,07 H hat, in Reihe an 230 V 50 Hz geschaltet. Bestimmen Sie **a)** die induktiven Blindwiderstände, **b)** die Scheinwiderstände der Spulen, **c)** den Gesamtscheinwiderstand, **d)** die Stromstärke, **e)** die Spannungen an den Spulen.

4. Zwei Spulen liegen in Reihe an einer Wechselspannung. Die Wirkspannungsanteile der Spulen sind $U_{w1} = 75\,\text{V}$, $U_{w2} = 91\,\text{V}$ und die Blindspannungsanteile $U_{bL1} = 105\,\text{V}$, $U_{bL2} = 88\,\text{V}$. Die Stromstärke beträgt 28 A. Berechnen Sie **a)** den gesamten Wirkspannungsanteil, **b)** den gesamten Blindspannungsanteil, **c)** die Gesamtspannung, **d)** den Phasenverschiebungswinkel φ, **e)** die Scheinwiderstände der Spulen und **f)** den Gesamtscheinwiderstand.

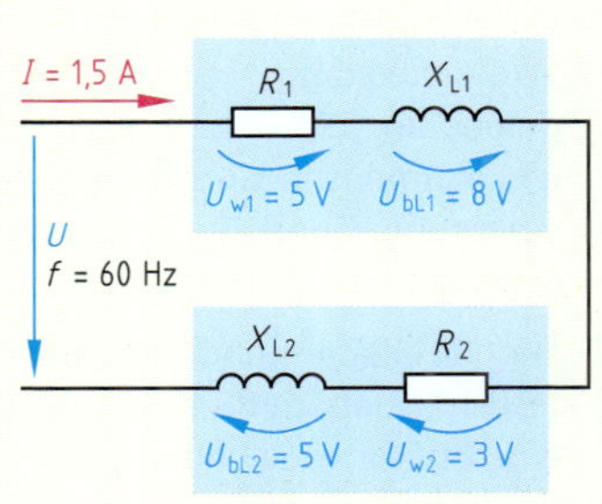

Bild 3: Reihenschaltung von zwei realen Spulen

7.6.4 Wirkwiderstand und kapazitiver Blindwiderstand in Reihe

Am Wirkwiderstand R sind Strom I und Spannung U_w in Phase. Am kapazitiven Blindwiderstand X_C eilt der Strom I der Spannung U_{bC} um 90° voraus **(Tabelle)**.

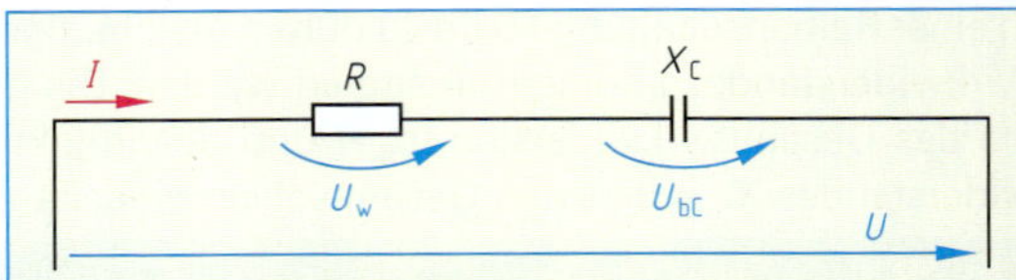

Bild 1: Reihenschaltung aus Wirkwiderstand und kapazitivem Blindwiderstand

Beispiel:

Ein Wirkwiderstand von 400 Ω und ein Kondensator von 10,6 µF sind als Reihenschaltung an eine Wechselspannung von 230 V 50 Hz angeschlossen **(Bild 1)**.
Ermitteln Sie
a) den kapazitiven Blindwiderstand X_C,
b) zeichnerisch den Scheinwiderstand Z,
c) rechnerisch den Scheinwiderstand Z,
d) die Stromstärke I,
e) die Wirkspannung U_w und die kapazitive Blindspannung U_{bC},
f) den Phasenverschiebungswinkel φ und
g) die Wirkleistung P, die Blindleistung Q_C und die Scheinleistung S.

Lösung:

a) $\boldsymbol{X_C} = \frac{1}{2 \cdot \pi \cdot f \cdot C} = \frac{1}{2 \cdot \pi \cdot 50\,\text{s}^{-1} \cdot 10{,}6 \cdot 10^{-6}\,\text{F}} = \mathbf{300\,\Omega}$

b) Aus Bild 2:
$R = 400\,\Omega \mathrel{\hat{=}} 40\,\text{mm}$;
$X_C = 300\,\Omega \mathrel{\hat{=}} 30\,\text{mm}$;
$Z \mathrel{\hat{=}} 50\,\text{mm} \Rightarrow Z = \mathbf{500\,\Omega}$

c) $\boldsymbol{Z} = \sqrt{R^2 + X_C^2} = \sqrt{400^2\,\Omega^2 + 300^2\,\Omega^2} = \mathbf{500\,\Omega}$

d) $\boldsymbol{I} = \frac{U}{Z} = \frac{230\,\text{V}}{500\,\Omega} = \mathbf{0{,}46\,A}$

e) $\boldsymbol{U_w} = R \cdot I = 400\,\Omega \cdot 0{,}46\,\text{A} = \mathbf{184\,V}$
$\boldsymbol{U_{bC}} = X_C \cdot I = 300\,\Omega \cdot 0{,}46\,\text{A} = \mathbf{138\,V}$

f) $\cos\varphi = \frac{R}{Z} = \frac{400\,\Omega}{500\,\Omega} = 0{,}8; \Rightarrow \varphi = \mathbf{36{,}87°}$

g) $\boldsymbol{P} = U_w \cdot I = 184\,\text{V} \cdot 0{,}46\,\text{A} = \mathbf{84{,}6\,W}$
$\boldsymbol{Q_C} = U_{bC} \cdot I = 138\,\text{V} \cdot 0{,}46\,\text{A} = \mathbf{63{,}5\,var}$
$\boldsymbol{S} = U \cdot I = 230\,\text{V} \cdot 0{,}46\,\text{A} = \mathbf{105{,}8\,VA}$

Tabelle: Spannungs-, Widerstands- und Leistungsdreieck

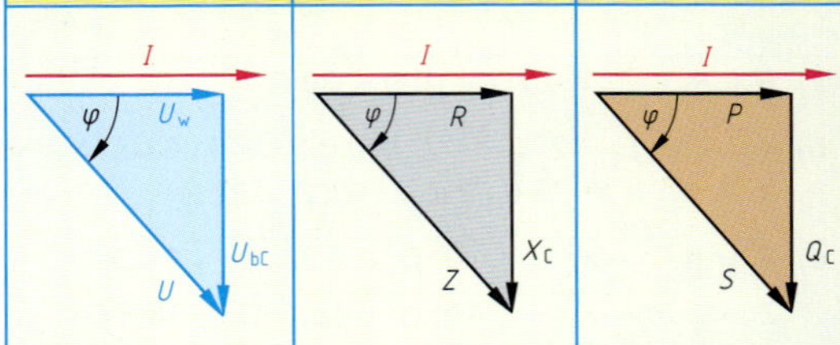

Spannungen	Widerstände	Leistungen
$U = \sqrt{U_w^2 + U_{bC}^2}$	$Z = \sqrt{R^2 + X_C^2}$	$S = \sqrt{P^2 + Q_C^2}$
$U_w = U \cdot \cos\varphi$	$R = Z \cdot \cos\varphi$	$P = S \cdot \cos\varphi$
$U_{bC} = U \cdot \sin\varphi$	$X_C = Z \cdot \sin\varphi$	$Q_C = S \cdot \sin\varphi$
$U = Z \cdot I$	$S = U \cdot I = \frac{U^2}{Z} = I^2 \cdot Z$	
$U_w = R \cdot I$	$P = U_w \cdot I = \frac{U_w^2}{R} = I^2 \cdot R$	
$U_{bC} = X_C \cdot I$	$Q_C = U_{bC} \cdot I = \frac{U_{bC}^2}{X_C} = I^2 \cdot X_C$	

U	Gesamtspannung	P	Wirkleistung
U_{bC}	kapazitive Blindspannung	Q_C	kapazitive Blindleistung
U_w	Wirkspannung	S	Scheinleistung
I	Strom	φ	Phasenverschiebungswinkel
R	Wirkwiderstand		
Z	Scheinwiderstand	$\cos\varphi$	Wirkfaktor
X_C	kapazitiver Blindwiderstand	$\sin\varphi$	Blindfaktor

Aufgaben zu 7.6.4

1. An einer Reihenschaltung von Kondensator und Wirkwiderstand werden folgende Spannungen gemessen: $U_w = 12\,\text{V}$, $U_{bC} = 18\,\text{V}$. Ermitteln Sie **a)** zeichnerisch und **b)** rechnerisch die Gesamtspannung U und den Phasenverschiebungswinkel φ zwischen U_w und U.

2. Die Wirkspannung in einer Reihenschaltung **(Bild 1)** beträgt 83 V. Mit dem Oszilloskop wurde eine Phasenverschiebung von 27° zwischen Wirk- und Gesamtspannung festgestellt. Bestimmen Sie **a)** zeichnerisch und **b)** rechnerisch die Blindspannung U_{bC} und die Gesamtspannung U.

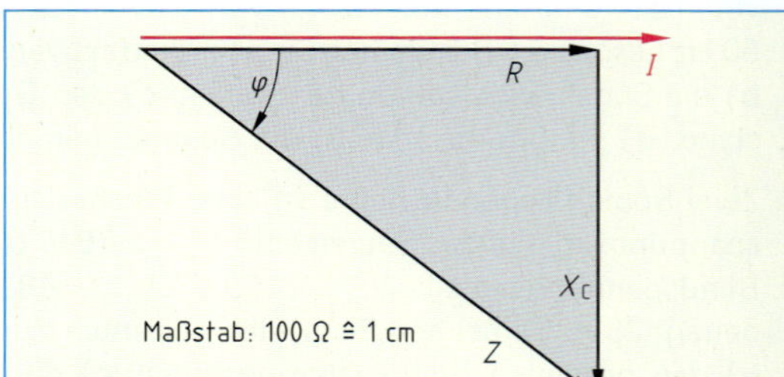

Bild 2: Lösung zum Beispiel: Geometrische Addition von R und X_C

3. Bei einem RC-Siebglied **(Bild 1)** wird am Kondensator eine Spannung $U_{bC} = 155$ V gemessen. Berechnen Sie **a)** die Ausgangsspannung U_2 und **b)** den Phasenverschiebungswinkel zwischen Eingangs- und Ausgangsspannung.

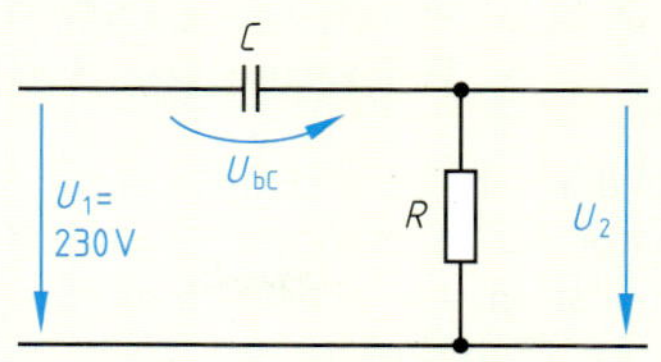

Bild 1: RC-Siebglied

4. In der RC-Siebschaltung **(Bild 2)** wurde am Wirkwiderstand R eine Spannung von 86 V gemessen. Der Phasenverschiebungswinkel zwischen der Gesamtspannung U_1 und der kapazitiven Blindspannung $U_{bC} = U_2$ beträgt 63°. Berechnen Sie **a)** die Blindspannung U_{bC} und **b)** die Gesamtspannung U_1.

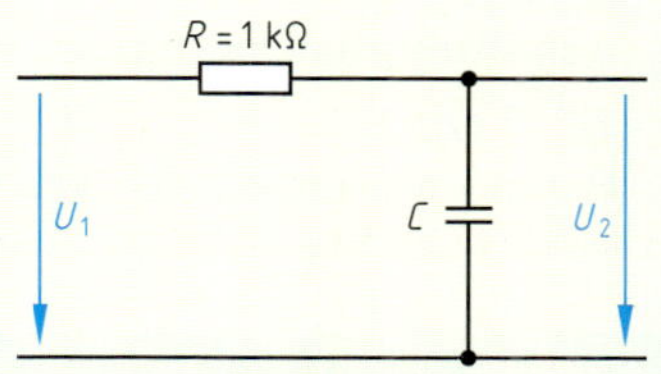

Bild 2: RC-Siebschaltung

5. Ein Wirkwiderstand von 100 Ω und ein Kondensator sind in Reihe an 230 V 50 Hz geschaltet. Der Strom beträgt 1,56 A. Bestimmen Sie **a)** den Scheinwiderstand, **b)** den kapazitiven Blindwiderstand, **c)** die Kapazität und **d)** die kapazitive Blindleistung des Kondensators.

6. Ein Kondensator von 47 nF liegt in Reihe mit einem Widerstand von 150 Ω an einer Spannung von 260 V. Bei welcher Frequenz beträgt die Scheinleistung 345 VA?

7. In einer Reihenschaltung aus Wirkwiderstand und Kondensator an 230 V 50 Hz fließt ein Strom von 4 A. Mit dem Oszilloskop wurde ein Phasenverschiebungswinkel von 60° gemessen. Berechnen Sie **a)** den Scheinwiderstand, **b)** den Wirkwiderstand, **c)** die Kapazität des Kondensators, **d)** die kapazitive Blindleistung Q_C, die Wirkleistung P und die Scheinleistung S.

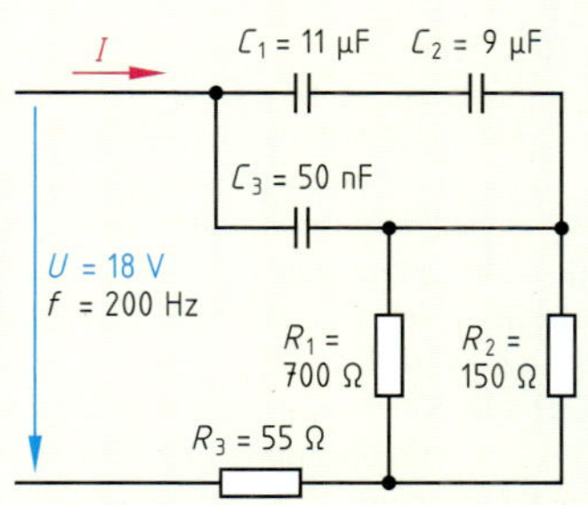

Bild 3: Wirkwiderstände und Kondensatoren

8. Ein Wirkwiderstand mit 800 Ω liegt mit einem Kondensator von 2 µF in Reihe an 230 V 50 Hz. Berechnen Sie **a)** den kapazitiven Blindwiderstand, **b)** den Scheinwiderstand der Schaltung, **c)** die Stromstärke, **d)** die Teilspannungen. **e)** Bestimmen Sie zeichnerisch den Scheinwiderstand und den Phasenverschiebungswinkel. **f)** Wie groß sind jeweils die Wirkleistung P, die Blindleistung Q_C und die Scheinleistung S?

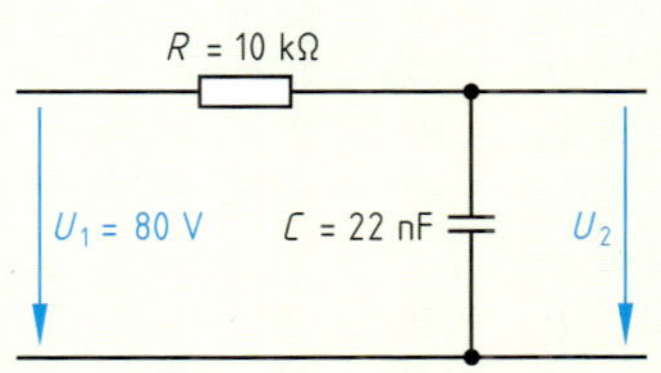

Bild 4: RC-Schaltung

9. Berechnen Sie in der gemischten Schaltung **Bild 3 a)** den Scheinwiderstand, **b)** die Stromstärke, **c)** die Teilspannungen an allen Wirkwiderständen und Kondensatoren und **d)** den Phasenverschiebungswinkel zwischen Gesamtstrom und Gesamtspannung.

10. **a)** Berechnen Sie die Ausgangsspannung U_2 der RC-Schaltung **Bild 4** für Frequenzen von 100 Hz bis 1 kHz in Schritten zu 100 Hz. **b)** Tragen Sie die Ausgangsspannungen in Abhängigkeit von der Frequenz in ein Diagramm ein.

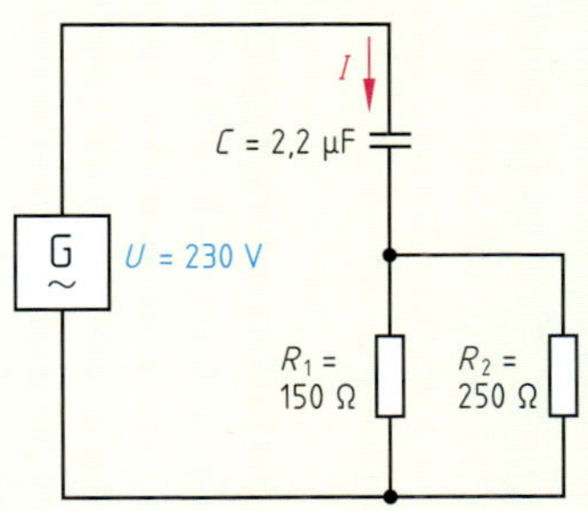

Bild 5: Frequenzabhängiger Spannungsteiler

11. Ermitteln Sie in der Schaltung **Bild 5** bei einer Phasenverschiebung von 65° zwischen I und U **a)** den Scheinwiderstand, **b)** die Frequenz, **c)** die Ströme und die Teilspannungen.

12. Ein Lötkolben hat an 230 V 50 Hz eine Leistung von 100 W. Durch Vorschalten eines Kondensators soll die Leistung des Lötkolbens in den Lötpausen auf $^3/_4$ herabgesetzt werden. **a)** Skizzieren Sie die Schaltung. Bestimmen Sie **b)** die Kapazität des Kondensators und **c)** die Spannung am Lötkolben in den Pausen.

7.6.5 Wirkwiderstand, induktiver Blindwiderstand und kapazitiver Blindwiderstand in Reihe

In der Schaltung **(Bild)** eilt der Strom I im Kondensator der Spannung U_{bC} um 90° vor. Dagegen eilt der Strom I in der Spule der Spannung U_{bL} um 90° nach **(Tabelle)**.

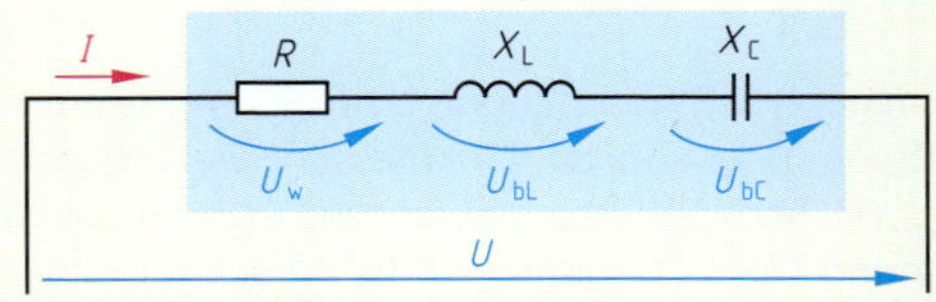

Bild: Reihenschaltung aus R, X_L und X_C

$U_{bL} > U_{bC}$:
Schaltung hat induktives Verhalten

$U_{bL} < U_{bC}$:
Schaltung hat kapazitives Verhalten

Beispiel:

An einer Reihenschaltung aus Wirkwiderstand $R = 200\,\Omega$, Spule und Kondensator **(Bild)** werden folgende Spannungen gemessen: $U_w = 40$ V, $U_{bL} = 40$ V, $U_{bC} = 10$ V.
Bestimmen Sie

a) zeichnerisch die Gesamtspannung U und den Phasenverschiebungswinkel φ,
b) rechnerisch die Gesamtspannung U und den Phasenverschiebungswinkel φ,
c) die Stromstärke I,
d) den Scheinwiderstand Z und die Blindwiderstände X_L und X_C,
e) die Wirkleistung P und die Scheinleistung S sowie
f) die Blindleistungen Q_L, Q_C, Q.
g) Entscheiden Sie, ob induktives oder kapazitives Verhalten vorliegt.

Lösung:

a) **Aus Bild 1, Seite 109:**
$U_w = 40\text{ V} \mathrel{\hat=} 40\text{ mm}$;
$U_{bL} = 40\text{ V} \mathrel{\hat=} 40\text{ mm}$;
$U_{bC} = 10\text{ V} \mathrel{\hat=} 10\text{ mm}$;
$U \mathrel{\hat=} 50\text{ mm}; \Rightarrow \boldsymbol{U = 50\text{ V}};\ \boldsymbol{\varphi = 37°}$

b) $U = \sqrt{U_w^2 + (U_{bL} - U_{bC})^2} = \sqrt{40^2\text{ V}^2 + (40\text{ V} - 10\text{ V})^2}$
$\boldsymbol{U = 50\text{ V}}$
$\tan\varphi = \frac{U_{bL} - U_{bC}}{U_w} = \frac{40\text{ V} - 10\text{ V}}{40\text{ V}} = 0{,}75 \Rightarrow \boldsymbol{\varphi = 36{,}9°}$

c) $I = \frac{U_w}{R} = \frac{40\text{ V}}{200\,\Omega} = \boldsymbol{0{,}2\text{ A}}$

d) $X_L = \frac{U_{bL}}{I} = \frac{40\text{ V}}{0{,}2\text{ A}} = 200\,\Omega$
$X_C = \frac{U_{bC}}{I} = \frac{10\text{ V}}{0{,}2\text{ A}} = 50\,\Omega$
$\boldsymbol{Z} = \frac{U}{I} = \frac{50\text{ V}}{0{,}2\text{ A}} = \boldsymbol{250\,\Omega}$

e) $\boldsymbol{P} = U_w \cdot I = 40\text{ V} \cdot 0{,}2\text{ A} = \boldsymbol{8\text{ W}}$
$\boldsymbol{S} = U \cdot I = 50\text{ V} \cdot 0{,}2\text{ A} = \boldsymbol{10\text{ VA}}$

f) $\boldsymbol{Q_L} = U_{bL} \cdot I = 40\text{ V} \cdot 0{,}2\text{ A} = \boldsymbol{8\text{ var}}$
$\boldsymbol{Q_C} = U_{bC} \cdot I = 10\text{ V} \cdot 0{,}2\text{ A} = \boldsymbol{2\text{ var}}$
$\boldsymbol{Q} = Q_L - Q_C = 8\text{ var} - 2\text{ var} = \boldsymbol{6\text{ var}}$

g) $Q_L > Q_C$ bzw. $U_{bL} > U_{bC}$
$\Rightarrow$ **Die Schaltung hat induktives Verhalten**

Tabelle: Spannungs-, Widerstands- und Leistungsdreieck

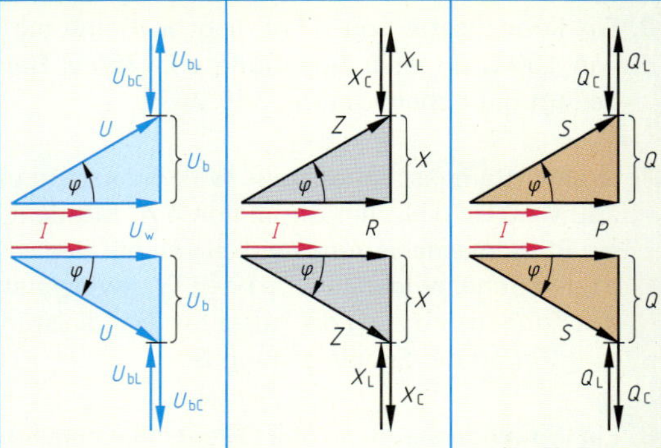

Spannungen	Widerstände	Leistungen
$U = \sqrt{U_w^2 + U_b^2}$	$Z = \sqrt{R^2 + X^2}$	$S = \sqrt{P^2 + Q^2}$
$U_b = U_{bL} - U_{bC}$	$X = X_L - X_C$	$Q = Q_L - Q_C$
$U_w = U \cdot \cos\varphi$	$R = Z \cdot \cos\varphi$	$P = S \cdot \cos\varphi$
$U_b = U \cdot \sin\varphi$	$X = Z \cdot \sin\varphi$	$Q = S \cdot \sin\varphi$
$U = Z \cdot I$		$S = U \cdot I$
$U_w = R \cdot I$	$\tan\varphi = \frac{X_L - X_C}{R}$	$P = U_w \cdot I$
$U_{bL} = X_L \cdot I$		$Q_L = U_{bL} \cdot I$
$U_{bC} = X_C \cdot I$	$\tan\varphi = \frac{X}{R}$	$Q_C = U_{bC} \cdot I$
$U_b = X \cdot I$		$Q = U_b \cdot I$

U Gesamtspannung
U_w Wirkspannung
U_{bL} induktive Blindspannung
U_{bC} kapazitive Blindspannung
U_b Gesamtblindspannung
I Strom
R Wirkwiderstand
Z Scheinwiderstand
X_L induktiver Blindwiderstand
X_C kapazitiver Blindwiderstand
X Gesamtblindwiderstand
P Wirkleistung
S Scheinleistung
Q_L induktive Blindleistung
Q_C kapazitive Blindleistung
Q Gesamtblindleistung
φ Phasenverschiebungswinkel
$\cos\varphi$ Wirkfaktor
$\sin\varphi$ Blindfaktor

Aufgaben zu 7.6.5

1. Die Teilspannungen an einer Reihenschaltung (**Bild, Seite 108**) betragen $U_w = 80$ V, $U_{bL} = 20$ V, $U_{bC} = 80$ V entsprechend dem Zeigerbild **Bild 1**. Ermitteln Sie die Gesamtspannung U und den Phasenverschiebungswinkel φ **a)** rechnerisch und **b)** zeichnerisch.

2. **Bild 2** zeigt das Zeigerbild (Widerstandsdreieck) einer Reihenschaltung aus R, X_L und X_C an einer Spannung von 230 V. Berechnen Sie **a)** den Scheinwiderstand Z und **b)** den Wirkwiderstand R. Wie groß sind **c)** der Phasenverschiebungswinkel φ und **d)** die Teilspannungen U_w, U_{bL} und U_{bC}?

3. Eine Spule mit einem Wirkwiderstand $R = 80\ \Omega$ und einer Induktivität von 2 H ist mit einem Kondensator von 5,6 µF in Reihe an 230 V 50 Hz geschaltet. Berechnen Sie **a)** den Scheinwiderstand Z, **b)** die Stromstärke I, **c)** die Teilspannungen U_w, U_{bL}, U_{bC} und **d)** den Phasenverschiebungswinkel φ zwischen U_w und U.

4. Zu einer verlustbehafteten Spule (mit Wirkwiderstand) ist eine Kapazität in Reihe geschaltet. Der Wirkspannungsanteil beträgt 85 V, die Spannung an der Spule 100 V, die Spannung am Kondensator 20 V. Berechnen Sie **a)** die induktive Blindspannung U_{bL}, **b)** die Gesamtspannung U, und **c)** den Phasenverschiebungswinkel φ. **d)** Zeichnen Sie das Zeigerbild für die Spannungen (Maßstab: 20 V ≙ 1 cm).

5. Eine Reihenschaltung aus Wirkwiderstand $R = 200\ \Omega$, Kondensator $C = 10$ µF und einer Induktivität $L = 2$ H liegt an 230 V 50 Hz. Bestimmen Sie **a)** die Scheinleistung, **b)** die Wirkleistung, **c)** die Blindleistungen und **d)** die Teilspannungen.

6. In einer Duo-Leuchtstofflampenschaltung **(Bild 3)** nimmt jeder Zweig 69 W auf. Dabei fließt an 230 V 50 Hz in jedem Zweig ein Strom von jeweils 0,7 A. Der kapazitive Phasenverschiebungswinkel im Zweig 2 mit dem Kondensator hat den gleichen Betrag wie der induktive Phasenverschiebungswinkel. Berechnen Sie **a)** die induktive Blindleistung Q_L im Zweig 1, **b)** die kapazitive Blindleistung Q_C des Kondensators im Zweig 2 und **c)** die Kapazität C des Kondensators.

7. Eine Spule nimmt an 24 V 50 Hz einen Strom von 100 mA bei $\varphi_1 = 85°$ auf. Diese Spule wird zusammen mit einem Kondensator an 60 V angeschlossen **(Bild 4)**. **a)** Welche Kapazität C muss ein in Reihe geschalteter Kondensator haben, damit an der Spule wieder 24 V abfallen? Berechnen Sie **b)** die Blindleistung Q_C des Kondensators und **c)** den neuen Phasenverschiebungswinkel φ_2. **d)** Welches Verhalten zeigt die neue Schaltung?

8. Ein Kondensator von 10 µF und eine Spule mit einem induktiven Blindwiderstand von 637 Ω liegen in Reihe an 500 V Wechselspannung. Bei einem Wirkfaktor von 0,5 kapazitiv fließt ein Strom von 0,8 A. Bestimmen Sie **a)** den Wirkwiderstand der Spule und **b)** die Induktivität der Spule.

9. Eine Reihenschaltung aus Wirkwiderstand, realer Spule und Kondensator liegt an 230 V 50 Hz. Der Spannungsfall am Wirkwiderstand beträgt 90 V. An der Spule wird eine Spannung von 160 V gemessen. Die Gesamtspannung eilt dem Strom um 18° nach. Berechnen Sie **a)** die induktive Blindspannung, **b)** die kapazitive Blindspannung. **c)** Zeichnen Sie das Zeigerbild der Spannungen. (Maßstab: 20 V ≙ 1 cm)

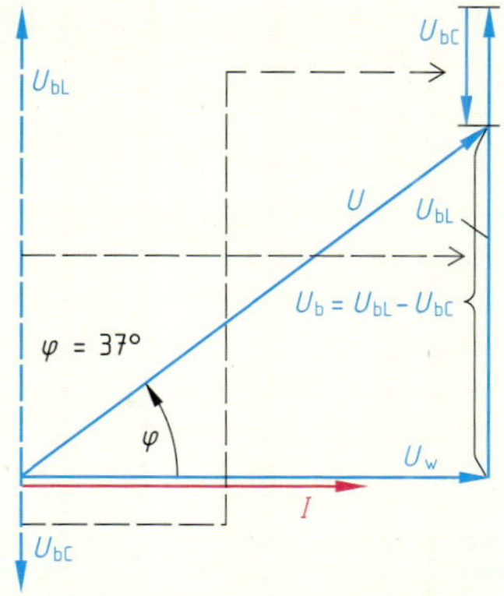

Bild 1: Geometrische Addition der Teilspannungen (Maßstab: 10 mm ≙ 10 V)

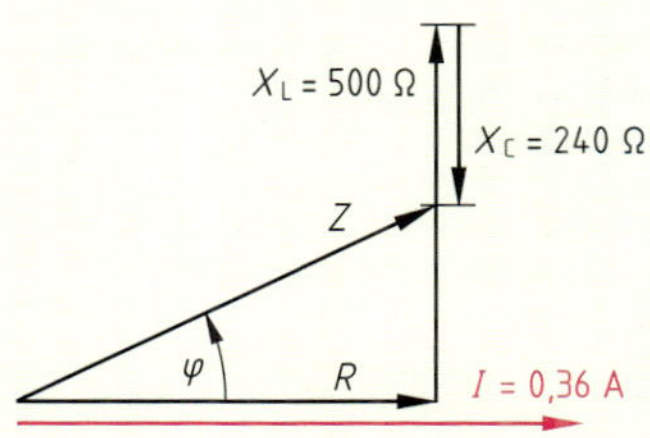

Bild 2: Widerstandsdreieck

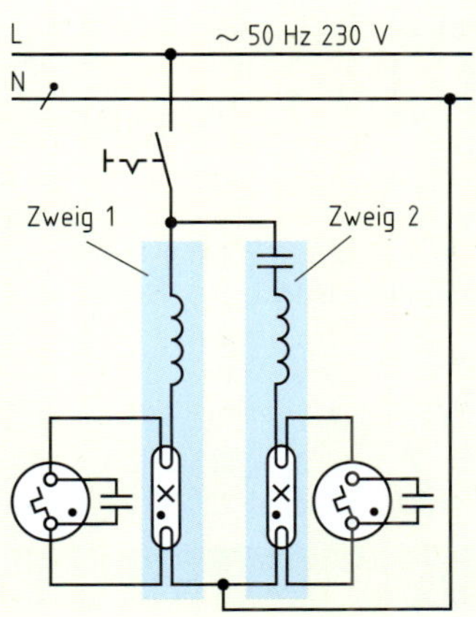

Bild 3: Duo-Schaltung

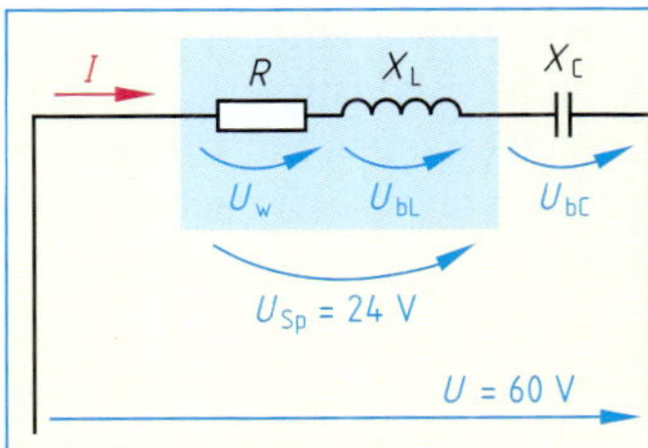

Bild 4: Reihenschaltung von R, X_L und X_C

7.7 Parallelschaltungen bei gemischter Belastung

7.7.1 Wirkwiderstand und induktiver Blindwiderstand parallel

In der Parallelschaltung aus Wirkwiderstand R und induktivem Blindwiderstand X_L eilt der induktive Blindstrom I_{bL} dem Wirkstrom I_w um 90° nach **(Bild 1)**.
Die Strom-, Leitwert- und Leistungsanteile werden zeichnerisch (geometrisch) oder durch Rechnung bestimmt **(Tabelle)**.

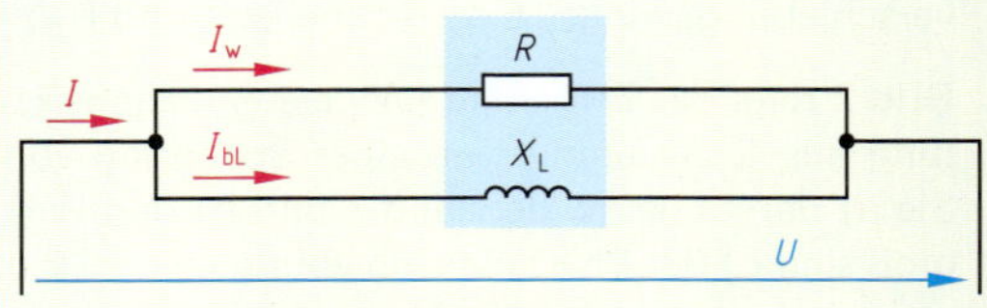

Bild 1: Parallelschaltung aus *R* und *X*$_L$

Beispiel:

Ein Wirkwiderstand mit dem Zweigstrom $I_w = 2$ A und ein rein induktiver Blindwiderstand mit dem induktiven Blindstrom $I_{bL} = 3$ A liegen parallel an einer Wechselspannung von 230 V 50 Hz **(Bild 1)**.
Gesucht sind
a) der Gesamtstrom I zeichnerisch,
b) der Gesamtstrom I rechnerisch,
c) die Leitwerte G, B_L, Y,
d) das Leitwertdreieck,
e) der Phasenverschiebungswinkel φ und
f) die Scheinleistung S, die Wirkleistung P sowie die induktive Blindleistung Q_L.

Lösung:

a) **Aus Bild 2:** $I_w = 2\text{ A} \mathrel{\hat{=}} 20\text{ mm}$; $I_{bL} = 3\text{ A} \mathrel{\hat{=}} 30\text{ mm}$; $I \mathrel{\hat{=}} 36\text{ mm}$; $\Rightarrow$ $\boldsymbol{I = 3{,}6\text{ A}}$

b) $\boldsymbol{I} = \sqrt{I_w^2 + I_{bL}^2} = \sqrt{2^2\text{A}^2 + 3^2\text{A}^2} = \mathbf{3{,}6\text{ A}}$

c) $Z = \frac{U}{I} = \frac{230\text{ V}}{3{,}6\text{ A}} = 63{,}9\,\Omega$; $\boldsymbol{Y} = \frac{1}{Z} = \frac{1}{63{,}9\,\Omega} = \mathbf{15{,}6\text{ mS}}$

$R = \frac{U}{I_w} = \frac{230\text{ V}}{2\text{ A}} = 115\,\Omega$; $\boldsymbol{G} = \frac{1}{R} = \frac{1}{115\,\Omega} = \mathbf{8{,}7\text{ mS}}$

$X_L = \frac{U}{I_{bL}} = \frac{230\text{ V}}{3\text{ A}} = 76{,}7\,\Omega$; $\boldsymbol{B_L} = \frac{1}{X_L} = \frac{1}{76{,}7\,\Omega} = \mathbf{13\text{ mS}}$

d) siehe Bild 3

e) $\cos\varphi = \frac{I_w}{I} = \frac{2\text{ A}}{3{,}6\text{ A}} = 0{,}555 \Rightarrow \boldsymbol{\varphi = 56{,}3°}$

f) $\boldsymbol{S} = U \cdot I = 230\text{ V} \cdot 3{,}6\text{ A} = \mathbf{828\text{ VA}}$
$\boldsymbol{P} = U \cdot I_w = 230\text{ V} \cdot 2\text{ A} = \mathbf{460\text{ W}}$
$\boldsymbol{Q_L} = U \cdot I_{bL} = 230\text{ V} \cdot 3\text{ A} = \mathbf{690\text{ var}}$

Tabelle: Strom-, Leitwert- und Leistungsdreieck

Ströme	Leitwerte	Leistungen
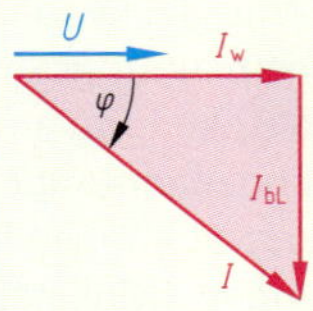	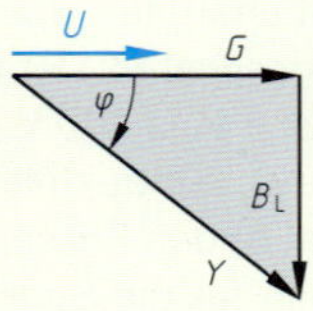	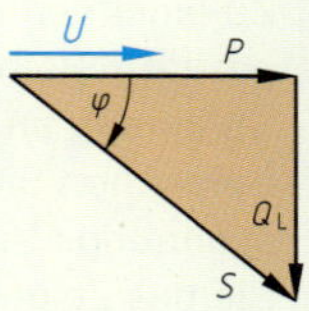
$I = \sqrt{I_w^2 + I_{bL}^2}$	$Y = \sqrt{G^2 + B_L^2}$	$S = \sqrt{P^2 + Q_L^2}$
$I_w = I \cdot \cos\varphi$	$G = Y \cdot \cos\varphi$	$P = S \cdot \cos\varphi$
$I_{bL} = I \cdot \sin\varphi$	$B_L = Y \cdot \sin\varphi$	$Q_L = S \cdot \sin\varphi$
$I = \frac{U}{Z}$	$Y = \frac{1}{Z}$	$S = U \cdot I$
$I_w = \frac{U}{R}$	$G = \frac{1}{R}$	$P = U \cdot I_w$
$I_{bL} = \frac{U}{X_L}$	$B_L = \frac{1}{X_L}$	$Q_L = U \cdot I_{bL}$

I Gesamtstrom
I_{bL} induktiver Blindstrom
I_w Wirkstrom
U Spannung
φ Phasenverschiebungswinkel
G Wirkleitwert
B_L induktiver Blindleitwert
Y Scheinleitwert
P Wirkleistung
Q_L induktive Blindleistung
S Scheinleistung
$\cos\varphi$ Wirkfaktor
$\sin\varphi$ Blindfaktor

Aufgaben zu 7.7.1

1. In einer Parallelschaltung **(Bild 1)** aus einem Wirkwiderstand R und einem induktiven Blindwiderstand X_L betragen der Wirkstrom $I_w = 200$ mA und der Blindstrom $I_{bL} = 150$ mA. Bestimmen Sie den Gesamtstrom I und den Phasenverschiebungswinkel φ **a)** zeichnerisch und **b)** rechnerisch (Maßstab: 50 mA ≙ 1 cm).

2. Ein Wirkwiderstand $R = 120\,\Omega$ liegt parallel zu einer Induktivität $L = 800$ mH an 110 V 60 Hz. Berechnen Sie **a)** den Wirkstrom I_w, **b)** den Blindstrom I_{bL}, **c)** den Gesamtstrom I, **d)** den Phasenverschiebungswinkel φ.

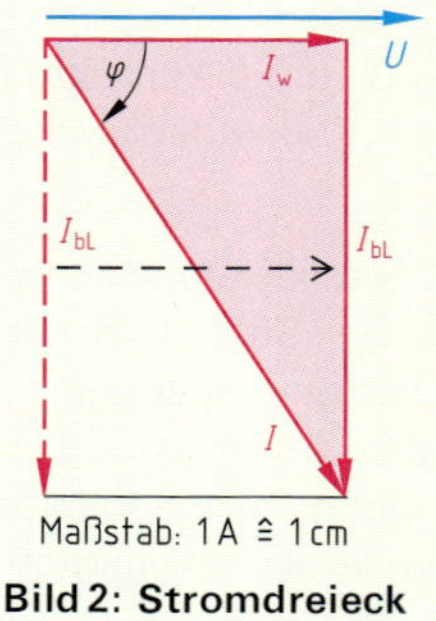

Bild 2: Stromdreieck

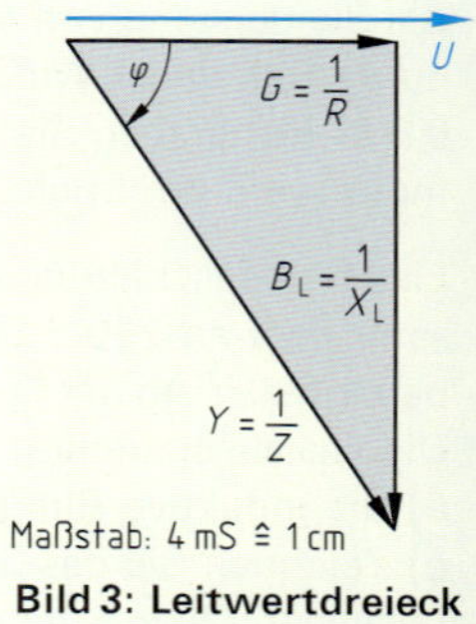

Bild 3: Leitwertdreieck

3. Berechnen Sie in der Schaltung **Bild 1** **a)** den Blindstrom, **b)** den Phasenverschiebungswinkel und **c)** den Wirkwiderstand.

4. Eine Induktivität von $L = 1{,}4\,\text{H}$ ist mit einem Wirkwiderstand von $R = 330\,\Omega$ parallel an 230 V 50 Hz geschaltet. Wie groß sind **a)** der Wirkstrom, **b)** der Blindstrom, **c)** der Gesamtstrom und **d)** der Phasenverschiebungswinkel?

5. Ein Wirkwiderstand und eine Induktivität sind parallel an 230 V 50 Hz angeschlossen. Der Wirkwiderstand nimmt 2,5 A auf. Der Gesamtstrom beträgt 5,5 A. Berechnen Sie **a)** den Wirkwiderstand, **b)** den Strom durch die Induktivität und **c)** die Induktivität.

6. Eine Induktivität mit einem Blindleitwert $B_L = 36\,\text{mS}$ und ein Wirkwiderstand sind parallel geschaltet. Der Scheinleitwert der Schaltung beträgt $Y = 45\,\text{mS}$. Bestimmen Sie den Wirkleitwert und den Phasenverschiebungswinkel **a)** zeichnerisch, **b)** rechnerisch.

7. Ermitteln Sie in der Schaltung **Bild 2** **a)** den induktiven Blindstrom I_{bL}, **b)** den Phasenverschiebungswinkel φ zwischen Wirk- und Scheinstrom, **c)** die Induktivität L, **d)** den Scheinleitwert Y und **e)** den Scheinwiderstand Z.

8. Das Relais in **Bild 3** (Wirkwiderstand wird vernachlässigt) nimmt einen Strom von 200 mA auf, wenn der Schalter Q1 geöffnet ist. Ermitteln Sie bei geschlossenem Schalter Q1 **a)** die Stromstärke I, **b)** den gesamten Scheinwiderstand Z, **c)** den Phasenverschiebungswinkel zwischen dem Gesamtstrom I und der Spannung U, **d)** die Induktivität L der Relaisspule.

9. Eine Spule mit $L = 180\,\text{mH}$ ist mit einem Wirkwiderstand parallel an 110 V 50 Hz geschaltet. Der Gesamtstrom beträgt 2,8 A. Ermitteln Sie **a)** Blindwiderstand, **b)** Blindleitwert, **c)** Blindstrom, **d)** Wirkstrom, **e)** Phasenverschiebungswinkel, **f)** Scheinwiderstand und **g)** Scheinleitwert der Schaltung. **h)** Welchen Wirkwiderstand muss man zusätzlich parallel schalten, um den Phasenverschiebungswinkel auf 25,5° zu verkleinern?

10. In der Zuleitung eines Wechselstrommotors 230 V 50 Hz fließt ein Strom von 5 A bei $\cos\varphi = 0{,}8$. Bestimmen Sie **a)** die Scheinleistung, **b)** die Wirkleistung, **c)** die Blindleistung, **d)** den Phasenverschiebungswinkel und **e)** den Blindfaktor $\sin\varphi$.

11. Ein Wirkwiderstand und eine verlustfreie Induktivität sind parallel geschaltet. Am Wechselspannungsnetz 230 V 50 Hz wurden die im Leistungsdreieck **(Bild 4)** angegebene Werte ermittelt. Berechnen Sie **a)** die Wirkleistung P, **b)** die Blindleistung Q_L, **c)** die Induktivität L, **d)** den Blindstrom I_{bL} und **e)** den Wirkleitwert G.

12. In einer Anlage sind eine Induktivität L und ein Heizwiderstand E1 parallel geschaltet **(Bild 5)**. Die Induktivität hat eine Blindleistung von 1,4 kvar. In der Zuleitung wird ein Gesamtstrom von $I_1 = 10{,}6\,\text{A}$ gemessen. Berechnen Sie **a)** die Leistung der Heizung, **b)** den Widerstand der Heizung und **c)** den Wirkfaktor. **d)** Wie groß wird der Wirkfaktor, wenn zusätzlich zur bestehenden Heizung ein weiterer Wirkverbraucher R_2 von 1,6 kW parallel geschaltet wird. **e)** Ermitteln Sie den neuen Gesamtstrom I_2.

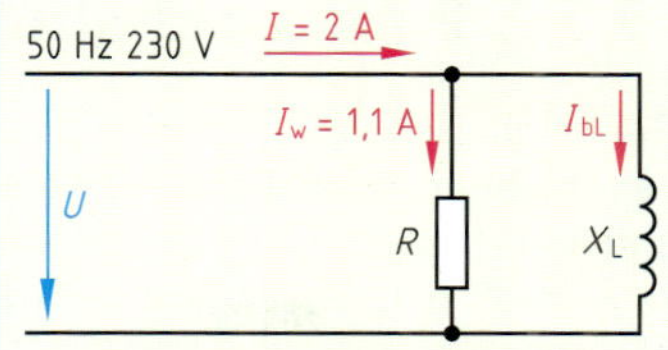

Bild 1: Parallelschaltung von Wirkwiderstand und Blindwiderstand

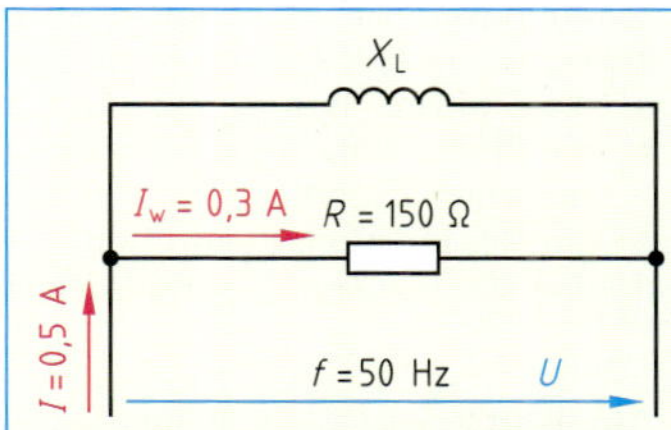

Bild 2: Wirkwiderstand und Spule parallel

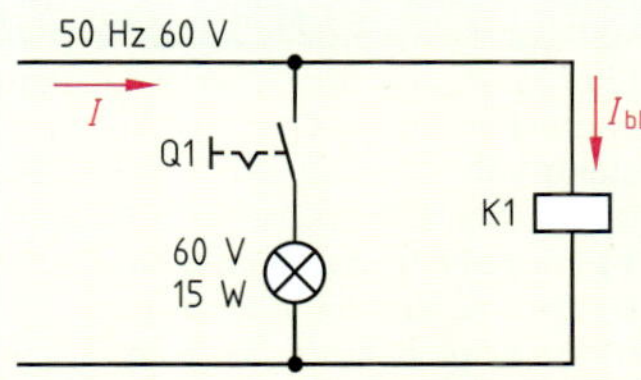

Bild 3: Parallelschaltung von Relais und Glühlampe

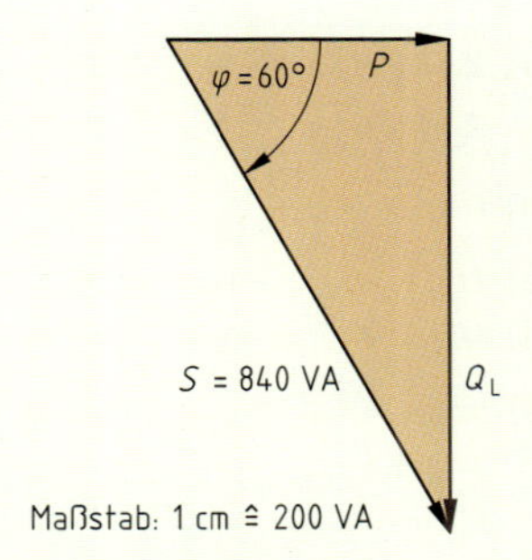

Bild 4: Leistungsdreieck

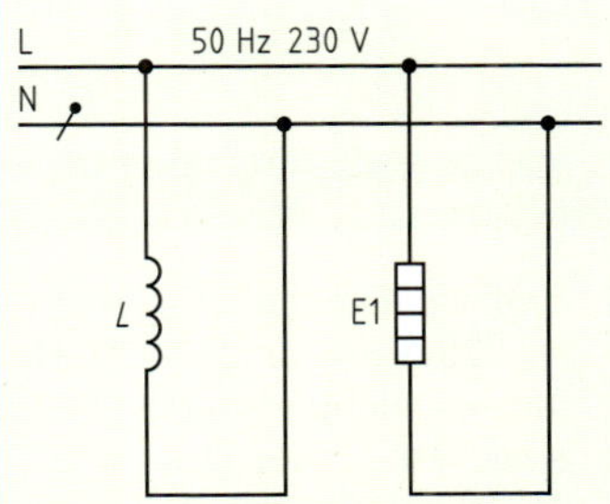

Bild 5: Induktivität und Heizwiderstand

7.7.2 Parallelschaltung mehrerer Spulen

Bei Parallelschaltungen von Spulen **(Bild 1)** ermittelt man die Phasenverschiebungswinkel zwischen den Spulenströmen und der Spannung U und addiert dann die Spulenströme I_1 und I_2 geometrisch **(Bild 2)**. Man kann auch den Gesamtstrom I mit dem Satz des Pythagoras **(Bild 3)** berechnen.

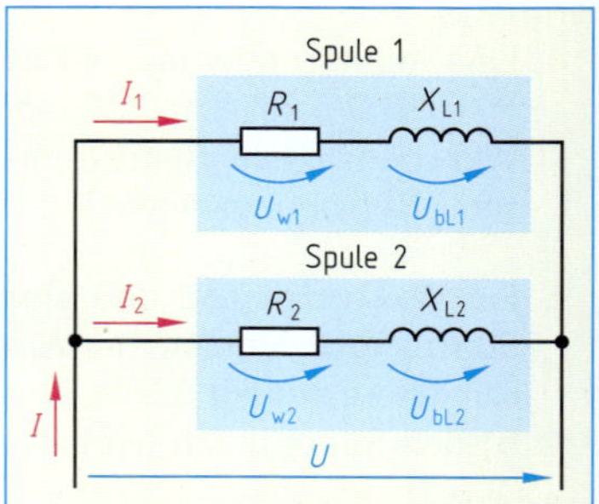

Bild 1: Parallelschaltung von zwei realen Spulen

Beispiel 1:

Zwei reale Spulen sind parallel an 120 V 50 Hz geschaltet **(Bild 1)**. Die Wirkspannungsanteile der Spulen betragen $U_{w1} = 30$ V und $U_{w2} = 108$ V. Die Zweigströme sind $I_1 = 12$ A und $I_2 = 16$ A. Ermitteln Sie zeichnerisch

a) die Blindspannungsanteile U_{bL1} und U_{bL2},
b) die Phasenverschiebungswinkel φ_1 zwischen I_1 und U sowie φ_2 zwischen I_2 und U,
c) die Gesamtstromstärke I und
d) den Phasenverschiebungswinkel φ zwischen I und U.

Lösung:

Aus Bild 2: a) $U_{bL1} \mathrel{\hat{=}} 39$ mm $\Rightarrow$ $\mathbf{U_{bL1} = 117\ V}$;
$U_{bL2} \mathrel{\hat{=}} 17{,}5$ mm $\Rightarrow$ $\mathbf{U_{bL2} = 52{,}5\ V}$;
b) $\boldsymbol{\varphi_1 = 75{,}5°}$; $\boldsymbol{\varphi_2 = 26°}$; **c)** $I \mathrel{\hat{=}} 64$ mm $\Rightarrow$ $\mathbf{I = 25{,}5\ A}$; **d)** $\boldsymbol{\varphi = 47°}$.

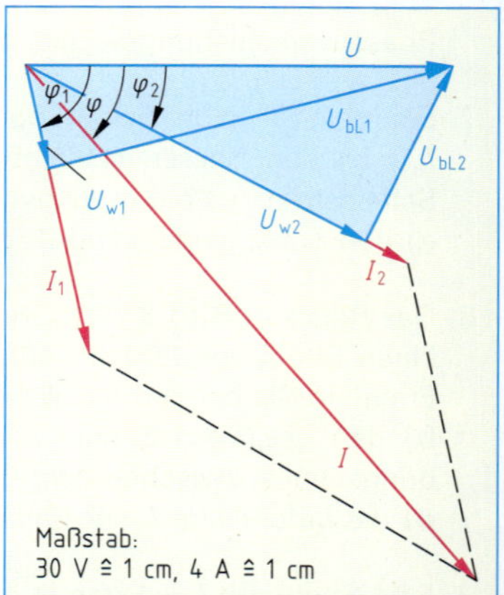

Bild 2: Geometrische Addition der Spulenströme

Beispiel 2:

Eine Spule mit dem Wirkwiderstand von 10 Ω und einem induktiven Blindwiderstand von 4 Ω ist parallel zu einer anderen Spule, die einen Wirkwiderstand von 3 Ω und einen induktiven Blindwiderstand von 8 Ω hat, an 10 V 50 Hz angeschlossen **(Bild 1)**. Berechnen Sie

a) die Teilscheinwiderstände Z_1 und Z_2,
b) die Spulenströme I_1 und I_2,
c) die Wirkspannungsanteile U_{w1} und U_{w2},
d) die Blindspannungsanteile U_{bL1} und U_{bL2},
e) den Gesamtstrom I und
f) den Phasenverschiebungswinkel φ.

Lösung:

a) $\mathbf{Z_1} = \sqrt{R_1^2 + X_{L1}^2} = \sqrt{10^2\,\Omega^2 + 4^2\,\Omega^2} = \sqrt{116\,\Omega^2} = \mathbf{10{,}8\ \Omega}$

$\mathbf{Z_2} = \sqrt{R_2^2 + X_{L2}^2} = \sqrt{3^2\,\Omega^2 + 8^2\,\Omega^2} = \sqrt{73\,\Omega^2} = \mathbf{8{,}54\ \Omega}$

b) $\mathbf{I_1} = \frac{U}{Z_1} = \frac{10\ \text{V}}{10{,}8\ \Omega} = \mathbf{0{,}93\ A}$; $\quad \mathbf{I_2} = \frac{U}{Z_2} = \frac{10\ \text{V}}{8{,}54\ \Omega} = \mathbf{1{,}17\ A}$

c) $\mathbf{U_{w1}} = R_1 \cdot I_1 = 10\ \Omega \cdot 0{,}93\ \text{A} = \mathbf{9{,}3\ V}$; $\quad \mathbf{U_{w2}} = 3\ \Omega \cdot 1{,}17\ \text{A} = \mathbf{3{,}5\ V}$

d) $\mathbf{U_{bL1}} = X_{L1} \cdot I_1 = 4\ \Omega \cdot 0{,}93\ \text{A} = \mathbf{3{,}7\ V}$; $\quad \mathbf{U_{bL2}} = 8\ \Omega \cdot 1{,}17\ \text{A} = \mathbf{9{,}4\ V}$

e) $\tan\varphi_1 = \frac{X_{L1}}{R_1} = \frac{4\ \Omega}{10\ \Omega} = 0{,}4 \Rightarrow \varphi_1 = 21{,}8°$; $\quad \tan\varphi_2 = 2{,}667 \Rightarrow \varphi_2 = 69{,}4°$

$I'_w = I_1 \cdot \cos\varphi_1 = 0{,}93\ \text{A} \cdot \cos 21{,}8° = 0{,}86\ \text{A}$; $\quad I''_w = I_2 \cdot \cos\varphi_2 = 0{,}41\ \text{A}$

$I'_{bL} = I_1 \cdot \sin\varphi_1 = 0{,}93\ \text{A} \cdot \sin 21{,}8° = 0{,}35\ \text{A}$; $\quad I''_{bL} = I_2 \cdot \sin\varphi_2 = 1{,}1\ \text{A}$

$\mathbf{I} = \sqrt{(I'_w + I''_w)^2 + (I'_{bL} + I''_{bL})^2} = \sqrt{1{,}27^2\,\text{A}^2 + 1{,}45^2\,\text{A}^2} = \mathbf{1{,}93\ A}$

f) $\tan\varphi = \frac{I'_{bL} + I''_{bL}}{I'_w + I''_w} = \frac{1{,}45\ \text{A}}{1{,}27\ \text{A}} = 1{,}142 \Rightarrow \boldsymbol{\varphi = 48{,}8°}$

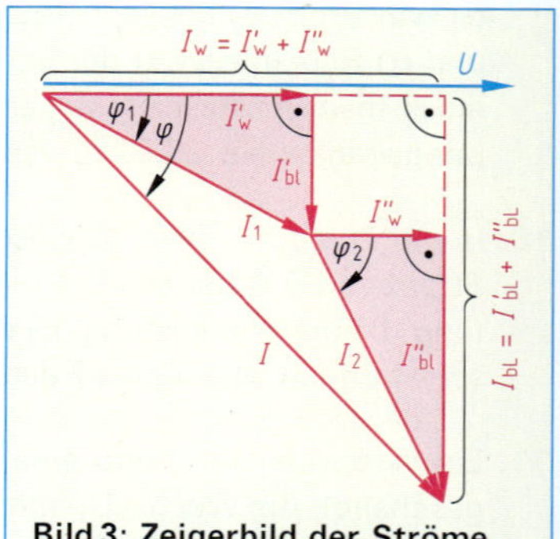

Bild 3: Zeigerbild der Ströme

$$\tan\varphi_1 = \frac{X_{L1}}{R_1} = \frac{U_{bL1}}{U_{w1}}$$

$$\tan\varphi_2 = \frac{X_{L2}}{R_2} = \frac{U_{bL2}}{U_{w2}}$$

$$I'_w = I_1 \cdot \cos\varphi_1;\ I''_w = I_2 \cdot \cos\varphi_2$$

$$I'_{bL} = I_1 \cdot \sin\varphi_1;\ I''_{bL} = I_2 \cdot \sin\varphi_2$$

Aufgaben zu 7.7.2

1. Zwei verlustbehaftete Spulen mit den Spulenströmen $I_1 = 15$ A und $I_2 = 25$ A sind an 230 V 50 Hz parallel geschaltet **(Bild 1)**. Der Phasenverschiebungswinkel zwischen I_1 und U beträgt $\varphi_1 = 77°$ und zwischen I_2 und U $\varphi_2 = 24°$. Bestimmen Sie zeichnerisch **a)** die Wirkspannungsanteile U_{w1} und U_{w2}, **b)** die Blindspannungsanteile U_{bL1} und U_{bL2}, **c)** die Gesamtstromstärke I und **d)** den Phasenverschiebungswinkel φ zwischen I und U.

2. Zwei reale Spulen mit $R_1 = 3\ \Omega$ und $X_{L1} = 4\ \Omega$ sowie $R_2 = 8\ \Omega$ und $X_{L2} = 6\ \Omega$ sind parallel an 20 V 50 Hz geschaltet **(Bild 1, Seite 112)**. Ermitteln Sie **a)** die Induktivitäten L_1, L_2, **b)** die Teilscheinwiderstände Z_1, Z_2, **c)** die Teilströme I_1, I_2, **d)** den Gesamtstrom I, **e)** den Gesamtscheinwiderstand Z und **f)** den Gesamtstrom I durch geometrische Addition der Teilströme I_1 und I_2.

3. Zwei Universalmotoren sind an 230 V 50 Hz parallel geschaltet. Motor M1 nimmt 4,5 A bei $\cos\varphi_1 = 0{,}8$ auf, Motor M2 7 A bei $\cos\varphi_2 = 0{,}6$. Berechnen Sie **a)** den Gesamtstrom und **b)** den Wirkfaktor in der Zuleitung.

4. Ein Einphasen-Wechselstrommotor 230 V 50 Hz nimmt 3 A bei $\cos\varphi_1 = 0{,}75$ auf. Zu diesem Motor ist ein zweiter parallel geschaltet, der 5 A bei $\cos\varphi_2 = 0{,}9$ aufnimmt. Bestimmen Sie **a)** den Gesamtstrom und **b)** den Wirkfaktor in der gemeinsamen Leitung.

5. In der gemeinsamen Leitung zu zwei parallel geschalteten Motoren fließen 7 A bei $\cos\varphi = 0{,}8$. Der erste Motor nimmt 3,5 A bei $\cos\varphi_1 = 0{,}75$ auf. Ermitteln Sie die Stromstärke und den Wirkfaktor des zweiten Motors.

6. Am Verteiler eines Einphasen-Netzes sind zwei Motoren parallel geschaltet. In der gemeinsamen Zuleitung der Motoren fließt ein Gesamtstrom $I = 9{,}5$ A bei $\cos\varphi = 0{,}81$. Der erste Motor nimmt 4 A bei $\cos\varphi_1 = 0{,}71$ auf. Ermitteln Sie die Stromstärke und den Wirkfaktor des zweiten Motors.

7. Eine Spule mit einem Wirkwiderstand von 5 Ω und einer Induktivität von 0,04 H ist mit einer zweiten Spule, die einen Wirkwiderstand von 15 Ω und eine Induktivität von 30 mH hat, an 110 V 50 Hz parallel geschaltet. Bestimmen Sie **a)** die Spulenströme, **b)** den Gesamtstrom, **c)** den gesamten Scheinwiderstand.

8. An 230 V 50 Hz sind zwei Spulen parallel geschaltet. Die erste hat einen Wirkwiderstand von 10 Ω und eine Induktivität von 0,05 H; die zweite besitzt einen Wirkwiderstand von 20 Ω und eine Induktivität von 0,1 H. Bestimmen Sie **a)** die Spulenströme, **b)** den Gesamtstrom, **c)** den gesamten Scheinwiderstand.

9. An der Unterverteilung einer Einphasen-Wechselstromleitung 230 V 50 Hz sind drei Verbraucher angeschlossen:
   1. Ein Warmwasserbereiter mit $P_1 = 4$ kW.
   2. Ein Motor mit $P_2 = 1{,}4$ kW Bemessungsleistung; $\eta = 0{,}8$; $\cos\varphi_2 = 0{,}78$.
   3. Ein Motor, der bei einem Wirkfaktor von $\cos\varphi_3 = 0{,}5$ eine Wirkleistung von $P_3 = 2{,}25$ kW aufnimmt.

   Berechnen Sie den Gesamtstrom und den Wirkfaktor in der gemeinsamen Zuleitung bei gleichzeitigem Betrieb aller Verbraucher.

10. Ermitteln Sie für die Schaltung **Bild 2 a)** die Scheinwiderstände Z_1 und Z_2 der Spulen, **b)** die Spulenströme I_1 und I_2, **c)** die Wirkspannungsanteile U_{w1}, U_{w2} und die Blindspannungsanteile U_{bL1}, U_{bL2}, **d)** die Phasenverschiebungswinkel φ_1 und φ_2, **e)** den Gesamtstrom, **f)** den gesamten Scheinwiderstand und **g)** den Phasenverschiebungswinkel φ. **h)** Welcher Wirkwiderstand R_3 müsste zusätzlich parallel geschaltet werden, damit sich der Phasenverschiebungswinkel auf 40° verringert?

$$I = \sqrt{(I'_w + I''_w)^2 + (I'_{bL} + I''_{bL})^2}$$

$$\tan\varphi = \frac{I'_{bL} + I''_{bL}}{I'_w + I''_w} = \frac{I_{bL}}{I_w}$$

$$Z = \frac{1}{\sqrt{\left(\frac{R_1}{Z_1^2} + \frac{R_2}{Z_2^2}\right)^2 + \left(\frac{X_{L1}}{Z_1^2} + \frac{X_{L2}}{Z_2^2}\right)^2}}$$

φ_1, φ_2	Phasenverschiebungswinkel zwischen I_1 und U bzw. I_2 und U
R_1, R_2	Teilwirkwiderstände
X_{L1}, X_{L2}	Teilblindwiderstände
U_{w1}, U_{w2}	Wirkspannungsanteile
U_{bL1}, U_{bL2}	Blindspannungsanteile
U	Gesamtspannung
I_1, I_2	Spulenströme
I'_w, I''_w	Wirkstromanteile
I'_{bL}, I''_{bL}	Blindstromanteile
I	Gesamtstrom
φ	Phasenverschiebungswinkel zwischen I und U
Z_1, Z_2	Teilscheinwiderstände
Z	Gesamtscheinwiderstand

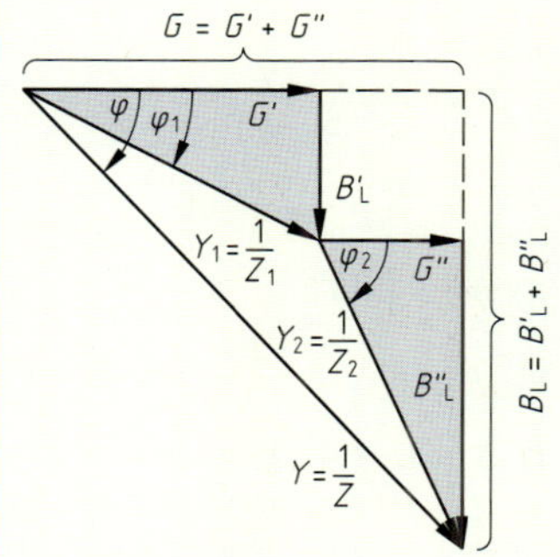

Bild 1: Zeigerbild der Leitwerte

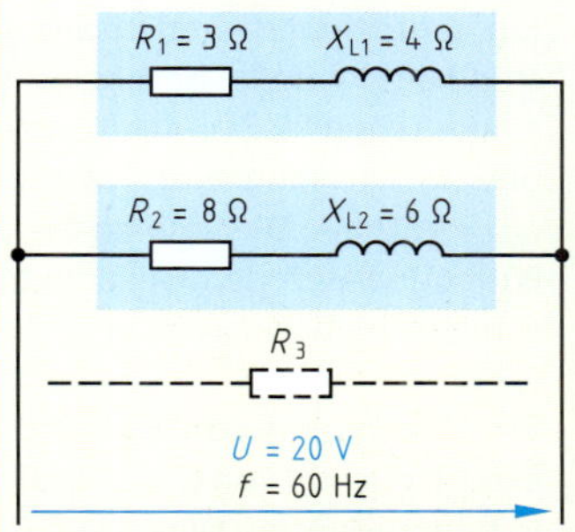

Bild 2: Parallelschaltung von realen Spulen

7.7.3 Wirkwiderstand und kapazitiver Blindwiderstand parallel

Bei der Parallelschaltung aus einem Wirkwiderstand R und einem kapazitiven Blindwiderstand X_C **(Bild 1)** lassen sich die Strom-, Leitwert- und Leistungsanteile mit dem Satz des Pythagoras und mit den Winkelfunktionen berechnen **(Tabelle)** oder zeichnerisch ermitteln.

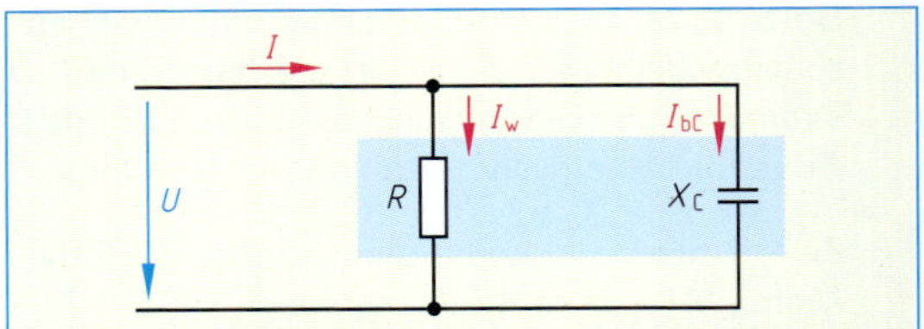

Bild 1: Parallelschaltung aus Wirkwiderstand *R* und kapazitivem Blindwiderstand *X*$_C$

Beispiel:

Ein Wirkwiderstand mit einem Zweigstrom von $I_w = 5{,}8$ A und ein kapazitiver Blindwiderstand mit einem Zweigstrom von $I_{bC} = 4{,}6$ A sind parallel an 230 V 50 Hz angeschlossen **(Bild 1)**. Bestimmen Sie

a) den Gesamtstrom I zeichnerisch und
b) rechnerisch,
c) die Leitwerte Y, G, B_C,
d) das Leitwertdreieck (zeichnerisch),
e) den Phasenverschiebungswinkel φ und
f) die Scheinleistung S, die Wirkleistung P, die induktive Blindleistung Q_C.

Lösung:

a) Aus Bild 2: $I_w = 5{,}8\text{ A} \mathrel{\hat{=}} 29\text{ mm}$;
$I_{bC} = 4{,}6\text{ A} \mathrel{\hat{=}} 23\text{ mm}$;
$I \mathrel{\hat{=}} 37\text{ mm} \Rightarrow \boldsymbol{I = 7{,}4\text{ A}}$

b) $I = \sqrt{I_w^2 + I_{bC}^2} = \sqrt{5{,}8^2\text{A}^2 + 4{,}6^2\text{A}^2} = \mathbf{7{,}4\text{ A}}$

c) $Z = \frac{U}{I} = \frac{230\text{ V}}{7{,}4\text{ A}} = 31\ \Omega$; $\quad \boldsymbol{Y} = \frac{1}{Z} = \frac{1}{31\ \Omega} = \mathbf{32\text{ mS}}$

$R = \frac{U}{I_w} = \frac{230\text{ V}}{5{,}8\text{ A}} = 40\ \Omega$; $\quad \boldsymbol{G} = \frac{1}{R} = \frac{1}{40\ \Omega} = \mathbf{25\text{ mS}}$

$X_C = \frac{U}{I_{bC}} = \frac{230\text{ V}}{4{,}6\text{ A}} = 50\ \Omega$; $\quad \boldsymbol{B_C} = \frac{1}{X_C} = \frac{1}{50\ \Omega} = \mathbf{20\text{ mS}}$

d) siehe Bild 3

e) $\cos\varphi = \frac{I_w}{I} = \frac{5{,}8\text{ A}}{7{,}4\text{ A}} = 0.78 \Rightarrow \boldsymbol{\varphi = 38{,}4^\circ}$

f) $\boldsymbol{S} = U \cdot I = 230\text{ V} \cdot 7{,}4\text{ A} = \mathbf{1702\text{ VA}}$
$\boldsymbol{P} = U \cdot I_w = 230\text{ V} \cdot 5{,}8\text{ A} = \mathbf{1334\text{ W}}$
$\boldsymbol{Q_C} = U \cdot I_{bC} = 230\text{ V} \cdot 4{,}6\text{ A} = \mathbf{1058\text{ var}}$

Tabelle: Strom-, Leitwert-, Leistungsdreieck

Ströme	Leitwerte	Leistungen
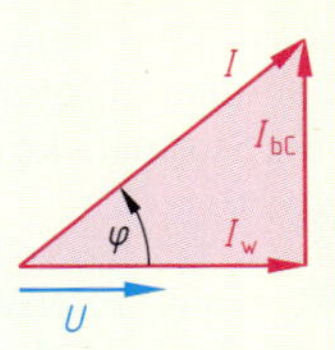	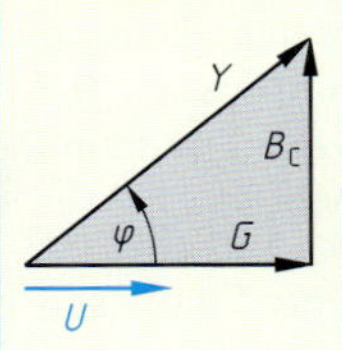	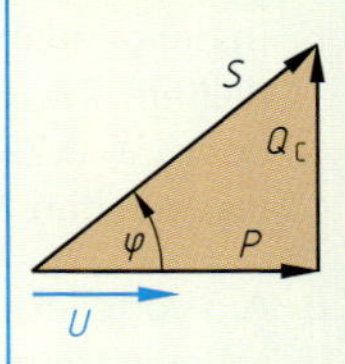
$I = \sqrt{I_w^2 + I_{bC}^2}$	$Y = \sqrt{G^2 + B_C^2}$	$S = \sqrt{P^2 + Q_C^2}$
$I_w = I \cdot \cos\varphi$	$G = Y \cdot \cos\varphi$	$P = S \cdot \cos\varphi$
$I_{bC} = I \cdot \sin\varphi$	$B_C = Y \cdot \sin\varphi$	$Q_C = S \cdot \sin\varphi$
$I = \frac{U}{Z}$	$Y = \frac{1}{Z}$	$S = U \cdot I$
$I_w = \frac{U}{R}$	$G = \frac{1}{R}$	$P = U \cdot I_w$
$I_{bC} = \frac{U}{X_C}$	$B_C = \frac{1}{X_C}$	$Q_C = U \cdot I_{bC}$

I Gesamtstrom
I_w Wirkstrom
I_{bC} kapazitiver Blindstrom
U Spannung
G Wirkleitwert
B_C kapazitiver Blindleitwert
Y Scheinleitwert
P Wirkleistung
S Scheinleistung
Q_C kapazitive Blindleistung
φ Phasenverschiebungswinkel
$\cos\varphi$ Wirkfaktor
$\sin\varphi$ Blindfaktor

Aufgaben zu 7.7.3

1. Ein verlustfreier Kondensator und ein Wirkwiderstand sind parallel geschaltet **(Bild 1)**. Im Widerstandszweig fließt ein Wirkstrom von $I_w = 200$ mA und im Kondensatorzweig ein Blindstrom von $I_{bC} = 150$ mA. Bestimmen Sie **a)** zeichnerisch und **b)** rechnerisch den Gesamtstrom I und den Phasenverschiebungswinkel φ.

2. Ein Widerstand von $R = 560\ \Omega$ liegt parallel mit einer Kapazität von $C = 3{,}6\ \mu$F an 110 V 50 Hz. Ermitteln Sie **a)** den Wirkstrom I_w, **b)** den Blindstrom I_{bC}, **c)** den Gesamtstrom I und **d)** den Phasenverschiebungswinkel φ.

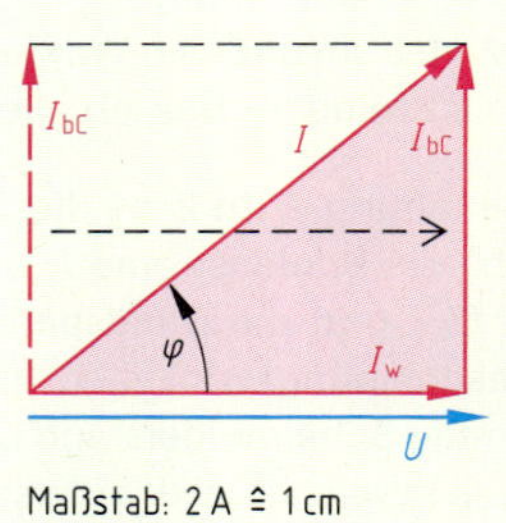

Bild 2: Stromdreieck

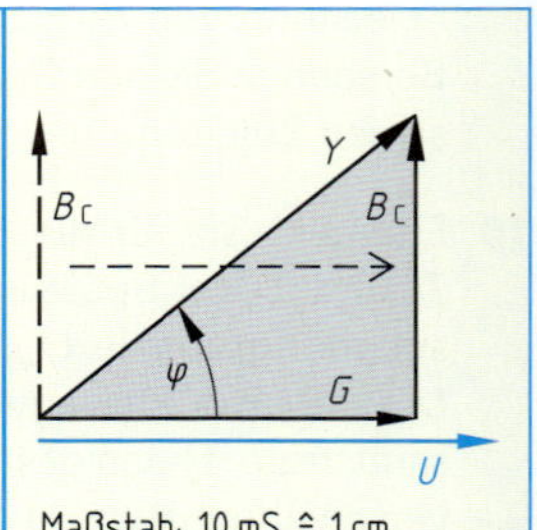

Bild 3: Leitwertdreieck

3. Zwischen Gesamtstrom und Spannung in der Parallelschaltung eines Wirkwiderstandes und eines Kondensators wird mit einem Oszilloskop eine Phasenverschiebung von 18° gemessen. Der kapazitive Blindstrom beträgt 2,8 A. Wie groß sind **a)** der Strom im Wirkwiderstand und **b)** der Gesamtstrom.

4. Ein Wirkwiderstand mit dem Leitwert von 0,9 mS und ein Kondensator mit einem kapazitiven Blindleitwert von 1,2 mS liegen parallel am Wechselspannungsnetz. Bestimmen Sie **a)** zeichnerisch und **b)** rechnerisch den Scheinleitwert und die Phasenverschiebung zwischen Spannung und Gesamtstrom.

5. Die Schaltung in **Bild 1** liegt an einer Spannung von 230 V 50 Hz. Ermitteln Sie **a)** den kapazitiven Blindstrom, **b)** den Gesamtstrom und **c)** den neuen Gesamtstrom, wenn der Schalter S1 geschlossen wird.

6. Ein MP-Kondensator liegt parallel zu einem Wirkwiderstand. Der Wirkstrom beträgt 1,8 A, der kapazitive Blindstrom 2,5 A. Berechnen Sie **a)** die Phasenverschiebung zwischen Wirkstrom und Gesamtstrom. **b)** Um wieviel Prozent verringert sich der Gesamtstrom, wenn der Wirkwiderstand verdoppelt wird?

7. Für die Verstärkerstufe **(Bild 2)** soll der Emitterwiderstand R_E 10mal so groß sein wie der kapazitive Blindwiderstand X_{CE} des Kondensators C_E. Bei welcher Frequenz wird diese Bedingung erfüllt?

8. Ein Widerstand mit 80 kΩ liegt mit einem Kondensator von 0,02 µF parallel an 230 V 50 Hz. Ermitteln Sie **a)** den kapazitiven Blindwiderstand, **b)** den Scheinleitwert, **c)** den Scheinwiderstand, **d)** den Gesamtstrom und **e)** den Wirk- und den Blindstrom.

9. Ein Widerstand von 100 Ω und ein Kondensator nehmen bei Parallelschaltung an 230 V 50 Hz zusammen einen Strom von 8 A auf. Berechnen Sie die Kapazität des Kondensators.

10. Der Nennstrom eines Sinusgenerators **(Bild 3)** beträgt 200 mA. Berechnen Sie **a)** den Zweigstrom I_w, **b)** den maximalen kapazitiven Blindstrom I_{bC}, bei dem der Sinusgenerator nicht überlastet wird, **c)** die Kapazität C des Kondensators, **d)** den Phasenverschiebungswinkel φ, **e)** die kapazitive Blindleistung Q_C und die Scheinleistung S.

11. Ein Wirkwiderstand und ein verlustfreier Kondensator sind parallel geschaltet. Am Wechselspannungsnetz 230 V 50 Hz wurden die im Leitwertdreieck **(Bild 4)** angegebenen Werte ermittelt. Ermitteln Sie **a)** den Wirkstrom I_w, **b)** den Blindstrom I_{bC}, **c)** die Wirkleistung P, **d)** die Blindleistung Q_C, und **e)** die Kapazität C.

12. Vier gleiche Kondensatoren sind parallel an 400 V 50 Hz geschaltet. Sie nehmen dabei eine Gesamtblindleistung von 36 kvar auf. Ermitteln Sie **a)** die Zweigströme, **b)** die Einzelkapazitäten und **c)** die Blindleistung an 230 V 50 Hz.

13. Durch Schließen des Schalters S1 soll in der Schaltung **Bild 5** der Phasenverschiebungswinkel um 20 Prozent vergrößert werden. Wie groß muss die Kapazität des Kondensators C_1 sein?

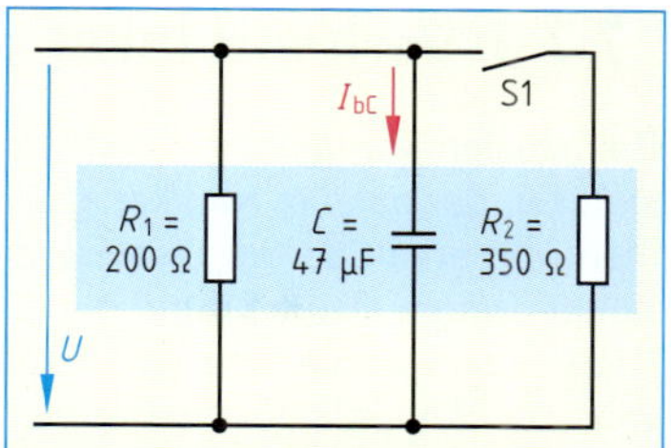

Bild 1: Wirkwiderstände und Kondensator

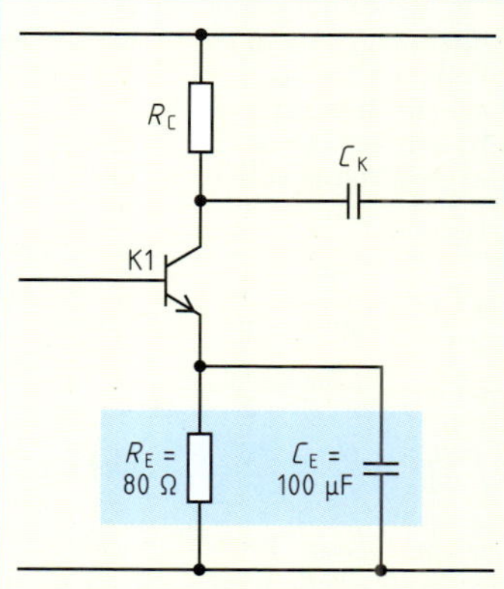

Bild 2: NF-Verstärker (Auszug)

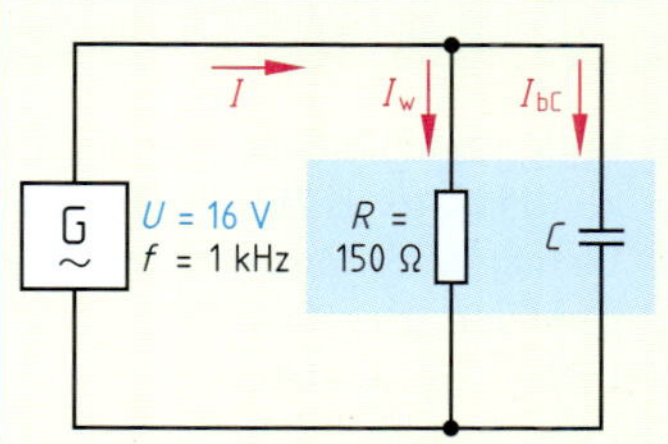

Bild 3: Parallelschaltung von *R* und *C*

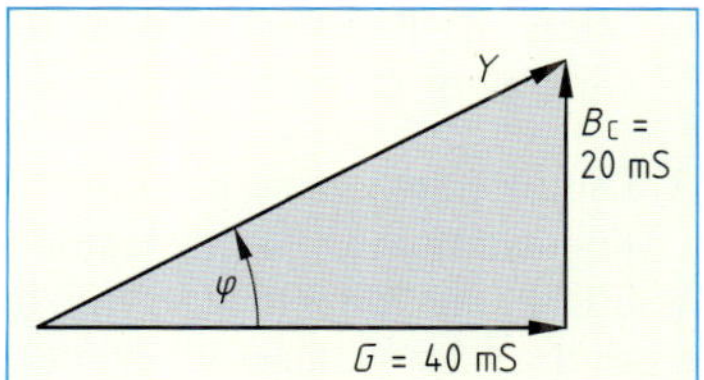

Bild 4: Leitwertdreieck

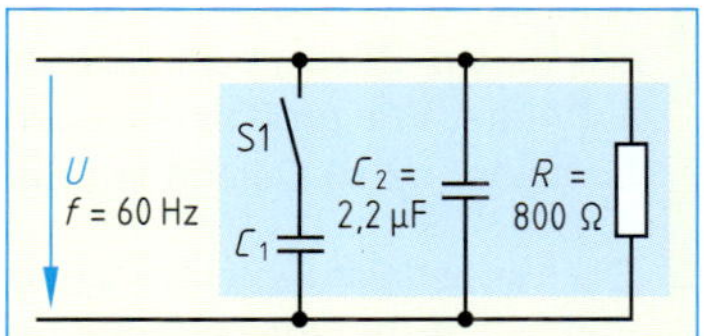

Bild 5: Kondensatoren und Wirkwiderstand

7.7.4 Verlustwinkel und Gütefaktor eines Kondensators

Beim realen Kondensator fasst man alle Verluste zu einem Verlustwiderstand R, der parallel zum kapazitiven Blindwiderstand X_C liegt, zusammen und erhält so die Ersatzschaltung des realen (verlustbehafteten) Kondensators **(Bild 1)** und das Zeigerbild **(Bild 2)**.
Die Kondensatorverluste gibt man mit dem Verlustfaktor d an. Den Kehrwert des Verlustfaktors nennt man Gütefaktor Q.

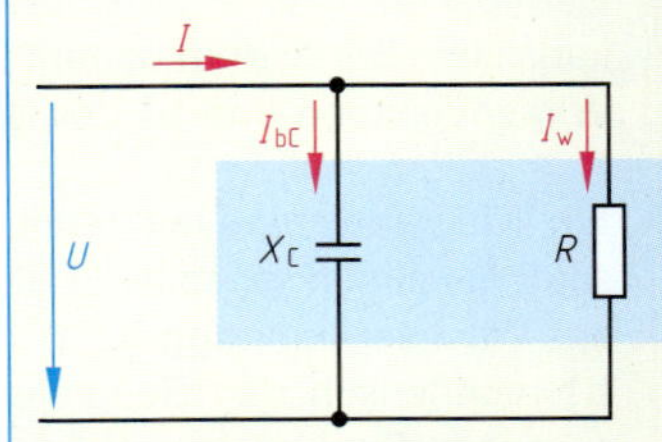

Bild 1: Ersatzschaltbild des realen Kondensators

Beispiel:

Ein MP-Kondensator mit einer Nennkapazität von $C = 4{,}7\,\mu\text{F}$ liegt an einer Spannung von 400 V 50 Hz. Der Verlustfaktor beträgt $d = 3{,}5 \cdot 10^{-3}$.
Ermitteln Sie
a) den Gütefaktor Q,
b) den kapazitiven Blindstrom I_{bC} und den Wirkstrom I_w,
c) den Phasenverschiebungswinkel φ.

Lösung:

a) $Q = \dfrac{1}{\tan\delta} = \dfrac{1}{d} = \dfrac{1}{3{,}5 \cdot 10^{-3}} = \mathbf{286}$

b) $X_C = \dfrac{1}{\omega \cdot C} = \dfrac{1}{2 \cdot \pi \cdot 50\,\text{s}^{-1} \cdot 4{,}7 \cdot 10^{-6}\,\text{F}} = 677{,}3\,\Omega$

$I_{bC} = \dfrac{U}{X_C} = \dfrac{400\,\text{V}}{677{,}3\,\Omega} = \mathbf{591\,mA}$

$I_w = I_{bC} \cdot \tan\delta = 0{,}591\,\text{A} \cdot 3{,}5 \cdot 10^{-3} = \mathbf{2{,}07\,mA}$

c) $\tan\delta = 3{,}5 \cdot 10^{-3} \Rightarrow \delta = 0{,}2°;\quad \varphi = 90° - \delta = 90° - 0{,}2° = \mathbf{89{,}8°}$

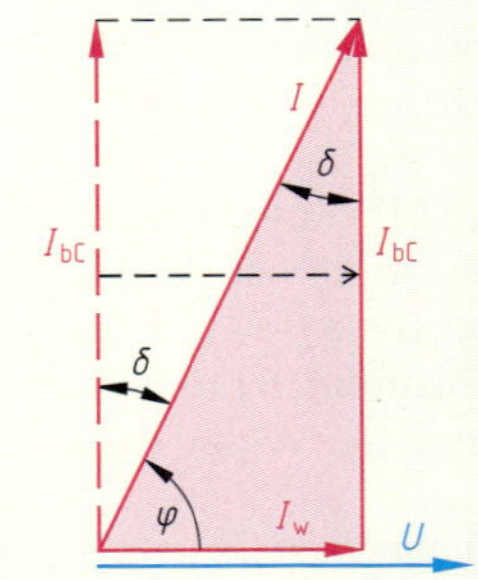

Bild 2: Zeigerbild der Ströme des realen Kondensators mit Verlustwinkel δ

Aufgaben zu 7.7.4

1. In den technischen Angaben wird für einen MKV-Kommutierungskondensator B 25838 **(Bild 3)** von 4,7 µF bei $U = 420$ V 50 Hz ein Verlustfaktor $\tan\delta = 0{,}0003$ angegeben. Berechnen Sie **a)** den kapazitiven Blindwiderstand X_C, **b)** den Verlustwiderstand R und **c)** den Gesamtstrom I.

Bild 3: MKV-Kondensator

2. Ein Folienkondensator mit einer Kapazität von 5,6 µF wird an eine Wechselspannung von 24 V 50 Hz angeschlossen. Es fließt ein Strom von 43 mA. Ermitteln Sie **a)** den Verlustwiderstand R des Kondensators, **b)** den Verlustfaktor d, **c)** den Verlustwinkel δ und **d)** den Gütefaktor Q.

3. Laut Herstellerangabe wird für einen verlustarmen, metallisierten Kunststofffolien-Kondensator mit $C = 20\,\mu\text{F}$ bei einer Frequenz von 50 Hz ein Verlustfaktor von $\tan\delta = 0{,}0005$ angegeben. Wie groß sind **a)** der Verlustwiderstand R und **b)** der Phasenverschiebungswinkel φ.

4. An einer Wechselspannung von 230 V 50 Hz nimmt ein Kondensator bei einem Phasenverschiebungswinkel $\varphi = 89°$ einen Strom von 1,1 A auf. Wie groß sind **a)** der Verlustwiderstand R und **b)** der Verlustfaktor d? **c)** Berechnen Sie die Kapazität C des Kondensators.

5. Die Verlustleistung eines Styroflexkondensators mit einer Kapazität von 2,2 µF beträgt 120 mW. Er wird an eine Spannung von 230 V 50 Hz angeschlossen. Berechnen Sie **a)** den Verlustfaktor d und **b)** den Gütefaktor Q. **c)** Wie groß ist der Phasenverschiebungswinkel φ?

$$\delta = 90° - \varphi$$

$$d = \tan\delta$$

$$Q = \frac{1}{d} = \frac{1}{\tan\delta}$$

$$\tan\delta = \frac{I_w}{I_{bC}} = \frac{X_C}{R} = \frac{P}{Q_C}$$

δ	Verlustwinkel
φ	Phasenverschiebungswinkel
d, $\tan\delta$	Verlustfaktor
Q	Gütefaktor
I_w	Wirkstrom
I_{bC}	kapazitiver Blindstrom
R	Verlust-, Wirkwiderstand
X_C	kapazitiver Blindwiderstand
P	Wirkleistung
Q_C	kapazitive Blindleistung

7.7.5 Wirkwiderstand, induktiver Blindwiderstand und kapazitiver Blindwiderstand parallel

In der Parallelschaltung **(Bild)** eilt der Strom im Kondensator der angelegten Spannung um 90° vor, der Strom in der Spule um 90° nach **(Tabelle)**.

$I_{bL} > I_{bC}$:
Schaltung hat induktives Verhalten

$I_{bL} < I_{bC}$:
Schaltung hat kapazitives Verhalten

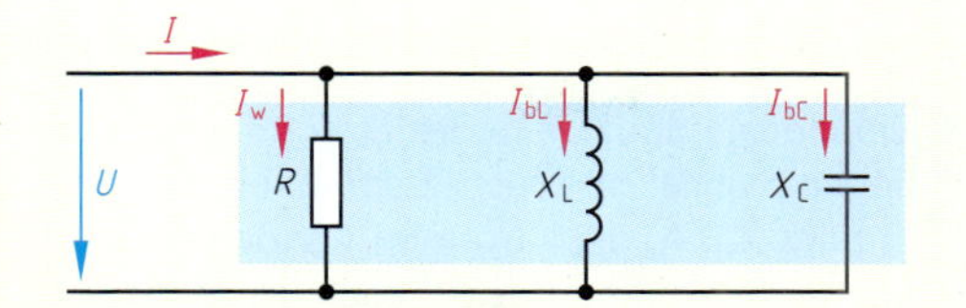

Bild: Parallelschaltung aus R, X_L und X_C

Beispiel:

In einer Parallelschaltung aus Wirkwiderstand, Spule und Kondensator **(Bild)** werden an 230 V 50 Hz folgende Ströme gemessen: $I_w = 4$ A, $I_{bL} = 6$ A, $I_{bC} = 3$ A.
Bestimmen Sie
- **a)** zeichnerisch und **b)** rechnerisch den Gesamtstrom I,
- **c)** den Phasenverschiebungswinkel φ,
- **d)** die Leitwerte G, Y, B_L, B_C,
- **e)** die Wirkleistung P, die Blindleistungen Q_L, Q_C, Q und die Scheinleistung S.
- **f)** Überprüfen Sie, ob induktives oder kapazitives Verhalten vorliegt.

Lösung:

a) **Aus Bild 1, Seite 118:**
$I_w = 4\,\text{A} \mathrel{\hat=} 20\,\text{mm}$; $I_{bL} = 6\,\text{A} \mathrel{\hat=} 30\,\text{mm}$;
$I_{bC} = 3\,\text{A} \mathrel{\hat=} 15\,\text{mm}$; $I \mathrel{\hat=} 25\,\text{mm}$; $\Rightarrow$ $\boldsymbol{I = 5\,\text{A}}$; $\boldsymbol{\varphi = 37°}$

b) $I = \sqrt{I_w^2 + (I_{bL} - I_{bC})^2} = \sqrt{4^2\,\text{A}^2 + (6\,\text{A} - 3\,\text{A})^2} = \mathbf{5\,A}$

c) $\tan\varphi = \dfrac{I_{bL} - I_{bC}}{I_w} = \dfrac{6\,\text{A} - 3\,\text{A}}{4\,\text{A}} = 0{,}75 \Rightarrow \boldsymbol{\varphi = 36{,}9°}$

d) $R = \dfrac{U}{I_w} = \dfrac{230\,\text{V}}{4\,\text{A}} = 57{,}5\,\Omega$;

$G = \dfrac{1}{R} = \dfrac{1}{57{,}5\,\Omega} = \mathbf{17{,}4\,mS}$

$Z = \dfrac{U}{I} = \dfrac{230\,\text{V}}{5\,\text{A}} = 46\,\Omega$; $\quad Y = \dfrac{1}{Z} = \dfrac{1}{46\,\Omega} = \mathbf{22\,mS}$

$X_L = \dfrac{U}{I_{bL}} = \dfrac{230\,\text{V}}{6\,\text{A}} = 38{,}3\,\Omega$;

$B_L = \dfrac{1}{X_L} = \dfrac{1}{38{,}3\,\Omega} = \mathbf{26\,mS}$

$X_C = \dfrac{U}{I_{bC}} = \dfrac{230\,\text{V}}{3\,\text{A}} = 76{,}7\,\Omega$;

$B_C = \dfrac{1}{X_C} = \dfrac{1}{76{,}7\,\Omega} = \mathbf{13\,mS}$

e) $P = U \cdot I_w = 230\,\text{V} \cdot 4\,\text{A} = \mathbf{920\,W}$
$Q_L = U \cdot I_{bL} = 230\,\text{V} \cdot 6\,\text{A} = \mathbf{1380\,var}$
$Q_C = U \cdot I_{bC} = 230\,\text{V} \cdot 3\,\text{A} = \mathbf{690\,var}$
$Q = Q_L - Q_C = 1380\,\text{var} - 690\,\text{var} = \mathbf{690\,var}$
$S = U \cdot I = 230\,\text{V} \cdot 5\,\text{A} = \mathbf{1150\,VA}$

f) $I_{bL} > I_{bC} \Rightarrow$ **Schaltung hat induktives Verhalten**

Tabelle: Strom-, Leitwert-, Leistungsdreieck

Ströme	Leitwerte	Leistungen
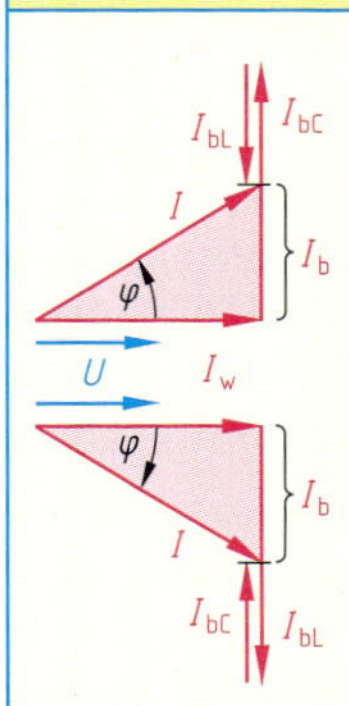	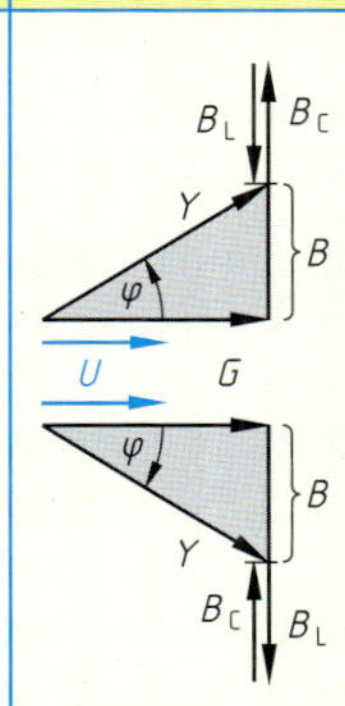	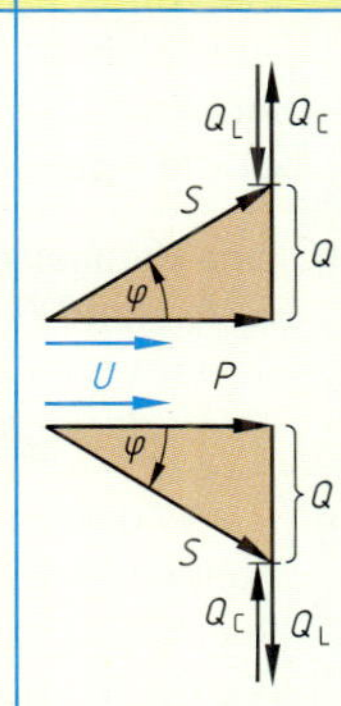
$I = \sqrt{I_w^2 + I_b^2}$	$Y = \sqrt{G^2 + B^2}$	$S = \sqrt{P^2 + Q^2}$
$I_b = I_{bL} - I_{bC}$	$B = B_L - B_C$	$Q = Q_L - Q_C$
$I_w = I \cdot \cos\varphi$	$G = Y \cdot \cos\varphi$	$P = S \cdot \cos\varphi$
$I_b = I \cdot \sin\varphi$	$B = Y \cdot \sin\varphi$	$Q = S \cdot \sin\varphi$
$I = \dfrac{U}{Z}$; $I_w = \dfrac{U}{R}$	$Y = \dfrac{1}{Z}$; $G = \dfrac{1}{R}$	$S = U \cdot I$
$I_{bL} = \dfrac{U}{X_L}$; $I_{bC} = \dfrac{U}{X_C}$	$B_L = \dfrac{1}{X_L}$; $B_C = \dfrac{1}{X_C}$	$P = U \cdot I_w$
$I_b = \dfrac{U}{X}$	$B = \dfrac{1}{X}$	$Q_L = U \cdot I_{bL}$
		$Q_C = U \cdot I_{bC}$
		$Q = U \cdot I_b$

I Gesamtstrom
I_w Wirkstrom
I_{bL} induktiver Blindstrom
I_{bC} kapazitiver Blindstrom
I_b Gesamtblindstrom
G Wirkleitwert
Y Scheinleitwert
B_L induktiver Blindleitwert
B_C kapazitiver Blindleitwert
B Gesamtblindleitwert
P Wirkleistung
S Scheinleistung
Q_L induktive Blindleistung
Q_C kapazitive Blindleistung
Q Gesamtblindleistung
φ Phasenverschiebungswinkel
$\cos\varphi$ Wirkfaktor
$\sin\varphi$ Blindfaktor

Aufgaben zu 7.7.5

1. Die Teilströme in einer Parallelschaltung **(Bild)** betragen $I_w = 15$ A, $I_{bC} = 12{,}5$ A und $I_{bL} = 5$ A. Ermitteln Sie den Gesamtstrom I **a)** zeichnerisch und **b)** rechnerisch und **c)** den Phasenverschiebungswinkel φ.

2. Ein Wirkwiderstand $R = 20\,\Omega$, ein induktiver Blindwiderstand $X_L = 16\,\Omega$ und ein kapazitiver Blindwiderstand $X_C = 40\,\Omega$ sind parallel an eine Wechselspannung von 230 V angeschlossen. Ermitteln Sie **a)** die Teilleitwerte, **b)** die Teilströme, **c)** den Gesamtstrom und **d)** zeichnerisch den Phasenverschiebungswinkel.

3. Eine ideale Spule, ein idealer Kondensator und ein Wirkwiderstand liegen parallel am Wechselstromnetz. Der Strom im Wirkwiderstand beträgt 2,8 A, der Strom im Kondensator 4,1 A. Der Gesamtstrom eilt der Spannung um 28° nach. **a)** Zeichnen Sie das Zeigerbild der Ströme maßstäblich. Berechnen Sie **b)** den Scheinstrom und **c)** den induktiven Blindstrom.

4. An einer Wechselstromquelle liegt eine Parallelschaltung aus Wirkwiderstand $R = 138\,\Omega$, Spule und Kondensator. Folgende Teilströme wurden gemessen: $I_{bC} = 170$ mA, $I_{bL} = 230$ mA. Die Phasenverschiebung zwischen Gesamtstrom und Spannung beträgt 54° induktiv. Berechnen Sie **a)** den Gesamtstrom, **b)** den Wirkstrom, **c)** die Spannung an der Parallelschaltung.

5. Eine Parallelschaltung mit kapazitivem Verhalten besteht aus Wirkwiderstand $R = 40\,\Omega$, X_L und X_C und nimmt an 400 V 50 Hz einen Strom von 12 A auf. Berechnen Sie den kapazitiven Blindstrom, wenn der induktive Blindstrom 25 A beträgt.

6. Ein Widerstand von $R = 110\,\Omega$, eine Spule $L = 600$ mH und ein Kondensator $C = 9{,}1\,\mu$F liegen parallel am Netz 230 V 50 Hz. Ermitteln Sie **a)** die Blindwiderstände X_L und X_C, **b)** die Leitwerte G, B_L, B_C, Y und den Scheinwiderstand Z, **c)** die Ströme I_w, I_{bL}, I_{bC} und I, **d)** den Wirkfaktor $\cos\varphi$, den Phasenverschiebungswinkel φ und **e)** die Leistungen P, Q_C, Q_L und S.

7. An einem Wechselspannungsnetz 230 V 50 Hz wird bei einer R-L-C-Parallelschaltung der Wirkstrom $I_w = 0{,}69$ A gemessen. Ermitteln Sie mithilfe des Leitwertdreiecks **(Bild 2) a)** den Gesamtstrom I, **b)** den Phasenverschiebungswinkel φ, **c)** die Blindleistungen Q_L, Q_C, **d)** die Wirkleistung P und **e)** die Scheinleistung S.

● 8. Ein Wirkwiderstand von 200 Ω, eine Induktivität von 0,5 H und ein Kondensator von 10 µF sind parallel an 230 V 50 Hz geschaltet **(Bild, Seite 117)**. Berechnen Sie **a)** die Zweigströme, **b)** den Gesamtstrom, **c)** den Scheinwiderstand und **d)** den Phasenverschiebungswinkel zwischen Strom und Spannung. **e)** Stellen Sie fest, ob sich die Schaltung induktiv oder kapazitiv verhält.

● 9. In einer Parallelschaltung aus Wirkwiderstand, Spule und Kondensator, die an einer Wechselspannung von 230 V 50 Hz liegt, werden folgende Ströme gemessen: $I_w = 4$ A, $I_{bC} = 20$ A und $I = 5$ A. Der kapazitive Blindwiderstand ist größer als der induktive. Berechnen Sie **a)** den Wirkwiderstand, **b)** die Induktivität, **c)** die Kapazität.

● 10. Eine Parallelschaltung **(Bild 3)** nimmt an Wechselspannung 100 V 50 Hz eine Scheinleistung von 105 VA auf. Die induktive Blindleistung Q_L beträgt 50 var, Q_C wird zu 10 var bestimmt. Ermitteln Sie **a)** die Ströme I_w, I_{bL}, I_{bC} und **b)** den Phasenverschiebungswinkel φ. **c)** Wie groß wird der Phasenverschiebungswinkel φ_2, wenn zusätzlich eine gleich große Kapazität C2 parallel geschaltet wird? **d)** Bestimmen Sie die neue Scheinleistung S_2, wenn jetzt die Frequenz auf 100 Hz verdoppelt wird.

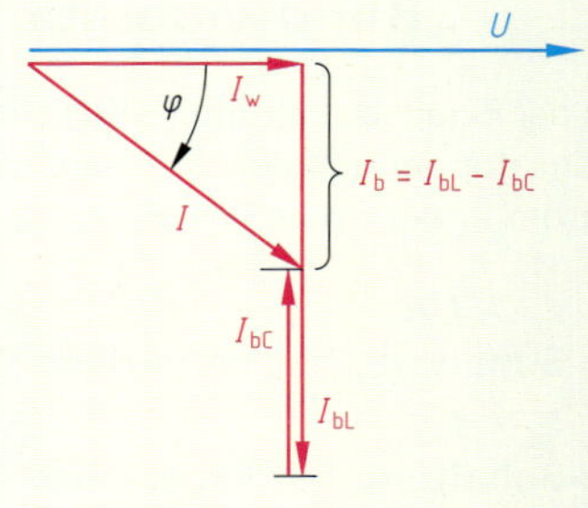

Maßstab: 2 A ≙ 10 mm

Bild 1: Lösung zum Beispiel, Seite 117 Geometrische Addition der Teilströme

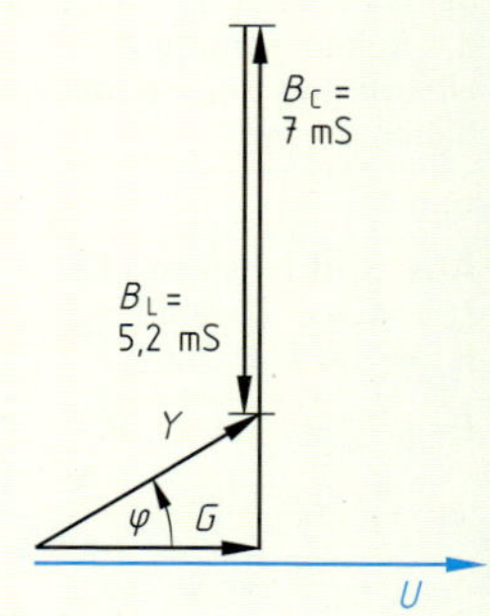

Maßstab: 1 cm ≙ 2 ms

Bild 2: Zeigerbild der Leitwerte

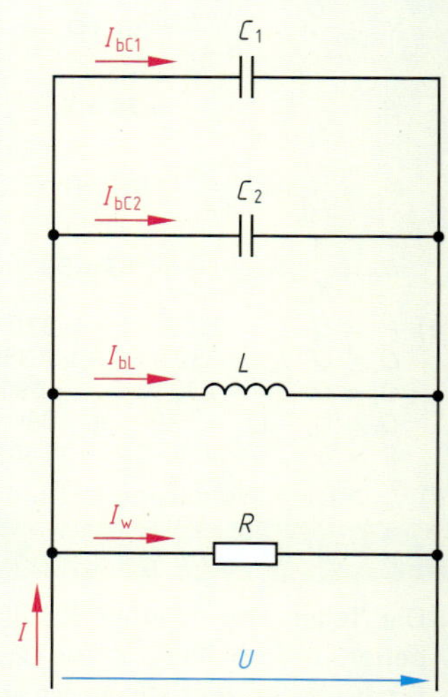

Bild 3: Wirkwiderstand, Spule und Kondensatoren

7.8 Schwingkreise

Bei Resonanz des Schwingkreises sind die induktiven und kapazitiven Blindanteile U_{bL} und U_{bC} gleich groß **(Bild 2 und Bild 2, Seite 120)**. Die Blindanteile sind gegeneinander um 180° phasenverschoben und gleichen sich somit aus. Nur der Wirkanteil bestimmt den Widerstand des Stromkreises, d. h. Strom und Spannung sind phasengleich **(Bild 2)**. Die Güte Q eines Schwingkreises gibt das Verhältnis zwischen Blindanteilen und Wirkanteilen an. Die Bandbreite b ist der Frequenzbereich, in dem die Resonanzkurve **(Bild 1 und Bild 1, Seite 120)** auf 70,7% des Spitzenwertes abgesunken ist.

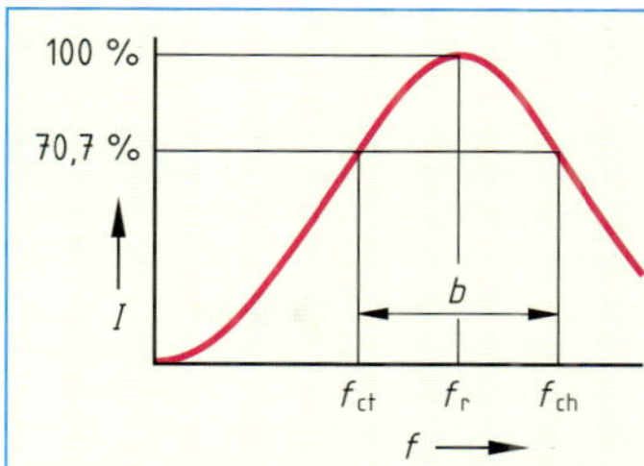

Bild 1: Resonanzkurve für I

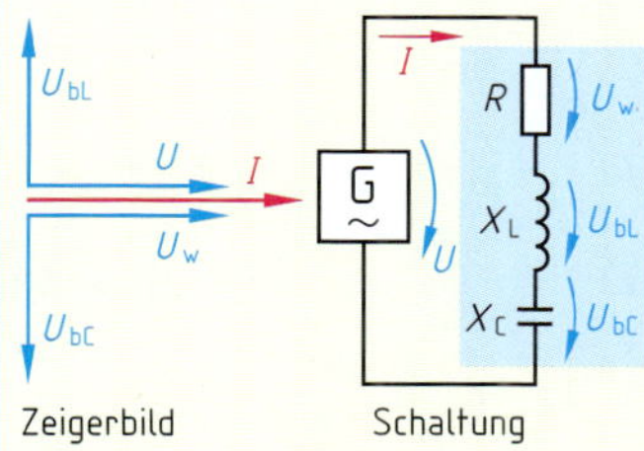

Bild 2: Resonanzfall

Bei Reihen- und Parallelresonanz gilt:

$$X_L = X_C \Rightarrow \omega_r \cdot L = \frac{1}{\omega_r \cdot C} \Rightarrow$$

$$f_r = \frac{1}{2 \cdot \pi \cdot \sqrt{L \cdot C}} \qquad [f_r] = \text{Hz}$$

7.8.1 Reihenschwingkreis

Beispiel:

An eine Wechelspannung von 20 V ist eine Spule mit einem Wirkwiderstand von 5 Ω und einer Induktivität von 0,25 H mit einem Kondensator von 40 µF in Reihe geschaltet. Berechnen Sie
a) die Resonanzfrequenz f_r, **b)** die Stromstärke I bei Resonanz, **c)** die induktive und kapazitive Blindspannung bei Resonanz, **d)** die Schwingkreisgüte Q und **e)** die Bandbreite b.

Lösung:

a) $f_r = \dfrac{1}{2 \cdot \pi \cdot \sqrt{L \cdot C}} = \dfrac{1}{2 \cdot \pi \cdot \sqrt{0{,}25\,\text{H} \cdot 40 \cdot 10^{-6}\,\text{F}}} = \mathbf{50\,Hz}$

b) $I = \dfrac{U}{Z}$; $Z = \sqrt{R^2 + (X_L - X_C)^2}$; $X_L = X_C \Rightarrow Z = \sqrt{R^2} = R$;

$\boldsymbol{I} = \dfrac{U}{R} = \dfrac{20\,\text{V}}{5\,\Omega} = \mathbf{4\,A}$

c) $X_L = \omega \cdot L = 2 \cdot \pi \cdot 50\,\frac{1}{\text{s}} \cdot 0{,}25\,\text{H} = 79\,\Omega$;

$\boldsymbol{U_{bL}} = \boldsymbol{U_{bC}} = X_L \cdot I = 79\,\Omega \cdot 4\,\text{A} = \mathbf{316\,V}$

d) $\boldsymbol{Q} = \dfrac{\omega_r \cdot L}{R} = \dfrac{314\,\frac{1}{\text{s}} \cdot 0{,}25\,\text{H}}{5\,\Omega} = \mathbf{15{,}7}$

e) $\boldsymbol{b} = \dfrac{f_r}{Q} = \dfrac{50\,\text{Hz}}{15{,}7} = \mathbf{3{,}18\,Hz}$

Reihenschwingkreis

$$Q = \frac{Q_L}{P} = \frac{I^2 \cdot X_L}{I^2 \cdot R} = \frac{\omega_r \cdot L}{R}$$

Bei Resonanzfrequenz gilt:

$$X_L = X_C \Rightarrow U_{bL} = U_{bC}$$

$$b = f_{ch} - f_{ct} \qquad b = \frac{f_r}{Q}$$

X_L	induktiver Blindwiderstand
X_C	kapazitiver Blindwiderstand
R	Verlust-, Wirkwiderstand
L	Induktivität
C	Kapazität
I	Gesamtstrom bei Resonanz
U	Gesamtspannung
U_{bL}	induktive Blindspannung
U_{bC}	kapazitive Blindspannung
ω_r	Resonanzkreisfrequenz
f_r	Resonanzfrequenz
b	Bandbreite
f_{ch}	obere Grenzfrequenz
f_{ct}	untere Grenzfrequenz
Q	Schwingkreisgüte
P	Verlustleistung (Wirkleistung)
Q_L	induktive Blindleistung

Aufgaben zu 7.8.1

1. Ein Kondensator mit 560 pF ist mit einer Spule, die den Wirkwiderstand 1 Ω und die Induktivität 10 H hat, in Reihe an Wechselspannung geschaltet. Berechnen Sie die Resonanzfrequenz.

2. Eine Spule mit einem Wirkwiderstand von 2,2 Ω und einer Induktivität von 0,5 H ist in Reihe mit einem Kondensator von 100 µF an eine Wechselspannung geschaltet. Bestimmen Sie **a)** die Resonanzfrequenz und **b)** die Schwingkreisgüte Q.

3. An eine Wechselspannung von 12 V 50 Hz sind ein Kondensator von 5,6 µF und eine Spule mit einem Wirkwiderstand von 2,2 Ω in Reihe geschaltet. Durch Verschieben des Eisenkerns der Spule kann deren Induktivität verändert werden. **a)** Bei welcher Induktivität tritt Resonanz ein? **b)** Welche Spannung liegt dann am Kondensator?

4. Die Resonanzfrequenz eines Reihenschwingkreises lässt sich mit einer veränderbaren Induktivität einstellen. Der Kondensator hat eine Kapazität von 33 µF und der Widerstand hat den Wert 56 Ω. Berechnen Sie **a)** den Resonanzfrequenzbereich, wenn sich die Induktivität der Spule von 1,8 bis 4,3 mH verändern lässt, **b)** die Leistungsaufnahme der Schaltung bei Resonanz an 110 V.

7.8.2 Parallelschwingkreis

Beispiel:

Eine Induktivität von 0,1 H mit einem Wirkwiderstand von 100 Ω und ein Kondensator von 100 µF sind parallel an 230 V geschaltet. Berechnen Sie

a) die Resonanzfrequenz f_r,
b) den Strom I des Schwingkreises bei Resonanz,
c) den induktiven und kapazitiven Blindstrom bei Resonanz,
d) die Schwingkreisgüte Q und
e) die Bandbreite b.

Lösung:

a) $f_r = \frac{1}{2 \cdot \pi \cdot \sqrt{L \cdot C}} = \frac{1}{2 \cdot \pi \cdot \sqrt{0{,}1\,\text{H} \cdot 100 \cdot 10^{-6}\,\text{F}}} = \mathbf{50\,Hz}$

b) $I = \frac{U}{Z}; \quad X_L = X_C \Rightarrow Z = R \Rightarrow \boldsymbol{I} = \frac{U}{R} = \frac{230\,\text{V}}{100\,\Omega} = \mathbf{2{,}3\,A}$

c) $I_{bL} = \frac{U}{X_L}; \quad X_L = \omega \cdot L = 2 \cdot \pi \cdot 50\,\frac{1}{\text{s}} \cdot 0{,}1\,\text{H} = 31{,}4\,\Omega;$

$\boldsymbol{I_{bL}} = \boldsymbol{I_{bC}} = \frac{230\,\text{V}}{31{,}4\,\Omega} = \mathbf{7{,}3\,A}$

d) $\boldsymbol{Q} = \frac{R}{\omega_r \cdot L} = \frac{100\,\Omega}{2 \cdot \pi \cdot 50\,\text{Hz} \cdot 0{,}1\,\text{H}} = \mathbf{3{,}18}$

e) $\boldsymbol{b} = \frac{f_r}{Q} = \frac{50\,\text{Hz}}{3{,}18} = \mathbf{15{,}7\,Hz}$

Aufgaben zu 7.8.2

1. Ein Parallelschwingkreis besteht aus einer Spule mit 20 mH und einem Kondensator mit 560 pF. Bestimmen Sie die Resonanzfrequenz.
2. Eine Induktivität mit 300 mH und eine Kapazität mit 82 nF sind parallel geschaltet. Bei welcher Frequenz tritt Resonanz ein?
3. Mit einer Induktivität von 0,2 H soll ein Parallelschwingkreis für die Resonanzfrequenz von 800 Hz aufgebaut werden. Welche Kapazität muss der Parallelkondensator haben?
4. In einem Parallelschwingkreis soll bei 450 Hz Resonanz auftreten. Als Induktivität ist eine Spule mit 0,5 H vorhanden. Welche Kapazität muss der Parallelkondensator haben?
5. Ein Kondensator von 10 µF, ein Wirkwiderstand R = 470 Ω und eine Induktivität sind parallel geschaltet **(Bild 2)**. Bei einer Frequenz von 50 Hz entsteht Resonanz. Berechnen Sie **a)** die Induktivität, **b)** die Güte und **c)** die Bandbreite des Schwingkreises **(Bild 1)**.
6. Die Resonanzfrequenz eines Parallelschwingkreises ist 25 Hz. Der Kondensator hat eine Kapazität von 3,9 µF. **a)** Berechnen Sie die Induktivität der Spule. Wie groß sind **b)** der parallele Verlustwiderstand und **c)** die Bandbreite, wenn Q = 112 beträgt?
7. ● Eine verlustbehaftete Spule (reale Spule) von 150 mH mit einem parallelen Ersatzwiderstand von 3,6 kΩ bildet mit einem Kondensator von 0,36 nF einen Parallelschwingkreis **(Bild 3)**. Bei Resonanz fließt ein Gesamtstrom von 3,6 mA. Berechnen Sie bei Resonanz **a)** die Spannung am Schwingkreis, **b)** den Strom durch die Spule, **c)** den kapazitiven Blindstrom. **d)** Zeichnen Sie das Zeigerbild für die Ströme bei Resonanz.

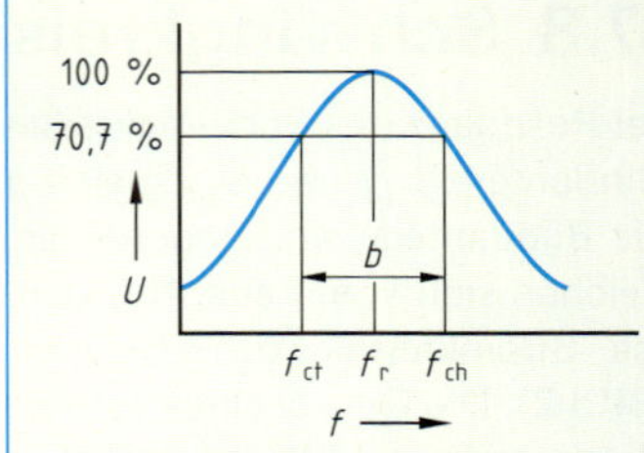

Bild 1: Resonanzkurve für Z

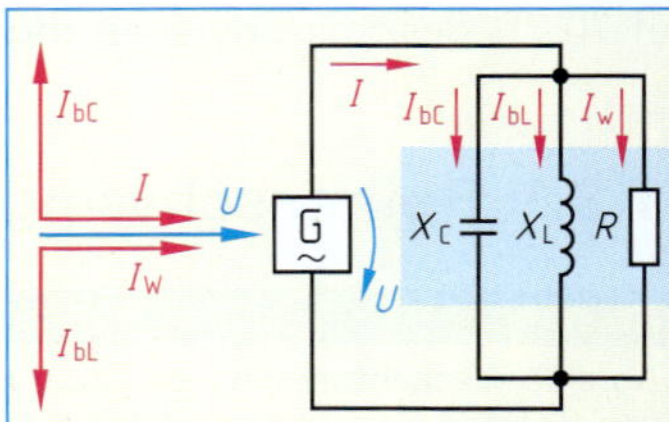

Bild 2: Resonanzfall

Parallelschwingkreis

$$Q = \frac{Q_L}{P} = \frac{\frac{U^2}{X_L}}{\frac{U^2}{R}} = \frac{R}{\omega_r \cdot L}$$

Bei Resonanzfrequenz gilt:

$$X_L = X_C \Rightarrow I_{bL} = I_{bC}$$

$$f_r = \frac{1}{2\pi \cdot \sqrt{L \cdot C}}$$

$$b = f_{ch} - f_{ct} \quad b = \frac{f_r}{Q}$$

f_r	Resonanzfrequenz
Q	Schwingkreisgüte
Q_L	induktive Blindleistung
P	Verlustleistung
U	Spannung
R	Verlust-, Wirkwiderstand
X_L	induktiver Blindwiderstand
ω_r	Resonanzkreisfrequenz
b	Bandbreite
f_{ct}	untere Grenzfrequenz
f_{ch}	obere Grenzfrequenz

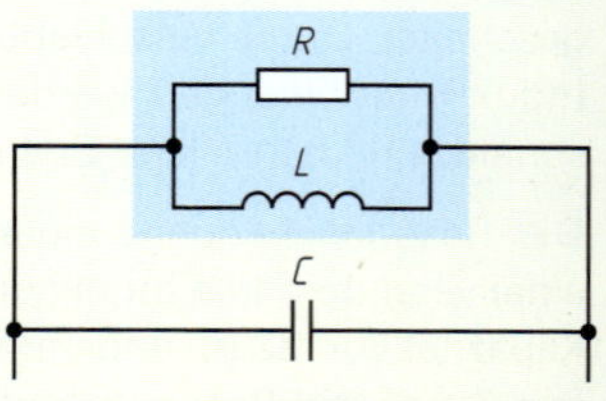

Bild 3: Parallelschwingkreis mit verlustbehafteter Spule

7.9 Leistung bei Wechselstrom

In Netzen werden die Wirkleistung P und die induktive Blindleistung Q_L übertragen. Als Maß dieser übertragenen Leistungen dient die Scheinleistung S, sie ist eine reine Rechengröße. Der Verbraucher nutzt nur den Anteil der Wirkleistung. Der Wirkfaktor $\cos\varphi$ gibt hierbei an, wie groß der Anteil der Wirkleistung an der übertragenen Scheinleistung ist. Rein ohmsche Verbraucher nehmen nur Wirkleistung auf, ihr Wirkfaktor ist daher immer 1.

Bild 1: Wechselstrommotor

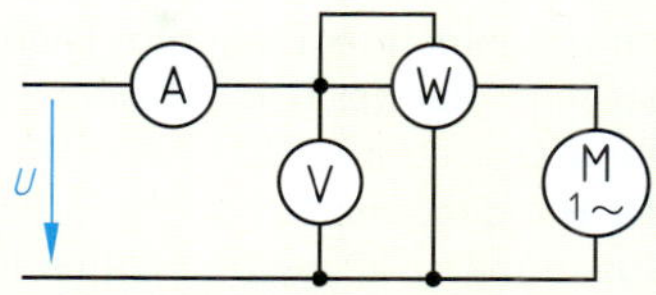

Bild 2: Messschaltung

CE	Hersteller Made in Germany		
1~ Mot.			
IP55	0,25 kW	cos φ 0,65	
230 V	2,2 A	50 Hz	
C_A 27 µF/450 V	C_B µF/ V		
2870 min⁻¹		EN 60034	

Bild 3: Leistungsschild

Beispiel:

Ein 230-V-Wechselstrommotor **(Bild 1)** nimmt einen Strom von $I = 5{,}2$ A auf. Der Leistungsmesser **(Bild 2)** zeigt eine Wirkleistung von 820 W an. Ermitteln Sie **a)** die Scheinleistung S, **b)** den Wirkfaktor $\cos\varphi$, **c)** die Blindleistung Q_L, **d)** den Wirkstrom I_W, **e)** den Blindstrom I_{bL} und **f)** die elektrische Arbeit W nach 10 Betriebsstunden.

Lösung:

a) $\boldsymbol{S} = U \cdot I = 230\,\text{V} \cdot 5{,}2\,\text{A} = \mathbf{1196\,VA}$

b) $\boldsymbol{\cos\varphi} = \frac{P}{S} = \frac{820\,\text{W}}{1196\,\text{VA}} = \mathbf{0{,}69} \Rightarrow \varphi = 46{,}72°$

c) $\varphi = 46{,}72° \Rightarrow \sin\varphi = 0{,}73$
$\boldsymbol{Q_L} = S \cdot \sin\varphi = 1196\,\text{VA} \cdot 0{,}73 = \mathbf{870{,}64\,var}$

d) $\boldsymbol{I_W} = I \cdot \cos\varphi = 5{,}2\,\text{A} \cdot 0{,}69 = \mathbf{3{,}59\,A}$

e) $\boldsymbol{I_{bL}} = I \cdot \sin\varphi = 5{,}2\,\text{A} \cdot 0{,}73 = \mathbf{3{,}8\,A}$

f) $\boldsymbol{W} = P \cdot t = 820\,\text{W} \cdot 10\,\text{h} = 8200\,\text{Wh} = \mathbf{8{,}2\,kWh}$

$S = U \cdot I$ $\quad [S] = \text{V} \cdot \text{A} = \text{VA}$

$S = \sqrt{P^2 + Q_L^2}$

$P = S \cdot \cos\varphi$ $\quad [P] = \text{V} \cdot \text{A} = \text{W}$

$Q_L = S \cdot \sin\varphi$ $\quad [Q_L] = \text{var}$

$\eta = \frac{P_{ab}}{P_{zu}}$ $\quad [\eta] = 1$

$W = P \cdot t$ $\quad [W] = \text{Ws}$

P	Wirkleistung
P_{zu}	zugeführte Wirkleistung
P_{ab}	abgegebene Wirkleistung
S	Scheinleistung
Q_L	induktive Blindleistung
U	Spannung
I	Strom
φ	Phasenverschiebungswinkel
$\cos\varphi$	Wirkfaktor
$\sin\varphi$	Blindfaktor
η	Wirkungsgrad
W	elektrische Arbeit

Aufgaben zu 7.9

1. Die Messgeräte in **Bild 2** zeigen folgende Werte an: Strommesser $I = 4{,}9$ A, Spannungsmesser $U = 230$ V und der Leistungsmesser $P = 750$ W. Wie groß ist **a)** die Scheinleistung und **b)** die Blindleistung des Motors?
2. Ein Notstromaggregat ist bei 228 V/50 Hz mit 8,5 A belastet. Die Wirkleistung beträgt dabei 1,6 kW. Berechnen Sie **a)** die Scheinleistung, **b)** den Wirkfaktor und **c)** die Blindleistung.
3. Berechnen Sie aus dem Leistungsschild **(Seite 262, Bild 4)** eines Wechselstrommotors **a)** die zugeführte Wirkleistung, **b)** den Wirkungsgrad, **c)** die Scheinleistung und **d)** die Blindleistung.
4. Ein Heizkörper mit 2 kW Leistungsaufnahme und ein Einphasenmotor mit der Bemessungsleistung von 2,2 kW, $\cos\varphi = 0{,}74$, $\eta = 0{,}75$ werden am 230-V-Netz betrieben. Ermitteln Sie **a)** die Stromaufnahme I, **b)** den Gesamtwirkfaktor $\cos\varphi$, **c)** die Wirkleistung P, **d)** die Blindleistung Q_L und **e)** die elektrische Arbeit W, wenn der Motor 8 Stunden und der Heizkörper 10 Stunden im Betrieb waren.
5. Ein Wechselstrommotor mit dem Leistungsschild **(Bild 3)** und ein Heizkörper mit $P = 1$ kW werden an 230 V angeschlossen. Berechnen Sie **a)** den Strom I in der gemeinsamen Zuleitung und **b)** den Gesamtwirkfaktor $\cos\varphi$.
6. Am 230 V/50 Hz-Netz werden zwei Wechselstrommotoren mit folgenden Daten betrieben:.
Leistungsschild des Motors 1: $P = 1{,}1$ kW, $\cos\varphi = 0{,}81$, $\eta = 0{,}73$;
Leistungsschild des Motors 2: $P = 1{,}5$ kW, $I = 10{,}9$ A, $\cos\varphi = 0{,}81$.
Berechnen Sie **a)** den Strom I in der gemeinsamen Zuleitung, **b)** den Gesamtwirkfaktor $\cos\varphi$, **c)** den Phasenverschiebungswinkel zwischen Strom und Spannung.

Weitere Aufgaben zur Leistung bei Wechselstrom findet man in den Kapiteln 7.6.1 bis 7.7.5.

7.10 Siebschaltungen

Siebschaltungen **(Bild 1 und 2)** sind frequenzabhängige Spannungsteiler. Ohne Belastung verhalten sich die Eingangsspannung U_1 und Ausgangsspannung U_2 zueinander wie die entsprechenden Impedanzen (Scheinwiderstände) Z_1 und Z_2.

7.10.1 RL-Hochpass und RL-Tiefpass

Beim **RL-Hochpass (Bild 1)** steigt der induktive Blindwiderstand X_L mit zunehmender Frequenz. Niedrige Frequenzen werden am Ausgang gesperrt. Bei der Grenzfrequenz f_C ist $X_L = R$ und die Ausgangsspannung U_2 beträgt 70,7% von U_1. Beim **RL-Tiefpass (Bild 2)** wächst der Blindwiderstand X_L mit steigender Frequenz. Der Strom und die Spannung an R werden dadurch kleiner, und die Ausgangsspannung U_2 sinkt. Hohe Frequenzen am Ausgang werden gesperrt.

Beispiel:

Die Eingangsspannung U_1 an einem RL-Hochpass **(Bild 1)**, bestehend aus einer Spule $L = 300$ mH und einem Widerstand $R = 1$ kΩ, beträgt 12 V 400 Hz. Berechnen Sie
a) die Ausgangsspannung U_2,
b) den Phasenverschiebungswinkel φ zwischen U_1 und U_2 und
c) die Grenzfrequenz f_C.

Lösung:

a) $$\boldsymbol{U_2} = \frac{U_1 \cdot X_L}{\sqrt{R^2 + X_L^2}} = \frac{12\,\text{V} \cdot 2 \cdot \pi \cdot 400\,\text{s}^{-1} \cdot 0{,}3\,\text{H}}{\sqrt{1000^2\,\Omega^2 + (2 \cdot \pi \cdot 400\,\text{s}^{-1} \cdot 0{,}3\,\text{H})^2}} = \mathbf{7{,}22\,V}$$

b) $$\tan\varphi = \frac{R}{X_L} = \frac{R}{\omega \cdot L} = \frac{1000\,\Omega}{2 \cdot \pi \cdot 400\,\text{s}^{-1} \cdot 0{,}3\,\text{H}} = 1{,}3263 \Rightarrow \boldsymbol{\varphi} = \mathbf{53°};$$

c) $$\boldsymbol{f_C} = \frac{R}{2 \cdot \pi \cdot L} = \frac{1000\,\Omega}{2 \cdot \pi \cdot 0{,}3\,\text{H}} = \mathbf{531\,Hz}$$

Aufgaben zu 7.10

1. Ein RL-Hochpass mit $R = 820\,\Omega$ und $L = 80$ mH **(Bild 1)** liegt an 3 V 500 Hz. Berechnen Sie **a)** die Spannung U_2, **b)** die Grenzfrequenz und **c)** den Phasenverschiebungswinkel φ bei $f = 500$ Hz.
2. Ein RL-Hochpass **(Bild 1)** mit $L = 20$ mH und $R = 390\,\Omega$ wird mit einer Spannung von 3 V 1 kHz gespeist. Berechnen Sie **a)** das Verhältnis von U_1 zu U_2, **b)** die Grenzfrequenz und **c)** die Phasenverschiebung zwischen U_1 und U_2 bei $f = 500$ Hz.
3. Die Grenzfrequenz eines RL-Hochpasses mit $R = 5$ kΩ beträgt 8,35 kHz. Berechnen Sie bei $U_2 = 19$ V und einer Frequenz von 10 kHz **a)** die Induktivität der Spule und **b)** die Eingangsspannung.
4. Ein RL-Tiefpass mit $L = 15$ mH und $R = 25\,\Omega$ **(Bild 2)** liegt an $U_1 = 12$ V. Berechnen Sie für $f = 1{,}05$ kHz **a)** die Ausgangsspannung, **b)** die Phasenverschiebung zwischen U_1 und U_2. **c)** Wie groß ist die Grenzfrequenz?
5. An einem RL-Tiefpass mit $R = 120\,\Omega$ und $L = 20$ mH wird bei einer Frequenz von 2,8 kHz eine Ausgangsspannung von 8,3 V gemessen. Berechnen Sie **a)** die Eingangsspannung, **b)** die Phasenverschiebung zwischen U_1 und U_2 und **c)** die Grenzfrequenz.
6. Die Eingangsspannung an einem RL-Tiefpass **(Bild 2)** mit $L = 12$ mH und $R = 30\,\Omega$ beträgt 10 V. Die Frequenz ist stufenweise von 100 Hz in Schritten zu 50 Hz einstellbar. **a)** Berechnen Sie die Ausgangsspannungen bis 600 Hz, und tragen Sie die Werte in Abhängigkeit von der Frequenz in ein Diagramm $U_2 = f(f)$ ein. **b)** Berechnen Sie die Phasenverschiebungswinkel zwischen U_1 und U_2 für die gleichen Frequenzen, und zeichnen Sie ein Diagramm $\varphi = f(f)$.

RL-Hochpass

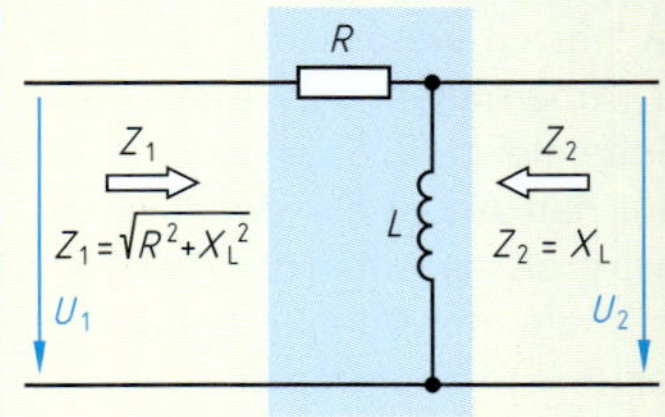

Bild 1

$$\frac{U_2}{U_1} = \frac{Z_2}{Z_1} \Rightarrow \frac{U_2}{U_1} = \frac{X_L}{\sqrt{R^2 + X_L^2}}$$

Bei Grenzfrequenz f_C gilt:

$$U_2 = \frac{1}{\sqrt{2}} \cdot U_1 \qquad R = X_L$$

$$f_C = \frac{R}{2 \cdot \pi \cdot L} \qquad \tan\varphi = \frac{R}{X_L}$$

RL-Tiefpass

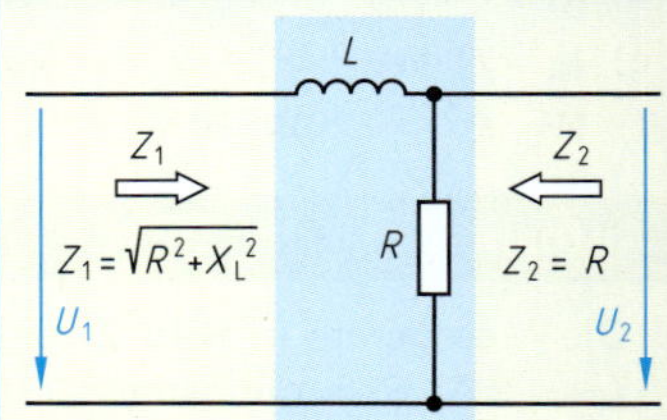

Bild 2

$$\frac{U_2}{U_1} = \frac{Z_2}{Z_1} \Rightarrow \frac{U_2}{U_1} = \frac{R}{\sqrt{R^2 + X_L^2}}$$

Bei Grenzfrequenz f_C gilt:

$$U_2 = \frac{1}{\sqrt{2}} \cdot U_1 \qquad R = X_L$$

$$f_C = \frac{R}{2 \cdot \pi \cdot L} \qquad \tan\varphi = \frac{X_L}{R}$$

U_1	Eingangsspannung
U_2	Ausgangsspannung
R	Wirkwiderstand
X_L	induktiver Blindwiderstand
Z_1	Eingangsimpedanz
Z_2	Ausgangsimpedanz
f_C	Grenzfrequenz
φ	Phasenverschiebungswinkel zwischen U_1 und U_2

7.10.2 RC-Hochpass und RC-Tiefpass

Beim **RC-Hochpass (Bild 1)** sinkt mit steigender Frequenz der kapazitive Blindwiderstand X_C und damit die Teilspannung an X_C. Niedrige Frequenzen werden gesperrt. Bei der Grenzfrequenz f_C ist $X_C = R$.

Beim **RC-Tiefpass (Bild 2)** nimmt der kapazitive Blindwiderstand X_C mit steigender Frequenz ab. Bei hohen Frequenzen ist die Teilspannung an X_C und somit die Ausgangsspannung U_2 sehr klein. Hohe Frequenzen werden am Ausgang gesperrt. Bei der Grenzfrequenz ist $X_C = R$.

Beispiel:

Ein Hochpass **(Bild 1)** mit $C = 2{,}5\ \mu F$ und $R = 800\ \Omega$ liegt an einer Spannung von 8 V. Berechnen Sie für eine Frequenz von 1,5 kHz
a) die Ausgangsspannung U_2,
b) den Phasenverschiebungswinkel φ zwischen Eingangs- und Ausgangsspannung und
c) die Grenzfrequenz f_C.

Lösung:

a) $X_C = \frac{1}{\omega \cdot C} = \frac{1}{2\pi \cdot 1500\frac{1}{s} \cdot 2{,}5 \cdot 10^{-6}\,F} = 42{,}4\ \Omega$

$\boldsymbol{U_2} = \frac{U_1 \cdot R}{\sqrt{R^2 + X_C^2}} = \frac{8\ V \cdot 800\ \Omega}{\sqrt{(800\,\Omega)^2 + (42{,}4\ \Omega)^2}} = \mathbf{7{,}8\ V}$

b) $\tan\varphi = \frac{X_C}{R} = \frac{1}{\omega \cdot R \cdot C} = 0{,}053 \Rightarrow \varphi = \mathbf{3{,}04°}$

c) $\boldsymbol{f_C} = \frac{1}{2 \cdot \pi \cdot R \cdot C} = \frac{1}{2 \cdot \pi \cdot 800\ \Omega \cdot 2{,}5 \cdot 10^{-6}\ F} = \mathbf{79{,}6\ Hz}$

Aufgaben zu 7.10.2

1. Ein RC-Hochpass **(Bild 1)** mit $R = 4{,}7\ k\Omega$ und $C = 6{,}8\ nF$ liegt an einer Spannung von 6 V. Berechnen Sie **a)** die Ausgangsspannung bei $f = 7{,}5\ kHz$, **b)** die Phasenverschiebung zwischen U_1 und U_2 und **c)** die Grenzfrequenz.
2. Ein RC-Hochpass besitzt eine Grenzfrequenz von 3,2 kHz bei $R = 2{,}7\ k\Omega$. **a)** Ermitteln Sie die Kapazität des Kondensators. **b)** Welche Spannung U_1 liegt am Hochpass, wenn die Frequenz 10 Prozent über der Grenzfrequenz liegt und $U_2 = 11\ V$ gemessen wird?
3. Bei $f = 2{,}5\ kHz$ wird an einem RC-Hochpass **(Bild 1)** eine Phasenverschiebung zwischen U_1 und U_2 von 68° gemessen. Berechnen Sie **a)** die Kapazität des Kondensators, wenn der Wirkwiderstand 1,8 kΩ beträgt. **b)** Berechnen Sie die Phasenverschiebung zwischen U_1 und U_2 20% unterhalb der Grenzfrequenz.
4. Ein RC-Tiefpass **(Bild 2)** mit $R = 3{,}9\ k\Omega$ und $C = 22\ nF$ ist an 6 V angeschlossen. Berechnen Sie **a)** die Ausgangsspannung bei einer Frequenz von 2,9 kHz, **b)** die Phasenverschiebung zwischen Eingangs- und Ausgangsspannung und **c)** die Grenzfrequenz.

RC-Hochpass

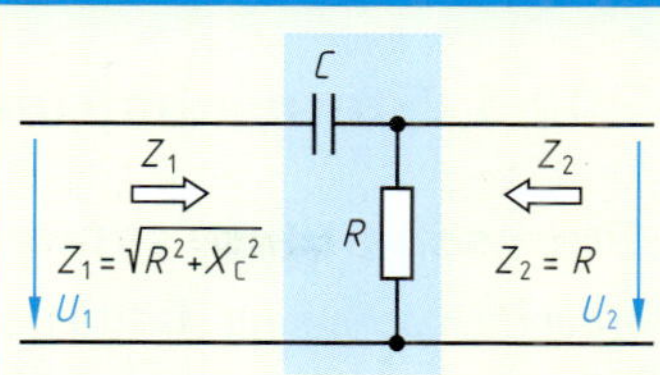

Bild 1

$$\frac{U_2}{U_1} = \frac{Z_2}{Z_1} \Rightarrow \frac{U_2}{U_1} = \frac{R}{\sqrt{R^2 + X_C^2}}$$

Bei Grenzfrequenz f_C gilt:

$$U_2 = \frac{1}{\sqrt{2}} \cdot U_1 \qquad R = X_C$$

$$f_C = \frac{1}{2 \cdot \pi \cdot R \cdot C} \qquad \tan\varphi = \frac{X_C}{R}$$

RC-Tiefpass

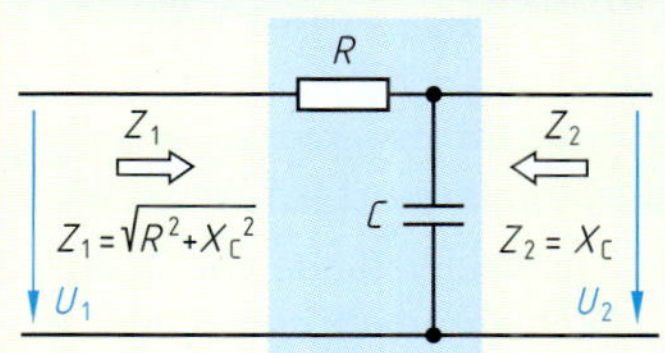

Bild 2

$$\frac{U_2}{U_1} = \frac{Z_2}{Z_1} \Rightarrow \frac{U_2}{U_1} = \frac{X_C}{\sqrt{R^2 + X_C^2}}$$

Bei Grenzfrequenz f_C gilt:

$$U_2 = \frac{1}{\sqrt{2}} \cdot U_1 \qquad R = X_C$$

$$f_C = \frac{1}{2 \cdot \pi \cdot R \cdot C} \qquad \tan\varphi = \frac{R}{X_C}$$

U_1 Eingangsspannung
U_2 Ausgangsspannung
R Wirkwiderstand
X_C kapazitiver Blindwiderstand
Z_1 Eingangsimpedanz
Z_2 Ausgangsimpedanz
f_C Grenzfrequenz
φ Phasenverschiebungswinkel zwischen U_1 und U_2

5. Die Grenzfrequenz eines RC-Tiefpasses mit $R = 820\ \Omega$ ($U_1 = 24\ V$) beträgt 286 Hz. Wie groß ist **a)** die Kapazität C und **b)** die Ausgangsspannung bei 150 Hz? **c)** Wie groß sind die Phasenverschiebungswinkel zwischen U_1 und U_2 20% über- und unterhalb der Grenzfrequenz?
6. Die Ausgangsspannung U_2 eines RC-Tiefpasses eilt der Eingangsspannung U_1 um 45° nach. Die Eingangsimpedanz Z_1 **(Bild 2)** beträgt 1,25 kΩ. Bei einer Frequenz von 1 kHz beträgt die Phasenverschiebung zwischen U_1 und U_2 $\varphi = 43°$. Berechnen Sie **a)** die Kapazität C, **b)** die Eingangs- und die Ausgangsspannung bei 1 kHz und $I_1 = 12\ mA$ und **c)** die Grenzfrequenz.

7.11 Dreiphasenwechselstrom

7.11.1 Sternschaltung

Sternschaltung, symmetrische Last

Bei der Sternschaltung **(Bild 1)** ist der Leiterstrom I gleich dem Strangstrom I_{Str}. Bei symmetrischer Belastung ist die Strangspannung U_{Str} um den Verkettungsfaktor $\sqrt{3}$ kleiner als die Leiterspannung U **(Bild 2)**. Bei symmetrischer Last fließt im Neutralleiter N kein Strom.

Beispiel:

Drei Widerstände mit je 44 Ω sind in Sternschaltung **(Bild 1)** an ein 400-V-Drehstromnetz geschaltet. Wie groß sind

a) die Strangspannung U_{Str},
b) der Strangstrom I_{Str} und
c) der Leiterstrom I.

Lösung:

a) $U_{Str} = \frac{U}{\sqrt{3}} = \frac{400\ \text{V}}{\sqrt{3}} = \mathbf{230\ V}$

b) $I_{Str} = \frac{U_{Str}}{R_{Str}} = \frac{230\ \text{V}}{44\ \Omega} = \mathbf{5{,}2\ A}$

c) $I = I_{Str} = \mathbf{5{,}2\ A}$

Sternschaltung

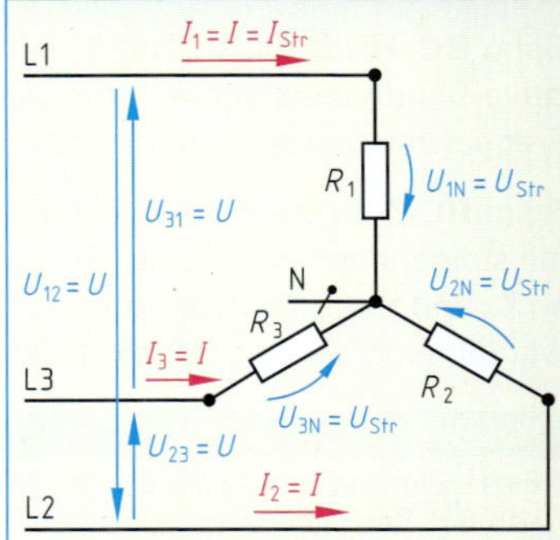

Bild 1: Symmetrische Last ($R_1 = R_2 = R_3$)

$$U = \sqrt{3} \cdot U_{Str}$$
$$I = I_{Str}$$

U	Leiterspannung
U_{Str}	Strangspannung (Sternspannung)
I	Leiterstrom
I_{Str}	Strangstrom

Es gilt:
$U_{1N} = U_{Str}$
$U_{2N} = U_{Str}$
$U_{3N} = U_{Str}$

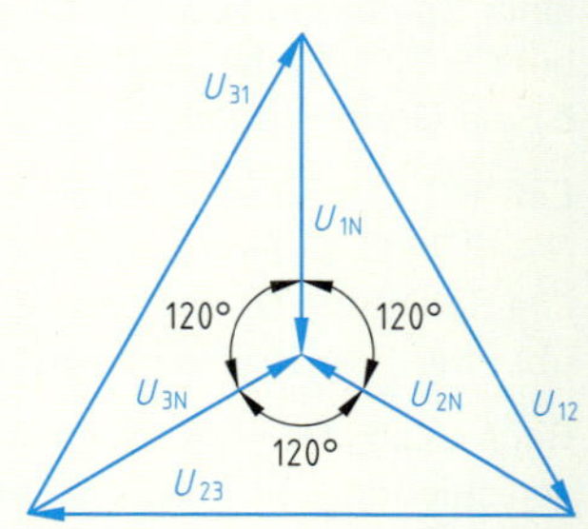

Bild 2: Zeigerbild der Spannungen bei symmetrischer Belastung

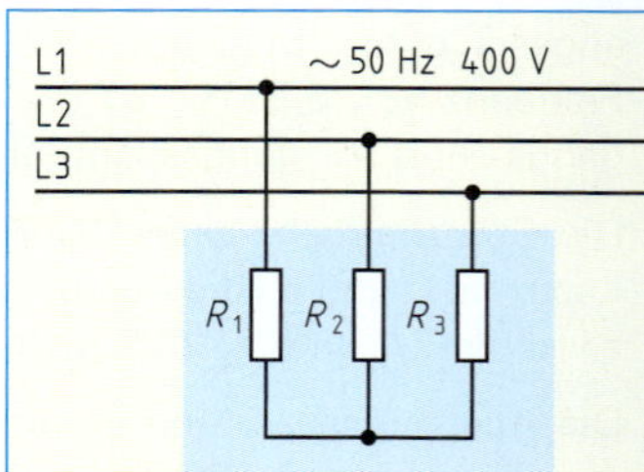

Bild 3: Widerstände in Sternschaltung

Aufgaben zu Sternschaltung, symmetrische Last

1. Drei Widerstände von je 38 Ω sind in Sternschaltung an ein 400-V-Drehstromnetz angeschlossen **(Bild 3)**. Berechnen Sie **a)** die Strangspannung, **b)** den Strangstrom, **c)** den Leiterstrom.
2. Ein Drehstromnetz ist mit drei gleich großen Widerständen von je 32 Ω, die in Stern geschaltet sind, belastet. Im Leiter L1 wurden 7,2 A gemessen. Berechnen Sie **a)** die Strangspannung und **b)** die Leiterspannung des Drehstromnetzes.
3. Drei gleich große Widerstände sind in Sternschaltung an ein 400-V-Drehstromnetz geschaltet. Berechnen Sie den Strangwiderstand, wenn ein Leiterstrom von 10,3 A gemessen wird.
4. Berechnen Sie die Strangwiderstände in der Schaltung **Bild 3**, wenn die Strangströme 17,3 A betragen.
5. Drei gleiche Kondensatoren sind in Sternschaltung an ein Drehstromnetz 400/230 V 50 Hz geschaltet. Der Leiterstrom beträgt 3,5 A. Berechnen Sie die Kapazität der Kondensatoren.
6. An ein Drehstromnetz 400/230 V 50 Hz sind drei Kondensatoren von 22 µF in Stern angeschlossen. Berechnen Sie **a)** den Strangstrom, **b)** den Leiterstrom.
7. An ein Drehstromnetz 400/230 V sind drei gleich große Heizwiderstände in Stern geschaltet. Dabei fließt ein Strangstrom von 12 A. Berechnen Sie **a)** die Widerstandswerte der Heizwiderstände, **b)** die Leiterstromstärke, wenn zu jedem Heizwiderstand ein ohmscher Widerstand von 15 Ω parallel geschaltet wird.
8. Da das Leistungsschild eines Heizgerätes für ein 400-V-Drehstromnetz nicht mehr lesbar ist, soll die Leistung mithilfe einer Widerstandsmessung bestimmt werden. Der Widerstand zwischen zwei Klemmen des Heizgerätes beträgt 48 Ω. Berechnen Sie die Leistung des Heizgerätes in Sternschaltung.

Sternschaltung, unsymmetrische, gleichartige Last

Bei unsymmetrischer und gleichartiger Belastung, z. B. mit Wirkwiderständen **(Bild 1)**, bleibt im Vierleiter-Drehstromnetz die Phasenverschiebung von 120° zwischen den Leiterströmen erhalten. Durch die unterschiedlichen Leiterströme fließt im Neutralleiter ein Ausgleichsstrom I_N. Der Strom I_N im Neutralleiter kann zeichnerisch durch geometrische Addition der Leiterströme **(Bild 2 und Bild 3)** oder rechnerisch ermittelt werden.

Beispiel:

Ein Vierleiter-Drehstromnetz ist mit drei Wirkwiderständen unsymmetrisch belastet **(Bild 1)**. Die Leiterströme betragen: $I_1 = 40$ A, $I_2 = 20$ A, $I_3 = 30$ A. Ermitteln Sie die Stromstärke I_N im Neutralleiter **a)** zeichnerisch, **b)** rechnerisch.

Lösung:

a) Aus Bild 2: $I_1 = 40\text{ A} \triangleq 20\text{ mm}$; $I_2 = 20\text{ A} \triangleq 10\text{ mm}$; $I_3 = 30\text{ A} \triangleq 15\text{ mm}$; $I_N \triangleq 9\text{ mm} \Rightarrow \boldsymbol{I_N = 18\text{ A}}$

b) $I_{12} = \sqrt{I_1^2 + I_2^2 - I_1 \cdot I_2} = \sqrt{(40\text{ A})^2 + (20\text{ A})^2 - 40\text{ A} \cdot 20\text{ A}} = 34{,}6\text{ A}$

$$\cos\beta = \frac{2 \cdot I_1 - I_2}{2 \cdot I_{12}} = \frac{2 \cdot 40\text{ A} - 20\text{ A}}{2 \cdot 34{,}6\text{ A}} = 0{,}867 \Rightarrow \beta = 30°$$

$\alpha = 60° - \beta = 60° - 30° = 30°$

$$I_N = \sqrt{I_1^2 + I_2^2 + I_3^2 - I_1 \cdot I_2 - 2 \cdot I_3 \cdot I_{12} \cdot \cos\alpha}$$

$$= \sqrt{(40\text{ A})^2 + (20\text{A})^2 + (30\text{A})^2 - 40\text{A} \cdot 20\text{A} - 2 \cdot 30\text{A} \cdot 34{,}6\text{A} \cdot \cos 30°}$$

$\boldsymbol{I_N = 17{,}4\text{ A}}$

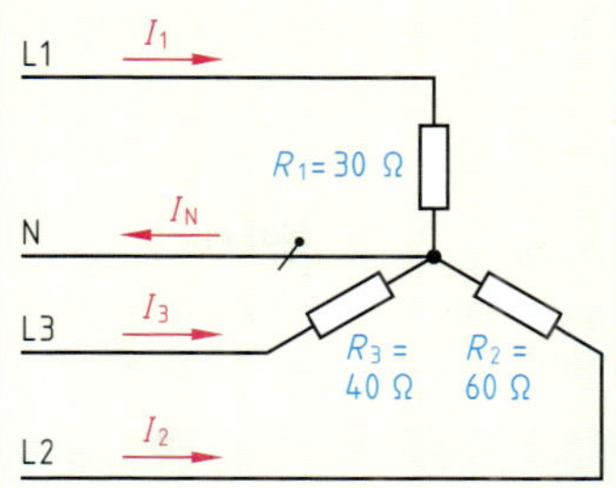

Bild 1: Gleichartige, unsymmetrische Belastung

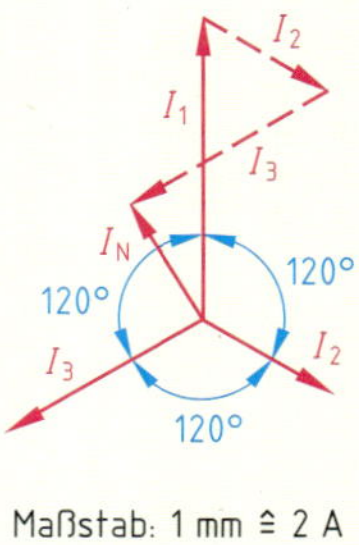

Bild 2: Geometrische Addition der Leiterströme (gleichartige Belastung)

Aufgaben zu Sternschaltung, unsymmetrische gleichartige Last

1. In einem mit drei Wirkwiderständen belasteten Vierleiter-Drehstromnetz fließen die Leiterströme $I_1 = 2$ A, $I_2 = 3$ A, $I_3 = 5$ A. Bestimmen Sie zeichnerisch den Strom im Neutralleiter (vergleichen Sie **Bild 2**).
2. Die Heizwiderstände $R_1 = 20\ \Omega$, $R_2 = 30\ \Omega$ und $R_3 = 40\ \Omega$ liegen in Sternschaltung an einem Vierleiter-Drehstromnetz 400/230 V **(wie in Bild 1)**. Ermitteln Sie **a)** rechnerisch den Strangstrom, **b)** zeichnerisch den Strom im Neutralleiter, **c)** rechnerisch den Strom in den Leitern L2 und L3, wenn der Neutralleiter und der Leiter L1 gleichzeitig ausfallen.
3. Die Sternschaltung aus drei Wirkwiderständen **(Bild 1)** ist an ein 400-V-Drehstromnetz angeschlossen. Ermitteln Sie **a)** die Leiterströme I_1, I_2, I_3, **b)** die Strangspannungen U_{Str1}, U_{Str2}, U_{Str3} und **c)** rechnerisch die Stromstärke I_N im Neutralleiter.
4. Drei Kondensatoren in Sternschaltung mit den Kapazitätswerten $C_1 = 47\ \mu$F, $C_2 = 33\ \mu$F und $C_3 = 22\ \mu$F sind am Vierleiter-Drehstromnetz 500 V 50 Hz angeschlossen. Berechnen Sie **a)** die Leiterströme, **b)** den Strom im Neutralleiter, **c)** den Strom im Neutralleiter bei Unterbrechung des Leiters L1.
5. Ein 400-V-Drehstromnetz ist mit drei gleich großen Heizwiderständen von je 10 Ω in Sternschaltung bei angeschlossenem Neutralleiter belastet. Berechnen Sie **a)** die Strangströme, **b)** die Leiterströme, **c)** den Strom im Neutralleiter, **d)** den Strom im Neutralleiter, wenn ein Widerstand ausfällt, **e)** den Strom im Neutralleiter, wenn zwei Widerstände ausfallen.

Unsymmetrisch belastetes Vierleiter-Drehstromnetz

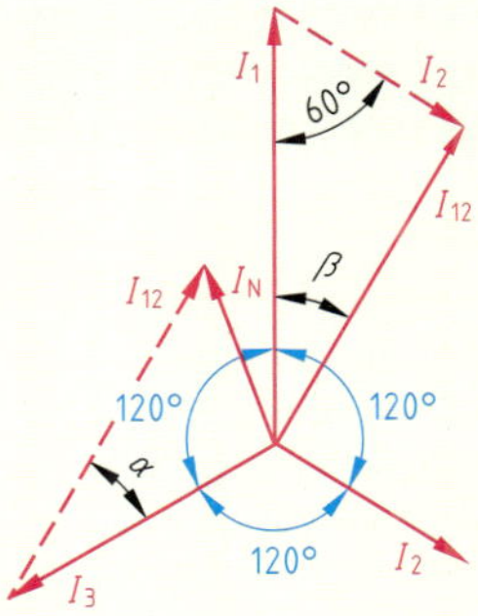

Bild 3: Zeigerbild der Ströme

$$I_{12} = \sqrt{I_1^2 + I_2^2 - I_1 \cdot I_2}$$

$$\cos\beta = \frac{2 \cdot I_1 - I_2}{2 \cdot I_{12}} \qquad \alpha = 60° - \beta$$

$$I_N = \sqrt{I_1^2 + I_2^2 + I_3^2 - I_1 \cdot I_2 - 2 \cdot I_3 \cdot I_{12} \cdot \cos\alpha}$$

I_1, I_2, I_3	Leiterströme
I_{12}	Strom aus I_1 und I_2
β	Phasenwinkel zwischen I_1 und I_{12}
α	Phasenverschiebungswinkel zwischen I_{12} und I_3
I_N	Strom im Neutralleiter

Sternschaltung, unsymmetrische, ungleichartige Last

Bei ungleichartiger Belastung **(Bild 1)** betragen die Phasenverschiebungswinkel zwischen den Wirkströmen I_{w1}, I_{w2} und I_{w3} jeweils 120° **(Bild 2)**. Die Leiterströme I_1, I_2 und I_3 werden durch die Wirk- und Blindanteile in den 3 Strängen geometrisch ermittelt. Die Stromstärke I_N im Neutralleiter wird mithilfe der Stromdreiecke durch geometrische Addition der Leiterströme bestimmt.

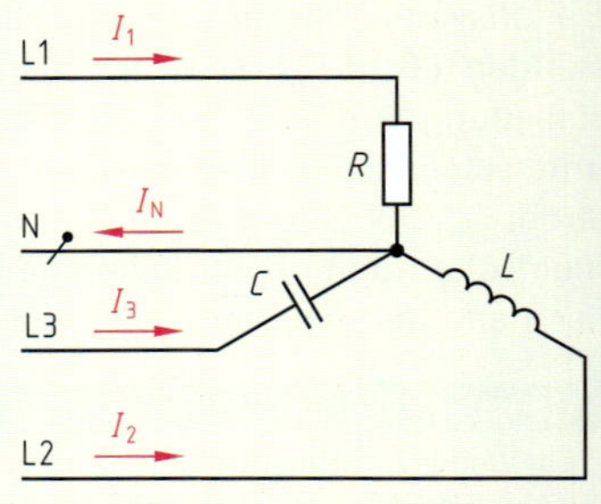

Bild 1: Ungleichartige Belastung bei Sternschaltung

Beispiel:

Ein Vierleiter-Drehstromnetz **(Bild 1)** ist mit einem Wirkwiderstand, einem induktiven und einem kapazitiven Verbraucher belastet. In den Leitern werden folgende Stromstärken und Wirkfaktoren gemessen:

$I_1 = 30$ A; $\cos\varphi_1 = 1$, $I_2 = 40$ A; $\cos\varphi_2 = 0{,}4$ induktiv,
$I_3 = 30$ A; $\cos\varphi_3 = 0{,}9$ kapazitiv.

Bestimmen Sie
a) rechnerisch die Wirk- und Blindstromanteile,
b) zeichnerisch die Wirk- und Leiterströme und
c) die Stromstärke im Neutralleiter.

Lösung:

a) $I_{w1} = I_1 \cdot \cos\varphi_1 = 30\,\text{A} \cdot 1 = \mathbf{30\,A}$;
$I_{bL1} = I_1 \cdot \sin\varphi_1 = 30\,\text{A} \cdot 0 = \mathbf{0\,A}$;
$I_{w2} = I_2 \cdot \cos\varphi_2 = 40\,\text{A} \cdot 0{,}4 = \mathbf{16\,A}$;
$I_{bL2} = I_2 \cdot \sin\varphi_2 = 40\,\text{A} \cdot 0{,}917 = \mathbf{36{,}68\,A}$;
$I_{w3} = I_3 \cdot \cos\varphi_3 = 30\,\text{A} \cdot 0{,}9 = \mathbf{27\,A}$;
$I_{bC3} = I_3 \cdot \sin\varphi_3 = 30\,\text{A} \cdot 0{,}436 = \mathbf{13{,}08\,A}$

Aus Bild 2:

b) $I_{w1} = I_1 = 30\,\text{A} \mathrel{\hat=} 30$ mm; $I_{w2} = 16\,\text{A} \mathrel{\hat=} 16$ mm; $I_{w3} = 27\,\text{A} \mathrel{\hat=} 27$ mm;
$I_2 = 40\,\text{A} \mathrel{\hat=} 40$ mm; $I_3 = 30\,\text{A} \mathrel{\hat=} 30$ mm;

c) $I_N \mathrel{\hat=} 41$ mm $\Rightarrow I_N = \mathbf{41\,A}$

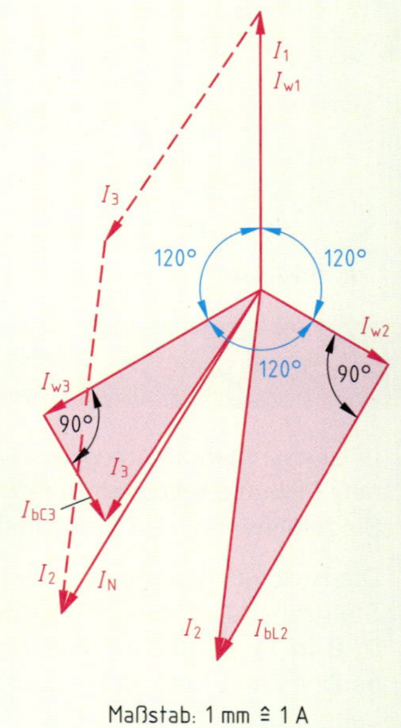

Bild 2: Geometrische Addition der Leiterströme

Aufgaben zu Sternschaltung, unsymmetrische, ungleichartige Last

Die Aufgaben 1 bis 4 sind durch Rechnung und Zeichnung zu lösen.

1. Drei ungleichartige Widerstände entsprechend **Bild 1** belasten ein Drehstromnetz 500 V 50 Hz. Zwischen L1 und N liegt ein Wirkwiderstand von 14,4 Ω, zwischen L2 und N eine Spule von 33 mH, zwischen L3 und N ein Kondensator mit 570 µF. Die Verluste der Spule und des Kondensators werden vernachlässigt. Bestimmen Sie **a)** die Strangspannung, **b)** die Leiterströme, **c)** die Phasenverschiebungswinkel zwischen den jeweiligen Strangspannungen und Strangströmen, **d)** die Stromstärke im Neutralleiter.

2. Ein 400-V-Drehstromnetz wird unterschiedlich belastet **(Bild 3)**. Bestimmen Sie die Stromstärke im Neutralleiter.

3. In einem Vierleiter-Drehstromnetz sind folgende Stromstärken und Wirkfaktoren in den Außenleitern bekannt: In L1 bei $\cos\varphi = 0{,}5$ induktiv 25 A, in L2 bei $\cos\varphi = 0{,}6$ induktiv 35 A, in L3 bei $\cos\varphi = 0{,}8$ kapazitiv 40 A. Ermitteln Sie den Strom im Neutralleiter durch geometrische Addition der Leiterströme.

4. In einem Vierleiter-Drehstromnetz werden gemessen: $I_1 = 10$ A; $\cos\varphi_1 = 1$, $I_2 = 20$ A; $\cos\varphi_2 = 0{,}75$ induktiv, $I_3 = 5$ A; $\cos\varphi_3 = 0{,}9$ kapazitiv. Bestimmen Sie die Stromstärke im Neutralleiter.

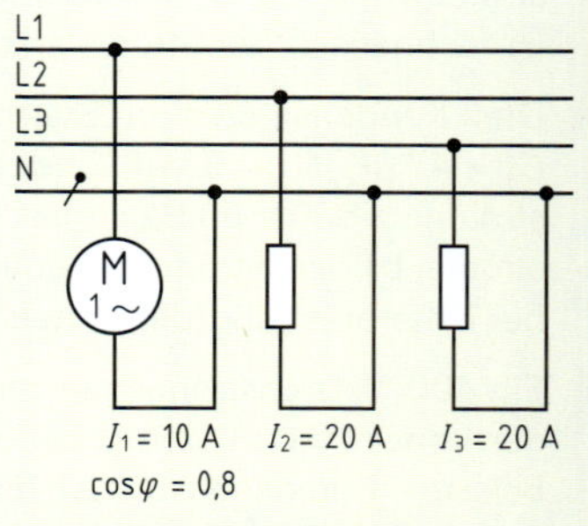

Bild 3: Verbraucheranlage, unsymmetrisch und ungleichartig belastet

7.11.2 Dreieckschaltung

Dreieckschaltung, symmetrische Last

In der Dreieckschaltung sind die Leiterspannungen U gleich den entsprechenden Strangspannungen U_{Str} **(Bild 1)**. Die Leiterströme (Außenleiterströme) verzweigen sich in jeweils zwei Strangströme. Bei symmetrischer Belastung sind die Strangströme I_{Str} um den Verkettungsfaktor $\sqrt{3}$ kleiner als die Leiterströme I **(Bild 2)**.

Beispiel:

Ein Dreileiter-Drehstromnetz mit der Leiterspannung 400 V 50 Hz ist mit drei Wirkwiderständen von je 44 Ω in Dreieckschaltung **(Bild 1)** belastet.
Berechnen Sie
a) die Strangspannungen,
b) die Strangströme und
c) die Leiterströme.

Lösung:

a) $U_{Str1} = U_{Str2} = U_{Str3} = \mathbf{400\,V}$;

b) $I_{Str1} = I_{Str2} = I_{Str3} = \frac{U_{Str}}{R_{Str}} = \frac{400\,V}{44\,\Omega} = \mathbf{9\,A}$;

c) $I_1 = I_2 = I_3 = \sqrt{3} \cdot I_{Str} = \sqrt{3} \cdot 9\,A = \mathbf{15{,}6\,A}$

Dreieckschaltung

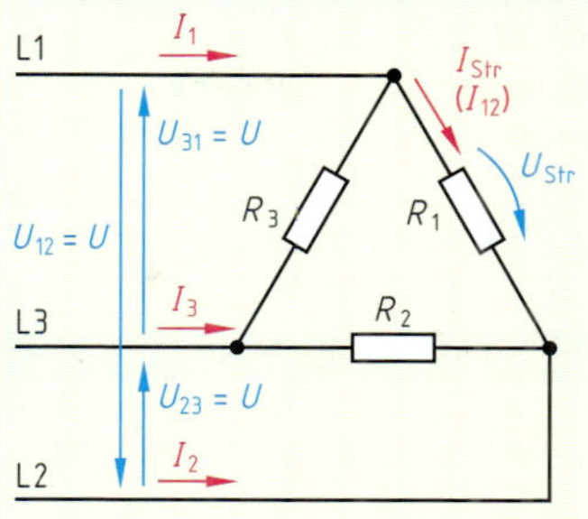

Bild 1: Symmetrische Last ($R_1 = R_2 = R_3$)

$$U = U_{Str}$$

$$I = \sqrt{3} \cdot I_{Str}$$

U	Leiterspannung
U_{Str}	Strangspannung
I	Leiterstrom
I_{Str}	Strangstrom

Aufgaben zu Dreieckschaltung, symmetrische Last

1. Ein Drehstromnetz mit der Leiterspannung 400 V ist mit drei Widerständen von je 40 Ω in Dreieckschaltung belastet **(Bild 1)**. Berechnen Sie **a)** die Strangspannungen, **b)** die Strangströme, **c)** die Leiterströme.
2. Die Strangwiderstände eines in Dreieck geschalteten Warmwasserbereiters betragen je 80 Ω, der Strangstrom jeweils 5 A.
a) An welche Leiterspannung muss der Warmwasserbereiter angeschlossen werden? **b)** Wie groß ist der Leiterstrom?
3. Ein Drehstrom-Käfigläufermotor ist in Dreieckschaltung an das Drehstromnetz 500 V 50 Hz angeschlossen. Die Leiterströme betragen je 27 A. Ermitteln Sie **a)** die Strangspannung, **b)** den Strangstrom.
4. Drei in Dreieck geschaltete Heizwiderstände von je 18 Ω liegen am Drehstromnetz 400/230 V.
Bestimmen Sie **a)** die Strangspannungen, **b)** die Strangströme, **c)** die Leiterströme.
5. Die Ständerwicklung eines Drehstrom-Motors ist in Dreieckschaltung an ein Drehstromnetz 3 × 400 V 50 Hz geschaltet. Nach dem Leistungsschild beträgt der Nennstrom 7,6 A und der Wirkfaktor $\cos\varphi = 0{,}85$. Ermitteln Sie **a)** die Strangspannung und **b)** den Strangstrom.
6. Drei gleich große Kondensatoren sind nach **Bild 3** an ein Drehstromnetz 400/230 V 50 Hz angeschlossen. Welche Kapazität hat ein Kondensator?
7. An ein Drehstromnetz (**Bild 1**) mit der Leiterspannung von 400 V sind drei Heizwiderstände mit je 22 Ω angeschlossen. Berechnen Sie **a)** den Strom in den Zuleitungen. **b)** Wie ändern sich die Ströme in den Zuleitungen, wenn ein Heizwiderstand unterbrochen ist?

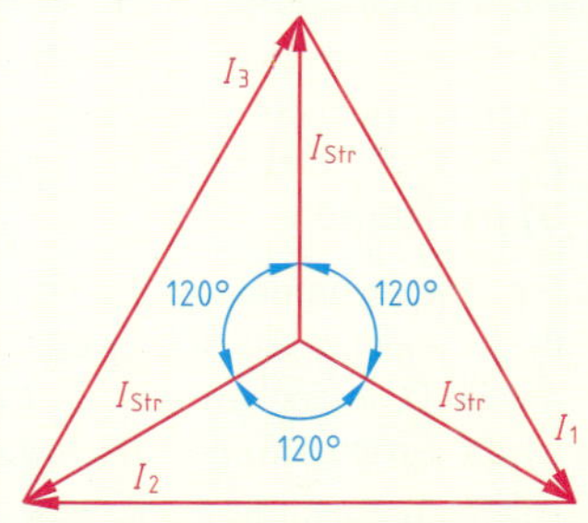

Bild 2: Zeigerbild der Ströme, symmetrische Belastung

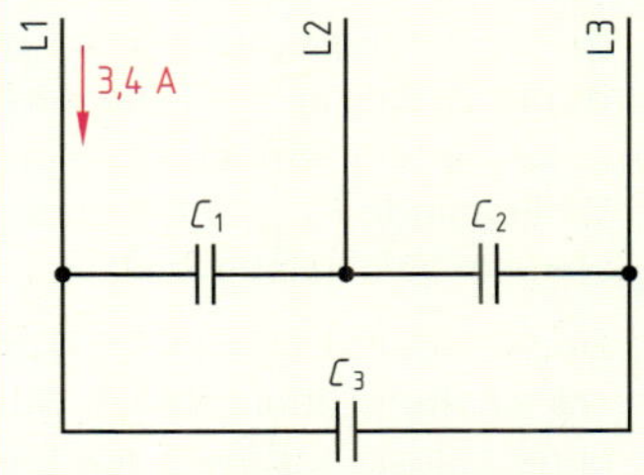

Bild 3: Kondensatoren am Drehstromnetz in Dreieckschaltung

Dreieckschaltung, unsymmetrische, gleichartige Last

Bei unsymmetrischer und gleichartiger Belastung **(Bild 1)** werden die Leiterströme durch geometrische Addition der Strangströme ermittelt **(Bild 2)**. Mithilfe der Winkelfunktionen können die Ströme berechnet werden.

Kosinussatz: Seite 26 (Bsp.: $\cos 120° = -0{,}5$)

Beispiel:

Ein Dreileiter-Drehstromnetz mit der Leiterspannung 500 V wird durch drei verschieden große Wirkwiderstände **(Bild 1)** unsymmetrisch belastet.
Ermitteln Sie
a) rechnerisch die Strangströme I_{12}, I_{23} und I_{31},
b) zeichnerisch die Leiterströme I_1, I_2 und I_3.

Lösung:

a) $I_{12} = \frac{U_{Str}}{R_1} = \frac{500\,V}{150\,\Omega} = \mathbf{3{,}3\,A}$; $I_{23} = \frac{U_{Str}}{R_2} = \mathbf{5\,A}$; $I_{31} = \frac{U_{Str}}{R_3} = \mathbf{10\,A}$;

b) Aus Bild 2:

$I_{12} = 3{,}3\,A \Rightarrow I_{12} \mathrel{\hat=} 16{,}5\,mm$; $I_{23} = 5\,A \Rightarrow I_{23} \mathrel{\hat=} 25\,mm$;
$I_{31} = 10\,A \Rightarrow I_{31} \mathrel{\hat=} 50\,mm$;
$\mathbf{I_1 \mathrel{\hat=} 59\,mm \Rightarrow I_1 = 11{,}8\,A}$;
$\mathbf{I_2 \mathrel{\hat=} 37\,mm \Rightarrow I_2 = 7{,}4\,A}$;
$\mathbf{I_3 \mathrel{\hat=} 66\,mm \Rightarrow I_3 = 13{,}2\,A}$

Aufgaben zu Dreieckschaltung, unsymmetrische, gleichartige Last

1. Ein Dreileiter-Drehstromnetz ist mit drei Wirkwiderständen unsymmetrisch belastet. Die Strangströme betragen $I_{12} = 15\,A$, $I_{23} = 25\,A$, $I_{31} = 30\,A$. Ermitteln Sie die Leiterströme **a)** zeichnerisch und **b)** rechnerisch.

2. Ein Drehstromnetz 400 V ist mit drei Wirkwiderständen unsymmetrisch belastet. Zwischen L1 und L2 mit 60 Ω, zwischen L2 und L3 mit 30 Ω, zwischen L3 und L1 mit 20 Ω. Berechnen Sie
a) die Strangströme, **b)** die Leiterströme.

3. Die Leiterspannung der Schaltung in **Bild 3** beträgt 400 V 50 Hz. Berechnen Sie **a)** die Strangströme und **b)** die Leiterströme. **c)** Wie groß sind die Ströme durch die Kondensatoren C_1 und C_3 sowie die Leiterströme I_1, I_2 und I_3, wenn der Kondensator C_2 entfernt wird?

4. Drei Widerstände von je 76 Ω sind in Dreieckschaltung an ein 400-V-Dreileiter-Drehstromnetz angeschlossen **(Bild 1)**. Berechnen Sie **a)** die Strangspannung, **b)** den Strangstrom, **c)** den Leiterstrom, **d)** die Ströme in den Wirkwiderständen und den Leitern L2, L3, wenn in L1 ein Leiterbruch vorliegt. **e)** Welche Ströme fließen durch die Widerstände R_1 und R_2, in den Leitern L1, L2 und L3 bei unterbrochenem Widerstand R_3?

● 5. Drei Kondensatoren $C_1 = 16\,\mu F$, $C_2 = 22\,\mu F$, $C_3 = 47\,\mu F$ sind in Dreieckschaltung ähnlich nach **Bild 3** an ein Drehstromnetz 400 V 50 Hz angeschlossen. Berechnen Sie **a)** die kapazitiven Blindwiderstände in den drei Strängen, **b)** die Strangströme und **c)** die Leiterströme. **d)** Berechnen Sie die Leiterströme, wenn der Kondensator C_1 gegen einen Kondensator mit 27 μF ausgetauscht wird.

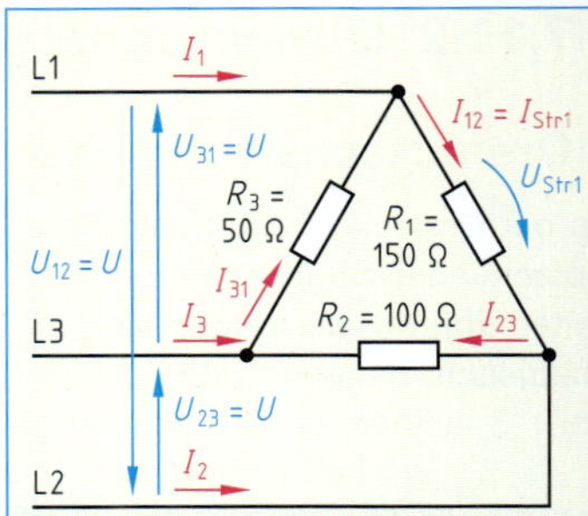

Bild 1: Unsymmetrische, gleichartige Belastung

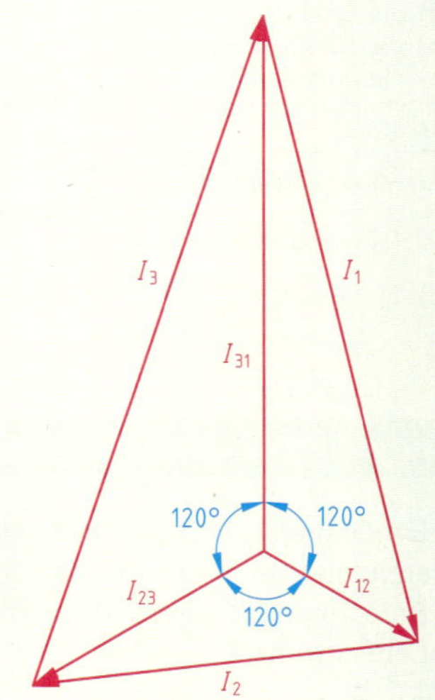

Maßstab: 1 mm ≙ 0,2 A

Bild 2: Zeigerbild der Ströme bei unsymmetrischer Belastung

$$I_1 = \sqrt{I_{12}^2 + I_{31}^2 + I_{12} \cdot I_{31}}$$
$$I_2 = \sqrt{I_{23}^2 + I_{12}^2 + I_{23} \cdot I_{12}}$$
$$I_3 = \sqrt{I_{31}^2 + I_{23}^2 + I_{31} \cdot I_{23}}$$

I_1, I_2, I_3 Leiterströme
I_{12}, I_{23}, I_{31} Strangströme

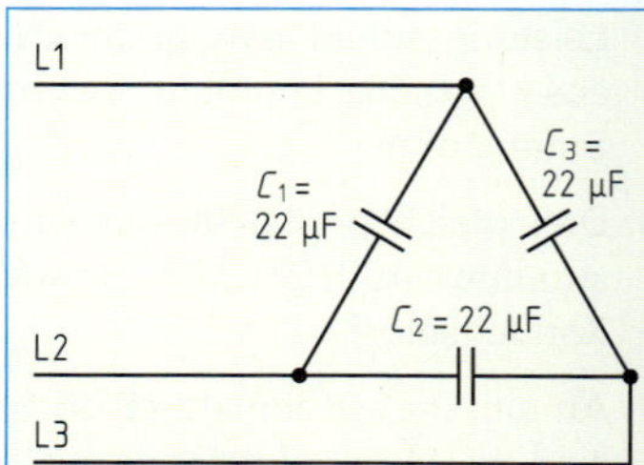

Bild 3: Kondensatoren in Dreieckschaltung

Dreieckschaltung, unsymmetrische, ungleichartige Last

Bei unsymmetrischer und ungleichartiger Belastung eines Dreileiter-Drehstromnetzes **(Bild 1)** werden die Leiter- und Strangströme durch geometrische Addition bestimmt **(Bild 2)**. Die Leiterspannungen U_{12}, U_{23} und U_{31} sind um jeweils 120° gegeneinander phasenverschoben.

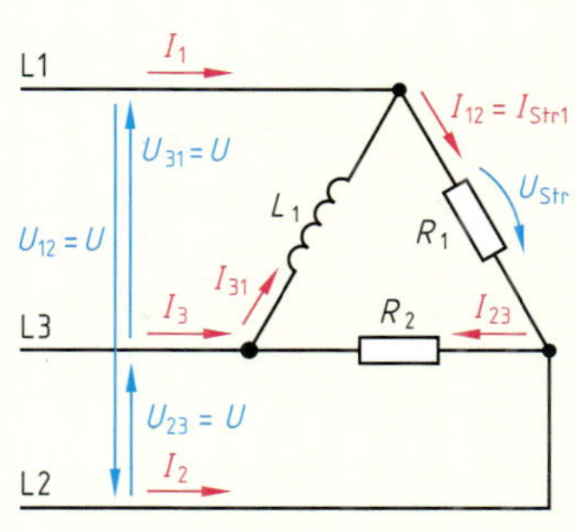

Bild 1: Unsymmetrische ungleichartige Belastung

Beispiel:

Ein Dreileiter-Drehstromnetz mit der Leiterspannung 400 V wird unsymmetrisch und ungleichartig belastet **(Bild 1)**. Folgende Ströme fließen:
$I_{12} = 2$ A, $\cos\varphi_1 = 1$, $I_{23} = 1{,}75$ A, $\cos\varphi_2 = 1$, $I_{31} = 1{,}25$ A, $\cos\varphi_3 = 0{,}8$ (induktiv).
Ermitteln Sie zeichnerisch die Leiterströme I_1, I_2 und I_3.

Lösung:

$\cos\varphi_3 = 0{,}8 \Rightarrow \varphi_3 = 37°$;
Der Strom I_{31} eilt der Spannung U_{31} um 37° nach.

Aus Bild 2:

$I_1 \mathrel{\hat=} 22$ mm $\Rightarrow$ $\boldsymbol{I_1 = 2{,}2}$ **A**;
$I_2 \mathrel{\hat=} 33$ mm $\Rightarrow$ $\boldsymbol{I_2 = 3{,}3}$ **A**;
$I_3 \mathrel{\hat=} 30$ mm $\Rightarrow$ $\boldsymbol{I_3 = 3{,}0}$ **A**

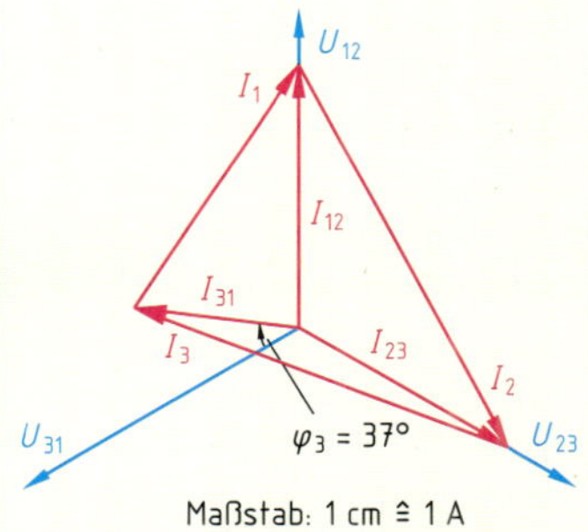

Bild 2: Zeigerbild der Ströme, unsymmetrische, ungleichartige Belastung

Aufgaben zu Dreieckschaltung, unsymmetrische, ungleichartige Last

1. Drei unterschiedliche Lasten sind nach **Bild 3** an 400 V 50 Hz angeschlossen. Der Strom I_{12} beträgt 2 A. Berechnen Sie **a)** die Induktivität der Spule und **b)** den Strom I_{31}.

2. In einem Dreileiter-Drehstromnetz fließen die Ströme $I_{12} = 10$ A bei $\cos\varphi_1 = 1$, $I_{23} = 7$ A bei $\cos\varphi_2 = 0{,}7$ (kapazitiv), $I_{31} = 7$ A bei $\cos\varphi_3 = 0{,}7$ (induktiv). Ermitteln Sie alle Leiterströme.

3. Ein Dreileiter-Drehstromnetz mit einer Leiterspannung von 400 V wird unterschiedlich belastet **(Bild 4)**. Berechnen Sie **a)** die Strangströme I_{12} und I_{31}. **b)** Bestimmen Sie zeichnerisch die Leiterströme I_1, I_2 und I_3 mithilfe eines selbstgewählten Maßstabes.

4. Zwischen den Leitern eines Dreileiter-Drehstromnetzes 400 V 50 Hz sind folgende Verbraucher angeschlossen:

L1–L2	L2–L3	L3–L1
$R_1 = 47\ \Omega$ $L_1 = 0{,}1$ H	$R_2 = 100\ \Omega$	$R_3 = 22\ \Omega$ $L_3 = 0{,}3$ H

   a) Zeichnen Sie die Schaltung mit den Verbrauchern ähnlich **Bild 1**. Berechnen Sie **b)** die Scheinwiderstände, **c)** die Phasenverschiebungen in den einzelnen Strängen und **d)** die Strangströme. **e)** Bestimmen Sie grafisch die Leiterströme.

5. In der Verbraucheranlage nach **Bild 4** fällt der Leiter L1 durch Unterbrechung aus. **a)** Zeichnen Sie die Ersatzschaltung und **b)** berechnen Sie die jetzt auftretenden Strangströme.

6. Bei einem Dreileiter-Drehstromnetz 400 V 50 Hz sind folgende Verbraucher angeschlossen: Zwischen L1 und L2 $R_1 = 50\ \Omega$, zwischen L2 und L3 $Z_2 = 50\ \Omega$, $\varphi_2 = 40°$ (kapazitiv) und zwischen L3 und L1 $Z_3 = 50\ \Omega$, $\varphi_3 = 40°$ (induktiv). **a)** Berechnen Sie die Strangströme. **b)** Ermitteln Sie grafisch die Leiterströme.

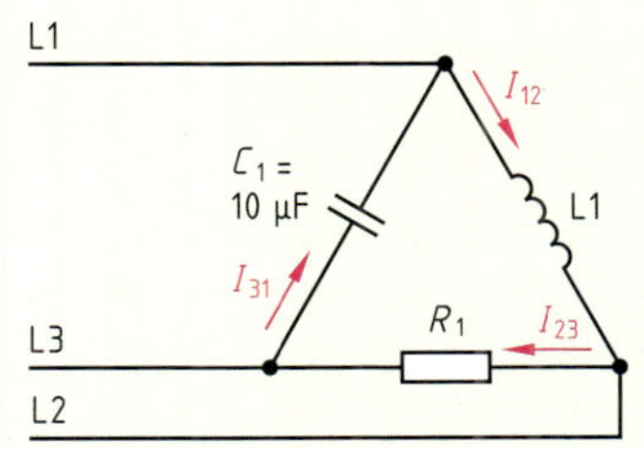

Bild 3: Unterschiedliche Lasten

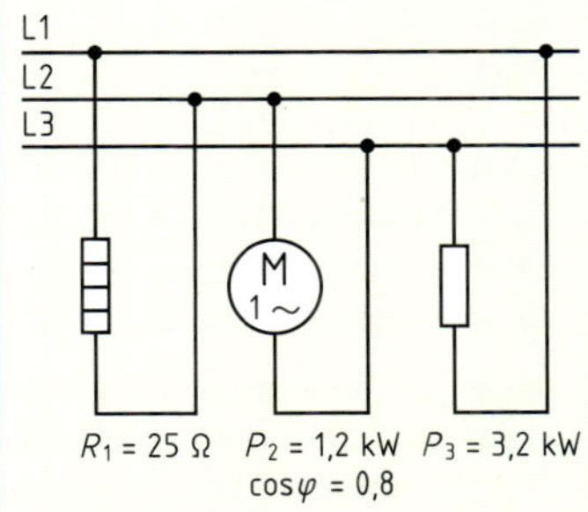

Bild 4: Verbraucheranlage, unsymmetrisch, ungleichartig belastet

7.11.3 Leistung bei Dreiphasenwechselstrom

Die gesamte Drehstromleistung ergibt sich aus der Summe der drei Strangleistungen. Bei symmetrischer, gleichartiger Belastung ist sie gleich der 3-fachen Strangleistung.

Bei ungleichartiger Belastung dürfen die Scheinleistungen nur geometrisch addiert werden.

Beispiel:

Ein Drehstrommotor nimmt an einer Leiterspannung von 400 V bei einem Wirkfaktor von 0,87 einen Strom von 11,2 A auf. Berechnen Sie **a)** die gesamte Wirkleistung *P*, **b)** die gesamte Blindleistung *Q* und **c)** die gesamte Scheinleistung *S*.

Lösung:

a) $P = \sqrt{3} \cdot U \cdot I \cdot \cos\varphi = \sqrt{3} \cdot 400\ \text{V} \cdot 11{,}2\ \text{A} \cdot 0{,}87 = \mathbf{6{,}75\ kW}$

b) $\cos\varphi = 0{,}87 \Rightarrow \varphi = 29{,}54° \Rightarrow \sin\varphi = 0{,}493$

$Q = \sqrt{3} \cdot U \cdot I \cdot \sin\varphi = \sqrt{3} \cdot 400\ \text{V} \cdot 11{,}2\ \text{A} \cdot 0{,}493 = \mathbf{3{,}82\ kvar}$

c) $S = \sqrt{3} \cdot U \cdot I = \sqrt{3} \cdot 400\ \text{V} \cdot 11{,}2\ \text{A} = \mathbf{7{,}76\ kVA}$

Aufgaben zu 7.10.3

1. Drei gleich große Wirkwiderstände von je 50 Ω liegen in Sternschaltung an einem Drehstromnetz 400 V. Berechnen Sie **a)** den Strangstrom, **b)** den Leiterstrom, **c)** die Strangwirkleistung, **d)** die gesamte Wirkleistung.
2. An einem Drehstromnetz mit der Leiterspannung 400 V sind drei gleich große Heizwiderstände in Stern geschaltet. Die Wirkleistung beträgt 3966 W. Berechnen Sie **a)** die Strangwirkleistung, **b)** den Strangstrom und **c)** den Strangwiderstand.
3. Drei Heizwiderstände von je 9,5 Ω sind in Dreieck an ein Dreileiter-Drehstromnetz 400 V geschaltet. Berechnen Sie **a)** den Strangstrom, **b)** den Leiterstrom, **c)** die aufgenommene Wirkleistung.
4. Ein Stern-Dreieckschalter schließt drei Wirkwiderstände von je 20 Ω an ein Vierleiter-Drehstromnetz 400/230 V an. Welcher Leiterstrom fließt **a)** bei Sternschaltung, **b)** bei Dreieckschaltung? **c)** Welche Leistung wird bei jeder der Schaltungen aufgenommen? **d)** In welchem Verhältnis stehen diese beiden Leistungen zueinander?
5. An ein Drehstromnetz 400/230 V sind folgende Wirkwiderstände angeschlossen: 50 Ω zwischen L1 und N, 80 Ω zwischen L2 und N, 30 Ω zwischen L3 und N. Ermitteln Sie **a)** die Strangwirkleistungen, **b)** die gesamte Wirkleistung, **c)** den Strom im Neutralleiter.
6. An ein Drehstromnetz 400/230 V sind die Widerstände $R_1 = 10\ \Omega$, $R_2 = 25\ \Omega$ und $R_3 = 30\ \Omega$ in Stern geschaltet. Berechnen Sie **a)** die Strangwirkleistungen, **b)** die gesamte Wirkleistung. Ermitteln Sie **c)** zeichnerisch und **d)** rechnerisch den Strom im Neutralleiter.
7. An ein Drehstromnetz 400/230 V sind zwischen L1 und L2 19 Ω, zwischen L2 und L3 9,5 Ω, zwischen L3 und L1 28,5 Ω geschaltet. Bestimmen Sie **a)** die Strangwirkleistungen, **b)** die gesamte Wirkleistung, **c)** die Leiterstromstärken.

* griech. Großbuchstabe Sigma

Stern- und Dreieckschaltung

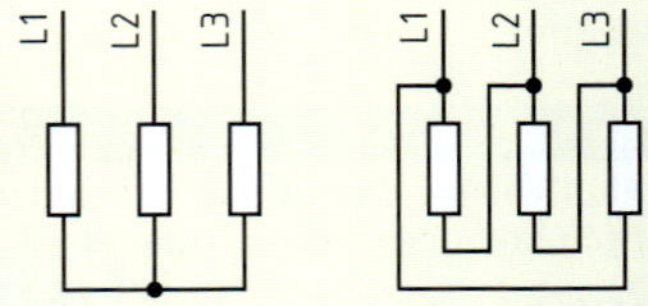

Sternschaltung   Dreieckschaltung

Bei symmetrischer Belastung in Stern- oder Dreieckschaltung gilt:

$$P = 3 \cdot P_{Str}$$

$$P = \sqrt{3} \cdot U \cdot I \cdot \cos\varphi$$

$$P_{Str} = U_{Str} \cdot I_{Str} \cdot \cos\varphi$$

$$Q = \sqrt{3} \cdot U \cdot I \cdot \sin\varphi$$

$$S = \sqrt{3} \cdot U \cdot I$$

Bei Y-△-Umschaltung:

$$P_{\triangle} = 3 \cdot P_{Y} \qquad S_{\triangle} = 3 \cdot S_{Y}$$

Bei unsymmetrischer Belastung in Stern- oder Dreieckschaltung gilt:

$$P = P_{Str1} + P_{Str2} + P_{Str3}$$

$$P_{Str1} = U_{Str1} \cdot I_{Str1} \cdot \cos\varphi_1$$

$$I_{Str1} = \frac{U_{Str1}}{Z_{Str1}}$$

$$S = \sqrt{(\Sigma P)^2 + (\Sigma Q)^2}$$

P	gesamte Wirkleistung
P_{Str}	Strangwirkleistung
U_{Str}	Strangspannung
I_{Str}	Strangstrom
$\cos\varphi$	Wirkfaktor
U	Leiterspannung
I	Leiterstrom
S	gesamte Scheinleistung
Q	gesamte Blindleistung
$\sin\varphi$	Blindfaktor
$P_{\triangle}$	Wirkleistung in Dreieckschaltung
P_{Y}	Wirkleistung in Sternschaltung
$S_{\triangle}$	Scheinleistung in Dreieckschaltung
S_{Y}	Scheinleistung in Sternschaltung
Z_{Str}	Strangscheinwiderstand
Σ*	Zeichen für „Summe"

8. Die Leiterspannung der Schaltung nach **Bild 1** beträgt 400 V. Berechnen Sie **a)** die Strangströme, **b)** die Leiterströme, **c)** die Strangwirkleistungen, **d)** die gesamte Wirkleistung.

9. Drei Heizwiderstände **(Bild 2)** mit $P_1 = 0{,}75$ kW, $P_2 = 1$ kW und $P_3 = 1{,}25$ kW belasten ein Vierleiter-Drehstromnetz.
Berechnen Sie **a)** die Strangspannung, **b)** die Ströme durch die Widerstände, **c)** die gesamte Wirkleistung, **d)** den Strom im Neutralleiter.

10. Drei Wirkwiderstände von je 10 Ω sind in Stern an ein Vierleiter-Drehstromnetz 400/230 V geschaltet. Der Neutralleiter ist angeschlossen. Berechnen Sie
a) die gesamte Wirkleistung, **b)** die Gesamtleistung beim Ausfall eines Stranges, **c)** die Gesamtleistung bei Ausfall eines Leiters und des Neutralleiters, **d)** die Leistung bei Unterbrechung zweier Leiter.

11. An ein Drehstromnetz 400/230 V sind drei gleich große Heizwiderstände von je 10 Ω in Dreieck geschaltet.
a) Welche gesamte Wirkleistung wird aufgenommen?
Welche Leistung wird vom Netz abgegeben, wenn **b)** ein Widerstand ausfällt, **c)** ein Leiter abgetrennt wird, **d)** wenn zwei Widerstände ausfallen?

12. In der Schaltung nach **Bild 1** ist der Widerstand R_1 unterbrochen. Berechnen Sie die gesamte Wirkleistung bei einer Spannung von 400 V.

13. Drei Heizwiderstände von je 26,5 Ω sind in Sternschaltung an ein 400-V-Drehstromnetz ohne N-Leiter angeschlossen. Berechnen Sie **a)** die gesamte Wirkleistung im ungestörten **b)** bei Ausfall des Außenleiters L1 und **c)** beizusätzlichen Ausfall des Heizwiederstandes im Außenleiter L2.

14. Ein 6-kV-Drehstrommotor mit einem Wirkungsgrad von 0,92 nimmt eine Leistung von 200 kW bei $\cos\varphi = 0{,}9$ auf.
Berechnen Sie **a)** den Leiterstrom, **b)** die abgegebene Wirkleistung.

15. **a)** Welche Bemessungsleistung hat der Drehstrommotor mit dem Wirkungsgrad von 0,82 nach **Bild 4**? **b)** Auf welche Stromstärke ist der Motorschutzschalter in der Motorzuleitung einzustellen?

16. Ein 22-kW-Drehstrom-Motor für 400 V hat einen Wirkungsgrad von 91 % und einen Wirkfaktor von 0,85. Berechnen Sie die Stromstärke in der Zuleitung.

17. Eine Drehmaschine ist mit einem Drehstrommotor ausgerüstet, der am Drehstromnetz 400 V einen Strom von 11,4 A bei einem Wirkfaktor von 0,83 aufnimmt. Wie groß sind **a)** die Scheinleistung, **b)** die Wirkleistung, **c)** die Blindleistung, die der Motor aufnimmt.

18. In einer Schaltanlage werden an einem 400-V-Drehstromnetz folgende Werte gemessen: $U = 382$ V, $I = 115{,}4$ A, $\cos\varphi = 0{,}8$. Berechnen Sie **a)** die Scheinleistung, **b)** die Wirkleistung, **c)** die Blindleistung, **d)** die Wirkarbeit in 8 Stunden, **e)** die Blindarbeit in 8 Stunden, **f)** die Blindarbeit in 8 Stunden, wenn der Wirkfaktor durch Kompensation auf 0,95 erhöht wird.

19. Ein Vierleiter-Drehstromnetz ist ungleichartig belastet **(Bild 3)**. Ermitteln Sie **a)** die Stromaufnahme der Verbraucher, **b)** die Stromstärke im Neutralleiter, **c)** die gesamte Wirkleistung, die gesamte Blindleistung und die gesamte Scheinleistung.

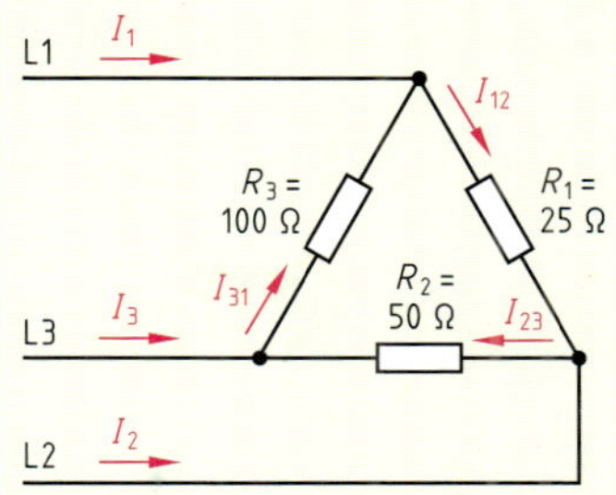

Bild 1: Dreileiter-Drehstromnetz, unsymmetrisch belastet

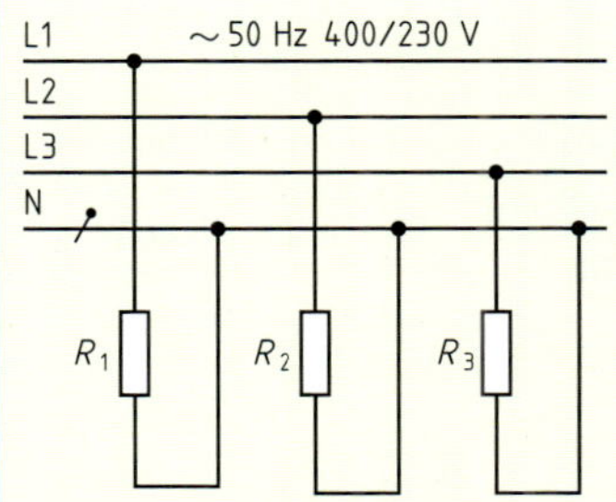

Bild 2: Heizwiderstände am Vierleiterdrehstromnetz

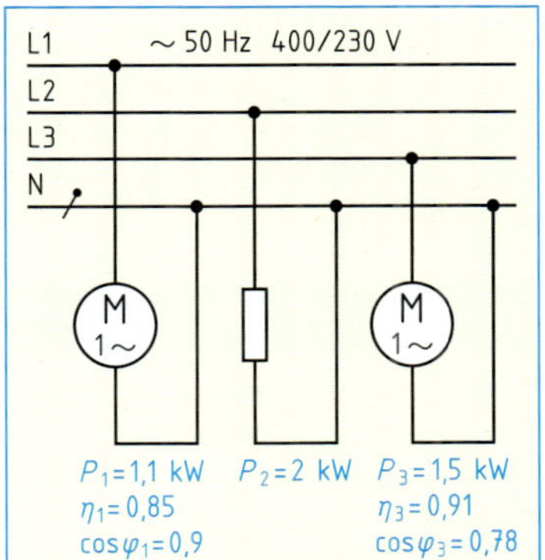

Bild 3: Vierleiter-Drehstromnetz, unsymmetrisch belastet

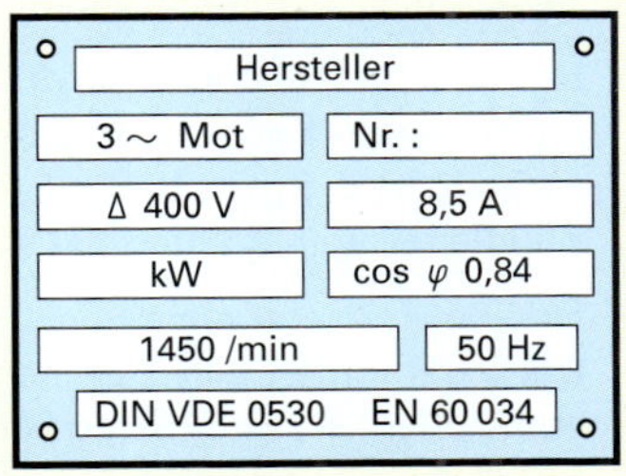

Bild 4: Leistungsschild

7.12 Kompensation

7.12.1 Kompensation bei Wechselstromverbrauchern

Das Kompensieren dient der Entlastung des Leitungsnetzes von Blindleistung **(Bild 1)**. Dabei unterscheidet man die **Parallelkompensation (Bild 2)** und die **Reihenkompensation (Bild 3)**. Die erforderliche Kondensatorblindleistung Q_C kann zeichnerisch **(Bild 1, Seite 133)** oder rechnerisch mit den Winkelfunktionen bestimmt werden.

Beispiel:

Eine Leuchtstofflampe mit Drosselspule für 230 V 50 Hz nimmt bei einem Wirkfaktor $\cos\varphi_1 = 0{,}5$ eine Wirkleistung von 50 W auf. Der Wirkfaktor soll durch Parallelkompensation auf $\cos\varphi_2 = 0{,}8$ verbessert werden.
Berechnen Sie
a) die erforderliche kapazitive Blindleistung Q_C des Kondensators,
b) die Stromaufnahme I_1 vor und I_2 nach der Kompensation sowie
c) die Kapazität C des Kompensationskondensators. Ermitteln Sie zur Kontrolle
d) zeichnerisch die erforderliche kapazitive Blindleistung Q_C.

Lösung:

a) $Q_C = P \cdot (\tan\varphi_1 - \tan\varphi_2)$; $\cos\varphi_1 = 0{,}5 \Rightarrow \varphi_1 = 60° \Rightarrow \tan\varphi_1 = 1{,}732$;
$\cos\varphi_2 = 0{,}8 \Rightarrow \varphi_2 = 36{,}87° \Rightarrow \tan\varphi_2 = 0{,}75$;
$\boldsymbol{Q_C} = 50\,\text{W} \cdot (1{,}732 - 0{,}75) = \mathbf{49\,var}$

b) $\boldsymbol{I_1} = \dfrac{P}{U \cdot \cos\varphi_1} = \dfrac{50\,\text{W}}{230\,\text{V} \cdot 0{,}5} = \mathbf{0{,}43\,A}$;

$\boldsymbol{I_2} = \dfrac{P}{U \cdot \cos\varphi_2} = \dfrac{50\,\text{W}}{230\,\text{V} \cdot 0{,}8} = \mathbf{0{,}27\,A}$

c) $\boldsymbol{C} = \dfrac{Q_C}{2 \cdot \pi \cdot f \cdot U^2} = \dfrac{49\,\text{var}}{2 \cdot \pi \cdot 50\,\text{Hz} \cdot (230\,\text{V})^2} = \mathbf{2{,}9\,\mu F}$

d) Aus Bild 1, Seite 133: $Q_C \mathrel{\hat{=}} 24{,}5\,\text{mm} \Rightarrow \boldsymbol{Q_C} = \mathbf{49\,var}$

Zur Kompensation einer Blindleistung von 1 kvar ist bei 230 V 50 Hz ein Kondensator von 60 µF erforderlich.

Aufgaben zu 7.12.1

1. Ein Wechselstrommotor hat bei 230 V 50 Hz eine Leistungsaufnahme von 1,6 kW. Der Wirkfaktor beträgt $\cos\varphi_1 = 0{,}65$. Durch Parallelkompensation soll der Wirkfaktor auf $\cos\varphi_2 = 0{,}90$ verbessert werden. Bestimmen Sie **a)** die erforderliche kapazitive Blindleistung und **b)** die Kapazität des Kompensationskondensators.

2. Ein Wechselstrommotor hat die Bemessungsdaten: $U = 230$ V, $f = 50$ Hz, $P = 1{,}8$ kW, $\eta = 0{,}82$ und $\cos\varphi_1 = 0{,}7$. Durch Parallelkompensation soll der Wirkfaktor auf $\cos\varphi_2 = 0{,}9$ verbessert werden. Berechnen Sie die Kapazität C des Kompensationskondensators.

3. Bei Leuchtstofflampen für 230 V 50 Hz werden je nach Lampentyp folgende Kondensatoren zur Parallelkompensation verwendet: **a)** 2 µF, **b)** 2,5 µF, **c)** 4,5 µF, **d)** 5 µF, **e)** 6 µF und **f)** 7 µF. Welche Blindleistungen können bei 50 Hz kompensiert werden?

4. Ein Transformator nimmt bei 230 V 50 Hz einen Strom von 63 A auf. Der VNB fordert eine Kompensationsleistung von 53% der aufgenommenen Transformator-Scheinleistung. Berechnen Sie **a)** die Blindleistung und **b)** die Kapazität des Kondensators bei Parallelkompensation.

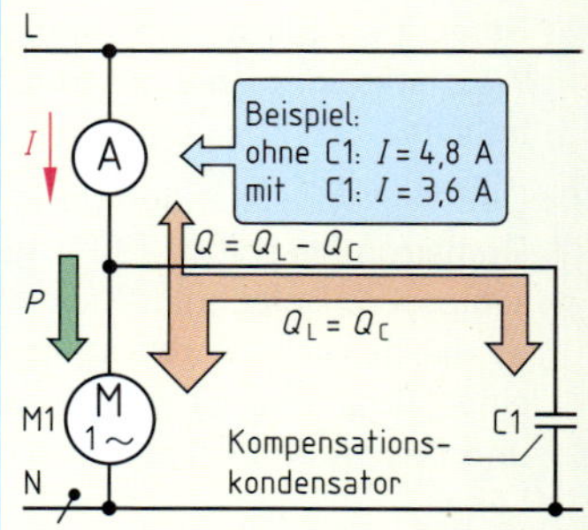

Bild 1: Parallelkompensation eines Motors (Prinzip)

$$Q_C = P \cdot (\tan\varphi_1 - \tan\varphi_2)$$

Q_C kapazitive Blindleistung
P Wirkleistung
φ_1 Phasenverschiebungswinkel vor der Kompensation
φ_2 Phasenverschiebungswinkel nach der Kompensation

Kompensation bei Wechselstromverbrauchern

Parallelkompensation

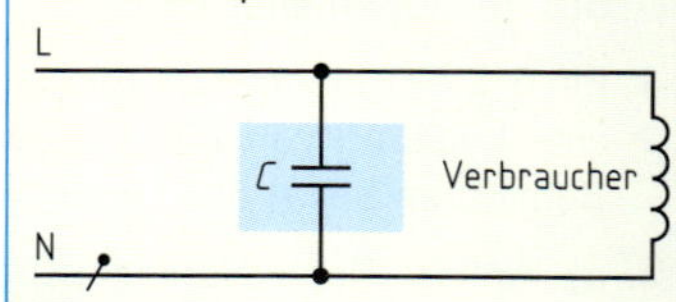

Bild 2

$$C = \frac{Q_C}{2 \cdot \pi \cdot f \cdot U^2}$$

Reihenkompensation

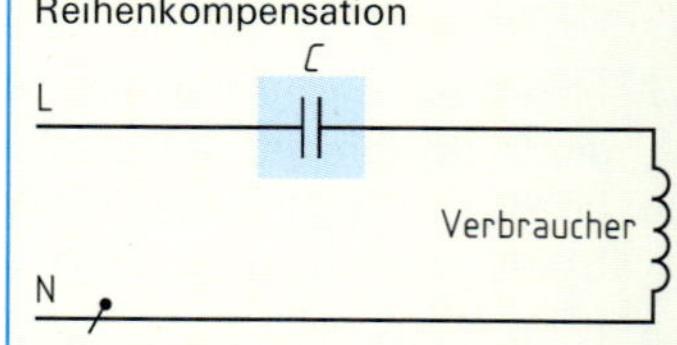

Bild 3

$$C = \frac{I^2}{2 \cdot \pi \cdot f \cdot Q_C}$$

C Kapazität des Kompensationskondensators
Q_C kapazitive Blindleistung
f Frequenz
U Spannung am Kondensator
I Strom

5. Zur Kompensation eines Einphasenmotors wird an 230 V 50 Hz ein Kondensator von 110 µF parallel geschaltet. Vor der Kompensation wurde ein Wirkfaktor von 0,75 gemessen, danach 0,92. Berechnen Sie die aufgenommene Wirkleistung.

6. Die Leistungsmessung an einem Verbraucher ergibt 34 kW. Mit dem $\cos\varphi$-Messer wird ein Wirkfaktor von 0,75 ermittelt. Um Kosten zu sparen, soll auf $\cos\varphi = 0{,}95$ kompensiert werden. Bestimmen Sie die Blindleistung der Kondensatorbatterie in kvar.

7. An 230 V 50 Hz nimmt eine Beleuchtungsanlage mit Leuchtstofflampen bei einem Wirkfaktor $\cos\varphi_1 = 0{,}5$ eine Leistung von 2,5 kW auf. Der Wirkfaktor wird durch Parallelkompensation auf $\cos\varphi_2 = 0{,}9$ verbessert. Bestimmen Sie die kapazitive Blindleistung des Kompensationskondensators **a)** zeichnerisch und **b)** rechnerisch. Berechnen Sie **c)** die Kapazität des Kondensators, **d)** die Stromstärke vor und nach der Kompensation und **e)** den Kondensatorstrom.

8. Zu einer Quecksilberdampf-Hochdrucklampe **(Bild 2)** wird zur Kompensation ein Kondensator von 10 µF parallelgeschaltet. Die Leistungsaufnahme mit Drossel beträgt vor der Kompensation 137 W bei einem Strom von 1,15 A (unkompensiert). Berechnen Sie den Wirkfaktor vor und nach der Kompensation.

9. Zwei Leuchtstofflampen **(Bild 3)** werden in Duo-Schaltung betrieben. Je Lampe beträgt der Betriebsstrom 0,43 A und die Leistungsaufnahme mit Drossel 49 W. Der Wirkfaktor der Duo-Schaltung beträgt 1,0. Berechnen Sie **a)** die Spannung am Kondensator und **b)** die Kapazität des Kondensators.

10. Eine Spule nimmt an 230 V 50 Hz bei einem Wirkfaktor von 0,6 eine Wirkleistung von 360 W auf. Der Wirkfaktor soll auf 0,9 verbessert werden. **a)** Welche Blindleistung muss der Kompensationskondensator aufnehmen? **b)** Welcher Strom wird aus dem Netz vor und nach der Kompensation entnommen?

11. Eine Natriumdampflampe Na 250 W, 230 V 50 Hz wird mit einem Kondensator von 40 µF kompensiert **(Bild 4)**. Die Leistungsaufnahme der Lampe einschließlich des Streufeldtransformators beträgt 250 W. Der Betriebsstrom am Eingang des Streufeldtransformators beträgt 3,1 A. Auf welchen Wirkfaktor wird kompensiert?

12. Die Spule eines Induktionsofens für 230 V 50 Hz nimmt eine Wirkleistung von 3 kW auf. Vor der Kompensation wird eine Blindleistung von 6,2 kvar gemessen. Nach der Kompensation zeigt der Blindleistungsmesser 3 kvar an. Ermitteln Sie **a)** den Wirkfaktor vor der Kompensation, **b)** den Wirkfaktor nach der Kompensation, **c)** die Kapazität des Kondensators bei Parallelkompensation.

13. In einem Büro werden 12 Stableuchtstofflampen mit einem Lichtstrom von je 3410 lm und je einem elektronischen Vorschaltgerät am Netz 230 V 50 Hz installiert. Ermitteln Sie mithilfe des Datenblattes **(Seite 278) a)** die Gesamtleistung, **b)** den Kompensationskondensator (bei Parallelkompensation) der durch Gruppenkompensation den Wirkfaktor von $\cos\varphi_1 = 0{,}6$ auf $\cos\varphi_2 = 0{,}9$ verbessert, **c)** den Strom vor der Kompensation und **d)** den Strom nach der Kompensation.

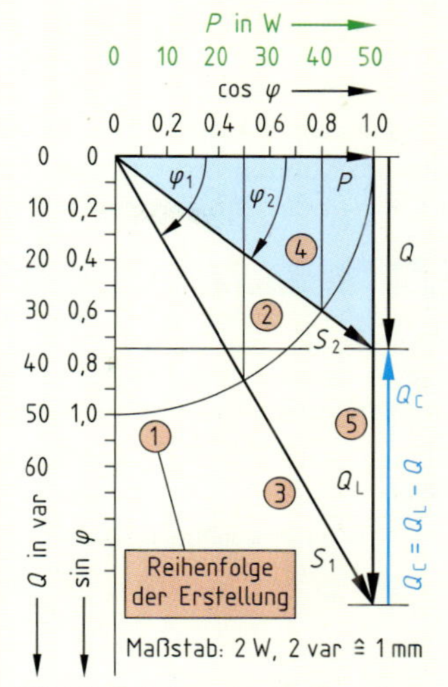

Bild 1: Zeichnerische Bestimmung der Kondensatorblindleistung (Parallelkompensation)

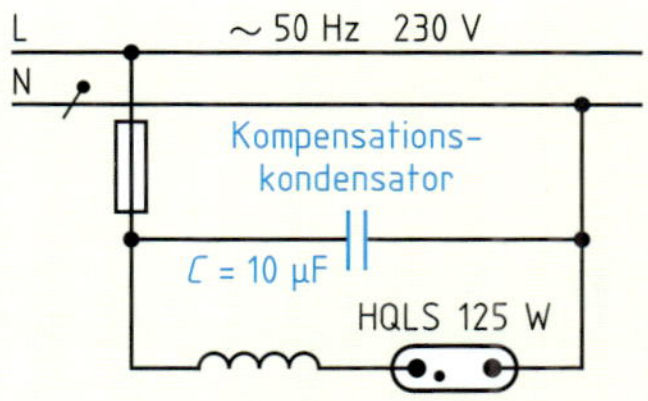

Bild 2: Quecksilberdampf-Hochdrucklampe

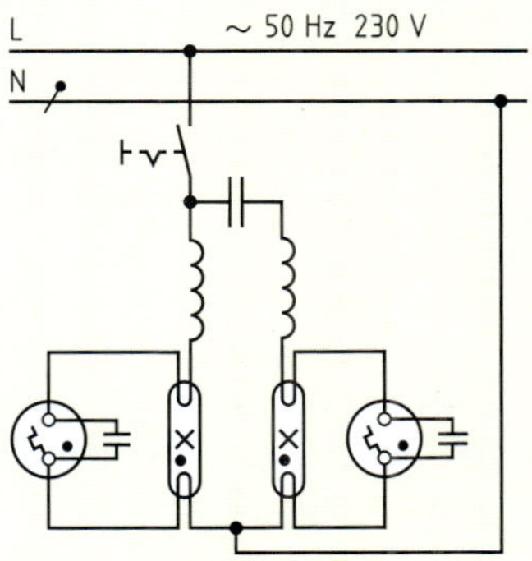

Bild 3: Duo-Schaltung

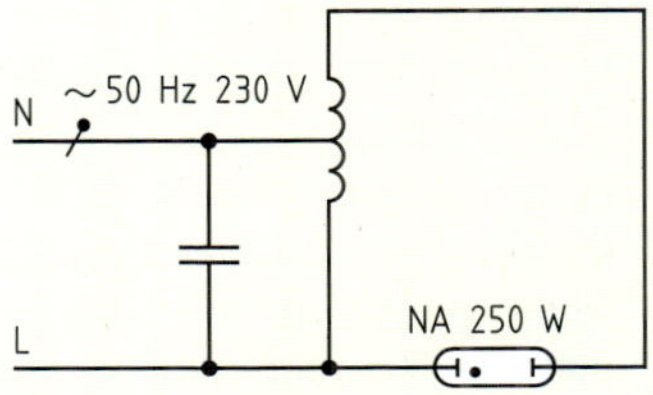

Bild 4: Natriumdampflampe

7.12.2 Kompensation bei Drehstromverbrauchern

Drehstromverbraucher werden ähnlich wie Wechselstromverbraucher kompensiert **(Seite 132)**. Aus der zu kompensierenden Blindleistung wird die Kondensatorkapazität ermittelt. Kondensatorbatterien können in Stern- oder Dreieck geschaltet sein **(Bild)**.

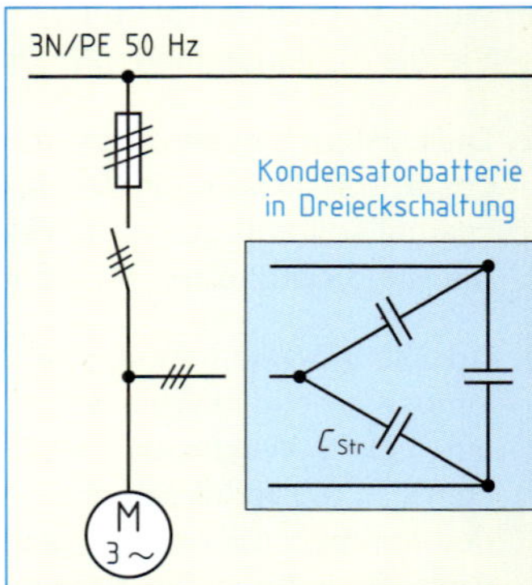

Bild: Kompensation eines Drehstrommotors (Prinzip)

Beispiel:

Ein Drehstrommotor hat die Bemessungsdaten: $U = 400$ V 50 Hz, $P = 15$ kW, $\eta = 0{,}85$ und $\cos\varphi_1 = 0{,}7$. Durch Parallelkompensation in Dreieckschaltung soll der Wirkfaktor auf $\cos\varphi_2 = 0{,}9$ verbessert werden. Berechnen Sie
a) die Gesamtkapazität C der Kompensationskondensatoren,
b) die Strangkapazität.

Lösung:

a) P ist die abgegebene Leistung $\Rightarrow P = P_2$

$$\eta = \frac{P_2}{P_1} \Rightarrow P_1 = \frac{P_2}{\eta} = \frac{15\text{ kW}}{0{,}85} = 17{,}6\text{ kW};$$

$$Q_C = P \cdot (\tan\varphi_1 - \tan\varphi_2) = 17{,}6\text{ kW} \cdot (1{,}02 - 0{,}48)$$
$$= 17{,}6\text{ kW} \cdot 0{,}54 = 9{,}50\text{ kvar}$$

$$\boldsymbol{C} = \frac{Q_C}{\omega \cdot U^2} = \frac{9{,}50\text{ kvar}}{2\pi \cdot 50\text{ Hz} \cdot (400\text{ V})^2} = \mathbf{189\ \mu F}$$

b) $\boldsymbol{C_{Str}} = \frac{C}{3} = \frac{189\ \mu\text{F}}{3} = \mathbf{63\ \mu F}$

Die Kompensation von 1 kvar je Strang erfordert bei 230 V 60 µF, bei 400 V 20 µF.

$$C = \frac{Q_C}{\omega \cdot U^2} \qquad C_{Str} = \frac{C}{3}$$

$$Q_C = P \cdot (\tan\varphi_1 - \tan\varphi_2)$$

C	Gesamtkapazität der Kondensatorbatterie
Q_C	zu kompensierende Blindleistung
ω	Kreisfrequenz
U	Leiterspannung
C_{Str}	Strangkapazität
P	Wirkleistung
φ_1	Phasenverschiebungswinkel vor der Kompensation
φ_2	Phasenverschiebungswinkel nach der Kompensation

Aufgaben zu 7.12.2

1. Die technischen Anschluss-Bedingungen (TAB) eines NB* fordern für Drehstrommotoren eine Kompensationsleistung von 35% der Motor-Nennleistung (Motorbemessungsleistung). Berechnen Sie die Kondensatorblindleistungen für folgende Drehstrommotoren: **a)** 5,5 kW, **b)** 15 kW und **c)** 55 kW.
2. Ein Drehstromtransformator nimmt am Drehstromnetz 400 V 50 Hz einen Strom von 34 A auf. Der NB fordert eine Kondensatorblindleistung von 60% der Transformator-Scheinleistung. **a)** Welche Blindleistung muss kompensiert werden? **b)** Welche Strangkapazität muss der Kondensator haben?
3. Ein Lichtband mit 72 Leuchtstofflampen 230 V, Type TL-D58W/25 ist am Vierleiter-Drehstromnetz 400/230 V 50 Hz angeschlossen. Jede Lampe hat mit Vorschaltgerät eine Wirkleistung von 70 W und einen Strom von 0,67 A. Berechnen Sie **a)** die erforderliche kapazitive Blindleistung für das Lichtband, wenn ein Wirkfaktor von 0,9 gefordert wird, **b)** die Strangkapazität bei Dreieckschaltung.
4. Der Nennstrom einer Hochspannungs-Kondensatorbatterie am Drehstromnetz 10 kV 50 Hz beträgt in Sternschaltung 5,8 A. Berechnen Sie **a)** die Bemessungsleistung der Kondensatorbatterie, **b)** die Strangkapazität.
5. Die Spulen eines Induktionsofens sind in Dreieck an 400 V angeschlossen und haben einen Scheinwiderstand von je 14 Ω. Der Wirkfaktor beträgt unkompensiert $\cos\varphi_1 = 0{,}6$ und mit Kondensatorbatterie in Dreieckschaltung $\cos\varphi_2 = 0{,}92$. Berechnen Sie **a)** die Stromaufnahme vor und nach der Kompensation, **b)** die zu kompensierende Blindleistung, **c)** die Gesamtkapazität der Kondensatorbatterie.
6. In einem Fertigbetonwerk treibt ein 37-kW-Drehstrommotor für 400 V eine Mischmaschine an. Der Nennstrom beträgt 78 A, der Wirkungsgrad 92%. Der NB schreibt eine Kondensatorblindleistung von 45% der Motorbemessungsleistung vor. Berechnen Sie **a)** die Blindleistung der Kondensatorbatterie, **b)** die Gesamtkapazität der in Dreieck geschalteten Kondensatoren, **c)** den Wirkfaktor bei Nennbetrieb vor und nach der Kompensation und **d)** den Strom in der Zuleitung nach der Kompensation.

* NB, Abk. für: Netz-Betreiber

8 Messtechnik

8.1 Analoge Messgeräte

Bei elektrischen Messgeräten weicht der wahre Wert der Messgröße vom angezeigten Messwert ab. Zulässig ist dabei ein absoluter Fehler.

8.1.1 Anzeigefehler bei analogen Messgeräten

Multimeter (Vielfach-Messgeräte) mit Analog-Anzeige haben für mehrere Messbereiche verschiedene Skalen, z. B. mit 30 Teilen und 100 Teilen **(Bild 1)**. In den Messbereichen 3 V oder 300 V liest man auf der Skala mit 30 Teilen, in den Bereichen 1 V oder 100 V auf der Skala mit 100 Teilen ab. Den zulässigen absoluten Fehler F bestimmt die Genauigkeitsklasse k. Bei z. B. $k = 2{,}5$ darf der wahre Wert um maximal ±2,5% des Messbereichs-Endwerts E vom angezeigten Wert M abweichen.

Genauigkeitsklasse, Skalenaufdruck z. B. in Bild 1:
$-1{,}5 \Rightarrow k = 1{,}5 \Rightarrow \pm 1{,}5\%$ vom Messbereichs-Endwert bei DC*
$\sim 2{,}5 \Rightarrow k = 2{,}5 \Rightarrow \pm 2{,}5\%$ vom Messbereichs-Endwert bei AC**

Beispiel:

Ein Analog-Multimeter hat im Wechselspannungs-Messbereich 300 V die Anzeige **Bild 1**. Ermitteln Sie mithilfe von **Bild 1**
a) den Messwert M, **b)** die Genauigkeitsklasse k, den absoluten Fehler F,
c) den relativen Fehler f,
d) die Obergrenze w_o und die Untergrenze w_u des wahren Werts.
e) Wie groß wäre der relative Fehler bei der Anzeige 11,0?

Lösung:

a) $M = \mathbf{220\,V}$ AC; **b)** $k = \mathbf{2{,}5}$; $F = \frac{k \cdot E}{100} = \frac{2{,}5 \cdot 300\,\text{V}}{100} = \mathbf{7{,}5\,V}$;

c) $f = \frac{F \cdot 100\%}{M} = \frac{7{,}5\,\text{V} \cdot 100\%}{220\,\text{V}} = \mathbf{3{,}4\%}$;

d) $w_o = M + F = 220\,\text{V} + 7{,}5\,\text{V} = \mathbf{227{,}5\,V}$; $w_u = M - F = \mathbf{212{,}5\,V}$;

e) $M = 110\,\text{V}$; $f = \frac{F \cdot 100\%}{M} = \frac{7{,}5\,\text{V} \cdot 100\%}{110\,\text{V}} = \mathbf{6{,}8\%}$

Aufgaben zu 8.1.1

1. An einem Vielfach-Messgerät **(Bild 2)** ist der Messbereich $E = 100\,\text{V}$ (DC) eingestellt. Wie groß sind
a) der Messwert M, **b)** der zulässige absolute Fehler F und
c) der relative (prozentuale) Fehler f?

2. Ein Spannungsmesser **(Bild 3)**, Messbereich $E = 10\,\text{V}$ Gleichspannung (DC), liegt an einer veränderbaren Spannung. Drei Messungen ergeben nacheinander die Anzeigen ①, ② und ③ auf der 100-teiligen Skale. Ermitteln Sie mithilfe von **Bild 3**
a) die Genauigkeitsklasse k, den zulässigen absoluten Fehler F,
b) die Anzeigen ①, ②, ③ und die Messwerte M_1, M_2, M_3,
c) die relativen Fehler f_1, f_2 und f_3.

3. Ein Strommesser hat zunächst im Messbereich $E_1 = 3\,\text{A}$ für Wechselstrom (AC) die Anzeige **Bild 3, Zeiger** ③. Ermitteln Sie
a) die Obergrenze w_o und die Untergrenze w_u des wahren Werts.
b) Beim selben Messwert wird in den Messbereich $E_2 = 1\,\text{A}$ (AC) umgeschaltet. Das Messgerät zeigt dann den Wert 80 an. Wie groß sind jetzt der zulässige absolute Fehler F_2 und der relative Fehler f_2?

Anzeige, Anzeigefehler

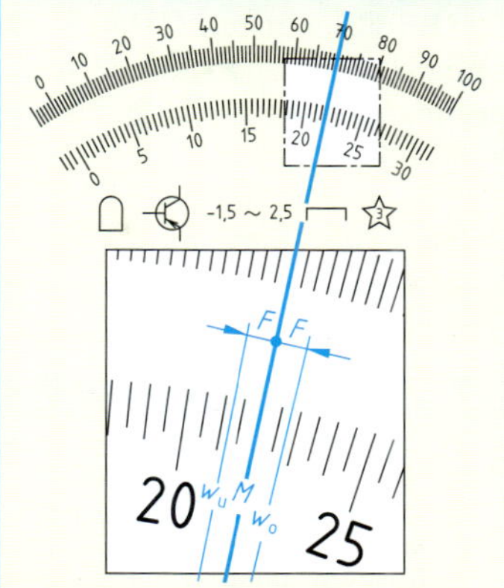

Bild 1: Analog-Anzeige: ganze Skale und Ausschnitt

Anzeigefehler:

$$F = \frac{k \cdot E}{100} \qquad f = \frac{F \cdot 100\%}{M}$$
$$w_o = M + F \quad w_u = M - F$$

M	Messwert, angezeigter Wert
F	zulässiger absoluter Fehler (Betrag)
k	Genauigkeitsklasse
E	Messbereichs-Endwert, Messbereich
f	relativer, prozentualer Fehler (Betrag)
w_o	zulässige Obergrenze des wahren Werts
w_u	zulässige Untergrenze des wahren Werts

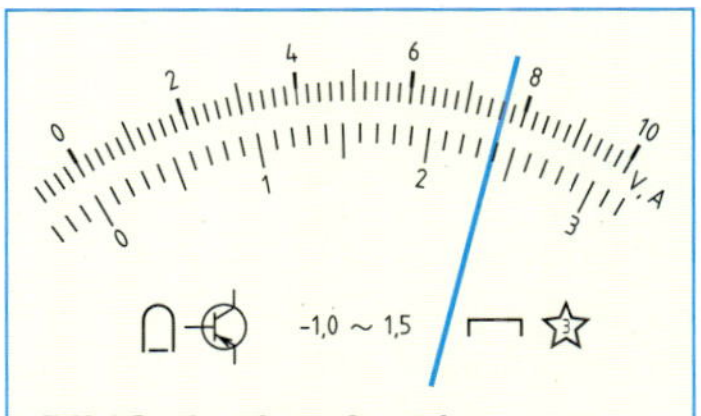

Bild 2: Analog-Anzeige

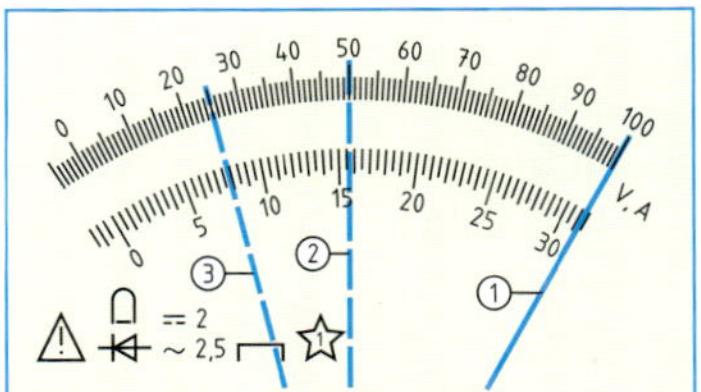

Bild 3: Analog-Anzeige

* **D**irect **C**urrent (engl.) = Gleichstrom ** **A**lternating **C**urrent (engl.) = Wechselstrom

8 Messtechnik

8.1.2 Eigenverbrauch von analogen Messgeräten

Den Eigenverbrauch P_i von Spannungsmesser **(Bild 1)** und Strommesser **(Bild 2)** gibt man für Vollausschlag der Instrumente an. Maßgeblich sind dabei die Spannung U_i am Instrument und die Stromaufnahme I_i des Instruments. Bei Spannungsmessern wird meist die Kenngröße r_k in kΩ/V angegeben.

Z.B. **Kenngröße** $r_k = 40\,\text{k}\Omega/\text{V}$ und **Messbereich** $E = 3\,\text{V}$
⇒ **Innenwiderstand** $R_i = 40\,\text{k}\Omega/\text{V} \cdot 3\,\text{V} = 120\,\text{k}\Omega$

Beispiel:

Ein Drehspul-Multimeter liegt an einem Verbraucher mit dem Widerstand $R = 12\,\text{k}\Omega$ **(Bild 1)**. Es zeigt dabei im Messbereich $E = 150\,\text{V}$ (AC) die Spannung $U_i = 150\,\text{V}$ an **(Bild 3)**. Ermitteln Sie mithilfe von **Bild 3**
a) die Kenngröße r_k und den Innenwiderstand R_i des Spannungsmessers,
b) die Stromaufnahme I_i, den Eigenverbrauch P_i des Spannungsmessers,
c) das Verhältnis des Eigenverbrauchs P_i zur Verbraucherleistung P.

Lösung:

a) Aus **Bild 3:** $\boldsymbol{r_k = 10\,\text{k}\Omega/\text{V}}$; $R_i = r_k \cdot E = 10\,\text{k}\Omega/\text{V} \cdot 150\,\text{V} = \mathbf{1{,}5\,M\Omega}$

b) $U_i = E = 150\,\text{V}$; $I_i = \frac{U_i}{R_i} = \frac{150\,\text{V}}{1{,}5\,\text{M}\Omega} = \mathbf{0{,}1\,mA}$; $P_i = U_i \cdot I_i = \mathbf{15\,mW}$

c) $U = U_i$; $I = \frac{U}{R} = \frac{150\,\text{V}}{12\,\text{k}\Omega} = 12{,}5\,\text{mA}$; $\frac{P_i}{P} = \frac{I_i}{I} = \frac{0{,}1\,\text{mA}}{12{,}5\,\text{mA}} = \mathbf{0{,}008 = 0{,}8\,\%}$

Aufgaben zu 8.1.2

1. Ein Drehspul-Spannungsmesser hat die Kenngröße $r_k = 8\,\text{k}\Omega/\text{V}$. Wie hoch ist der Eigenverbrauch des Instruments, wenn ein Messbereich von $E = 300\,\text{V}$ eingestellt ist?

2. An einem Verbraucher mit dem Widerstand $R = 54\,\text{k}\Omega$ wird die Spannung gemessen. Das Messinstrument **(Bild 3)** zeigt dabei im Messbereich $E = 15\,\text{V}$ (DC) Vollausschlag. Gesucht sind
   a) die Kenngröße r_k und der Innenwiderstand R_i des Instruments,
   b) die Stromaufnahme I_i und der Eigenverbrauch P_i,
   c) das Verhältnis von Eigenverbrauch P_i zur Verbraucherleistung P.

3. Gegeben ist ein Vielfach-Messgerät **(Bild 4)**. Ermitteln Sie für die Gleichspannungs-Messbereiche 3 V, 10 V, 30 V, 100 V und 300 V
   a) die Kenngröße r_k und die Innenwiderstände R_i,
   b) die Ströme I_i und die Eigenverbrauchswerte P_i bei Vollausschlag.

4. Ein Strommesser mit dem Messbereich $E = 5\,\text{A}$ liegt wie in **Bild 2** in Reihe zu einem Verbraucher. Gesucht sind bei Vollausschlag
   a) der Spannungsfall U_i am Instrument, der Eigenverbrauch P_i,
   b) die Spannung U am Verbraucher und seine Leistung P,
   c) das Verhältnis P_i/P von Eigenverbrauch zur Verbraucherleistung.

5. Ein Strommesser verursacht beim Vollausschlag $E = 6\,\text{A}$ den Spannungsfall $U_i = 570\,\text{mV}$. Er zeigt bei einer Messung am Verbraucherwiderstand $R = 3{,}8\,\Omega$ den Strom $I = 6{,}0\,\text{A}$ an. Ermitteln Sie **a)** den Innenwiderstand R_i und den Eigenverbrauch P_i des Messgeräts, **b)** die Spannung U am Verbraucher und seine Leistung P, **c)** das Leistungsverhältnis P_i/P in %.

Spannungsmesser

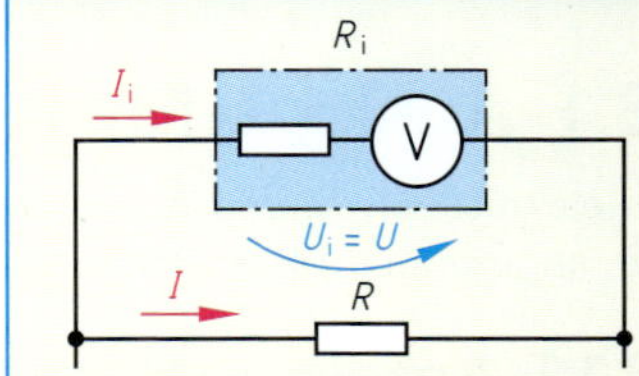

Bild 1: Spannungsmessung

$$R_i = r_k \cdot E \qquad [r_k] = \text{k}\Omega/\text{V}$$

$$P_i = U_i \cdot I_i \qquad \frac{P_i}{P} = \frac{I_i}{I}$$

Strommesser

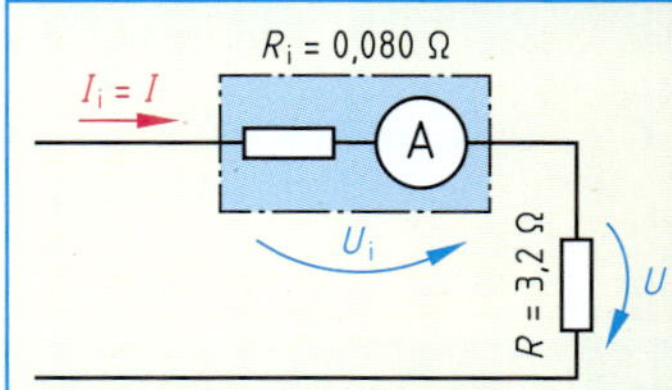

Bild 2: Strommessung

$$P_i = U_i \cdot I_i \qquad \frac{P_i}{P} = \frac{U_i}{U}$$

R_i	Innenwiderstand
r_k	Kenngröße des Spannungsmessers
E	Messbereich, Vollausschlag
P_i	Eigenverbrauch
P	Verbraucherleistung
U_i	Spannung am Instrument
U	Spannung am Verbraucher
I_i	Strom im Instrument
I	Strom im Verbraucher

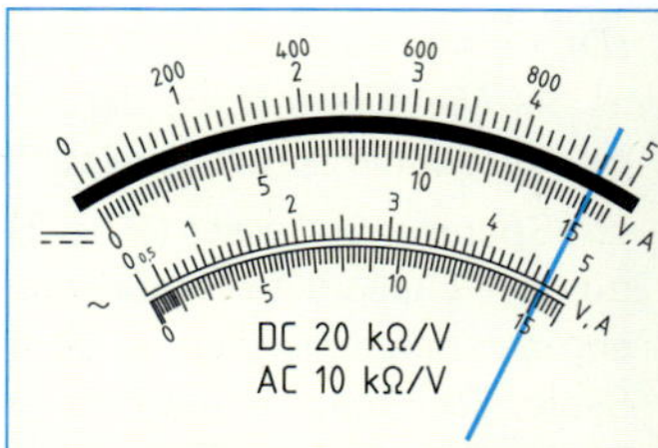

Bild 3: Multimeter-Skale

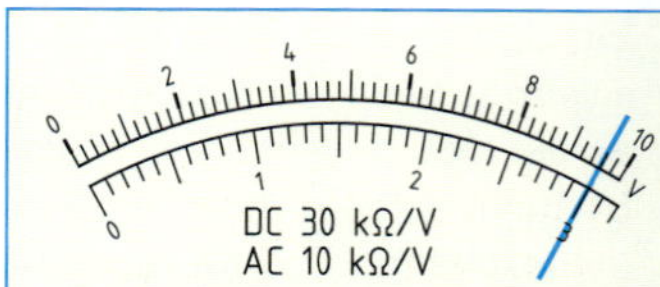

Bild 4: Multimeter-Skale

8.2 Digitale Messgeräte

Anzeige und Messfehler

Digital-Multimeter zeigen ihren Messwert mit Ziffern an. Die Anzeige erfolgt z. B. mit 4¾- **(Bild 1)** oder 3½-Stellen **(Bild 2)**. Die Umschaltung des Messbereichs erfolgt meist automatisch.

Anzeigen – Beispiele

Stellen	Anzeige	Auflösung, z. B. im Messbereich 30 V
½	1. Stelle: 0 oder 1	
¾	1. Stelle: 0, 1, 2, 3	
3	000 bis 999	Anzeige: 000 …29,9 V ⇒ 100 mV
3¾	0000 bis 3999	Anzeige: 0000 …29,99 V ⇒ 10 mV
4¾	00000 bis 39999	Anzeige: 00000…29,999 V ⇒ 1 mV

Man gibt den zulässigen relativen Fehler meist in % vom Messwert (v. M.) und dazu die Unsicherheit z der letzten angezeigten Stelle an, z. B. $z = 2$ bei ± (1% v. M. + 2 Digit). Den absoluten Fehler durch die Unsicherheit bestimmt die Auflösung l der Anzeige. Bei der maximalen Anzeige 19,99 V im 20-V-Bereich kann man z. B. noch die 2. Stelle hinter dem Komma ablesen. Die Auflösung beträgt dann $l = 0{,}01$ V.

Beispiel:

Ein Digital-Multimeter hat die maximale Anzeige AC 199,9 V und den zulässigen Fehler ± (1,2% v. M. + 3 Digit). Gesucht sind für die Anzeige **Bild 2**
a) die Auflösung l, **b)** der zulässige absolute Fehler F,
c) die Obergrenze w_o und die Untergrenze w_u des wahren Werts.

Lösung:

a) $l = \mathbf{0{,}1\,V}$; **b)** $F = \frac{k \cdot M}{100} + z \cdot l = \frac{1{,}2 \cdot 141{,}6\,\text{V}}{100} + 3 \cdot 0{,}1\,\text{V} = \mathbf{2{,}0\,V}$;

c) $w_o = M + F = 141{,}6\,\text{V} + 2{,}0\,\text{V} = \mathbf{143{,}6\,V}$; $w_u = M - F = \mathbf{139{,}6\,V}$

Aufgaben zu 8.2

1. Ein Digital-Multimeter hat im Messbereich $E = 30$ V (AC) die Anzeige in **Bild 3**. Der zulässige Messfehler beträgt ± (1,2% v. M. + 2 Digit). Ermitteln Sie **a)** die Auflösung l, **b)** den Messwert M, **c)** den zulässigen absoluten Fehler F, **d)** die Obergrenze w_o und die Untergrenze w_u des wahren Werts.

2. An einem Digital-Multimeter ist der Messbereich $E_1 = 200$ mA Gleichstrom (DC) eingestellt. Dabei ergibt sich die Anzeige 1 nach **Bild 4** beim zulässigen Fehler ± (1% v. M. + 2 Digit). Ermitteln Sie **a)** den Messwert M_1 und die Auflösung l_1, **b)** den zulässigen absoluten Fehler F_1, **c)** die Obergrenze w_o und die Untergrenze w_u des wahren Werts. **d)** Beim gleichen Messwert wird der Messbereich auf 20 mA DC umgeschaltet. Dabei entsteht die Anzeige 2 nach **Bild 4**. Wie groß sind nun der Messwert M_2, die Auflösung l_2 und der Fehler F_2?

3. Bei einem Multimeter mit Digital-Anzeige sind die zulässigen Fehler ± (0,5% v. M. + 2 Digit) bei der Messung von $U \approx$ und ± 2% v. M. bei der Messung der Leistung P. Die Messung im 750-V-Bereich ergibt die Anzeige 0235, im 20-kW-Bereich die Anzeige 13.2. Ermitteln Sie für beide Messungen **a)** die Messwerte und die zulässigen absoluten Fehler, **b)** die Obergrenzen und Untergrenzen der wahren Werte, **c)** die relativen Fehler.

Anzeige, Anzeigefehler

Bild 1: Digital-Anzeige mit 4³/₄-Stellen

Bild 2: Digital-Anzeige

Anzeigefehler:

$$F = \frac{k \cdot M}{100} + z \cdot l$$

M	Messwert, angezeigter Wert
F	zulässiger absoluter Fehler (Betrag)
k	Genauigkeitsklasse
w_o	zulässige Obergrenze des wahren Werts
w_u	zulässige Untergrenze des wahren Werts
z	Unsicherheit der Digitalanzeige in der letzten angezeigten Stelle
l	Auflösung der Digitalanzeige

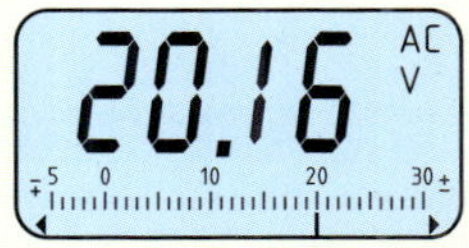

Messbereich: E = 30 V (AC)
Bild 3: Digital-Anzeige

Anzeige 1: Messbereich 200 mA (DC)

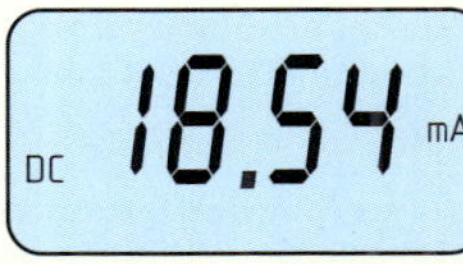

Anzeige 2: Messbereich 20 mA (DC)
Bild 4: Digital-Anzeigen

8.3 Echteffektivwertmessung und Messkategorie

Digitale Messgeräte zeigen den Effektivwert von sinusförmigen Wechselstromgrößen richtig an. Weicht die Signalform **(Tabelle 1)**, z. B. bei Phasenanschnittsteuerungen von der Sinusform ab, wird ein zu kleiner Wert angezeigt. Damit bei nichtsinusförmigen Wechselstromgrößen der Effektivwert richtig angezeigt wird, werden Echteffektivwert-Messgeräte verwendet, die den Crestfaktor* und die Bandbreite des Messsignals berücksichtigen.

Der Crestfaktor F_c gibt an, bis zu welchem Verhältnis zwischen Scheitel- und Effektivwert der Effektivwert der Messgröße richtig angezeigt wird. Die nichtsinusförmige Größe wird bis zum Crestfaktor des Messgerätes richtig gemessen. Er sollte 3 bis 5 betragen.

Beispiel 1:

Ein Digitalmultimeter mit Crestfaktor $F_c = 3$ wird zur Messung eines Rechteckimpulses mit $T = 1$ ms und $t_i = 0{,}25$ ms verwendet. Wird mit dem angegebenen Crestfaktor der Rechteckimpuls richtig gemessen?

Lösung:

$F_c = \sqrt{\frac{T}{t_i}} = \sqrt{\frac{1\,\text{ms}}{0{,}25\,\text{ms}}} = \mathbf{2}$ ⇒ Der Crestfaktor ist ausreichend.

Je näher Messungen an der Quelle der Niederspannungsinstallation, z. B. Hausanschluss, durchgeführt werden müssen, desto gefährdeter ist die Person, die sich mit dem Messinstrument am Versorgungsnetz befindet **(Bild)**. Störungen, z. B. durch Blitzeinschläge, können nicht geeignete Messinstrumente beschädigen. Deshalb werden nach der Norm EN 61010-1 **(Tabelle 2)** Messkategorien unterschieden.

Beispiel 2:

Am Hausanschluss soll überprüft werden, ob alle Außenleiter Spannung führen. Welche Messkategorie muss das Messinstrument haben?

Lösung:

Aus **Tabelle 2**: Für Messungen am Hausanschluss ist die Kategorie IV erforderlich!

Tabelle 1: Signalform und Crestfaktor

Signalform	Effektivwert U	Crestfaktor F_c
Sinusspannung 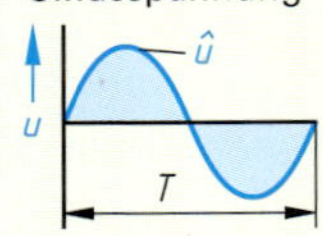	$U = \frac{\hat{u}}{\sqrt{2}}$	$F_c = \frac{\hat{u}}{U} = \sqrt{2}$ $F_c = 1{,}414$
Gleichspannung pulsierend 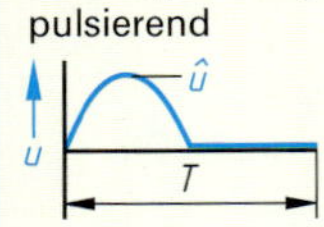	$U = \frac{\hat{u}}{2}$	$F_c = \frac{\hat{u}}{U} = \frac{1{,}414}{0{,}707}$ $F_c = 2$
Sägezahnimpuls 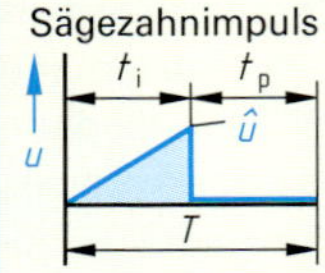	$U = \sqrt{\frac{t_i}{2 \cdot T}}$	$F_c = \frac{\hat{u}}{U} = \sqrt{\frac{3 \cdot T}{t_i}}$ Bei $t_i = t_p$ gilt: $F_c = 2{,}45$
Rechteckimpuls 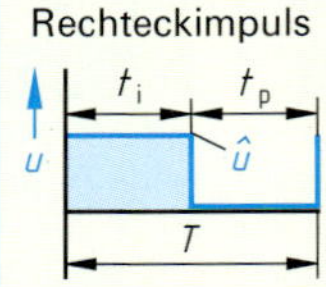	$U = \frac{\hat{u}}{\sqrt{2}}$	$F_c = \frac{\hat{u}}{U} = \sqrt{\frac{T}{t_i}}$ Bei $t_i = t_p$ gilt: $F_c = 1{,}414$

F_c Crestfaktor, $\hat{u}$ Scheitelwert, U Effektivwert, t_i Impulsdauer, t_p Pausendauer, T Periodendauer

Bild: Messkategorien

Tabelle 2: Messkategorien (nach EN 61010-1)

CAT I	CAT II
Messungen an Stromkreisen, die nicht direkt mit dem Netz verbunden sind, z. B. geschützte Elektronikgruppen und KFZ-Elektroanlagen.	**Messungen an Stromkreisen, die elektrisch direkt mit dem Niederspannungsnetz verbunden sind,** z. B. Geräte mit Steckverbindung in Büro und Haushalt.
CAT III	**CAT IV**
Messungen in der Gebäudeinstallation, z. B. Geräte in Festinstallationen und Verteileranschlüsse.	**Messungen an der Quelle der Niederspannungsinstallation,** z. B. Hausanschluss und Zähler.

* Crest (engl.) = Gipfel

Aufgaben zu 8.3

1. Der Effektivwert der Sägezahnimpulsspannung eines Oszilloskops soll mit einem Digitalmultimeter gemessen werden. Mit dem Oszilloskop wurden folgende Werte ermittelt: **a)** $T = 60\,\mu s$, $t_i = 12\,\mu s$; **b)** $t_i = 25\,\mu s$, $t_p = 75\,\mu s$.
Welche Crestfaktoren muss das Messinstrument haben, um die Effektivwerte bei **a)** und **b)** richtig anzuzeigen?

2. Sie sollen einen Haartrockner mit zwei Leistungsstufen **(Bild 1)** überprüfen. Dazu messen Sie mit dem Digitalmultimeter an den Messpunkten MP1 und MP2 in Stufe I folgende Werte:
$\hat{u} = 325{,}2\,V$ und $U_{eff} = 162{,}6\,V$
a) Welche Signalform hat das Messsignal? **b)** Welchen Crestfaktor muss das Messgerät haben, damit der Effektivwert richtig angezeigt wird? **c)** Für welche Messkategorie muss das Messgerät mindestens spezifiziert sein?

3. An einem Funktionsgenerator werden folgende Werte eines Rechteckimpulses eingestellt:
Impuls 1: $t_i = 0{,}1\,ms$, $T = 0{,}5\,ms$
Impuls 2: $t_i = 0{,}2\,ms$, $t_p = 1{,}8\,ms$
a) Welche Crestfaktoren sind für die Messungen der Effektivwerte mindestens notwendig? **b)** Welche Messkategorie ist hierfür ausreichend?

4. Eine Küchenleuchte mit 6 Halogenleuchtmittel von je 230 V/35 Watt wird über einen Wechselstromsteller mit Triac angesteuert. Sie wollen die Spannung an den Lampen bei verschiedenen Zündwinkeln messen. **a)** Berechnen Sie die Effektivwerte der Spannung bei einem Zündwinkel von 45° und 110°. **b)** Welchen Crestfaktor muss das Messinstrument haben? **c)** Welche Messkategorie ist notwendig?

Wechselstromsteller mit Triac: **Seite 176**

5. Die Leistung einer Wohnzimmerbeleuchtung wird mit einem Wechselstromsteller gesteuert. **a)** Ermitteln Sie aus der Steuerkennlinie **(Bild 2)** die Effektivwerte der Spannung bei 10%, 50% und 80% der Leistung. **b)** Berechnen Sie die Crestfaktoren bei diesen Leistungen.

6. An dem Triac eines Dimmer wurde mit dem Oszilloskop der zeitliche Verlauf der Spannung in **Bild 3** ermittelt. **a)** Bestimmen Sie aus dem Spannungsverlauf den Zündwinkel. **b)** Berechnen Sie den Effektivwert U_α an der Leuchte. **c)** Berechnen Sie den erforderlichen Crestfaktor des Messgerätes, wenn der Effektivwert der Leuchte gemessen werden soll.

Messen mit dem Oszilloskop: **Seite 143**

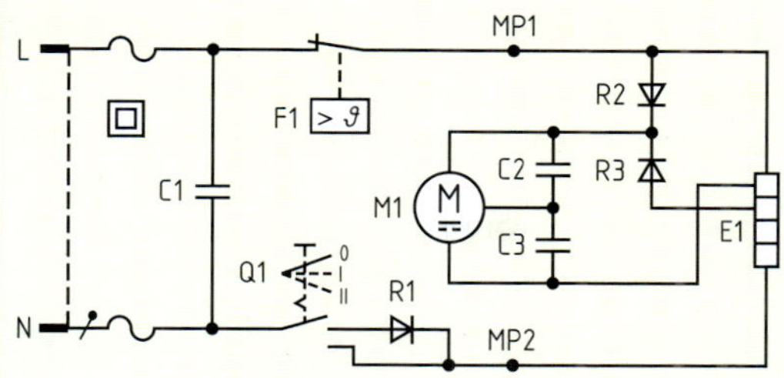

Bild 1: Haartrockner mit zwei Schaltstufen

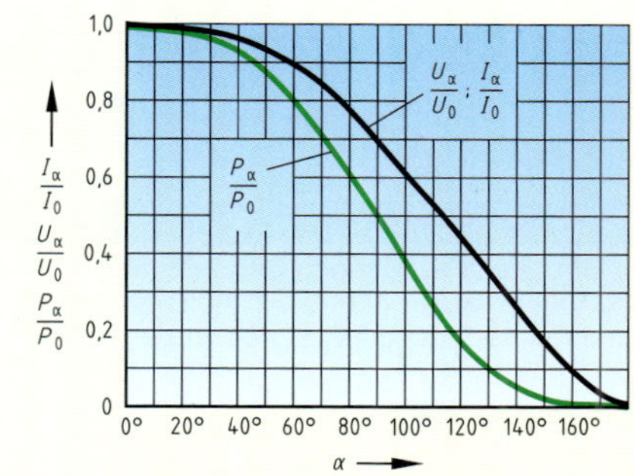

Bild 2: Steuerkennlinie für Wechselstromsteller bei ohmscher Last

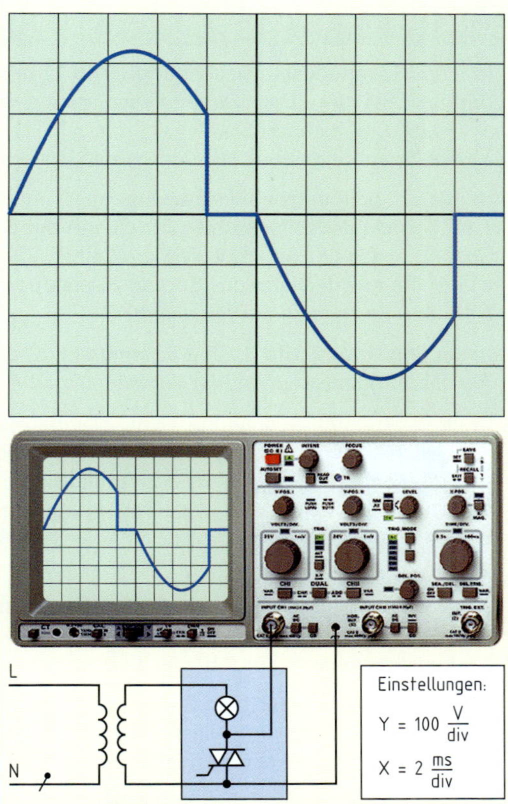

Bild 3: Spannungsverlauf des Dimmer

8.4 Indirekte Widerstandsermittlung

Spannungsfehlerschaltung (Stromrichtige Schaltung) **(Bild 1)**: Die Spannungsanzeige U ist um den Spannungsfall U_{iA} am Strommesser zu hoch.

Stromfehlerschaltung (Spannungsrichtige Schaltung) **(Bild 2)**: Die Stromanzeige I ist um den Strom I_{iV} im Spannungsmesser zu hoch.

Beispiel 1:

Bei der Spannungsfehlerschaltung **(Bild 1)** sind $U = 5{,}67$ V und $I = 5{,}4$ mA. Der Strommesser hat den Innenwiderstand $R_{iA} = 45\ \Omega$. Wie groß sind **a)** der Spannungsfehler U_{iA} und **b)** der zu bestimmende Widerstand R?

Lösung:

a) $U_{iA} = R_{iA} \cdot I = 45\ \Omega \cdot 5{,}4\ \text{mA} = 243\ \text{mV} = \mathbf{0{,}243\ V}$

b) $R = \frac{U}{I} - R_{iA} = \frac{5{,}67\ \text{V}}{5{,}4\ \text{mA}} - 45\ \Omega = 1050\ \Omega - 45\ \Omega = \mathbf{1005\ \Omega}$

Beispiel 2:

Bei der Stromfehlerschaltung **(Bild 2)** sind $U = 2{,}4$ V und $I = 14{,}3$ mA. Für den Spannungsmesser gilt: $r_k = 1000\ \Omega/\text{V}$ und Messbereich $E = 3{,}0$ V. Wie groß sind der **a)** Stromfehler I_{iV}, **b)** zu bestimmende Widerstand R?

Lösung:

a) $I_{iV} = \frac{U}{R_{iV}} = \frac{2{,}4\ \text{V}}{1000\ \Omega/\text{V} \cdot 3{,}0\ \text{V}} = \frac{2{,}4\ \text{V}}{3000\ \Omega} = 0{,}80 \cdot 10^{-3}\ \text{A} = \mathbf{0{,}80\ mA}$

b) $R = \frac{U}{I - I_{iV}} = \frac{2.4\ \text{V}}{14{,}3\ \text{mA} - 0{,}80\ \text{mA}} = \frac{2{,}4\ \text{V}}{13{,}5\ \text{mA}} = \mathbf{0{,}178\ k\Omega = 178\ \Omega}$

Aufgaben zu 8.4

1. In einer Spannungsfehlerschaltung **(Bild 1)** misst man $U = 5{,}88$ V und $I = 8{,}4$ mA. Der Strommesser hat den Innenwiderstand $R_{iA} = 35\ \Omega$. Berechnen Sie
   a) den Spannungsfehler U_{iA} und **b)** den Widerstand R.
2. In einer Spannungsfehlerschaltung misst man $U = 13{,}65$ V und $I = 21{,}0$ mA. Bei Vollausschlag $E = 30$ mA des Strommessers ist der Spannungsfall $U_{iA} = 60$ mV. Wie groß sind
   a) der Innenwiderstand des Strommessers und
   b) der zu bestimmende Widerstand?
3. In der Schaltung **(Bild 3)** sind zu ermitteln: **a)** der Innenwiderstand R_{iA} des Strommessers und **b)** der Widerstand R.
4. In einer Stromfehlerschaltung **(Bild 2)** misst man $U = 1{,}32$ V und $I = 11{,}4$ mA. Der Spannungsmesser hat den Messbereich $E = 1{,}5$ V und die Kenngröße $r_k = 2\ \text{k}\Omega/\text{V}$. Ermitteln Sie
   a) den Innenwiderstand R_{iV} des Spannungsmessers,
   b) den Stromfehler I_{iV} und **c)** den Widerstand R.
5. Für einen Spannungsmesser gilt: $r_k = 5\ \text{k}\Omega/\text{V}$, $E = 0{,}3$ V. Er zeigt in einer Stromfehlerschaltung $U = 0{,}21$ V an. Die Strommessung ergibt $I = 5{,}1$ mA. Gesucht sind
   a) der Stromfehler I_{iV} und **b)** der zu bestimmende Widerstand R.
6. In einer Schaltung nach **Bild 2** werden $I = 26{,}8$ mA und $U = 2{,}25$ V angezeigt. Der Spannungsmesser hat den Widerstand $R_{iV} = 12\ \text{k}\Omega$. Gesucht ist der zu bestimmende Widerstand R.
7. Berechnen Sie für die Schaltung **Bild 4**
   a) den Stromfehler I_{iV} und **b)** den Widerstand R.

Spannungsfehlerschaltung

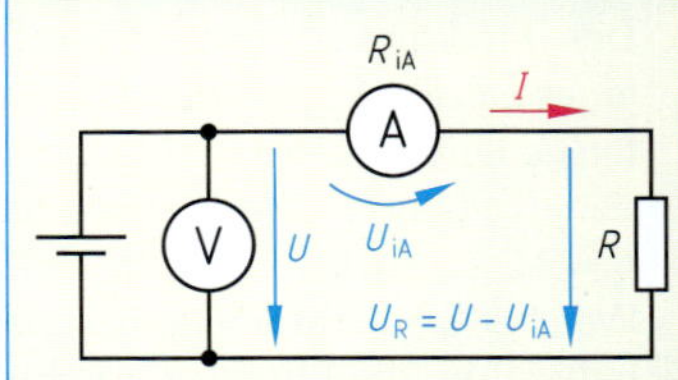

Bild 1: Stromrichtige Schaltung

$$R = \frac{U}{I} - R_{iA} \qquad R_{iA} = \frac{U_{iA}}{I}$$

Stromfehlerschaltung

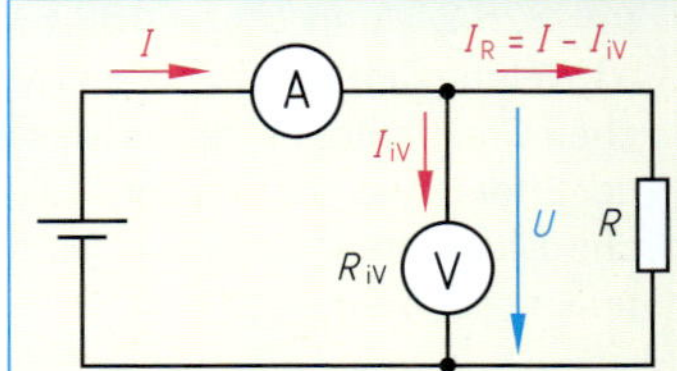

Bild 2: Spannungsrichtige Schaltung

$$R = \frac{U}{I - I_{iV}} \qquad I_{iV} = \frac{U}{R_{iV}}$$

U	angezeigte Spannung
U_{iA}	Spannungsfehler, Spannung am Strommesser
R_{iA}	Innenwiderstand des Strommessers
R	zu bestimmender Widerstand
I	angezeigter Strom
I_{iV}	Stromfehler, Stromaufnahme des Spannungsmessers
R_{iV}	Innenwiderstand des Spannungsmessers

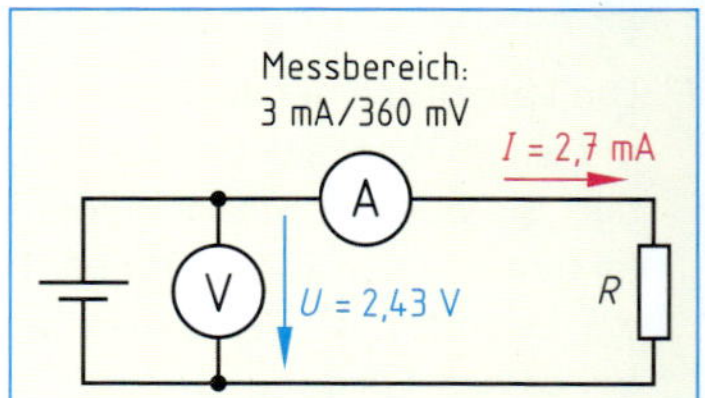

Bild 3: Messschaltung

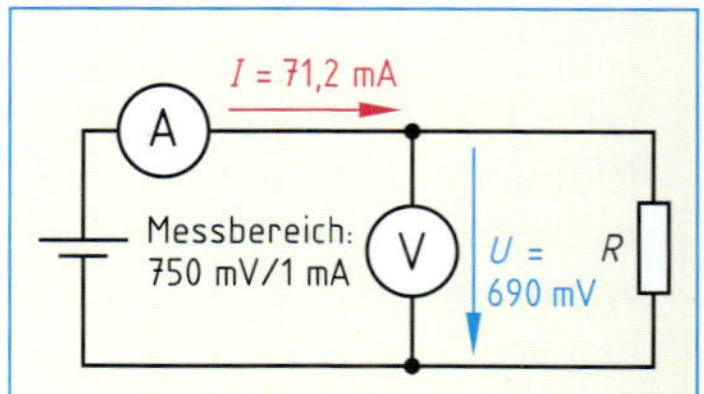

Bild 4: Messschaltung

8.5 Messen über Messwandler

Bei Nennbetrieb geben Spannungswandler **(Bild 1)** in der Regel die Spannung 100 V ab, Stromwandler **(Bild 2)** den Strom 1 A oder 5 A. Die Übersetzungsverhältnisse $ü_V$ bzw. $ü_A$ der Wandler gelten über den ganzen Messbereich. Sie bestimmen z. B. beim Anschluss eines Zählers die Ablesekonstante c_a.

Beispiel 1:

Ein Strommesser mit dem Messbereich $E = 1{,}0$ A ist an einen Stromwandler mit dem Übersetzungsverhältnis $ü_A = 150$ A/1 A angeschlossen. Bei der Messung zeigt er auf der 100-teiligen Skale den Wert 82 an.
Ermitteln Sie
a) den Ausgangsstrom I_2 des Stromwandlers und
b) den Eingangsstrom I_1 des Wandlers.

Lösung:

a) $I_2 = \mathbf{0{,}82\ A}$; **b)** $I_1 = ü_A \cdot I_2 = \frac{150\ \text{A}}{1\ \text{A}} \cdot 0{,}82\ \text{A} = \mathbf{123\ A}$

Beispiel 2:

Ein Wirkverbrauchszähler für 3 × 100 V/5 A ist über Stromwandler und Spannungswandler am Drehstromnetz angeschlossen. Die Übersetzungsverhältnisse sind $ü_A = 250$ A/5 A und $ü_V = 20000$ V/100 V. Der Zählerstand ändert sich von 4871,2 kWh auf 4983,7 kWh. Berechnen Sie
a) die Ablesekonstante c_a und **b)** den Wirkverbrauch W_1 im Netz.

Lösung:

a) $c_a = ü_V \cdot ü_A = \frac{20000\ \text{V}}{100\ \text{V}} \cdot \frac{250\ \text{A}}{5\ \text{A}} = 200 \cdot 50 = \mathbf{10000}$

b) $W_1 = c_a \cdot W_2 = 10\,000 \cdot (4983{,}7 - 4871{,}2)\ \text{kWh} = \mathbf{1125 \cdot 10^3\ kWh}$

Aufgaben zu 8.5

1. Das Übersetzungsverhältnis eines Stromwandlers **(Bild 2)** ist $ü_A = 60$ A/1 A. Der Strommesser führt $I_2 = 0{,}84$ A. Berechnen Sie den Eingangsstrom I_1 des Wandlers.
2. Berechnen Sie für die Messwandler mit den in den Teilaufgaben **a)** bis **d)** gegebenen Daten die Eingangsgrößen.

Teil	a)	b)	c)	d)
$ü_A$	600 A/5 A	200 A/5 A	50 A/1 A	750 A/5 A
I_2	3,3 A	4,6 A	0,71 A	4,1 A

3. Ein Spannungswandler **(Bild 1)** hat das Übersetzungsverhältnis $ü_V = 5000$ V/100 V. Am Spannungsmesser liegen $U_2 = 76{,}5$ V. Wie groß ist die Eingangsspannung U_1?
4. Beim Anschluss an einen Stromwandler, $ü_A = 750$ A/5 A zeigt ein Vielfach-Messgerät auf der 5-teiligen Skale den Wert 4,1 an. Eingestellt ist der Messbereich $E = 5$ A. Wie groß sind
a) der Ausgangsstrom I_2, **b)** der Eingangsstrom I_1 des Wandlers?
5. In einer Messschaltung **(Bild 3)** erfolgt die Strommessung über den Hauptwandler T1 und den Nebenwandler T2. Das angeschlossene Messgerät zeigt $I_2 = 0{,}76$ A an. Berechnen Sie den Eingangsstrom I_1 des Hauptwandlers T1.

Spannungsmessung

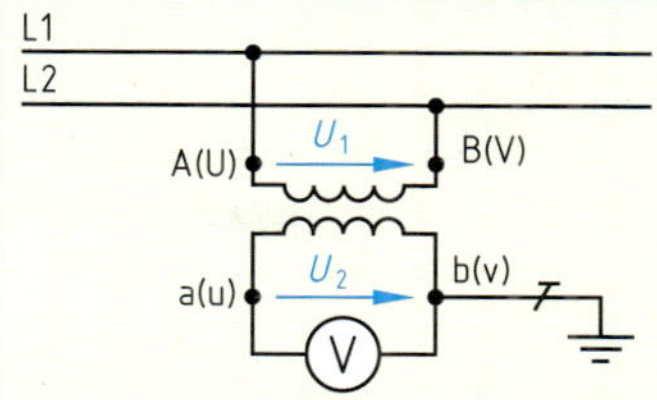

Bild 1: Spannungswandler

$$U_1 = ü_V \cdot U_2 \qquad ü_V = \frac{U_{1N}}{U_{2N}}$$

Strommessung

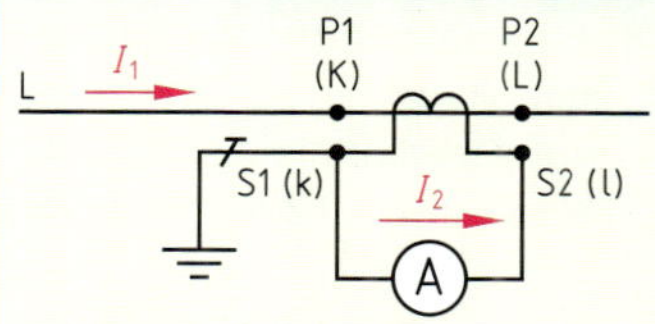

Bild 2: Stromwandler

$$I_1 = ü_A \cdot I_2 \qquad ü_A = \frac{I_{1N}}{I_{2N}}$$

Wirkverbrauchsmessung

$$W_1 = c_a \cdot W_2 \qquad c_a = ü_V \cdot ü_A$$

U_1	Eingangsspannung
U_{1N}	Eingangsbemessungsspannung
U_2	Ausgangsspannung
U_{2N}	Ausgangsbemessungsspannung
$ü_V$	Übersetzungsverhältnis des Spannungswandlers
I_1	Eingangsstrom
I_{1N}	Eingangsbemessungsstrom
I_2	Ausgangsstrom
I_{2N}	Ausgangsbemessungsstrom
$ü_A$	Übersetzungsverhältnis des Stromwandlers
W_1	elektrische Arbeit am Wandlereingang
W_2	elektrische Arbeit am Wandlerausgang
c_a	Ablesekonstante

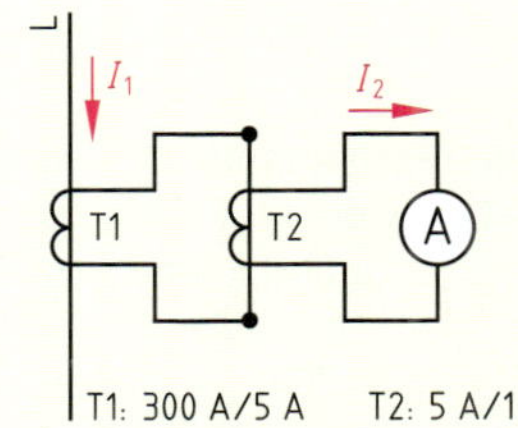

Bild 3: Messschaltung

6. Ein primärseitig umschaltbarer Stromwandler **(Bild 1)** hat die drei Übersetzungsverhältnisse $\ddot{u}_{A1} = 150\,A/5\,A$, $\ddot{u}_{A2} = 300\,A/5\,A$ und $\ddot{u}_{A3} = 600\,A/5\,A$. Der Strommesser mit dem Messbereich $E = 5\,A$ misst $I_{23} = 1{,}8\,A$ beim Übersetzungsverhältnis $\ddot{u}_{A3}$.

a) Berechnen Sie den Eingangsstrom I_1 des Stromwandlers.

b) Der Wandler ist so umzuschalten, dass die Anzeige des Messgeräts beim gleichen Eingangsstrom I_1 möglichst groß wird. Prüfen Sie nach, ob auch die beiden anderen Übersetzungsverhältnisse, $\ddot{u}_{A2}$ und $\ddot{u}_{A1}$, möglich sind.

7. In einem symmetrisch belasteten 10-kV-Drehstromnetz befindet sich ein Stromwandler mit $\ddot{u}_A = 250\,A/5\,A$ in L1 und ein Spannungswandler mit $\ddot{u}_V = 10000\,V/100\,V$ zwischen L1 und L2. Die angeschlossenen Messgeräte zeigen $U_2 = 99{,}5\,V$ und $I_2 = 3{,}8\,A$ an. Berechnen Sie die im Netz übertragene Scheinleistung S_1.

8. Ein Drehstromzähler ist für $3 \times 230\,V/400\,V/5\,A$ geeicht. Er misst am Vierleiternetz über Stromwandler **(Bild 2)** mit dem Übersetzungsverhältnis $\ddot{u}_A = 400\,A/5\,A$. Beim Betrieb nimmt der Zählerstand in $t = 12\,h$ von 3748,5 kWh auf 3813,2 kWh zu. Wie groß sind im Netz

a) der Wirkverbrauch W_1 und **b)** die mittlere Wirkleistung P_1?

9. Gegeben ist ein Drehstromzähler mit der Zählerkonstanten $C_Z = 240\,{}^1/\text{kWh}$. Der Zähler misst über Wandler **(Bild 4)** mit $\ddot{u}_V = (10000\,V/\sqrt{3})/100\,V$ und $\ddot{u}_A = 500\,A/5\,A$ und ist für die Ausgangsgrößen der Wandler geeicht. Die Zählerscheibe dreht sich dabei in 5 Minuten 30 mal. Gesucht sind die

a) Ablesekonstante c_a, **b)** mittlere Wirkleistung P_1 im Netz.

10. An ein Dreileiternetz ist ein Drehstromzähler über Spannungswandler ($\ddot{u}_V = 6000\,V/100\,V$) und Stromwandler ($\ddot{u}_A = 250\,A/5\,A$) angeschlossen **(Bild 3)**. Der Zähler ist für die Ausgangsgrößen der Wandler geeicht. Die Zähleranzeige steigt von 623,2 kWh auf 704,1 kWh. Gesucht sind:

a) die Ablesekonstante c_a und **b)** der Wirkverbrauch W_1 im Netz.

11. Ein Drehstromzähler ist nach **Bild 4** angeschlossen. Folgende Daten sind gegeben: die Zählerkonstante $C_Z = 150\,{}^1/\text{kWh}$, die Übersetzungsverhältnisse der Wandler $\ddot{u}_A = 200\,A/5\,A$ und $\ddot{u}_V = (15000\,V/\sqrt{3})/100\,V$. Die Zählerscheibe wird beobachtet; sie dreht sich in 4 Minuten 25 mal.
Ermitteln Sie die mittlere Wirkleistung P_1 im Drehstromnetz.

● **12.** Gegeben ist ein Stromwandler mit dem Übersetzungsverhältnis $\ddot{u}_A = 150\,A/1\,A$. Das angeschlossene Messgerät hat den Messbereich $E = 1{,}2\,A$ und zeigt auf der 12-teiligen Skale den Wert 8,8 an. Der gesamte Scheinwiderstand des Strompfads am Wandlerausgang (Messgerät und Leitungen) beträgt $Z_2 = 0{,}85\,\Omega$. Gesucht sind

a) der Ausgangsstrom I_2 und der Eingangsstrom I_1 des Wandlers,

b) die Scheinleistung S_{2N} im Strompfad beim Bemessungsstrom $I_{2N} = 1{,}0\,A$.

● **13.** Ein Stromwandler mit dem Übersetzungsverhältnis $\ddot{u}_A = 300\,A/5\,A$ hat die Genauigkeitsklasse $k = 0{,}5$, wenn die Scheinleistung an seinem Ausgang kleiner als 30 VA ist. Am Wandler ist ein Messgerät mit dem Messbereich $E = 5\,A$ über Leitungen mit dem Widerstand $Z_L = 0{,}46\,\Omega$ angeschlossen. Bei Vollausschlag liegt am Messgerät die Spannung $U_{iA} = 700\,mV$. Prüfen Sie nach, ob dabei die Bedingungen für die Genauigkeitsklasse $k = 0{,}5$ erfüllt sind.

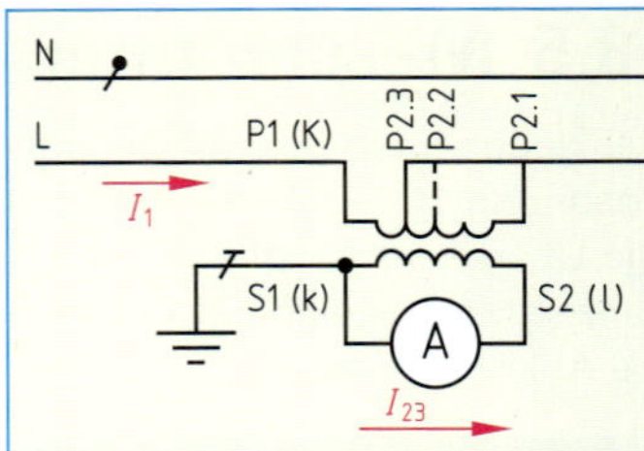

Bild 1: Primärseitig umschaltbarer Stromwandler

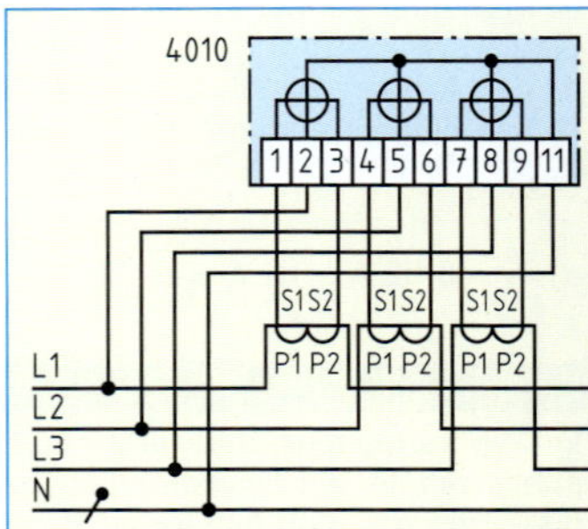

Bild 2: Zähler im Vierleiternetz

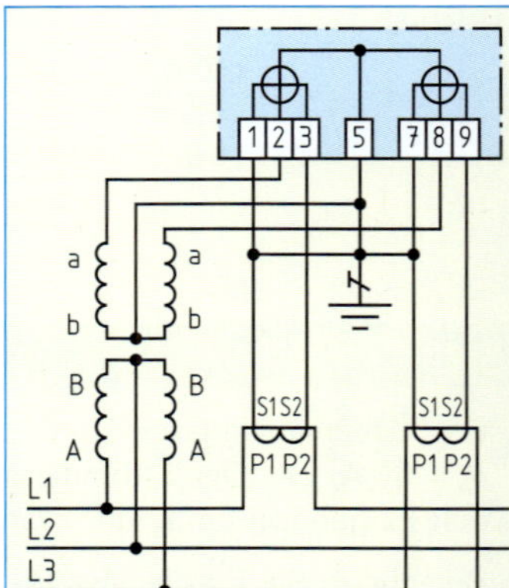

Bild 3: Zähler im Dreileiternetz

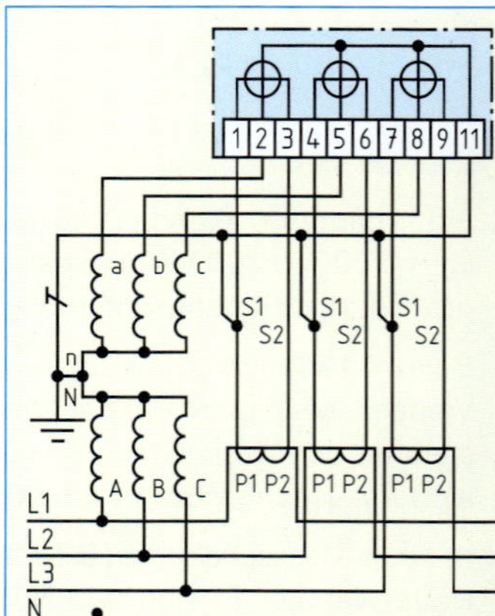

Bild 4: Zähler im Vierleiternetz

8.6 Messen mit dem Oszilloskop

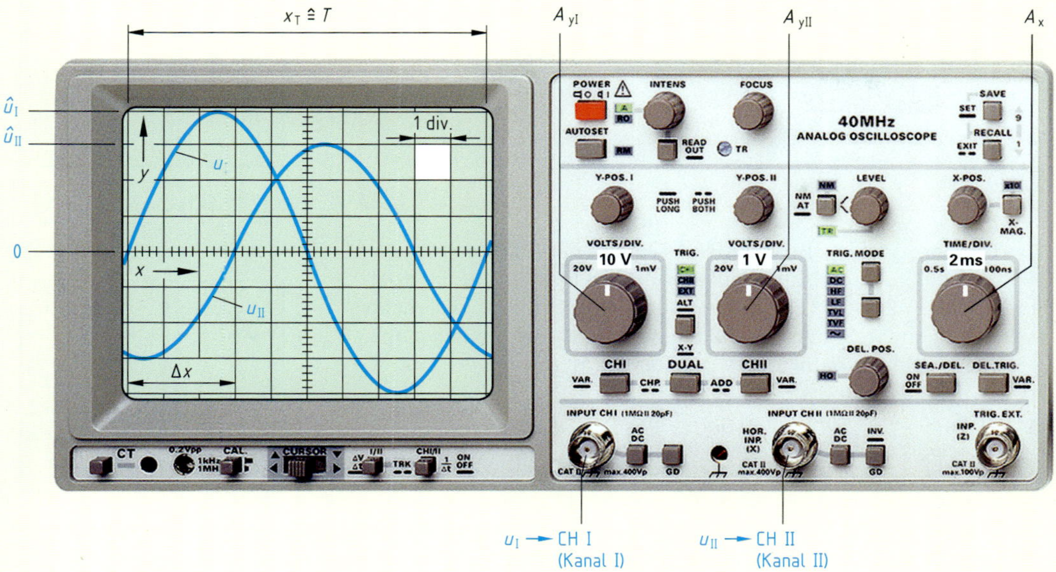

Bild 1: Zweikanal-Oszilloskop

Ein Zweikanal-Oszilloskop kann gleichzeitig zwei Spannungen anzeigen, z. B. die Wechselspannungen u_I und u_{II} **(Bild 1)**. Die senkrechten Ablenkungen y_I und y_{II} auf dem Bildschirm sind den Momentanwerten u_I und u_{II} der Spannungen proportional, die waagrechte Ablenkung x der Zeit t.

$$u = A_y \cdot y \qquad t = A_x \cdot x$$

$$[A_y] = \text{V/div} \qquad [A_x] = \text{ms/div}$$

u_I, u_{II}	Spannungen an CH I (Kanal I) bzw. an CH II (Kanal II)
y_I, y_{II}	senkrechte Ablenkungen durch u_I bzw. u_{II} auf dem Bildschirm
A_{yI}	Ablenkkoeffizient senkrecht in CH I, z. B. 10 V/div
A_{yII}	Ablenkkoeffizient senkrecht in CH II, z. B. 1 V/div
t	Zeit
x	waagrechte Ablenkung auf dem Bildschirm zur Zeit t
A_x	Ablenkkoeffizient waagrecht für t, z. B. 2 ms/div
div	Abkürzung von division (engl.) = Teilung, Rastereinheit des Bildschirms

Wechselstromgrößen: Seiten 92 und 94

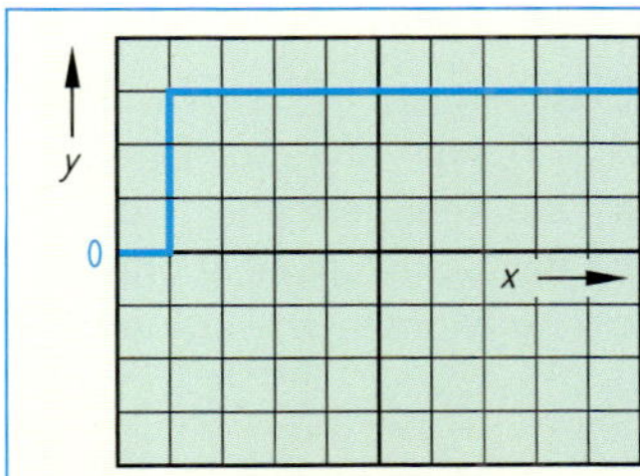

Bild 2: Gleichspannung

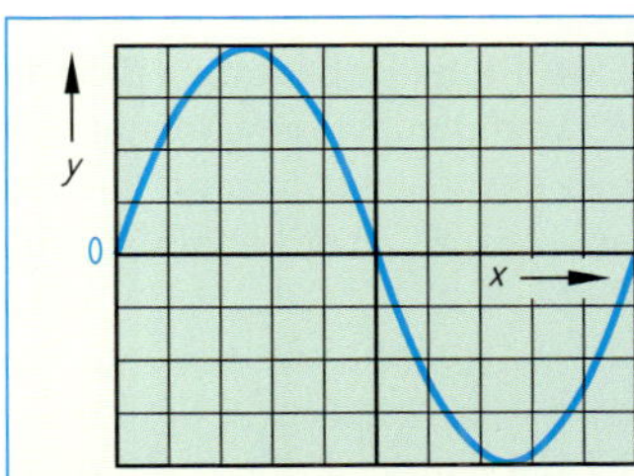

Bild 3: Wechselspannung

Beispiel:

Ein Zweikanal-Oszilloskop **(Bild 1)** misst die Spannungen eines Transformators, u_I über Kanal CH I und u_{II} über Kanal CH II. Ermitteln Sie aus **Bild 1**

a) die Ablenkkoeffizienten A_x, A_{yI} und A_{yII},

b) die Scheitelwerte $\hat{y}_I$ und $\hat{y}_{II}$, $\hat{u}_I$ und $\hat{u}_{II}$, **c)** die Effektivwerte U_I und U_{II},

d) die Periodendauer T und die Frequenz f,

e) die Phasenverschiebung Δx in div und φ_G in Grad zwischen u_I und u_{II}.

Lösung:

a) $A_x = 2\ \text{ms/div}$, $A_{yI} = 10\ \text{V/div}$, $A_{yII} = 1\ \text{V/div}$

b) $\hat{y}_I = 4{,}0\ \text{div} \Rightarrow \hat{u}_I = A_{yI} \cdot \hat{y}_I = 10\ \text{V/div} \cdot 4{,}0\ \text{div} = 40{,}0\ \text{V}$,
$\hat{y}_{II} = 3{,}0\ \text{div} \Rightarrow \hat{u}_{II} = A_{yII} \cdot \hat{y}_{II} = 1\ \text{V/div} \cdot 3{,}0\ \text{div} = 3{,}0\ \text{V}$,

c) $U_I = \frac{\hat{u}_I}{\sqrt{2}} = \frac{40\ \text{V}}{\sqrt{2}} = 28{,}3\ \text{V}$, $U_{II} = \frac{\hat{u}_{II}}{\sqrt{2}} = \frac{3\ \text{V}}{\sqrt{2}} = 2{,}12\ \text{V}$,

d) $x_T = 10\ \text{div} \Rightarrow T = A_x \cdot x_T = 2\ \text{ms/div} \cdot 10\ \text{div} = 20\ \text{ms}$; $f = 1/T = 50\ \text{Hz}$

e) $\Delta x = 3{,}0\ \text{div} \Rightarrow \varphi_G = \frac{\Delta x \cdot 360°}{x_T} = \frac{3{,}0\ \text{div} \cdot 360°}{10\ \text{div}} = 108°$

Aufgaben zu 8.6

1. Ein Oszilloskop misst eine Gleichspannung **(Bild 2, Seite 143)**. Der Koeffizient für die senkrechte Ablenkung (Eingangsempfindlichkeit) ist $A_y = 5\,V/div$. Ermitteln Sie die y-Ablenkung in div und die Gleichspannung U in V.

Der Ablenkkoeffizient A_y wird auch als Eingangsempfindlichkeit bezeichnet.

2. Das Oszillogramm in **Bild 3, Seite 143**, zeigt die volle Periode einer Wechselspannung mit Sinusverlauf. Am Oszilloskop sind die Koeffizienten $A_y = 2\,V/div$ (Eingangsempfindlichkeit) für die senkrechte Ablenkung und $A_x = 2\,ms/div$ für die waagrechte Ablenkung eingestellt. Ermitteln Sie mithilfe des Oszillogramms
   a) die Scheitelwerte $\hat{y}$ in div und $\hat{u}$ in V,
   b) den Spitze-Tal-Wert $\hat{\check{u}}$ und den Effektivwert U,
   c) die waagrechte Ablenkung x_T für 1 Periode,
   d) die Periodendauer T und die Frequenz f.

3. Die Rechteckspannung eines Funktionsgenerators wird auf dem Bildschirm eines Oszilloskops angezeigt **(Bild 1)**. Für die waagrechte Ablenkung ist der Koeffizient $A_x = 0{,}5\,ms/div$, für die senkrechte Ablenkung $A_y = 1\,V/div$ (Eingangsempfindlichkeit). Gesucht sind
   a) die Höhe der beiden angezeigten Impulse in div und in V,
   b) die Impulsdauer t_i und die Pausendauer t_P.

4. Ein Oszilloskop zeigt 1 Periode einer Dreieckspannung an **(Bild 2)**. Dabei gilt zunächst $A_{x1} = 1\,ms/div$ für die waagrechte Ablenkung und $A_y = 1\,V/div$ für die senkrechte Ablenkung. Ermitteln Sie
   a) den Scheitelwert $\hat{u}$ und den Spitze-Tal-Wert $\hat{\check{u}}$ der Spannung,
   b) die Periodendauer T und die Frequenz f der Dreieckspannung.
   c) Wie viel Perioden der Dreieckspannung werden auf dem Bildschirm angezeigt, wenn der Ablenkkoeffizient $A_{x1} = 1\,ms/div$ auf $A_{x2} = 2\,ms/div$ umgeschaltet wird?

5. Gegeben ist das Oszillogramm einer Wechselspannung **(Bild 3)** bei $A_x = 0{,}2\,ms/div$ und $A_y = 2\,V/div$. Gesucht sind
   a) die Periodendauer T und die Frequenz f der Wechselspannung,
   b) der Scheitelwert $\hat{u}$ und der Effektivwert U der Spannung,
   c) die Momentanwerte u bei $t = 0; 0{,}2; 0{,}4; 0{,}6; 0{,}8; 1{,}0; 1{,}6\,ms$.

Indirekte Strommessung mit dem Oszilloskop ist über den Spannungsfall an einem Messwiderstand (z. B. R_m in Bild 4) möglich.

6. Eine Reihenschaltung **(Bild 4)** aus dem unbekannten Widerstand R_x und dem Messwiderstand $R_m = 100\,\Omega$ liegt an einer sinusförmigen Wechselspannung. Ein Oszilloskop zeigt zwei Teilspannungen an, u_I an R_x über Kanal CH I, u_{II} an R_m über Kanal CH II (invertiert). Dabei gilt $A_{yI} = A_{yII} = 2\,V/div$ für die senkrechte, $A_x = 1\,ms/div$ für die waagrechte Ablenkung. Ermitteln Sie
   a) die Scheitelwerte $\hat{u}_I$ und $\hat{u}_{II}$ und die Effektivwerte U_I und U_{II},
   b) den Strom I durch R_m und den Widerstandswert R_x,
   c) die Verlustleistung am Messwiderstand R_m.

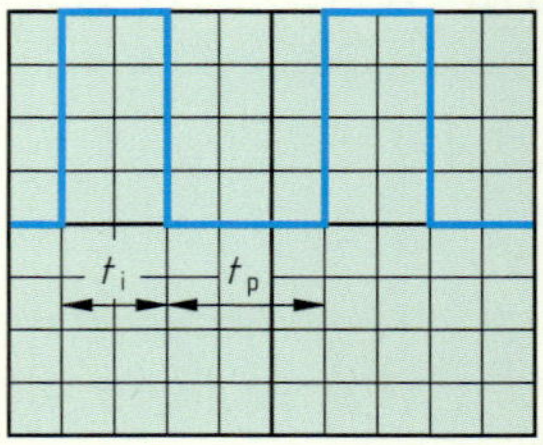

Bild 1: Rechteckspannung

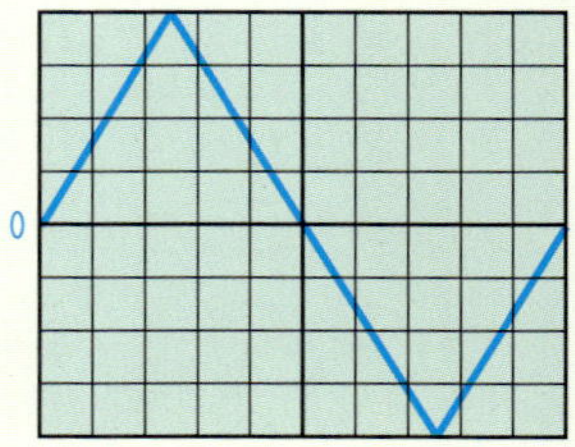

Bild 2: Dreieckspannung

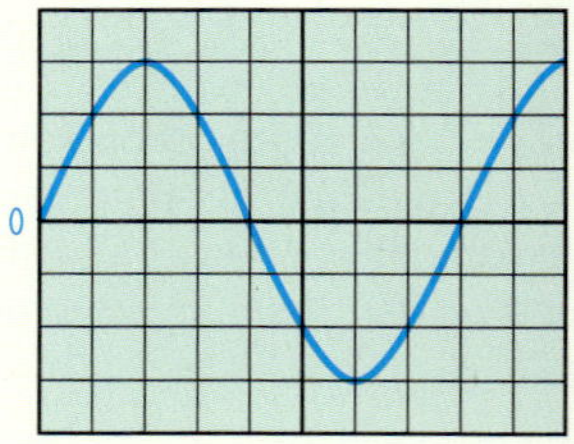

Bild 3: Wechselspannung

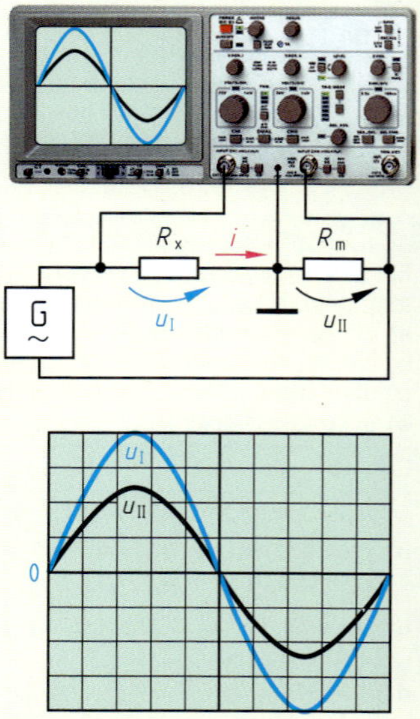

Bild 4: Widerstandsmessung

Winkeleinheiten **Seiten: 25 und 93.**
Dabei gilt: $T \triangleq 2 \cdot \pi \triangleq 360°$

7. Ein Zweikanal-Oszilloskop zeigt zwei Wechselspannungen an **(Bild 1)**, u_{I} über Kanal I und u_{II} über Kanal II. Die Ablenkkoeffizienten sind $A_{\text{yI}} = 5$ V/div, $A_{\text{yII}} = 1$ V/div für die senkrechte und $A_{\text{x}} = 0{,}2$ ms/div für die waagrechte Ablenkung. Ermitteln Sie

a) die Scheitelwerte $\hat{u}_{\text{I}}$ und $\hat{u}_{\text{II}}$, die Effektivwerte U_{I} und U_{II},

b) die Periodendauer T und die Frequenz f der Spannungen,

c) die Phasenverschiebung φ_{G} in Grad und φ_{B} in rad zwischen den beiden Wechselspannungen u_{I} und u_{II}.

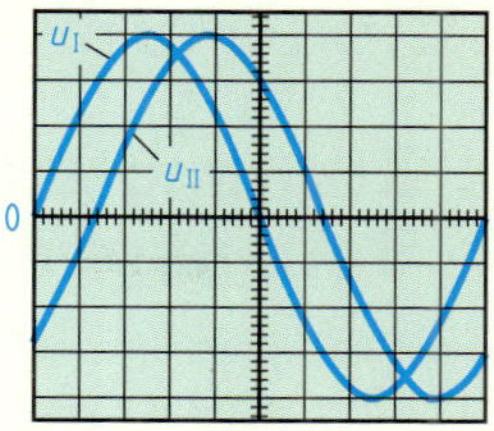

Bild 1: Zwei Wechselspannungen

Kapazitiver Blindwiderstand: **Seite 100**

8. An einer Reihenschaltung aus Kondensator der Kapazität C und Messwiderstand $R = 100\ \Omega$ **(Bild 2)** liegt die sinusförmige Wechselspannung u. Der Lade- bzw. Entladestrom i verursacht am Kondensator die Teilspannung u_{I}, am Widerstand R die Teilspannung u_{II}. Den zeitlichen Verlauf der Wechselspannungen u_{I} und u_{II} zeigt das Oszillogramm **Bild 2**. Gegeben sind die Ablenkkoeffizienten $A_{\text{x}} = 0{,}5$ ms/div, $A_{\text{yI}} = 2$ V/div und $A_{\text{yII}} = 0{,}5$ V/div. Gesucht sind

a) die Scheitelwerte $\hat{u}_{\text{I}}$, $\hat{u}_{\text{II}}$ und die Effektivwerte U_{I}, U_{II},

b) der Scheitelwert $\hat{i}$ und der Effektivwert I,

c) die Periodendauer T und die Frequenz f,

d) der Blindwiderstand X_{C} und die Kapazität C des Kondensators,

e) die Phasenverschiebung φ_{G} in Grad zwischen u_{I} und u_{II}.

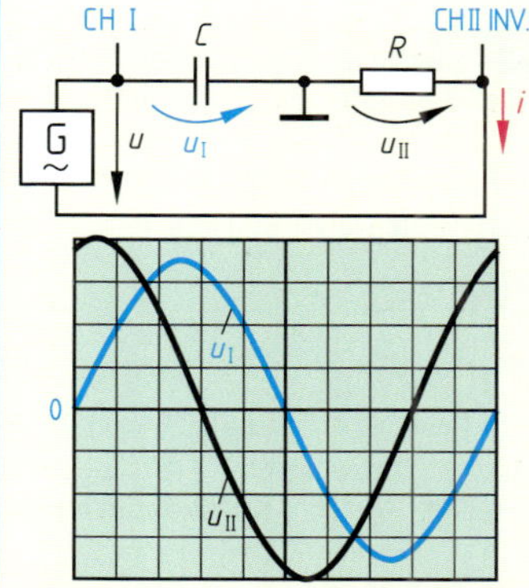

Bild 2: Messen am R-C-Glied

Zeitkonstante des R-C-Glieds: **Seiten 82 und 83**

9. Ein R-C-Glied **(Bild 3)** liegt an einer Rechteckspannung u_{I}. Beim Ladevorgang werden die Spannung u_{I} und die Ladespannung u_{II} am Kondensator aufgezeichnet **(Bild 3)**. Dabei sind $A_{\text{yI}} = A_{\text{yII}} = 0{,}5$ V/div, $A_{\text{x}} = 0{,}2$ ms/div, $R = 10\ \text{k}\Omega$. Ermitteln Sie

a) die Spannung u_{I} am R-C-Glied,

b) die Zeitkonstante τ aus dem zeitlichen Verlauf der Spannung u_{II},

c) aus der Zeitkonstanten τ die Kapazität C des Kondensators und die prozentuale Abweichung vom Nennwert 0,1 µF.

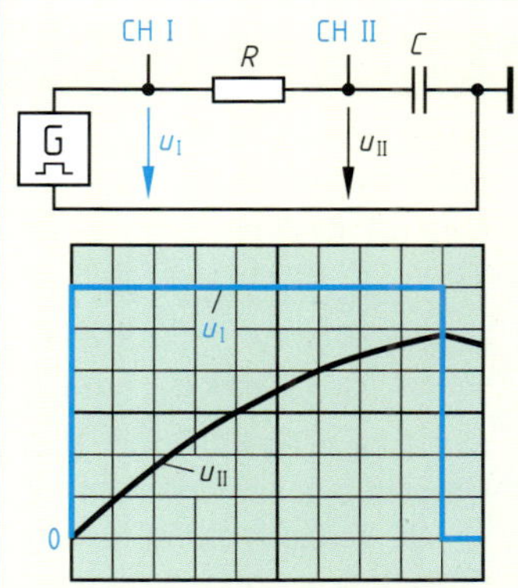

Bild 3: Messen am R-C-Glied

Widerstandsdreieck: **Seite 102**
Induktiver Blindwiderstand: **Seite 99**

10. Eine eisenlose Zylinderspule hat die Induktivität L und den Wirkwiderstand $R_{\text{s}} = 30\ \Omega$. Sie liegt nach **Bild 4** in Reihe zum Messwiderstand $R_{\text{m}} = 10\ \Omega$ an der sinusförmigen Wechselspannung u_{I}. Die Gesamtspannung u_{I} und die Teilspannung u_{II} am Widerstand R_{m} ergeben das Oszillogramm **Bild 4**. Es gilt $A_{\text{x}} = 0{,}2$ ms/div für die Zeit t, $A_{\text{yI}} = 0{,}5$ V/div für u_{I} und $A_{\text{yII}} = 0{,}1$ V/div für u_{II}. Gesucht sind

a) die Amplituden $\hat{u}_{\text{I}}$, $\hat{u}_{\text{II}}$, $\hat{i}$ und die Effektivwerte U_{I}, U_{II}, I,

b) der Scheinwiderstand Z und der Wirkwiderstand R der Schaltung,

c) das Widerstandsdreieck und der Blindwiderstand X_{L} (1 cm $\triangleq$ 10 Ω),

d) die Frequenz f der Wechselspannung und die Induktivität L der Spule,

e) der Phasenverschiebungswinkel φ_{G} in Grad zwischen U_{I} und I aus dem Widerstandsdreieck und aus dem Oszillogramm.

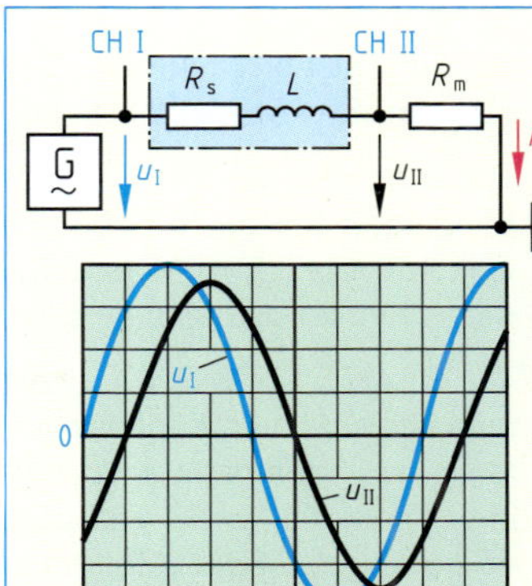

Bild 4: Messen am R-L-Glied

9 Elektronik

9.1 Kühlung elektronischer Bauelemente

Damit die zulässige Sperrschichttemperatur von Halbleiterbauelementen nicht überschritten wird, werden sie oft auf Kühlkörper montiert. Die Berechnung des Wärmewiderstandes erfolgt analog zum ohmschen Gesetz und zur 2. kirchhoffschen Regel. Dabei gilt: $R_{th} \hat{=} R$, $\Delta\vartheta \hat{=} U$, $P_v \hat{=} I$. Der thermische Widerstand $R_{thÜ}$ ist oft vernachlässigbar.

Beispiel:

Der Transistor BD131 (TO126-Gehäuse) hat folgende Daten: $\vartheta_j = 150\,°C$, $R_{thG} = 6$ K/W, $R_{thÜ} = 0{,}3$ K/W, $P_{tot} = 15$ W. Er wird bei $\vartheta_U = 25\,°C$ betrieben.

a) Berechnen Sie den maximalen Wärmewiderstand des Kühlkörpers.

b) Wählen Sie aus **Tabelle** bzw. **Bild 2** einen geeigneten Kühlkörper aus.

Lösung:

a) $R_{th} = \frac{\vartheta_j - \vartheta_U}{P_v} = \frac{150\,°C - 25\,°C}{15\,W} = \frac{125\,K}{15\,W} = 8{,}3\,K/W$

$\mathbf{R_{thK}} = R_{th} - R_{thG} - R_{thÜ} = 8{,}3\,K/W - 6\,K/W - 0{,}3\,K/W = \mathbf{2{,}0\,K/W}$

b) Aus **Tabelle**: **Der Fingerkühlkörper reicht zur Kühlung nicht aus.**
Aus **Bild 2**: **Kühlkörperlänge: 90 mm.**

P_{tot} ist die maximal zulässige Verlustleistung ($P_v \leq P_{tot}$).

Wärmewiderstand

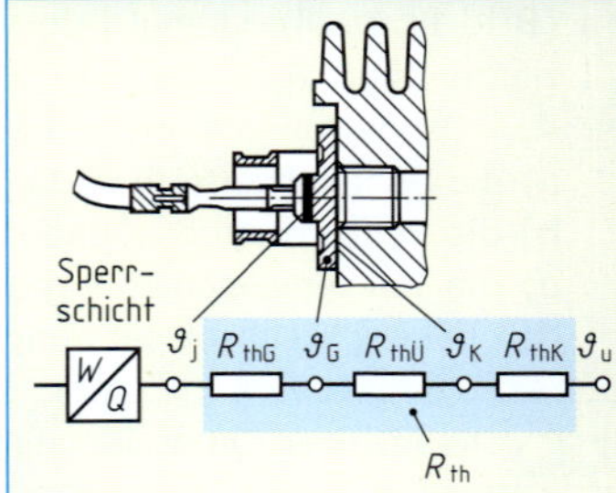

Bild 1

$$R_{th} = R_{thG} + R_{thÜ} + R_{thK}$$

$$R_{th} = \frac{\vartheta_j - \vartheta_U}{P_v} \qquad R_{thG} = \frac{\vartheta_j - \vartheta_K}{P_v}$$

$$R_{thK} = \frac{\vartheta_K - \vartheta_U}{P_v} \qquad R_{thÜ} = \frac{\vartheta_G - \vartheta_K}{P_v}$$

$$[R_{th}] = K/W$$

- R_{th} therm. Gesamtwiderstand
- R_{thG} therm. Innenwiderstand
- R_{thK} therm. Widerstand des Kühlkörpers
- $R_{thÜ}$ therm. Widerstand zwischen Gehäuse und Kühlkörper
- P_v Verlustleistung
- ϑ_j Sperrschichttemperatur
- ϑ_K Gehäusebodentemperatur
- ϑ_U Umgebungstemperatur

Tabelle: Kühlkörper

Art	Gehäuse	R_{thK}
Fingerkühlkörper	TO 3, TO 126, TO 220	9 K/W
Kühlstern	TO 18	60 K/W

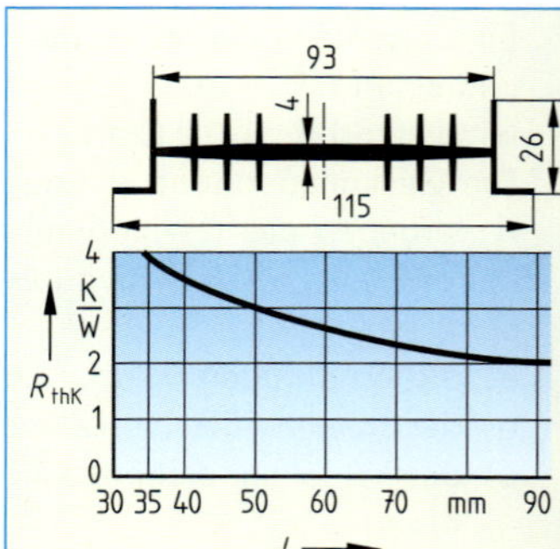

Bild 2: Thermischer Widerstand eines Kühlkörperprofils $R_{thK} = f(l)$

Aufgaben zu 9.1

1. Der Transistor BDY90 (TO 3-Gehäuse) mit $R_{thG} = 2{,}5$ K/W wird mit Wärmeleitpaste ($R_{thÜ} = 0{,}3$ K/W) auf einen Kühlkörper mit $R_{thK} = 2$ K/W montiert. Bestimmen Sie R_{th}.
2. Für den Transistor BD140 gilt nach Datenblatt: $\vartheta_j = 150\,°C$, $R_{thG} = 10$ K/W, $P_{tot} = 8$ W. Berechnen Sie den maximalen thermischen Widerstand R_{thK} des Kühlkörpers für $\vartheta_U = 30\,°C$.
3. Die Diode BYT79/100 **(Datenblatt Seite 281)** wird bei einer Umgebungstemperatur von 25 °C betrieben. Berechnen Sie die maximale Verlustleistung für die Montage auf einem Fingerkühlkörper **(Tabelle) a)** ohne Wärmeleitpaste, **b)** mit Wärmeleitpaste, **c)** für die Montage mit Wärmeleitpaste auf einen 70 mm langen Kühlkörper **(Bild 2)** und **d)** für die Montage ohne Kühlkörper.
4. Bis zu welcher Umgebungstemperatur darf der Transistor BC107 **(Datenblatt Seite 281)** mit Kühlstern **(Tabelle)** betrieben werden?
5. Der Transistor BD130 (TO 126-Gehäuse) soll in einer Umgebungstemperatur bis zu 30 °C betrieben werden. Seine Grenzwerte sind: $\vartheta_j = 150\,°C$, $P_{tot} = 6$ W und $R_{thG} = 10$ K/W. Wählen Sie einen geeigneten Kühlkörper aus der **Tabelle** bzw. **Bild 2**.
6. Die Diode BYT79/300 **(Datenblatt Seite 281)** wird mit Wärmeleitpaste auf einen Kühlkörper **(Bild 2)** montiert. Sie soll bis zu einer Umgebungstemperatur von 40 °C betrieben werden. Erstellen Sie eine Kennlinie für die zulässige Verlustleistung P_V in Abhängigkeit von der Länge l des Kühlkörpers im Bereich von 40 mm bis 90 mm. **Hinweis**: Zur Lösung eignet sich der Einsatz eines Tabellenkalkulationsprogramms, z. B. Excel.

9.2 Leuchtdioden

Bei Leuchtdioden (LED*) wird zur Strombegrenzung ein Vorwiderstand in Reihe geschaltet. In Datenbüchern ist die Durchlasskennlinie häufig logarithmisch dargestellt **(Bild 3)**.

Beispiel:

Die Leuchtdiode CQY 40 mit der Kennlinie nach **Bild 2** wird mit $R_v = 270\ \Omega$ an einer Anschlussspannung von $U_1 = 5$ V betrieben.

a) Ermitteln Sie mithilfe der Arbeitsgeraden den Arbeitspunkt. Geben Sie
b) die Durchlassspannung U_F,
c) den Durchlassstrom I_F und
d) die Spannung U_{Rv} am Vorwiderstand R_v an.

Lösung:

a) $I_0 = \frac{U_1}{R_v} = \frac{5\ \text{V}}{270\ \Omega} = \mathbf{18{,}5\ mA}$

Der Arbeitspunkt A ist der Schnittpunkt der Arbeitsgeraden mit der Diodenkennlinie **(Bild 2)**.

b) Aus **Bild 2:** $\mathbf{U_F = 1{,}7\ V}$,

c) Aus **Bild 2:** $\mathbf{I_F = 12\ mA}$,

d) $U_{Rv} = U_1 - U_F = 5\ \text{V} - 1{,}7\ \text{V} = \mathbf{3{,}3\ V}$.

Aufgaben zu 9.2

E-Reihen: **Seite 276**; Arbeitsgerade: **Seite 75**

1. Eine Leuchtdiode liegt mit einem Vorwiderstand R_v in Reihe an $U_1 = 6$ V **(Bild 1)**. Die Spannung an der Diode beträgt $U_F = 1{,}6$ V, der Strom $I_F = 10$ mA. Berechnen Sie R_v.

2. Die Leuchtdiode CQY 40 liegt mit dem Vorwiderstand $R_v = 330\ \Omega$ an der Anschlussspannung $U_1 = 5$ V **(Bild 1)**. Die Stromstärke beträgt $I_F = 10$ mA. Berechnen Sie **a)** U_{Rv}, **b)** U_F.

3. Eine Leuchtdiode hat eine Durchlassspannung von $U_F = 1{,}8$ V und liegt in Reihe mit einem Vorwiderstand $R_v = 560\ \Omega$ an $U_1 = 12$ V. Berechnen Sie **a)** den Strom durch den Vorwiderstand, **b)** die Verlustleistung am Vorwiderstand und an der LED.

4. Die Schaltung **(Bild 1)** mit der Leuchtdiode CQY40 liegt an $U_1 = 12$ V. Der Strom I_F soll höchstens 20 mA betragen. **a)** Dimensionieren Sie mithilfe der Kennlinie **(Bild 2)** einen geeigneten Vorwiderstand aus der Reihe E12. **b)** Geben Sie die Stromstärke I_F an, die sich mit diesem Widerstand einstellt.

5. Zur Betriebsanzeige in einer TTL-Steuerung soll eine gelbleuchtende LED CQX 37 **(Datenblatt Seite 280)** eingebaut werden. Die Betriebsspannung ist 5 V. Bestimmen Sie **a)** den kleinstmöglichen Vorwiderstand aus der Reihe E12, **b)** seine Belastbarkeit und **c)** die Lichtstärke der Leuchtdiode beim Durchlassstrom $I_{F\,max}$.

6. In ein Netzteil wird eine LED CQX 35 **(Datenblatt Seite 280)** eingebaut **(Bild 4)**. Sie soll eine Lichtstärke von 2 mcd abgeben. **a)** Berechnen Sie den Vorwiderstand R_v und wählen Sie einen Widerstand aus der Reihe E12. **b)** Wozu dient die Diode R1? **c)** Bestimmen Sie den Arbeitspunkt der Diode R1 beim Scheitelwert der Wechselspannung mithilfe von **Bild 3**.

* LED Abk. für: **L**ight **E**mitting **D**iode (engl.) = lichtemittierende Diode

LED mit Vorwiderstand

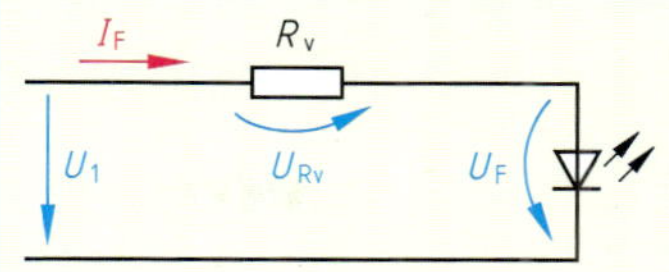

Bild 1

$$R_v = \frac{U_1 - U_F}{I_F}$$

U_1	Anschlussspannung
U_F	Durchlassspannung
I_F	Durchlassstrom
R_v	Vorwiderstand

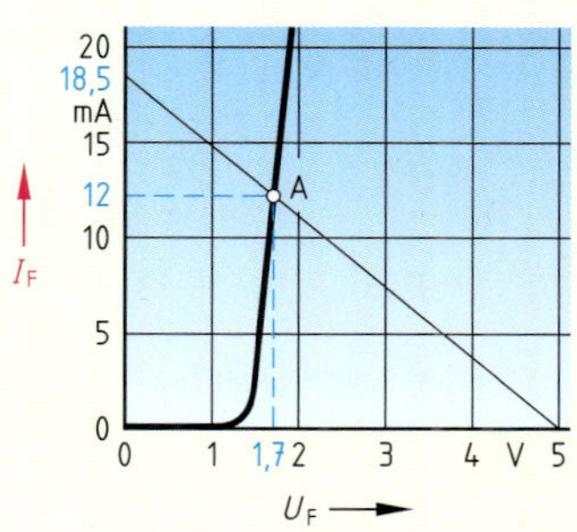

Bild 2: Durchlasskennlinie der LED CQY 40

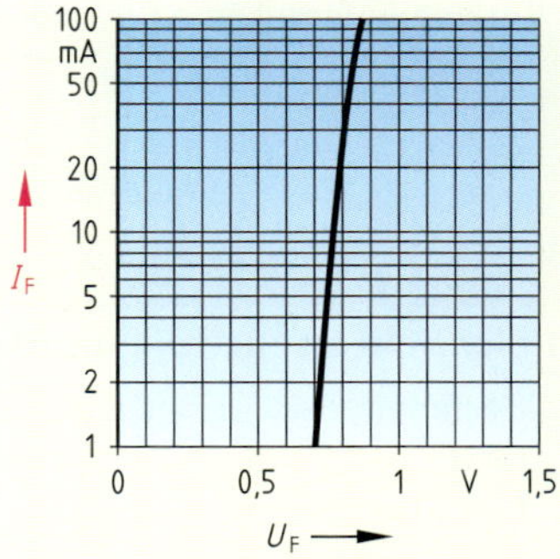

Bild 3: Durchlasskennlinie der Diode BAY147/100

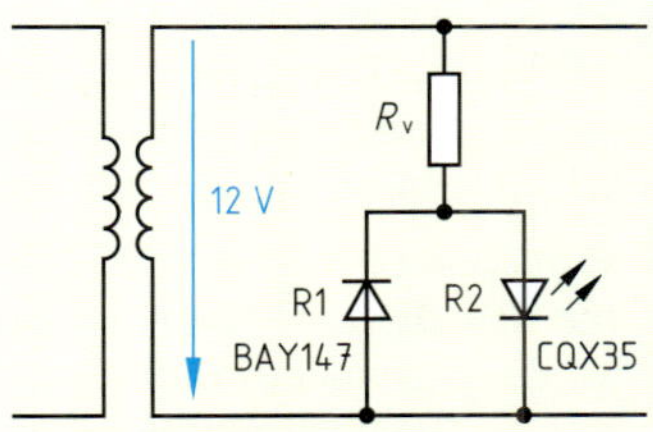

Bild 4: Schaltungsauszug

9.3 Gleichrichter

9.3.1 Gleichrichterschaltungen

Ein Gleichrichter besteht aus Transformator und Gleichrichterschaltung. Das Verhältnis der Gleichstromgrößen zu den Wechselstromgrößen hängt von der verwendeten Gleichrichterschaltung ab **(Tabelle)**. Bei Belastung sinkt die Gleichspannung am Verbraucher um den Spannungsfall an den Dioden.

Beispiel:

Eine Zweipuls-Brückenschaltung B2U aus Siliciumdioden soll eine ideelle Leerlaufgleichspannung $U_{di} = 130\,V$ haben und bei Belastung einen Gleichstrom $I_d = 10\,A$ abgeben. Berechnen Sie
a) die wechselstromseitige Anschlussspannung U_1,
b) die Bauleistung P_T des Trafos,
c) die Gleichspannung U_d bei Belastung,
d) den Zweigstrom I_Z durch die Dioden.

Lösung:

a) $\frac{U_{di}}{U_1} = 0{,}9 \Rightarrow \boldsymbol{U_1} = \frac{U_{di}}{0{,}9} = \frac{130\,V}{0{,}9} = \mathbf{144\,V}$

b) $\frac{P_T}{P_d} = 1{,}23 \Rightarrow \boldsymbol{P_T} = 1{,}23 \cdot P_d = 1{,}23 \cdot 130\,V \cdot 10\,A = \mathbf{1600\,VA}$

c) In der B2U-Schaltung leiten 2 Dioden ⇒ der Spannungsfall an den Dioden beträgt $2 \cdot 0{,}7\,V = \mathbf{1{,}4\,V}$
⇒ $\boldsymbol{U_d} = 130\,V - 1{,}4\,V = \mathbf{128{,}6\,V}$.

d) $\frac{I_Z}{I_d} = \frac{1}{2} \Rightarrow \boldsymbol{I_Z} = I_d \cdot 0{,}5 = 10\,A \cdot 0{,}5 = \mathbf{5\,A}$

Aufgaben zu 9.3.1

Bezeichnungsschema für Gleichrichterschaltungen:

Schaltungsart:	← **B 2 U** →	Steuerbarkeit
M: Mittelpunktsch.	↓	**U**: ungesteuert
B: Brückensch.	**Pulszahl**	**C**: gesteuert
E: Einwegschaltung		**H**: halbgesteuert

Gleichrichterschaltungen für Wechselstrom

1. Bestimmen Sie für eine B2U-Schaltung **(Tabelle)** mit $U_{di} = 70\,V$ die erforderliche wechselstromseitige Anschlussspannung U_1.
2. Eine B2U-Schaltung **(Tabelle)** wird an $U_1 = 230\,V$ betrieben. Berechnen Sie die Gleichspannung **a)** im Leerlauf, **b)** bei Belastung.
3. Zwei Siliciumdioden werden in M2U-Schaltung **(Tabelle)** betrieben. Ihr maximaler Durchlassstrom beträgt 2 A. Welcher Gleichstrom I_d kann der Schaltung entnommen werden?
4. Berechnen Sie für eine B2U-Schaltung **(Tabelle)** mit den Dioden 1N 4003 **(Tabelle 1, Seite 149)** **a)** die maximale Anschlussspannung, **b)** die maximale Gleichstromleistung, **c)** die erforderliche Transformatorbauleistung.

Tabelle: Gleichrichterschaltungen für Wechselstrom

Einpuls-Einwegschaltung E1U

Schaltbild	Ausgangsspannungsverlauf
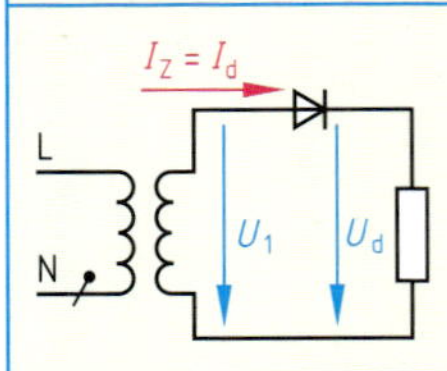	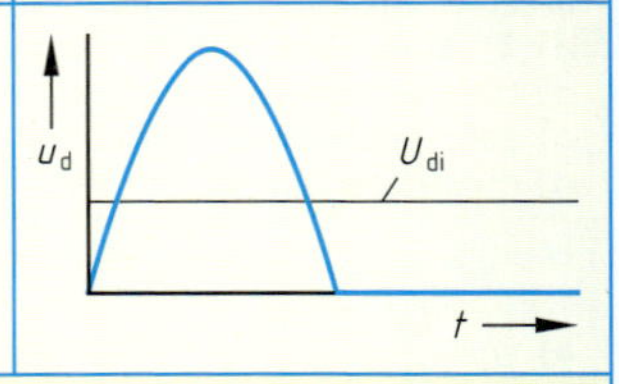

$\frac{U_{di}}{U_1} = 0{,}45 \qquad \frac{P_T}{P_d} = 3{,}1 \qquad \frac{I_Z}{I_d} = 1$

Zweipuls-Mittelpunktschaltung M2U

Schaltbild	Ausgangsspannungsverlauf
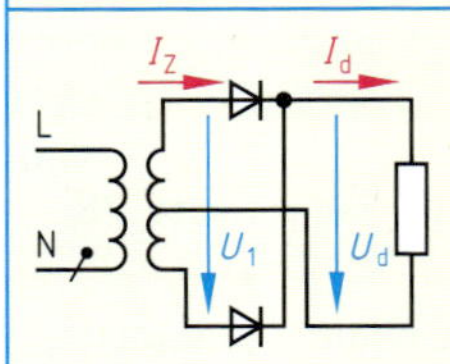	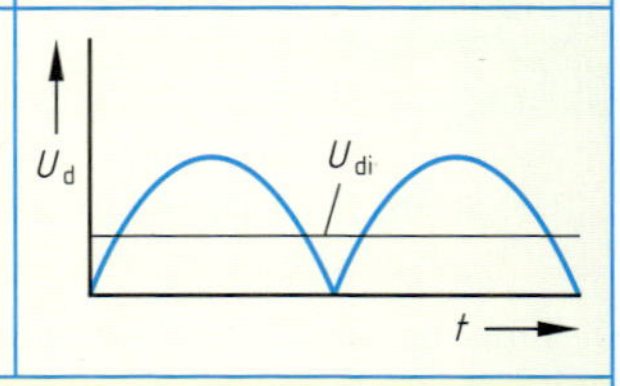

$\frac{U_{di}}{U_1} = 0{,}45 \qquad \frac{P_T}{P_d} = 1{,}5 \qquad \frac{I_Z}{I_d} = 1/2$

Zweipuls-Brückenschaltung B2U

Schaltbild	Ausgangsspannungsverlauf
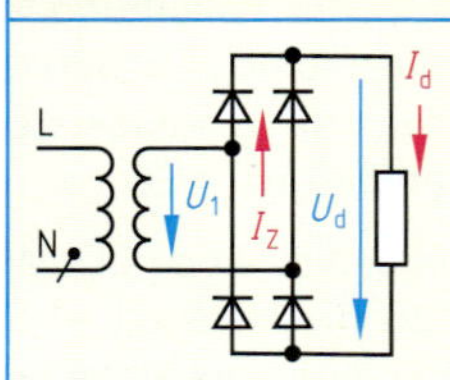	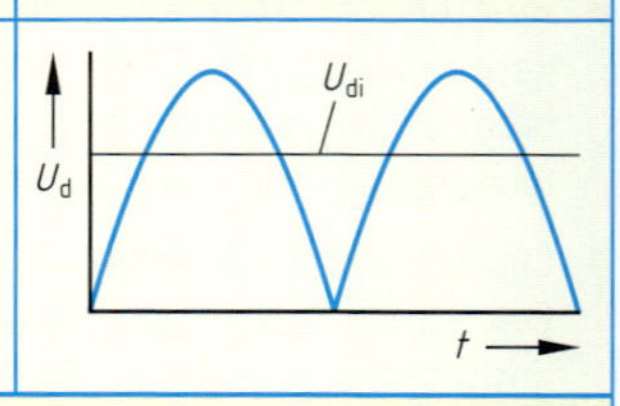

$\frac{U_{di}}{U_1} = 0{,}9 \qquad \frac{P_T}{P_d} = 1{,}23 \qquad \frac{I_Z}{I_d} = 0{,}5$

Für alle Gleichrichterschaltungen gilt:

$$U_{R\,max} = \sqrt{2} \cdot U_{1\,max\sim} \qquad P_d = U_d \cdot I_d$$

U_{di}	ideelle Leerlaufgleichspg. (arith. Mittelwert)
U_d	Gleichspannung bei Belastung
U_1	wechselstromseitige Anschlussspannung (Effektivwert)
$U_{R\,max}$	maximale Sperrspannung der Diode
I_Z	Strom im Gleichrichterzweig (Zweigstrom)
I_d	Gleichstrom
P_T	Transformatorbauleistung
P_d	Gleichstromleistung

9 Elektronik

5. Eine Siliciumdiode in E1U-Schaltung **(Tabelle Seite 148)** mit Glättungskondensator liegt an $U_1 = 230$ V. **a)** Auf welche Spannung lädt sich der Kondensator auf? **b)** Welche Diode aus der **Tabelle 1** kann verwendet werden?

> Bei einer E1U-Schaltung mit Glättungskondensator gilt: $U_{R\,max} \geq 2 \cdot \sqrt{2} \cdot U_{1\,max}$.

6. Ein Gleichstrommotor mit den Bemessungsdaten 220 V, 180 W, $\eta = 0{,}78$ wird über einen Gleichrichter mit B2U-Schaltung an 230 V, 50 Hz angeschlossen. Ermitteln Sie **a)** die Transformatorbauleistung, **b)** sein Übersetzungsverhältnis. **c)** Wählen Sie einen geeigneten Diodentyp aus **Tabelle 1**.

Gleichrichterschaltungen für Drehstrom

7. Ermitteln Sie für eine B6U-Schaltung **(Tabelle 2)** mit $U_{di} = 450$ V **a)** die wechselstromseitige Anschlussspannung U_1 und **b)** den Diodentyp hinsichtlich der Sperrspannung **(Tabelle 1)**.

8. Für eine Galvanisierungsanlage ist ein Gleichrichter B6U-Schaltung mit $U_{di} = 35$ V **(Tabelle 2)** und einer Transformatorbauleistung von 10 kW installiert. Berechnen Sie **a)** die maximalen Zweigströme I_Z, **b)** die Anschlussspannung U_1.

9. Eine M3U-Schaltung **(Tabelle 2)** versorgt einen Gleichstromantrieb mit den Bemessungsdaten: $P = 0{,}3$ kW, $U = 220$ V, $\eta = 0{,}73$. Bestimmen Sie unter Berücksichtigung des Spannungsfalls an den Dioden **a)** die wechselstromseitige Anschlussspannung U_1, **b)** die Zweigströme I_Z.

10. Für einen Gleichstrommotor mit den Daten 10 kW, 500 V, 21 A wird eine Gleichrichterschaltung benötigt. Stellen Sie eine M3U-Schaltung einer B6U-Schaltung **(Tabelle 2)** gegenüber und wählen Sie eine Gleichrichterschaltung aus. Begründen Sie Ihre Auswahl.

11. Eine B6U-Schaltung mit Dioden der Reihe BYT 79/... hat die Bemessungsleistung $P_d = 2{,}2$ kW und $U_d = 220$ V. Wählen Sie einen geeigneten Diodentyp aus **Datenblatt Seite 281** und begründen Sie die Auswahl. **b)** Berechnen Sie die Transformatorbauleistung P_T. **c)** Bei einer Umgebungstemperatur von 90 °C soll eine kurzzeitige Überlastung des Gleichrichters von 150% möglich sein. Ermitteln Sie die Länge des Kühlkörpers für je eine Diode bei Montage mit Wärmeleitpaste und Glimmerscheibe **(R_{thK} aus Bild 2, Seite 146)**.

Tabelle 1: Kennwerte von Siliciumdioden

Typ	$U_{R\,max}$ in V	$I_{F\,max}$ in A	Typ	$U_{R\,max}$ in V	$I_{F\,max}$ in A
1N 4002	200	1	1N 4005	800	1
1N 4003	400	1	1N 4006	1000	1
1N 4004	600	1	1N 4007	1300	1

$U_{R\,max}$ maximale Sperrspannung der Diode
$I_{F\,max}$ maximaler Durchlassstrom der Diode

Tabelle 2: Gleichrichterschaltungen für Drehstrom

Dreipuls-Mittelpunktschaltung M3U

Schaltbild	Ausgangsspannungsverlauf
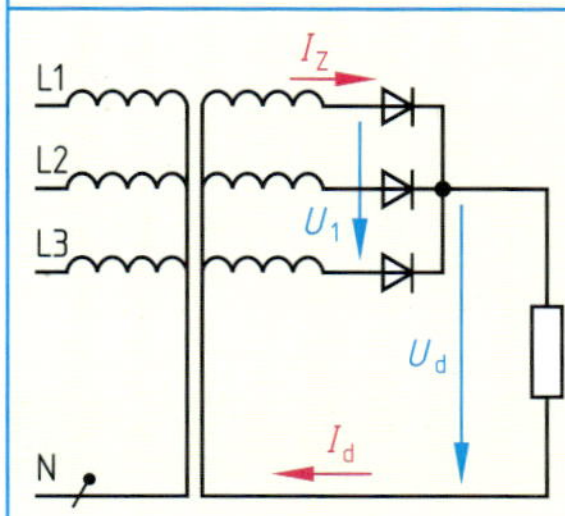	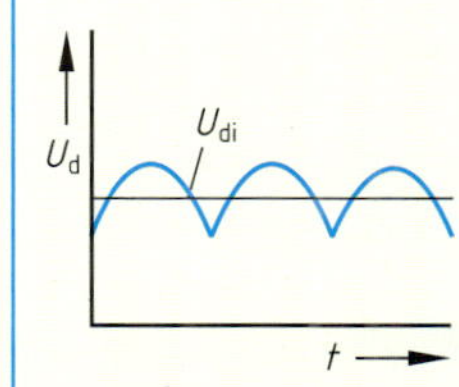

$\frac{U_{di}}{U_1} = 0{,}675$ $\frac{P_T}{P_d} = 1{,}5$ $\frac{I_Z}{I_d} = \frac{1}{3}$

Sechspuls-Brückenschaltung B6U

Schaltbild	Ausgangsspannungsverlauf
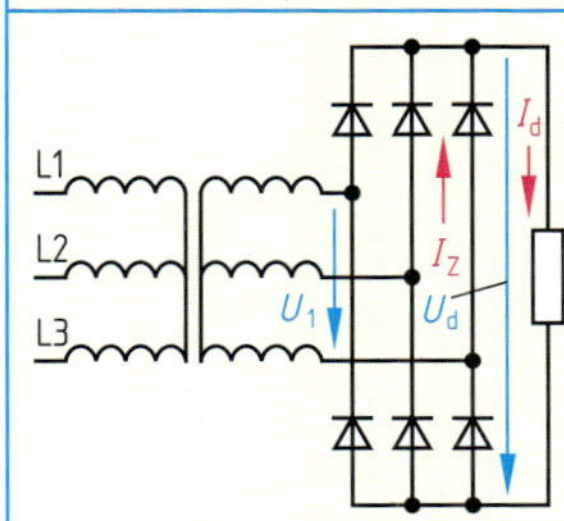	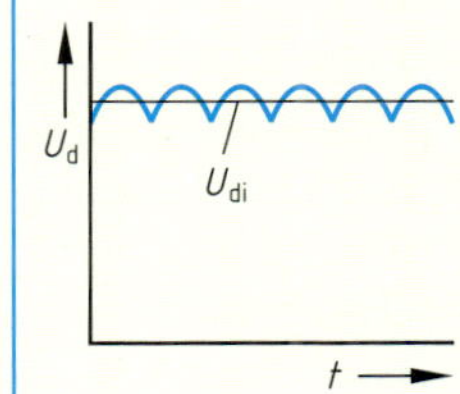

$\frac{U_{di}}{U_1} = 1{,}35$ $\frac{P_T}{P_d} = 1{,}1$ $\frac{I_Z}{I_d} = \frac{1}{3}$

U_{di} ideelle Leerlaufgleichspannung (arith. Mittelwert)
U_d Gleichspannung bei Belastung
U_1 wechselstromseitige Anschlussspannung (Effektivwert)
I_Z Strom im Gleichrichterzweig (Zweigstrom)
I_d Gleichstrom
P_T Transformatorbauleistung
P_d Gleichstromleistung (Bemessungsleistung)

9.3.2 Glättung und Siebung

Glättung

Gleichrichterschaltungen liefern eine pulsierende Gleichspannung. Werden sie mit einem Glättungskondensator C_G beschaltet **(Bild 1)**, ergibt sich ein Spannungsverlauf wie in **Bild 2** mit einem Gleichspannungsanteil U_d und einer überlagerten etwa dreieckförmigen Brummspannung U_p mit der Brummfrequenz f_p.

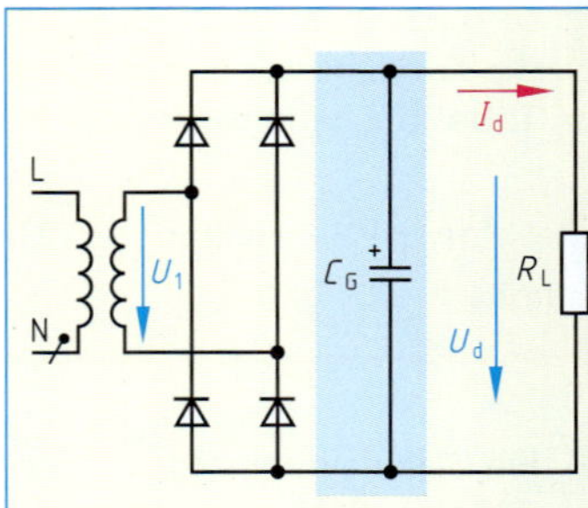

Bild 1: B2U-Schaltung mit Glättungskondensator C_G

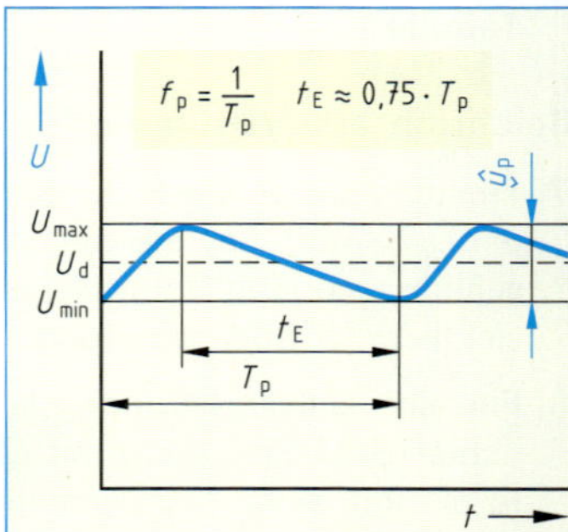

Bild 2: Glättung der gleichgerichteten Spannung

Beispiel:

Eine Zweipuls-Brückenschaltung B2U **(Bild 1)** ist an eine Spannung U_1 mit der Frequenz 50 Hz angeschlossen und liefert eine Gleichspannung mit einer Brummspannung, deren Spitze-Tal-Wert $\hat{u}_p = 0{,}3$ V beträgt. Dem Gleichrichter wird ein Strom von $I_d = 160$ mA entnommen.

a) Wie groß ist der Effektivwert U_p der Brummspannung?
b) Welche Kapazität C_G hat der Glättungskondensator?

Lösung:

a) $U_p = \frac{\hat{u}_p}{2 \cdot \sqrt{3}} = \frac{0{,}3\,\text{V}}{2 \cdot \sqrt{3}} = \mathbf{86{,}6\,mV}$

b) $f_p = f \cdot z_p = 50\,\frac{1}{\text{s}} \cdot 2 = 100\,\frac{1}{\text{s}}$

$$\hat{u}_p = \frac{0{,}75 \cdot I_d}{f_p \cdot C_G} \Rightarrow C_G = \frac{0{,}75 \cdot I_d}{f_p \cdot \hat{u}_p} = \frac{0{,}75 \cdot 160 \cdot 10^{-3}\,\text{A}}{100\,\frac{1}{\text{s}} \cdot 0{,}3\,\text{V}} = 4 \cdot 10^{-3}\,\frac{\text{As}}{\text{V}}$$

$\mathbf{C_G = 4000\,\mu F}$

$$U_p = \frac{\hat{u}_p}{2 \cdot \sqrt{3}}$$

$$f_p = f \cdot z_p$$

$$\hat{u}_p = \frac{0{,}75 \cdot I_d}{f_p \cdot C_G}$$

$$[\hat{u}_p] = \frac{\text{A} \cdot \text{V}}{\text{s}^{-1} \cdot \text{As}} = \text{V}$$

$\hat{u}_p$	Brummspannung (Spitze-Tal-Wert)
U_p	Brummspannung (Effektivwert)
I_d	Gleichstrom
C_G	Kapazität des Glättungskondensators
f_p	Brummfrequenz (Pulsfrequenz)
f	Netzfrequenz
z_p	Pulszahl je Periode
$\sqrt{3}$	Scheitelfaktor bei Dreieckform

Aufgaben zu Glättung

1. Am Glättungskondensator einer Gleichrichterschaltung wird die Spannung $\hat{u}_p = 0{,}6$ V gemessen. Bestimmen Sie den Effektivwert U_p der Brummspannung.
2. Eine B2U-Gleichrichterschaltung mit einem Glättungskondensator von 470 µF **(Bild 1)** wird an 130 V 50 Hz betrieben. Berechnen Sie U_p bei einem Laststrom von $I_d = 200$ mA.
3. Eine B2U-Gleichrichterschaltung an $f = 50$ Hz hat die Bemessungsdaten $U_d = 110$ V und $P_d = 500$ W sowie einen Glättungskondensator mit $C = 8200$ µF. Berechnen Sie die Brummspannung U_p.
4. Die Brummspannung an einer B2U-Gleichrichterschaltung mit einem Glättungskondensator von 100 µF beträgt $U_p = 0{,}5$ V bei einem Gleichstrom von 81,7 mA. Welche Frequenz hat die Eingangswechselspannung?
5. Eine Zweipuls-Brückenschaltung B2U mit Glättungskondensator **(Bild 1)** ist an 230 V 50 Hz angeschlossen und gibt einen Gleichstrom $I_d = 100$ mA ab. Der Spitze-Tal-Wert der Brummspannung darf 1 V betragen. Berechnen Sie **a)** die Brummfrequenz f_p, **b)** die Kapazität C_G des erforderlichen Glättungskondensators.
6. Die Pulsfrequenz einer M2U-Schaltung in einem Schaltnetzteil beträgt 20 kHz und der abgegebene Gleichstrom $I_d = 100$ mA. Die Brummspannung $\hat{u}_p$ darf 1 V nicht überschreiten. Ermitteln Sie die Kapazität des Glättungskondensators aus der Reihe E12.
7. Eine B6U-Schaltung an 400 V 50 Hz gibt einen Gleichstrom von 5 A ab. Der Effektivwert der Brummspannung darf 0,8 V nicht überschreiten. Berechnen Sie die erforderliche Kapazität des Glättungskondensators.

Siebung

Durch Zuschalten von Siebgliedern **(Bild 1** und **Bild 2)** zum Glättungskondensator wird eine sehr geringe Restwelligkeit erreicht. Bei geringen Stromstärken glättet man mit RC-Gliedern **(Bild 1)**, bei hohen Stromstärken mit LC-Gliedern **(Bild 2)**. Das Verhältnis der Brummspannungen U_{p1} vor und U_{p2} hinter dem Siebglied heißt Siebfaktor s.

> Je höher der Siebfaktor, desto geringer ist die Restwelligkeit.

Beispiel:

Eine B2U-Gleichrichterschaltung richtet eine Wechselspannung mit $f = 50$ Hz gleich. Am Glättungskondensator beträgt die Brummspannung $U_{p1} = 1$ V. Das nachgeschaltete Siebglied besteht aus dem Siebwiderstand $R_S = 39\ \Omega$ und einem Siebkondensator $C_S = 470\ \mu$F. Berechnen Sie

a) den Siebfaktor s,

b) die Brummspannung am Siebkondensator.

Lösung:

a) $\boldsymbol{s} = \omega_p \cdot R_S \cdot C_S = 2 \cdot \pi \cdot 2 \cdot 50\ \text{s}^{-1} \cdot 39\ \Omega \cdot 470 \cdot 10^{-6}\ \text{As/V} = \mathbf{11{,}5}$

b) $s = \frac{U_{p1}}{U_{p2}} \Rightarrow \boldsymbol{U_{p2}} = \frac{U_{p1}}{s} = \frac{1\ \text{V}}{11{,}5} = \mathbf{87\ mV}$

Aufgaben zu Siebung

1. Eine M2U-Schaltung am Netz mit $f = 50$ Hz wird mit einem Siebglied $R_S = 470\ \Omega$ und $C_S = 470\ \mu$F beschaltet. Berechnen Sie den Siebfaktor.
2. Eine Zweipuls-Brückenschaltung B2U am Wechselstromnetz mit der Frequenz $f = 60$ Hz hat zur Reduzierung der Restwelligkeit eine RC-Siebschaltung **(Bild 1)** mit einem Siebwiderstand $R_S = 560\ \Omega$ und einem Siebkondensator $C_S = 470\ \mu$F. Bestimmen Sie den Siebfaktor.
3. Der Siebwiderstand eines RC-Glieds beträgt 680 Ω. Die Siebschaltung soll an einer M3U-Schaltung bei einer Netzfrequenz von $f = 50$ Hz einen Siebfaktor von 75 aufweisen. Welche Siebkapazität ist erforderlich?
4. Mit einem RC-Siebglied **(Bild 1)** soll an einer B2U-Schaltung an 50 Hz ein Siebfaktor von $s = 65$ erreicht werden. Der verwendete Siebwiderstand hat einen Widerstandswert von 330 Ω. Berechnen Sie die Kapazität des Siebkondensators.
5. Eine M3U-Schaltung wird am 400/230-V-Netz mit $f = 50$ Hz betrieben. Zur Glättung wird ein LC-Glied **(Bild 2)** zugeschaltet. Die Induktivität der Siebdrossel beträgt 800 mH. Es soll ein Siebfaktor von $s = 50$ erreicht werden. Bestimmen Sie die Kapazität des Siebkondensators C_S.
6. Vor dem LC-Siebglied **(Bild 2)** einer B6U-Schaltung an 400 V 50 Hz mit der Siebinduktivität $L_S = 50$ mH und der Siebkapazität $C_S = 470\ \mu$F beträgt die Brummspannung $U_{p1} = 0{,}5$ V. Berechnen Sie die Brummspannung U_{p2} nach dem Siebglied.
7. Ein LC-Siebglied **(Bild 2)** mit dem Siebfaktor $s = 34$ besteht aus einer Siebinduktivität $L_S = 29$ mH und einer Siebkapazität $C_S = 330\ \mu$F. An welche Gleichrichterschaltung mit einer wechselstromseitigen Anschlussspannung von 50 Hz ist dieses Siebglied angeschlossen?

Siebung

RC-Siebung

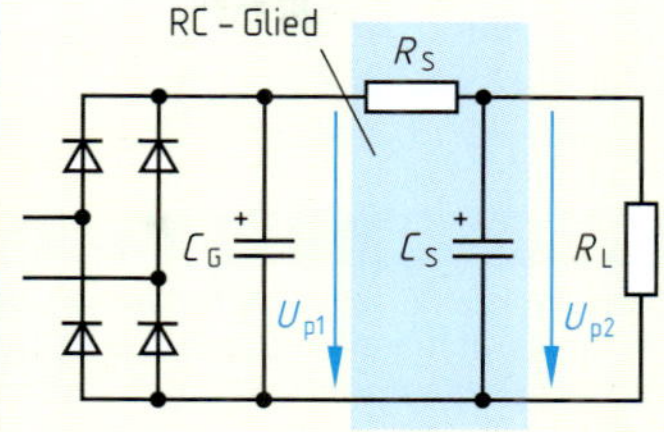

Bild 1

$$s = \omega_p \cdot R_S \cdot C_S$$

$$[s] = \frac{1}{\text{s}} \cdot \Omega \cdot \frac{\text{s}}{\Omega} = 1$$

LC-Siebung

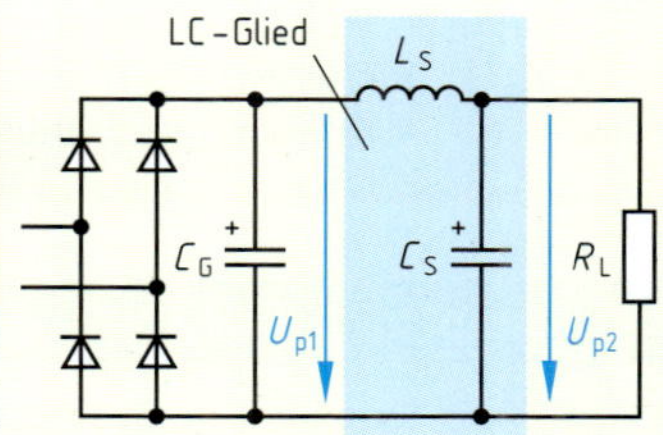

Bild 2

$$s = \omega_p^2 \cdot L_S \cdot C_S$$

$$[s] = \frac{1}{\text{s}^2} \cdot \Omega \cdot \text{s} \cdot \frac{\text{s}}{\Omega} = 1$$

$$f_p = f \cdot z_p$$

$$\omega_p = 2 \cdot \pi \cdot f_p$$

$$s = \frac{U_{p1}}{U_{p2}}$$

$$[s] = 1$$

s	Siebfaktor
U_{p1}	Brummspannung an C_G
U_{p2}	Brummspannung an C_S
ω_p	Pulskreisfrequenz
R_S	Siebwiderstand
C_S	Siebkapazität (Siebkondensator)
L_S	Siebinduktivität (Siebdrossel)
f_p	Brummfrequenz (Pulsfrequenz)
z_p	Pulszahl je Periode
f	Netzfrequenz

9.4 Bipolarer Transistor

9.4.1 Kennwerte

Bipolare Transistoren **(Bild 1)** sind je nach Schichtenfolge PNP- oder NPN-Typen. Die Richtungen der Ströme und Spannungen sind unterschiedlich **(Bild 2 und Bild 3)**. Ströme und Spannungen am Transistor können mit den kirchhoffschen Regeln berechnet werden.

Beispiel:

Ein Transistor hat nach Datenblatt bei $U_{CE} = 5\ \text{V}$ und $I_C = 30\ \text{mA}$ ein Gleichstromverhältnis von $B = 80$. Berechnen Sie
a) den Basisstrom I_B, **b)** den Emitterstrom I_E, **c)** die Verlustleistung P_v.
d) Welche Schichtfolge hat der Transistor?

Lösung:

a) $B = \frac{I_C}{I_B} \Rightarrow \boldsymbol{I_B} = \frac{I_C}{B} = \frac{30\ \text{mA}}{80} = \mathbf{375\ \mu A}$

b) $\boldsymbol{I_E} = I_C + I_B = 30\ \text{mA} + 375\ \mu\text{A} = \mathbf{30{,}4\ mA}$

c) $\boldsymbol{P_v} = U_{CE} \cdot I_C = 5\ \text{V} \cdot 30\ \text{mA} = \mathbf{150\ mW}$

d) Es handelt sich um einen **NPN**-Transistor, weil U_{CE} positiv ist.

Unter P_{tot} versteht man die maximal zulässige Verlustleistung des Transistors. Sie wird dem Datenblatt, z. B. **Seite 281**, entnommen.

Aufgaben zu 9.4.1

1. In einem Transistor fließt ein Basisstrom von 12 µA und ein Kollektorstrom von 3 mA. Berechnen Sie
a) den Emitterstrom I_E und **b)** das Gleichstromverhältnis B.

2. Der Basisstrom eines Transistors beträgt 68 µA, der Kollektorstrom 2,21 mA und die Kollektor-Emitter-Spannung 5 V. Ermitteln Sie
a) das Gleichstromverhältnis B, **b)** den Emitterstrom I_E und **c)** die Verlustleistung P_v.

3. Bei einem Transistor beträgt $U_{CE} = 7{,}5\ \text{V}$ und $U_{CB} = 6{,}8\ \text{V}$. **a)** Berechnen Sie die Basis-Emitter-Spannung U_{BE}. **b)** Welche Schichtenfolge (PNP oder NPN) hat der Transistor?

4. Ermitteln Sie aus den Transistorschaltungen in **Bild 4a und 4b**
a) die Kollektor-Emitter-Spannung U_{CE}, **b)** die Kollektor-Basis-Spannung U_{CB} und **c)** die Basis-Emitter-Spannung U_{BE}.

5. Bei den Transistoren in **Bild 4a und 4b** beträgt $P_{tot} = 400\ \text{mW}$. Berechnen Sie den maximal zulässigen Kollektorstrom I_C.

6. Der Transistor BC107 hat bei $U_{CE} = 5\ \text{V}$ eine Verlustleistung von 10 mW. Bestimmen Sie mithilfe der Kennlinie für das Gleichstromverhältnis **(Seite 281)** den Basisstrom.

● 7. In einer Transistorschaltung hat der Transistor BC107 **(Datenblatt Seite 281)** eine Kollektor-Emitter-Spannung von 5 V. Die Umgebungstemperatur beträgt 45 °C. Berechnen Sie den maximal zulässigen Kollektorstrom, wenn der Transistor **a)** ohne Kühlkörper, **b)** mit einem Kühlstern mit $R_{thK} = 60\ \text{K/W}$ betrieben wird.
Hinweis: Die zulässige Verlustleistung P_v ist vom thermischen Gesamtwiderstand R_{th} und der Umgebungstemperatur ϑ_U **(Seite 146)** abhängig.

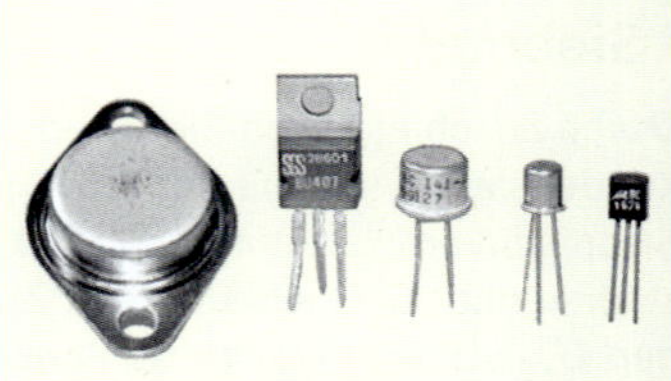

Bild 1: Transistoren

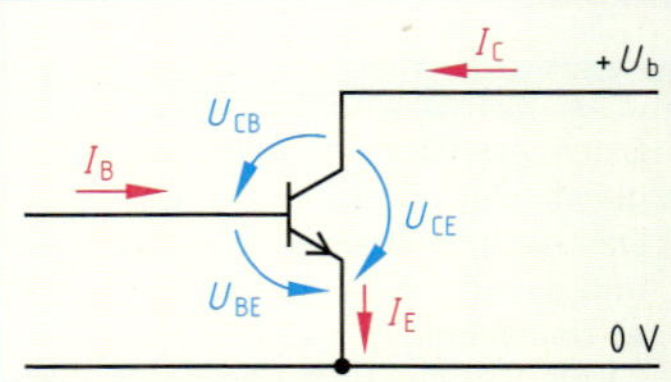

Bild 2: NPN-Transistor

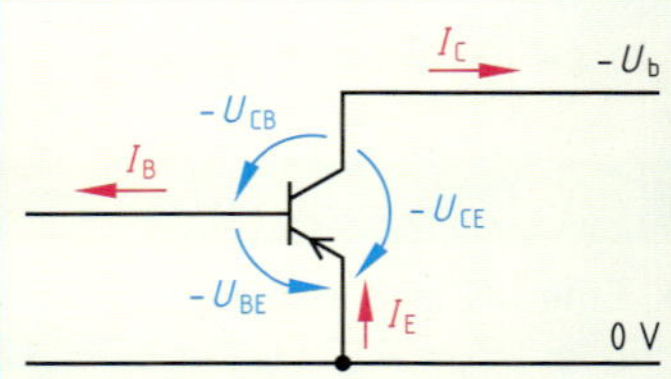

Bild 3: PNP-Transistor

$$U_{CE} = U_{CB} + U_{BE}$$

$$I_E = I_C + I_B$$

$$P_v = U_{CE} \cdot I_C$$

$$B = \frac{I_C}{I_B}$$

U_{CB}	Kollektor-Basis-Spannung
U_{CE}	Kollektor-Emitter-Spannung
U_{BE}	Basis-Emitter-Spannung
I_B	Basisstrom
I_C	Kollektorstrom
I_E	Emitterstrom
P_v	Verlustleistung
B	Gleichstromverhältnis

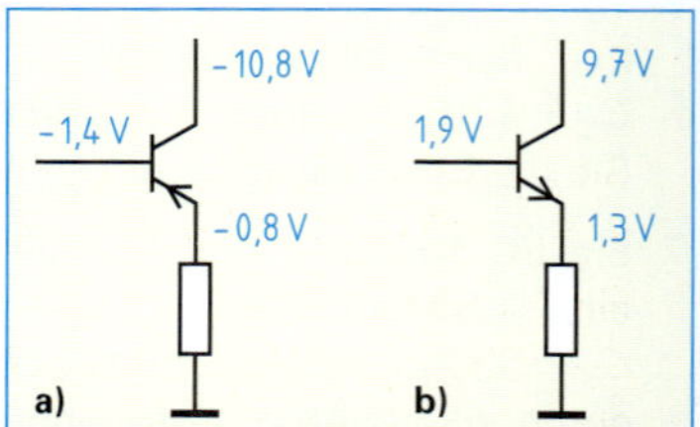

Bild 4: Transistorschaltungen

9.4.2 Arbeiten mit Transistorkennlinien

Im Vierquadranten-Kennlinienfeld **(Bild 2)** kann man die Abhängigkeit zwischen dem ein- und dem ausgangsseitigen Arbeitspunkt eines Transistors anschaulich darstellen.
In Datenbüchern werden die Kennlinien oft getrennt und in logarithmischem Maßstab angegeben.

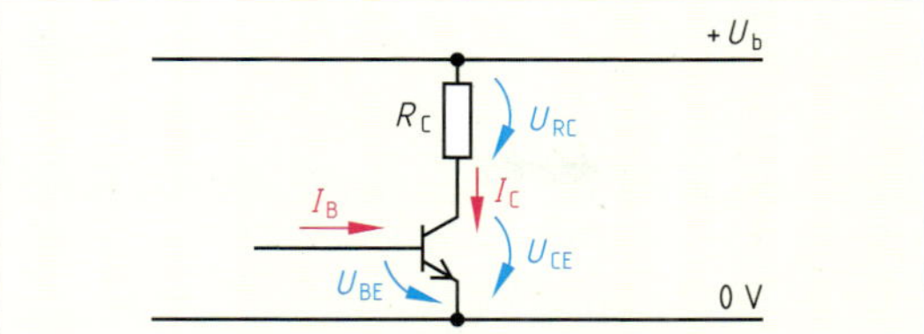

Bild 1: Transistor mit Kollektorwiderstand

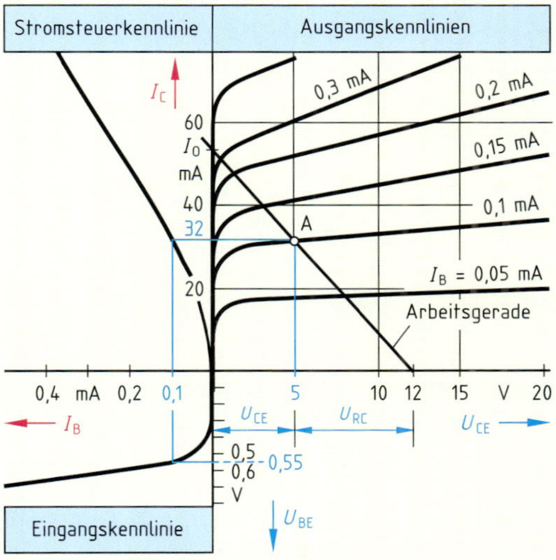

Bild 2: Vierquadranten-Kennlinienfeld des Transistors BC 237

Beispiel:

Der Transistor BC 237 wird in einem NF-Verstärker mit dem Kollektorwiderstand $R_C = 220\ \Omega$ an die Betriebsspannung $U_b = 12$ V angeschlossen **(Bild 1)**. Die Kollektor-Emitter-Spannung beträgt $U_{CE} = 5$ V.

a) Tragen Sie die Arbeitsgerade in das Ausgangskennlinienfeld **(Bild 2)** ein. Ermitteln Sie für den Arbeitspunkt
b) den Kollektorstrom I_C, **c)** den Basisstrom I_B,
d) die Spannung U_{BE},
e) das Gleichstromverhältnis B,
f) die Spannung U_{RC} an R_C **(Bild 1)**

Lösung:

a) Die Arbeitsgerade **(siehe Bild 2)** für $R_C = 220\ \Omega$ beginnt beim Wert $U_b = 12$ V auf der Spannungsachse. Sie endet beim Stromwert I_0 auf der Stromachse. I_0 ist der Strom, der sich einstellen würde, wenn nur R_C an U_b angeschlossen wäre.

$$I_0 = \frac{U_b}{R_C} = \frac{12\ \text{V}}{220\ \Omega} = \mathbf{54{,}5\ mA}$$

b) Aus der Ausgangskennlinie **Bild 2**: $\mathbf{I_C = 32\ mA}$.
c) Aus der Stromsteuerkennlinie **Bild 2**: $\mathbf{I_B = 0{,}1\ mA}$.
d) Aus der Eingangskennlinie **Bild 2**: $\mathbf{U_{BE} = 0{,}55\ V}$.
e) $\mathbf{B} = \frac{I_C}{I_B} = \frac{32\ \text{mA}}{0{,}1\ \text{mA}} = \mathbf{320}$
f) $\mathbf{U_{RC}} = U_b - U_{CE} = 12\ \text{V} - 5\ \text{V} = \mathbf{7\ V}$

Aufgaben zu 9.4.2

1. Der Transistor BC 237 wird mit $R_C = 220\ \Omega$ an $U_b = 15$ V angeschlossen. Ermitteln Sie bei $U_{CE} = 6$ V mithilfe des Vierquadranten-Kennlinienfeldes **(Bild 2)** **a)** I_C, **b)** I_B, **c)** U_{BE} und **d)** B.

2. In einer Transistorschaltung mit dem Transistor BC 237 beträgt der ausgangsseitige Arbeitspunkt $U_{CE} = 5$ V, $I_C = 30$ mA. Die Betriebsspannung ist 12 V. Ermitteln Sie mithilfe des Vierquadranten-Kennlinienfeldes **(Bild 2)** **a)** die Basis-Emitterspannung U_{BE}, **b)** die Spannung U_{RC} am Kollektorwiderstand R_C, **c)** den Widerstandswert R_C und **d)** das Gleichstromverhältnis B.

3. Die Basis-Emitter-Spannung des Transistors BC 237 beträgt 0,6 V und die Betriebsspannung der Transistorschaltung 15 V. Bestimmen Sie mithilfe des Vierquadranten-Kennlinienfeldes **(Bild 2)** den Kollektorwiderstand so, dass $U_{CE} = U_b/2$ ist.

4. In einer Transistorschaltung mit dem Transistor BC 107 ist $U_b = 12$ V und $U_{BE} = 0{,}6$ V. Ermitteln Sie **a)** den Basisstrom I_B und **b)** den Kollektorwiderstand R_C bei $U_{CE} = 5$ V **(Datenblatt Seite 281)**.

5. Eine Transistorschaltung mit dem Transistor BC 107 und dem Kollektorwiderstand $R_C = 270\ \Omega$ hat einen Arbeitspunkt von $U_{CE} = 6$ V und $I_C = 30$ mA. Bestimmen Sie mithilfe des **Datenblattes Seite 281** **a)** die Betriebsspannung U_b, **b)** das Gleichstromverhältnis B und **c)** die Basis-Emitter-Spannung U_{BE}.

6. Ein Transistor BC 107 ist an $U_b = 12$ V angeschlossen. Die Spannung U_{CE} soll $U_b/2$ und die Verlustleistung des Transistors $P_{tot}/2$ betragen. **a)** Bestimmen Sie für den Kollektorwiderstand R_C einen geeigneten Widerstandswert aus der Reihe E 12. **b)** Auf welchen Wert muss die Spannung U_{BE} eingestellt werden **(Datenblatt Seite 281)**?

9.4.3 Arbeitspunkteinstellung

Zur Arbeitspunkteinstellung wird U_{BE} durch einen Basisvorwiderstand R_v **(Bild 1)** oder einen Basisspannungsteiler R_1 und R_2 **(Bild 2)** erzeugt.

Beispiel:

Ein Transistor in Emitterschaltung liegt an $U_b = 12$ V **(Bild 2)**. Der eingangsseitige Arbeitspunkt ist $U_{BE} = 0{,}7$ V, $I_B = 150$ µA und das Querstromverhältnis beträgt $q = 5$. Bestimmen Sie aus der Reihe E12 **a)** R_2 und **b)** R_1.

Lösung:

a) $I_q = q \cdot I_B = 5 \cdot 150\ \mu A = 750\ \mu A$

$$\boldsymbol{R_2} = \frac{U_{BE}}{I_q} = \frac{0{,}7\ V}{750\ \mu A} = \mathbf{933\ \Omega}$$

Gewählt wird: $R_2 = 1$ kΩ

b) $$\boldsymbol{R_1} = \frac{U_b - U_{BE}}{I_q + I_B} = \frac{12\ V - 0{,}7\ V}{750\ \mu A + 150\ \mu A} = \mathbf{12{,}6\ k\Omega}$$

Gewählt wird: $\boldsymbol{R_1} = \mathbf{12\ k\Omega}$

Üblich ist ein Querstromverhältnis von $q = 3$ bis 10

Arbeitspunkteinstellung

Basisvorwiderstand	Basisspannungsteiler
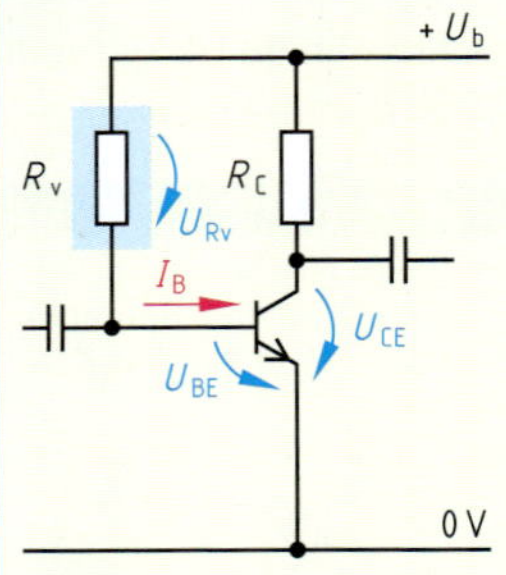 Bild 1	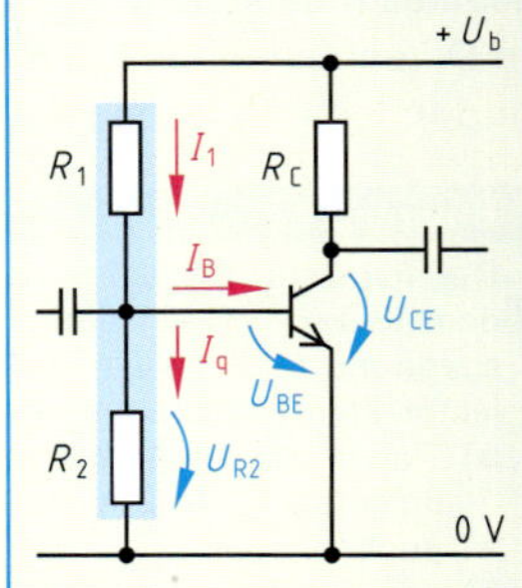 Bild 2
$U_{Rv} = U_b - U_{BE}$ $R_v = \frac{U_{Rv}}{I_B}$	$I_1 = I_q + I_B$ $q = \frac{I_q}{I_B}$ ($q = 3$ bis 10) $R_2 = \frac{U_{R2}}{I_q}$ $R_2 = \frac{U_{BE}}{I_q}$ $R_1 = \frac{U_b - U_{BE}}{I_q + I_B}$
U_b Betriebsspannung U_{Rv} Spannung am Basisvorwiderstand U_{BE} Basis-Emitter-Spannung I_B Basisstrom R_v Basisvorwiderstand	U_b Betriebsspannung U_{BE} Basis-Emitter-Spannung U_{R2} Spannung an R_2 I_B Basisstrom I_q Querstrom I_1 Strom durch R_1 R_1, R_2 Basisspannungsteilerwiderstände q Querstromverhältnis

Aufgaben zu 9.4.3

1. Der eingangsseitige Arbeitspunkt eines Transistors an $U_b = 12$ V soll mittels Basisvorwiderstand **(Bild 1)** auf $U_{BE} = 0{,}8$ V und $I_B = 0{,}2$ mA eingestellt werden. Berechnen Sie R_v.
2. Der Transistor BC 237 liegt in Emitterschaltung an $U_b = 12$ V. Der Kollektorstrom beträgt $I_C = 40$ mA. Ermitteln Sie den Basisvorwiderstand R_v mithilfe der Kennlinie **(Bild 2, Seite 153)**.
3. Die Werte aus Aufgabe 2 sollen durch einen Basisspannungsteiler mit $q = 5$ **(Bild 2)** eingestellt werden. Berechnen Sie **a)** R_2, **b)** R_1. **c)** Bestimmen Sie R_C so, dass $U_{CE} = U_b/2$ ist.
4. In einer Transistorschaltung **(Bild 2)** mit dem Transistor BC 413 beträgt $U_{BE} = 0{,}6$ V, $U_b = 12$ V und $B = 330$. Das Querstromverhältnis ist $q = 7$. **a)** Berechnen Sie R_2 und R_1. **b)** Legen Sie R_C so fest, dass $U_{CE} = U_b/2$ ist.
5. Die Transistorschaltung **(Bild 2)** mit dem Transistor BC413 liegt an $U_b = 10$ V. Der Strom I_C soll 50 mA betragen ($q = 5$). Bestimmen Sie mithilfe von **Bild 3** und **Bild 4** die Basisspannungsteilerwiderstände R_1 und R_2.
6. Die Transistorschaltung nach **Bild 2** mit dem Transistor BC107 **(Datenblatt Seite 281)** und dem Kollektorwiderstand $R_C = 270\ \Omega$ ist an $U_b = 15$ V angeschlossen. Das Querstromverhältnis soll $q = 6$ und die Spannung $U_{CE} = 7$ V betragen. Ermitteln Sie R_2 und R_1.

Auszug aus dem Datenblatt des Transistors BC 413

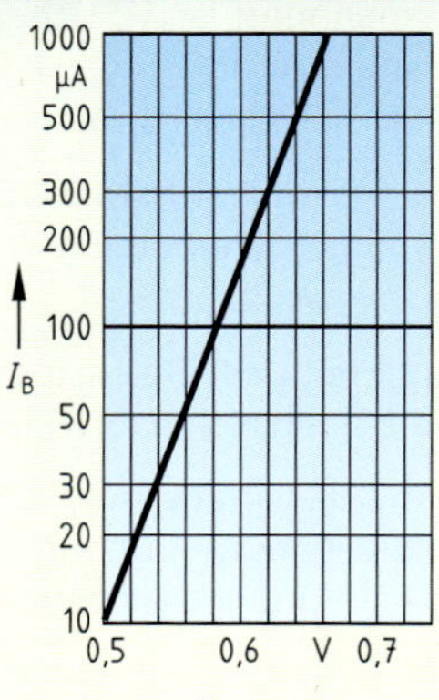

Bild 3: Eingangskennlinie

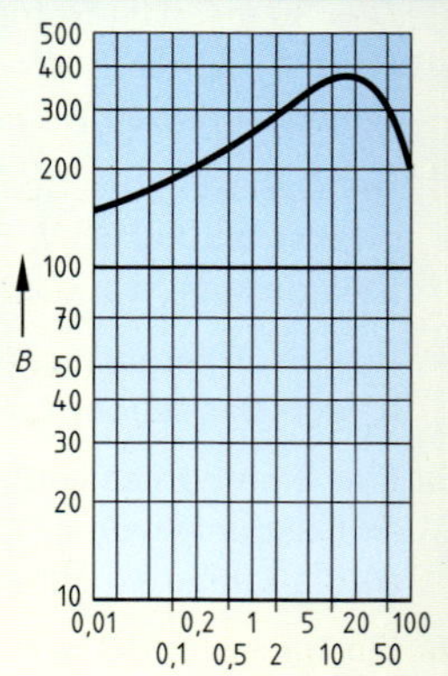

Bild 4: Gleichstromverhältnis *B*

9.4.4 Arbeitspunktstabilisierung

Erwärmt sich ein Transistor, nimmt seine Leitfähigkeit zu, und der Arbeitspunkt verschiebt sich. Ein Emitterwiderstand R_E stabilisiert den Arbeitspunkt durch Stromgegenkopplung.

Wirkungsweise der Arbeitspunktstabilisierung:
I_C steigt ⇒ U_{RE} steigt ⇒ U_{BE} sinkt ⇒ I_C sinkt ⇒ Stabilisierung des Arbeitspunktes

Beispiel:

Ein Transistorverstärker **(Bild 1)** mit der Betriebsspannung $U_b = 12$ V und dem Gleichstromverhältnis $B = 300$ soll den ausgangsseitigen Arbeitspunkt $U_{CE} = 6$ V, $I_C = 3$ mA haben. An R_E soll die Spannung $U_{RE} = 1$ V abfallen. Die Basis-Emitterspannung beträgt 0,6 V. Als Querstromverhältnis wird $q = 7$ gewählt. Berechnen Sie die Widerstandswerte **a)** R_2, **b)** R_1, **c)** R_C, **d)** R_E.

Lösung:

a) $I_B = \frac{I_C}{B} = \frac{3\text{ mA}}{300} = 10\ \mu\text{A}, \quad I_q = q \cdot I_B = 7 \cdot 10\ \mu\text{A} = 70\ \mu\text{A}$

$$\boldsymbol{R_2} = \frac{U_{R2}}{I_q} = \frac{U_{BE} + U_{RE}}{I_q} = \frac{0{,}6\text{ V} + 1\text{ V}}{70\ \mu\text{A}} = \mathbf{22{,}8\ k\Omega}$$

b) $$\boldsymbol{R_1} = \frac{U_{R1}}{I_1} = \frac{U_b - U_{BE} - U_{RE}}{I_q + I_B} = \frac{12\text{ V} - 0{,}6\text{ V} - 1\text{ V}}{70\ \mu\text{A} + 10\ \mu\text{A}} = \mathbf{130\ k\Omega}$$

c) $$\boldsymbol{R_C} = \frac{U_b - U_{CE} - U_{RE}}{I_C} = \frac{12\text{ V} - 6\text{ V} - 1\text{ V}}{3\text{ mA}} = \mathbf{1{,}7\ k\Omega}$$

d) $$\boldsymbol{R_E} = \frac{U_{RE}}{I_C} = \frac{1\text{ V}}{3\text{ mA}} = \mathbf{333\ \Omega}$$

Da I_B vernachlässigt werden kann, gilt: $I_E = I_C$.

Aufgaben zu 9.4.4

1. Eine Verstärkerschaltung **(Bild 1)** hat folgende Daten: $U_b = 12$ V, $R_C = 1$ kΩ, $I_C = 5$ mA und $m = 8{,}3$. Berechnen Sie **a)** den Emitterwiderstand R_E, **b)** U_{RC}, **c)** U_{RE}, **d)** U_{CE}.
2. Ein Transistor in Emitterschaltung **(Bild 1)** wird mit $R_C = 1{,}8$ kΩ und $m = 8{,}2$ an $U_b = 24$ V betrieben. Am Kollektorwiderstand fällt $U_{RC} = 10$ V ab. Ermitteln Sie die Werte für **a)** R_E, **b)** I_C, **c)** U_{RE}, **d)** U_{CE}.
3. Ein NF-Verstärker in Emitterschaltung **(Bild 1)** mit dem Transistor BC 237 und den Widerständen $R_C = 220\ \Omega$ und $R_E = 33\ \Omega$ ist an die Betriebsspannung $U_b = 12$ V angeschlossen. Es betragen $U_{CE} = 5$ V, $U_{BE} = 0{,}6$ V und $B = 300$. Ermitteln Sie für das Querstromverhältnis $q = 6$ mithilfe der Kennlinien **(Bild 2)** die Widerstandswerte R_2 und R_1.
Hinweis: Arbeitsgerade aus $R_E + R_C$ erstellen.
4. Ein Verstärker **(Bild 1)** mit dem Transistor BC 107 liegt an $U_b = 12$ V. U_{RE} soll 1 V und U_{CE} soll 5 V betragen. Beim Querstromverhältnis $q = 6$ soll ein Kollektorstrom $I_C = 18$ mA fließen. Ermitteln Sie mithilfe des Datenblatts **Seite 281** die Widerstandswerte für **a)** R_E, **b)** R_C, **c)** R_2, **d)** R_1. **e)** Die Leistungsaufnahme der Schaltung.
5. Ein Transistor BC107 in Emitterschaltung **(Bild 1)** ist an $U_b = 12$ V angeschlossen. Der Arbeitspunkt soll auf $I_C = 40$ mA und $U_{CE} = 5$ V eingestellt werden. Berechnen Sie bei $m = 5$ und $q = 7$ mit dem Datenblatt **Seite 281** die Widerstandswerte für **a)** R_E, **b)** R_C, **c)** R_2, **d)** R_1.

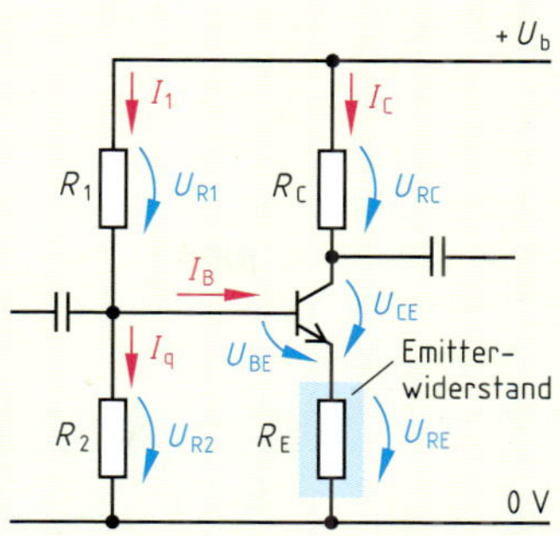

Bild 1: Transistorverstärker mit Emitterwiderstand R_E

$$m = \frac{R_C}{R_E} = \frac{U_{RC}}{U_{RE}}$$

$$m \approx 5 \text{ bis } 10$$

$$U_{R2} = U_{BE} + U_{RE}$$

$$U_{R1} = U_b - U_{R2}$$

$$R_1 = \frac{U_{R1}}{I_1} \qquad R_2 = \frac{U_{R2}}{I_q}$$

$$R_E \approx \frac{U_{RE}}{I_C} \qquad q = \frac{I_q}{I_B}$$

U_{R1}	Spannung an R_1
U_{R2}	Spannung an R_2
I_C	Kollektorstrom
I_1	Strom durch R_1
I_q	Querstrom
I_B	Basisstrom
R_E	Emitterwiderstand
R_C	Kollektorwiderstand
m	Widerstandsverhältnis
q	Querstromverhältnis
R_1, R_2	Basisspannungsteilerwiderstände

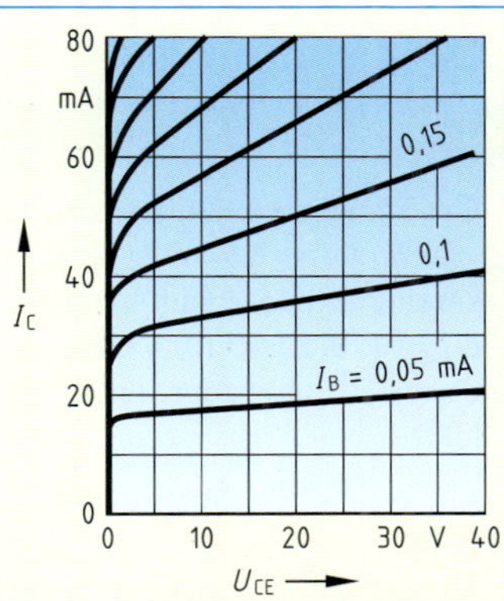

Bild 2: Ausgangskennlinien des Transistors BC 237

9 Elektronik

9.4.5 Wechselstromverstärker in Emitterschaltung

Ein Transistorverstärker **(Bild 1)** verstärkt Wechselstromsignale **(Bild 3)**. Unter Einbeziehung des Transistoreingangswiderstandes r_{BE} und Transistorausgangswiderstandes r_{CE} erhält man das Wechselstromersatzschaltbild **(Bild 2)**. Werden h-Parameter angegeben, gilt: $r_{BE} = h_{11e}$, $\beta = h_{21e}$ und $r_{CE} = h_{22e}$.

Beispiel:

Ein Transistor BC107 ist in Emitterschaltung **(Bild 1)** mit $R_1 = 47\,k\Omega$, $R_2 = 3{,}3\,k\Omega$, $R_E = 680\,\Omega$, $R_C = 8{,}2\,k\Omega$ beschaltet ($R_L = \infty$). Nach Datenblatt betragen $\beta = 330$, $r_{BE} = 4{,}5\,k\Omega$, und $r_{CE} = 33{,}3\,k\Omega$. Die Eingangswechselspannung beträgt $U_{1\sim} = 2{,}5\,mV$, dabei fließt ein Eingangswechselstrom $I_{B\sim} = 1\,\mu A$. Bestimmen Sie

a) den Lastwiderstand Z_L der Transistorstufe,
b) den Wechselstromeingangswiderstand Z_e der Stufe,
c) den Eingangswechselstrom $I_{1\sim}$,
d) den Strom-, Spannungs- und Leistungsverstärkungsfaktor,
e) den Ausgangswechselstrom $I_{2\sim}$ und die Ausgangswechselspannung $U_{2\sim}$.

Lösung:

a) $Z_L = R_C = \mathbf{8{,}2\,k\Omega}$, da kein R_L angeschlossen

b) $$Z_e = \frac{1}{\frac{1}{R_1} + \frac{1}{R_2} + \frac{1}{r_{BE}}} = \frac{1}{\frac{1}{47\,k\Omega} + \frac{1}{3{,}3\,k\Omega} + \frac{1}{4{,}5\,k\Omega}} = \mathbf{1{,}83\,k\Omega}$$

c) $$I_{1\sim} = \frac{U_{1\sim}}{Z_e} = \frac{2{,}5\,mV}{1{,}83\,k\Omega} = \mathbf{1{,}37\,\mu A}$$

d) $$V_u = \beta \cdot \frac{r_{CE} \cdot Z_L}{r_{BE} \cdot (r_{CE} + Z_L)} = \frac{330 \cdot 33{,}3\,k\Omega \cdot 8{,}2\,k\Omega}{4{,}5\,k\Omega \cdot (33{,}3\,k\Omega + 8{,}2\,k\Omega)} = \mathbf{483}$$

$$V_i = \beta \cdot \frac{r_{CE}}{r_{CE} + Z_L} = 330 \cdot \frac{33{,}3\,k\Omega}{33{,}3\,k\Omega + 8{,}2\,k\Omega} = \mathbf{265}$$

$$V_p = V_u \cdot V_i = 483 \cdot 265 = \mathbf{128\,000}$$

e) $I_{2\sim} = V_i \cdot I_{1\sim} = 265 \cdot 1{,}37\,\mu A = 363\,\mu A$

$U_{2\sim} = V_u \cdot U_{1\sim} = 483 \cdot 2{,}5\,mV = \mathbf{1{,}21\,V}$

Wechselstromverstärker

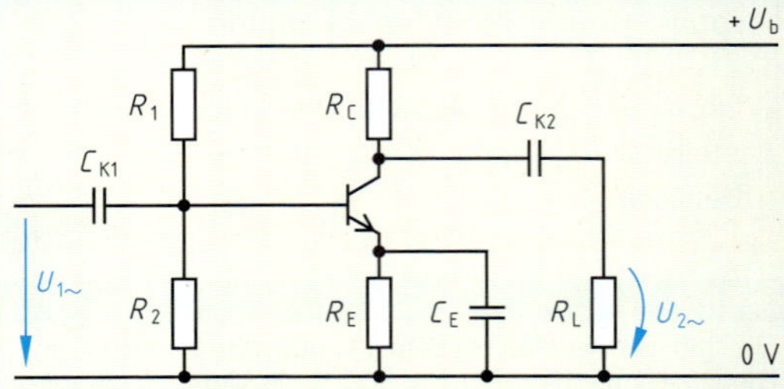

Bild 1: Transistorverstärker in Emitterschaltung

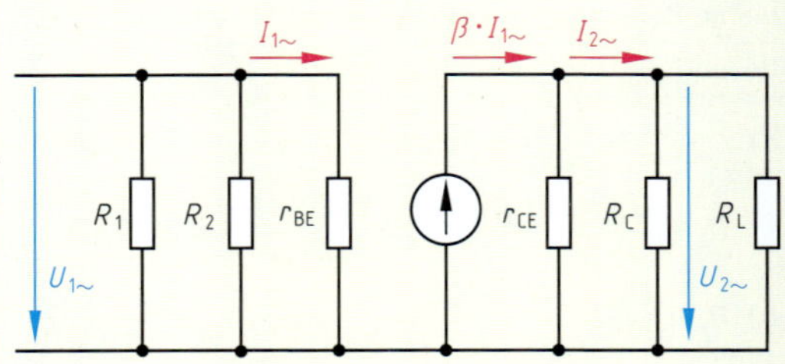

Bild 2: Wechselstromersatzschaltbild

$$V_u = \frac{U_{2\sim}}{U_{1\sim}} \qquad V_i = \frac{I_{2\sim}}{I_{1\sim}} \qquad V_p = V_i \cdot V_u$$

$U_{1\sim}$	Eingangswechselspannung
$U_{2\sim}$	Ausgangswechselspannung
$I_{1\sim}$	Eingangswechselstrom
$I_{2\sim}$	Ausgangswechselstrom
V_u	Spannungsverstärkungsfaktor
V_i	Stromverstärkungsfaktor
V_p	Leistungsverstärkungsfaktor

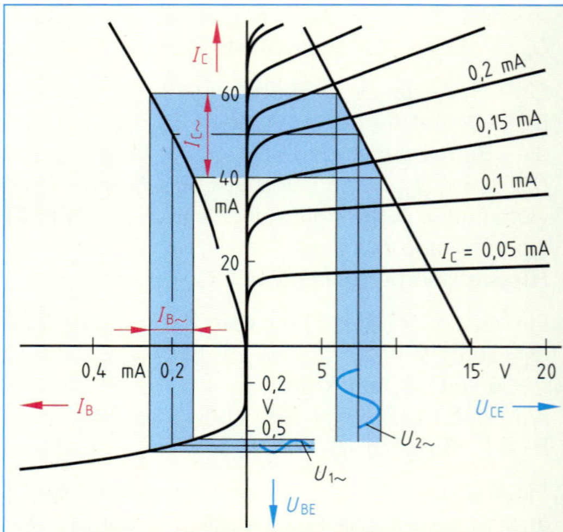

Bild 3: Wechselstromverstärkung am Transistor in Emitterschaltung

Aufgaben zu 9.4.5

1. Ein Transistor in Emitterschaltung **(Bild 1)** mit den Werten $U_{1\sim} = 2{,}4\,mV$ und $I_{1\sim} = 1{,}4\,\mu A$ am Verstärkereingang liefert am Verstärkerausgang die Werte $U_{2\sim} = 0{,}8\,V$ und $I_{2\sim} = 282\,\mu A$. Berechnen Sie den Strom-, Spannungs- und Leistungsverstärkungsfaktor.

2. Am Verstärkereingang **(Bild 1)** wird $U_{1\sim} = 18\,mV$ und $I_{1\sim} = 22\,\mu A$, an R_C eine Wechselspannung von $U_{2\sim} = 0{,}9\,V$ und ein Wechselstrom von $I_{2\sim} = 3\,mA$ gemessen. Ermitteln Sie Strom-, Spannungs- und Leistungsverstärkungsfaktor.

9 Elektronik

3. Am Kollektorwiderstand $R_C = 560\ \Omega$ eines Verstärkers in Emitterschaltung wird eine Wechelspannung von 1,2 V gemessen. Die Verstärkungsfaktoren sind $V_u = 280$ und $V_i = 220$. Berechnen Sie Eingangswechselstrom und Eingangswechselspannung.

4. Eine Verstärkerstufe in Emitterschaltung mit dem Transistor BCY 58 hat die Widerstandswerte $R_1 = 33\ \text{k}\Omega$, $R_2 = 5{,}6\ \text{k}\Omega$, $R_C = 4{,}7\ \text{k}\Omega$, $R_E = 620\ \Omega$. Laut Datenblatt ist $r_{BE} = 3{,}6\ \text{k}\Omega$, $r_{CE} = 1/(24\ \mu\text{S})$ und $\beta = 260$. Bestimmen Sie **a)** den Gesamtlastwiderstand des Transistors, **b)** den Wechselstromeingangswiderstand der Verstärkerstufe, **c)** den Strom-, Spannungs- und Leistungsverstärkungsfaktor.

5. Die Verstärkerstufe aus **Aufgabe 4** wird mit $R_L = 6\ \text{k}\Omega$ belastet. Welche Werte für Strom-, Spannungs- und Leistungsverstärkungsfaktor stellen sich jetzt ein?

6. Ein Verstärker in Emitterschaltung ist mit dem Transistor BC 550 aufgebaut und soll den Eingangswechselstrom $I_{1\sim} = 2{,}35\ \mu\text{A}$ auf 1 mA verstärken. Aus dem Datenblatt entnimmt man: $r_{BE} = 8{,}7\ \text{k}\Omega$, $\beta = 600$ und $r_{CE} = 1/(60\ \mu\text{S})$. Ermitteln Sie den Widerstandswert des Kollektorwiderstandes R_C, wenn der Verstärker ohne Lastwiderstand R_L betrieben wird.

7. Der Verstärker aus **Aufgabe 6** wird von einer Schaltung mit dem Eingangswiderstand 32 kΩ belastet. Auf welchen Wert wird der Eingangswechselstrom von 3,3 μA verstärkt?

8. Ein Verstärker soll eine Eingangswechselspannung von 2 mV auf 965 mV verstärken. Der Verstärker ist mit dem Transistor BC107 bestückt. Bestimmen Sie mit dem **Datenblatt Seite 281** den Kollektorwiderstand, wenn der Verstärker ohne Lastwiderstand R_L (Leerlauf) betrieben wird.

9. Der Verstärker aus **Aufgabe 8** soll als Messverstärker dienen. Der nachgeschaltete Spannungsmesser hat einen Innenwiderstand von 4 kΩ. Bestimmen Sie mit den Werten aus dem **Datenblatt Seite 281** den Kollektorwiderstand R_C, damit die Eingangswechselspannung $U_{1\sim} = 0$ bis 3 mV auf $U_{2\sim} = 0$ bis 300 mV verstärkt wird.

10. Die Verstärkerstufe mit Transistor K1 im **Bild** wird durch eine zweite Verstärkerstufe mit Transistor K2 belastet. Die Eingangswechselspannung beträgt 100 μV. **a)** Berechnen Sie die Ausgangswechselspannung von Stufe 1, die der Basisvorspannung des Transistors K2 überlagert wird. **b)** Welche Ausgangswechselspannung kann an der zweiten Verstärkerstufe gemessen werden?

11. Zur Messung kleiner Wechselspannungen von 0 V bis 50 mV soll ein Transistorverstärker mit dem Transistor BC107 **(Datenblatt Seite 281)** gebaut werden. Die Betriebsspannung beträgt 12 V. Der anzuschließende Spannungsmesser hat einen Kennwert von $r_k = 1\ \text{k}\Omega/\text{V}$. Es wird im Messbereich 5 V gemessen. Zur Arbeitspunktstabilisierung soll der Verstärker einen Emitterwiderstand haben, an dem etwa 1 V abfällt. U_{CE} soll auf 5 V eingestellt werden. Die angelegte Messspannung soll so verstärkt werden, dass der angezeigte Wert am Spannungsmesser lediglich mit 10 mV multipliziert werden muss. Zeichnen Sie das Schaltbild und dimensionieren Sie aus der Reihe E24 die Widerstände R_C und R_E sowie R_1 und R_2 des Basisspannungsteilers. Legen Sie das Querstromverhältnis selbst fest.

$$Z_e = \frac{1}{\frac{1}{R_1} + \frac{1}{R_2} + \frac{1}{r_{BE}}}$$

$$Z_L = \frac{R_C \cdot R_L}{R_C + R_L}$$

bei $R_L = \infty: \Rightarrow Z_L = R_C$

$$V_i = \beta \cdot \frac{r_{CE}}{r_{CE} + Z_L}$$

$$V_u = \beta \cdot \frac{r_{CE} \cdot Z_L}{r_{BE} \cdot (r_{CE} + Z_L)}$$

Z_L	Gesamtlastwiderstand des Transistors
Z_e	Wechselstromeingangswiderstand der Verstärkerstufe
R_1, R_2	Spannungsteilerwiderstände
R_C	Kollektorwiderstand
R_L	Lastwiderstand der Verstärkerstufe
r_{BE}	Transistoreingangswiderstand h_{11e}
r_{CE}	Transistorausgangswiderstand h_{22e}
V_u	Spannungsverstärkungsfaktor
V_i	Stromverstärkungsfaktor
β	Kurzschlussstromverstärkungsfaktor h_{21e}

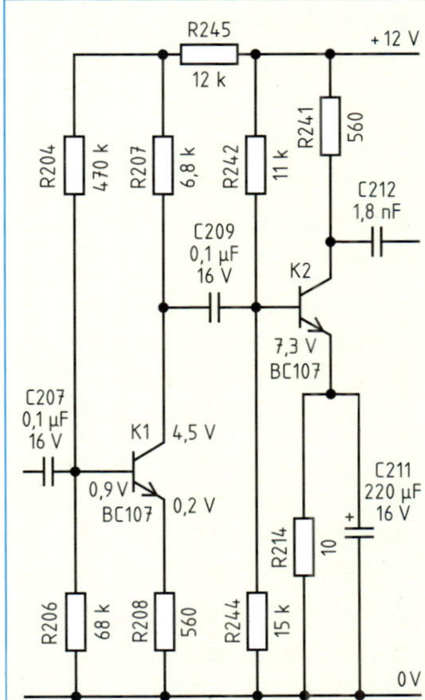

Bild: Schaltungsauszug aus einer Verstärkerschaltung

9.5 Spannungsstabilisierung

9.5.1 Z-Dioden

Z-Dioden sperren den Strom I_Z bis zur Spannung U_Z **(Bild 1)**. Wird U_Z überschritten, leitet die Z-Diode. Der Spannungsfall an der Z-Diode ist im Stabilisierungsbereich annähernd konstant.

Aus der Z-Dioden-Bezeichnung ergibt sich die Z-Spannung.
Beispiel: ZPD7,5 ⇒ $U_Z = 7{,}5\,\text{V}$ oder BZY 55/C6V8 ⇒ $U_Z = 6{,}8\,\text{V}$

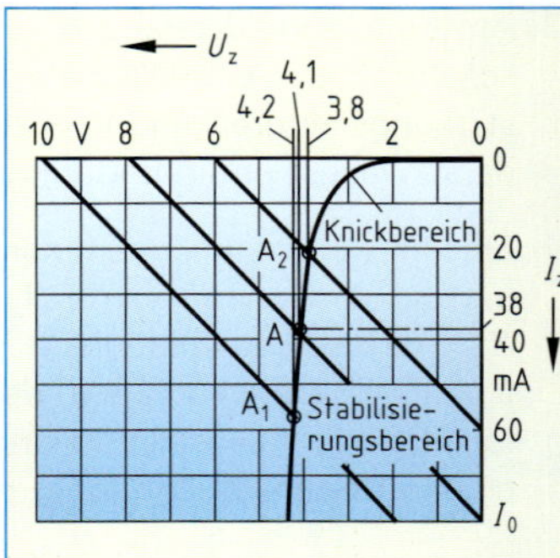

Bild 1: Kennlinie einer Z-Diode

Beispiel:

Eine Z-Diode mit der Kennlinie nach **Bild 1** liegt mit $R_v = 100\,\Omega$ an $U_1 = 8\,\text{V}$.
a) Zeichnen Sie die Arbeitsgerade in das Kennlinienfeld **(Bild 1)**.
b) Tragen Sie den Arbeitspunkt ein und bestimmen Sie
c) die Stromstärke I_Z,
d) die Spannung U_Z.
Geben Sie die Spannungsänderung ΔU_Z an, wenn U_1
e) auf 10 V steigt,
f) auf 6 V fällt.

Lösung:

a) Die Arbeitsgerade beginnt bei $U_1 = 8\,\text{V}$ auf der U_Z-Achse und endet bei I_0 auf der I_Z-Achse **(Bild 1)**.

$$I_0 = \frac{U_1}{R_v} = \frac{8\,\text{V}}{100\,\Omega} = 80\,\text{mA}$$

b) Der Arbeitspunkt A ist der Schnittpunkt der Arbeitsgeraden mit der Diodenkennlinie (**Bild 1**):

c) Aus Kennlinie **Bild 1:** $\boldsymbol{I_Z = 38\,\text{mA}}$ **d)** $\boldsymbol{U_Z = 4{,}1\,\text{V}}$

Durch Parallelverschiebung der Arbeitsgeraden in $U = 10\,\text{V}$ und $U = 6\,\text{V}$ ergeben sich die Arbeitspunkte A_1 und A_2.

e) $U_{ZA1} = 4{,}2\,\text{V}$; $\boldsymbol{\Delta U_Z} = U_{ZA1} - U_Z = 4{,}2\,\text{V} - 4{,}1\,\text{V} = \boldsymbol{0{,}1\,\text{V}}$

f) $U_{ZA2} = 3{,}8\,\text{V}$; $\boldsymbol{\Delta U_Z} = U_Z - U_{ZA2} = 4{,}1\,\text{V} - 3{,}8\,\text{V} = \boldsymbol{0{,}3\,\text{V}}$

Aufgaben zu 9.5.1

1. Bei der Z-Diode BZY 88/C4V7 beträgt $P_{tot} = 360\,\text{mW}$. Wie groß sind **a)** U_Z, **b)** $I_{Z\,max}$, **c)** $I_{Z\,min}$?
2. Die Schaltung nach **Bild 2** mit der Z-Diode BZY88/C6V2 liegt an der Spannung $U_1 = 12\,\text{V}$. Dabei fließt der Strom $I_Z = 17{,}6\,\text{mA}$. Berechnen Sie den Widerstandswert und die Belastbarkeit des Vorwiderstands R_v.
3. Die Z-Diode BZX 55/C6V2 ($P_{tot} = 0{,}5\,\text{W}$) wird mit einem Vorwiderstand an $U_1 = 12\,\text{V}$ betrieben. Es fließt ein Strom $I_Z = 15\,\text{mA}$. Berechnen Sie **a)** den Vorwiderstand R_v, **b)** die Leistung am Vorwiderstand R_v und **c)** den maximal zulässigen Strom I_Z.
4. Ein Vorverstärker mit der Betriebsspannung $U_b = 9\,\text{V}$ soll an $U_1 = 12\,\text{V}$ betrieben werden. Zur Spannungsanpassung wird die Z-Diode BZX 55/C9V1 **(Datenblatt Seite 280)** mit dem Vorwiderstand $R_v = 220\,\Omega$ eingesetzt. Bestimmen Sie **a)** den Strom I_Z und **b)** die Leistung an R_v bei ausgeschaltetem Vorverstärker.
5. ● Eine Stabilisierungsschaltung **(Bild 2)** mit der Z-Diode BZY 88/C3V3 **(Kennlinie Bild 3)** liegt an $U_1 = 10\,\text{V}$. Dabei stellt sich die Ausgangsspannung $U_2 = 4{,}2\,\text{V}$ ein. Bestimmen Sie **a)** den Vorwiderstand R_v, **b)** die Ausgangsspannung U_2, wenn U_1 auf 7 V absinkt.

Z-Diode mit Vorwiderstand

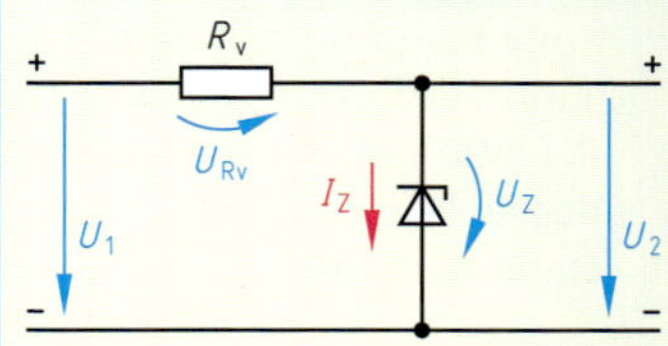

Bild 2

$$U_{Rv} = U_1 - U_Z$$

$$U_2 = U_Z$$

$$R_v = \frac{U_{Rv}}{I_Z}$$

$$I_{Z\,max} = \frac{P_{tot}}{U_Z}$$

$$I_{Z\,min} \approx 0{,}1 \cdot I_{Z\,max}$$

U_1	Eingangsspannung
U_2	Ausgangsspannung
U_Z	Z-Spannung
U_{Rv}	Spannung am Vorwiderstand
I_Z	Z-Strom
R_v	Vorwiderstand
P_{tot}	maximale Verlustleistung der Z-Diode

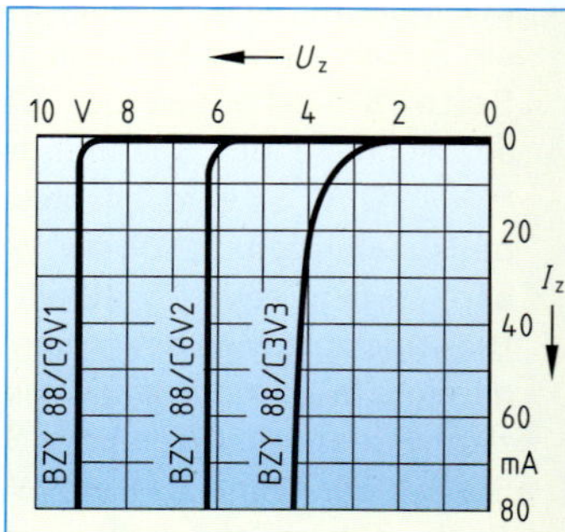

Bild 3: Kennlinien BZY 88/...

9.5.2 Parallelstabilisierung mit Z-Diode

Der Vorwiderstand in einer Stabilisierungsschaltung **(Bild 1)** muss so dimensioniert werden, dass $I_{Z\,max}$ nicht überschritten und $I_{Z\,min}$ nicht unterschritten wird.

Bei der Parallelstabilisierung soll $U_1 \approx 2 \cdot U_2$ sein.

Beispiel:

Die Eingangsspannung einer Spannungsstabilisierungsschaltung mit der Z-Diode ZPY 7,5 ($I_{Z\,max} = 164$ mA) schwankt zwischen 18 V und 24 V, der Laststrom I_L zwischen 20 mA und 80 mA. Berechnen Sie **a)** $R_{v\,min}$, **b)** $R_{v\,max}$

Lösung:

a) $I_{Z\,min} = 0{,}1 \cdot I_{Z\,max} = 0{,}1 \cdot 164\text{ mA} = 16{,}4\text{ mA}$

$$\boldsymbol{R_{vmax}} = \frac{U_{1\,min} - U_Z}{I_{Z\,min} + I_{L\,max}} = \frac{18\text{ V} - 7{,}5\text{ V}}{16{,}4\text{ mA} + 80\text{ mA}} = \mathbf{109\ \Omega}$$

b) $$\boldsymbol{R_{vmin}} = \frac{U_{1\,max} - U_Z}{I_{Z\,max} + I_{L\,min}} = \frac{24\text{ V} - 7{,}5\text{ V}}{164\text{ mA} + 20\text{ mA}} = \mathbf{90\ \Omega}$$

E-Reihen: **Seite 276**

Parallelstabilisierung mit Z-Diode

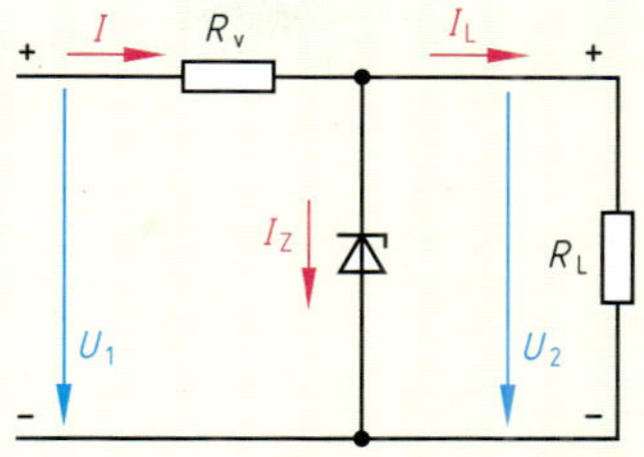

Bild 1

$$R_{v\,max} = \frac{U_{1\,min} - U_Z}{I_{Z\,min} + I_{L\,max}}$$

$$R_{v\,min} = \frac{U_{1\,max} - U_Z}{I_{Z\,max} + I_{L\,min}}$$

$$I_{Z\,min} \approx 0{,}1 \cdot I_{Z\,max}$$

$$U_Z = U_2$$

$U_{1\,min}$	minimale Eingangsspannung
$U_{1\,max}$	maximale Eingangsspannung
U_2	Ausgangsspannung
U_Z	Z-Spannung
$I_{Z\,min}$	minimaler Z-Strom
$I_{Z\,max}$	maximaler Z-Strom
$I_{L\,min}$	minimaler Laststrom
$I_{L\,max}$	maximaler Laststrom
$R_{v\,min}$	minimaler Vorwiderstand
$R_{v\,max}$	maximaler Vorwiderstand

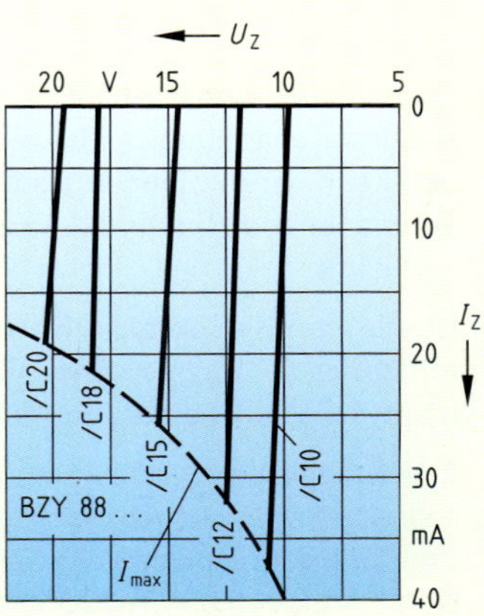

Bild 2: Kennlinien BZY 88/C...

Aufgaben zu 9.5.2

1. Die Eingangsspannung einer Stabilisierungsschaltung **(Bild 1)** mit der Z-Diode ZPD 4,7 ($I_{Z\,max} = 106$ mA) schwankt zwischen 8 V und 11 V. Der Laststrom I_L kann Werte zwischen 0 und 20 mA annehmen. Berechnen Sie $R_{v\,max}$ und $R_{v\,min}$.
2. In einer Stabilisierungsschaltung **(Bild 1)** mit der Z-Diode BZY 88/C18 **(Kennlinie Bild 2)** differiert $U_1 = 35$ V um ±10%. Der Laststrom beträgt 0 ... 8 mA. Bestimmen Sie **a)** $I_{Z\,max}$, **b)** $R_{v\,min}$ und **c)** $R_{v\,max}$.
3. Eine Parallelstabilisierung mit $U_2 = 12$ V hat eine Eingangsspannung zwischen 18 V und 25 V. Der Laststrom schwankt zwischen 0 mA und 8 mA. **a)** Wählen Sie aus der Reihe BZX 55/C... eine geeignete Z-Diode aus **(Datenblatt Seite 280)**. **b)** Dimensionieren Sie R_v aus der Reihe E12.
4. Ein Vorverstärker mit einer Betriebsspannung von 6 V soll an einer Spannungsquelle mit $U = 12\text{ V} \pm 1$ V betrieben werden. Der Vorverstärker nimmt einen Strom zwischen 15 mA und 30 mA auf. Wählen Sie aus dem **Datenblatt Seite 280** eine geeignete Z-Diode der Reihe BZX 55 aus und dimensionieren Sie den Vorwiderstand aus der Reihe E12.
5. An eine Parallelstabilisierung **(Bild 1)** mit $U_Z = 6{,}8$ V, $U_1 = 11$ V und $I_Z = 59$ mA ist ein Lastwiderstand $R_L = 100\ \Omega$ angeschlossen.
   a) Bestimmen Sie den Vorwiderstand R_v. **b)** Welche Leistung nimmt R_v auf?
6. Eine Parallelstabilisierung ($U_1 = 15$ V, $I_Z = 20$ mA) mit der Z-Diode BZY 88/C10 hat einen Vorwiderstand $R_v = 150\ \Omega$. Bestimmen Sie mithilfe der Kennlinie **(Bild 2) a)** die genaue Z-Spannung bei $I_Z = 20$ mA, **b)** den Laststrom, **c)** den Lastwiderstand, **d)** die Belastbarkeit von R_v, **e)** die Verlustleistung der Z-Diode.

9.5.3 Reihenstabilisierung

Bei größeren Lastströmen stabilisiert man die Spannung mit einem Längstransistor **(Bild 1)**. Der Transistor liegt in Reihe zur Last R_L und wirkt wie ein veränderlicher Widerstand.

Beispiel:

Eine Reihenstabilisierung **(Bild 1)** hat einen Transistor mit $I_C = 1$ A, $U_{BE} = 0{,}6$ V, $B = 50$ sowie eine Z-Diode mit $U_Z = 5{,}1$ V und $P_{tot} = 400$ mW. Die Eingangsspannung beträgt $U_1 = 12$ V. Bestimmen Sie
a) die Ausgangsspannung U_2, **b)** den Basisstrom I_B, **c)** den Strom $I_{Z\,max}$,
d) den Vorwiderstand R_v aus der Reihe E12 wenn $I_Z = 0{,}5 \cdot I_{Z\,max}$ betragen soll.

Lösung:

a) $\boldsymbol{U_2} = U_Z - U_{BE} = 5{,}1\text{ V} - 0{,}6\text{ V} = \mathbf{4{,}5\text{ V}}$ **b)** $\boldsymbol{I_B} = \frac{I_C}{B} = \frac{1\text{ A}}{50} = \mathbf{20\text{ mA}}$

c) $\boldsymbol{I_{Z\,max}} = \frac{P_{tot}}{U_Z} = \frac{0{,}4\text{ W}}{5{,}1\text{ V}} = \mathbf{78{,}4\text{ mA}}$

d) $\boldsymbol{R_v} = \frac{U_1 - U_Z}{I_Z + I_B} = \frac{12\text{ V} - 5{,}1\text{ V}}{0{,}5 \cdot 78{,}4\text{ mA} + 20\text{ mA}} = \mathbf{117\,\Omega}$. Gewählt: $\boldsymbol{R_v} = \mathbf{120\,\Omega}$

In der Praxis gilt: $I_C = I_L$, $U_{BE} = 0{,}6$ V

Aufgaben zu 9.5.3

1. Eine Reihenstabilisierung **(Bild 1)** besteht aus einem Vorwiderstand $R_v = 100\,\Omega$, einem Transistor mit $B = 50$, $I_C = 0{,}5$ A und $U_{BE} = 0{,}6$ V, einer Z-Diode mit $U_Z = 6{,}2$ V und $P_{tot} = 250$ mW. Bestimmen Sie **a)** die Ausgangsspannung U_2, **b)** den Basisstrom I_B und **c)** die maximal zulässige Eingangsspannung $U_{1\,max}$.

2. Ermitteln Sie für die Schaltung **(Bild 2)** **a)** die Spannung an der Z-Diode, **b)** die Ausgangsspannung U_2, **c)** den Basisstrom I_B und **d)** den Vorwiderstand R_v.

3. Die Reihenstabilisierung **(Bild 1)** eines Netzgerätes besteht aus dem Transistor 2N2222 mit $I_C = 0{,}8$ A, dem Vorwiderstand $R_v = 100\,\Omega$ und der Z-Diode BZX 55/C6V2 **(Datenblatt Seite 280)**. Der Transistor wird auf $U_{BE} = 0{,}6$ V eingestellt und das Gleichstromverhältnis beträgt $B = 60$. Bestimmen Sie **a)** die Ausgangsspannung U_2 und **b)** den maximalen Wert der Eingangsspannung.

4. Das Netzteil eines Verstärkers wird durch eine Z-Diode BZX 55/C9V1 **(Datenblatt Seite 280)** mit einem Darlingtontransistor BD 331 mit $U_{BE} = 1{,}8$ V und $B = 750$ stabilisiert. Das Netzgerät ist für den Ausgangsbemessungsstrom $I_2 = 3$ A ausgelegt. Berechnen Sie **a)** die Ausgangsspannung U_2, **b)** die Nennleistung, die das Netzteil abgeben kann, **c)** die Eingangsspannung U_1 bei $U_{CE} = 8$ V und **d)** den Vorwiderstand R_v wenn die Eingangsspannung $U_{1\,max} = 18$ V betragen kann.

Reihenstabilisierung

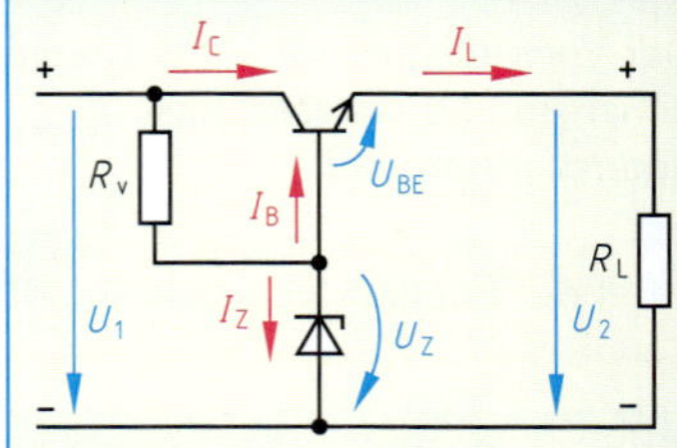

Bild 1

$$I_L = B \cdot I_B$$

$$R_v = \frac{U_1 - U_Z}{I_Z + I_B}$$

$$U_2 = U_Z - U_{BE}$$

$$P_v = U_{CE} \cdot I_C$$

$$U_{1\,max} = R_v \cdot (I_{Z\,max} + I_B) + U_Z$$

R_v	Vorwiderstand
R_L	Lastwiderstand
U_1	Eingangsspannung
U_2	Ausgangsspannung
U_{BE}	Basis-Emitter-Spannung
U_{CE}	Kollektor-Emitter-Spannung
U_Z	Z-Spannung
I_L	Laststrom
I_Z	Z-Strom
I_B	Basisstrom
I_C	Kollektorstrom
P_v	Verlustleistung des Transistors
B	Gleichstromverhältnis

Der Index max steht für die jeweiligen Maximalwerte.

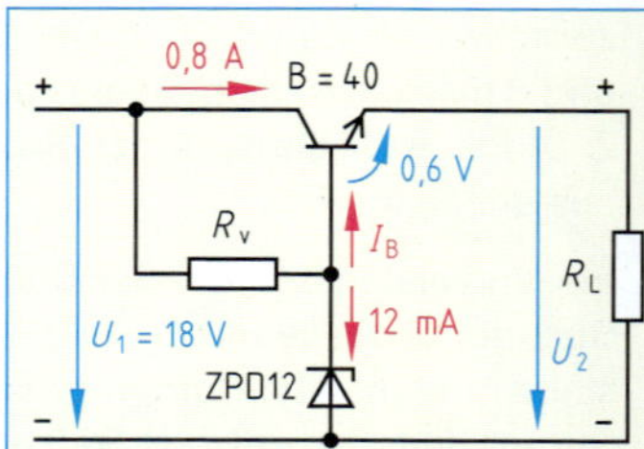

Bild 2: Reihenstabilisierung

5. Überprüfen Sie, ob beim Netzteil aus **Aufgabe 4** die zulässigen Werte des Z-Stroms I_Z und des Kollektorstroms I_C ($I_{C\,max} = 6$ A) überschritten werden, wenn die Stabilisierungsschaltung **a)** im Leerlauf, **b)** im Kurzschluss ($U_{BE} = 1{,}9$ V, $B = 120$, $U_{1\,max} = 18$ V) betrieben wird. Beurteilen Sie die Schaltung.

6. Eine Stabilisierungsschaltung **(Bild 1)** mit dem Transistor BD 135 mit $I_{Cmax} = 1$ A, $P_{tot} = 8$ W und $B = 50$ soll eine konstante Ausgangsspannung von 8,5 V abgeben. Die Eingangsspannung kann zwischen 15 V und 19 V schwanken. Wählen Sie aus dem **Datenblatt Seite 280** eine geeignete Z-Diode aus. Dimensionieren Sie den Vorwiderstand aus der Reihe E12 so, dass der Z-Strom mindestens $I_Z = 10$ mA beträgt. Welchen Widerstandwert muss der Lastwiderstand mindestens haben, damit die Schaltung nicht überlastet wird?

9.5.4 Spannungsstabilisierung mit Spannungsreglern

Spannungsregler **(Bild 1)** geben eine konstante Gleichspannung und einen maximalen Strom ab. Soll die Ausgangsspannung einstellbar sein, wird der Spannungsregler mit einem Spannungsteiler beschaltet **(Bild 2)**.

> Polarität und Ausgangsspannung von Festspannungsreglern kann man an der Bezeichnung erkennen.
> Zum Beispiel: Typ 7805 → $U_2 = +5\,V$ → U_2 positiv; Typ 7912 → $U_2 = -12\,V$ → U_2 negativ

Beispiel:

Ein Spannungsregler LM 317 ist mit $R_1 = 240\,\Omega$ und $R_2 = 1\,k\Omega$ **(Bild 2)** beschaltet. Der Referenzstrom beträgt $I_0 = 0{,}1\,mA$ und die Referenzspannung ist $U_0 = 1{,}25\,V$. Berechnen Sie die Ausgangsspannung.

Lösung:

$$U_2 = U_0 + \frac{R_2 \cdot U_0}{R_1} + I_0 \cdot R_2 = 1{,}25\,V + \frac{1000\,\Omega \cdot 1{,}25\,V}{240\,\Omega} + 0{,}1\,mA \cdot 1000\,\Omega = \mathbf{6{,}56\,V}$$

Aufgaben zu 9.5.4

1. Ein Spannungsregler LM 317 Z **(Bild 2)** mit $U_0 = 1{,}25\,V$ und $I_0 = 0{,}1\,mA$ ist mit dem Widerstand $R_1 = 270\,\Omega$ und dem Potenziometer R2 beschaltet. Das Potenziometer ist auf $R_2 = 600\,\Omega$ eingestellt. Berechnen Sie die Ausgangsspannung U_2.
2. An einen Spannungsregler 7812 **(Tabelle)** ist ein Lastwiderstand $R_L = 100\,\Omega$ angeschlossen. **a)** Welche Ausgangsspannung U_2 gibt der Spannungsregler ab? Berechnen Sie **b)** den Laststrom I_2 und **c)** den minimalen Lastwiderstand R_L, damit der Spannungsregler nicht überlastet wird.
3. Ein stabilisiertes Netzteil mit dem Spannungsregler LM 317 Z **(Tabelle)** und $R_2 = 2{,}2\,k\Omega$ soll eine konstante Spannung von $U_2 = 9\,V$ abgeben. Berechnen Sie R_1.
4. Zur Erzeugung einer einstellbaren Spannung **(Bild 2)** ist der Spannungsregler LM 317 Z **(Tabelle)** mit $R_1 = 240\,\Omega$ beschaltet. Potenziometer R_2 ist von $200\,\Omega$ bis $3{,}3\,k\Omega$ einstellbar. Ermitteln Sie **a)** den Ausgangsspannungsbereich, **b)** den maximalen Laststrom I_2.
5. Ein Netzgerät mit einem Spannungsregler LM 317 K **(Tabelle)** soll eine einstellbare Spannung von 10 V bis 18 V haben. Der Vorstrom I_v muss laut Datenblatt mindestens 5 mA betragen. **a)** Wählen Sie aus der Reihe E12 einen geeigneten Widerstand für R_1. **b)** Berechnen Sie den Widerstandsbereich für R_2 und **c)** den maximalen Laststrom I_2.
6. Ein Netzgerät mit einem Spannungsregler LM 317 K **(Tabelle)** soll eine einstellbare, stabilisierte Spannung von 12 V bis 25 V abgeben. Der Spannungsfall zwischen Eingang und Ausgang des Spannungsreglers LM 317 muss mindestens 3 V und der Vorstrom I_v mindestens 5 mA betragen. **a)** Bestimmen Sie für R_1 einen geeigneten Widerstand aus der Reihe E 24 und **b)** den Widerstandsbereich für R_2. **c)** Welche Eingangsspannung U_1 ist erforderlich?

Spannungsregler mit konstanter Ausgangsspannung

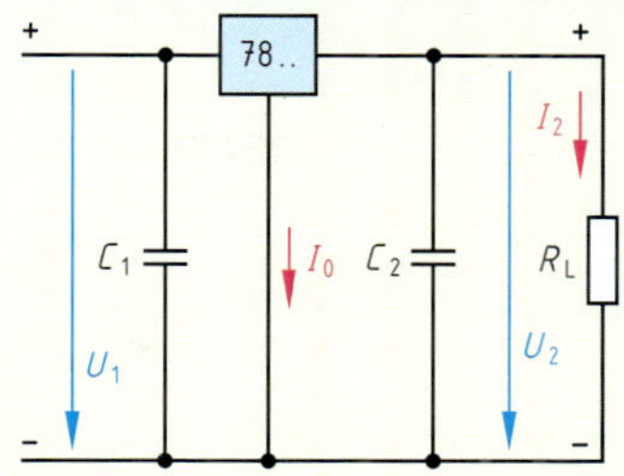

Bild 1

Spannungsregler mit einstellbarer Ausgangsspannung

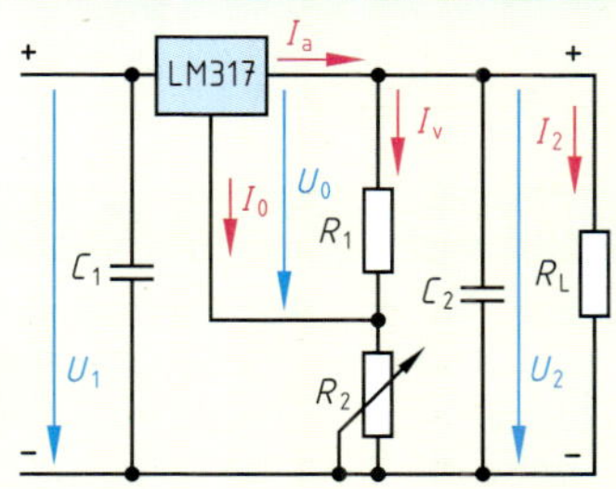

Bild 2

$$U_2 = U_0 + \frac{R_2 \cdot U_0}{R_1} + I_0 \cdot R_2$$

$$R_1 = \frac{R_2 \cdot U_0}{U_2 - U_0 - I_0 \cdot R_2}$$

$$R_1 = \frac{U_0}{I_v}$$

$$R_2 = \frac{U_2 - U_0}{I_v + I_0}$$

$$I_2 = I_a - I_v$$

U_0 Referenzspannung
U_1 Eingangsspannung
U_2 Ausgangsspannung
R_1, R_2 Spannungsteilerwiderstände
I_a Ausgangsstrom
I_0 Referenzstrom
I_2 Laststrom
I_v Vorstrom

Tabelle: Kennwerte von Spannungsreglern

Typ	U_0	I_{amax}	I_0
7812	12 V	1 A	8 mA
LM 317 Z	1,25 V	0,1 A	0,1 mA
LM 317 K	1,25 V	1,5 A	0,1 mA

9 Elektronik

9.6 Transistor als Schalter

Wird ein Transistor mit einem genügend großen Basisstrom übersteuert, kann man ihn als Schalter verwenden **(Bild 1)**. An der Kollektor-Emitterstrecke fällt dann lediglich die Kollektor-Emitter-Sättigungsspannung U_{CEsat} ab. Damit der Transistor schnell und sicher durchschaltet, wählt man einen um den Übersteuerungsfaktor $ü$ größeren Basisstrom.

Beispiel:

Der Transistor BCY 58 mit $U_{BEsat} = 0{,}9$ V, $U_{CEsat} = 0{,}3$ V, $I_C = 200$ mA und $B_{min} = 60$ wird als Schalttransistor eingesetzt. Der Übersteuerungsfaktor ist $ü = 2$, die Betriebsspannung ist $U_b = 24$ V und die Eingangsspannung $U_1 = 4{,}8$ V. Berechnen Sie
a) den Lastwiderstand R_L,
b) den Basisvorwiderstand R_v.

Lösung:

a) $R_L = \frac{U_b - U_{CEsat}}{I_C} = \frac{24\text{ V} - 0{,}3\text{ V}}{200\text{ mA}} = \mathbf{120\ \Omega}$

b) $R_v = \frac{(U_1 - U_{BEsat}) \cdot B_{min}}{ü \cdot I_C} = \frac{(4{,}8\text{ V} - 0{,}9\text{ V}) \cdot 60}{2 \cdot 200\text{ mA}} = \mathbf{585\ \Omega}$

Transistor als Schalter

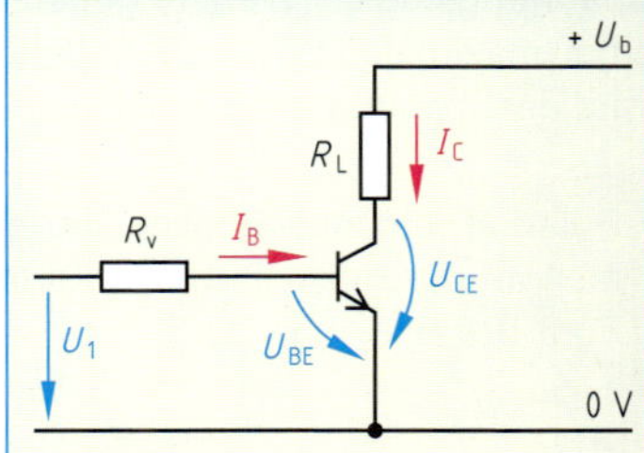

Bild 1

$$I_C = \frac{U_b - U_{CEsat}}{R_L}$$

$$I_B = \frac{ü \cdot I_C}{B_{min}}$$

$$R_v = \frac{(U_1 - U_{BEsat}) \cdot B_{min}}{ü \cdot I_C}$$

U_b	Betriebsspannung
U_1	Eingangsspannung
U_{CEsat}	Kollektor-Emitter-Sättigungsspannung
U_{BEsat}	Basis-Emitter-Sättigungsspannung
I_B	Basisstrom
I_C	Kollektorstrom
R_v	Basisvorwiderstand
R_L	Lastwiderstand
$ü$	Übersteuerungsfaktor (2…5)
B_{min}	minimale Stromverstärkung

Tabelle: Transistordaten

Kennwerte	BC 548	BSY 95A	2N 2222
U_{CEsat} in V	0,09	0,35	0,4
U_{BEsat} in V	0,9	0,87	1,3
I_{Cmax} in A	0,1	0,1	0,8
B_{min}	150	50	100
P_{tot} in mW	500	300	500

Aufgaben zu 9.6

1. Ein Transistor BSY 95A schaltet an $U_b = 12$ V eine Meldeleuchte, die $I_C = 100$ mA aufnimmt. Die Eingangsspannung beträgt $U_1 = 4$ V und der Übersteuerungsfaktor ist $ü = 3$. Bestimmen Sie **a)** aus der **Tabelle** die Werte für U_{BEsat}, U_{CEsat} und B_{min}, **b)** den Basisvorwiderstand R_v.

2. Der Transistor BC 548 **(Tabelle)** schaltet bei der Eingangsspannung $U_1 = 6$ V eine Signalleuchte 12 V/50 mA. Berechnen Sie bei $ü = 3$ den Basisvorwiderstand R_v.

3. Der Transistor 2N 2222 **(Tabelle)** mit dem Basisvorwiderstand $R_v = 82\ \Omega$ soll bei $U_1 = 3$ V eine Relaisspule mit $R_L = 50\ \Omega$ an die Betriebsspannung $U_b = 24$ V schalten. Berechnen Sie **a)** den Kollektorstrom I_C und **b)** das Übersteuerungsverhältnis $ü$.

4. Der Schalttransistor BSY 95A **(Tabelle)** mit dem Basisvorwiderstand $R_v = 330\ \Omega$ schaltet eine Relaisspule mit dem Widerstandswert $R_L = 120\ \Omega$. Die Betriebsspannung ist 12 V, und der Übersteuerungsfaktor $ü = 3$. **a)** Überprüfen Sie, ob I_C und P_{tot} eingehalten werden. **b)** Berechnen Sie U_1.

5. Zum Bau eines Stroboskops wird ein LED Spot 12 V/4 W, ein Schalttransistor und ein Rechteckgenerator verwendet. Der Rechteckgenerator mit einstellbarer Frequenz hat eine Ausgangsspannung von 5 V und einen maximalen Ausgangsstrom von 10 mA. **a)** Zeichnen Sie das Schaltbild. **b)** Wählen Sie aus der **Tabelle** einen geeigneten Transistor. **c)** Dimensionieren Sie den Vorwiderstand aus der Reihe E12 so, dass der Übersteuerungsfaktor $ü = 3$ beträgt.

● 6. Die typischen Ausgangsdaten des NAND-Gatters in der Schaltung nach **Bild 2** sind bei 1-Signal 3,4 V und 4 mA. **a)** Wie funktioniert die Schaltung? **b)** Der Strom durch die LED CQX 37 soll 20 mA betragen. Bestimmen Sie R_L aus der Reihe E12. **c)** Legen Sie für $ü = 3$ den Basisvorwiderstand R_v aus der Reihe E12 fest. **d)** Überprüfen Sie, ob der Ausgangsstrom des NAND-Gatters nicht überschritten wird und **e)** ob der Strom durch die LED CQX 35 nicht zu groß wird **(Datenblatt Seite 280)**.

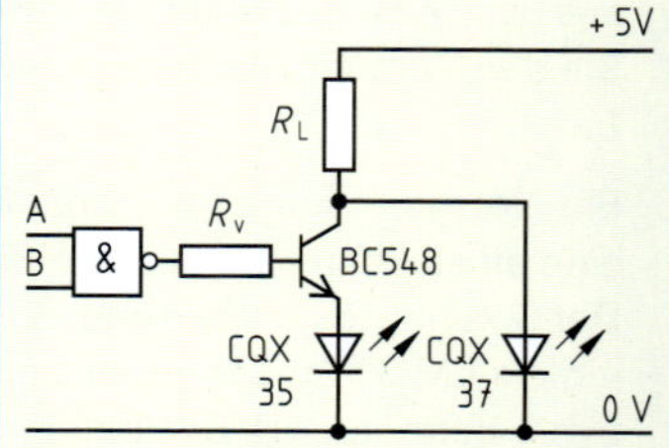

Bild 2: LED-Ansteuerung mit NAND-Gatter

9.7 Kippschaltungen

9.7.1 Astabile Kippschaltung

Astabile Kippschaltungen, wie in **Bild 1**, ändern in Abhängigkeit von den Basisvorwiderständen R_1 und R_2 sowie den Kapazitäten C_1 und C_2 periodisch ihre Ausgangsspannung U_2 **(Bild 2)**. Astabile Kippstufen können mithilfe von Transistoren **(Bild 1)** oder integrierten Schaltungen **(Bild 3)** aufgebaut werden.

Beispiel:

Eine astabile Kippschaltung **(Bild 1)** mit $R_1 = R_2 = 33\ \text{k}\Omega$ und $C_1 = C_2 = 33\ \text{nF}$ dient als Frequenzgenerator. Bestimmen Sie
a) die Impuls- und Pausendauer,
b) die Taktfrequenz.

Lösung:

$R_1 = R_2,\ C_1 = C_2 \Rightarrow t_p = t_i$

a) $\boldsymbol{t_p} = t_i = 0{,}69 \cdot R_1 \cdot C_1 = 0{,}69 \cdot 33 \cdot 10^3\ \Omega \cdot 33 \cdot 10^{-9}\ \text{As/V} = \mathbf{0{,}75\ ms}$

b) $\boldsymbol{f} = \frac{1}{T} = \frac{1}{t_p + t_i} = \frac{1}{0{,}75\ \text{ms} + 0{,}75\ \text{ms}} = \frac{1}{1{,}5\ \text{ms}} = \mathbf{666\ Hz}$

Aufgaben zu 9.7.1

1. Eine astabile Kippschaltung **(Bild 1)** ist mit den Widerständen $R_1 = 47\ \text{k}\Omega$ und $R_2 = 56\ \text{k}\Omega$ und den Kondensatoren mit $C_1 = C_2 = 39\ \mu\text{F}$ bestückt. Bestimmen Sie **a)** die Impuls- und Pausendauer, **b)** die Taktfrequenz und **c)** den Tastgrad.

2. Die Widerstände $R_1 = 3{,}9\ \text{k}\Omega$ und $R_2 = 6{,}2\ \text{k}\Omega$ sowie die Kondensatoren $C_1 = 22\ \mu\text{F}$ und $C_2 = 10\ \mu\text{F}$ bilden mit zwei Transistoren eine astabile Kippstufe **(Bild 1)**. Berechnen Sie **a)** die Impuls- und Pausendauer, **b)** die Pulsperiodendauer und **c)** den Tastgrad.

3. Eine astabile Kippstufe **(Bild 1)** mit dem Tastgrad $g = 0{,}6$ soll eine Taktfrequenz von 1,5 kHz haben. Die Rückkopplungskondensatoren haben eine Kapazität von je 100 nF. Berechnen Sie die Basisvorwiderstände R_1 und R_2.

4. Ein Taktgenerator mit einer symmetrischen Ausgangsspannung **(Bild 2)** der Frequenz 20 kHz hat die Widerstände $R_1 = R_2 = 3{,}6\ \text{k}\Omega$. Bestimmen Sie die Kapazität der Rückkopplungskondensatoren.

5. In einer astabilen Kippschaltung ist $R_1 = 3 \cdot R_2$. Geben Sie das Verhältnis der Rückkopplungskondensatoren $C_1 : C_2$ bei einem Tastgrad von **a)** $g = 0{,}5$ und **b)** $g = 0{,}8$ an.

6. Das Timer-IC NE 555 ist als astabile Kippstufe beschaltet **(Bild 3)**. Dabei bestehen R_1 und R_2 jeweils aus einer Reihenschaltung von einem Festwiderstand mit 1 kΩ und einem Potenziometer mit 33 kΩ. Der Kondensator C_1 hat eine Kapazität von 100 nF. Berechnen Sie **a)** die größte und **b)** die kleinste einstellbare Frequenz. **c)** Wie groß ist der kleinste und größte einstellbare Tastgrad?

7. Zur Erzeugung eines Taktsignals für eine digitale Schaltung wird ein Timerbaustein NE 555 **(Bild 3)** eingesetzt. Es wird eine Frequenz von $f = 1\ \text{kHz}$ mit einem Tastgrad von $g = 0{,}6$ benötigt. R_1 soll nicht kleiner als 10 kΩ sein. Bestimmen Sie die notwendigen Bauteile.
Hinweis: Berechnen Sie zuerst das Verhältnis von R_2 zu R_1, damit sich der geforderte Tastgrad einstellt und wählen Sie dann geeignete Widerstandswerte aus der Reihe E24.

Astabile Kippschaltung

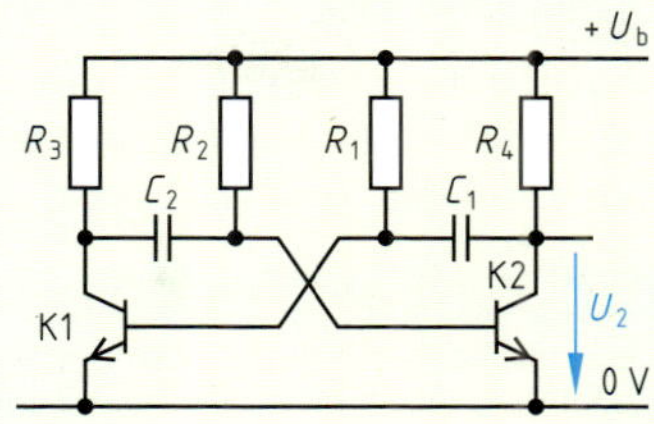

Bild 1

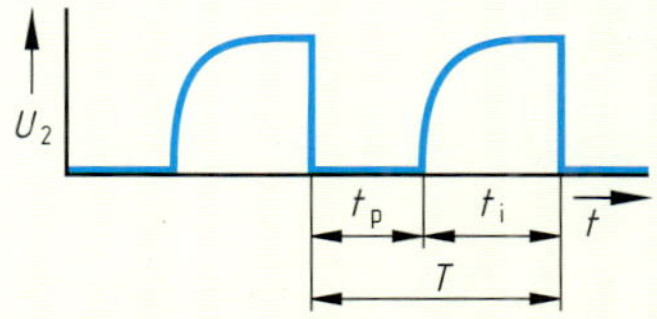

Bild 2: Ausgangsspannungsverlauf

Wenn $U_b \gg U_{BE}$, gilt mit ausreichender Genauigkeit:

$$t_p = 0{,}69 \cdot R_1 \cdot C_1$$

$$t_i = 0{,}69 \cdot R_2 \cdot C_2$$

$$T = t_i + t_p$$

$$f = \frac{1}{T} \qquad g = \frac{t_i}{T}$$

t_p	Pausendauer
t_i	Impulsdauer
T	Pulsperiodendauer
f	Taktfrequenz
g	Tastgrad
R_1, R_2	Basisvorwiderstände
C_1, C_2	Kapazität der Rückkopplungskondensatoren

Timer-IC NE 555

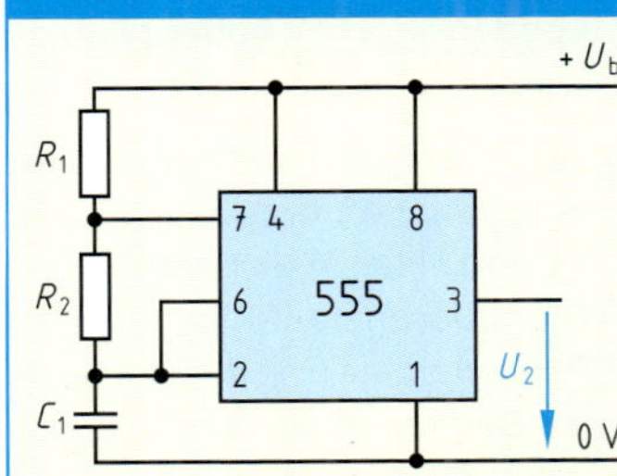

Bild 3: Astabile Kippstufe mit NE 555

$$t_i = 0{,}69 \cdot (R_1 + R_2) \cdot C_1$$

$$t_p = 0{,}69 \cdot R_2 \cdot C_1$$

9.7.2 Monostabile Kippschaltung

Die monostabile Kippschaltung **(Bild 1)** hat einen stabilen Zustand. Sie kann durch einen Impuls am Eingang für die Impulsdauer t_i in den instabilen Zustand gekippt werden **(Bild 2)**. Ist die stabile Lage wieder eingenommen, kann die Impulsdauer t_i nach der Pausendauer t_p wieder neu gestartet werden. Impulsdauer t_i und Pausendauer t_p sind von der Ladedauer des Kondensators C_2 abhängig.

Beispiel:

Eine monostabile Kippschaltung soll eine Impulsdauer von $t_i = 5$ s haben. Nachdem die stabile Lage wieder erreicht ist, soll sie nach $t_p = 200$ ms erneut gestartet werden. Der Kondensator C_2 hat eine Kapazität von 100 µF. Bestimmen Sie R_2 und R_3.

Lösung:

$$t_i = 0{,}69 \cdot R_2 \cdot C_2 \Rightarrow \boldsymbol{R_2} = \frac{t_i}{0{,}69 \cdot C_2} = \frac{5\,\text{s}}{0{,}69 \cdot 100\,\mu\text{F}} = \mathbf{72{,}5\,k\Omega}$$

$$t_p = 5 \cdot R_3 \cdot C_2 \Rightarrow \boldsymbol{R_3} = \frac{t_p}{0{,}69 \cdot C_2} = \frac{0{,}2\,\text{s}}{5 \cdot 100\,\mu\text{F}} = \mathbf{400\,\Omega}$$

Aufgaben zu 9.7.2

1. Eine monostabile Kippschaltung **(Bild 1)** hat die Bauelemente $R_2 = 15$ kΩ, $R_3 = 1$ kΩ und $C_2 = 33$ µF. Bestimmen Sie **a)** die Impulsdauer t_i und **b)** die Pausendauer t_p.
2. Eine monostabile Kippschaltung **(Bild 1)** wird mit den Widerständen $R_2 = 100$ kΩ, $R_3 = 470$ Ω und dem Kondensator $C_2 = 39$ µF beschaltet. Berechnen Sie **a)** die Impulsdauer und **b)** die Pausendauer.
3. Ein elektronischer Drehzahlmesser misst die Drehzahl in zeitlichen Intervallen von 10 ms Abfragezeit (Impulsdauer) und 0,1 ms Pausendauer. Dazu wird eine monostabile Kippstufe **(Bild 1)** mit $C_2 = 100$ nF verwendet. Bestimmen Sie die Widerstandswerte R_2 und R_3.
4. Bei einer monostabilen Kippschaltung **(Bild 1)** mit $R_2 = 22$ kΩ ist die Impulsdauer t_i 1000mal länger als die Pausendauer t_p. Berechnen Sie den Widerstandswert R_3.
5. Der Bildschirm eines Oszilloskops wird mit einer monostabilen Kippschaltung **(Bild 1)** 0,3 ms lang (Impulsdauer) dunkel geschaltet, während der Elektronenstrahl vom rechten zum linken Bildschirmrand zurückläuft. Der Ladewiderstand R_3 hat 56 Ω, die Kapazität des Kondensators C_2 beträgt 270 nF. Bestimmen Sie **a)** den Widerstandswert R_2 und **b)** die Pausendauer t_p.
6. Bei einer monostabilen TTL-Kippschaltung 74121 **(Bild 3)** wird die Impulsdauer durch einen Kondensator an den Anschlüssen 10 und 11 und einen Widerstand an den Anschlüssen 11 und 14 eingestellt. Die Kippschaltung ist mit einem Kondensator $C = 10$ µF und einem Potenziometer mit dem Einstellbereich $R = 2{,}2$ kΩ bis 22 kΩ beschaltet. Berechnen Sie **a)** die längste, **b)** die kürzeste einstellbare Impulsdauer t_i.
7. Die monostabile TTL-Kippschaltung 74121 **(Bild 3)** hat eine einstellbare Impulsdauer $t_i = 1$ ms bis 2,5 ms. Sie ist mit einem Kondensator mit $C = 100$ nF und einem Potenziometer beschaltet. Berechnen Sie den Widerstandsbereich des Potenziometers.

Monostabile Kippschaltung

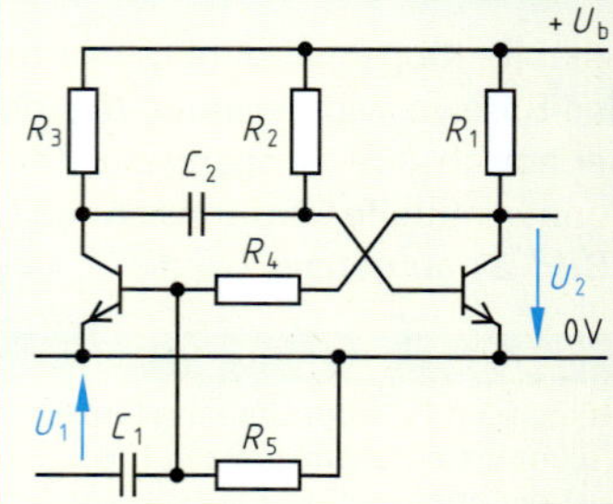

Bild 1

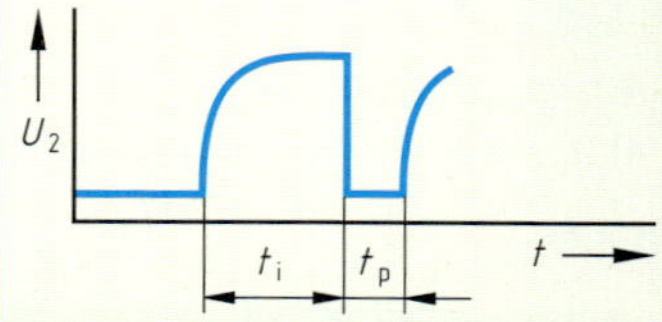

Bild 2: Ausgangsspannungsverlauf

Wenn $U_b \gg U_{BE}$, gilt mit genügender Genauigkeit:

$$t_i = 0{,}69 \cdot R_2 \cdot C_2$$

$$t_p \geq 5 \cdot R_3 \cdot C_2$$

t_i	Impulsdauer
t_p	Pausendauer
R_2	Ladewiderstand für die Impulsdauer
R_3	Ladewiderstand für die Pausendauer
C_2	Kapazität des Ladekondensators

Monostabile TTL-Kippschaltung 74121

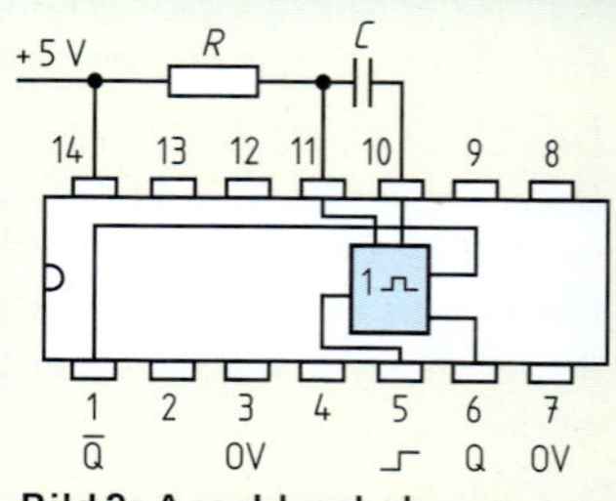

Bild 3: Anschlussbelegung

$$t_i = 0{,}69 \cdot R \cdot C$$

Äußere Beschaltung:

$R = 1{,}4$ kΩ ... 40 kΩ

$C = 10$ pF ... 1000 µF

9.7.3 Schmitt-Trigger

Ein Schmitt-Trigger **(Bild 1)** ist ein Schwellwertschalter. Er leitet, wenn die Einschaltspannung U_{1e} überschritten wird, er sperrt, wenn die Ausschaltspannung U_{1a} unterschritten wird.

Beispiel:

Ein Schmitt-Trigger **(Bild 1)** ist mit den Transistoren K1 und K2 bestückt. Transistor K1 schaltet bei $U_{BE} = 0{,}7\,V$. I_{C2} beträgt 12 mA, I_{C1} beträgt 10 mA und der Emitterwiderstand $R_E = 150\,\Omega$. Berechnen Sie
a) die Einschaltspannung U_{1e} und **b)** die Ausschaltspannung U_{1a}.

Lösung:

a) $U_{1e} = I_{C2} \cdot R_E + U_{BE1} = 12\,mA \cdot 150\,\Omega + 0{,}7\,V = \mathbf{2{,}5\,V}$
b) $U_{1a} = I_{C1} \cdot R_E + U_{BE1} = 10\,mA \cdot 150\,\Omega + 0{,}7\,V = \mathbf{2{,}2\,V}$

Schmitt-Trigger

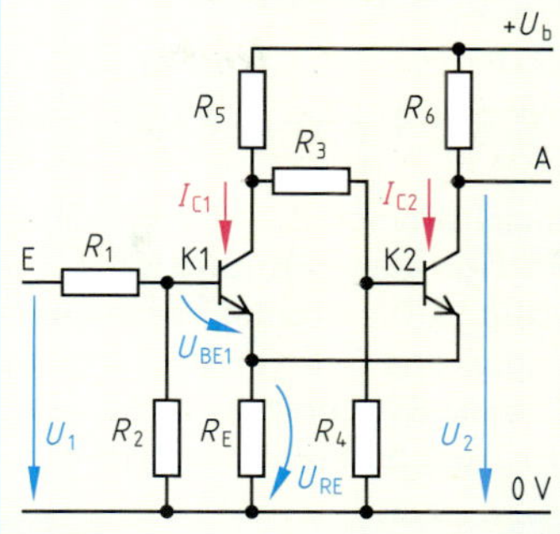

Bild 1

$$U_{1e} = I_{C2} \cdot R_E + U_{BE1}$$
$$U_{1a} = I_{C1} \cdot R_E + U_{BE1}$$
$$\Delta U_1 = U_{1e} - U_{1a}$$
$$\Delta U_1 = (I_{C2} - I_{C1}) \cdot R_E$$

U_{1e}	Einschaltspannung
U_{1a}	Ausschaltspannung
ΔU_1	Schaltdifferenz (Hysterese)
U_{BE1}	Basis-Emitterspannung des Transistors K1
I_{C1}	Kollektorstrom des Transistors K1
I_{C2}	Kollektorstrom des Transistors K2
R_E	Emitterwiderstand

Aufgaben zu 9.7.3

1. Ein Schmitt-Trigger **(Bild 1)** ist mit den Transistoren K1 und K2 und $R_E = 180\,\Omega$ bestückt. K1 übersteuert bei $U_{BE1} = 0{,}8\,V$. Bei der Einschaltspannung U_{1e} fließt $I_{C2} = 13\,mA$, bei der Ausschaltspannung U_{1a} fließt $I_{C1} = 9\,mA$. Bestimmen Sie **a)** die Einschaltspannung U_{1e} und **b)** die Ausschaltspannung U_{1a}.

2. Der Transistor K1 eines Schmitt-Triggers **(Bild 1)** schaltet bei $U_{BE1} = 0{,}9\,V$ sicher durch. Die Kollektorströme betragen bei der Ausschaltspannung $I_{C1} = 12\,mA$ und bei der Einschaltspannung $I_{C2} = 15\,mA$. Der Emitterwiderstand ist $R_E = 150\,\Omega$. Berechnen Sie **a)** die Einschaltspannung, **b)** die Ausschaltspannung und **c)** die Schaltdifferenz ΔU_1.

3. Der Emitterwiderstand eines Schmitt-Triggers **(Bild 1)** beträgt $R_E = 82\,\Omega$. Bei Unterschreiten der Ausschaltspannung U_{1a} fließt $I_{C1} = 3\,mA$, bei Überschreiten der Einschaltspannung U_{1e} fließt $I_{C2} = 13\,mA$. Ermitteln Sie die Schaltdifferenz ΔU_1.

4. Ein Schmitt-Trigger sperrt bei $U_{1a} = 1{,}8\,V$ und schaltet bei $U_{1e} = 2{,}4\,V$. Dann fließt jeweils $I_{C1} = 15\,mA$ und $I_{C2} = 19\,mA$. Bestimmen Sie den Emitterwiderstand R_E.

5. Ein Schmitt-Trigger **(Bild 1)** aus zwei Transistoren BC 107 mit $U_{CEsat} = 0{,}2\,V$ und $U_{BEsat} = 0{,}82\,V$ sowie den Widerständen $R_E = 100\,\Omega$, $R_6 = 1\,k\Omega$ und $R_5 = 1{,}2\,k\Omega$ hat die Betriebsspannung $U_b = 12\,V$. Berechnen Sie **a)** I_{C1}, **b)** I_{C2}, **c)** U_{1e}, **d)** U_{1a} und **e)** U_2, wenn der Schmitt-Trigger sperrt (Transistor K2 leitet).

6. Eine Gleichrichterschaltung ohne Glättungskondensator mit $U_{di} = 5\,V$ liefert die Eingangsspannung eines Schmitt-Triggers SN 7414 **(Tabelle)**. Ermitteln Sie den Verlauf von U_2 für **a)** eine E1U-Schaltung und **b)** eine B2U-Schaltung (siehe **Seite 148**).

7. Zur Steuerung eines Kühlerventilators mit der Einschalttemperatur $\vartheta_e = 90°$ soll eine Schaltung nach **Bild 2** aufgebaut werden. Es stehen ein Schmitt-Trigger SN 7414, ein NTC-Widerstand S891/2.2 k und ein Transistor BC 548 **(Tabelle Seite 162)** zur Verfügung. Der Übersteuerungsfaktor des Transistors ist $ü = 2$. **a)** Dimensionieren Sie mithilfe der **Tabelle**, der NTC-Kennlinie **(Bild 2, Seite 73)** und den Transistordaten **(Tabelle Seite 162)** die Widerstände R_1 und R_v aus der Reihe E12. **b)** Geben Sie für den gewählten Wert von R_2 die Ausschalttemperatur an. **c)** Beurteilen Sie die Steuerung.

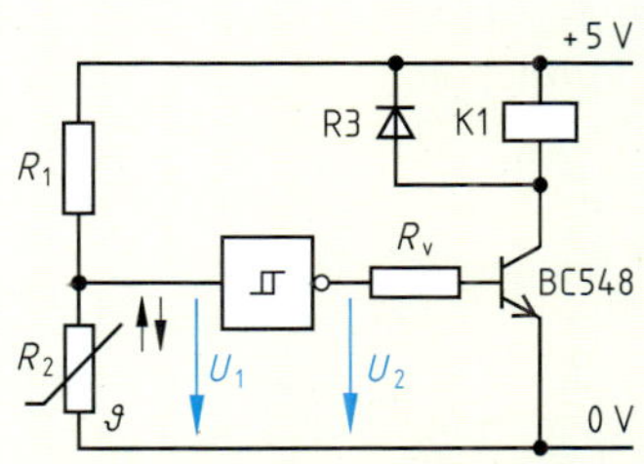

Bild 2: Steuerung mit Schmitt-Trigger SN 7414

Tabelle: Kennwerte des Schmitt-Triggers SN 7414

Einschaltspannung U_{1e}	1,7 V
Ausschaltspannung U_{1a}	0,9 V
Eingangsstrom bei U_{1e}	0,43 mA
Eingangsstrom bei U_{1a}	0,56 mA
U_{2H}: wenn $U_1 \leq U_{1a}$	3,4 V
U_{2L}: wenn $U_1 \geq U_{1e}$	0,2 V

9.8 Feldeffekttransistor (FET)

Bei Feldeffekttransistoren wird der Laststrom durch ein elektrisches Feld fast leistungslos gesteuert.

9.8.1 Kenngrößen des Feldeffekttransistors

Gleichstromgrößen des FET sind der **Eingangswiderstand R_{GS}**, die **Sättigungsspannung U_{DSsat}** und die **Abschnürspannung U_{GSOFF}** **(Bild 1)**. Die Abschnürspannung ist notwendig, um den Kanal zwischen Source und Gate (bei U_{DS} = konstant) zu sperren. Wechselstromgrößen sind die **Steilheit S**, die Steigung der Eingangskennlinie **(Bild 1)** und der **Ausgangswiderstand r_{DS}**.

Beispiel:

Ein J-FET (BF 245C) hat eine Abschnürspannung von $U_{GSOFF} = -7{,}5$ V. Aus der Eingangskennlinie wird eine Drainstromänderung $\Delta I_D = 4$ mA bei einer Änderung der Gate-Source-Spannung $\Delta U_{GS} = 1$ V ermittelt. Eine Änderung in der Ausgangskennlinie von $\Delta U_{DS} = 10$ V ergibt eine Änderung des Drainstromes $\Delta I_D = 0{,}67$ mA.
Berechnen Sie
a) die Sättigungsspannung U_{DSsat} bei $U_{GS} = -2$ V,
b) die Steilheit S und
c) den Ausgangswiderstand r_{DS}.

Lösung:

a) $U_{DSsat} = U_{GS} - U_{GSOFF} = -2\,\text{V} - (-7{,}5\,\text{V}) = \mathbf{5{,}5\,V}$

b) $S = \dfrac{\Delta I_D}{\Delta U_{GS}} = \dfrac{4\,\text{mA}}{1\,\text{V}} = 4\,\text{mA/V} = \mathbf{4\,mS}$

c) $r_{DS} = \dfrac{\Delta U_{DS}}{\Delta I_D} = \dfrac{10\,\text{V}}{0{,}67\,\text{mA}} = \mathbf{15\,k\Omega}$

Aufgaben zu 9.8.1

1. Aus einem Datenblatt wird für den J-FET BF 245B ein Gate-Source-Reststrom von $I_{GSS} = -3$ nA bei einer Gate-Source-Spannung von $U_{GS} = -15$ V angegeben. Berechnen Sie den Gate-Source-Widerstand (Eingangswiderstand) R_{GS} des J-FET.

2. Ermitteln Sie für $U_{DS} = 15$ V aus der Kennlinie **(Bild 2)** **a)** U_{GSOFF} und **b)** den maximalen Drainstrom. Berechnen Sie **c)** den Gleichstrom-Ausgangswiderstand R_{DS} und **d)** U_{DSsat}, wenn bei $U_{DS} = 15$ V eine Gate-Source-Spannung von $U_{GS} = -1$ V eingestellt wird?

3. Ein J-FET hat die Arbeitspunkte $U_{DS} = 10$ V und $U_{GS} = -2$ V. Ermitteln Sie aus den Kennlinien **(Bild 1 und 2)** **a)** den Drainstrom I_D, **b)** den Gleichstrom-Ausgangswiderstand R_{DS} und **c)** die Steilheit S. **d)** Wie groß ist die Verlustleistung P_V des FET?

4. Bei einem N-Kanal-J-FET BF 245C wird bei $U_{DS} = 12$ V die Gatespannung von -1 V auf -3 V geändert. Berechnen Sie **a)** die Drainstromänderung ΔI_D, **b)** die Steilheit S und **c)** die Verlustleistungen P_V in den beiden Arbeitspunkten.

5. Ein selbstleitender N-Kanal-MOS-FET BFR 29 hat die Kenndaten $S = 6$ mA/V und $r_{DS} = 5$ kΩ. **a)** Um welchen Wert ändert sich I_D, wenn U_{GS} um 0,25 V verringert wird? **b)** Welche Betragsänderung muss U_{DS} erhalten, damit der Drainstrom I_D wieder seinen ursprünglichen Wert erreicht?

Kennlinienfeld eines J-FET mit N-Kanal

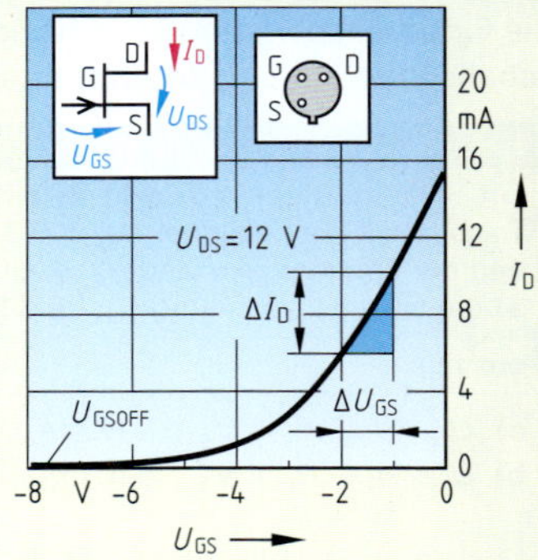

Bild 1: Eingangskennlinie

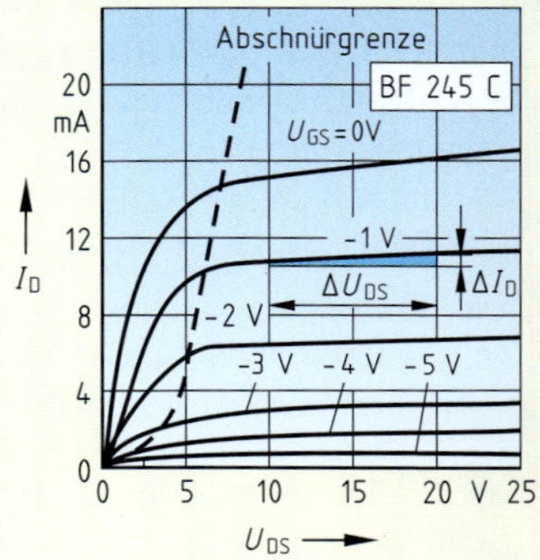

Bild 2: Ausgangskennlinie

$$R_{GS} = \frac{U_{GS}}{I_{GSS}} \text{ (bei } U_{DS} = 0)$$

$$U_{DSsat} = U_{GS} - U_{GSOFF}$$

$$S = \frac{\Delta I_D}{\Delta U_{GS}} \qquad R_{DS} = \frac{U_{DS}}{I_D}$$

$$r_{DS} = \frac{\Delta U_{DS}}{\Delta I_D} \text{ (bei } U_{GS} = \text{const.)}$$

$$P_V = U_{DS} \cdot I_D$$

R_{GS}	Gate-Source-Widerstand
U_{GS}	Gate-Source-Spannung
I_{GSS}	Gate-Source-Reststrom
S	Steilheit (U_{DS} = konstant)
U_{DSsat}	Sättigungsspannung
U_{GSOFF}	Abschnürspannung
P_V	Verlustleistung
P_{tot}	maximale Verlustleistung
U_{DS}	Drain-Source-Spannung
I_D	Drainstrom
R_{DS}	Gleichstrom-Ausgangs-Widerstand
r_{DS}	diff. Ausgangswiderstand

9 Elektronik

9.8.2 Einstellung des Arbeitspunktes

Bei der Arbeitspunkteinstellung muss der Typ des FET beachtet werden: Beim N-Kanal-J-FET erhält das Gate eine negative Vorspannung gegenüber Source. Der selbstleitende N-Kanal-MOS-FET wird überwiegend mit negativer Gatespannung, der selbstsperrende MOS-FET (N-Kanal) dagegen mit positiver Gatespannung, eingestellt.
Bei der Verwendung von P-Kanal-Typen ist die Polarität der Spannungen zu vertauschen.

Beispiel:

Der Arbeitspunkt eines J-FET **(Bild 1)** liegt bei $U_{GS} = -1{,}5\,\text{V}$ und $I_D = 4\,\text{mA}$. Bei einer Betriebsspannung von $U_b = 18\,\text{V}$ ist die Drain-Source-Spannung $U_{DS} = 9\,\text{V}$.
Berechnen Sie
a) den Source-Widerstand R_S und
b) den Drainwiderstand R_D.

Lösung:

a) $U_{RS} = -U_{GS} = -(-1{,}5\,\text{V}) = +1{,}5\,\text{V}$

$$\boldsymbol{R_S} = \frac{U_{RS}}{I_D} = \frac{1{,}5\,\text{V}}{4\,\text{mA}} = \mathbf{375\,\Omega}$$

b) $$\boldsymbol{R_D} = \frac{U_b - U_{DS} - U_{RS}}{I_D} = \frac{18\,\text{V} - 9\,\text{V} - 1{,}5\,\text{V}}{4\,\text{mA}} = \mathbf{1875\,\Omega}$$

Aufgaben zu 9.8.2

1. Bei einem N-Kanal-J-FET soll die Einstellung des Arbeitspunktes bei $U_{GS} = -2\,\text{V}$ mit dem Sourcewiderstand R_S erfolgen. Welche Normwiderstände aus der Reihe E12 **(Datenblatt Seite 276)** können verwendet werden, wenn der Drainstrom **a)** $I_{D1} = 2\,\text{mA}$, **b)** $I_{D2} = 4{,}5\,\text{mA}$ beträgt?

2. Ein J-FET in Sourceschaltung **(Bild 1)** hat einen Drainwiderstand von $R_D = 4{,}7\,\text{k}\Omega$ und eine Betriebsspannung von $U_b = 24\,\text{V}$. Wie groß ist die Gate-Source-Spannung, wenn sich ein Drainstrom von $I_D = 2{,}2\,\text{mA}$ bei $U_{DS} = 12\,\text{V}$ einstellt?

3. Ein FET hat einen Drainwiderstand $R_D = 22\,\text{k}\Omega$, einen Sourcewiderstand $R_S = 1{,}5\,\text{k}\Omega$ bei $U_b = 24\,\text{V}$. Welche Drain-Source-Spannung stellt sich bei $I_D = 0{,}7\,\text{mA}$ ein?

4. Der Arbeitspunkt eines N-Kanal-MOS-FET soll mithilfe eines Spannungsteilers eingestellt werden **(Bild 2)**. Die Betriebsspannung beträgt $U_b = 15\,\text{V}$, der Querstrom im Spannungsteiler ist $I_q = 0{,}8\,\text{mA}$ und der Drainwiderstand $R_D = 6{,}8\,\text{k}\Omega$. Damit sich ein Drainstrom $I_D = 1{,}25\,\text{mA}$ und die Drain-Source-Spannung $U_{DS} = 5{,}5\,\text{V}$ einstellen, muss $U_{GS} = 3\,\text{V}$ betragen. Berechnen Sie die Widerstände R_1 und R_2.

5. Ein selbstleitender IG-FET mit N-Kanal liegt an einer Spannung von $U_b = 15\,\text{V}$. Der Drainwiderstand R_D beträgt $1{,}1\,\text{k}\Omega$, der Widerstand $R_1 = 10\,\text{k}\Omega$. Zur Arbeitspunkteinstellung ist R_2 als einstellbarer Widerstand ausgeführt **(siehe R_2 in Bild 2)**. Für den Arbeitspunkt 1 muss $U_{DS} = 10\,\text{V}$, $I_D = 2\,\text{mA}$ und $U_{GS} = -2{,}5\,\text{V}$ betragen. Für den Arbeitspunkt 2 sind $U_{DS} = 5\,\text{V}$, $I_D = 4\,\text{mA}$ und $U_{GS} = +1{,}2\,\text{V}$ einzustellen. Berechnen Sie **a)** die Widerstandswerte R_S und R_2 für den Arbeitspunkt 1 und **b)** den Wert für R_2 im Arbeitspunkt 2.

Arbeitspunkteinstellung beim J-FET mit N-Kanal

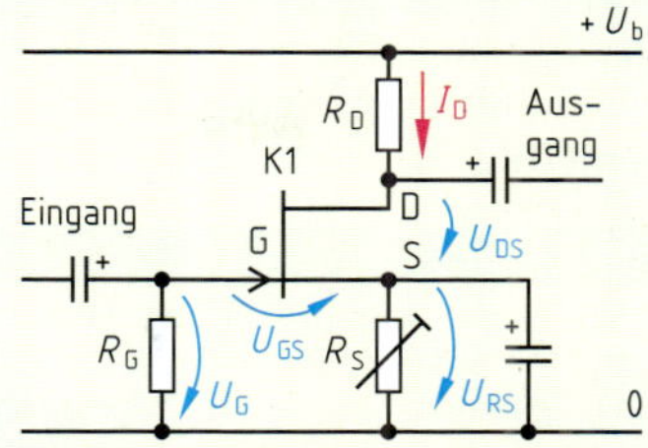

Bild 1: Automatische Gate-Vorspannungserzeugung

Da der Gatesperrstrom sehr klein ist, gilt:

$$U_G \approx 0\,\text{V} \Rightarrow U_{GS} = -U_{RS}$$

$$U_{RS} = -U_{GS} \qquad U_{RS} = R_S \cdot I_D$$

$$R_D = \frac{U_b - U_{DS} - U_{RS}}{I_D}$$

U_b	Betriebsspannung
U_{GS}	Gate-Source-Spannung
U_{RD}	Spannung am Drainwiderstand
U_{DS}	Drain-Source-Spannung
U_{RS}	Spannung am Sourcewiderstand
I_D	Drainstrom
R_S	Sourcewiderstand
R_D	Drainwiderstand

Arbeitspunkteinstellung beim N-Kanal-MOS-FET

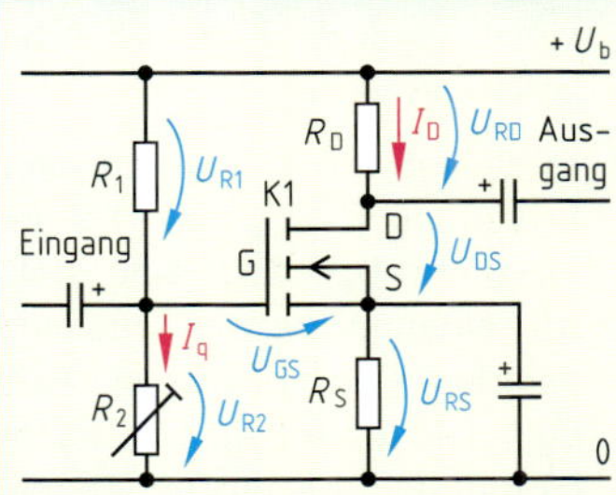

Bild 2: Selbstsperrender IG-FET

$$R_2 = \frac{U_{R2}}{I_q} = \frac{U_{GS} + U_{RS}}{I_q}$$

$$R_1 = \frac{U_b - U_{R2}}{I_q}$$

R_1, R_2	Spannungsteiler
U_{R1}, U_{R2}	Spannungen am Gate-Spannungsteiler
I_q	Querstrom

9 Elektronik

9.8.3 Arbeiten mit Kennlinien beim Feldeffekttransistor

Das Arbeiten mit der FET-Ausgangskennlinie und der Arbeitsgeraden wird notwendig, wenn Größen nur noch grafisch ermittelt werden können **(Bild 2)**.

Beispiel:

Ein Feldeffekttransistor mit kurzgeschlossener Gate-Source-Strecke wird an eine Spannungsquelle mit $U_b = 18$ V angeschlossen **(Bild 1)**.

a) Zeichnen Sie die Arbeitsgeraden für die Drainwiderstände $R_{D1} = 500\ \Omega$ und $R_{D2} = 1$ kΩ in das Ausgangskennlinienfeld **(Bild 2)**. Legen Sie die 2 entstehenden Arbeitspunkte fest! Verwenden Sie zur Konstruktion der Arbeitsgeraden g jeweils eine Hilfsgerade g' mit anschließender Parallelverschiebung. Ermitteln Sie für die beiden Belastungsfälle
b) die Teilspannungen U_{DS} und U_{RD} und
c) die Drainströme I_{D1} und I_{D2}.
d) Berechnen Sie die auftretenden Verlustleistungen am FET.

Lösung:

a) Kennlinie Bild 2.

b) Aus der Kennlinie: Gate-Source-Strecke ist kurzgeschlossen ⇒ $U_{GS} = 0$ V
für R_{D1}: $U_{DS1} = 14$ V; $\mathbf{U_{RD1} = 4\ V}$
für R_{D2}: $U_{DS2} = 10$ V; $\mathbf{U_{RD2} = 8\ V}$

c) Aus der Kennlinie:
$\mathbf{I_{D1} = 8{,}2\ mA}$; $\mathbf{I_{D2} = 8{,}4\ mA}$;
(Trotz unterschiedlicher Drainwiderstände bleibt der Drainstrom fast konstant.)

d) $P_{V1} = I_{D1} \cdot U_{DS1} = 8{,}2\ \text{mA} \cdot 14\ \text{V} = \mathbf{115\ mW}$
$P_{V2} = I_{D2} \cdot U_{DS2} = 8{,}4\ \text{mA} \cdot 10\ \text{V} = \mathbf{84\ mW}$

Aufgaben zu 9.8.3

1. Eine Konstantstromquelle ($U_b = 12$ V) mit einstellbarem Sourcewiderstand **(Bild 3)** soll mit einem variablen Lastwiderstand R_D bei konstantem Laststrom von 4 mA betrieben werden.
a) Bestimmen Sie aus der Kennlinie **(Bild 2)** den einzustellenden Sourcewiderstand R_S. **b)** Wie groß darf der Lastwiderstand R_D maximal werden, wenn der Arbeitspunkt den Abschnürbereich nicht verlassen darf?

2. In einer Sourceschaltung nach **Bild 4** soll bei einer Gate-Source-Spannung von $U_{GS} = -1$ V der Arbeitspunkt an einer Betriebsspannung von $U_b = 15$ V eingestellt werden.
a) Zeichnen Sie die Arbeitsgerade unter Verwendung einer Hilfsgeraden wie im Beispiel (Hinweis: Arbeitsgerade ⇒ $R_D + R_S$) für $R_S = 180\ \Omega$ und $R_D = 820\ \Omega$ in die Ausgangskennlinien in **Bild 2**. **b)** Ermitteln Sie aus der Kennlinie den Drainstrom I_D und die Drain-Source-Spannung U_{DS}. **c)** Wie groß ist die Spannung am Drainwiderstand und am Sourcewiderstand? **d)** Berechnen Sie die auftretende Verlustleistung P_V.

3. Ein Verstärker nach **Bild 4** hat bei einer Gate-Source-Spannung von $U_{GS} = -2$ V einen Drainstrom von $I_D = 2{,}5$ mA. Bei einer Betriebsspannung von $U_b = 18$ V liegt am Spannungsteilerwiderstand $R_2 = 390$ kΩ eine Spannung von $U_{R2} = 1{,}8$ V.
a) Zeichnen Sie die Arbeitsgerade auf ein Transparentpapier in das Kennlinienfeld in **Bild 2** und legen Sie den Arbeitspunkt fest. Bestimmen Sie **b)** die Spannungen U_{DS}, U_{RS} und U_{RD}, **c)** die Widerstände R_S, R_D und R_1 und **d)** die Verlustleistung P_V.

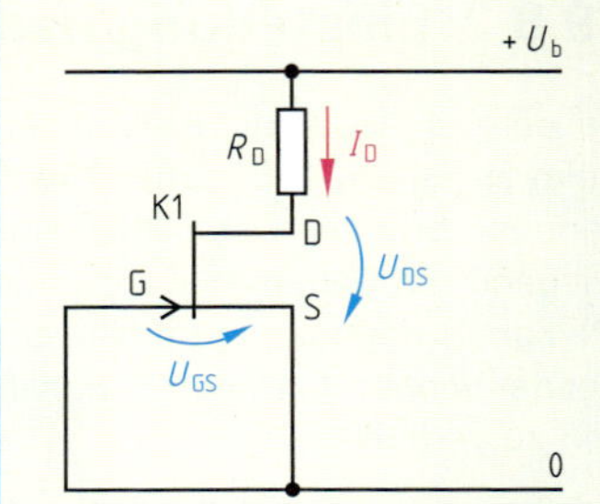

Bild 1: J-FET an Spannungsquelle

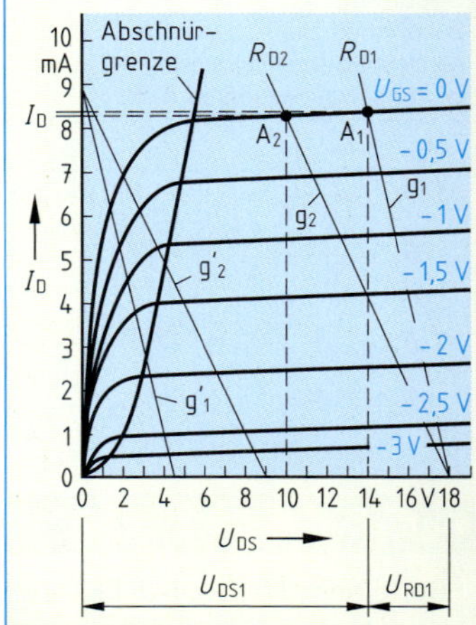

Bild 2: Ausgangskennlinie eines J-FET mit N-Kanal

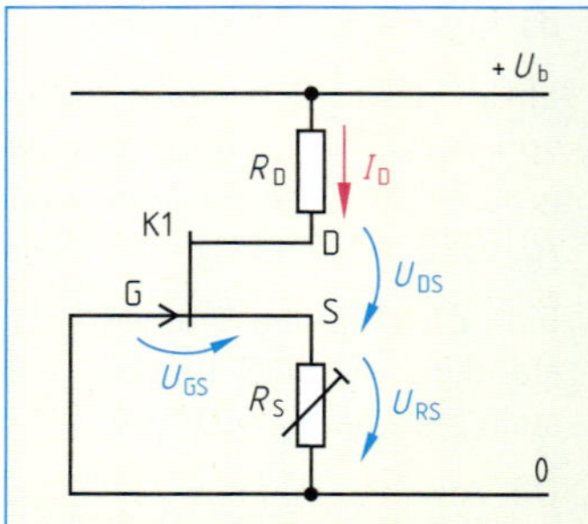

Bild 3: Konstantstromquelle

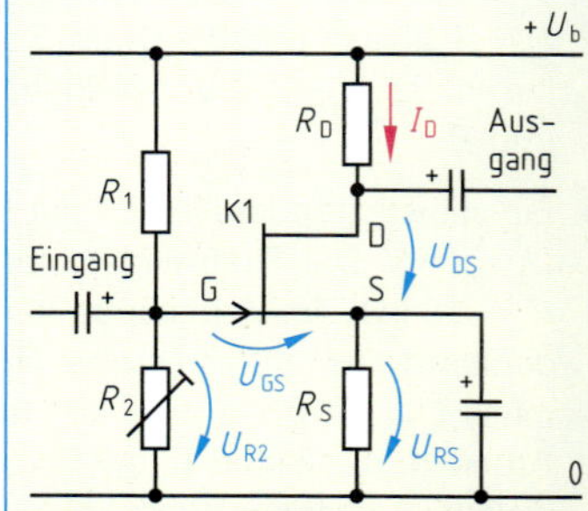

Bild 4: Sourceschaltung

9 Elektronik

9.9 Operationsverstärker

9.9.1 Invertierender Operationsverstärker

Beim invertierenden Operationsverstärker **(Bild 1)** sind Ein- und Ausgangsspannung gegenphasig.

Beispiel:

Die Eingangsspannung eines invertierenden OP* **(Bild 1)** mit den Widerständen $R_e = 22\ \text{k}\Omega$ und $R_K = 47\ \text{k}\Omega$ beträgt $U_e = 200\ \text{mV}$. Bestimmen Sie U_a.

Lösung:

$$V_1 = -\frac{R_K}{R_e} = -\frac{47\ \text{k}\Omega}{22\ \text{k}\Omega} = -2{,}14; \quad \boldsymbol{U_a} = V \cdot U_e = -2{,}14 \cdot 200\ \text{mV} = \mathbf{-428\ mV}$$

Aufgaben zu 9.9.1

1. Die Eingangsspannung eines invertierenden OP **(Bild 1)** mit $R_K = 100\ \text{k}\Omega$ und $R_e = 10\ \text{k}\Omega$ beträgt $U_e = 1{,}5\ \text{V}$. Bestimmen Sie U_a.
2. Die Ausgangsspannung eines OP **(Bild 1)** mit $R_e = 10\ \text{k}\Omega$ und $R_K = 500\ \text{k}\Omega$ soll nicht negativer als $-6\ \text{V}$ werden. Bestimmen Sie die maximale Eingangsspannung.
3. Der Aussteuerbereich eines invertierenden OP beträgt $-15\ \text{V}$ bis $+15\ \text{V}$. Es soll eine Wechselspannung mit $\hat{u}_e = 180\ \text{mV}$ verstärkt werden. Der Eingangswiderstand R_e beträgt 8,2 kΩ. Berechnen Sie R_K.

Invertierender Operationsverstärker

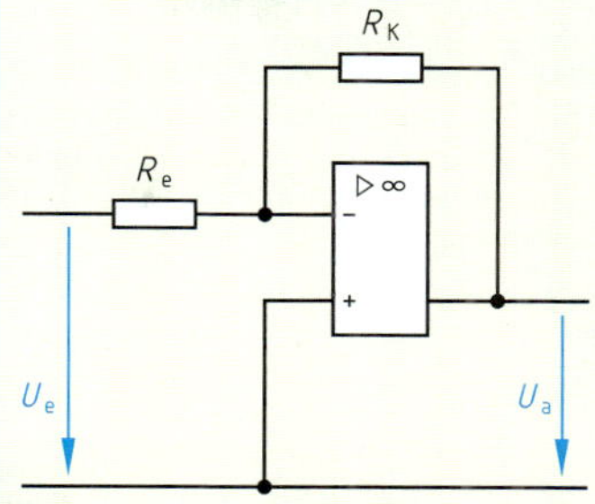

Bild 1

$$V = \frac{U_a}{U_e} \qquad V = -\frac{R_K}{R_e}$$

$$U_a = -\frac{R_K}{R_e} \cdot U_e$$

U_e Eingangsspannung
U_a Ausgangsspannung
R_e Eingangswiderstand
R_K Rückkopplungswiderstand
V Spannungsverstärkungsfaktor

9.9.2 Nichtinvertierender Operationsverstärker

Beim nichtinvertierenden Operationsverstärker **(Bild 2)** sind Ein- und Ausgangsspannung gleichphasig.

Beispiel:

Ein nichtinvertierender Operationsverstärker **(Bild 2)** ist mit $R_K = 330\ \text{k}\Omega$ und mit $R_Q = 22\ \text{k}\Omega$ beschaltet. Die Ausgangsspannung U_a soll 12 V betragen. Berechnen Sie die Eingangsspannung U_e.

Lösung:

$$V = 1 + \frac{R_K}{R_Q} = 1 + \frac{330\ \text{k}\Omega}{22\ \text{k}\Omega} = 16; \quad V = \frac{U_a}{U_e} \Rightarrow \boldsymbol{U_e} = \frac{U_a}{V} = \frac{12\ \text{V}}{16} = \mathbf{0{,}75\ V}$$

Aufgaben zu 9.9.2

1. Die Eingangsspannung eines OP **(Bild 2)** mit $R_K = 470\ \text{k}\Omega$ und $R_Q = 39\ \text{k}\Omega$ beträgt 800 mV. Bestimmen Sie U_a.
2. Die maximale Ausgangsspannung eines OP **(Bild 2)** mit $R_K = 360\ \text{k}\Omega$ und $R_Q = 120\ \text{k}\Omega$ ist 10 V. Bestimmen Sie den höchsten Wert der Eingangsspannung.
3. Ein OP **(Bild 2)** mit $R_K = 680\ \text{k}\Omega$ verstärkt eine Wechselspannung mit $\hat{u}_e = 300\ \text{mV}$ auf $\hat{u}_a = 6\ \text{V}$. Berechnen Sie R_Q.
4. Ein nichtinvertierender Operationsverstärker verstärkt Messsignale von 0 V bis 100 mV so, dass sie mittels eines Spannungsmessers mit dem Messbereich 1 V angezeigt werden. Bestimmen Sie geeignete Widerstandswerte für R_K und R_Q aus der Reihe 24.

Nichtinvertierender Operationsverstärker

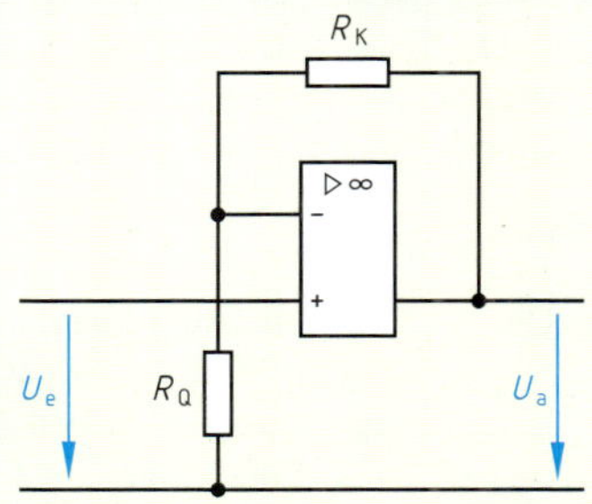

Bild 2

$$V = \frac{U_a}{U_e} \qquad V = 1 + \frac{R_K}{R_Q}$$

$$U_a = U_e \cdot \left(1 + \frac{R_K}{R_Q}\right)$$

U_e Eingangsspannung
U_a Ausgangsspannung
R_Q Querwiderstand
R_K Rückkopplungswiderstand
V Spannungsverstärkungsfaktor

* OP, Abkürzung für Operationsverstärker.

9.9.3 Summierverstärker (Addierer)

Ein Summierverstärker (**Bild 1**) verstärkt und addiert mehrere Eingangsspannungen. Die Verstärkungsfaktoren für die einzelnen Eingangsspannungen können unterschiedlich sein.

Beispiel:

Ein Summierverstärker **(Bild 1)** mit den Eingangswiderständen $R_{e1} = 22\ k\Omega$, $R_{e2} = 33\ k\Omega$ und dem Rückkopplungswiderstand $R_K = 47\ k\Omega$ verstärkt die Eingangsspannung $U_{e1} = 200$ mV und $U_{e2} = 300$ mV. Bestimmen Sie die Ausgangsspannung U_a.

Lösung:

$$V_1 = -\frac{R_K}{R_{e1}} = -\frac{47\ k\Omega}{22\ k\Omega} = -2{,}14; \quad V_2 = -\frac{R_K}{R_{e2}} = -\frac{47\ k\Omega}{33\ k\Omega} = -1{,}42$$

$$U_2 = V_1 \cdot U_{e1} + V_2 \cdot U_{e2} = -2{,}14 \cdot 200\ mV + (-1{,}42 \cdot 300\ mV) = \mathbf{-854\ mV}$$

Summierverstärker

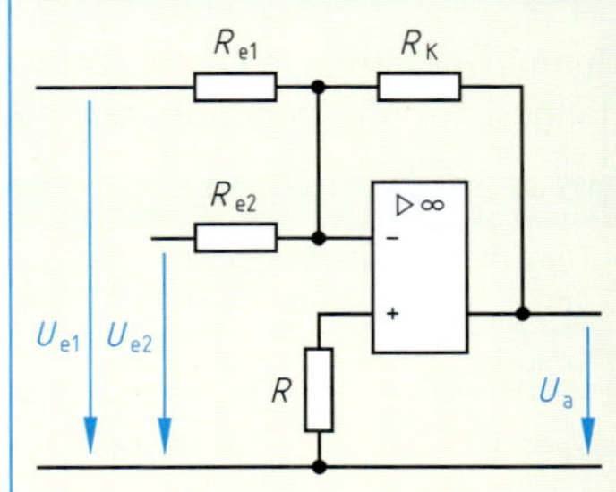

Bild 1

$$V_1 = -\frac{R_K}{R_{e1}}$$

$$V_2 = -\frac{R_K}{R_{e2}}$$

$$U_a = V_1 \cdot U_{e1} + V_2 \cdot U_{e2} + \ldots$$

$U_{e1} \ldots U_{en}$	Eingangsspannungen
U_a	Ausgangsspannung
$R_{e1} \ldots R_{en}$	Eingangswiderstände
R_K	Rückkopplungswiderstand
$V_1 \ldots V_n$	Verstärkungsfaktoren

Aufgaben zu 9.9.3

1. Die Eingangsspannungen eines Summierverstärkers **(Bild 1)** mit den Eingangswiderständen $R_{e1} = 4{,}7\ k\Omega$, $R_{e2} = 3{,}3\ k\Omega$ und dem Rückkoppelwiderstand $R_K = 47\ k\Omega$ betragen $U_{e1} = 140$ mV und $U_{e2} = 270$ mV. Bestimmen Sie **a)** die Verstärkungsfaktoren V_1 und V_2 sowie **b)** die Ausgangsspannung U_a.

2. Ein Summierverstärker **(Bild 2)** mit den Eingangswiderständen $R_{e1} = 12\ k\Omega$, $R_{e2} = 15\ k\Omega$ und dem Rückkoppelwiderstand $R_K = 100\ k\Omega$ verstärkt die Eingangsspannungen $U_{e1} = 0{,}3$ V und $U_{e2} = 0{,}4$ V. Berechnen Sie U_a.

3. Ein Summierverstärker mit drei Eingängen verstärkt Messsignale von $U_{e1} = 500$ mV, $U_{e2} = 300$ mV und $U_{e3} = 250$ mV. Der Eingangswiderstand R_{e1} beträgt 2,7 kΩ. Die Ausgangsspannung soll sich jeweils um −5 V verändern, wenn ein beliebiger Eingang zugeschaltet wird. Bestimmen Sie die Widerstände R_K, R_{e2} und R_{e3}.

4. Eine OP-Schaltung **(Bild 1)** mit $R_K = 330\ k\Omega$ wird als Regler verwendet. Der Istwert liegt als Spannung U_{e2} an $R_{e2} = 47\ k\Omega$ und der Sollwert als $U_{e1} = -1$ V an $R_{e1} = 33\ k\Omega$. Zeichnen Sie den Verlauf von U_a, wenn der Istwert **a)** sprunghaft von 0,7 V auf 1,2 V und **b)** linear mit 5 V/s von 0,5 V auf 1,5 V ansteigt.

5. Die Ausgangsspannung eines Summierverstärkers mit $R_{e1} = 4{,}7\ k\Omega$, $R_{e2} = 6{,}8\ k\Omega$ und $R_{e3} = 3{,}3\ k\Omega$ darf maximal −12 V betragen. Die Eingangsspannungen haben die Werte $U_{e1} = 0{,}2$ V, $U_{e2} = 0{,}4$ V, $U_{e3} = 0{,}25$ V. Berechnen Sie R_K.

6. ● An einen zweistufigen Summierverstärker **(Bild 2)** wird an R_{e1} eine Gleichspannung mit $U = 100$ mV und an R_{e2} eine Wechselspannung mit $\hat{u} = 50$ mV 100 Hz angeschlossen. Die Ausgangsspannung ist eine Mischspannung mit dem Gleichspannungsanteil $U_{a-} = 5$ V und einem Wechselspannungsanteil mit $\hat{u}_{a\sim} = 4$ V. Bestimmen Sie die Widerstände R_{e1} und R_{e2}.

7. ● In **Bild 3** wird ein Schaltungsauszug aus einem Oszilloskop dargestellt. Am 33-kΩ-Widerstand liegt eine sinusförmige Spannung mit $\hat{u}_{e\sim} = 0{,}5$ V 50 Hz. Zeichnen Sie das Liniendiagramm von u_a, wenn der Schleifer an R3 **a)** oben, **b)** in der Mitte, **c)** unten steht. **d)** Wie lässt sich der Verlauf der Ausgangsspannung U_a beeinflussen, wenn der 33-kΩ-Widerstand ein Potenziometer ist?

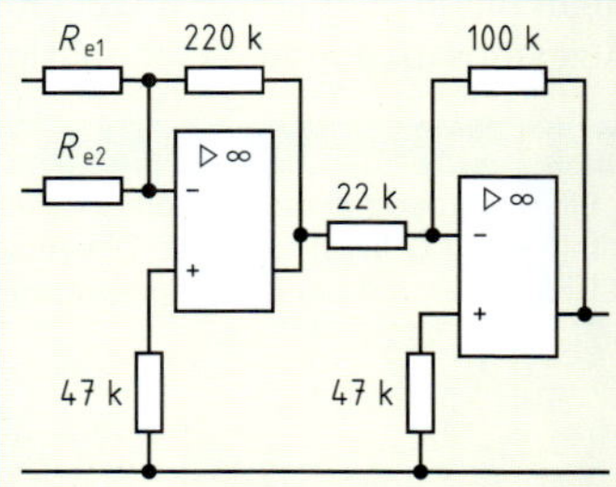

Bild 2: Zweistufiger Summierverstärker

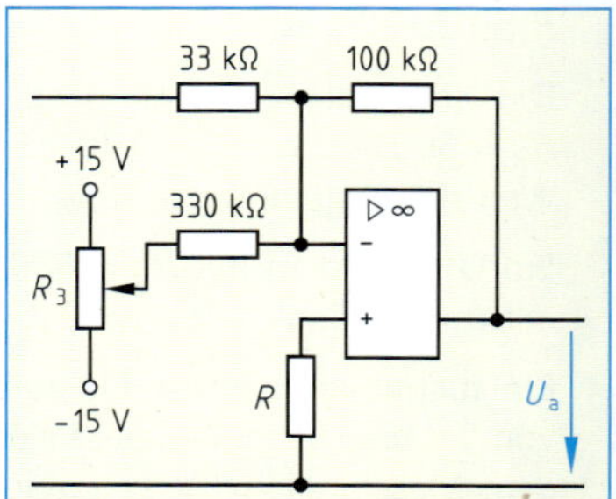

Bild 3: Schaltungsauszug von einem Oszilloskop

9.9.4 Differenzverstärker (Subtrahierer)

Wird ein Operationsverstärker an beiden Eingängen angesteuert **(Bild 1)**, so ist die Ausgangsspannung gleich der Differenz der verstärkten Eingangsspannungen. Die Verstärkungsfaktoren für U_{e1} und U_{e2} können unterschiedlich groß sein.

Beispiel:

Ein Differenzverstärker **(Bild 1)** ist mit $R_K = 100\,\text{k}\Omega$, $R_e = 22\,\text{k}\Omega$, $R_1 = 150\,\text{k}\Omega$ und $R_2 = 33\,\text{k}\Omega$ beschaltet. Die Eingangsspannung U_{e1} beträgt $+1\,\text{V}$, die Spannung U_{e2} beträgt $+2\,\text{V}$. Berechnen Sie die Ausgangsspannung.

Lösung:

$$V_1 = -\frac{R_K}{R_e} = -\frac{100\,\text{k}\Omega}{22\,\text{k}\Omega} = -4{,}55;$$

$$V_2 = \frac{1 + \frac{R_K}{R_e}}{1 + \frac{R_1}{R_2}} = \frac{1 + \frac{100\,\text{k}\Omega}{22\,\text{k}\Omega}}{1 + \frac{150\,\text{k}\Omega}{33\,\text{k}\Omega}} = \frac{5{,}55}{5{,}55} = 1$$

$$\boldsymbol{U_a} = V_2 \cdot U_{e2} + V_1 \cdot U_{e1} = 1 \cdot 2\,\text{V} + (-4{,}55 \cdot 1\,\text{V}) = \mathbf{-2{,}55\,V}$$

Aufgaben zu 9.9.4

1. Die Eingangsspannungen an einem Differenzverstärker mit den Widerständen $R_K = 470\,\text{k}\Omega$, $R_e = 100\,\text{k}\Omega$, $R_1 = 150\,\text{k}\Omega$ und $R_2 = 75\,\text{k}\Omega$ betragen $U_{e1} = +1{,}2\,\text{V}$ und $U_{e2} = +3\,\text{V}$. Bestimmen Sie die Ausgangsspannung U_a.
2. Ein Differenzverstärker mit den Widerständen $R_e = 27\,\text{k}\Omega$, $R_K = 56\,\text{k}\Omega$, $R_1 = 39\,\text{k}\Omega$ und $R_2 = 18\,\text{k}\Omega$ hat die Eingangsspannungen $U_{e1} = 0{,}8\,\text{V}$ bis $1{,}9\,\text{V}$ und $U_{e2} = 2{,}3\,\text{V}$ bis $3{,}5\,\text{V}$. Bestimmen Sie den Aussteuerbereich von U_a.
3. An einem OP **(Bild 1)** mit den Widerständen $R_2 = 180\,\text{k}\Omega$, $R_e = 27\,\text{k}\Omega$ und $R_K = 110\,\text{k}\Omega$ werden die Spannungen $U_a = 5\,\text{V}$, $U_{e1} = 2{,}2\,\text{V}$ und $U_{e2} = 3{,}8\,\text{V}$ gemessen. Berechnen Sie R_1.
4. Eine elektronische Steuerung soll dann die Ausgangsspannung $U_a = 0\,\text{V}$ abgeben, wenn der erste Messfühler die Eingangsspannung $U_{e1} = 2\,\text{V}$ führt und der zweite Messfühler die Eingangsspannung $U_{e2} = 3\,\text{V}$ führt. Diese Aufgabe wird von einer OP-Schaltung **(Bild 1)** mit den Widerständen $R_e = 75\,\text{k}\Omega$, $R_2 = 12\,\text{k}\Omega$ und $R_K = 150\,\text{k}\Omega$ realisiert. Ermitteln Sie den Eingangswiderstand R_1.
5. Ein Differenzverstärker **(Bild 1)** mit $V_2 = 3$, $R_1 = 100\,\text{k}\Omega$ und $R_K = 100\,\text{k}\Omega$ soll die Ausgangsspannung $U_a = 3\,\text{V}$ haben, wenn die Eingangsspannungen $U_{e1} = 1\,\text{V}$ und $U_{e2} = 2\,\text{V}$ betragen. Bestimmen Sie die Widerstandswerte R_e und R_2.
6. Zur Erfassung einer Differenz zwischen dem Soll- und dem Istwert einer Temperatur wird in einer Klimaanlage eine Schaltung wie in **Bild 2** verwendet. Die Spannung U_a ist 0 V, wenn keine Abweichung vom Sollwert vorliegt. Bei einer Temperaturabweichung soll sich die Ausgangsspannung U_a um 1 V/K ändern. Im Temperaturbereich 0 °C bis 40 °C ändert der NTC-Widerstand R_1 mit $R_{20} = 1\,\text{k}\Omega$ seinen Widerstandswert linear um 10 Ω/K. Auf welchen Wert muss der Widerstand R_2 eingestellt werden, wenn der Sollwert ($U_{e1} = U_{e2}$) **a)** 20 °C, **b)** 25 °C betragen soll. **c)** Dimensionieren Sie die Widerstände R_3 und R_e ($V_1 = V_2$).

Differenzverstärker

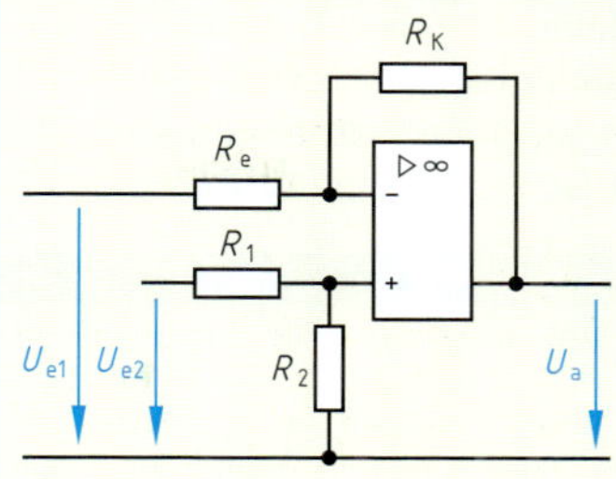

Bild 1

$$U_a = V_2 \cdot U_{e2} + V_1 \cdot U_{e1}$$

Bei $U_{e2} = 0\,\text{V}$ gilt: $V_1 = \frac{U_a}{U_{e1}}$

$$V_1 = -\frac{R_K}{R_e}$$

Bei $U_{e1} = 0\,\text{V}$ gilt: $V_2 = \frac{U_a}{U_{e2}}$

$$V_2 = \frac{1 + \frac{R_K}{R_e}}{1 + \frac{R_1}{R_2}}$$

$$\frac{R_1}{R_2} = \frac{1 + \frac{R_K}{R_e}}{V_2} - 1$$

V_1	Spannungsverstärkungsfaktor von Eingang 1 (E−)
V_2	Spannungsverstärkungsfaktor von Eingang 2 (E+)
U_{e1}	Spannung am Eingang 1
U_{e2}	Spannung am Eingang 2
U_a	Ausgangsspannung
R_e	Eingangswiderstand (E−)
R_1	Eingangswiderstand (E+)
R_2	Beschaltungswiderstand
R_K	Rückkopplungswiderstand

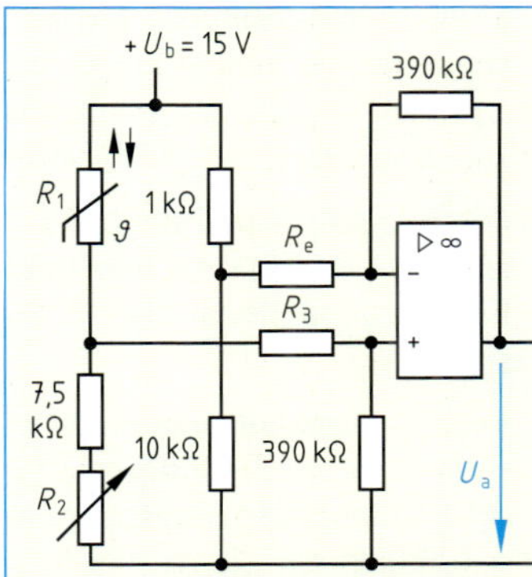

Bild 2: Schaltung zur Erfassung einer Temperaturdifferenz

9 Elektronik

9.9.5 Integrierer

Beim Integrierer **(Bild 1)** ist die Eingangsspannung proportional zur Änderungsgeschwindigkeit der Ausgangsspannung. Eine rechteckförmige Eingangsspannung z. B. hat eine dreieck- bzw. rampenförmige Ausgangsspannung zur Folge **(Bild 3)**.

Beispiel:

Am Eingang eines Integrierers **(Bild 1)** mit dem Eingangswiderstand $R_e = 50\,\text{k}\Omega$ und dem Rückkopplungskondensator $C_K = 10\,\text{nF}$ liegt eine Eingangsspannung mit dem Verlauf wie in **Bild 2**.
Ermitteln Sie den Verlauf der Ausgangsspannung.

Lösung:

Der Verlauf der Ausgangsspannung wird abschnittsweise ermittelt.

Für $0 < t \leq 1$ ms gilt: $\Delta u_a = -\dfrac{U_e}{R_e \cdot C_K} \cdot \Delta t = -\dfrac{1\,\text{V} \cdot 10^{-3}\,\text{s}}{50 \cdot 10^3\,\Omega \cdot 10 \cdot 10^{-9}\,\text{F}} = \mathbf{-2\,V}$

Für $1 < t \leq 2$ ms gilt: $\Delta u_a = -\dfrac{U_e}{R_e \cdot C_K} \cdot \Delta t = -\dfrac{-1\,\text{V} \cdot 10^{-3}\,\text{s}}{50 \cdot 10^3\,\Omega \cdot 10 \cdot 10^{-9}\,\text{F}} = \mathbf{2\,V}$

Für $2 < t \leq 3$ ms gilt: $\Delta u_a = -\dfrac{U_e}{R_e \cdot C_K} \cdot \Delta t = -\dfrac{1\,\text{V} \cdot 10^{-3}\,\text{s}}{50 \cdot 10^3\,\Omega \cdot 10 \cdot 10^{-9}\,\text{F}} = \mathbf{-2\,V}$

Für $3 < t \leq 4$ ms gilt: $\Delta u_a = -\dfrac{U_e}{R_e \cdot C_K} \cdot \Delta t = -\dfrac{-1\,\text{V} \cdot 10^{-3}\,\text{s}}{50 \cdot 10^3\,\Omega \cdot 10 \cdot 10^{-9}\,\text{F}} = \mathbf{2\,V}$

Verlauf der Ausgangsspannung siehe **Bild 3**.

Integrierer

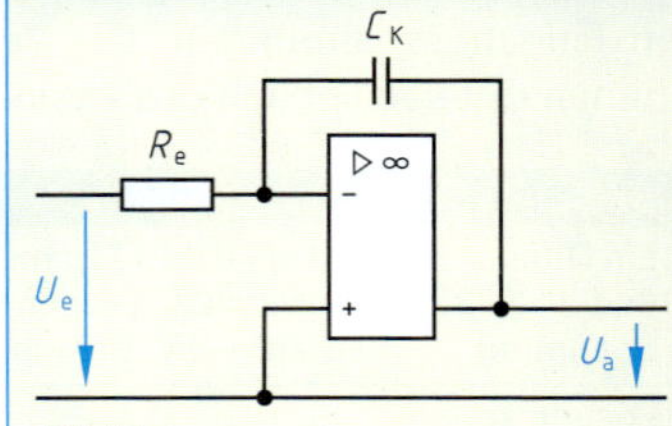

Bild 1

Für eine rechteckförmige Eingangsspannung gilt:

$$\Delta u_a = -\frac{U_e}{R_e \cdot C_K} \cdot \Delta t$$

U_e	Eingangsspannung
Δu_a	Ausgangsspannungsänderung
C_K	Rückkopplungskondensator
R_e	Eingangswiderstand
Δt	Zeitdauer der Änderung

R_e in kΩ · C_K in µF
⇒ Zeit in ms

Aufgaben zu 9.9.5

1. Ein Integrierer **(Bild 1)** mit dem Eingangswiderstand $R_e = 50\,\text{k}\Omega$ und dem Rückkopplungskondensator $C_K = 10\,\text{nF}$ ist an eine Gleichspannung $U_e = 1\,\text{V}$ angeschlossen. Ermitteln Sie die Änderung der Ausgangsspannung Δu_a für die Zeitdauer $\Delta t = 3\,\text{ms}$.

2. Am Eingang eines Integrierers mit $R_e = 22\,\text{k}\Omega$ liegt eine Gleichspannung von 3 V. Die Ausgangsspannung fällt um 1,5 V/ms. Berechnen Sie die Kapazität des Rückkoppelungskondensators C_K.

3. Wenn am Eingang eines Integrierers eine Gleichspannung von −9 V anliegt, steigt die Ausgangsspannung in 2 ms um 1 V. Der Rückkopplungskondensator hat eine Kapazität von 2,2 µF. Berechnen Sie den Widerstandswert R_e.

4. Der Eingangswiderstand eines Integrierers beträgt $R_e = 100\,\text{k}\Omega$ und der Rückkopplungskondensator hat eine Kapazität von $C_K = 10\,\text{nF}$.
a) Berechnen Sie Δu_a und zeichnen Sie den Verlauf der Ausgangsspannung bei einem Eingangsspannungsverlauf nach **Bild 4**.
b) Nach welcher Zeitdauer hat die Ausgangsspannung den Aussteuerbereich von −15 V erreicht?

5. Die Ausgangsspannung eines Integrierers mit dem Eingangswiderstand $R_e = 10\,\text{k}\Omega$ und dem Rückkopplungskondensator $C_K = 100\,\text{nF}$ hat den Verlauf nach **Bild 3**. Ermitteln Sie den Verlauf der Eingangsspannung.

6. Ein Funktionsgenerator soll aus einer rechteckförmigen Wechselspannung mit der Frequenz $f = 50\,\text{Hz}$ und $U_{e\,max} = 1{,}5\,\text{V}$ eine dreieckförmige Ausgangsspannung mit dem Spitzenwert −5 V erzeugen. Zeichnen Sie **a)** das Schaltbild, **b)** den Verlauf von Ein- und Ausgangsspannung. **c)** Wählen Sie eine Kapazität C_K aus der Reihe E12 und berechnen Sie den Widerstand R_e.

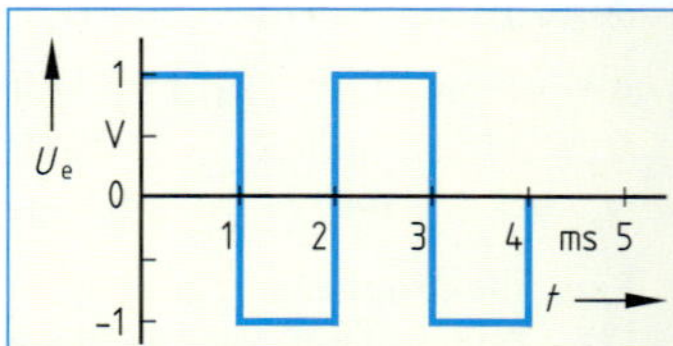

Bild 2: Eingangsspannung eines Integrierers

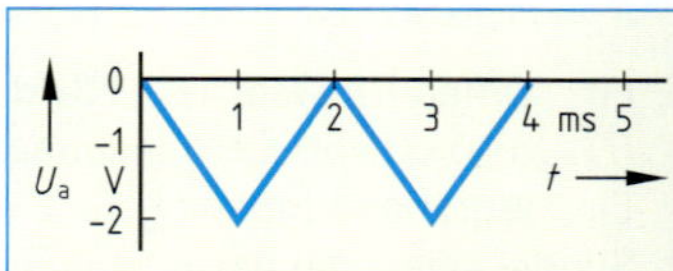

Bild 3: Ausgangsspannung eines Integrierers

Bild 4: Eingangsspannung eines Integrierers

9 Elektronik

9.9.6 Differenzierer

Beim Differenzierer **(Bild 1)** ist die Höhe der Ausgangsspannung proportional zur Änderungsgeschwindigkeit der Eingangsspannung.

Beispiel:

Ein Differenzierer **(Bild 1)** ist mit dem Rückkopplungswiderstand $R_K = 10\,\text{k}\Omega$ und dem Eingangskondensator $C_e = 1\,\mu\text{F}$ beschaltet. Die Eingangsspannung hat den Verlauf nach **Bild 2**.
Ermitteln Sie den Verlauf der Ausgangsspannung.

Lösung:

Der Verlauf der Ausgangsspannung wird abschnittsweise ermittelt.

Für $0\,\text{ms} < t \leq 1\,\text{ms}$:

$$\boldsymbol{U_a} = -R_K \cdot C_e \cdot \frac{\Delta u_e}{\Delta t} = -10 \cdot 10^3\,\Omega \cdot 1 \cdot 10^{-6}\,\text{F} \cdot \frac{0{,}5\,\text{V}}{1\,\text{ms}} = \mathbf{-5\,V}$$

Für $1\,\text{ms} < t \leq 3\,\text{ms}$:

$$\boldsymbol{U_a} = -R_K \cdot C_e \cdot \frac{\Delta u_e}{\Delta t} = -10 \cdot 10^3\,\Omega \cdot 1 \cdot 10^{-6}\,\text{F} \cdot \frac{-1\,\text{V}}{2\,\text{ms}} = \mathbf{5\,V}$$

Für $3\,\text{ms} < t \leq 5\,\text{ms}$:

$$\boldsymbol{U_a} = -R_K \cdot C_e \cdot \frac{\Delta u_e}{\Delta t} = -10 \cdot 10^3\,\Omega \cdot 1 \cdot 10^{-6}\,\text{F} \cdot \frac{1\,\text{V}}{2\,\text{ms}} = \mathbf{-5\,V}$$

Verlauf der Ausgangsspannung siehe **Bild 3**.

Differenzierer

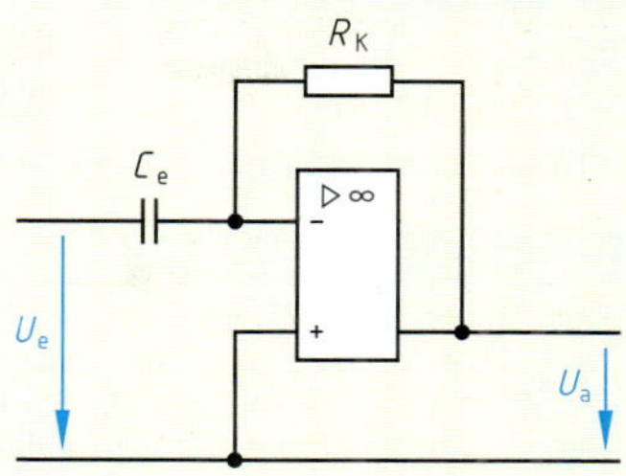

Bild 1

Für linear ansteigende Eingangsspannung gilt:

$$U_a = -R_K \cdot C_e \cdot \frac{\Delta u_e}{\Delta t}$$

R_K	Rückkopplungswiderstand
C_e	Eingangskondensator
U_a	Ausgangsspannung
Δu_e	Eingangsspannungsänderung
Δt	Zeitdauer der Änderung

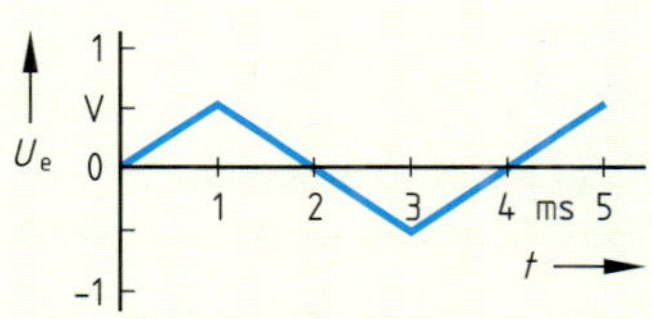

Bild 2: Eingangsspannung eines Differenzierers

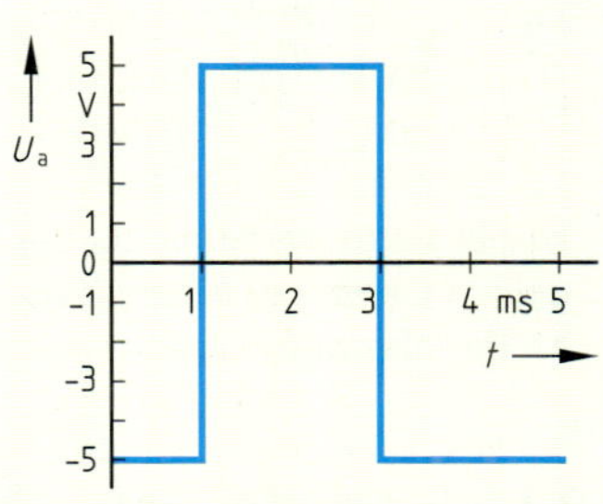

Bild 3: Ausgangsspannung eines Differenzierers

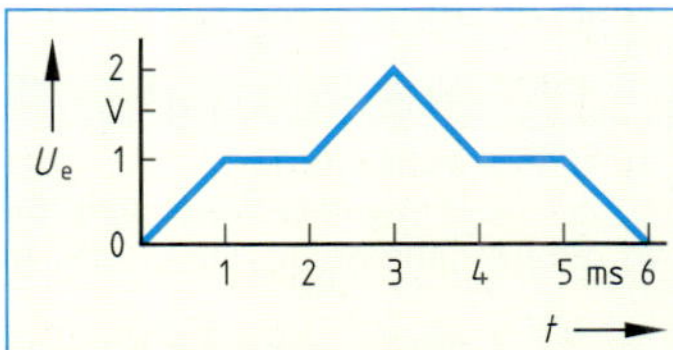

Bild 4: Eingangsspannung eines Differenzierers

Aufgaben zu 9.9.6

1. Während der Zeit von 2 ms bis 5 ms fällt die Eingangsspannung eines Differenzierers mit dem Rückkopplungswiderstand $R_K = 22\,\text{k}\Omega$ und dem Eingangskondensator $C_e = 33\,\text{nF}$ von 5 V auf 0 V ab. Berechnen Sie die Ausgangsspannung.
2. Während einer Zeitspanne von $\Delta t = 2\,\text{ms}$ steigt die Eingangsspannung eines Differenzierers **(Bild 1)** mit dem Rückkopplungswiderstand $R_K = 330\,\text{k}\Omega$ und dem Eingangskondensator $C_e = 22\,\text{nF}$ von 0 V auf 3 V an. Ermitteln Sie den Verlauf der Ausgangsspannung U_a.
3. Der Verlauf der Eingangsspannung eines Differenzierers mit $R_K = 150\,\text{k}\Omega$ und $C_e = 33\,\text{nF}$ ist in **Bild 4** dargestellt. Ermitteln Sie den Verlauf der Ausgangsspannung.
4. Ein Differenzierer mit $R_K = 220\,\text{k}\Omega$ und $C_e = 9{,}1\,\mu\text{F}$ gibt eine konstante Ausgangsspannung von 4 V ab, während die Eingangsspannung linear von +6 V auf −4 V abfällt. Berechnen Sie die Zeitdauer der Eingangsspannungsänderung.
5. Die Ausgangsspannung eines Differenzierers mit $R_K = 180\,\text{k}\Omega$ und $C_e = 4{,}7\,\mu\text{F}$ ist von 0 s bis 2 s konstant 2,4 V und fällt dann auf 0 V ab. Zeichnen Sie den Verlauf der Eingangsspannung für $t = 0\,\text{s}$ bis $t = 4\,\text{s}$, wenn ihr Anfangswert **a)** 0 V und **b)** 1 V war. **c)** Diskutieren Sie das Ergebnis.
6. Der Tachogenerator eines Versuchsfahrzeugs gibt eine geschwindigkeitsproportionale Spannung ab. Bei einer Geschwindigkeit von 1 m/s beträgt die Spannung 1 V. Die Beschleunigung wird von einem Spannungsmesser angezeigt. Dabei entspricht $U = 1\,\text{V}$ einer Beschleunigung von $1\,\text{m/s}^2$. Der Kondensator in der Differenziererschaltung hat 15 µF. Zeichnen Sie die Schaltung und berechnen Sie den Widerstand R_K.
Hinweis: Beschleunigung $a = \Delta v / \Delta t$.

9.10 Thyristoren

9.10.1 Zünden von Thyristoren und Triacs

Ein Thyristor zündet sicher, wenn er von einem Gatestrom I_G angesteuert wird, der größer als der obere Zündstrom I_{GT} ist. Der Thyristor sperrt, wenn der Laststrom I_L den Wert des Haltestroms I_H unterschreitet.

Beispiel:

Der Thyristor BT151/500 R hat laut Datenblatt den oberen Zündstrom $I_{GT} = 15$ mA. Damit er sicher zündet, soll sein Zündstrom $I_G = 3 \cdot I_{GT}$ sein. Die Zündspannung beträgt $U_G = 1{,}4$ V und die Steuerspannung $U_{St} = 12$ V. Berechnen Sie **a)** den Gatevorwiderstand R_G und **b)** die Zündleistung P_G?

Lösung:

a) $R_G = \frac{U_{St} - U_G}{I_G} = \frac{12\,\text{V} - 1{,}4\,\text{V}}{3 \cdot 15\,\text{mA}} = \mathbf{236\,\Omega}$

b) $P_G = U_G \cdot I_G = 1{,}4\,\text{V} \cdot 3 \cdot 15\,\text{mA} = \mathbf{63\,mW}$

Aufgaben zu 9.10.1

1. Der Thyristor BTW42/600 R hat einen oberen Zündstrom $I_{GT} = 50$ mA. Die Zündspannung beträgt $U_G = 1{,}3$ V, die Steuerspannung $U_{St} = 12$ V und $I_G = 3 \cdot I_{GT}$. Berechnen Sie den Gatevorwiderstand.
2. Der Thyristor BTW42/600 R mit $I_{GT} = 50$ mA und $P_G = 0{,}5$ W steuert die Leistung eines Heizwiderstandes **(Bild)**. Die Steuerspannung beträgt $U_{St} = 10$ V. Der Thyristor zündet sicher bei $U_G = 1{,}3$ V. Der Zündstrom I_G ist 4 mal größer als I_{GT}. Berechnen Sie **a)** den Gatevorwiderstand R_G und **b)** die Zündleistung.
3. Ein Heizwiderstand mit $R_L = 53\,\Omega$ wird von einem Triac BT137/500 an $U = 230$ V 50 Hz gesteuert. Der Triac hat die Kennwerte: $I_{GT} = 35$ mA, $P_G = 0{,}5$ W, $I_H = 20$ mA und $U_G = 1{,}5$ V. Die Steuerspannung ist $U_{St} = 12$ V. Der Zündstrom I_G soll $3 \cdot I_{GT}$ betragen. Berechnen Sie **a)** den Gatevorwiderstand R_G, **b)** die Haltespannung U_H, **c)** den Scheitelwert des Durchlassstroms $\hat{i}_F$.
4. Ein Thyristor BT151/500 R liegt mit einem Lastwiderstand R_L an $U = 230$ V 50 Hz und zündet sicher bei $U_G = 1{,}4$ V. Die Steuerspannung beträgt $U_{St} = 15$ V. Ermitteln Sie mithilfe der **Tabelle a)** die höchstzulässige sinusförmige Anschlussspannung U des Thyristors, **b)** die Haltespannung U_H bei einem Lastwiderstand $R_L = 25\,\Omega$ und **c)** den Gatevorwiderstand R_G, für $I_G = 3{,}5 \cdot I_{GT}$. **d)** Überprüfen Sie, ob die maximale Zündleistung eingehalten wird.

Thyristor als Schalter

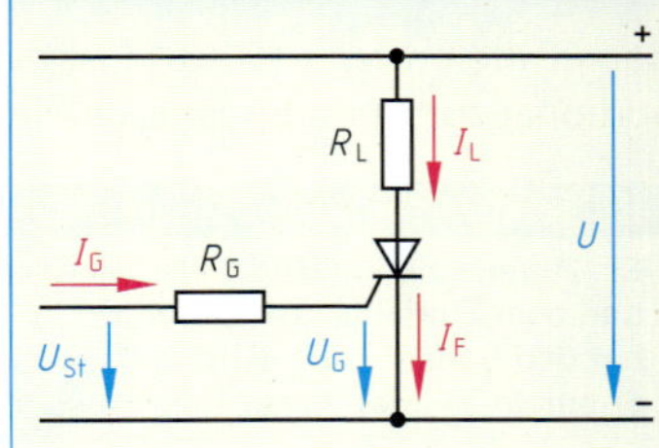

Bild

$$R_G = \frac{U_{St} - U_G}{I_G}$$

$$\hat{i}_F = \frac{\hat{u}}{R_L}$$

$$P_G = U_G \cdot I_G$$

$$U_H = R_L \cdot I_H$$

U_G	Zündspannung
U_{St}	Steuerspannung
$\hat{u}$	Scheitelwert der Anschlussspannung
U_H	Haltespannung
I_{GT}	oberer Zündstrom
I_G	Zündstrom
I_H	Haltestrom
$\hat{i}_F$	Scheitelwert des Durchlassstroms
P_G	Zündleistung
R_L	Lastwiderstand
R_G	Gatevorwiderstand

Tabelle: Kenn- und Grenzwerte des Thyristors BT151/500 R (Auswahl)

$\hat{u}_R$	400 V (Scheitelwert)
I_F	12 A (Effektivwert)
I_{GT}	15 mA
I_H	20 mA
P_G	0,5 W

9.10.2 Gesteuerte Gleichrichter

Ersetzt man in Gleichrichterschaltungen die Dioden durch Thyristoren, kann die Höhe der abgegebenen Gleichspannung U_d in Abhängigkeit vom Zündwinkel α eingestellt werden **(Tabelle Seite 175)**.

Beispiel:

Eine halbgesteuerte Zweipuls-Brückenschaltung B2H **(Tabelle Seite 175)** soll eine maximale Gleichspannung $U_{d0} = 230$ V abgeben. Berechnen Sie
a) die Ausgangsspannung U_1 des Trafos, **b)** den Zündwinkel α für die Gleichspannung $U_{d\alpha} = 115$ V.

Lösung:

a) $\frac{U_{d0}}{U_1} = \mathbf{0{,}9} \Rightarrow U_1 = \frac{U_{d0}}{0{,}9} = \frac{230\,\text{V}}{0{,}9} = \mathbf{256\,V}$ b) $\frac{U_{d\alpha}}{U_{d0}} = \frac{1 + \cos\alpha}{2} \Rightarrow \cos\alpha = 2 \cdot \frac{U_{d\alpha}}{U_{d0}} - 1 = 2 \cdot \frac{115\,\text{V}}{230\,\text{V}} - 1 = 0 \Rightarrow \alpha = \mathbf{90°}$

Tabelle: Gesteuerte Gleichrichterschaltungen

Schaltungsart	Halbgesteuerte Zweipuls-Brückenschaltung B2H	Vollgesteuerte Sechspuls-Brückenschaltung B6C		Vollgesteuerte Dreipuls-Mittelpunktschaltung M3C	
Schaltung	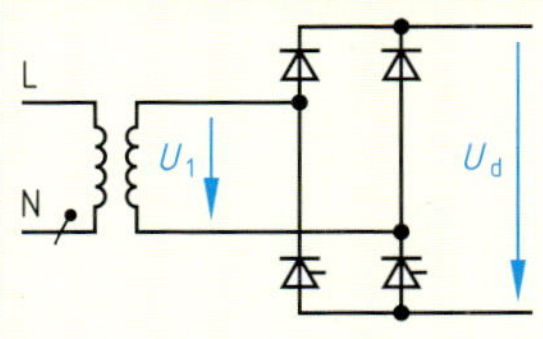	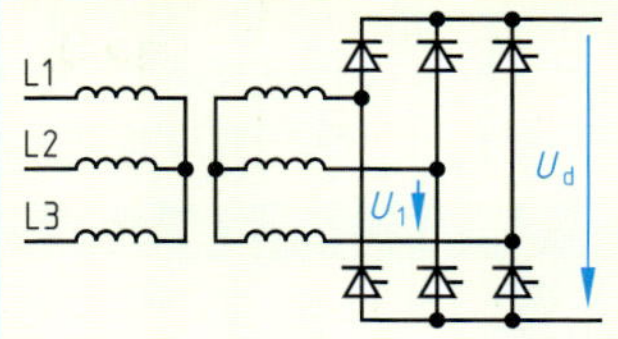		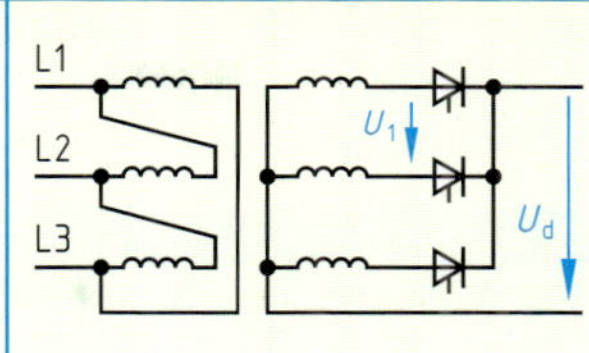	
Spannungsverlauf	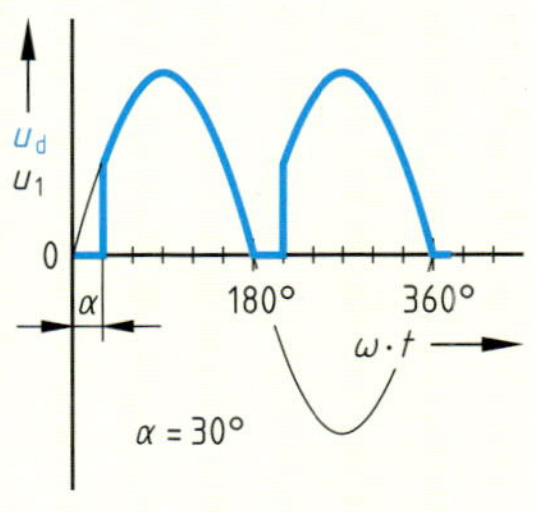	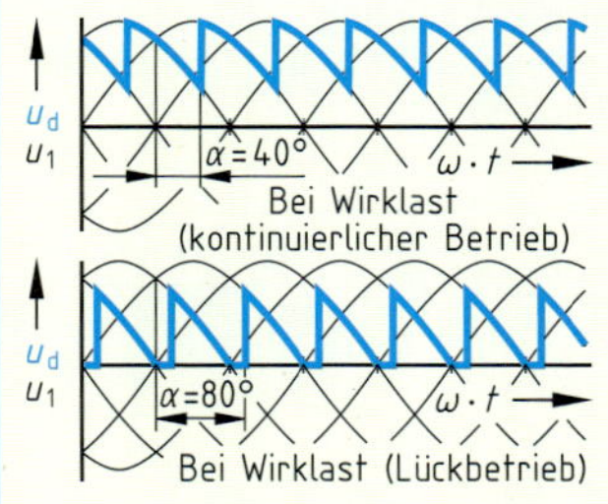		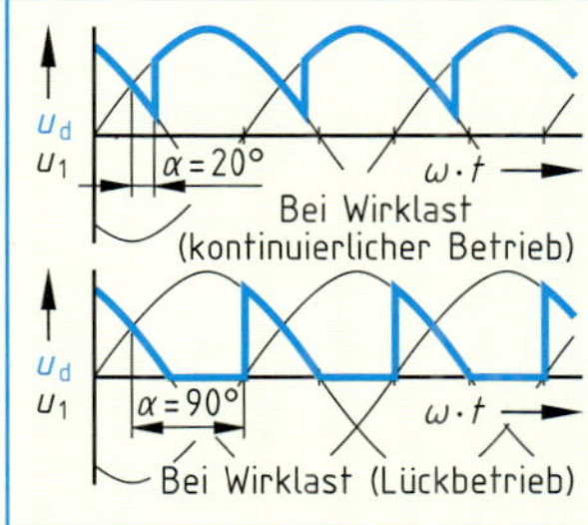	
U_{d0}/U_1	0,9	1,35		0,675	
Zündwinkel α	$\alpha \neq 0°$	$\alpha \leq 60°$	$60° < \alpha \leq 120°$	$\alpha \leq 30°$	$30° < \alpha \leq 150°$
$\frac{U_{d\alpha}}{U_{d0}}$	$\frac{1+\cos\alpha}{2}$	$\cos\alpha$	$1+\cos(\alpha+60°)$	$\cos\alpha$	$\frac{1+\cos(\alpha+30°)}{\sqrt{3}}$

α Zündwinkel, U_{d0} arithmetischer Mittelwert der Gleichspannung bei α = 0°, u_d Verlauf der Gleichspannung, U_1 Anschlussspannung (Effektivwert), $U_{d\alpha}$ arithmetischer Mittelwert der Gleichspannung bei α ≠ 0°

Aufgaben zu 9.10.2

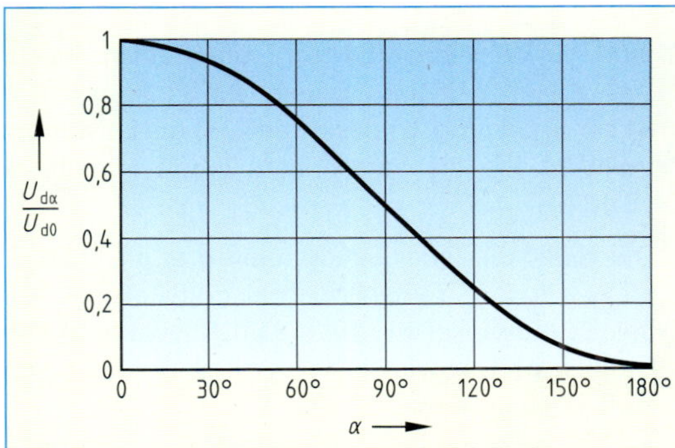

Bild : Steuerkennlinie einer B2H-Schaltung

1. Die Anschlussspannung an einer B2H-Schaltung **(Tabelle)** beträgt 244 V. Berechnen Sie **a)** die maximale Gleichspannung U_{d0}, **b)** die Gleichspannung $U_{d\alpha}$ bei $\alpha = 60°$. **c)** Überprüfen Sie die Ergebnisse mithilfe der Steuerkennlinie **(Bild)**.

2. Eine B2H-Schaltung **(Tabelle)** ist an 230 V angeschlossen. Ermitteln Sie die Gleichspannung, **a)** rechnerisch und **b)** mithilfe der Steuerkennlinie **(Bild)** bei $\alpha = 0°$ und $\alpha = 120°$.

3. Eine B2H-Schaltung **(Tabelle)** gibt bei $\alpha = 60°$ die Spannung $U_{d\alpha} = 82{,}5$ V ab. Berechnen Sie **a)** die Gleichspannung U_{d0} und **b)** das Übersetzungsverhältnis $ü$ des Transformators mit der Eingangsspannung $U = 230$ V.

4. Eine B6C-Schaltung **(Tabelle)** hat einen Zündwinkel $\alpha = 96°$ und gibt eine Gleichspannung $U_{d\alpha} = 24$ V ab. Berechnen Sie die Ausgangsspannung des Trafos.

5. Beim Zündwinkel $\alpha = 65°$ gibt eine B6C-Schaltung $U_{d\alpha} = 213$ V ab. Berechnen Sie die Gleichspannung $U_{d\alpha}$ für **a)** $\alpha = 20°$ und **b)** $\alpha = 75°$.

6. Eine M3C-Schaltung **(Tabelle)** gibt maximal $U_{d0} = 230$ V ab. **a)** Bei welchem Zündwinkel ist $U_{d\alpha} = 170$ V? **b)** Berechnen Sie die Gleichspannung, die eine B6C-Schaltung an dem selben Trafo bei gleichem Zündwinkel wie in Teilaufgabe **a)** abgibt.

7. Die Gleichspannung U_{d0} einer B2H-Schaltung **(Tabelle)** beträgt 500 V. Dabei nimmt der Lastwiderstand die Leistung $P = 5$ kW auf. Welcher Zündwinkel α muss für **a)** $U_{d\alpha} = 400$ V, **b)** $U_{d\alpha} = 100$ V eingestellt werden? Welche Leistung nimmt der Verbraucher bei **c)** $U_{d\alpha} = 400$ V und **d)** $U_{d\alpha} = 100$ V auf?

9.10.3 Wechselstromsteller, Vielperiodensteuerung

Beim Wechselstromsteller (Phasenanschnittsteuerung) schaltet ein Triac in der positiven und negativen Halbwelle beim Zündwinkel α und steuert so den Effektivwert der Wechselspannung **(Bild 1)**.
Die Vielperiodensteuerung lässt einige ganze Sinusschwingungen durch und sperrt danach einige ganze Sinusschwingungen **(Bild 3)**.

Beispiel:

Ein Wechselstromsteller am 230-V-Netz steuert die Helligkeit einer 60-W-Glühlampe. Der Zündwinkel beträgt 70°.
a) Berechnen Sie den Effektivwert der Spannung.
b) Ermitteln Sie aus der Steuerkennlinie **(Bild 2)** die Stromstärke.
c) Welche Leistung nimmt die Lampe auf?

Lösung:

a) $\boldsymbol{U_\alpha} = U_0 \cdot \sqrt{1 - \frac{\alpha}{180^\circ} + \frac{\sin 2\alpha}{2 \cdot \pi}} = 230\,\text{V} \cdot \sqrt{1 - \frac{70^\circ}{180^\circ} + \frac{\sin 140^\circ}{2 \cdot \pi}} = \mathbf{194\,V}$

b) $I_0 = \frac{P}{U_0} = \frac{60\,\text{W}}{230\,\text{V}} = 261\,\text{mA}$

Aus der Kennlinie **Bild 2**: $\frac{I_\alpha}{I_0} = 0{,}84 \Rightarrow I_\alpha = 0{,}84 \cdot I_0$

$\boldsymbol{I_\alpha} = 0{,}84 \cdot 261\,\text{mA} = \mathbf{219\,mA}$

c) $\boldsymbol{P_\alpha} = U_\alpha \cdot I_\alpha = 194\,\text{V} \cdot 219\,\text{mA} = \mathbf{42{,}5\,W}$

Aufgaben zu 9.10.3

1. Eine Kinobeleuchtung besteht aus 20 Leuchten mit je einer 230 V/75-W-Glühlampe. Sie werden von einem Wechselstromsteller gedimmt. Ermitteln Sie für den Zündwinkel $\alpha = 60°$ mithilfe der Steuerkennlinie **(Bild 2)** **a)** die Spannung, **b)** den Gesamtstrom, **c)** die Leistung der Kinobeleuchtung.

2. Eine 60-W-Glühlampe wird über einen Wechselstromsteller am 230-V-Netz betrieben. Berechnen Sie für $\alpha = 120°$ die Effektivwerte **a)** der Spannung, **b)** des Stroms, **c)** die Leistungsaufnahme. **d)** Kontrollieren Sie die berechneten Werte mithilfe der Steuerkennlinie **(Bild 2)**.

3. Die Helligkeit einer Leuchte mit drei gleichen Glühlampen 230 V/60 W wird durch einen Wechselstromsteller gesteuert. Berechnen Sie beim Zündwinkel $\alpha = 45°$ die Effektivwerte **a)** der Spannung, **b)** des Stroms. **c)** Um wieviel Prozent ist die Leistung gegenüber $\alpha = 0°$ zurückgegangen?

4. Eine dimmbare Stehlampe mit einer 230 V/50-W-Halogenlampe nimmt einen Strom $I_\alpha = 150$ mA auf. **a)** Ermitteln Sie für diesen Strom mithilfe der Steuerkennlinie **(Bild 2)** den Zündwinkel α. **b)** Überprüfen Sie das Ergebnis aus **a)** indem Sie den in **a)** ermittelten Wert für α in die Formel für I_α einsetzen und das Ergebnis mit dem gegebenen Wert für I_α vergleichen.

5. Die Leistung eines Durchlauferhitzers mit 21 kW, 50 Hz wird durch eine Vielperiodensteuerung eingestellt. Wie hoch ist die Leistungsaufnahme bei $t_E = 20$ ms und einer Schaltperiode von fünf Netzspannungsperioden?

6. Ein Verbraucher nimmt maximal 900 W auf. Die Schaltperiode T_S reicht über drei Netzspannungsperioden. Welche unterschiedlichen Leistungen können mit der Vielperiodensteuerung eingestellt werden?

Wechselstromsteller mit Triac

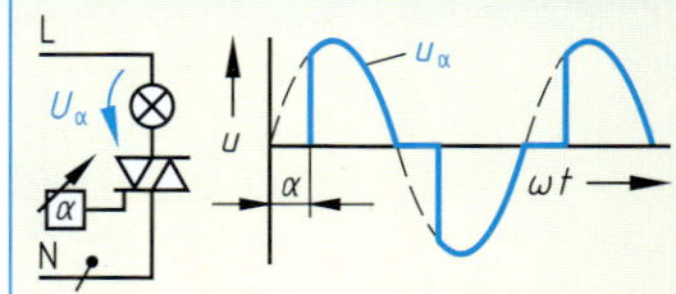

Bild 1: Spannungsverlauf

$$U_\alpha = U_0 \cdot \sqrt{1 - \frac{\alpha}{180^\circ} + \frac{\sin 2\alpha}{2 \cdot \pi}}$$

$$I_\alpha = I_0 \cdot \sqrt{1 - \frac{\alpha}{180^\circ} + \frac{\sin 2\alpha}{2 \cdot \pi}}$$

$$P_\alpha = U_\alpha \cdot I_\alpha$$

U_α, I_α	Effektivwerte bei $\alpha \neq 0°$
U_0, I_0	Effektivwerte bei $\alpha = 0°$
P_α	Leistung bei $\alpha \neq 0°$
α	Zündwinkel

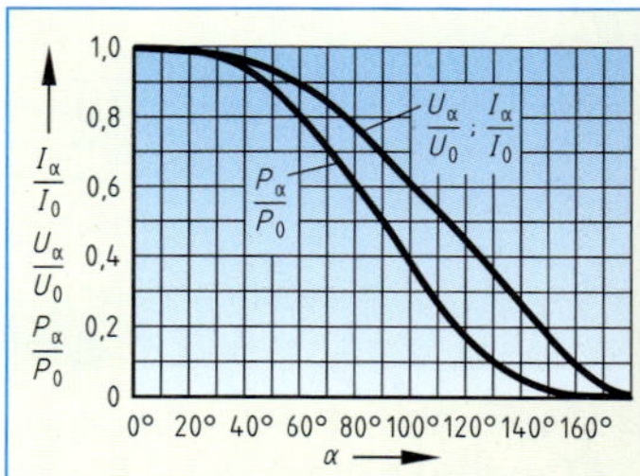

Bild 2: Steuerkennlinie für Wechselstromsteller bei ohmscher Last

Vielperiodensteuerung

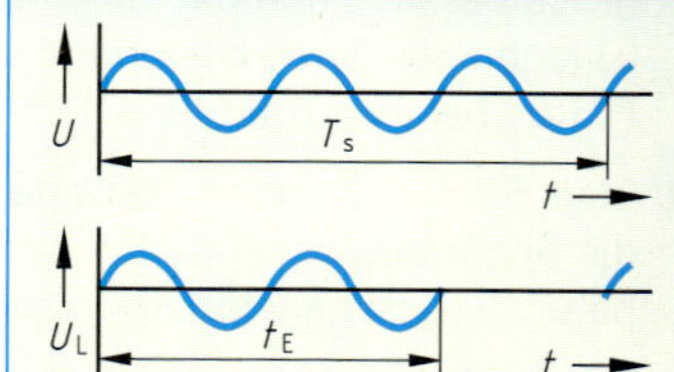

Bild 3: Spannungsverlauf

$$P = \frac{t_E}{T_S} \cdot P_0$$

P_0	Leistung ohne Vielperiodensteuerung
P	Leistung mit Vielperiodensteuerung
t_E	Einschaltdauer
T_S	Schaltperiode

9.11 Digitaltechnik

9.11.1 Zahlensysteme

Zur Darstellung von **Zahlen** verwendet man **Ziffern** oder Zahlenzeichen. Die Anzahl der Ziffern innerhalb eines Zahlensystems nennt man **Basis *B* (Tabelle 1)**. Die erste Ziffer links vom Komma hat den Stellenwert B^0, die zweite Ziffer links davon hat den Stellenwert B^1, die n-te Ziffer den Stellenwert B^{n-1}. Die erste Stelle rechts vom Komma hat den Stellenwert B^{-1}, die n-te Stelle den Stellenwert B^{-n}. Der **Potenzwert** einer Ziffer ist das Produkt aus Ziffer und Stellenwert **(Tabelle 2)**.

Dezimalsystem. Das Dezimalsystem hat die zehn Ziffern von 0 bis 9 und damit die Basis $B = 10$ **(Tabelle 2)**.

Beispiel:

Welche Stellenwerte und Potenzwerte haben die Ziffern der Dezimalzahl 954,5?

Lösung:

954,5 =	900	+50	+4	+0,5
Stelle:	3	2	1	1
Stellenwert:	$10^2 = 100$	$10^1 = 10$	$10^0 = 1$	$10^{-1} = 0{,}1$
Potenzwert:	$9 \cdot 10^2$	$5 \cdot 10^1$	$4 \cdot 10^0$	$5 \cdot 10^{-1}$

Dualsystem. Das Dualsystem (Zweiersystem) hat nur die Ziffern 0 und 1 und damit die Basis $B = 2$. Die Stellenwerte in Potenzschreibweise sind $2^0 = 1$, $2^1 = 2$, $2^2 = 4$, $2^3 = 8$ usw. **(Tabelle 3)**.

Oktalsystem. Das Oktalsystem hat die Ziffern 0 bis 7 und damit die Basis $B = 8$.

Sedezimalsystem (Hexadezimalsystem). Es hat die Basis $B = 16$. Zur Darstellung der 16 Ziffern verwendet man die Zahlenzeichen 0 bis 9 und zusätzlich die Buchstaben A bis F **(Tabelle 4)**.

Potenzen: **Seite 13**

Aufgaben zu Zahlensysteme

1. Welche Ziffern hat das **a)** Dezimalsystem, **b)** Dualsystem, **c)** Sedezimalsystem?
2. Welchen Stellenwert und Potenzwert hat die Ziffer 2 an der dritten Stelle links vom Komma **a)** im Dezimalsystem, **b)** im Sedezimalsystem?
3. Welche Basis haben die Zahlensysteme mit den Ziffern **a)** 0 und 1, **b)** 0 bis 7, **c)** 0 bis 9 und A bis F?
4. Welchen Stellenwert hat die zweite Stelle rechts vom Komma im **a)** Dezimalsystem, **b)** im Dualsystem?

Tabelle 1: Zahlensysteme (Übersicht)

System	Basis	Ziffern
Dual	2	0, 1
Oktal	8	0, 1, 2, 3, 4, 5, 6, 7
Dezimal	10	0, 1, 2, 3, 4, 5, 6, 7, 8, 9
Sedezimal	16	0, 1, 2, ..., 9, A, B, C, D, E, F

Tabelle 2: Aufbau der Dezimalzahl

Beispiel	3	8	5	2 ,	2	5
Benennung	Tausender	Hunderter	Zehner	Einer	Zehntel	Hundertstel
Stelle	4	3	2	1	1	2
Stellenwert	$10^3 = 1000$	$10^2 = 100$	$10^1 = 10$	$10^0 = 1$	$10^{-1} = 0{,}1$	$10^{-2} = 0{,}01$
Potenzwert	$3 \cdot 10^3$	$8 \cdot 10^2$	$5 \cdot 10^1$	$2 \cdot 10^0$	$2 \cdot 10^{-1}$	$5 \cdot 10^{-2}$

Tabelle 3: Aufbau der Dualzahl

Beispiel	1	0	1	1 ,	0	1
Benennung	Achter	Vierer	Zweier	Einer	Halbe	Viertel
Stelle	4	3	2	1	1	2
Stellenwert	$2^3 = 8$	$2^2 = 4$	$2^1 = 2$	$2^0 = 1$	$2^{-1} = \frac{1}{2}$	$2^{-2} = \frac{1}{4}$
Potenzwert	$1 \cdot 2^3$	$0 \cdot 2^2$	$1 \cdot 2^1$	$1 \cdot 2^0$	$0 \cdot 2^{-1}$	$1 \cdot 2^{-2}$

Tabelle 4: Vergleich von Zahlensystemen

Dezimal		Dual					Oktal		Sedezimal	
10^1	10^0	2^4	2^3	2^2	2^1	2^0	8^1	8^0	16^1	16^0
	0					0		0		0
	1					1		1		1
	2				1	0		2		2
	3				1	1		3		3
	4			1	0	0		4		4
	5			1	0	1		5		5
	6			1	1	0		6		6
	7			1	1	1		7		7
	8		1	0	0	0	1	0		8
	9		1	0	0	1	1	1		9
1	0		1	0	1	0	1	2		A
1	1		1	0	1	1	1	3		B
1	2		1	1	0	0	1	4		C
1	3		1	1	0	1	1	5		D
1	4		1	1	1	0	1	6		E
1	5		1	1	1	1	1	7		F
1	6	1	0	0	0	0	2	0	1	0

Umwandlung von Dual- und Sedezimalzahlen in Dezimalzahlen

Potenzwert-Verfahren. Dual- und Sedezimalzahlen wandelt man in Dezimalzahlen um, indem man die Potenzwerte der Ziffern ermittelt und addiert.

Beispiel 1:

Wandeln Sie die Dualzahl 1011,11 in eine Dezimalzahl um.

Lösung:

Ziffer des Beispiels	**1**		**0**		**1**		**1**	,	**1**		**1**	
Stelle	4.		3.		2.		1.		1.		2.	
Potenzwert	$1 \cdot 2^3$		$0 \cdot 2^2$		$1 \cdot 2^1$		$1 \cdot 2^0$		$1 \cdot 2^{-1}$		$1 \cdot 2^{-2}$	
Addition der Potenzwerte	8	+	0	+	2	+	1	+	0,5	+	0,25	= **11,75**

Multiplikations-Additions-Verfahren. Ganze Zahlen kann man nach diesem Verfahren umwandeln. Man multipliziert den Ziffernwert der höchsten Stelle mit der Basis B der zu wandelnden Zahl und addiert den Ziffernwert der zweithöchsten Stelle dazu. Die Dezimalzahl multipliziert man wieder mit der Basis und addiert den Wert der dritthöchsten Stelle hinzu. Dieses Verfahren setzt man bis zur letzten Stelle fort.

Beispiel 2:

Wandeln Sie jeweils **a)** die Dualzahl 1101 und **b)** die Sedezimalzahl 5A2C in eine Dezimalzahl um.

Lösung:

	Schritt: 1 →	2 →	3 →	= Ergebnis
a)	**1** →	**1** $1 \cdot 2 + 1 = 3$ →	**0** $3 \cdot 2 + 0 = 6$ →	**1** $6 \cdot 2 + 1$ = **13**
b)	**5** →	**A** $5 \cdot 16 + 10 = 90$ →	**2** $90 \cdot 16 + 2 = 1442$ →	**C** $1442 \cdot 16 + 12$ = **23084**

Aufgaben zu Umwandlung von Dual- und Sedezimalzahlen in Dezimalzahlen

1. Wandeln Sie nach dem Potenzwert-Verfahren folgende Dualzahlen in Dezimalzahlen um:
   a) 110; **b)** 11010; **c)** 101011; **d)** 1100101; **e)** 1010011;
   f) 111,1; **g)** 10111,101; **h)** 1101,1101; **i)** 1110111,1; **j)** 101,001.
2. Wandeln Sie nach dem Multiplikations-Additions-Verfahren die Dualzahlen in Dezimalzahlen um:
   a) 110100; **b)** 10000011; **c)** 11001011; **d)** 11110001; **e)** 10100111.
3. Wandeln Sie nach dem Multiplikations-Additions-Verfahren die Sedezimalzahlen in Dezimalzahlen um:
   a) 3F9; **b)** 4E; **c)** F1A; **d)** 1D2C; **e)** 345;
   f) A10; **g)** 120; **h)** 14B2; **i)** 2DCB; **j)** 9E4F.

Umwandlung von Dezimal- in Dual- oder in Sedezimalzahlen

Zerlegungsverfahren. Die Dezimalzahl zerlegt man zur Umwandlung in eine Dualzahl in eine Summe von Zweierpotenzen, zur Umwandlung in Sedezimalzahlen in eine Summe von Potenzen mit der Basis $B = 16$.

Beispiel 3:

Wandeln Sie die Dezimalzahl 10 in eine Dualzahl um.

Lösung:

1. Schritt: Die höchste in der Dezimalzahl 10 enthaltene Zweierpotenz ist $1 \cdot 2^3 = 8$. Die vierte Stelle der Dualzahl hat den Stellenwert 2^3. Der Ziffernwert der vierten Stelle ist damit 1.

2. Schritt: Die höchste im Rest 2 enthaltene Zweierpotenz ist $2^1 = 2$. Ziffernwert der 2. Stelle = 1. Der Ziffernwert der dritten und der ersten Stelle ist jeweils 0.
Die **Dualzahl 1010** hat den gleichen Wert wie die **Dezimalzahl 10**.

Resteverfahren. Dezimalzahlen dividiert man so oft durch die Basis des gewünschten Zahlensystems, bis das Ergebnis der Division 0 ist. Die Reste beim Dividieren bilden das Ergebnis.

Beispiel 1:

Wandeln Sie nach dem Resteverfahren

a) die Dezimalzahl 25 in eine Dualzahl und **b)** die Dezimalzahl 2604 in eine Sedezimalzahl um.

Lösung:

a)

Division : 2	**Ergebnis**	**Dualzahl**
25 : 2 =	12 Rest 1	
12 : 2 =	6 Rest 0	
6 : 2 =	3 Rest 0	
3 : 2 =	1 Rest 1	
1 : 2 =	0 Rest 1	

Leserichtung → **1 1 0 0 1**

b)

Division : 16	**Ergebnis**	**Sedezimalzahl**
2604 : 16 =	162 Rest 12	C
162 : 16 =	10 Rest 2	2
10 : 16 =	0 Rest 10	A

Leserichtung → **A 2 C**

Aufgaben zu Umwandlung von Dezimalzahlen in Dual- oder in Sedezimalzahlen

1. Wandeln Sie die gegebenen Dezimalzahlen in Dualzahlen um. Wenden Sie für die Umwandlung das Zerlegungs- und das Resteverfahren an.
   a) 42; **b)** 56; **c)** 117; **d)** 538; **e)** 1279; **f)** 3471;
   g) 410; **h)** 253; **i)** 512; **j)** 1024; **k)** 812; **l)** 2370.
2. Wie lauten die Sedezimalzahlen zu den folgenden Dezimalzahlen?
   a) 345; **b)** 745; **c)** 4352; **d)** 873; **e)** 1024; **f)** 4975;
   g) 702; **h)** 2748; **i)** 6948; **j)** 205; **k)** 362; **l)** 4596.

Umwandlung von Sedezimalzahlen und Dualzahlen

Sedezimalzahlen kann man als eine abgekürzte Darstellung von Dualzahlen verwenden. Sie lassen sich in Dualzahlen umwandeln, wenn man jede Ziffer der Sedezimalzahl durch die entsprechende vierstellige Dualzahl ersetzt **(Tabelle 4, Seite 176)**. Dualzahlen lassen sich in Sedezimalzahlen umwandeln, wenn man die gegebene Dualzahl von rechts beginnend in Vierergruppen unterteilt und jede Vierergruppe durch die entsprechende Sedezimalziffer ersetzt.

Beispiel 2:

Wandeln Sie **a)** die Sedezimalzahl 2A in eine Dualzahl und
b) die Dualzahl 1100 1110 0001 in eine Sedezimalzahl um.

Lösung:

a)

Sedezimalzahl:	2	A
Dualzahl:	**0010**	**1010** = **0010 1010**

b)

Dualzahl:	1100	1110	0001
Sedezimalzahl:	**C**	**E**	**1**

Aufgaben zu Umwandlung von Sedezimalzahlen und Dualzahlen

1. Welche Dualzahlen entsprechen den folgenden Sedezimalzahlen:
   a) 2F3; **b)** 44A; **c)** 2CD; **d)** 7A3B;
   e) 254; **f)** 3C5; **g)** 1CF; **h)** AB01.
2. Wandeln Sie die Dualzahlen in Sedezimalzahlen um:
   a) 11100110111; **b)** 11110001; **c)** 1100101100; **d)** 10111111010;
   e) 10101010101; **f)** 100010001; **g)** 1010101011; **h)** 111100001111.
3. Geben Sie für die Sedezimalzahlen **a)** die Dualzahlen und **b)** die Dezimalzahlen an.
   a) FF1; **b)** 1A7; **c)** 146A; **d)** 10C;
   e) 102; **f)** 444; **g)** 1B4; **h)** E2C.

9.11.2 Rechnen mit Dualzahlen

Bei der Addition, Subtraktion, Multiplikation und Division von Dualzahlen **(Tabelle 1)** gelten ähnliche Regeln wie im Dezimalsystem.

Tabelle 1: Rechnen mit Dualzahlen

Rechenregeln	Beispiele:
Addition 0 + 0 = 0 0 + 1 = 1 1 + 0 = 1 1 + 1 = 10 Übertrag 1	Berechnen Sie 110 + 101 110 +101 Übertrag 1 **1011**
Subtraktion 0 − 0 = 0 1 − 0 = 1 1 − 1 = 0 10 − 1 = 1	Berechnen Sie 1110 − 101 1110 −101 Übertrag 1 **1001**
Multiplikation 1 · 1 = 1 0 · 1 = 0	Berechnen Sie 111 · 101 111 · 101 111 000 111 Übertrag 11 **100011**
Division 0 : 1 = 0 1 : 1 = 1	Berechnen Sie 101101 : 101 101101 : 101 = **1001** 101 101 101 000

Aufgaben zu 9.11.2

1. Addieren bzw. subtrahieren Sie folgende Dualzahlen:
   a) 1101 + 1001; **b)** 11101 + 10010;
   c) 111011 + 10011; **d)** 10101 + 1100010;
   e) 1101 − 100; **f)** 10101 − 1111;
   g) 110110 − 10011; **h)** 111011 − 1010.
2. Berechnen Sie:
   a) 11011 + 101010 − 110;
   b) 1010100 − 111001 + 11010.
3. Berechnen Sie:
   a) 101 · 11; **b)** 10111 · 1101; **c)** 1011 · 1101;
   d) 1010 · 111; **e)** 1110 · 1110; **f)** 1011 · 111.
4. Wandeln Sie die Dezimalzahlen in Dualzahlen um und berechnen Sie:
   a) 18 · 12; **b)** 25 · 9; **c)** 121 · 42;
   d) 11 · 32; **e)** 152 · 47; **f)** 256 · 12.
5. Lösen Sie folgende Aufgaben:
   a) 1000 : 10; **b)** 101010 : 111; **c)** 11101 : 100.
6. Wandeln Sie die Dezimalzahlen in Dualzahlen um und berechnen Sie:
   a) 27 : 3; **b)** 420 : 6; **c)** 198 : 11.

9.11.3 BCD-Code

BCD[1]-Codes dienen der binär verschlüsselten Darstellung von Dezimalzahlen **(Tabelle 2)**. Für jede Ziffer der Dezimalzahl ist dabei eine vierstellige Dualzahl, eine **Tetrade**[2] notwendig. Die nicht benötigten Dualzahlen für die dezimalen Werte 10 bis 15 bezeichnet man als **Pseudotetraden**.
Ergibt sich bei der Addition ein Tetradenübertrag oder eine Pseudotetrade (Beispiel, **Seite 181**), wird zur Ergebnistetrade der Wert 0110 addiert.

Beispiel:

Stellen Sie die Dezimalzahl 1583 im 8-4-2-1-Code dar.

Lösung:

Dezimalzahl:	1	5	8	3
8-4-2-1-Code:	0001	0101	1000	0011

Tabelle 2: 8-4-2-1-Code (BCD-Code)

Dezimalzahl	8-4-2-1-Code	Dezimalzahl	8-4-2-1-Code
0	0000	10	0001 0000
1	0001	11	0001 0001
2	0010	12	0001 0010
3	0011	13	0001 0011
4	0100	14	0001 0100
5	0101	15	0001 0101
6	0110	16	0001 0110
7	0111	17	0001 0111
8	1000	18	0001 1000
9	1001	19	0001 1001
Pseudotetraden (Beispiele)	1010 ⋮ 1111		0001 1010 ⋮ 0001 1111

[1] BCD = **B**inary **C**oded **D**ecimal (engl.)
= **b**inär **c**odiertes **D**ezimalsystem
[2] Tetrade (griech.) = Vierergruppe.

Aufgaben zu 9.11.3

1. Stellen Sie die Dezimalzahlen im 8-4-2-1-Code dar:
   a) 451; **b)** 230; **c)** 125; **d)** 475;
   e) 1024; **f)** 793; **g)** 2094; **h)** 354.
2. Wandeln Sie die im 8-4-2-1-Code angegebenen Zahlen in Dezimalzahlen um:
   a) 0101 0111; **b)** 1001 0110; **c)** 0010 0101;
   d) 0001 1001; **e)** 1000 0010; **f)** 0010 0011.
3. Geben Sie die Sedezimalzahlen im 8-4-2-1-Code an:
   a) 10; **b)** 1E; **c)** 24; **d)** 124;
   e) 64; **f)** 2C; **g)** 1AC; **h)** FF5.
4. Berechnen Sie im 8-4-2-1-Code:
   a) 3+5; **b)** 3+8; **c)** 6+8; **d)** 4+5;
   e) 8+9; **f)** 21+6; **g)** 15+7; **h)** 13+6.

9.11.4 Schaltalgebra

Die Schaltalgebra beschreibt die Verknüpfung binärer Signale in logischen Schaltungen, z. B. in UND-, ODER- oder NICHT-Verknüpfungen, durch Terme[1]. Die vollständige Beschreibung einer Verknüpfung nennt man Funktionsgleichung **(Tabelle)**.

Rechenregeln für eine Variable und Umkehrterme

Eine Variable, z. B. die Eingangsvariable A, kann mit sich selbst, mit ihrer Negation oder mit den Konstanten 0 oder 1 verknüpft werden. Die Rechenregeln prüft man durch Einsetzen der Werte 0 oder 1 für die Variable **(Bild)**. Durch Invertieren bildet man Umkehrterme. Sie werden mit einem aufgesetzten Strich geschrieben, z. B. $\overline{A}$ (lies: A nicht).

Beispiel:

Bilden Sie die Umkehrterme von:
a) 0; **b)** A; **c)** A ∨ B.

Lösung:

a) $\overline{0} = 1$; **b)** $\overline{A}$; **c)** $\overline{A \vee B}$.

Aufgaben zu Rechenregeln für eine Variable und Umkehrterme

1. Berechnen Sie:
   a) A ∧ 0; **b)** A ∨ 0; **c)** A ∧ 1; **d)** A ∨ 1;
   e) A ∧ $\overline{A}$; **f)** A ∨ $\overline{A}$; **g)** A ∧ A; **h)** A ∨ A.
2. Bilden Sie die Umkehrterme von:
   a) A ∧ B; **b)** $\overline{A \vee B}$; **c)** $\overline{A \wedge B}$; **d)** A ∨ B.

[1] Term (lat.) = Glied in einer mathematischen Formel

Beispiel:

Berechnen Sie im 8-4-2-1-Code **a)** 28 + 9 und **b)** 18 + 5.

Lösung:

a)	28:	0010 1000	
	+9:	+0000 1001	
		1	Tetradenübertrag
		0011 0001	
	+	0110	Korrektur
	Ergebnis 37:	**0011 0111**	
b)	18:	0001 1000	
	+5:	+0000 0101	
		0001 1101	Pseudotetrade
	+	0110	Korrektur
	Übertrag	11 1	
	Ergebnis 23:	**0010 0011**	

UND-Verknüpfung: Konjunktion: A ∧ B
ODER-Verknüpfung: Disjunktion: A ∨ B
NICHT-Verknüpfung: Negation: $\overline{A}$

Tabelle: Grundverknüpfungen

Funktion mit Schaltzeichen	Funktionsgleichung	Wertetabelle
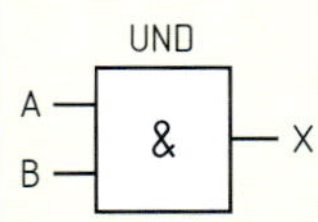	X = A ∧ B	B A X: 0 0 0; 0 1 0; 1 0 0; 1 1 1
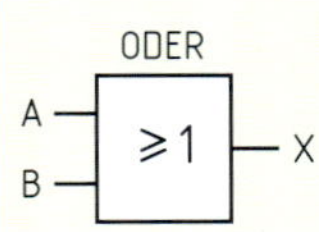	X = A ∨ B	B A X: 0 0 0; 0 1 1; 1 0 1; 1 1 1
	X = $\overline{A}$	A X: 0 1; 1 0

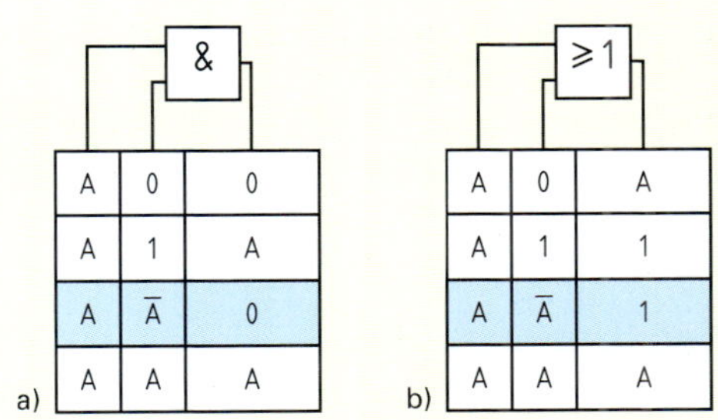

Bild: Rechenregeln der a) UND-Verknüpfung, b) ODER-Verknüpfung

Kommutativgesetze

Die Kommutativgesetze (Vertauschungsgesetze) der Schaltalgebra erlauben das Vertauschen der Eingangsvariablen einer UND- bzw. ODER-Verknüpfung ohne das Verknüpfungsergebnis zu verändern **(Bild 1 und Beispiel 1)**.

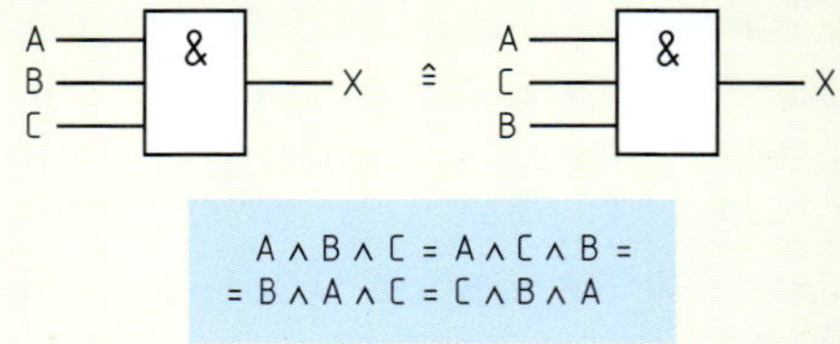

Bild 1: Kommutativgesetz am Beispiel einer UND-Verknüpfung

Beispiel 1:

Wenden Sie das Kommutativgesetz auf die Funktionsgleichung $Y = A \vee B \vee C$ an.

Lösung:

$Y = A \vee B \vee C = A \vee C \vee B = B \vee A \vee C = C \vee B \vee A$

Aufgaben zu Kommutativgesetze

Wenden Sie das Kommutativgesetz möglichst oft in verschiedener Weise an.

1. **a)** $Z = A \wedge B \wedge C$; **b)** $Y = (A \wedge B) \vee C$;
   c) $X = (A \vee B) \wedge C$; **d)** $X = (A \vee B \vee C) \wedge D$.
2. **a)** $Y = (A \wedge B \wedge C) \vee (D \wedge F)$;
   b) $X = (A \vee B \vee C) \wedge (D \vee E \vee F)$.

Assoziativgesetze

Die Assoziativgesetze (Verbindungsgesetze) geben an, dass man in einer Funktionsgleichung Klammern setzen oder weglassen darf, wenn in der Funktionsgleichung nur eine Verknüpfungsart, z. B. UND, vorhanden ist **(Bild 2 und Beispiel 2)**.

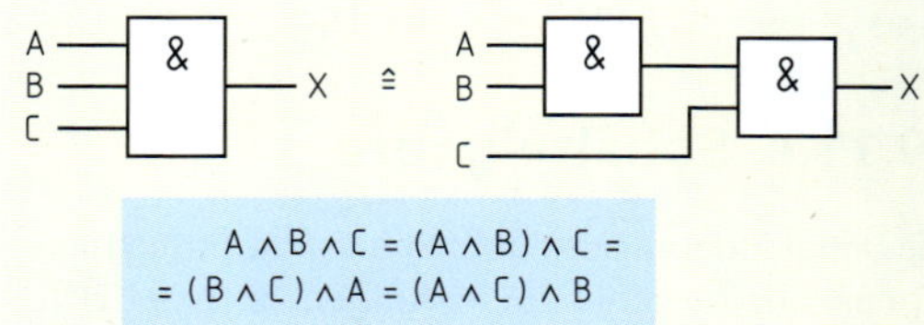

Bild 2: Assoziativgesetz am Beispiel einer UND-Verknüpfung

Beispiel 2:

Am Ausgang einer Verknüpfung soll nur der Zustand 1 vorhanden sein, wenn an den Eingängen A, B und C gleichzeitig der Zustand 1 liegt. Wenden Sie das Assoziativgesetz an.

Lösung:

$Y = A \wedge B \wedge C$
$= C \wedge (A \wedge B) = A \wedge (B \wedge C) = B \wedge (A \wedge C)$

Aufgaben zu Assoziativgesetze

1. Wenden Sie das Assoziativgesetz an. Verwenden Sie in Ihrer Lösung möglichst wenig Verknüpfungsglieder und nur solche mit zwei oder mit drei Eingängen.
   a) $X = A \vee B \vee C \vee D$;
   b) $Y = A \wedge B \wedge C \wedge D \wedge E \wedge F \wedge G$;
   c) $X = (A \wedge B \wedge C \wedge D) \vee (E \wedge F \wedge G)$;
   d) $Y = (A \wedge B \wedge C \wedge D \wedge E) \vee F \vee G \vee H$.
2. In einer Steuerung wird „Grundstellung erreicht" durch ein 1-Signal der Sensoren A, B, C, D und E gemeldet.
   a) Geben Sie die Funktionsgleichung für „Grundstellung erreicht" an.
   b) Zeichnen Sie den Funktionsplan mit Verknüpfungsgliedern mit jeweils zwei Eingängen.

Distributivgesetze

Die Distributivgesetze (Verteilungsgesetze) ermöglichen die Umformung und Auflösung von Funktionsgleichungen, die sowohl UND- als auch ODER-Verknüpfungen enthalten **(Bild 3)**.

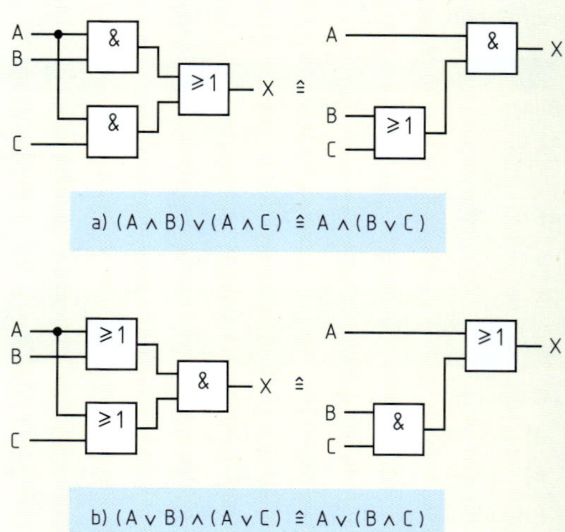

Bild 3: Distributivgesetze a) in konjunktiver Form und b) in disjunktiver Form

Aufgaben zu Distributivgesetze

Wenden Sie auf die Terme der Aufgaben 1 und 2 das Distributivgesetz an.

1. **a)** $X = (A \wedge B) \vee (A \wedge C)$;
   b) $X = (A \vee B) \wedge (A \vee C)$
   c) $Y = (\overline{A} \wedge B) \vee (\overline{A} \wedge C) \vee (A \wedge D)$;
   d) $X = (A \vee B) \wedge (\overline{B} \vee C) \wedge (\overline{B} \vee D)$;
   e) $X = (\overline{A} \wedge B) \vee (C \wedge D) \vee (\overline{A} \wedge D) \vee (C \wedge F)$.
2. **a)** $X = A \vee (B \wedge C)$;
   b) $X = A \wedge (B \vee C)$
   c) $Y = (A \wedge B) \vee (C \wedge D)$;
   d) $Q = C \vee [\overline{B} \wedge (B \vee A)]$;
   e) $Y = [(A \vee B) \wedge C] \vee [D \wedge (E \vee F)]$.

Umkehrgesetze für mehrere Variablen

Eine vorgegebene Verknüpfung, z. B. eine NAND-Verknüpfung, kann man durch Anwenden der **de morganschen* Gesetze (Tabelle 1)** in eine funktionsgleiche ODER-Verknüpfung umwandeln. Dazu sind alle Eingangsvariablen und die Ausgangsvariable zu negieren und das Funktionszeichen der Verknüpfung zu ändern.

Beispiel:

Wandeln Sie die NOR-Verknüpfung **(Bild)** in eine funktionsgleiche UND-Verknüpfung um.

Lösung:

1. Schritt: Funktionszeichen ODER in UND ändern.
2. Schritt: Eingang A ist negiert; Negation entfällt. Eingang B ist nicht negiert, B negieren.
3. Schritt: Die Ausgangsnegation der NOR-Verknüpfung entfällt bei der UND-Verknüpfung.

Aufgaben zu Umkehrgesetze für mehrere Variablen

Formen Sie die Terme der Aufgaben 1 bis 3 mithilfe der de morganschen Gesetze um.

1. **a)** $A \wedge B$; **b)** $A \vee B$; **c)** $\overline{A \vee B}$;
   d) $\overline{A \wedge B}$; **e)** $\overline{A} \vee B$; **f)** $A \wedge \overline{B}$
2. **a)** $\overline{A \vee B \vee C}$; **b)** $A \wedge B \wedge C$; **c)** $\overline{B \wedge C \wedge D}$;
3. a) $A \vee B \vee \overline{C}$; **b)** $\overline{A} \vee \overline{B} \vee \overline{C}$; **c)** $\overline{A} \wedge \overline{B} \wedge C$.
4. Bilden Sie für die Funktionen **Tabelle 2a)** bis **d)** Verknüpfungen ohne Ausgangsnegationen.
5. Formen Sie die Schaltungen **Tabelle 2 e)** bis **h)** in funktionsgleiche Verknüpfungen um.

* De Morgan, engl. Mathematiker, 1806 bis 1871

Beispiel: Relaisschaltung

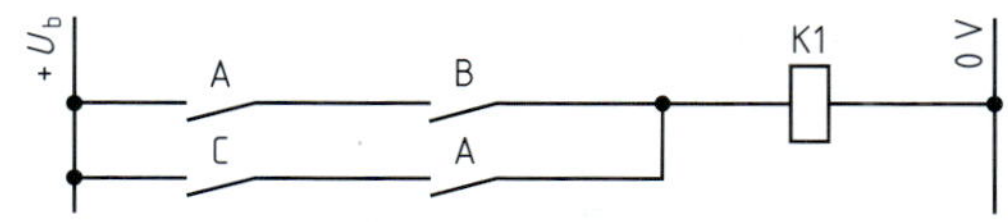

a) Geben Sie für die Relaisschaltung die Funktionsgleichung an.

b) Verringern Sie die Kontaktzahl durch Anwenden des Distributivgesetzes und zeichnen Sie die Schaltung.

Lösung:

a) $Y_{K1} = (A \wedge B) \vee (C \wedge A)$;
b) $Y_{K1} = A \wedge (B \vee C)$.

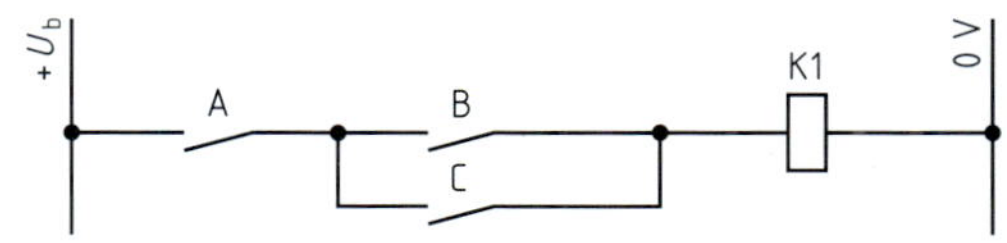

Tabelle 1: De morgansche Gesetze

1. de morgansches Gesetz: $\overline{A \wedge B} = \overline{A} \vee \overline{B}$

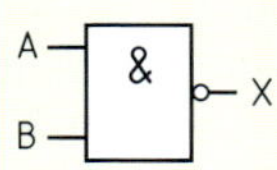

B	A	X
0	0	1
0	1	1
1	0	1
1	1	0

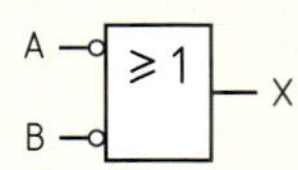

B	A	X
0	0	1
0	1	1
1	0	1
1	1	0

2. de morgansches Gesetz: $\overline{A \vee B} = \overline{A} \wedge \overline{B}$

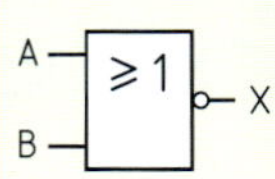

B	A	X
0	0	1
0	1	0
1	0	0
1	1	0

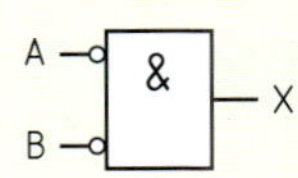

B	A	X
0	0	1
0	1	0
1	0	0
1	1	0

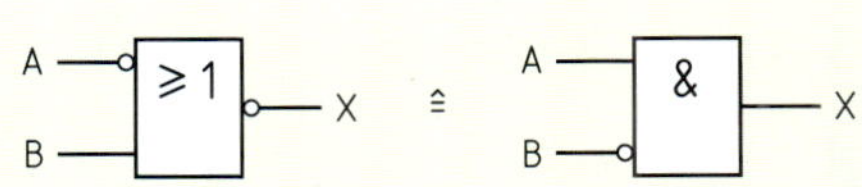

Bild: Funktionsgleiche Verknüpfungen

Tabelle 2: Verknüpfungen

a)	b)	c)	d)
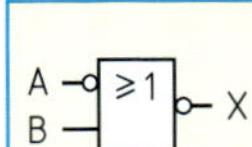	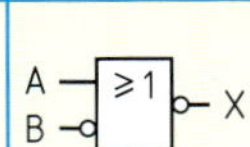	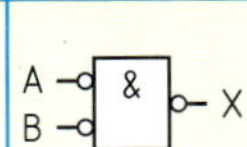	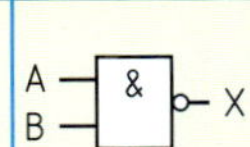
e)	**f)**	**g)**	**h)**
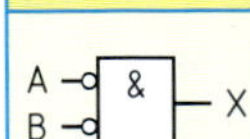	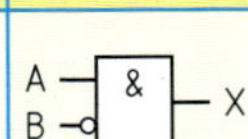	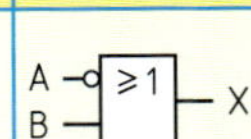	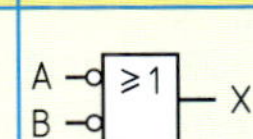

Schaltungen in NAND- oder in NOR-Technik

Jede beliebige Schaltfunktion kann man durch eine funktionsgleiche Verknüpfung ersetzen, die ausschließlich aus NAND- oder NOR-Gliedern besteht **(Tabelle 1)**.

Tabelle 1: Grundverknüpfungen in NAND- oder in NOR-Technik

Funktion	NICHT	UND	ODER
Grundverknüpfung	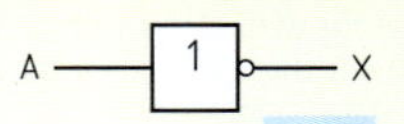 $X = \overline{A}$	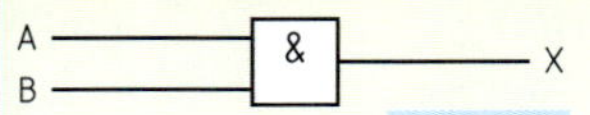 $X = A \wedge B$	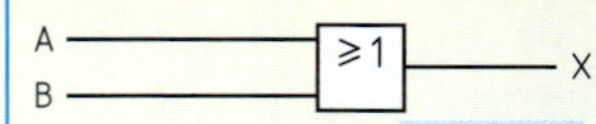 $X = A \vee B$
NAND-Technik	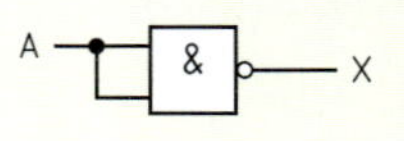 $X = \overline{A}$	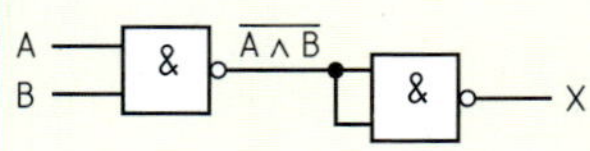 $X = \overline{\overline{A \wedge B}} = A \wedge B$	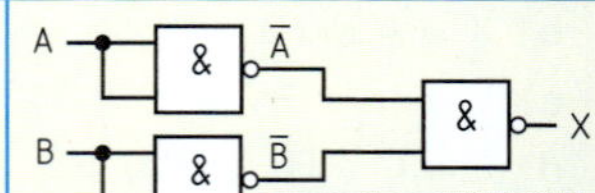 $X = \overline{\overline{A} \wedge \overline{B}} = A \vee B$
NOR-Technik	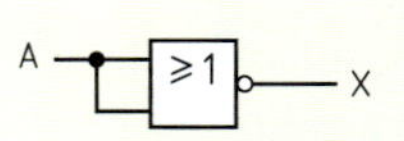 $X = \overline{A}$	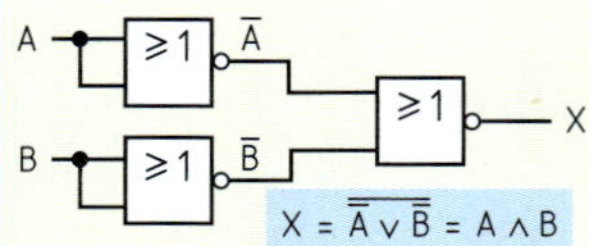 $X = \overline{\overline{A} \vee \overline{B}} = A \wedge B$	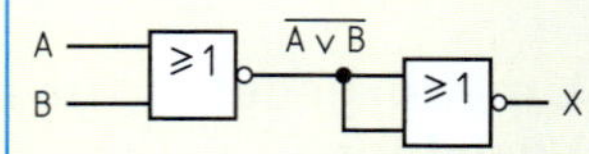 $X = \overline{\overline{A \vee B}} = A \vee B$

Schaltfunktionen in ODER-Normalform (Disjunktive Normalform) lassen sich direkt durch Anwenden der de morganschen Gesetze in Schaltfunktionen der **NAND-Technik** umwandeln **(Tabelle 2)**.

Verknüpfungen in UND-Normalform (Konjunktive Normalform) eignen sich zur Umwandlung in **NOR-Technik (Tabelle 2)**. Gemischte Schaltfunktionen wandelt man durch zweimaliges Invertieren und Anwenden der de morganschen Gesetze um.

Tabelle 2: Funktionsgleiche Verknüpfungen

NAND-Technik

ODER-Normalform

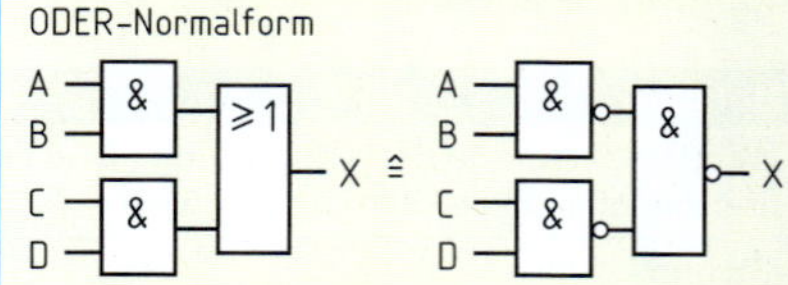

NOR-Technik

UND-Normalform

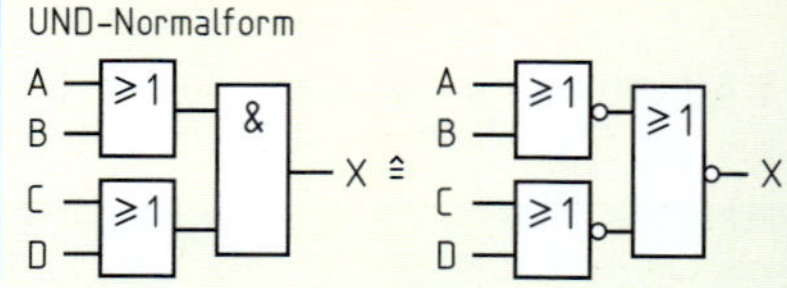

Beispiel:

Lösen Sie die Funktionsgleichung $X = (A \wedge B) \wedge (\overline{C} \vee D)$ in NOR-Technik.

Lösung:

$X = (A \wedge B) \wedge (\overline{C} \vee D)$;

durch Einsetzen von z. B. U für $(\overline{C} \vee D)$ erhält man:

$X = A \wedge B \wedge U \Rightarrow \overline{X} = \overline{A \wedge B \wedge U} \Rightarrow \overline{X} = \overline{\overline{\overline{A} \vee \overline{B} \vee \overline{U}}} = \overline{A} \vee \overline{B} \vee \overline{U}$

$\Rightarrow \overline{\overline{X}} = \mathbf{X} = \overline{\overline{A} \vee \overline{B} \vee \overline{U}} = \mathbf{\overline{\overline{A} \vee \overline{B} \vee \overline{(\overline{C} \vee D)}}}$

Aufgaben zu Schaltungen in NAND- oder in NOR-Technik

1. Lösen Sie die Funktionsgleichungen in NAND-Technik.
   a) $X = A \vee B \vee C$; **b)** $X = (A \wedge B) \vee (A \wedge C) \vee \overline{D}$;
   c) $X = A \vee B \vee C \vee (D \wedge \overline{E})$; **d)** $X = (\overline{A} \wedge \overline{B}) \vee (A \wedge B)$.
2. Ersetzen Sie die Funktionsgleichungen in NOR-Technik.
   a) $X = A \wedge B \wedge C$; **b)** $X = (A \vee B) \wedge (\overline{C} \vee \overline{D})$;
   c) $X = (\overline{A \wedge B}) \vee (A \wedge \overline{B})$;
   d) $X = (A \vee \overline{B}) \wedge (C \vee \overline{D}) \wedge (A \vee C)$.
3. Zeichnen Sie für die im **Bild** dargestellten Schaltungen die funktionsgleichen Verknüpfungen **a)** in NAND- und **b)** in NOR-Technik.

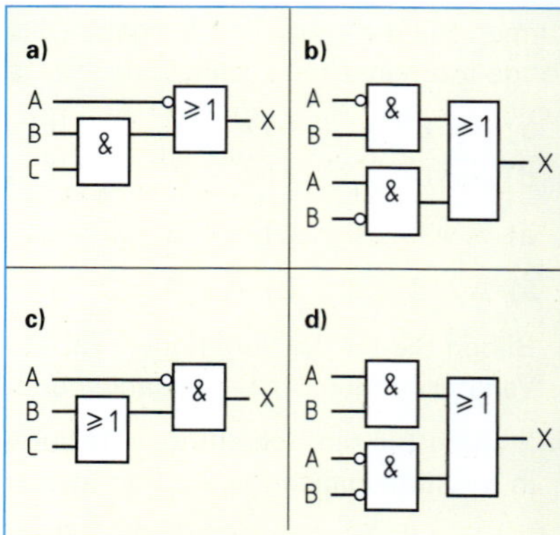

Bild: Verknüpfungen

9.11.5 Analyse und Synthese von Binärschaltungen

Analyse von Binärschaltungen

Bei der Analyse von Binärschaltungen ermittelt man die Funktionsgleichung einer vorgegebenen Schaltung aus einer Wertetabelle oder aus einem Zeitablaufdiagramm.

Beispiel:

Für die Schaltung **Bild 1** ist die Funktionsgleichung zu ermitteln.

Lösung:

Zunächst bestimmt man für die Verknüpfungen K1 und K2 die Teilfunktionen und fasst sie dann in einer ODER-Verknüpfung zusammen.

① Bestimmen der Teilfunktionen:
K1: $Y1 = A \wedge \overline{B}$; K2: $Y2 = \overline{A} \wedge B$

② Teilfunktionen zusammenfassen: $X = Y1 \vee Y2$

③ Funktionsgleichung erstellen:
$\mathbf{X = (A \wedge \overline{B}) \vee (\overline{A} \wedge B)}$

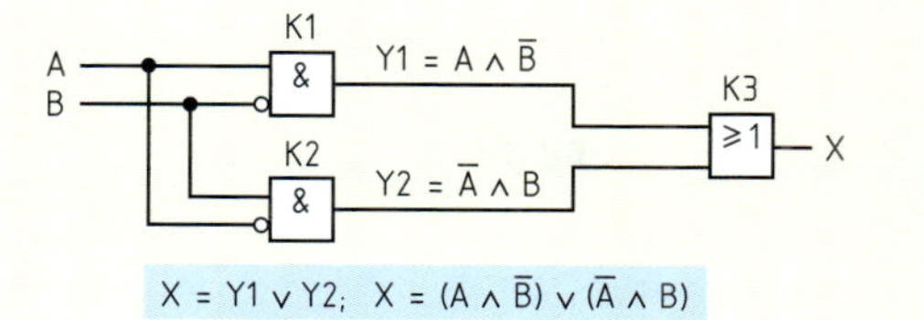

Bild 1: Verknüpfung

Tabelle 1: Teilfunktionen für X = 1

D	C	B	A	X
0	1	0	1	1
1	0	1	0	1
1	1	0	1	1

Alle anderen Kombinationen ergeben X = 0.

Aufgaben zu Analyse von Binärschaltungen

1. Bestimmen Sie aus der Wertetabelle **(Tabelle 1)** **a)** die Teilfunktionen für X = 1. **b)** Erstellen Sie aus den Teilfunktionen die Funktionsgleichung für X. **c)** Zeichnen Sie den Funktionsplan.

2. Ermitteln Sie für die Schaltung in **Bild 2** **a)** die Teilfunktionen für U, V und W. **b)** Erstellen Sie die Wertetabelle für die Schaltung. **c)** Bestimmen Sie aus der Wertetabelle alle Teilfunktionen für X = 1. **d)** Geben Sie die Funktionsgleichung für X an. **e)** Zeichnen Sie den Funktionsplan. Verwenden Sie ausschließlich NAND-Glieder.

3. Die Funktion einer Steuerung ist durch das Zeitablaufdiagramm **(Bild 3)** beschrieben.
   a) Geben Sie alle Teilfunktionen für X = 1 an.
   b) Erstellen Sie die Funktionsgleichung und
   c) den Funktionsplan.

4. Eine Relaissteuerung **(Bild 4)** wird durch eine logische Schaltung ersetzt. Zuordnung: Kontakt betätigt = 1; Kontakt nicht betätigt = 0.
   a) Geben Sie alle Schalterkombinationen an, die zum Einschalten des Relais führen. **b)** Bestimmen Sie die Funktionsgleichung. **c)** Zeichnen Sie den Funktionsplan.

5. Die Steuerung eines Ventils ist durch die Wertetabelle beschrieben **(Tabelle 2)**.
   a) Geben Sie die Funktionsgleichung für die Ventilsteuerung an. **b)** Zeichnen Sie das Zeitablaufdiagramm der Ventilsteuerung. **c)** Erstellen Sie den Funktionsplan. Verwenden Sie dazu ausschließlich NOR-Glieder.

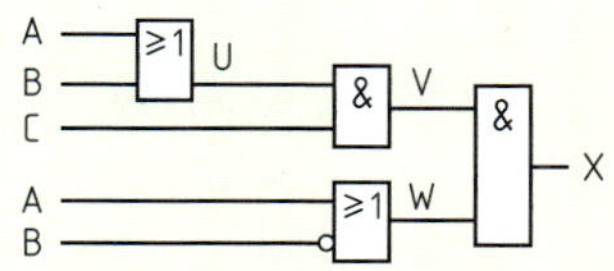

Bild 2: Schaltung

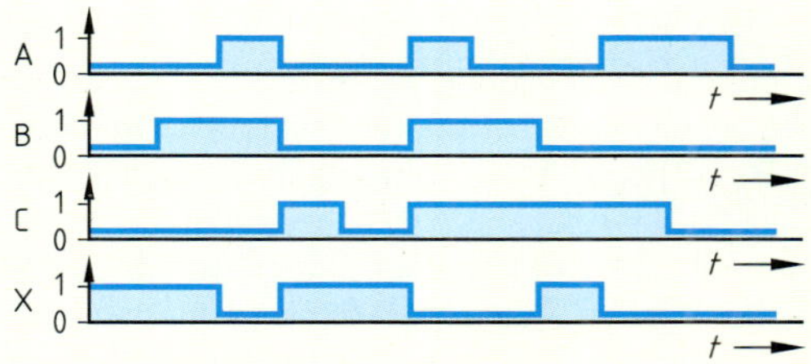

Bild 3: Zeitablaufdiagramm

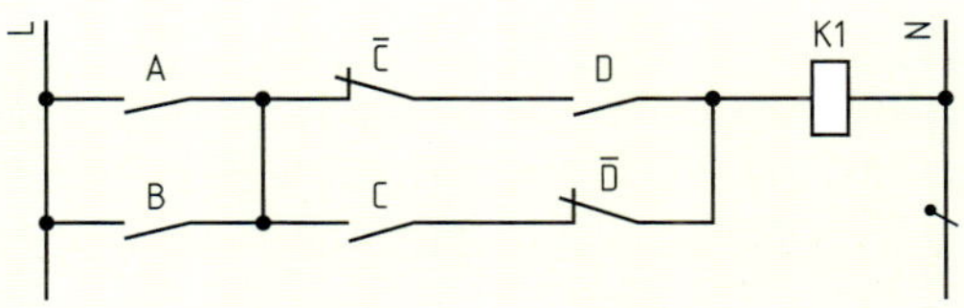

Bild 4: Relaissteuerung

Tabelle 2: Ventilsteuerung

A	0	1	0	1	0	1	0	1
B	0	0	1	1	0	0	1	1
C	0	0	0	0	1	1	1	1
X	0	1	1	0	1	0	0	1

Synthese von Binärschaltungen

Bei der Synthese von Binärschaltungen ermittelt man den Funktionsplan oder die Funktionsgleichung für eine eindeutig gestellte Steuerungsaufgabe.

Beispiel:

In einer Kläranlage mit den Pumpen A und B muss immer nur eine der beiden Pumpen in Betrieb sein. Ein Abweichen vom geforderten Zustand, also beide Pumpen in Betrieb oder beide Pumpen abgeschaltet, wird durch eine Störmeldeleuchte P1 (X) angezeigt.
Erstellen Sie für die Störmeldeleuchte P1
a) die Wertetabelle,
b) die Funktionsgleichung und
c) den Funktionsplan.

Lösung:

a) Aus der Wertetabelle **(Bild 1)** entnimmt man die Teilfunktionen Y1 und Y2 für X = 1.

b) $X = Y1 \vee Y2$; $\mathbf{X = (\overline{A} \wedge \overline{B}) \vee (A \wedge B)}$.

c) Siehe Funktionsplan **(Bild 1)**.

Wertetabelle

B	A	X
0	0	1
0	1	0
1	0	0
1	1	1

$Y1 = (\overline{A} \wedge \overline{B})$

$Y2 = (A \wedge B)$

Funktionsplan

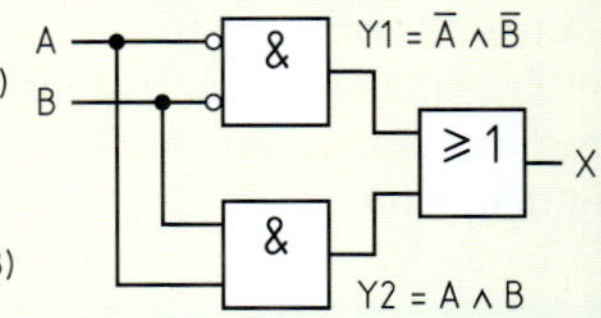

Funktionsgleichung: $X = Y1 \vee Y2$; $X = (\overline{A} \wedge \overline{B}) \vee (A \wedge B)$

Bild 1: Steuerung einer Pumpenanlage

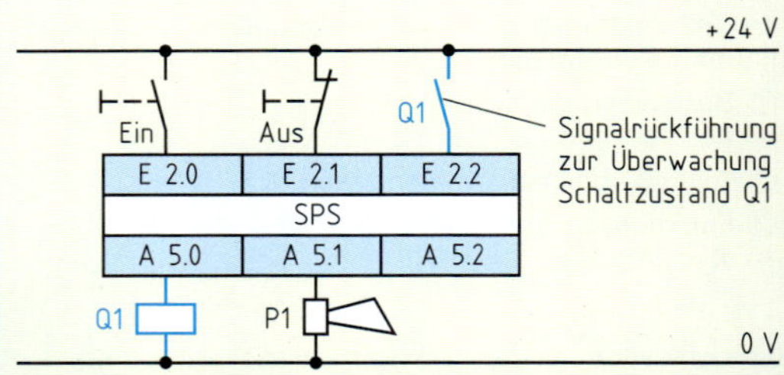

Bild 2: Überwachung eines Schaltschützes

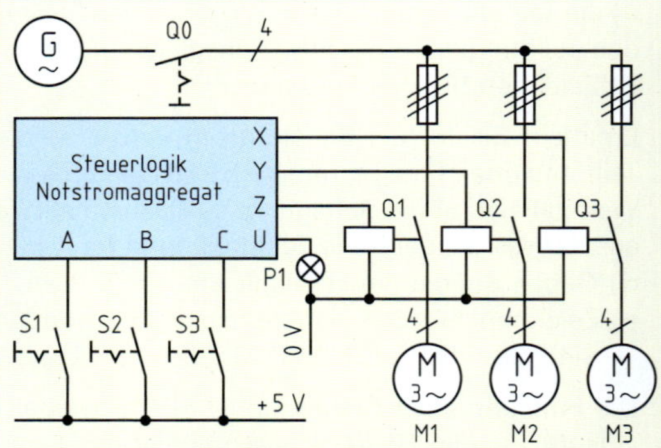

Bild 3: Übersichtsschaltplan Notstromanlage

Aufgaben zu Synthese von Binärschaltungen

1. In der Schaltung zur Pumpenüberwachung **(Bild 1** und **Beispiel)** soll eine Meldeleuchte P2 (Y) zusätzlich den ungestörten Betrieb anzeigen. Entnehmen Sie der Wertetabelle **(Bild 1)** die Funktionsgleichung. Ergänzen Sie die Schaltung. Verwenden Sie **a)** nur NOR-Verknüpfungen oder **b)** nur NAND-Verknüpfungen.

2. In einer speicherprogrammierbaren Steuerung **(Bild 2)** wird der Schaltzustand des Schaltschützes Q1 am Ausgang A 5.0 überwacht. Ein Steuerkontakt Q1 legt dazu ein Signal an den Eingang E 2.2. Haben Ausgang A 5.0 und Eingang E 2.2 verschiedene Zustände, soll die Hupe P1 am Ausgang A 5.1 den Störfall melden.
Entwerfen Sie den Funktionsplan der Überwachungsschaltung.

3. In einer Entstaubungsanlage sind drei Lüfter eingebaut. Jeder Lüfter wird von einem Strömungswächter auf Funktion überwacht. Arbeitet der Lüfter 1 ordnungsgemäß, liefert der dem Lüfter 1 zugeordnete Strömungswächter A den Signalzustand 1. Entsprechende Signale werden durch die Strömungswächter B und C erzeugt. Sind in der Anlage mindestens zwei Lüfter ungestört in Betrieb, soll die Meldeleuchte P1 (X) aufleuchten. Sind mindestens zwei Lüfter abgeschaltet oder gestört, soll die Hupe P2 (Y) einschalten. Geben Sie die Funktionsgleichungen **a)** für die Meldeleuchte P1 und **b)** für die Hupe P2 an. **c)** Zeichnen Sie die Funktionspläne.

4. An einer Ersatzstromversorgung mit einer Leistung $P = 8$ kW sind die Antriebsmotoren M1 mit 7 kW, M2 mit 5 kW und M3 mit 2 kW angeschlossen **(Bild 3)**. Der Motor M1 wird durch den Steuerschalter S1, Motor M2 durch S2 und Motor M3 durch S3 eingeschaltet. Eine Steuerlogik soll die Eingangssignale A, B und C der Steuerschalter überwachen und eine Überlastung des Aggregats verhindern. Zusätzlich soll eine Schalterstellung, die eine Überlastung hervorrufen würde, durch eine Meldeleuchte P1 angezeigt werden. **a)** Erstellen Sie die Wertetabellen für ungestörten und für gestörten Betrieb. **b)** Zeichnen Sie den Funktionsplan der Steuerlogik. Verwenden Sie für die Eingänge und Ausgänge der Steuerlogik die in **Bild 3** angegebenen Variablen.

9.11.6 Minimieren von Schaltnetzwerken

Algebraisches Minimieren

Bei der Minimierung von Schaltnetzwerken sucht man für ein gegebenes Netzwerk eine funktionsgleiche, möglichst einfache Schaltung. Man fasst Terme zusammen und wendet insbesondere die Rechenregeln für eine Variable, $A \wedge \overline{A} = 0$ und $A \vee \overline{A} = 1$, an. Sonderfälle zur Vereinfachung von Funktionsgleichungen siehe **Tabelle**.

Beispiel:

Die gegebene Funktionsgleichung soll vereinfacht werden:

$X = (\overline{A} \wedge B \wedge C) \vee (\overline{A} \wedge \overline{B} \wedge C)$

Lösung:

1. Schritt: Distributivgesetz anwenden:

$X = (\overline{A} \wedge B \wedge C) \vee (\overline{A} \wedge \overline{B} \wedge C) = ((\overline{A} \wedge C) \wedge B)) \vee ((\overline{A} \wedge C) \wedge \overline{B}))$
$= (\overline{A} \wedge C) \wedge (B \vee \overline{B}) = \overline{A} \wedge C \wedge (B \vee \overline{B});$

2. Schritt: Regel $A \vee \overline{A} = 1$ bzw. $B \vee \overline{B} = 1$ anwenden:

$\mathbf{X} = \overline{A} \wedge C \wedge (B \vee \overline{B}) = \overline{A} \wedge C \wedge 1 = \mathbf{\overline{A} \wedge C}$

Aufgaben zu algebraisches Minimieren

1. Vereinfachen Sie folgende Funktionsgleichungen:
   a) $X = (\overline{A} \wedge B) \vee (A \wedge B)$; **b)** $X = (A \wedge B) \vee (A \wedge \overline{B})$;
   c) $X = (A \wedge B) \vee (A \wedge C)$; **d)** $X = (A \vee B) \wedge (A \vee C)$.

2. Vereinfachen Sie die Funktionsgleichungen **a)** bis **d)**.
   a) $X = AB \vee ABC \vee \overline{A}B \vee AD$; **b)** $X = (A \vee BC) \wedge (A \vee C)$;
   c) $X = (A \vee B) \wedge (\overline{A} \vee BD)$; **d)** $X = BC \vee AB \vee \overline{B}C \vee ABC$.

3. Ein Schaltnetzwerk hat die Funktionsgleichung:
   $X = (A \wedge \overline{B} \wedge \overline{C}) \vee (A \wedge B \wedge \overline{C}) \vee (A \wedge B \wedge C) \vee (\overline{A} \wedge B \wedge C)$.
   a) Vereinfachen Sie die Funktionsgleichung des Schaltnetzwerkes.
   b) Zeichnen Sie den Funktionsplan. Verwenden Sie ausschließlich NOR-Verknüpfungen.

4. Eine Schaltung mit den Eingangsvariablen A, B, C und D ergibt bei den Eingangskombinationen $ABCD$, $A\overline{B}CD$, $AB\overline{C}D$ und $ABC\overline{D}$; den Ausgangswert $X = 1$. **a)** Geben Sie die günstigste Funktionsgleichung an. **b)** Zeichnen Sie den Funktionsplan.

5. Geben Sie für die logische Schaltung **Bild a)** die Funktionsgleichung an. **b)** Vereinfachen Sie die Funktionsgleichung. **c)** Zeichnen Sie den Funktionsplan der vereinfachten Funktionsgleichung.

6. Eine Schaltung mit den Eingangsvariablen A, B, C und D hat nur bei den Zuständen $A\overline{B}CD$, $AB\overline{C}D$, $ABC\overline{D}$ und $ABCD$ den Ausgangszustand $X = 0$. Alle anderen Kombinationen ergeben $X = 1$. Gesucht sind **a)** die minimierte Funktionsgleichung der Schaltung, **b)** der Funktionsplan mit möglichst wenigen Verknüpfungsgliedern.

7. Eine Schaltung mit den Eingangsvariablen A, B und C hat bei folgenden Eingangskombinationen ein Ausgangssignal $X = 1$: ABC, $\overline{A}B\overline{C}$, $A\overline{B}C$ und $\overline{ABC}$. **a)** Geben Sie die Funktionsgleichung für die Schaltung an, die sich mit dem geringsten Aufwand an Verknüpfungsgliedern realisieren lässt. **b)** Zeichnen Sie den Funktionsplan der Schaltung. Verwenden Sie nur NAND-Verknüpfungen.

8. Beweisen Sie durch Minimieren:
   a) $(A \wedge B) \vee (A \wedge \overline{B}) = A$; **b)** $A \wedge (\overline{A} \vee B) = A \wedge B$.

Tabelle: Minimierung von Funktionsgleichungen

1. $X = A \vee (\overline{A} \wedge B) = A \vee B$

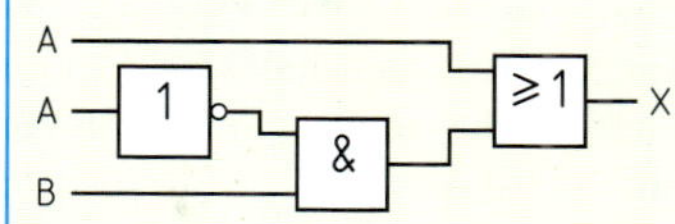

2. $X = A \wedge (\overline{A} \vee B) = A \wedge B$

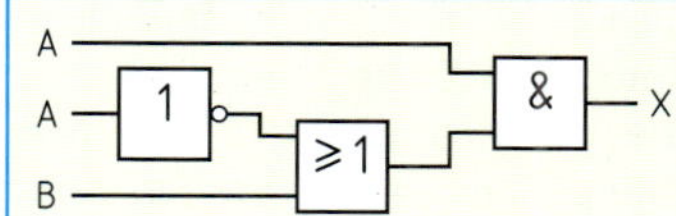

3. $X = (A \wedge B) \vee (A \wedge \overline{B}) = A$

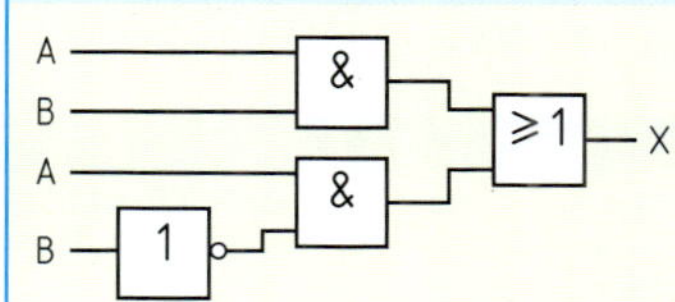

4. $X = (A \vee B) \wedge (A \vee \overline{B}) = A$

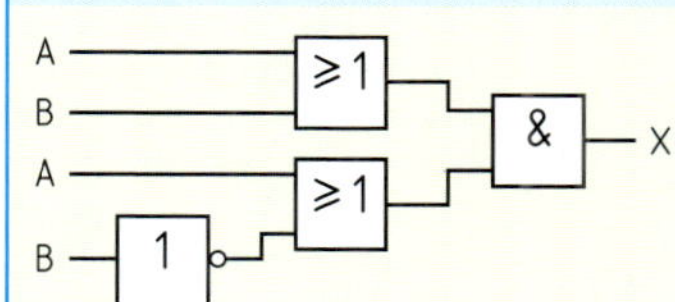

5. $X = A \wedge (A \vee B) = A$

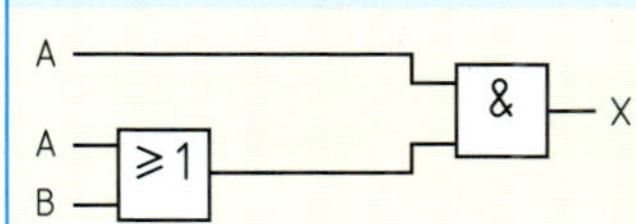

6. $X = A \vee (A \wedge B) = A$

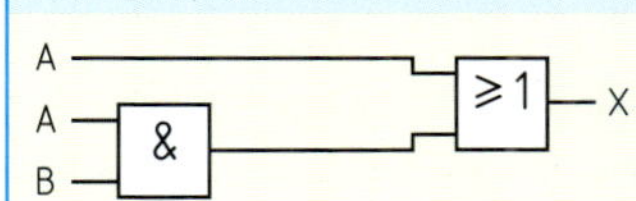

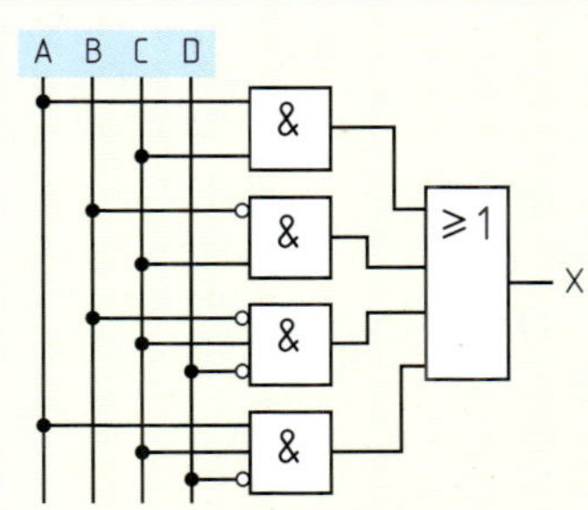

Bild: Funktionsplan einer logischen Schaltung

KV-Diagramm

Schaltnetzwerke, deren Funktion durch eine Wertetabelle beschrieben ist, lassen sich mithilfe des **KV*-Diagramms** minimieren. Jeder Zeile in der Wertetabelle ist durch Randbeschriftung ein Feld im KV-Diagramm zugeordnet **(Bild 1)**. In die gekennzeichneten Felder überträgt man die Werte der Ausgangsvariablen **(Bild 2)**.

Im KV-Diagramm fasst man möglichst viele benachbarte Felder mit gleichem Wert ($X = 1$ oder $X = 0$) zusammen. Die Anzahl der Felder je Block muss eine Potenz der Basis 2 sein, z. B. 2, 4 oder 8 **(Bild 3)**.

Die Vereinfachung der Funktionsgleichung beruht auf der Anwendung des Distributivgesetzes und der Regel $A \vee \overline{A} = 1$ **(Bild 4)**. Erscheint eine Variable innerhalb eines Blockes in negierter und in nicht negierter Form, entfällt sie beim Aufstellen des Terms.

Beispiel:

Die durch die Wertetabelle **(Bild 5)** beschriebene Steuerungsaufgabe soll mithilfe des KV-Diagramms vereinfacht werden.

Lösung:

1. Schritt: Übertragen Sie aus der Wertetabelle alle Kombinationen, die den Ausgangswert $X = 1$ haben, in das KV-Diagramm. Die restlichen Felder erhalten den Wert 0.
2. Schritt: Fassen Sie benachbarte Felder zu Blöcken zusammen und lesen Sie die UND-Terme ab. 1. Block: $A \wedge \overline{C}$; 2. Block: $B \wedge C$.
3. Schritt: Bilden Sie aus den UND-Termen die Funktionsgleichung: $X = (A \wedge \overline{C}) \vee (B \wedge C)$.

Aufgaben zu KV-Diagramm

Vereinfachen Sie mithilfe des KV-Diagramms die folgenden Funktionsgleichungen. Alle nicht angegebenen Kombinationen ergeben $X = 0$.

1. a) $X = (A \wedge \overline{B} \wedge C) \vee (A \wedge B \wedge \overline{C}) \vee (A \wedge \overline{B} \wedge \overline{C})$;
   b) $X = (A \wedge B \wedge \overline{C}) \vee (A \wedge \overline{B} \wedge \overline{C}) \vee (\overline{A} \wedge \overline{B} \wedge \overline{C})$;
   c) $X = (A \wedge \overline{B} \wedge C) \vee (A \wedge B \wedge C) \vee (\overline{A} \wedge \overline{B} \wedge C) \vee (\overline{A} \wedge \overline{B} \wedge \overline{C})$;
   d) $X = (A \wedge B \wedge C \wedge D) \vee (\overline{A} \wedge B \wedge C \wedge D) \vee (A \wedge \overline{B} \wedge C \wedge D) \vee (\overline{A} \wedge \overline{B} \wedge C \wedge D)$.
2. a) $X = (A \wedge \overline{B} \wedge C) \vee (A \wedge B \wedge C) \vee (A \wedge B \wedge \overline{C}) \vee (\overline{A} \wedge B \wedge C) \vee (\overline{A} \wedge B \wedge \overline{C})$.
   b) $X = (A \wedge B \wedge \overline{C}) \vee (A \wedge B \wedge C) \vee (\overline{A} \wedge B \wedge C) \vee (\overline{A} \wedge B \wedge \overline{C}) \vee (A \wedge \overline{B} \wedge \overline{C}) \vee (\overline{A} \wedge \overline{B} \wedge \overline{C})$;
   c) $X = (A \wedge B \wedge C) \vee (\overline{A} \wedge B \wedge \overline{C}) \vee (A \wedge \overline{B} \wedge \overline{C}) \vee (\overline{A} \wedge \overline{B} \vee \overline{C})$;
   d) $X = (A \wedge B \wedge \overline{C}) \vee (A \wedge \overline{B} \wedge \overline{C}) \vee (A \wedge \overline{B} \wedge C) \vee (\overline{A} \wedge \overline{B} \wedge C) \vee (\overline{A} \wedge B \vee \overline{C})$.

* KV nach Karnaugh und Veitch (engl. Mathematiker)

Randbeschriftung für KV-Diagramme

2 Variablen | 3 Variablen | 4 Variablen

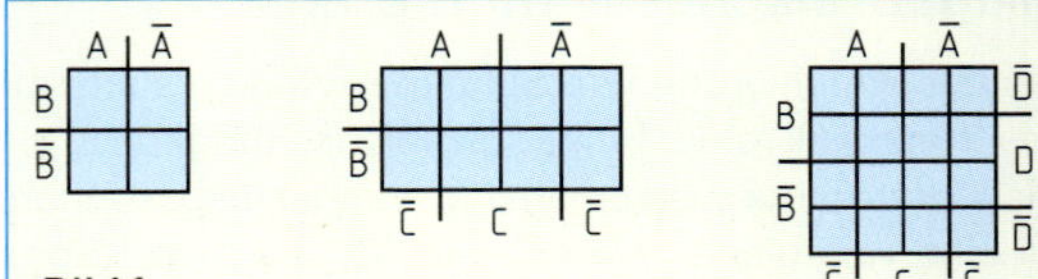

Bild 1

B	A	X
0	0	1
0	1	0
1	0	0
1	1	1

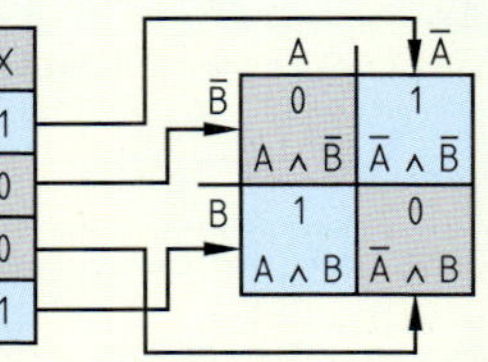

Bild 2: Zuordnung der Variablen zu den Feldern des KV-Diagramms

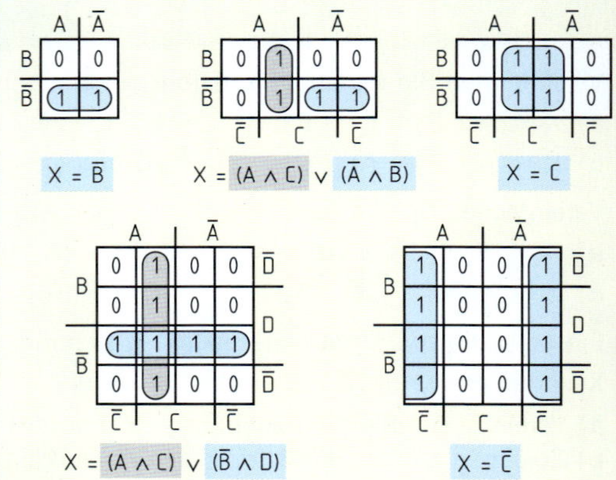

Bild 3: Zusammenfassung von benachbarten Feldern

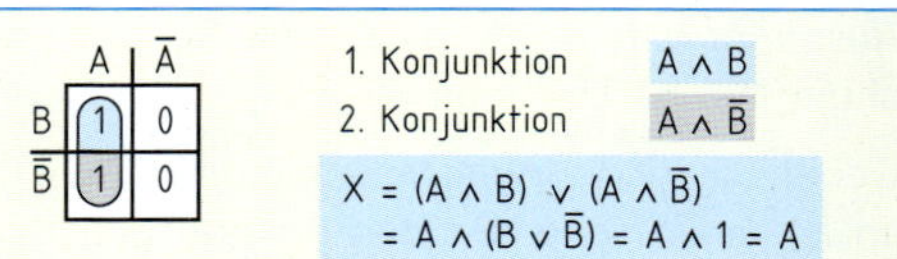

Bild 4: Vereinfachen von Funktionsgleichungen durch das KV-Diagramm

C	B	A	X
0	0	0	0
0	0	1	1
0	1	0	0
0	1	1	1
1	0	0	0
1	0	1	0
1	1	0	1
1	1	1	1

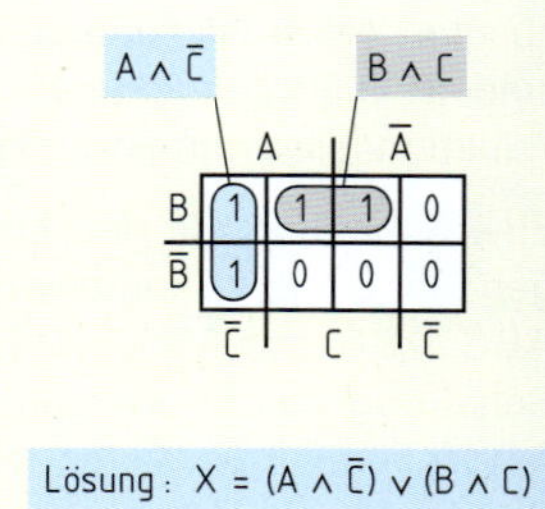

Bild 5: Wertetabelle und KV-Diagramm für drei Eingangsvariablen

3. $X = (A \wedge B \wedge \overline{C} \wedge \overline{D}) \vee (A \wedge B \wedge \overline{C} \wedge D) \vee$
$(A \wedge \overline{B} \wedge \overline{C} \wedge D) \vee (A \wedge \overline{B} \wedge \overline{C} \wedge \overline{D}) \vee$
$(A \wedge \overline{B} \wedge C \wedge D) \vee (\overline{A} \wedge B \wedge C \wedge D) \vee$
$(\overline{A} \wedge B \wedge \overline{C} \wedge \overline{D}) \vee (\overline{A} \wedge \overline{B} \wedge \overline{C} \wedge \overline{D}) \vee$
$(A \wedge \overline{B} \wedge C \wedge \overline{D}) \vee (A \wedge B \wedge C \wedge D)$

4. a) Finden Sie die gekürzte Funktionsgleichung für die in den KV-Diagrammen **(Bild 1) a)** bis **d)** beschriebenen Steuerungsaufgaben.

b) Fassen Sie im KV-Diagramm **(Bild 1 a)** und **(Bild 1 b)** zusätzlich benachbarte Felder mit $X = 0$ zusammen.
Hinweis: Bestimmen Sie die Funktionsgleichung für X und formen Sie die Gleichung durch Invertieren und Anwenden der de morganschen Gesetze um.

5. Ein Schaltnetzwerk zur Ansteuerung einer Siebensegment-Anzeige im Dual-Code **(Bild 2)** hat die Eingangsvariablen mit der Wertigkeit $A = 2^0$, $B = 2^1$; $C = 2^2$ und $D = 2^3$. Die Anzeige soll die dezimalen Werte 0 bis 15 als Sedezimalzahlen darstellen.

a) Legen Sie mit den Segmenten a bis g für die Sedezimalziffern 0 bis F eine eindeutige Anzeigeform fest.

b) Erstellen Sie eine Wertetabelle unter der Vorgabe: Tragen Sie in der ersten Spalte die Dezimalzahlen 0 bis 15, in der zweiten Spalte die Sedezimalziffern 0 bis F und in den Spalten 3 bis 6 die zugehörigen Dualzahlen ein.
In die folgenden sieben Spalten übertragen Sie für die Segmente a bis g der 7-Segmentanzeige die Zustände 0 oder 1.

c) Ermitteln Sie die gekürzten Funktionsgleichungen für die anzusteuernden Segmente a bis g.

6. Die Ampelanlage an einem Fußgängerüberweg wird durch den Dualzähler Z1 einer SPS in 16 Takten gesteuert **(Bild 3)**. Am Zählereingang liegt ein Rechtecksignal mit einer Frequenz $f = 1$ Hz. Der Dualzähler ändert seinen Zählerstand mit jeder ansteigenden Flanke des Eingangssignals.

a) Erstellen Sie eine Wertetabelle und übertragen Sie die Ausgangszustände des Dualzählers mit den Wertigkeiten $Q_A = 2^0$, $Q_B = 2^1$, $Q_C = 2^2$ und $Q_D = 2^3$. Übernehmen Sie aus dem Zeitablaufdiagramm die Werte 0 oder 1 für die Fahrbahnampeln (P1, P2 und P3) und für die Fußgängerampeln (P4 und P5).

b) Ermitteln Sie mithilfe des KV-Diagramms die Funktionsgleichungen für die Ampelleuchten P1 bis P5.

c) Ändern Sie die Schaltung so ab, dass die Ampelleuchten P1 bis P5 nur aufleuchten, wenn vom Steuerschalter S1 ein Freigabesignal ($F = 1$) anliegt.

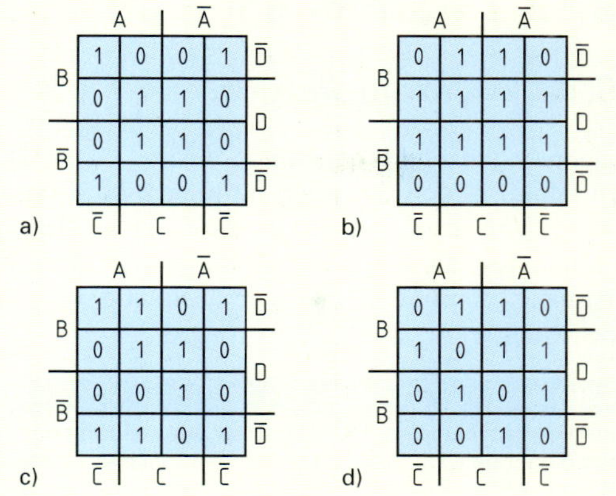

Bild 1: KV-Diagramme

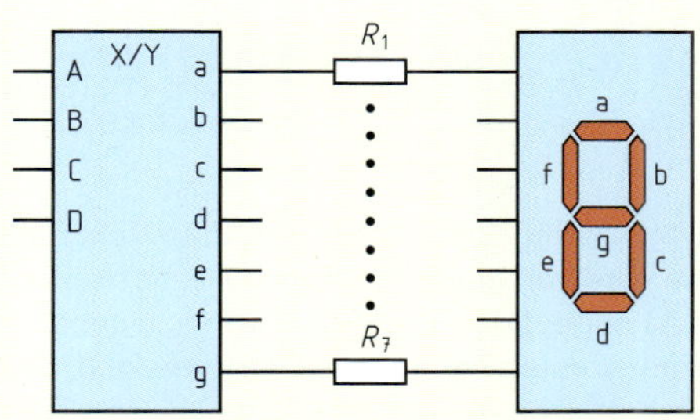

Bild 2: Ansteuerung einer Siebensegment-Anzeige

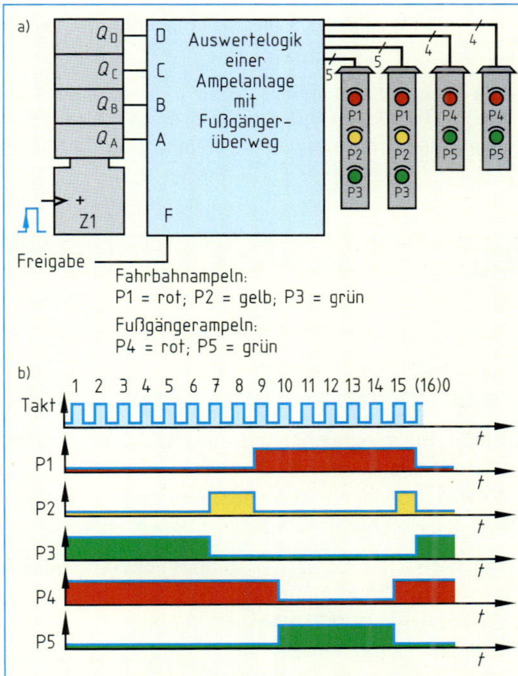

Bild 3: Ampelanlage Fußgängerüberweg
a) Auswertelogik, b) Zeitablaufdiagramm

9.12 Datenmengen und Datenübertragungsrate

9.12.1 Datenmengen

Datenmengen sind Mengen von binären Daten. Die Angabe der Mengen erfolgt in den Einheiten bit oder Byte. Große Datenmengen gibt man mit Vorsätzen, z. B. Mega oder Giga, an **(Tabelle 1)**. Die maximale Datenmenge, die ein Speicher aufnehmen kann, z. B. der Arbeitsspeicher eines Computers oder eine Festplatte, wird als Speicherkapazität bezeichnet.

Beispiel 1:

Ein Halbleiterspeicher **(Bild)** hat zur Adressierung der Speicherzellen 10 Adresseingänge ($A_0 \dots A_9$). **a)** Bestimmen Sie die Anzahl der Adressen. In jeder Speicherzelle könen 8 bit gespeichert werden. Welche Speicherkapazität hat der Speicher **b)** in bit und **c)** in Byte?

Lösung:

a) Bei 10 Adresseingängen ($A_0 \dots A_9$): $n_A = 2^{10} = 1024$

b) $M = n_A \cdot n_b = 1024 \cdot 8 = \mathbf{8192\,bit} = \mathbf{8\,Kbit}$

c) $M = \frac{n_A \cdot n_b}{8} = \frac{1024 \cdot 8}{8} = \mathbf{1024\,B} = \mathbf{1\,KB}$

Die Datenmenge einer Datei, z. B. einer Textdatei, nennt man Dateigröße. Sie wird von einem Computer mit Vorsätzen für Datenmengen **(Tabelle 1)** angegeben. Im Gegensatz dazu geben Hersteller die Speicherkapazität von großen Massenspeichern, z. B. Festplatten und DVD, mit Vorsätzen für physikalische Größen **(Seite 28)** an.

Beispiel 2:

Die Speicherkapazität M einer DVD beträgt 4,7 GB. Vom Betriebssystem eines Computers wird die Speicherkapazität mit 4,377 GB angezeigt. Erklären Sie die beiden verschiedenen Angaben mit einem rechnerischen Nachweis.

Lösung:

Angabe auf DVD erfolgt mit Vorsatz für physikalische Größen **(Seite 28)**:
$M = 4{,}7\,GB = 4{,}7 \cdot 10^9\,Byte = 4\,700\,000\,000\,Byte = 4{,}7 \cdot 10^9\,Byte$

Angabe des Computers erfolgt mit Vorsatz für Datenmengen **(Tabelle 1)**:
$M = 4{,}377\,GB = 4{,}377 \cdot 2^{30}\,Byte \approx 4{,}7 \cdot 10^9\,Byte$

Einheiten Datenmengen:

1 bit = kleinste Einheit
1 Kbit = 1024 bit = 2^{10} bit
1 B (Byte) = 8 bit
1 KB = 1024 Byte = 2^{10} B
1 MB = 1024 KB = 2^{20} B
1 GB = 1024 MB = 2^{30} B
1 TB = 1024 GB = 2^{40} B

Tabelle 1: Vorsätze* für Datenmengen

Vorsatz	Vorsatzzeichen	Faktor
Kilo	K	2^{10}
Mega	M	2^{20}
Giga	G	2^{30}
Tera	T	2^{40}

* Nicht zu verwechseln mit den physikalischen Vorsätzen der **Seite 28**.

Speicherkapazität bei einem Halbleiterspeicher

$M = n_A \cdot n_b \quad [M] = \text{bit}$

$M = \frac{n_A \cdot n_b}{8} \quad [M] = \text{Byte} = \text{B}$

M Speicherkapazität
n_A Anzahl der Adressen
n_b Bits pro Speicherzelle

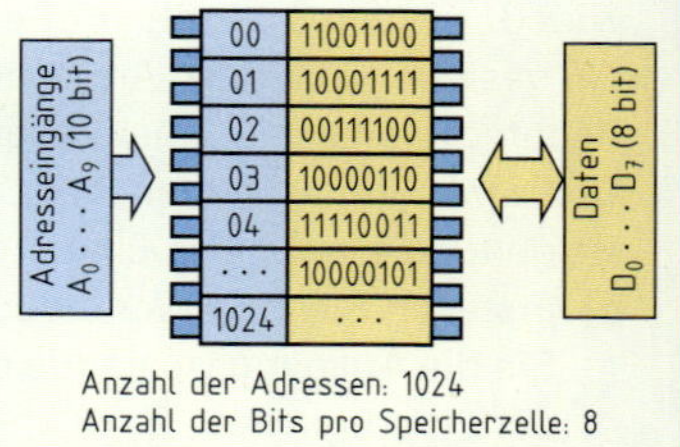

Bild: Halbleiterspeicher

Aufgaben zu 9.12.1

1. Ein PC zeigt die Dateigröße einer Textdatei mit 12 345 600 Byte an. Welcher Dateigröße entspricht die Angabe **a)** in MB **b)** in GB?
2. Ein EPROM 27C128 **(Tabelle 2)** enthält pro Speicherzelle 8 Bit. Welche Speicherkapazität hat der Speicher **a)** in Byte und **b)** in KB?
3. Ein Halbleiterspeicher hat eine Speicherkapazität von 512 Kbit. Im Anschlussbild sind 8 Datenbusanschlüsse ($D_0 \dots D_7$) angegeben. **a)** Wie groß ist die Speicherkapazität in Byte? **b)** Wie viele Adressen hat der Halbleiterspeicher?
4. In einem Mikrocomputer soll ein Festwertspeicher (EPROM**) folgende Inhalte aufnehmen:
   Ein Array mit 400 Zahlen vom Typ float (32 bit), Text mit 800 ASCII-Zeichen (8 bit), 11 KB Grafikdaten und 19104 B Programmcode. Welches EPROM **(Tabelle 2)** soll verwendet werden?

Tabelle 2: EPROM

Bezeichnung	Speicherkapazität
27C64	64 Kbit
27C128	128 Kbit
27C256	256 Kbit

** EPROM, Abk. für Erasable Programmable Read Only Memory (engl.) = löschbarer programmierbarer Nur-Lese-Speicher

9.12.2 Datenübertragungsrate

Die Datenübertragungsrate gibt die übertragene Datenmenge pro Zeiteinheit an. Bei der Angabe von Datenübertragungsraten werden die physikalischen Vorsätze **(Seite 28)** verwendet. Die Anzahl der übertragenen Bits pro Sekunde (bit/s) wird als Bitrate bezeichnet. Bei Bussystemen erfolgt die Angabe der Datenübertragungsrate oft in Byte pro Sekunde (Byte/s). Die Angabe in Byte/s entspricht dabei einem Achtel der Bitrate in bit/s.

Beispiel:

Eine Datei mit der Größe von 150 MB wird von einem PC mit USB 2.0 (HiSpeed-Verbindung) auf einen Laptop übertragen. Die Übertragungsdauer beträgt 3,3 s.
a) Berechnen Sie die Anzahl der übertragenen Bits.
b) Welche Bitrate wurde für die Übertragung der Nutzdaten erreicht?

Lösung:

a) $n_b = 150\,\text{MB} = 150 \cdot 2^{20} \cdot 8\,\text{bit} = \mathbf{1{,}2582912 \cdot 10^9\,bit}$ **(Tab. 1, Seite 190)**

b) $r_b = \dfrac{n_b}{t} = \dfrac{1{,}2582912 \cdot 10^9\,\text{bit}}{3{,}3\,\text{s}} = \mathbf{381{,}3003636 \cdot 10^6\,bit/s}$
$\approx \mathbf{381{,}3\,Mbit/s}$

Aufgaben zu 9.12.2

1. Bei einem Memory-Stick gibt der Hersteller folgende Datenübertragungsraten zur Übertragung der Nutzdaten an: Schreiben: 29 MB/s, Lesen: 23 MB/s. Wie lange dauert der Vorgang, **a)** um eine Datei mit der Größe von 80 MB auf den Stick zu speichern und **b)** um die Datei wieder zu lesen?

2. Bei der Verbindung zweier Computer über ein Netzwerk wird eine Datei übertragen und die Übertragungszeit gemessen. Die übertragene Datei wird vom PC mit einer Größe von 378 MB angezeigt. Die Übertragungszeit beträgt 42 s. Welche Nutzdatenrate wurde erreicht **a)** in MB/s und **b)** in Mbit/s?

3. Ein CD/DVD-Brenner wird für CD-Betrieb mit einer Geschwindigkeit von 48 × angegeben. Wie lange dauert der Brennvorgang für eine Datei mit der Größe von 396 MB?
Hinweis: 48 × bedeutet, dass der Brenner eine CD bis zu 48-mal schneller lesen und schreiben kann als ein Standard-CD-ROM-Laufwerk. Ein Standard-CD-ROM-Laufwerk hat eine Nutzdatenrate von 150 kB/s.

4. Bei einem PC-Mainboard soll der FSB (Front-Side-Bus) eine Bandbreite von 6400 MB/s ermöglichen. Welche Taktfrequenz ist notwendig, wenn bei jedem Taktzyklus eine Datenmenge von 64 bit übertragen wird?

5. Bei einem DDR-SDRAM-Speichermodul für einen PC werden pro Taktzyklus zwei Datenworte über den Datenbus übertragen. Der Datenbus hat 64 Leitungen. Die Bustaktfrequenz beträgt 166 MHz. Welche Speichermodule **(Bild)** können verwendet werden?

6. Bei einem Daten-Bus (PCI 3.0) können bei einer maximalen Taktrate von 66,66 MHz pro Taktzyklus 64 bit übertragen werden. Welche Bandbreite hat der PCI-Bus?

Datenübertragung

- Datenübertragungsraten:
  1 kbit/s = 10^3 bit/s
  1 Mbit/s = 10^6 bit/s
  1 Gbit/s = 10^9 bit/s
  1 kB/s = 10^3 Byte/s
  1 MB/s = 10^6 Byte/s
  1 GB/s = 10^9 Byte/s
- Wichtige Begriffe:
  Nutzdaten: Datenmenge, die übertragen werden soll, z. B. eine Datei. Keine Nutzdaten sind z. B. enthaltene Zeichen zur Steuerung oder Sicherung der Übertragung.
  Nutzdatenrate: Datenübertragungsrate für die Nutzdaten.
  Bandbreite: Die maximal mögliche Datenübertragungsrate auf einem Bus, z. B. den Front-Side-Bus.
- Speicherbezeichnungen
  DDR, **D**ouble **D**ata **R**ate (engl.) = doppelte Datenrate.
  SDRAM, **S**ynchronous **D**ynamic **R**andom **A**ccess **M**emory (engl.) = synchroner dynamischer Speicher mit wahlfreiem Zugriff.

Bitrate

$$r_b = \frac{n_b}{t} \qquad r_b = n_{bT} \cdot f_T$$

$$[r_b] = 1/\text{s} = \text{bit/s}$$

r_b Bitrate
n_b Anzahl der übertragenen Bits
t Übertragungszeit
n_{bT} Anzahl der Bits pro Takt
f_T Taktfrequenz

DDR-SDRAM Speichermodul

Modul-Bezeichnung	Maximale Datenübertragungsrate
PC-2100	~ 2,1 GB/s
PC-2700	~ 2,7 GB/s
PC-3200	~ 3,2 GB/s

Bild: Speichermodule für PC

10 Schutzmaßnahmen in elektrischen Anlagen

10.1 Schutzmaßnahmen

In TN- oder TT-Systemen nimmt der Körper eines Betriebsmittels mit einem Isolationsfehler eine Spannung gegen Erde an **(Bild 1)**. Die Berührungsspannung U_B ist der Teil der Fehlerspannung U_F, der zwischen gleichzeitig berührbaren, elektrisch leitenden Teilen während eines Isolationsfehlers auftreten kann.

10.1.1 Fehlerstromkreis

Beispiel:

Eine Person berührt einen Motor mit Isolationsfehler **(Bild 1)**. Am Motor ist kein Schutzleiter angeschlossen.

a) Berechnen Sie mit den Beispielwerten **Bild 1** (rechts) den Fehlerstrom in einem 230/400-V-Netz.

b) Welcher Wirkungsbereich wird nach **Bild 2** erreicht, wenn es der Person 100 ms nach dem Berühren gelingt, sich vom Motor zu trennen?

c) Berechnen Sie die Berührungsspannung U_B.

Lösung:

a) $I_F = \dfrac{U_0}{R_F + R_K + R_x + R_E}$

$= \dfrac{230\,\text{V}}{100\,\Omega + 1\,\text{k}\Omega + 3{,}9\,\text{k}\Omega + 50\,\Omega} = \mathbf{45{,}5\,mA}$

b) Die Einwirkdauer 100 ms bei einem Fehlerstrom von 45,5 mA ist dem **Wirkungsbereich 2** zugeordnet.

c) $U_B = R_K \cdot I_F = 1\,\text{k}\Omega \cdot 45{,}5\,\text{mA} = \mathbf{45{,}5\,V}$

Aufgaben zu 10.1.1

1. Eine Pendelleuchte an $U_0 = 230\,\text{V}$ hat einen Isolationsfehler mit $R_F = 100\,\Omega$. Eine Person mit dem Körperwiderstand $R_K = 1{,}2\,\text{k}\Omega$ berührt die Leuchte. Der Erdübergangswiderstand beträgt $R_E = 70\,\Omega$. Welchen Isolationswiderstand R_X (Isolationsimpedanz) muss der Fußboden mindestens haben, damit $U_L = 50\,\text{V}$ nicht überschritten wird? **Hinweis:** U_L ist der Grenzwert der zulässigen Berührungsspannung
2. In einem Fehlerstromkreis an $U_0 = 230\,\text{V}$ mit den Widerständen $R_x = 7\,\text{k}\Omega$, $R_E = 220\,\Omega$ fließt ein Strom $I_F = 21\,\text{mA}$. Berechnen Sie den Körperwiderstand und den Widerstand der Fehlerstelle für die Berührungsspannung **a)** 25 V und **b)** 50 V.
3. Ein nicht geerdetes Gerät mit einem Isolationsfehler $R_F = 2\,\text{k}\Omega$ wird an $U_0 = 230\,\text{V}$ bei $R_E = 50\,\Omega$ betrieben. Bei Berührung fließt ein Fehlerstrom $I_F = 20\,\text{mA}$. Berechnen Sie bei $U_B = 25\,\text{V}$
   a) den Isolationswiderstand R_x des Fußbodens,
   b) den Körperwiderstand R_K.
4. Ein Fehlerstromkreis an $U_0 = 230\,\text{V}$ enthält $R_F = 400\,\Omega$, $R_K = 1\,\text{k}\Omega$, $R_x = 5\,\text{k}\Omega$ und $R_E = 30\,\Omega$. Berechnen Sie **a)** den Fehlerstrom und **b)** die Berührungsspannung. **c)** Welche Einwirkdauer t ist im Wirkungsbereich 2 **(Bild 2)** noch zulässig?

Fehlerstromkreis

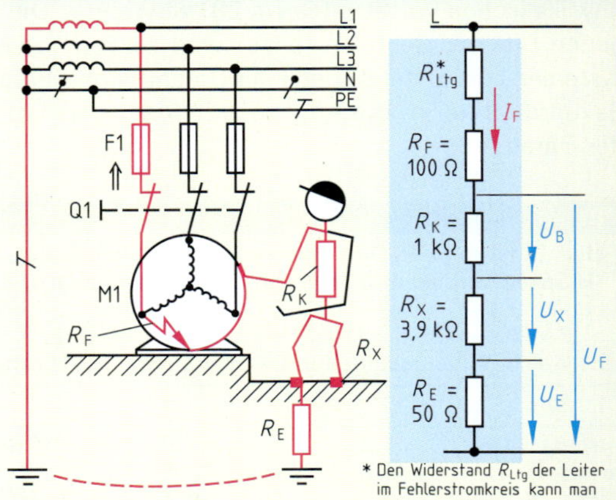

* Den Widerstand R_{Ltg} der Leiter im Fehlerstromkreis kann man meist vernachlässigen

Bild 1

$$I_F = \frac{U_0}{R_{Ltg} + R_F + R_K + R_x + R_E}; \qquad U_B = R_K \cdot I_F$$

R_{Ltg}	Widerstand der Leiter im Fehlerstromkreis
R_F	Widerstand an der Fehlerstelle
R_K	Widerstand des menschlichen Körpers
R_x	Isolationswiderstand (Isolationsimpedanz Z_x) des Fußbodens
R_E	Erdübergangswiderstand
I_F	Fehlerstrom
U_0	Netzspannung gegen Erde
U_B	Berührungsspannung

Wirkungsbereiche bei Wechselstrom 15 bis 100 Hz auf erwachsene Personen
(nach DIN VDE V0140, Teil 479-1)

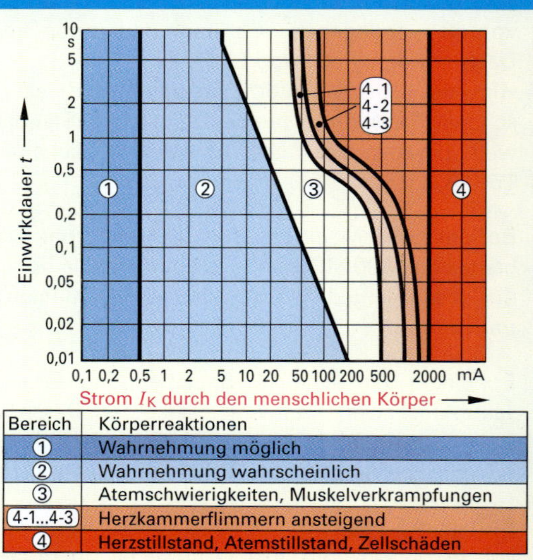

Bereich	Körperreaktionen
①	Wahrnehmung möglich
②	Wahrnehmung wahrscheinlich
③	Atemschwierigkeiten, Muskelverkrampfungen
4-1...4-3	Herzkammerflimmern ansteigend
④	Herzstillstand, Atemstillstand, Zellschäden

Bild 2

10.1.2 Isolationswiderstand von Fußböden oder Wänden

Der Isolationswiderstand (Isolationsimpedanz) Z_x wird durch Messung bestimmt (**Bild 1**). An jeder zu prüfenden Fläche sind drei Messungen durchzuführen (DIN VDE 0100, Teil 600).

Isolationswiderstand (Isolationsimpedanz) Z_x von Fußböden oder Wänden in nichtleitenden Räumen:

- Bei Nennspannungen bis 500 V: $Z_x \geq 50\ \text{k}\Omega$,
- bei höheren Spannungen $Z_x \geq 100\ \text{k}\Omega$.

Beispiel:

Bei der Isolationswiderstandsmessung eines Fußbodens werden folgende Messwerte ermittelt: Spannung zwischen Metallplatte und Schutzleiter (**Bild 1**) $U_x = 112\ \text{V}$; Strom über die Prüfelektrode $I = 1{,}3\ \text{mA}$.
Berechnen Sie den Isolationswiderstand des Fußbodens.

Lösung:

$$Z_x = \frac{U_x}{I} = \frac{112\ \text{V}}{0{,}0013\ \text{A}} = \mathbf{86{,}2\ k\Omega}$$

Isolationswiderstand (Isolationsimpedanz) von Fußböden oder Wänden

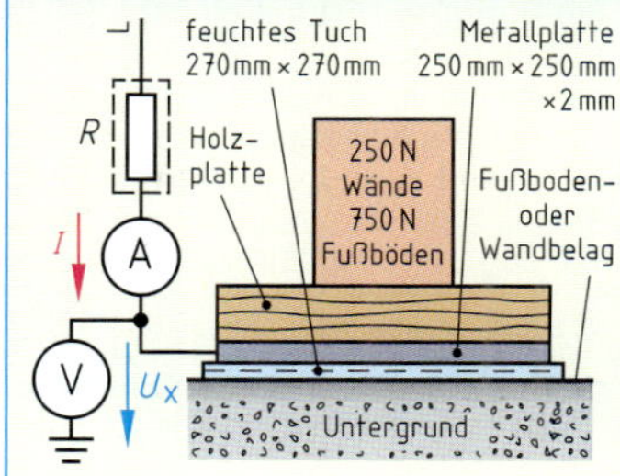

Bild 1

$$Z_x = \frac{U_x}{I}$$

Z_x Isolationswiderstand (Isolationsimpedanz) des Fußbodens oder der Wand

U_x Spannung zwischen Metallplatte oder Prüfelektrode und Schutzleiter

I Gemessener Strom über die Metallplatte (Prüfelektrode)

Aufgaben zu 10.1.2

1. Der Isolationswiderstand des Fußbodens in einem Messlabor wird durch Messung nach **Bild 1** ermittelt. Dabei werden an drei Messstellen folgende Messwerte ermittelt: **1.** $U_x = 156\ \text{V}$, $I = 0{,}96\ \text{mA}$; **2.** $U_x = 165\ \text{V}$, $I = 0{,}8\ \text{mA}$ und **3.** $U_x = 168\ \text{V}$, $I = 0{,}78\ \text{mA}$.
   a) Berechnen Sie die Isolationswiderstände an den drei Messstellen. **b)** Ist der Isolationswiderstand des Fußbodens nach DIN VDE 0100, Teil 410 ausreichend?
2. Bei der Standortwiderstandsmessung wurden folgende Werte ermittelt: $U_0 = 228\ \text{V}$, $U_x = 195\ \text{V}$ und $I = 1{,}5\ \text{mA}$. Berechnen Sie den Isolationswiderstand des Standortes.
3. In einem nichtleitenden Raum wurde durch Messung ein Isolationswiderstand des Fußbodens $Z_x = 75\ \text{k}\Omega$ ermittelt. Welcher Fehlerstrom fließt, wenn in einem Betriebsmittel mit leitfähigem Gehäuse und der Bemessungsspannung $U_N = 230\ \text{V}$ ein Körperschluss mit vernachlässigbar kleinem Übergangswiderstand auftritt?

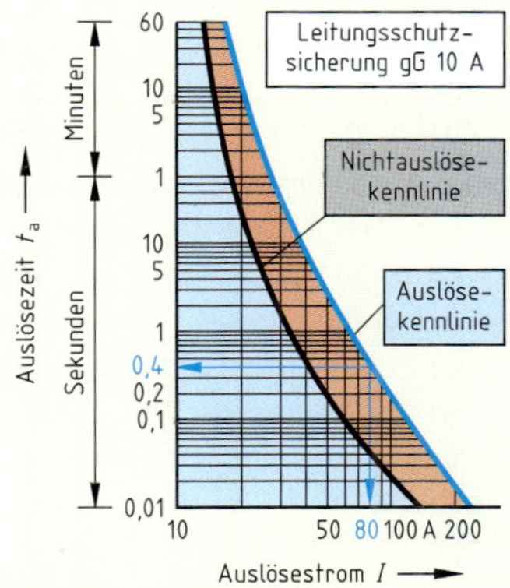

Bild 2: Strom-Zeit-Kennlinie

10.1.3 Schutzmaßnahmen im TN-System

Beispiel:

Eine Steckdose $U_N = 230\ \text{V}$, ist mit einer Schmelzsicherung gG 10 A abgesichert.
a) Nach welcher Zeit muss im Fehlerfall eine Abschaltung erfolgen? **b)** Bestimmen Sie den erforderlichen Abschaltstrom.

Lösung:

a) Abschaltzeit t_a aus Tabelle: $t_a \leq 0{,}4$ s,
b) Abschaltstrom aus **Bild 2**: $I_a = 80$ **A.**

Tabelle: Nennwechselspannungen U_0^* und maximale Abschaltzeiten t_a im TN-System

Nennwechselspannung	$50\ \text{V} < U_0 \leq 120\ \text{V}$	$120\ \text{V} < U_0 \leq 230\ \text{V}$	$230\ \text{V} < U_0 \leq 400\ \text{V}$	$U_0 > 400\ \text{V}$
Endstromkreise bis $I_N \leq 32\ \text{A}$	$t_a = 0{,}8\ \text{s}$	$t_a = 0{,}4\ \text{s}$	$t_a = 0{,}2\ \text{s}$	$t_a = 0{,}1\ \text{s}$
Alle anderen Stromkreise, z. B. Verteilungsstromkreise oder Endstromkreise mit $I_N > 32\ \text{A}$				$t_a = 5\ \text{s}$
* U_0 Spannung zwischen Außenleiter gegen Erde (DIN VDE 0100, Teil 410)				

Bei Kurzschluss oder Körperschluss muss mindestens der Abschaltstrom I_a der vorgeschalteten Überstrom-Schutzeinrichtung fließen. Die Höhe des Kurzschlussstromes I_k hängt von der Nennspannung U_0 und von der Schleifenimpedanz Z_S (Schleifenwiderstand) der Fehlerschleife ab.

Beispiel:

Ein Stromkreis ist mit einem LS-Schalter Typ B, 16 A abgesichert (**Bild 1**). **a)** Ermitteln Sie den Abschaltstrom I_a des LS-Schalters. **b)** Berechnen Sie die maximale Schleifenimpedanz Z_S, damit der ermittelte Abschaltstrom bei der Nennwechselspannung $U_0 = 230\,\text{V}$ noch fließt. **c)** Bei Belastung des Stromkreises mit $I = 10\,\text{A}$ sinkt die Spannung von 230 V auf 225 V. Berechnen Sie die Schleifenimpedanz des Stromkreises. **d)** Wird der in DIN VDE 0100, Teil 600 (Anhang C) angegebene zulässige Wert für Z_S eingehalten?

Lösung:

a) Aus der **Strom-Zeit-Kennlinie, Seite 275:**
Bei $t_a = 0{,}4\,\text{s}$ ist $I_a = 5 \cdot I_N = 5 \cdot 16\,\text{A} = \mathbf{80\,A}$.

b) $Z_S \leq \frac{U_0}{I_a} = \frac{230\,\text{V}}{80\,\text{A}} = \mathbf{2{,}87\,\Omega}$; **c)** $Z_S = \frac{U_0 - U}{I} = \frac{230\,\text{V} - 225\,\text{V}}{10\,\text{A}} = \mathbf{0{,}5\,\Omega}$;

d) $Z_S \leq \frac{2}{3} \cdot \frac{U_0}{I_a} = \frac{2}{3} \cdot \frac{230\,\text{V}}{80\,\text{A}} = \mathbf{1{,}92\,\Omega}$

Der durch Messung ermittelte Wert $Z_S = 0{,}5\,\Omega$ ist kleiner als der nach DIN VDE 0100, Teil 600 (Anhang C) zulässige Wert von $Z_S = 1{,}92\,\Omega$. Die Abschaltbedingung ist erfüllt.

Aufgaben zu 10.1.3

1. Ermitteln Sie aus den **Strom-Zeit-Kennlinien, Seite 275**, die Abschaltströme von Niederspannungssicherungen gG (von 10 A bis 35 A) bei einer Abschaltzeit von **a)** 0,2 s und **b)** 5 s. **c)** Berechnen Sie die jeweils zulässigen Schleifenimpedanzen bei $U_0 = 230\,\text{V}$.
2. Bestimmen Sie den Abschaltstrom für die Abschaltzeiten 0,2 s und 0,4 s für folgende LS-Schalter **a)** Typ B16 A, **b)** Typ C32 A, **c)** Typ Z10 A, **d)** Typ D16 A **(Strom-Zeit-Kennlinien, Seite 275)**.
3. An Endstromkreisen werden ohne Belastung jeweils eine Spannung $U_0 = 216\,\text{V}$ und die Schleifenimpedanzen (Schleifenwiderstände) von **a)** 1,4 Ω, **b)** 2,6 Ω, **c)** 3,2 Ω gemessen. Prüfen Sie nach, ob ein LS-Schalter Typ B16 A im Fehlerfall jeweils auslöst.
4. Die Zuleitung zu einem Durchlauferhitzer ist mit einem LS-Schalter Typ B 32 A abgesichert. Die Spannung im unbelasteten Zustand beträgt 389 V/225 V, die Impedanz $Z_s = 1{,}9\,\Omega$. **a)** Wie groß ist der Kurzschlussstrom? **b)** Löst die Schutzeinrichtung im Fehlerfall innerhalb der festgelegten Zeit aus? **c)** Welche zusätzliche Schutzmaßnahme wenden Sie an, wenn die Schutzeinrichtung nicht auslöst?
5. An einer Verteilung mit 230 V wird eine Schleifenimpedanz von $Z_{S1} = 0{,}45\,\Omega$ gemessen. Am Ende des an der Verteilung angeschlossenen Endstromkreises ($A = 2{,}5\,\text{mm}^2$ Cu) wird die Spannung $U = 218\,\text{V}$ und die Impedanz $Z_{S2} = 0{,}56\,\Omega$ ermittelt. Berechnen Sie **a)** den Laststrom des Endstromkreises, **b)** den Kurzschlussstrom an der Sammelschiene und am Ende des Endstromkreises und **c)** die Leitungslänge des Endstromkreises.
6. An einer Unterverteilung soll ein 24 m entferntes Verbrauchsmittel mit Mantelleitung NYM 3 × 1,5 mm² angeschlossen werden. Der Durchgangswiderstand des LS-Schalters Typ B16 A beträgt 0,18 Ω. An den Sammelschienen der Verteilung **(Bild 2)** wird die Spannung $U_0 = 226\,\text{V}$, bei Belastung mit $R = 30\,\Omega$ die Spannung $U = 221\,\text{V}$ gemessen. Berechnen Sie **a)** die Schleifenimpedanz Z_S an der Sammelschiene der Verteilung, **b)** den Kurzschlussstrom I_k. **c)** Ist der Fehlerschutz (Schutz bei indirektem Berühren) erfüllt?

Schleifenimpedanz Z_S

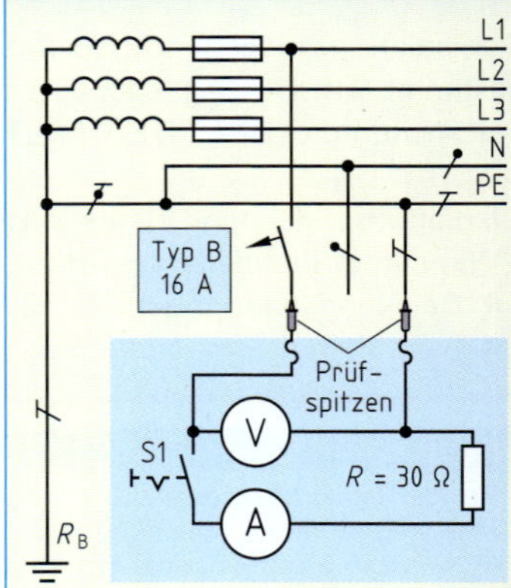

$$Z_s = \frac{U_0 - U}{I}$$

Bild 1

Abschaltbedingung

$$Z_S \leq \frac{U_0}{I_a};\quad I_K = \frac{U_0}{Z_S};\quad I_K > I_a$$

Beim Messen der Schleifenimpedanz soll nach DIN VDE 0100, Teil 600 (Anhang C) Z_S nicht größer sein als:

$$Z_S \leq \frac{2}{3} \cdot \frac{U_0}{I_a}$$

- Z_S Schleifenimpedanz (Schleifenwiderstand) der Fehlerschleife
- I_a Abschaltstrom der Überstrom-Schutzeinrichtung
- I_K Kurzschlussstrom
- I Belastungsstrom
- U_0 Nennwechselspannung zwischen dem unbelasteten Außenleiter und dem PEN- oder PE-Leiter
- U Spannung bei Belastung zwischen dem Außenleiter und dem PEN- oder PE-Leiter

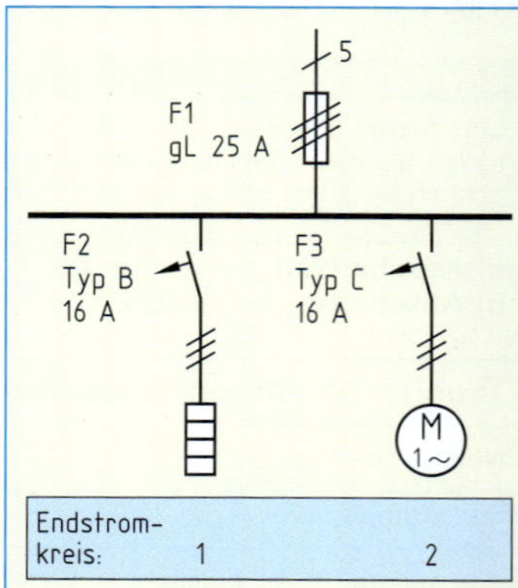

Bild 2: Selektivität in Endstromkreisen

10 Schutzmaßnahmen in elektrischen Anlagen

10.1.4 Schutzmaßnahmen im TT-System

Im TT-System wirkt ein Körperschluss wie ein Erdschluss. Bedingt durch den meist höheren Erdungswiderstand R_A ist der nach einem Isolationsfehler auftretende Fehlerstrom im TT-System im Vergleich zu einem TN-System niedrig. Der Abschaltstrom I_a einer Überstrom-Schutzeinrichtung kann im Fehlerfall aber nur dann fließen, wenn die Schleifenimpedanz Z_S der Fehlerschleife klein ist.

Abschaltbedingungen im TT-System
(Nach DIN VDE 0100, Teil 410)

Fehlerschutz durch Fehlerstrom-Schutzeinrichtung (RCD):

$$R_A \leq \frac{50\,\text{V}}{I_{\Delta N}}$$

R_A Zulässiger Erdungswiderstand
$I_{\Delta N}$ Bemessungs-Differenzstrom der RCD

Fehlerschutz durch Überstrom-Schutzeinrichtungen:

$$Z_S \leq \frac{U_0}{I_a}$$

Z_S Schleifenimpedanz (Schleifenwiderstand)
U_0 Nennwechselspannung zwischen Außenleiter und Erde
I_a Abschaltstrom der Überstrom-Schutzeinrichtung

Tabelle 1: Maximale Abschaltzeiten im TT-System

Stromkreisart	Nennwechselspannung U_0	Abschaltzeit t_a
Endstromkreise mit Bemessungsströmen bis $I_N \leq 32$ A	$50\,\text{V} < U_0 \leq 120\,\text{V}$ $120\,\text{V} < U_0 \leq 230\,\text{V}$ $230\,\text{V} < U_0 \leq 400\,\text{V}$ $U_0 > 400\,\text{V}$	0,3 s 0,2 s 0,07 s 0,04 s
Verteilungsstromkreise und Endstromkreise mit $I_N > 32$ A	–	1 s

Sind in TT-Systemen mit Abschaltung durch Überstrom-Schutzeinrichtungen alle fremden leitfähigen Teile in den Schutzpotenzialausgleich über die Haupterdungsschiene einbezogen, dürfen die maximalen Abschaltzeiten des TN-Systems **(Tabelle Seite 193)** angewendet werden.

Beispiel:

Ein Motorstromkreis in einem TT-System ist durch eine Fehlerstrom-Schutzeinrichtung (RCD) mit $I_{\Delta N} = 0{,}3$ A geschützt.
a) Berechnen Sie den maximal zulässigen Erdungswiderstand R_A.
b) Welche Länge muss ein im Lehmboden verlegter Banderder haben, um den geforderten Erdungswiderstand zu erreichen?

Lösung:

a) $R_A = \frac{50\,\text{V}}{I_{\Delta N}} = \frac{50\,\text{V}}{0{,}3\,\text{A}} = \mathbf{167\,\Omega}$; **b)** $l \approx \frac{3 \cdot \varrho_E}{R_A} = \frac{3 \cdot 100\,\Omega\text{m}}{167\,\Omega} = \mathbf{1{,}8\,m}$

Aufgaben zu 10.1.4

1. Bei der Prüfung eines Staberders **(Bild)** werden die Werte **a)** $U_E = 23$ V und $I_E = 4$ A und **b)** $U_E = 37$ V und $I_E = 1{,}3$ A gemessen. Bestimmen Sie die Erdungswiderstände R_A.
2. Wie groß darf der Erdungswiderstand R_A für einen Steckdosenstromkreis im TT-System höchstens sein, wenn die Steckdose mit einem LS-Schalter Typ B13 A abgesichert ist und zusätzlich durch eine Fehlerstrom-Schutzeinrichtung mit $I_{\Delta N} = 0{,}03$ A geschützt ist?

Erdungswiderstand

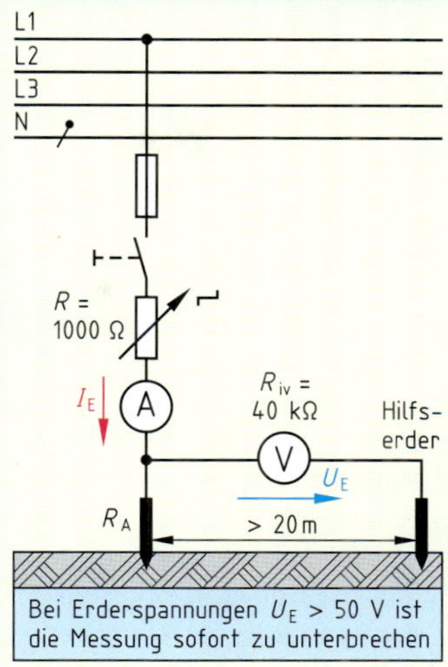

Bild

Erdungswiderstand

$$R_A = \frac{U_E}{I_E}$$

$$R_A \leq \frac{U_L}{I_a}; \quad R_A \leq \frac{50\,\text{V}}{I_{\Delta N}}$$

R_A Erdungswiderstand
U_L* Grenzwert der zulässigen Berührungsspannung
I_a Abschaltstrom der Überstrom-Schutzeinrichtung
$I_{\Delta N}$ Bemessungs-Differenzstrom der Fehlerstrom-Schutzeinrichtung
U_E Erderspannung bei Prüfung
I_E Erderstrom bei Prüfung
* U_L, der Index L von limit (engl.) = Grenze, Grenzwert

Länge von Oberflächenerdern

$$l \approx \frac{3 \cdot \varrho_E}{R_A}$$

l Länge des Oberflächenerders
ϱ_E spez. Erdungswiderstand
R_A Erdungswiderstand

Tabelle 2: Spezifischer Erdungswiderstand ϱ_E von Oberflächenerdern

Bodenart	ϱ_E in Ωm
Moorboden	30
Lehm, Ton, Ackerboden	100
feuchter Sand	200
trockener Sand	1000

10 Schutzmaßnahmen in elektrischen Anlagen

3. Nennen Sie **a)** übliche Bemessungs-Differenzströme von Fehlerstrom-Schutzeinrichtungen und **b)** berechnen Sie zu jedem Bemessungs-Differenzstrom den zulässigen Erdungswiderstand R_A des TT-Systems bei $U_L = 50\,V$.

4. Berechnen Sie den Erdungswiderstand eines 45 m langen Banderders bei Verlegung im **a)** Moorboden, **b)** Lehmboden und **c)** trockenem Sand.

5. Ein Elektrowärmespeicher **(Bild 1)** wird im TT-System betrieben. Geben Sie die maximale Abschaltzeit für den Heizungsstromkreis an **a)** in Anlagen ohne Schutzpotenzialausgleich über die Haupterdungsschiene und **b)** mit Schutzpotenzialausgleich über die Haupterdungsschiene. **c)** Welcher höchste Erdungswiderstand R_A ist für diesen Stromkreis zulässig? **d)** Welche Länge muss der Banderder für R_A bei Verlegung im Lehmboden haben?

6. In einem TT-System wird an $U_0 = 230\,V$ ein mit $I_N = 10\,A$ abgesicherter Endstromkreis **(Bild 2)** betrieben.
a) Ermitteln Sie aus den Werten der Erdermessung $U_E = 15\,V$ und $I_E = 7\,A$ den Erdungswiderstand. **b)** Ist mit nur dieser Erdermessung die Anforderung an die Sicherheit der Anlage nachgewiesen? Begründen Sie Ihre Antwort und benennen Sie evtl. weitere notwendige Prüfungen.

7. In einer elektrischen Anlage mit Schutzpotenzialausgleich über die Haupterdungsschiene sind am TT-System die beiden Stromkreise **(Bild 3)** an einem gemeinsamen Erder R_A angeschlossen. Der Stromkreis 1 ist mit einem LS-Schalter Typ B, $I_N = 13\,A$, der Stromkreis 2 mit einer Schmelzsicherung gG, $I_N = 35\,A$ abgesichert.
Welche Messungen sind bei der Inbetriebnahme der Anlage für **a)** den Stromkreis 1 und **b)** für den Stromkreis 2 nach DIN VDE 0100, Teil 410 vorgeschrieben? **c)** Nennen Sie die maximalen Abschaltzeiten t_a für die beiden Stromkreise.

8. Bei der Messung des Erdungswiderstandes zu **Aufgabe 7** wurden folgende Messwerte ermittelt: $U_E = 18\,V$, $I_E = 8{,}5\,A$. Die Messung der Schleifenimpedanz Z_S **(Bild 1, Seite 194)** ergab zwischen Außenleiter L1 und PE im unbelasteten Zustand $U_0 = 230\,V$, belastet mit $I = 10\,A$ wurde $U = 190\,V$ gemessen.
a) Prüfen Sie, ob die in DIN VDE 0100, Teil 410 gestellten Anforderungen für die beiden Stromkreise erfüllt sind. Begründen Sie Ihre Antwort.
b) Zeigen Sie gegebenenfalls Lösungsmöglichkeiten auf, um eventuelle Sicherheitsprobleme in der Anlage zu beseitigen.

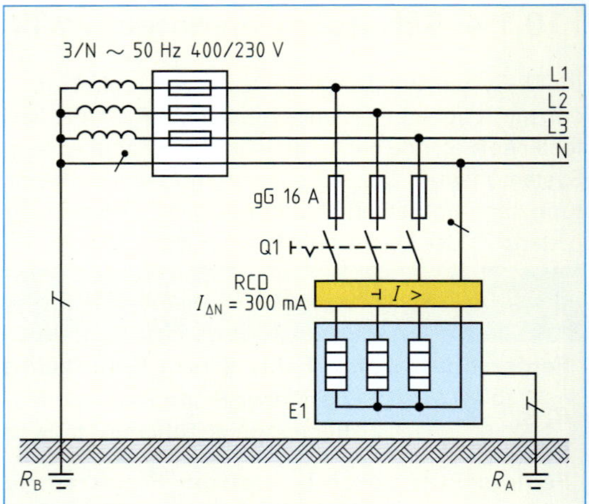

Bild 1: Heizkörper im TT-System

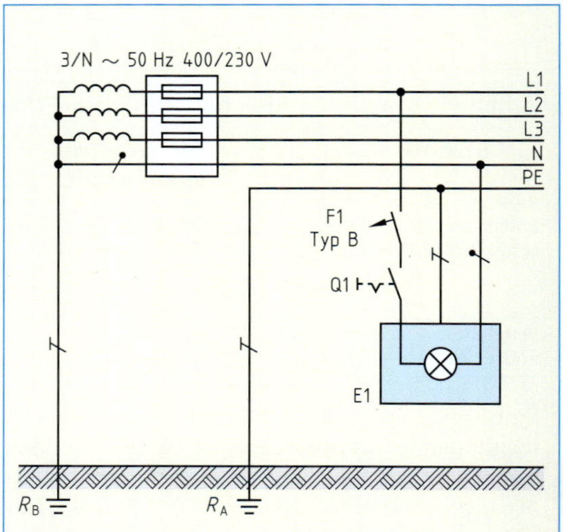

Bild 2: Endstromkreis ohne Steckdosen im TT-System

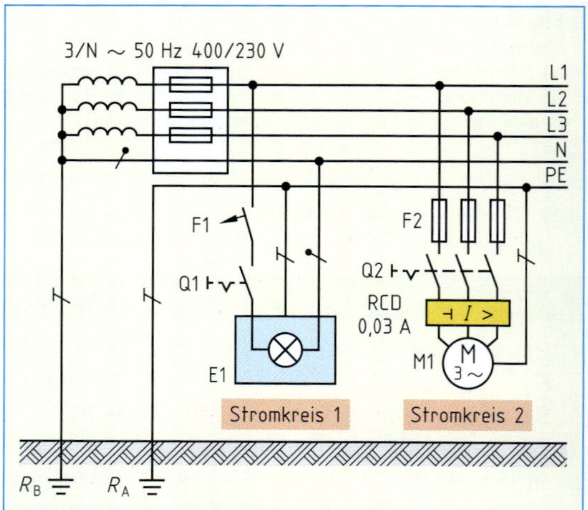

Bild 3: Stromkreise im TT-System

10.1.5 Kurzschlussschutz von isolierten Leitungen und Kabeln

In Netzsystemen mit Schutz durch automatische Abschaltung, z. B. TN-System, muss der nach einem Isolations- oder Schaltungsfehler fließende Strom größer sein als der Abschaltstrom der vorgeschalteten Schutzeinrichtung. Im Kurzschlussfall erwärmen sich dabei die Leiter sehr schnell, weil die Wärmeableitung nach außen über die Leiter- und Mantelisolation gering ist. Durch Berechnung der zulässigen Abschaltzeit t_w ist nachzuweisen, dass die Schutzeinrichtung den Stromkreis unterbricht, bevor die Grenztemperatur der Leiterisolation erreicht ist.

Beispiel:

Am Ende einer mit gG 25 A abgesicherten CEE-Steckdosenleitung (NYM $5 \times 2{,}5\ \text{mm}^2$) wird ein Kurzschlussstrom $I_k = 400$ A ermittelt. Überprüfen Sie, ob die Leitung bei Kurzschluss gegen unzulässige Erwärmung geschützt ist.

Lösung:

Aus **Tabelle** Materialbeiwert k für PVC-Isolierung und Leitermaterial Kupfer: $\boldsymbol{k} = 115$;

$$t_w = \left(k \cdot \frac{A}{I_k}\right)^2 = \left(115\,\frac{\sqrt{\text{s}}\cdot\text{A}}{\text{mm}^2} \cdot \frac{2{,}5\ \text{mm}^2}{400\ \text{A}}\right)^2 = \mathbf{0{,}52\ s}$$

Die Sicherung löst bei einem Kurzschlussstrom von 400 A bei 0,04 s aus (Kennlinie **Seite 271**). Die Leitung ist gegen unzulässige Erwärmung geschützt.

Die Abschaltzeit t_a der Überstrom-Schutzeinrichtung muss kleiner sein als die zulässige Ausschaltzeit t_w, in der ein Leiter bei Kurzschluss auf die Grenztemperatur der Leiterisolation erwärmt wird ($t_a < t_w$).

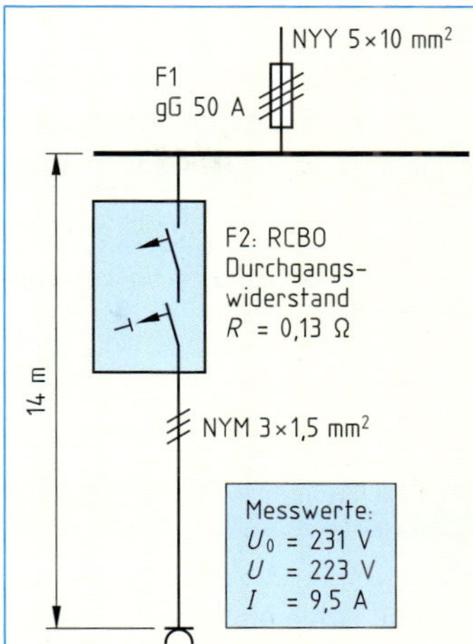

Bild: Unterverteilung mit Steckdosenleitung

$$t_w = \left(k \cdot \frac{A}{I_k}\right)^2$$

$$[k] = \frac{\sqrt{\text{s}}\cdot\text{A}}{\text{mm}^2}$$

- t_w zulässige Ausschaltzeit in Sekunden, ehe bei Kurzschluss die Grenztemperatur der Leiterisolation erreicht wird
- k Materialbeiwert **(Tabelle)**
- A Leiterquerschnitt in mm²
- I_k Kurzschlussstrom in A

Tabelle: Materialbeiwerte k zur Berechnung der zulässigen Ausschaltzeit t_w bei Kurzschluss (Nach DIN VDE 0100, Teil 540)

Leiter-isolation	k-Faktoren bei Leiterwerkstoff	
	Cu	Al
Gummi	141	–
PVC	115	76
PE-X*	143	94
IIK**	134	89

* PE-X, vernetztes Polyethylen
** IIK Butyl-Kautschuk

Aufgaben zu 10.1.5

1. Berechnen Sie die zulässige Ausschaltzeit t_w der Überstrom-Schutzeinrichtung für eine Mantelleitung NYM $4 \times 25\ \text{mm}^2$ bei einem Kurzschlussstrom $I_k = 2100$ A.
2. Am Ende einer durch eine Schmelzsicherung gG 35 A abgesicherten Motorzuleitung (NYM $4 \times 6\ \text{mm}^2$) wird eine Schleifenimpedanz $Z_s = 0{,}45\ \Omega$ ermittelt. Die Nennspannung ist 400/230 V. Berechnen Sie **a)** den Kurzschlussstrom, **b)** die zulässige Ausschaltzeit t_w, in der die Leiter auf die Grenztemperatur der Leiterisolation erwärmt werden. **c)** Überprüfen Sie, ob die Überstrom-Schutzeinrichtung den Kurzschlussstrom unterbricht, bevor die Grenztemperatur erreicht ist **(Strom-Zeit-Kennlinien, Seite 275)**.
3. Berechnen Sie für die Steckdosenleitung **(Bild)**, **a)** die Schleifenimpedanz Z_s, **b)** die Impedanz, gemessen an den Sammelschienen der Unterverteilung, **c)** die Spannung an der Steckdose bei einer Belastung mit $I = 12{,}5$ A. **d)** Nach welcher Zeit löst die Sicherung F1 bei einem einpoligen Kurzschluss an den Sammelschienen aus? **e)** Ist der Kurzschlussschutz der Verteilerzuleitung erfüllt?
4. An einem Steckdosenstromkreis wird im unbelasteten Zustand $U_0 = 230$ V und bei Belastung mit $R = 20\ \Omega$ die Spannung $U = 225$ V gemessen. Die Leitung NYM $3 \times 2{,}5\ \text{mm}^2$ ist mit einem LS-Schalter Typ B 20 A abgesichert. Berechnen Sie **a)** die Schleifenimpedanz Z_S und **b)** den Kurzschlussstrom I_k. **c)** Überprüfen Sie, ob der LS-Schalter bei Kurzschluss innerhalb der in DIN VDE 0100, Teil 410 vorgeschriebenen Zeit auslöst. **d)** Wird die Leitung bei Kurzschluss vor Erreichen der Grenztemperatur abgeschaltet?
5. Die Zuleitung NYM $3 \times 4\ \text{mm}^2$ eines Wechselstromkreises mit $U_0 = 230$ V wird bei Kurzschluss am Leitungsende nach $t_w = 0{,}3$ s auf den Grenzwert der Leiterisolation erwärmt. Berechnen Sie **a)** den Kurzschlussstrom I_k und **b)** die Impedanz Z_S an der Kurzschlussstelle.

10.1.6 Fehlerstrom-Schutzeinrichtung (RCD)

Bei Fehlerstrom-Schutzeinrichtungen (RCD*s) ist der Abschaltstrom I_a gleich dem Bemessungs-Differenzstrom (Nennfehlerstrom) $I_{\Delta N}$.

Beispiel:

Eine Fehlerstrom-Schutzeinrichtung (RCD, **Bild 1**) hat einen Bemessungs-Differenzstrom $I_{\Delta N} = 30$ mA. Berechnen Sie bei $U_L = 50$ V den zulässigen Erdungswiderstand R_A.

Lösung:

$$R_A \leq \frac{U_L}{I_{\Delta N}} = \frac{50\ \text{V}}{0{,}03\ \text{A}} = \mathbf{1{,}67\ k\Omega}$$

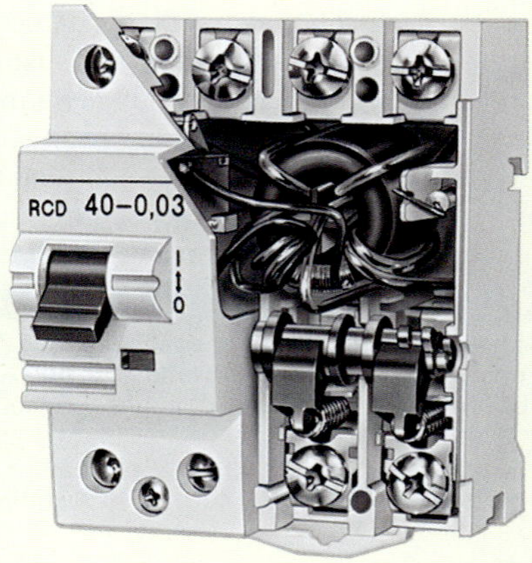

Bild 1: Fehlerstrom-Schutzeinrichtung (RCD)

$$R_A \leq \frac{U_L}{I_{\Delta N}}$$

R_A Erdungswiderstand der Körpererder
U_L zulässiger Grenzwert der Berührungsspannung
$I_{\Delta N}$ Bemessungs-Differenzstrom der RCD

Aufgaben zu 10.1.6

1. Berechnen Sie den zulässigen Erdungswiderstand einer Fehlerstrom-Schutzeinrichtung (RCD) mit einem Bemessungs-Differenzstrom $I_{\Delta N} = 300$ mA in einem TT-System bei einer zulässigen Berührungsspannung U_L von **a)** 25 V und **b)** 50 V.
2. Für eine RCD mit $I_{\Delta N} = 0{,}5$ A steht ein Fundamenterder mit einem Erdungswiderstand $R_A = 6\ \Omega$ zur Verfügung. Löst der FI-Schutzschalter bei einer zulässigen Berührungsspannung $U_L = 50$ V aus?
3. Ein Steckdosenstromkreis 16 A wird in einem Baustromverteiler durch eine RCD mit $I_{\Delta N} = 30$ mA geschützt. Wird die zulässige Berührungsspannung nach DIN VDE 0100 eingehalten, wenn ein Erdungswiderstand $R_A = 480\ \Omega$ gemessen wird?
4. In einem TT-System wurde eine RCD mit $I_{\Delta N} = 0{,}5$ A durch Messung nach **Bild 2** überprüft. Folgende Werte wurden gemessen: Berührungsspannung $U_B = 50$ V, Fehlerstrom $I_F = 0{,}34$ A. Um wieviel Ohm weicht der Erdungswiderstand vom zulässigen Wert ab?
5. Die Überprüfung des Erdungswiderstandes an einem Baustromverteiler ergab folgende Werte: $U_B = 45$ V, $I_F = 0{,}3$ A. Welchen Bemessungs-Differenzstrom $I_{\Delta N}$ schreibt DIN VDE 0100, Teil 704 bei RCDs vor **a)** bei Steckdosenstromkreisen bis $I_N = 32$ A und **b)** für alle übrigen Steckdosenstromkreise? **c)** Ist der gemessene Erdungswiderstand für beide Fehlerstrom-Schutzeinrichtungen ausreichend?
6. Eine Steckdose 230 V ist mit einem LS-Schalter Typ B 16 A abgesichert. Am Ende der Leitung tritt durch einen Isolationsfehler ein Erdschluss auf. Berechnen Sie die in der Leitung auftretende Wärmeleistung **a)** bei Bemessungsstrom des LS-Schalters und **b)** wenn die Steckdosenleitung zusätzlich durch eine RCD mit $I_{\Delta N} = 30$ mA geschützt ist.

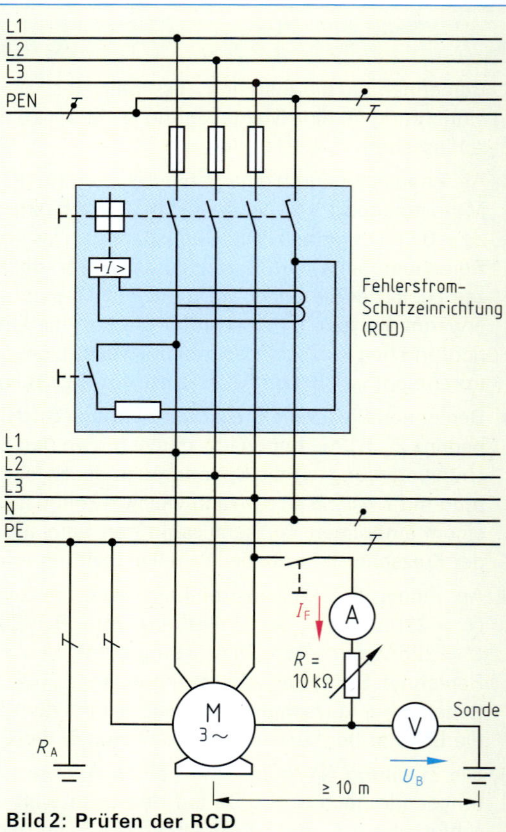

Bild 2: Prüfen der RCD

* RCD, Abk. für: Residual Current Protective Device (engl.)

11 Anlagen- und Gebäudetechnik

11.1 Projektierung elektrischer Leitungen

Die **Projektierung elektrischer Leitungen** hat nach DIN VDE 0100, Teil 520, TAB, DIN 18015, Teil 1 und DIN VDE 0298, Teil 4 zu erfolgen **(Bild)**.

Der Mindestquerschnitt der Leitungen ist so zu wählen, dass der höchstzulässige Spannungsfall und die zulässige Strombelastbarkeit I_r der Leitung nach DIN VDE 0298, Teil 4 nicht überschritten werden **(Datenblatt Seiten 271 und 272)**. Bei der Berechnung des Spannungsfalls setzt man in unverzweigten Stromkreisen, z. B. bei Motorleitungen, den Bemessungsstrom des Motors (Verbrauchers), in allen anderen Stromkreisen den Bemessungsstrom I_N der Überstrom-Schutzeinrichtung ein.

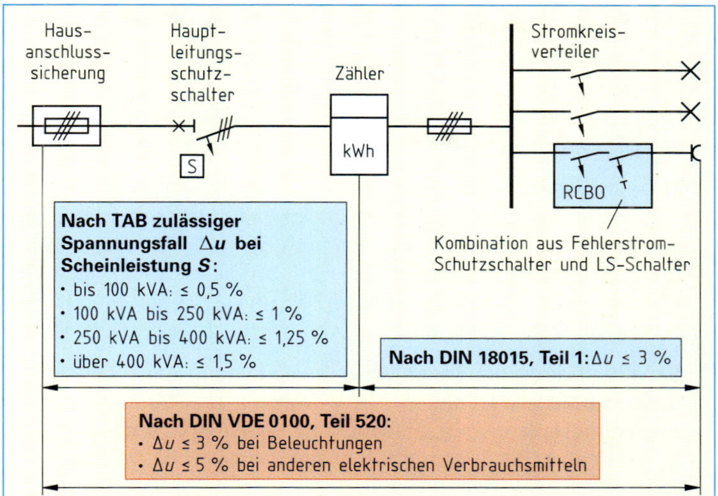

Bild: Höchstzulässiger Spannungsfall Δ*u* in % der Bemessungsspannung

TAB, Abk. für: **T**echnische **A**nschluss**b**edingungen

11.1.1 Unverzweigte Leitungen für Gleichstrom

Leitungen für Gleichstrom berechnet man wie Leitungen für Wechselstrom mit Wirklast.

Beispiel:

Vom Zähler zu einem Flutlichtmast führt ein 33 m langes im Leitungskanal verlegtes Kabel NYY 3 × 2,5 mm² (Cu). Es sollen neue Halogenlampen mit einer gesamten Stromaufnahme von 21,7 A eingesetzt werden. Berechnen Sie

a) den Spannungsfall ΔU in V,
b) den Spannungsfall Δu in %.
c) Prüfen Sie, ob der Spannungsfall nach DIN 18015, Teil 1 noch zulässig ist.
d) Welcher Querschnitt muss bei Überschreiten des zulässigen Spannungsfalls neu verlegt werden?
e) Prüfen Sie, ob der neu verlegte Querschnitt nach DIN VDE 0298, Teil 4 bei 30 °C zulässig ist.
f) Berechnen Sie den Leistungsverlust für den neuen Querschnitt.

Lösung:

a) $\Delta U_1 = \frac{2 \cdot I \cdot l}{\gamma \cdot A_1} = \frac{2 \cdot 21{,}7\,\text{A} \cdot 33\,\text{m}}{56\,\text{m}/(\Omega \cdot \text{mm}^2) \cdot 2{,}5\,\text{mm}^2} = \mathbf{10{,}2\,V}$

b) $\Delta u_1 = \frac{\Delta U_1 \cdot 100\,\%}{U} = \frac{10{,}2\,\text{V} \cdot 100\,\%}{230\,\text{V}} = \mathbf{4{,}4\,\%}$

c) Der Spannungsfall von 4,4 % ist nicht zulässig. Maximal zulässig sind 3 %, also ist $\Delta U_2 = \frac{\Delta u_2 \cdot U}{100\,\%} = \frac{3\,\% \cdot 230\,\text{V}}{100\,\%} = \mathbf{6{,}9\,V}$

d) $A_2 = \frac{2 \cdot I \cdot l}{\gamma \cdot \Delta U_2} = \frac{2 \cdot 21{,}7\,\text{A} \cdot 33\,\text{m}}{56\,\text{m}/(\Omega \cdot \text{mm}^2) \cdot 6{,}9\,\text{V}} = \mathbf{3{,}7\,mm^2}$

Es muss mindestens ein Querschnitt von **4 mm²** verlegt werden.

e) Zulässig nach DIN VDE 0298, Teil 4. **Verlegeart B2 (Tabelle 1, Seite 271)**, $\mathbf{I_r = 30\,A}$ bei 4 mm² Cu und 2 belastete Adern

f) $P_v = \frac{2 \cdot I^2 \cdot l}{\gamma \cdot A_2} = \frac{2 \cdot (21{,}7\,\text{A})^2 \cdot 33\,\text{m}}{56\,\text{m}/(\Omega \cdot \text{mm}^2) \cdot 4\,\text{mm}^2} = \mathbf{139\,W}$

$$\Delta U = U_1 - U_2$$

$$\Delta U = \frac{2 \cdot I \cdot l}{\gamma \cdot A}$$

$$\Delta u = \frac{\Delta U \cdot 100\,\%}{U}$$

$$P_v = \frac{2 \cdot I^2 \cdot l}{\gamma \cdot A}$$

$$P_{v\%} = \frac{P_v \cdot 100\,\%}{P}$$

ΔU	Spannungsfall
Δu	Spannungsfall in % der Netznennspannung
U	Netznennspannung
U_1	Spannung am Leitungsanfang
U_2	Spannung am Leitungsende
l	Leitungslänge
I	Leiterstrom
γ	elektr. Leitfähigkeit
A	Leiterquerschnitt
P_v	Leistungsverlust in W
$P_{v\%}$	Leistungsverlust in %
P	zu übertragende Leistung

Aufgaben zu 11.1.1

1. Der Spannungsfall an einer Leitung zu einem Heizgerät soll höchstens $\Delta u = 3\%$ betragen. Berechnen Sie **a)** den zulässigen Spannungsfall ΔU an der Leitung bei einer Nennspannung von 230 V, **b)** die Mindestspannung am Heizgerät bei einer Netzspannung von 240 V.

2. Zu einem elektrischen Warmwasserbereiter mit der Bemessungsspannung 230 V und dem Bemessungsstrom $I = 13$ A soll eine 28 m lange, 3adrige NYM-Leitung verlegt werden (Verlegeart C). Berechnen Sie den zu verlegenden Querschnitt, wenn $\Delta u \leq 3\%$ sein soll.

3. In einer Werkstatt soll eine 25 m lange Anschlussleitung für 220 V Gleichstrom (NYM $3 \times 2{,}5\,mm^2$ Cu) im Leitungskanal verlegt werden. **a)** Berechnen Sie aus dem Spannungsfall $\Delta u = 3\%$ den maximal zulässigen Strom. **b)** Prüfen Sie nach, ob dieser Strom nach DIN VDE 0298, Teil 4 **(Tabellen Seite 271 und 272)** bei 30 °C Umgebungstemperatur zulässig ist.

4. Die 230 m lange, am Boden verlegte Lichtleitung aus $3 \times 6\,mm^2$ Cu zu einer Baustelle ist an ein 230-V-Netz mit $U_1 = 235$ V Spannung am Leitungsanfang angeschlossen und wird von 13 A durchflossen. **a)** Wie hoch ist die Spannung U_2 an der Baustelle? **b)** Welcher Strom darf höchstens fließen, damit an der Baustelle 220 V zur Verfügung stehen? **c)** Welcher Nennquerschnitt ist zu verlegen, damit bei einem Strom von 10,5 A der Spannungsfall nicht größer als 3% wird?

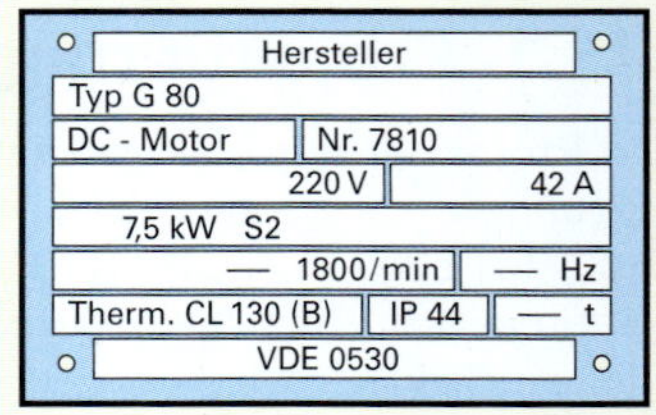

Bild 1: Leistungsschild eines Gleichstrommotors

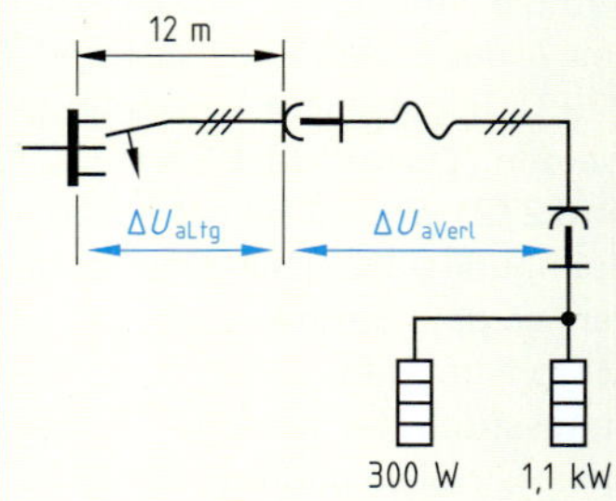

Bild 2: Verlängerungsleitung

5. Der 5,5-kW-Gleichstrommotor eines Rührwerks ist über eine 38 m lange 3-adrige Mantelleitung an die Verteilung angeschlossen. Die Leitung ist in einem Installationskanal auf der Wand verlegt. Die Nennspannung beträgt 220 V, der Wirkungsgrad des Motors 79%. Der Spannungsfall soll 3% nicht überschreiten. **a)** Berechnen Sie aus diesem Spannungsfall den erforderlichen Leiterquerschnitt. **b)** Überprüfen Sie, ob der berechnete Querschnitt nach DIN VDE 0298, Teil 4 zulässig ist. **c)** Welcher Leistungsverlust tritt bei ordnungsgemäß verlegtem Querschnitt auf?

6. Ein Förderband wird von einem Gleichstrommotor **(Bild 1)** angetrieben. Die 62 m lange 3-adrige Mantelleitung ist im Leitungskanal verlegt. Der Leistungsverlust der Leitung soll höchstens 4% der Motorbemessungsleistung betragen. Berechnen Sie **a)** den erforderlichen Querschnitt aus dem Leistungsverlust und prüfen Sie, ob der zulässige Spannungsfall nach DIN 18015, Teil 1 eingehalten wird. **b)** Wie groß ist der Spannungsfall in V und %?

7. Ein 5,5-kW-Gleichstrommotor für 440 V hat einen Bemessungsstrom von 16 A. Die 45 m lange 3-adrige Motorleitung (NYM) wird zusammen mit 5 anderen Leitungen einlagig an der Decke ohne Zwischenraum geführt. Die Temperatur beträgt durchschnittlich 40 °C. **a)** Welche Verlegeart liegt nach DIN VDE 0298 vor? **b)** Welcher Querschnitt ist mindestens zu verlegen **(Tabellen Seite 271 und 272)**? **c)** Berechnen Sie für den zu verlegenden Leiterquerschnitt den Spannungsfall in V und % und überprüfen Sie den Leiterquerschnitt nach DIN 18015, Teil 1. **d)** Wie groß ist der Leistungsverlust in W und %?

8. Eine 15 m lange Hauptleitung (Mantelleitung NYM $3 \times 1{,}5\,mm^2$) wird vom Hausanschluß bis zum Zähler in einem Installationsrohr in der Wand verlegt und mit 50 A abgesichert. Die Nennspannung beträgt 230 V. **a)** Welche Verlegeart liegt vor und welcher Querschnitt ist nach DIN VDE 0298, Teil 4, zu verlegen? **b)** Prüfen Sie, ob der auftretende Spannungsfall nach TAB zulässig ist. **c)** Berechnen Sie den maximalen Leistungsverlust des endgültig zu verlegenden Querschnitts in W und %.

9. Eine Steckdose ist über eine 12 m lange, direkt auf der Wand verlegte Mantelleitung $3 \times 1{,}5\,mm^2$ an die Verteilung angeschlossen **(Bild 2)**. Die Spannung an der Verteilung beträgt 235 V. Es sollen über eine Verlängerungsleitung H07RN-F 3G1,5 eine Kaffeemaschine und ein Eierkocher betrieben werden. Die Spannung an den Geräten soll nicht unter 230 V sinken. Berechnen Sie **a)** die Spannung an der Steckdose, **b)** die höchstzulässige Länge der Verlängerungsleitung, **c)** den Leistungsverlust in der Verlängerungsleitung. **d)** Welchen Querschnitt muss eine 50 m lange Verlängerungsleitung beim Anschluss der Geräte mindestens haben?

11.1.2 Unverzweigte Leitungen für Wechselstrom

Bei der Leitungsberechnung ist für den Verbraucher der Spannungsfall ΔU (Differenz der Spannungen U_1 am Anfang und U_2 am Ende der Leitung) wichtig. Der Spannungsfall $\Delta U'$ ergibt sich aus dem Produkt von Spannung $\Delta U' = I \cdot R_{Ltg}$ und dem Wirkfaktor $\cos\varphi$.
Die Blindwiderstände einer Leitung sind gegenüber ihrem Wirkwiderstand meist vernachlässigbar. Der Spannungsfall $\Delta U'$ an der Leitung ist dann mit dem Leiterstrom I phasengleich **(Bild)** und wird wie bei Gleichstrom berechnet.

Beispiel 1:

Ein Wechselstrommotor nimmt an 230 V 50 Hz bei einem Wirkfaktor $\cos\varphi = 0{,}9$ einen Strom $I = 12$ A auf. Die 35 m lange Zuleitung soll unter Putz als Mantelleitung NYM verlegt werden. Ermitteln Sie

a) den Bemessungsstrom I_N der Schmelzsicherung vom Typ gG (Bemessungsstrom I_N > Betriebsstrom I_b),
b) den Mindestquerschnitt A_1 der Motorzuleitung bei einer Umgebungstemperatur von 25 °C **(Tabelle 1 und 2, Seite 272)**.
c) Überprüfen Sie, ob bei Nennbetrieb des Motors der Grenzwert für den Spannungsfall eingehalten wird. Ändern Sie bei Bedarf den Nennquerschnitt der Motorzuleitung.

Lösung:

a) Gewählt: Schmelzsicherung gG mit I_N = **16 A** (Tabellenbuch).
b) Verlegeart C, 2 belastete Adern; A_1 = **1,5 mm²**;
Aus dem **Datenblatt Seite 272, Tabelle 1 und 2**
Bedingung: $I_z \geq I_N$; $I_z = I_r \cdot f_1 = 19{,}5\,\text{A} \cdot 1{,}06 = 20{,}67\,\text{A}$

c) $$\Delta U = \frac{2 \cdot I \cdot l \cdot \cos\varphi}{\gamma \cdot A} = \frac{2 \cdot 12\,\text{A} \cdot 35\,\text{m} \cdot 0{,}9}{56\,\frac{\text{m}}{\Omega \cdot \text{mm}^2} \cdot 1{,}5\,\text{mm}^2} = \mathbf{9\,V}$$

$$\Delta u = \frac{\Delta U \cdot 100\%}{U} = \frac{9\,\text{V} \cdot 100\%}{230\,\text{V}} = \mathbf{3{,}91\,\%}$$

Bei $A_1 = 1{,}5\,\text{mm}^2$: $\Delta u_1 > 3\% \Rightarrow$ nicht zulässig

Bei $A_2 = 2{,}5\,\text{mm}^2$: $\Delta u_2 = \frac{A_1}{A_2} \cdot \Delta u_1 = \frac{1{,}5\,\text{mm}^2}{2{,}5\,\text{mm}^2} \cdot 3{,}91\% = \mathbf{2{,}35\,\%}$

$\mathbf{A_2 = 2{,}5\,mm^3}$: $\Delta u_2 < 3\% \Rightarrow$ **zulässig**

DIN 18015: Zulässiger Spannungsfall an den Leitungen nach dem Zähler $\Delta u \leq 3\%$ der Netznennspannung (**Bild Seite 199**).

Aufgaben zu 11.1.2

1. Eine Kupferleitung für Wechselspannung 230 V 50 Hz hat einen Querschnitt von 4 mm² und ist 37 m lang. Es fließt der Strom $I = 24$ A bei einem $\cos\varphi = 0{,}8$. Berechnen Sie **a)** den Spannungsfall ΔU in V und **b)** den Spannungsfall Δu in % der Netznennspannung.

2. Für eine elektrische Anlage sind $U = 230$ V und $\cos\varphi = 0{,}85$ vorgesehen. Zur Auswahl stehen Leitungen mit den Querschnitten 1,5 mm², 2,5 mm² und 4 mm² sowie Schmelzsicherungen mit $I_N = 6$ A bis 35 A. Der Spannungsfall Δu darf bei Belastung mit I_N höchstens 3% der Netznennspannung U betragen. **a)** Ermitteln Sie für jeden der drei Querschnitte die zulässigen Leitungslängen für die verschiedenen Bemessungsströme der Sicherungen. Tragen Sie diese Werte in eine Tabelle ein. **b)** Zeichnen Sie in ein Diagramm $l = f(I_N)$ die Kennlinien für die drei Leiterquerschnitte ein (Maßstab: 20 m ≙ 10 mm; 2 A ≙ 10 mm).

Spannungsfall

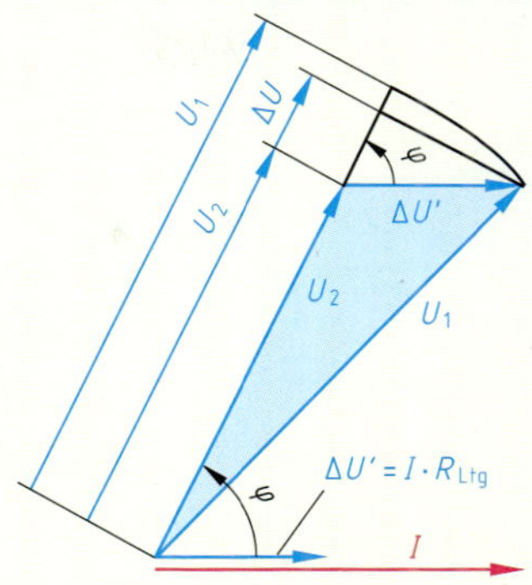

$\Delta U = I \cdot R_{Ltg} \cdot \cos\varphi$; $U_2 \approx U_1 - \Delta U$

Bild

$$\Delta U = \frac{2 \cdot I \cdot l \cdot \cos\varphi}{\gamma \cdot A}$$

$$\Delta U = \frac{2 \cdot P \cdot l}{\gamma \cdot A \cdot U_1}$$

$$\Delta u = \frac{\Delta U \cdot 100\%}{U}$$

$$P_v = \frac{2 \cdot I^2 \cdot l}{\gamma \cdot A}$$

$$I_z = I_r \cdot f_1 \cdot f_2$$

ΔU	Spannungsfall
Δu	Spannungsfall in %
U	Netznennspannung
U_1	Spannung am Leitungsanfang
U_2	Spannung am Leitungsende
I	Leiterstrom
I_r	Bemessungswert für die Strombelastbarkeit der Leitung
I_z	Strombelastbarkeit der Leitung bei abweichenden Bedingungen
l	Leitungslänge
γ	elektrische Leitfähigkeit
A	Leiterquerschnitt
$\cos\varphi$	Wirkfaktor
P	übertragene Leistung
P_v	Leistungsverlust in W
$P_{v\%}$	Leistungsverlust in %
f_1	Umrechnungsfaktor bei abweichender Umgebungstemperatur
f_2	Umrechnungsfaktor bei Häufung von Leitungen

Beispiel 2:

Eine Tauchpumpe für 230 V 50 Hz mit den Daten $P_{ab} = 2{,}5$ kW, $\eta = 0{,}82$ und $\cos\varphi = 0{,}85$ wird nach den Herstellerangaben mit $I_N = 20$ A abgesichert. Die 52 m lange Motorzuleitung (Mantelleitung NYM) wird zusammen mit einer belasteten Leitung im Leitungskanal verlegt. Die Umgebungstemperatur beträgt 25 °C. Bestimmen Sie

a) die Strombelastbarkeit I_Z, den Bemessungswert I_r und den Nennquerschnitt A der Motorzuleitung.

b) Überprüfen Sie, ob der Spannungsfall den zulässigen Wert übersteigt.

c) Berechnen Sie den prozentualen Leistungsverlust $P_{v\%}$.

Lösung:

a) $P = \frac{P_{ab}}{\eta} = \frac{2500\ \text{W}}{0{,}82} = 3049\ \text{W};\quad I = \frac{P}{U \cdot \cos\varphi} = \frac{3049\ \text{W}}{230\ \text{V} \cdot 0{,}85} = 15{,}6\ \text{A}$

Aus Tabelle 2 und 3, Seite 272: $f_1 = 1{,}06$; $f_2 = 0{,}8$

$I_Z \geq I_n;\quad I_r = \frac{I_Z}{f_1 \cdot f_2} = \frac{20\ \text{A}}{1{,}06 \cdot 0{,}8} = \mathbf{23{,}6\ A};$

Aus Tabelle 1, Seite 272: Nennquerschnitt A der Motorleitung (Verlegeart B2): $\mathbf{4\ mm^2\ Cu}$

b) $\Delta U = \frac{2 \cdot P \cdot l}{\gamma \cdot A \cdot U} = \frac{2 \cdot 3049\ \text{W} \cdot 52\ \text{m}}{56\ \text{m}/(\Omega \cdot \text{mm}^2) \cdot 4\ \text{mm}^2 \cdot 230\ \text{V}} = \mathbf{6{,}15\ V}$

$\Delta u = \frac{\Delta U \cdot 100\%}{U} = \frac{6{,}15\ \text{V} \cdot 100\%}{230\ \text{V}} = 2{,}7\% < 3\% \Rightarrow$ **zulässig**

c) $P_{v\%} = \frac{2 \cdot I \cdot l \cdot 100\%}{\gamma \cdot A \cdot U \cdot \cos\varphi} = \frac{2 \cdot 15{,}6\ \text{A} \cdot 52\ \text{m} \cdot 100\%}{56\ \text{m}/(\Omega \cdot \text{mm}^2) \cdot 4\ \text{mm}^2 \cdot 230\ \text{V} \cdot 0{,}85} = \mathbf{3{,}7\%}$

$$P_{v\%} = \frac{P_v \cdot 100\%}{P}$$

$$P_{v\%} = \frac{2 \cdot I \cdot l \cdot 100\%}{\gamma \cdot A \cdot U \cdot \cos\varphi}$$

$$P_{v\%} = \frac{\Delta u}{\cos^2\varphi}$$

3. Von einem Unterverteiler 230 V 50 Hz wird eine Beleuchtungsanlage über eine 15 m lange Leitung versorgt. Die Mantelleitung NYM ist im Kabelkanal zusammen mit 2 weiteren belasteten Leitungen verlegt und mit $I = 10{,}3$ A, bei $\cos\varphi = 0{,}65$ belastet. Die Leitung ist mit einem LS-Schalter Typ B 13 A abgesichert. Die Umgebungstemperatur beträgt höchstens 30 °C. **a)** Berechnen Sie den erforderlichen Leiterquerschnitt, bei dem ein Spannungsfall von 3 % nicht überschritten wird. **b)** Überprüfen Sie, ob der berechnete Querschnitt nach DIN VDE 0298 ausreicht (**Tabelle 1, Seite 272**).

4. An der Unterverteilung in einer Fabrikhalle sind drei Lichtbänder mit elektronischen Vorschaltgeräten (EVG mit $P_v = 4$ W) angeschlossen (**Bild 1**). **a)** Berechnen Sie den Spannungsfall an der Zuleitung. **b)** Überprüfen Sie, ob die Leiterquerschnitte der Lichtbandzuleitungen bei einem mittleren Wirkfaktor $\cos\varphi = 0{,}97$ ausreichen (Verlegebedingungen **Bild 1**). **c)** Überprüfen Sie den Spannungsfall der Lichtbandzuleitungen. **d)** Wählen Sie bei Bedarf einen anderen Leiterquerschnitt aus.

5. Die Zuleitung einer Schutzkontakt-Steckdose ist nach **Bild 2** verlegt. Ermitteln Sie **a)** die zulässige Bemessungsstromstärke der Überstrom-Schutzeinrichtung F2, **b)** die höchste übertragbare Leistung bei $\cos\varphi = 0{,}8$ und **c)** den Leistungsverlust in W und in %.

6. Am Klemmbrett des Motors M1 (**Bild 3**) wird bei gleichzeitig eingeschalteter Heizung E1 eine Spannung $U_2 = 223{,}5$ V gemessen. **a)** Berechnen Sie die Spannung U_1 am Speisepunkt der Hauptleitung. Nehmen Sie dazu in der Hauptleitung einen $\cos\varphi = 0{,}9$ an. **b)** Überprüfen Sie, ob der zulässige Spannungsfall für den Motorstromkreis überschritten wird.

7. Eine Mantelleitung für Wechselspannung 230 V 50 Hz ist 29 m lang und überträgt die Wirkleistung $P = 5{,}7$ kW bei $\cos\varphi = 0{,}8$. Ermitteln Sie **a)** den Leiterquerschnitt bei Verlegeart C und der Umgebungstemperatur 30 °C (**Tabelle 1, Seite 272**). **b)** Den Spannungsfall in V und in % und **c)** den Leistungsverlust in % und in W.

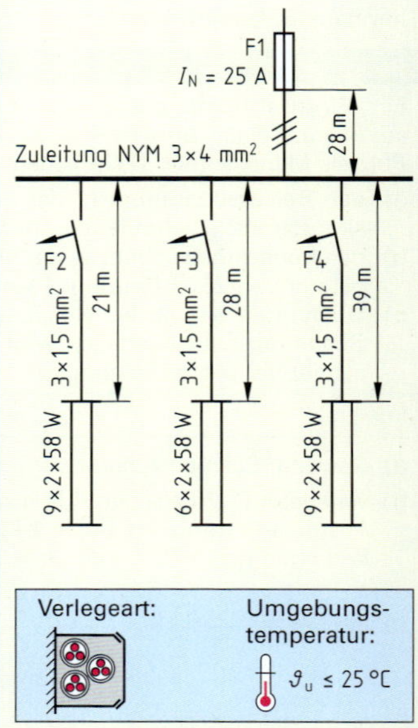

Bild 1: Hallenbeleuchtung

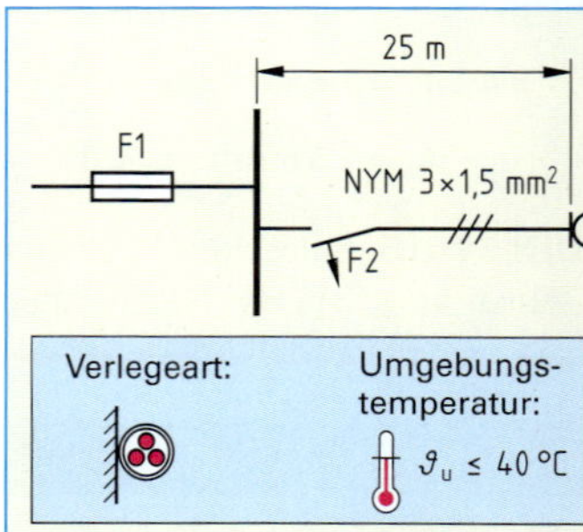

Bild 2: Steckdosenzuleitung

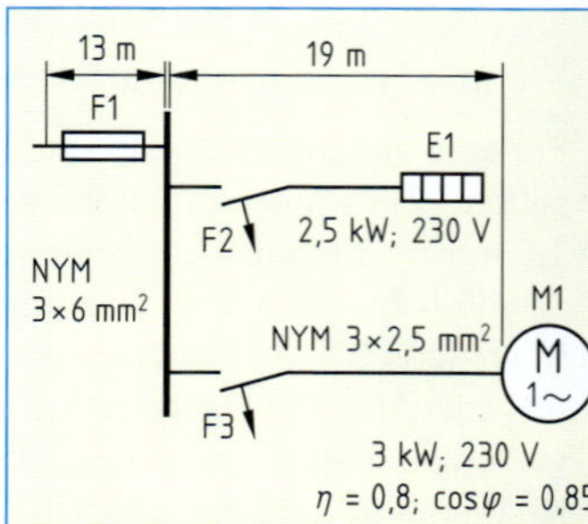

Bild 3: Anlage mit gemischter Belastung

11.1.3 Unverzweigte Leitungen für Drehstrom

$$\Delta U = \frac{\sqrt{3} \cdot I \cdot l \cdot \cos\varphi}{\gamma \cdot A}$$

$$\Delta U = \frac{P \cdot l}{\gamma \cdot A \cdot U}$$

$$P_v = \frac{3 \cdot I^2 \cdot l}{\gamma \cdot A}$$

$$P_{v\%} = \frac{\sqrt{3} \cdot I \cdot l \cdot 100\%}{\gamma \cdot A \cdot U \cdot \cos\varphi}$$

Beispiel:

An eine Unterverteilung 400/230 V 50 Hz wird ein Drehstrommotor $P = 11$ kW, $n = 1440$ 1/min über eine $l_1 = 30$ m lange Leitung angeschlossen. Der Bemessungsstrom des Motors beträgt $I = 21{,}7$ A bei $\cos\varphi = 0{,}84$ **(Tabelle 1, Seite 274)**. Der Spannungsfall darf nicht größer als $\Delta u = 3\%$ sein.

a) Berechnen Sie aus dem Spannungsfall den erforderlichen Leiterquerschnitt.
b) Ermitteln Sie den Bemessungsstrom I_N der Überstrom-Schutzeinrichtung.
c) Überprüfen Sie, ob der berechnete Querschnitt bei Verlegeart B2 und 3 belasteten Adern bei der Umgebungstemperatur 30 °C ausreicht.
d) Welche Leitungslänge l_2 ist möglich, wenn man vom Bemessungsstrom der Überstrom-Schutzeinrichtung ausgeht?

Lösung:

a) $\Delta U = \frac{\Delta u \cdot U}{100\%} = \frac{3\% \cdot 400\,\text{V}}{100\%} = 12\,\text{V}$

$A = \frac{\sqrt{3} \cdot I \cdot l_1 \cdot \cos\varphi}{\gamma \cdot \Delta U} = \frac{\sqrt{3} \cdot 21{,}7\,\text{A} \cdot 30\,\text{m} \cdot 0{,}84}{56\,\text{m}/(\Omega \cdot \text{mm}^2) \cdot 12\,\text{V}} = \mathbf{1{,}41\,mm^2}$

b) **Aus dem Datenblatt Seite 274, Tabelle 1**: Bei einem Bemessungsstrom des Motors von $I = 21{,}7$ A ist eine Schmelzsicherung mit I_N = **25 A** erforderlich.

c) Bei $I_N = 25$ A, Verlegeart B2, 3 belastete Adern ⇒ A = **4 mm²** **(Tabelle 1, Seite 272)**.

d) $l_2 = \frac{\Delta U \cdot \gamma \cdot A}{\sqrt{3} \cdot I \cdot \cos\varphi} = \frac{12\,\text{V} \cdot 56\,\text{m}/(\Omega \cdot \text{mm}^2) \cdot 4\,\text{mm}^2}{\sqrt{3} \cdot 25\,\text{A} \cdot 0{,}84} = \mathbf{74\,m}$

Aufgaben zu 11.1.3

1. Eine Drehstromleitung 400 V 50 Hz ($\cos\varphi = 1$) mit $l = 60$ m wird mit $I_N = 35$ A abgesichert. Wie groß sind **a)** der Mindestquerschnitt (Cu) bei der Verlegeart A2 und der Umgebungstemperatur 25 °C, **b)** der Spannungsfall in V und in %, **c)** der Leistungsverlust in W?

2. Ein Durchlauferhitzer nimmt am Drehstromnetz 400 V 50 Hz die Leistung $P = 18$ kW auf. **a)** Ermitteln Sie aus dem zulässigen Spannungsfall $\Delta u = 3\%$ den Kupferquerschnitt A_1 der 15 m langen Anschlussleitung. **b)** Bestimmen Sie den erforderlichen Querschnitt A_2 bei der Verlegeart B2 und der Umgebungstemperatur 30 °C. **c)** Berechnen Sie den Spannungsfall in V und in % für den Querschnitt A_2.

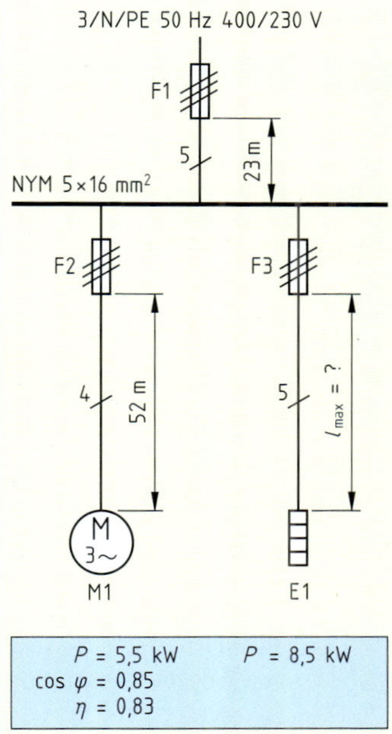

Bild: Unterverteilung

3. Die Zuleitung zu einer Unterverteilung **(Bild)** ist in einem Kabelkanal zusammen mit 2 belasteten Leitungen verlegt. Die Umgebungstemperatur erreicht 40 °C. **a)** Bestimmen Sie die Strombelastbarkeit I_z der Hauptleitung (Cu) und den noch zulässigen Bemessungsstrom der Überstrom-Schutzeinrichtung F1. **b)** Berechnen Sie den Spannungsfall an der Hauptleitung in V und in % bei einem mittleren Wirkfaktor $\cos\varphi = 0{,}9$.

4. An der Unterverteilung **(Bild)** ist der Drehstrommotor M1 angeschlossen. **a)** Berechnen Sie die Stromaufnahme des Motors. **b)** Entnehmen Sie aus dem **Datenblatt Seite 274, Tabelle 1** den Bemessungsstrom der Überstrom-Schutzeinrichtung F2. **c)** Bestimmen Sie den Kupferquerschnitt für die in einem Schutzrohr auf Putz verlegte Motorleitung (NYM) bei $\vartheta_u = 30$ °C. **d)** Berechnen Sie die Spannung am Motorklemmbrett bei Nennbetrieb.

5. Bestimmen Sie für den Elektro-Wärmespeicher E1 **(Bild)** aus dem zulässigen Spannungsfall **a)** die maximale Leitungslänge bei einem Querschnitt von 2,5 mm² Kupfer und **b)** den Bemessungsstrom der Überstrom-Schutzeinrichtung F3. **c)** Prüfen Sie nach, ob der verlegte Querschnitt auch bei Unterputz-Verlegung von H07V-U in Kunststoffrohr bei einer Umgebungstemperatur von 30 °C ausreicht.

6. Eine fünfadrige Mantelleitung (NYM) für 400 V 50 Hz soll die Wirkleistung $P = 42$ kW bei $\cos\varphi = 0{,}8$ und maximal $\Delta u = 2\%$ übertragen. **a)** Bestimmen Sie den Mindestquerschnitt bei Verlegeart C (3 belastete Adern) und der Umgebungstemperatur 40 °C. Berechnen Sie bei Belastung mit dem Bemessungsstrom der Sicherung **b)** die zulässige Leitungslänge und **c)** den Leistungsverlust in Watt.

11.1.4 Verzweigte Leitungen für Wechselstrom

Den Spannungsfall an der verzweigten Leitung berechnet man aus den Gesamtströmen bzw. Gesamtleistungen in den Leitungsabschnitten oder aus den Zweigströmen bzw. Zweigleistungen. Der Mindestquerschnitt der ganzen Leitung ist für den Gesamtstrom im ersten Leitungsabschnitt nach DIN VDE 0298, Teil 4, zu bemessen. Dieser Strom ergibt sich ausreichend genau als Summe der Zweigströme oder auch aus der Gesamtleistung der Zweige.

Für die ganze Leitung darf man einen mittleren Wirkfaktor schätzen; maßgebend sind dabei die Wirkfaktoren und Ströme der Zweige und die Leitungslängen bis zu den Abzweigen.

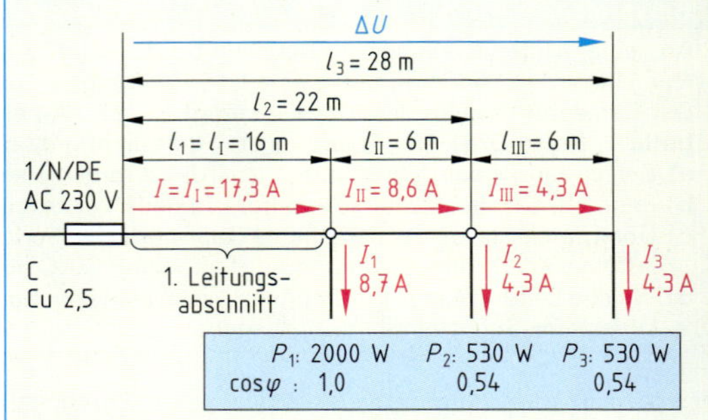

Bild: Verzweigte Leitung

Beispiel:

Ermitteln Sie für die verzweigte Leitung **(Bild)** **a)** den mittleren Wirkfaktor, **b)** den Spannungsfall in V und in % mithilfe der Ströme, **c)** den Spannungsfall mithilfe der Leistungen, **d)** den Leistungsverlust in W und in % der Gesamtleistung, **e)** den Mindestquerschnitt nach DIN VDE 0298 für die Verlegeart C bei 30 °C.

Lösung:

a) Geschätzt: $\cos\varphi_m = \mathbf{0{,}7}$.

b) $\Sigma(I \cdot l) = I_I \cdot l_I + I_{II} \cdot l_{II} + I_{III} \cdot l_{III}$
$= 17{,}3\,\text{A} \cdot 16\,\text{m} + 8{,}6\,\text{A} \cdot 6\,\text{m} + 4{,}3\,\text{A} \cdot 6\,\text{m}$
$= 354\,\text{Am}$

$\Sigma(I \cdot l) = I_1 \cdot l_1 + I_2 \cdot l_2 + I_3 \cdot l_3$
$= 8{,}7\,\text{A} \cdot 16\,\text{m} + 4{,}3\,\text{A} \cdot 22\,\text{m} + 4{,}3\,\text{A} \cdot 28\,\text{m}$
$= 354\,\text{Am}$

$$\Delta U = \frac{2 \cdot \Sigma(I \cdot l) \cdot \cos\varphi_m}{\gamma \cdot A} = \frac{2 \cdot 354\,\text{Am} \cdot 0{,}7}{56\,\text{m}/(\Omega \cdot \text{mm}^2) \cdot 2{,}5\,\text{mm}^2} = \mathbf{3{,}5\,V}$$

$$\Delta u = \frac{\Delta U \cdot 100\%}{U} = \frac{3{,}5\,\text{V} \cdot 100\%}{230\,\text{V}} = \mathbf{1{,}5\,\%}$$

c) $\Sigma(P \cdot l) = P_I \cdot l_I + P_{II} \cdot l_{II} + P_{III} \cdot l_{III}$
$= 3060\,\text{W} \cdot 16\,\text{m} + 1060\,\text{W} \cdot 6\,\text{m} + 530\,\text{W} \cdot 6\,\text{m} = 58\,500\,\text{Wm}$

$\Sigma(P \cdot l) = P_1 \cdot l_1 + P_2 \cdot l_2 + P_3 \cdot l_3$
$= 2000\,\text{W} \cdot 16\,\text{m} + 530\,\text{W} \cdot 22\,\text{m} + 530\,\text{W} \cdot 28\,\text{m} = 58\,500\,\text{Wm}$

$$\Delta U = \frac{2 \cdot \Sigma(P \cdot l)}{\gamma \cdot A \cdot U} = \frac{2 \cdot 58\,500\,\text{Wm}}{56\,\text{m}/(\Omega \cdot \text{mm}^2) \cdot 2{,}5\,\text{mm}^2 \cdot 230\,\text{V}} = \mathbf{3{,}6\,V}$$

d) $\Sigma(I^2 \cdot l) = I_I^2 \cdot l_I + I_{II}^2 \cdot l_{II} + I_{III}^2 \cdot l_{III}$
$= (17{,}3\,\text{A})^2 \cdot 16\,\text{m} + (8{,}6\,\text{A})^2 \cdot 6\,\text{m} + (4{,}3\,\text{A})^2 \cdot 6\,\text{m} = 5343\,\text{A}^2\text{m}$

$$P_v = \frac{2 \cdot \Sigma(I^2 \cdot l)}{\gamma \cdot A} = \frac{2 \cdot 5343\,\text{A}^2\text{m}}{56\,\text{m}/(\Omega \cdot \text{mm}^2) \cdot 2{,}5\,\text{mm}^2} = \mathbf{76\,W}$$

$$P_{v\%} = \frac{P_v \cdot 100\%}{P_1 + P_2 + P_3} = \frac{76\,\text{W} \cdot 100\%}{3060\,\text{W}} = \mathbf{2{,}5\,\%}$$

e) $I_I = I = 17{,}3\,\text{A}$. Verlegeart C, 2 belastete Adern, 30 °C
⇒ **Mindestquerschnitt 1,5 mm²** (verlegt 2,5 mm²).

$$\Delta U = \frac{2 \cdot \Sigma(I \cdot l) \cdot \cos\varphi_m}{\gamma \cdot A} \qquad \Delta u = \frac{\Delta U \cdot 100\%}{U}$$

$$\Sigma(I \cdot l) = I_I \cdot l_I + I_{II} \cdot l_{II} + I_{III} \cdot l_{III} + \ldots$$
$$\Sigma(I \cdot l) = I_1 \cdot l_1 + I_2 \cdot l_2 + I_3 \cdot l_3 + \ldots$$

$$I_I = I_1 + I_2 + I_3 + \ldots; \quad I_{II} = I_2 + I_3 + \ldots;$$
$$I_{III} = I_3 + \ldots$$

$$I = I_I = \frac{P_1 + P_2 + P_3}{U \cdot \cos\varphi_m} \qquad \Sigma(I \cdot l) = \frac{\Sigma(P \cdot l)}{U \cdot \cos\varphi_m}$$

$$\Delta U = \frac{2 \cdot \Sigma(P \cdot l)}{\gamma \cdot A \cdot U}$$

$$\Sigma(P \cdot l) = P_I \cdot l_I + P_{II} \cdot l_{II} + P_{III} \cdot l_{III} + \ldots$$
$$\Sigma(P \cdot l) = P_1 \cdot l_1 + P_2 \cdot l_2 + P_3 \cdot l_3 + \ldots$$

$$P_I = P_1 + P_2 + P_3 + \ldots; \quad P_{II} = P_2 + P_3 + \ldots;$$
$$P_{III} = P_3 + \ldots$$

$$P_v = \frac{2 \cdot \Sigma(I^2 \cdot l)}{\gamma \cdot A} \qquad P_{v\%} = \frac{P_v \cdot 100\%}{P_1 + P_2 + P_3 + \ldots}$$

$$\Sigma(I^2 \cdot l) = I_I^2 \cdot l_I + I_{II}^2 \cdot l_{II} + I_{III}^2 \cdot l_{III} + \ldots$$

ΔU	Spannungsfall
Δu	prozentualer Spannungsfall
U	Netznennspannung
Σ	Summe (griech. Großbuchstabe Sigma)
$I_I, I_{II}, \ldots$	Gesamtströme in den Leitungsabschnitten
$I_1, I_2, \ldots$	Zweigströme
I	Gesamtstrom im ersten Leitungsabschnitt
$l_I, l_{II}, \ldots$	Längen der Leitungsabschnitte
$l_1, l_2, \ldots$	Längen bis zu den Abzweigen
$\cos\varphi_m$	mittlerer Wirkfaktor
γ	elektrische Leitfähigkeit
A	Leiterquerschnitt
$P_I, P_{II}, \ldots$	Gesamtleistungen in den Leitungsabschnitten
$P_1, P_2, \ldots$	Zweigleistungen
P_v	Leistungsverlust
$P_{v\%}$	prozentualer Leistungsverlust

Aufgaben zu 11.1.4

1. Ermitteln Sie für die Leitung in **Bild 1** bei $\cos\varphi_m = 0{,}5$
   a) die Gesamtstromstärke I im ersten Leitungsabschnitt,
   b) den Mindestquerschnitt A nach DIN VDE 0298 bei 30 °C,
   c) den Spannungsfall ΔU in V und Δu in % aus den Stromstärken,
   d) den Spannungsfall ΔU in V und Δu in % aus den Leistungen,
   e) den Leistungsverlust P_v in W und in % der Gesamtleistung.

2. Geplant ist eine Leitung mit den Längenabmessungen, der Verlegeart und den Verbrauchern wie in **Bild 1**. Zusätzlich ist am rechten Verzweigungspunkt ein weiterer Verbraucher mit der Stromaufnahme 5,4 A und dem Wirkfaktor $\cos\varphi = 0{,}41$ vorgesehen. Nehmen Sie $\cos\varphi_m = 0{,}5$ an, und ermitteln Sie den
   a) Mindestquerschnitt A nach DIN VDE 0298 bei 30 °C,
   b) Spannungsfall Δu in % aus den Strömen und Leistungen,
   c) Leistungsverlust P_v in W und in % der Gesamtleistung.

3. Für die Leitung in **Bild 2** (PVC-Isolierung) sind gesucht:
   a) der Spannungsfall Δu in %, **b)** der Leistungsverlust $P_{v\%}$ in %,
   c) der Mindestquerschnitt A nach DIN VDE 0298 bei 25 °C.

4. Geplant ist eine Leitung mit dem Querschnitt 1,5 mm² und den Längenabmessungen wie in **Bild 2**. Jeder Zweig nimmt den Strom $I_1 = 2{,}5$ A bei $\cos\varphi = 0{,}4$ auf. Gesucht sind
   a) der Spannungsfall Δu in %, **b)** der Leistungsverlust $P_{v\%}$ in %,
   c) der Mindestquerschnitt (Verlegeart B1, PVC) bei 35 °C.

5. Für die geplante Leitung **Bild 3** (B2, PVC) sind zu ermitteln:
   a) der mittlere Leistungsfaktor $\cos\varphi_m$, der Spannungsfall ΔU in V,
   b) der Leiterquerschnitt A, berechnet aus dem Spannungsfall,
   c) der Mindestquerschnitt A' nach DIN VDE 0298 bei 35 °C,
   d) der Spannungsfall bei Verlegung des Mindestquerschnitts A'.

6. Geplant ist eine Leitung mit den Abmessungen und Verbrauchern wie in **Bild 3** und dem Querschnitt 2,5 mm². Zusätzlich ist am rechten Verzweigungspunkt ein weiterer Verbraucher mit $I = 6{,}5$ A und $\cos\varphi = 1{,}0$ anzuschließen. Wie groß sind der
   a) Spannungsfall Δu bei $\cos\varphi_m = 0{,}85$, **b)** Leistungsverlust $P_{v\%}$,
   c) Mindestquerschnitt A bei 30 °C (Verlegeart C, PVC)?

7. Gesucht sind für die Leitung **Bild 4** (Verlegeart B1, PVC) der
   a) Spannungsfall Δu aus den Leistungen, **b)** Leistungsverlust $P_{v\%}$.
   c) Reicht der verlegte Querschnitt $A = 2{,}5$ mm² bei 40 °C aus?

8. An den rechten Verzweigungspunkt der Leitung aus **Aufgabe 7**, **Bild 4** soll noch ein Verbraucher mit $P = 422$ W und $\cos\varphi = 0{,}54$ bei 40 °C angeschlossen werden. Ermitteln Sie
   a) den Spannungsfall Δu, **b)** den Leistungsverlust $P_{v\%}$,
   c) den Mindestquerschnitt A.

9. Ermitteln Sie für die Leitung in **Bild 5** (6 Zweige, PVC)
   a) den Spannungsfall in V, **b)** den Querschnitt A_1 aus den Leistungen,
   c) den Mindestquerschnitt A_2 für die Verlegeart B2 bei 30 °C.
   d) Würde dieser Querschnitt auch bei 40 °C ausreichen?

10. Eine Leitung mit den Maßen und der Belastung nach **Bild 5** ist für die Verlegeart C bei 30 °C geplant. Gesucht sind der Spannungsfall Δu in % und der Leistungsverlust $P_{v\%}$ bei Verlegung des Mindestquerschnitts.

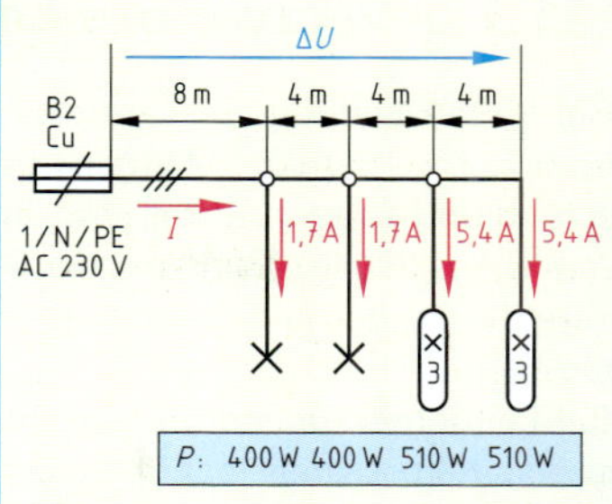

Bild 1: Beleuchtungsstromkreis

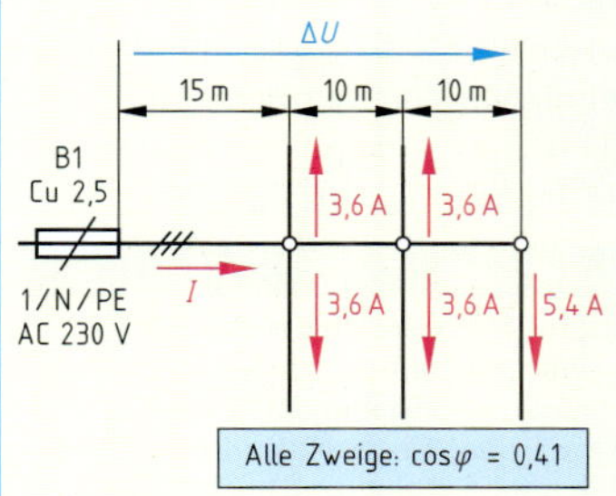

Bild 2: Verzweigte Leitung

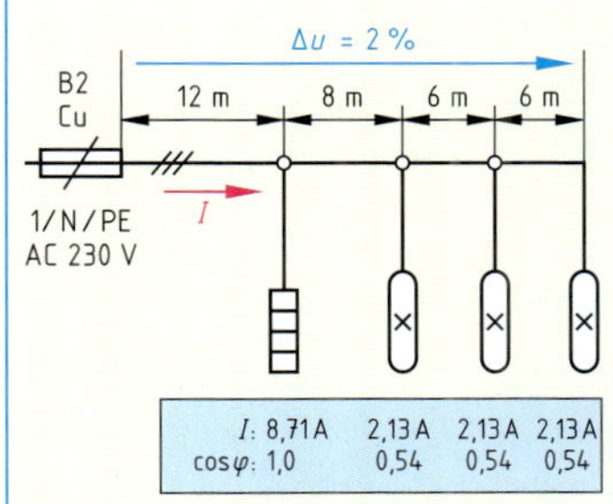

Bild 3: Beleuchtungsanlage

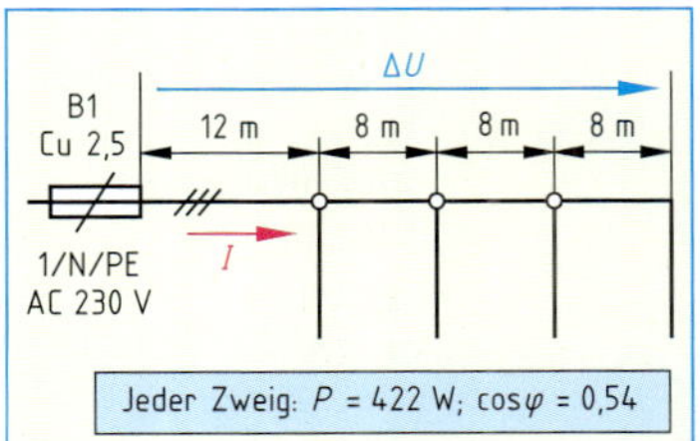

Bild 4: Beleuchtungsanlage

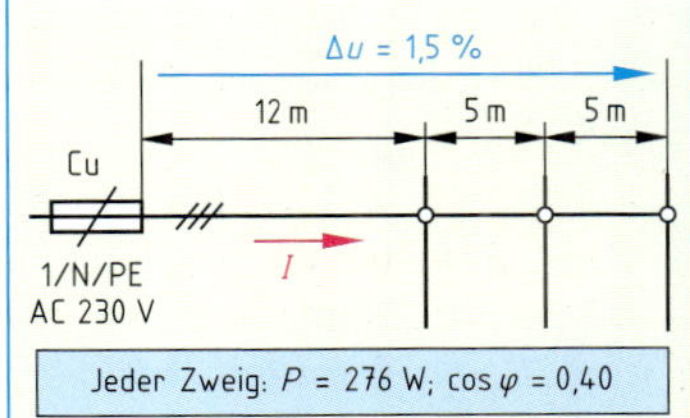

Bild 5: Verzweigte Leitung

11.1.5 Verzweigte Leitungen für Drehstrom

Bei diesen Leitungen ist meist nur ein Teil der Verbraucher in Betrieb. Maßgebend für Mindestquerschnitt und Spannungsfall sind deshalb nicht der gesamte Anschlusswert P_{I} und der Gesamtstrom I_{I} sondern die um den Gleichzeitigkeitsfaktor g verminderten Werte P_{g} und I_{g}.

Bei Leitungen für Motoren ergibt sich der Mindestquerschnitt aus dem maßgeblichen Strom I_{g} im ersten Leitungsabschnitt nach DIN VDE 0298.

Bei Hauptleitungen in Wohngebäuden **(Bild 1)** nimmt man symmetrische Belastung und $\cos\varphi_{\text{m}} = 1$ an. Hauptleitungen sind als Drehstromleitungen mit einer Mindeststrombelastbarkeit von 63 A und einem Mindestquerschnitt von 10 mm² Kupfer auszuführen (DIN 18015, Teil 1).

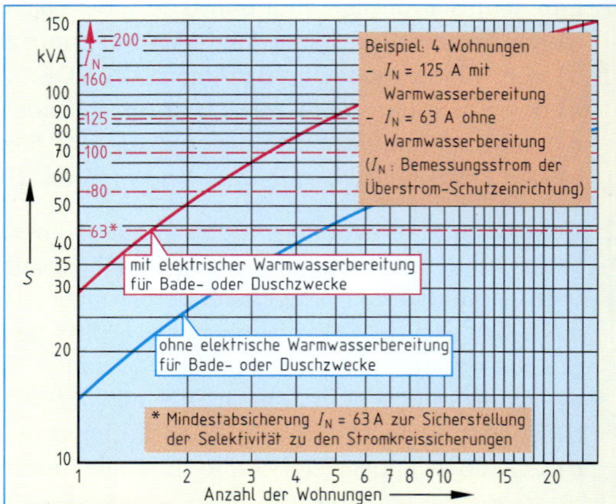

Bild 1: Mindestbelastbarkeit von Hauptleitungen für Wohnungen ohne Elektroheizung

$$\Delta U = \frac{\sqrt{3} \cdot \Sigma(I \cdot l) \cdot \cos\varphi_{\text{m}} \cdot g}{\gamma \cdot A} \qquad \Delta u = \frac{\Delta U \cdot 100\,\%}{U}$$

$$\Sigma(I \cdot l) = I_{\text{I}} \cdot l_{\text{I}} + I_{\text{II}} \cdot l_{\text{II}} + \ldots = I_1 \cdot l_1 + I_2 \cdot l_2 + \ldots$$

$$I_{\text{I}} = \frac{P_1 + P_2 + P_3 + \ldots}{\sqrt{3} \cdot U \cdot \cos\varphi_{\text{m}}} \qquad I = I_{\text{g}} = I_{\text{I}} \cdot g$$

$$I_{\text{I}} = I_1 + I_2 + I_3 + \ldots; \qquad I_{\text{II}} = I_2 + I_3 + \ldots;$$
$$I_{\text{III}} = I_3 + \ldots$$

$$\Delta U = \frac{\Sigma(P \cdot l) \cdot g}{\gamma \cdot A \cdot U} \qquad P = P_{\text{g}} = P_{\text{I}} \cdot g$$

$$\Sigma(P \cdot l) = P_{\text{I}} \cdot l_{\text{I}} + P_{\text{II}} \cdot l_{\text{II}} + \ldots = P_1 \cdot l_1 + P_2 \cdot l_2 + \ldots$$

$$P_{\text{I}} = P_1 + P_2 + P_3 + \ldots; \qquad P_{\text{II}} = P_2 + P_3 + \ldots;$$
$$P_{\text{III}} = P_3 + \ldots$$

$$P_{\text{v}} = \frac{3 \cdot \Sigma(I^2 \cdot l) \cdot g^2}{\gamma \cdot A} \qquad P_{\text{v\%}} = \frac{P_{\text{v}} \cdot 100\,\%}{(P_1 + P_2 + \ldots) \cdot g}$$

$$\Sigma(I^2 \cdot l) = I_{\text{I}}^2 \cdot l_{\text{I}} + I_{\text{II}}^2 \cdot l_{\text{II}} + I_{\text{III}}^2 \cdot l_{\text{III}} + \ldots$$

Beispiel:

Eine Hauptleitung wie in **Bild 2** ist für elektrische Warmwasserbereitung zu planen. Ermitteln Sie
a) die maßgebenden Werte I_{g} des Gesamtstromes und P_{g} der Gesamtleistung,
b) die Absicherung nach DIN 18015 und den Leiterquerschnitt für 25 °C (Verlegeart C, PVC),
c) den Spannungsfall in V und in % für I_{g} und P_{g}.

Lösung:

a) $I_{\text{I}} = 3 \cdot 65\,\text{A} = 195\,\text{A}$; $g = 0{,}4$; $\boldsymbol{I_{\text{g}} = I_{\text{I}} \cdot g = 78\,\text{A}}$
$P_{\text{I}} = 3 \cdot 45\,\text{kW} = 135\,\text{kW}$; $\boldsymbol{P_{\text{g}} = P_{\text{I}} \cdot g \Rightarrow 54\,\text{kVA}}$

b) Aus **Bild 1**, 3 Wohnungen, Warmwasserbereitung $\Rightarrow P_{\text{ges}} \geq 63\,\text{kVA} \Rightarrow \boldsymbol{I_{\text{n}} = 100\,\text{A}} \Rightarrow \boldsymbol{A = 25\,\text{mm}^2}$
Aus Tabelle 1 und 2 Seite 272: Bei $A = 25\,\text{mm}^2$, Verlegeart C, 3 belastete Adern: $I_{\text{r}} = 96\,\text{A}$; Umgebungstemperatur 25 °C: $f_1 = 1{,}06$;
$I_{\text{Z}} = I_{\text{r}} \cdot f_1 = 96\,\text{A} \cdot 1{,}06 = 102\,\text{A} \Rightarrow I_{\text{Z}} > I_{\text{n}}$

c) $\Sigma(I \cdot l) = 195\,\text{A} \cdot 10\,\text{m} + 130\,\text{A} \cdot 5\,\text{m} + 65\,\text{A} \cdot 5\,\text{m} = 2\,925\,\text{Am}$

$$\boldsymbol{\Delta U} = \frac{\sqrt{3} \cdot \Sigma(I \cdot l) \cdot \cos\varphi_{\text{m}} \cdot g}{\gamma \cdot A} = \frac{\sqrt{3} \cdot 2925\,\text{Am} \cdot 1{,}0 \cdot 0{,}4}{56\,\text{m}/(\Omega \cdot \text{mm}^2) \cdot 25\,\text{mm}^2} = \mathbf{1{,}44\,V}$$

$\Sigma(P \cdot l) = 135\,\text{kW} \cdot 10\,\text{m} + 90\,\text{kW} \cdot 5\,\text{m} + 45\,\text{kW} \cdot 5\,\text{m} = 2025\,\text{kWm}$

$$\boldsymbol{\Delta U} = \frac{\Sigma(P \cdot l) \cdot g}{\gamma \cdot A \cdot U} = \frac{2025\,\text{kWm} \cdot 0{,}4}{56\,\text{m}/(\Omega \cdot \text{mm}^2) \cdot 25\,\text{mm}^2 \cdot 400\,\text{V}} = \mathbf{1{,}44\,V}$$

$$\boldsymbol{\Delta u} = \frac{\Delta U \cdot 100\,\%}{U} = \frac{1{,}44\,\text{V} \cdot 100\,\%}{400\,\text{V}} = \mathbf{0{,}36\,\%}$$

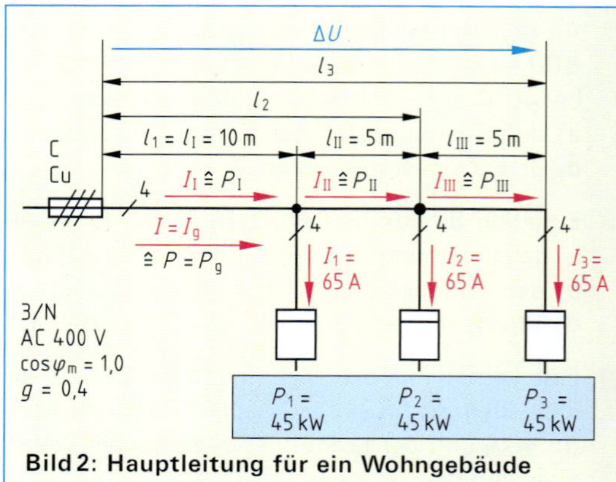

Bild 2: Hauptleitung für ein Wohngebäude

Aufgaben zu 11.1.5

1. Für eine Hauptleitung, wie in **Bild 2**, sind gegeben: $I_1 = I_2 = I_3 = 36\,\text{A}$; $l_{\text{I}} = 10\,\text{m}$; $l_{\text{II}} = l_{\text{III}} = 5\,\text{m}$; $g = 0{,}5$; keine Warmwasserbereitung; Verlegeart B2 bei 25 °C. Ermitteln Sie **a)** die Werte I_{g} für Strom und P_{g} für Leistung, **b)** die Absicherung nach DIN 18015, **c)** den Mindestquerschnitt nach DIN VDE 0298, **d)** den Spannungsfall in V und %.

2. Die Hauptleitung **(Bild 1)** wird für ein Wohngebäude mit Warmwasserbereitung bei $g = 0{,}55$ geplant. Ermitteln Sie
a) die Werte I_g für Strom und P_g für Leistung,
b) die Absicherung nach DIN 18015,
c) den Mindestquerschnitt bei 25 °C (C, PVC),
d) den Spannungsfall in V und in %.

3. Für eine Hauptleitung mit den Abmessungen wie in **Bild 1** gilt: $g = 0{,}45$, $A = 16\ \text{mm}^2$, Verlegeart C (PVC) bei 25 °C, gleicher Anschlusswert je Wohnung, keine Warmwasserbereitung. Ermitteln Sie aus **Bild 1, Seite 206,**
a) die Absicherung der Hauptleitung,
b) die maßgebliche Leistung P_g der Anlage,
c) den Anschlusswert P_1 für jede Wohnung,
d) den Spannungsfall in V und in %.

4. Gegeben ist die Hauptleitung **(Bild 2)** für vier Wohnungen mit Warmwasserbereitung bei einem Gleichzeitigkeitsfaktor von $g = 0{,}5$. Ermitteln Sie
a) die Absicherung nach DIN 18015,
b) den Mindestquerschnitt bei 25 °C (C, PVC),
c) den Spannungsfall in V für den Strom I_g.
d) Ist die Bedingung $\Delta u \leq 0{,}5\,\%$ auch dann erfüllt, wenn man in jeder Wohnung 3 Stromkreise mit je 16 A nachrüstet?

5. Für die Hauptleitung **(Bild 3)** gilt: $g = 0{,}55$, gleicher Anschlusswert je Wohnung bei 25 °C, Verlegeart C (PVC). Ermitteln Sie den
a) Spannungsfall in V und % für den Wert P_g,
b) Bemessungsstrom der Sicherung für $A = 35\ \text{mm}^2$.
c) Erfüllt der in b) ermittelte Bemessungsstrom der Sicherung die Planungsnorm DIN 18015?

6. Für die Leitung **(Bild 4)** (Verlegeart B2) sind die Bemessungsströme gegeben. Ermitteln Sie in %
a) den Spannungsfall, **b)** den Leistungsverlust.
c) Prüfen Sie, ob der Querschnitt $A = 4\ \text{mm}^2$ nach DIN VDE 0298 bei 30 °C ausreicht.

7. Die Leitung **(Bild 5)** hat die Abmessungen $l_{\text{I}} = 16$ m, $l_{\text{II}} = l_{\text{III}} = l_{\text{IV}} = 8$ m. Für die Motoren gilt $\cos\varphi = 0{,}86$, $\eta = 0{,}84$. Gesucht sind
a) der Querschnitt (DIN VDE 0298) bei 25 °C,
b) der Spannungsfall in % aus den Strömen,
c) der Spannungsfall in % aus den Leistungen,
d) der Leistungsverlust in %.

8. Eine Leitung wie in **Bild 5** hat die Längenmaße $l_{\text{I}} = 12$ m, $l_{\text{II}} = l_{\text{III}} = l_{\text{IV}} = 7$ m und den Querschnitt $A = 4\ \text{mm}^2$. Jeder Motor hat die Bemessungsleistung $P_{ab} = 2{,}2$ kW bei $\cos\varphi = 0{,}8$ und $\eta = 0{,}77$. Gesucht sind in %
a) der Spannungsfall, **b)** der Leistungsverlust.
c) Reicht der Querschnitt 4 mm² nach DIN VDE 0298 aus (B2, 40 °C, $g = 1{,}0$)?

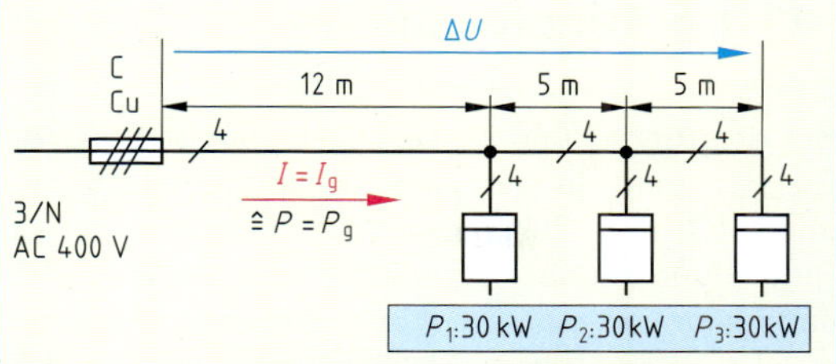

Bild 1: Hauptleitung für ein Wohngebäude

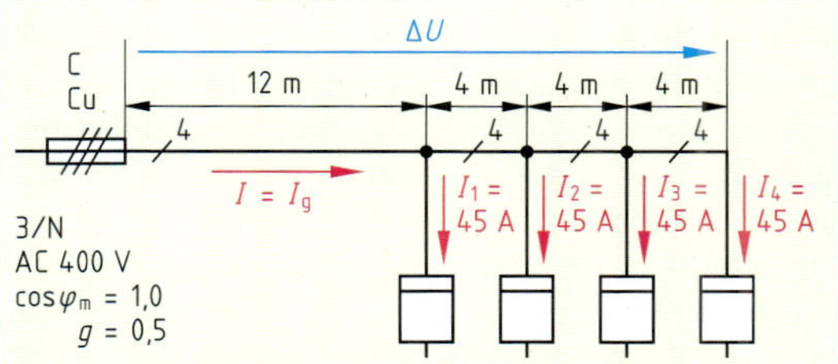

Bild 2: Hauptleitung für vier Wohnungen

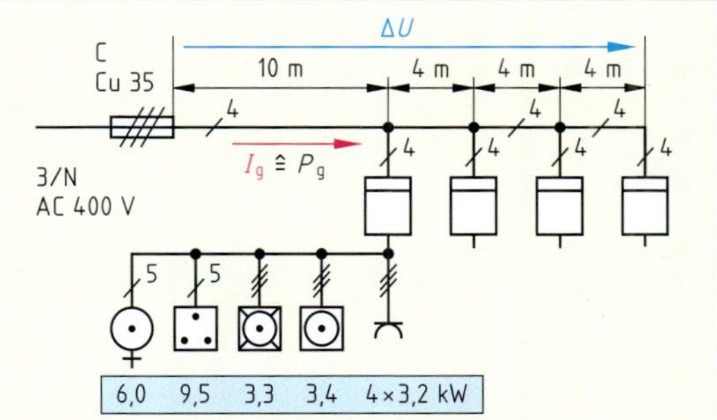

Bild 3: Hauptleitung für vier Wohnungen

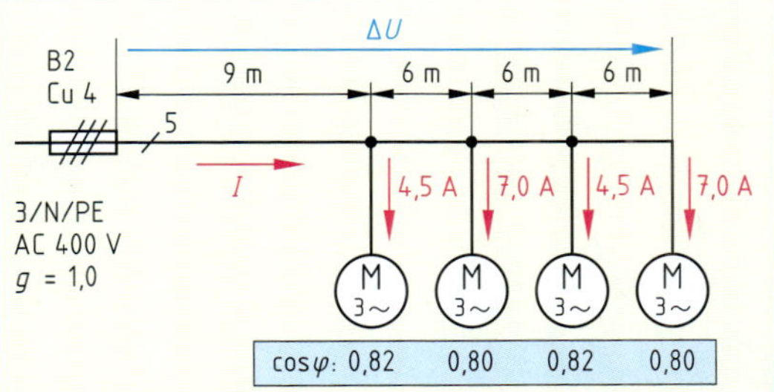

Bild 4: Anschluss von Drehstrommotoren

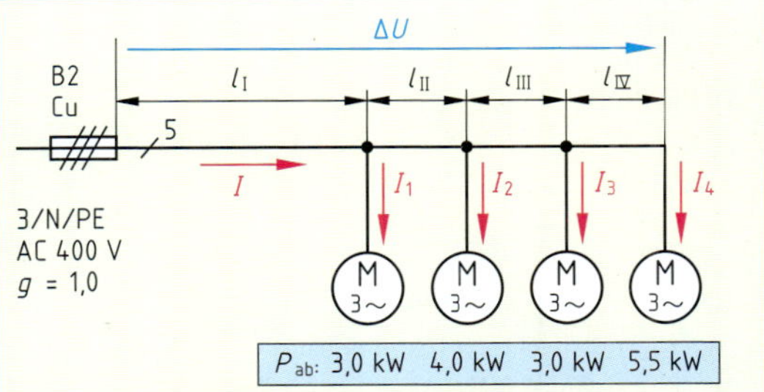

Bild 5: Anschluss von Drehstrommotoren

11.1.6 Ringleitungen

Bei der Ringleitung teilt sich am Speisepunkt der Gesamtstrom I in die beiden Komponentenströme I_l und I_r **(Bild 1)**. Zur Berechnung denkt man sich die Ringleitung am Speisepunkt aufgetrennt. Man erhält dann eine verzweigte Leitung, die von zwei Seiten durch die Komponentenströme I_l und I_r gespeist wird **(Bild 2)**.

Die Ströme I_l und I_r berechnet man wie die Kräfte am Ende eines Hebels im Gleichgewicht. Den Drehpunkt denkt man sich entweder am linken oder am rechten Hebelende. Den Momenten am Hebel entsprechen bei der aufgetrennten Ringleitung **(Bild 2)** die Strommomente, z. B. $I_l \cdot l \mathrel{\hat{=}} F_l \cdot l$.

Zur Ermittlung des Spannungsfalls ist der Tiefpunkt der Ringleitung zu bestimmen. Das ist der Verzweigungspunkt, zu dem von beiden Seiten Strom fließt. Zwischen Speisepunkt und Tiefpunkt ist der Spannungsfall ΔU nach beiden Seiten gleich groß **(Bild 2)** und hat den größten Wert. Diesen Wert berechnet man wie bei einer verzweigten Leitung.

Drehmoment, Hebel im Gleichgewicht: **Seite 37**

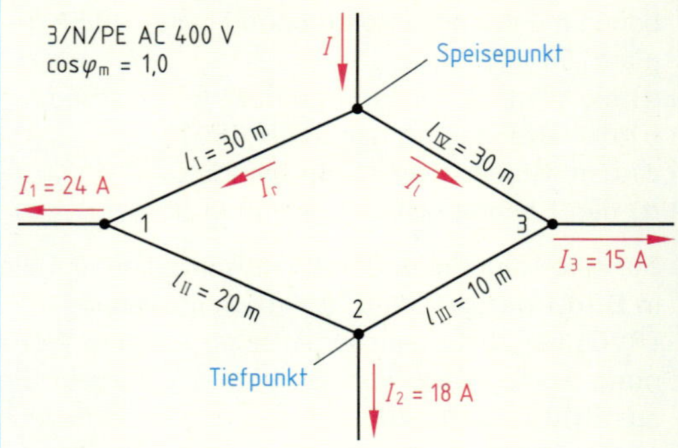

Bild 1: Ringleitung (Verlegeart C, 30 °C)

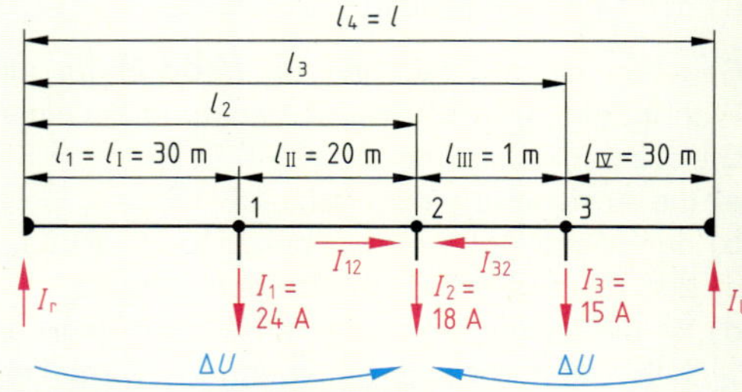

Bild 2: Ringleitung, aufgetrennt

Beispiel:

Ermitteln Sie für die Ringleitung in **Bild 1**
a) die Komponentenströme,
b) den Querschnitt für den größeren Komponentenstrom,
c) den Tiefpunkt, **d)** den Spannungsfall in V und in %.

Lösung:

Drehpunkt am linken Ende **(Bild 2)**

a) $\Sigma(I \cdot l)_r = I_1 \cdot l_1 + I_2 \cdot l_2 + I_3 \cdot l_3$
$= 24\,\text{A} \cdot 30\,\text{m} + 18\,\text{A} \cdot 50\,\text{m} + 15\,\text{A} \cdot 60\,\text{m}$
$= 2520\,\text{Am}$

$l = l_\text{I} + l_\text{II} + l_\text{III} + l_\text{IV} = 90\,\text{m}$; $\quad I = I_1 + I_2 + I_3 = 57\,\text{A}$

$$\boldsymbol{I_l} = \frac{\Sigma(I \cdot l)_r}{l} = \frac{2520\,\text{Am}}{90\,\text{m}} = \mathbf{28\,A}$$

$\boldsymbol{I_r} = I - I_l = 57\,\text{A} - 28\,\text{A} = \mathbf{29\,A}$

b) DIN VDE 0298 Verlegeart C, 3 belastete Adern, 30 °C $\Rightarrow A = 4\,\text{mm}^2$

c) Es fließen
nach rechts zu Punkt 1: $I_r = 29\,\text{A}$;
nach rechts zu Punkt 2: $I_{12} = I_r - I_1 = 5\,\text{A}$;
nach links zu Punkt 2: $I_{32} = I_2 - I_{12} = 13\,\text{A}$.
$\Rightarrow$ **Punkt 2 ist der Tiefpunkt**

d) Bis Punkt 2 nach rechts:
$\Sigma(I \cdot l)_2 = I_1 \cdot l_1 + I_{12} \cdot l_2 = 24\,\text{A} \cdot 30\,\text{m} + 5\,\text{A} \cdot 50\,\text{m}$
$= 970\,\text{Am}$

$$\boldsymbol{\Delta U} = \frac{\sqrt{3} \cdot \Sigma(I \cdot l)_2 \cdot \cos\varphi_m}{\gamma \cdot A} = \frac{\sqrt{3} \cdot 970\,\text{Am}}{56\,\text{m}/(\Omega \cdot \text{mm}^2) \cdot 4\,\text{mm}^2} = \mathbf{7{,}5\,V}$$

$$\boldsymbol{\Delta u} = \frac{7{,}5\,\text{V} \cdot 100\,\%}{400\,\text{V}} = \mathbf{1{,}9\,\%}$$

Drehpunkt links, z. B. 4 Leitungsabschnitte:

$I_l \cdot l = \Sigma(I \cdot l)_r$

$I_l \cdot l = I_l \cdot (l_\text{I} + l_\text{II} + l_\text{III} + l_\text{IV})$

$\Sigma(I \cdot l)_r = I_1 \cdot l_1 + I_2 \cdot l_2 + I_3 \cdot l_3$
$= I_1 \cdot l_\text{I} + I_2 \cdot (l_\text{I} + l_\text{II}) + I_3 \cdot (l_\text{I} + l_\text{II} + l_\text{III})$

$$I_l = \frac{\Sigma(I \cdot l)_r}{l} \qquad I_r = I - I_l$$

Drehpunkt rechts, z. B. 4 Leitungsabschnitte:

$I_r \cdot l = \Sigma(I \cdot l)_l$

$I_r \cdot l = I_r \cdot (l_\text{I} + l_\text{II} + l_\text{III} + l_\text{IV})$

$\Sigma(I \cdot l)_l = I_3 \cdot (l - l_3) + I_2 \cdot (l - l_2) + I_1 \cdot (l - l_1)$
$= I_3 \cdot l_\text{IV} + I_2 \cdot (l_\text{III} + l_\text{IV}) + I_1 \cdot (l_\text{II} + l_\text{III} + l_\text{IV})$

$$I_r = \frac{\Sigma(I \cdot l)_l}{l} \qquad I_l = I - I_r$$

$I_l \cdot l$	Strommoment nach links
$\Sigma(I \cdot l)_r$	Summe der Strommomente nach rechts
$I_r \cdot l$	Strommoment nach rechts
$\Sigma(I \cdot l)_l$	Summe der Strommomente nach links
l	Gesamtlänge der Ringleitung
$I_1, I_2, \ldots$	Zweigströme
$l_1, l_2, \ldots$	Längen bis zu den Abzweigen
$l_\text{I}, l_\text{II}, \ldots$	Längen der Leitungsabschnitte
I	Gesamtstrom aller Zweige
I_r	Komponentenstrom nach rechts
I_l	Komponentenstrom nach links

Aufgaben zu 11.1.6

1. Für die Ringleitung **(Bild 1)** ist vorgegeben: 5 × 6 mm² Cu, 3/N/PE ~50 Hz 400 V, B2 bei 25 °C, $\cos \varphi_m = 0{,}85$. Gesucht sind
a) die Komponentenstromstärken I_l und I_r,
b) der Tiefpunkt, **c)** der Spannungsfall in %.

2. Ermitteln Sie für die Ringleitung in **Bild 2** (B2, 25 °C, 3/N/PE ~50 Hz 400 V, $\cos \varphi_m = 0{,}85$)
a) die Komponentenstromstärken I_l und I_r,
b) den Mindestquerschnitt (DIN VDE 0298),
c) den Tiefpunkt, **d)** den Spannungsfall in %.

3. Für die beiden zu einem Ring verbundenen Hauptleitungen in **Bild 3** (4 × 16 mm² Cu, $U = 400$ V, $\cos \varphi_m = 1{,}0$, $g = 1{,}0$, Verlegeart C bei 25 °C) sind gesucht:
a) die Komponentenströme, **b)** der Tiefpunkt,
c) der Spannungsfall in V und in %.

4. Eine Ringleitung ist nach **Bild 4** geplant. Für diese Leitung sind folgende Daten gesucht:
a) die Komponentenströme, **b)** der Tiefpunkt,
c) der Querschnitt für die Größe $\Delta u \leq 2\%$.
d) Wie groß ist der Mindestquerschnitt nach DIN VDE 0298 (Verlegeart B2 bei 25 °C)?

5. Gegeben ist die zweiseitig gespeiste Ringleitung **(Bild 5)** mit 5 × 10 mm² Cu, für $U = 400$ V, Verlegeart B2 bei 25 °C. Ermitteln Sie für die beiden Zweige der Leitung
a) die Komponentenströme, **b)** die Tiefpunkte,
c) die Spannungsfälle bis zu den Tiefpunkten.

Jeder Zweig zwischen zwei Speisepunkten ist wie eine Ringleitung zu berechnen.

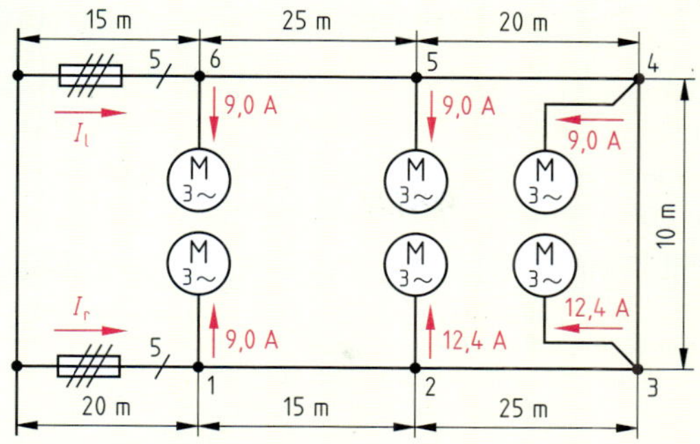

Bild 1: Ringleitung für Motoren

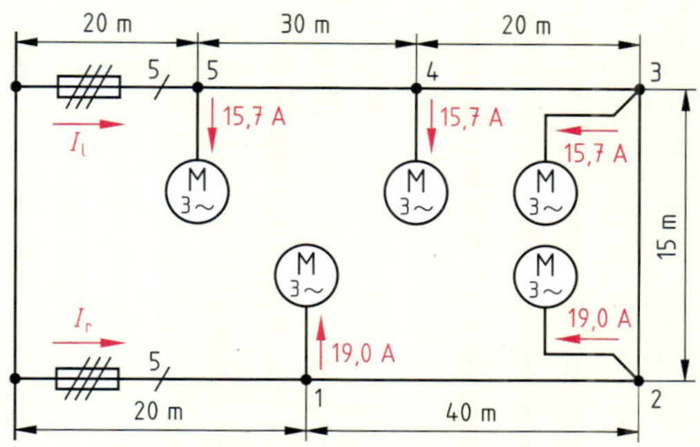

Bild 2: Ringleitung für Motoren

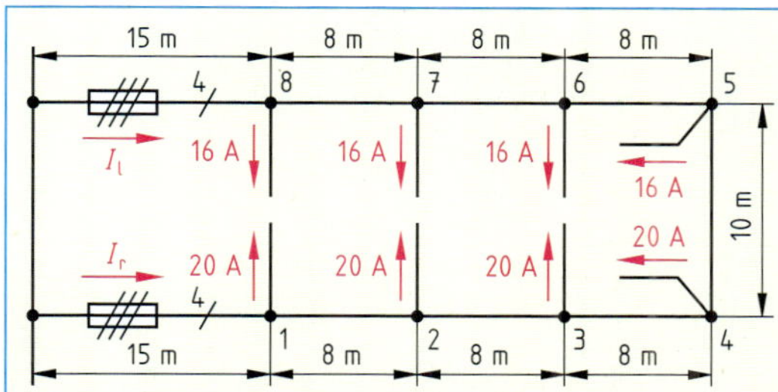

Bild 3: Ring aus zwei Hauptleitungen

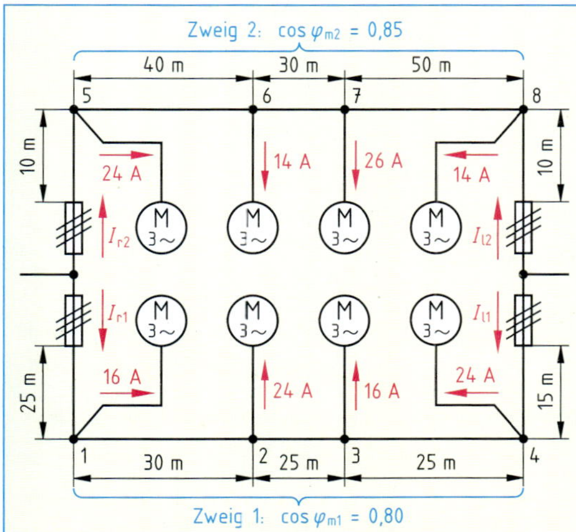

Bild 5: Zweiseitig gespeiste Ringleitung

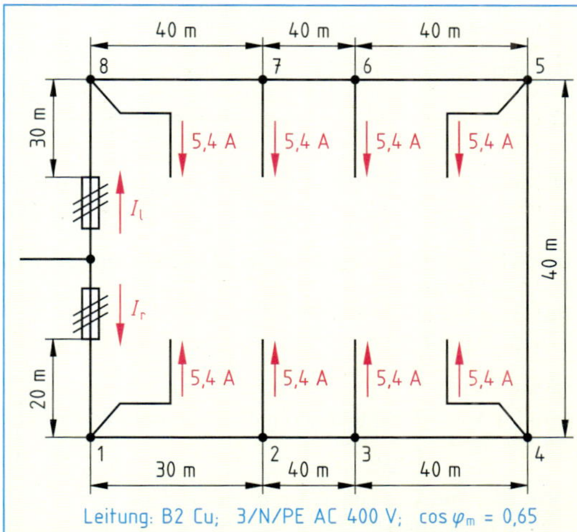

Bild 4: Ringleitung für Drehstromverbraucher

11.1.7 Leitungen mit Oberschwingungen

Nichtlineare Lasten, z. B. Energiesparlampen, verursachen Oberschwingungen. Dies führt auch bei symmetrischer Belastung zu einem unerwünschten Stromfluss im Neutralleiter **(Bild 1)** und muss bei der Leistungsdimensionierung berücksichtigt werden.

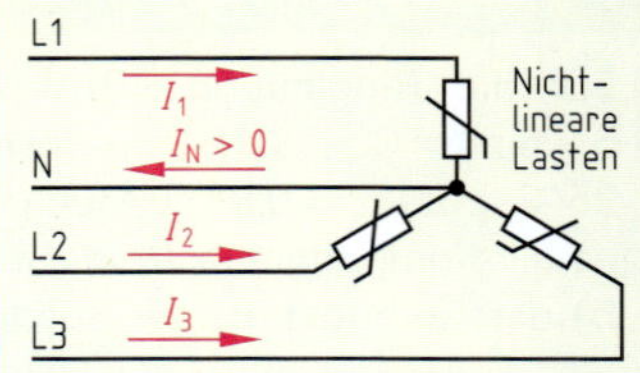

Bild 1: Strom im Neutralleiter bei symmetrischer Belastung

Beispiel 1 (nach DIN VDE 0100-520 Bbl.3):

Der Leiterquerschnitt A einer Drehstromzuleitung für ein Großraumbüro soll dimensioniert werden. In diesem Büro sind zu berücksichtigen:

- 96 Leuchtstofflampen (LSL) mit EVG[1],
- 60 PC-Arbeitsplätze ohne PFC[2] mit Flachmonitor,
- 6 Kopierer und
- 6 Faxgeräte.

Die Zuleitung ist als Mantelleitung NYM-J ausgeführt, Verlegeart B2, die Umgebungstemperatur $\vartheta_U = 25°$ C und die Netzspannung 230/400V. Die Verbraucher sind symmetrisch an die 3 Außenleiter angeschlossen. Berechnen Sie den Leiterquerschnitt A und den Bemessungsstrom I_N der Überstromschutzeinrichtung.

Hinweis: Zur Ermittlung des Leiterquerschnitts ist das **Bild 2** zu beachten. Bemessungsströme von LS-Schaltern sind z. B. 2A, 4A, 6A, 10A, 16A, 20A, 25A, 32A oder 40A.

Berechnen:

1. Summe der Ströme im Außenleiter I_{Lges}
2. Summe der Verzerrungsströme im Außenleiter I_{Vges}
3. Oberschwingungsanteil im Außenleiter O_{An}

Bestimmen:

4. Überstromschutzeinrichtung, z. B. Bemessungstrom eines LS-Schalters
5. Leiterquerschnitt A

Bild 2: Schritte zur Ermittlung des Leiterquerschnitts bei Oberschwingungen

Lösung:

Berechnung der Außenleiterströme und Verzerrungsströme
Bei symmetrischer Belastung ergeben sich für jeden einzelnen Außenleiter mithilfe der **Tabelle 1, Seite 273** folgende Werte:

Summe der Außenleiterströme I_{Lges}

Beispiel: Außenleiterstromberechnung für Leuchtstofflampen:
Lampenzahl pro Außenleiter: 32
$I_{Lges} = n \cdot I_L = 32 \cdot 0{,}25\,A = 8\,A$

Verbraucher	Anzahl	$\frac{I_L}{A}$	$\frac{I_{Lges}}{A}$
Lampen	32	0,25	8
PC	20	0,48	9,6
Monitor	20	0,24	4,8
Kopierer	2	0,61	1,22
Faxgerät	2	0,17	0,34
Summe I_{Lges} in A:			**23,96**

Summe der Verzerrungsströme I_{Vges}

Beispiel: Verzerrungsstromberechnung für Leuchtstofflampen:
Lampenzahl pro Außenleiter: 32
$I_{Vges} = n \cdot I_V = 32 \cdot 0{,}043\,A = 1{,}55\,A$

Verbraucher	Anzahl	$\frac{I_V}{A}$	$\frac{I_{Vges}}{A}$
Lampen	32	0,043	1,38
PC	20	0,27	5,4
Monitor	20	0,137	2,74
Kopierer	2	0,144	0,29
Faxgerät	2	0,083	0,17
Summe I_{Vges} in A:			**9,98**

Berechnung des Oberschwingungsanteiles O_{AN}:

$$O_{AN} = \frac{I_{Vges} \cdot 100\,\%}{I_{Lges}} = \frac{9{,}98\,A \cdot 100\,\%}{23{,}96\,A} = \mathbf{41{,}65\,\%} \sim \mathbf{42\,\%}$$

Bemessungsstrom des LS-Schalters bestimmen:
Außenleiterstrom $I_{Lges} = 23{,}96$ A $\Rightarrow$ Überstromschutzeinrichtung: $\boldsymbol{I_N = 25\,A}$

Leiterquerschnitt A unter Berücksichtigung des Oberschwingungsanteils bestimmen:
Bei Verlegeart B2, Oberschwingungsanteil 33 % – 45 %. Aus **Tabelle 2, Seite 273** $\Rightarrow$ $\boldsymbol{A = 10\,mm^2}$

Ergebnis:
Aufgrund der Oberschwingungsströme muss als Leiterquerschnitt $\boldsymbol{A = 10\,mm^2}$ verlegt werden.

$$I_{Lges} = n \cdot I_L$$
$$I_{Vges} = n \cdot I_V$$
$$O_{AN} = \frac{I_{Vges} \cdot 100\,\%}{I_{Lges}}$$
$$I_r = \frac{I_Z}{f_1 \cdot f_4}$$

- n Anzahl der Verbraucher pro Außenleiter
- I_{Lges} Strom im Außenleiter
- I_L Stromaufnahme des Verbrauchers
- I_{Vges} Verzerrungsstrom der Außenleiter
- I_V Verzerrungsstrom des Verbrauchers
- O_{AN} Oberschwingungsanteil
- I_r Strombelastbarkeit der Leitung
- I_Z Strombelastbarkeit bei abweichenden Verlegebedingungen
- f_1 Umrechrechnungsfaktor bei abweichender Umgebungstemperatur
- f_4 Umrechnungsfaktor für Verbraucher die Oberschwingungen erzeugen

[1] EVG, Abk. für: **E**lektronisches **V**orschaltgerät
[2] PFC, Abk. für: **P**ower **F**aktor **C**ompensation (engl.) = Leistungsfaktorkorrektur

Beispiel 2 (nach DIN 0100-520 Bbl 3):

Im Großraumbüro von **Beispiel 1** sind alle Verbraucher nichtlineare Lasten und erzeugen Oberschwingungen. Somit kann der prozentuelle Leistungsanteil der Oberschwingungen erzeugenden Verbraucher, bezogen auf die Gesamtleistung mit über 75 % angenommen werden. In der **Tabelle 3, Seite 273** ist der Umrechnungsfaktor für den prozentuallen Leistungsanteil der Oberschwingungen erzeugenden Verbraucher, bezogen auf die Gesamtleistung dargestellt. Ermitteln Sie den Leiterquerschnitt A.

Hinweis: Diese Methode sollte nur angewendet werden, wenn eine genaue Berechnung der Oberschwingungsanteile nicht möglich ist.

Lösung:

Aus **Tabelle 2, Seite 272**, $\vartheta_U = 25°\,C \Rightarrow f_1 = 1{,}06$. Aus **Tabelle 3, Seite 273** $\Rightarrow f_4 = 0{,}65$

$$I_r = \frac{I_Z}{f_1 \cdot f_4} = \frac{25\,A}{1{,}06 \cdot 0{,}65} = 36{,}28\,A.$$

Aus **Tabelle 1, Seite 272** Verlegeart B2, 3 balastete Adern $\Rightarrow$ $\boldsymbol{A = 10\,mm^2}$

Auch nach dieser Methode ergibt sich ein Querschnitt von $\boldsymbol{A = 10\,mm^2}$

Die in der **Tabelle 3, Seite 273** angegeben Prozentwerte entsprechen der Leistung aller Oberschwingungen verursachenden Verbraucher, z. B. PC, Flachmonitor, Leuchtstofflampen, Energiesparlampen, Kopierer und Frequenzumrichter, bezogen auf die Gesamtleistung aller versorgter Verbrauchsmittel.

Aufgaben zu 11.1.7

1. Eine Zuleitung mit der Mantelleitung NYM-J, Verlegeart B2, $\vartheta_U = 25°\,C$ für den Unterverteiler einer Büroetage, soll verlegt werden. Die Verbraucher sind auf die die 3 Außenleiter symmetrisch aufgeteilt. Die Büroetage hat 15 Büroräume mit je
   - 4 PC mit aktiver Leistungsfaktor-Korrektur (PFC) und Flachmonitor,
   - 8 Leuchten mit je 2 Leuchtstofflampen und EVG sowie
   - 6 Kopierer und
   - 3 Faxgeräte.

Bestimmen Sie nach **Beispiel 1** pro Außenleiter den Leitungsquerschnitt A unter Berücksichtigung der Oberschwingungen.

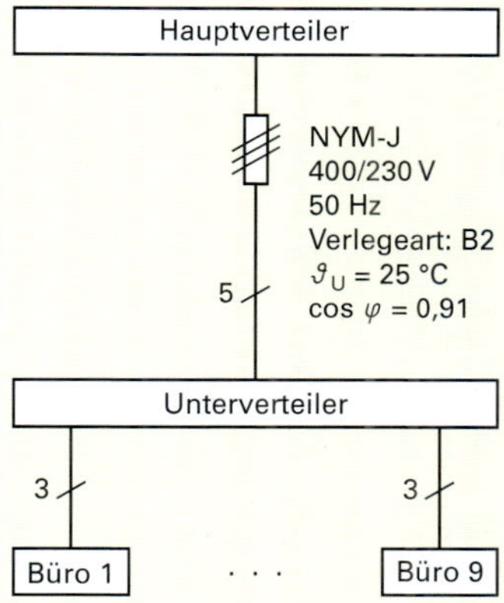

Bild: Verteilung

2. Die Versorgungsleitung zum Unterverteiler **(Bild)** soll dimensioniert werden. Am Unterverteiler sind 9 Bürocontainer symmetrisch angeschlossen. Jeder Container wird einphasig betrieben. Die Container haben folgende Ausstattung:
   - Elektroheizung mit 1,5 kW,
   - 4 Leuchtstofflampen mit Kompensation,
   - 2 PC mit aktiver Leistungsfaktor - Korrektur und Flachmonitor sowie
   - 1 Multifunktionskopierer.

   Ermitteln Sie zuerst den Leitungsquerschnitt **ohne** Berücksichtigung der Oberschwingungen für **a)** die gesamte Anschlussleistung, **b)** den Strom im Außenleiter und **c)** den Leitungsquerschnitt A der Kupferleitung.

   Ermitteln Sie danach den Leitungsquerschnitt **unter** Berücksichtigung der Oberschwingungen nach **Beispiel 2: d)** Die Gesamtleistung aller elektrischen Geräte mit Oberschwingungen, **e)** den prozentualen Anteil der Summe der Leistungen aller Oberschwingungen verursachenden Verbrauchsmittel bezogen auf die Geamtleistung, **f)** aus **Tabelle 3, Seite 273** den Umrechnungsfaktor (Reduktionsfaktor) für die Oberschwingungen und **g)** den Leiterquerschnitt A.

3. Ein Unterverteiler versorgt einen Büroraum ($U = 230/400\,V$, $f = 50\,Hz$, Zuleitung NYM-J $5 \times 4\,mm^2$ im Installationsrohr, $\vartheta_U = 25°\,C$). In diesem Büro befinden sich folgende Verbraucher: 81 Leuchtstofflampen mit Kompensation, 24 PC ohne PFC und Flachbildschirm, 3 Kopierer und 3 Faxgeräte. Die Verbraucher sind symmetrisch an die 3 Außenleiter angeschlossen. Durch einen Anbau wird ein weiterer Büroraum mit zusätzlichen 27 Leuchtstofflampen mit Kompensation, 6 PC ohne PFC und je ein Flachmonitor installiert. Auch diese Verbraucher sind symmetrisch an die 3 Außenleiter verteilt und an den selben Unterverteiler angeschlossen. Ermitteln Sie mithilfe der **Tabelle 2, Seite 273**, ob der Querschnitt der Zuleitung ausreichend ist.

11.2 Beleuchtungstechnik

11.2.1 Lichtstrom und Lichtausbeute

Der **Lichtstrom Φ_v*** ist die von einer Lichtquelle nach allen Richtungen abgegebene Lichtleistung. **(Bild)**. Glühlampen dürfen seit 2012 nach einer EU-Verordnung nicht mehr in den Handel gebracht werden.

Beispiel 1:

Bestimmen Sie mithilfe der **Datenblätter Seite 277 und 278** die Lichtausbeute η **a)** einer 6-W-LED-Lampe, Sockel E27, und **b)** einer 13-W-Leuchtstofflampe, Stabform, Lichtfarbe warmweiß mit EVG.

Lösung:

a) $\eta = \frac{\Phi_v}{P} = \frac{400\,\text{lm}}{6\,\text{W}} = \mathbf{66{,}67\,\frac{lm}{W}}$; b) $\eta = \frac{\Phi_v}{P} = \frac{1150\,\text{lm}}{15\,\text{W}} = \mathbf{77\,\frac{lm}{W}}$

Lichtausbeute

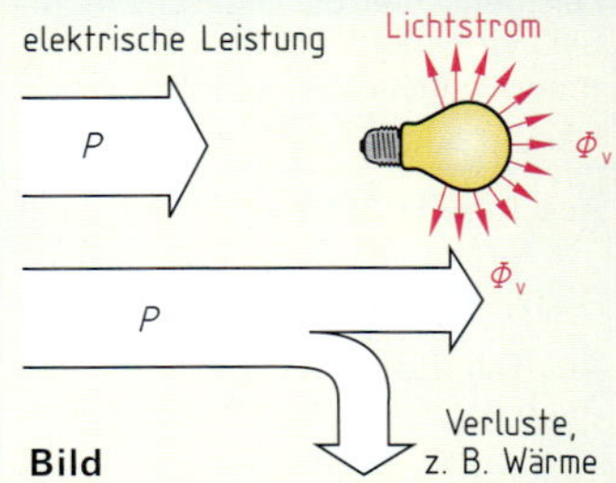

Bild

$$\eta = \frac{\Phi_v}{P} \qquad [\eta] = \frac{\text{lm}}{\text{W}}$$

η Lichtausbeute
Φ_v Lichtstrom
P Leistungsaufnahme der Lichtquelle

Aufgaben zu 11.2.1

1. Berechnen Sie die Lichtausbeute **a)** einer 10-W-LED-Lampe, Sockel E27 **(Tabelle 1, Seite 277)** und **b)** Leuchtstofflampe 73 W **(Tabelle 1, Seite 278)**. **c)** Vergleichen Sie die Ergebnisse von a) und b).
2. Eine Raumbeleuchtung besteht aus 5 Leuchtstofflampen 36 W in Stabform **(Datenblatt Seite 278)**. Berechnen Sie **a)** die Leistungsaufnahme der Anlage und **b)** die Lichtausbeute.
3. Die bestehende Tischbeleuchtung in einer Kantine mit Glühlampen 75 W, 960 lm soll auf 13-W-LED-Lampe **(Tabelle 1, Seite 277)** umgerüstet werden. Um wie viel Prozent unterscheiden sich je Lampe **a)** die Leistungsaufnahme, **b)** der Lichtstrom und **c)** die Lichtausbeute der LED-Lampe gegenüber der Glühlampe?

11.2.2 Energieeffizienzklasse

Die Energieeffizienzklasse A++ bis E (A++: höchste Effizienz; E geringste Effizienz, **Tabelle 2, Seite 277)** nach EU-Verordnung 874/2012/EU gibt Auskunft über den Energieverbrauch, z.B. eines Leuchtmittels.

Beispiel 2:

Ermitteln Sie für eine 6-W-LED-Lampe, Sockel E27 **(Datenblatt Seite 277)** **a)** die Energieeffizienzklasse **b)** den Energieverbrauch E_c.

Lösung:

a) Lichtstrom Φ_v aus Datenblatt, **Seite 277:** $\Phi_v = 400\,\text{lm}$

$P_{ref} = 0{,}88 \cdot \sqrt{\Phi_v} + 0{,}049 \cdot \Phi_v = 0{,}88 \cdot \sqrt{400\,\text{lm}} + 0{,}049 \cdot 400\,\text{lm} = 37{,}2\,\text{W}$**

$EEI = \frac{P_{cor}}{P_{ref}} = \frac{6\,\text{W}}{37{,}2\,\text{W}} =$ **0,16, aus Tabelle 2, Seite 277 ⇒ Energieeffiziensklasse A+**

b) $E_c = \frac{P_{cor} \cdot 1000\,\text{h}}{1000} = \frac{6\,\text{W} \cdot 1000\,\text{h}}{1000} = \mathbf{6\,\frac{kWh}{1000\,h}}$

Energieeffizenzklasse

Bei $\Phi_v < 1300\,\text{lm}$ gilt:

$$P_{ref} = 0{,}88 \cdot \sqrt{\Phi_v} + 0{,}049 \cdot \Phi_v$$

$$[P_{ref}] = \text{W}$$

$$EEI = \frac{P_{cor}}{P_{ref}}$$

$$E_c = \frac{P_{cor} \cdot 1000\,\text{h}}{1000}$$

$$[E_c] = \frac{\text{kWh}}{1000\,\text{h}}$$

EEI Energieeffizienz-Index
P_{cor} Leistungsaufnahme
P_{ref} Referenzleistungsaufnahme
Φ_v Lichtstrom
E_c Energieverbrauch

Aufgaben zu 11.2.2

1. Bestimmen Sie **a)** den Lichtstrom Φ_v einer 10-W-LED-Lampe **(Tabelle 1, Seite 277)** berechnen Sie **b)** den Energieeffizienz-Index EEI **(Tabelle 2, Seite 277)** bei einem Anstrahlwinkel der Lampe von 260°.
2. Ermitteln Sie mithilfe der **Tabelle 1, Seite 278 a)** den Lichtstrom Φ_v einer Energiesparlampe 20 W, **b)** die Referenzleistungsaufnahme P_{ref}, den Energieeffizienz-Index EEI.

* Lichttechnische Größen führen zur Unterscheidung mit anderen Größen den Index v (visuell), z. B. I_v, Φ_v, E_v.

** Die EU-Verordnung nimmt auf die Einheit keine Rücksicht.

11.2.3 Beleuchtungsstärke und Beleuchtungswirkungsgrad

Die Beleuchtungsstärke E_v ist ein Maß für den auf eine Fläche auftreffenden Lichtstrom **(Bild)**. Ihre Einheit ist Lux (lx). Erforderliche Beleuchtungsstärken für Sehaufgaben nennt DIN EN 12464-1 (Wartungswerte, **Tabelle**).

Der Beleuchtungswirkungsgrad η_B ist das Verhältnis des nutzbaren Lichtstroms Φ_N zum erzeugten Lichtstrom Φ_v (installierter Lampenlichtstrom). Er ist raum- und leuchtenabhängig.

Beispiel:

Ein Büroraum mit der Grundfläche 6 m × 6 m soll durch 12 Deckenleuchten mit je 4 Kompakt-Leuchtstofflampen, $\Phi_v = 1200$ lm, ausgeleuchtet werden. Als Beleuchtungswirkungsgrad kann man $\eta_B = 0{,}5$ annehmen. Prüfen Sie durch Rechnung nach, ob die erforderliche Beleuchtungsstärke E_v **(Tabelle)** erreicht wird.

Lösung:

$$E_v = \frac{\Phi_v \cdot \eta_B}{A} = \frac{4 \cdot 12 \cdot 1200\ \text{lm} \cdot 0{,}5}{6\ \text{m} \cdot 6\ \text{m}} = \mathbf{800\ lx}$$

Die erforderliche Beleuchtungsstärke von 500 lx (**Tabelle**) wird erreicht.

Beleuchtungsstärke

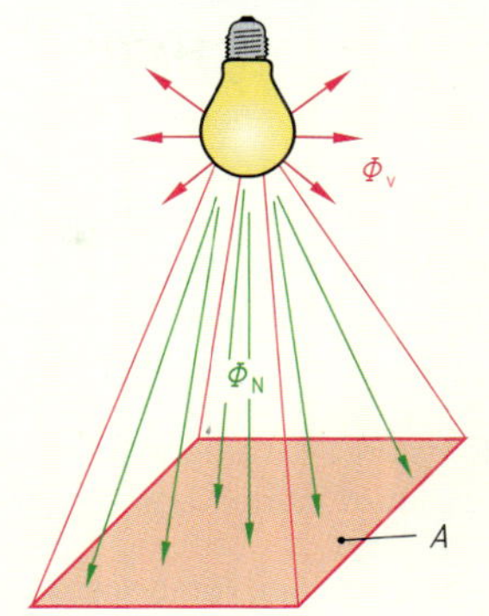

Bild

$$E_v = \frac{\Phi_v \cdot \eta_B}{A}$$

$$[E_v] = \frac{\text{lm}}{\text{m}^2} = \text{lx}$$

$$\eta_B = \frac{\Phi_N}{\Phi_v}$$

E_v Beleuchtungsstärke
Φ_v Lichtstrom
Φ_N nutzbarer Lichtstrom
η_B Beleuchtungswirkungsgrad
A beleuchtete Fläche

Tabelle: Wartungswerte von Beleuchtungsstärken (Beispiele)

Sehaufgaben (Räume, Tätigkeiten)	E_v in lx
Lagerräume	100
Büroräume	500
Unterrichtsräume	500
Zeichenbüros	750
grobe Arbeiten	200
Drehen, Fräsen	300
Wickeln von Spulen	500
Farbprüfen	1000

Aufgaben zu 11.2.3

Lichtströme und Lampenleistungen:
Datenblatt Seite 277 und 278

1. Eine 32 W-Leuchtstofflampe für 230 V beleuchtet durch einen Reflektor eine Fläche von 2,4 m × 3,6 m. Berechnen Sie **a)** mithilfe des **Datenblattes Seite 278, Tabelle 1** den Lichtstrom bei 25 °C und **b)** berechen Sie die Beleuchtungsstärke bei einem Beleuchtungswirkungsgrad von 65 %.
2. Ein Schaufenster mit der Grundfläche 6,6 m² wird durch 15 LED-Strahler mit je 27 Watt und 2300 lm beleuchtet. Mit einem Beleuchtungsstärkemesser (Luxmeter) wird eine Beleuchtungsstärke von 2000 lx ermittelt. Berechnen Sie den Beleuchtungswirkungsgrad.
3. Eine Parkhausebene mit der Grundfläche 370 m² wird durch 20 LED-Feuchtraumleuchten mit je 54 W und bei einem Lichtstrom von 5560 lm beleuchtet. Es wird eine Beleuchtungsstärke von 40 lx ermittelt. Bestimmen Sie den Beleuchtungswirkungsgrad.
4. Eine Spulenwickelei mit 9 m × 15 m wird durch 30 LED-Deckenanbauleuchten 45 W, Lichtfarbe warmweiß und 4206 lm beleuchtet. Der Beleuchtungswirkungsgrad beträgt 0,56. Prüfen Sie durch Rechnung, ob die Beleuchtungsstärke E_v **(Tabelle)** für die Tätigkeit in diesem Raum ausreicht.
5. Ein Montageraum mit der Grundfläche 4,8 m × 3,75 m wird durch 3 LED-Deckenanbauleuchten 45 W, Lichtfarbe neutralweiß mit 4487 lm beleuchtet. Der Beleuchtungswirkungsgrad beträgt 0,74. Es wird eine Beleuchtungsstärke von 500 lx gefordert. Prüfen Sie, ob der Raum ausreichend ausgeleuchtet ist.
6. Ein Packraum mit 50 m² Grundfläche ist durch 20 Glühlampen mit je 75 W, 960 lm ausgeleuchtet. Der Beleuchtungswirkungsgrad beträgt 0,44. Die Glühlampen sollen durch LED-Deckenanbauleuchten 55 W, Lichtfarbe warmweiß, 4096 lm ersetzt werden. **a)** Berechnen Sie die Beleuchtungsstärke bei Glühlampenbeleuchtung. **b)** Wie viele Anbauleuchten sind für die gleiche Beleuchtungsstärke erforderlich? **c)** Wie groß ist die mit Anbauleuchten eingesparte elektrische Arbeit in 200 Betriebsstunden?

11.2.4 Lichtstärke und Lichtstärkeverteilung

Die Lichtstärke I_v ist der von einer Lichtquelle in eine bestimmte Richtung abgestrahlte Lichtstrom. Die Lichtstärke hat die Einheit Candela (cd).
Lichtstärkeverteilungskurven (LVK) zeigen die Lichtstärken von Lampen und Leuchten in den Ausstrahlungsrichtungen **(Bild 1 und 3)**. Zu Vergleichszwecken wird in Lichtstärkeverteilungskurven die Lichtstärke meist auf einen Lichtstrom von 1000 lm = 1 klm bezogen (1000 lm-Lampe).

> Aus Lichtstärkeverteilungskurven entnommene Lichtstärken werden auf den Lichtstrom der verwendeten Lampe umgerechnet.

Es wird zwischen rotationssymmetrischen und asymmetrisch strahlenden Lampen und Leuchten unterschieden. Bei rotationssymetrischen LVK sind die Kurven für alle Ebenen gleich, daher genügt die Darstellung in einer Ebenem z. B. C_0-Ebene **(Bild 1)**. Bei asymmetrisch strahlenen Leuchten wird zur Darstellung der LVK **(Bild 2)** die senkrechte und parallele Ebene zur Lampenrichtung angegeben (C_0-C_{180}-Ebene und C_{90}-C_{270}-Ebene).

Beispiel:

Bestimmen Sie die Lichtstärke I_α für eine 6-W-LED-Lampe mithilfe von **Bild 1** (Lichtstärkeverteilungskurve, LVK), und dem **Datenblatt Seite 277** für den Ausstrahlungswinkel $\alpha = 60°$.

Lösung:

Aus der LVK: $I_{v1000} = 120$ cd
Aus Datenblatt, Seite 277:
Lichtstrom der 6-W-LED-Lampe ⇒ 400 lm
Umrechnung auf den Lichtstrom von 400 lm:

$$I_{60°} = \frac{\Phi_v \cdot I_{v1000}}{1000\,\text{lm}} = \frac{400\,\text{lm} \cdot 120\,\text{cd}}{1000\,\text{lm}} = \mathbf{48\,cd}$$

Aufgaben zu 11.2.4

1. Ermitteln Sie die Lichtstärken I_α einer 6-W-LED-Lampe, Sockel E27 **(Bild 1)** für die Ausstrahlungswinkel **a)** 0°, **b)** 90°.

2. Eine 38-W-LED Anbauleuchte liefert laut Hersteller einen Lichtstrom von 3430 lm. Ermitteln Sie mithilfe der LVK **(Bild 3)** die Lichtstärke I_a in der Ebene C_0-C_{180} bei **a)** 0°, **b)** 45° und in der Ebene C_{90}-C_{270} bei **c)** 30°.

3. Der Halbwertswinkel* einer LED-Lampe ist mit der Hälfte der maximalen Lichtstärke definiert. Ermitteln Sie für eine 6-W-LED-Lampe, Sockel E27, aus der LVK **(Bild 1) a)** die maximale Lichtstärke I_{max}, **b)** Berechnen Sie die halbe Lichtstärke I_h und **c)** ermitteln Sie aus der LVK den Winkel α bei dem die halbe Lichtstärke ausgestrahlt wird.

* Half-peak beam angle (engl.) = Halbwertswinkel

Lichtstärkeverteilungskurven (LVK) für Φ_v = 1000 lm

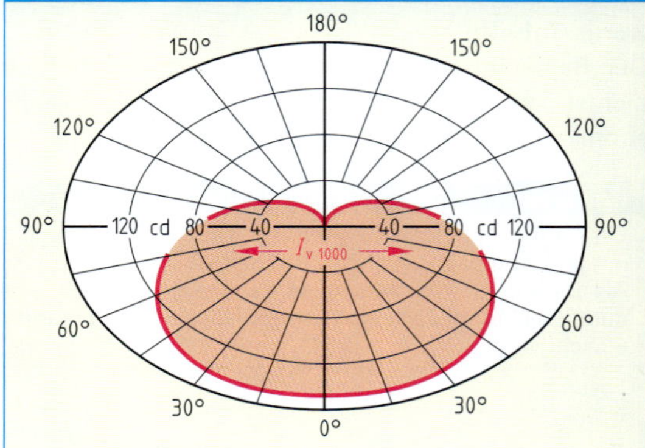

Bild 1: LVK einer 6-W-LED-Lampe

$$I_\alpha = \frac{\Phi_v \cdot I_{v1000}}{1000\,\text{lm}} \qquad [I] = \text{cd}$$

I_α	Lichtstärke im Ausstrahlungswinkel α
I_{v1000}	gerichtete Lichtstärke bei 1000 lm
Φ_v	Lichtstrom der Lichtquelle

Lichtströme: **Datenblatt Seite 277 u. 278**

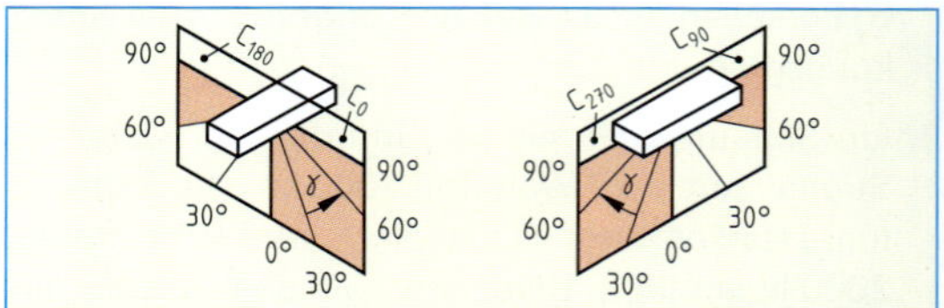

Bild 2: LVK einer asymmetrischen Leuchte in der Ebene C_0-C_{180} und in der Ebene C_{90}-C_{270}

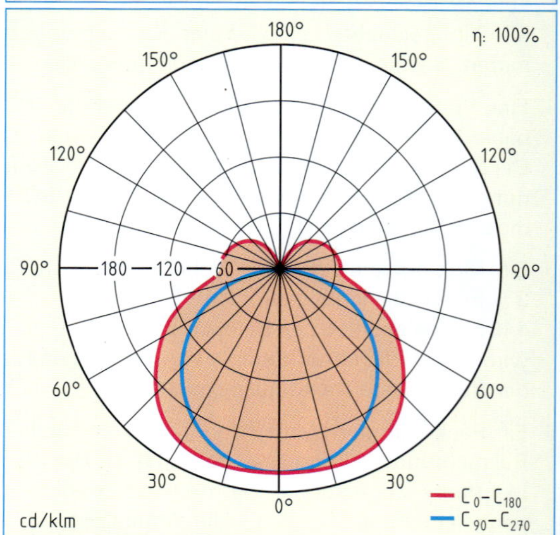

Bild 3: LVK einer LED-Leuchte

11.2.5 Entfernungsgesetz

Das Entfernungsgesetz (Lichtpunktmethode) beschreibt die Abnahme des Lichtstromes mit dem Quadrat der Entfernung von einer punktförmigen Lichtquelle. Die Beleuchtungsstärke nimmt mit dem Quadrat des Abstandes ab **(Bild 1)**. Bei schrägem Lichteinfall muss der Winkel α berücksichtigt werden **(Bild 2)**.

Beispiel 1:

Ein LED-Strahler hat bei senkrechtem Lichteinfall einen Lichtstrom von 2200 cd. Berechnen Sie die Beleuchtungsstärke bei einem Abstand von **a)** 2 m und **b)** 4 m.

Lösung:

a) $E_1 = \frac{I_v}{h^2} = \frac{2200\,\text{cd}}{(2\,\text{m}^2)} = \mathbf{550\,lx}$ $E_2 = \frac{I_v}{h^2} = \frac{2200\,\text{cd}}{(4\,\text{m}^2)} = \mathbf{137{,}5\,lx.}$

Aufgaben zu 11.2.5

1. Eine Tischleuchte soll mit einer 7-W-LED-Lampe, Sockel GU10 ausgerüstet werden. Der Herrsteller gibt für den Winkel 0° eine Lichtstärke von 700 cd/klm und einen Abstrahlwinkel von 35° an. Der Abstand zwischen Leuchtmittel und Tischfläche beträgt 40 cm. Wie hoch ist die Beleuchtungsstärke **a)** direkt unter der Lampe und **b)** beim Halbwertswinkel **(Seite 214)**?
2. Zwei LED-Außenleuchten beleuchten einen Gehweg. Sie sind in der Mitte des Gehweges in 2,7 m Höhe montiert und 10 m auseinander. Herstellerdaten: $\Phi_v = 2760\,\text{lm}$, $I_{0°} = 155\,\text{cd/klm}$, $I_{60°} = 299\,\text{cd/klm}$, $I_{75°} = 229\,\text{cd/klm}$. Berechnen Sie die Beleuchtungsstärke **a)** direkt unter einer Leuchte und **b)** in der Mitte der beiden Leuchten. **Hinweis:** Berechnen Sie die Beleuchtungsstärken der beiden Leuchten einzeln und addieren Sie die Werte.

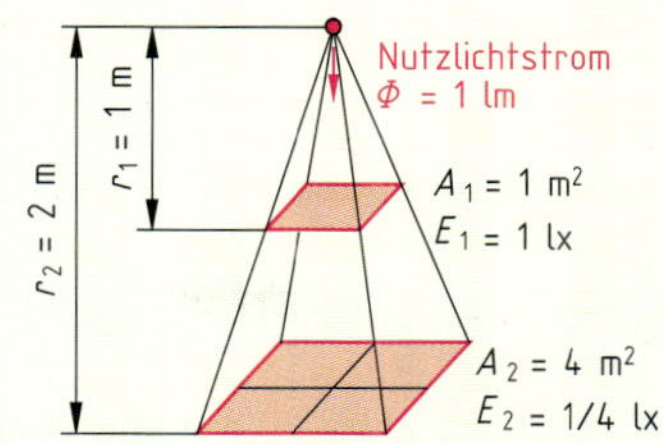

Bild 1: Entfernungsgesetz

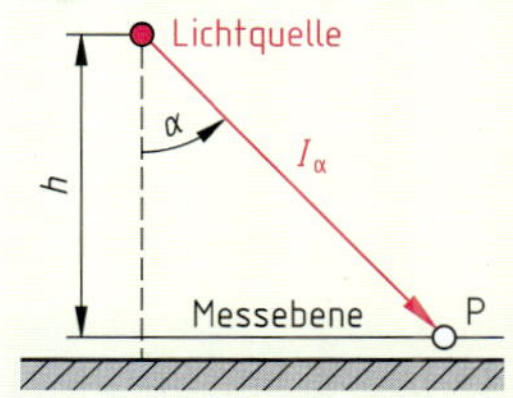

Bild 2: Schräger Lichteinfall auf Messpunkt P

$E = \frac{I_v}{h^2}$ $[E] = \text{lx}$

$[I] = \text{cd}$

$E_\alpha = \frac{I_\alpha \cdot \cos^3\alpha}{h^2}$ $[h] = \text{m}$

E	Beleuchtungsstärke
I_v	Lichtstärke
I_α	Lichtstärke beim Winkel α
h	Abstand

Leuchtdichte

Bild 3

Bei Lichteinfall senkrecht zur Fläche:

$L_v = \frac{I_v}{A}$ $[L_v] = \frac{\text{cd}}{\text{m}^2}$

L_v	Leuchtdichte
I_v	Lichtstärke
A	leuchtende bzw. sichtbare Fläche

11.2.6 Leuchtdichte

Die Leuchtdichte L_v ist ein Maß für den Helligkeitseindruck einer leuchtenden bzw. einer beleuchteten Fläche **(Bild 3)**.

Beispiel 2:

Die sichtbare Fläche einer Lampe beträgt $A = 38{,}5\,\text{cm}^2$. In Blickrichtung ist die Lichtstärke $I_v = 107\,\text{cd}$. Berechnen Sie die Leuchtdichte L_v.

Lösung:

$L_v = \frac{I_v}{A} = \frac{107\,\text{cd}}{38{,}5\,\text{cm}^2} = 2{,}78\,\text{cd/cm}^2 = \mathbf{2{,}78 \cdot 10^4\,cd/m^2}$

Aufgaben zu 11.2.6

1. Die Leuchtdichte einer Leuchtröhre beträgt 0,25 cd/cm², ihre leuchtende Fläche 180 cm². Berechnen Sie die Lichtstärke.
2. Eine Leuchtstofflampe hat die Leuchtdichte 0,75 cd/cm² mit der Lichtstärke 420 cd. Wie groß ist die leuchtende Fläche?
3. Eine kerzenförmige 5-W-LED-Lampe (LVK **Bild 4**) hat einen Durchmesser von 35 mm. Berechnen Sie die Leuchtdichte für den Ausstrahlungswinkel 0°.

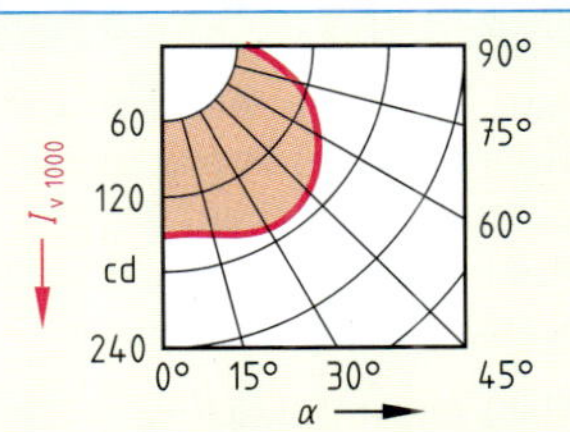

Bild 4: LVK einer kerzenförmigen LED-Lampe

11 Anlagen- und Gebäudetechnik

11.2.7 Raumindex

Durch den Raumindex k werden bei der Berechnung einer Innenraumbeleuchtung die Abmessungen des zu beleuchtenden Raumes und die Beleuchtungsart berücksichtigt **(Bild 1)**.

Beispiel 2:

Ein Büroraum ist 8 m lang, 6 m breit und 3 m hoch. Die Arbeitsebene s der Schreibtische liegt 0,72 m über dem Fußboden. Berechnen Sie den Raumindex bei direkter Beleuchtung, wenn die Leuchten 0,4 m unter der Decke angebracht sind.

Lösung:

$h = 3\,\text{m} - 0{,}72\,\text{m} - 0{,}4\,\text{m} = 1{,}88\,\text{m}$; $h' = 3\,\text{m} - 0{,}72\,\text{m} = 2{,}28\,\text{m}$

$$k = \frac{l \cdot b}{h \cdot (l + b)} = \frac{8\,\text{m} \cdot 6\,\text{m}}{1{,}88\,\text{m}\,(8\,\text{m} + 6\,\text{m})} = \frac{48\,\text{m}^2}{1{,}88\,\text{m} \cdot 14\,\text{m}} = \frac{48\,\text{m}^2}{26{,}3\,\text{m}^2} = \mathbf{1{,}83}$$

Raumindex

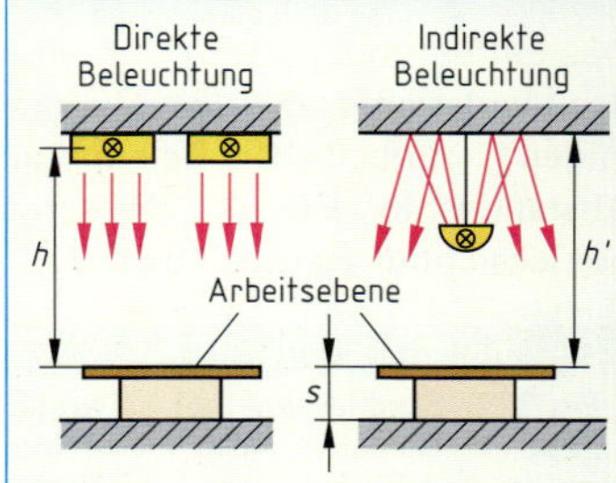

Bild 3: Beleuchtungsarten

Direkte Beleuchtung:

$$k = \frac{l \cdot b}{h\,(l + b)}$$

Indirekte Beleuchtung:

$$k_i = \frac{3 \cdot l \cdot b}{2 \cdot h'(l + b)}$$

k	Raumindex für direkte Beleuchtung
k_i	Raumindex für indirekte Beleuchtung
l	Länge des Raumes
b	Breite des Raumes
h	Höhe der Leuchte über der Arbeitsebene
h'	Deckenhöhe über der Arbeitsebene
s	Höhe der Arbeitsebene

Aufgaben zu 11.2.7

1. Ein Werkstattraum wird durch Spiegelrasterleuchten direkt beleuchtet. Die Leuchten sind in der Höhe $h = 1{,}95$ m über den Arbeitsflächen der Werkbänke angebracht **(Bild 1)**. Bestimmen Sie den Raumindex k bei einer Raumlänge $l = 9$ m und der Raumbreite $b = 7$ m.
2. Ein Büroraum mit der Grundfläche 6 m × 5,9 m hat eine Höhe von 2,5 m. Die Arbeitsebene befindet sich 0,72 m über dem Boden. Berechnen Sie den Raumindex **a)** für direkte Beleuchtung, wenn die Leuchten 0,3 m unterhalb der Decke angebracht werden und **b)** für indirekte Beleuchtung.

11.2.8 Beleuchtungswirkungsgrad bei Innenraumbeleuchtung

Der Leuchtenbetriebswirkungsgrad hängt von der Leuchtenart und ihrer Lichtverteilung ab. Den Raumwirkungsgrad ermittelt man mit den Reflexionsgraden ϱ der Raumwände, der Decke, des Bodens und mit dem Raumindex k, **(Datenblatt Seite 278)**.

$$\eta_B = \frac{\Phi_N}{\Phi_v} \qquad \eta_B = \eta_{LB} \cdot \eta_R$$

η_B	Beleuchtungswirkungsgrad
η_{LB}	Leuchtenbetriebswirkungsgrad
η_R	Raumwirkungsgrad
Φ_v	Lichtstrom
Φ_N	nutzbarer Lichtstrom

Beispiel 2:

Ein Büroraum mit direkter Beleuchtung durch Spiegelrasterleuchten hat den Raumindex $k = 1{,}83$ (**Beispiel 1**). Die Decke hat einen weißen Anstrich, die Wände sind aus hellem Holz, der Bodenbelag ist mittelgrau. Ermitteln Sie **a)** die Reflexionsgrade ϱ, **b)** den Raumwirkungsgrad η_R, **c)** den Beleuchtungswirkungsgrad η_B.

Lösung:

a) Aus **Datenblatt, Seite 278**: Tabelle 2: Decke: $\varrho_1 = 0{,}70 \ldots 0{,}80$, Wände: $\varrho_2 = 0{,}40 \ldots 0{,}50$, Boden: $\varrho_3 = 0{,}20 \ldots 0{,}25$.

b) Tabelle 4: Bei $\varrho_1 = 0{,}8$, $\varrho_2 = 0{,}5$, $\varrho_3 = 0{,}3$ und $k = 2$: $\Rightarrow \boldsymbol{\eta_R} = \mathbf{97\,\%}$.

c) Tabelle 4: Spiegelrasterleuchte $\Rightarrow \eta_{LB} = 60\,\%$ $\boldsymbol{\eta_B} = \eta_{LB} \cdot \eta_R = 0{,}60 \cdot 0{,}97 = 0{,}58 = \mathbf{58\,\%}$

Aufgaben zu 11.2.8

1. Eine Werkstatt mit 15 m Länge und 12 m Breite und einer Lichtpunkthöhe (Beleuchtungshöhe über der Arbeitsebene) von 2,8 m soll durch mehrlampige Spiegelreflektorleuchten beleuchtet werden. Die Decke besteht aus hellem Mörtel, die Wände sind aus Sichtbeton und der Boden hat eine hellbraune Farbe. Ermitteln Sie **a)** den Raumindex und **b)** den Beleuchtungswirkungsgrad mit Hilfe des **Datenblattes, Seite 278**.
2. Die Werkstatt **(Aufgabe 1)** soll mit prismatischen Wannenleuchten (B3) ausgestattet werden. Die Sichtbetonwände werden gelb überstrichen. Die Deckenfarbe und die Bodenfarbe bleibt unverändert. Bestimmen Sie den neuen Beleuchtungswirkungsgrad.

11.2.9 Ermittlung der Lampenzahl nach dem Wirkungsgradverfahren

Die erforderlichen Beleuchtungsstärken für zu erbringende Sehaufgaben **(Tabelle, Seite 213)** sind Wartungswerte. Sie dürfen auch bei Rückgang der Beleuchtungsstärke durch Alterung und Verschmutzung von Lampen, Leuchten und Raum nicht unterschritten werden. Im Neuzustand muss daher die Beleuchtungsstärke abhängig vom Wert des **Wartungsfaktors *WF*** höher sein. Kann der Wartungsfaktor nicht gesichert bestimmt werden, werden Referenzwerte empfohlen **(Datenblatt, Seite 278)**.

$$E_{neu} = \frac{\bar{E}_v}{WF}$$

$$n = \frac{\bar{E}_v \cdot A}{\Phi_{La} \cdot \eta_B \cdot WF}$$

- n Anzahl der erforderlichen Lampen
- A auszuleuchtende Fläche
- $\bar{E}_v$ mittlere Beleuchtungsstärke (Wartungswert)
- E_{neu} Beleuchtungsstärke Neuzustand
- WF Wartungsfaktor (Referenzwerte Tabelle 3, Datenblatt, Seite 278)
- Φ_{La} Lichtstrom je Lampe

Beispiel:

Der Büroraum **(Beispiel 2, Seite 216)** mit 8 m Länge und 6 m Breite wird durch Spiegelrasterleuchten, bestückt mit Leuchtstofflampen 73 W, Lichtfarbe warmweiß, beleuchtet. Die geforderte Beleuchtungsstärke beträgt 500 lx. Berechnen Sie die erforderliche Lampenzahl bei sauberer Raumatmosphäre in einem und dreijährigem Wartungszyklus.

Lösung:

Beleuchtungswirkungsgrad $\eta_B = 0{,}58$ **(Beispiel 2, Seite 216)**, Wartungsfaktor $WF = 0{,}67$ **(Datenblatt, Seite 278)**

$$n = \frac{\bar{E}_v \cdot A}{\Phi_{La} \cdot \eta_B \cdot WF} = \frac{500\,\text{lx} \cdot 8\,\text{m} \cdot 6\,\text{m}}{6150\,\text{lm} \cdot 0{,}58 \cdot 0{,}67} = \mathbf{10{,}04 \Rightarrow 10\ Leuchten}$$

Aufgaben zu 11.2.9

1. Ein Klassenzimmer mit 59 m² Grundfläche wird mit Leuchtstofflampen 32 W (Lichtfarbe neutralweiß) beleuchtet. Der Leuchtenbetriebswirkungsgrad beträgt 60 %, der Raumwirkungsgrad wird mit 0,86 ermittelt. Bestimmen Sie die erforderliche Lampenzahl, wenn eine Beleuchtungsstärke von 500 lx erforderlich ist. Bei der Wahl des Wartungsfaktors wird von einem sauberen Raum und dreijährigen Wartungsintervallen ausgegangen.

2. Ein Lagerraum mit 38 m² Grundfläche hat eine weiße Decke, Wände aus Sichtbeton und einen Bodenbelag mit dem Reflexionsgrad $\varrho_3 = 0{,}3$. Die Beleuchtungsstärke soll 100 lx betragen. Installiert werden LED-Anbauleuchten, Lichtfarbe neutralweiß, die Anschlussleistung wird mit 50 W pro Leuchte angegeben und der Lichtstrom 5005 lm, der Raumindex $k = 1{,}5$. Der Raum verschmutzt normal, die Wartung soll alle drei Jahre erfolgen. Ermitteln Sie **a)** den Raumwirkungsgrad und berechnen Sie **b)** die erforderliche Lampenzahl.

3. Für ein Zeichenbüro mit 200 m² Grundfläche wird eine Beleuchtungsstärke von 750 lx gefordert. Vorgesehen sind 80 LED-Deckenanbauleuchten, Lichtfarbe warmweiß, Anschlussleistung pro Leuchte 68 W, Lichtstrom 4900 lm. Das Büro hat saubere Raumatmosphäre, Wartungsintervall 3 Jahre. Berechnen Sie **a)** den Anschlusswert der Beleuchtung, **b)** den Gesamtlichtstrom der Neuanlage, **c)** den erforderlichen Beleuchtungswirkungsgrad.

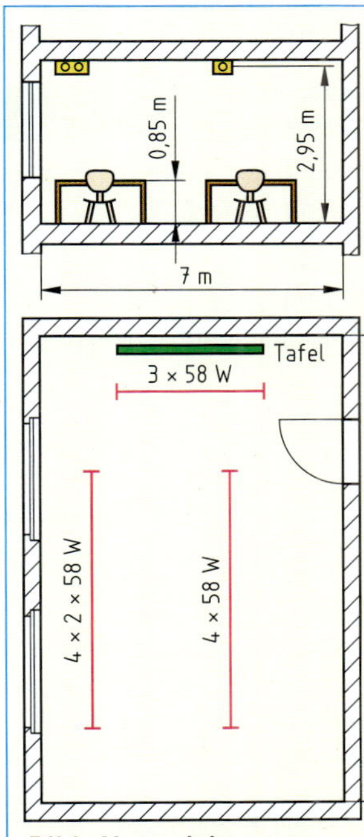

Bild: Unterrichtsraum

Datenblatt: **Seite 278**

4. Ein Unterrichtsraum gemäß **(Bild)** ist mit direkt, tiefstrahlenden Prismenwannenleuchten **(Datenblatt, Seite 278)**, bestückt und mit Leuchtstofflampen 73 W, Lichtfarbe neutralweiß, ausgestattet. Als Lichtband am Fenster sind 4 Zweifachleuchten montiert. Das zweite Lichtband besteht aus 4 Einfachleuchten und das Tafellichtband aus 3 Einfachleuchten. Die Raumdecke ist weiß, der Teppichboden dunkelgrün. Für Fenster und Wände wird ein Reflexionsgrad von 0,5 zugrundegelegt. Der Wartungsfaktor beträgt $WF = 0{,}67$. Die mittlere Beleuchtungsstärke soll 500 lx betragen. Ermitteln Sie **a)** den Beleuchtungswirkungsgrad, **b)** die mittlere Beleuchtungsstärke im Neuzustand, **c)** die mittlere Beleuchtungsstärke nach Alterung und Verschmutzung, **d)** den elektrischen Anschluss der gesamten Beleuchtung, wenn jede Lampe ein elektronisches Vorschaltgerät **(Tabelle 1, Seite 278)** hat.

11.3 Antennentechnik

11.3.1 Verstärkungsfaktor, Dämpfungsfaktor

Der Verstärkungsfaktor gibt das Verhältnis einer Ausgangsgröße, z. B. U_2, zu seiner Eingangsgröße, z. B. U_1, an. Dabei unterscheidet man den Spannungsverstärkungsfaktor V_u und den Leistungsverstärkungsfaktor V_p. Den Kehrwert dieser Verstärkungsfaktoren bezeichnet man als Dämpfungsfaktor D.

Beispiel:

Am Eingang eines Kleinsignalverstärkers wird eine Spannung von $U_1 = 4{,}2$ mV und ein Strom von $I_1 = 1{,}8$ mA gemessen. Die Ausgangssgrößen betragen $U_2 = 0{,}5$ V und $I_2 = 8$ mA. Berechnen Sie
a) den Spannungsverstärkungsfaktor V_u und
b) den Leistungsverstärkungsfaktor V_p.

Lösung:

a) $V_u = \frac{U_2}{U_1} = \frac{0{,}5\ \text{V}}{4{,}2\ \text{mV}} = \frac{500\ \text{mV}}{4{,}2\ \text{mV}} = \mathbf{119}$

b) $V_p = \frac{P_2}{P_1} = \frac{U_2 \cdot I_2}{U_1 \cdot I_1} = \frac{0{,}5\ \text{V} \cdot 8\ \text{mA}}{4{,}2\ \text{mV} \cdot 1{,}8\ \text{mA}} = \frac{4\ \text{mW}}{0{,}00756\ \text{mW}} = \mathbf{529}$

Übertragungsstrecke

Bild 1

$$V_u = \frac{U_2}{U_1} \qquad V_p = \frac{P_2}{P_1}$$

$$D_u = \frac{U_1}{U_2} \qquad D_p = \frac{P_1}{P_2}$$

V_u	Spannungsverstärkungsfaktor
U_1	Eingangsspannung
U_2	Ausgangsspannung
V_p	Leistungsverstärkungsfaktor
P_1	aufgenommene Leistung
P_2	abgegebene Leistung
D_u	Spannungsdämpfungsfaktor
D_p	Leistungsdämpfungsfaktor

Aufgaben zu 11.3.1

1. Berechnen Sie den Spannungsverstärkungsfaktor des Antennenverstärkers in **Bild 2**.
2. Die Spannung am Anfang einer koaxialen Leitung beträgt 1,2 mV. Am Leitungsende werden 480 µV gemessen. Berechnen Sie den Spannungsdämpfungsfaktor.
3. Wie groß ist der Spannungsdämpfungsfaktor der Antennenleitung **(Bild 2)**, wenn am Fernsehempfänger eine Eingangsspannung von 12 mV gemessen wird.
4. Berechnen Sie die Eingangsspannung am Fernsehempfänger **(Bild 2)**, wenn der Dämpfungsfaktor der Antennenleitung 3,25 beträgt.
5. Bei einer Antennenleitung wird mit einem Antennenmessgerät am Leitungsanfang eine Spannung von $U_1 = 0{,}6$ mV gemessen. Der Spannungsdämpfungsfaktor beträgt $D_u = 18$. Berechnen Sie die Spannung am Ende der Antennenleitung.
6. Die Eingangsspannung einer Antennenleitung beträgt 18 mV. Berechnen Sie den Spannungsdämpfungsfaktor, wenn am Ausgang eine Spannung von 6 mV gemessen wird.
7. Die Spannung am Eingang einer Antennenleitung beträgt 2,4 mV. Am Ausgang werden 650 µV gemessen. Berechnen Sie den Spannungsdämpfungsfaktor D_U.
8. Berechnen Sie den Spannungsdämpfungsfaktor des Tiefpasses **(Bild 3)** bei einer Frequenz von 1 kHz.
9. Wie groß ist der Verstärkungsfaktor einer Empfangsanlage **(Bild 4)** **a)** für den Mikrofoneingang, **b)** für den Antenneneingang? **c)** Welchen Spannungsverstärkungsfaktor hat der Antennenverstärker? **d)** Wie hoch ist der Gesamtverstärkungsfaktor von der Antenne bis zum Lautsprecher?

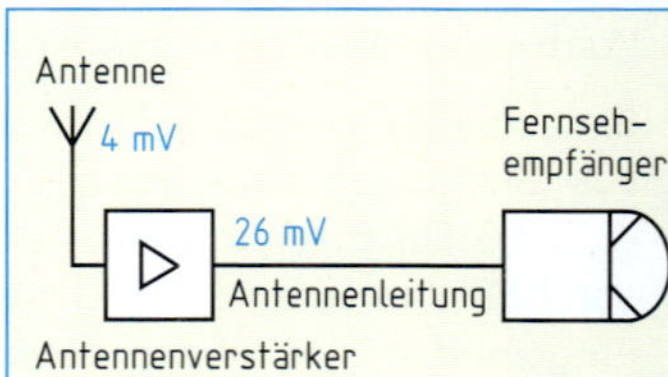

Bild 2: Fernsehempfangsanlage

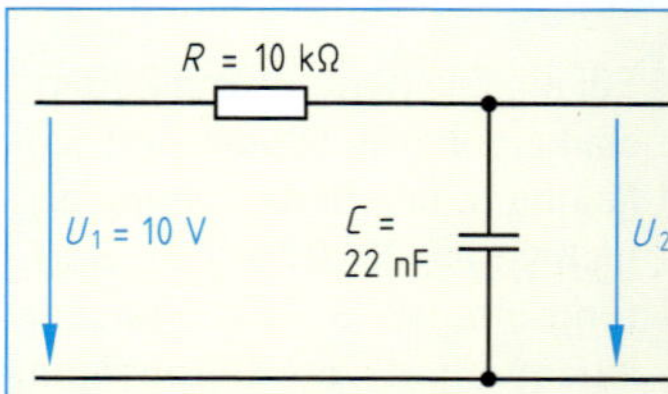

Bild 3: RC-Tiefpass

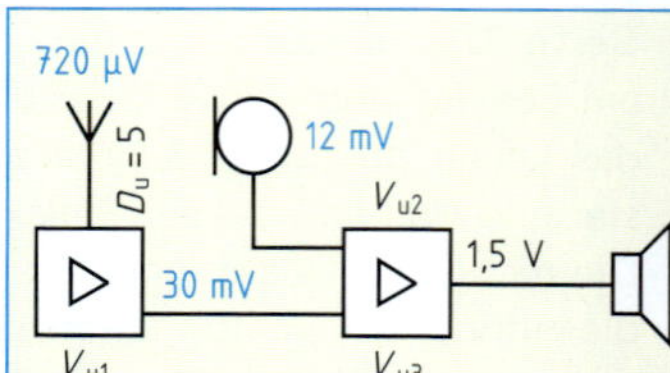

Bild 4: Empfangsanlage

11.3.2 Verstärkungsmaß, Dämpfungsmaß

Wird der Verstärkungs- oder Dämpfungsfaktor, z. B. eines Übertragungsweges **(Bild 1)**, logarithmisch angegeben, so erhält man das Verstärkungs- oder Dämpfungsmaß. Man verwendet dazu den Zehnerlogarithmus **(Seite 15)**. Verstärkungs- und Dämpfungsmaß erhalten als Einheitenname dB (Dezibel*).

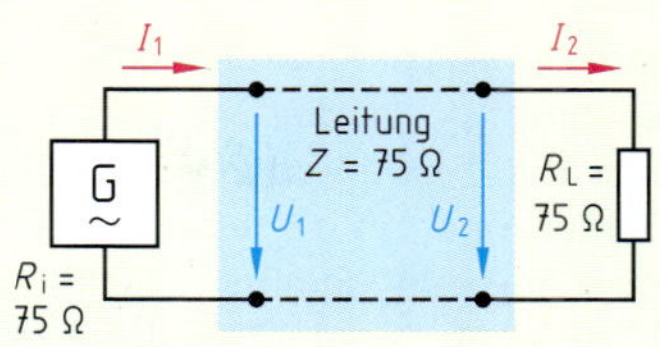

Bild 1: Übertragungsweg

Beispiel:

Berechnen Sie das Spannungsdämpfungsmaß A_u einer angepassten Antennenleitung, wenn die Eingangsspannung $U_1 = 48$ mV und die Ausgangsspannung $U_2 = 10$ mV betragen.

Lösung:

$$A_u = 20 \cdot \lg \frac{U_1}{U_2} = 20 \cdot \lg \frac{48\,\text{mV}}{10\,\text{mV}} = 20 \cdot \lg 4{,}8 = \mathbf{13{,}6\,dB}$$

lg**-Funktion ⇒ Taste log **Beispiel:** lg 4,8 = ?

Rechner 1: [log] 4 · 8 [=] 0,681...

Rechner 2: 4 · 8 [log] 0,681...

$$A_u = 20 \cdot \lg \frac{U_1}{U_2} \qquad A_p = 10 \cdot \lg \frac{P_1}{P_2}$$

$$G_u = 20 \cdot \lg \frac{U_2}{U_1} \qquad G_p = 10 \cdot \lg \frac{P_2}{P_1}$$

A_u Spannungsdämpfungsmaß in dB
U_1 Eingangsspannung in V
U_2 Ausgangsspannung in V
A_p Leistungsdämpfungsmaß in dB
P_1 aufgenommene Leistung in W
P_2 abgegebene Leistung in W
G_u Spannungsverstärkungsmaß in dB
G_p Leistungsverstärkungsmaß in dB

Tabelle: Dämpfungsmaße

A in dB	U_1/U_2	P_1/P_2
0	1	1
1	1,12	1,26
2	1,26	1,58
5	1,78	3,16
10	3,16	10
20	10	100
50	316	1000

Geg.: $A_u = 20 \cdot \lg \frac{U_1}{U_2}$

Ges.: U_1

Lösung:

1. Schritt: $\frac{A_u}{20} = \lg \frac{U_1}{U_2}$

2. Schritt: $\frac{U_1}{U_2} = 10^{\frac{A_u}{20\,\text{dB}}}$

3. Schritt: $U_1 = U_2 \cdot 10^{\frac{A_u}{20\,\text{dB}}}$

Bild 2: Umkehrfunktion

Aufgaben zu 11.3.2

1. Die Eingangsspannung einer angepassten Leitung beträgt 35 mV, die Ausgangsspannung 11,07 mV.
   Berechnen Sie **a)** den Spannungsdämpfungsfaktor, **b)** das Spannungsdämpfungsmaß mithilfe der **Tabelle**.

2. Ein Antennenverstärker speist in eine Antennenleitung mit 1,25 mW. Am Leitungsende sind 85 µW verfügbar.
   Berechnen Sie **a)** den Leistungsdämpfungsfaktor, **b)** das Leistungsdämpfungsmaß.

3. Bei einem Funktionsgenerator beträgt die Ausgangsspannung 10 V. Mit einem Schalter kann die Ausgangsspannung um 30 dB gesenkt werden.
   Berechnen Sie die verringerte Ausgangsspannung mithilfe **Bild 2**.

4. Am Ende einer 760 m langen Antennenleitung wird eine Spannung von 0,8 mV gemessen. Die Dämpfung der Leitung beträgt 8 dB/100 m.
   Berechnen Sie die Spannung am Anfang der Antennenleitung.

5. Ein Antennenverstärker mit einem Spannungsverstärkungsmaß von 38 dB wird mit einer Eingangsspannung von 2,1 mV angesteuert. Die Dämpfung zwischen Verstärker und Empfänger beträgt 23 dB.
   Berechnen Sie **a)** die Spannung am Verstärkerausgang, **b)** die Spannung am Empfängereingang.

6. Ein NF-Verstärker hat eine Ausgangsleistung von 20 W und einen Ausgangswiderstand von 7 Ω. Die Eingangsspannung beträgt 58 mV.
   Berechnen Sie **a)** den Spannungsverstärkungsfaktor und **b)** das Spannungsverstärkungsmaß.

* Dezibel, zehnter Teil der Einheit Bel, benannt nach Bell, amerikanischer Physiker, 1847 bis 1922.
** lg, Abk. für: Logarithmus

11.3.3 Pegel

Bei Antennenanlagen rechnet man mit Pegeln, meist dem Spannungspegel. Der Spannungspegel L_u ist das logarithmische Verhältnis einer Spannung U zu der Bezugsspannung U_0. Bei der Pegelrechnung kann man den Spannungspegel in dB µV, die Verstärkungen in dB und die Dämpfungen in dB addieren und subtrahieren. Je nach Empfangsbereich muss an Antennensteckdosen ein Pegel zwischen 30 dB µV und 80 dB µV anliegen **(Tabelle 2, Seite 279)**.

$$L_u = 20 \cdot \lg \frac{U}{U_0}$$

$$L_p = 10 \cdot \lg \frac{P}{P_0}$$

L_u Spannungspegel in dB µV
U Spannung in µV
U_0 Bezugsspannung 1 µV an 75 Ω
L_p Leistungspegel in dB mW
P Leistung in mW
P_0 Bezugsleistung 1 mW

Beispiel 1:

An einer Antennensteckdose wird mit einem speziellen Spannungsmesser eine Spannung von $U = 14{,}8$ mV gemessen.
Berechnen Sie den Spannungspegel L_u.

Lösung:

$$L_u = 20 \cdot \lg \frac{U}{U_0} = 20 \cdot \lg \frac{14{,}8\ \text{mV}}{1\ \mu\text{V}} = 20 \cdot \lg \frac{14800\ \mu\text{V}}{1\ \mu\text{V}}$$

$$= 20 \cdot \lg 14800 = 20 \cdot 4{,}17 = \mathbf{83{,}4\ dB\ \mu V}$$

Bei Antennenanlagen beträgt die Bezugsspannung $U_0 = 1$ µV an 75 Ω.

$$A_{ges} = A_1 + A_2 + A_3 + \ldots$$

$$G_{ges} = G_1 + G_2 + G_3 + \ldots$$

A_{ges} Gesamtdämpfungsmaß
A_1, A_2, A_3 Einzeldämpfungsmaße
G_{ges} Gesamtverstärkungsmaß
G_1, G_2, G_3 Einzelverstärkungsmaße

Aufgaben zu 11.3.3

1. Berechnen Sie die fehlenden Größen in der Tabelle.
Hinweis: Eine Lösungshilfe gibt **Bild 2, Seite 219**.

L_u in dB µV	?	1	46	?	62
U in µV	240	?	?	100	?
L_p in dB mW	?	1	28	?	87
P in mW	36,3	?	?	123	?

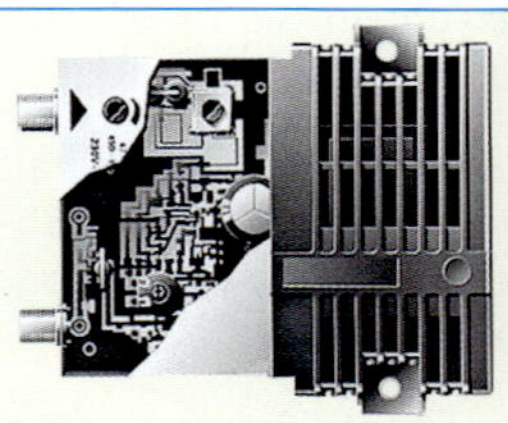

Bild: Antennenverstärker

2. Um Eingangsverstärkerstufen von UKW-Empfängern nicht zu übersteuern, ist in DIN EN 60728 (DIN VDE 0855) ein Höchstpegel am Empfängereingang festgelegt. Berechnen Sie die maximale Eingangsspannung mithilfe der **Tabelle 2, Seite 279** für das Stereo-Signal.

3. Für Antennenanlagen beträgt die maximal zulässige Störstrahlungsleistung $4 \cdot 10^{-9}$ W. Welchem Leistungspegel entspricht diese Leistung?

4. Am Eingang eines Antennenverstärkers **(Bild)** wird eine Spannung von 0,1 mV, am Ausgang eine Spannung von 14 mV gemessen. **a)** Berechnen Sie den Spannungsverstärkungsfaktor V_u **(Seite 218)**, **b)** die Spannungspegel am Ein- und am Ausgang und **c)** das Spannungsverstärkungsmaß G_u des Verstärkers.

5. An einer Empfangsantenne wurde ein Pegel von 46 dB µV gemessen. Die Verbindungsleitung zwischen Antenne und Empfänger hat eine Länge von 24 m. Die Dämpfung der Leitung beträgt 8,4 dB pro 100 m. **a)** Welcher Spannungspegel ist am Empfänger vorhanden? **b)** Welches Verstärkungsmaß ist notwendig, wenn ein Mindestpegel von 60 dB µV am Empfänger anliegen muss?

6. An einem Antennendipol wird eine Spannung von 120 µV gemessen. Bei Verwendung einer Richtantenne beträgt die Spannung 1 mV. Berechnen Sie die Differenz der beiden Spannungspegel (Antennengewinn).
Hinweis: Wandeln Sie zuerst beide Spannungen in einen Pegel um.

7. In eine 75-Ω-Antennenleitung mit einer Dämpfung von 12 dB wird mit einem Messsender ein Pegel von 58 dBmW eingespeist. Die Antennenleitung ist mit einem 75-Ω-Widerstand abgeschlossen. Berechnen Sie für das Ende der Antennenleitung **a)** den Leistungspegel, **b)** die Spannung und **c)** den Spannungspegel.

Beispiel 2:

Bei einer DVB-T-Antennenanlage **(Bild 1)** beträgt der Antennenpegel $L_e = 62\,\text{dB}\,\mu\text{V}$. Vom Verstärker bis zur Steckdose B sind es 23 m. Berechnen Sie für den Fernsehkanal 21 mithilfe des **Datenblattes, Seite 279**,

a) die Gesamtdämpfung A_{ges} bis zur Steckdose B und

b) die Mindestverstärkung V_{min} des Antennenverstärkers.

Lösung:

Aus **Datenblatt (Tabelle 4)**: $A_K = 19{,}2\,\text{dB}/100\,\text{m}$

a) $\boldsymbol{A_{ges}} = A_K + A_V + A_A + A_D$

$$= \frac{23\,\text{m} \cdot 19{,}2\,\text{dB}}{100\,\text{m}} + 6\,\text{dB} + 13{,}5\,\text{dB} + 2 \cdot 1\,\text{dB}$$

$$= \mathbf{25{,}9\,dB}$$

b) Aus **Datenblatt (Tabelle 2)**: $L_{umin} = 60\,\text{dB}\,\mu\text{V}$

$\boldsymbol{V_{min}} = A_{ges} + L_{umin} - L_e$

$$= 25{,}9\,\text{dB} + 60\,\text{dB}\,\mu\text{V} - 62\,\text{dB}\,\mu\text{V} = \mathbf{23{,}9\,dB}$$

Da die Dämpfung passiver Bauteile frequenzabhängig ist, sind Dämpfungsberechnungen für jeden Kanal bzw. Frequenzbereich immer gesondert durchzuführen.

8. Eine BK-Anlage **(Datenblatt, Seite 279)** besteht aus 4 Teilnehmern **(Bild 2)**. Der Eingangspegel des Verstärkers beträgt am Übergabepunkt 66 dB µV. Berechnen Sie bei 100 MHz (USB) und 300 MHz (OSB) **a)** die Dämpfung bis zur ungünstigsten Steckdose und **b)** den erforderlichen Ausgangspegel des Verstärkers bei einem Sicherheitszuschlag von +3 dB. **c)** Wird der Maximalpegel an der günstigsten Steckdose überschritten?

9. In der Gemeinschaftsantennen-Anlage **(Bild 3)** werden Satellitenempfangssignale eingespeist. Berechnen Sie mithilfe des **Datenblattes Seite 279**, bei einer Frequenz von 1750 MHz und einem Sicherheitszuschlag von +3 dB **a)** die Anlagendämpfung bis zu den Steckdosen A und B. **b)** Welche Mindestverstärkung muss der Verstärker haben? **c)** Überprüfen Sie den Maximalpegel an der Steckdose A.

10. Mit einem Messdipol wurden die Spannungen gemessen. UKW: 288 µV, FIII: 212 µV, FV: 1,2 mV. Wie hoch muss der Antennengewinn der betreffenden Antenne sein, damit die Mindestpegel der **Aufgabe 9** erfüllt sind?

11. Eine Gemeinschaftsantennen-Anlage besteht aus 3 Antennen für den Bereich UKW sowie die DVB-T-Fernsehbereiche III und V. Die Gesamtdämpfung der Anlage beträgt im UKW-Bereich 31 dB, im Fernsehbereich III 34 dB und im Fernsehbereich V 44 dB. Die Verstärkung des Antennenverstärkers beträgt in allen Bereichen 24 dB. Welcher Eingangspegel muss je nach Bereich am Verstärker vorhanden sein, damit an der ungünstigsten Steckdose der Mindestpegel vorhanden ist **(Datenblatt, Seite 279)**?

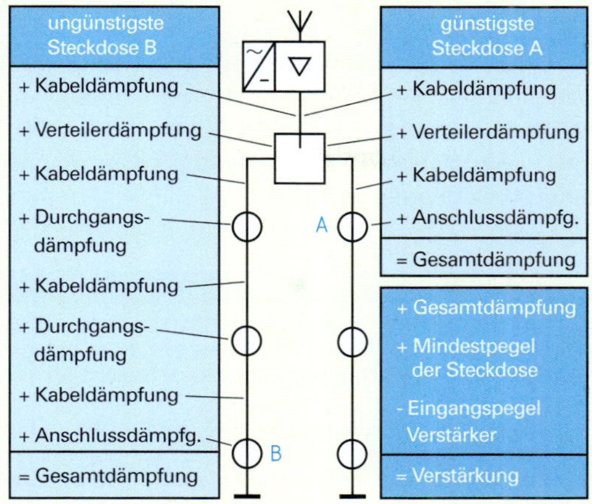

Bild 1: Antennenanlage

$$A_{ges} = A_K + A_V + A_A + A_D$$

$$V_{min} = A_{ges} + L_{umin} - L_e$$

A_{ges}	Gesamtdämpfung in dB
A_K	Kabeldämpfung in dB
A_V	Verteilerdämpfung in dB
A_A	Anschlussdämpfung in dB
A_D	Durchgangsdämpfung in dB
V_{min}	Mindestverstärkung des Antennenverstärkers in dB
L_{umin}	Mindestpegel der Antennensteckdose in dB µV
L_e	Eingangspegel des Antennenverstärkers in dB µV

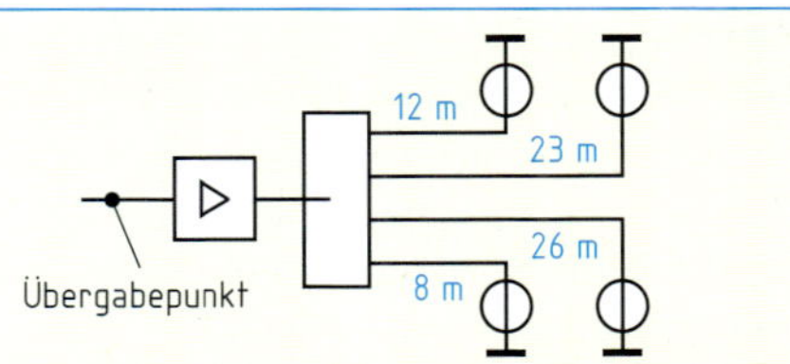

Bild 2: BK-Anlage (Breitband-Kommunikationsanlage)

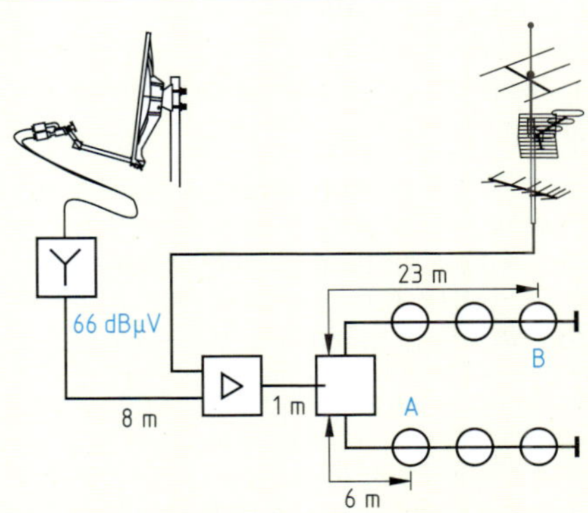

Bild 3: Gemeinschaftsantennen-Anlage

11.3.4 Mechanische Sicherheit von Antennenanlagen

Das zulässige Biegemoment des Antennenstandrohres darf durch die entstehenden Biegemomente der montierten Antennen nicht überschritten werden. Nach DIN EN 60 728 (DIN VDE 0855) ist das zulässige Gesamtbiegemoment an der oberen Einspannstelle des Antennenstandrohres begrenzt **(Bild 1)**.

Montagehinweise

- Gesamtbiegemoment M_G an der oberen Einspannstelle ≤ 1650 Nm
- Einspannlänge $\geq 1/6$ der Mastlänge

Bild 1: Antennenmontage

Beispiel:

Die an einem Antennenstandrohr montierte Parabol-Antenne **(Bild 2)** hat eine Windlast von $F_{W1} = 420$ N. Das zulässige Biegemoment des Antennenstandrohres beträgt 1125 Nm, das Eigenbiegemoment $M_R = 34$ Nm.
Berechnen Sie
a) das auftretende Biegemoment M_G an der oberen Einspannstelle des Antennenstandrohres.
b) Ist die Montage der Parabol-Antenne in **Bild 2** zulässig?
c) In welchem maximalen Abstand l_1 von der oberen Einspannstelle des Antennenstandrohres darf die Parabol-Antenne montiert werden?

Lösung:

a) $M_G = M_R + M_1 = M_R + F_{W1} \cdot l_1 = 34\ \text{Nm} + 420\ \text{N} \cdot 1{,}2\ \text{m} = \mathbf{538\ Nm}$

b) **Ja**, zulässig 538 Nm < **1125 Nm**

c) $l_1 = \dfrac{M_G - M_R}{F_{W1}} = \dfrac{1125\ \text{Nm} - 35\ \text{Nm}}{420\ \text{N}} = \mathbf{2{,}60\ m}$

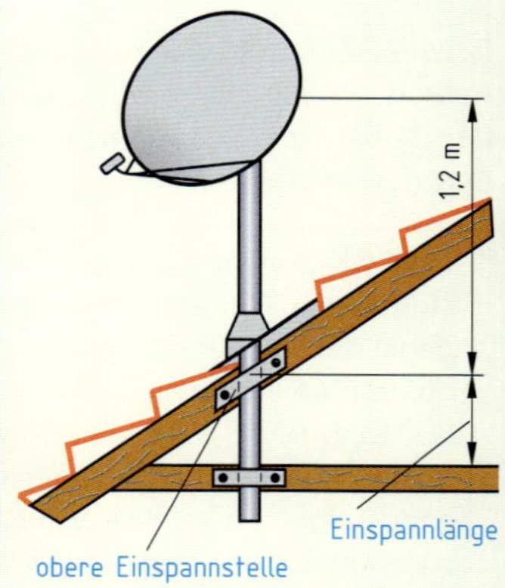

Bild 2: Parabol-Antenne

Bei der Montage von Antennenanlagen in einer Höhe von mehr als 20 m über Grund, z. B. auf Bauwerken mit mehr als 6 Stockwerken, ist nach DIN EN 60 728 (DIN VDE 0855) die Windlast der Antenne um den Faktor 1,37 zu erhöhen.

$$M_1 = F_{W1} \cdot l_1$$

$$M_G = M_R + M_1 + M_2 + M_3 + \ldots$$

$M_1, M_2, \ldots$	Biegemomente der Antennen
$F_{W1}, F_{W2}, \ldots$	Windlasten
$l_1, l_2, \ldots$	Abstände von der oberen Einspannstelle
M_G	Gesamtbiegemoment
M_R	Eigenbiegemoment des Antennenstandrohres

Aufgaben zu 11.3.4

1. In den technischen Unterlagen eines Antennenherstellers ist für eine Fernsehantenne eine Windlast von 84 N angegeben. Mit welcher Windlast muss bei einer Antennenmontage in einer Höhe von 21 m über Grund gerechnet werden.
Hinweis: Merksatz beachten.

2. Eine Antennenkombination auf einem Einfamilienwohnhaus besteht aus einer Parabol-Antenne und einer UKW-Antenne. Die Parabol-Antenne mit der Windlast 520 N wird 0,9 m, die UKW-Antenne mit der Windlast 63 N wird 2,2 m über der oberen Einspannstelle montiert. Berechnen Sie das an der oberen Einspannstelle auftretende Biegemoment.

3. Ein 6 m langes Antennenstandrohr mit einer Einspannlänge von 1 m hat ein zulässiges Biegemoment von 1180 Nm. Am oberen Ende des Antennenstandrohres wird eine UKW-Antenne mit einer Windlast von 58 N montiert. Unter der UKW-Antenne wird in einem Abstand von 1,2 m eine UHF-Antenne und 0,9 m unter der UHF-Antenne eine VHF-Antenne angebracht. Die Windlast der UHF-Antenne beträgt 77 N, die der VHF-Antenne 69 N. Wird das zulässige Biegemoment des Antennenstandrohres überschritten?

4. Eine Antennenkombination für DVB-T-Empfang besteht aus einer UHF- und VHF-Antenne und ist an einem Antennenstandrohr angebracht. Die UHF-Antenne Typ 4 **(Tabelle 5, Seite 279)** ist 3,2 m, die VHF-Antenne 2,4 m über der oberen Einspannstelle montiert. Das maximale Biegemoment der Antennenkombination beträgt 518 Nm. **a)** Wie groß ist die zulässige Windlast der VHF-Antenne? **b)** Welches Biegemoment ergibt sich an der oberen Einspannstelle, wenn beide Antennen vertauscht montiert werden?

5. Eine Antennenanlage besteht aus zwei Antennen. Die erste Antenne Typ 1 **(Tabelle 5, Seite 279)** wird 2,2 m über der oberen Einspannstelle angebracht. Die zweite Antenne Typ 4 **(Tabelle 5, Seite 279)** wird ebenfalls montiert. Das Biegemoment der Antennenanlage beträgt 129,4 Nm. Berechnen Sie den Abstand der zweiten Antenne zur oberen Einspannstelle.

6. Durch Windlastberechnung soll eine Antennenanlage **(Bild)** auf ausreichende mechanische Festigkeit überprüft werden. Das Biegemoment des Antennenstandrohres darf 1180 Nm nicht überschreiten. Für das Antennenstandrohr ist vom Hersteller ein Eigenbiegemoment von 42 Nm angegeben.
a) Berechnen Sie das Gesamtbiegemoment der Antennenanlage. **b)** Ist die Antennenmontage zulässig? Begründen Sie Ihre Entscheidung. **c)** Welche Änderungen sind eventuell notwendig, um die Festigkeit des Antennenstandrohres einzuhalten?

7. Eine Antennenanlage **(Tabelle)** wird 24 m über Grund montiert. Das Antennenstandrohr hat ein zulässiges Biegemoment von 1565 Nm. In welchem Abstand zur oberen Einspannstelle kann bei der Antennenanlage **A)** bzw. **B)** die Parabol-Antenne montiert werden, ohne dass das zulässige Biegemoment des Antennenstandrohres überschritten wird?

8. Für die DVB-T-Fernsehbereiche III und IV/V ist mithilfe von Herstellerunterlagen **(Tabelle 5, Seite 279)** eine Antennenanlage zu planen. Die Antenne für den Fernsehbereich III ist mit einem Antennengewinn größer als 7 dB auszuwählen. Im Fernsehbereich IV/V muss der Antennengewinn mindestens 11 dB betragen, um eine ausreichende Bildqualität zu erhalten. Als Antennenstandrohr werden zwei Steckmaste mit einer Länge von je 2 m verwendet. Die Antennen werden am oberen Ende des Antennenstandrohres mit einem gegenseitigen Abstand von je 1 m montiert. Die Einspannlänge beträgt $^1/_6$ der Gesamtlänge des Antennenstandrohres.
a) Wählen Sie geeignete Antennen für den Empfang horizontal ausstrahlender Fernsehsender aus. **b)** Welche Reihenfolge ist bei der Antennenmontage einzuhalten, um ein möglichst geringes Biegemoment des Antennenstandrohres zu erhalten? **c)** Berechnen Sie das Biegemoment an der oberen Einspannstelle. **d)** Die Antennenanlage wird um eine Parabol-Antenne mit einer Windlast von 0,75 kN erweitert. Der Abstand zur oberen Einspannstelle beträgt 1,6 m. Welches Antennenstandrohr ist nach **Tabelle 5, Seite 279** notwendig?

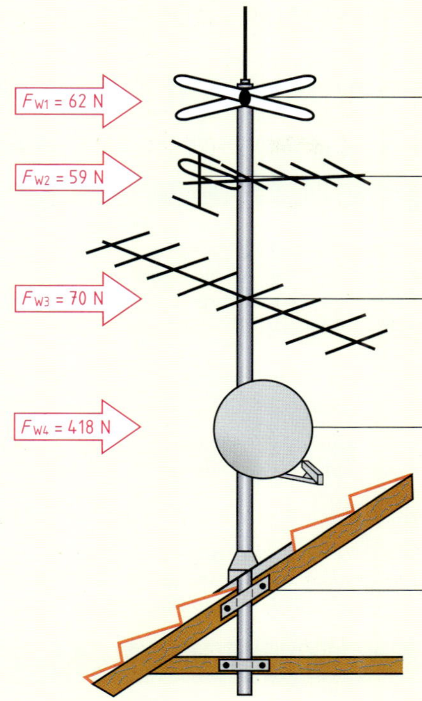

Bild: Antennenanlage

Mindestquerschnitte für Erdungsleiter

- 16 mm² Kupfer eindrähtig, isoliert oder blank
- 25 mm² Aluminium eindrähtig, isoliert
- 50 mm² verzinkter Stahl

Tabelle: Antennenanlagen

Antennenanlage A				
Antenne	UKW	UHF	VHF	Parabol
Abstand zur oberen Einspannstelle in m	4,2	3,2	2,4	?
Windlast in N	62	123	106	388
Antennenanlage B				
Antenne	UKW	UHF	VHF	Parabol
Abstand zur oberen Einspannstelle in m	4,2	3,4	2,7	?
Windlast in N	142	154	108	388

11.4 Kostenrechnen

Die Kostenrechnung ist die Grundlage für die Kalkulation des Angebotspreises. Mit ihrer Hilfe kann man kontrollieren, ob ein Angebot wirtschaftlich durchgeführt werden kann.

11.4.1 Rechnungspreis und Gewinn

Beispiel:

Die *Selbstkosten* eines Fernsehgerätes betragen 217,00 €. Der Verkäufer rechnet mit einem Gewinnzuschlagssatz von 12%. Die *MwSt* beträgt 19%.

a) Wie hoch ist der Bruttoverkaufspreis?

b) Der Verkäufer weiß aus Erfahrung, dass viele Kunden 5% *Rabatt* und dann auch noch 2% *Skonto* verlangen. Welchen Bruttoverkaufspreis **(Bild)** muss er kalkulieren, wenn er 8% Gewinn haben will?

Lösung:

a) *Gewinn* = *Selbstkosten* · *Gewinnzuschlagssatz* = $217{,}00\,€ \cdot \frac{12\,\%}{100\,\%} = 26{,}04\,€$

Nettoverkaufspreis = *Selbstkosten* + *Gewinn* = 217,00 € + 26,04 € = 243,04 €

Bruttoverkaufspreis = *Nettoverkaufspreis* + *Mehrwert-Steuer* = 243,04 € + (243,04 € · 0,19) = **289,22 €**

b) *Barverkaufspreis* = *Selbstkosten* + *Gewinn* = $217{,}00\,€ + (217{,}00\,€ \cdot \frac{8\,\%}{100\,\%}) = 234{,}36\,€$

Zielverkaufspreis = *Barverkaufspreis* + Skonto = 234,36 € + (234,36 € · 0,02) = 239,05 €

Nettoverkaufspreis = *Zielverkaufspreis* + Rabatt = 239,05 € + (239,05 € · 0,05) = 251,00 €

Bruttoverkaufspreis = *Nettoverkaufpreis* + *MwSt* = 251,00 € + (251,00 € · 0,19) = **298,69 €**

Aufgaben zu 11.4.1

Gewinn* = *Selbstkosten* · *Gewinnzuschlagssatz
Nettoverkaufspreis* = *Selbstkosten* + *Gewinn
Bruttoverkaufspreis* = *Nettoverkaufspreis* + *MwSt

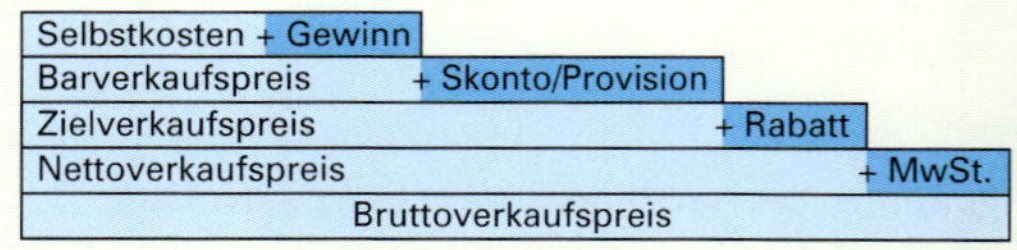

Bild: Bruttoverkaufspreis

1. Die Selbstkosten für einen Waschvollautomaten betragen 421,00 €. Der Händler möchte einen Gewinn von 8% erzielen. Der *MwSt*-Satz beträgt 19%. Mit welchem Bruttoverkaufspreis ist die Waschmaschine auszuzeichnen?

2. Der Elektrohändler Müller hat einen Wäschetrockner auf Lager. Für diesen möchte er auch bei Gewährung von 6% Rabatt und 2% Skonto bei Barzahlung einen Gewinn von 6% erzielen. Der Selbstkostenpreis für den Wäschetrockner beträgt 290,00 €, der Mehrwert-Steuersatz 19%. Welchen Bruttoverkaufspreis muss der Händler kalkulieren, damit er den erwünschten Gewinn erzielt?

11.4.2 Kostenarten

Tabelle: Wichtige Kostenarten und Begriffe

Kostenart	Erklärung, Beispiele
Gesamtkosten	Setzen sich aus Einzel- und Gemeinkosten zusammen.
Einzelkosten	Können einem Kostenträger direkt zugeordnet werden, z. B. Fertigungsmaterial und Fertigungslöhne.
Gemeinkosten	Alle Kosten, die gemeinsam für mehrere Kostenträger anfallen und nicht einzeln zuzuordnen sind. Sie werden auf alle Kostenträger prozentual umgelegt.
Lohnkosten	Lohn- und Lohn-Nebenkosten.
Materialkosten	Kosten Werkstoffe, Verschnitt, Hilfs- und Betriebsstoffe.
Materialgemeinkostenzuschlagssatz	Kosten für Lagerhaltung, Transportverluste.
Verwaltungskosten	Kosten für Büromaterial, Telefon, Porto, Datenverarbeitung und Werbung.
Steuern, Beiträge	Gewerbesteuer, Grundsteuer, Beiträge an Berufsverbände.
Versicherungen	Haftpflicht-, Gebäudeversicherung.
Kfz-Kosten und Gerätekosten	Kraftstoff, Reifen, Reparaturen, Kundendienst und Instandhaltung, Abschreibung.
Kostenstelle	Bezeichnet den Ort wo die Kosten entstanden sind, z. B. Werkstatt, Baustelle.
Kostenträger	Das einzelne Erzeugnis auf das Kosten entfallen z. B. Motor, Wohnungsinstallation.

Materialkosten und Lohnkosten

Die Menge des für einen Auftrag benötigten Materials ergibt sich z. B. aus dem Architekten-Leistungsverzeichnis.

Die Material-Einkaufspreise erhält man aus:

- Großhändlerunterlagen, z. B. Katalogen, Preislisten, aber auch durch Anfragen und endgültig aus
- Lieferantenrechnungen.

Beispiel:

Die Lohngemeinkosten in einer Elektro-Installationsfirma betragen 126 % der Tariflöhne **(Tabelle 1)**. Berechnen Sie jeweils den Stundenverrechnungssatz für

a) einen Monteur,
b) einen Helfer und
c) einen Auszubildenden im 3. Lehrjahr.

Lösung:

Stundenverrechnungssatz (*VS*)
= Stundenlohn + (Stundenlohn · Lohngemeinkostensatz)

a) Monteur: ***VS*** = 20,25 € + (20,25 € · 1,26) = **45,76 €**
b) Helfer: ***VS*** = 15,20 € + (15,20 € · 1,26) = **34,35 €**
c) Azubi: ***VS*** = 5,30 € + (5,30 € · 1,26) = **11,98 €**

Gesamte Materialkosten = Selbstkosten + Gemeinkosten
= Material-Selbstkosten + (Mat. Selbstkosten · Material-Gk-Satz)

Tabelle 1: Stundenlöhne im Elektroinstallateur-Handwerk (Beispiele)

Lohngruppe	Brutto-Stundenlohn
Meister	24,80 €
Obermonteur	22,00 €
Selbstständiger Monteur	20,25 €
Monteur	16,90 €
Hilfsmonteur	16,25 €
Helfer	15,20 €
Auszubildender (3. Lehrjahr)	5,30 €

Aufgaben zu 11.4.2 Kostenarten

1. Die Material-Selbstkosten für eine Leuchteninstallation in einem Wohnzimmer betragen 76,00 €. Welcher Betrag muss für das Material berechnet werden, wenn der Materialgemeinskostensatz 190 % beträgt?

2. Die Firma Elektro-Müller setzt für eine Meisterstunde 58,28 € an. Berechnen Sie den Lohngemeinkostensatz **(Tabelle 1, Stundenlöhne)**.

11.5 Handelskalkulation

Bei der Handelskalkulation unterscheidet man Bezugskalkulation (Einkauf) und Verkaufskalkulation. Damit der Händler beurteilen kann, von wem er seine Waren am günstigsten bezieht, muss er mittels der Bezugskalkulation seinen persönlichen Bezugspreis **(Bild)** ermitteln.

Beispiel:

Das Elektroinstallationsgeschäft Bachmeier bestellt bei einem Großhändler 200 UP-Steckdosen, 50 Ein-Taster und 20 Einbau-Stromstoßrelais **(Tabelle 2)**. Mit dem Großhändler ist ein Wiederverkäuferrabatt von 22 %, ein Mengenrabatt von 3 % und bei Bezahlung innerhalb von 10 Tagen 2 % Skonto vereinbart. Wie hoch ist der Bar-Einkaufspreis?

Lösung:

Anzahl	Bezeichnung	Einzelpreis · Anzahl	Gesamt
200	UP-Steckdosen	6,15 € · 200 =	1230,00 €
50	UP-Taster	10,40 € · 50 =	520,00 €
20	Stromstoßrelais	26,00 € · 20 =	520,00 €
Listenpreis			2270,00 €
– 22 % Wiederverkäuferrabatt			– 499,40 €
			1770,60 €
– 3 % Mengenrabatt			– 53,12 €
Netto-Betrag			1717,48 €
– 2 % Skonto			– 34,35 €
Bar-Einkaufspreis			**1683,13 €**

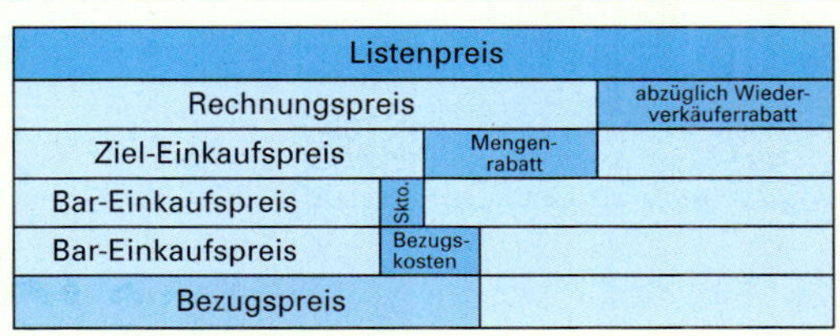

Bild: Bezugskalkulation

Tabelle 2: Listenpreise (Auszug)

UP-Steckdose	6,15 €/Stück
UP-Wechselschalter	9,75 €/Stück
UP-Taster	10,40 €/Stück
Stromstoßrelais	26,00 €/Stück

Aufgaben zu 11.5 Handelskalkulation

1. Ein Elektroinstallationsgeschäft bestellt bei einem Großhändler 500 UP-Steckdosen, 60 UP-Wechselschalter, 100 UP-Taster und 50 Stromstoßrelais. Die Listenpreise sind **Tabelle 2**, **Seite 225** zu entnehmen. Mit dem Großhändler ist ein Wiederverkäuferrabatt von 28%, ein Mengenrabatt von 4% und bei Bezahlung innerhalb von 10 Tagen ein Skonto von 2% vereinbart. **a)** Wie groß ist dann der Ziel-Einkaufspreis, **b)** welcher Betrag ist innerhalb der Skontofrist zu überweisen?
2. Elektro-Schmitt bezieht von einem Großhändler 20 Waschmaschinen zu einem Listenpreis von je 469,00 €. Der Wiederverkäuferrabatt beträgt 30% und der Mengenrabatt 5%. Bei Barzahlung wird ein Skonto von 2% gewährt. Berechnen Sie **a)** den Bar-Einkaufspreis, **b)** den zu überweisenden Betrag.
3. Elektro-Meier kauft beim Großhändler 10 Fernsehgeräte mit einem Listenpreis von 499,00 €. Der Wiederverkäuferrabatt beträgt 25%, der Mengenrabatt 4%. Für Lieferung und Versicherung werden 40,00 € Bezugskosten berechnet. Wie hoch ist **a)** der Bar-Einkaufspreis und **b)** der zu überweisende Betrag bei 3% Skonto?

11.6 Angebotserstellung

Für die Angebotserstellung benötigt man zunächst ein Leistungsverzeichnis. In diesem ist aufzuführen, was gemacht werden muss und welches Material dafür benötigt wird. Dabei kann man jeden einzelnen Posten aufschreiben, z. B. Schalter, Klemmen u.s.w. Das würde aber sehr viel Zeit beanspruchen und die Erstellung des Angebots teurer machen als die auszuführende Arbeit. So werden meist nur die wichtigsten und teuersten Materialien und Geräte erfasst und auf diese ein Zuschlag erhoben, der auf Erfahrungswerten beruht.

Beispiel:

Das Kinderzimmer **(Bild)** ist neu zu installieren. Die Raumhöhe beträgt 2,50 m, die NYM-Leitungen sollen in einer Höhe von 2,2 m über Fußboden verlegt werden. Die Schalter und Steckdosen sollen 1,05 m (Dosenmitte) über dem Fußboden angebracht werden.

a) Bestimmen Sie die Schaltungsart und die Aderzahl der Leitungen in den Abschnitten A bis D des Kinderzimmers **(Bild)**.

b) Berechnen Sie die erforderlichen Leitungslängen. Runden Sie die Gesamtlänge der 3-adrigen bzw. 5-adrigen Leitungen auf ganze Meter auf.

c) Berechnen Sie die Materialkosten für die zu verlegenden Leitungen an Hand der **Tabelle, Seite 276**.

d) Ermitteln Sie die Preise für die Schalter und Steckdosen mithilfe der **Tabelle, Datenblatt Seite 276** (Spalte Materialkosten).

e) Die Arbeiten werden von einem Monteur und einem Azubi im dritten Lehrjahr durchgeführt. Für die Durchführung der Arbeiten einschließlich Anfahrt und Zurüsten werden je 4,5 h für den Monteur und den Azubi angesetzt. Löhne siehe **Tabelle 1, Seite 225**. Der Lohngemeinkostensatz beträgt 140%.
Für Befestigungsmaterial, Klemmen und sonstiges sind 12,00 € anzusetzen. Die Gemeinkosten (Gk) für Leitungen und Geräte sind in den Preisen **(Tabelle, Seite 276)** enthalten. Der Mehrwertsteuersatz beträgt 19%. Erstellen Sie ein Angebot.

Lösung:

a) Gewählt: Ausführung als Sparwechselschaltung.
Erforderliche **Aderzahl**: für: A: **5**; B: **5**; C: **3**; D: **5**.

b) NYM 5 × 1,5: L = 1,15 m + 5,15 m + 1,15 m = 7,45 m ⇒ 8,0 m
NYM 3 × 1,5: L = 1,30 m = 1,30 m ⇒ 2,0 m

c) NYM 5 × 1,5: K = 8,0 m · 1,30 € = 10,40 €
NYM 3 × 1,5: K = 2,0 m · 0,88 € = 1,76 €

Zwischensumme Leitungen = 12,16 €

d)

2 UP-Steckdosen	2 · 5,00 €	=	10,00 €
2 zweifach-Abdeckungen, Aufpreis	2 · 5,50 €	=	11,00 €
2 UP-Wechselschalter	2 · 8,70 €	=	17,40 €
2 UP-Abzweigdosen 70 mm	2 · 1,60 €	=	3,20 €
Zwischensumme Geräte		=	41,60 €

Fortsetzung Lösung:

e) Erstellen des Angebots

für Leitungen: 10,40 € + 1,76 €	= 12,16 €
+ Geräte (Zwischensumme)	= 41,60 €
+ Befestigungsmaterial. Klemmen etc.	= 12,00 €
+ Arbeitslohn für	
+ Monteur: 4,5 h · (16,90 €/h + 16,90 €/h · 1,4)	= 182,52 €
Azubi: 4,5 h · (5,30 €/h + 5,30 €/h · 1,4)	= 57,24 €
Summe	= 239,76 €
+ MwSt = 239,76 € · 0,19	= 45,55 €
Angebotssumme	**= 285,31 €**

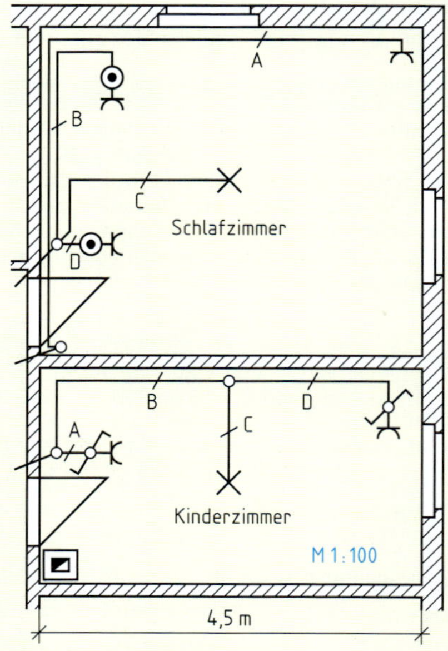

Bild: Elektroinstallation

Aufgaben zu 11.6 Angebotserstellung

1. Das Aufmaß einer Garagen-Installation hat folgende Daten ergeben: 3 FR-AP-Abzweigdosen, 3 FR-AP-Wechselschalter, 2 FR-AP-Schuko-Steckdosen, 2 FR-LS-Leuchten 1 × 58 W, 1 Außenleuchte mit Bewegungsmelder, 12 m NYM 3 × 1,5, 11 m NYM 5 × 1,5, 23 m Kunststoffrohr EN 16, 60 Stück Klemmschellen Clipfix 16, 1 Prüfung nach VDE 0100 Teil 610. MwSt. 19%. Erstellen Sie mithilfe der **Tabelle, Seite 276** (Spalte Material + Lohn) ein Angebot.

2. Das Schlafzimmer **(Bild, Seite 226)** ist nach Plan zu installieren. Die NYM-Leitungen sind unter Putz zu verlegen. Die Wände bestehen aus Hohlziegeln. Die Arbeiten werden von einem selbstständigen Monteur und einem Azubi (3. Lehrjahr) durchgeführt.
   - **a)** Bestimmen Sie die erforderliche Aderzahl der Leitungsabschnitte.
   - **b)** Ermitteln Sie aus der Zeichnung durch Messung die erforderlichen Leitungslängen, runden Sie auf ganze Meter. Die Raumhöhe beträgt 2,50 m, die Leitungen sollen in einer Höhe von 2,2 m verlegt werden. Die Schalter und Steckdosen sollen 1,05 m (Mitte) hoch angebracht werden.
   - **c)** Berechnen Sie die Materialkosten für die zu verlegenden Leitungen mithilfe der **Tabelle, Seite 276** (Spalte Material + Gk).
   - **d)** Ermitteln Sie die Materialkosten für die Schalter und Steckdosen mithilfe **Tabelle, Seite 276** (Spalte Material + Gk).
   - **e)** Erstellen Sie ein Angebot. Für Befestigungsmaterial, Klemmen und sonstiges sind 16,00 € anzusetzen. Benötigte Zeit einschließlich Anfahrt und Zurüsten: 5,5 h. Der Lohngemeinkostensatz beträgt 1,75, der Mehrwertsteuersatz ist 19%. Löhne siehe **Tabelle 1, Seite 225**.

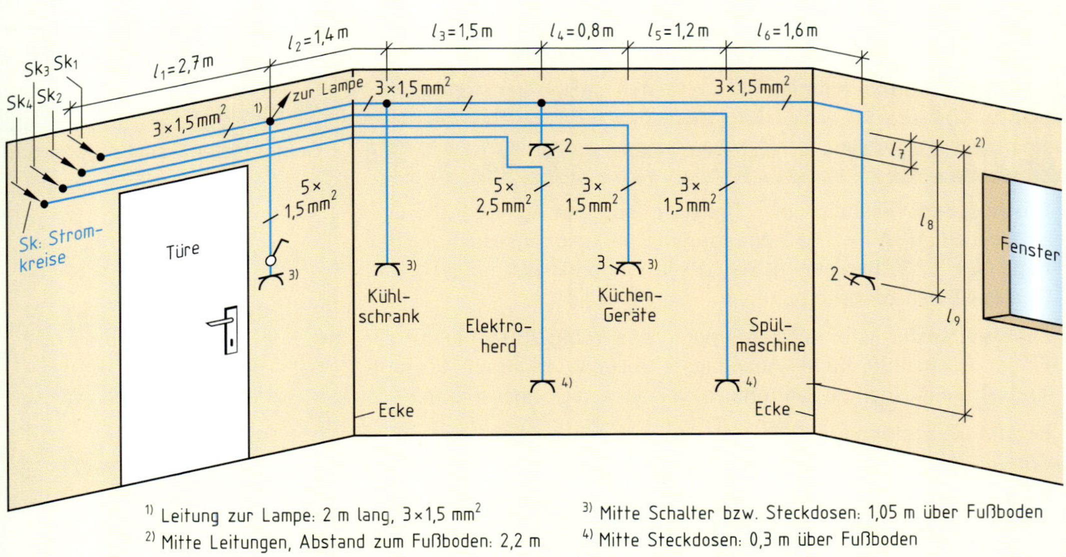

Bild: Kücheninstallation, Abwicklung

3. Die Küche **(Bild)** soll mit NYM-Leitungen unter Putz installiert werden. Die Raumhöhe beträgt $h = 2{,}50$ m, die Zuleitungen sollen in einer Höhe von 2,2 m verlegt werden. Die Länge l_7 ist 0,15 m.
   - **a)** Berechnen Sie die Längen l_8 und l_9.
   - **b)** Berechnen Sie unter Verwendung der Zeichnung **(Bild)** die Leitungslängen für die Stromkreise Sk_1 bis Sk_4. Die Leitungslängen der einzelnen Stromkreise sind auf ganze Meter aufzurunden.
   - **c)** Berechnen Sie die Materialkosten für die Leitungen, Schalter und Steckdosen mithilfe der **Tabelle, Seite 276** (Spalte Material + Gk). Für Besfestigungsmaterial und Klemmen sind 16,00 € zu berechnen.
   - **d)** Die Arbeiten werden von einem selbstständigen Monteur und einem Helfer durchgeführt. Die gesamte Arbeitszeit für jeden beträgt einschließlich Zurüsten 6,5 Stunden. Berechnen Sie nach **Tabelle 1, Seite 225** die Lohnkosten bei einem Lohngemeinkostensatz von 140%.
   - **e)** Erstellen Sie ein Angebot für den Kunden bei einem Mehrwertsteuersatz von 19%.

12 Elektrische Maschinen

12.1 Transformatoren

12.1.1 Einphasentransformatoren

Einphasentransformatoren **(Bild 1)** bestehen meist aus zwei Wicklungen auf einem gemeinsamen Eisenkern **(Bild 2)**. Beim idealen Transformator werden die Verluste vernachlässigt.

Bild 1: Einphasentransformator

Übersetzung der Spannung

Beispiel:

Ein Transformator hat eine Ausgangswicklung mit $N_2 = 250$ Windungen. Seine Eingangsspannung beträgt $U_1 = 230$ V, die Ausgangsspannung $U_2 = 25$ V. Berechnen Sie
a) die Windungszahl N_1 der Eingangswicklung und
b) das Übersetzungsverhältnis $ü$.

Lösung:

a) $\frac{U_1}{U_2} = \frac{N_1}{N_2} \Rightarrow \boldsymbol{N_1} = \frac{U_1 \cdot N_2}{U_2} = \frac{230\ \text{V} \cdot 250}{25\ \text{V}} = \mathbf{2300}$

b) $ü = \frac{U_1}{U_2} = \frac{230\ \text{V}}{25\ \text{V}} = 9{,}2;\quad ü = \mathbf{9{,}2:1}$

Das Übersetzungsverhältnis $ü$ gilt nur für den idealen Transformator.

Spannungsübersetzung

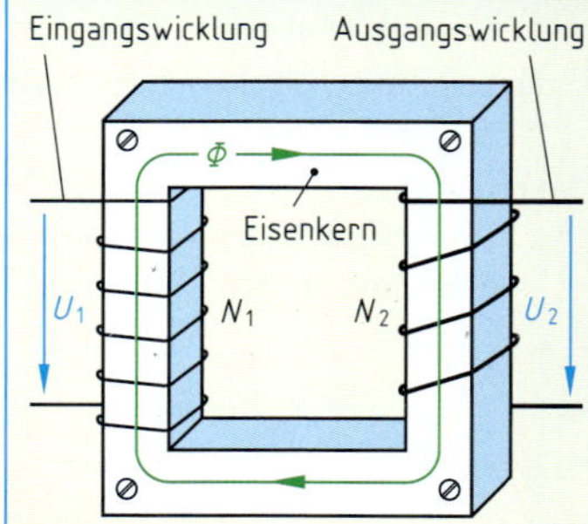

Bild 2

Beim idealen Transformator gilt:

$$ü = \frac{U_1}{U_2}$$

$$\frac{U_1}{U_2} = \frac{N_1}{N_2}$$

U_1 Leerlaufspannung der Eingangsseite (Primärseite)
U_2 Leerlaufspannung der Ausgangsseite (Sekundärseite)
N_1 Windungszahl der Eingangswicklung
N_2 Windungszahl der Ausgangswicklung
$ü$ Übersetzungsverhältnis

Aufgaben zu Übersetzung der Spannung

1. Die Ausgangswicklung eines Transformators hat $N_2 = 84$, die Eingangswicklung $N_1 = 1610$ Windungen. Die Ausgangsspannung beträgt $U_2 = 12$ V. Berechnen Sie **a)** die Eingangsspannung U_1 und **b)** das Übersetzungsverhältnis $ü$.
2. Ein Netztransformator mit der Eingangsspannung 230 V hat auf der Eingangsseite 980, auf der Ausgangsseite 105 Windungen. Wie groß sind **a)** die Ausgangsspannung, **b)** das Übersetzungsverhältnis?
3. Ein Trenntransformator 230/42 V hat auf der Ausgangsseite 210 Windungen. Welche Windungszahl hat die Eingangswicklung?
4. Ein Transformator mit der Eingangsspannung $U_1 = 230$ V hat die Eingangswindungszahl $N_1 = 1136$. Die Ausgangsspannung beträgt 8 V. Berechnen Sie die Windungszahl der Ausgangswicklung.
5. Ein Transformator mit der Eingangsspannung $U_1 = 230$ V hat primärseitig $N_1 = 2605$ Windungen und das Übersetzungsverhältnis $ü = 46$. Berechnen Sie **a)** die Ausgangsspannung U_2 und **b)** die Windungszahl N_2 der Sekundärseite.
6. Ein Transformator **(Bild 3)** hat die Eingangsspannung $U_1 = 230$ V. Die Spannung an jeder Windung (Windungsspannung) beträgt 0,23 V. Berechnen Sie **a)** die Windungszahl der Eingangswicklung und **b)** die 6 möglichen Ausgangsspannungen.
7. Ein Transformator für $U_1 = 230$ V hat eine Windungsspannung von 0,09 V und ein Übersetzungsverhältnis $ü = 1:4{,}35$. Berechnen Sie **a)** die Windungszahlen der Eingangs- und der Ausgangswicklung und **b)** die Ausgangsspannung.

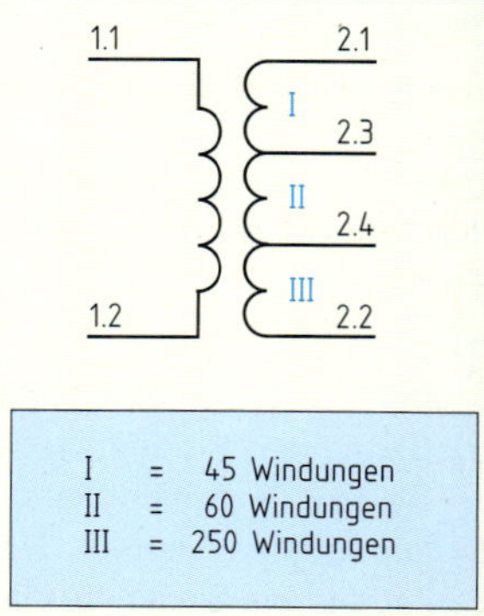

Bild 3: Kleintransformator mit Wicklungsanzapfungen

Übersetzung der Stromstärke

Die Ströme in den Wicklungen eines idealen (verlustlosen) Transformators verhalten sich umgekehrt wie die Spannungen und damit umgekehrt wie die Windungszahlen.

Beispiel:

Ein Transformator **(Bild 1)** hat einen Eingangsstrom $I_1 = 0{,}2$ A. Die Eingangswicklung hat $N_1 = 1250$, die Ausgangswicklung $N_2 = 136$ Windungen. Berechnen Sie den Ausgangsstrom.

Lösung:

$$\frac{I_1}{I_2} = \frac{N_2}{N_1} \Rightarrow \boldsymbol{I_2} = \frac{I_1 \cdot N_1}{N_2} = \frac{0{,}2\ \text{A} \cdot 1250}{136} = \mathbf{1{,}84\ A}$$

Idealer Transformator

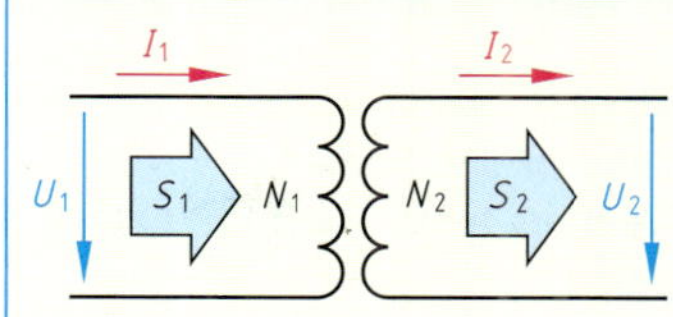

Bild 1

Beim idealen Transformator gilt:

$$S_1 = S_2$$

$$U_1 \cdot I_1 = U_2 \cdot I_2$$

$$\ddot{u} = \frac{U_1}{U_2} = \frac{I_2}{I_1} \qquad \ddot{u} = \frac{N_1}{N_2} = \frac{I_2}{I_1}$$

$\ddot{u}$ Übersetzungsverhältnis
U_1 Eingangsspannung
U_2 Ausgangsspannung
N_1 Windungszahl der Eingangswicklung
N_2 Windungszahl der Ausgangswicklung
I_1 Eingangsstrom
I_2 Ausgangsstrom
S_1 aufgenommene Scheinleistung
S_2 abgegebene Scheinleistung

Aufgaben zu Übersetzung der Stromstärke

1. Ein Klingeltransformator mit $U_1 = 230$ V hat auf der Ausgangsseite die Bemessungswerte $U_2 = 8$ V und $I_2 = 300$ mA. Berechnen Sie den Eingangsstrom I_1.

2. Ein Transformator 20/0,4 kV nimmt bei Nennlast auf der Oberspannungsseite (Eingangsseite) einen Strom $I_1 = 8$ A auf. Wie groß ist der Strom I_2 in der Ausgangswicklung?

3. Ein Transformator mit dem Übersetzungsverhältnis $\ddot{u} = 9{,}2 : 1$ und der Eingangsspannung $U_1 = 230$ V nimmt einen Strom $I_1 = 0{,}54$ A auf. Berechnen Sie
   a) den Ausgangsstrom I_2 und **b)** die Ausgangsspannung U_2.

4. Ein Transformator hat die Eingangswindungszahl $N_1 = 389$ bei $U_1 = 230$ V. Die Ausgangswicklung hat 92 Windungen und wird von einem Strom $I_2 = 7$ A durchflossen. Berechnen Sie **a)** die Ausgangsspannung U_2 und **b)** den Strom I_1 in der Eingangswicklung.

5. Der durch die Zangenbacken einer Stromzange geführte Leiter wirkt wie eine Windung der Eingangsseite **(Bild 2)**.
   Der eingebaute Strommesser mit dem Messbereich 1 A wird zur Strommessung bis 150 A verwendet. Berechnen Sie die Windungszahl N_2 der Ausgangswicklung im Stromwandler.

6. Ein Netztransformator nimmt an $U_1 = 230$ V eine Scheinleistung $S_1 = 100$ VA auf. Seine Ausgangsspannung beträgt 50 V. Berechnen Sie bei vernachlässigten Transformatorverlusten **a)** das Übersetzungsverhältnis, **b)** den Eingangsstrom und **c)** den Ausgangsstrom.

7. Ein Trenntransformator mit einer Eingangsspannung $U_1 = 230$ V hat eine Windungsspannung von 0,3 V. Der Transformator wird ausgangsseitig bei $U_2 = 25$ V mit 120 VA belastet. Berechnen Sie unter Vernachlässigung der Verluste
   a) das Übersetzungsverhältnis $\ddot{u}$, **b)** die Windungszahlen der Eingangswicklung und der Ausgangswicklung, **c)** den Ausgangsstrom I_2 und **d)** den Eingangsstrom I_1.

8. Durch eine Messleitung fließt ein Strom $I_1 = 56$ A. Berechnen Sie den Ausgangsstrom I_2 des Durchsteckstromwandlers **(Bild 3)**, wenn die Messleitung **a)** einmal und **b)** zweimal als Schleife durch den Durchsteckstromwandler gefädelt wird.

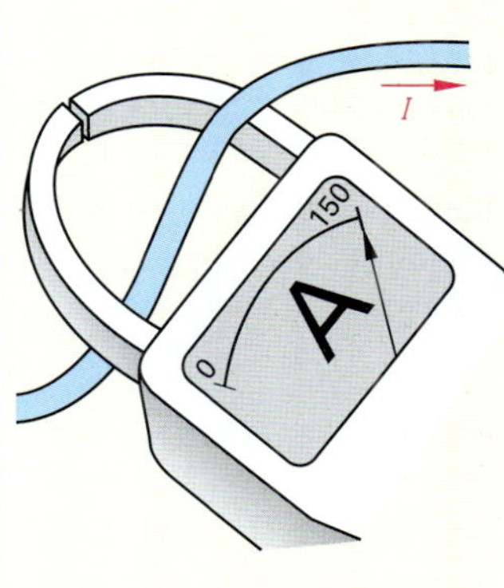

Bild 2: Stromzange

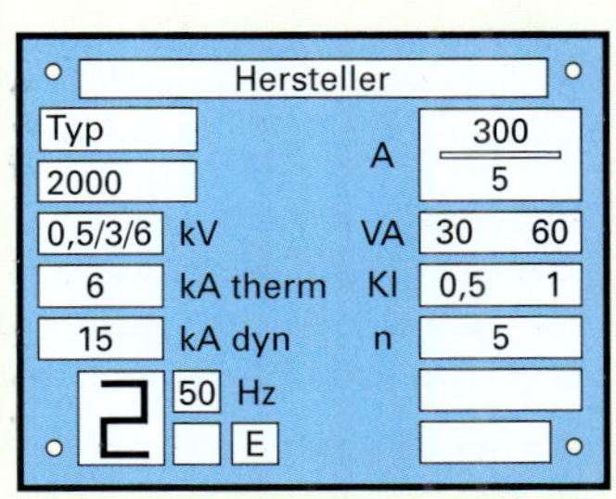

Bild 3: Leistungsschild Durchsteckstromwandler

Übersetzung des Widerstandes

In der Nachrichtentechnik benutzt man den Transformator oft zur Anpassung von Widerständen, z. B. in der Niederfrequenztechnik zur Anpassung des Scheinwiderstandes eines Mikrofons **(Bild)** oder in der Antennentechnik zum Erreichen der Leistungsanpassung.

Leistungsanpassung: **Seite 67**

Beispiel:

Mithilfe eines Übertragers **(Bild)** soll der niedrige Quellenwiderstand eines Bändchenmikrofon an den Quellenwiderstand angepasst werden, der bei dynamischen Mikrofonen üblich ist.
Welche Windungszahl muss die Ausgangswicklung des Übertragers haben?

Lösung:

$$\frac{N_1}{N_2} = \sqrt{\frac{Z_1}{Z_2}} \Rightarrow \boldsymbol{N_2} = N_1 \cdot \sqrt{\frac{Z_2}{Z_1}} = 60 \cdot \sqrt{\frac{200\,\Omega}{0{,}2\,\Omega}} = 60 \cdot \sqrt{1000} = \mathbf{1897}$$

Aufgaben zu Übersetzung des Widerstandes

1. Eine Antenne mit einem Scheinwiderstand von 300 Ω soll an ein Empfangsgerät mit einem Koaxial-Eingang (Scheinwiderstand 75 Ω) angeschlossen werden. Zum Erreichen der in der Antennentechnik üblichen Leistungsanpassung benötigt man dazu einen Übertrager. Berechnen Sie das Übersetzungsverhältnis des notwendigen Übertragers.

2. An einem Übertrager mit den Wicklungen $N_1 = 1800$ und $N_2 = 150$ Windungen ist ein Lautsprecher mit einem Scheinwiderstand $Z_2 = 8\,\Omega$ angeschlossen. Berechnen Sie den Scheinwiderstand Z_1.

3. Ein Übertrager hat ein Übersetzungsverhältnis 1 : 30. An der Ausgangswicklung ist ein Wirkwiderstand mit $R_2 = 60\,\Omega$ angeschlossen. Mit welchem Widerstand R_1 belastet der Verbraucher den Erzeuger?

4. Ein Lautsprecher mit dem Scheinwiderstand (Impedanz) $Z_2 = 4\,\Omega$ soll mit einem Übertrager an den Ausgang eines Verstärkers angeschlossen werden, der für eine Belastung mit einer Impedanz $Z_1 = 16\,\Omega$ ausgelegt ist. Welche Windungszahl N_2 muss der Übertrager ausgangsseitig haben, wenn die Eingangsseite $N_1 = 1200$ Windungen hat?

5. Zwei gleiche Lautsprecher mit dem Scheinwiderstand (Impedanz) $Z_2 = 8\,\Omega$ werden mithilfe eines Übertragers an einem Verstärker angeschlossen, der für eine Belastung mit einer Impedanz von 4 Ω ausgelegt ist. Der Verstärkerausgang liegt an der Eingangswicklung des Übertragers mit $N_1 = 100$ und wirkt als Scheinwiderstand Z_1. Berechnen Sie die Ausgangswindungszahl N_2, wenn die Lautsprecher **a)** in Reihe und **b)** parallel am Übertrager angeschlossen sind.

● 6. Ein Wirkwiderstand $R_1 = 8{,}5\,\text{k}\Omega$ und ein Kondensator $C_1 = 4{,}7\,\text{pF}$ liegen parallel an der Eingangsseite eines Transformators mit $N_1 = 2200$ und $N_2 = 130$ Windungen. Berechnen Sie bei $f = 1\,\text{kHz}$ den auf die Ausgangsseite übertragenen **a)** Wirkwiderstand und **b)** kapazitiven Blindwiderstand.

● 7. An einem Übertrager mit den Windungszahlen $N_1 = 2200$ und $N_2 = 120$ liegt ein Wirkwiderstand $R_2 = 30\,\Omega$ und ein Kondensator $C_2 = 0{,}1\,\mu\text{F}$ parallel zur Ausgangswicklung. Berechnen Sie auf der Eingangsseite **a)** den Wirkwiderstand R_1 und **b)** die Kapazität C_1.

Widerstandsübersetzung

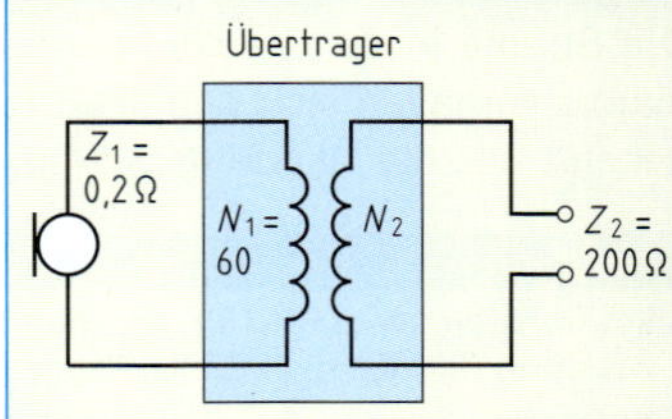

Bild: Mikrofon mit Übertrager

$$Z_1 = \frac{U_1}{I_1}; \qquad Z_2 = \frac{U_2}{I_2}$$

$$\frac{Z_1}{Z_2} = \frac{U_1}{U_2} \cdot \frac{I_2}{I_1}$$

$$\frac{U_1}{U_2} = \frac{N_1}{N_2}; \qquad \frac{I_2}{I_1} = \frac{N_1}{N_2}$$

$$\frac{Z_1}{Z_2} = \frac{N_1^2}{N_2^2}$$

$$\frac{N_1}{N_2} = \sqrt{\frac{Z_1}{Z_2}}; \quad ü = \sqrt{\frac{Z_1}{Z_2}}$$

$ü$	Übersetzungsverhältnis
U_1	Eingangsspannung
U_2	Ausgangsspannung
N_1	Windungszahl der Eingangswicklung
N_2	Windungszahl der Ausgangswicklung
I_1	Eingangsstrom
I_2	Ausgangsstrom
Z_1	Scheinwiderstand an der Eingangswicklung
Z_2	Scheinwiderstand an der Ausgangswicklung

$$ü = \sqrt{\frac{X_{L1}}{X_{L2}}} = \sqrt{\frac{X_{C1}}{X_{C2}}} = \sqrt{\frac{R_1}{R_2}}$$

$$ü = \sqrt{\frac{\omega L_1}{\omega L_2}}; \qquad ü = \sqrt{\frac{\omega C_2}{\omega C_1}}$$

$$ü = \sqrt{\frac{L_1}{L_2}}; \qquad ü = \sqrt{\frac{C_2}{C_1}}$$

R_1	Wirkwiderstand an der Eingangsseite
R_2	Wirkwiderstand an der Ausgangsseite
L_1	Induktivität an der Eingangsseite
L_2	Induktivität an der Ausgangsseite
C_1	Kapazität an der Eingangsseite
C_2	Kapazität an der Ausgangsseite
ω	Kreisfrequenz

Transformatorhauptgleichung

Die Transformatorhauptgleichung wendet man zur Berechnung der Spannungen oder der Windungszahlen eines unbelasteten Transformators an, wenn der Eisenquerschnitt und die magnetische Flussdichte im Transformatorenkern gegeben sind.

Die Transformatorhauptgleichung gilt nur bei Sinusspannung.

$$A_{Fe} = A_K \cdot f_{Fe}$$

$$U_0 = 4{,}44 \cdot \hat{B} \cdot A_{Fe} \cdot f \cdot N$$

$$[U_0] = \mathrm{T} \cdot \mathrm{m}^2 \cdot \mathrm{Hz} = \frac{\mathrm{V\,s} \cdot \mathrm{m}^2}{\mathrm{m}^2 \cdot \mathrm{s}} = \mathrm{V}$$

U_0	Leerlaufspannung (Effektivwert)
$\hat{B}$	magnetische Flussdichte (Scheitelwert)
f	Frequenz
N	Windungszahl
A_{Fe}	Eisenquerschnitt
A_K	Kernquerschnitt (gemessen)
f_{Fe}	Eisenfüllfaktor

Beispiel:

Ein Transformator hat einen Kernquerschnitt A_K von 32 mm × 32 mm und den Eisenfüllfaktor $f_{Fe} = 0{,}88$. Seine Ausgangswicklung hat $N_2 = 822$ Windungen. Der Scheitelwert der magnetischen Flussdichte beträgt $\hat{B} = 1{,}4$ T, die Frequenz ist $f = 50$ Hz.
Berechnen Sie
a) den Eisenquerschnitt A_{Fe} und **b)** die Ausgangsspannung.

Lösung:

a) $A_{Fe} = A_K \cdot f_{Fe} = 32\ \mathrm{mm} \cdot 32\ \mathrm{mm} \cdot 0{,}88 = 901\ \mathrm{mm}^2 = \mathbf{9\ cm^2}$

b) $U_0 = 4{,}44 \cdot \hat{B} \cdot A_{Fe} \cdot f \cdot N_2$
$= 4{,}44 \cdot 1{,}4\ \mathrm{Vs/m^2} \cdot 9 \cdot 10^{-4}\ \mathrm{m}^2 \cdot 50\ ^1/_\mathrm{s} \cdot 822 = \mathbf{230\ V}$

Aufgaben zur Transformatorhauptgleichung

1. Ein Transformator hat einen Eisenkern von 30 mm × 30 mm. Der Eisenfüllfaktor beträgt $f_{Fe} = 0{,}9$. Berechnen Sie **a)** den Kernquerschnitt A_K und **b)** den nutzbaren Eisenquerschnitt A_{fe}.

2. Der gemessene Kernquerschnitt eines Transformators beträgt 40 mm × 40 mm, der Eisenfüllfaktor ist $f_{Fe} = 0{,}9$. Die magnetische Flussdichte hat bei $f = 50$ Hz einen Scheitelwert von 1,4 T. Die Eingangswicklung hat 753, die Ausgangswicklung 164 Windungen. Berechnen Sie die Leerlaufspannung der Eingangs- und der Ausgangswicklung.

3. Bei einem Transformator mit Schnittbandkern **(Bild 1)** beträgt der Scheitelwert der magnetischen Flussdichte 1,7 T bei einer Frequenz $f = 50$ Hz. Berechnen Sie **a)** die Eingangsspannung und **b)** die Ausgangsspannung.

4. Der Eisenkern eines Transformators hat den Querschnitt nach **Bild 2**. Der Eisenfüllfaktor ist 0,86, die Eingangsspannung beträgt 230 V und die Ausgangsspannung 1400 V. Die magnetische Flussdichte hat bei $f = 50$ Hz einen Scheitelwert von 1,5 T. Berechnen Sie die Windungszahlen **a)** der Eingangswicklung und **b)** der Ausgangswicklung.

5. Ein Transformator mit den Kernabmessungen nach **Bild 2** hat einen Eisenfüllfaktor von 0,89, eine Oberspannungswicklung mit 6000 und eine Unterspannungswicklung mit 480 Windungen. Der Scheitelwert der Flussdichte wird bei $f = 50$ Hz mit 1,6 T angenommen. Bestimmen Sie **a)** die Eingangsspannung und **b)** die Ausgangsspannung.

6. Der Eisenkern eines Transformators besteht aus EI-Kernblech **(Bild 3)** und hat eine Pakethöhe von 50 mm. Der Eisenfüllfaktor ist $f_{Fe} = 0{,}9$. Bei $f = 50$ Hz beträgt die Windungsspannung 0,6 V. Die Ummagnetisierungsverluste betragen 3,3 W/kg. Berechnen Sie **a)** die erforderliche Flussdichte, **b)** die Windungszahl der Eingangswicklung bei $U_1 = 400$ V, **c)** die Ausgangsspannung bei $N_2 = 83$. **d)** Bestimmen Sie die Ummagnetisierungsverluste im Eisenkern.

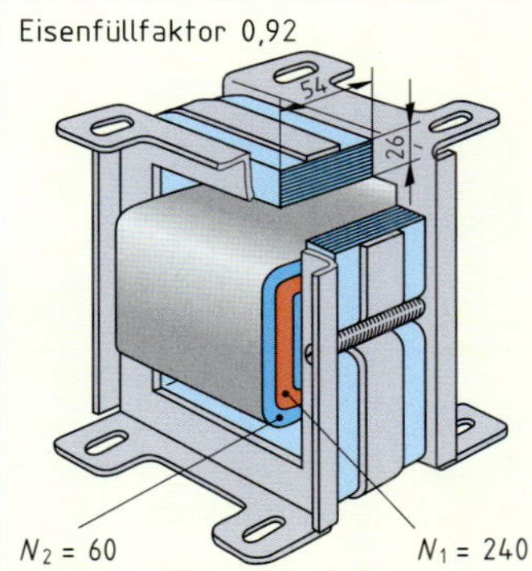

Bild 1: Transformator mit Schnittbandkern

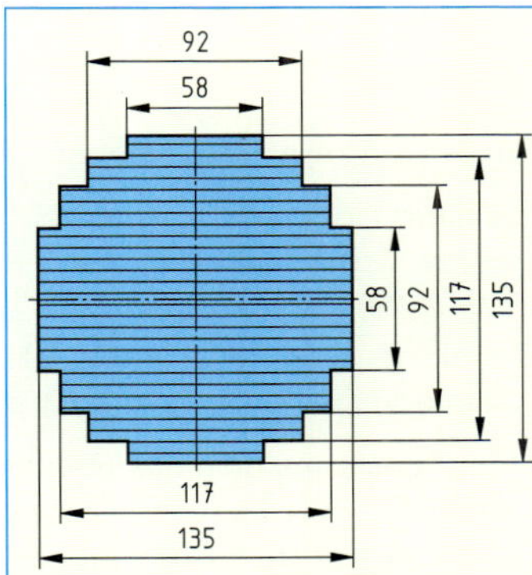

Bild 2: Kernquerschnitt

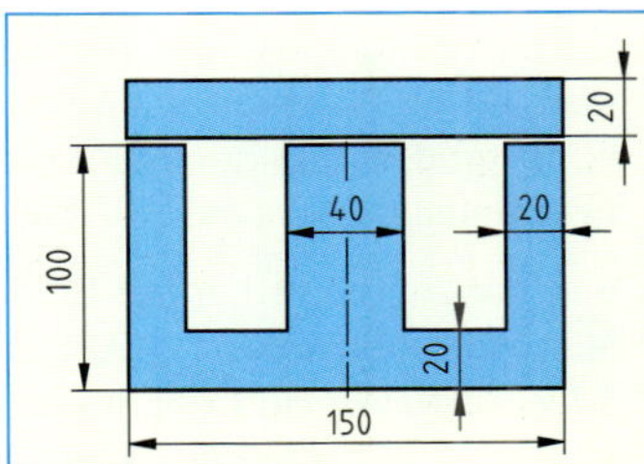

Bild 3: Kernblech

Wirkungsgrad von Transformatoren

Der Wirkungsgrad η ist das Verhältnis der abgegebenen zur aufgenommenen Wirkleistung. Die abgegebene Wirkleistung ist bei Transformatoren um die Eisen- und Wicklungsverlustleistung verringert **(Bild)**. Der Jahreswirkungsgrad η_J (Jahresarbeitsgrad) eines Transformators ist das Verhältnis der jährlich abgegebenen Arbeit zur jährlich aufgenommenen Arbeit. Er berücksichtigt die Auslastung des Transformators.

Beispiel:

Ein 300-kVA-Transformator hat eine Eisenverlustleistung $P_{vFe} = 2$ kW und eine Wicklungsverlustleistung $P_{vWi} = 6{,}5$ kW. Der Wirkfaktor beträgt $\cos\varphi_2 = 0{,}6$. Der Transformator ist im Jahr 5000 Stunden voll belastet und das ganze Jahr ununterbrochen in Betrieb. Ermitteln Sie
a) den Wirkungsgrad η und **b)** den Jahreswirkungsgrad η_J (Jahresarbeitsgrad).

Lösung:

a) $P_{ab} = S_2 \cdot \cos\varphi_2 = 300\,\text{kVA} \cdot 0{,}6 = 180\,\text{kW}$

$$\eta = \frac{P_{ab}}{P_{ab} + P_{vFe} + P_{vWi}} = \frac{180\,\text{kW}}{180\,\text{kW} + 2\,\text{kW} + 6{,}5\,\text{kW}} = \mathbf{0{,}95}$$

b) $W_J = S_2 \cdot \cos\varphi_2 \cdot t_B = 300\,\text{kVA} \cdot 0{,}6 \cdot 5000\,\text{h} = 900000\,\text{kWh} = 900\,\text{MWh}$

$W_{Fe} = P_{vFe} \cdot t_E = 2\,\text{kW} \cdot 365 \cdot 24\,\text{h} = 17520\,\text{kWh} = 17{,}52\,\text{MWh}$

$W_{Wi} = P_{vWi} \cdot t_B = 6{,}5\,\text{kW} \cdot 5000\,\text{h} = 32500\,\text{kWh} = 32{,}5\,\text{MWh}$

$$\eta_J = \frac{W_J}{W_J + W_{Fe} + W_{Wi}} = \frac{900\,\text{MWh}}{900\,\text{MWh} + 17{,}52\,\text{MWh} + 32{,}5\,\text{MWh}} = \mathbf{0{,}95}$$

Aufgaben zu Wirkungsgrad von Transformatoren

1. Bei einem 300-VA-Transformator wird die Eisenverlustleistung $P_{vFe} = 12$ W und die Wicklungsverlustleistung $P_{vWi} = 28$ W ermittelt **(Bild)**. Berechnen Sie bei Bemessungslast den Wirkungsgrad **a)** bei $\cos\varphi_2 = 1$ und **b)** bei $\cos\varphi_2 = 0{,}3$.

2. Ein Transformator nimmt an $U_1 = 230$ V den Strom $I_1 = 36$ A bei $\cos\varphi_1 = 0{,}84$ auf. Er wird bei $U_2 = 400$ V und $\cos\varphi_2 = 0{,}78$ mit $I_2 = 18$ A belastet. Berechnen Sie den Wirkungsgrad.

3. Bei der Eingangsspannung $U_1 = 400$ V nimmt ein Transformator bei $\cos\varphi_1 = 0{,}85$ einen Strom $I_1 = 12$ A auf. Die Ausgangsseite ist bei $U_2 = 230$ V und $\cos\varphi_2 = 0{,}82$ mit 19,5 A belastet. Berechnen Sie **a)** die zugeführte Leistung, **b)** die abgegebene Leistung, **c)** die gesamte Verlustleistung und **d)** den Wirkungsgrad.

4. Ein Transformator mit den Bemessungswerten $U_1 = 230$ V, $U_2 = 24$ V und $S_2 = 200$ VA wird bei $\cos\varphi = 1$ voll belastet. Der Wirkungsgrad des Transformators beträgt $\eta = 0{,}85$. Berechnen Sie **a)** die Verlustleistung des Transformators, **b)** den Eingangsstrom I_1 und **c)** den Ausgangsstrom I_2.

5. Bei einem 900-VA-Transformator beträgt die Leistungsaufnahme im Leerlauf 15 W, im Kurzschlussversuch 32 W. Berechnen Sie den Wirkungsgrad **a)** für Bemessungslast bei $\cos\varphi_2 = 0{,}9$ und **b)** für Bemessungslast bei $\cos\varphi_2 = 0{,}4$.

6. Ein Transformator hat bei Bemessungsleistung 2000 VA den Wirkleistungsfaktor $\cos\varphi_2 = 0{,}86$. Die Eisenverlustleistung P_{vFe} beträgt 14 W. Die Wicklungsverluste wurden im Kurzschlussversuch mit $P_{vWi} = 50$ W bestimmt **(Bild)**. Berechnen Sie den Wirkungsgrad **a)** bei Bemessungslast und **b)** bei halber Bemessungslast.

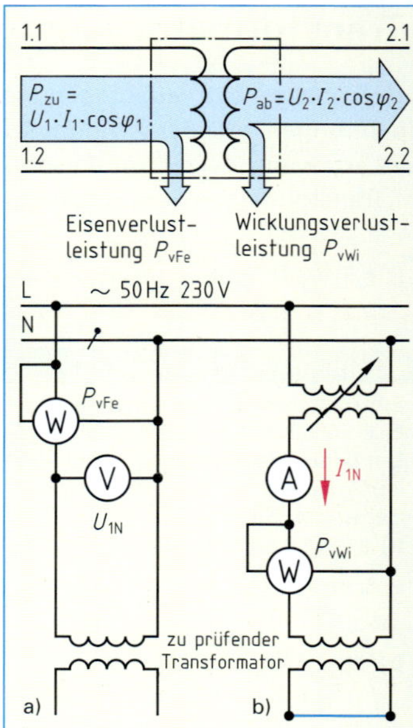

a) Leerlauf ⇒ Eisenverluste
b) Kurzschluss ⇒ Wicklungsverluste

Bild: Transformatorverluste

$$P_v = P_{zu} - P_{ab}$$
$$P_{zu} = P_{ab} + P_{vFe} + P_{vWi}$$
$$P_{zu} = U_1 \cdot I_1 \cdot \cos\varphi_1 = S_1 \cdot \cos\varphi_1$$
$$P_{ab} = U_2 \cdot I_2 \cdot \cos\varphi_2 = S_2 \cdot \cos\varphi_2$$
$$\eta = \frac{P_{ab}}{P_{zu}} = \frac{P_{ab}}{P_{ab} + P_{vFe} + P_{vWi}}$$

η	Wirkungsgrad
P_{ab}	abgegebene Leistung
P_{zu}	zugeführte Leistung
P_{vFe}	Eisenverlustleistung
P_{vWi}	Wicklungsverlustleistung
S_1	zugeführte Scheinleistung
S_2	abgegebene Scheinleistung

$$\eta_J = \frac{W_J}{W_J + W_{Fe} + W_{Wi}}$$
$$W_J = U_2 \cdot I_2 \cdot \cos\varphi_2 \cdot t_B$$
$$W_{Fe} = P_{vFe} \cdot t_E; \; W_{Wi} = P_{vWi} \cdot t_B$$

η_J	Jahreswirkungsgrad
W_J	Arbeitsabgabe im Jahr
W_{Fe}	Eisenverlustarbeit im Jahr
W_{Wi}	Wicklungsverlustarbeit im Jahr
t_B	Belastungsdauer
t_E	Einschaltdauer
$\cos\varphi_2$	Wirkfaktor der Ausgangsseite

7. Der Laststrom eines Trenntransformators mit $U_1 = U_2 = 230$ V beträgt $I_2 = 9$ A bei $\cos \varphi_2 = 0{,}79$. Die Scheinleistungsaufnahme beträgt $S_1 = 2{,}12$ kVA bei $\cos \varphi_1 = 0{,}86$.
Berechnen Sie **a)** die Verlustleistung P_v, **b)** den Wirkungsgrad, **c)** die Stromaufnahme I_1 des Transformators.

8. Ein Transformator **(Bild 1a)** versorgt 5 Halogenleuchten und nimmt dabei einen Strom $I_1 = 0{,}9$ A auf. Die Leistungsaufnahme P_{zu} wird mit dem Leistungsmesser gemessen. Bestimmen Sie **a)** die Leistungsaufnahme P_{zu} aus **Bild 1b**, **b)** den Ausgangsstrom I_2, **c)** die Verluste P_v, **d)** den Wirkungsgrad des Transformators, **e)** den Wirkfaktor $\cos \varphi_1$.

9. Ein Transformator M 102a **(Datenblatt, Seite 274)** mit den Daten $U_1 = 230$ V und $U_2 = 24$ V wird mit Bemessungslast bei $\cos \varphi = 1$ betrieben. Ermitteln Sie mithilfe des Datenblattes **a)** die Leistungsaufnahme P_{zu}, **b)** den Ausgangsstrom I_2, **c)** den Eingangsstrom I_1, **d)** die Verluste des Transformators.

10. Auf einer Baustelle wird ein Betonrüttler an einem Trenntransformator 230 V/230 V betrieben. Der Rüttler nimmt dabei eine Leistung von 800 W und den Strom $I = 4{,}2$ A auf. Der Transformator hat einen Wirkungsgrad $\eta = 0{,}9$. Der Wirkfaktor der Eingangsseite beträgt $\cos \varphi_1 = 0{,}86$.
Berechnen Sie für den Trenntransformator **a)** die Leistungsaufnahme P_{zu}, **b)** die Stromaufnahme I_1, **c)** den Wirkfaktor $\cos \varphi_2$ der Ausgangsseite.

11. An einem unbelasteten Transformator (**Bild 2**, Schalter Q1 geöffnet) wurden folgende Messwerte ermittelt:
$U_1 = 230$ V; $I_1 = 67$ mA; $P_{zu} = 14$ W. Der Wicklungswiderstand der Eingangswicklung, gemessen mit der Messbrücke, beträgt 6,7 Ω. Berechnen Sie **a)** die Wicklungsverluste P_{vWi} der Eingangswicklung, **b)** die Eisenverluste P_{vFe}.

12. Am belasteten Transformator (**Bild 2**, Schalter Q1 geschlossen) wurden durch Messung die Werte ermittelt:
$U_1 = 230$ V; $I_1 = 1{,}23$ A; $P_{zu} = 255{,}6$ W; $U_2 = 24$ V und $I_2 = 9{,}6$ A. Bestimmen Sie **a)** die gesamten Verluste P_v, **b)** den Wirkungsgrad, **c)** die Wirkfaktoren $\cos \varphi_1$ der Eingangsseite und $\cos \varphi_2$ der Ausgangsseite.

13. Bei einem 500-kVA-Drehstromtransformator betragen die Eisenverluste 2,2 kW und die Wicklungsverluste 7,6 kW. Der Transformator ist während des ganzen Jahres eingeschaltet. Er wird aber nur 4 000 Stunden bei einem Wirkfaktor $\cos \varphi_2 = 0{,}6$ mit Bemessungslast belastet. Berechnen Sie
a) den Wirkungsgrad und **b)** den Jahreswirkungsgrad.

14. Die Eisenverluste des Transformators (**Bild 3**) betragen $P_{vFe} = 1{,}6$ kW. Der Transformator war während des Jahres nur 2 500 Stunden bei einem $\cos \varphi_2 = 0{,}78$ voll belastet. Der Jahreswirkungsgrad wurde mit $\eta_J = 0{,}92$ ermittelt. Berechnen Sie **a)** die Wicklungsverluste P_{vWi} und **b)** den Wirkungsgrad des Transformators. **c)** Welcher Jahreswirkungsgad wird erreicht, wenn der Transformator nur 750 Stunden im Jahr voll belastet wird?

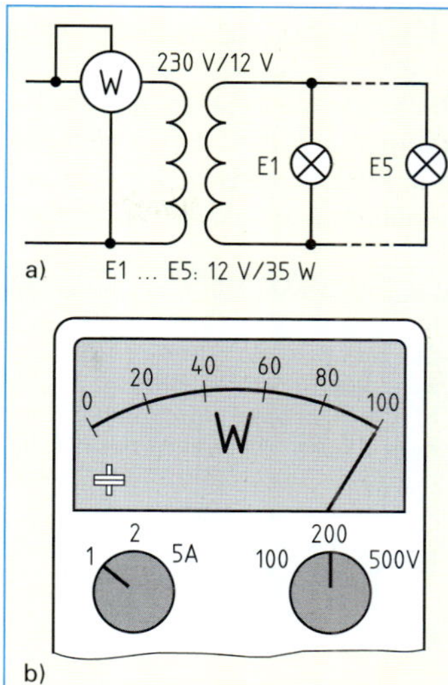

Bild 1: Beleuchtungsanlage mit Halogenlampen

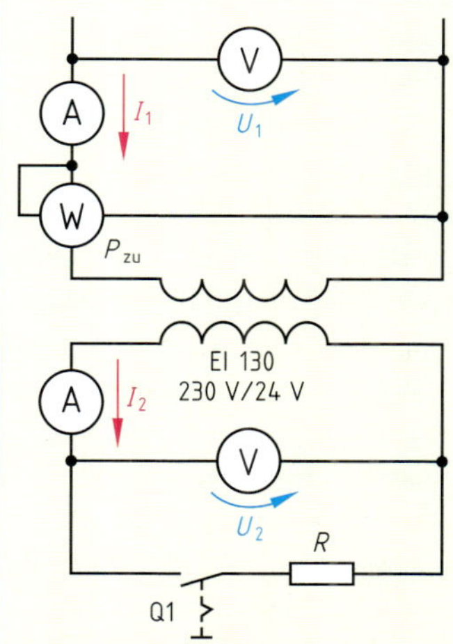

Bild 2: Messungen an einem Transformator

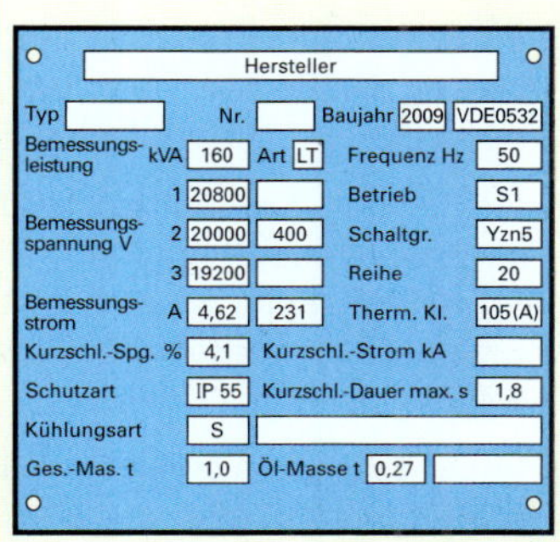

Bild 3: Leistungsschild eines Transformators

Kurzschlussspannung und Kurzschlussstrom

Die Kurzschlussspannung wird als absolute (gemessene) Kurzschlussspannung U_k in Volt oder als bezogene (relative) Kurzschlussspannung u_k in Prozent der Bemessungsspannung U_N angegeben. Die erste Stromamplitude nach Kurzschlusseintritt nennt man Stoßkurzschlussstrom i_s.

Beispiel:

Im Kurzschlussversuch wurden die in **Bild 1** angegebenen Messwerte eines Steuertransformators ermittelt.
Berechnen Sie
a) die bezogene Kurzschlussspannung, **b)** den ausgangsseitigen Dauerkurzschlussstrom und **c)** den Stoßkurzschlussstrom.

Lösung:

a) $u_k = \frac{U_k}{U_N} \cdot 100\,\% = \frac{18{,}4\ \text{V}}{230\ \text{V}} \cdot 100\,\% = \mathbf{8\,\%}$

b) $I_{kd} = \frac{I_N}{u_k} \cdot 100\,\% = \frac{8{,}7\ \text{A}}{8\,\%} \cdot 100\,\% = \mathbf{108{,}7\ A}$

c) $i_s \leq 2{,}55 \cdot I_{kd} = 2{,}55 \cdot 108{,}7\ \text{A} = \mathbf{277\ A}$

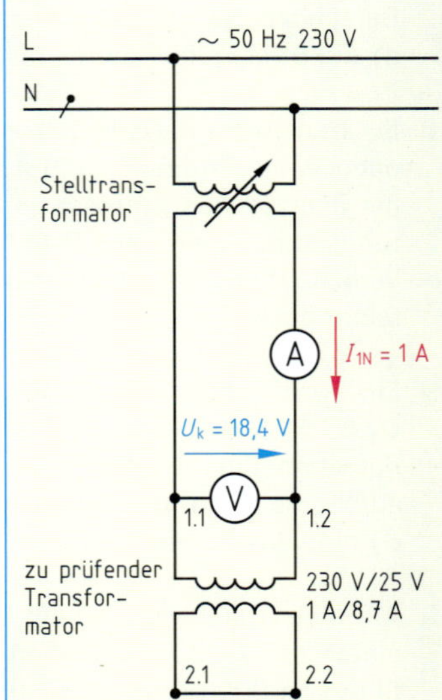

Bild 1: Kurzschlussversuch

$$u_k = \frac{U_k}{U_N} \cdot 100\,\%$$

$$I_{kd} = \frac{U_N \cdot I_N}{U_k}$$

$$I_{kd} = \frac{I_N}{u_k} \cdot 100\,\%$$

$$i_s \leq 2{,}54 \cdot I_{kd}$$

U_N Trafo-Bemessungsspannung
U_k gemessene Kurzschlussspannung
u_k bezogene Kurzschlussspannung (in Prozent der Bemessungsspannung)
I_N Bemessungsstrom
I_{kd} Dauerkurzschlussstrom
i_s Stoßkurzschlussstrom

Aufgaben zu Kurzschlussspannung und Kurzschlussstrom

1. Ein Transformator mit der Bemessungsspannung 230 V hat eine bezogene Kurzschlussspannung von $u_k = 10{,}6\,\%$. Berechnen Sie die absolute Kurzschlussspannung U_k.

2. Ein Transformator hat eine Kurzschlussspannung von 19%. Bei $U_k = 76$ V fließt beim Kurzschlussversuch in der kurzgeschlossenen Ausgangswicklung der Bemessungsstrom. Berechnen Sie die Eingangsbemessungsspannung.

3. Ein Transformator mit dem Leistungsschild **(Bild 2)** wird überprüft. **a)** Zeichnen Sie die Messschaltung für die Messung der Kurzschlussspannung. Berechnen Sie **b)** die absolute Kurzschlussspannung, **c)** den ausgangsseitigen Dauerkurzschlussstrom I_{kd} und **d)** den Stoßkurzschlussstrom i_s.

4. Berechnen Sie den Dauerkurzschlussstrom des Transformators, **(Bild 2)** bei einem Kurzschluss auf der Oberspannungsseite, wenn die Unterspannungswicklung die Eingangswicklung ist.

5. Ein Transformator hat die Bemessungsdaten: $U_1 = 230$ V; $I_2 = 4{,}5$ A. Seine Kurzschlussspannung beträgt $U_k = 38$ V. Berechnen Sie **a)** den Dauerkurzschlussstrom und **b)** den Stoßkurzschlussstrom.

6. Ein Transformator mit der Eingangsspannung 110 V nimmt bei Belastung den Bemessungsstrom $I_1 = 0{,}92$ A auf. Die Kurzschlussspannung beträgt 25%. Berechnen Sie den Dauerkurzschlussstrom.

7. Ein Schweißtransformator für den Anschluss an 230 V hat eine Lichtbogenspannung von 24 V. Dabei fließt der Schweißnennstrom $I_{2N} = 96$ A. Beim Zünden des Lichtbogens fließen 128 A. Berechnen Sie **a)** die bezogene Kurzschlussspannung und **b)** die absolute Kurzschlussspannung.

8. In der kurzgeschlossenen Ausgangswicklung eines Transformators fließt bei $U_k = 42$ V der Bemessungsstrom $I_{2N} = 120$ A. Die Eingangsbemessungsspannung des Transformators beträgt 230 V. Berechnen Sie **a)** die bezogene Kurzschlussspannung **b)** den Dauerkurzschlussstrom und **c)** den Stoßkurzschlussstrom.

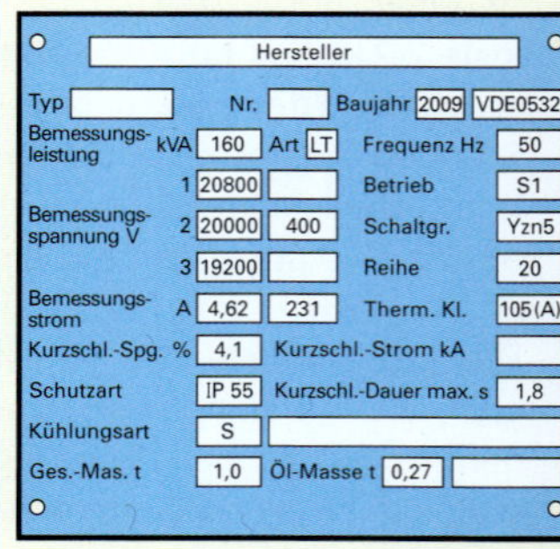

Bild 2: Leistungsschild eines Transformators

Spartransformatoren für Einphasenwechselstrom

Die abgegebene Leistung eines Spartransformators nennt man Durchgangsleistung S_D. Sie setzt sich aus der durch den Leiter übertragenen Leistung und der durch magnetische Kopplung übertragenen Bauleistung S_B zusammen **(Bild 1)**.

Die Bauleistung des Spartransformators wächst mit der Spannungsdifferenz zwischen Eingangs- und Ausgangsspannung.

Beispiel:

Die Durchgangsleistung eines Spartransformators mit der Eingangsspannung $U_1 = 240$ V und der Ausgangsspannung $U_2 = 230$ V beträgt 580 VA. Der Wirkungsgrad ist $\eta = 0{,}98$. Berechnen Sie

a) die Bauleistung S_B,
b) den Eingangsstrom I_1,
c) den Ausgangsstrom I_2 und
d) den Strom I_p in der Parallelwicklung **(Bild 2)**.

Lösung:

a) $\boldsymbol{S_B} = S_D \cdot \frac{U_1 - U_2}{U_1} = 580\,\text{VA} \cdot \frac{240\,\text{V} - 230\,\text{V}}{240\,\text{V}} = \mathbf{24{,}17\,VA}$

b) $S_1 = \frac{S_D}{\eta} = \frac{580\,\text{VA}}{0{,}98} = 591{,}8\,\text{VA}$; $I_1 = \frac{S_1}{U_1} = \frac{591{,}8\,\text{VA}}{240\,\text{V}} = \mathbf{2{,}47\,A}$

c) $I_2 = \frac{S_D}{U_2} = \frac{580\,\text{VA}}{230\,\text{V}} = \mathbf{2{,}52\,A}$

d) Strom in der Parallelwicklung:
$I_p = I_2 - I_1 = 2{,}52\,\text{A} - 2{,}47\,\text{A} = \mathbf{0{,}05\,A}$

Aufgaben zu Spartransformatoren

1. Ein Spartransformator wird an $U_1 = 230$ V angeschlossen und hat $N_1 = 480$ Windungen. Die Ausgangsspannung wird an $N_2 = 420$ Windungen abgegriffen. Berechnen Sie die Ausgangsspannung.
2. Ein Spartransformator mit 840 Windungen wird an $U_1 = 400$ V angeschlossen und soll eine Ausgangsspannung $U_2 = 230$ V haben. Nach welcher Windungszahl ist die Wicklung anzuzapfen?
3. Die Bauleistung S_B eines Spartransformators 400/230 V beträgt 450 VA. Berechnen Sie die Durchgangsleistung S_D.
4. Ein Spartransformator 230/160 V **(Bild 2)** hat eine Durchgangsleistung S_D von 480 VA bei einem Wirkungsgrad von 0,9. Berechnen Sie **a)** die Bauleistung, **b)** den Eingangsstrom, **c)** den Ausgangsstrom und **d)** den Strom in der Parallelwicklung.
5. Ein Spartransformator 230/400 V **(Bild 3)** hat die Bauleistung $S_B = 211$ VA. Der Wirkungsgrad beträgt 88%. Berechnen Sie **a)** die Durchgangsleistung, **b)** den Eingangsstrom, **c)** den Ausgangsstrom und **d)** den Strom in der Parallelwicklung.
6. Ein Spartransformator 200/230 V hat eine Bauleistung von 600 VA und eine Durchgangsleistung von 3 200 VA. Der Leistungsfaktor beträgt auf der Eingangsseite $\cos\varphi_1 = 0{,}85$, auf der Ausgangsseite $\cos\varphi_2 = 0{,}9$. Der Eingangsstrom ist $I_1 = 18$ A. Berechnen Sie den Wirkungsgrad.
7. Ein Spartransformator mit $U_1 = 230$ V, $\cos\varphi_1 = 0{,}85$ und $U_2 = 200$ V, $\cos\varphi_2 = 0{,}82$ soll eine Durchgangsleistung von 550 VA haben. Der Wirkungsgrad beträgt 0,94. Berechnen Sie **a)** die Bauleistung, **b)** den Eingangsstrom, **c)** den Ausgangsstrom, **d)** den Strom in der Reihenwicklung und **e)** den Strom in der Parallelwicklung.

Spartransformator

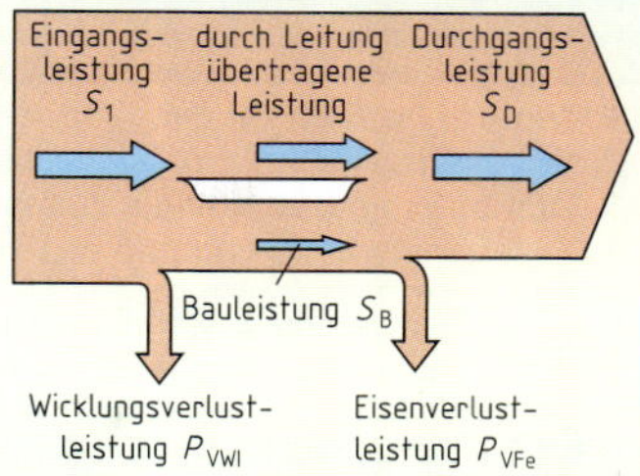

Bild 1

Bei $\cos\varphi_1 = \cos\varphi_2$ gilt:

$$S_1 = U_1 \cdot I_1 = \frac{S_D}{\eta}; \quad S_D = U_2 \cdot I_2$$

Bei $U_1 > U_2$ gilt:

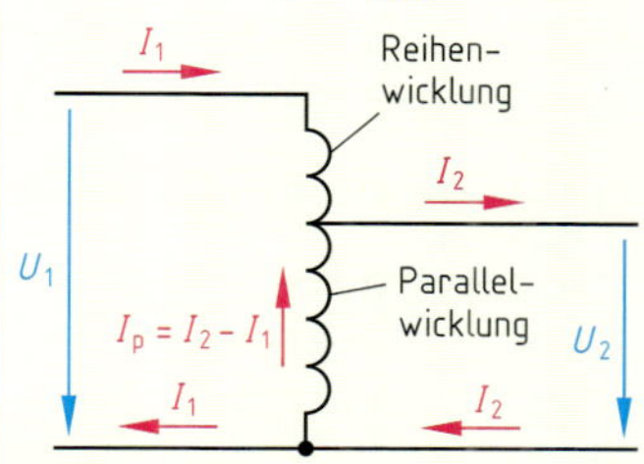

Bild 2

$$S_B = S_D \cdot \frac{U_1 - U_2}{U_1}$$

Bei $U_2 > U_1$ gilt:

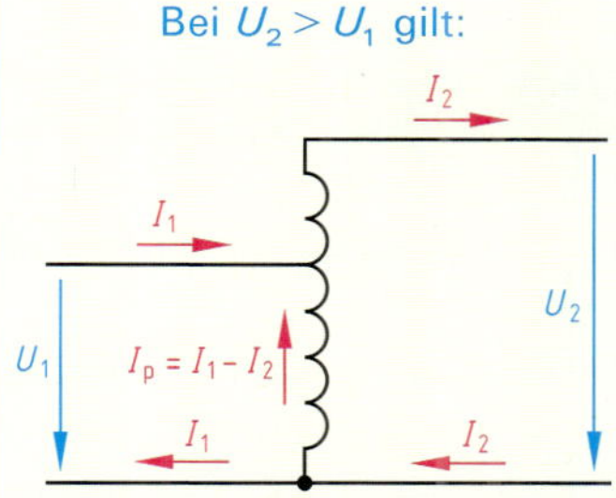

Bild 3

$$S_B = S_D \cdot \frac{U_2 - U_1}{U_2}$$

U_1	Eingangsspannung
U_2	Ausgangsspannung
I_1	Eingangsstrom
I_2	Ausgangsstrom
I_p	Strom in der Parallelwicklung
S_1	Eingangsleistung
S_D	Durchgangsleistung
S_B	Bauleistung
η	Wirkungsgrad

Berechnung von Kleintransformatoren

Schritte zur Berechnung von Kleintransformatoren:

1. Kernblechschnitt für die geforderte Bemessungsleistung S wählen.
2. Windungszahlen N_1, N_2 ... bestimmen.
3. Drahtdurchmesser aus der zulässigen Stromdichte berechnen.
4. Kleintransformatoren mit $S \leq 16\,\text{kVA}$ berechnet man mit $\cos\varphi = 1$.

Die Daten zur Berechnung der Kleintransformatoren Aufgabe 1 bis 6 sind der **Tabelle 2, Seite 274** zu entnehmen.

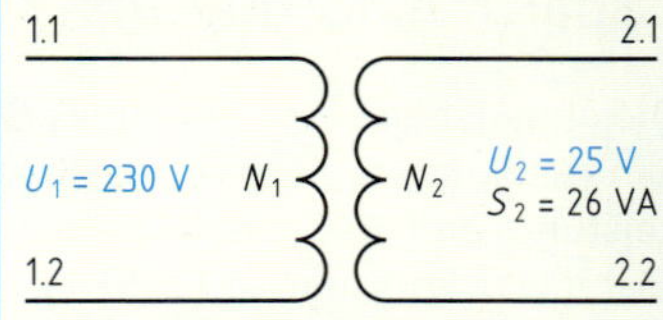

Bild 1: Kleintransformator

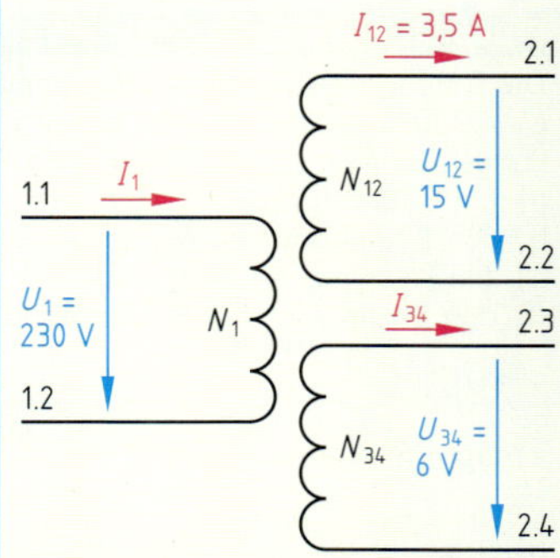

Bild 2: Transformator mit zwei Ausgangswicklungen

Beispiel:

Ein Transformator soll mit folgenden Daten hergestellt werden:

$U_1 = 230\,\text{V}$; $U_2 = 25\,\text{V}$; $S = 40\,\text{VA}$.

Bestimmen Sie mit den Daten der **Tabelle 2, Seite 274**
a) den erforderlichen Kernblechschnitt des Transformators,
b) die Eingangswindungszahl N_1, die Ausgangswindungszahl N_2 und
c) die Drahtdurchmesser der Eingangs- und der Ausgangswicklung.

Lösung:

a) Bei $S = 40\,\text{VA}$ wird ein **Transformator M 74** mit $S = 48\,\text{VA}$ gewählt.

b) $\boldsymbol{N_1} = 5{,}23\,\frac{1}{\text{V}} \cdot 230\,\text{V} = \mathbf{1203}$; $\boldsymbol{N_2} = 5{,}81\,\frac{1}{\text{V}} \cdot 25\,\text{V} = \mathbf{145}$

c) Kleintransformatoren mit $S \leq 16\,\text{kVA}$ berechnet man mit $\cos\varphi = 1$ ($S = P$).

$$S_1 = \frac{S_2}{\eta} = \frac{48\,\text{VA}}{0{,}83} = 57{,}8\,\text{VA}; \quad I_1 = \frac{S_1}{U_1} = \frac{57{,}8\,\text{VA}}{230\,\text{V}} = 0{,}25\,\text{A}$$

$$A_1 = \frac{I_1}{J} = \frac{0{,}25\,\text{A}}{3{,}1\,\text{A/mm}^2} = 0{,}08\,\text{mm}^2;$$

$$A = \frac{d^2 \cdot \pi}{4}; \quad \boldsymbol{d_1} = \sqrt{\frac{4 \cdot A_1}{\pi}} = \sqrt{\frac{4 \cdot 0{,}08\,\text{mm}^2}{\pi}} = \mathbf{0{,}32\,mm}$$

$$I_2 = \frac{S_2}{U_2} = \frac{48\,\text{VA}}{25\,\text{V}} = 1{,}92\,\text{A}; \quad A_2 = \frac{I_2}{J} = \frac{1{,}92\,\text{A}}{3{,}4\,\text{A/mm}^2} = 0{,}56\,\text{mm}^2$$

$\boldsymbol{d_2} = \mathbf{0{,}85\,mm}$

Tabelle: Kenndaten von Schaltschützen (Spule AC 24 V)

Bemessungswerte Schaltschütz	Baugröße 00	0	1	2
Schaltleistung in kW bei 400 V	3	5,5	11	18,5
Halteleistung der Spule in VA	8,5	10	14	16

Aufgaben zu Kleintransformatoren

1. Bestimmen Sie für einen Transformator M 55 wie in **Bild 2 a)** aus dem **Datenblatt Seite 274** die Windungsspannungen der Ein- und der Ausgangswicklungen. Berechnen Sie **b)** die Windungszahl N_1 der Eingangswicklung sowie **c)** die Windungszahlen N_{12} und N_{34} der Ausgangswicklungen.

2. Ein Steuertransformator mit Kernblechschnitt M 85 soll die Daten $U_1 = 230\,\text{V}$ und $U_2 = 50\,\text{V}$ haben. Berechnen Sie **a)** die Ausgangswindungszahl und **b)** den Drahtdurchmesser der Ausgangswicklung.

3. Bestimmen Sie für den Kleintransformator **Bild 1 a)** den Kernblechschnitt, **b)** die Eingangs- und die Ausgangswindungszahl sowie **c)** den Drahtdurchmesser der Eingangs- und der Ausgangswicklung.

4. Ein Netztransformator nach **Bild 2** soll folgende Daten haben: $U_1 = 230\,\text{V}$, $U_{12} = 25\,\text{V}$ bei $I_{12} = 4{,}8\,\text{A}$, $U_{34} = 48\,\text{V}$ bei $I_{34} = 0{,}3\,\text{A}$. Bestimmen Sie **a)** den erforderlichen Kernblechschnitt. Berechnen Sie Windungszahl und Drahtdurchmesser **b)** für die Eingangswicklung und **c)** für die Ausgangswicklungen.

5. Ein Kleintransformator EI 130 a mit der Eingangsspannung 230 V hat Ausgangswicklungen mit den Windungszahlen $N_{12} = 400$ und $N_{34} = 270$. Berechnen Sie **a)** die beiden Ausgangsspannungen und **b)** den Ausgangsstrom der Wicklung N_{34}, wenn die Wicklung N_{12} für $I = 1{,}2\,\text{A}$ ausgelegt wird.

6. Ein Steuertransformator versorgt einen Steuerstromkreis mit vier Motorschützen (AC 24 V) sowie drei Meldeleuchten 24 V/0,1 A im Dauerbetrieb. Motorleistungen: M1: 2,2 kW; M2: 4 kW; M3: 7,5 kW und M4: 15 kW. Der Transformator muss eine Reserveleistung von mindestens 25 VA haben.
a) Ermitteln Sie aus der **Tabelle a)** die Baugrößen der Schütze für die einzelnen Motoren und **b)** die Halteleistungen der Schaltschütze. **c)** Berechnen Sie die Scheinleistung S_2. **d)** Wählen Sie aus der **Tabelle 2, Seite 274** den Kernblechschnitt des Transformators. **e)** Berechnen Sie die Windungszahlen und Drahtdurchmesser der Eingangs- und der Ausgangswicklung bei Bemessungsleistung.

12 Elektrische Maschinen

12.1.2 Transformatoren für Dreiphasenwechselstrom

Bei Drehstromtransformatoren gilt die Übersetzungsformel des Einphasentransformators **(Seite 228)** nur für die Strangspannungen. Für die Leiterspannungen gelten die Übersetzungsformeln der **Tabelle**.

Oberspannungsseite ⇒ Eingangswicklung
Unterspannungsseite ⇒ Ausgangswicklung

Tabelle: Schaltgruppen für Drehstromtransformatoren

Schaltgruppe	Übersetzungsverhältnis
Yy 0, Yy 6, Dd 0, Dd 6	$\frac{U_1}{U_2} = \frac{N_1}{N_2}$
Dy 5, Dy 11	$\frac{U_1}{U_2} = \frac{N_1}{\sqrt{3} \cdot N_2}$
Yd 5, Yd 11	$\frac{U_1}{U_2} = \frac{\sqrt{3} \cdot N_1}{N_2}$
Yz 5, Yz 11	$\frac{U_1}{U_2} = \frac{2 \cdot N_1}{\sqrt{3} \cdot N_2}$

U_1 Leiterspannung der Eingangsseite
U_2 Leiterspannung der Ausgangsseite
N_1 Windungszahl der Eingangswicklung
N_2 Windungszahl der Ausgangswicklung

Übersetzung der Spannung

Beispiel:

Ein Drehstromtransformator 10 000/400 V, Schaltgruppe Yz 5 **(Bild 1)** hat auf der Unterspannungsseite (Ausgangsseite) $N_2 = 86$ Windungen.

Berechnen Sie die Windungszahl N_1 der Eingangswicklung (Oberspannungsseite).

$$\frac{U_1}{U_2} = \frac{2 \cdot N_1}{\sqrt{3} \cdot N_2} = \Rightarrow \boldsymbol{N_1} = \frac{U_1 \cdot \sqrt{3} \cdot N_2}{2 \cdot U_2} = \frac{10000\,\text{V} \cdot \sqrt{3} \cdot 86}{2 \cdot 400\,\text{V}} = \mathbf{1862}$$

Aufgaben zu Übersetzung der Spannung

1. Ein Drehstromtransformator 20/0,4 kV, Schaltgruppe Dy 5 **(Bild 2)** hat auf der Oberspannungsseite $N_1 = 4320$ Windungen. **a)** Geben Sie die Schaltung der Oberspannungs- und der Unterspannungswicklung an. **b)** Wieviel Windungen hat die Unterspannungswicklung? **c)** Zeichnen Sie die Zeigerbilder der Spannungen.

2. Ein Transformator der Schaltgruppe Dy 5 hat die Eingangsspannung 20 kV. Die Windungszahl der Eingangsseite ist $N_1 = 6495$, die Windungszahl der Ausgangsseite ist $N_2 = 75$. Berechnen Sie **a)** das Übersetzungsverhältnis und **b)** die Ausgangsspannung.

3. Ein Verteilungstransformator 10/0,4 kV, Schaltgruppe Yy 0 **(Bild 3)** hat oberspannungsseitig $N_1 = 2984$ Windungen. **a)** Zeichnen Sie die Zeigerbilder der Spannungen. **b)** Berechnen Sie die Windungszahl N_2 der Unterspannungswicklung.

4. Ein Drehstromtransformator 6/0,4 kV, Schaltgruppe Yy 0 **(Bild 3)** hat auf der Unterspannungsseite 180 Windungen. Berechnen Sie **a)** die Windungszahl der Oberspannungswicklung und **b)** die Strangspannung der Unterspannungsseite nach einer Umschaltung in die Schaltgruppe Yd5.

5. Ein Transformator 6/0,4 kV hat einen Wirkungsgrad von 0,95 und ist bei einem Leistungsfaktor $\cos\varphi = 0{,}85$ mit 350 kW Wirkleistung voll belastet. Die Unterspannungsseite ist in Stern, die Oberspannungsseite in Dreieck geschaltet. **a)** Welche Schaltgruppe kann der Transformator haben? Berechnen Sie **b)** die Bemessungsleistung des Transformators und **c)** die Strang- und Leiterströme der Unter- und der Oberspannungsseite.

6. Ein Verteilungstransformator der Schaltgruppe Dy5 **(Bild 2)** ist für die Spannungen 20/0,4 kV gebaut und hat auf der Oberspannungsseite 5370 Windungen. Berechnen Sie **a)** die Windungszahl der Unterspannungsseite, **b)** die Anzahl der Windungen oberspannungsseitig, wenn eine Änderung der Unterspannung um ±4% möglich sein soll.

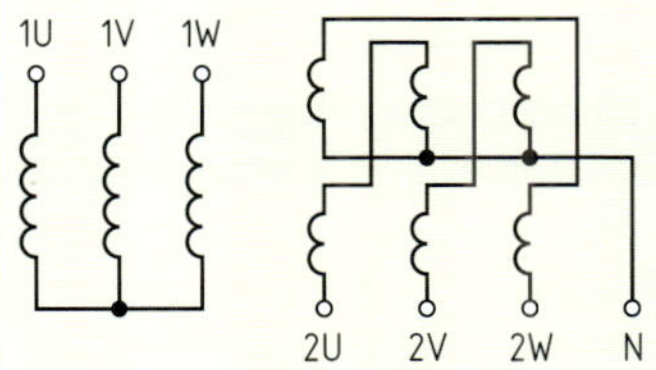

Bild 1: Schaltgruppe Yz 5

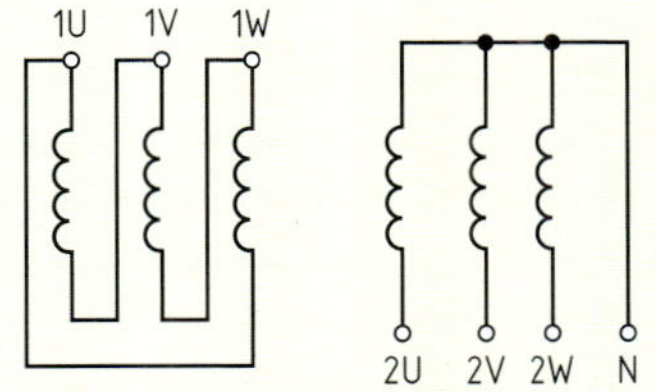

Bild 2: Schaltgruppe Dy 5

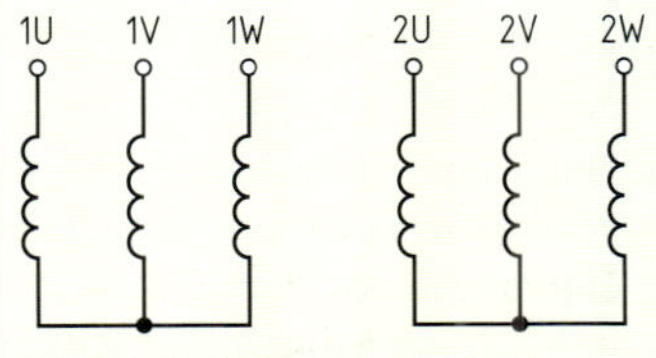

Bild 3: Schaltgruppe Yy 0

Parallelschalten von Drehstromtransformatoren

Bei Transformatoren mit gleicher Kurzschlussspannung verteilt sich die Belastung im Verhältnis der Bemessungsleistungen. Bei Transformatoren mit verschiedener Kurzschlussspannung wird der Transformator mit der kleineren Kurzschlussspannung höher belastet, als es dem Verhältnis der Bemessungsleistungen entspricht.

Beispiel:

Die parallel geschalteten Transformatoren T1 und T3 **(Bild)** werden mit 450 kVA belastet. Berechnen Sie

a) die bezogene Kurzschlussspannung u_k,
b) die Einzelbelastungen (Lastverteilung) der Transformatoren.

Lösung:

a) $$u_k = \frac{\Sigma S_N}{\frac{S_{N1}}{u_{k1}} + \frac{S_{N3}}{u_{k3}}} = \frac{200\,\text{kVA} + 400\,\text{kVA}}{\frac{200\,\text{kVA}}{5\,\%} + \frac{400\,\text{kVA}}{3{,}8\,\%}} = \mathbf{4{,}13\,\%}$$

b) $$S_1 = S_{N1} \cdot \frac{u_k}{u_{k1}} \cdot \frac{\Sigma S}{\Sigma S_N} = 200\,\text{kVA} \cdot \frac{4{,}13\,\%}{5\,\%} \cdot \frac{450\,\text{kVA}}{600\,\text{kVA}} = \mathbf{124\,kVA}$$

$$S_3 = S_{N3} \cdot \frac{u_k}{u_{k3}} \cdot \frac{\Sigma S}{\Sigma S_N} = 400\,\text{kVA} \cdot \frac{4{,}13\,\%}{3{,}8\,\%} \cdot \frac{450\,\text{kVA}}{600\,\text{kVA}} = \mathbf{326\,kVA}$$

Die Kurzschlussspannungen parallel geschalteter Transformatoren sollen höchstens um 10% voneinander abweichen.

Kurzschlussspannungen gleich:

$$S_1 = \Sigma S \cdot \frac{S_{N1}}{\Sigma S_N}$$

Kurzschlussspannungen verschieden:

$$u_k = \frac{\Sigma S_N}{\frac{S_{N1}}{u_{k1}} + \frac{S_{N2}}{u_{k2}} + \cdots}$$

$$S_1 = S_{N1} \cdot \frac{u_k}{u_{k1}} \cdot \frac{\Sigma S}{\Sigma S_N}$$

entsprechend für $S_2, S_3, \ldots$

$S_1, S_2, \ldots$	Einzelbelastungen
ΣS	Gesamtlast
$S_{N1}, S_{N2}, \ldots$	Bemessungsleistungen
ΣS_N	Summe der Bemessungsleistungen
u_k	bezogene Kurzschlussspannung
$u_{k1}, u_{k2}, \ldots$	Kurzschlussspannungen

Aufgaben zu Parallelschalten von Drehstromtransformatoren

1. Die Transformatoren T1 und T3 **(Bild)** sind parallel geschaltet und werden mit $\Sigma S = 550$ kVA belastet. Berechnen Sie **a)** die bezogene Kurzschlussspannung u_k und **b)** die Einzelbelastungen (Lastverteilung) der Transformatoren.

2. Die Transformatoren T1 und T2 **(Bild)** sind parallel geschaltet und werden mit 300 kVA belastet. Berechnen Sie **a)** die Einzelbelastungen von T1 und T2 und **b)** die Ausgangsströme.

3. Die parallel geschalteten Transformatoren T2 und T3 **(Bild)** sollen mit 600 kVA belastet werden. Berechnen Sie
a) die Einzelbelastungen der Transformatoren, **b)** die Ausgangsströme und **c)** die Lastverteilung bei einer Belastung von 650 kVA. **d)** Ist der vorgesehene Belastungsfall zulässig?

4. Die Transformatoren T1, T2 und T3 **(Bild)** sind parallel geschaltet und mit insgesamt 1100 A belastet. Berechnen Sie **a)** die Gesamtleistung und **b)** die Lastverteilung und **c)** die Ausgangsströme.

5. Die Parallelschaltung der Transformatoren T1 und T2 **(Bild)** ist mit $I = 606$ A belastet. Berechnen Sie **a)** die Gesamtbelastung, **b)** die Lastverteilung und **c)** die Belastungsströme der Transformatoren.

● **6.** Die parallel geschalteten Transformatoren T1, T2 und T3 **(Bild)** speisen gemeinsam ein und sollen maximal belastet werden. Wie groß sind **a)** die höchstzulässige Gesamtbelastung, **b)** die Einzelbelastungen der Transformatoren bei höchstzulässiger Gesamtbelastung und **c)** die Ausgangsströme der drei Transformatoren.

Transformator T1

Bemessungsleistung	kVA	200
Frequenz	Hz	50
Bemessungsspannung	V	20 000 / 400
Bemessungsstrom	A	5,8 / 289
Schaltgruppe		Yz 5
Kurzschl.-Spg.	%	5,0

Transformator T2

Bemessungsleistung	kVA	250
Frequenz	Hz	50
Bemessungsspannung	V	20 000 / 400
Bemessungsstrom	A	7,2 / 361
Schaltgruppe		Yz 5
Kurzschl.-Spg.	%	4,0

Transformator T3

Bemessungsleistung	kVA	400
Frequenz	Hz	50
Bemessungsspannung	V	20 000 / 400
Bemessungsstrom	A	8,1 / 577
Schaltgruppe		Dy 5
Kurzschl.-Spg.	%	3,8

Bild: Leistungsschilder von Transformatoren

12.2 Antriebstechnik

Motoren geben ihre Leistung durch Drehbewegung ab, z. B. über eine Riemenscheibe oder ein Zahnrad.

12.2.1 Leistung, Drehzahl und Drehmoment

Die Leistung P, z. B. an einer Riemenscheibe, ist das Produkt aus Umfangskraft F und Umfangsgeschwindigkeit v oder das Produkt aus Drehmoment M **(Bild 1)** und Winkelgeschwindigkeit ω. Verkleinert ein Getriebe die Drehzahl, so erhöht sich das Drehmoment **(Bild 2)**.

Beispiel:

Welches Drehmoment hat ein Drehstrommotor an seiner Welle bei einer Leistungsabgabe von 3,5 kW und einer Drehzahl von 1440 1/min?

Lösung:

$$\omega = 2 \cdot \pi \cdot n = 2 \cdot \pi \cdot \frac{1440\ ^1/\text{min}}{60\ \text{s/min}} = 151\ ^1/\text{s}$$

$$\boldsymbol{M} = \frac{P}{\omega} = \frac{3500\ \text{W}}{151\ ^1/\text{s}} = \frac{3500\ \text{Nm/s}}{151\ ^1/\text{s}} = \mathbf{23{,}2\ Nm}$$

Die Bemessungswerte elektrischer Maschinen sind auf dem Leistungsschild angegeben, bei Motoren z. B. die Bemessungswerte von Strom, Spannung, Leistung und Drehzahl. Die Bemessungsleistung wird an der Welle abgegeben.

Aufgaben zu 12.2.1

1. Welches Drehmoment hat ein Asynchronmotor mit 2,2 kW Bemessungsleistung bei einer Drehzahl von 2880 1/min?
2. Eine Seilwinde mit dem Wirkungsgrad $\eta = 0{,}78$ hebt eine Masse $m = 200\,\text{kg}$ innerhalb von 5 Sekunden 10 m hoch. Berechnen Sie die Antriebsleistung.
3. Ein Gleichstrommotor 220 V hat eine Stromaufnahme von 16,6 A, eine Drehzahl von 1800 1/min und den Wirkungsgrad 82%. Berechnen Sie **a)** die Leistung an der Motorwelle und **b)** das Drehmoment.
4. Eine Riemenscheibe hat einen Durchmesser von 12 cm. Sie treibt einen Riemen mit einer Umfangskraft von 55 N bei einer Drehzahl von 720 1/min an. Berechnen Sie **a)** die Umfangsgeschwindigkeit der Riemenscheibe, **b)** die Leistung und das Drehmoment.
5. Ein Reibradtrieb **(Bild 2)** hat eingangsseitig das Drehmoment $M_1 = 15\,\text{Nm}$ und die Drehzahl $n_1 = 480$ 1/min. Welches Drehmoment M_2 wird bei der Drehzahl $n_2 = 120$ 1/min unter Vernachlässigung der Getriebeverluste abgegeben?
6. Eine Seilwinde soll eine Last mit der Masse $m = 220\,\text{kg}$ innerhalb von 10 s auf eine Höhe von 8 m heben. Die Seiltrommel **(Bild 3)** hat einen Durchmesser von 0,55 m. Der Windenwirkungsgrad beträgt 72%. Ermitteln Sie die notwendige Leistung des Antriebsmotors.
7. Zur Ermittlung der Antriebsleistung wird in der Praxis statt der Formel $P = M \cdot \omega$ oft die zugeschnittene Größengleichung $P = (M \cdot n)/9549$ verwendet. Dabei wird M in Nm und n in 1/min eingesetzt. Die Leistung P ergibt sich dann in kW. Leiten Sie diese zugeschnittene Größengleichung aus der Formel $P = M \cdot \omega$ her.

Leistung und Drehbewegung

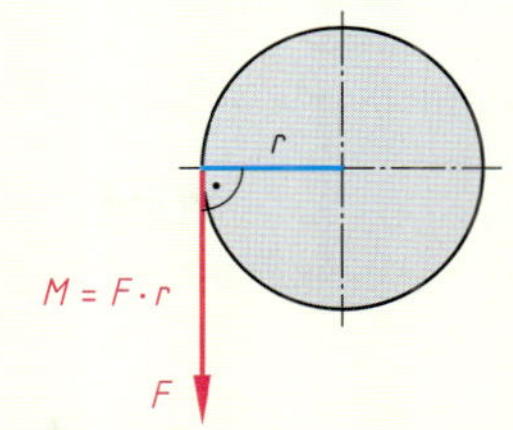

Bild 1: Scheibe

$P = F \cdot v$ $\quad P = M \cdot \omega$

$M = F \cdot r$ $\quad \omega = 2 \cdot \pi \cdot n$

$v = d \cdot \pi \cdot n$

P	Leistung
F	Umfangskraft
v	Umfangsgeschwindigkeit
M	Drehmoment
ω	Winkelgeschwindigkeit
n	Drehzahl, Umdrehungsfrequenz
r	Radius

Im kW-Bereich übliche Formel:

$$P = \frac{M \cdot n}{9549}$$

P in kW; M in Nm; n in 1/min

$^1/\text{min} = \text{min}^{-1}$; $^1/\text{s} = \text{s}^{-1}$

Drehmomente u. Drehzahlen

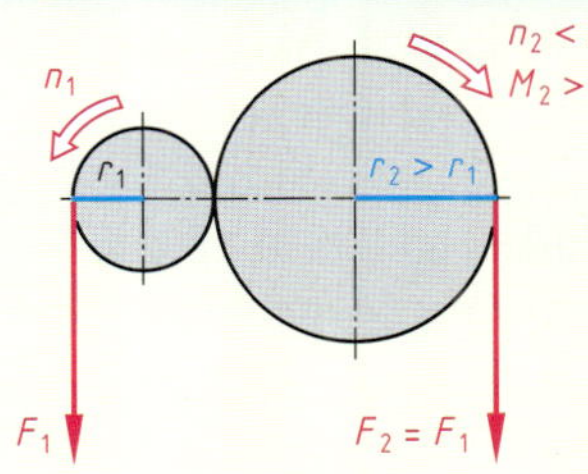

Bild 2

$$\frac{M_1}{M_2} = \frac{n_2}{n_1}$$

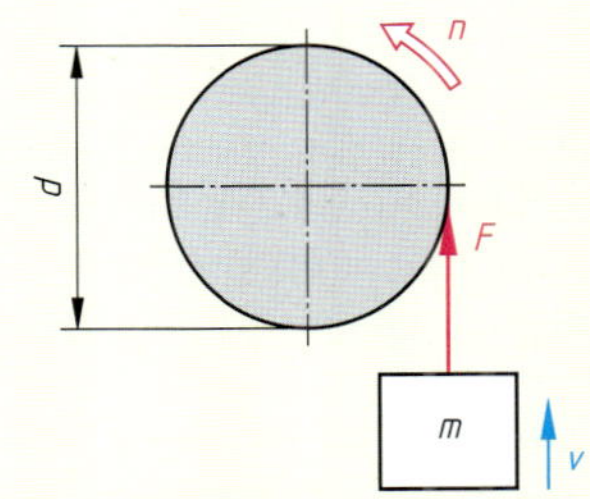

Bild 3: Seilwinde

12.2.2 Übersetzungen, Riementrieb

Getriebe übersetzen Drehzahlen. Die Übersetzung erfolgt meist durch Riementriebe **(Bild 1)** oder durch Zahnräder. Man unterscheidet einfache und mehrfache Übersetzungen.

Das Verhältnis der Drehzahlen in Richtung des Kraftflusses bezeichnet man als **Übersetzungsverhältnis** i.
Man unterscheidet Übersetzungen ins Schnelle ($i < 1$) und Übersetzungen ins Langsame ($i > 1$).

Beispiel:

Ein Elektromotor mit der Drehzahl $n_1 = 1440\ \text{min}^{-1}$ treibt eine Arbeitsmaschine mit der Drehzahl $n_2 = 360\ \text{min}^{-1}$ an **(Bild 1)**. Die Riemenscheibe am Motor hat einen Durchmesser $d_1 = 140$ mm. Berechnen Sie
a) den Scheibendurchmesser d_2 der getriebenen Scheibe,
b) das Übersetzungsverhältnis i.

Lösung:

a) $\boldsymbol{d_2} = \dfrac{d_1 \cdot n_1}{n_2} = \dfrac{140\ \text{mm} \cdot 1440\ \text{min}^{-1}}{360\ \text{min}^{-1}} = \mathbf{560\ mm}$

b) $\boldsymbol{i} = \dfrac{n_1}{n_2} = \dfrac{1440\ \text{min}^{-1}}{360\ \text{min}^{-1}} = \dfrac{4}{1} = \mathbf{4}$ oder $\boldsymbol{i} = \dfrac{d_2}{d_1} = \dfrac{560\ \text{mm}}{140\ \text{mm}} = \dfrac{4}{1} = \mathbf{4}$

12 Elektrische Maschinen

Riementrieb

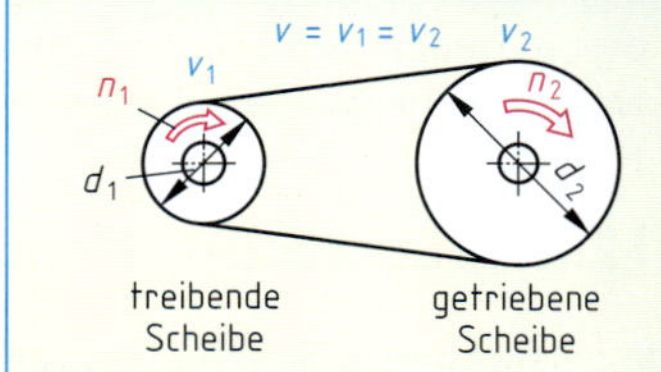

Bild 1: Übersetzung

$$d_1 \cdot n_1 = d_2 \cdot n_2 \qquad d_2 = \frac{d_1 \cdot n_1}{n_2}$$

$$i = \frac{n_1}{n_2} \qquad i = \frac{d_2}{d_1}$$

d_1 Durchmesser der treibenden Scheibe
d_2 Durchmesser der getriebenen Scheibe
n_1 Drehzahl der treibenden Scheibe
n_2 Drehzahl der getriebenen Scheibe
i Übersetzungsverhältnis

Aufgaben zu 12.2.2

1. Ein Riementrieb **(Bild 1)** hat eine treibende Riemenscheibe mit $d_1 = 90$ mm und der Drehzahl $n_1 = 720\ \text{min}^{-1}$. Der Durchmesser der getriebenen Scheibe beträgt $d_2 = 250$ mm. Berechnen Sie **a)** die Drehzahl n_2 und **b)** die Riemengeschwindigkeit v in m/s.
2. Eine Tischbohrmaschine wird von einem Wechselstrommotor mit $2800\ \text{min}^{-1}$ über einen Stufenantrieb **(Bild 2)** angetrieben. Berechnen Sie **a)** die Drehzahlen n_I bis n_III der Bohrspindel und **b)** die Übersetzungsverhältnisse.
3. Die Schwungscheibe einer Wickelmaschine wird über ein Reibrad angetrieben **(Bild 3)**. Das Reibrad wirkt als Zwischenrad. Berechnen Sie **a)** die Motordrehzahl und **b)** das Übersetzungsverhältnis.
4. Das Sägeblatt einer Kreissäge mit 300 mm Durchmesser wird von einem Elektromotor mit 2800 1/min über einen Keilriemen angetrieben. Das Übersetzungsverhältnis beträgt 0,7. Berechnen Sie die Schnittgeschwindigkeit (Umfangsgeschwindigkeit) in m/s.
5. Der Schleuderkorb einer Entölungsschleuder **(Bild 4)** hat eine Umfangsgeschwindigkeit von 94 m/s. Berechnen Sie **a)** den Durchmesser der Riemenscheibe am Motor und **b)** das Übersetzungsverhältnis.
6. Ein Motor mit den Bemessungsdaten $n = 2820$ 1/min und $P = 2{,}2$ kW hat eine Riemenscheibe mit dem Durchmesser $d = 71$ mm und treibt über einen Flachriemen eine Schleifscheibe mit einem Durchmesser von 400 mm an. Die Umfangsgeschwindigkeit der Schleifscheibe soll 35 m/s nicht überschreiten. Berechnen Sie **a)** den Durchmesser der Riemenscheibe auf der Schleifscheibenwelle, **b)** den Durchmesser einer zweiten Schleifscheibe auf derselben Welle, deren Umfangsgeschwindigkeit 25 m/s nicht übersteigt und **c)** die jeweilige Umfangskraft an den beiden Schleifscheiben unter Vernachlässigung der Antriebsverluste.

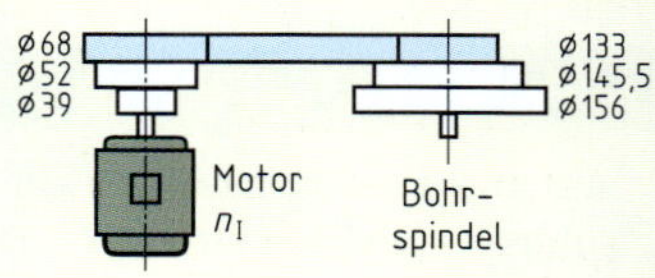

Bild 2: Stufenantrieb einer Tischbohrmaschine

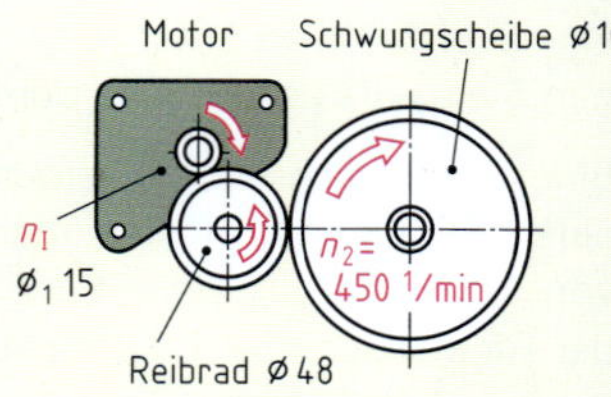

Bild 3: Geräteantrieb über ein Zwischenrad

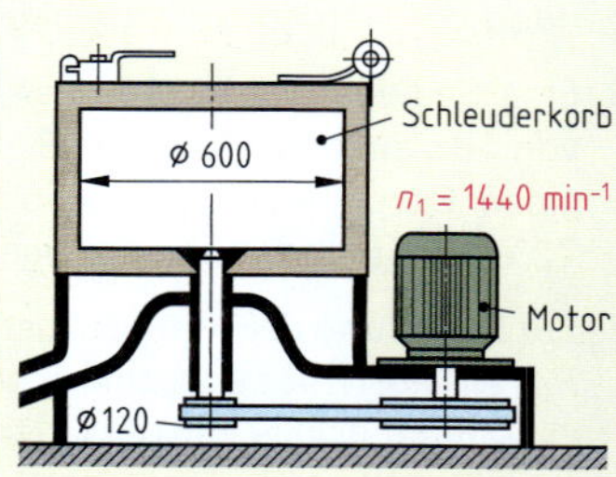

Bild 4: Antrieb einer Schleuder

12.2.3 Zahnradtrieb

Der Zahnradtrieb übersetzt Drehzahlen wie der Riementrieb. Dabei verhalten sich die Drehzahlen zweier ineinandergreifender Zahnräder umgekehrt wie ihre Zähnezahlen bzw. ihre Teilkreisdurchmesser d **(Bild 1)**. Das angetriebene Zahnrad dreht sich entgegengesetzt zum treibenden Zahnrad.

Beispiel:

Ein Zahnrad hat 32 Zähne und die Drehzahl 1440 1/min. Es greift in ein zweites Zahnrad mit 80 Zähnen ein **(Bild 1)**. Berechnen Sie
a) die Drehzahl n_2 des zweiten Zahnrades und
b) das Übersetzungsverhältnis i.

Lösung:

a) $z_1 \cdot n_1 = z_2 \cdot n_2 \Rightarrow n_2 = \frac{z_1 \cdot n_1}{z_2} = \frac{32 \cdot 1440\ ^1/\text{min}}{80} = \mathbf{576\ ^1/min}$

b) $i = \frac{z_2}{z_1} = \frac{80}{32} = \mathbf{2{,}5}$

Aufgaben zu 12.2.3

1. Die Schleifscheibe eines Handschleifers wird von einem Schnellfrequenz-Motor mit der Leerlaufdrehzahl 12 000 1/min angetrieben. Das Zahnrad an der Motorwelle hat 21 Zähne, das angetriebene Zahnrad 28. Berechnen Sie **a)** die Drehzahl der Schleifscheibe und **b)** das Übersetzungsverhältnis.
2. Ein Zahnradtrieb mit dem Übersetzungsverhältnis $i = 3{,}5$ **(Bild 1)** hat am getriebenen Zahnrad mit der Zähnezahl 63 eine Drehzahl von 125 1/min. Berechnen Sie **a)** die Zähnezahl des treibenden Zahnrades und **b)** die Antriebsdrehzahl.
3. Berechnen Sie für den Antrieb der Stichsäge **(Bild 2)**, **a)** die Zahl der Arbeitshübe je Minute, **b)** das Übersetzungsverhältnis.
4. In einem Antrieb hat das treibende Zahnrad 55 Zähne. Das getriebene Zahnrad hat 11 Zähne und eine Drehzahl von 14 440 1/min. Berechnen Sie **a)** die Antriebsdrehzahl und **b)** das Übersetzungsverhältnis.
5. Das treibende Zahnrad eines Kegelradantriebes hat 50 Zähne und die Drehzahl 125 1/min. Das getriebene Zahnrad hat 80 Zähne. Berechnen Sie **a)** die Drehzahl des getriebenen Zahnrades und **b)** das Übersetzungsverhältnis.
6. Die Umfangsgeschwindigkeit des Schleiftellers eines Winkelschleifers **(Bild 3)** darf 25 m/s nicht überschreiten. Der Antrieb erfolgt über einen Kegelradantrieb. Wie groß sind **a)** die zulässige Motordrehzahl und **b)** das Übersetzungsverhältnis?
7. Ein Aufzug wird über ein Getriebe durch einen Elektromotor mit 720 1/min angetrieben. Das Zahnrad an der Motorwelle hat 20 Zähne, das Übersetzungsverhältnis ist $i = 4{,}5$. Berechnen Sie Zähnezahl und Drehzahl des getriebenen Zahnrades.
8. Ein Elektromotor treibt mit der Bemessungsleistung 3 kW und der Bemessungsdrehzahl 720 1/min über ein Getriebe mit einem Wirkungsgrad von 70% die Trommel eines Förderbandes an **(Bild 4)**. Das Zahnrad auf der Motorwelle hat 16 Zähne. Die Trommel hat einen Durchmesser von 8 cm. Die Fördergeschwindigkeit soll 0,5 m/s erreichen. Berechnen Sie **a)** die Zähnezahl des Zahnrades an der Trommel und **b)** die auf das Förderband wirkende Zugkraft.

Zahnradtrieb

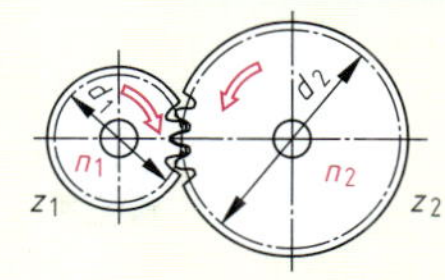

Bild 1

$$z_1 \cdot n_1 = z_2 \cdot n_2$$

$$i = \frac{n_1}{n_2} \qquad i = \frac{z_2}{z_1}$$

z_1 Zähnezahl des treibenden Zahnrades
z_2 Zähnezahl des getriebenen Zahnrades
n_1 Drehzahl des treibenden Zahnrades
n_2 Drehzahl des getriebenen Zahnrades
i Übersetzungsverhältnis

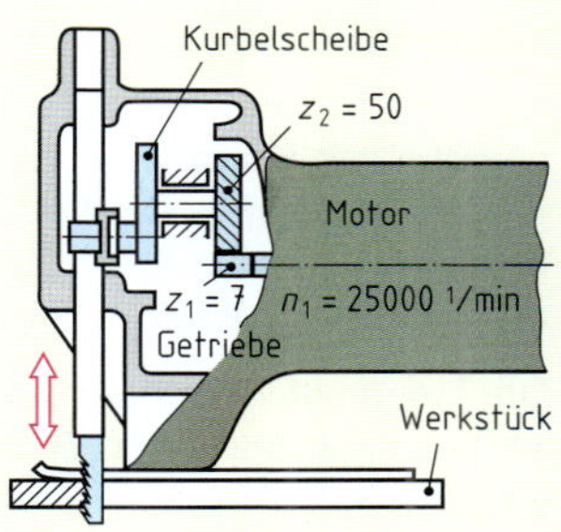

Bild 2: Stichsäge

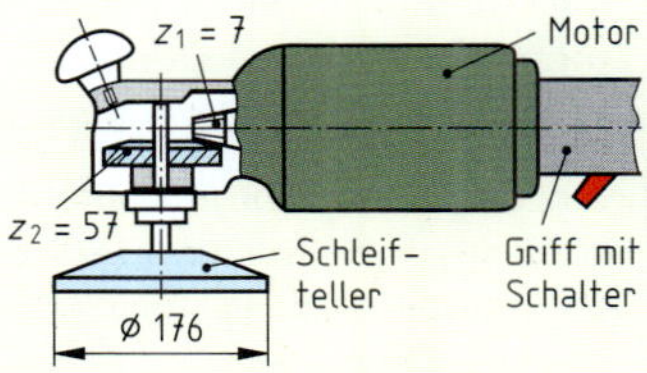

Bild 3: Winkelschleifer

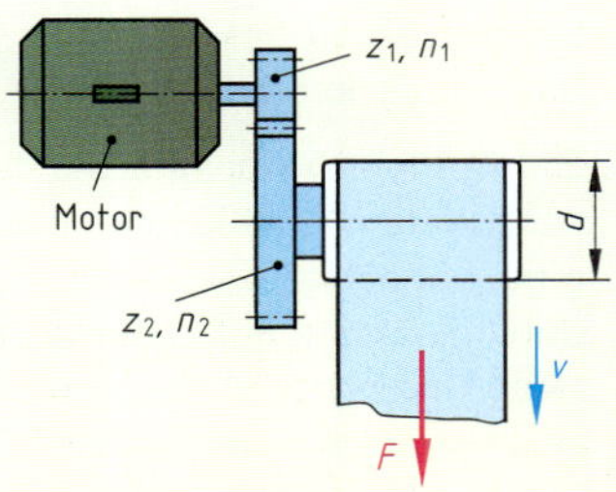

Bild 4: Förderband

12.2.4 Schneckentrieb

Schneckentriebe **(Bild 1)** ergeben große Übersetzungsverhältnisse. Dreht sich eine eingängige (einzähnige) Schnecke einmal, so bewegt sich das angetriebene Schneckenrad um einen Zahn weiter.
Es gibt ein- und mehrgängige Schnecken.

> Die Gangzahl der Schnecke entspricht der Zähnezahl z_1 des treibenden Rades beim Zahnradtrieb.

Beispiel:

Bei einem Schneckentrieb **(Bild 1)** hat die Schnecke die Drehzahl $n_1 = 720\,\text{min}^{-1}$. Das Schneckenrad hat 80 Zähne und die Drehzahl $n_2 = 18\,\text{min}^{-1}$. Berechnen Sie
a) das Übersetzungsverhältnis i und
b) die Gangzahl z_1 der Schnecke.

Lösung:

a) $i = \frac{n_1}{n_2} = \frac{720\,\text{min}^{-1}}{18\,\text{min}^{-1}} = \frac{40}{1} = \mathbf{40}$

b) $i = \frac{z_2}{z_1}$: $z_1 = \frac{z_2}{i} = \frac{80}{40} = \mathbf{2}$

Aufgaben zu 12.2.4

1. Der Vorschubantrieb einer Bohrmaschine wird durch ein Schneckengetriebe mit vierzähniger Schnecke und einem Schneckenrad mit 80 Zähnen bewirkt. Die Drehzahl des Schneckenrades soll $18\,\text{min}^{-1}$ betragen. **a)** Wie groß muss die Drehzahl der Schnecke sein? **b)** Wie groß ist das Übersetzungsverhältnis?
2. Die Tachometerschnecke eines Oldtimers ist vierzähnig und hat eine Antriebsdrehzahl von $5\,250\,\text{min}^{-1}$. Das Schneckenrad hat 14 Zähne. Berechnen Sie **a)** die Drehzahl der Tachometerwelle, **b)** das Übersetzungsverhältnis.
3. Ein Schneckentrieb für eine Reinigungstrommel mit einer dreizähnigen Schnecke hat ein Übersetzungsverhältnis von 19 : 1. Der Antriebsmotor hat die Drehzahl $750\,\text{min}^{-1}$. Berechnen Sie **a)** die Zähnezahl des Schneckenrades und **b)** die Drehzahl der Trommel.
4. Ein Getriebemotor mit einer zweizähnigen Schnecke hat ein Übersetzungsverhältnis von $i = 16$ und eine Enddrehzahl von $60\,\text{min}^{-1}$. Berechnen Sie **a)** die Zähnezahl des Schneckenrades, **b)** die Motordrehzahl.
5. Der Läufer eines Wechselstromzählers mit der Zählerkonstanten $C_z = 150\ ^1/\text{kWh}$ trägt eine eingängige Schnecke, die über ein Schneckenrad das Zählwerk **(Bild 2)** antreibt. Wie viele Zähne hat das Schneckenrad?
6. Der Antriebsmotor einer Aufzugsmaschine **(Bild 3)** mit den Bemessungsdaten $n = 900\,\text{min}^{-1}$ und $P = 3{,}5\,\text{kW}$ treibt über eine zweigängige Schnecke eine Seiltrommel mit einem wirksamen Trommeldurchmesser von 320 mm an. Das Übersetzungsverhältnis ist $i = 35$. Der Wirkungsgrad des Getriebes beträgt 70%. **a)** Welche Fördergeschwindigkeit wird erreicht? **b)** Welche Masse kann hoch gehoben werden?
   Hinweis: Siehe auch **Seite 38** (mechanische Arbeit).

Schneckentrieb

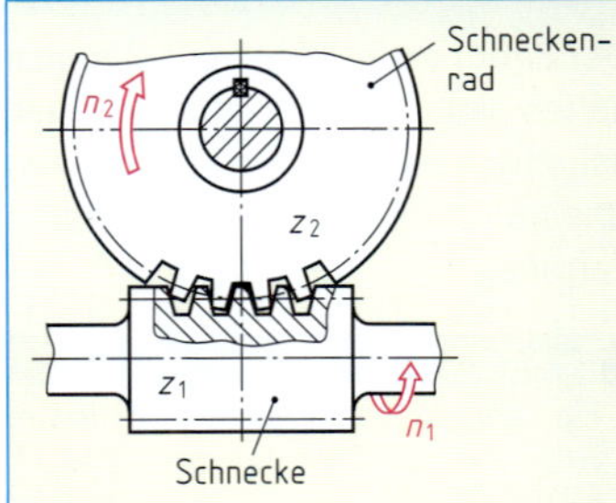

Bild 1

$$z_1 \cdot n_1 = z_2 \cdot n_2$$

$$i = \frac{n_1}{n_2} \qquad i = \frac{z_2}{z_1}$$

i	Übersetzungsverhältnis
z_1	Zähnezahl der Schnecke, Gangzahl
z_2	Zähnezahl des Schneckenrades
n_1	Drehzahl der Schnecke
n_2	Drehzahl des Schneckenrades

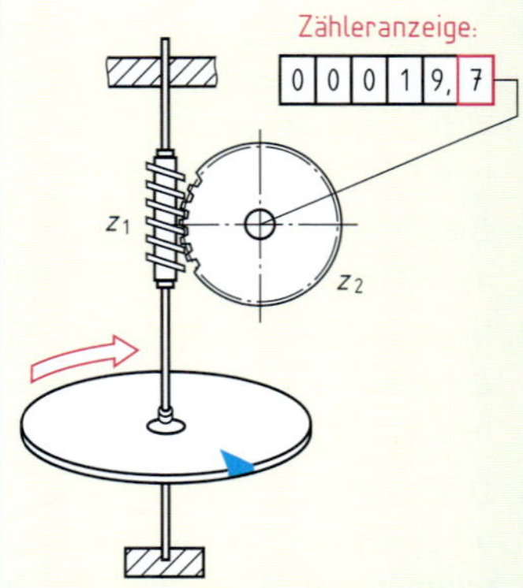

Bild 2: Antrieb eines Zählwerks

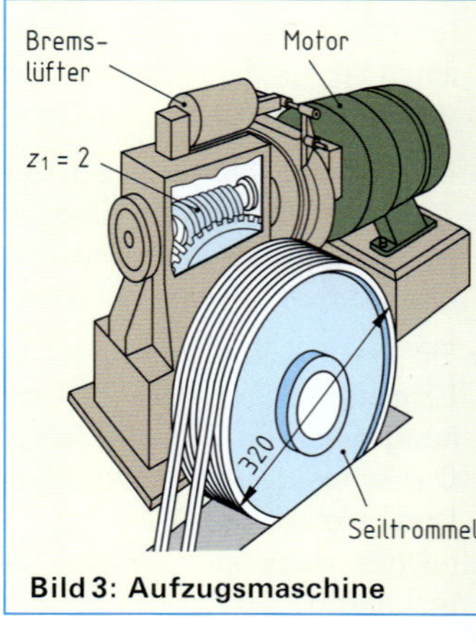

Bild 3: Aufzugsmaschine

12.2.5 Mehrfache Übersetzung

Die doppelte Übersetzung setzt sich aus zwei Einzelübersetzungen zusammen **(Bild 1 und Bild 2)**.
Bei Mehrfachübersetzungen ist das Gesamtübersetzungsverhältnis das Produkt der Einzelübersetzungsverhältnisse.

Beispiel:

Bei einem doppelten Riementrieb **(Bild 1)** sind die Durchmesser $d_1 = 80$ mm, $d_2 = 160$ mm, $d_3 = 125$ mm und $d_4 = 375$ mm. Die Drehzahl n_1 des ersten, treibenden Rades beträgt 1440 min^{-1}. Berechnen Sie
a) das Gesamtübersetzungsverhältnis i,
b) die Drehzahl n_4 des letzten getriebenen Rades.

Lösung:

a) $i = \frac{d_2 \cdot d_4}{d_1 \cdot d_3} = \frac{160\text{ mm} \cdot 375\text{ mm}}{80\text{ mm} \cdot 125\text{ mm}} = \mathbf{6}$

b) $i = \frac{n_1}{n_4}$; $\quad n_4 = \frac{n_1}{i} = \frac{1440\text{ min}^{-1}}{6} = \mathbf{240\text{ min}^{-1}}$

Aufgaben zu 12.2.5

1. Die Schwungscheibe einer Wickelmaschine wird über einen doppelten Riementrieb mit den Scheibendurchmessern $d_1 = 19{,}4$ mm, $d_2 = d_3 = 36$ mm, $d_4 = 110$ mm angetrieben. Die Motordrehzahl ist 2900 min^{-1}. **a)** Skizzieren Sie den Antrieb. **b)** Berechnen Sie die Drehzahl der Schwungscheibe.
2. Die Zahnräder eines Getriebemotors mit $n_1 = 1428\text{ min}^{-1}$ haben folgende Zähnezahlen: $z_1 = 18$; $z_2 = 54$; $z_3 = 20$; $z_4 = 50$ **(Bild 2)**. Berechnen Sie **a)** die Gesamtübersetzung, **b)** die Drehzahl des letzten getriebenen Rades.
3. Das Getriebe einer elektrischen Handbohrmaschine hat die Zähnezahlen $z_1 = 5$, $z_2 = 24$, $z_3 = 9$ und $z_4 = 34$. Die Ankerdrehzahl ist im Leerlauf 30000 min^{-1}. Berechnen Sie **a)** die Gesamtübersetzung, **b)** die Drehzahl der Bohrspindel bei Leerlauf, **c)** die Drehzahl der Bohrspindel, wenn die Motordrehzahl bei Belastung um 16% absinkt.
4. Ein Getriebemotor hat Zahnräder mit den Zähnezahlen $z_1 = 16$, $z_2 = 60$, $z_3 = 20$ und $z_4 = 56$. **a)** Welche Drehzahl muss der Drehstrommotor haben, wenn die Drehzahl des letzten getriebenen Rades $n_4 = 135$ 1/min erreichen soll. **b)** Berechnen Sie die Einzelübersetzungen. **c)** Wie groß ist das Gesamtübersetzungsverhältnis?
5. Ein Motor mit $n = 1440$ 1/min treibt über einen Riementrieb mit den Durchmessern $d_1 = 40$ mm und $d_2 = 180$ mm und über einen Zahnradtrieb mit dem Übersetzungsverhältnis $i_2 = 8$ die Trommel einer Waschmaschine an. Berechnen Sie **a)** die Drehzahl der Trommel und **b)** das Gesamtübersetzungsverhältnis.
6. Das Zählwerk eines Wechselstromzählers wird über einen Schneckentrieb und einen doppelten Zahnradtrieb angetrieben. Es stehen folgende Daten zur Verfügung: einzähnige Schnecke, Schneckenrad 60 Zähne, $z_3 = 30$, $z_4 = 75$, $z_5 = 15$, $z_6 = 60$. Bei einer vollen Umdrehung des Zählwerkantriebs wird 1 kWh angezeigt. Wie groß ist die Zählerkonstante?

Doppelter Riementrieb

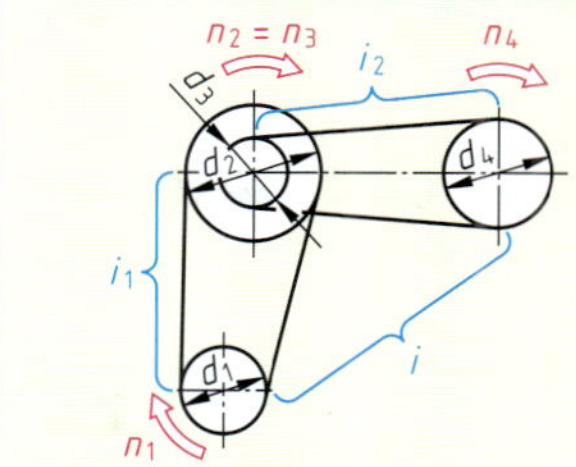

Bild 1

$i_1 = \frac{d_2}{d_1}$ $\quad i_2 = \frac{d_4}{d_3}$

$i_1 = \frac{n_1}{n_2}$ $\quad i_2 = \frac{n_3}{n_4}$

$i = i_1 \cdot i_2$ $\quad i = \frac{n_1 \cdot n_3}{n_2 \cdot n_4}$

$i = \frac{n_1}{n_4}$ $\quad i = \frac{d_2 \cdot d_4}{d_1 \cdot d_3}$

Doppelter Zahnradtrieb

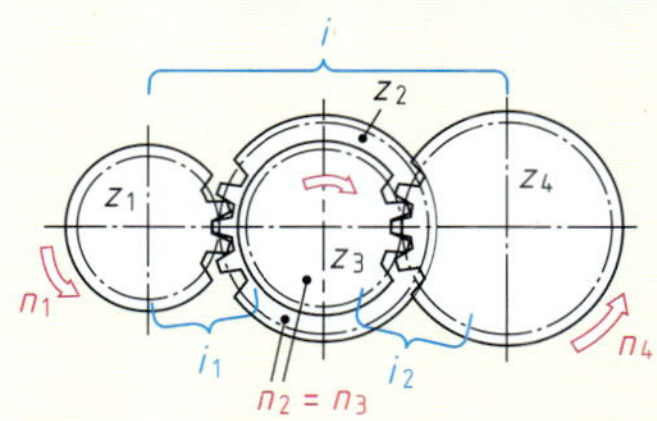

Bild 2

$i_1 = \frac{z_2}{z_1}$ $\quad i_2 = \frac{z_4}{z_3}$

$i_1 = \frac{n_1}{n_2}$ $\quad i_2 = \frac{n_3}{n_4}$

$i = i_1 \cdot i_2$ $\quad i = \frac{z_2 \cdot z_4}{z_1 \cdot z_3}$

$i = \frac{n_1}{n_4}$; $\quad i = \frac{n_1 \cdot n_3}{n_2 \cdot n_4}$

Für *n* Übersetzungen:

$$i = \frac{d_2 \cdot d_4 \cdot d_6 \cdots}{d_1 \cdot d_3 \cdot d_5 \cdots}$$

$$i = \frac{z_2 \cdot z_4 \cdot z_6 \cdots}{z_1 \cdot z_3 \cdot z_5 \cdots}$$

$n_1 \ldots$ Drehzahlen
$d_1 \ldots$ Durchmesser
$z_1 \ldots$ Zähnezahlen
$i \ \ldots$ Übersetzungsverhältnisse

12.3 Umlaufende elektrische Maschinen

12.3.1 Drehfelddrehzahl

Synchronmaschinen und Asynchronmaschinen benötigen für die Entwicklung eines Drehmomentes ein Drehfeld. Es kann zwei- oder mehrpolig sein.

Beispiel:

Ein 6-poliger Synchronmotor ist an 400/230 V 50 Hz angeschlossen. Berechnen Sie die synchrone Drehzahl **a)** in s^{-1}, **b)** in min^{-1}.

Lösung:

a) $n_s = \frac{f}{p} = \frac{50\,s^{-1}}{3} = \mathbf{16{,}7\,s^{-1}}$; b) $n_s = 16{,}7\,s^{-1} \cdot 60\,s/min = \mathbf{1000\,min^{-1}}$

$s^{-1} = \frac{1}{s}$; $min^{-1} = \frac{1}{min}$

Aufgaben zu 12.3.1

1. Ein 24-poliger Synchrongenerator liefert eine Spannung mit einer Frequenz von $f = 50$ Hz. Berechnen Sie die Antriebsdrehzahl n_s.
2. Ein Drehstromasynchronmotor mit einer Drehfelddrehzahl von 500 min^{-1} ist an 400/230 V 50 Hz angeschlossen. Berechnen Sie die Polpaarzahl.
3. Ein 6-poliger Synchronmotor hat die Drehzahl $n = 1200\,min^{-1}$. An welcher Netzfrequenz wird er betrieben?
4. In den USA beträgt die Netzfrequenz 60 Hz. Um wie viel Prozent läuft ein 8-poliger Synchronmotor dort schneller, als im europäischen Verbundnetz?

$$n_s = \frac{f}{p} \qquad [n_s] = s^{-1} = \frac{1}{s}$$

n_s	synchrone Drehzahl, Drehfelddrehzahl
f	Frequenz
p	Polpaarzahl

12.3.2 Synchronmaschine

Magnetisches Feld: ab **Seite 84**

Bei der Synchronmaschine sind Läufer- und Drehfelddrehzahl gleich. Eilt das Polrad gegenüber dem Drehfeld vor, arbeitet die Maschine als Generator **(Bild 1, 2 und 3, Seite 245)**. Eilt das Polrad nach, arbeitet sie als Motor **(Bild 4, Seite 245)**.

Beispiel:

Ein 16-poliger Synchrongenerator speist Wirkleistung ins Netz mit $f = 50$ Hz. Die Daten des Läufers sind: $d = 500$ mm, $l = 900$ mm, $N_L = 900$ Windungen und $I_e = 7$ A. Der Luftspalt beträgt $l_0 = 5$ mm. Die drei Ständerwicklungsstränge in Sternschaltung haben je $N_s = 435$ Windungen. Berechnen Sie unter Vernachlässigung der Durchflutung im Eisen **a)** die Feldstärke H im Luftspalt, **b)** die Flussdichte, **c)** die Leerlaufstrangspannung und Leerlaufleiterspannung.

Lösung:

a) $\mathbf{H} = \frac{I_e \cdot N}{l_0} = \frac{7\,A \cdot 900}{2 \cdot 0{,}005\,m} = \mathbf{630\,kA/m}$

b) $\mathbf{B} = \mu_0 \cdot H = 1{,}256 \cdot 10^{-6}\,\frac{Vs}{Am} \cdot 630 \cdot 10^3\,\frac{A}{m} = \mathbf{0{,}791\,\frac{Vs}{m^2}}$

c) $v = 2 \cdot \pi \cdot r \cdot n = 2 \cdot \pi \cdot r \cdot \frac{f}{p} = 2 \cdot \pi \cdot 0{,}25\,m \cdot \frac{50\,s^{-1}}{8} = 9{,}82\,m/s$

$\mathbf{U_{0Str}} = 2 \cdot B \cdot l \cdot v \cdot N_s = 2 \cdot 0{,}791\,Vs/m^2 \cdot 0{,}9\,m \cdot 9{,}82\,m/s \cdot 435 = \mathbf{6{,}08\,kV}$

$\mathbf{U_{0L}} = \sqrt{3} \cdot U_{0Str} = \sqrt{3} \cdot 6.08\,kV = \mathbf{10{,}5\,kV}$

Synchronmaschine

Synchrongenerator

$$P = \sqrt{3} \cdot U \cdot I \cdot \cos\varphi$$
$$U_{0Str} = 2 \cdot B \cdot l \cdot v \cdot N_S$$
$$v = 2 \cdot \pi \cdot r \cdot n$$

Bei Wirkleistungsabgabe gilt:

$$U_{0Str} = \sqrt{U_{Str}^2 + (I \cdot X_d)^2}$$

Synchronmotor

$$P = \sqrt{3} \cdot U \cdot I \cdot \cos\varphi \cdot \eta$$
$$F = B \cdot l \cdot I_e \cdot N_L$$
$$M = 2 \cdot r \cdot F \cdot \sin\vartheta$$

P	Leistung
U	Spannung
U_{0Str}	Leerlaufstrangspannung
I	Strom
I_e	Läufer-, Erregerstrom
X_d	Innenwiderstand
B	Flussdichte im Luftspalt
F	Kraft auf die Läuferwicklung
M	Drehmoment
l	wirksame Leiterlänge
r	Läuferradius
ϑ	Lastwinkel (Polradwinkel)
v	Umfangsgeschwindigkeit
n	Läuferdrehzahl, Umdrehungsfrequenz
N_S	Windungszahl einer Ständerwicklung
N_L	Windungszahl der Läuferwicklung

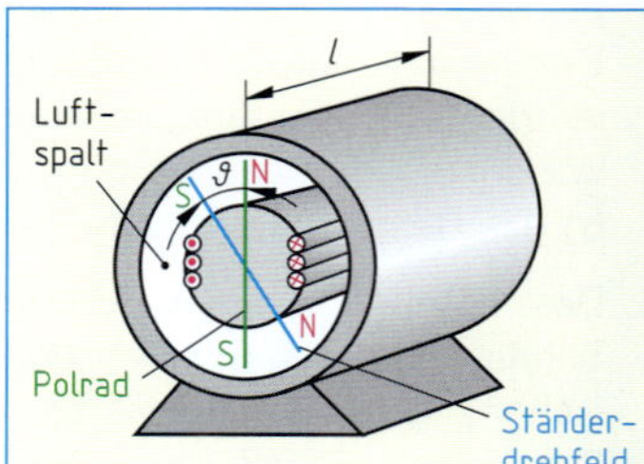

Bild: Lastwinkel beim Synchrongenerator

Aufgaben zu 12.3.2

1. Ein 12-poliger Synchronmotor mit $U = 400\,V$ 50 Hz und $I = 20\,A$ gibt bei $\cos\varphi = 0{,}9$ eine Leistung von $P = 11\,kW$ ab. Ermitteln Sie **a)** die Drehzahl in min^{-1} und **b)** den Wirkungsgrad.

2. In einem Notstromaggregat treibt ein 250 kW-Dieselmotor mit einer Bemessungsdrehzahl von $1300\,min^{-1}$ über ein Getriebe mit dem Wirkungsgrad $\eta_G = 88\%$ einen 8-poligen Synchrongenerator mit der Bemessungsspannung 400/230 V 50 Hz und dem Wirkungsgrad $\eta_S = 94\%$ an. **a)** Berechnen Sie das Übersetzungsverhältnis des Getriebes. Welche Stromstärke kann der Generator abgeben, wenn eine Last mit **b)** $\cos\varphi = 1$, **c)** $\cos\varphi = 0{,}75$ angeschlossen wird?

3. Im Luftspalt eines 2-poligen Synchronmotors herrscht eine Flussdichte von 1,38 T. Die Läuferwicklung hat 280 Windungen und die Abmessungen $d = 320\,mm$, $l = 800\,mm$. Bei einem Lastwinkel von $\vartheta = 45°$ beträgt das Drehmoment 150 Nm. Berechnen Sie unter Vernachlässigung der Durchflutung im Eisen den Erregerstrom.

4. Ein Synchronmotor hat im Luftspalt die Feldstärke $H_L = 1{,}1 \cdot 10^6\,A/m$. Die 200 Windungen des Läufers werden von $I_e = 5\,A$ durchflossen. Der Läufer ist 450 mm lang und hat einen Durchmesser von 280 mm. Bestimmen Sie unter Vernachlässigung der Durchflutung im Eisen **a)** die Kraft auf die Läuferwicklung, **b)** das maximale Drehmoment des Motors. **c)** Stellen Sie das Drehmoment als Funktion des Lastwinkels dar ($M_\vartheta = 30°/cm$, $M_M = 50\,N/cm$).

5. Die Flussdichte im Luftspalt eines Synchrongenerators ist $B = 1{,}26\,T$. Der Läuferdurchmesser beträgt 380 mm, die Läuferlänge 600 mm, die Nenndrehzahl $250\,min^{-1}$ und die Frequenz 50 Hz. Die Ständerwicklungen sind in Stern geschaltet und haben je 155 Windungen. Bestimmen Sie unter Vernachlässigung der Durchflutung im Eisen die Leerlaufspannung U_0 als **a)** Stranggröße, **b)** Leitergröße. **c)** Geben Sie die Polzahl an.

Mechanische Arbeit: **Seite 38**

6. Ein 8-poliger Synchrongenerator mit $U_n = 10{,}5\,kV$ 50 Hz und dem Wirkungsgrad $\eta = 97\%$ gibt bei $\cos\varphi = 1$ einen Strom von 335 A ab. Der Generator wird von einer Wasserturbine mit $\eta = 95\%$, bei einer Fallhöhe von 7,5 m mit $n = 62{,}5\,min^{-1}$ angetrieben. Das Getriebe hat einen Wirkungsgrad von $\eta_G = 89\%$. Berechnen Sie **a)** die synchrone Drehzahl des Generators, **b)** das Übersetzungsverhältnis des Getriebes und **c)** die Wassermenge, die pro Sekunde durch die Turbine strömen muss.

7. Ein 4-poliger Turbogenerator mit dem Ersatzschaltbild nach **Bild 1** speist reine Wirkleistung ins 20 kV, 50-Hz-Netz. Durch seine Läuferwicklung mit 100 Windungen fließt der Läuferstrom $I_e = 55\,A$. Sein Innenwiderstand ist $X_d = 1{,}3\,\Omega$. Der Luftspalt ist 2,5 mm breit. Der Läufer hat einen Durchmesser von 950 mm und eine Länge von 1,8 m. Die Ständerwicklungen sind in Stern geschaltet und haben 32 Windungen pro Strang. **a)** Berechnen Sie die Antriebsdrehzahl des Generators. **b)** Bestimmen Sie unter Vernachlässigung der Durchflutung im Eisen die Leerlaufspannung U_0. **c)** Welche Leistung wird abgegeben?

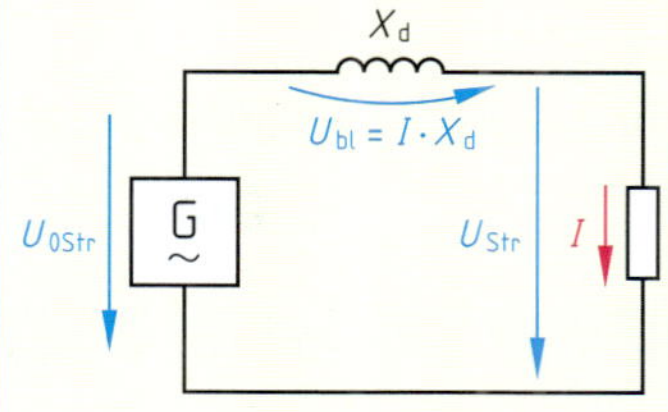

Bild 1: Vereinfachtes Ersatzschaltbild eines Synchrongenerators

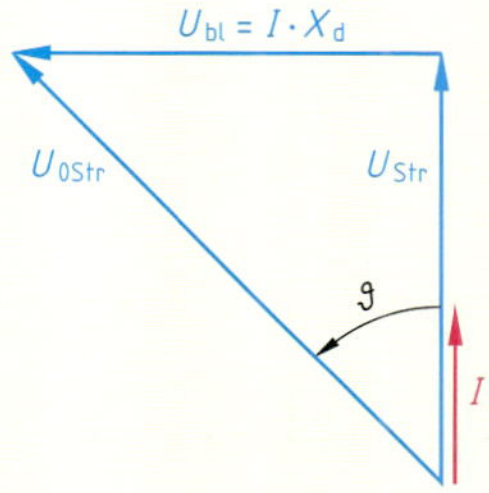

Bild 2: Zeigerbild eines Synchrongenerators bei Wirkleistungsabgabe

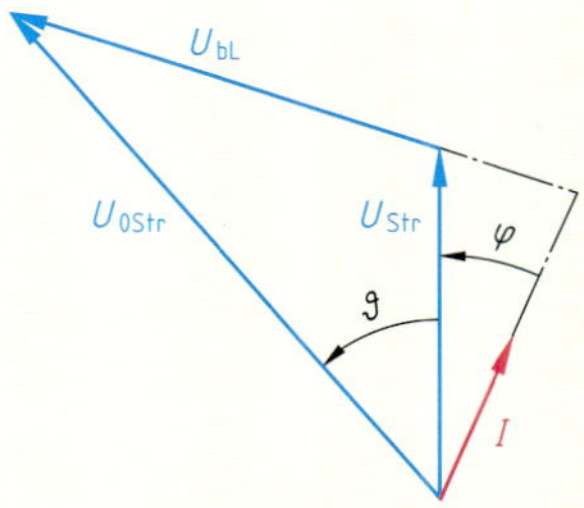

Bild 3: Zeigerbild eines übererregten Synchrongenerators

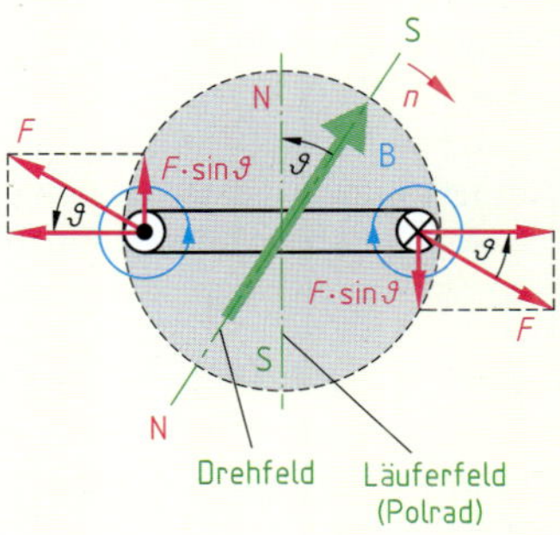

Bild 4: Lastwinkel beim Synchronmotor

12.3.3 Zahnläufer und Schrittmotoren

Zahnläufer, z. B. Uhrenmotoren **(Bild 1)** wechseln während einer Periode zweimal ihre Ständerpolarität. Schrittmotoren **(Bild 2)** z. B. für Stellantriebe drehen sich bei jedem Ansteuerimpuls um den Schrittwinkel α weiter.

Beispiel:

Ein Schrittmotor mit der Strangzahl $m = 2$ **(Bild 2)** hat einen 2-poligen Läufer und eine Drehzahl von 100 min^{-1}. Bestimmen Sie
a) die Schrittzahl z_u pro Umdrehung,
b) den Schrittwinkel α und
c) die Schrittfrequenz f_{sch}.

Lösung:

a) $z_u = 2 \cdot p \cdot m = 2 \cdot 1 \cdot 2 = \mathbf{4}$

b) $\alpha = \frac{360°}{z_u} = \frac{360°}{4} = \mathbf{90°}$

c) $f_{sch} = n \cdot z_u = \frac{100\ ^1/\text{min}}{60\ \text{s/min}} \cdot 4 = \mathbf{6{,}67\ s^{-1}}$

Aufgaben zu 12.3.3

1. Ein Uhrenmotor mit 100 Zähnen ist an 12 V 50 Hz angeschlossen. Welche Drehzahl hat der Motor?

2. Eine Uhr mit einem 50-zähnigen Zahnläufer für den europäischen Markt wird versehentlich nach Amerika ($f = 60$ Hz) exportiert. Ermitteln Sie die Drehzahl des Läufers **a)** für $f = 50$ Hz und **b)** für $f = 60$ Hz. **c)** Wie viele Sekunden pro Stunde zeigt die Uhr falsch an?

3. Ein zweisträngiger Schrittmotor ($m = 2$) hat einen Läufer mit 4 Polen und eine Drehzahl von 720 min^{-1}. Bestimmen Sie **a)** den Schrittwinkel α, **b)** die Schrittzahl pro Umdrehung und **c)** die Schrittfrequenz f_{sch}.

4. Ein Plotter hat ein rundes, achtteiliges Stiftemagazin. Es wird von einem 10-poligen Zweistrangschrittmotor zur Entnahmeposition gedreht. Die maximale Zugriffszeit für einen Stift soll 0,5 Sekunden betragen. Ermitteln Sie **a)** die Schrittzahl pro Umdrehung und **b)** die nötige Schrittfrequenz.

5. In der automatisierten Fertigung einer Fensterfabrik wird der Anschlag einer Kappsäge von einem Zweistrangschrittmotor mit $\alpha = 7{,}5°$ über einen Zahnriemen eingestellt. Auf einer Verstelllänge von 500 mm sollen 1000 Positionen möglich sein. Der Anschlag soll innerhalb von 1 s den gesamten Verstellbereich durchlaufen können. Berechnen Sie **a)** die Schrittzahl pro Umdrehung, **b)** die Polpaarzahl, **c)** den Durchmesser der Riemenscheibe und **d)** die Schrittfrequenz.

6. Der Positionierantrieb eines Platinenbohrautomaten wird von einem Zweistrangschrittmotor über einen Zahnriemen gesteuert. Der Motor treibt über ein Getriebe mit $i = 30$ die Riemenscheibe mit $d = 22{,}9$ mm an. Der Abstand zwischen zwei Positionen beträgt 0,05 mm. Der Bohrkopf bewegt sich mit 0,24 m/s von Bohrpunkt zu Bohrpunkt. Ermitteln Sie **a)** die notwendige Schrittzahl pro Umdrehung, **b)** die Polpaarzahl und **c)** die Schrittfrequenz.

Zahnläufer

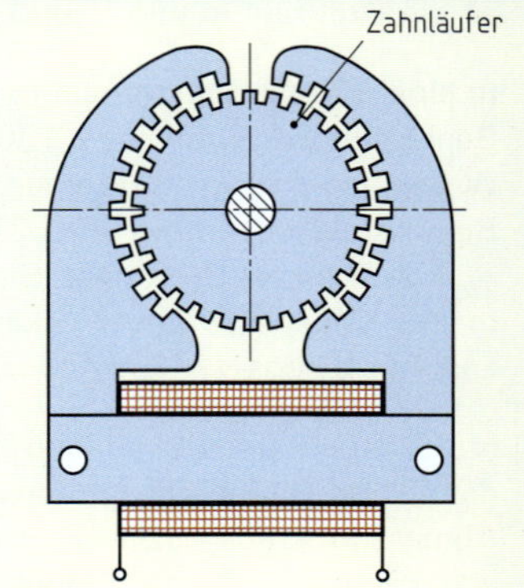

Bild 1

$$n = \frac{2 \cdot f}{z}$$

n	Drehzahl
z	Zähnezahl
f	Frequenz

Schrittmotor

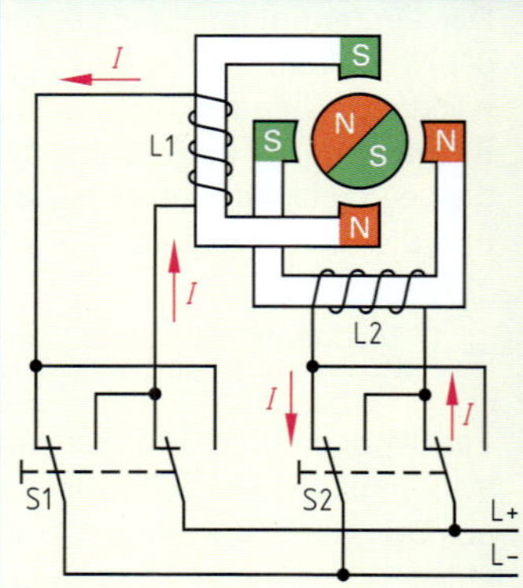

Bild 2

$$z_u = 2 \cdot p \cdot m$$

$$\alpha = \frac{360°}{z_u}$$

$$n = \frac{f_{sch}}{z_u}$$

z_u	Schrittzahl pro Umdrehung
p	Polpaarzahl
m	Strangzahl
α	Schrittwinkel
n	Drehzahl, Umdrehungsfrequenz
f_{sch}	Schrittfrequenz

12.3.4 Drehstromasynchronmotor

Beim Drehstromasynchronmotor **(Bild 1)** ist die Drehfelddrehzahl größer als die Läuferdrehzahl, in den Läufer wird eine Spannung induziert und es entsteht ein Drehmoment.

Beispiel:

Ein Drehstromasynchronmotor hat die Bemessungsdaten $U = 400/230$ V 50 Hz, $P = 7{,}5$ kW, $I = 14{,}8$ A, $\cos\varphi = 0{,}88$, $n = 1450 \text{ min}^{-1}$. Ermitteln Sie
a) die Drehfelddrehzahl,
b) den Schlupf bei Bemessungsdrehzahl,
c) den Wirkungsgrad und
d) die Frequenz der Läuferspannung.

Lösung:

a) Die Läuferdrehzahl beträgt $n = 1450 \text{ min}^{-1} \Rightarrow n_s = \mathbf{1500 \text{ min}^{-1}}$.

b) $s = \frac{n_s - n}{n_s} \cdot 100\% = \frac{1500 \text{ min}^{-1} - 1450 \text{ min}^{-1}}{1500 \text{ min}^{-1}} \cdot 100\% = \mathbf{3{,}33\%}$

c) $\eta = \frac{P_2}{P_1} = \frac{P_2}{\sqrt{3} \cdot U \cdot I \cdot \cos\varphi} = \frac{7{,}5 \text{ kW}}{\sqrt{3} \cdot 400 \text{ V} \cdot 14{,}8 \text{ A} \cdot 0{,}88} = \mathbf{0{,}83}$

d) $f_L = \frac{f \cdot s}{100\%} = \frac{50 \text{ s}^{-1} \cdot 3{,}33\%}{100\%} = \mathbf{1{,}67 \text{ Hz}}$

Aufgaben zu 12.3.4

1. Ein 4-poliger Drehstromasynchronmotor für 400/230 V 50 Hz hat eine Bemessungsdrehzahl von 1440 min^{-1}. Berechnen Sie den Schlupf s.

2. Ein 6-poliger Drehstromasynchronmotor treibt am Drehstromnetz 400/230 V 50 Hz einen Lüfter mit $n = 970 \text{ min}^{-1}$ an. Berechnen Sie den Schlupf s.

3. Berechnen Sie für einen 2-poligen 3 kW-Motor **a)** die synchrone Drehzahl n_s. Ermitteln Sie aus dem **Datenblatt Seite 274 b)** den Schlupf s, **c)** den Anzugsstrom I_A, **d)** das Bemessungsmoment M_n, **e)** das Anzugsmoment M_A und **f)** das Kippmoment M_K.

4. Ein 6-poliger Drehstromasynchronmotor treibt am Drehstromnetz 400/230 V 50 Hz einen Lüfter an. Der Schlupf beträgt 4%. Bestimmen Sie die Läuferdrehzahl **a)** in s^{-1}, **b)** in min^{-1}.

5. Der Schlupf eines 4-poligen Drehstromasynchronmotors beträgt bei Bemessungslast 5%. Berechnen Sie die Bemessungsdrehzahl des Läufers **a)** in s^{-1}, **b)** in min^{-1}.

6. Nach den technischen Anschlussbedingungen (TAB) dürfen Motoren bis zu einem Anzugsstrom von 60 A direkt eingeschaltet werden. Bis zu welcher Bemessungsleistung dürfen die Motoren mit einer Drehfelddrehzahl von $n_s = 1500 \text{ min}^{-1}$ nach **Datenblatt Seite 274** direkt eingeschaltet werden?

7. Berechnen Sie für einen Drehstromasynchronmotor mit dem Leistungsschild nach **Bild 2 a)** den Schlupf, **b)** die Frequenz der Läuferspannung und **c)** den Wirkungsgrad.

8. Ein Drehstrom-Schleifringläufermotor hat die Bemessungswerte $U = 400$ V 50 Hz, $P = 5$ kW, $n = 1435$ 1/min, $\cos\varphi = 0{,}8$ und $\eta = 0{,}83$. **a)** Welche Drehfelddrehzahl gehört zu der Bemessungsdrehzahl (Erfahrungswert). Ermitteln Sie bei Bemessungsleistung **b)** den Schlupf, **c)** die aufgenommene Leistung, **d)** die Leiterstromstärke, **e)** die Frequenz der Läuferspannung.

Drehstromasynchronmotor

Bild 1

$$n_s = \frac{f}{p}$$

$$s = \frac{n_s - n}{n_s} \cdot 100\%$$

$$f_L = \frac{f \cdot s}{100\%}$$

$$P_1 = \sqrt{3} \cdot U \cdot I \cdot \cos\varphi$$

$$\cos\varphi = \frac{P_1}{S}$$

$$P_2 = P_1 \cdot \eta$$

s	Schlupf (in %)
n_s	synchrone Drehzahl, Drehfelddrehzahl
n	Läuferdrehzahl, Umdrehungsfrequenz
f	Netzfrequenz
f_L	Frequenz der Läuferspannung
P_1	zugeführte Leistung
S	Scheinleistung
P_2	abgegebene Leistung
U	Leiterspannung
I	Leiterstrom
η	Wirkungsgrad
p	Polpaarzahl

Bei Asynchronmotoren beträgt der Schlupf $s = 3 \ldots 8\%$.

Hersteller	
D-Mot	Nr. 28720
Δ 400 V	21 A
11 kW	cos φ 0,85
1450 1/min	50 Hz
VDE 0530	

Bild 2: Leistungsschild eines Drehstrommotors

9. Das Leistungsschild **(Bild 1)** eines Dahlandermotors ist teilweise unleserlich geworden. Das Leistungsverhältnis $P_{\triangle}/P_{YY}$ wird mit 0,65 angegeben. Welche Werte haben bei der hohen Drehzahl Leistung und Strom? (Der Wirkungsgrad wird für n_1 und n_2 als gleich angenommen.)

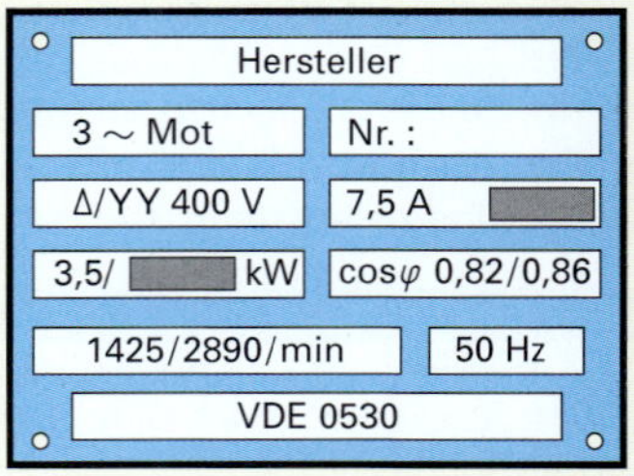

Bild 1: Leistungsschild

10. Der Drehstromasynchronmotor mit den Daten aus **Bild 2** und **Bild 3** soll am Drehstromnetz 400/230 V 50 Hz betrieben werden. **a)** In welcher Schaltung muss er angeschlossen werden? **b)** Berechnen Sie den Wirkungsgrad bei Bemessungsleistung. **c)** Ermitteln Sie das Bemessungsmoment aus **Bild 3** und durch Rechnung.

11. Ein Drehstromasynchronmotor mit Kurzschlussläufer hat laut Leistungsschild die Daten: U = 400 V 50 Hz, I = 8,0 A, n = 2875 1/min, $\cos\varphi$ = 0,88. Der Wirkungsgrad beträgt η = 82% und das Verhältnis von Anzugsmoment zu Bemessungsmoment ist 2 : 1. Berechnen Sie **a)** die Bemessungsleistung P, **b)** das Bemessungsmoment M, und **c)** das Anzugsmoment, wenn der Motor mit einem Stern-Dreieckschalter angelassen wird.

Technische Daten eines 5,5 kW-Käfigläufermotors

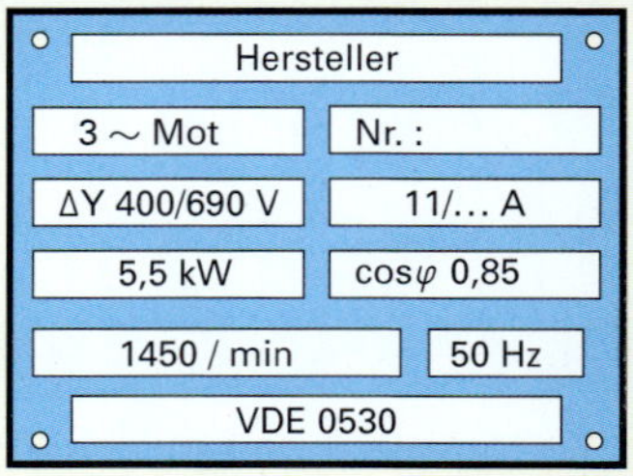

Bild 2: Leistungsschild

12. Eine Kappsäge wird von einem Drehstromasynchronmotor mit der Bemessungsspannung U = 400 V 50 Hz und der Kennlinie nach **Bild 3** angetrieben. **a)** Ermitteln Sie aus der Kennlinie den Anzugsstrom. **b)** Darf der Motor nach TAB direkt angelassen werden? **c)** Wie hoch ist die Stromstärke, wenn der Motor in Sternschaltung angelassen wird? **d)** Welche Spannung muss am Leistungsschild angegeben sein, damit Stern-Dreieckanlauf möglich ist? Bestimmen Sie aus der Kennlinie **e)** den Strom und das Drehmoment des Antriebsmotors, wenn die Drehzahl bei Belastung auf 1200 min^{-1} sinkt. **f)** Welche Leistung gibt der Motor dann ab?

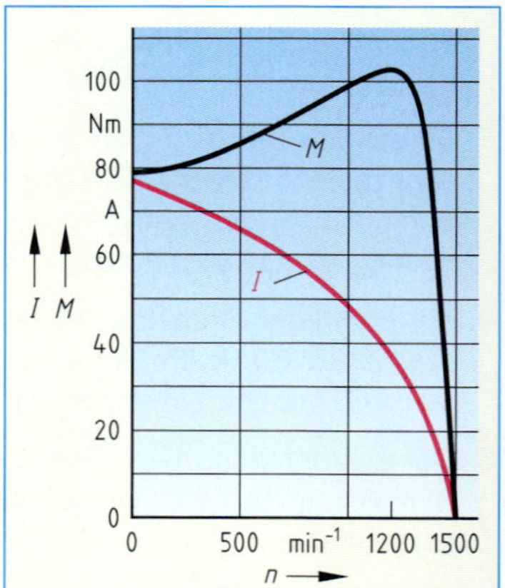

Bild 3: Betriebsverhalten eines 5,5 kW-Motors

13. Bei einer Schleifmaschine **(Bild 4)** ist die Schleifscheibe mit dem Durchmesser d = 380 mm direkt an die Welle eines Drehstromasynchronmotors mit den Bemessungsdaten U = 400 V 50 Hz, I = 4,7 A, P_2 = 2,2 kW, n = 2850 min^{-1} gekoppelt. Der Wirkungsgrad des Motors beträgt η = 81%. Berechnen Sie bei Bemessungsleistung **a)** den Wirkfaktor $\cos\varphi$ und **b)** die Kraft am Umfang der Schleifscheibe.

14. Ein Lüfter benötigt ein Anzugsmoment von 20 Nm und ein Lastmoment von 18 Nm. **a)** Wählen Sie einen geeigneten 4-poligen Drehstrommotor aus **(Datenblatt Seite 274)**. **b)** Überprüfen Sie den Anzugsstrom.

15. Eine Pumpe soll in 20 min 10000 l Wasser aus einem Brunnen in einen 30 m höher gelegenen Behälter pumpen. Der Wirkungsgrad der Pumpe beträgt 72%. Wählen Sie einen geeigneten 2-poligen Drehstrommotor aus **Datenblatt Seite 274** aus.

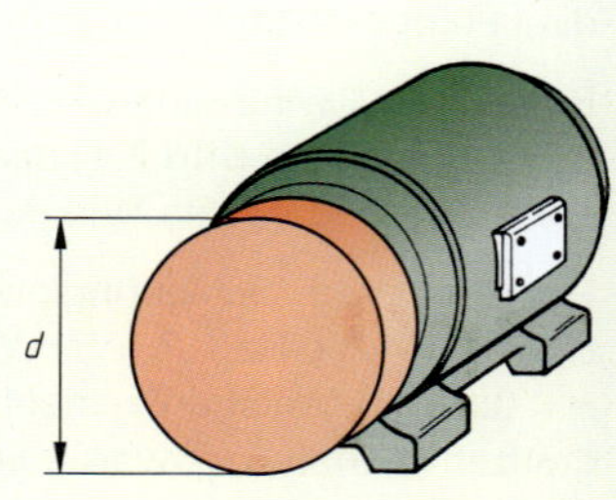

Bild 4: Schleifmaschine

16. Eine Aufzugmaschine **(Bild 3, Seite 242)** soll eine Masse von m = 500 kg innerhalb von 10 Sekunden 5 m hoch heben. Das Getriebe besteht aus einer zweigängigen Schnecke und einem Schneckenrad, das direkt auf die Seiltrommel mit dem Durchmesser d = 320 mm montiert ist. Der Wirkungsgrad des Getriebes beträgt η = 70%. **a)** Welche Zähnezahl muss das Schneckenrad haben? **b)** Wählen Sie aus dem Datenblatt **Seite 274** einen geeigneten vierpoligen Drehstromasynchronmotor aus und überprüfen Sie die Anlassbedingungen.

12.3.5 Wechselstromasynchronmotor

Bei Asynchronmotoren für Wechselspannung wird das Drehfeld beim Kondensatormotor **(Bild 1)** und bei der Steinmetzschaltung **(Bild 2)** durch Zuschalten von Kondensatoren erzeugt.

Beispiel:

Ein Kondensatormotor hat die Bemessungsdaten $U = 230\,\text{V}$ 50 Hz und $P_2 = 1{,}2\,\text{kW}$. Berechnen Sie
a) die Blindleistung des Betriebskondensators,
b) die Kapazität des Betriebskondensators,
c) die Kapazität des Anlaufkondensators und
d) die Bemessungsspannung der Kondensatoren.

Lösung:

a) $\boldsymbol{Q_{CB}} = 1{,}3\,\frac{\text{kvar}}{\text{kW}} \cdot P_2 = Q_{CB} = 1{,}3\,\frac{\text{kvar}}{\text{kW}} \cdot 1{,}2\,\text{kW} = \mathbf{1{,}56\,kvar}$

b) $\boldsymbol{C_B} = \frac{Q_{CB}}{\omega \cdot U^2} = \frac{1560\,\text{var}}{2 \cdot \pi \cdot (230\,\text{V})^2} = \mathbf{94\,\mu F}$

c) $\boldsymbol{C_A} = 3 \cdot C_B = 3 \cdot 94\,\mu\text{F} = \mathbf{282\,\mu F}$

d) $\boldsymbol{U_C} = 1{,}35 \cdot U = 1{,}35 \cdot 230\,\text{V} = \mathbf{311\,V}$

Aufgaben zu 12.3.5

1. Ein Kondensatormotor für 230 V 50 Hz hat eine Bemessungsleistung von 400 W. Berechnen Sie **a)** die Blindleistung, **b)** die Kapazität des Betriebskondensators, **c)** die Kapazität des Anlaufkondensators und **d)** die Bemessungsspannung der Kondensatoren.
2. Ein Kondensatormotor hat die Bemessungsdaten $U = 230$ V 50 Hz, $n = 1380$ ^{1}/min, $I = 5{,}75$ A, $\cos\varphi = 0{,}83$, $P = 900$ W. Ermitteln Sie die Kapazität **a)** des Betriebskondensators, **b)** des Anlaufkondensators. **c)** Für welche Spannung müssen die Kondensatoren ausgelegt sein? Berechnen Sie **d)** Bemessungsschlupf und **e)** Wirkungsgrad.
3. Ein 1,5-kW-Drehstromasynchronmotor soll in Steinmetzschaltung am 230-V-Wechselstromnetz betrieben werden. Berechnen Sie **a)** die Kapazität des Betriebskondensators und **b)** die Kapazität des Anlaufkondensators.
4. Ein Drehstromasynchronmotor mit dem Leistungsschild nach **Bild 3** soll an einem 400-V-Wechselstromnetz betrieben werden. **a)** Zeichnen Sie das Schaltbild. Berechnen Sie **b)** die Kapazität des Betriebskondensators und **c)** die Kapazität des Anlaufkondensators.
5. Eine Pumpe wird von einem Kondensatormotor für 230 V 50 Hz angetrieben. Sie hat einen Wirkungsgrad von $\eta = 70\%$ und pumpt 7000 Liter Wasser in einer Stunde in einen 6 m höher gelegenen Abfluss. Berechnen Sie die Kapazität von Betriebskondensator und Anlaufkondensator.
6. Berechnen Sie die Kapazität des Betriebskondensators pro kW abgegebene Leistung für Kondensatormotoren **a)** an 230 V Wechselspannung, **b)** an 400 V Wechselspannung.
7. Eine Kreissäge wird von einem 230-V-Kondensatormotor mit einer Bemessungsdrehzahl von $n = 1380$ ^{1}/min angetrieben. Das Sägeblatt mit einem Durchmesser von $d = 400$ mm ist direkt auf die Motorwelle montiert. Die Schnittkraft am Umfang des Sägeblatts beträgt $F = 80$ N. Dimensionieren Sie den Betriebs- und den Anlaufkondensator.

Wechselstrom-asynchronmotor

Kondensatormotor

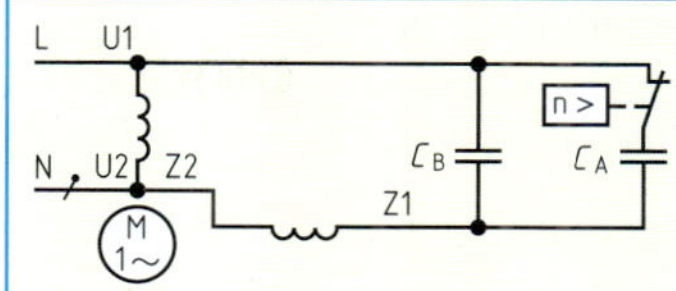

Bild 1

$$Q_{CB} = 1{,}3\,\frac{\text{kvar}}{\text{kW}} \cdot P_2$$

$$C_B = \frac{Q_{CB}}{\omega \cdot U^2}$$

$$C_A = 3 \cdot C_B$$

$$U_C = 1{,}35 \cdot U$$

Drehstromasynchronmotor in Steinmetzschaltung

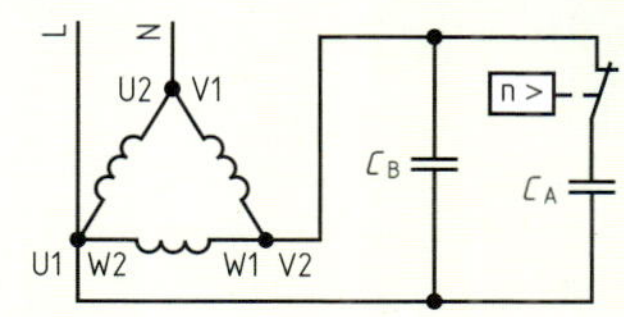

Bild 2

an 230 V: $C_B = 70\,\frac{\mu\text{F}}{\text{kW}} \cdot P_2$

an 400 V: $C_B = 22\,\frac{\mu\text{F}}{\text{kW}} \cdot P_2$

$C_A = 2 \cdot C_B$

Q_{CB}	Blindleistung des Betriebskondensators
P_2	abgegebene Leistung
C_A	Kapazität des Anlaufkondensators
C_B	Kapazität des Betriebskondensators
U	Netzspannung
U_C	Kondensator-Bemessungsspannung

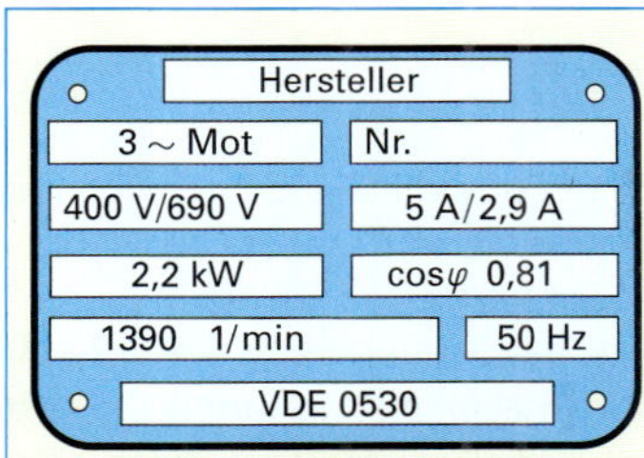

Bild 3: Leistungsschild

12.3.6 Asynchrone Frequenzumformer (Schnellfrequenzumformer)

Beim asynchronen Frequenzumformer treibt ein Antriebsmotor den Rotor einer Schleifringläufermaschine mit oder gegen deren Drehfeld an **(Bild 1)**. An den Schleifringen kann eine kleinere oder größere Frequenz als die Netzfrequenz abgegriffen werden.

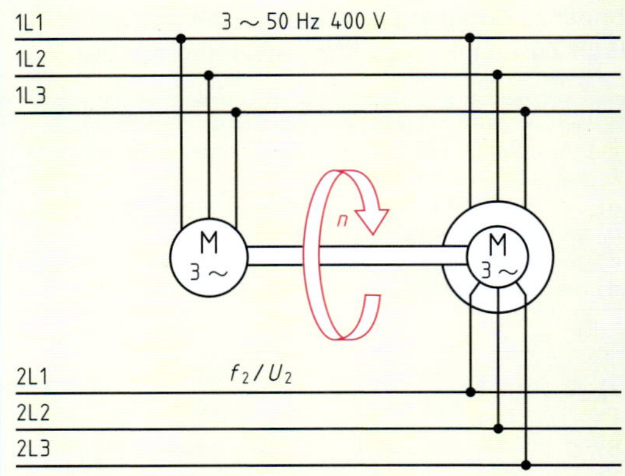

Bild: Asynchroner Frequenzumformer

Beispiel:

Der 2-polige Schleifringläufermotor eines asynchronen Frequenzumformers hat am 50-Hz-Netz eine Läuferstillstandsspannung von 200 V. Er wird mit einer Drehzahl von 1435 min^{-1} gegen das Drehfeld angetrieben. Berechnen Sie

a) die Ausgangsfrequenz f_2

b) die Ausgangsspannung U_{2II}

Lösung:

a) $\boldsymbol{f_2} = f_1 + n \cdot p = 50\,s^{-1} + \frac{1435\,min^{-1}}{60\,s/min} \cdot 1 = \mathbf{73{,}9\,s^{-1}}$

b) $\boldsymbol{U_{2II}} = \frac{U_{2I} \cdot f_{2II}}{f_{2I}} = \frac{200\,V \cdot 73{,}9\,s^{-1}}{50\,s^{-1}} = \mathbf{296\,V}$

Tabelle: Ausgangsfrequenz und Ausgangsspannung asynchroner Frequenzumformer

Drehfelddrehrichtung wie Läuferdrehrichtung

$n_s > n$	$n_s < n$
$f_2 = f_1 \cdot \left(1 - \frac{n}{n_s}\right)$	$f_2 = f_1 \cdot \left(\frac{n}{n_s} - 1\right)$
$f_2 = f_1 - n \cdot p$	$f_2 = n \cdot p - f_1$

Drehfelddrehrichtung gegen Läuferdrehrichtung

$$f_2 = f_1 \cdot \left(1 + \frac{n}{n_s}\right)$$

$$f_2 = f_1 + n \cdot p$$

Ausgangsspannung

$$\frac{U_{2II}}{U_{2I}} = \frac{f_{2II}}{f_{2I}}$$

f_1	Netzfrequenz, Eingangsfrequenz
f_2	Frequenz im Schleifringläufer, Ausgangsfrequenz
n	Drehzahl der Antriebsmaschine
n_s	synchrone Drehzahl der Schleifringläufermaschine
s	Schlupf
p	Polpaarzahl der Schleifringläufermaschine
U_{2I}	Leerlaufausgangsspannung bei f_{2I}
U_{2II}	Leerlaufausgangsspannung bei f_{2II}
f_{2I}	Ausgangsfrequenz I
f_{2II}	Ausgangsfrequenz II

Aufgaben zu 12.3.6

1. Ein asynchroner Frequenzumformer mit einer 6-poligen Schleifringläufermaschine wird mit $n = 960\,min^{-1}$ gegen das Drehfeld angetrieben. Berechnen Sie **a)** die synchrone Drehzahl n_s der Schleifringläufermaschine und **b)** die Ausgangsfrequenz f_2.

2. Die Läuferstillstandsspannung der Schleifringläufermaschine eines asynchronen Frequenzumformers beträgt bei $f_{2I} = 50$ Hz, $U_{2I} = 180$ V. Wie groß ist die Spannung U_{2II} an den Schleifringen, wenn die Ausgangsfrequenz $f_{2II} = 130$ Hz beträgt?

3. Die Schleifringläufermaschine eines Schnellfrequenzumformers hat eine synchrone Drehzahl $n_s = 600\,min^{-1}$ und liefert eine Ausgangsfrequenz von $f_2 = 120$ Hz. Mit welcher Drehzahl wird sie **a)** mit dem Drehfeld und **b)** gegen das Drehfeld angetrieben?

4. Ein Schnellfrequenzumformer an 400/230 V 50 Hz mit einer 4-poligen Schleifringläufermaschine gibt bei $f_2 = 120$ Hz eine Spannung $U_2 = 400$ V ab. Mit welcher Drehzahl wird der Läufer **a)** mit dem Drehfeld und **b)** gegen das Drehfeld bewegt?

5. Ein polumschaltbarer Drehstromasynchronmotor (2 Pole, 4 Pole) für 400/230 V 50 Hz mit einem Schlupf $s = 2{,}5\%$ ist in seiner Drehrichtung umschaltbar und treibt eine 12-polige Schleifringläufermaschine mit einer Läuferstillstandsspannung von $U_{2I} = 150$ V an. Bestimmen Sie alle einstellbaren Spannungen und Frequenzen.

12.3.7 Gleichstrommotoren

Fließt Strom durch den Anker eines Gleichstrommotors, entsteht ein Magnetfeld, das zusammen mit dem Erregerfeld ein Drehmoment bewirkt. Dreht sich der Anker im Erregerfeld, wird in ihm eine Spannung U_i induziert, die der Netzspannung entgegenwirkt.

Fremderregter Gleichstrommotor

Fremderregte Gleichstrommotoren beziehen den Erregerstrom aus einer separaten Spannungsquelle. Auch Dauermagnete können das Erregerfeld liefern. Die induzierte Spannung U ist proportional zur Drehzahl.

Beispiel:

Ein fremderregter Gleichstrommotor mit den Bemessungsdaten $U = 220$ V, $I = 2{,}1$ A und dem Ankerwiderstand $R_A = 0{,}8\ \Omega$, hat an den Bürsten einen Spannungsfall U_B von je 1 V.

a) Bestimmen Sie die induzierte Gegenspannung U_i im Nennbetrieb.

b) Berechnen Sie den Anlasswiderstand, bei dem $I_2 \leq 1{,}5 \cdot I_n$ ist.

Lösung:

a) $\boldsymbol{U_i} = U - I_A \cdot R_A - U_B = 220\ \text{V} - 2{,}1\ \text{A} \cdot 0{,}8\ \Omega - 2\ \text{V} = \mathbf{216\ V}$

b) $\boldsymbol{R_v} = \dfrac{U - U_B}{I_2} - R_A = \dfrac{220\ \text{V} - 2\ \text{V}}{1{,}5 \cdot 2{,}1\ \text{A}} - 0{,}8\ \Omega = \mathbf{68{,}4\ \Omega}$

Aufgaben zu fremderregter Gleichstrommotor

1. Ein fremderregter Gleichstrommotor (**Bild 1**) mit den Bemessungsdaten $U = 24$ V, $I = 2{,}5$ A, $n = 1000\ \text{min}^{-1}$ hat einen Ankerwiderstand von 1,4 Ω. An den Bürsten fällt eine Spannung von je 0,5 V ab. Berechnen Sie **a)** die induzierte Gegenspannung U_i, **b)** den Einschaltstrom ohne Anlasser und **c)** den Anlasswiderstand, damit $I_2 \leq 2 \cdot I_n$ ist.

2. Ein Gleichstrommotor mit Permanenterregerfeld nimmt bei $n = 1200\ \text{min}^{-1}$ und $U = 200$ V einen Strom von 1,8 A auf. Der Ankerwiderstand ist 1,1 Ω, die Bürstenspannung je 1 V. Berechnen Sie den Anlasswiderstand, der den Einschaltstrom auf 2,4 A begrenzt.

3. Der Gleichstrommotor eines Akkuschraubers mit $U = 14{,}4$ V nimmt im Nennbetrieb einen Strom von 2,2 A auf. An den Bürsten fällt eine Spannung von je 0,35 V ab. Der Einschaltstrom beträgt ohne Anlasser 7,5 A. Berechnen Sie **a)** den Ankerwiderstand, **b)** U_i im Nennbetrieb.

4. Ein fremderregter Gleichstrommotor hat die Bemessungsdaten $U = 220$ V, $I = 8{,}2$ A, $U_B = 1{,}5$ V und $n = 2200\ \text{min}^{-1}$. Der Anlasswiderstand ist $R_v = 12\ \Omega$, der Widerstand der Wendepolwicklung 0,9 Ω. Es fließt ein Einschaltstrom von 15,5 A. Berechnen Sie die induzierte Gegenspannung im Nennbetrieb.

5. Der Gleichstrommotor aus **Aufgabe** 4 hat eine Leerlaufdrehzahl von $2360\ \text{min}^{-1}$. Berechnen Sie **a)** die induzierte Gegenspannung im Leerlauf und **b)** die Stromstärke im Leerlauf.

6. Ein Akkuschrauber mit Permanenterregerfeld hat folgende Daten: $U = 14{,}4$ V, $I = 2{,}8$ A, $n = 450\ \text{min}^{-1}$. Im Nennbetrieb ist $U_i = 9{,}8$ V und $U_B = 0{,}3$ V. Die mechanischen Verluste betragen 40% der elektrischen Verluste. Bei Überlastung sinkt die Drehzahl auf $200\ \text{min}^{-1}$. Berechnen Sie **a)** den Wirkungsgrad im Nennbetrieb und **b)** den Strom bei Überlast.

Fremderregter Gleichstrommotor

Betriebsfall

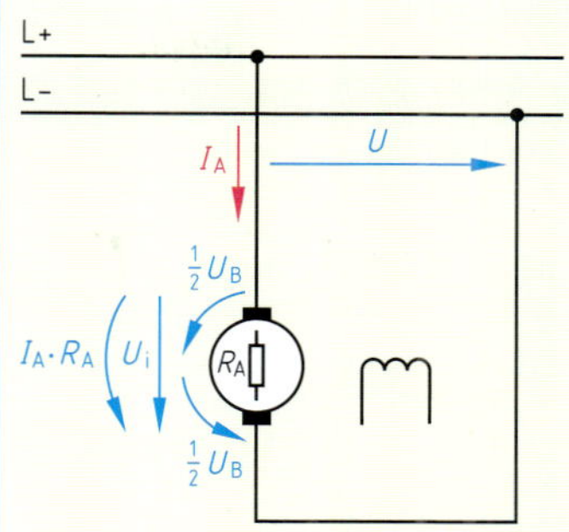

Bild 1

$$U = U_i + U_B + I_A \cdot R_A$$

Mit Wendepol- und Kompensationswicklung gilt:

$$U = U_i + U_B + I_A \cdot (R_A + R_{wp} + R_k)$$

Einschaltaugenblick

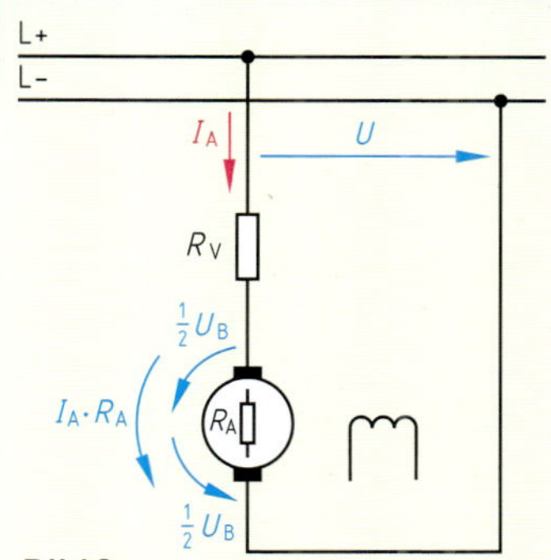

Bild 2

$$R_v = \frac{U - U_B}{I_2} - R_A$$

Mit Wendepol- und Kompensationswicklung gilt:

$$R_v = \frac{U - U_B}{I_2} - R_A - R_{wp} - R_k$$

U	Netzspannung
U_i	induzierte Gegenspannung
U_B	Bürstenspannung
I_A	Ankerstrom
I_2	Einschaltstrom
R_A	Ankerwiderstand
R_v	Anlasswiderstand
R_k	Widerstand der Kompensationswicklung
R_{wp}	Widerstand der Wendepolwicklung

Gleichstrom-Nebenschlussmotor

Bei Gleichstrom-Nebenschlussmotoren ist die Erregerwicklung parallel zum Anker, d.h. parallel zum Netz geschaltet. Die magnetische Flussdichte ist konstant, U_i ist proportional zur Drehzahl.

Beispiel:

Ein Gleichstrom-Nebenschlussmotor hat die Bemessungsdaten $U = 220$ V, $I = 8{,}2$ A und die Widerstände $R_e = 1{,}1$ kΩ, $R_A = 1{,}8$ Ω, $R_{wp} = 0{,}8$ Ω. Der Spannungsfall an den Bürsten beträgt je 1 V. Bestimmen Sie
a) die induzierte Gegenspannung U_i im Nennbetrieb und
b) den Anlasswiderstand R_v, damit $I_2 \leq 1{,}5 \cdot I_n$ ist.

Lösung:

a) $I_e = \frac{U}{R_e} = \frac{220\ \text{V}}{1100\ \Omega} = 0{,}2\ \text{A}$; $I_A = I - I_e = 8{,}2\ \text{A} - 0{,}2\ \text{A} = 8\ \text{A}$

$U_i = U - I_A \cdot (R_A + R_{wp}) - U_B$

$\boldsymbol{U_i} = 220\ \text{V} - 8\ \text{A} \cdot (1{,}8\ \Omega + 0{,}8\ \Omega) - 2\ \text{V} = \mathbf{197\ V}$

b) $\boldsymbol{R_v} = \frac{U - U_B}{I_2 - I_e} - R_A - R_{wp} = \frac{220\ \text{V} - 2\ \text{V}}{1{,}5 \cdot 8{,}2\ \text{A} - 0{,}2\ \text{A}} - 1{,}8\ \Omega - 0{,}8\ \Omega = \mathbf{15{,}4\ \Omega}$

Aufgaben zu Gleichstrom-Nebenschlussmotor

1. Ein Gleichstrom-Nebenschlussmotor **(Bild 1 und 2)** nimmt einen Strom von 10 A an 220 V auf. Der Erregerwiderstand beträgt $R_e = 1{,}2$ kΩ und der Ankerwiderstand $R_A = 1{,}4$ Ω. An den Bürsten fällt $U_B = 1{,}6$ V ab. Berechnen Sie **a)** den Erregerstrom I_e, **b)** den Ankerstrom I_A und **c)** die induzierte Gegenspannung U_i.

2. Ein Gleichstrom-Nebenschlussmotor mit Wendepol- und Kompensationswicklung hat die Bemessungsdaten: $U = 500$ V, $I = 15{,}6$ A, $R_e = 880$ Ω, $R_A = 1{,}2$ Ω, $R_{wp} = 0{,}4$ Ω und $R_k = 0{,}6$ Ω. An den Bürsten fällt eine Spannung von je 1 V ab. Berechnen Sie **a)** I_e, **b)** I_A, **c)** U_i und **d)** R_v bei dem $I_2 \leq 1{,}5 \cdot I_n$ ist.

3. Ein Gleichstromnebenschlussmotor mit den Bemessungsdaten 220 V, 8 A hat einen Erregerwiderstand von 880 Ω. Die induzierte Gegenspannung beträgt $U_i = 210$ V. An den Bürsten fällt $U_B = 2$ V ab. Berechnen Sie den Anlasswiderstand R_v, damit $I_2 \leq 1{,}5 \cdot I_n$ ist.

4. Im Einschaltaugenblick nimmt ein Nebenschlussmotor 25 A an $U = 440$ V auf. Der Einschaltstrom wird durch einen Anlasswiderstand $R_v = 15$ Ω auf den 1,5fachen Wert des Bemessungsstromes begrenzt. Die Wendepolwicklung hat einen Widerstandswert von 0,8 Ω, die Erregerwicklung von 1,2 kΩ. Der Spannungsfall an den Bürsten beträgt 2 V. Bestimmen Sie **a)** den Ankerwiderstand R_A und **b)** die induzierte Gegenspannung U_i.

5. Ein Gleichstrom-Nebenschlussmotor mit der Bemessungsspannung $U = 220$ V und dem Bemessungsstrom $I = 6{,}4$ A nimmt eine Erregerleistung von 88 W auf. Der Widerstand des gesamten Ankerkreises beträgt 1,8 Ω. Die mechanischen Verluste betragen 33 % der elektrischen Verluste. Geben Sie den Wirkungsgrad des Motors an.

6. Im Leerlauf ($n = 1420\ \text{min}^{-1}$) nimmt ein Gleichstromnebenschlussmotor an 220 V einen Strom $I = 0{,}9$ A auf. Die Widerstandswerte der Ankerwicklung und der Erregerwicklung betragen $R_A = 1{,}8$ Ω und $R_e = 950$ Ω. An den Bürsten fällt je 1 V ab. Berechnen Sie **a)** die mechanischen Verluste, **b)** die Stromaufnahme bei $n = 1400\ \text{min}^{-1}$ und **c)** den Wirkungsgrad bei dieser Drehzahl.

Gleichstrom-Nebenschlussmotor

Betriebsfall

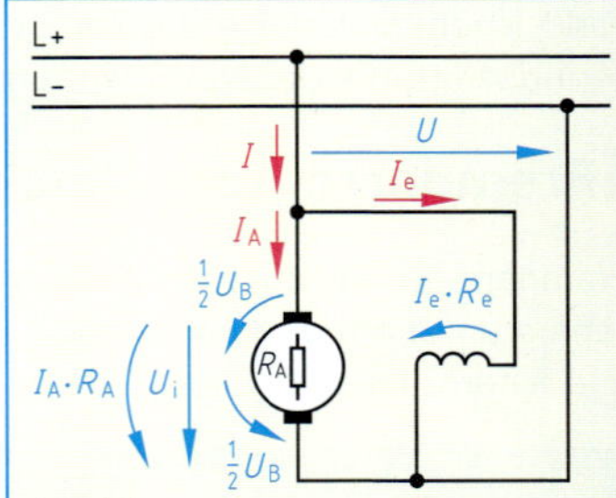

Bild 1

$$I = I_A + I_e \qquad U = I_e \cdot R_e$$

$$U = U_i + U_B + I_A \cdot R_A$$

Mit Wendepol- und Kompensationswicklung gilt:

$$U = U_i + U_B + I_A \cdot (R_A + R_{wp} + R_k)$$

Einschaltaugenblick

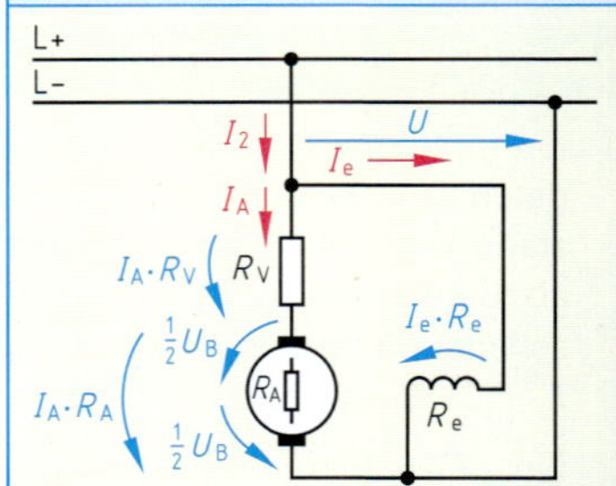

Bild 2

$$R_v = \frac{U - U_B}{I_2 - I_e} - R_A$$

Mit Wendepol- und Kompensationswicklung gilt:

$$R_v = \frac{U - U_B}{I_2 - I_e} - R_A - R_{wp} - R_k$$

U	Netzspannung
U_B	Bürstenspannung
U_i	induzierte Gegenspannung
I	Netzstrom
I_A	Ankerstrom
I_e	Erregerstrom
I_2	Einschaltstrom
R_e	Erregerwiderstand
R_A	Ankerwiderstand
R_{wp}	Widerstand der Wendepolwicklung
R_k	Widerstand der Kompensationswicklung
R_v	Anlasswiderstand

Gleichstrom-Reihenschlussmotor

Bei Gleichstrom-Reihenschlussmotoren ist die Erregerwicklung in Reihe zum Anker geschaltet. Im Einschaltaugenblick fließt ein hoher Strom durch Erreger- und Ankerwicklung, was zu einem sehr hohen Anzugsmoment führt.

Beispiel:

Ein Gleichstrom-Reihenschlussmotor hat die Bemessungsdaten $U = 220\,V$, $I = 15\,A$, $R_e = 0{,}4\,\Omega$, $R_A = 0{,}8\,\Omega$. An den Bürsten fallen 2 V ab. Bestimmen Sie
a) die induzierte Gegenspannung U_i im Nennbetrieb und
b) den Anlasswiderstand R_v, damit der Einschaltstrom $I_2 \leq 1{,}8 \cdot I_n$ ist.

Lösung:

a) $\boldsymbol{U_i} = U - U_B - I_A \cdot (R_A + R_e) = 220\,V - 2\,V - 15\,A \cdot (0{,}8\,\Omega + 0{,}4\,\Omega) = \mathbf{200\,V}$

b) $\boldsymbol{R_v} = \frac{U - U_B}{I_2} - R_A - R_e = \frac{220\,V - 2\,V}{1{,}8 \cdot 15\,A} - 0{,}8\,\Omega - 0{,}4\,\Omega = \mathbf{6{,}87\,\Omega}$

Aufgaben zu Gleichstrom-Reihenschlussmotor

1. Ein Gleichstrom-Reihenschlussmotor **(Bild 1)** mit den Bemessungsdaten $U = 500\,V$, $I = 20\,A$ hat einen Ankerwiderstand von 0,6 Ω und einen Erregerwiderstand von 0,4 Ω. Der Spannungsfall an den Bürsten beträgt 2 V. Berechnen Sie **a)** die induzierte Gegenspannung bei Nennbetrieb und **b)** den Einschaltstrom, wenn kein Anlasser vorgeschaltet wird.

2. Ein Gleichstrom-Reihenschlussmotor für 220 V nimmt im Nennbetrieb 6,8 A auf. Die Erregerwicklung hat 0,5 Ω, die Ankerwicklung 0,9 Ω. Der Spannungsfall an den Bürsten beträgt je 0,5 V. Berechnen Sie **a)** den Einschaltstrom ohne Anlasser und **b)** die induzierte Gegenspannung im Nennbetrieb.

3. Die Ankerwicklung eines Gleichstrom-Reihenschlussmotors hat 0,7 Ω, die Erregerwicklung 0,4 Ω und die Wendepolwicklung 0,3 Ω. Der Spannungsfall an den Bürsten beträgt 2 V. Die Bemessungsspannung ist $U = 220\,V$, der Bemessungsstrom 68 A. Bestimmen Sie **a)** die induzierte Gegenspannung im Nennbetrieb und **b)** den Anlasswiderstand, damit $I_2 \leq 1{,}2 \cdot I_n$ ist.

4. Ein Anlasser soll den Einschaltstrom eines Gleichstrom-Reihenschlussmotors mit den Bemessungsdaten $U = 440\,V$, $P = 35\,kW$, $\eta = 85\,\%$, $R_A = 0{,}8\,\Omega$, $R_e = 0{,}5\,\Omega$, $R_{wp} = 0{,}3\,\Omega$ auf den 1,2-fachen Bemessungsstrom begrenzen. Die Bürstenspannung beträgt 2 V. **a)** Welchen Widerstandswert muss der Anlasser haben? **b)** Welche Leistung nimmt der Anlasser beim Einschalten auf?

5. Der Anlasser eines Pkw's nimmt im Einschaltaugenblick einen Strom von 60 A auf. An den Bürsten fällt je 1 V ab. Der Innenwiderstand der 12-V-Batterie beträgt 0,04 Ω. Berechnen Sie den Ankerkreiswiderstand des Anlassers unter Vernachlässigung des Spannungsfalls in der Zuleitung.

6. Die Bürstenspannung eines Gleichstrom-Reihenschlussmotors mit den Bemessungsdaten $U = 220\,V$, $P = 1\,kW$, $\eta = 80\,\%$, $R_A = 1\,\Omega$, $R_e = 0{,}5\,\Omega$ beträgt 2 V. Ein Anlasser begrenzt den Einschaltstrom auf den 2-fachen Bemessungsstrom. Berechnen Sie **a)** den Widerstandswert des Anlassers, **b)** die Spannung am Motor bei eingeschaltetem Anlasser und einem Leerlaufstrom von 20 % des Bemessungsstroms.

Gleichstrom-Reihenschlussmotor

Betriebsfall

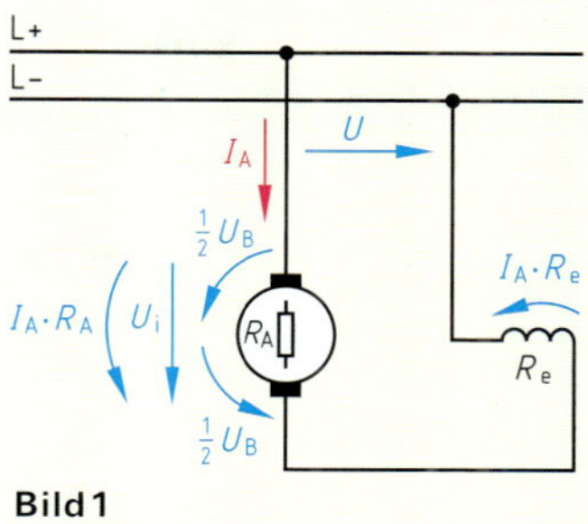

Bild 1

$$U = U_i + U_B + I_A \cdot (R_A + R_e)$$

Mit Wendepol- und Kompensationswicklung gilt:

$$U = U_i + U_B + I_A \cdot (R_A + R_e + R_{wp} + R_k)$$

Einschaltaugenblick

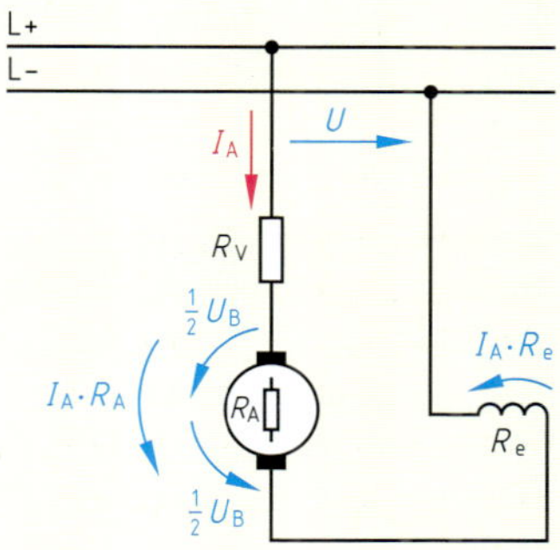

Bild 2

$$R_v = \frac{U - U_B}{I_2} - R_A - R_e$$

Mit Wendepol- und Kompensationswicklung gilt:

$$R_v = \frac{U - U_B}{I_2} - R_A - R_e - R_{wp} - R_k$$

U	Netzspannung
U_B	Bürstenspannung
U_i	induzierte Gegenspannung
I_A	Ankerstrom
I_2	Einschaltstrom
R_A	Ankerwiderstand
R_e	Erregerwiderstand
R_{wp}	Widerstand der Wendepolwicklung
R_k	Widerstand der Kompensationswicklung
R_v	Anlasswiderstand

12.3.8 Gleichstromgeneratoren

Gleichstromgeneratoren sind wie die entsprechenden Motoren aufgebaut, jedoch wird der Läufer angetrieben und an den Bürsten kann eine Spannung abgenommen werden.

Beispiel:

Ein Gleichstrom-Nebenschlussgenerator hat die Bemessungsdaten $U = 500\ \text{V}$, $I = 30\ \text{A}$ und die Widerstände $R_e = 1{,}2\ \text{k}\Omega$, $R_A = 0{,}8\ \Omega$, $R_{wp} = 0{,}6\ \Omega$, $R_k = 0{,}3\ \Omega$. Der Bürstenübergangswiderstand beträgt 65,7 mΩ.
Bestimmen Sie
a) die Leerlaufspannung U_0 und
b) die Erregerleistung im Leerlauf.

Lösung:

a) $I_e = \dfrac{U}{R_e} = \dfrac{500\ \text{V}}{1{,}2\ \text{k}\Omega} = 0{,}42\ \text{A}$; $\quad I_A = I + I_e = 30\ \text{A} + 0{,}42\ \text{A} = 30{,}42\ \text{A}$

$$U_i = U + U_B + I_A \cdot (R_A + R_k + R_{wp}) = U + I_A \cdot (R_A + R_k + R_{wp} + R_B)$$

$$U_i = 500\ \text{V} + 30{,}42\ \text{A} \cdot (0{,}8\ \Omega + 0{,}6\ \Omega + 0{,}3\ \Omega + 0{,}0657\ \Omega) = 553{,}7\ \text{V}$$

Im Leerlauf fließt nur der Erregerstrom $I_e \Rightarrow I_e = I_A$

$$I_e = \frac{U_i}{R_e} = \frac{553{,}7\ \text{V}}{1{,}2\ \text{k}\Omega} = 0{,}46\ \text{A};$$

$$U_0 = U_i - U_B - I_A \cdot (R_A + R_k + R_{wp}) = U_i - I_A \cdot (R_A + R_k + R_{wp} + R_B)$$

$$\boldsymbol{U_0} = 553{,}7\ \text{V} - 0{,}46\ \text{A} \cdot (0{,}8\ \Omega + 0{,}6\ \Omega + 0{,}3\ \Omega + 0{,}0657\ \Omega) = \mathbf{553\ V}$$

b) $\boldsymbol{P_e} = \dfrac{U_0^2}{R_e} = \dfrac{(553\ \text{V})^2}{1{,}2\ \text{k}\Omega} = \mathbf{255\ W}$

Aufgaben zu 12.3.8

1. Ein fremderregter Gleichstromgenerator **(Bild 1)** hat die Bemessungswerte $U = 220\ \text{V}$ und $I_A = 25\ \text{A}$. Der Ankerwiderstand beträgt 1,1 Ω, und an den Bürsten fällt eine Spannung von je 0,75 V ab. Berechnen Sie die induzierte Spannung U_i.

2. Ein Gleichstrom-Nebenschlussgenerator **(Bild 2)** mit der Bemessungsspannung $U = 220\ \text{V}$ und dem Ankerstrom $I_A = 16{,}7\ \text{A}$ hat einen Ankerwiderstand von 0,9 Ω und eine Wendepolwicklung mit $R_{wp} = 0{,}6\ \Omega$. An den Bürsten fällt eine Spannung von je 1 V ab. Wie groß ist die induzierte Spannung U_i?

3. Ein fremderregter Gleichstromgenerator mit den Bemessungswerten $U = 220\ \text{V}$, $I = 12{,}5\ \text{A}$ hat eine Leerlaufspannung von 241 V und eine Bürstenspannung von je 0,5 V. Wie groß ist der Widerstand der Ankerwicklung?

4. An einem fremderregten Gleichstromgenerator **(Bild 1)** wird im Leerlauf eine Spannung von 488 V gemessen. Die Wendepolwicklung hat einen Widerstand von 0,8 Ω und die Kompensationswicklung einen Widerstand von 0,4 Ω. Im Nennbetrieb gibt der Generator bei einer Spannung von 440 V einen Strom von 22 A ab. Dabei entsteht eine Bürstenspannung von je 1 V. Welchen Widerstandswert hat die Ankerwicklung?

5. Im Leerlauf wird an einem Gleichstrom-Nebenschlussgenerator mit der Bemessungsspannung $U = 220\ \text{V}$ eine Klemmenspannung von 252 V gemessen. Dabei fließt ein Erregerstrom von 0,29 A. Der Widerstand des gesamten Ankerkreises beträgt 1,4 Ω und die Bürstenspannung je 1 V. Berechnen Sie den Bemessungsstrom.

Gleichstromgeneratoren

Fremderregter Gleichstromgenerator

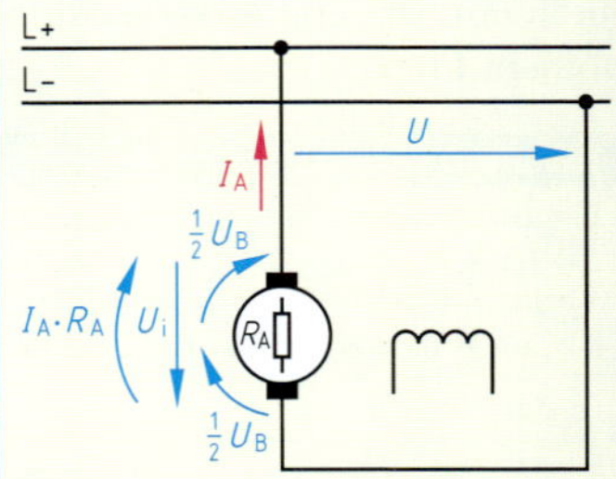

Bild 1

$$U = U_i - U_B - I_A \cdot R_A$$

Mit Wendepol- und Kompensationswicklung gilt:

$$U = U_i - U_B - I_A \cdot (R_A + R_{wp} + R_k)$$

Gleichstrom-Nebenschlussgenerator

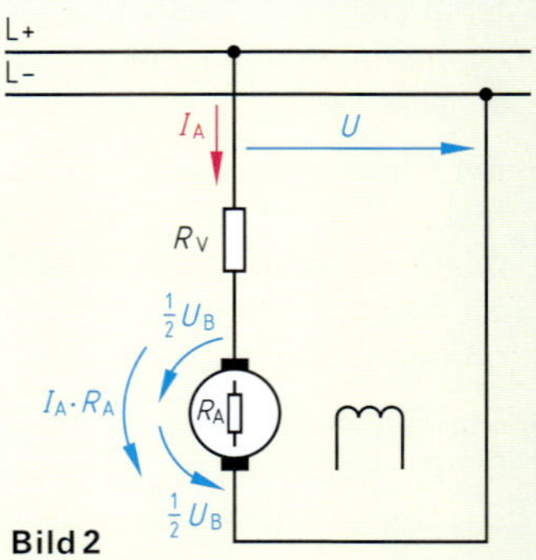

Bild 2

$$I = I_A - I_e$$
$$U = I_e \cdot R_e$$
$$U = U_i - U_B - I_A \cdot R_A$$

Mit Wendepol- und Kompensationswicklung gilt:

$$U = U_i - U_B - I_A \cdot (R_A + R_{wp} + R_k)$$

U	Klemmenspannung
U_B	Bürstenspannung
U_i	induzierte Spannung
I	Generatorstrom
I_A	Ankerstrom
I_e	Erregerstrom
R_A	Ankerwiderstand
R_e	Erregerwiderstand
R_{wp}	Widerstand der Wendepolwicklung
R_k	Widerstand der Kompensationswicklung

13 Regelungstechnik

13.1 Unstetiges Regeln

Ein Zweipunktregler z. B. regelt unstetig. Bei ihm hat die Stellgröße nur zwei Schaltzustände, $y = Y_h$ und $y = 0$. Ein Regler mit der Schaltdifferenz x_{sd} schaltet die Stellgröße y aus bzw. ein, wenn die Regelgröße x die Schaltpunkte x_o bzw. x_u erreicht **(Bild 1)**. Die Regelgröße x folgt der Stellgröße y in vielen Regelstrecken um die Verzugszeit T_e verspätet.

In Regelstrecken mit Ausgleich strebt die Regelgröße gegen Grenzwerte, z. B. in einer Heizung gegen die Beharrungstemperatur x_m bei $y = Y_h$ bzw. gegen die Umgebungstemperatur x_n bei $y = 0$ **(Bild 1)**. Die durch den Stellbereich Y_h erzeugte Leistung bewirkt, dass der Grenzwert x_m über dem Mittelwert liegt. Die mehr erzeugte Leistung wird als Leistungsüberschuss bezeichnet. Bei einem Leistungsüberschuss von 100% liegt der Mittelwert $\bar{x}$ genau in der Mitte des Bereiches zwischen den Grenzwerten x_m und x_n. Die Verzugszeit T_e und die Ausgleichszeit T_b **(Bild 1)** bestimmen die Regelbarkeit der Regelstrecke.

Regelbarkeit: $T_b/T_e > 10 \Rightarrow$ gut;
$T_b/T_e < 3 \Rightarrow$ schlecht

Eine Regelstrecke ohne Ausgleich, z. B. ein Wasserspeicher **(Bild 2)**, hat keinen Grenzwert x_m. Sie verhält sich aber innerhalb der Schwankungsbreite Δx ungefähr wie eine Strecke mit Ausgleich.

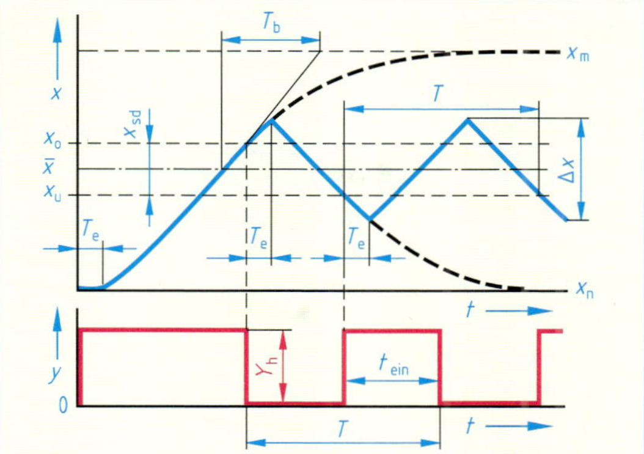

Bild 1: Regelvorgang, Regelstrecke mit Ausgleich und Zweipunktregler

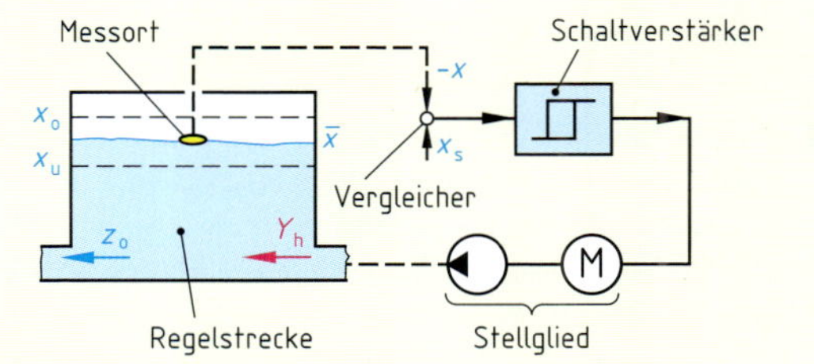

Bild 2: Wasserstandsregelung

Beispiel:

Für eine Heizung mit Zweipunktregler sind gegeben: Verzugszeit $T_e = 1{,}0$ min, Ausgleichszeit $T_b = 10$ min, Grenztemperaturen $x_n = 14\,°C$ bei $y = 0$ und $x_m = 30\,°C$ bei $Y_h = 10$ A, Schaltpunkte $x_o = 23\,°C$ und $x_u = 21\,°C$.
Gesucht sind für 100% Leistungsüberschuss
a) der Übertragungsbeiwert K_S der Regelstrecke,
b) die mittlere Temperatur $\bar{x}$, **c)** die Schaltdifferenz x_{sd},
d) der Sollwert x_S, **e)** die Schwankungsbreite Δx,
f) die Änderungsgeschwindigkeit v_x der Regelgröße,
g) die Periodendauer T, **h)** die Regelbarkeit,
i) die Periodendauer T_0 bei $x_{sd} = 0$.

Lösung:

a) $K_S = \frac{x_m - x_n}{Y_h} = \frac{(30 - 14)\,K}{10\,A} = \mathbf{1{,}6\,\frac{K}{A}}$

b) $\bar{x} = \frac{x_o + x_u}{2} = \frac{(23 + 21)\,°C}{2} = \mathbf{22\,°C}$

c) $x_{sd} = x_o - x_u = \mathbf{2\,K}$; d) $x_S = \bar{x} = \mathbf{22\,°C}$

e) $\Delta x = x_{sd} + \frac{K_S \cdot Y_h}{T_b} \cdot T_e = \mathbf{3{,}6\,K}$

f) $v_x = \frac{K_S \cdot Y_h}{2 \cdot T_b} = \frac{1{,}6\,K/A \cdot 10\,A}{2 \cdot 10\,min} = \mathbf{0{,}8\,\frac{K}{min}}$

g) $T = 4 \cdot \left(\frac{x_{sd} \cdot T_b}{K_S \cdot Y_h} + T_e\right) = \mathbf{9\,min}$

h) $T_b/T_e = 10 \Rightarrow$ **gut** i) $T_0 = 4 \cdot T_e = \mathbf{4\,min}$

$$K_S = \frac{x_m - x_n}{Y_h} \qquad \bar{x} = \frac{x_o + x_u}{2} \qquad x_{sd} = x_o - x_u$$

Beim Leistungsüberschuss $p_ü = 100\,\%$ gilt:

$$\bar{x} = \frac{x_m + x_n}{2} \Rightarrow x_S = \bar{x} \qquad u = \frac{T}{T_{ein}} = 2{,}0$$

$$\Delta x = x_{sd} + \frac{K_S \cdot Y_h}{T_b} \cdot T_e \qquad K_S \cdot Y_h = x_m - x_n$$

$$T = 4 \cdot \left(\frac{x_{sd} \cdot T_b}{K_S \cdot Y_h} + T_e\right) \qquad v_x = \frac{K_S \cdot Y_h}{2 \cdot T_b}$$

K_S	Übertragungsbeiwert der Regelstrecke
y	Stellgröße
Y_h	Stellbereich
x	Regelgröße, Istwert
x_S, $\bar{x}$	Sollwert der Regelgröße, Mittelwert
x_m	oberer Grenzwert, Beharrungswert
x_n	unterer Grenzwert, (z. B. Umgebungstemperatur)
x_o, x_u	Schaltpunkte des Reglers
x_{sd}	Schaltdifferenz des Reglers
Δx	Schwankungsbreite der Regelgröße
v_x	Änderungsgeschwindigkeit der Regelgröße
T_b, T_e	Ausgleichszeit, Verzugszeit
T	Periodendauer
T_{ein}	Einschaltdauer der Stellgröße
u	Tastverhältnis

Aufgaben zu 13.1

1. Ein elektrischer Backofen hat den Stellbereich $Y_h = 2{,}7$ kW, die Verzugszeit $T_e = 2{,}0$ min, die Ausgleichszeit $T_b = 23$ min. Bei der Umgebungstemperatur $x_n = 30\,°C$ und dem Sollwert $x_S = 220\,°C$ ist der Leistungsüberschuss $p_ü = 100\,\%$. Die Schaltpunkte des Reglers liegen bei $x_o = 225\,°C$ und $x_u = 215\,°C$. Ermitteln Sie
   a) den Mittelwert $\bar{x}$, **b)** den Grenzwert x_m,
   c) den Übertragungsbeiwert K_S des Ofens,
   d) die Änderungsgeschwindigkeit v_x,
   e) die Schwankungsbreite Δx der Regelgröße,
   f) die Periodendauer T, **g)** die Regelbarkeit.

> Beim Leistungsüberschuss $p_ü$ und Übertragungsbeiwert K_S bezieht man sich auf den unteren Grenzwert x_n.

2. Den zeitlichen Verlauf von Regelgröße und Stellgröße in einem Wärmeschrank zeigt **Bild 1**. Ermitteln Sie mithilfe der Grafik
   a) die Verzugszeit T_e und die Ausgleichszeit T_b,
   b) die Schaltdifferenz x_{sd} und die Schwankungsbreite Δx der Regelgröße,
   c) den Beharrungswert x_m und den Grenzwert x_n,
   d) die Periodendauer T und das Tastverhältnis u,
   e) den Leistungsüberschuss $p_ü$ und den Beiwert K_S.
   f) Überprüfen Sie die ermittelten Werte Δx und T durch Rechnung.

3. Für einen Backofen sind $T_e = 1{,}0$ min, $T_b = 42$ min, $x_n = 20\,°C$, $x_S = 250\,°C$, $Y_h = 2{,}7$ kW und die Grafik **Bild 2** gegeben. Ermitteln Sie unter Verwendung dieser Grafik
   a) die Periodendauer T und das Tastverhältnis u,
   b) den Leistungsüberschuss $p_ü$ und Grenzwert x_m,
   c) den Beiwert K_S und die Schaltdifferenz x_{sd}.
   d) Vergleichen Sie die Schwankungsbreite in der Grafik mit dem berechneten Wert Δx.

4. Ermitteln Sie mithilfe der Grafik **Bild 3**
   a) den Beiwert K_S, **b)** die Schaltdifferenz x_{sd},
   c) die Periodendauer T beim Regelvorgang,
   d) den Leistungsüberschuss $p_ü$,
   e) die Verzugszeit T_e und die Ausgleichszeit T_b.
   f) Zeichnen Sie die $y(t)$-Kurve.
   (Maßstab: 1 cm ≙ 1 min, 1 cm ≙ 1 kW)

5. Das Zeitverhalten der Wasserstandsregelung in **Bild 2, Seite 255**, bei konstanter Wasserentnahme (Störgröße z_0) zeigt **Bild 4**. Gesucht sind
   a) die Periodendauer T beim Regelvorgang,
   b) das Tastverhältnis u, **c)** der Überschuss $p_ü$,
   d) die Schwankungsbreite Δx der Regelgröße,
   e) die Änderungsgeschwindigkeit v_x der Größe x,
   f) der mittlere Wasserstand $\bar{x}$, **g)** der Stellbereich.

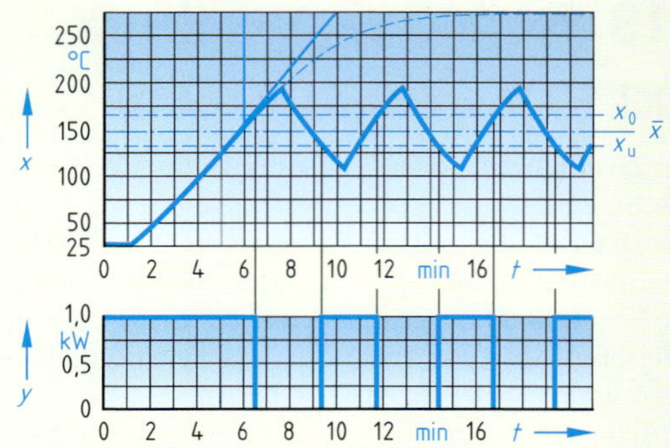

Bild 1: Temperaturregelung (idealisiert)

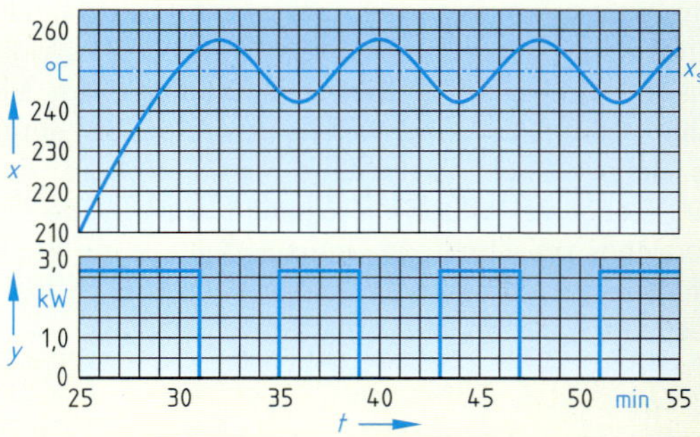

Bild 2: Regelgröße und Stellgröße beim Betrieb eines Backofens

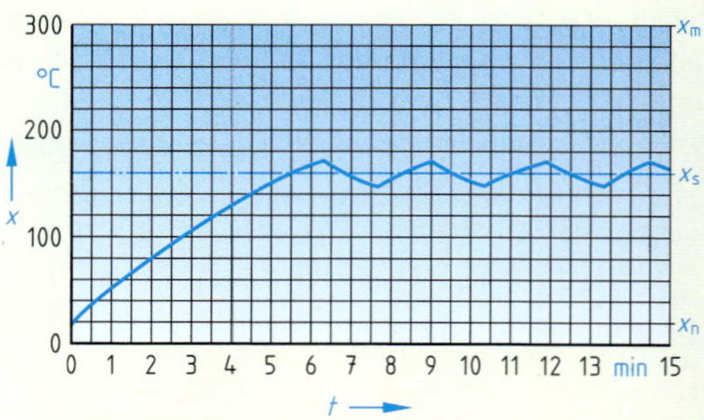

Bild 3: Geregelte Temperatur in einem Heizelement bei $T_e = 0$ und $Y_h = 2{,}0$ kW

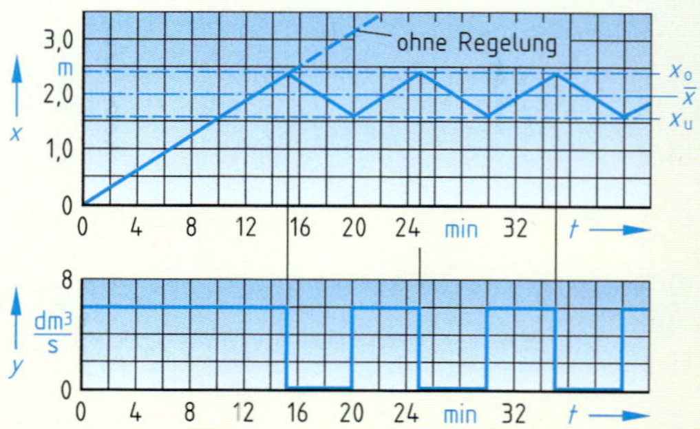

Bild 4: Wasserstandsregelung, Regelstrecke ohne Ausgleich

13.2 Stetiges Regeln

13.2.1 Regeln mit Proportionalverhalten

Ein stetiger Regler ermöglicht im Stellbereich Y_h jeden Wert der Stellgröße y.
Beim Proportional- oder P-Regler bewirkt die Regeldifferenz e innerhalb des P-Bereichs X_P eine proportionale Änderung Δy der Stellgröße **(Bild 1)**. Die Steigung (Betrag) der Reglerkennlinie **(Bild 1)** ist gleich dem Übertragungsbeiwert K_{RP} des Reglers.

Bei Normalbetrieb der Regelstrecke ist die Regelgröße x so groß wie der Sollwert x_S; die zugehörige Störgröße z_0 erfordert dabei die Stellgröße y_0 (**Bild 1**, Arbeitspunkt P0). Eine bleibende Änderung Δz der Störgröße wirkt wie die Änderung Δy_z der Stellgröße; ohne Regler würde durch Δz die Regeldifferenz e_z entstehen. Dagegen bewirkt der Regler die Stellgrößenänderung Δy_P und verkleinert den Wert e_z auf die bleibende Regeldifferenz e_P (**Bild 1**, Arbeitspunkt P1).

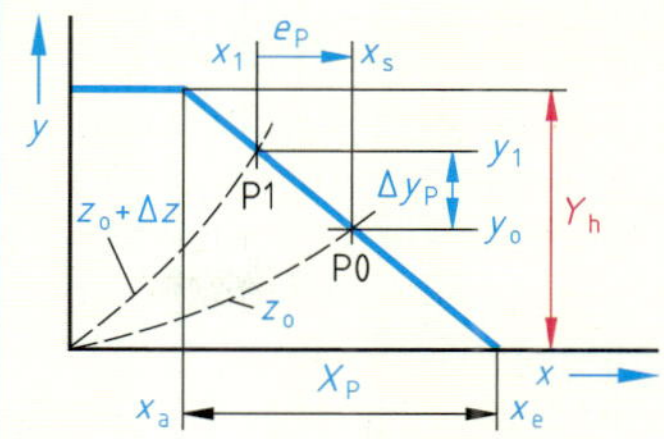

Bild 1: Kennlinie des P-Reglers

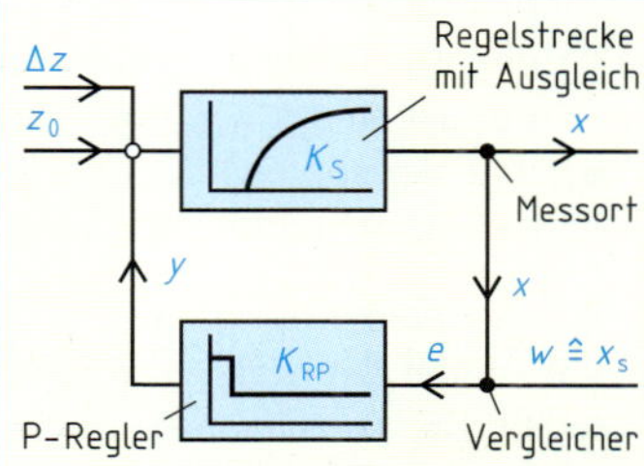

Bild 2: Regelkreis mit P-Regler

Statt des P-Bereichs X_P wird häufig der auf den Messbereich X_h bezogene P-Bereich x_P verwendet. Dabei gilt:

$$x_P = \frac{X_P \cdot 100\,\%}{X_h} \quad \text{und} \quad X_h = x_{II} - x_I$$

$$K_S = \frac{x_m - x_n}{Y_h} = \frac{x_S - x_n}{y_0}$$

$$e = x_S - x \qquad e_z = K_S \cdot \Delta y_z$$

$$e_P = x_S - x_1 \qquad X_P = x_e - x_a$$

$$K_{RP} = \frac{Y_h}{X_P} \qquad K_{RP} = \frac{\Delta y_P}{e_P}$$

$$e_P = \frac{K_S \cdot \Delta y_z}{1 + V} = \frac{e_z}{1 + V}$$

$$V = K_S \cdot K_{RP} \qquad R = \frac{e_P}{e_z}$$

K_S	Übertragungsbeiwert der Regelstrecke
K_{RP}	Regler-Übertragungsbeiwert
x	Regelgröße, Istwert
x_S	Regelgröße, Sollwert
x_1	Regelgröße, abweichender Wert
x_m, x_n	Grenzwerte ohne Regler
x_a, x_e	Grenzen des P-Bereichs
X_P	Proportional-, P-Bereich
x_P	bezogener P-Bereich
X_h	Messbereich des Reglers
x_I, x_{II}	Grenzen des Messbereichs
e	Regeldifferenz
e_z	Regeldifferenz ohne Regeln
e_P	bleibende Regeldifferenz
y	Stellgröße
y_0	Stellgröße bei Normalbetrieb
Y_h	Stellbereich
Δy_z	Stellgrößenänderung mit e_z
Δy_P	Stellgrößenänderung mit e_P
V	Kreisverstärkung
R	Regelfaktor

Beispiel:

Ein Glühofen wird bei der Umgebungstemperatur $x_n = 30\,°C$ elektrisch beheizt. Im Normalbetrieb (Störgröße z_0) würde die maximale Heizleistung $Y_h = 20\,kW$ ohne Regelung die Grenztemperatur $x_m = 1630\,°C$ bewirken. Der P-Regler im Regelkreis (**Bild 2**) hat den P-Bereich X_P zwischen $x_a = 800\,°C$ und $x_e = 880\,°C$, den Messbereich X_h zwischen $x_I = 500\,°C$ und $x_{II} = 1000\,°C$ und den Sollwert $x_S = 840\,°C$. Gesucht sind

a) Übertragungsbeiwert K_S des Ofens und Stellgröße y_0 bei Normalbetrieb,
b) Proportionalbereich X_P und Übertragungsbeiwert K_{RP} des Reglers,
c) Messbereich X_h und bezogener Proportionalbereich x_P des Reglers.

Im Ofen tritt eine Erhöhung des Wärmebedarfs um Δz auf. Bei unveränderter Stellgröße y_0 würde dadurch ohne Eingriff des Reglers die Temperatur um $e_z = 85\,K$ zurückgehen. Wie groß sind beim Regelvorgang

d) die Kreisverstärkung V und die bleibende Regeldifferenz e_P,
e) der Regelfaktor R und bei Δz die veränderte Ofentemperatur x_1,
f) die Stellgrößenänderung Δy_P und die Stellgröße y_1 bei Δz.

Lösung:

a) $K_S = \frac{x_m - x_n}{Y_h} = \frac{(1630 - 30)\,K}{20\,kW} = \mathbf{80\,\frac{K}{kW}}$

$K_S = \frac{x_S - x_n}{y_0} \Rightarrow y_0 = \frac{x_S - x_n}{K_S} = \frac{(840 - 30)\,K}{80\,K/kW} = \mathbf{10{,}1\,kW}$

b) $X_P = x_e - x_a = 880\,°C - 800\,°C = \mathbf{80\,K}$; $K_{RP} = \frac{Y_h}{X_P} = \frac{20\,kW}{80\,K} = \mathbf{0{,}25\,\frac{kW}{K}}$

c) $X_h = x_{II} - x_I = 1000\,°C - 500\,°C = \mathbf{500\,K}$; $x_P = \frac{X_P \cdot 100\,\%}{X_h} = \mathbf{16\,\%}$

d) $V = K_S \cdot K_{RP} = 80\,\frac{K}{kW} \cdot 0{,}25\,\frac{kW}{K} = \mathbf{20}$; $e_P = \frac{e_z}{1 + V} = \frac{85\,K}{1 + 20} = \mathbf{4{,}0\,K}$

e) $R = \frac{e_P}{e_z} = \frac{4{,}0\,K}{85\,K} = \mathbf{0{,}05}$; $x_1 = x_S - e_P = 840\,°C - 4{,}0\,K = \mathbf{836\,°C}$

f) $\Delta y_P = K_{RP} \cdot e_P = 0{,}25\,\frac{kW}{K} \cdot 4{,}0\,K = \mathbf{1{,}0\,kW}$; $y_1 = y_0 + \Delta y_P = \mathbf{11{,}1\,kW}$

Aufgaben zu 13.2.1

1. Der Temperaturregler eines Wärmeschranks hat die Kennlinie **Bild 1** und misst zwischen $x_{\text{I}} = 100\,°\text{C}$ und $x_{\text{II}} = 400\,°\text{C}$. Bei Normalbetrieb und der Umgebungstemperatur $x_n = 30\,°\text{C}$ gilt $z = z_0$, $y = y_0$ und $x = x_S$. Eine zusätzliche Störung Δz erfordert eine um $\Delta y_P = 1{,}3$ kW höhere Heizleistung. Ermitteln Sie mithilfe von **Bild 1**
   - **a)** den Sollwert x_S und die Stellgröße y_0,
   - **b)** den Übertragungsbeiwert K_S der Regelstrecke,
   - **c)** die bleibende Regeldifferenz e_P und die dadurch veränderte Temperatur x_1 des Wärmeschranks,
   - **d)** den Stellbereich Y_h, den Proportionalbereich X_P und den Übertragungsbeiwert K_{RP} des Reglers,
   - **e)** den Messbereich X_h und den bezogenen Proportionalbereich x_P,
   - **f)** die Kreisverstärkung V und den Regelfaktor R.

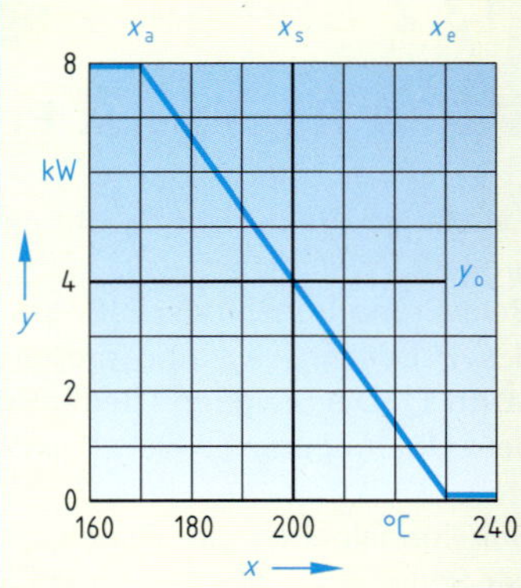

Bild 1: P-Reglerkennlinie

2. Die Ankerspannung eines fremderregten Gleichstromgenerators mit konstanter Drehzahl wird über den Erregerstrom auf $x_S = 120$ V geregelt. Die Kreisverstärkung beträgt $V_1 = 2{,}0$. Im Normalbetrieb (Ankerstrom z_0) ist der Erregerstrom $I_{e0} = y_0$. Erhöht man den Ankerstrom ungeregelt auf z_1, sinkt die Ankerspannung um $e_z = 8{,}0$ V. Gleich groß wäre die Änderung e_z beim Ankerstrom z_0 und bei der Abnahme $\Delta y_z = 0{,}075$ A des Erregerstroms. Wie groß sind im Regelkreis **(Bild 2)** die
   - **a)** Übertragungsbeiwerte K_S des Generators und K_{RP1} des Reglers,
   - **b)** bleibende Regeldifferenz e_{P1}, die dadurch veränderte Spannung x_1 und der Regelfaktor R_1,
   - **c)** Stellgrößenänderung Δy_{P1} durch den Regler beim Strom z_1?
   - **d)** Die bleibende Regeldifferenz soll nur noch $e_{P2} = 0{,}5 \cdot e_{P1}$ betragen. Welchen Wert haben dann die Größen V_2, K_{RP2} und R_2?

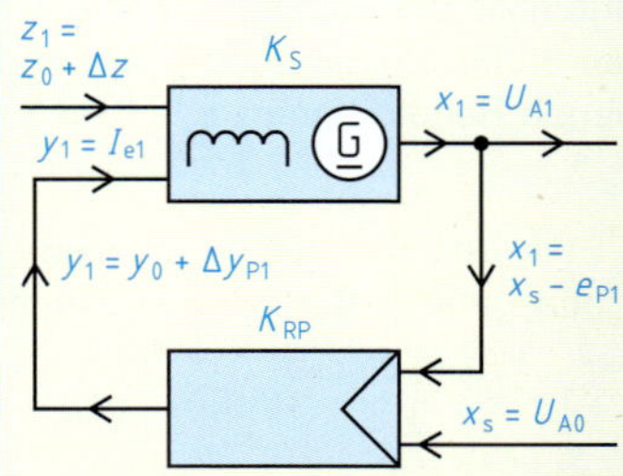

Bild 2: Gleichstromgenerator im Regelkreis

3. Bei einem fremderregten Gleichstrommotor wird die Drehzahl mit der Kreisverstärkung $V_1 = 4{,}8$ über die Ankerspannung geregelt **(Bild 3)**. Im Normalbetrieb (Belastung z_0) ist die Ankerspannung $y_0 = 230$ V und die Drehzahl $x_S = 1000$ 1/min. Bei höherer Belastung z_1 würde die Drehzahl ungeregelt um $e_z = 50$ 1/min sinken. Bei der Belastung z_0 würde die Änderung e_z durch den Spannungsrückgang $\Delta y_z = 16$ V eintreten. Gesucht sind
   - **a)** die Übertragungsbeiwerte K_S des Motors und K_{RP1} des Reglers,
   - **b)** die bleibende Regeldifferenz e_{P1}, die dadurch veränderte Drehzahl x_1 und der Regelfaktor R_1,
   - **c)** die erforderliche Änderung Δy_P der Ankerspannung bei z_1.
   - **d)** Die bleibende Regeldifferenz e_{P1} soll auf $e_{P2} = 15$ 1/min vergrößert werden. Welchen Wert haben dann R_2, V_2 und K_{RP2}?

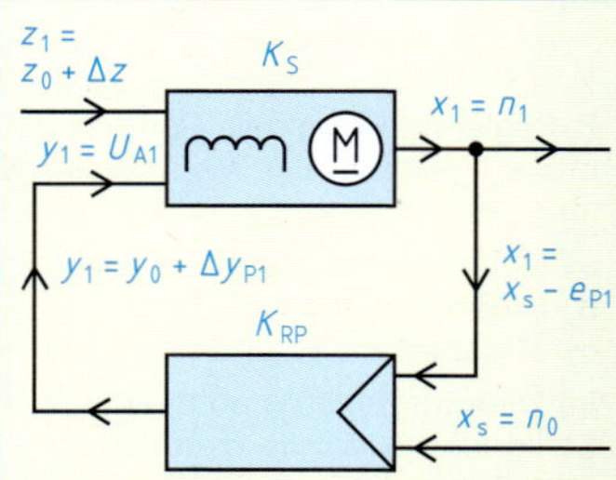

Bild 3: Gleichstrommotor im Regelkreis

4. Für einen Regelkreis mit Druckbehälter **(Bild 4)** gilt: Regelgröße x ist der Druck p, Stellgröße y der Ventilhub s am Behältereingang, Störgröße z die Gasentnahme. Die Änderung Δz der Störgröße wirkt sich wie die Änderung Δy_z des Ventilhubs aus. Im Normalbetrieb (Störgröße z_0) ist der Druck $x_S = 50$ bar und der Ventilhub $y_0 = 8{,}0$ mm. Eine um Δz vergrößerte Gasentnahme würde ohne Regelung zur Druckabnahme $e_z = 10$ bar führen. Gesucht sind
   - **a)** der P-Bereich X_P und der Regler-Übertragungsbeiwert K_{RP},
   - **b)** der Messbereich X_h und der bezogene P-Bereich x_P in %,
   - **c)** die bleibende Regeldifferenz e_P, der durch diese Regeldifferenz veränderte Druck x_1 und der Regelfaktor R,
   - **d)** die erforderliche Verstellung Δy_P bei der Änderung Δz.

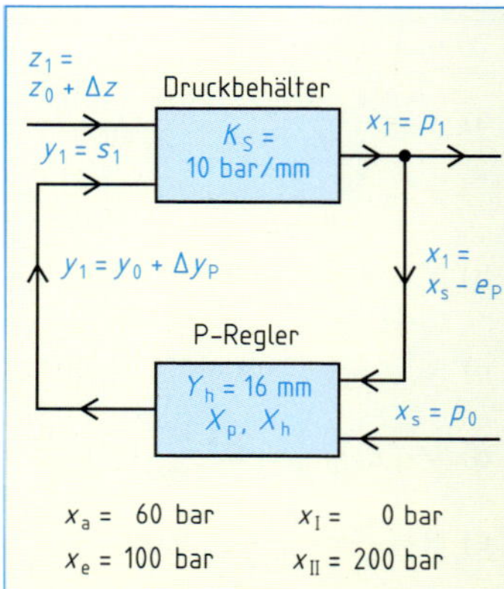

Bild 4: Druck-Regelkreis

13.2.2 Operationsverstärker als Regler

Tabelle: Operationsverstärker als Regler*

Proportional-, P-Verhalten	**Proportional-Integral-, PI-Verhalten**	**Proportional-Differential-, PD-Verhalten**
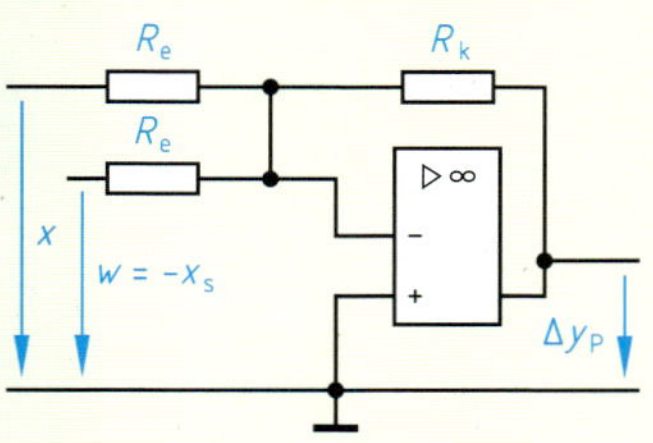	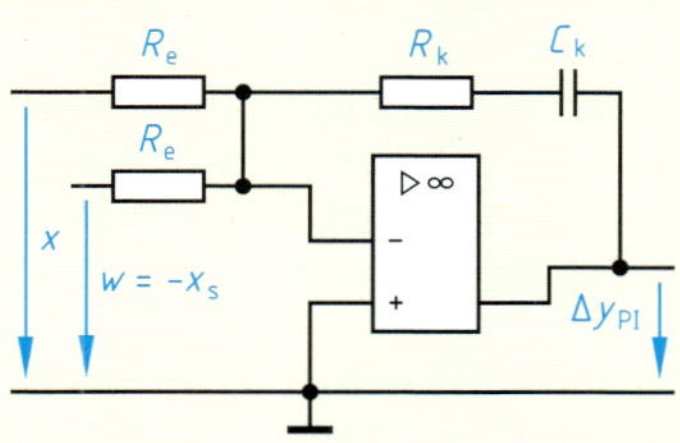	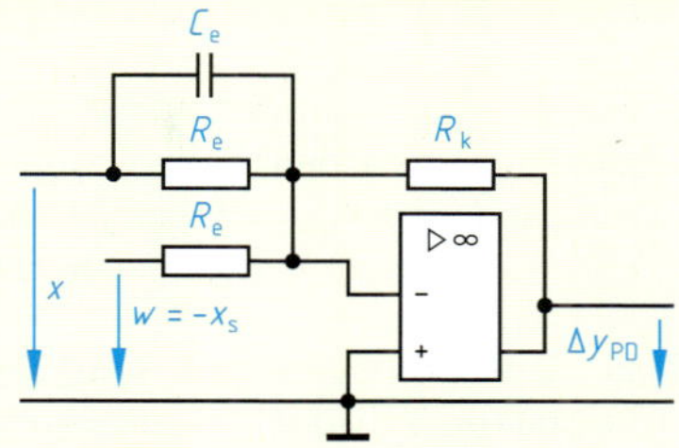
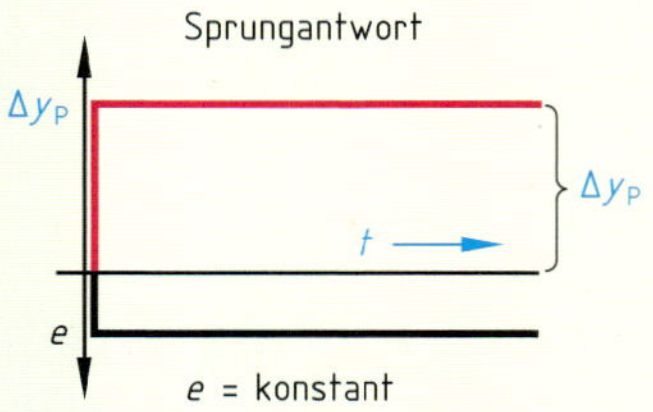	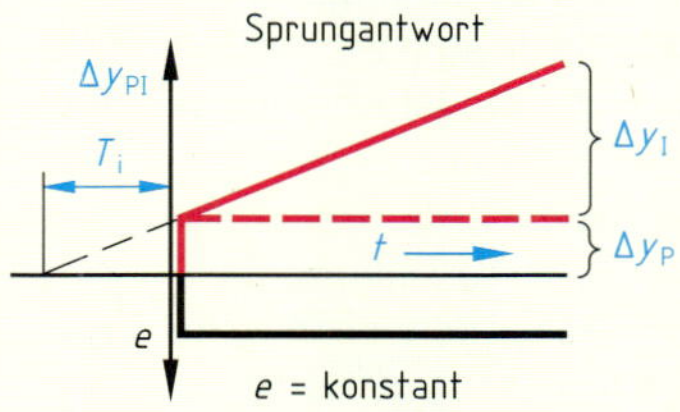	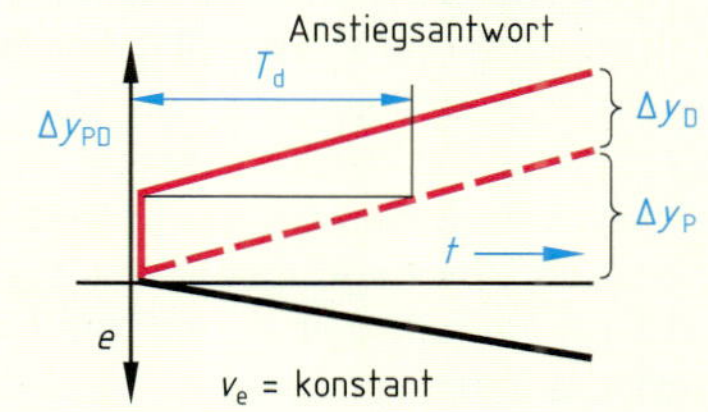
Für jeden Operationsverstärker als Regler mit P-Anteil gilt: $\Delta y_P = K_{RP} \cdot e$ $\quad e = x_S - x$ $K_{RP} = \frac{Y_h}{X_P}$ $\quad K_{RP} = \frac{R_k}{R_e}$ $V_R = \frac{\Delta y}{e}$	$\Delta y_I = K_{RI} \cdot e \cdot t$ $\quad \Delta y_I = v_{yI} \cdot t$ $K_{RI} = \frac{v_{yI}}{e}$ $\quad K_{RI} = \frac{K_{RP}}{T_i}$ $\Delta y_{PI} = \Delta y_P + \Delta y_I$ $\quad T_i = R_k \cdot C_k$ $\Delta y_{PI} = K_{RP} \cdot e \cdot (1 + t/T_i)$	$\Delta y_D = K_{RD} \cdot \frac{e}{t}$ $\quad \Delta y_D = K_{RD} \cdot v_e$ $K_{RD} = \frac{\Delta y_D}{v_e}$ $\quad K_{RD} = K_{RP} \cdot T_d$ $\Delta y_{PD} = \Delta y_P + \Delta y_D$ $\quad T_d = R_e \cdot C_e$ $\Delta y_{PD} = K_{RP} \cdot v_e \cdot (t + T_d)$
Δy_P P-Verstellung Δy_I I-Verstellung Δy_D D-Verstellung Δy_{PI} PI-Verstellung Δy_{PD} PD-Verstellung K_{RP} P-Übertragungsbeiwert K_{RI} I-Übertragungsbeiwert K_{RD} D-Übertragungsbeiwert	Δy Stellgrößen-Änderung x Regelgröße, Istwert x_S Regelgröße, Sollwert e Regeldifferenz X_P P-Bereich Y_h Stellbereich v_e x-Änderungsgeschwindigkeit v_{yI} I-Stellgeschwindigkeit	V_R Regler-Verstärkung t Zeitdauer T_i Nachstellzeit T_d Vorhaltezeit R_k Rückkopplungswiderstand C_k Rückkopplungskapazität R_e Eingangswiderstand C_e Eingangskapazität

* PID-Regler: **Seite 261**

Beispiel:

Gegeben ist ein Operationsverstärker mit PI-Verhalten **(Tabelle)** und den Daten $R_e = 5{,}1\ \text{k}\Omega$, $R_k = 30\ \text{k}\Omega$, $C_k = 5{,}6\ \mu\text{F}$, $x_S = 2{,}5$ V. Man legt zusätzlich am Eingang $x_0 = 2{,}5$ V an und verkleinert zum Zeitpunkt $t_0 = 0$ diesen Wert auf $x = 2{,}0$ V, um die Zunahme $\Delta y_{PI} = 8{,}0$ V am Ausgang zu erhalten. Gesucht sind
a) der Übertragungsbeiwert K_{RP} für den P-Anteil, **b)** die Nachstellzeit T_i, **c)** die Änderung Δy_P zum Zeitpunkt $t_0 = 0$, **d)** der Übertragungsbeiwert K_{RI} für den I-Anteil und die Änderungsgeschwindigkeit v_{yI} der Ausgangsgröße, **e)** die Zeitdauer t bis zur Änderung $\Delta y_{PI} = 8{,}0$ V der Ausgangsgröße, **f)** die Verstärkungen V_{R0} bei t_0 und V_R bei t.

Lösung:

a) $\boldsymbol{K_{RP}} = \frac{R_k}{R_e} = \mathbf{5{,}9}$ **b)** $\boldsymbol{T_i} = R_k \cdot C_k = \mathbf{0{,}17\ s}$ **c)** $\boldsymbol{\Delta y_P} = K_{RP} \cdot e = 5{,}9 \cdot 0{,}5\ \text{V} = \mathbf{2{,}95\ V}$

d) $\boldsymbol{K_{RI}} = \frac{K_{RP}}{T_i} = \frac{5{,}9}{0{,}17\ \text{s}} = \mathbf{35\frac{1}{s}}$; $\boldsymbol{v_{yI}} = K_{RI} \cdot (x_S - x) = K_{RI} \cdot e = 35\frac{1}{\text{s}} \cdot 0{,}5\ \text{V} = \mathbf{17{,}5\frac{V}{s}}$

e) $\boldsymbol{\Delta y_I} = \Delta y_{PI} - \Delta y_P = 8{,}0\ \text{V} - 2{,}95\ \text{V} = \mathbf{5{,}1\ V}$; $\boldsymbol{t} = \frac{\Delta y_I}{v_{yI}} = \mathbf{0{,}29\ s}$ **f)** $\boldsymbol{V_{R0}} = K_{RP} = \mathbf{5{,}9}$; $\boldsymbol{V_R} = \frac{\Delta y_{PI}}{e} = \frac{8{,}0\ \text{V}}{0{,}5\ \text{V}} = \mathbf{16}$

Aufgaben zu 13.2.2

1. Für einen Operationsverstärker mit P-Verhalten **(Tabelle, Seite 256)** gilt die Sprungantwort **Bild 1**. Sie zeigt die Abhängigkeit der P-Verstellung Δy_P am Ausgang von der Regeldifferenz e am Eingang. Ermitteln Sie mit Hilfe der Sprungantwort
   a) die Regeldifferenz e, **b)** die P-Verstellung Δy_P und
   c) den Übertragungsbeiwert K_{RP} bzw. die Verstärkung V_R.

2. Für den Operationsverstärker mit P-Verhalten aus **Aufgabe 1** sind die Eingangswiderstände von jeweils $R_e = 13\,\text{k}\Omega$ und der Übertragungsbeiwert $K_{RP} = 3{,}7$ gegeben. Berechnen Sie aus diesen Größen den Rückkopplungswiderstand R_k dieses Reglerbausteins.

3. Ein Operationsverstärker hat PD-Verhalten. Für die Schaltung des Verstärkers **(Bild 2)** werden vorgegeben: $R_e = 37\,\text{k}\Omega$, $C_e = 6{,}2\,\mu\text{F}$, $R_k = 130\,\text{k}\Omega$. Man legt zunächst an die Verstärkereingänge die Spannungen x_S und x_0 vom gleichen Betrag 3,0 V, so dass die Regeldifferenz $e_0 = 0$ beträgt. Dann lässt man die Regeldifferenz während $t_2 = 0{,}5\,\text{s}$ mit der konstanten Geschwindigkeit $v_e = 3{,}0\,\text{V/s}$ zunehmen. Verwenden Sie die **Tabelle** auf **Seite 256**, und ermitteln Sie
   a) den Übertragungsbeiwert K_{RP} für die P-Verstellung Δy_P,
   b) die Vorhaltezeit T_d und den Übertragungsbeiwert K_{RD} für Δy_D,
   c) die Verstellungen Δy_{P2}, Δy_D und Δy_{PD2} in $t_2 = 0{,}50\,\text{s}$,
   d) die Verstärkung V_{R2} nach $t_2 = 0{,}50\,\text{s}$ und
   e) die Verstellung Δy_{FD1} und die Verstärkung V_{R1} nach $t_1 = 0{,}15\,\text{s}$.

4. Der PD-Reglerbaustein aus **Aufgabe 3** wird untersucht. Es ergibt sich die Anstiegsantwort **Bild 3**. Sie zeigt die Abhängigkeit der y-Verstellung am Ausgang des Bausteins von der Änderungsgeschwindigkeit v_e der Regeldifferenz e am Eingang. Ermitteln Sie folgende in **Aufgabe 3** berechnete Größen durch Auswerten der Anstiegsantwort:
   a) die y-Verstellungen Δy_{P2}, Δy_D und Δy_{PD2} in $t_2 = 0{,}50\,\text{s}$,
   b) die Übertragungsbeiwerte K_{RP} und K_{RD}, **c)** die Vorhaltezeit T_d,
   d) die Verstärkung V_{R2} des Bausteins nach $t_2 = 0{,}50\,\text{s}$,
   e) die Verstärkung V_{R1} des Bausteins nach $t_1 = 0{,}15\,\text{s}$.

5. Die Ergebnisse der **Aufgaben 3 und 4** weichen voneinander ab. Das kann durch die Auswertung von **Bild 3** verursacht sein. Welche andere Ursache ist möglich?

6. Der PI-Reglerbaustein **Bild 4** hat die Sprungantwort **Bild 5**. Ermitteln Sie unter Verwendung dieser Grafik
   a) die Stellgrößenänderung Δy_P und die Stellgeschwindigkeit v_{yI},
   b) die Übertragungsbeiwerte K_{RP} und K_{RI}, **c)** die Nachstellzeit T_i,
   d) Verstärkungen V_{R0} und V_{R1} bei $t_0 = 0\,\text{s}$ und $t_1 = 0{,}3\,\text{s}$.

7. Am Eingang des Reglerbausteins **Bild 4** besteht ab dem Zeitpunkt $t_0 = 0\,\text{s}$ bis zum Zeitpunkt $t_1 = 0{,}3\,\text{s}$ die konstante Regeldifferenz e vom Betrag 3,0 V. Berechnen Sie
   a) die Nachstellzeit T_i, **b)** die Übertragungsbeiwerte K_{RP} und K_{RI},
   c) die I-Stellgeschwindigkeit v_{yI} und die PI-Verstellung Δy_{PI} zu den Zeitpunkten $t_0 = 0\,\text{s}$ und $t_1 = 0{,}3\,\text{s}$,
   d) die Verstärkungen V_{R0} und V_{R1} bei $t_0 = 0\,\text{s}$ und $t_1 = 0{,}3\,\text{s}$.
   e) Für die Bauelemente R_e, R_k und C_k sind in **Bild 4** die Nennwerte gegeben. Versuchen Sie, die Abweichungen zwischen den Ergebnissen aus den beiden **Aufgaben 6 und 7** zu erklären.

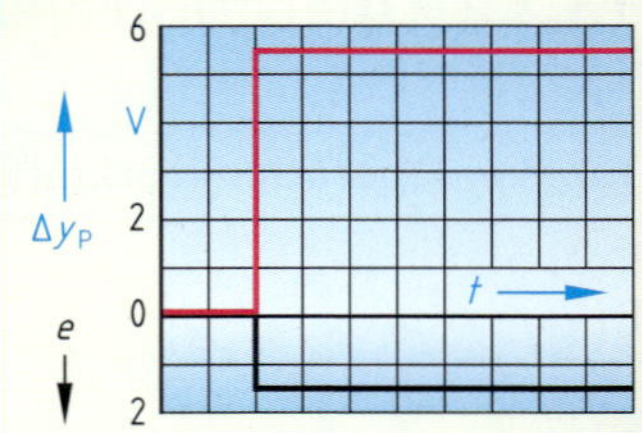

Bild 1: P-Sprungantwort

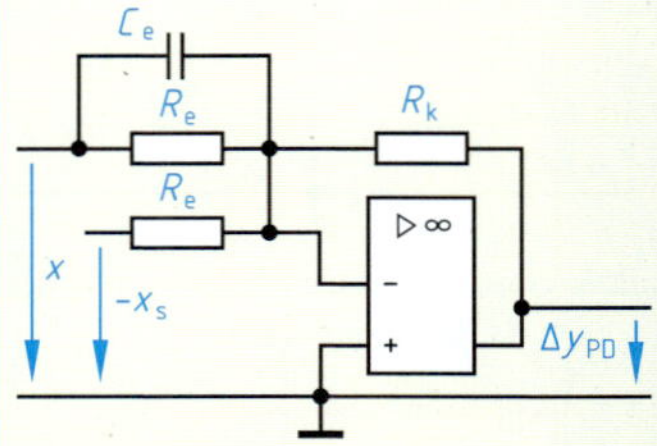

Bild 2: PD-Regler

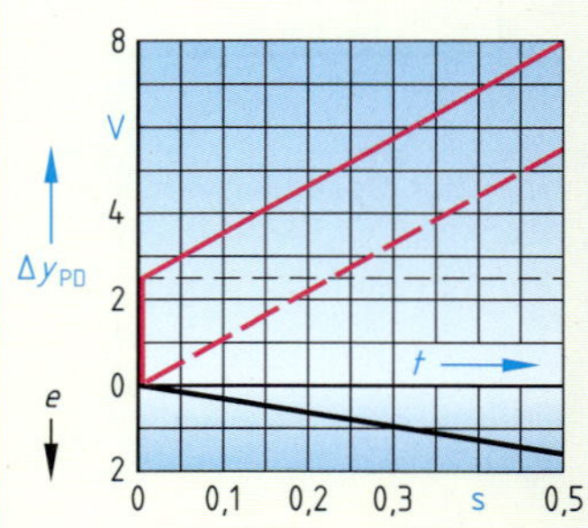

Bild 3: PD-Anstiegsantwort

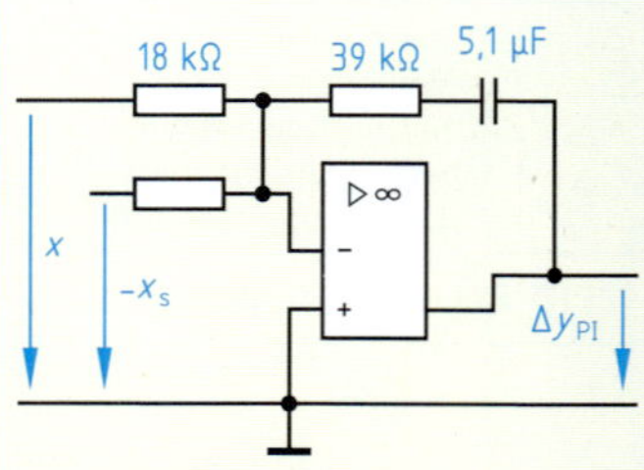

Bild 4: PI-Regler

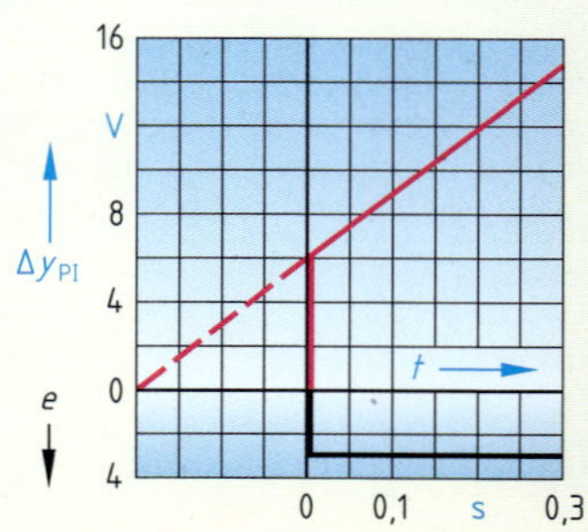

Bild 5: PI-Sprungantwort

13.2.3 Einstellen eines stetigen Reglers

Die bleibende Regeldifferenz eines P-Reglers kann man verkleinern, wenn man den Übertragungsbeiwert K_{RP} vergrößert. Dabei können aber unerwünschte Schwingungen der Regelgröße x entstehen. Bei zusätzlichem I- und D-Verhalten begünstigen eine kleine Nachstellzeit T_i und eine große Vorhaltezeit T_d das Schwingen.

Die Einstellung des Reglers an einer Regelstrecke mit Verzugszeit T_e und Ausgleichszeit T_b **(Bild 1, Seite 255)** kann man nach Ziegler-Nichols durchführen. Man betreibt den Regler im Regelkreis **(Bild 1)** nur mit seinem P-Verhalten und vergrößert den P-Beiwert K_{RP}, bis die Regelgröße schwingt **(Bild 2)**. Man registriert die kritischen Werte T_0 der Schwingungsdauer und K_{RP0} des Übertragungsbeiwerts. Die einzustellenden Werte K_{RP}, T_i und T_d für den stabilen Betrieb des Reglers ergeben sich dann durch festgelegte Multiplikatoren für K_{RP0} und T_0 nach Ziegler-Nichols aus der **Tabelle**.

Tabelle: Regler-Einstellung

Wert	$K_{RP} \leq$	$T_i \geq$	$T_d \leq$
P-	$0{,}5 \cdot K_{RP0}$	–	–
PI-	$0{,}45 \cdot K_{RP0}$	$0{,}85 \cdot T_0$	–
PD-	$0{,}8 \cdot K_{RP0}$	–	$0{,}12 \cdot T_0$
PID-	$0{,}6 \cdot K_{RP0}$	$0{,}5 \cdot T_0$	$0{,}12 \cdot T_0$

K_{RP} P-Übertragungsbeiwert
K_{RP0} kritischer P-Übertragungsbeiwert
T_i Nachstellzeit
T_d Vorhaltezeit
T_0 Schwingungsdauer von x

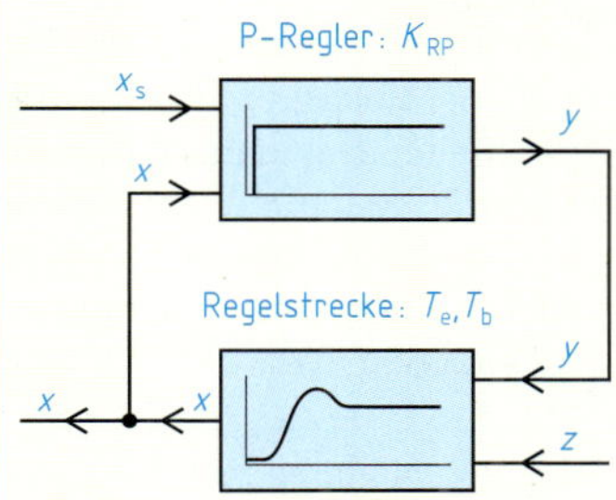

Bild 1: Regelkreis zur Einstellung

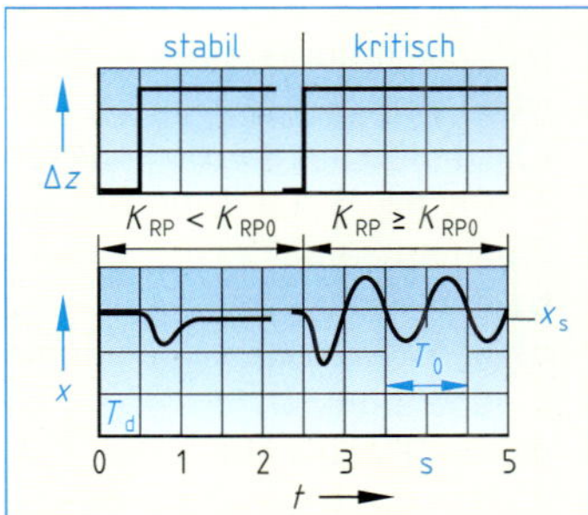

Bild 2: Stabiler und kritischer Zustand

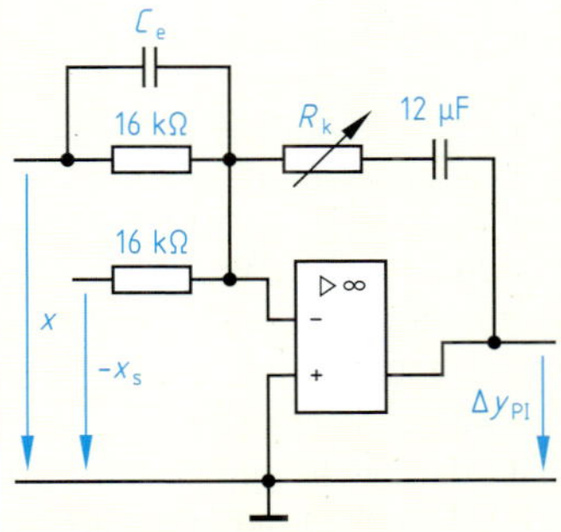

Bild 3: PID-Regler

Aufgaben zu 13.2.3

1. Ein Regler mit P-Verhalten **(Tabelle, Seite 259)** hat die Eingangswiderstände $R_e = 12\,k\Omega$. Der Regelkreis wird instabil, wenn der Rückkopplungswiderstand R_k auf den kritischen Wert $R_{k0} = 100\,k\Omega$ vergrößert wird. Ermitteln Sie den kritischen Übertragungsbeiwert K_{RP0}, den einzustellenden Übertragungsbeiwert K_{RP} **(Tabelle)** und den entsprechenden Rückkopplungswiderstand R_k.

2. Die Einstellung eines PD-Reglers **(Bild 2, Seite 260)** mit $R_e = 16\,k\Omega$ ist gesucht. Wenn man den Widerstand R_k auf den kritischen Wert $R_{k0} = 84\,k\Omega$ vergrößert, entsteht die Schwingung **(Bild 2)**. Ermitteln Sie
   a) den kritischen Übertragungsbeiwert K_{RP0},
   b) die einzustellenden Werte K_{RP} und R_k,
   c) die Schwingungsdauer T_0 und den einzustellenden Wert T_d,
   d) den notwendigen Wert C_e der Eingangskapazität.

3. Der PID-Regler **Bild 3** ist nach Ziegler-Nichols eingestellt, wenn der Kopplungswiderstand $R_k = 47\,k\Omega$ beträgt.
   a) Ermitteln Sie für diese Bedingung den Übertragungsbeiwert K_{RP} und die Nachstellzeit T_i.
   b) Berechnen Sie die kritischen Werte K_{RP0} und R_{k0} und die Schwingungsdauer T_0 bei $K_{RP} > K_{RP0}$.
   c) Wie groß sind die Vorhaltezeit T_d und die entsprechende Eingangskapazität C_e des eingestellten Reglers?

4. Ein Regelkreis mit einer Regelstrecke **(Bild 1)** enthält einen PD-Regler **(Bild 2, Seite 260)**. Er ist beschaltet mit $R_e = 12\,k\Omega$ und $C_e = 11\,\mu F$ und soll beim Proportionalbereich $X_{P1} = 8{,}0\,V$ und Stellbereich $Y_h = 20\,V$ stabil arbeiten. Ermitteln Sie für diese Bedingungen
   a) den Übertragungsbeiwert K_{RP1}, den Widerstand R_{k1},
   b) die Vorhaltezeit T_{d1} den Übertragungsbeiwert K_{RD1}.

   Beim Versuch zur Einstellung wird der Widerstand R_k vergrößert. Die Regelgröße beginnt mit $T_0 = 1{,}5\,s$ periodisch zu schwingen, wenn bei $Y_h = 20\,V$ der Proportionalbereich $X_{P0} = 3{,}5\,V$ beträgt. Ermitteln Sie
   c) die kritischen Werte K_{RP0} und R_{k0} und
   d) die einzustellenden Werte K_{RP}, R_k und T_d **(Tabelle)**.
   e) Arbeitet der Regler mit K_{RP1} und C_e stabil?

13 Regelungstechnik

14 Aufgaben zur Prüfungsvorbereitung

(Ergebnisse Seite 270)

1. In einer Fertigung werden Relais mit einem Spulenaufdruck nach **Bild 1** gekennzeichnet.

a) Nennen Sie verschiedene Relaisbauarten.

b) Überprüfen Sie durch Rechnung den Spulenwiderstand der Relaisspule mit kreisförmigem Querschnitt und einem mittleren Wicklungsdurchmesser von 30 mm.

Hinweis zu b): Drahtquerschnitt und Drahtlänge zuerst bestimmen.

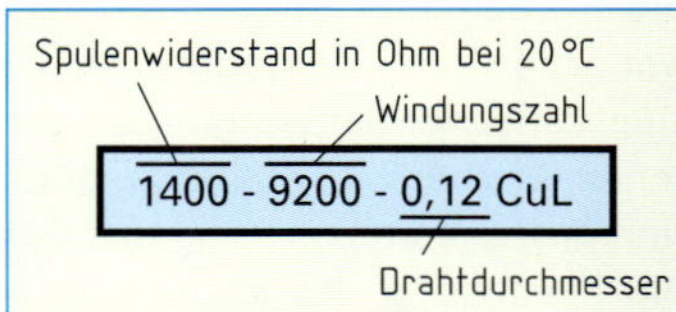

Bild 1: Spulenaufdruck

2. Das Relais aus **Aufgabe 1** wird in einer Steuerung an DC 12 V eingesetzt. Dabei erwärmt sich die Relaisspule von 20 °C auf 46 °C. Ermitteln Sie den aufgenommenen Strom nach der Erwärmung.

3. In einer Waschmaschine soll die Temperatur mithilfe einer Messbrücke **(Bild 2)** erfasst werden. Die Ausgangsspannung der Messbrücke wertet ein Operationsverstärker aus und steuert dann die Relaisspule an. Über Relaiskontakte werden dann Heizwicklungen ein- oder ausgeschaltet. Damit das Relais anzieht, benötigt der Operationsverstärker eine Spannung von $U_{1D} = 0{,}15\,V$.

a) Welche Aufgaben haben die Bauteile R_1 und R_2?

b) Das Relais soll bei einer Temperatur von 90 °C einschalten. Auf welchen Wert ist der Widerstand R_2 einzustellen?

Näheres zum Bauelement R_1: **Seite 73, Bild 3**

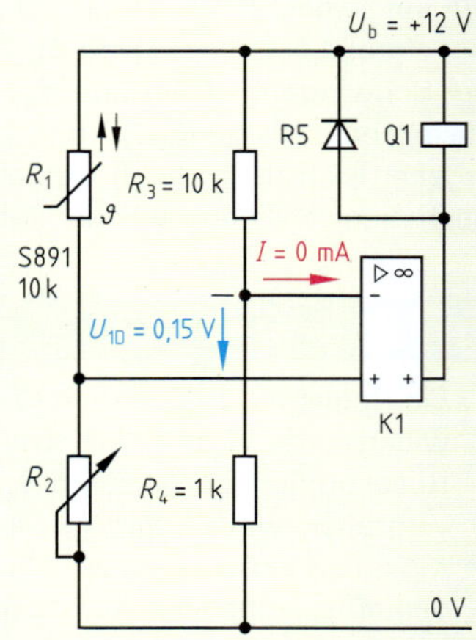

Bild 2: Temperaturerfassung

4. Eine Funkenlöscheinrichtung besteht aus einer Spule mit der Induktivität $L_1 = 330\,mH$ und dem Wirkwiderstand $R_1 = 150\,\Omega$ sowie einem Kondensator mit $C_1 = 10\,\mu F$ **(Bild 3)**. Parallel zu dieser Reihenschaltung liegt ein Widerstand von $R_2 = 470\,\Omega$. Die Schaltung ist an eine Spannung von 12 V, 200 Hz, angeschlossen.

a) Übertragen Sie die Schaltung auf ein Lösungsblatt und zeichnen Sie alle Strom- und Spannungspfeile ein.

Ermitteln Sie:

b) den Gesamtstrom I,

c) den Phasenverschiebungswinkel zwischen Gesamtstrom I und Spannung U,

d) die Resonanzfrequenz,

e) die Stromaufnahme im Resonanzfall und

f) den Gesamtwiderstand der Schaltung für den Resonanzfall.

g) Skizzieren Sie das Zeigerbild der Ströme im Resonanzfall.

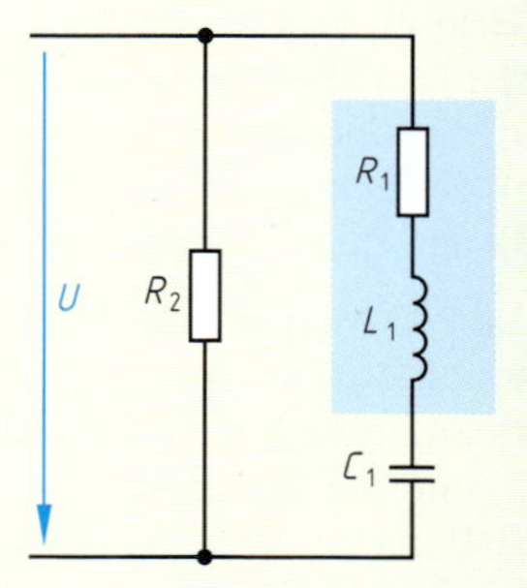

Bild 3: Funkenlöscheinrichtung

5. Bei einem Wechselstrommotor **(Bild 4)** soll durch Parallelkompensation der Leistungsfaktor auf $\cos\varphi = 0{,}9$ verbessert werden.

a) Wie groß ist die zu kompensierende Blindleistung?

b) Berechnen Sie die Kapazität des erforderlichen Kompensationskondensators.

c) Wie groß ist der Strom nach der Kompensation?

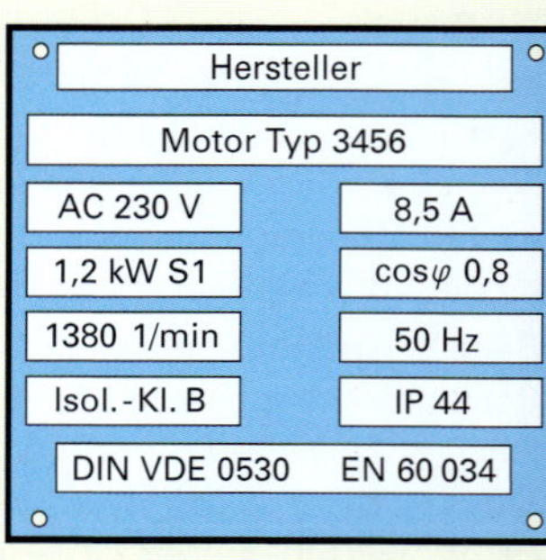

Bild 4: Leistungsschild (gekürzte Darstellung)

6. Zwei 68-Ω-Heizwiderstände werden wahlweise an eine Spannung von 230 V in Reihe oder parallel angeschlossen. Berechnen Sie für die Reihenschaltung und für die Parallelschaltung

a) den jeweiligen Gesamtstrom,

b) die Leistungen der einzelnen Widerstände und die Gesamtheizleistung.

14 Aufgaben zur Prüfungsvorbereitung

(Ergebnisse Seite 270)

7. Drei Heizwiderstände sind nach **Bild 1** angeschlossen. Berechnen Sie:

a) die Strangspannung,
b) den Leiterstrom,
c) die Strangleistung und die Gesamtleistung sowie
d) die Gesamtleistung bei einer Spannung von 385 V.

8. Berechnen Sie für die Schaltung in **Bild 1** die jeweilige Gesamtleistung in Abhängigkeit folgender Fehler und Betriebsstörungen.

a) Unterbrechung des Heizwiderstandes R_1,
b) Unterbrechung der Sicherung F2,
c) Unterbrechung der Heizwiderstände R_2 und R_3,
d) Unterbrechung des Neutralleiters N,
e) Unterbrechung der Sicherung F1 und des Neutralleiters N.

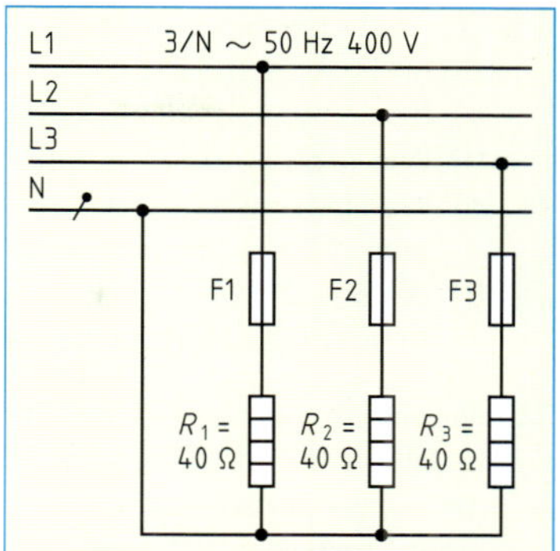

Bild 1: Drehstromverbraucher

9. Bei der Abnahme einer Elektroinstallation (400/230 V) in einem Bürogebäude, wurde in einem Außenleiter zur Erde ein Ableitstrom von 0,88 mA gemessen.

a) Berechnen Sie den Isolationswiderstand.
b) Welcher Isolationswiderstand ist nach DIN VDE 0100, Teil 600 vorgeschrieben?
c) Ist der Isolationswiderstand in Teilaufgabe **a)** nach DIN VDE 0100, Teil 600 ausreichend?

10. Ein NF-Vorverstärker **(Bild 2)** für eine Türsprecheinrichtung soll aufgebaut werden. Damit eine symmetrische Aussteuerung erfolgt, müssen die Spannungen U_{CE} und U_{R3} gleich groß sein. Der Spannungsabfall am Widerstand R_E soll 10% der Betriebsspannung betragen. Das Querstromverhältnis ist $q = 6$.
Ermitteln Sie mithilfe des **Datenblattes Seite 281**

a) die Spannungen U_{RE}, U_{CE} und U_{R3},
b) den Kollektorstrom I_C und den Basisstrom I_B sowie
c) die Widerstände R_1 und R_2 (Auswahl aus der Reihe E24).

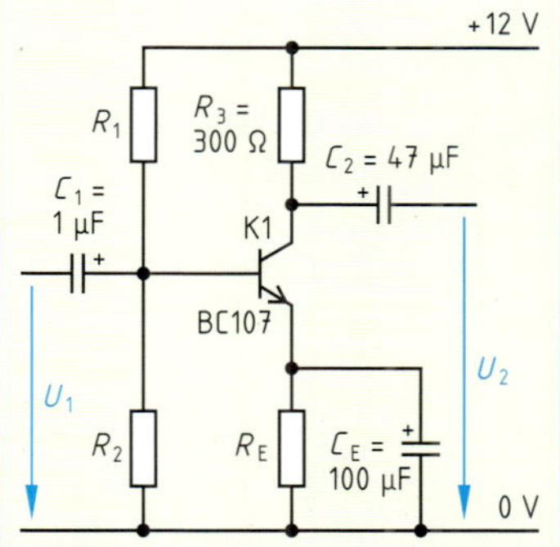

Bild 2: NF-Transistorverstärker

11. Zur Spannungsversorgung des NF-Transistorverstärkers in **Bild 2** soll mithilfe einer Z-Diode eine Spannungsstabilisierung für einen Verbraucherstrom von 18 mA bis 30 mA entworfen werden. Als Spannungsversorgung wird eine unstabilisierte Gleichspannung von 24 V ± 10% verwendet. Wählen Sie eine passende Z-Diode aus **(Datenblatt Seite 280)** und berechnen Sie den minimalen Vorwiderstand der Z-Diode mithilfe der Formeln auf **Seite 159**.

Transformator: **Seite 228**, Datenblatt: **Seite 274**.

12. Für ein Netzgerät soll ein Transformator mit einem Kern M 65 gewickelt werden. Am Eingang liegt eine Spannung von 230 V 50 Hz. Die Ausgangsdaten betragen: 12 V; 1,2 A und 5 V; 2,2 A. Ermitteln Sie

a) die Bemessungswerte von abgegebener und aufgenommener Wirkleistung ($\cos\varphi = 1$),
b) den Eingangsstrom, **c)** die Windungen je Volt der Eingangs- und der Ausgangswicklung,
d) die Windungszahl der Eingangswicklung und der Ausgangswicklung und
e) den Wickeldrahtdurchmesser der Eingangswicklung und der Ausgangswicklung.

13. In einem Industriebetrieb wird ein Drehstrommotor mit den Daten $U = 400$ V, $f = 50$ Hz, $I = 24{,}6$ A, $\cos\varphi = 0{,}8$ über eine 120 m lange Kupferleitung mit Energie versorgt. Am Leitungsanfang beträgt die Spannung 400 V. Der zulässige Spannungsfall beträgt $\Delta u \leq 3\%$.

a) Welcher Leiterquerschnitt ist notwendig?
b) Wie hoch ist der Leistungsverlust der Leitung in W?
c) Welcher Leistungsverlust in Prozent ergibt sich?

14 Aufgaben zur Prüfungsvorbereitung

(Ergebnisse Seite 270)

14. Ein stabilisiertes Netzgerät mit Transistor und Z-Diode zeigt **Bild 1**.

a) Berechnen Sie die Spannung U_d im Leerlauf.
b) Wie groß ist die Spannung U_2?
c) Welchen maximalen Laststrom I_L kann man dem Netzgerät bei $I_B = 27$ mA entnehmen?
d) Welche Änderung ist notwendig, damit die Ausgangsspannung 5 V beträgt?

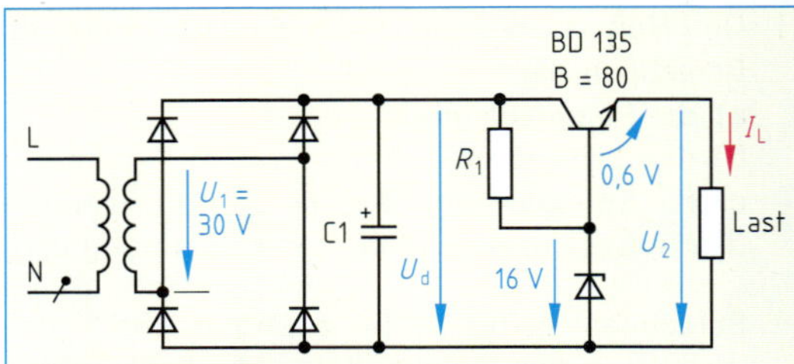

Bild 1: Serienstabilisiertes Netzgerät

15. Mit einem Zweikanal-Oszilloskop wird an einem Einphasenmotor gemessen **(Bild 2, oben)**. Bei der Spannungsmessung benutzt man zusätzlich einen Tastteiler mit dem Teilerverhältnis 10:1. Zur Strommessung verwendet man einen niederohmigen Widerstand. Mit den Einstellungen für Kanal I, Kanal II und Time Base **(Bild 2, unten)** ergibt sich eine Abbildung (Oszillogramm) nach **Bild 2, Mitte**.

Ermitteln Sie:

a) die Spannung U und den Strom I,
b) den Phasenverschiebungswinkel φ zwischen Strom i und Spannung u
c) sowie den Wirkfaktor $\cos \varphi$.

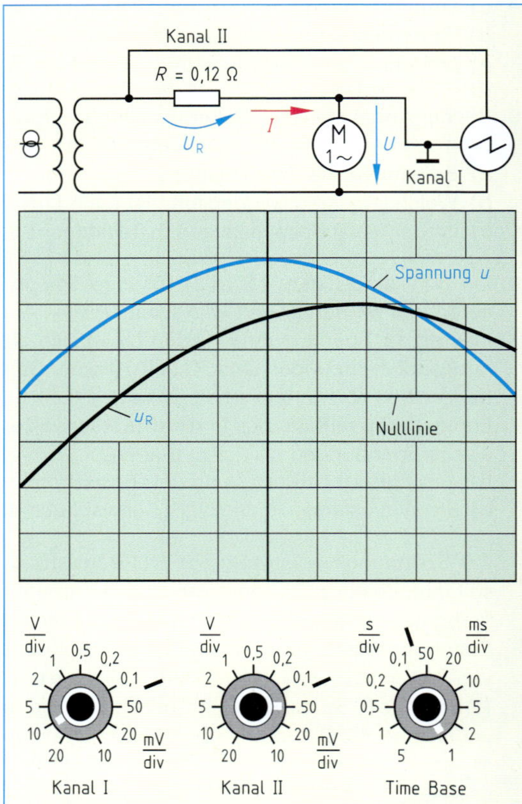

Bild 2: Messungen an einem Einphasenmotor

16. Ein Widerstand $R = 100\ \Omega$ und ein Kondensator $C = 10\ \mu F$ sind in Reihe an AC 60 V, 50 Hz angeschlossen. Ermitteln Sie für die Schaltung

a) die Scheinleistung S,
b) die Wirkleistung P und
c) die Blindleistung Q_C.

17. Beim Betrieb eines Drehstrommotors wurden ermittelt: 231 V zwischen L1 und N, 8,2 A in der Zuleitung L1 und 18 Umdrehungen der Zählerscheibe in 2 Minuten. Die Zählerkonstante des Drehstromzählers beträgt 120 1/kWh.

Berechnen Sie:

a) die Scheinleistung,
b) die Wirkleistung und
c) den Wirkfaktor.

18. Eine Gruppenschaltung **(Bild 3)** besteht aus 3 Widerständen mit je 1 W Belastbarkeit.

Wie groß ist

a) der Ersatzwiderstand (Gesamtwiderstand) und
b) der Gesamtstrom?
c) Überprüfen Sie, ob die Widerstände überlastet sind.

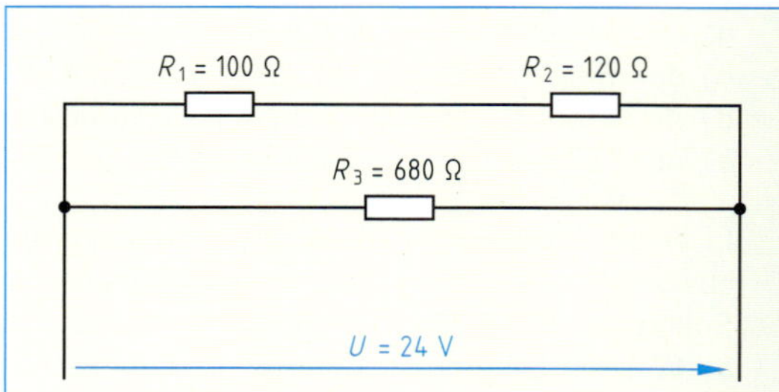

Bild 3: Gruppenschaltung

19. Eine RL-Parallelschaltung mit einer Blindleistung von 48 var liegt an 60 V, 50 Hz. Es fließt ein Gesamtstrom von 1 A.

Berechnen Sie:

a) den Widerstandswert von R und
b) die Induktivität L.

14 Aufgaben zur Prüfungsvorbereitung

(Ergebnisse Seite 270)

20. Es soll eine terrestrische Antennenanlage für DVB-T-Empfang nach **Bild 1** geplant werden. Die Antennenpegel am Eingang des Verstärkers betragen:

Bereich/Kanal	UKW	K21	K27	K50
Pegel in dB µV	48	53	55	58

Datenblatt: **Seite 279**

Die Dämpfung der Hauptstammleitung kann wegen geringer Leitungslänge vernachlässigt werden. Die Länge des Antennenstandrohres beträgt 5,8 m.

a) Erklären Sie die Angabe DVB-T.

b) In welchem Mindestabstand sollen die Antennen am Antennenstandrohr montiert werden?

c) Welcher Abstand ist zwischen der unteren und der oberen Einspannstelle einzuhalten?

d) Welchen Mindestquerschnitt muss eine Leitung, z. B. H07V-U, zu Erdungszwecken haben?

e) Berechnen Sie mithilfe der **Tabellen Seite 279** die Dämpfung vom Verstärker bis zur ungünstigsten Antennensteckdose B für die entsprechenden Bereiche.

f) Geben Sie die erforderliche Verstärkung für den jeweiligen Empfangskanal für einen Mindestpegel von 60 dB an.

g) Beurteilen Sie den Pegel im Kanal 21 an der günstigsten Antennensteckdose.

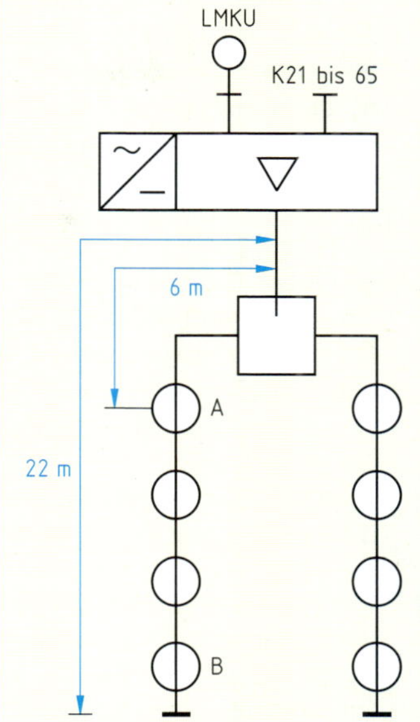

Bild 1: Antennenanlage

21. In einer elektronischen Steuerung wird eine monostabile Kippstufe eingesetzt **(Bild 2)**.

Monostabile Kippschaltung: **Seite 164**

a) Berechnen Sie die minimale Impulsdauer $t_{i\,min}$, die mit dem Widerstand R_2 eingestellt werden kann.

b) Welche maximale Impulsdauer $t_{i\,max}$ ergibt sich?

c) Welche Kapazität muss der Kondensator haben, wenn die maximale Impulsdauer verdoppelt werden soll?

d) Der Arbeitszustand der Kippstufe soll durch eine Leuchtdiode am Ausgang der Schaltung (Pin 6) kontrolliert werden. Berechnen Sie den Widerstandswert des Vorwiderstandes R_3, wenn eine Lichtstärke von 1 mcd vorhanden sein muss **(Datenblatt Seite 280)**.

Hinweis: Die Leuchtdiode ist dann in Betrieb, wenn die Ausgangsspannung an Pin 6 $U_2 = +1$ V beträgt. Dies entspricht logisch „0".

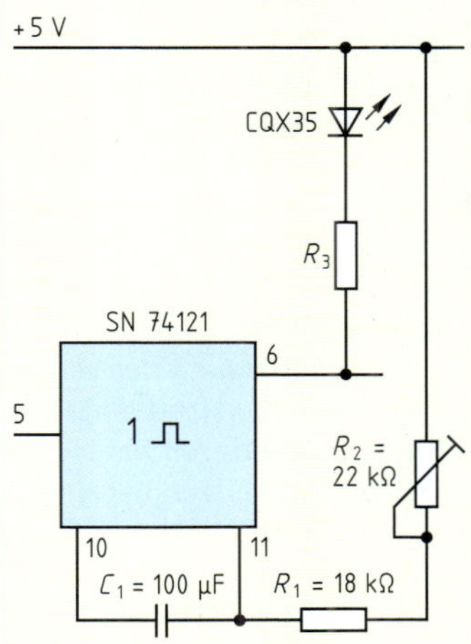

a) Schaltung

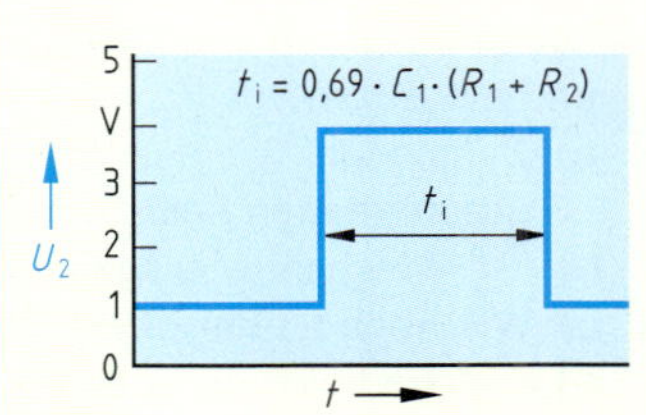

b) Ausgangsspannung

Bild 2: Monostabile Kippstufe

22. Ein Heizgerät mit der Stromaufnahme $I = 15$ A wird über eine 35 m lange NYM-Leitung versorgt. Der Spannungsfall soll höchstens 3% der Netzspannung betragen. Berechnen Sie den Mindestquerschnitt der Leitung, wenn die Netzspannung 230 V beträgt?

14 Aufgaben zur Prüfungsvorbereitung

(Ergebnisse Seite 270)

23. Einen Infrarot-Impulssender für die Fernbedienung einer Lichtsteuerung zeigt **Bild 1**.
Berechnen Sie:
a) die Impulsdauer t_i und Pausendauer t_p,
b) die Periodendauer T,
c) die Frequenz f und
d) den Tastgrad g.

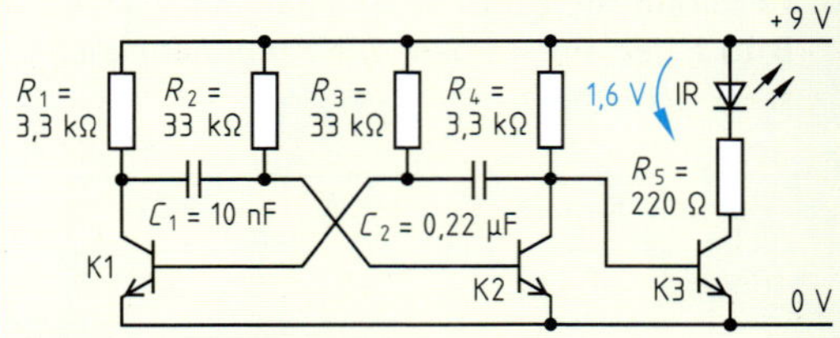

Bild 1: Infrarot-Impulssender

24. In einem Büroraum (Fläche: 8 m × 6 m) wird eine Beleuchtungsstärke von 500 lx benötigt. Der Nennlichtstrom einer Leuchtstofflampe beträgt 3250 lm, der Beleuchtungswirkungsgrad $\eta_B = 0{,}6$ und der Wartungsfaktor $WF = 0{,}8$.
Berechnen Sie:
a) den notwendigen Lichtstrom und
b) die Lampenzahl.

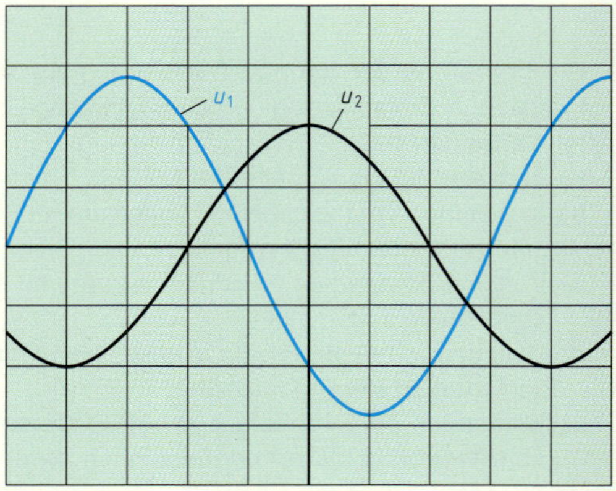

Bild 2: Spannungsanzeige Oszilloskop

25. Mit einem Zweikanal-Oszilloskop wird an einem Verstärker die Eingangsspannung u_1 und die Ausgangsspannung u_2 **(Bild 2)** gemessen.
Die Einstellungen am Oszilloskop betragen:
Kanal I: 10 mV/div (Eingangsspannung u_1)
Kanal II: 0,5 mV/div (Ausgangsspannung u_2),
Zeitbasis: 1 ms/div.
Ermitteln Sie:
a) die Effektivwerte von u_1 und u_2,
b) die Periodendauer T und die Frequenz f.
c) Wie groß ist der Phasenverschiebungswinkel φ zwischen den beiden Spannungen?

Auszug Leistungsschild:

150 l
4 kW
400 V 50 Hz ⅄

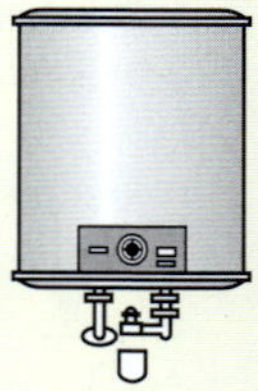

Bild 3: Warmwasserspeicher

26. Bei einem Warmwasserspeicher **(Bild 3)** in einem Haushalt wird die Warmwassertemperatur auf 55 °C begrenzt. Die Einlauftemperatur des kalten Wassers beträgt 15 °C. Ermitteln Sie bei Vernachlässigung der Verluste
a) den Widerstand eines Heizstranges,
b) die Aufheizzeit bei Nennspannung,
c) die Aufheizzeit bei einer Leiterspannung von 391 V.

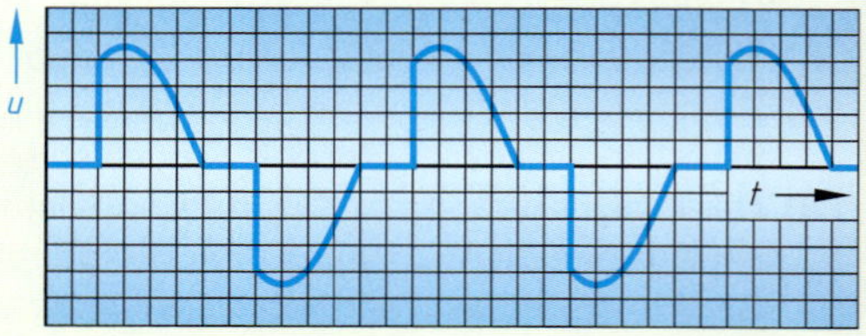

Bild 4: Angeschnittene Lastspannung

27. In einer Dimmerschaltung mit Triac **(Seite 176)** wurde der zeitliche Verlauf der Lastspannung gemessen **(Bild 4)**. Bei maximaler Helligkeit der Leuchte wurden eine Spannung von $U_0 = 230$ V und ein Strom von $I_0 = 2{,}4$ A ermittelt.
a) Berechnen Sie den Effektivwert I_α des angeschnittenen Laststromes.
b) Mit welchem Messgerät kann man den Effektivwert des angeschnittenen Laststromes messen?
c) Wie hoch ist der Effektivwert der Lastspannung U_α?
d) Welche Leistung entsteht im Lastwiderstand?

28. Ein 120-Liter-Druckspeicher hat den Anschlusswert 4 kW und den Wärmenutzungsgrad 0,95. Es läuft Kaltwasser von 18 °C zu. Reicht der Anschlusswert aus, damit die Wasserentnahmetemperatur 58 °C nach 1,5 h Aufheizzeit beträgt?

14 Aufgaben zur Prüfungsvorbereitung

(Ergebnisse Seite 270)

29. In einer Werkstatt **(Bild 1)** sind für eine Drehmaschine und für eine Raumheizung Mantelleitungen in getrennten Installationskanälen neu zu verlegen. Die Bemessungsleistung des Motors beträgt 15 kW und die Drehstromleistung der Raumheizung 3 kW. Die Raumtemperatur kann maximal 32 °C betragen. Entnehmen Sie dem Grundrissplan die Leitungslängen. Dabei sind für die senkrechte Leitungsverlegung zusätzlich 2 m einzuplanen. Der Raum wird mit 9 zweiflammigen prismatischen, tiefstrahlenden Wannenleuchten, bestückt mit elektronischen Vorschaltgeräten und Leuchtstofflampen 45 W (kompensiert auf $\cos \varphi = 0{,}85$), Lichtfarbe nw beleuchtet. Bestimmen Sie mithilfe der Datenblätter **(Seite 271, 272 und 278)**

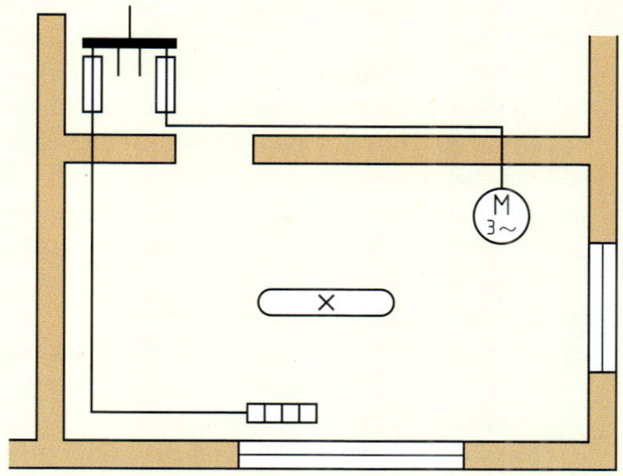

Bild 1: Grundriss Werkstatt

a) die Verlegeart,
b) den Bemessungsstrom der jeweiligen Sicherung,
c) den Nennquerschnitt der Mantelleitungen,
d) den Spannungsfall an beiden Leitungen,
e) den Schleifenwiderstand (Schleifenimpedanz) des Leuchtenstromkreises (Netzspannung ohne Belastung: $U_0 = 234$ V, mit Belastung $U = 228$ V),
f) den Kurzschlussstrom im Leuchtstofflampenstromkreis und
g) die Beleuchtungsstärke bei einem Raumwirkungsgrad von 0,6 und einem Wartungsfaktor für normale Verschmutzung.

30. Eine gemischte Schaltung **(Bild 2)** hat einen Gesamtwiderstand von 332 Ω.
Berechnen Sie:
a) den Widerstand R_5,
b) die Gesamtspannung U und
c) die Leistung am Widerstand R_3?

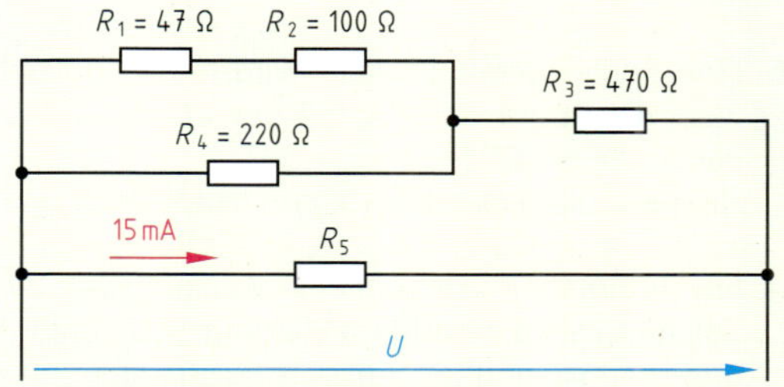

Bild 2: Gemischte Schaltung

31. Für eine Presse wurde ein Motor 160L nach Datenblatt **Seite 274** ausgewählt. Erklären Sie die Bezeichnung 160L und überprüfen Sie, ob der Motor für ein Lastmoment von 100 Nm ausreicht.

32. Die drei 14-Ω-Heizwiderstände eines Warmwasserbereiters sind in Sternschaltung an ein 400-V-Netz angeschlossen.
a) Welche Gesamtleistung hat der Warmwasserbereiter?
b) Geben Sie Installationshinweise.

33. Für ein Heugebläse in einem landwirtschaftlichen Anwesen wird ein Drehstrom-Käfigläufermotor mit einer Leistung von 3 kW und einer Drehzahl von 2840 1/min benötigt. Der Motor ist 54 m von der Verteilung entfernt aufgestellt. Die Versorgungsspannung beträgt 400 V/230 V bei einer Frequenz von 50 Hz. Ermitteln Sie für den Motor mithilfe des **Datenblattes Seite 274**:
a) den Wirkfaktor,
b) den Bemessungsstrom und
c) die Scheinleistung.
d) Bestimmen Sie die Bemessungsstromstärke der erforderlichen Motorsicherung.
e) Welche Leitungsarten dürfen zur Stromversorgung des Motors verwendet werden?
f) Berechnen Sie den Leiterquerschnitt (Cu) bei einem maximalen Spannungsfall von $\Delta u = 3\%$.
g) Welche IP-Schutzart muss der Motor haben?

14 Aufgaben zur Prüfungsvorbereitung

(Ergebnisse Seite 270)

34. Die Anlage eines Produktionsbetriebes muss um 6 Stromkreise erweitert werden **(Bild 1)**. Dazu werden Mantelleitungen (Cu) auf Putz verlegt. Der Wirkfaktor der Anlage beträgt bei Volllast $\cos\varphi = 0{,}8$. Durch einen Blindleistungsregler soll auf $\cos\varphi_2 = 0{,}93$ kompensiert werden.

a) Bestimmen Sie die Leiterquerschnitte der Stromkreise 1 bis 6 bei einem maximalen Spannungsfall von $\Delta u = 3\%$.

b) Berechnen Sie den Gesamtstrom.

c) Der Gesamtstrom soll um 25% als Reserve erhöht werden. Welchen Querschnitt muss dann die Zuleitung haben?

d) Welcher Gesamtleistungsverlust ergibt sich in der Zuleitung bei Volllast in den 6 Stromkreisen?

e) Berechnen Sie die Gesamtkapazität der Kompensationskondensatoren bei Parallelkompensation in Dreieckschaltung.

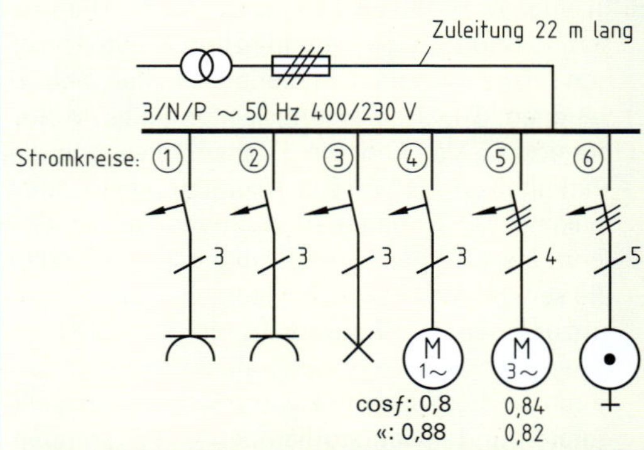

Stromkreis	1	2	3	4	5	6
Leistung in kW	1,2	2	0,6	2,4	4	6
Leitungslänge in m:	12	16	19	8	16	7

Bild 1: Verteilung

35. Ein Laborraum ist 14,5 m lang und 6,5 m breit. Für die Beleuchtung sind Leuchtstofflampen mit je 73 W, Lichtfarbe nw **(Datenblatt Seite 278)** bei einer Raumtemperatur vom 35 °C vorgesehen. Die geforderte Beleuchtungsstärke beträgt 500 lx, der Wartungsfaktor 0,8. Für die Neuplanung der Anlage soll der Beleuchtungswirkungsgrad $\eta_B = 0{,}5$ betragen. Berechnen Sie:

a) den erforderlichen Gesamtlichtstrom und

b) die Anzahl der Lampen.

36. Eine Spule ohne Eisenkern wird messtechnisch untersucht. Beim Anlegen einer 6-V-Gleichspannung fließt ein Strom von 250 mA, bei einer 6-V-Wechselspannung 200 mA. Berechnen Sie die Induktivität der Spule bei 50 Hz.

Hinweis: Die Spule besteht aus der Reihenschaltung eines ohmschen Widerstandes R und eines Blindwiderstandes X_L.

37. Ein Durchlauferhitzer mit einer Leistung von 24 kW ist an einer Spannung 3 × 400 V angeschlossen. Als Zuleitung wird eine Mantelleitung (Cu) unter Putz mit einer Gesamtlänge von 48 m verlegt. Als Leistungsverlust sind 3% zulässig. Bestimmen Sie mithilfe der **Datenblätter Seite 271 und 272**:

a) Die Verlegeart.

b) Berechnen Sie den Leiterquerschnitt.

c) Wie hoch ist die Strombelastbarkeit I_r der berechneten Leitung?

d) Mit welcher Bemessungsstromstärke darf die Zuleitung bei $\vartheta_U = 30$ °C abgesichert werden?

e) Wie hoch ist die Strombelastbarkeit derselben Leitung, bei einer Umgebungstemperatur von 38 °C?

38. Ein Tauchsieder für 230 V hat eine Leistung von 1000 W und einen Wärmenutzungsgrad von 90%. Es werden 2 Liter Wasser von 12 °C auf 95 °C erwärmt. Berechnen Sie:

a) die an das Wasser abgegebene Nutzwärme,

b) die zugeführte Stromwärme und

c) die Aufheizzeit.

39. Berechnen Sie für die Schaltung **(Bild 2)**:

a) den Ersatzwiderstand,

b) den Strom in jedem Widerstand,

c) die Spannung an jedem Widerstand und

d) die Spannung U_{AB}.

e) Die Belastbarkeit der Widerstände beträgt je 1 W. Welcher Widerstand ist überlastet?

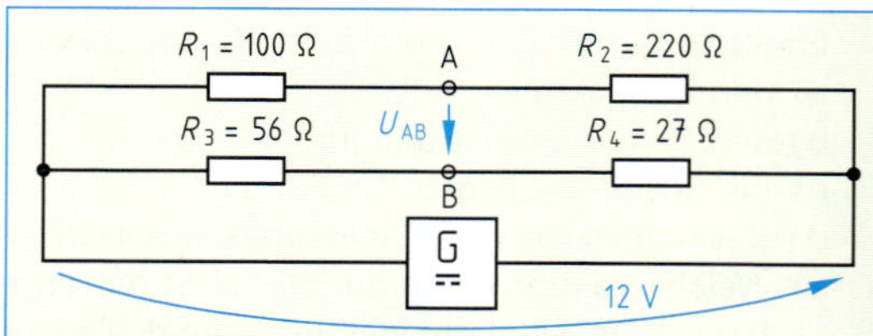

Bild 2: Brückenschaltung

14 Aufgaben zur Prüfungsvorbereitung

(Ergebnisse Seite 270)

40. Eine Seilwinde **(Bild 1)** wird durch einen Kurzschlussläufermotor mit dem Leistungsschild nach **Bild 2** angetrieben. Der Antrieb erfolgt über ein Zahnradgetriebe und eine Seiltrommel. Die Hubgeschwindigkeit bei Bemessungsleistungsabgabe des Motors soll 1,4 m/s betragen. Die Momentenkennlinie von Motor und Last zeigt **Bild 3**. Die Daten des Zahnradgetriebes sind: $z_1 = 18$ und $z_2 = 71$. Die Winde hat einen Wirkungsgrad von $\eta_3 = 0{,}93$, das Zahnradgetriebe von $\eta_2 = 0{,}94$. Berechnen Sie:

a) den Motorschlupf in Prozent,
b) den erforderlichen Windendurchmesser,
c) die mögliche Zugkraft im Seil in N,
d) den Gesamtwirkungsgrad der Anlage (einschließlich Motor),
e) die Gesamtverluste. Beurteilen Sie:
f) Ist Stern-Dreieck-Anlauf zur Anzugsstrombegrenzung möglich?
g) Wie wirkt sich eine verringerte Last auf die Hubgeschwindigkeit der Seilwinde aus?

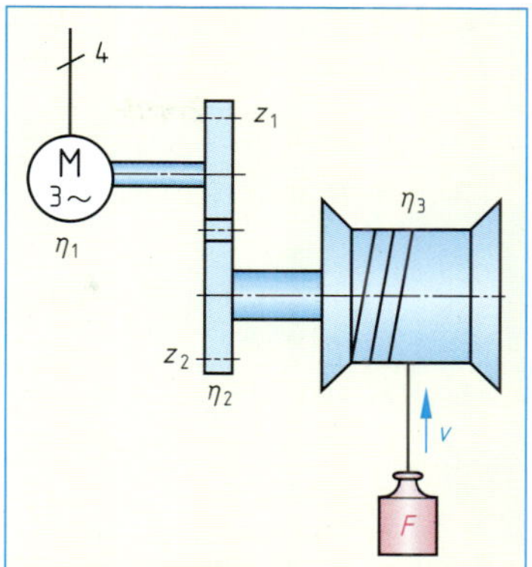

Bild 1: Seilwinde

3 ~ Motor	Typ
Δ 400 V	7,3 A
3,5 kW	cos φ = 0,85
720 1/min	50 Hz

Bild 2: Leistungsschild

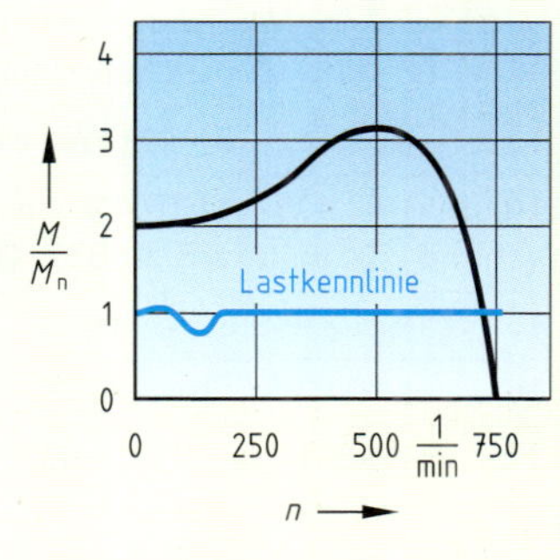

Bild 3: Momentenkennlinie

41. In einem Drehstromnetz mit der Spannung 400/230 V, 50 Hz sind folgende Widerstände angeschlossen:
Zwischen L1 und L2: 20 Ω, zwischen L2 und L3: 28 Ω und zwischen L1 und L3: 22 Ω. Berechnen Sie:

a) die Ströme durch die Verbraucher,
b) die Strangleistungen und
c) die Gesamtleistung.
d) Ermitteln Sie zeichnerisch die Leiterströme.

42. Die Leuchtdiode CQX 35 benötigt einen Strom von 40 mA. Sie soll an eine Spannung von 24 V angeschlossen werden. Berechnen Sie mithilfe des **Datenblattes Seite 280**

a) den Wert des Vorwiderstandes nach Normreihe E12 **(Seite 276)**
b) die Bemessungsleistung des Vorwiderstandes.
c) Welchen Wert darf der Vorwiderstand nicht unterschreiten?

43. Drei Verbraucher werden über eine gemeinsame auf Putz verlegte Mantelleitung angeschlossen **(Bild 4)**. Die Bemessungsleistung des Motors beträgt 1,8 kW, sein Wirkungsgrad 92%, die Leistungsaufnahme der Beleuchtungseinrichtung 1,2 kW und die der Raumheizung 2 kW. Die Schleifenimpedanz des Versorgungsnetzes bis zum Hausanschlusskasten beträgt 200 mΩ. Der Wirkfaktor in der Zuleitung wird mit $\cos\varphi = 1$ angenommen.

a) Wie groß ist die aufgenommene Gesamtwirkleistung?
b) Welcher Gesamtstrom fließt?
c) Bestimmen Sie Verlegeart und Leiterquerschnitt der Zuleitung mithilfe der **Datenblätter Seite 271 und 272**.
d) Welcher Spannungsfall in Prozent darf nach der Messeinrichtung (Zähler) nach DIN 18015 **(Seite 199)** höchstens vorhanden sein?
e) Berechnen Sie den Spannungsfall bei Bemessungslast (Gesamtstrom) in der Zuleitung.
f) Wie lang darf die Motorenleitung sein, damit der zulässige Spannungsfall nicht überschritten wird?
g) Wie groß ist der Kurzschlussstrom bei einem Kurzschluss im Motor?
h) Welche Ausschaltzeit ergibt sich bei einem Kurzschluss, damit die Grenztemperatur der Leitung nicht überschritten wird?

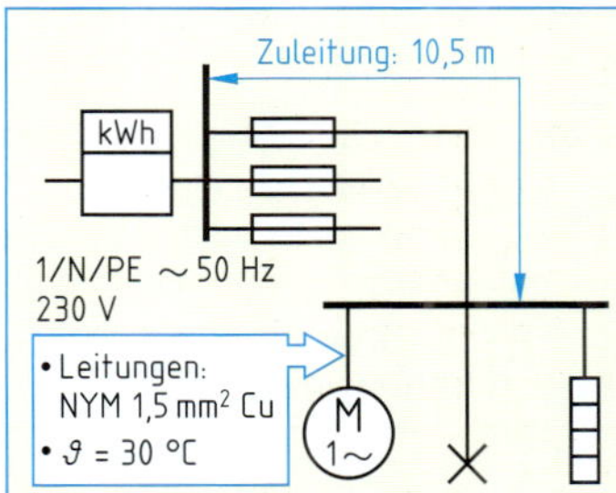

Bild 4: Verbraucheranlage

Rechenergebnisse der Prüfungsaufgaben der Seiten 262 bis 269

1	**b)** $A = 0{,}011\ \text{mm}^2$; $I = 867$ m; $R = 1407\ \Omega$	**23**	**a)** $t_i = 228\ \mu\text{s}$; $t_p = 5$ ms; **b)** $T = 5{,}23$ ms; **c)** $f = 191$ Hz; **d)** $g = 0{,}044$
2	$R = 1550\ \Omega$; $I = 7{,}74$ mA	**24**	**a)** 40000 lm; **b)** 16
3	**b)** $R_2 = 110\ \Omega$	**25**	**a)** 19,8 mV; 0,71 V; **b)** 8 ms; 125 Hz; **c)** 135°
4	**b)** 49 mA; **c)** 37,5°; **d)** 87,65 Hz **e)** 0,105 A; **f)** 114,3 Ω	**26**	**a)** 40 Ω; **b)** 1,75 h; **c)** 1,82 h
5	**a)** 407 var; **b)** 24 µF; **c)** 7,6 A	**27**	**a)** 2,16 A; **b)** Dreheisenmessgerät; Echteffektivwertmesser; **c)** 207 V; **d)** 447 W
6	**a)** 1,69 A; 6,76 A; **b)** 194 W; 388 W; 777 W; 1554 W	**28**	58,8 °C werden nach 1,5 h erreicht
7	**a)** 230 V; **b)** 5,75 A; **c)** 1322 W; 3984 W; **d)** 3771 W	**29**	**a)** B2; **b)** 35 A; 13 A; **c)** 10 mm²; 1,5 mm²; **d)** 0,9 V; 1,15 V; **e)** 1,24 Ω; **f)** 189 A; **g)** 265 lx
8	**a)** 2656 W; **b)** 2656 W; **c)** 1328 W; **d)** 3984 W; **e)** 1990 W	**30**	**a)** 820 Ω; **b)** 12,3 V; **c)** 0,23 W
9	**a)** 261 kΩ; **b)** bis 500 V: $R_{iso} \geq 1\ \text{M}\Omega$; **c)** Nein!	**31**	$M = 98$ Nm ⇒ M nicht ausreichend
10	**a)** $U_{RE} = 1{,}2$ V $U_{CE} = 5{,}4$ V; $U_{R3} = 5{,}4$ V; **b)** $I_C = 18$ mA; $I_B = 0{,}05$ mA; **c)** $R_1 = 30\ \text{k}\Omega$; $R_2 = 6{,}2\ \text{k}\Omega$	**32**	**a)** 11,3 kW
11	**a)** BZX 55/C12; **b)** $R_{Vmin} = 240\ \Omega$	**33**	**a)** 0,86; **b)** 6,1 A; **c)** 4,23 kVA; **d)** 16 A; **e)** NYM, NYY; **f)** 0,73 mm² ⇒ 1,5 mm²; **g)** IP5X
12	**a)** 25,4 VA; 33 VA; **b)** 0,14 A; **c)** 7,05 Wdg./V; 8,13 Wdg./V; **d)** 1621; 98; 41; **e)** 0,23 mm; 0,64 mm; 0,87 mm	**34**	**a)** Stromkreis 1 … 6: 1,5 mm²; **b)** 48,6 A; **c)** 16 mm²; **d)** 274 W; **e)** 40 µF
13	**a)** 6 mm²; **b)** 648 W; **c)** 4,75%	**35**	**a)** 94250 lm; **b)** 17
14	**a)** 42,4 V; **b)** 15,4 V; **c)** 2,16 A; **d)** Z-Diode, z. B. in BZX/C5V6, ändern	**36**	57 mH
15	**a)** 212 V; 0,59 A; **b)** 36°; **c)** 0,81	**37**	**a)** C; **b)** 6 mm²; **c)** 41 A; **d)** 35 A; **e)** 36 A
16	**a)** 10,8 VA; **b)** 3,24 W; **c)** 10,3 var	**38**	**a)** 695,5 kJ; **b)** 773 kJ; **c)** 12 min, 53 s
17	**a)** 5,68 kVA; **b)** 4,5 kW; **c)** 0,79	**39**	**a)** 66 Ω; **b)** 37,5 mA; 145 mA; **c)** 3,75 V; 8,25 V; 8,12 V; 3,88 V; **d)** 4,37 V; **e)** R3
18	**a)** 166 Ω; **b)** 0,14 A; **c)** R_1 und R_2 überlastet	**40**	**a)** 4%; **b)** 0,15 m; **c)** 2,13 kN; **d)** 0,71; **e)** 1,25 kW; **f)** Nein! **g)** Drehzahl steigt etwas
19	**a)** 100 Ω; **b)** 0,24 H	**41**	**a)** 20 A; 14 A; 18 A; **b)** 8 kW; 5,6 kW; 7,2 kW; **c)** 20,8 kW
20	**b)** ≥ 1 m; **c)** ≥ 1/6 · Gesamtlänge ⇒ ≥ 0,97 m **d)** 16 mm² Cu eindr. bzw. 4 mm² Cu für PA; **e)** UKW: 27,4 dB; K21: 26,9 dB; K27: 26,9 dB; K50: 27,9 dB **f)** UKW: 24 dB; K21: 33,9 dB; K27: 31,9 dB; K50: 29,9 dB	**42**	**a)** 560 Ω; **b)** 1 W; **c)** 446 Ω
21	**a)** 1,2 s; **b)** 2,8 s; **c)** 203 µF; **d)** 400 Ω;	**43**	**a)** 5,16 kW; **b)** 22,4 A; **c)** C; 2,5 mm²; **d)** 3%; **e)** 3,36 V; **f)** 17,5 m; **g)** 300 A; **h)** 0,33 s
22	4 mm²		

Verlegearten von Kabeln und isolierten Leitungen für feste Verlegung

Nach DIN VDE 0298, Teil 4 unterscheidet man die neun Verlegearten A1, A2, B1, B2, C, D, E, F und G **(Tabelle)**

- Der Bemessungswert I_r der Strombelastbarkeit wird für eine Umgebungstemperatur von 30 °C angegeben **(Tabelle 1, Seite 272)**.
- Beträgt die Umgebungstemperatur der verlegten Leitungen höchstens 30 °C und liegt keine Häufung von Leitungen oder Kabeln vor, kann man den Bemessungsstrom (Nennstrom) I_N der Überstrom-Schutzeinrichtung unter der Bedingung $I_N \leq I_r$ auswählen.
- Bei abweichenden Umgebungstemperaturen, z. B. 35 °C, muss man die Strombelastbarkeit I_Z mit den Umrechnungsfaktoren f_1 für abweichende Umgebungstemperaturen **(Tabelle 2, Seite 272)** und bei Häufung von Kabeln oder Leitungen mit den Umrechnungsfaktoren f_2 **(Tabelle 3, Seite 272)** berechnen.
- Bemessungswerte I_r für die Verlegearten E, F und G siehe Tabellenbuch Elektrotechnik.

Tabelle: Verlegearten von Kabeln und isolierten Leitungen DIN VDE 0298, Teil 4 (Auszug)

Verlegeart		Verlegebedingungen (Wichtige Beispiele)
A1	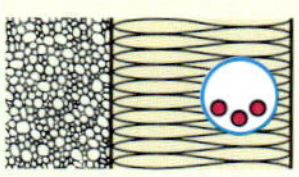	**Referenzverlegeart*: Verlegung in wärmegedämmten Wänden** • Aderleitungen im Elektroinstallationsrohr, • Aderleitungen in Formleisten oder in Formteilen.
A2	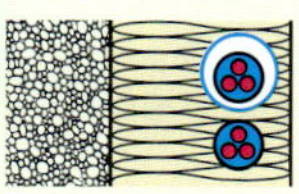	• Mehradrige Kabel oder mehradrige Mantelleitungen im Elektroinstallationsrohr, • mehradrige Kabel oder mehradrige Mantelleitungen in einer wärmegedämmten Wand.
B1	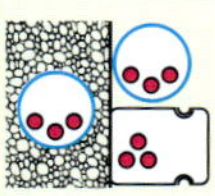	**Referenzverlegeart*: Verlegung in Elektroinstallationsrohren** • Aderleitungen im Elektroinstallationsrohr auf oder in der Wand, • Aderleitungen, einadrige Kabel oder Mantelleitungen im Elektroinstallationskanal.
B2		• Mehradrige Kabel oder Mantelleitungen im Elektroinstallationsrohr auf und in der Wand, • mehradrige Kabel oder Mantelleitungen im Elektroinstallationskanal, • mehradrige Kabel oder Mantelleitungen im Sockelleisten- oder im Unterflurkanal.
C	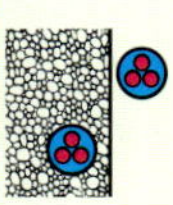	**Referenzverlegeart*: Verlegung direkt auf dem Untergrund (Wand)** • Ein- oder mehradrige Kabel oder Mantelleitungen auf oder in der Wand oder unter der Decke, • Stegleitungen im oder unter Putz.
D		**Referenzverlegeart*: Verlegung in der Erde** • Mehradrige Kabel oder mehradrige ummantelte Installationsleitung im Elektroinstallationsrohr oder im Kabelschacht in der Erde.
E	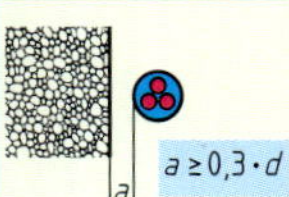	**Referenzverlegeart*: Verlegung frei in der Luft** • Mehradrige Kabel oder mehradrige Mantelleitungen frei in der Luft verlegt mit einem Mindestabstand $a \geq 0{,}3 \cdot d$ zur Wand ($d =$ Leitungsdurchmesser), • Kabel oder Leitungen auf gelochten Kabelrinnen oder auf Kabelkonsolen.
F	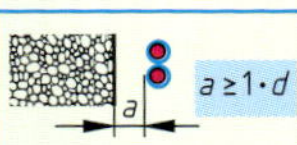	• Einadrige Kabel oder einadrige Mantelleitungen mit gegenseitiger Berührung verlegt und mit einem Abstand $a \geq 1 \cdot d$ zur Wand.
G	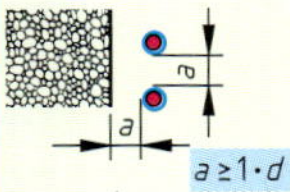	• Einadrige Kabel oder einadrige Mantelleitungen mit einem gegenseitigen Abstand $a \geq 1 \cdot d$ verlegt und einem Mindestabstand $a \geq 1 \cdot d$ zur Wand, • Blanke Leiter oder Aderleitungen auf Isolatoren.

* Referenzverlegeart: Grundsätzliches Merkmal der Verlegeart, z. B. in wärmegedämmten Wänden oder frei in der Luft verlegt.

Strombelastbarkeit von Kabeln und isolierten Leitungen für feste Verlegung; Umrechnungsfaktoren

Tabelle 1: Bemessungswert I_r der Strombelastbarkeit von Kabeln und Leitungen für feste Verlegung in Gebäuden in den Verlegearten A1, A2, B1, B2, C und D bei einer Umgebungstemperatur von 30 °C

DIN VDE 0298, Teil 4 (Auszug)

Kurzzeichen der Leitungen, z. B.: H07V-U, H07V-K, H07V-R, NYM, NYIF, NYBUY, NYY

Verlegeart	A1		A2		B1		B2		C		D	
belastete Adern	2	3	2	3	2	3	2	3	2	3	2	3
Nennquerschnitt in mm² Cu	Bemessungswert I_r der Strombelastbarkeit in A für PVC-isolierte Kabel und Leitungen mit einer Betriebstemperatur am Leiter bis 70 °C											
1,5	15,5	13,5	15,5	13	17,5	15,5	16,5	15	19,5	17,5	18,5	15,5
2,5	19,5	18	18,5	17,5	24	21	23	20	27	24	25	21
4	26	24	25	23	32	28	30	27	36	32	32	27
6	34	31	32	29	41	36	38	34	46	41	40	34
10	46	42	43	39	57	50	52	46	63	57	54	45
16	61	56	57	52	76	68	69	62	85	76	69	59
25	80	73	75	68	101	89	90	80	112	96	88	76
35	99	89	92	83	125	110	111	99	138	119	106	91
50	119	108	110	99	151	134	133	118	168	144	126	108

Bemessungswerte I_r für die Verlegearten E, F und G: Tabellenbuch Elektrotechnik oder DIN VDE 0298, Teil 4

$I_N \leq I_Z$

$I_Z = I_r \cdot f_1 \cdot f_2$

- I_N Bemessungsstrom (Nennstrom) der Überstrom-Schutzeinrichtung
- I_Z Strombelastbarkeit der Leitung bei abweichenden Verlegebedingungen
- I_r Bemessungswert der Strombelastbarkeit der Leitung
- f_1 Umrechnungsfaktor bei abweichender Umgebungstemperatur **(Tabelle 2)**
- f_2 Umrechnungsfaktor bei Häufung von Leitungen **(Tabelle 3)**

Tabelle 2: Umrechnungsfaktoren f_1 für abweichende Umgebungstemperaturen

DIN VDE 0298, Teil 4 (Auszug)

Zulässige Umgebungstemperatur in °C	10	15	20	25	30	35	40	45	50	55	60	65	70
Gummi-Isolation*	1,29	1,22	1,15	1,08	1,0	0,91	0,82	0,71	0,58	0,41	–	–	–
PVC-Isolation	1,22	1,17	1,12	1,06	1,0	0,94	0,87	0,79	0,71	0,61	0,50	0,35	–
EPR-Isolation**	1,15	1,12	1,08	1,04	1,0	0,96	0,91	0,87	0,82	0,76	0,71	0,65	0,58

* Natur-Kautschuk (NR) oder synthetischer Kautschuk (SR); ** Ethylen-Propylen-Kautschuk

Tabelle 3: Umrechnungsfaktoren f_2 für Häufung von Kabeln oder Leitungen auf der Wand, im Rohr oder auf dem Fußboden

DIN VDE 0298, Teil 4 (Auszug)

Anordnung der Leitungen		Anzahl der mehradrigen Leitungen oder Anzahl der Wechsel- oder Drehstromkreise 1	2	3	4	5	6	7	8	9
Gebündelt direkt auf der Wand, auf dem Fußboden, im Elektroinstallationsrohr oder im Installationskanal, auf oder in der Wand	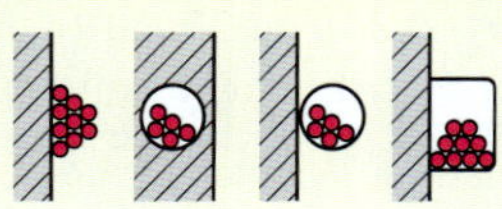	1,0	0,8	0,7	0,65	0,6	0,57	0,54	0,52	0,5
Einlagig auf der Wand oder auf dem Fußboden mit Berührung	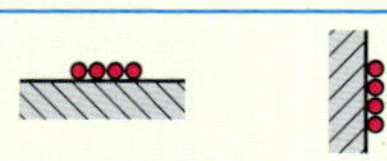	1,0	0,85	0,79	0,75	0,73	0,72	0,72	0,71	0,7
Einlagig unter der Decke mit Berührung	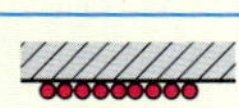	0,95	0,81	0,72	0,68	0,66	0,64	0,63	0,62	0,61

Oberschwingungen

Tabelle 1: Typische Verzerrungsströme elektronischer Verbraucher DIN VDE 0100-520

Elektronisches Verbrauchsmittel	Leistungsaufnahme P	Stromaufnahme I_L	Verzerrungsstrom I_V	Elektronisches Verbrauchsmittel	Leistungsaufnahme P	Stromaufnahme I_L	Verzerrungsstrom I_V
Kompakt-LSL[1] bis 25 W	23 W	0,15 A	80 mA	PC[3] ohne PFC[4]	85 W	0,48 A	270 mA
LSL mit EVG[2]	55 W	0,25 A	43 mA	PC[3] mit PFC[4]	82 W	0,38 A	57 mA
LSL mit Kompensation	62 W	0,3 A	67 mA	Flachmonitor	32 W	0,24 A	137 mA
Kopierer	103 W	0,61 A	144 mA	Faxgerät	22 W	0,17 A	83 mA

[1] LSL, Abk. für: Leuchtstofflampe; [2] EVG, Abk. für: **E**lektronisches **V**orschalt**g**erät; [3] PC, Abk. für: **P**ersonal**c**omputer; [4] Abk. für: **P**ower **F**aktor **C**ompensation (engl.) = Leistungsfaktorkorrektur

Tabelle 2: Belastbarkeit von Kabeln und Leitungen für die Verlegearten A1, A2, B1, B2 und C mit Berücksichtigung der Oberschwingungen. Betriebstemperatur: 70°C, Umgebungstemperatur: 25°C., Leitermaterial: Kupfer DIN VDE 0100-520

Verlegeart	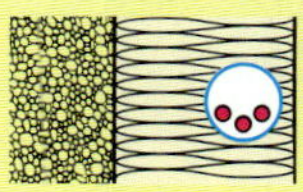			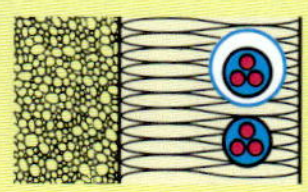			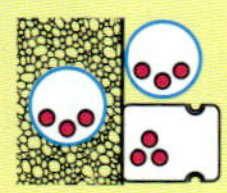						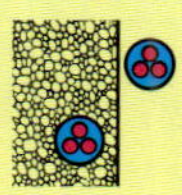		
	A1			A2			B1			B2			C		
Anteil der Oberschwingung in % des Außenleiterstroms	> 15% ... 33%	> 33% ... 45%	> 45%	> 15% ... 33%	> 33% ... 45%	> 45%	> 15% ... 33%	> 33% ... 45%	> 45%	> 15% ... 33%	> 33% ... 45%	> 45%	> 15% ... 33%	> 33% ... 45%	> 45%
Leiternennquerschnitt in mm²	Belastbarkeit in A														
4	21	15	13	21	15	13	25	18	16	25	18	16	29	22	19
6	27	20	17	27	20	17	31	23	20	31	23	20	37	27	24
10	39	29	25	35	26	23	46	34	29	42	31	27	52	38	33
16	51	38	33	47	35	31	62	46	40	57	42	37	70	52	45
25	66	49	43	62	46	40	81	60	52	73	54	47	88	65	57
35	81	60	52	76	56	49	101	75	65	90	67	58	108	80	70
50	98	73	63	90	67	58	122	90	79	108	80	69	132	97	85
70	124	92	80	114	85	74	156	115	101	136	101	88	168	124	108
95	150	111	97	137	101	88	188	140	122	163	121	106	203	150	131
120	171	127	111	157	116	101	218	161	141	187	139	121	237	175	153
150	197	146	127	179	133	116	239	177	154	205	152	132	273	202	176
185	224	166	144	203	150	131	270	200	174	232	172	150	310	230	201
240	261	193	168	238	176	154	324	240	209	271	201	175	367	271	237
300	299	222	193	272	201	176	359	266	232	309	229	199	423	313	273

Tabelle 3: Umrechnungsfaktor f_4 für Verbraucher die Oberschwingungen erzeugen DIN VDE 0100-520

Anteil der Leistung in %	Umrechnungsfaktor (für Verteilerstromkreise)
0 ... 15	1
> 15 ... 25	0,95
> 25 ... 35	0,90
> 35 ... 45	0,85
> 45 ... 55	0,80
> 55 ... 65	0,75
> 65 ... 75	0,70
> 75	0,65

Tabelle 4: Korrekturfaktoren für die Strombelastbarkeit in Abhängigkeit vom Oberschwingungsanteil DIN VDE 0298-4

Oberschwingungsanteil im Außenleiterstrom bei symmetrischer Belastung	Gewählter Wert nach Außenleiterstrom	Gewählter Wert nach Neutralleiterstrom
0% ... 15%	1	–
> 15% ... 33%	0,86	–
> 33% ... 45%	–	0,86
> 45%	–	1

Betriebsdaten von Drehstrom-Käfigläufermotoren

Tabelle 1: Baugrößen, Bemessungswerte und Kurzschlussschutzsicherungen für Drehstrom-Käfigläufermotoren bei Direktanlauf oder YΔ-Anlauf (Auszug)

Baugröße	P_N* in kW	n in 1/min	I_N* in A	$\cos\varphi$	η in %	$\frac{I_A^*}{I_N}$	$\frac{M_A^*}{M_N}$	$\frac{M_K^*}{M_N}$	I^{**} Direkt-anlauf	I^{***} Y-Δ Anlauf
$U_N = 400$ V; $n_S = 3000 \frac{1}{min}$; $f = 50$ Hz										
90 L	2,2	2820	4,7	0,85	80	6,6	2,9	3,1	10	6
100 L	3	2840	6,1	0,86	82	7	3,1	3,1	16	10
112 M	4	2870	7,9	0,87	83	7,2	3	3,3	20	10
132 S	5,5	2890	10,8	0,88	84	6,7	2,6	3	25	16
132 S	7,5	2910	14,3	0,88	86	7	2,7	2,9	35 (32)	16
160 M	11	2930	20,5	0,88	88	7,3	2,5	3,1	35	25
$U_N = 400$ V; $n_S = 1500 \frac{1}{min}$; $f = 50$ Hz										
100 L	2,2	1390	5	0,81	78	5,1	2,3	2,5	10	6
100 L	3	1390	6,7	0,82	79	5,9	2,6	2,8	16	10
112 M	4	1410	8,6	0,82	82	5,8	2,3	2,5	20	10
132 S	5,5	1440	11,1	0,83	86	7,2	2,7	3,2	25	16
132 M	7,5	1445	15	0,83	87	7,5	2,6	3,2	35 (32)	16
160 M	11	1460	21,7	0,84	89	6,7	2,4	2,6	50 (40)	25
160 L	15	1460	29	0,84	89	7,2	2,4	2,7	63	35 (32)
180 M	18,5	1460	35	0,85	90	7,5	2,8	3,1	63	50 (40)

* P_N Bemessungsleistung des Motors;
I_A Anzugsstrom des Motors; I_N Bemessungsstrom des Motors; M_A Anzugsmoment,
M_N Bemessungsmoment des Motors; M_K Kippmoment, U_N Bemessungsspannung.

** Bemessungsstrom der Schutzeinrichtung bei direktem Anlauf (Werte in Klammern für LS-Schalter); Direkter Anlauf: Anlaufstrom max. 6 × Bemessungsstrom, Anlaufzeit max. 5 Sekunden.

*** Bemessungsstrom der Schutzeinrichtung bei Stern-Dreieck-Anlauf (Werte in Klammern für LS-Schalter); Stern-Dreieck-Anlauf: Anlaufstrom max. 2 × Bemessungsstrom, Anlaufzeit max. 15 Sekunden; Bei höheren Bemessungs- bzw. Anlaufströmen und/oder längerer Anlaufzeit höheren Bemessungsstrom der Schutzeinrichtung verwenden.
Für Drehstrommotoren mit einer Scheinleistung $S > 5{,}2$ kVA oder mit einem Anlaufstrom $I_a > 60$ A ist nach TAB ein Anlassverfahren, z. B. Stern-Dreieck-Anlauf, erforderlich.

Betriebsdaten von Kleintransformatoren

Tabelle 2: Kernblechschnitte und Bemessungswerte für Kleintransformatoren (Auszug)

Kernblechschnitte	M 55	M 65	M 74	M 85	M 102a	EI 130 a
Bemessungsleistung S in VA (für 1 bis 2 Ausgangswicklungen)	12	26	48	62	120	230
Eingangswicklung N_1 in Windungen/V	10,90	7,05	5,23	4,18	3,26	3,22
Ausgangswicklung N_2 in Windungen/V	13,53	8,13	5,81	4,58	3,50	3,44
Wirkungsgrad η in %	70	77	83	84	88	90
Stromdichte J, innere Wicklung in A/mm²	3,90	3,40	3,10	3,00	2,50	1,70
Stromdichte J, äußere Wicklung in A/mm²	4,40	3,70	3,40	3,40	2,80	2,20

Auslösekennlinien von Überstrom-Schutzeinrichtungen

DIN VDE 0636
DIN VDE 0641
DIN VDE 0660

Niederspannungssicherungen gG (Schmelzsicherungen)

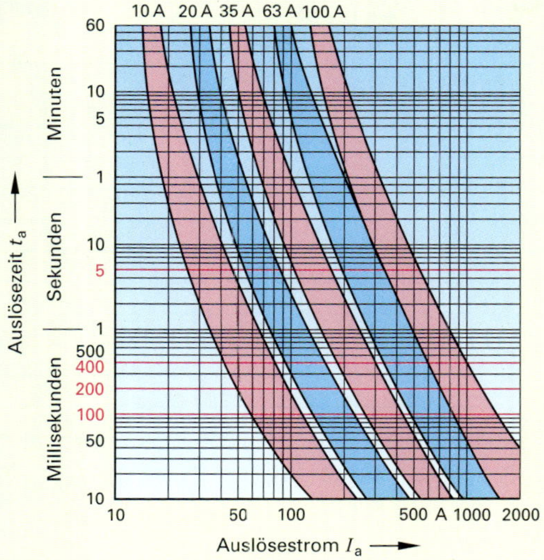

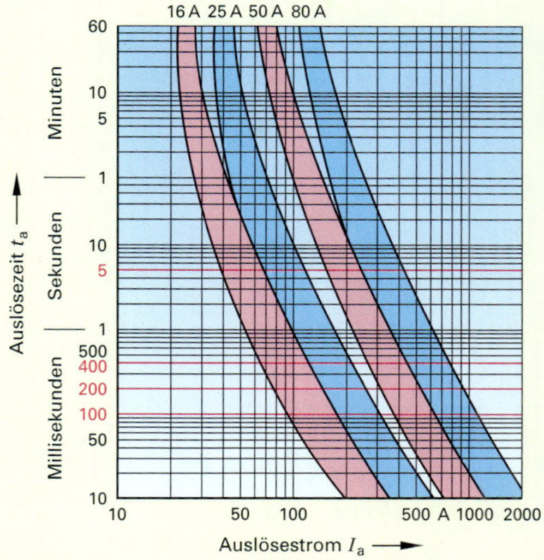

Kennlinie der Schmelzsicherung gG 13A (nach DIN VDE 0636, Teil 3): siehe Tabellenbuch Elektrotechnik

Leitungsschutzschalter (LS-Schalter)

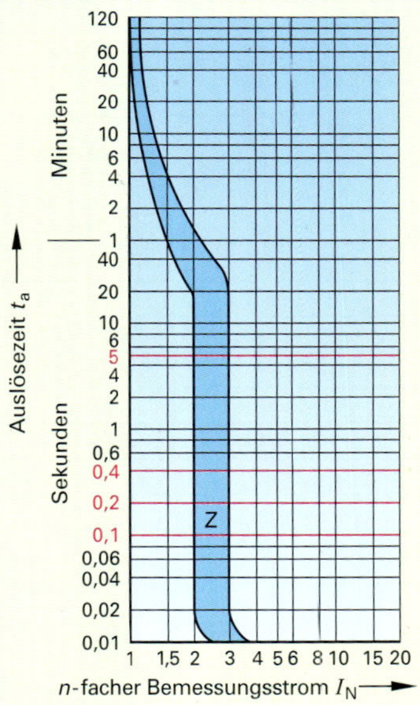

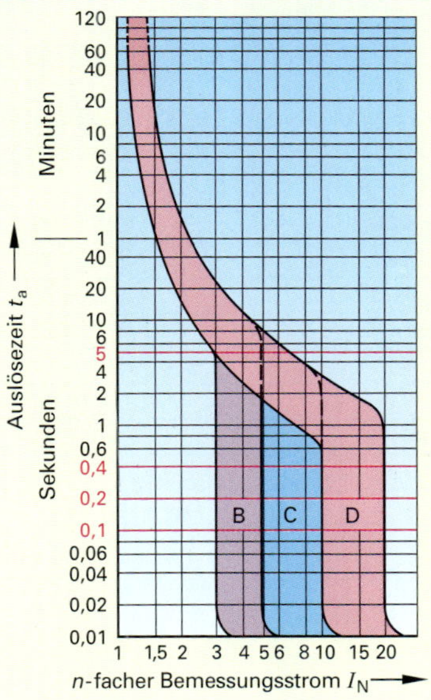

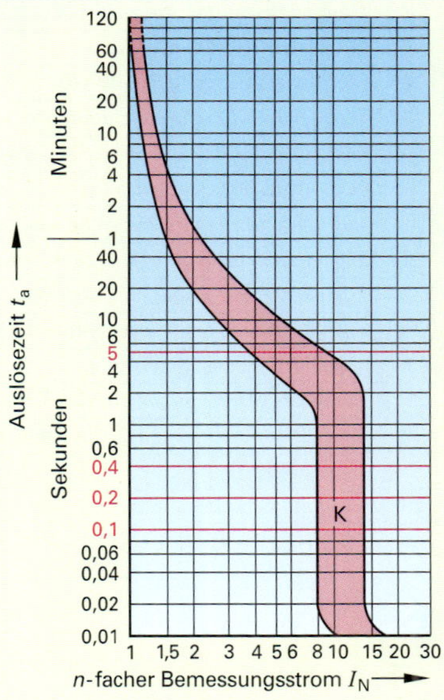

Abschaltströme; χ-Faktoren[1] von LS-Schaltern zur Berechnung des Abschaltstromes I_a (Auswahl)

Charakteristik	Z	B	C	D	K
χ-Faktoren	1,20	1,45	1,45	1,45	1,20
Abschaltstrom I_a	$3 \cdot I_N$	$5 \cdot I_N$	$10 \cdot I_N$	$20 \cdot I_N$	$14 \cdot I_N$

[1] Griechischer Kleinbuchstabe chi

LS-Schalter Typ Z und K lösen im Überlastbereich früher aus ($\chi = 1,20$) als LS-Schalter des Typs B, C und D ($\chi = 1,45$)

Anwendungsbeispiele (Charakteristik)

- Z: Halbleiterschutz, Spannungswandler
- B: Hausinstallation
- C: Kleintransformatoren, Motoren, Beleuchtungsstromkreise
- D, K: Motorstromkreise oder Transformatoren mit hohem Einschaltstrom

Elektro-Kalkulationshilfen €

Tabelle: Berechnungsgrundlagen eines Elektro-Installationsbetriebes (Auszug)

Pos.	Gegenstand	(Material + Gk*)	+ (Lohn + Gk*) =	(Material + Lohn)
	Leitungen, Rohre, Befestigungsmaterial			
1	Leitung NYM 3 × 1,5 mm², unter Putz verlegen	0,88 €/m	3,40 €/m	4,28 €/m
2	Leitung NYM 5 × 1,5 mm², unter Putz verlegen	1,30 €/m	3,60 €/m	4,90 €/m
3	Leitung NYM 7 × 1,5 mm², unter Putz verlegen	2,95 €/m	4,20 €/m	7,15 €/m
4	Leitung NYM 5 × 2,5 mm², unter Putz verlegen	2,30 €/m	4,30 €/m	6,70 €/m
5	Leitung NYM 4 × 10 mm², unter Putz verlegen	5,90 €/m	7,10 €/m	13,00 €/m
6	Leitung NYM 3 × 1,5 mm² in Rohr einziehen	0,95 €/m	3,50 €/m	4,45 €/m
7	Leitung NYM 5 × 1,5 mm², in Rohr einziehen	1,35 €/m	3,80 €/m	5,15 €/m
8	Klemmschellen Clipfix 16	0,22 €/m	0,21 €/m	0,43 €/m
9	Kunststoffrohr EN 16	0,42 €/m	1,45 €/m	1,87 €/m
	Abzweigdosen			
10	FR-AP-Abzweigdose IP 54, 85 × 85 mm inkl. Klemmen	1,05 €/St	7,50 €/St	8,55 €/St
11	UP-Abzweigdose 70 mm, 4 Steckklemmen	1,60 €/St	8,50 €/St	10,10 €/St
	Feuchtraum-Geräte			
12	FR-AP-Wechselschalter	8,80 €/St	7,30 €/St	16,10 €/St
13	FR-AP-Schutzkontaktsteckdose	4,80 €/St	6,80 €/St	11,60 €/St
14	FR-AP-Schutzkontaktsteckdose, 2-fach	9,20 €/St	7,10 €/St	16,30 €/St
	Leuchten			
15	FR-LS-Wannenleuchte 1 × 58 W VVG	68,50 €/St	14,90 €/St	83,40 €/St
16	Außenleuchte mit Bewegungsmelder	45,30 €/St	9,20 €/St	54,50 €/St
	Leitungsschutzschalter, RCD, Stromstoßschalter			
17	LS-Schalter 1-polig 16 A/B	5,20 €/St	2,60 €/St	7,80 €/St
18	LS-Schalter 3-polig 3 × 16 A/B	35,00 €/St	4,90 €/St	39,90 €/St
19	Fehlerstrom-Schutzeinrichtung 4-polig, 25 A, 0,03 A	43,50 €/St	22,10 €/St	65,60 €/St
20	Stromstoßschalter 1-polig 16 A, 230 V	15,80 €/St	9,60 €/St	25,40 €/St
	Schalter, Steckdosen			
21	UP-Wechselschalter, mit Abdeckung und Dose	8,70 €/St	6,20 €/St	14,90 €/St
22	UP-Kreuzschalter, mit Abdeckung und Dose	8,90 €/St	9,20 €/St	18,10 €/St
23	UP-Taster, Ein-, Aus-, mit Abdeckung und Dose	9,70 €/St	10,20 €/St	19,90 €/St
24	UP-Steckdose mit Abdeckung und Dose, einfach	5,00 €/St	7,00 €/St	12,00 €/St
25	Zweifach-Abdeckung, Aufpreis	5,50 €/St	1,20 €/St	6,70 €/St
26	Dreifach-Abdeckung, Aufpreis	7,50 €/St	1,80 €/St	9,30 €/St
27	Herdanschlussdose mit UP-Schalterdose	9,70 €/St	11,20 €/St	20,90 €/St
	Sonstiges			
28	Prüfung nach DIN VDE 0100, Teil 600	–	22,50 €/St	22,50 €/St

* Gk: Abk. für Gemeinkosten

E-Reihen

Tabelle: E-Reihen für Widerstände und Kondensatoren

E 6	1,0				1,5				2,2				3,3				4,7				6,8			
E 12	1,0		1,2		1,5		1,8		2,2		2,7		3,3		3,9		4,7		5,6		6,8		8,2	
E 24	1,0	1,1	1,2	1,3	1,5	1,6	1,8	2,0	2,2	2,4	2,7	3,0	3,3	3,6	3,9	4,3	4,7	5,1	5,6	6,2	6,8	7,5	8,2	9,1
E 48	1,00 1,05 1,10 1,15		1,21 1,27 1,33 1,40		1,47 1,54 1,62 1,69		1,78 1,87 1,96 2,05		2,15 2,26 2,37 2,49		2,61 2,74 2,87 3,01		3,16 3,32 3,48 3,65		3,83 4,02 4,22 4,42		4,64 4,87 5,11 5,36		5,62 5,90 6,19 6,49		6,81 7,15 7,50 7,87		8,25 8,66 9,09 9,53	

Toleranzen innerhalb der E-Reihen: E6: ±20%; E12: ±10%; E24 ±5%; E48: ±2%

Licht- und Beleuchtungstechnik (1)

Tabelle 1: LED-Lampen zur Allgemeinbeleuchtung (Auswahl)

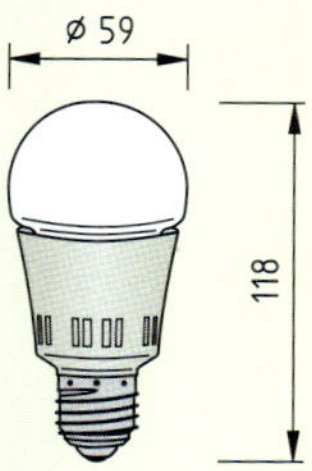

Sockel	Leistung P in W	Spannung U in V
E27	6	230
Licht-farbe[1]	Farb-temperatur in K	Licht-strom Φ_v in lm
ww	2800	400

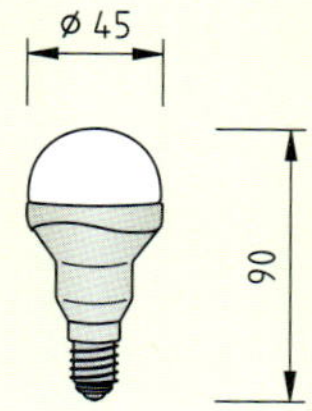

Sockel	Leistung P in W	Spannung U in V
E14	5	230
Licht-farbe[1]	Farb-temperatur in K	Licht-strom Φ_v in lm
ww	2700	230

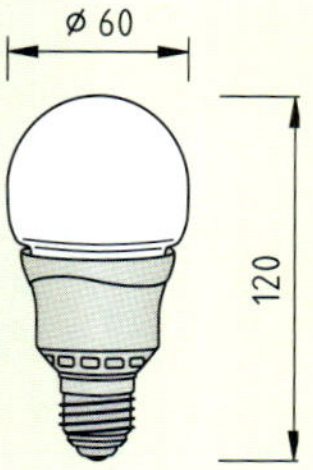

Sockel	Leistung P in W	Spannung U in V
E27	10	230
Licht-farbe[1]	Farb-temperatur in K	Licht-strom Φ_v in lm
ww	2700	600

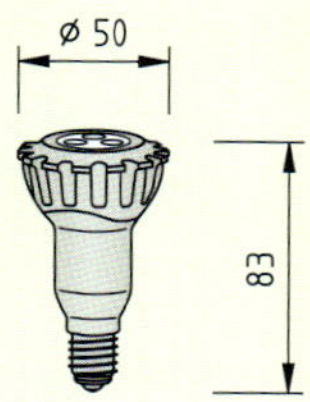

Sockel	Leistung P in W	Spannung U in V
E14	5	230
Licht-farbe[1]	Farb-temperatur in K	Licht-strom Φ_v in lm
ww	2700	230

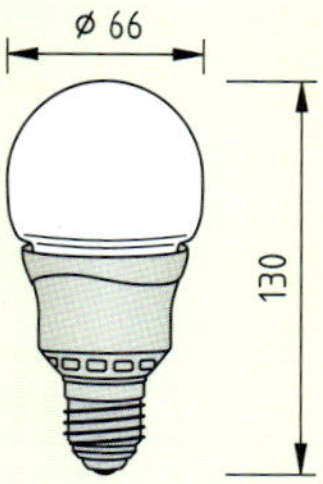

Sockel	Leistung P in W	Spannung U in V
E27	13	230
Licht-farbe[1]	Farb-temperatur in K	Licht-strom Φ_v in lm
ww	2700	800

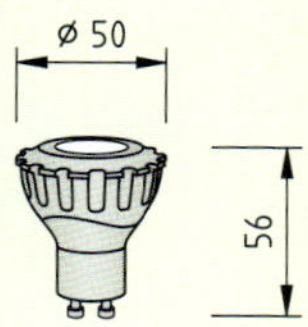

Sockel	Leistung P in W	Spannung U in V
GU10	7	230
Licht-farbe[1]	Farb-temperatur in K	Licht-strom Φ_v in lm
nw	4000	380

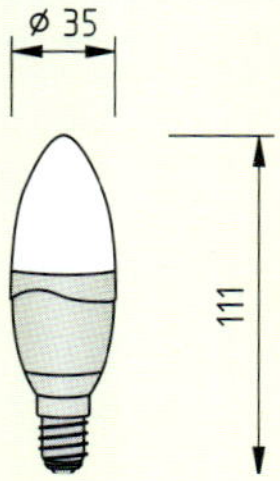

Sockel	Leistung P in W	Spannung U in V
E14	5	230
Licht-farbe[1]	Farb-temperatur in K	Licht-strom Φ_v in lm
ww	2700	220

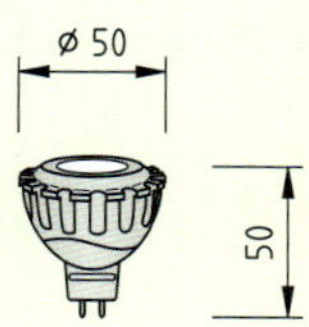

Sockel	Leistung P in W	Spannung U in V
GU5,3	8	12
Licht-farbe[1]	Farb-temperatur in K	Licht-strom Φ_v in lm
ww	2700	470

[1] nw = neutralweiß, ww = warmweiß

Tabelle 2: Energieeffizienzklasse (nach EU-Verordnung 874/2012/EU)

Energieeffizienzklasse	Energieeffizienz-Index (*EEI*) für Lampen mit ungebündeltem Licht (Abstrahlwinkel $\geq$ 90°)	Energieeffizienz-Index (*EEI*) für Lampen mit gebündeltem Licht (Abstrahlwinkel $\geq$ 90°)
A++ (höchste Effizienz)	$EEI \leq 0{,}11$	$EEI \leq 0{,}13$
A+	$0{,}11 < EEI \geq 0{,}17$	$0{,}13 < EEI \geq 0{,}18$
A	$0{,}17 < EEI \leq 0{,}24$	$0{,}18 < EEI \leq 0{,}40$
B	$0{,}24 < EEI \leq 0{,}60$	$0{,}40 < EEI \leq 0{,}95$
C	$0{,}60 < EEI \leq 0{,}80$	$0{,}95 < EEI \leq 1{,}20$
D	$0{,}80 < EEI \leq 0{,}95$	$1{,}20 < EEI \leq 1{,}75$
E (geringste Effizienz)	$EEI > 0{,}95$	$EEI > 1{,}75$

Licht- und Beleuchtungstechnik (2)

Tabelle 1: Lichtströme und Leistungen von 230-V-Lampen (Auswahl)

Energiesparlampe	Sockel	Leistung P in W	Lichtstrom Φ_v in lm	Lichtausbeute lm/W	Energiesparlampe	Sockel	Leistung P in W	Lichtstrom Φ_v in lm	Lichtausbeute lm/W
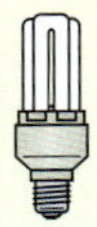	E27	5 7 11 15 20	200 400 600 900 1200	40 57 55 60 60		E27	11 15 17	450 700 970	41 47 57

Leuchtstofflampen in Stabform T5, Sockel G5

Nennleistung in W	Leistungsaufnahme mit EVG[1]	Lichtstrom Φ_{La} bei 25°C in lm	Lichtstrom Φ_{La} bei 35°C in lm	Lichtfarbennummer	Lichtfarbe in Kelvin, Kurzbezeichnung[2]	Länge in mm
13	15	1150	1350	830	3000 ww	549
32	35	3100	3650	830	3000 ww	1449
32	35	3100	3650	840	4000 nw	1449
45	52,3	3410	4900	840	4000 nw	1449
73	82	6150	7000	840	4000 nw	1449

[1] Abk. für: **E**lektronisches **V**orschalt**g**erät; [2] Lichtfarben: ww = **w**arm**w**eiß (warm white), nw = **n**eutral**w**eiß (cool white)

Tabelle 2: Reflexionsgrade von Farben und Werkstoffen

Farbe, Anstrich	Reflexionsgrad ϱ	Werkstoff	Reflexionsgrad ϱ
weiß	0,70...0,80	Kacheln, weiß	0,60...0,75
gelb	0,65...0,75	Holz, hell	0,40...0,50
rosa, hellblau	0,45...0,55	Holz, dunkel	0,10...0,15
hellbraun	0,25...0,35	Mörtel, hell	0,35...0,55
hellgrün	0,25...0,35	Mörtel, dunkel	0,20...0,30
mittelgrau	0,20...0,25	Sichtbeton	0,20...0,40
dunkelgrün,	0,10...0,15	Ziegel, rot	0,15...0,25
-blau, -rot	0,10...0,15	Teerbelag	0,05...0,15

Tabelle 3: Wartungsfaktoren *WF*[2]

WF	Anwendung, Beispiele
0,8	sehr saubere Räume, geringe Nutzungszeit, z. B. Elektronikfertigung
0,67	saubere Räume, z. B. Büros, Schulen, Wohn- und Verkaufsräume
0,57	Räume mit normaler Verschmutzung, z. B. Industrie und Handwerk

[2] Referenzwerte, Wartungsintervall 3 Jahre

Tabelle 4: Leuchtenbetriebswirkungsgrade und Raumwirkungsgrade

Lichtstärkeverteilungskurven bei 1000 lm	Leuchtenart (Beispiele)		Leuchtenbetriebswirkungsgrad η_{LB} in %	Reflexionsgrade ϱ									
				Decke ϱ_1	0,8				0,5				0,3
				Wände ϱ_2	0,5		0,3		0,5		0,3		0,3
				Boden ϱ_3	0,3	0,1	0,3	0,1	0,3	0,1	0,3	0,1	0,1
direkt, tiefstrahlend				Raumindex k	Raumwirkungsgrad η_R in %								
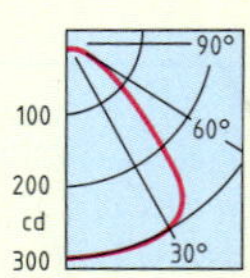		Wanne prismatisch	60	0,6	52	49	43	42	49	48	42	41	41
				1,0	73	67	64	60	69	65	61	59	58
		Spiegelraster breitstrahlend	60	1,5	89	81	81	75	83	78	77	73	72
				2,0	97	86	89	81	90	83	84	79	78
	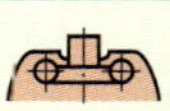	Spiegelreflektor mehrlampig	75	3,0	107	94	101	90	99	91	94	88	86
				5,0	116	100	111	97	106	96	102	94	93
vorwiegend direkt, breitstrahlend				0,6	41	39	31	30	37	35	29	28	27
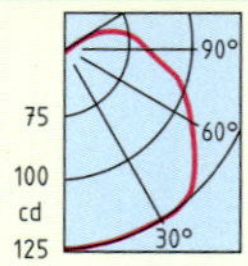		Nurglasleuchte	70	1,0	59	55	49	46	52	50	44	43	41
	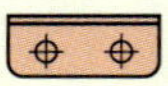	Wanne prismatisch	65	1,5	74	67	64	60	66	61	58	55	52
				2,0	83	74	73	67	73	68	66	62	59
		Wanne opal	50	3,0	95	83	87	77	83	76	77	71	68
				5,0	106	91	99	86	91	83	87	80	76

Antennentechnik

Tabelle 1: Frequenzbereiche

Bereiche	Langwelle	Mittelwelle	Kurzwelle	Fernsehbereich I	Ultrakurzwelle	unterer Sonderkanalbereich	Fernsehbereich III	oberer Sonderkanalbereich	Fernsehbereich IV/V	Sat-Bereich
Kurzz.	LW	MW	KW	VHF	UKW	USB	VHF	OSB	UHF	SHF
Kanäle	–	–	–	2…4	2…70	S2…S10	5…12	S11…S20	21…69	1…120
Frequenzen	150… 285 kHz	520… 1605 kHz	3,95… 26,1 MHz	47… 68 MHz	87,5… 108 MHz	111… 174 MHz	174… 230 MHz	230… 300 MHz	470… 862 MHz	10,7… 12,75 GHz

Tabelle 2: Mindest- und Höchstpegel an Antennensteckdosen — DIN EN 60728, Teil 1

Art	Bereich, System	Frequenzbereich	Mindestpegel L_{min}	Höchstpegel L_{max}
Tonrundfunk	UKW (Mono)	87,5 … 108 MHz	50 dBµV	70 dBµV
Fernsehrundfunk	F I, F II, F IV/V	47 … 862 MHZ	60 dBµV	80* dBµV*
	DVB-S, DVB-S2, SAT-ZF	950 … 2150 MHz	47 dBµV	77 dBµV
	DVB-C	47 … 862 MHz	41** dBµV	74** dBµV
	DVB-T	174 … 230 MHz 470 … 862 MHz	26* dBµV	74 dBµV

* 77 dBµV bei mehr als 20 Kanälen
** Je nach Modulation und/oder Code-Rate evtl. andere Werte

Tabelle 3: Verteiler- und Antennensteckdosen-Dämpfung

Bereich	F I	UKW	USB	F III	OSB	F IV/V	Sat
Verteiler (2-fach) Verteilerdämpfung	4 dB	5 dB	5 dB	5 dB	5 dB	6 dB	8 dB
Antennensteckdose Durchgangsdämpfung	1,0 dB						1,5 dB
Anschlussdämpfung	13,5 dB						14 dB

Tabelle 4: Dämpfung Koaxialkabel für Hausinstallation pro 100 m

Frequenz in MHz	47	68	100	174	230	300	470	500	600	700	800	950	1250	1500	1750	2150
Dämpfung in dB	5,4	6,5	8,4	10,9	12,7	14,8	19,2	20	21,7	23,8	26	28	32	36	40	45

Tabelle 5: Antennen und Antennenstandrohre

	DVB-T-Antennen		DVB-T-Antennen		Antennenstandrohre	
	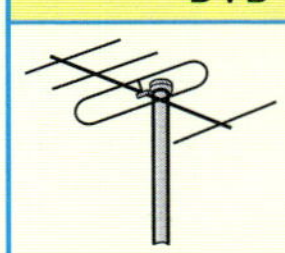	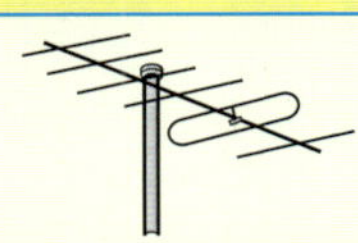	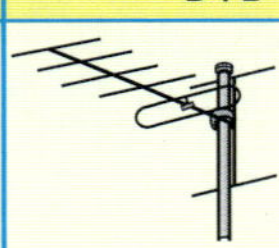	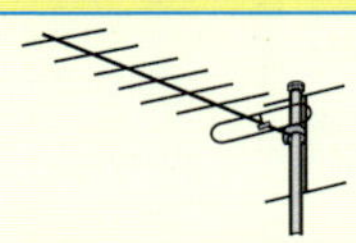	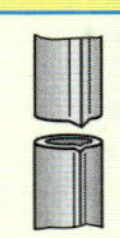	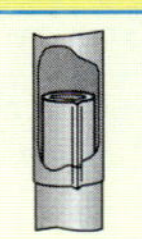
Typ/Teile-Nr.	1	2	3	4	5	6
Kanäle/Bereich	5…12	5…12	21…69	21…69	–	–
Gewinn	5,5 dB	6…7,5 dB	5…10 dB	8…14 dB	–	–
Windlast	36 N	44 N	25 N	40 N	–	–
Biegemoment, max.	–	–	–	–	1250 Nm	1600 Nm

Z-Dioden und Leuchtdioden

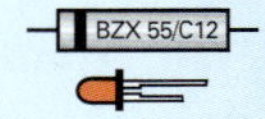

Tabelle 1: Auszug aus dem Datenblatt der Z-Diode BZX 55/C3V9 ... BZX 55/C18

Grenzwerte		
Verlustleistung	P_{tot}	500 mW
Z-Strom	I_Z	P_{tot}/U_Z
Sperrschichttemperatur	ϑ_j	175 °C
Wärmewiderstand	R_{thU}	300 K/W

Diode	U_Z bei $I_Z = 5$ mA	r_Z bei $I_Z = 5$ mA	r_Z bei $I_Z = 1$ mA
BZX55/C3V9	3,7 ... 4,1 V	< 85 Ω	< 600 Ω
BZX55/C4V7	4,4 ... 5,0 V	< 60 Ω	< 600 Ω
BZX55/C5V6	5,2 ... 6,0 V	< 25 Ω	< 200 Ω
BZX55/C6V2	5,8 ... 6,6 V	< 10 Ω	< 150 Ω
BZX55/C7V5	7,0 ... 7,9 V	< 7 Ω	< 50 Ω
BZX55/C8V2	7,7 ... 8,7 V	< 7 Ω	< 50 Ω
BZX55/C9V1	8,5 ... 9,6 V	< 10 Ω	< 50 Ω
BZX55/C10	9,4 ... 10,6 V	< 15 Ω	< 70 Ω
BZX55/C11	10,4 ... 11,6 V	< 20 Ω	< 70 Ω
BZX55/C12	11,4 ... 12,7 V	< 20 Ω	< 90 Ω
BZX55/C13	12,4 ... 14,1 V	< 26 Ω	< 110 Ω
BZX55/C18	16,8 ... 19,1 V	< 50 Ω	< 170 Ω

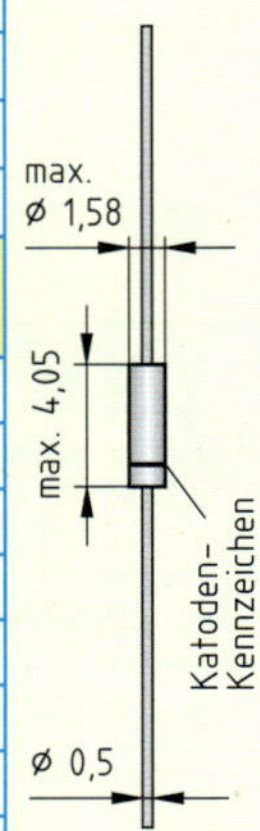

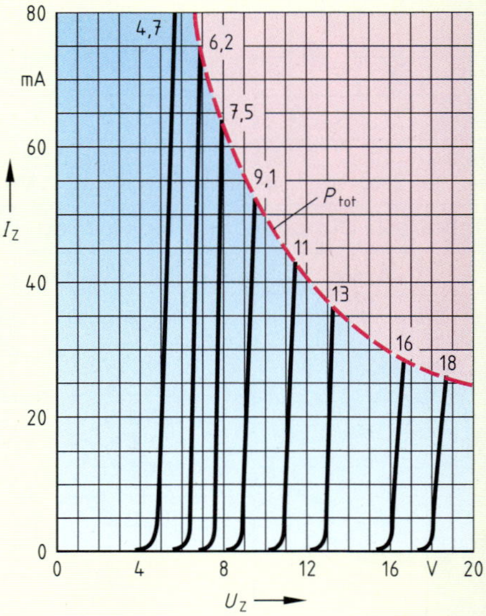

Tabelle 2: Auszug aus dem Datenblatt der Leuchtdioden CQX35 und CQX37

Leuchtdiode CQX 35, rotleuchtend

Grenzwerte		
Sperrspannung	U_{Rmax}	5 V
Durchlassstrom	I_{Fmax}	50 mA
Verlustleistung	P_{tot}	100 mW

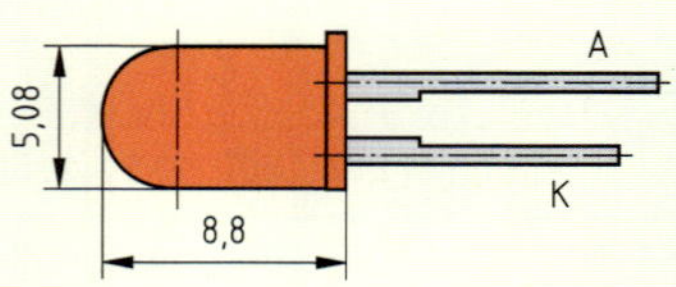

Durchlassstrom I_F in Abhängigkeit von der Durchlassspannung U_F

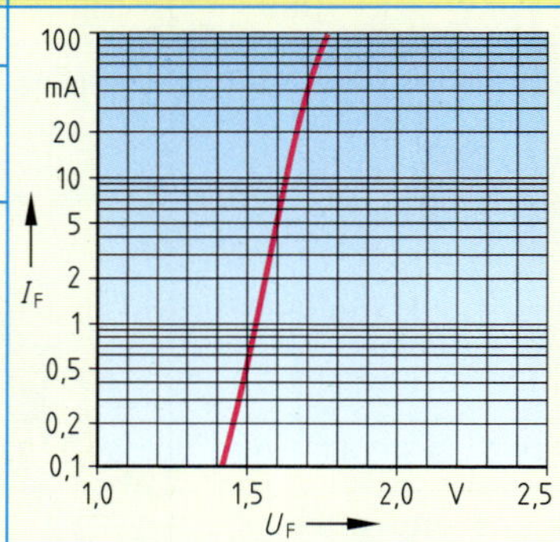

Lichtstärke I_v in Abhängigkeit vom Durchlassstrom I_F

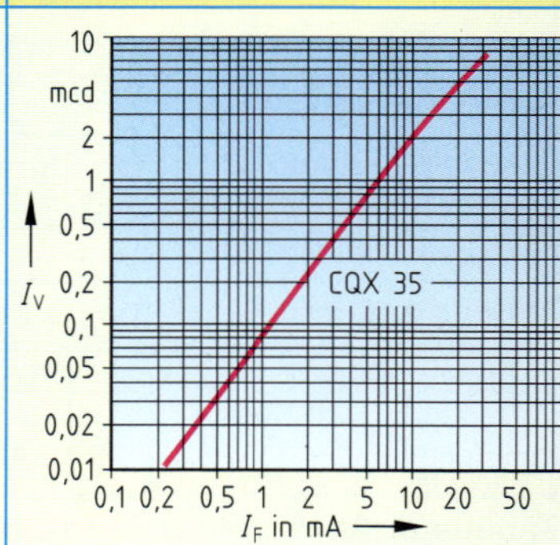

Leuchtdiode CQX 37, gelbleuchtend

Grenzwerte		
Sperrspannung	U_{Rmax}	5 V
Durchlassstrom	I_{Fmax}	30 mA
Verlustleistung	P_{tot}	100 mW

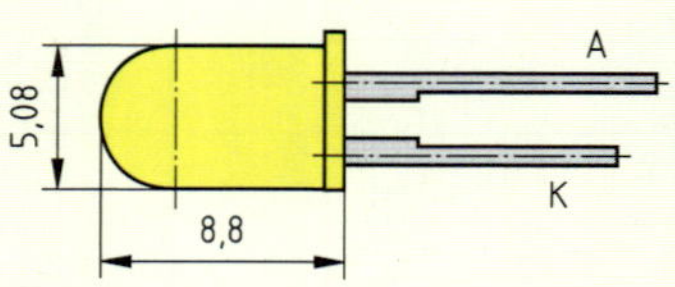

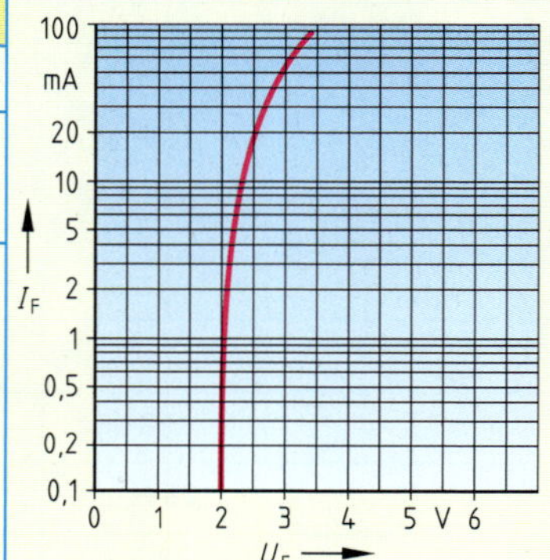

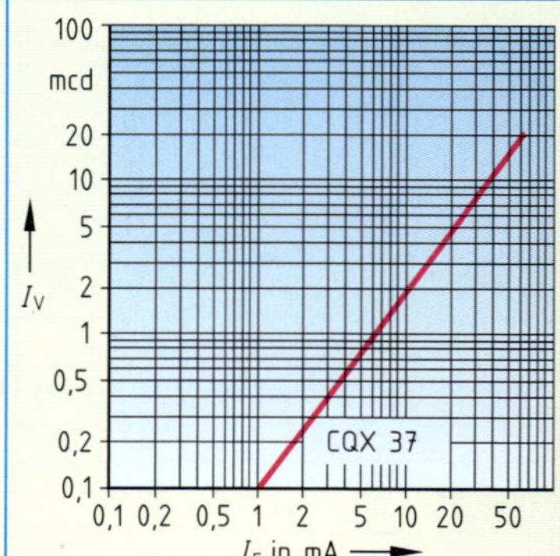

Gleichrichterdiode BYT 79/..., Transistor BC107, BC171, BC237

Tabelle 1: Auszug aus dem Datenblatt der Silicium-Diode BYT 79/...

Diode BYT79/		300	400	500
maximale Sperrspannung	$U_{R\,max}$	300 V	400 V	500 V
Stromgrenzwert	$I_{F\,max}$	10 A		
max. Sperrschichttemperatur	$\vartheta_{J\,max}$	150 °C		
Wärmewiderstand zwischen				
– Sperrschicht und Umgebung	R_{thU}	60 K/W		
– Sperrschicht und Metallflansch	R_{thG}	2,0 K/W		
– Metallflansch und Kühlblech:				
● ohne Wärmeleitpaste	$R_{thÜ}$	1,4 K/W		
● mit Wärmeleitpaste	$R_{thÜ}$	0,3 K/W		
● mit Wärmeleitpaste und Glimmerscheibe	$R_{thÜ}$	2,2 K/W		

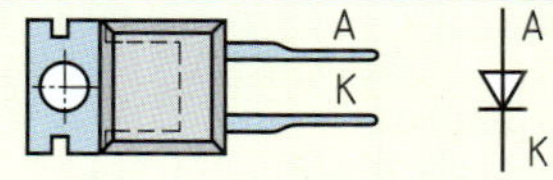

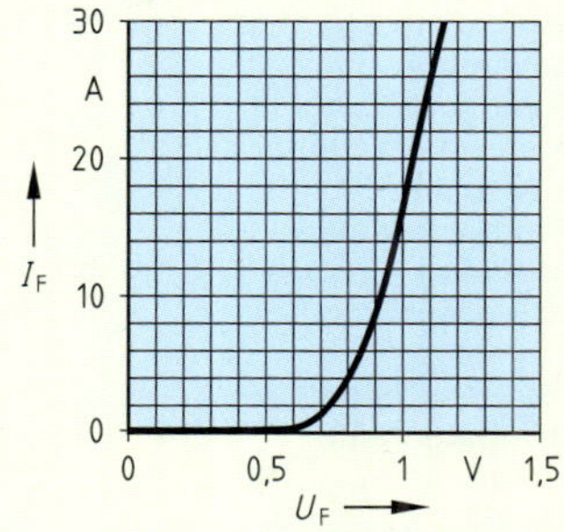

Tabelle 2: Auszug aus dem Datenblatt des NPN-Transistors BC107, BC171, BC237

Grenzwerte		
Basis-Emitterspannung	U_{BE}	–5 V
Kollektorstrom	I_C	100 mA
Basisstrom	I_B	50 mA
Verlustleistung bei 25 °C	P_{tot}	300 mW
Sperrschichttemperatur	ϑ_j	175 °C
Wärmewiderstand: Sperrschicht – Gehäuse	R_{thG}	200 K/W
Wärmewiderstand: Sperrschicht – Umgebung	R_{thU}	500 K/W

Kennwerte bei $T_U = 25\,°C$		min.	typisch	max.
Kurzschlussstromverstärkung (h_{21e})	β	240	330	500
Transistoreingangswiderstand (h_{11e})	r_{BE}	3,2 kΩ	4,5 kΩ	8,5 kΩ
Transistorausgangsleitwert (h_{22e})	$1/r_{CE}$	–	30 µS	60 µS
Gleichstromverhältnis B bei:				
$U_{CE} = 5\,V$, $I_C = 2\,mA$	B	180	290	460
$U_{CE} = 5\,V$, $I_C = 100\,mA$	B	150	200	300

Schaltzeichen

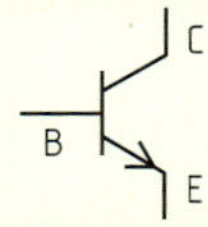

Anschlüsse

BC 107	BC 171, BC 237
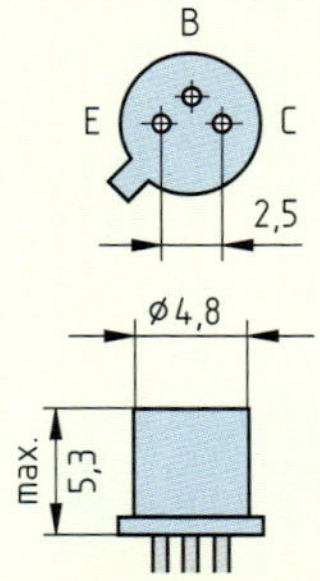	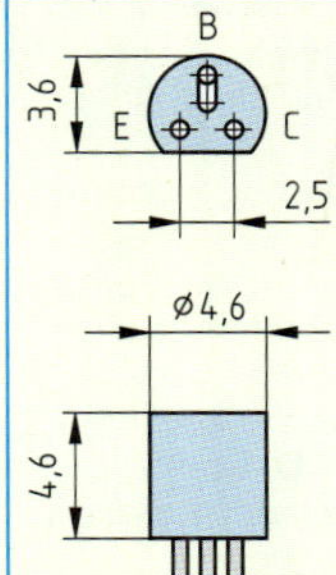

Eingangskennlinie $I_B = f(U_{BE})$

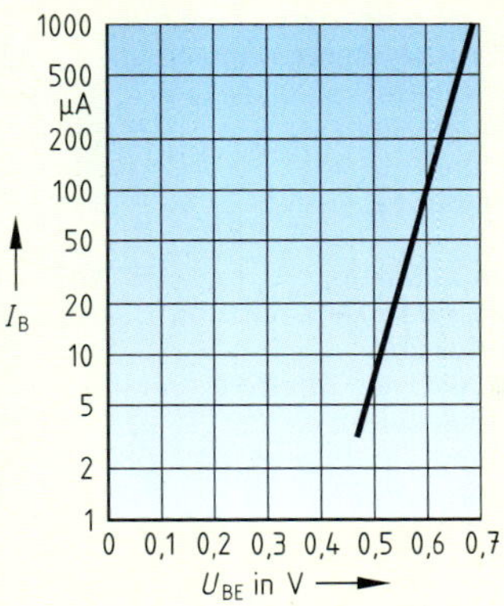

Ausgangskennlinie $I_C = f(U_{CE})$

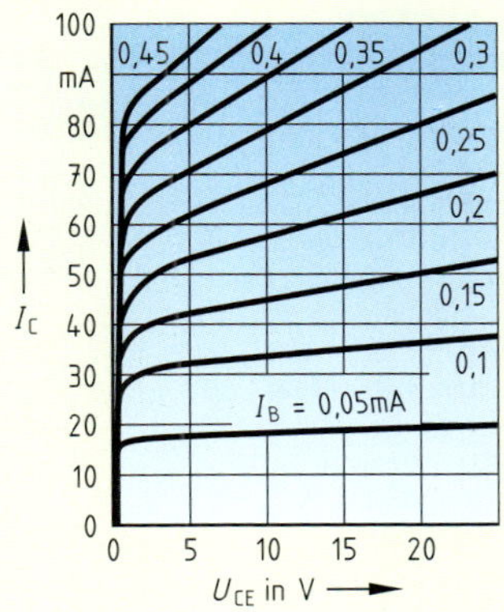

Gleichstromverhältnis $B = f(I_C)$

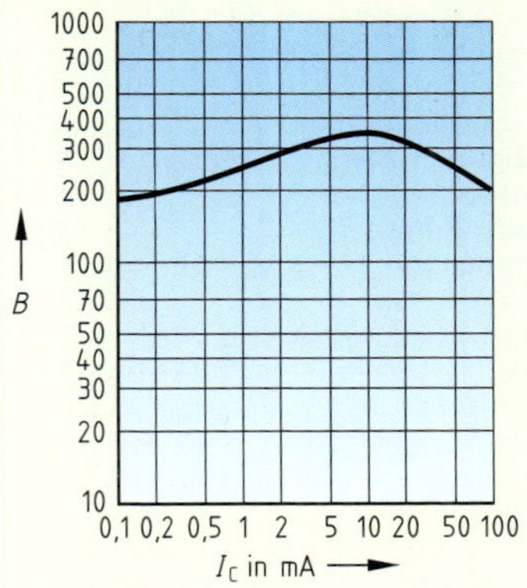

Sachworte

Sachworte